D0869270

TONNELLERIE

Billon

BEAUNE - FRANCE

Depuis 1947

www.tonnellerie-billon.com
commercial@tonnellerie-billon.com
Tel : 33 (0)3 80 25 92 60

Edito

Remerciements !

Merci à vous. Grâce à votre confiance et à votre fidélité, Le Guide des meilleurs vins de France, dont vous tenez en main l'édition 2013, s'impose désormais comme le premier des guides d'auteurs consacrés au vin en France. Une position qui nous renforce dans nos convictions, celles d'élaborer un guide à la fois juste, indépendant et engagé.

Chaque année, depuis 1995, l'équipe mobilisée autour de ce projet, réalise un travail considérable. Pour cette nouvelle édition, ce ne sont, en effet, pas moins de 10 000 nouveaux vins, issus de toutes les régions de France, qui ont été dégustés par les auteurs, Olivier Poussier, Olivier Poels, Roberto Petronio, Jean-Emmanuel Simond, Antoine Gerbelle et Philippe Maurange, pour n'en retenir que les 7 535 meilleurs. Nouveauté cette année, vous découvrirez nos 60 coups de cœur, des vins qui se sont distingués lors des dégustations ; nous espérons que vous partagerez avec nous l'émotion qu'ils nous ont procurée.

Vous découvrirez également un nouveau palmarès, avec ses domaines promus et d'autres, hélas, déchus.

Le Guide des meilleurs vins de France est désormais incontournable, grâce à vous. Nous vous souhaitons une bonne lecture !

Olivier Poels

Note des auteurs

Tous les vins notés dans ce guide, à l'exception des primeurs de Bordeaux, ont été dégustés par les auteurs (Antoine Gerbelle, Philippe Maurange, Roberto Petronio, Olivier Poels, Olivier Poussier et Jean-Emmanuel Simond) entre les mois de mars et de juin 2012, dans les locaux de La Revue du vin de France. Les vins nous ont été fournis par les producteurs. Qu'il nous soit permis de les remercier pour leur précieux concours, sans lequel ce guide ne pourrait exister.

Certains domaines n'ayant pas souhaité nous adresser d'échantillons, les auteurs ont également intégré à ce guide des notes concernant des vins dégustés à d'autres moments, lors de dégustations privées ou de voyage dans le vignoble. Notre objectif étant de présenter à nos lecteurs le palmarès le plus exhaustif possible de l'élite de la viticulture française.

Rédaction en chef : Olivier Poels
Auteurs : Antoine Gerbelle, Philippe Maurange, Roberto Petronio, Olivier Poels, Olivier Poussier, Jean-Emmanuel Simond, Alexis Goujard
Organisation des dégustations : Alexis Goujard, assisté de Guillaume Aillerie
Première secrétaire de rédaction : Bruno Menard
Secrétaires de rédaction : Olivier Farfal, Françoise Besseau
Saisie des données : Nathalie Souksamrane
Direction artistique : Constance Gournay
Maquette : Richard El Mestiri
Photo de 4e de couverture : Régis Grman
Photo prise au restaurant Le Laurent, Paris VIIIe.
Cartographie : Jean-François Dutilh - Légendes Cartographie
Mise en page : NRS
Fabrication : Benoît Carlier, Emmanuel Dezert
Impression et façonnage : NIIAG
Diffusion : Interforum Editis
Publicité : 01 41 40 23 75
Richard Caron, François Darves-Blanc, Sophie Di Gesso, Nicolas Robine
Directeur de la publication :
Directeur général délégué du Groupe Marie Claire
et Président de la société RVF : Jean-Paul Lubot
Directeur de la rédaction de La Revue du vin de France : Denis Saverot
Édition :
Le Guide des meilleurs vins de France est édité par la Société d'Information et de Créations (SIC) : RCS Nanterre 302 114 509 - SARL au capital de 3 822 000 euros - 10, bd des Frères Voisin - 92130 Issy-les-Moulineaux
Tél. : 01 41 46 88 88
Droits réservés, traduction ou adaptation, même partielle, strictement interdite sans accord de l'éditeur.
© 2012 : SIC, La Revue du vin de France
ISBN 978-2-84831-491-4
N° éditeur : 38369
Imprimé en Italie
Dépôt légal : 3e trimestre 2012

Précision et indépendance

■ La notation des domaines

Tous les domaines de ce guide sont classés de 0 à 3 étoiles. Ce classement tient compte de potentiel du terroir, de la faculté qu'a le vigneron à l'exploiter et de l'homogénéité de sa production sur les derniers millésimes. Ces critères sont valables pour toutes les régions. Une étoile a donc la même valeur en Alsace, dans la Loire ou à Bordeaux. Nous rappelons que ce guide est un palmarès et qu'à ce titre, tous les domaines qui y figurent, même sans étoile, représentent, à nos yeux, l'excellence de la production française.

■ La notation des vins

Tous les vins sont notés sur une échelle de 20 points. Cette notation établit une hiérarchie au sein d'une appellation et d'un millésime. Il faut cependant comprendre qu'il n'est pas possible de comparer un sylvaner sec d'Alsace 2009 et un liquoreux de Bordeaux 2007. Seuls les vins ayant obtenus une note supérieure à 12/20 figurent dans ce guide.

■ Les prix

Dans la mesure du possible, nous publions les prix que nous ont fourni les domaines. Il s'agit de prix TTC départ cave. De nombreux vignerons ne vendant pas de vin en direct, nous leur avons demandé de nous fournir un prix indicatif constaté chez les cavistes. Pour les Grands Crus de Bordeaux, nous publions des prix généralement constatés auprès du négoce spécialisé. Tous les prix mentionnés sont évidemment susceptibles de variation en fonction des circuits de distribution.

C&S
Chef Sommelier
Collection Arom'Up
Votre talent révélé
Drop Control
Arom'up Fruity
Open up Universal Tasting
Vinarmony
Open up Spirits
Open up
Chef & Sommelier réinvente la dégustation des vins et spiritueux grâce à des collections de verres et de carafes innovantes.
Chef & Sommelier : une marque 100 % experte !
Kwarx
Les collections Chef & Sommelier bénéficient d'un matériau de haute technologie conçu par le centre de recherche Arc International : le Kwarx®.
Drop Control
Le Drop Control est un traitement anti-goutte appliqué sur le col des carafes, qui permet un service du vin des plus précis. Drop Control est parfaitement invisible et n'altère en rien les qualités du vin.
www.chefsommelier.fr
Contact : christophe.kerguelen@arc-intl.com

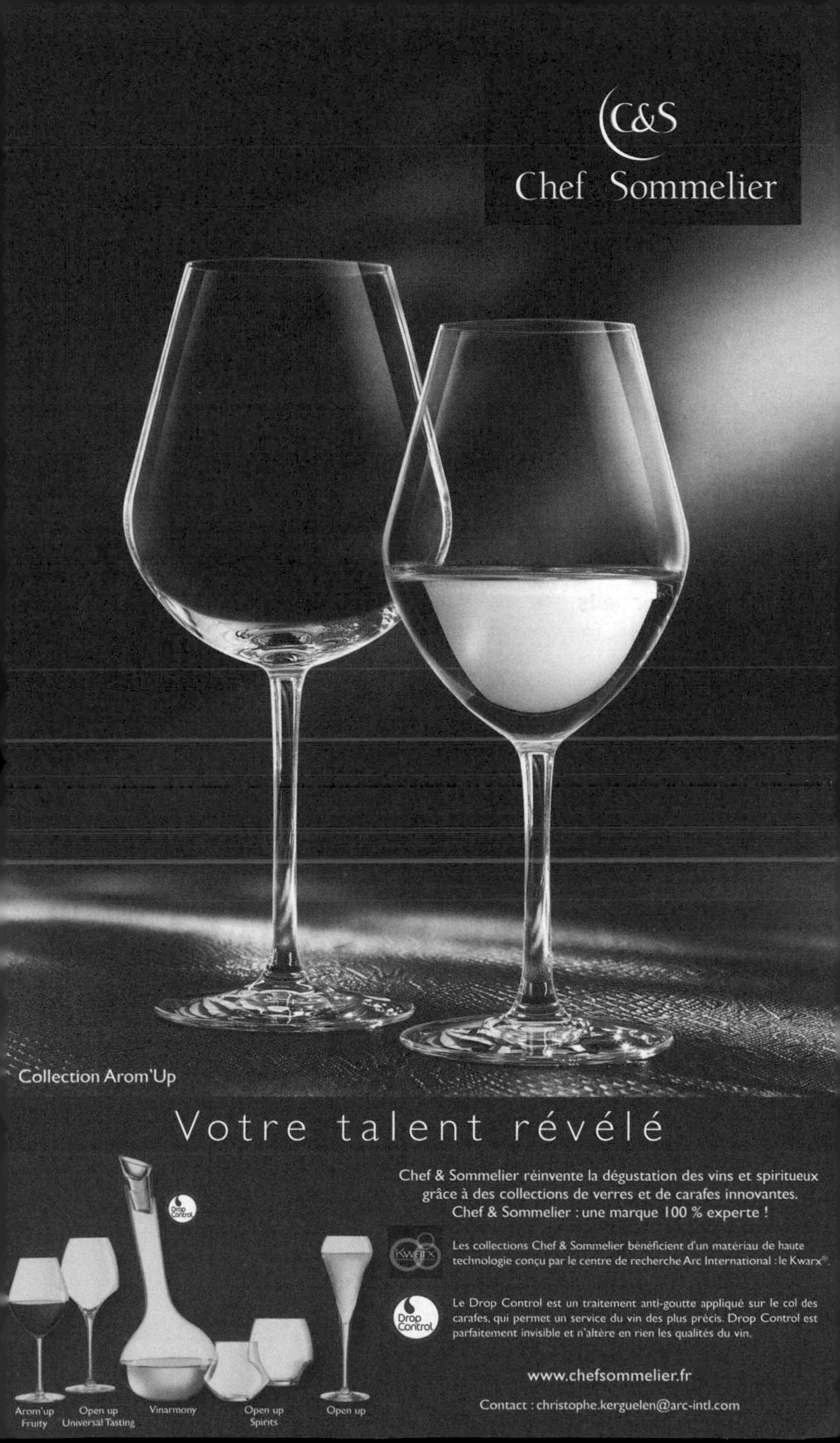

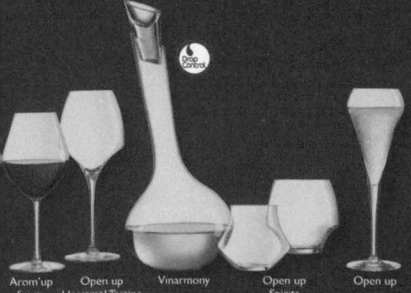

Sommaire

ON N'A JAMAIS AUTANT PARLÉ D'ÉCONOMIE.

ON N'A JAMAIS AUTANT REGARDÉ BFM BUSINESS.

 **CANAL 24**  **CANAL 55**   **CANAL 80**  **CANAL 149**   **CANAL 164**   **CANAL 59** 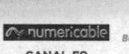 **CANAL 153**

En un an, vous êtes déjà **3 millions** à regarder
la 1ère chaîne d'info économique et financière.

DeBonneville-Orlandini

N°1 sur l'économie.

Source : Médiamétrie Médiamat – Novembre 2011
Couverture mensuelle 4 ans et + = 2 993 000 téléspectateurs

Comment lire ce guide ?

Les domaines en étoiles

★★★

Ils représentent l'excellence du vignoble français. Les meilleurs terroirs exploités par les plus grands vignerons. Déguster leur vin est toujours un moment magique.

★★

Ces très grands domaines, souvent dotés de terroirs fabuleux, sont des incontournables qui, par leur régularité et l'excellence de leur production, se doivent de figurer dans la cave des amateurs avertis.

★

Stars en devenir ou vignerons de qualité à la production de bon niveau, vous ne serez pas déçus en dégustant les vins de ces domaines

Le barème de notation des vins

19,5 à 20 : vin exceptionnel
18 à 19 : grand vin
16 à 17,5 : très bon vin
14 à 15,5 : bon vin
12 à 13,5 : vin correct

Les signes et abréviations

■ : vin rouge   **VT** : vendanges tardives
▬ : vin rosé   **SGN** : sélection des grains nobles
□ : vin blanc   **IGP** : indication géographique protégée
❀ : labellisé Bio   **VDN** : vin doux naturel
                                  Prim : Vin dégusté en primeur

Les tarifs

7€ : Le prix TTC départ propriété de ce vin est égal à 7€

n.c. : prix non communiqué

(épuisé) : ce vin n'est plus disponible à la propriété mais peut être acheté dans le commerce.

Les circuits de distribution étant très nombreux, les prix mentionnés le sont à titre indicatif. Dans la mesure du possible, il s'agit de prix de vente TTC en directe au domaine pour les particuliers. Ils peuvent donc être plus élevés chez les cavistes ou auprès de distributeurs.

Comment lire un commentaire

Producteur
et niveau de qualité

En quelques mots,
comprendre ce que
produit le domaine,
apprécier la qualité et la
personnalité des vins et,
éventuellement, s'informer
sur la commercialisation.

Une sélection de vins
représentatifs, notés et
commentés avec leur prix
à la cave ou dans le
commerce.

Prix et notes des vins,
données sur la production

Entrer en contact
avec ce producteur

■ Château Léoville Barton

SAINT-JULIEN

★★★

Depuis 1985, le cru ne cesse de voler de succès en succès sous la baguette d'Anthony Barton. Et depuis 1998, ces réussites se transforment en triomphes car Barton se révèle systématiquement au plus haut niveau des grands crus bordelais. Hormis le goût évident pour le travail bien fait, le secret de ce succès tient à l'âge moyen de cet ancien vignoble, qui permet d'obtenir des raisins mûrs et concentrés. Plus charnu et fruité en primeur que Léoville Las Cases ou Léoville Poyferré, Barton enchante par son gras, son équilibre suprême qu'il doit au terroir, et son profond naturel d'expression. Plus ouvert en primeur, le vin passe souvent par une phase d'austérité puis prend peu à peu sa forme définitive, déployant un des bouquets les plus complexes et les plus élégants du Médoc. A noter que, au regard de sa qualité et de sa grande régularité, les prix n'ont rien d'excessif.

Les vins : la série se poursuit sans faille. Le 2007 est éclatant de fruit et d'intensité, avec une chair superbe. Le 2006 est une des réussites majeures du millésime, avec une structure serrée et des tanins raffinés. Le 2005 tient toutes ses promesses, avec une densité et un moelleux de bouche fascinants. Le 2004 combine une superbe fraîcheur de fruit à une structure tannique envoûtante.

■ Saint-Julien 2007	34,70 €	18
■ Saint-Julien 2006	64 €	18
■ Saint-Julien 2005	84 €	19
■ Saint-Julien 2004	85 € cav.	17

Rouge : 50 hectares.
Cabernet-sauvignon 73 %, Merlot 23 %,
Cabernet franc 4 %.
Production moyenne : 240 000 bt/an.

Château Léoville Barton, 33250
Saint-Julien-Beychevelle.
Tél. : 05 56 59 06 05 **Fax :** 05 56 59 14 29
E-mail : chateau@leoville-barton.com
Site : www.leoville-barton.com
Visites : au domaine
Du lundi au jeudi de 9 h à 11 h 30 et de 14 h
à 16 h 30 sur rendez-vous uniquement.
Propriétaire : Famille Barton.
Directeur : Anthony Barton.

sur un producteur ?

❶ Le nom du producteur ou de la propriété. Il peut s'agir d'un domaine, d'une cave coopérative ou d'une maison de négoce produisant un ou plusieurs vins différents chaque année.

❷ Son appellation de référence. Nous indiquons l'appellation (ici, Haut-Médoc) des vins les plus importants (en nombre ou en notoriété) du producteur. Quand celui-ci produit des vins dans toute une région sans que l'on puisse ressortir telle ou telle appellation, nous le mentionnons (par exemple, vins de Bourgogne).

❸ Son classement 2008. Quatre catégories : sélectionné dans le guide, classé avec une étoile, classé avec deux étoiles ou classé avec trois étoiles.

❹ Notre commentaire sur la propriété ou la maison et ses vins. Nous présentons la propriété, le style et le caractère de la production et nous donnons notre avis. Lorsqu'il est difficile de se procurer les vins, nous le mentionnons en nous efforçant d'indiquer le meilleur moyen de contourner l'obstacle.

❺ Les vins sélectionnés et commentés. Les vins présentés ici sont les meilleurs vins disponibles soit à la propriété, soit dans le commerce. Pour certains crus majeurs, nous présentons des millésimes antérieurs, que l'amateur peut posséder dans sa cave.

❻ La couleur du vin, le prix et notre notation sur sa qualité.
• Le prix : prix indicatif à la propriété communiqué par le producteur (en euros). S'il n'est pas communiqué ("n.c."), c'est soit parce qu'il n'est pas disponible, soit parce qu'il n'est pas encore fixé, soit parce que le vin n'est plus disponible chez le producteur mais peut être en vente dans le commerce de détail.
• La disponibilité : si le prix est suivi de la mention "épuisé", c'est parce que ce vin n'est plus disponible chez le producteur mais peut être en vente dans le commerce de détail.

❼ La surface et l'encépagement de son vignoble. Nous donnons le nombre d'hectares en production et les variétés de cépages plantées pour les vins rouges et les vins blancs.

❽ Le nombre total des bouteilles qu'il produit. Il s'agit d'une moyenne annuelle correspondant à l'ensemble des vins produits.

❾ L'adresse du producteur, ses numéros de téléphone et de télécopie, son e-mail et son site internet.

❿ Ses horaires de visite. Attention : il est toujours préférable de prendre rendez-vous au préalable avec le producteur. Lorsque celui-ci ne souhaite ou ne peut recevoir de visites, nous l'indiquons.

⓫ Le nom du responsable avec qui vous pouvez entrer en contact. Il peut s'agir du propriétaire, du directeur d'exploitation ou du responsable de la production, selon l'infrastructure de la propriété ou de l'entreprise viticole.

+ DE CONSEILS
+ DE PLAISIR

Retrouvez dans chaque numéro :
- **Plus de 300 vins notés** et commentés
- **Des enquêtes et des actualités** pour décrypter les terroirs, les accords mets-vins…
- **Une invitation à partager notre amour du vin** avec impartialité et indépendance de jugement

Les domaines étoilés

★★★

ALSACE

Domaine Albert Boxler	44
Domaine Albert Mann	45
Domaine Marcel Deiss	44
Domaine Ostertag	45
Domaine Weinbach - Colette, Catherine et Laurence Faller	46
Domaine Zind Humbrecht	47

BORDEAUX

Château Angélus	101
Château Ausone	102
Château Climens	200
Château Cos d'Estournel	145
Château d'Yquem	201
Château Ducru-Beaucaillou	145
Château Figeac	102
Château Haut-Brion	186
Château L'Eglise-Clinet	128
Château Lafite Rothschild	146
Château Lafleur	128
Château La Mission Haut-Brion	186
Château Latour	146
Château Léoville Barton	147
Château Léoville Las Cases	147
Château Margaux	148
Château Mouton Rothschild	148
Château Palmer	149
Château Pavie	103
Château Pontet-Canet	149
Pétrus	129

BOURGOGNE ET BEAUJOLAIS

Clos de Tart	232
Domaine Armand Rousseau	237
Domaine Bernard Dugat-Py	233
Domaine Bonneau du Martray	267
Domaine d'Auvenay	267
Domaine de Courcel	268
Domaine de la Romanée-Conti	236
Domaine des Lambrays	234
Domaine Georges Roumier	236
Domaine Guffens-Heynen	327
Domaine Jack Confuron-Cotetidot	232
Domaine Jacques-Frédéric Mugnier	235
Domaine Jean-François Coche-Dury	268
Domaine Jean Trapet Père et Fils	238
Domaine Leflaive	269
Domaine Leroy	235
Domaine Raveneau	217
Domaine Roulot	269
Domaine Vincent Dauvissat	217

CHAMPAGNE

Agrapart et Fils	358
Bollinger	358
Egly-Ouriet	359
Jacques Selosse	362
Jacquesson	360
Krug	360
Pol Roger	361

JURA

Domaine André et Mireille Tissot	401
Domaine Jean Macle	401

LANGUEDOC-ROUSSILLON

Domaine Gauby	455
Mas Jullien	414

PROVENCE ET CORSE

Domaine Tempier	538

VALLÉE DE LA LOIRE ET CENTRE

Clos Rougeard	489
Domaine Didier Dagueneau	523
Domaine du Clos Naudin	505
Domaine Huet	505

VALLÉE DU RHÔNE

Chapoutier - Sélections Parcellaires	572
Château Rayas	593
Domaine Jamet	573
Domaine Jean-Louis Chave	572

★★

ALSACE

Domaine André Kientzler	49
Domaine Bott-Geyl	48
Domaine des Marronniers	51
Domaine Dirler-Cadé	48
Domaine Loew	50
Domaine Marc Kreydenweiss	50
Domaine Martin Schaetzel	53
Domaine Meyer-Fonné	51
Domaine Schoffit	53
Josmeyer	49
René Muré - Clos Saint-Landelin	52

BORDEAUX

Château Beau-Séjour Bécot	103
Château Branaire-Ducru	150
Château Calon-Ségur	150
Château Canon-la-Gaffelière	104
Château Cantenac-Brown	151
Château Cheval Blanc	104
Château Coutet	201
Château de Fargues	203
Château Doisy Daëne	202
Château Doisy-Védrines	203
Château Gilette	203
Château Giscours	151
Château Grand-Puy-Lacoste	152
Château Gruaud Larose	152
Château Guiraud	204
Château Haut-Bailly	188
Château Hosanna	130
Château L'Evangile	130
Château La Conseillante	129
Château Lafaurie-Peyraguey	204
Château La Gaffelière	105
Château Larcis-Ducasse	106
Château La Tour Blanche	206
Château Léoville Poyferré	153
Château Le Pin	130
Château Lynch-Bages	153
Château Malartic-Lagravière	188

LES DOMAINES ÉTOILÉS

LES DOMAINES ÉTOILÉS

SUD-OUEST

Château Bouscassé	648
Château d'Aydie	647
Château de Viella	656
Château Haut-Monplaisir	652
Château Jonc-Blanc	652
Château Lamartine	653
Château Tirecul La Gravière	655
Clos Lapeyre	649
Clos Uroulat	650
Domaine Arretxea	647
Domaine Belmont	648
Domaine Cosse Maisonneuve	650
Domaine d'Escausses	651
Domaine de l'Ancienne Cure	646
Domaine de la Ramaye	654
Domaine de Souch	655
Domaine Elian Da Ros	650
Domaine Labranche-Laffont	653
Domaine Mouthes Le Bihan	654
Le Clos d'Un Jour	649
Vignobles des Verdots	656

VALLÉE DE LA LOIRE ET CENTRE

Château de Coulaine	511
Château de Tracy	529
Château de Villeneuve	496
Clos Roche Blanche	513
Domaine Alexandre Bain	526
Domaine Catherine et Pierre Breton	509
Domaine Charles Joguet	512
Domaine de l'Ecu	483
Domaine de la Butte	509
Domaine de la Chauvinière	483
Domaine de la Taille aux Loups	514
Domaine du Collier	494
Domaine Eric Morgat	495
Domaine Gérard Boulay	527
Domaine Guiberteau	495
Domaine Henry Pellé	527
Domaine La Grange Tiphaine	512
Domaine La Haute Févrie	484
Domaine Landron	484
Domaine Le Rocher des Violettes	513
Domaine Michel Redde et Fils	528
Domaine Pascal et Nicolas Reverdy	528
Domaine Patrice Colin	510
Domaine Patrick Baudouin	493
Domaine Philippe Delesvaux	494
Domaine Pierre Luneau-Papin	485
Domaine Saint-Nicolas	486
Domaine Stéphane Bernaudeau	493
Domaine Vincent Carême	510
Domaine Yannick Amirault	509

VALLÉE DU RHÔNE

Cave Yves Cuilleron	581
Château des Tours	609
Château Mourgues du Grès	605
Domaine Alain Voge	585
Domaine André Perret	584
Domaine Bernard Gripa	583
Domaine Bonnefond	579
Domaine Bosquet des Papes	601
Domaine Clusel-Roch	580
Domaine de Beaurenard	599
Domaine de l'Oratoire Saint-Martin	605
Domaine de la Monardière	603
Domaine de la Mordorée	604
Domaine de Piaugier	606
Domaine des Bernardins	600
Domaine du Cayron	601
Domaine du Trapadis	609
Domaine Eric et Joël Durand	582
Domaine Font de Michelle	601
Domaine Gonon	583
Domaine Gourt de Mautens	602
Domaine La Roquète	607
Domaine Le Sang des Cailloux	602
Domaine Les Bruyères	579
Domaine Les Pallières	606
Domaine Pierre et Jérôme Coursodon	580
Domaine Pierre Usseglio et Fils	610
Domaine Raspail-Ay	607
Domaine Roger Sabon	607
Domaine Saint-Préfert	608
Ferraton Père et Fils	582
Les Vins de Vienne	584
Maison Delas Frères	581
Maison M. Chapoutier	579
Maison Tardieu-Laurent	608
Paul Jaboulet Aîné	583
Vignobles Mayard	603

Ils sont promus en 2013

Ces domaines se sont distingués cette année par la qualité de leur production, ils décrochent une étoile supplémentaire.

BOURGOGNE
Domaine de Courcel

CHAMPAGNE
Domaine Agrapart et Fils

ALSACE
Domaine Etienne Loew

BORDEAUX
Château Nairac

BOURGOGNE
Domaine de la Soufrandièr

LANGUEDOC-ROUSSILLON
Domaine Jean-Michel Alquier
Domaine Gardiès
Domaine Olivier Pithon

SAVOIE
Domaine des Ardoisières

SUD-OUEST
Clos Triguedina

VALLÉE DU RHÔNE
Domaine Duclaux
Domaine Alain Graillot
Domaine de Villeneuve

BORDEAUX
Château de Fieuzal
Château Talbot

BOURGOGNE
Domaine Comte Senard
Domaine Robert Groffier Père et Fils
Domaine Guillot-Broux
Domaine Moreau Naudet

CHAMPAGNE
Drappier
Laherte Frères
Franck Pascal
Perrier-Jouët
Veuve Fourny

JURA
Domaine de Montbourgeau

LANGUEDOC-ROUSSILLON
Domaine de l'Horizon

PROVENCE-CORSE
Domaine Milan
Domaine Vaccelli

SAVOIE
Domaine Gilles Berlioz

SUD-OUEST
Domaine Labranche-Laffont

VALLÉE DU RHÔNE
Maison Chapoutier

NOS PROCHAINS
RENDEZ-VOUS

LES PLUS GRANDS VINS DE FRANCE À...

1ère édition
Samedi 13
& dimanche 14 octobre 2012

Hôtel Beau Rivage
13, quai du Mont Blanc - 1201 Genève

3e édition
Samedi 10
& dimanche 11 novembre 2012

Tour & Taxis
3 rue Picard - 1000 Bruxelles

2e édition
Samedi 24
& dimanche 25 novembre 2012

Park Hyatt
2 Jianguomenwai Street,
Chaoyang Discrict - Beijing 100022

7e édition
Samedi 25
& dimanche 26 mai 2013

Palais Brongniart - Place de la Bourse
75002 Paris

LE SALON DU VIN DE LA REVUE DU VIN DE FRANCE
43-45, rue du Gouverneur Général Félix Éboué - 92137 Issy-les-Moulineaux cedex
Tél. : +33 (0)1 41 40 23 00 - Fax : +33 (0)1 41 40 23 09

www.larvf.com

Si vous souhaitez des informations sur nos prochaines éditions :
Bénédicte Pauly - tél. : +33 (0)1 41 40 23 06 - e-mail : salonrvf@gmc.tm.fr

BIEN DÉGUSTER
POUR BIEN ACHETER

Les nouveaux domaines

Nous avons été séduits par la qualité de leurs vins, ces domaines font leur entrée cette année dans notre guide.

Alsace

Domaine Trapet

Bordeaux

Château Bolaire
Château Saint-Barbe
Château Canon-Pécresse

Bourgogne

Domaine Philippe Pacalet
Domaine Jean-Claude Bachelet et Fils
Domaine François Carillon
Domaine Chevrot et Fils
Domaine Pierre-Yves Colin-Morey
Domaine Michel et Joanna Ecard
Domaine Xavier et Nicolas Barbet
Domaine Garnier et Fils
Domaine Isabelle et Denis Pommier
Domaine des Poncetys
Château de la Pierre
Maison en Belles Lies

Champagne

Leclerc Briant
Coessens
Largillier
Henri Giraud
Christophe Mignon

Jura-Savoie

Domaine Gilles Berlioz
Domaine Giachino
Les Vignes de Paradis

du guide 2013

Languedoc-Roussillon

Château de Gaure
Mas des Caprices
Château de Pech-Redon
Domaine Vaïsse
Zélige-Caravent
Domaine Bruno Duchêne

Vallée de la Loire

Château de Bois-Brinçon
Domaine Bonnet-Huteau
Domaine Thibaud Boudignon
Domaine Étienne Courtois

Provence-Corse

Domaine Ray-Jane
Domaine les Terres Promises

Vallée du Rhône

Domaine Pichat
Julien Pilon
Domaine Saladin
Domaine Pierre-Jean Villa

Sud-Ouest

Château les Hauts de Caillevel
Domaine Ilaria

Nos auteurs

Antoine Gerbelle

Millésime 1962. La fine plume de l'équipe. Au lendemain d'études de journalisme conduites dans la vallée de la Loire, il bifurqua spontanément vers le vignoble et se tint à ce choix. Issu d'une famille mélomane, cavalier d'obstacles, il choisit très jeune d'appréhender le vin par des régions négligées jusqu'alors, la vallée de la Loire et le Languedoc. Aujourd'hui réputé dans le monde entier pour sa connaissance de ces régions, il consacre davantage de temps à la Bourgogne, à la vallée du Rhône et à la Champagne

Il est en charge de la Champagne, Bordeaux et la Loire.

Ses 10 coups de cœur 2013

• **Saint-Emilion château Cheval Blanc 2010 (Bordeaux)**
Le retour fracassant de Cheval au sein de l'excellence bordelaise. Le vin combine profondeur, précision et élégance, avec une allonge somptueuse.

• **Saint-Emilion château Figeac 2009 (Bordeaux)**
Dès les préliminaires aromatiques, il s'en dégage une harmonie unique dans le millésime. Baies noires croquantes, épices douces au nez, bouche complète.

• **Muscadet Sèvre et Maine Cuvée Taurus 2010 Domaine de l'Ecu (Loire)**
Nouvelle cuvée issue de melon de Bourgogne de 50 ans élevée partiellement sous bois. Impressionnant de pureté et profondeur.

• **Sancerre rouge 2010 domaine Vacheron (Loire)**
Enfin, un simple sancerre rouge qui est aussi gourmand, fruité que construit. Du bonheur au quotidien. Attention, addiction !

• **Pouilly-Fumé 2010 Domaine Alexandre Bain (Loire)**
Sauvignon iconoclaste de haute maturité, riche, gras, hyper savoureux et tonique dans sa finale épicée. Une forte personnalité rare.

• **Champagne pur meunier extra brut Christophe Mignon (Champagne)**
Un champagne généreux, dense, entier, aux fines notes d'oxydation et de peau de raisin mûr, parachevé par une touche de dosage délicat. Tout public.

• **Coteaux Champenois l'Ambonnay Athénaïs 2009 Gonet-Médeville (Champagne)**
Le plus délicat, mûr et racé rouge de champagne dégusté depuis longtemps. Et à prix sage ! Bravo

• **Champagne Venus blanc de blancs 2006 Agrapart et Fils (Champagne)**
En 2006, millésime généreux mais souvent superficiel, cette cuvée callipyge, aux volutes pâtissières, offre de longues saveurs mi- crémeuses, mi-minérales.

• **Champagne Naturessence Benoît Lahaye (Champagne)**
Ce champagne fait monter cette concentration minérale si salivante, persistante, qui donne de l'énergie au pinot de forte maturité. Un grand champagne noir abouti.

• **Champagne Caudalies le Mesnil 2005 De Souza (Champagne)**
Immense champagne de garde, ce chardonnay minéral doit être sagement oublié au fond de sa cave 5 à 7 ans. Au sommet de la Champagne.

150 ans après l'invention de l'œnologie moderne, Diam réinvente le liège.

Plus d'un siècle après Pasteur et la naissance de l'œnologie, Diam invente le bouchon en liège qui préserve le travail du vigneron : fraîcheur, richesse et évolution des arômes sont respectées grâce à un procédé innovant et exclusif qui supprime tout risque de goût de bouchon* et garantit le bon équilibre entre étanchéité et besoin de respiration du vin. Diam est une véritable avancée pour le monde du vin, la solution qui marque son temps.
gardiendesaromes.com

DIAM
Le liège réinventé

© DR

Philippe Maurange

Millésime 1972, il reste le benjamin de l'équipe, quoique le plus ancien par le rang d'embauche : entré à La RVF en 1996, il fut recruté tout jeune comme simple assistant et fut d'emblée distingué par son formidable humour. Bordelais de naissance et de culture (sa famille maternelle possède un château à Sainte-Croix-du-Mont), il garde en lui le meilleur de Bordeaux, l'esprit des relations humaines et du voyage. Loin de se cantonner aux crus classés du Médoc, il a une passion sincère pour les terres ensoleillées et les belles découvertes.

Il est en charge de la région Bordeaux et du Beaujolais.

Ses 10 coups de cœur 2013

• Château Bolaire Bordeaux Supérieur 2010 (Bordeaux)
Le plus accompli des Bordeaux Supérieur jamais dégustés depuis bien longtemps ! Juste un régal.

• Château Gilette Sauternes 1989 (Bordeaux)
Ce millésime solaire, dompté par un long élevage en cuves et en bouteille, se révèle majestueux.

• Château Nairac Barsac 2011 (Bordeaux)
Ce domaine et son propriétaire, Nicolas Tari-Heeter, connaît à Barsac l'une des plus grandes réussites du millésime.

• Domaine de Chevalier Pessac-Léognan blanc 2011 (Bordeaux)
Ceux qui recherchent la pureté cristalline d'un blanc de Bordeaux doivent découvrir sans attendre ce superbe vin à l'éclat magistral.

• Château Haut-Bailly Pessac-Léognan rouge 2010 (Bordeaux)
Il exprime l'intensité des grands cabernets sur graves, avec de doux arômes de fruits rouges éclatants, et un boisé délicat et subtil. D'un très haut niveau de raffinement.

• Château Bel-Air La Royère Blaye 2009 (Bordeaux)
Xavier Loriaud est un grand vinificateur. Son Blaye s'inscrit parmi les plus grands vins de l'appellation, si ce n'est le plus grand.

• Château La Rousselle Fronsac 2009 (Bordeaux)
Cette année chaude lui va à ravir. Les tanins veloutés, le charme d'un merlot tout en rondeur et la profondeur de son terroir calcaire. Grand vin à l'horizon et de belle garde.

• Morgon Vieilles Vignes 2011 domaine Daniel Bouland (Beaujolais)
Quand le gamay est transcendé par la finesse d'un vinificateur qui exprime l'alchimie d'un terroir (Corcelette) et de ses vignes de 1927. Une splendeur de fruit et d'intensité.

• Morgon 2011 domaine Marcel Lapierre (Beaujolais)
Mathieu Lapierre rend, par la pureté de ce millésime, un bel hommage à son père. C'est le Morgon de fruit, délicat, subtil, frais et gouleyant. Le plaisir, tout simplement.

• Côte de Brouilly Zacharie 2010 château Thivin
Une cuvée pour comprendre le potentiel de garde des grands vins du beaujolais. Zacharie 2010, c'est la bouteille par excellence à mettre en cave.

© DR

Roberto Pétronio

Millésime 1963. Un tempérament volcanique. Issu d'une famille d'origine sicilienne, élevé dans le sud de Paris, passionné de musique et de photographie (son métier principal), il a la fougue de Mario Cavaradossi, le peintre amant de Tosca. Les vins, il les aborde guidé par son instinct, toujours épris de liberté. Ses jugements très personnels et sans concession sont recherchés par les propriétaires.

Il est en charge de la Bourgogne et la vallée du Rhône.

Ses 10 coups de cœur 2013

• Châteauneuf-du-pape Tradition 2010 Domaine Bois de Boursan (Vallée du Rhône)
Il faut déguster les vins de Jean-Paul Version pour comprendre ce que cette appellation peut exprimer de fin, élégant et racé, à l'image de sa cuvée tradition 2010. Magistral.

• Vosnes-Romanée les Beaumonts 2010 Domaine Leroy (Bourgogne)
Ce Vosnes-Romanée les Beaumonts 2010 est un modèle qui servira pour les générations futures. Renversant.

• Morey-Saint-Denis blanc Clos des Monts-Luisants 2009 Domaine Ponsot (Bourgogne)
Cet atypique Morey blanc, élevé en vieux bois par Laurent Ponsot, est énigmatique, persistant, intemporel et déroutera vos amis à l'aveugle.

• IGP Mont-Caume L'Amourvèdre 2011 domaine les Terres Promises (Provence)
L'Amourvèdre exprime tout le potentiel du mourvèdre en dehors des sentiers de Bandol. À découvrir de toute urgence !

• Châteauneuf-du-pape 2010 Château de Villeneuve (Vallée du Rhône)
Le travail de la vigne finit toujours par payer, pour preuve ce Châteauneuf-du-pape magnifique de définition et d'élégance.

• Chambertin 2010 domaine A.Rousseau (Bourgogne)
Un Chambertin qui fera date par sa densité et la plénitude de son corps. La Bourgogne au sommet de son art. Un vin intemporel.

• Côtes-du-Rhône cuvée 1901 2011 Domaine des Grillons (Vallée du Rhône)
Avec cette cuvée 1901 Nicolas Renaud nous livre ici une un somptueux blanc Rhodanien, profond distingué et complexe dans une toute petite appellation.

• Bandol 2002 Domaine Ray Jane (Provence)
C'est dans les petits millésimes que les meilleurs vignerons révèlent leur talent, avec ce Bandol 2002, à point et délicat, Alain Constant nous le confirme.

• VDP des bouches du Rhône 2007 Minna Vineyard (Provence)
Un Vin de Pays qui embaume la Provence dans sa face raffinée et intense. Une bouteille à savourer aujourd'hui, complexe et ouverte.

• VDT Il Cavalière Diplomate de l'Empire 2011 Domaine Abbatucci (Corse)
Le domaine Abbatucci nous a régalé avec tous ses vins, telle cette cuvée Il Cavalière Diplomate de l'Empire, un blanc doté d'une matière profonde et minérale.

© DR

Olivier Poels

Millésime 1971. Belge né à Bruxelles, il a découvert les caves bourguignonnes dès son enfance, sur le chemin des vacances, son père n'omettant jamais de séquencer la longue route vers la Méditerranée par deux ou trois étapes stratégiques entre Nuits-Saint-Georges et Beaune. Fin connaisseur de la Bourgogne, il a aussi le goût des grands vins de Bordeaux. Est-ce parce qu'il est né outre-Quiévrain ? Olivier a une passion : la recherche constante de l'excellence française sous toutes ses formes.

Il est en charge de la région Bordeaux, de l'Alsace et de la vallée du Rhône.

Ses 10 coups de cœur 2013

• Riesling Sommerberg 2010 domaine A. Boxler (Alsace)
Un vin d'un éclat et d'une profondeur bouleversants. Qui peut douter qu'à ce niveau le riesling est le plus grand des cépages blancs ?

• Pinot Gris Altenbourg SGN Cuvée Or 2009 domaine Weinbach (Alsace)
Très certainement un des vins liquoreux les plus émouvants dégusté cette année. La richesse est totalement fondue dans la fraîcheur du vin.

• Riesling Kessler 2008 domaine Schlumberger (Alsace)
Un domaine en plein renouveau et surtout une cuvée qui exprime ce que j'aime, la droiture et la franchise de goût. Tendu à souhait.

• Châteauneuf-du-pape blanc 2010 Clos des Papes (Vallée du Rhône)
L'appellation est moins connue pour ses blancs, pourtant, en dégustant cette cuvée on ne peut résister à la profondeur et à la complexité de cet immense vin.

• Tavel le Reine des Bois 2011 domaine de la Mordorée (Vallée du Rhône)
Pas facile d'être bluffé par un vin rosé, et pourtant, ce tavel 2011, riche, plein et charnu impose sa classe et son fruit. Vite, à table !

• Château Ducru-Beaucaillou 2010 (Bordeaux)
Combinaison quasi parfaite du raffinement, de la sensualité et de la densité, ce cru illustre toute l'aristocratie médocaine à chaque gorgée.

• Château des Eyrins 2010 (Bordeaux)
Ce petit cru de Margaux a produit un 2010 à se damner. De la soie et du velours en bouteille.

• Ermitage l'Ermite 2010 M.Chapoutier (Vallée du Rhône)
Certes, la cuvée est confidentielle et rares sont ceux qui auront le privilège d'y goûter. Néanmoins, il s'agit d'un des vins les plus vibrants que je connaisse, d'une tension minérale hors norme.

• Crozes-Hermitage Entre Ciel et Terre 2009 Domaine les Bruyères (Vallée du Rhône)
Tout le potentiel de cette vaste appellation est exprimé dans cette cuvée profonde et racée.

• Saint-Joseph blanc Saut de l'Ange 2010 domaine Pierre-Jean Villa (Vallée du Rhône)
Tout l'art de la vinification de ce vigneron talentueux s'exprime dans ce vin précis et défini.

© DR

Olivier Poussier

Millésime 1964. Meilleur sommelier du monde 2000, sacré à Montréal après dix ans de travail. Dégustateur universel par excellence. Parisien, formé à La Tour d'Argent puis en Angleterre, il ne défend aucune région en particulier, ayant consacré sa vie à la découverte de la diversité viticole de la planète. Capable de s'enthousiasmer pour un fief vendéen comme pour un bordeaux classé, il se distingue par sa discipline et son intégrité.

Il est en charge de la Bourgogne.

Ses 10 coups de cœur 2013

• Chablis Grand Cru Valmur 2010 Domaine Jean Claude Bessin
Une parfaite maturité de fruit qui se livre avec beaucoup de finesse et de pureté. Doté d'une bouche à la fois puissante et ferme.

• Chablis Grand Cru les Clos 2010 Domaine Benoist et Jean Paul Droin
Un grand Clos qui possède toute les qualités de ce terroir sans les excès. La rectitude et la tension minérale civilisent le vin et lui donnent une plénitude de bouche incroyable.

Pouilly Vinzelles les Quarts 2010 Domaine de la Soufrandière :
Un registre cristallin conjugué a une parfaite gestion de l'élevage. L'ensemble séduit par sa texture étirée et longue.

• Givry 1er Cru Clos Jus 2010 François Lumpp
Superbe maturité qui se livre sur un fruit juteux et croquant. Le vin est charnu sans aucune austérité de bouche. Cet ensemble dense et concentré garde un fruit très expressif.

• Meursault 1er Goutte d'Or 2010 Buisson - Charles
La parfaite combinaison entre maturité et fraîcheur, sans boisé outrancier. Le vin brille avec finesse et déploie de la pureté et une fraîcheur minérale émouvante.

• Meursault 1er Cru les Perrières 2010 Domaine Michel Bouzereau
Le vin ne s'impose pas en puissance mais en finesse, la bouche se montre ample et généreuse mais sans aucune lourdeur de style.

• Corton-Charlemagne Grand Cru 2010 Domaine Rapet
Une des plus grandes expressions jamais dégustée sur ce terroir. Le vin associe parfaitement cette race et fermenté d'acier qui signe les immenses Corton-Charlemagne.

• Batard Montrachet Grand Cru 2010 Domaine Pierre Yves Colin-Morey
Le volume et la race d'un grand cru, tout en demeurant scintillant sur le fruit, avec un boisé nuancé.

• Corton Bressandes Grand Cru 2010 Domaine des Comtes Sénard
La maturité est juste, le fruit possède cet éclat digeste que nous aimons. La subtilité de la vendange en entière en fait un vin élégant et savoureux.

• Pommard Grand Clos de Épenots 2010 Domaine de Courcel
Une bouteille a mettre en cave pour les décennies à venir. La bouche arbore une mâche exceptionnelle, sans aucune dureté. Du raffinement à l'état pur !

© DR

Jean-Emmanuel Simond

Millésime 1971. Fils et petit fils de montagnards de Chamonix. Diplômé puis professeur à Sciences Po, il s'est très tôt passionné pour les grands vins, français mais aussi d'ailleurs. Belle gueule d'acteur et palais subtil, il a créé sa propre société d'importation de vins fins. Il se passionne pour les vignobles méditerranéens, le Languedoc et le Roussillon, le Sud-Ouest, mais aussi l'Alsace, le Piémont, la Toscane et l'Afrique du Sud.

Il est en charge des régions du Languedoc, du Roussillon, de la Savoie, du Jura, du Sud-Ouest et de la Loire.

Ses 10 coups de cœur 2013

• Côte du Jura pinot noir les Varrons 2010 Domaine Julien Labet (Jura)
Ce pinot délicatement infusé, aux tannins soyeux, suprendra bien des amateurs de ce cépage raffiné.

• Chignin-Bergeron Les Filles 2010 Domaine Gilles Berlioz (Savoie)
Un grand blanc de gastronomie, croquant, épicé et digeste, élaboré sur les coteaux abrupts de Chignin par Gilles Berlioz, un merveilleux vigneron artisan.

• Vin de pays des Côtes Catalanes blanc l'Oca 2011 domaine Roc des Anges (Roussillon)
Comme une pépite extraite de la parcelle de schistes et argiles dont ce vin est issu, ce vin limpide de très vieux plants de maccabeu brille de mille feux nuancés et complexes.

• Banyuls l'Oublée domaine de la Rectorie (Roussillon)
Une vieille barrique laissée en vieillissement livre ce vieux vin doux naturel d'une fascinante richesse aromatique (canelle, noisette, clou de girofle...).

• Vin de France Les Choix blanc 2010 domaine Turner-Pageot (Languedoc)
Fermenté comme un rouge sur rafles et pellicules, ce blanc de marsanne ouvre la voie à des saveurs hors du commun révélées par le talent de ce couple de vignerons.

• Coteaux du Languedoc Montpeyroux La Boda rouge 2009 domaine d'Aupilhac (Languedoc)
Le savoir-faire de Sylvain Fadat, vigneron majeur de la région, éclate dans ce grand rouge dense et frais qui associe mourvèdre et syrah.

• Vin de pays d'Hauterive La Baronne Pièce de Roche rouge 2009 Château La Baronne (Languedoc)
Les carignan plantés en 1892 sous la montagne d'Alaric offrent un visage glorieux et harmonieux, grâce aux soins prodigues de la famille Lignères.

• Chinon Coteau de Noiré 2010 domaine Philippe Alliet (Loire)
Le vin emblématique de ce grand vigneron ligérien atteint en 2010 des sommets d'élégance et de finesse, porté par un fruit intense et des tanins soyeux.

• Saumur blanc 2009 La Charpenterie domaine du Collier (Loire)
Antoine Foucault atteint des sommets avec ce chenin cristallin mais de grande envergure, bâti pour défier le temps.

• Gaillac rouge Braucol 2010 domaine de la Ramaye (Sud-Ouest)
En véritable magicien, Michel Issaly nous offre la plus grande expression de ce vieux cépage qu'il nous ait été donné de déguster : un vin gourmand et monumental.

Tableau des millésime

	2010	2009	2008	2007	2006	2005
Alsace	16	15	17	15	14	16
Bourgogne rouge	15	18	16	15	15,5	18
Bourgogne blanc	16	15,5	17	15	15	16,5
Bordeaux rouge	19	18,5	15,5	13	16	18
Bordeaux blanc	19	17	17,5	15	16	17
Champagne			19	15	16	16
Jura	16,5	18	17	15,5	14	16
Languedoc	17	16,5	15,5	15	14	16
Provence-Corse	16	16,5	15	16,5	16	15
Vallée de la Loire rouge	18	19	16	14	15	16
Vallée de la Loire Blanc	19	17	16	15	14	15
Vallée du Rhône	18	17	13	16	16	17
Roussillon	17,5	17	16	14	15	16,5
Sud-Ouest	17	18	16	15,5	15	17

◯ À garder plus de 10 ans ◉ À garder de 3 à 10 ans ● À boire dans les 3 ans

Nos 10 conseils pour

1 ACHETER CHEZ LE
caviste

Les authentiques cavistes de quartier ont, hélas, tendance à disparaître au profit de grandes chaînes dont les modes d'achat et de sélection se rapprochent désormais très fort de la grande distribution. Si vous avez la chance d'avoir non loin de chez vous – il en existe encore quelques uns, un caviste passionné, compétent et disponible, ne vous en privez surtout pas. Il saura vous conseiller et vous proposer des vins originaux, sélectionnés par lui-même et donc difficiles à trouver ailleurs.

2 ACHETER EN
grande surface

Les grandes surfaces sont aujourd'hui des acteurs incontournables de la distribution du vin en France. 80% des vins vendus le sont aujourd'hui en grande surface. Ces dernières années, de très grands progrès ont été réalisés par les différentes enseignes, notamment en matière de stockage des vins. Cela dit, au sein des rayons, il demeure très difficile de s'y retrouver et le pire côtoie le meilleur. La meilleure période pour acheter ses vins en grande surface demeure le foire aux vins, généralement au mois de septembre.

3 ACHETER EN
foire aux vins

Depuis une vingtaine d'années, les foires aux vins se sont développées en France, à tel point qu'elles sont devenu un véritable phénomène de société. Les différentes enseignes proposent désormais toutes une foire aux vins au mois de septembre ou octobre. Si on peut y réaliser de très bonnes affaires, principalement sur les grands bordeaux, vendus parfois à prix coûtant, il convient d'être attentif pour le reste. Rupture rapide de stock, vins issus de petits millésimes, bourgognes sans aucun intérêt, les foires au vins peuvent aussi réserver de mauvaises surprises. Nos conseils : bien préparer sa stratégie d'achat et se présenter au magasin dès le premier jour pour profiter des meilleures affaires.

4 ACHETER CHEZ LE
producteur

Rien n'est plus agréable que pouvoir acheter son vin directement chez le producteur, le déguster sur place et en parler avec celui qui l'a élaboré. Si la chose demeure possible dans de nombreuses régions viticoles, elle l'est beaucoup moins dans d'autres, comme à Bordeaux par exemple, où les châteaux ne vendent que rarement du vin en direct aux clients de passage. Attention toutefois au charme magique qu'opère souvent la visite d'une cave, transformant parfois une vulgaire piquette en fabuleux nectar. Une fois rentré à la maison avec les bouteilles, on risque alors quelques sérieuses désillusions.

5 ACHETER DANS LES
salons

Il convint d'être là extrêmement prudent et de privilégier les salons sérieux et dédiés uniquement au vin. Les salons de l'agriculture et foires en tout genre sont les terrains de chasse privilégiés des escrocs professionnels qui attendent le gogo et n'hésitent pas à vendre d'immondes piquettes à des prix stratosphériques. Il faut s'assurer que l'on a affaire à un véritable producteur et que les prix annoncés n'ont pas été majorés pour l'occasion. Il faut toujours goûter le vin et se renseigner sur les conditions de livraison et ne pas hésiter à vérifier que les tarifs correspondent bien à ceux pratiqués en moyenne dans l'appellation.

6 ACHETER EN
vente aux enchères

Les ventes aux enchères de vins se sont multipliées ces dernières années et demeurent un excellent moyen d'acquérir des bouteilles à des prix parfois raisonnables. Il faut

bien acheter son vin

cependant prendre quelques précautions : s'assurer que les vins ont été bien conservés (les niveaux doivent être bons), se donner un prix maximum pour chaque lot convoité afin d'éviter de se laisser emporter par l'enchère dans le feu de l'action, enfin ne pas oublier les frais annexes qui viennent alourdir la facture (TVA et commission). Pour réaliser les meilleures affaires, n'hésitez pas à rechercher les lots dépareillés, les caisses incomplètes ou les vins d'appellations moins prestigieuses.

7 ACHETER SUR Internet

Internet est désormais devenu, en matière de vin également, un acteur incontournable. Les sites se multiplient avec des concepts parfois très différents. Comme pour tout achat par correspondance, il convient d'être attentif. Renseignez-vous sur la fiabilité et la solidité des sites sur lesquelles vous passez votre commande (les forum sont à ce titre bien utiles) et fuyez ceux qui accumulent les incidents, les retards de livraison et les annulations de commande. Privilégiez les sites établis depuis longtemps et, pour ce qui est des achats de Bordeaux, ceux qui ont également le statut de négociant et peuvent donc acheter directement les vins auprès des châteaux. N'achetez que des vins que vous connaissez et méfiez-vous des promotions trop alléchantes.

8 ACHETER EN primeur

Les grands châteaux de Bordeaux et quelques domaine de Bourgogne où de la vallée du Rhône proposent d'acheter du vin en primeur, c'est à dire de le réserver et de le payer avant qu'il ne soit mis en bouteille. L'intérêt pour le consommateur est de bénéficier théoriquement d'un rabais d'environ 20% sur le prix de sortie. L'expérience démontre qu'en réalité, l'achat primeur ne présente un réel avantage financier que sur les grands millésimes. Il n'est pas rare, en effet, de voir les vins issus de millé-

simes moyens ou petits, être vendus moins chers en foire aux vins que lors de leur sortie primeur. L'achat primeur présente cependant un autre avantage, celui d'avoir la certitude de pouvoir accéder à certains vins très recherchés et rapidement épuisés.

9 ACHETER DES vieux millésimes

Pour le plaisir de les boire où pour une occasion particulière, il est toujours possible d'acquérir des vieux millésimes. L'exercice se révèle souvent aussi passionnant que risqué. Le vin est un produit très fragile et si la marque du temps peut avoir sur lui des effets très bénéfiques, elle peut aussi lui causer des tords irrémédiables. Les ventes aux enchères demeurent le meilleur d'accéder à des millésimes anciens, voire très anciens. Attention toutefois alors à la provenance des bouteilles et à leur condition de stockage. Certains cavistes spécialisés proposent également des millésimes anciens et quelques rares producteurs acceptent de céder, pour une occasion particulière, une ou deux vieilles bouteilles. En règle général, au-delà de 20 ans d'age il ne faut s'intéresser qu'aux très grands millésimes et aux appellations prestigieuses sous peine de connaître de cruelles désillusion.

10 ACHETER SON VIN AU restaurant

La restauration française n'est pas connue pour pratiquer les coefficients multiplicateurs les plus doux en matière de vin. La moyenne se situe à trois, mais il n'est pas rare de voir, dans certains établissements très prestigieux, des coefficients de dix ! Si vous décidez de faire confiance au sommelier pour vous guider dans le choix des vins, n'hésitez pas à lui donner un budget, ce qui évitera quelques mauvaises surprises. Les appellations moins connues réservent souvent quelques belles surprises, préférez ainsi, par exemple, un saint-aubin à un meursault ou un cornas à une côte-rôtie.

Nos 10 conseils pour

La cave idéale

1

Enterrée, à 12°C constants, humide et dotée d'un sol en terre battue, la cave idéale est malheureusement très rare. Il existe pourtant aujourd'hui de nombreux moyens pour améliorer le rendement de celle que l'on possède, voire pour en créer une au sein d'un appartement ou d'une maison. Isolants, climatiseurs, casiers à bouteilles sont aisément disponibles et permettent à ceux qui le souhaitent d'aménager un endroit dédié à la conservation des vins le plus performant possible.

La température

2

La température d'une cave joue un rôle immédiat sur l'évolution du vin en bouteille. Plus elle monte, plus le vin évolue vite. Mais plus que la température en elle-même, c'est sa variation qui est déterminante. Les chocs thermiques sont très néfastes pour le vin, alors qu'une montée de la température en douceur au moment de l'été, à condition qu'elle ne dépasse pas 18°C, ne provoquera pas de dégâts irrémédiables. Au contraire, elle permettra au vin de vivre et de se patiner tranquillement. Posséder une cave à 12°C constants n'a d'intérêt qui si on entend conserver ses vins très longtemps. En effet, à cette température, l'évolution des vins est très lente, il faut donc faire preuve de beaucoup de patience pour les boire à leur juste maturité.

L'humidité

3

Facteur fondamental du bon vieillissement du vin, l'humidité de la cave est trop souvent négligée par les amateurs qui se focalisent sur la température. Or, une cave trop sèche peut se révéler catastrophique pour la conservation des bouteilles, causant des dégâts irrémédiables.
En l'absence d'une humidité suffisante, soit un taux d'au moins 70 %, les bouchons sèchent et le vin s'évapore ; les niveaux descendent rapidement, causant une oxydation prématurée. Un phénomène encore aggravé si la température est trop élevée. Un hygromètre est donc un instrument indispensable à installer dans sa cave et il faut réagir immédiatement si le taux d'humidité se montre trop faible, en arrosant, par exemple régulièrement, le sol de la cave. Une humidité trop élevée n'est, en revanche, pas nocive pour le vin, mais elle détériore les étiquettes, un moindre mal.

L'obscurité

4

La lumière peut se révéler être un ennemi mortel pour le vin, principalement blanc qui, en cas d'exposition prolongée, prend ce que l'on appelle « un goût de lumière », déviance aromatique rédhibitoire. Les bouteilles en verre blanc y sont particulièrement sensibles, car elles laissent passer davantage de rayons ultraviolets. C'est pour cette raison que nombre de producteurs qui commercialisent leur vin dans ce type de bouteille les emballent dans du papier de soie. Une cave doit donc être la plus obscure possible et équipée d'ampoules de faible intensité. Il faut y bannir les néons.

Louer une cave

5

Pour ceux qui ne possèdent pas de cave et qui ne peuvent se contenter d'une cave d'appartement, la solution de la location peut se révéler intéressante. Attention toutefois, on ne trouve ce type de service que dans les grandes villes. La location d'une cave peut d'ailleurs, dans certains cas, s'accompagner de plusieurs prestations, comme la livraison des bouteilles à domicile ou la gestion du stock. Des options souvent coûteuses, tout comme la location elle-même.

Les caves d'appartement

6

Cette solution demeure, pour tous ceux qui ne possèdent pas une cave satisfaisante, une excellente alternative. Aujourd'hui de nombreuses marques proposent ce type de produit, avec des contenances, des designs et des options bien différentes. Les prix peuvent aussi varier dans des proportions importantes. Avant d'opérer son choix, il faut définir clairement ses besoins et notamment savoir si cette cave est destinée à faire vieillir des vins sur une longue durée. Dans ce cas, il est impératif d'opter pour un modèle très performant, avec contrôle permanent d'humidité, ventilation et absence de vibration. Ces modèles, souvent plus onéreux, offrent la garantie de respecter vos bouteilles. Les modèles bas de gamme, généralement des réfrigérateurs déguisés, peuvent s'avérer intéressants uniquement dans le cas d'une conservation très courte.

7 La durée de conservation

Quand dois-je boire mes vins ? Cette question taraude tous les amateurs soucieux de déboucher leurs bouteilles à leur optimum. Outre son potentiel de départ, la durée de conservation d'un vin dépend essentiellement des conditions de stockage. Dans une cave humide à 12°C constants et totalement obscure, les vins vieillissent beaucoup plus lentement que dans une pièce à 15°C et un peu sèche. Il est donc important de bien évaluer la qualité de sa cave et de contrôler régulièrement l'état des bouteilles que l'on y conserve. Il n'y a pas d'âge limite de garde pour le vin et certains flacons vieux de plus de cent ans se montrent encore d'une jeunesse incroyable. C'est également une affaire de goût personnel, si certains aiment les vins qui développent les arômes tertiaires d'un long vieillissement, d'autres les préfèrent sur leur fruit.

8 Assurer sa cave

C'est la hantise de tous les amateurs de vins, se faire voler sa cave. Lorsque celle-ci recèle de nombreux grands crus, la valeur peut rapidement atteindre des niveaux très élevés et l'assurance habitation contre le vol ne couvrira pratiquement pas le préjudice subi. Pour éviter tout désagrément, il faut faire assurer spécifiquement sa cave à vins.

Une opération en réalité assez compliquée, car peu de compagnies proposent ce type de contrat. Une expertise régulière de la cave doit être réalisée, car la valeur des bouteilles fluctue. Il faut aussi tenir à jour un registre d'entrées et de sorties des bouteilles et conserver toutes les factures d'achat. Dans la pratique, cela se révèle souvent très fastidieux et coûteux. A n'envisager que pour des caves de très grande valeur.

9 Choisir le bon format

Toutes les dégustations comparatives le démontrent : plus le format du contenant est grand, mieux le vin se conserve. Aussi, à moins de le consommer très rapidement, faut-il absolument fuir les demi-bouteilles, qui ont une tendance à s'oxyder très rapidement. Le contenant idéal nous semble être le magnum, qui permet au vin de conserver davantage de fraîcheur que dans une bouteille classique. La chose étant d'autant plus flagrante avec le champagne, dont la bulle est toujours plus vive après quelques années de cave. Pour toute garde supérieur à 10 ans, nous vous conseillons donc d'opter pour ce format, voire plus grand.

10 Reconditionner ses bouteilles

Lorsque les conditions de stockage ne sont pas parfaites, il peut arriver qu'une partie du vin contenu dans la bouteille s'évapore, faisant ainsi baisser le niveau. Les bouchons, dont la durée de vie n'est pas éternelle, peuvent aussi s'abîmer. Il est donc conseillé, si l'on souhaite conserver des vins très longtemps (plusieurs décennies), de procéder à des reconditionnements. L'opération consiste à ouvrir les bouteilles, les remettre à niveau et placer un nouveau bouchon. Cette opération délicate est généralement réalisée par le château, mais sous certaines conditions, notamment d'accepter que le vin soit éliminé s'il est jugé non conforme.

Nos 10 conseils pour

1 ## La température

La température de service d'un vin est fondamentale pour que celui-ci s'exprime au mieux. Trop froid, le vin se referme et ne se livre pas ; trop chaud, il donne une sensation alcooleuse et brûlante. Les champagnes doivent ainsi être servis frais, mais pas frappés, à environ 9°C. Les vins blancs secs s'expriment parfaitement à 11-12°C, alors que les rouges sont à leur mieux vers 16- 17°C. Il vaut toujours mieux servir le vin un peu plus frais que trop chaud et ne pas oublier que, dans une pièce chauffée à 20°C le vin monte rapidement en température. De même, le simple contact avec le verre le réchauffe instantanément de 2 à 3°C. En cas de doute, l'utilisation d'un thermomètre peut se révéler bien utile.des vins le plus performant possible.

2 ## Les verres

On ne dira jamais à quel point l'importance des verres est prépondérante dans le service du vin. Sa forme, sa taille et même sa matière influent directement sur la perception qu'on en a. Sous l'impulsion du verrier autrichien George Riedel, dans les années 1980, une révolution en la matière s'est opérée et, aujourd'hui, de nombreux verriers ont suivi la tendance et ont créé des collections qui permettent de déguster dans les meilleures conditions qui soient. Il ne faut pas hésiter à investir dans une série de verres spécialement conçus pour la dégustation, vos meilleurs flacons le méritent.

3 ## La décantation

Décanter un vin peut avoir deux fonctions bien distinctes. Lorsqu'il s'agit d'un jeune vin, la décantation permet de l'oxygéner, ce qui aura pour conséquence de libérer ses arômes. On choisira alors une carafe à fond large, afin qu'une grande surface du vin puisse être en contact avec l'air. On peut réaliser cette opération à l'avance, voire dans certains cas, plusieurs heures avant le service. Décanter un vieux vin est, en revanche, une opération bien plus délicate, car elle risque, s'il

est particulièrement fragile, de l'abîmer de manière irrémédiable. Avant de procéder à l'opération, qui a pour but d'éliminer le dépôt qui s'est formé dans la bouteille, il faut s'assurer que le vin la supportera. On choisira alors une carafe étroite et on décantera le vin juste avant de le servir. Nous vous conseillons par ailleurs de décanter aussi les vins blancs et pourquoi pas les champagnes.

4 ## L'ordre de service

La tradition voudrait que l'on serve les vins blancs avant les vins rouges et les vins jeunes avant les vins vieux. Une règle qui, là encore, mérite d'être nuancée. Il peut être très agréable de revenir en fin de repas, au moment du fromage, sur un vin blanc, tout comme il est dommage de servir un vieux vins délicat et subtil derrière un jeune cru au fruité explosif et à la matière dense. En règle générale, il vaut mieux établir l'ordre de service des vins en fonction de leur puissance et de leur corpulence. Les vins vifs et frais seront parfaits pour démarrer le repas, on montera ensuite en puissance pour terminer sur les liquoreux ou les vins mutés.

5 ## Servir un très vieux vin

Si ouvrir une bouteille ancienne demeure un moment très excitant pour tous les amateurs de vins, il convient de respecter un certain nombre de précautions pour lui permettre d'arriver dans le verre des convives au mieux de sa forme. Il est ainsi conseillé de placer la bouteille en position verticale au moins vingt-quatre heures à l'avance, ce qui permettra au dépôt de glisser tranquillement vers le fond de la bouteille. L'ouverture est également un moment délicat, car les vieux bouchons sont fragiles, il est donc indispensable d'être doté d'un bon tire-bouchon et d'opérer très délicatement. Une fois la bouteille ouverte, dégustez le vin afin de juger si un passage en carafe peut l'améliorer. Il est toujours risqué d'ouvrir un très vieux vin longtemps à l'avance, une heure avant le service nous paraît généralement suffisante.

6 Conserver une bouteille ouverte

En règle générale, une fois ouverte, une bouteille de vin doit être consommée dans les heures qui suivent. Cette règle est d'autant plus vraie que le vin est âgé. Il arrive toutefois que l'on souhaite conserver une bouteille jusqu'au lendemain voire davantage. Il faut alors protéger le vin de l'oxydation. On trouve actuellement dans le commerce différents systèmes permettant cette opération. Le plus simple et le meilleur marché est une petite pompe qui permet de faire le vide d'air dans la bouteille. Cette solution autorise une garde d'un jour ou deux, au maximum. Nous vous conseillons par ailleurs de place la bouteille au frigo. Récemment un appareil plus sophistiqué et commercialisé par un grand fabricant de cave d'appartements permet aussi cette opération.

7 Les accords avec les viandes

Le bon usage veut que l'on serve du vin rouge avec la viande. Si le gibier s'accorde à merveille avec les vins du sud de la vallée du Rhône et que l'agneau marie à merveille la texture de sa chair avec les tanins souples d'un pauillac de quelques années, il est de nombreux cas où la viande et le vin blanc peuvent se rencontrer à merveille. Les volailles par exemple trouvent en certains beaux vins blancs de bourgogne un compagnon idéal, la célèbre poularde aux morilles et au vin jaune s'exprime parfaitement avec un grand arbois. Les vins blancs structurés et âgés de quelques années sont souvent bien trop puissants pour les poissons et trouvent dans la chair des viandes blanches, comme le veau, un adversaire à leur taille. Quant aux viandes rouges et aux gibiers, nous vous conseillons de leur associer des rouges plus racés, tout en veillant à ce que ni le plat ni le breuvage ne dominent le débat.

8 Les accords avec les poissons

Si la règle, qui veut que l'on serve des vins rouges avec les viandes, peut être transgressée, il en va de même pour celle qui préconise d'associer poisson et vin blanc. Le thon, mais aussi un certain nombre de poissons à chair ferme, telle la lotte, s'accommodent parfaitement de rouges assez souples et gourmands. Les vins de Loire, du Beaujolais, du Rhône, mais aussi certains bordeaux font ainsi parfaitement l'affaire. Aussi peut-on réaliser de surprenants accords entre une huître plate du Belon et un coteaux-du-loir issu de pinot d'Aunis. Cependant, en règle générale, les crustacés demeurent plus à l'aise sur les vins blancs, le homard, la langouste ou les langoustines sont un faire-valoir superbe pour les grands bourgognes.

9 Les accords avec les fromages

Il est grand temps de tordre le cou à une idée bien ancrée, et pourtant fausse, qui laisse penser que le fromage s'accorde à merveille avec les grands vins rouges. En réalité, la plupart des fromages, à quelques exceptions près, comme le saint-nectaire, sont absolument incompatibles avec les rouges, dont la structure est écrasée par la puissance du fromage. Les grands accords en la matière s'opèrent le plus souvent avec des vins blancs. Il faut avoir goûté un sancerre et un chèvre frais, un sauternes et une fourme d'Ambert, un arbois et un comté pour comprendre à quel point il est dommageable pour les vins rouges d'être systématiquement proposés sur le plateau de fromages.

10 Les accords avec les desserts

Trois types de vins s'accordent traditionnellement bien avec les desserts. Les liquoreux de Bordeaux, mais aussi de Loire ou d'Alsace font merveille sur les préparations à base de fruits jaunes et blancs. Les vins mutés, comme le porto ou le banyuls sont des compagnons parfaits pour les desserts à base de chocolat, de praliné ou de moka. Les champagnes que l'on choisira rosés pour accompagner les fruits rouges, peuvent aussi être proposés en version demi-sec sur les pâtisseries aux fruits blancs, comme une génoise aux poires et aux amandes.

Alsace

Le royaume des grands vins blancs

Avec plus de 15 000 hectares de vignes et plus de 150 millions de bouteilles élaborées, le vignoble alsacien, plus gros producteur de vins blancs de France, reste pourtant méconnu des amateurs. Ces derniers ignorent trop souvent les glorieuses vendanges tardives et sélections de grains nobles, sommets incontestés de la production mondiale des vins liquoreux. Il faut par ailleurs avoir dégusté un grand riesling sec et minéral pour comprendre à quel point ce cépage peut retranscrire la diversité et la complexité des terroirs dont il est issu.

Rappelons quelques faits essentiels. Le vignoble s'étend pratiquement de Strasbourg à Mulhouse, sur une bande étroite de coteaux, formés pour l'essentiel par les massifs sous-vosgiens. En bloquant les masses d'air de l'intérieur, les Vosges créent un microclimat plutôt sec, qui accentue les effets de l'ensoleillement continental en été et en automne. Les raisins blancs mûrissent mieux que partout ailleurs en France, tout en conservant leur fruité spécifique dans la fraîcheur des coteaux, grâce à la longueur du cycle végétatif de la vigne. Malheureusement, le vignoble alsacien s'est étendu dans la plaine, sur des sols fertiles et moins coûteux à travailler, mais dont les vins dilués et largement diffusés entretiennent la mauvaise réputation de l'ensemble.

Or, par le climat, la nature des sols et la spécificité des cépages, les bons vins d'Alsace sont les plus généreux et les plus fruités de nos vins blancs, un peu plus discrets dans la partie nord et plus opulents dans la région de Colmar, où le microclimat exprime toute son originalité. Leur fruité s'épanouit assez vite après la mise en bouteilles mais peut, dans les meilleurs crus, se conserver intact et même se bonifier sur plusieurs dizaines d'années. Seuls quelques cépages évoluent avec l'âge. Le riesling développe des nuances minérales qui ravissent les amateurs mais exigent, afin d'être comprises, un apprentissage. Moins connu, le gewurztraminer vieillit aussi très bien sur ses meilleurs terroirs, en affinant et en épurant ses arômes.

LES APPELLATIONS

■ Les appellations générales

• **Alsace :** 837 000 hl en 2008. Cette appellation peut être ou non suivie du nom de l'un des cépages autorisés. Dans ce cas, le vin est vinifié exclusivement à partir des raisins de ce cépage.

• **Alsace Grand cru :** 45 000 hl en 2008. Quatre cépages nobles peuvent prétendre à cette appellation : le riesling, le muscat, le pinot gris et le gewurztraminer. Le sylvaner peut également être autorisé sur le terroir spécifique de Zotzenberg. Autre particularité : les terroirs de l'Altenberg de Bergheim et du Kaefferkopf peuvent revendiquer l'appellation Grand cru tout en étant issus d'un assemblage de cépages nobles définis et réglementés.

• **Alsace Vendanges Tardives (VT) et Alsace Sélection de Grains Nobles (SGN) :** le sommet de la qualité, grâce à un contrôle strict du raisin et du vin, soumis à une dégustation obligatoire. Les VT sont élaborés à partir de raisins riches en sucre naturel et possèdent un corps et un potentiel de vieillissement supérieurs à ceux des vins de réserve. Ils conservent en général un peu de sucre résiduel, ce qui ne convient pas à tous les plats. Les SGN, comme leur nom l'indique, sont faits à partir de raisins enrichis par la pourriture noble et rivalisent avec les plus grands vins liquoreux du monde. Dans les deux cas, la chaptalisation est interdite, ce qui est unique en France.

• **Crémant d'Alsace :** 248 000 hl en 2008. Vins effervescents, élaborés selon des techniques identiques à celles utilisées pour le champagne.

■ Le style des cépages

• **Le sylvaner :** 8,9 % de la surface globale du vignoble. Ce cépage, dans ses plus belles définitions, révèle un vin franc, délicat et de puissance modérée. Il épouse le minéral à merveille et donne de vins tendus sur la fraîcheur. Quelques versions de vinification sous bois et de vendanges tardives sont présentes. Mais la vigilance s'impose : le sylvaner est fréquemment banalisé dans sa conception, il reste souvent mince et dilué, les hauts rendements

Wissembourg

Rott
Cléebourg
Oberhoffen
Steinseltz
Riedseltz

N
O   E
S

Massif des Vosges

Gimbrett
Kienheim

Wangen
Kirchheim
Odratzheim
Kuttolsheim
Nordheim
Marlenheim
Furdenheim
Westhoffen
Traenheim
Scharrachbergheim
Irmstett   Osthoffen
Bergbieten
Balbronn
Dahlenheim
Ergersheim
Strasbourg
Flexbourg
Wolxheim
Dangolsheim
Soultz-les-Bains
Avolsheim
Mutzig
Molsheim
Dorlisheim

Bruche

Rosenwiller
Rosheim
Boersch
Bischoffsheim
Ottrott
Obernai
St-Nabor
Bernarswiller
Goxwiller
Bourgheim
Barr
Gertwiller
Mittelbergheim
Zellwiller
Andlau
Bernardvillé
St-Pierre
Eichhoffen
Stotzheim
Reishsfeld
Itterswiller
Albé
Nothalten
Epfig
Villé
Blienschwiller
Dambach-la-ville
Dieffenthal

Ill
Rhin

Scherwiller
Châtenois
Kintzheim
Sélestat
Orschwiller
Rodern
Saint-Hippolyte
Körschwihr
Bergheim
Ribeauvillé
Hunawihr
Zellenberg
Riquewihr
Beblenheim
Mittelwihr
Kaysersberg
Bennwihr
Kientzheim
Sigolsheim
Ammerschwihr
Houssen
Katzenthal
Niedermorschwihr
Ingersheim
Turckheim
Wintzenheim
Colmar
Zimmerbach
Walbach
Wettolsheim
Wihr-au-Val
Eguisheim
Husseren-les-Châteaux
Voegtlinshoffen
Herrlisheim
Hattstatt
Gueberschwihr
Osenbach
Pfaffenheim
Soultzmatt
Rouffach
Orschwihr
Westhalten
Bulh
Bergholtz-Zell
Bergholtz
Guebwiller

Ill
Rhin

Thur
Jungholtz
Soultz
Wuenheim
Hartmannswiller
Berrwiller
Wattwiller
Steinbach
Uffholtz
Thann
Cernay
Leimbach
Vieux-Thann
Mulhouse

LE VIGNOBLE
D'ALSACE

Superficie
15535 hectares

Cépages
principaux
Sylvaner
Pinot blanc
Riesling
Muscat pinot gris
Gewurztraminer
Klevner de
Heiligenstein
Pinot noir

Volume produit
1,15 million
d'hectolitres

Nombre
d'appellations : 3

25 km

lui donnant une image de vin de comptoir sans prétention. Il faut absolument choisir les meilleurs vignerons.

• **Le pinot blanc :** 21,2 % de la surface globale du vignoble. Une étiquette d'un vin de pinot blanc ne renseigne pas le consommateur sur le pourcentage réel entre le pinot blanc et l'auxerrois. Les deux cépages sont certes de la même famille, mais l'auxerrois donne des vins plus riches et plus suaves. Le pinot blanc est souvent un compromis pour aborder cette région, offrant une palette qui tire sur le chardonnay, une bouche plus ronde et moins nerveuse que le sylvaner. Il donne un vin simple et facile à savourer sur des entrées de poissons et de crustacés, des salades composées et des terrines de lapin et de volaille.

• **L'auxerrois :** certains vignerons le vinifient séparément. Il donne un vin plus ample et plus gras que le pinot blanc, avec une texture et un équilibre entre l'alcool, l'acidité et le sucre qui le rapprochent davantage d'un pinot gris.

• **Le klevener de Heiligenstein :** un savagnin rose présent sur le village de Heiligenstein et dans ses alentours.

• **Le muscat :** il représente 2,3 % de la surface globale du vignoble. En vérité, deux muscats sont implantés et autorisés en Alsace : la variété à petits grains, dit muscat d'Alsace, et l'ottonel, présent en Europe centrale et qui possède la particularité de faire des vins plus séduisants et plus moelleux. Ils donnent des vins friands et aromatiques en sec, et divins en vendanges tardives et en sélection de grains nobles. Ce cépage est souvent réduit à sa plus simple expression variétale. C'est dommage car il peut donner des vins de terroirs surprenants : une certaine rigueur et une maîtrise des rendements leur confèrent une tout autre image.

• **Le riesling :** 21,7 % de la surface globale du vignoble. Ce cépage roi se révèle sous de multiples facettes. Le plus souvent, les vins sont nerveux et tendus avec une grande fraîcheur, ayant la capacité exceptionnelle d'exprimer les caractéristiques de leur terroir. Ce cépage est pour les puristes un des plus grands cépages blancs français. Il faut tout de même avouer que sur l'ensemble des rieslings, le niveau reste très inégal, la largesse des rendements et la sous-maturité du raisin étant

encore trop présentes dans la région.
Alentours

• **Le pinot gris :** il constitue 15,2 % de la surface globale du vignoble. D'origine bourguignonne, c'est un cépage aux grains roses capable d'enrichir sa saveur grâce à la surmaturité ou à la pourriture noble. Les pinots gris de petite maturité sont insignifiants. Les vins de récolte tardive ou de sélection de grains nobles, en revanche, peuvent atteindre les plus hauts sommets de la qualité et une longévité inimaginable.

• **Le gewurztraminer :** 18,6 % de la surface globale du vignoble. Sélection très épicée et aromatique du traminer, il donne des vins originaux, parmi les plus parfumés d'Alsace (des plus communs aux plus raffinés). Le cépage se transfigure sous l'effet de la pourriture noble et peut donner un nectar comparable aux grands sauternes.

■ Les crus du Bas-Rhin (au nord)

Les vins du Bas-Rhin sont, par nature, plus discrets que ceux du Haut-Rhin. Ils peuvent parfois atteindre des sommets de finesse (terroir d'Andlau) ou de puissance (terroir de Barr). Les sylvaners en retirent souvent une distinction inconnue ailleurs ; les rieslings, eux, conviennent à ces microclimats un peu plus froids et montagnards, tandis que les gewurztraminers manquent parfois de panache mais évitent la lourdeur.

■ Les crus du Haut-Rhin (au sud)

La partie nord du département, de Bergheim à Kaysersberg, donne les vins d'Alsace les plus équilibrés et les plus séduisants parmi tous les cépages. Depuis 1945, elle a beaucoup contribué à la renommée de toute l'Alsace, grâce à l'action de négociants prestigieux. On y rencontre certainement les rieslings les plus fins et les plus racés, des pinots gris et des gewurztraminers plus élégants que puissants. Le microclimat de Colmar favorise la pourriture noble et l'opulence des textures, ce qui convient particulièrement aux gewurztraminers et aux pinots gris. Le sud est souvent trop chaud pour les rieslings (à l'exception des terroirs gréseux de Guebwiller ou des célèbres laves du Rangen à Thann), mais il favorise la puissance des gewurztraminers et des pinots gris.

Alsace

Nos bonnes adresses

HÔTELS

■ Hotel-restaurant Le Chambard
Cuisine de haute tenue et carte des vins pertinente. . 9, rue du Général-De-Gaulle, 68240 Kaysersberg. Tel : 03 89 47 10 17

■ La Maison des têtes
Chambres ravissantes dans une bâtisse du XVIIéme siècle. De 91 à 230 euros. 19, rue des Têtes, 68000 Colmar. Tél : 03 89 24 43 43.

■ Hôtel l'Abbaye d'Alspach
Chambres de très bon confort à partir de 71 euros. 2-4, rue Foch, 68240 Kientzheim. Tel : 03 89 47 16 00.

■ Le Clos Saint-Vincent
Chambres douillettes et confortables. A partir de 150 euros la nuit. Route de Bergheim, 68150 Ribeauvillé. Tél : 03 89 73 67 65.

■ B.Espace Suites
Magnifiques suites de haut confort. De 119 à 164 euros la nuit. 48, rue du Général-De-Gaulle, 68340 Riquewihn. Tel : 03 89 86 54 55

CHAMBRES D'HÔTES

■ Chez Katia Schmitt
Dans la plus belle rue ancienne d'Eguisheim. De 60 à 85 euros. 19, rue du rempart, 68420 Eguisheim. Tel : 06 84 38 35 94.

■ Domaine Agapé
Petite maison chez le vigneron Vincent Sipp. 47, rue du Canal, 68570 Soulzmatt. Tél : 03 89 47 07 85.

■ Maisons d'hôtes le Schaeferhof
L'accueil et le confort sont parfaits. 130 euros. 10, rue des Tuileries, 68340 Riquewihr Tel : 03 89 47 94 23.

■ Christine et Michel Butterlin
Trois chambres simples et charmantes. De 40 à 55 euros. 7, Grand-rue, 68240 Kientzheim. Tel : 03 89 47 18 59.

■ François Bléger
Mobilier ancien ou contemporain selon les chambres. 52 euros. 63, route du Vin, 685900 Saint-Hippolyte. Tel : 03 89 73 06 07.

■ Domaine François Schwach et Fils
Chambres spacieuses et bien équipées. 74 euros la nuit. 28, route de Ribeauvillé, 68150 Hunawihr. Tel : 03 89 73 62 15.

■ Au nid de Cigogne
Une maison alsacienne de plus de 700 ans. De 65 à 70 euros. 10, rue du Schlossberg, 68340 Zellenberg. Tel : 03 89 49 05 15.

RESTAURANTS

■ Aux armes de France
Sympathique carte à prix modérés. 40 euros environ. 1, Grand-Rue, 68770 Ammerschwihr. Tel : 03 89 47 10 12.

■ La Taverne Alsacienne
Pour la cuisine et l'amour du vin de Philippe Guggenbuhl. 99, rue de la République, 68040 Ingersheim. Tel : 03 89 27 08 41.

■ La Nouvelle Auberge
Des prix sages et du choix de vins à la hauteur de la cuisine. 45 euros environ. 68230, Wihr-au-Val. Tel : 03 89 71 07 70.

■ L'Atelier du sommelier
Très belle sélection régionale et belle cuisine. Carte 55 euros environ. 35, rue des Aacias, 67110 Niederbonn-les-Bains. Tel : 03 88 09 06 25.

■ D'Brendelstub
Une « stub » nouvelle génération pour la rôtisserie et des classiques alsaciens. De 14 à 45 euros. 48, rue du Général-De-Gaulle, 68340 Riquewihr. Tel : 03 89 86 54 54.

■ Flamme and Co
Un bistrot alsacien ultra-contemporain et branché. Environ 15 euros. 4, rue du Général-De-Gaulle, 68240 Kaysersberg. Tel : 03 89 47 16 16.

■ Au Bon coin
Bonne cuisine tournée vers le large. De 11 à 32 euros. 12, rue de la Première-Armée, 68240 Sigolsheim. Tel : 03 89 78 22 33.

■ Le Sarment d'or
La tradition locale, dans le décor et dans les assiettes très soignées. De 20 à 52 euros. 4, rue du Cerf, 68340 Riquewihr. Tel : 03 89 86 02 86.

■ La Table du Gourmet
Séduisante allure contemporaine. De 48 à 90 euros. 5, rue de la Première-Armée-Française, 68340 Riquewihr. Tel : 03 89 49 09 09.

■ Domaine Albert Boxler
ALSACE
★★★

Jean Boxler, qui a pris la suite de son père Jean-Marc, producteur très scrupuleux et d'une grande exigence, continue à porter au plus haut les couleurs de ce domaine de référence. Il donne toute sa noblesse au Sommerberg, coteau très pentu, parfois organisé en terrasses, où le travail se révèle particulièrement dur. La maison y possède 4 ha et 1,9 ha dans le cru Brand. Différentes cuvées issues de plusieurs parcelles sont proposées, toutes atteignent désormais un niveau exceptionnel.

Les vins : une fois encore, la gamme possède un éclat et une pureté impossibles à prendre en défaut. La série des rieslings est éblouissante. L'expression du Sommerberg y est magnifiée au travers de la cuvée D, taillée au laser, d'une précision et d'une persistance de saveur qui en font un immense vin universel. Plus crayeux en bouche, le Brand offre aussi un peu plus de largeur et toujours une définition impeccable.

☐	Gewurztraminer Grand Cru Brand 2010	n.c.	16,5
☐	Pinot Gris Grand Cru Brand 2010	n.c.	18
☐	Pinot Gris Grand Cru Brand Achille 2010	n.c.	19
☐	Pinot Gris Grand Cru Sommerberg SGN 2008	n.c.	18,5
☐	Pinot Gris Grand Cru Sommerberg W 2010	n.c.	18,5
☐	Riesling 2010	n.c.	16
☐	Riesling Grand Cru Brand 2010	n.c.	18
☐	Riesling Grand Cru Brand K 2010	n.c.	19
☐	Riesling Grand Cru Sommerberg 2010	n.c.	18
☐	Riesling Grand Cru Sommerberg D 2010	n.c.	19,5
☐	Sylvaner 2010	n.c.	15

Rouge : 0,5 hectare.
Pinot noir 100 %
Blanc : 12 hectares.
Sylvaner 5 %, Gewurztraminer 15 %, Muscat 5 %, Pinot blanc ou Klevner 20 %, Pinot gris 17 %, Riesling 38 %
Production moyenne : 60 000 bt/an

Domaine Albert Boxler, 78, rue des Trois-Epis, 68230 Niedermorschwihr
Tél. : 03 89 27 11 32 **Fax :** 03 89 27 70 14

E-mail : albert.boxler@9online.fr
Sur rendez-vous.
Propriétaire : Jean-Marc et Jean Boxler

■ Domaine Marcel Deiss
ALSACE
★★★

Jean-Michel Deiss reste fidèle à la voie tracée : réaliser des vins de terroir à partir de vignes complantées. Cet assemblage de cépages reste pour lui la meilleure définition de l'expression d'un terroir. La complantation, fort ancienne dans la région, était systématique autrefois. Le procédé reste encore très peu suivi et divise fortement les vignerons. Jean-Michel, lui, avance tranquillement dans cette démarche, avec pour finalité des vins convaincants, complexes, dotés d'une intensité de saveur merveilleuse et d'un équilibre incroyable. Une harmonie entre les cépages qui se fait naturellement, sans éprouvette, à la cave, loin de tout calcul savant. Cela reste un peu déroutant pour le consommateur, mais le résultat est magnifique. Quelques années de recul permettent d'analyser la précision des définitions de terroir et la capacité de ces vins à gérer leur propre équilibre.

Les vins : Jean-Michel Deiss cherche visiblement à exprimer davantage de tension dans ses vins, c'est notable avec le millésime 2010. Engelgarten se montre très bien équilibré, fin et porté par une belle acidité saline en finale ; des notes salines que l'on retrouve aussi dans le superbe Langenberg à la finale d'agrumes. Schoffweg exprime un côté plus fumé et ample, tout en conservant une admirable droiture. Grasberg exprime davantage de richesse, avec une touche d'agrumes confits et une sucrosité plus marquée. Huebuhl 2008 joue la carte de la richesse, tout en préservant une belle fraîcheur avec une touche mentholée en finale. Le trio de grands crus impose une nouvelle fois sa classe et l'expression des terroirs : porté par un élevage habile, Mambourg est volumineux et suave, avec beaucoup d'allonge ; riche, Schœnenbourg possède un équilibre superbe qui lui permet de gérer sa sucrosité et d'exprimer un joli côté exotique. Enfin, l'Altenberg s'exprime dans un registre plus floral, mais aussi très profond.

☐	Burg (Bergheim) 2010	34 €	17
☐	Engelgarten 2010	26 €	16
☐	Grand Cru Altenberg de Bergheim 2009	60 €	18,5

☐ Grand Cru Mambourg 2009   60 €   18,5
☐ Grand Cru Schoenenbourg 2009   61 €   19
☐ Grasberg (Bergheim) 2010   34 €   16,5
☐ Huebuhl 2008   32 €   16,5
☐ Langenberg 2010   26 €   16
☐ Rotenberg 2010   32 €   16,5
☐ Schoffweg 2010   34 €   17

Rouge : 2 hectares.
Pinot noir 95 %, Autres 5 %
Blanc : 25 hectares.
Pinot gris 24 %, Pinot blanc ou Klevner 18 %,
Riesling 32 %, Gewurztraminer 22 %,
Muscat 4 %
Production moyenne : 135 000 bt/an
❀ Certifié en agriculture bio ou biodynamique

Domaine Marcel Deiss, 15, route du Vin, 68750
Bergheim
Tél. : 03 89 73 63 37   **Fax :** 03 89 73 32 67
E-mail : marceldeiss@marceldeiss.fr
Site : www.marceldeiss.fr
Vente : au domaine
Pas de visites.
Propriétaire : Jean-Michel Deiss

■ Domaine Albert Mann

ALSACE
★★★

Tout auréolés de leur titre de Vignerons de
l'année, décerné en 2012 par « La Revue du
vin de France », les Barthelmé ne relâchent pas
la pression. Le domaine, né de l'union des familles Mann et Barthelmé, deux grandes lignées
de vignerons depuis le XVIIe siècle, continue à
tutoyer l'excellence. Les deux frères Jacky et
Maurice, secondés par leurs épouses, livrent
depuis quelques millésimes une vision admirable
de ce que l'Alsace est capable de produire de
meilleur. Un travail méticuleux à la vigne, un
sens de la vinification très pointu font de cette
propriété une des étapes incontournables de la
région, mais aussi une production de référence
pour tous ceux qui se passionnent pour les
grands vins.

Les vins : le muscat 2010 introduit une
gamme une fois encore d'une parfaite cohérence. Savoureux et vif, c'est un parfait compagnon pour l'apéritif ou les asperges en saison. Au
sommet, on retrouve une fois encore le superbe
riesling Schlossberg à l'esprit sec et à la bouche
empreinte d'une grande minéralité. Un vin long
et racé, taillé pour la garde et qui semble plus

abouti encore qu'en 2009. Un peu plus large, le
Furstentum possède néanmoins une formidable énergie. Mention également pour le superbe
pinot gris à la tension rare. Enfin, il faut toujours mentionner l'excellence des rouges, qui
atteignent des sommets et dont le raffinement,
même si la prise de bois demeure encore perceptible, n'a rien à envier à quelques références
bourguignonnes.

☐ Gewurztraminer Grand Cru
   Furstentum Vieilles Vignes 2010   24 €   17,5
☐ Gewurztraminer Grand Cru
   Steingrubler 2010   23 €   17
☐ Muscat 2010   11 €   15
☐ Pinot Gris Albert 2010   14 €   15,5
☐ Pinot Gris Grand Cru
   Furstentum 2010   23 €   17
☐ Riesling Grand Cru
   Furstentum 2010   35 €   18
☐ Riesling Grand Cru
   Schlossberg 2010   35 €   19
☐ Riesling Grand Cru Schlossberg
   L'Epicentre 2010   70 € (37,5 cl)   19
☐ Riesling Rosenberg 2010   24 €   17
■ Pinot Noir Clos de la Faille 2009   26 €   16
■ Pinot Noir Grand H 2009   32 €   17

Rouge : 2,51 hectares.
Pinot noir 100 %
Blanc : 18,7 hectares.
Riesling 33 %, Gewurztraminer 22 %,
Muscat 3 %, Pinot blanc et auxerrois 22 %,
Pinot gris 20 %
Production moyenne : 120 000 bt/an
❀ Certifié en agriculture bio ou biodynamique

Domaine Albert Mann, 13, rue du Château,
68920 Wettolsheim
Tél. : 03 89 80 62 00   **Fax :** 03 89 80 34 23
E-mail : vins@albertmann.com
Site : www.albertmann.com
Vente : au domaine
De 9h à 12h et de 14h à 18h. Sur rendez-vous
le samedi. Fermé dimanche et jours fériés.
Propriétaire : Maurice et Jacky Barthelmé

■ Domaine Ostertag

ALSACE
★★★

Après des études en Bourgogne, André Ostertag a tout de suite détonné dans la région en
baissant significativement les rendements. Utili-

sant pour partie des barriques neuves pour l'élevage de ses vins, il s'est même attiré les foudres des commissions d'agrément qui laissent passer sans sourciller d'innombrables « lavasses », mais ne peuvent pas voir l'ombre d'une barrique au nom de l'improbable typicité. Pourtant l'élevage en barriques du pinot gris, cépage bourguignon, n'est pas une incongruité, loin de là. Sur d'autres cépages non plus d'ailleurs. André Ostertag a tracé une voie originale en sublimant des terroirs comme le Muenchberg, le Fronholz et l'Heissenberg, qui étaient inconnus avant lui. Jamais le domaine n'avait produit une gamme aussi cohérente et limpide.

Les vins : les millésimes s'enchaînent avec une grande constance. La récolte 2010 signe une nouvelle série de vins ciselés, à commencer par le très beau riesling Vignoble d'E, à la tension parfaitement calée. En version Fronholz, le cépage s'exprime avec une très belle définition et, surtout, l'équilibre de fin de bouche lui garantit un grand potentiel. Le summum est atteint avec un Muenchberg somptueux de précision et d'allonge, avec une empreinte minérale qui le porte et lui donne une grande dimension. Saluons aussi l'expression du pinot gris Fronholz, à la finale chaleureuse mais sans lourdeur. Il est néanmoins dépassé par le Muenchberg A360P, d'un volume de bouche exemplaire.

☐ Muscat Fronholz 2010	20 € cav.	15
☐ Pinot Blanc Barriques 2010	14 € cav.	15
☐ Pinot Gris Barriques 2010	19 € cav.	15,5
☐ Pinot Gris Fronholz 2010	30 € cav.	17
☐ Pinot Gris Grand Cru Muenchberg A360P 2010	42 € cav.	18
☐ Riesling Clos Mathis 2010	24 € cav.	17
☐ Riesling Fronholz 2010	26 € cav.	17,5
☐ Riesling Grand Cru Muenchberg 2010	35 € cav.	18,5
☐ Riesling Heissenberg 2010	26 € cav.	17
☐ Riesling Vignoble d'E 2010	16 € cav.	15,5
☐ Sylvaner Vieilles Vignes 2010	13 € cav.	15
■ Pinot Noir Fronholz 2010	30 € cav.	15

Rouge : 0,7 hectare.
Pinot noir 100 %
Blanc : 14,3 hectares.
Riesling 46 %, Pinot gris 12 %, Gewurztraminer 20 %, Pinot blanc ou Klevner 6 %, Sylvaner 14 %, Muscat 2 %
Production moyenne : 100 000 bt/an
🏵 Certifié en agriculture bio ou biodynamique

Domaine Ostertag, 87, rue Finckwiller, 67680 Epfig

Tél. : 03 88 85 51 34 **Fax :** 03 88 85 58 95
E-mail : info@domaine-ostertag.fr
Vente : au domaine
Sur rendez-vous. Fermé week-end et fêtes.
Propriétaire : Famille Ostertag

■ Domaine Weinbach - Colette, Catherine et Laurence Faller
ALSACE
★★★

C e domaine emblématique d'Alsace s'est forgé, au fil des ans, une réputation internationale grâce au travail et à l'implication totale de Colette Faller, épaulée par ses deux filles Cathy et Laurence. Sous la conduite de la seconde, viticultrice douée, les vins se sont épurés ces dernières années, tout en conservant leur volume et leur profondeur. On peut déguster ici une des plus belles expressions en riesling du grand cru Schlossberg, sur différents niveaux de maturité. Les vins possédant une limpidité et une précision qui nous bluffent. Le muscat est également l'un des mieux définis de toute l'Alsace. Depuis deux ans, Laurence a décidé de prendre du champ et les vinifications ont été confiées à Théo, le fils de Cathy.

Les vins : le muscat 2010 croque en bouche et se distingue une fois encore comme étant l'un des meilleurs de la région. Le pinot blanc retrouve sa tension et son côté gourmand. Que dire du riesling Schlossberg Sainte-Catherine ? Il s'agit certainement d'une des plus belles expressions de vin blanc sec qui soit, empreinte d'une minéralité somptueuse, qui fait littéralement vibrer. La richesse du pinot gris Altenbourg se fond admirablement en bouche et la finale dévoile ses jolies notes fumées. Hissés au rang de grands vins destinés à la gastronomie de caractère, les gewurztraminers 2009 illustrent bien la richesse du millésime, tout en conservant du peps. Une fois encore, les liquoreux sont gérés avec une précision d'orfèvre, les SGN possèdent un souffle et un équilibre qui forcent le respect.

☐ Gewurztraminer Grand Cru Altenbourg 2009	n.c.	17,5
☐ Gewurztraminer Grand Cru Furstentum 2009	n.c.	18
☐ Gewurztraminer Grand Cru Furstentum VT 2009	n.c.	18

☐ Muscat Réserve 2010	n.c.	15
☐ Pinot Blanc Réserve 2010	n.c.	14,5
☐ Pinot Gris Grand Cru Altenbourg 2009	n.c.	17
☐ Pinot Gris Grand Cru Altenbourg Cuvée d'Or SGN 2009	n.c.	19,5
☐ Pinot Gris Grand Cru Altenbourg VT Trie Spéciale 2009	n.c.	18,5
☐ Pinot Gris Sainte-Catherine 2010	n.c.	16
☐ Riesling Grand Cru Altenbourg VT 2009	n.c.	18,5
☐ Riesling Grand Cru Schlossberg Sainte-Catherine 2010	n.c.	19
☐ Riesling Grand Cru Schlossberg SGN 2009	n.c.	19

Rouge : 1,1 hectare.
Pinot noir 100 %
Blanc : 27,9 hectares.
Pinot blanc et auxerrois 6 %, Pinot gris 15 %, Riesling 41 %, Sylvaner 6 %, Gewurztraminer 26 %, Muscat et chasselas 6 %
Production moyenne : 130 000 bt/an

Domaine Weinbach - Colette, Catherine et Laurence Faller, 25, route du Vin, 68240 Kaysersberg
Tél. : 03 89 47 13 21 **Fax :** 03 89 47 38 18
E-mail : contact@domaineweinbach.com
Site : www.domaineweinbach.com
Vente : au domaine
Du lundi au samedi de 9h à 11h30 et de 14h à 17h.
Propriétaire : Colette, Catherine et Laurence Faller

■ Domaine Zind Humbrecht

ALSACE
★★★

C e domaine majeur porte haut les couleurs de l'Alsace depuis plus de trente ans. Léonard, puis Olivier Humbrecht n'ont cessé d'œuvrer pour améliorer la qualité de la vaste gamme de vins. C'est avant tout à la vigne que le domaine s'est distingué, dans une région qui se laisse trop souvent aller à la facilité en la matière. Impliqué dans la biodynamie, Olivier en est devenu un des chefs de file en France. L'installation dans une cave immense à Turckheim a encore fait progresser la qualité. Conscient de l'impasse provoquée par l'augmentation de la maturité des raisins et de son corollaire, la montée des sucres résiduels, le vigneron est revenu depuis quelques millésimes vers des vins plus secs, gardant leur forte personnalité avec une extraordinaire concentration. Comme tous les grands alsaces, ils prennent leur dimension avec quelques années de garde.

Les vins : le Zind est une cuvée originale, issue de chardonnay et de pinot auxerrois. Le vin est charmeur, frais et bien tendu en finale. Plus classique, mais encore un rien réduit, le riesling Calcaire maîtrise bien la richesse du millésime ; Gueberschwihr va plus loin en termes de définition. Au sommet, le Clos Windsbuhl, le Brand et surtout le Rangen, à l'ampleur superbe et à la finale qui combine intensité, puissance et éclat. Du côté des pinots gris, le Rangen impose lui aussi sa puissance et sa concentration, avec une finale chaleureuse, mais pas lourde. Émouvante sélection de grains nobles en pinot gris, d'un raffinement exemplaire.

☐ Gewurztraminer Clos Windsbuhl 2009	49 €	17
☐ Gewurztraminer Grand Cru Rangen de Thann Clos Saint-Urbain 2009	65 €	18
☐ Pinot Gris Grand Cru Rangen de Thann Clos Saint-Urbain 2009	65 €	18
☐ Pinot Gris Grand Cru Rangen de Thann Clos Saint-Urbain SGN 2009	79 € (37,5 cl)	19
☐ Pinot Gris Rotenberg 2009	33 €	17
☐ Riesling Calcaire 2009	25 €	15,5
☐ Riesling Clos Windsbuhl 2009	49 €	18,5
☐ Riesling Grand Cru Brand 2009	54 €	18,5
☐ Riesling Grand Cru Rangen de Thann Clos Saint-Urbain 2009	65 €	19
☐ Riesling Gueberschwihr 2009	25 €	16
☐ VDT Zind 2009	20 €	15

Rouge : 1 hectare.
Pinot noir 100 %
Blanc : 39 hectares.
Gewurztraminer 30 %, Muscat 3 %, Pinot blanc et auxerrois 7 %, Pinot gris 30 %, Riesling 30 %
Production moyenne : 160 000 bt/an
❀ Certifié en agriculture bio ou biodynamique

Domaine Zind Humbrecht, 4, route de Colmar, 68230 Turckheim
Tél. : 03 89 27 02 05 **Fax :** 03 89 27 22 58
E-mail : o.humbrecht@zind-humbrecht.fr
Vente : au domaine
Du lundi au vendredi de 8h30 à 11h30 et de 14h30 à 17h sur rendez-vous.
Propriétaire : Léonard et Olivier Humbrecht

■ Domaine Bott-Geyl

ALSACE
★★

Jean-Christophe Bott fait partie de la nouvelle vague de vignerons passionnés. Depuis 1993, il s'investit dans un travail rigoureux au chai comme à la vigne, partisan d'une viticulture en biodynamie. Alors qu'il ne comptait que 4 ha à sa création en 1953, le domaine en possède aujourd'hui plus de 14, répartis sur 7 communes. Les vins produits sont amples et suaves, d'une grande richesse très bien maîtrisée, puisque même les vins les plus doux ne souffrent d'aucune lourdeur. Ils possèdent à la fois puissance et allonge de bouche, deux qualités qui conduisent à la sensation de plénitude.

Les vins : les 2010 ont été bien maîtrisés. La série des rieslings est très cohérente, avec une cuvée Les Éléments franche et droite, un Burgreben tendu et riche à la fois, mais surtout un Schlossberg parfaitement ciselé et défini, doté d'une superbe longueur saline. On retiendra aussi le très joli pinot gris Furstentum, large et ample, mais sans lourdeur.

☐	Gewurztraminer Grand Cru Sonnenglanz VT 2008	25 €	15,5
☐	Muscat Les Eléments 2010	11,5 €	14
☐	Pinot Gris Grand Cru Furstentum 2010	22 €	16
☐	Pinot Gris Les Eléments 2010	13 €	14
☐	Riesling Burgreben de Zellenberg 2010	14,5 €	15,5
☐	Riesling Grafenreben de Zellenberg 2010	15,5 €	15
☐	Riesling Grand Cru Mandelberg 2010	25 €	16
☐	Riesling Grand Cru Schlossberg 2010	26 €	17
☐	Riesling Grand Cru Schoenenbourg 2010	25 €	16,5
☐	Riesling Les Eléments 2010	12 €	14,5

Rouge : 0,60 hectare.
Pinot noir 100 %
Blanc : 13,40 hectares.
Gewurztraminer 20 %, Muscat 5 %, Pinot blanc et gris 45 %, Riesling 30 %
Production moyenne : 85 000 bt/an
❀ Certifié en agriculture bio ou biodynamique

Domaine Bott-Geyl, 1, rue du Petit-Château, 68980 Beblenheim

Tél. : 03 89 47 90 04 **Fax :** 03 89 47 97 33
E-mail : info@bott-geyl.com
Site : www.bott-geyl.com
Vente : au domaine
Du lundi au samedi de 8h30 à 11h30 et de 14h à 18h. Sur rendez-vous de fin novembre à mars.
Propriétaire : Jean-Christophe Bott

■ Domaine Dirler-Cadé

ALSACE
★★

Jean Dirler et son épouse Ludivine Cadé sont en pleine maîtrise de ce domaine fondé en 1871, transmis de père en fils depuis cinq générations et en biodynamie depuis 1998 (certification Biodyvin). Les densités ont progressé, les maturités également. Cependant, si les étiquettes changent, le style des vins reste le même. Plus que jamais, on y produit une belle série de grands vins blancs secs, dans la lignée de Jean-Pierre Dirler.

Les vins : nous avions déploré une trop grande richesse dans la série des 2009. La tension retrouvée dans le 2010 nous convient davantage, avec tout d'abord deux jolies expressions de muscat en grand cru, mais surtout une belle série de rieslings : le « très agrumes » Spiegel, le minéral Saering, à la finale saline, ou le Kessler, ample et tendu.

☐	Gewurztraminer Grand Cru Kessler SGN 2009	43 €	17
☐	Gewurztraminer Grand Cru Kitterlé 2010	16,50 €	16
☐	Gewurztraminer Grand Cru Spiegel 2010	16,50 €	16
☐	Muscat Grand Cru Saering 2010	13,50 €	15,5
☐	Muscat Grand Cru Spiegel 2010	13,50 €	16,5
☐	Pinot Gris Bux 2010	12,80 €	14,5
☐	Riesling Bollenberg 2010	10,80 €	15
☐	Riesling Grand Cru Kessler 2010	18 €	17,5
☐	Riesling Grand Cru Saering 2010	16,80 €	17
☐	Riesling Grand Cru Spiegel 2010	17,50 €	17
■	Crémant d'Alsace Rosé 2008	10,50 €	14

Rouge : 1,4 hectare.

Pinot noir 100 %
Blanc : 15,1 hectares.
Gewurztraminer 23 %, Muscat et chasselas 8 %,
Pinot blanc ou Klevner 12 %, Pinot gris 19 %,
Riesling 31 %, Sylvaner 7 %
Production moyenne : 100 000 bt/an
❀ Certifié en agriculture bio ou biodynamique

Domaine Dirler-Cadé, 13, rue d'Issenheim,
68500 Bergholtz
Tél. : 03 89 76 91 00 **Fax :** 03 89 76 85 97
E-mail : dirler-cade@terre-net.fr
Site : www.dirler-cade.com
Vente : au domaine
Du lundi au samedi de 8h à 12h et de 14h à
18h, fermeture à 17h le samedi.
Propriétaire : Jean et Ludivine Dirler

■ Josmeyer
ALSACE
★★

L e domaine, aujourd'hui âgé de plus de 150
ans, compte 27 ha de vignes. Le vignoble
est tenu en biodynamie par Christophe Ehrart,
et les approvisionnements sont complétés par
quelques producteurs du village qui suivent la
même philosophie. Les cuvées ont gagné en
densité malgré leur légèreté légendaire. L'entrée
de gamme n'a jamais été aussi convaincante. Les
grands terroirs, le Hengst et le Brand, continuent
de briller de tous leurs feux.

Les vins : le simple sylvaner est déjà un régal,
tout en fraîcheur. Le riesling Le Kottabe vaut,
lui, bien des grands crus par sa pureté minérale.
Plus dense, Le Dragon impose sa très belle énergie, tout en offrant un profil parfaitement droit.
Les grands crus sont au sommet, conjuguant
définition, volume et persistance.

☐ Gewurztraminer Les Folastries 2010	16,5 €	16,5
☐ Pinot Gris 1854 Fondation 2010	24,5 €	16,5
☐ Pinot Gris Grand Cru Brand 2010	30,6 €	17
☐ Riesling Grand Cru Brand 2010	33 €	18
☐ Riesling Grand Cru Hengst 2010	33 €	18
☐ Riesling Grand Cru Hengst Samain 2009	40 €	17,5
☐ Riesling Le Dragon 2010	19,4 €	16
☐ Riesling Le Kottabe 2010	14,4 €	15
☐ Riesling Les Pierrets 2010	21,4 €	16
☐ Sylvaner Peau Rouge 2011	10,4 €	14

Rouge : 0,5 hectare.
Pinot noir 100 %
Blanc : 26,5 hectares.
Chasselas et sylvaner 5 %,
Gewurztraminer 19 %, Muscat 3 %, Pinot blanc
et auxerrois 24 %, Pinot gris 21 %,
Riesling 28 %
Production moyenne : 200 000 bt/an
❀ Certifié en agriculture bio ou biodynamique

Josmeyer, 76, rue Clemenceau, 68920
Wintzenheim
Tél. : 03 89 27 91 90 **Fax :** 03 89 27 91 99
E-mail : domaine@josmeyer.com
Site : www.josmeyer.com
Vente : au domaine
Du lundi au vendredi de 9h à 12h et de 14h à
18h, samedi de 9h à 12h.
Propriétaire : Céline Meyer
Directeur : Christophe Ehrhart

■ Domaine André Kientzler
ALSACE
★★

A ndré Kientzler et son fils Thierry ont produit, depuis plus de vingt ans, une série
proprement incroyable de grands vins. Le riesling est, ici, le roi de la cave. Le Geisberg apparaît immense et rivalise avec les plus grands vins
du monde. Les autres cépages sont traités avec
rigueur, sans toutefois atteindre la perfection du
riesling.

Les vins : en introduction de gamme, le chasselas et le pinot blanc sont deux belles cuvées
apéritives. Une fois encore, les rieslings imposent leur classe et leur précision : l'Osterberg est
servi pas des amers nobles en finale, avec de belles senteurs d'agrumes ; le Geisberg 2009 affiche
la générosité du millésime, mais sans lourdeur.
Le pinot gris en grand cru Kirchberg est doté
d'une superbe énergie, avec une très belle salinité en finale. Enfin, très belle évolution noble
du riesling VT Geisberg 2005.

☐ Chasselas 2010	5,50 €	14
☐ Gewurztraminer Grand Cru Osterberg 2010	18,50 €	16
☐ Muscat Grand Cru Kirchberg 2010	15,50 €	15,5
☐ Pinot Blanc 2010	7,5 €	14,5
☐ Pinot Gris 2010	8,50 €	15

☐ Pinot Gris Grand Cru
   Kirchberg 2010   23 €   17
☐ Riesling Grand Cru Geisberg 2009 25 €   17
☐ Riesling Grand Cru Geisberg
   VT 2005   38 €   17
☐ Riesling Grand Cru
   Osterberg 2010   18,50 € 16,5
☐ Riesling Réserve Particulière 2010 12 € 14,5

Blanc : 13 hectares.
Riesling 27 %, Sylvaner et muscat 8 %,
Chasselas 5 %, Gewurztraminer 26 %, Pinot
blanc et auxerrois 22 %, Pinot gris 12 %
Production moyenne : 80 000 bt/an

Domaine André Kientzler, 50, route de
Bergheim, 68150 Ribeauvillé
Tél. : 03 89 73 67 10 **Fax :** 03 89 73 35 81
E-mail : domaine@vinskientzler.com
Vente : au domaine
Pas de visites.
Propriétaire : André et Thierry Kientzler

■ Domaine Marc Kreydenweiss

ALSACE

★★

N ous continuons à saluer le travail perfectionniste de Marc Kreydenweiss. Il fut l'un des
premiers, dès 1989, à se lancer dans l'aventure
de la biodynamie, qu'il maîtrise désormais avec
brio. Il fut également l'un des précurseurs du
retour à l'assemblage, notamment avec la cuvée
Clos du Val d'Eléon qui, depuis 1986, fait coha-
biter le riesling et le pinot gris de manière harmonieuse. La mosaïque des terroirs du village
d'Andlau permet à Marc Kreydenweiss de parfaire – avec beaucoup de classe d'ailleurs – les
nuances et les subtilités de chaque vin. Des
schistes du Kastelberg et du Clos Rebberg, au
terroir de grès du Wiebelsberg, les vins sont
précis, tenus par une trame qui associe toujours
puissance, finesse et fermeté.
  Les vins : dès le pinot blanc, le ton est donné,
le vin s'équilibre parfaitement autour de belles
saveurs fruitées. Ne manquez surtout pas le
Clos du Val d'Eléon en 2008, une superbe bouteille qui allie tension et chair, avec une grande
allonge. Au sommet également, le Kastelberg à
la pureté cristalline. Géré en sec, le Clos Rebberg évolue doucement sur des notes de fruits
blancs à l'eau-de-vie, tout en conservant une
belle salinité.

☐ Alsace Clos du Val
   d'Eléon 2008   13,50 €   17
☐ Pinot Blanc Kritt 2010   8 €   15
☐ Pinot Gris Clos Rebberg 2007 18 €   16
☐ Pinot Gris VT 2008   31 €   17
☐ Riesling Andlau 2010   10,50 € 15,5
☐ Riesling Grand Cru
   Kastelberg 2008   37,50 €   18

Blanc : 13,5 hectares.
Gewurztraminer 12 %, Muscat 1 %, Pinot blanc
ou Klevner 22 %, Pinot gris 21 %, Riesling 44 %
Production moyenne : 60 000 bt/an
❀ Certifié en agriculture bio ou biodynamique

Domaine Marc Kreydenweiss, 12, rue Deharbe,
67140 Andlau
Tél. : 03 88 08 95 83 **Fax :** 03 88 08 41 16
E-mail : marc@kreydenweiss.com
Site : www.kreydenweiss.com
Vente : au domaine
Sur rendez-vous de 9h à 12h et de 14h à 17h.
Fermé dimanche et jours fériés.
Propriétaire : Marc Kreydenweiss

■ Domaine Loew

ALSACE

★★

D epuis quelques années, ce domaine piloté
avec dextérité par Etienne Loew nous
séduit pas la régularité de sa production et le très
bon niveau des vins. Il ne bénéficie certes pas
des terroirs les plus prestigieux de la région, mais
sa patte est sûre et ses vins se distinguent par
leur élégance. Nous lui accordons donc cette
année une seconde étoile méritée.
  Les vins : le sylvaner Vérité offre la tension et
la nervosité qu'on attend de ce cépage. Les rieslings 2010 sont vinifiés dans un esprit épuré et
précis, avec un côté cristallin. Salin et citronné,
le Clos des Frères exprime une superbe minéralité. L'Altenberg de Bergbieten 2009 contre
parfaitement la richesse naturelle du millésime,
avec certes un petit côté chaud en finale, mais
une belle pureté. À noter, la très belle expression
des gewurztraminers.

☐ Gewurztraminer Grand Cru
   Altenberg de Bergbieten 2010 16 € 16,5
☐ Gewurztraminer Ostenberg 2010 13 € 15,5
☐ Pinot Gris Bruderbach Clos
   Marienberg 2010   12 €   16
☐ Pinot Gris Cormier 2010   9,90 €   15

- ☐ Riesling Bruderbach Clos des
  Frères 2010   10,50 €   15,5
- ☐ Riesling Grand Cru Altenberg de
  Bergbieten 2009   16 €   16,5
- ☐ Riesling Grand Cru Altenberg de
  Bergbieten VT 2009   27 €   16,5
- ☐ Riesling Muschelkalck 2010   8,50 €   15
- ☐ Riesling Suessenberg 2009   12 €   16
- ☐ Sylvaner Vérité 2010   10,50 €   14,5

Rouge : 0,7 hectare.
Pinot noir 100 %
Blanc : 10,5 hectares.
Gewurztraminer 21 %, Muscat 11 %, Pinot blanc
et auxerrois 8 %, Pinot gris 32 %,
Riesling 20 %, Sylvaner 8 %
Production moyenne : 35 000 bt/an

Domaine Loew, 28, rue Birris, 67310
Westhoffen
Tél. : 03 88 50 59 19   **Fax :** 03 88 50 59 19
E-mail : domaine.loew@orange.fr
Site : www.domaineloew.fr
Vente : au domaine
Sur rendez-vous. Fermé dimanche et jours
fériés.
Propriétaire : Etienne Loew

■ Domaine des Marronniers
ALSACE
★★

Guy Wach, l'actuel propriétaire, connaît bien le vin puisqu'il descend d'une longue lignée de vignerons depuis 1888, mais également de tonneliers depuis 1748. Le domaine doit son nom aux deux marronniers centenaires plantés à sa création. Sur les 7 ha du vignoble, 1,2 ha se trouve classé en grand cru sur la fameuse trilogie du village d'Andlau : Moenchberg, Kastelberg et Wiebelsberg. Une viticulture soignée et des rendements modérés, conjugués à une parfaite maîtrise de la vinification, permettent de générer des vins subtils, qui connaissent tous un affinage de neuf mois en foudre avant la mise en bouteilles.

Les vins : la trilogie des grands crus s'exprime très judicieusement, avec un Wiebelsberg fumé et suave, un Moenchberg salivant et salin, et un Kastelberg d'une très grande ampleur. Le gewurztraminer VT semble manquer un peu de nervosité en 2009.

- ☐ Gewurztraminer Chemin des
  Pelerins 2010   10,95 €   14
- ☐ Gewurztraminer VT 2009   26,9 €   14,5
- ☐ Riesling Andlau 2010   8,4 €   14
- ☐ Riesling Grand Cru
  Kastelberg 2010   19 €   16,5
- ☐ Riesling Grand Cru Kastelberg
  Vieilles Vignes 2009   21 €   16,5
- ☐ Riesling Grand Cru
  Moenchberg 2010   15,8 €   15,5
- ☐ Riesling Grand Cru
  Wiebelsberg 2010   16,15 €   16
- ☐ Riesling Wiebelsberg SGN 2007   36 €   16

Rouge : 0,75 hectare.
Pinot noir 100 %
Blanc : 6,75 hectares.
Chardonnay 4 %, Gewurztraminer 18 %,
Muscat 7 %, Pinot blanc ou Klevner 8 %, Pinot
gris 11 %, Riesling 37 %, Sylvaner 15 %
Production moyenne : 48 000 bt/an

Domaine des Marronniers, 5, rue de la
Commanderie, 67140 Andlau
Tél. : 03 88 08 93 20   **Fax :** 03 88 08 45 59
E-mail : info@guy-wach.fr
Site : www.guy-wach.fr
Vente : au domaine
Du lundi au samdei de 9h à 12h et de 14h à
18h, et dimanche matin sur rendez-vous.
Propriétaire : Guy Wach

■ Domaine Meyer-Fonné
ALSACE
★★

En quelques années, Félix Meyer s'est forgé une solide réputation en Alsace. Ce n'est pas par hasard. La viticulture est de qualité avec des rendements très surveillés, et les vinifications s'effectuent sur lies fines dans de grands foudres, à la manière de Léonard et d'Olivier Humbrecht. Félix a pu donner leurs lettres de noblesse aux terroirs granitiques de Katzenthal, commune réputée d'Alsace, mais qui manquait cruellement de grands producteurs. Ses meilleures réussites sont toujours le gewurztraminer qui, non seulement ne comporte aucune lourdeur, mais acquiert une pureté cristalline qui séduit même les détracteurs de ce cépage trop souvent pommadé.

Les vins : le gentil 2010 ouvre la gamme avec son côté frais et désaltérant. Dès le riesling Réserve, le ton est donné, avec une très belle fraîcheur mentholée ; les grands crus sont superbes de définition, avec peut-être un supplément de profondeur pour le Schoenenbourg. Millésime oblige, le pinot gris Dorfburg se montre plus large, un rien chaud en finale. En gewurztraminer, le Furstentum livre une fois encore une très belle expression, sur des notes exotiques.

☐ Alsace Gentil 2010		5,90 €	14
☐ Gewurztraminer Grand Cru Furstentum Vieilles Vignes 2010		19,50 €	16,5
☐ Gewurztraminer Grand Cru Wineck-Schlossberg 2010		15,90 €	15,5
☐ Gewurztraminer Grand Cru Wineck-Schlossberg VT 2010		18,50 € (50 cl)	16,5
☐ Muscat Vignoble de Katzenthal 2010		8 €	14,5
☐ Pinot Blanc Vieilles Vignes 2010		6,40 €	14,5
☐ Pinot Gris Dorfburg 2009		12,50 €	14,5
☐ Pinot Gris Hinterburg 2010		13,80 €	14,5
☐ Riesling Grand Cru Kaefferkopf 2010		18 €	17
☐ Riesling Grand Cru Schoenenbourg 2010		18 €	17,5
☐ Riesling Pfoeller VT 2008		17,50 € (50 cl)	17
☐ Riesling Réserve 2010		7,70 €	15

Rouge : 0,5 hectare.
Pinot noir 100 %
Blanc : 13 hectares.
Riesling 29 %, Gewurztraminer 20 %,
Muscat 6 %, Pinot blanc ou Klevner 27 %, Pinot gris 18 %
Production moyenne : 85 000 bt/an

Domaine Meyer-Fonné, 24, Grand-Rue, 68230 Katzenthal
Tél. : 03 89 27 16 50 **Fax :** 03 89 27 34 17
E-mail : felix@meyer-fonne.com
Site : www.meyer-fonne.com
Vente : au domaine
Du lundi au samedi de 8h à 11h30 et de 14h à 17h30.
Propriétaire : Félix et François Meyer

■ René Muré - Clos Saint-Landelin

ALSACE
★★

Curieux par nature, grand voyageur, René Muré comprend vite qu'il faut abandonner la viticulture de quantité pour aller vers la qualité, d'autant que le potentiel du clos Saint-Landelin, magnifique terroir exposé plein sud, l'y incite fortement. Peu à peu, il raccourcit les tailles, réduit les rendements et élève ses vins sur lies. Beau succès, mais il n'en reste pas là et augmente les densités de plantation, se passionne pour la vinification en rouge et les effervescents. Esprit ouvert, il visite systématiquement les meilleures propriétés de France et d'ailleurs. Manquant de vins, il monte une petite affaire de négoce (les vins René Muré), avec le même degré d'exigence. Sa fille Véronique et son fils Thomas l'assistent dans sa tâche.

Les vins : la cuvée Oscar demeure un des sylvaners les plus intéressants d'Alsace ; malgré sa richesse, il s'équilibre parfaitement. Très belle gestion de la tension dans le riesling Côte de Rouffach à la finale citronnée. Le Clos Saint-Landelin se montre tout aussi tendu, mais un peu plus charnu. Il faudra savoir l'attendre. La série des VT est homogène, avec une belle maîtrise du confit, sans lourdeur. Notre préférence va à l'élégant riesling. Toujours un peu marqué par son bois, le pinot noir demeure une référence pour la région, un vin profond promis à un bel avenir.

☐ Gewurztraminer Clos Saint-Landelin SGN 2009		52,50 €	16,5
☐ Gewurztraminer Côte de Rouffach 2010		13,70 €	14,5
☐ Pinot Gris Clos Saint Landelin 2010		20 €	14
☐ Riesling Clos Saint-Landelin 2010		24,40 €	16,5
☐ Riesling Clos Saint-Landelin SGN 2007		57,80 €	17
☐ Riesling Clos Saint-Landelin VT 2009		42 €	16
☐ Riesling Côte de Rouffach 2010		14 €	15
☐ Sylvaner Clos Saint-Landelin Oscar 2010		17,90 €	15
■ Pinot Noir Clos Saint-Landelin 2009		36,80 €	15,5

Rouge : 6 hectares (Clos Saint-Landelin : 3 ha).

Pinot noir 100 %
Blanc : 45 hectares (Clos Saint-Landelin : 19 ha).
Muscat 2 %, Pinot gris 17 %, Gewurztraminer 26 %, Pinot blanc ou Klevner 22 %, Riesling 27 %, Sylvaner 6 %
Production moyenne : 375 000 bt/an (Clos Saint-Landelin : 95 000 bt/an)
❀ Certifié en agriculture bio ou biodynamique

René Muré - Clos Saint-Landelin, Route du Vin, 68250 Rouffach
Tél. : 03 89 78 58 00 **Fax :** 03 89 78 58 01
E-mail : domaine@mure.com
Site : www.mure.com
Vente : au domaine
Du lundi au vendredi de 8h à 18h30. Le samedi de 10h à 13h et de 14h à 18h. Sur rendez-vous pour les groupes.
Propriétaire : Véronique et Thomas Muré

■ Domaine Martin Schaetzel
ALSACE
★★

L e domaine profite d'une superbe mosaïque de terroirs : cette grande diversité permet à Jean Schaetzel, vinificateur hors pair, de produire des vins précis, capables de refléter cette complexité dans leurs arômes. La maison a été parmi les premières à expérimenter la culture bio sur quelques parcelles, avant de passer en biodynamie sur l'ensemble du vignoble, sauf sur le grand cru Rangen, où 50 % des raisins sont achetés à d'autres propriétaires. Le domaine est un des rares à posséder deux parcelles sur le grand cru Kaefferkopf : l'une granitique, l'autre argilo-calcaire destinée à la cuvée Nicolas. La gamme des vins est impressionnante ; raffinés, ils présentent à la fois puissance et fermeté.

Les vins : l'auxerrois élevé en barrique possède du gras et un joli volume. L'expression des rieslings est aboutie, à commencer par l'Ammerschwihr, à la jolie finale épicée. Le trio de Kaefferkopf 2010 tient toutes ses promesses, avec un Granit superbe de définition et de pureté, et une finale sur le pamplemousse. La cuvée Nicolas ajoute encore un peu d'allonge. Le Rangen 2010 déploie quant à lui une matière brutale que le temps domptera. Du côté des pinots gris, Lili séduit par son bel équilibre et sa finale tonique.

☐	Auxerrois 2009	8,30 €	14
☐	Gewurztraminer Grand Cru Kaefferkopf Catherine 2010	19 €	15
☐	Pinot Gris Grand Cru Kaefferkopf 2009	15,50 €	15
☐	Pinot Gris Lili 2010	18 €	15,5
☐	Riesling Ammerschwihr 2009	11,10 €	15
☐	Riesling Grand Cru Kaefferkopf 2010	16 €	16,5
☐	Riesling Grand Cru Kaefferkopf Granit 2010	17,50 €	17
☐	Riesling Grand Cru Kaefferkopf Nicolas 2010	19 €	17,5
☐	Riesling Grand Cru Rangen de Thann 2009	29 €	17,5
■	Pinot Noir Mathieu 2010	11,50 €	14,5

Rouge : 2 hectares.
Pinot noir 100 %
Blanc : 13 hectares.
Gewurztraminer 25 %, Muscat 4 %, Pinot blanc ou Klevner 21 %, Pinot gris 20 %, Riesling 25 %, Sylvaner 5 %
Production moyenne : 90 000 bt/an
❀ Certifié en agriculture bio ou biodynamique

Domaine Martin Schaetzel, 3, rue de la 5ᵉ DB, 68770 Ammerschwihr
Tél. : 03 89 47 11 39 **Fax :** 03 89 78 29 77
E-mail : contact@matin-schaetzel.com
Site : www.martin-schaetzel.com
Vente : au domaine
Du lundi au samedi de 9h à 12h et de 13h30 à 18h30.
Propriétaire : Jean Schaetzel

■ Domaine Schoffit
ALSACE
★★

L e domaine Schoffit est installé à l'intérieur de Colmar, ce qui est inhabituel, mais s'explique par l'importance du vignoble de la Harth dans l'histoire de la ville. Entre l'extension urbaine et le maintien de la forêt, la Harth a perdu de son importance viticole. Très intelligemment, le domaine s'est déployé au sud dès 1986, sur le célèbre grand cru Rangen, d'où il tire aujourd'hui l'essentiel de ses grands vins. Il se partage sur trois terroirs relativement distants avec les cailloutis de la plaine de la Harth, près de Colmar, le granit dans le grand cru Sommerberg et le volcanique dans le Rangen, à Thann. Bernard Schoffit les vinifie rigoureusement, ce qui donne des vins à forte personnalité.

Les vins : coup de cœur pour le superbe riesling Sommerberg 2010, précis et ciselé, avec une admirable tension minérale. Un grand vin racé et défini. Le Rangen Clos de la ville de Thann subit le côté plus solaire et riche du millésime. Le pinot gris Rangen 2010 est un superbe vin de gastronomie qui s'exprimera dans les cinq ans.

☐ Gewurztraminer Grand Cru Rangen de Thann Clos Saint-Théobald VT 2006	39 € (50 cl)	16,5
☐ Pinot Gris Grand Cru Rangen de Thann Clos Saint-Théobald 2010	30 €	16
☐ Pinot Gris Grand Cru Rangen de Thann Clos Saint-Théobald Larme de Lave SGN 2009	65 € (37,5 cl)	16
☐ Riesling Grand Cru Rangen de Thann Clos de la ville de Thann 2009	29 €	15,5
☐ Riesling Grand Cru Rangen de Thann Clos Saint-Théobald 2010	32 €	16,5
☐ Riesling Grand Cru Sommerberg 2010	28 €	16,5

Rouge : 0,89 hectare.
Pinot noir 100 %
Blanc : 15,93 hectares.
Gewurztraminer 22 %, Pinot gris 26 %, Muscat 4 %, Riesling 24 %, Sylvaner et chasselas 8 %, Pinot blanc ou Klevner 16 %
Production moyenne : 100 000 bt/an

Domaine Schoffit, 66-68, Nonnenholzweg, 68000 Colmar
Tél. : 03 89 24 41 14 **Fax :** 03 89 41 40 52
E-mail : domaine.schoffit@free.fr
Vente : au domaine
Du lundi au samedi de 8h30 à 11h30 et de 14h à 17h30 sur rendez-vous. Fermé dimanche et jours fériés.
Propriétaire : Bernard Schoffit

■ Domaine Agapé
ALSACE
★

Vincent Sipp a quitté le domaine familial Sipp-Mack pour créer le sien en 2007. Dix hectares de vignes composent ce domaine, désormais très régulier, aux terroirs prestigieux : Schœnenbourg, Rosacker et Osterberg. Nous aimons le style et le profil de ses vins épurés et sans froufrou. La gamme se répartit en trois grandes familles : les Expression, qui unissent le fruit et la gourmandise, à boire dès leur prime jeunesse ; les grands crus, avec une bonne lecture du terroir ; Hélios pour les vendanges de belle maturité et les tris plus confits.

Les vins : la gamme Expression est élaborée dans un style digeste et élégant, le riesling est très agréable, avec de belles notes de fruits blancs et d'agrumes. Le Schœnenbourg possède l'envergure et la belle dimension du terroir, alors que le Rosacker s'exprime de manière plus minérale et crayeuse.

☐ Gewurztraminer Expression 2011	11,40 €	14,5
☐ Gewurztraminer SGN 2008	29 € (50 cl)	16,5
☐ Pinot Blanc Expression 2010	8,50 €	14,5
☐ Riesling Expression 2010	10,20 €	15
☐ Riesling Grand Cru Rosacker 2010	21 €	17
☐ Riesling Grand Cru Schoenenbourg 2010	16,80 €	16
☐ Riesling VT 2009	17,40 € (50 cl)	16

Rouge : 0,7 hectare.
Pinot noir 100 %
Blanc : 8,7 hectares.
Sylvaner 6 %, Pinot blanc ou Klevner 17 %, Riesling 27 %, Pinot gris 17 %, Muscat 6 %, Gewurztraminer 27 %
Production moyenne : 60 000 bt/an

Domaine Agapé, 10, Rue des Tuileries, 68340 Riquewihr
Tél. : 03 89 47 94 23 **Fax :** 03 89 47 89 34
E-mail : domaine@alsace-agape.fr
Site : www.alsace-agape.fr
Vente : au domaine
Tous les jours sauf dimanche de 10h à 12h et de 14h à 18h. De janvier à mars, réservation recommandée.
Propriétaire : Vincent Sipp

■ Domaine Lucien Albrecht
ALSACE
★

Héritier d'une longue dynastie, Jean Albrecht gère, avec une trentaine d'hectares, l'un des plus importants domaines d'Alsace. Un travail méticuleux est effectué à la vigne, fondé sur une culture biologique certifiée Ecocert, et les vendanges sont manuelles. Possédant la plus grande surface de vignes sur le grand cru Pfingstberg, dont le clos Schild, le domaine produit avec une régularité digne d'éloges des vins bien équilibrés, aux arômes francs et nets et au rapport qualité-prix attrayant. Le pinot blanc, l'auxerrois et le riesling Réserve sont d'incontestables valeurs sûres et se boivent avec délice, sur le fruit.

Les vins : vif et gourmand, l'auxerrois 2010 est parfaitement taillé pour l'apéritif. Avec ses notes de fruits blancs, le riesling Henri Albrecht porte la tension du millésime. On pourra commencer à ouvrir le beau riesling Pfingstberg 2008, tendu et sapide, tout comme le Clos Schild, toujours proposé en 2005, et qui confirme sa belle évolution beurrée. Le gewurztraminer Martine Albrecht nous convainc moins, exprimant un caractère plus variétal. Avec ses belles notes de cerise juteuse, le pinot noir continue à s'imposer comme une des réussites de la région.

☐ Auxerrois Balthazar 2010	9,50 €	14,5
☐ Gewurztraminer Martine Albrecht 2010	11,15 €	14
☐ Pinot Gris Grand Cru Pfingstberg 2008	15,90 €	16
☐ Pinot Gris VT 2008	21,50 €	16,5
☐ Riesling Grand Cru Pfingstberg 2008	15,90 €	16
☐ Riesling Grand Cru Pfingstberg Clos Schild 2005	31 €	17
☐ Riesling Henri Albrecht 2010	9,95 €	14,5
■ Pinot Noir Weid 2009	16,45 €	16

Rouge : 2 hectares.
Pinot noir 100 %
Blanc : 28,5 hectares.
Gewurztraminer 22 %, Muscat 6 %, Pinot blanc ou Klevner 17 %, Pinot gris 22 %, Riesling 27 %, Sylvaner 6 %
Production moyenne : 300 000 bt/an

Domaine Lucien Albrecht, 9, Grand-Rue, 68500 Orschwihr
Tél. : 03 89 76 95 18   **Fax :** 03 89 76 20 22
E-mail : info@lucien-albrecht.fr
Site : www.lucien-albrecht.fr
Vente : au domaine
Du lundi au vendredi de 8h à 19h, samedi de 9h à 12h et de 14h à 18h30.
Propriétaire : Jean Albrecht

■ Domaine Barmès-Buecher
ALSACE
★

Victime d'un tragique accident, François Barmès est décédé en 2011. Son épouse Geneviève et ses enfants Sophie et Maxime poursuivent le travail mis en place depuis près de trente ans et entendent maintenir la qualité au plus haut niveau. Un travail sérieux à la vigne, la maîtrise de la biodynamie et un bon suivi en cave font de ce domaine l'un des plus sérieux de la région. Les derniers millésimes sont exemplaires, les vins ayant gagné en précision.

Les vins : ne manquez pas les rieslings 2008, à la fraîcheur préservée et à la finale mentholée. Le Hengst est superbe, avec ses notes de zeste de pamplemousse. Le Steingrubler 2007 est plus généreux, marqué par la richesse du millésime. Le gewurztraminer Maxime se perd un peu dans son sucre et n'affiche pas la même précision, tout comme le pinot gris VT, légèrement touché par la pourriture grise. Si le travail sur le pinot noir progresse, l'élevage demeure bien trop marqué.

☐ Gewurztraminer Grand Cru Hengst SGN 2007	60 € (50 cl)	15
☐ Gewurztraminer Grand Cru Hengst VT 2008	26 € (50 cl)	15
☐ Gewurztraminer Grand Cru Pfersigberg 2008	23 €	15
☐ Gewurztraminer Wintzenheim Maxime 2008	18 € (50 cl)	15
☐ Pinot Gris Rosenberg VT 2008	24 € (50 cl)	14
☐ Riesling Clos Sand 2008	19 €	16
☐ Riesling Grand Cru Hengst 2008	25 €	17
☐ Riesling Grand Cru Steingrubler 2007	21 €	16
☐ Riesling Leimenthal de Wettolsheim 2008	17 €	16
■ Pinot Noir Vieilles Vignes 2009	40 €	14,5

Rouge : 1 hectare.
Pinot noir 100 %
Blanc : 15 hectares.
Gewurztraminer 22,5 %, Muscat 2 %, Pinot blanc ou Klevner 26 %, Pinot gris 18 %, Riesling 26 %, Sylvaner 5,5 %
Production moyenne : 100 000 bt/an
❀ Certifié en agriculture bio ou biodynamique

Domaine Barmès-Buecher, 30, rue
Sainte-Gertrude, 68920 Wettolsheim
Tél. : 03 89 80 62 92 **Fax :** 03 89 79 30 80
E-mail : info@barmes-buecher.com
Site : www.barmes-buecher.com
Vente : au domaine
Sur rendez-vous de 9h à 12h et de 14h à 18h.
Fermé dimanche et jours fériés.
Propriétaire : Geneviève Barmès

Domaine Laurent Barth, 3, rue du
Maréchal-de-Lattre, 68630 Bennwihr
Tél. : 03 89 47 96 06 **Fax :** 03 89 47 96 06
E-mail : laurent.barth@wanadoo.fr
Vente : au domaine
Du dimanche au vendredi sur rendez-vous. Le
samedi de 9h à 19h.
Propriétaire : Laurent Barth

Domaine Laurent Barth
ALSACE
★

Installé depuis 2004 à Bennwihr où il a repris
le petit domaine familial, Laurent Barth
incarne cette nouvelle génération de vignerons
dynamiques qui apportent un souffle nouveau à
la région. Conversion à la viticulture bio, travail
très soigné à la vigne, il mène son domaine
avec conviction et efficacité. La qualité des vins
s'en ressent et les derniers millésimes nous ont
convaincus.

Les vins : nous avions été emballés par la série
des 2009, les 2010 apparaissent également très
bien nés. Le muscat est rond et gourmand et on
monte d'un cran avec le riesling vieilles vignes,
très épuré. En revanche, la cuvée Granite nous
a semblé manquer de netteté. À revoir. Le pinot
gris Mackrain est quant à lui délicieux, combinant rondeur et tension, il sera parfait d'ici deux
ans. Coup de cœur pour le gewurztraminer Le
Clos des 3 Chemins, à la finale délicate et persistante, aux notes d'écorce d'orange.

☐ Gewurztraminer Grand Cru Marckrain 2010	20 €	16,5
☐ Gewurztraminer Le Clos des 3 Chemins 2010	15 €	16
☐ Gewurztraminer Vieilles Vignes 2010	10 €	14,5
☐ Muscat 2010	8 €	14
☐ Pinot Gris 2010	11 €	14,5
☐ Pinot Gris Grand Cru Marckrain 2010	20 €	16
☐ Riesling Vieilles Vignes 2010	10 €	15

Rouge : 0,45 hectare.
Pinot noir 100 %
Blanc : 4,25 hectares.
Auxerrois 25,3 %, Gewurztraminer 23 %,
Muscat 9,2 %, Pinot gris 11,5 %,
Riesling 25,3 %, Sylvaner 5,7 %
Production moyenne : 20 000 bt/an
❀ Certifié en agriculture bio ou biodynamique

■ Domaine Jean-Marc et Frédéric Bernhard
ALSACE
★

Trois générations se succèdent dans ce
domaine fondé en 1802 : le grand-père Germain Bernhard, le père Jean-Marc et le fils Frédéric. Après des études à Dijon et quelques
séjours dans le Bordelais et en Afrique du Sud,
Frédéric a fait monter d'un cran le niveau des
vins, qui étaient déjà de bonne facture. Ils se
caractérisent par une finesse et un équilibre peu
communs ; ils sont très abordables de surcroît,
ce dont on ne peut que se réjouir. Désormais
une belle valeur sûre.

Les vins : très tendu, le riesling vieilles vignes
est épuré. Attendez deux ans que son acidité
se fonde. Les grands crus font montre d'une
belle complexité, avec un côté cristallin. Les
pinots gris sont davantage assis sur leur richesse,
le Furstentum conserve néanmoins une bonne
fraîcheur. Saluons toutefois la belle distinction
des gewurztraminers, à l'expression intéressante,
loin des caricatures variétales trop souvent ren-
contrées dans la région. Enfin, le riesling SGN
est superbe de pureté, avec une très jolie finale
sur l'écorce d'orange.

☐ Gewurztraminer Grand Cru Kaefferkopf 2010	11 €	15,5
☐ Gewurztraminer Grand Cru Mambourg 2010	13 €	16
☐ Gewurztraminer Vieilles Vignes 2010	7 €	14
☐ Pinot Gris Grand Cru Furstentum 2010	14 €	15
☐ Pinot Gris VT 2008	18,50 €	15
☐ Riesling Grand Cru Schlossberg 2010	12 €	16
☐ Riesling Grand Cru Wineck-Schlossberg 2010	12 €	15,5
☐ Riesling SGN 2007	28 € (50 cl)	17
☐ Riesling Vieilles Vignes 2010	6,50 €	14

Rouge : 0,75 hectare.
Pinot noir 100 %
Blanc : 9,25 hectares.
Gewurztraminer 27 %, Muscat 5 %, Pinot blanc
ou Klevner 20 %, Pinot gris 19 %,
Riesling 27 %, Sylvaner 2 %
Production moyenne : 75 000 bt/an

Domaine Jean-Marc et Frédéric Bernhard, 21,
Grand-Rue, 68230 Katzenthal
Tél. : 03 89 27 05 34 **Fax :** 03 89 27 58 72
E-mail : vins@jeanmarcbernhard.fr
Site : www.jeanmarcbernhard.fr
Vente : au domaine
Sur rendez-vous du lundi au samedi de 8h à
12h et de 13h30 à 18h. Fermé dimanche et
jours fériés.
Propriétaire : Jean-Marc et Frédéric Bernhard

■ Domaine Emile Beyer
ALSACE
★

Depuis quelques millésimes, nous suivons
avec grande attention ce domaine qui produit une excellente gamme de vins, précis et
digestes comme nous les aimons. Christian, qui
a fait ses classes au château Rieussec, dans le
Sauternais, et à Schloss Johannisberg en Allemagne, maîtrise parfaitement son sujet et se
montre le digne héritier d'une famille de vignerons consciencieux. Le vignoble compte de bel
les parcelles dans les deux grands crus locaux,
Eichberg et Pfersigberg. Une nouvelle expérimentation a été lancée en 2010, avec la plantation à haute densité d'une parcelle de riesling
dans le clos Lucas Beyer.

Les vins : l'expression des rieslings en 2010 est
superbe. Tout en pureté, avec un côté eau de
roche, le Pfersigberg ira loin dans le vieillissement. L'Eichberg se montre encore plus serré,
avec des notes d'agrumes frais en finale. En
pinot gris, découvrez deux belles expressions du
lieu-dit Hohrain, dont une très belle VT 2007,
qui a su préserver beaucoup de fraîcheur. Enfin,
l'Instant rare d'Émile est une belle curiosité : un
auxerrois botrytisé, produit uniquement dans les
grands millésimes.

☐ Alsace L'Instant rare d'Emile 2010   26 € 16,5
☐ Gewurztraminer Grand Cru
Pfersigberg 2008   16 € 15,5
☐ Gewurztraminer Grand Cru
Pfersigberg VT 2007   24 € 16,5

☐ Pinot Gris L'Hostellerie 2010   9,80 € 14
☐ Pinot Gris Lieu-dit Hohrain 2010   14 € 15,5
☐ Pinot Gris Lieu-dit Hohrain
VT 2007   28 € 16,5
☐ Riesling Grand Cru Eichberg 2010   18 € 17
☐ Riesling Grand Cru
Pfersigberg 2010   18 € 16,5

Rouge : 1,3 hectare.
Pinot noir 100 %
Blanc : 15,2 hectares.
Gewurztraminer 33 %, Muscat 3 %, Pinot blanc
ou Klevner 17 %, Pinot gris 18 %,
Riesling 24 %, Sylvaner 5 %
Production moyenne : 120 000 bt/an

Domaine Emile Beyer, 7, place du Château,
68420 Eguisheim
Tél. : 03 89 41 40 45 **Fax :** 03 89 41 64 21
E-mail : info@emile-beyer.fr
Site : www.emile-beyer.fr
Vente : au domaine
Du lundi au samedi de 8h à 12h et de 14h à
18h. Le dimanche sur rendez-vous.
Propriétaire : Luc et Christian Beyer

■ Domaine Léon Beyer
ALSACE
★

Cette maison historique voit la vocation de
vigneron se perpétuer de père en fils depuis
1867. Implanté sur le village d'Eguisheim, le
domaine compte parmi ses fleurons les deux
grands crus Eichberg et Pfersigberg. Le niveau
d'ensemble de la production est hétérogène.
Sur les meilleurs terroirs, les vins sont classiques
et appétants, capables d'atteindre une élégance
rare. La plus belle expression est proposée par
le riesling R de BeyeR, issu du grand cru Eichberg. Le Comtes d'Eguisheim se révèle également de bon niveau sur les trois cépages. Enfin,
la maison brille aussi par la qualité des tries en
VT et en SGN : des vins tout en finesse.

Les vins : force de la maison, une vaste sélection de millésimes plus anciens et prêts à être
dégustés. Parmi ceux-ci, quelques 2005 qui arrivent à maturité. C'est le cas du R de BeyeR, élégant et équilibré, et davantage encore du Comtes
d'Eguisheim, légèrement plus dense, ou du joli
VT 1995, qui digère bien ses sucres.

☐ Gewurztraminer 2010   13 € 14,5
☐ Gewurztraminer Comtes
d'Eguisheim 2007   24,70 € 15

☐ Pinot Gris 2010	12,50 €	14
☐ Riesling 2010	11,50 €	14,5
☐ Riesling Comtes d'Eguisheim 2008	24,70 €	16,5
☐ Riesling Comtes d'Eguisheim 2005	24,70 €	16,5
☐ Riesling Les Ecaillers 2008	16,60 €	15,5
☐ Riesling R de BeyeR 2005	24,70 €	16
☐ Riesling VT 1995	29 €	16

Rouge : 3 hectares et achat de raisin.
Pinot noir 100 %
Blanc : 17 hectares et achat de raisin.
Muscat 5 %, Pinot gris 18 %, Riesling 31 %,
Gewurztraminer 46 %
Production moyenne : 700 000 bt/an

Domaine Léon Beyer, 2, rue de la
Première-Armée, 68420 Eguisheim
Tél. : 03 89 21 62 30 **Fax :** 03 89 23 93 63
E-mail : contact@leonbeyer.fr
Site : www.leonbeyer.fr
Vente : au domaine
De 8h à 12h et de 14h à 17h, tous les jours
sauf le mercredi. Réservation demandée pour
les groupes. Congés annuels en janvier et
février. 8, place du Château, 03 89 23 16 16.
Propriétaire : Marc Beyer
Directeur : Yann Beyer (président)

■ Domaine Paul Blanck
ALSACE
★

Avec leur approche très originale de la vinification, Bernard et Marcel Blanck s'étaient fait remarquer. La nouvelle génération s'est installée en 1985, avec le volubile Philippe au service commercial et le discret Frédéric à la vinification. La surface du domaine dépasse aujourd'hui 35 ha avec cinq grands crus représentant 30 % du total. Le vignoble est cultivé manuellement, sans désherbant, ni pesticide, ni engrais chimique. Le style des vins a aussi évolué : toujours techniquement irréprochables, ils sont devenus plus profonds, leur personnalité s'affirmant peu à peu.

Les vins : le domaine propose une gamme cohérente et une série de vins issus de millésimes prêts à boire. L'auxerrois 2009 en fait partie, avec sa bouche fondue, animée par une pointe d'amertume en finale. Le riesling Rosenbourg démontre une belle gestion des contraintes du millésime, tout comme le Schlossberg, qui offre

une générosité de bouche parfaitement équilibrée par la fraîcheur en finale. On monte encore d'un cran avec le superbe Sommerberg 2008 aux notes d'agrumes savoureuses. Déception en revanche avec le pinot gris Patergarten, qui semble manquer de netteté.

☐ Gewurztraminer Grand Cru Furstentum Vieilles Vignes 2008	21,80 €	15
☐ Muscat d'Alsace 2011	12,50 €	14
☐ Pinot Auxerrois Vieilles Vignes 2009	12,50 €	14,5
☐ Riesling Grand Cru Furstentum 2007	17,80 €	16
☐ Riesling Grand Cru Schlossberg 2009	17,80 €	16,5
☐ Riesling Grand Cru Sommerberg 2008	21 €	17
☐ Riesling Grand Cru Wineck-Schlossberg 2008	16,20 €	15,5
☐ Riesling Rosenbourg 2009	13,85 €	15

Rouge : 3 hectares.
Pinot noir 100 %
Blanc : 32 hectares.
Chasselas 1 %, Gewurztraminer 24 %,
Muscat 3 %, Pinot gris 17 %, Riesling 33 %,
Sylvaner 5 %, Pinot blanc ou Klevner 17 %
Production moyenne : 200 000 bt/an

Domaine Paul Blanck, 32, Grand-Rue, 68240
Kientzheim
Tél. : 03 89 78 23 56 **Fax :** 03 89 47 16 45
E-mail : info@blanck.com
Site : www.blanck.com
Vente : au domaine
Du lundi au vendredi de 10h à 12h et de 14h à
18h. Le samedi de 9h à 12h et de 14h à 17h et
sur rendez-vous. Fermé dimanche et jours
fériés.
Propriétaire : Frédéric et Philippe Blanck

■ Domaine Léon Boesch
ALSACE
★

Gérard Boesch et son fils Matthieu exploitent ce petit vignoble de 10 ha situé à Westhalten. Les différents terroirs représentés, dont 2,5 ha sur le grand cru Zinnkoepflé, permettent de proposer une gamme complète. Le domaine travaille en agriculture biologique depuis 2000. Nous sommes ravis de l'approche proposée

ALSACE

dans les derniers millésimes, les vins possèdent de la densité et semblent avoir gagné en définition de terroir.

Les vins : mentholé et frais, le riesling Les Grandes Lignes affiche un très joli profil aux notes d'agrumes ; Luss ajoute un supplément de profondeur, avec une finale vibrante. Gérés en sec, mais avec un beau volume et de l'équilibre, les pinots gris ne manquent pas non plus d'intérêt. Plus moelleux, le Zinnkoepflé doit être attendu au moins deux ans pour se fondre.

☐ Gewurztraminer Grand Cru Zinnkoepflé 2010	18,90 €	15
☐ Pinot Gris Breitenberg 2010	13,80 €	15,5
☐ Pinot Gris Clos Zwingel 2010	13,80 €	15,5
☐ Pinot Gris Grand Cru Zinnkoepflé 2010	18,90 €	16
☐ Pinot Gris Le Coq 2010	11,80 €	14,5
☐ Riesling Grand Cru Zinnkoepflé 2010	18,90 €	16,5
☐ Riesling Les Grandes Lignes 2010	9,80 €	15
☐ Riesling Luss 2010	12,30 €	16

Rouge : 1,5 hectare.
Pinot noir 100 %
Blanc : 11,5 hectares.
Pinot blanc ou Klevner 20 %, Pinot gris 21 %, Riesling 23 %, Sylvaner 10 %, Gewurztraminer 23 %, Muscat 3 %
Production moyenne : 80 000 bt/an
❀ Certifié en agriculture bio ou biodynamique

Domaine Léon Boesch, 6, rue Saint-Blaise, 68250 Westhalten
Tél. : 03 89 47 01 83 **Fax :** 03 89 47 64 95
E-mail : domaine-boesch@wanadoo.fr
Vente : au domaine
Du lundi au samedi de 9h à 11h30 et de 14h à 18h30. Sur rendez-vous le dimanche.
Propriétaire : Gérard et Matthieu Boesch

■ Domaine Ernest Burn
ALSACE
★

Constitué de 10 ha de vignes, le domaine en compte fièrement 7 sur le grand cru Goldert, dont 5 sur la parcelle historique du clos Saint-Imer (jusqu'à 60 % de dénivelé). Une viticulture de qualité permet ici d'obtenir de grands vins, tel le légendaire muscat Goldert. Le domaine est également connu pour ses gewurz-

traminers et ses pinots gris, sans oublier les VT et les SGN, formidablement harmonieuses et concentrées. Seul bémol : le niveau approximatif des entrées de gamme.

Les vins : nous réitérons nos critiques concernant les entrées de gamme, qui manquent de définition. Le riesling Clos Saint-Imer est d'un tout autre calibre, avec une belle distinction et de l'éclat. Un vin digeste et très plaisant. Malgré sa richesse, le muscat demeure superbe, car il combine profondeur et tension. Le pinot gris 2010 se déguste dans un esprit de VT.

☐ Gewurztraminer Grand Cru Goldert Clos Saint-Imer La Chapelle 2010	17 €	15
☐ Gewurztraminer Grand Cru Goldert Clos Saint-Imer La Chapelle VT 2009	28 €	15,5
☐ Muscat Grand Cru Goldert Clos Saint-Imer La Chapelle 2010	17 €	16
☐ Muscat Grand Cru Goldert Clos Saint-Imer La Chapelle VT 2009	27 €	16
☐ Pinot Gris Grand Cru Goldert Clos Saint-Imer La Chapelle 2010	17 €	15
☐ Pinot Gris Grand Cru Goldert Clos Saint-Imer La Chapelle VT 2009	27 €	14
☐ Riesling Grand Cru Goldert Clos Saint-Imer la Chapelle 2010	17 €	15,5

Rouge : 0,5 hectare.
Pinot noir 100 %
Blanc : 9,5 hectares.
Gewurztraminer 30 %, Muscat 20 %, Pinot blanc ou Klevner 10 %, Pinot gris 20 %, Riesling 15 %, Sylvaner 5 %
Production moyenne : 40 000 bt/an

Domaine Ernest Burn, 8, rue Basse, 68420 Gueberschwihr
Tél. : 03 89 49 20 68 **Fax :** 03 89 49 28 56
E-mail : j.f.burn@wanadoo.fr
Site : www.domaine-burn.fr
Vente : au domaine
Du lundi au samedi de 8h30 à 11h30 et de 13h30 à 18h ou sur rendez-vous. Dimanche de 15h à 18h ou sur rendez-vous.
Propriétaire : Joseph et Francis Burn

■ Agathe Bursin
ALSACE
★

Attachante et pleine de convictions, Agathe Bursin a repris le petit domaine familial en 2001. Depuis, cette jeune femme passionnée n'a cessé de progresser par petites touches. Que ce soit à la vigne ou à la cave, elle maîtrise parfaitement son sujet et ses vins, qui peuvent encore parfois souffrir d'un léger excès de sucre, possèdent toujours une belle définition. Plus du tiers de l'exploitation est situé sur le grand cru Zinnkoepflé, où sont plantés riesling, pinot gris et gewurztraminer, mais également des sylvaners. Le reste occupe les coteaux de Westhalten. À compter de 2011, le lieu-dit Dirstelberg est aussi décliné en pinot gris et en gewurztraminer.

Les vins : le muscat est l'un des plus gourmands et savoureux d'Alsace, avec une très jolie expression. Le sylvaner Eminence est élégant, avec un niveau de sucrosité assez marqué. Bravo pour la définition et l'équilibre des rieslings, dont un très joli Zinnkoepflé, ample et délicieusement fruité. Exotique et fin, le riesling VT conserve un très bel équilibre. Enfin, à noter la constance du pinot noir, assurément l'un des meilleurs de la région.

☐ Gewurztraminer Grand Cru Zinnkoepflé 2010	15,50 €	15
☐ Muscat Bollenberg 2010	11,40 €	15
☐ Pinot Gris Grand Cru Zinnkoepflé 2010	15,50 €	15
☐ Riesling Dirstelberg 2010	8,30 €	15,5
☐ Riesling Grand Cru Zinnkoepflé 2010	15,50 €	16,5
☐ Riesling Grand Cru Zinnkoepflé VT 2009	33 €	16,5
☐ Sylvaner Eminence 2010	12 €	14
■ Pinot Noir Strangenberg 2009	14,80 €	15

Rouge : 0,55 hectare.
Pinot noir 100 %
Blanc : 5,01 hectares.
Sylvaner 15 %, Pinot blanc ou Klevner 8 %, Riesling 26 %, Muscat 6 %, Pinot gris 22 %, Gewurztraminer 23 %
Production moyenne : 32 000 bt/an

Agathe Bursin, 11, rue de Soultzmatt, 68250 Westhalten
Tél. : 03 89 47 04 15
E-mail : agathe.bursin@wanadoo.fr
Vente : au domaine
Sur rendez-vous.
Propriétaire : Agathe Bursin

■ Domaine Paul Ginglinger
ALSACE
★

L e domaine a fêté son 400ᵉ anniversaire en 2010. C'est aujourd'hui Michel Ginglinger qui, après une expérience internationale, en tient les rênes avec rigueur et conviction. Les vignes, d'un âge moyen de plus de 30 ans, sont systématiquement travaillées et les tailles sont sévères. Avec un pressoir pneumatique, la vinification est avant tout respectueuse des raisins, ce qui permet de produire des vins purs, sans sucres résiduels.

Les vins : le Drei Exa est une très jolie cuvée de riesling, pleine d'éclat. Le pinot noir les Rocailles nous a semblé plus équilibré cette année, avec une meilleure gestion de l'élevage. En riesling, l'Eichberg se montre tendu, minéral et encore serré, mais avec une belle chair. Plus austère encore, le Pfersigberg est campé sur son acidité, oubliez-le quelques années en cave. Le pinot gris Eichberg déploie une jolie intensité, avec de l'équilibre.

☐ Gewurztraminer Grand Cru Pfersigberg 2010	16,50 €	16
☐ Pinot Gris Cuvée des Prélats 2010	10,50 €	14
☐ Pinot Gris Grand Cru Eichberg 2010	15,50 €	15
☐ Riesling Drei Exa 2010	10,50 €	14,5
☐ Riesling Grand Cru Eichberg 2010	16,50 €	16
☐ Riesling Grand Cru Pfersigberg 2010	15,50 €	15,5
■ Pinot Noir 2010	10,50 €	14
■ Pinot Noir Les Rocailles 2010	20 €	15

Rouge : 1 hectare.
Pinot noir 100 %
Blanc : 11 hectares.
Gewurztraminer 22,9 %, Muscat 5,4 %, Pinot blanc ou Klevner 29,5 %, Pinot gris 18,9 %, Riesling 20,3 %, Sylvaner 2,9 %
Production moyenne : 80 000 bt/an

Domaine Paul Ginglinger, 8, place Charles-de-Gaulle, 68420 Eguisheim
Tél. : 03 89 41 44 25 **Fax :** 03 89 24 94 88
E-mail : info@paul-ginglinger.fr
Site : www.paul-ginglinger.fr
Vente : au domaine

Du lundi au samedi de 8h à 11h30 et de 13h30
à 18h30.
Propriétaire : Michel Ginglinger

■ Domaine Jean-Marie Haag
ALSACE
★

A ses débuts, Jean-Marie Haag aimait les vins
généreux et souples avec des doses copieuses de sucres résiduels. Puis ils se sont densifiés,
perdant un peu de leur sucrosité et les vins de
la Vallée noble ont été mis en avant. Le domaine
excelle dans les pinots gris et les gewurztraminers, en particulier lorsque le millésime est naturellement peu généreux.

Les vins : vin de soif, Imagine remplit parfaitement sa mission. Le riesling Vallée noble est
doté d'une belle tension, avec une persistance
sur les agrumes frais ; le Weingarten gagne lui
largement en densité. Le gewurztraminer Zinnkoepflé se montre plus lourd. Belle maturité du
pinot noir qui possède un joli charnu.

☐ Gewurztraminer Grand Cru Zinnkoepflé 2010	14,90 €	15
☐ Gewurztraminer Vallóo noble 2010	8,30 €	14,5
☐ Imagine 2010	7,50 €	14
☐ Pinot Gris Breitenberg 2010	10,60 €	15,5
☐ Riesling Vallée noble 2010	7,50 €	14,5
☐ Riesling Weingarten 2010	10,60 €	16
■ Pinot Noir Clos Baumhauer 2009	14 €	14,5

Rouge : 0,6 hectare.
Pinot noir 100 %
Blanc : 5,1 hectares.
Pinot gris 29 %, Riesling 19 %, Sylvaner 10 %,
Pinot blanc ou Klevner 11 %,
Gewurztraminer 29 %, Muscat 2 %
Production moyenne : 50 000 bt/an

Domaine Jean-Marie Haag, 17, rue des
Chèvres, 68570 Soultzmatt
Tél. : 03 89 47 02 38 **Fax :** 03 89 47 64 79
E-mail : jean-marie.haag@wanadoo.fr
Site : www.domaine-haag.fr
Vente : au domaine
De 10h à 12h et de 14h à 19h, de préférence
sur rendez-vous. Dimanche et jours fériés sur
rendez-vous.
Propriétaire : Jean-Marie Haag

■ Hugel et Fils
ALSACE
★

C ette grande maison, dont l'activité viticole
remonte à 1639, est un domaine incontournable, ne serait-ce qu'en raison de son empreinte
historique laissée dans le vignoble alsacien. Disparu récemment, le charismatique Jean Hugel
fut à l'origine du décret « Vendanges tardives
et sélections de grains nobles », promulgué en
1984. Aujourd'hui, ses fils, Etienne et Marc
Hugel, préservent l'esprit des vins du domaine
et déclinent une vaste gamme de quatre familles
de cuvées : la Classique, issue de raisins achetés
à d'autres producteurs de la région ; la Tradition, exclusivement élaborée à partir de cépages
nobles ; la Jubilée, provenant des coteaux les
plus réputés, uniquement vinifiée dans les grandes années ; enfin, les VT et SGN, signatures
de la maison, qui atteignent un niveau de précision et d'élégance remarquable.

Les vins : la maison dispose d'un important
stock de vins prêts à être bus, profitez-en. Le
riesling Tradition 2007, aujourd'hui à maturité, propose une bouche fondue et crémeuse.
La cuvée Jubilée ne prend pas une ride et évolue avec élégance. Si le pinot gris est moins
concluant, saluons, en revanche, l'esprit du
gewurztraminer Tradition, complexe et digeste.
A noter, enfin, l'impeccable série de liquoreux,
dont des SGN parfaitement maîtrisées.

☐ Gewurztraminer Hugel SGN 2005	98 €	17
☐ Gewurztraminer Hugel Tradition 2008	15,52 €	15,5
☐ Gewurztraminer Hugel VT 2005	37,12 €	16
☐ Gewurztraminer Hugel VT 2001	36 €	16
☐ Muscat Hugel Tradition 2010	12,22 €	14
☐ Pinot Gris Hugel SGN 2007	162 €	17,5
☐ Pinot Gris Hugel Tradition 2009	13 €	14
☐ Riesling Hugel Jubilée 2007	30,24 €	17,5
☐ Riesling Hugel SGN 2009	180 €	18
☐ Riesling Hugel Tradition 2007	17,42 €	15,5

Rouge : 8,61 hectares.
Pinot noir 100 %
Blanc : 118,39 hectares.
Muscat 1 %, Pinot gris 12 %, Riesling 30 %,
Sylvaner 14 %, Pinot blanc ou Klevner 16 %,
Gewurztraminer 27 %
Production moyenne : 1 200 000 bt/an

Hugel et Fils, 3, rue de la
Première-Armée-Française, BP 32, 68340
Riquewihr

Tél. : 03 89 47 92 15 **Fax :** 03 89 49 00 10
E-mail : info@hugel.com
Site : www.hugel.fr
Vente : au domaine
Du lundi au vendredi de 9h à 12h et de 14h à
17h sur rendez-vous.
Propriétaire : Famille Hugel

■ Domaine Paul Kubler
ALSACE
★

Philippe Kubler a aujourd'hui pris ses marques. Il gère avec efficacité son vignoble situé autour du village de Soultzmatt, dont quelques parcelles en grand cru Zinnkoepflé. Les derniers millésimes ont été bien abordés et la gamme se montre cohérente.

Les vins : la gamme K propose une série de vins de bonne facture, sur leur fruit et pleins de franchise. Le sylvaner Z, issu du grand cru, demeure une très belle référence de ce cépage dans la région. Salin et minéral, le riesling Breitenberg impose son côté tranchant et salivant. Les vendanges tardives nous sont apparues un peu brûlantes et confites.

☐	Gewurztraminer Grand Cru Zinnkoepflé 2010	14,50 €	15
☐	Gewurztraminer Grand Cru Zinnkoepflé VT 2009	17,50 € (50 cl)	14,5
☐	Pinot Gris Grand Cru Zinnkoepflé 2010	14,50 €	15
☐	Pinot Gris Grand Cru Zinnkoepflé 2009	17,50 € (50 cl)	14,5
☐	Pinot Gris K 2010	9,50 €	14
☐	Riesling Breitenberg 2010	12 €	14,5
☐	Riesling K 2010	9 €	14
☐	Sylvaner Z 2010	14,50 €	15

Rouge : 0,5 hectare.
Pinot noir 100 %.
Blanc : 8,5 hectares.
Muscat 5 %, Sylvaner 4 %, Riesling 29 %, Pinot blanc ou Klevner 14 %, Pinot gris 22 %, Gewurztraminer 26 %
Production moyenne : 55 000 bt/an

Domaine Paul Kubler, 103, rue de la Vallée, 68750 Soultzmatt
Tél. : 03 89 47 00 75 **Fax :** 03 89 47 65 45
E-mail : coontact@paulkubler.com
Site : www.paulkubler.com
Vente : au domaine

Du lundi au samedi de 10h à 12h et de 14h à 19h. Le dimanche sur rendez-vous.
Propriétaire : Philippe Kubler

■ Domaine Seppi Landmann
ALSACE
★

Ce vigneron emblématique et engagé s'apprête à se retirer et à prendre sa retraite en fin d'année, après trente ans de vinifications. Le domaine, qui compte aujourd'hui 8,5 ha avec, en particulier, de belles surfaces sur le Bollenberg et le grand cru Zinnkoepflé, ne disparaîtra pas et continuera à vivre sous l'égide de la maison Rieffié. La gamme est ici particulièrement vaste et Seppi a consacré une bonne partie de sa vie à explorer des voies originales, avec plus ou moins de bonheur. Quelques vins manquant de précision nous ont parfois déçus dans les années 2000, mais ses plus belles cuvées demeurent des modèles. Bonne nouvelle pour les amateurs, le domaine vend encore de nombreux millésimes anciens.

Les vins : dans une très vaste gamme, nous avons pioché quelques cuvées. Le célèbre sylvaner Cuvée Z 2010 est généreux et précis à la fois. Le 2007 évolue sagement sur d'agréables notes de fruits jaunes confits. Le riesling Vallée Noble 2009 est bien droit ; il lui manque un peu de volume. Nous lui préférons le Zinnkoepflé 2010, joliment constitué. Doté d'une belle richesse, le pinot gris ne tombe pas dans la mollesse. Jolie gourmandise, le riesling VT Zinnkoepflé 1998 est aujourd'hui arrivé à parfaite maturité.

☐	Gewurztraminer Grand Cru Zinnkoepflé SGN Vin de Glace 2001	47,60 €	17
☐	Gewurztraminer Vallée Noble 2010	9,90 €	14,5
☐	Pinot Gris Grand Cru Zinnkoepflé 2010	11,90 €	15,5
☐	Riesling Grand Cru Zinnkoepflé 2010	11,90 €	15,5
☐	Riesling Grand Cru Zinnkoepflé 2009	11,90 €	15
☐	Riesling Grand Cru Zinnkoepflé VT 1998	23,80 €	16,5
☐	Riesling Vallée Noble 2009	7,90 €	14
☐	Riesling Vallée Noble Hospices de Strasbourg 2008	24 €	14,5

☐ Sylvaner Cuvée Z 2010   9,90 €   15
☐ Sylvaner Cuvée Z 2007   9,90 €   15

Rouge : 0,5 hectare.
Pinot noir 100 %
Blanc : 8 hectares.
Sylvaner 21 %, Gewurztraminer 22 %,
Muscat 3 %, Pinot blanc et auxerrois 34 %,
Pinot gris 9 %, Riesling 11 %
Production moyenne : 65 000 bt/an

Domaine Seppi Landmann, 20, rue de la Vallée,
68570 Soultzmatt
Tél. : 03 89 47 09 33   **Fax :** 03 89 47 06 99
E-mail : contact@seppi-landmann.fr
Site : www.seppi-landmann.fr
Vente : au domaine
Sur rendez-vous. Ouvert tous les week-ends.
Propriétaire : Seppi Landmann

■ Domaine Jean-Louis et Fabienne Mann
ALSACE
★

Il est loin le temps où Jean-Louis Mann était le meilleur apporteur de raisins de la coopérative locale. Depuis, il s'est installé à son compte, a aménagé un local, acheté du matériel et a vite démontré qu'il savait aussi bien vinifier. Heureusement, il possède un beau patrimoine de vignes avec des parcelles significatives dans les deux grands crus du village, l'Eichberg et le Pfersigberg, ce qui lui permet, depuis ses débuts, de présenter de belles cuvées.

Les vins : la sucrosité présente sur certaines cuvées en 2010 nous a quelque peu perturbés ; cuvée d'assemblage, l'Ortel combine richesse et jolie fraîcheur d'agrumes en finale. Le Pfersigberg semble légèrement évolué, avec une touche oxydative et un manque de peps. Parmi les cuvées non retenues cette année, l'auxerrois se montre pesant en finale, le pinot gris, élaboré dans un esprit VT, présente beaucoup de richesse, et le SGN apparaît trop lourd et confit : attention à la digestibilité.

☐ Alsace Ortel 2010   12,50 €   14
☐ Riesling Altengarten 2010   16 €   14,5
☐ Riesling Grand Cru
    Pfersigberg 2010   21,50 €   14,5

Rouge : 0,7 hectare.

Pinot noir 100 %
Blanc : 8,6 hectares.
Riesling 26 %, Chardonnay 4 %, Sylvaner 6 %,
Chasselas 1 %, Gewurztraminer 33 %,
Muscat 75 %, Pinot blanc ou Klevner 11 %,
Pinot gris 14 %
Production moyenne : 45 000 bt/an
 Certifié en agriculture bio ou biodynamique

Domaine Jean-Louis et Fabienne Mann, 11, rue du Traminer, 68420 Eguisheim
Tél. : 03 89 24 26 47   **Fax :** 03 89 24 09 41
E-mail : mann.jean.louis@wanadoo.fr
Vente : au domaine
Sur rendez-vous de 8h à 12h et de 13h30 à 18h30.
Propriétaire : Jean-Louis Mann

■ Domaine Schlumberger
ALSACE
★

Alain Beydon-Schlumberger et sa nièce Séverine dirigent ce beau vignoble de coteaux situé sur le champ de fracture de Guebwiller. Adhérent à la charte Tyflo depuis 2003, le domaine pratique une viticulture respectueuse de l'environnement ; une trentaine d'hectares est même cultivée en bio et en biodynamie. Les vins s'offrent dans un style raffiné et digeste, parfait pour la table. Les grands crus, quel que soit le cépage, séduisent toujours par leur délicatesse. Le vieillissement, la complexité et la finesse des vins laissent augurer de belles perspectives pour l'avenir de ce domaine.

Les vins : le riesling Les Princes Abbés 2009 est ouvert et immédiat, avec un joli charme. En riesling toujours, les grands crus possèdent une très belle personnalité, à l'image du Saering, droit, minéral et iodé, ou du Kessler qui joue davantage en puissance et en volume. Profitez également du Kitterlé 2005, parfaitement à point. Le pinot gris Kessler 2006 évolue dans un registre légèrement champignonné. Belle gestion des vendanges tardives.

☐ Gewurztraminer VT 2009   32,30 €   16
☐ Pinot Gris Grand Cru
    Kessler 2006   15,40 €   14
☐ Pinot Gris VT 2009   28,85 €   16
☐ Riesling Ernest SGN 2009   49,80 €   17
☐ Riesling Grand Cru Kessler 2008   19 €   16,5
☐ Riesling Grand Cru Kitterlé 2005   19 €   17

☐ Riesling Grand Cru
 Saering 2008   16,20 € 15,5
☐ Riesling Les Princes Abbés 2009   9 € 14,5
☐ Riesling VT 2009   32,30 € 16,5

Rouge : 8,72 hectares.
Pinot noir 100 %
Blanc : 115,2 hectares.
Pinot blanc ou Klevner 14 %, Pinot gris 22,4 %,
Riesling 28,3 %, Sylvaner 3,2 %,
Gewurztraminer 29,8 %, Muscat 2,3 %
Production moyenne : 750 000 bt/an

Domaine Schlumberger, 100, rue
Théodore-Deck, 68501 Guebwiller Cedex
Tél. : 03 89 74 27 00 **Fax :** 03 89 74 85 75
E-mail : mail@domaines-schlumberger.com
Site : www.domaines-schlumberger.com
Vente : au domaine
Visite uniquement sur rendez-vous.
Propriétaire : Famille Schlumberger
Directeur : Stéphane Chaise

Domaine Jean Sipp
<small>ALSACE</small>
★

A près une formation en viticulture-œnologie au lycée viticole d'Avize ainsi que de nombreux stages en France et à l'étranger, Jean Sipp s'est lancé dans la vinification au domaine en 1973. La famille possède un large choix de terroirs, avec les deux grands crus Kirchberg et Osterberg comme fleurons. La gamme présentée est incontestablement de qualité ; les vins sont bien définis, les rieslings et les pinots gris atteignent un beau niveau de maturité et d'équilibre.

Les vins : l'ensemble est bien géré, avec des vins qui conservent toujours un côté digeste. Le Kirchberg 2010 est pointu, un rien moins dense que le 2009, mais très élégant. Issu d'une vigne plantée à haute densité, le Terrasses du Clos est une réussite, dans un registre ample mais précis. Toujours en riesling, l'Altenberg possède un potentiel évident, il faut qu'il se fonde. Le même cru en pinot gris apparaît moins défini, avec un petit côté lacté en finale. Enfin, le pinot noir continue à progresser, avec une très belle générosité de fruit.

☐ Gewurztraminer Carole 2009   20 € 15,5
☐ Gewurztraminer SGN 2007 46 € (50 cl) 16,5
☐ Pinot Gris Grand Cru
 Altenberg 2009   24 € 15,5

☐ Pinot Gris Ribeauvillé Clos
 Ribeaupierre 2005   25 € 16
☐ Pinot Gris Trottacker 2010   15 € 15
☐ Riesling Grand Cru
 Altenberg 2010   24 € 16,5
☐ Riesling Grand Cru Kirchberg
 Ribeauvillé 2010   18 € 16
☐ Riesling Grand Cru Kirchberg
 Ribeauvillé 2009   19 € 16
☐ Riesling Les Terrasses du
 Clos 2009   22 € 16,5
☐ Riesling Vieilles Vignes 2009   9,50 € 15
■ Pinot Noir Osmose 2009   32 € 16

Rouge : 2 hectares.
Pinot noir 100 %
Blanc : 20 hectares.
Riesling 26 %, Muscat 3 %, Pinot blanc ou
Klevner 12 %, Pinot gris 24 %, Sylvaner 6 %,
Gewurztraminer 29 %
Production moyenne : 150 000 bt/an

Domaine Jean Sipp, 60, rue de la Fraternité,
68150 Ribeauvillé
Tél. : 03 89 73 60 02 **Fax :** 03 89 73 82 38
E-mail : domaine@jean-sipp.com
Site : www.jean-sipp.com
Vente : au domaine
Du lundi au samedi de 8h30 à 11h30 et de 14h
à 18h, et dimanche matin, uniquement sur
rendez-vous.
Propriétaire : Jean Sipp

Louis Sipp
<small>ALSACE</small>
★

I mplanté à 85 % sur la commune de Ribeauvillé, le vignoble compte plus de 37 ha en blanc, dont 4 sur les grands crus Kirchberg et Osterberg. Sous la houlette d'Etienne Sipp, le domaine s'est engagé dans une voie axée sur le terroir avec une viticulture respectueuse de l'environnement, qui s'est traduite par l'obtention d'une certification bio en 2008. Le riesling grand cru Kirchberg reste un modèle d'expression et de régularité. Les millésimes se succèdent avec classe et finesse, l'évolution confirmant l'empreinte du terroir d'origine. Un grand cru à posséder absolument dans sa cave.

Les vins : ils possèdent incontestablement une très belle définition, avec du style et de la pureté. Les rieslings sont gérés dans un esprit droit, sans sucrosité lourde. Les deux grands crus affichent éclat et précision ; très belle minéralité dans le Kirchberg à la finale saline. Sur le même terroir, le pinot gris s'impose comme un vin ample, équilibré et fin. Très belle gestion également des vins plus liquoreux.

☐ Crémant d'Alsace Brut	9,50 €	14
☐ Gewurztraminer Grand Cru Osterberg 2008	20,50 €	16
☐ Gewurztraminer Nature'S 2010	10,90 €	14
☐ Gewurztraminer SGN 2007	52 €	16,5
☐ Gewurztraminer VT 2008	27,50 €	16,5
☐ Pinot Gris Grand Cru Kirchberg de Ribeauvillé 2010	19 €	16
☐ Riesling Grand Cru Kirchberg de Ribeauvillé 2010	19 €	16,5
☐ Riesling Grand Cru Osterberg 2010	19 €	16,5
☐ Riesling Hagel 2009	12 €	15
☐ Riesling Steinacker 2010	11,70 €	14,5
▪ Crémant d'Alsace Rosé	11 €	14
■ Pinot Noir Grossberg 2008	17 €	15,5

Rouge : 2,2 hectares.
Pinot noir 100 %
Blanc : 37,8 hectares.
Chardonnay 1,1 %, Chasselas 1,9 %, Auxerrois 11 %, Gewurztraminer 24,8 %, Muscat 1,4 %, Pinot blanc ou Klevner 8 %, Pinot gris 13,4 %, Riesling 28,2 %, Sylvaner 6,7 %
Production moyenne : Entre 350 000 et 450 000 bt/an
❀ Certifié en agriculture bio ou biodynamique

Louis Sipp, 5, Grand-Rue, 68150 Ribeauvillé
Tél. : 03 89 73 60 01 **Fax :** 03 89 73 31 46
E-mail : louis@sipp.com
Site : www.sipp.com
Vente : au domaine
Du lundi au vendredi de 8h à 12h et de 14h à 18h. Samedi de 9h à 12h et de 14h30 à 18h. Dimanche de 10h30 à 12h et de 14h30 à 18h.
Propriétaire : Pierre Sipp
Directeur : Etienne Sipp

■ Domaine Vincent Stoeffler
ALSACE
★

C e vignoble est réparti sur deux axes : dans le Bas-Rhin, autour des villages de Barr et de Heiligenstein ; dans le Haut-Rhin, entre Ribeauvillé, Zellenberg et Riquewihr. Adepte de la bio-

dynamie et certifié Ecocert depuis 2000, le domaine produit une vaste gamme aujourd'hui parfaitement cohérente. Les derniers millésimes sont bien gérés et les vins ne manquent pas d'attrait.

Les vins : issu de chardonnay, le crémant se montre ample et riche, avec de jolies saveurs. Excepté le Kronenburg qui semblait touché par une petite évolution, les rieslings affichent un joli caractère, en particulier le très beau Schœnenbourg racé et savoureux. Le gewurztraminer vieilles vignes repose sur ses sucres et manque un rien de peps.

☐ Crémant d'Alsace Brut Chardonnay	9,60 €	14
☐ Gewurztraminer Grand Cru Kirchberg de Barr 2010	16 €	15
☐ Gewurztraminer Vieilles Vignes 2010	12 €	14
☐ Pinot Gris Grand Cru Kirchberg de Barr 2010	13,60 €	15
☐ Riesling Grand Cru Kirchberg de Barr 2010	14 €	15,5
☐ Riesling Grand Cru Schoenenbourg 2010	14 €	16
☐ Riesling Muhlforst 2010	9,20 €	14,5

Rouge : 2 hectares.
Pinot noir 100 %
Blanc : 13 hectares.
Sylvaner 7 %, Riesling 25 %, Chardonnay 8 %, Gewurztraminer 22 %, Muscat et klevner 7 %, Pinot blanc ou Klevner 13 %, Pinot gris 18 %
Production moyenne : 115 000 bt/an
❀ Certifié en agriculture bio ou biodynamique

Domaine Vincent Stoeffler, 1, rue des Lièvres, 67140 Barr
Tél. : 03 88 08 52 50 **Fax :** 03 88 08 17 09
E-mail : info@vins-stoeffler.com
Site : www.vins-stoeffler.com
Vente : au domaine
Du lundi au samedi de 10h à 12h et de 13h30 à 18h.
Propriétaire : Vincent Stoeffler

■ Trimbach
ALSACE
★

P ilier de Ribeauvillé, la maison Trimbach franchit tranquillement les quatre siècles d'existence, avec aux commandes Hubert Trimbach, ses neveux Jean et Pierre, et sa fille Anne.

Parmi les joyaux de la maison, le riesling Clos Sainte-Hune (situé dans le grand cru Rosacker), au vieillissement impeccable, a donné, dans certains millésimes (1971, 1983, 1990), des bouteilles d'anthologie. La cuvée Frédéric-Emile, issue d'une parcelle située à cheval entre les grands crus Geisberg et Osterberg, est également remarquable. Cela dit, derrière ces deux formidables locomotives, le reste de la gamme ne suit pas toujours, et quelques vins ne nous convainquent pas. Nous saluons la volonté de produire les vins les plus secs possible et nous pensons que la maison demeure une formidable vitrine pour la région.

Les vins : en entrée de gamme, le riesling se montre facile et digeste, mais un peu simple ; la cuvée Réserve est plus dense. Le niveau monte franchement avec la cuvée Frédéric-Emile 2007, arrivée à parfaite maturité et toujours aussi précise. Le Clos Sainte-Hune 2006 n'atteint pas le somptueux niveau du 2005, mais impressionne toujours par son intensité, sa précision et sa profondeur. Superbe ! Le gewurztraminer Seigneurs de Ribeaupierre se montre large, riche, mais sans lourdeur, avec une finale un rien chaude. A noter, la belle gestion des cuvées SGN, toujours digestes.

☐	Gewurztraminer Seigneurs de Ribeaupierre 2007	27,40 €	16
☐	Gewurztraminer SGN 2007	91,50 €	17
☐	Pinot Gris Réserve Personnelle 2007	23,20 €	14,5
☐	Pinot Gris SGN 2007	80 €	16
☐	Pinot Gris SGN 2005	80 €	16,5
☐	Riesling Clos Sainte-Hune 2006	130 €	18
☐	Riesling Frédéric-Emile 2007	35,80 €	17
☐	Riesling Frédéric-Emile VT 2007	56 €	17
☐	Riesling Réserve 2010	14,40 €	14,5

Rouge : 2 hectares et 6 hectares en achat de raisin.
Pinot noir 100 %
Blanc : 34 hectares et 91 hectares en achat de raisin.
Pinot blanc ou Klevner 10 %, Pinot gris 14 %, Riesling 46 %, Gewurztraminer 29 %, Muscat 1 %
Production moyenne : 1 200 000 bts/an

Trimbach, 15, route de Bergheim, 68150 Ribeauvillé
Tél. : 03 89 73 60 30 **Fax :** 03 89 73 89 04
E-mail : contact@maison-trimbach.fr
Site : www.maison-trimbach.fr
Vente : au domaine

Du lundi au vendredi de 8h à 12h et de 13h30 à 17h30, samedi sur rendez-vous.
Propriétaire : Famille Trimbach

■ Domaine Valentin Zusslin
ALSACE
★

J ean-Paul et Marie Zusslin poursuivent la tradition viticole familiale née en 1691. Installés à Orschwihr, sur un vignoble de 13 ha, ils forment un duo passionné, charismatique et soucieux du travail bien accompli. Chacun a son rôle : Marie à la commercialisation, Jean-Paul dans les vignes et à la cave. Une viticulture en biodynamie depuis 1997, une vinification soignée et un élevage précis résument le travail de ce domaine de référence.

Les vins : intéressant, le crémant brut Zéro offre une bouche droite et bien persistante. La bulle est un rien épaisse. La série des rieslings 2010 est fidèle au style précis et droit de la maison, avec notamment un Pfingstberg somptueux, épuré et très précis. Le pinot noir se montre frais, gourmand et croquant.

☐	Crémant d'Alsace Brut Zéro	13 €	14
☐	Gewurztraminer Bollenberg 2010	13 €	15
☐	Pinot Noir Bollenberg Harmonie 2010	35 €	15,5
☐	Riesling Bollenberg 2010	12,50 €	15
☐	Riesling Clos Liebenberg 2010	20 €	16
☐	Riesling Grand Cru Pfingstberg 2010	27 €	17
☐	Riesling Grand Cru Pfingstberg 2009	27 €	16

Rouge : 1,8 hectare.
Pinot noir 100 %
Blanc : 11,1 hectares.
Muscat 7 %, Gewurztraminer 20,5 %, Pinot gris 21 %, Riesling 22 %, Sylvaner 2 %, Chardonnay 3 %, Chasselas 2 %, Pinot blanc et auxerrois 22,5 %
Production moyenne : 80 000 bt/an
❀ Certifié en agriculture bio ou biodynamique

Domaine Valentin Zusslin, 57, Grand'Rue (Haut), 68500 Orschwihr
Tél. : 03 89 76 82 84 **Fax :** 03 89 76 64 36
E-mail : info@zusslin.com
Site : www.zusslin.com
Vente : au domaine

Sur rendez-vous uniquement. Fermé dimanche et jours fériés.
Propriétaire : Jean-Marie, Jean-Paul et Marie Zusslin

■ Domaine Jean-Baptiste Adam
ALSACE

C ette vénérable maison d'Ammerschwihr combine une activité de négoce et une production issue de ses propres vignobles. Ces derniers sont cultivés en agriculture biologique et les vins sont de belle facture, avec une retranscription fidèle des terroirs. Autre bonne nouvelle pour les amateurs, la maison commercialise de nombreuses cuvées après quelques années de garde.

Les vins : le crémant extra-brut, issu de chardonnay, se montre très tendu et devra se fondre une année en cave. Saluons l'esprit du riesling Réserve 2010, à la bouche droite et précise. La cuvée Les Natures ajoute encore un petit supplément de volume. Le Kaefferkopf 2009 semble évoluer assez rapidement, avec une petite note oxydative en finale. La version Les Natures du pinot blanc est très bien gérée, avec du fond et de l'équilibre.

☐ Crémant d'Alsace Extra Brut
   Chardonnay   9,50 €   14
☐ Gewurztraminer Grand Cru
   Kaefferkopf Vieilles
   Vignes 2010   17,50 € 15,5
☐ Pinot Blanc Les Natures 2010   7,20 €   15
☐ Pinot Gris Collection JBA VT 2008 24 €   15
☐ Pinot Gris Letzenberg 2010   16,50 €   16
☐ Pinot Gris Letzenberg Vin de
   Gastronomie 2009   15,50 €   14
☐ Riesling Grand Cru Kaefferkopf
   Cuvée Jean-Baptiste 2010   12,90 € 15,5
☐ Riesling Grand Cru Kaefferkopf
   Vieilles Vignes 2009   17 €   15
☐ Riesling Les Natures 2010   7,90 €   15
☐ Riesling Réserve 2010   6,60 € 14,5

Rouge : 2 hectares + achat de raisin 8 hectares.
Pinot noir 100 %
Blanc : 15 hectares + achat de raisin 72 hectares.
Gewurztraminer 17 %, Muscat 8 %, Pinot blanc ou Klevner 22 %, Pinot gris 17 %, Riesling 33 %, Sylvaner 3 %
Production moyenne : 1 200 000 bt/an
❧ Certifié en agriculture bio ou biodynamique

Domaine Jean-Baptiste Adam, 5, rue de l'Aigle, 68770 Ammerschwihr
Tél. : 03 89 78 23 21 **Fax :** 03 89 47 35 91
E-mail : jbadam@jb-adam.fr
Site : www.jb-adam.com
Vente : au domaine
De janvier à avril : de 8h30 à 12h30 et de 14h à 18h. De mai à décembre : tous les jours de 8h30 à 12h30 et de 13h30 à 19h.
Propriétaire : Jean-Baptiste Adam

■ Domaine Bechtold
ALSACE

L a propriété trône sur les coteaux de la Couronne d'Or, belle région aux abords de Strasbourg, plus précisément sur le village de Dahlenheim. Membre de l'association Tyflo, qui promeut la viticulture « propre », Jean-Marie Bechtold poursuit dans cette voie et son vignoble est certifié en agriculture biologique depuis 2010. Parmi ses vins, tous élégants, nous sommes souvent séduits par la cuvée phare du domaine, le riesling grand cru Engelberg.

Les vins : le muscat se montre très tendre, un peu fluide. Le riesling Engelberg, bien bâti, possède un caractère savoureux. Les gewurztraminers jouent la carte de l'élégance, toujours assurée par une belle expression d'Engelberg.

☐ Gewurztraminer Grand Cru
   Engelberg 2009   14,50 € 14,5
☐ Gewurztraminer Silberberg 2010 8,50 €   14
☐ Pinot Gris Silberberg 2010   8,50 €   14
☐ Pinot Gris Silberberg SGN 2009   25 €   16
☐ Riesling Grand Cru
   Engelberg 2009   14,50 €   15
☐ Riesling Sussenberg 2008   12 € 14,5
☐ Riesling Sussenberg VT 2009   21 € 15,5

Rouge : 1 hectare.
Pinot noir 100 %
Blanc : 11 hectares.
Muscat 5 %, Pinot blanc ou Klevner 10 %, Pinot gris 20 %, Riesling 35 %, Gewurztraminer 30 %
Production moyenne : 40 000 bt/an
❧ Certifié en agriculture bio ou biodynamique

Domaine Bechtold, 49, rue Principale, 67310 Dahlenheim
Tél. : 03 88 50 66 57
E-mail : domainebechtold@wanadoo.fr
Site : www.domainebechtold.com
Vente : au domaine

Lundi à vendredi de 9h à 12h et de 14h à 18h.
Samedi de 9h à 12h et de 14h à 17h.
Propriétaire : Jean-Marie Bechtold

■ Francis Beck et Fils
ALSACE

Installé sur le village d'Epfig, Francis Beck a repris le domaine en 1974. Son fils Julien, œnologue, l'a rejoint en 2005. Le domaine se décline sur de nombreuses cuvées : le terroir limoneux-sableux du Hertenstein révèle des rieslings précis et ciselés ; celui du Fronholz, des gewurztraminers francs et fins de constitution. A noter que la cuvée Trésor de la Vigne est issue d'un assemblage de cépages fermentés en barrique. La marge de progression sur les rouges est intéressante, il faut continuer dans ce sens pour obtenir des versions pleines et juteuses.

Les vins : le pinot blanc apparaît franc et simple, avec un côté digeste, comme le muscat, au profil apéritif. Le riesling Hertenstein se révèle bien tendu pour le millésime et s'appréciera dans les deux à trois ans. Elégamment marqué par la barrique, Trésor de la Vigne 2008 combine un joli gras et de la tension. D'une belle profondeur, le gewurztraminer Fronholz se montre déjà très séduisant. Les pinots noirs sont également de bonne facture, la cuvée Réserve se livrant sur des notes de cerises, tandis que la cuvée Barriques absorbe bien son bois. Les VT et SGN sont pures et d'un bon équilibre.

☐ Alsace Trésor de la Vigne Barriques 2010	12 €	14,5
☐ Pinot Gris Prestige 2010	11 €	14,5
☐ Pinot Gris SGN 2007	23,50 €	15
☐ Riesling Hertenstein 2010	8,50 €	15

Rouge : 1,55 hectare.
Pinot noir 100 %
Blanc : 7,95 hectares.
Sylvaner 11 %, Pinot blanc ou Klevner 21 %,
Riesling 25 %, Muscat 3 %, Pinot gris 16 %,
Gewurztraminer 24 %
Production moyenne : 75 000 bt/an

Francis Beck et Fils, 79, rue Sainte-Marguerite, 67680 Epfig
Tél. : 03 88 85 54 84 **Fax :** 03 88 57 83 81
E-mail : vins@francisbeck.com
Site : www.francisbeck.com
Vente : au domaine
Du lundi au samedi de 9h à 12h et de 14h à 18h. Dimanche et jours fériés de 10h à 12h et de 15h à 18h.
Propriétaire : Famille Beck

■ Domaine Jean-Philippe et Jean-François Becker
ALSACE

Ce domaine est géré par la tribu Becker, avec Jean-Philippe à la vinification, Jean-François à la viticulture et Martine à la commercialisation. Ce trio de choc a emmené le vignoble sur la voie de la viticulture biologique (label AB). S'ils suivent les canons de l'œnologie moderne, les vins manquent parfois de personnalité et ne capitalisent pas toujours dans la bouteille tous les efforts déployés en amont. Ils sont cependant toujours sincères, francs et de bonne facture.

Les vins : nous aimons la précision et la droiture du riesling Schœnenbourg 2010. Doté également d'une bonne définition, le pinot gris Rimelsberg est un élégant vin de gastronomie, qui fera merveille sur les viandes blanches. Plus riches, avec une sucrosité moins fondue, les gewurztraminers demeurent néanmoins digestes.

☐ Gewurztraminer Grand Cru Schoenenbourg 2010	12,65 €	15
☐ Gewurztraminer Grand Cru Sonnenglanz 2010	12,80 €	15
☐ Pinot Gris Grand Cru Froehn 2010	14,80 €	15,5
☐ Pinot Gris Rimelsberg 2010	12,30 €	15
☐ Riesling Grand Cru Schoenenbourg 2010	12,90 €	15,5
☐ Riesling Hagenschlauf 2011	7,65 €	14
☐ Riesling Kronenbourg VT 2009	22,55 €	15

Rouge : 2 hectares.
Pinot noir 100 %
Blanc : 16 hectares.
Muscat 6 %, Pinot blanc ou Klevner 12,2 %,
Pinot gris 21 %, Riesling 31 %,
Chardonnay 2,3 %, Gewurztraminer 27,5 %
Production moyenne : 200 000 bt/an
❀ Certifié en agriculture bio ou biodynamique

Domaine Jean-Philippe et Jean-François Becker, 2-4, route d'Ostheim, Zellenberg, BP 24, 68340 Zellenberg
Tél. : 03 89 47 90 16 **Fax :** 03 89 47 99 57
E-mail : vinsbecker@aol.com
Site : www.vinsbecker.com
Vente : au domaine
Du lundi au samedi de 8h à 12h et de 14h à 18h. Ouverture à 10h le dimanche et les jours fériés de Pâques à fin décembre, sur rendez-vous le reste de l'année.
Propriétaire : Famille Becker

■ Domaine Pierre Bernhard-Reibel

ALSACE

L es vignes du domaine s'étendent sur les villages de Scherwiller et de Châtenois, riches en grands terroirs à dominante granitique : Hahnenberg, Meisenberg, Rittersberg et Weingarten. Depuis 2003, le vignoble est certifié bio et le terroir du Weingarten est conduit en biodynamie. Les vignes sont plantées à haute densité, jusqu'à 9 500 pieds à l'hectare. Ces choix vont sans aucun doute dans la bonne direction : ils devraient permettre de tirer la quintessence des différents terroirs. Si les maturités sont bel et bien acquises, nous constatons toutefois que la dimension minérale ne s'exprime pas encore pleinement. La gamme doit gagner en tension et en équilibre.

Les vins : derrière un pinot blanc un peu simple, nous trouvons des rieslings à la personnalité mieux affirmée, comme le Rittersberg, tendu et vif, ou le Hahnenberg 2008, légèrement plus enrobé. Le Cru Hors Ligne, blanc de noirs 2008, évolue bien sur des notes de caramel.

☐ Alsace Weingarten 2009	25 €	15,5
☐ Gewurztraminer Hahnenberg 2011	11 €	14
☐ Pinot Cru Hors Ligne 2008	25 €	14,5
☐ Pinot Gris Weingarten 2010	11,20 €	15
☐ Riesling Coteaux du Haut-Koenigsbourg 2010	8 €	14
☐ Riesling Hahnenberg 2008	14 €	15,5
☐ Riesling Rittersberg 2010	13 €	14,5
☐ Riesling VT 2007	22,50 €	15,5

Rouge : 3,5 hectares.
Pinot noir 100 %
Blanc : 17,5 hectares.
Sylvaner 5 %, Gewurztraminer 21 %, Pinot blanc ou Klevner 19 %, Pinot gris 23 %, Riesling 32 %
Production moyenne : 120 000 bt/an
❀ Certifié en agriculture bio ou biodynamique

Domaine Pierre Bernhard-Reibel, 20, rue de Lorraine, 67730 Châtenois
Tél. : 03 88 82 04 21 **Fax :** 03 88 82 59 65
E-mail : bernhard-reibel@wanadoo.fr
Site : www.domaine-bernhard-reibel.fr
Vente : au domaine
Tous les jours de 8h à 12h et de 14h à 18h, le week-end sur rendez-vous.
Propriétaire : Pierre Bernhard-Reibel

■ Domaine Camille Braun et Fils

ALSACE

C 'est en 1960 que Camille Braun décide d'arrêter la polyculture pour se consacrer à l'activité viticole. En 1987, elle confie le domaine à ses enfants, Christophe et Marie-Laure. Le vignoble s'étend essentiellement autour du village d'Orschwihr, avec les terroirs des Pfingstberg, Bollenberg et Lippelsberg, auxquels s'ajoutent quelques vignes sur les villages d'Uffholtz, Rouffach et Soultzmatt. Le domaine possède aujourd'hui une gamme cohérente et homogène. Les vins variétaux s'expriment avec franchise et équilibre ; les cuvées de terroir sont bien définies et atteignent un très bon niveau, notamment sur le grand cru Pfingstberg en riesling et en pinot gris.

Les vins : le riesling Bollenberg possède une belle netteté, avec une finale citronnée. Plus dense et complet, l'Effenberg vieilles vignes s'impose comme une belle cuvée de gastronomie. Les pinots gris bénéficient de la tension du millésime, le Pfingstberg aux notes de fruits blancs possède un joli gras et du volume. En gewurztraminer, la cuvée Annabelle se dévoile dans un esprit demi-sec, tout en restant équilibré. Vinifié sur le fruit, le Rouge d'Alsace se montre digeste et fin.

☐ Alsace Buchrod 2010	12,50 €	15,5
☐ Gewurztraminer Annabelle 2010	10,50 €	14,5
☐ Pinot Gris Grand Cru Pfingstberg 2010	12,80 €	15,5
☐ Pinot Gris Lippelsberg 2010	8 €	14,5
☐ Pinot Gris Pfingstberg VT 2008	17 €	16
☐ Riesling Bollenberg 2010	6,80 €	14,5
☐ Riesling Effenberg Vieilles Vignes 2010	7,90 €	15
■ Pinot Noir Rouge d'Alsace 2009	13,50 €	14,5

Rouge : 2 hectares.
Pinot noir 100 %
Blanc : 12,5 hectares.
Sylvaner 7 %, Muscat 6 %, Pinot gris 21 %, Chardonnay 4 %, Gewurztraminer 25 %, Pinot blanc et auxerrois 21 %, Riesling 16 %
Production moyenne : 120 000 bt/an
❀ Certifié en agriculture bio ou biodynamique

Domaine Camille Braun et Fils, 16, Grand'Rue, 68500 Orschwihr

Tél. : 03 89 76 95 20 **Fax :** 03 89 74 35 03
E-mail : cbraun@camille-braun.com
Site : www.camille-braun.com
Vente : au domaine
Du lundi au samedi de 9h à 12h et de 13h30 à
18h30.
Propriétaire : Christophe Braun

■ Domaine Frey-Sohler
ALSACE

D amien et Nicolas Sohler ont la responsabilité d'un domaine doté d'une belle surface
de vignes, ce qui est peu courant en Alsace.
Dans ce village dédié au riesling, les deux frères
excellent. Paradoxalement, c'est le gewurztraminer qui tient souvent la vedette, avec des vins
plus profonds. Les vignes, labourées et partiellement enherbées, détonnent dans ce secteur
coutumier des rendements élevés – tout comme
les vendanges manuelles. Sur ces sols légers, les
cuvées jouent l'équilibre et la finesse, dans une
catégorie de vins de soif, et ce, à des prix très
raisonnables.

Les vins : si le crémant apparaît joyeux et élégant, sa version millésimée affiche un bel équilibre et une saveur réellement originale. Les
rieslings, construits autour d'une belle tension,
présentent un caractère toujours très digeste. Le
gewurztraminer vieilles vignes absorbe très bien
ses sucres et termine sur une jolie note acidulée.
Le Rittersberg 2008 évolue très bien, avec un
côté crémeux et gourmand.

☐ Crémant Riesling 2005	13,80 €	14,5
☐ Gewurztraminer Grand Cru Frankstein 2008	16,30 €	16
☐ Gewurztraminer Rittersberg 2008	11,40 €	15
☐ Gewurztraminer Vieilles Vignes 2010	11,30 €	14,5
☐ Riesling Rittersberg 2009	10,50 €	15
☐ Riesling Scherwiller 2009	9,40 €	14,5
☐ Riesling VT 2006	22,50 €	14,5

Rouge : 2,5 hectares.
Pinot noir 100 %
Blanc : 26,5 hectares.
Gewurztraminer 14 %, Muscat 3 %, Pinot blanc
ou Klevner 13 %, Pinot gris 14 %,
Riesling 50 %, Sylvaner 6 %
Production moyenne : 145 000 bt/an

Domaine Frey-Sohler, 72, rue de l'Ortenbourg,
67750 Scherwiller

Tél. : 03 88 92 10 13 **Fax :** 03 88 82 57 11
E-mail : contact@frey-sohler.fr
Site : www.frey-sohler.fr
Vente : au domaine
Du lundi au vendredi de 8h à 12h et de 13h à
19h, le samedi de 8h à 12h et de 13h à 18h, le
dimanche de 10h à 12h et de 14h à 18h (sauf
les dimanches de janvier, février et mars, sur
rendez-vous).
Propriétaire : Damien et Nicolas Sohler

■ Domaine Pierre Frick
ALSACE

V igneron idéaliste, Pierre Frick est un adepte
du bio de la première heure, puisqu'il la
pratique depuis 1970 ; ses essais en biodynamie
datent de 1981, ce qui en fait un des premiers
de France. Sans compost, ses vignes plafonnent
à des rendements naturellement modérés. Les
vendanges sont manuelles, la moitié des parcelles étant ramassée en deux fois pour une meilleure maturité des raisins. Les vinifications se
déroulent dans le respect du cahier des charges
de la viticulture bio, c'est-à-dire avec le moins
de SO$_2$ possible. Quand tout se passe bien, les
vins sont merveilleux de naturel et de pureté.
Attention toutefois, ils sont extrêmement sensibles une fois en bouteille et quelques déviances
aromatiques peuvent se produire.

Les vins : le riesling Bihl 2009 est d'une belle
netteté, avec une bouche enrobée, mais de
l'énergie. Encore plus dense et nerveux, le Vorbourg 2008 exprime une superbe minéralité traçante. Au muscat au caractère variétal, nous
préférons le pinot gris bien défini. À noter la très
belle maîtrise du pinot noir en 2008, le vin est
savoureux, croquant et doucement épicé.

☐ Gewurztraminer Grand Cru Eichberg VT 2008	25 €	16
☐ Gewurztraminer SGN 2008	20 € (50 cl)	16,5
☐ Pinot Blanc Auxerrois 2008	9,50 €	14
☐ Pinot Gris Sec 2008	10,60 €	15
☐ Riesling Bihl 2009	9,80 €	15
☐ Riesling Grand Cru Vorbourg 2008	13,30 €	16
■ Pinot Noir Rot Murlé Terrasses 2008	14 €	15,5

Rouge : 2 hectares.
Pinot noir 100 %
Blanc : 10 hectares.
Riesling 26 %, Gewurztraminer 25 %, Pinot
gris 10 %, Sylvaner 14 %, Chasselas 5 %,
Muscat 5 %, Pinot blanc ou Klevner 15 %

Production moyenne : 80 000 bt/an
🐝 Certifié en agriculture bio ou biodynamique

Domaine Pierre Frick, 5, rue de Baer, 68250 Pfaffenheim
Tél. : 03 89 49 62 99 **Fax :** 03 89 49 73 78
E-mail : contact@pierrefrick.com
Site : www.pierrefrick.com
Vente : au domaine
Du lundi au samedi de 8h30 à 11h30 et de 13h30 à 18h30.
Propriétaire : Chantal et Jean-Pierre Frick

■ Domaine Pierre-Henri Ginglinger
ALSACE

Mathieu Ginglinger a repris les rênes de cette vénérable maison familiale en 2001. Le domaine étend ses terroirs autour du village d'Eguisheim, en partie sur les grands crus Eichberg et Pfersigberg, et travaille en culture biologique. Le style des derniers millésimes nous a convaincus, les vins sont francs et précis.

Les vins : derrière des entrées de gamme de belle facture, tendues et désaltérantes, le riesling Eichberg impose sa classe, avec des notes de citron vert et une finale éclatante. Le pinot gris est un peu moins défini, assis sur une sucrosité bien gérée par la trame acide. Ample, le gewurztraminer Pfersigsberg termine sur une note un peu chaude.

☐ Gewurztraminer 2011		8,60 €	14
☐ Gewurztraminer Grand Cru Eichberg 2009		14,50 €	15
☐ Gewurztraminer Grand Cru Pfersigberg 2009		14 €	15
☐ Muscat 2010		7 €	14
☐ Pinot Gris Grand Cru Pfersigberg 2010		15 €	15
☐ Riesling 2010		6,70 €	15
☐ Riesling Grand Cru Eichberg 2010		13,50 €	16

Rouge : 1 hectare.
Blanc : 14 hectares.
Production moyenne : 80 000 bt/an
🐝 Certifié en agriculture bio ou biodynamique

Domaine Pierre-Henri Ginglinger, 33, Grand-Rue, 68240 Eguisheim
Tél. : 03 89 41 32 55 **Fax :** 03 89 24 58 91
E-mail : contact@vins-ginglinger.fr

Site : www.vins-ginglinger.com
Vente : au domaine
Sur rendez-vous.
Propriétaire : Mathieu Ginglinger

■ Domaine Christian et Véronique Hebinger
ALSACE

Le couple, installé à Eguisheim, progressivement secondé par son fils Denis, a décidé de se doter des moyens pour bien faire les choses. Ainsi, le domaine pratique la biodynamie, et le millésime 2009 est le premier à se retrouver labellisé agriculture biologique. Les vendanges sont manuelles et les élevages se font sur lies. Les prix restent très doux.

Les vins : gourmand, le crémant déploie de jolies notes de fruits rouges et trouve un bon équilibre. Le gewurztraminer reste un peu assis sur ses sucres, en revanche, les VT sont bien gérées.

☐ Gewurztraminer 2010		7,50 €	14
☐ Pinot Gris Grand Cru Hengst VT 2009		21 €	16
☐ Pinot Gris Grand Cru Pfersigberg 2010		12 €	15
☐ Riesling Grand Cru Hengst VT 2009		21 €	16
■ Crémant d'Alsace Rosé 2010		8 €	14

Rouge : 1,5 hectare.
Pinot noir 100 %
Blanc : 9,5 hectares.
Gewurztraminer 27 %, Auxerrois 17 %, Pinot blanc ou Klevner 6 %, Pinot gris 22 %, Riesling 19 %, Sylvaner 5 %, Muscat 3 %, Chasselas 1 %
Production moyenne : 55 000 bt/an

Domaine Christian et Véronique Hebinger, 14, Grand'Rue, 68420 Eguisheim
Tél. : 03 89 41 19 90 **Fax :** 03 89 41 15 61
E-mail : hebinger.christian@wanadoo.fr
Vente : au domaine
De 9h à 12h et de 13h à 18h.
Propriétaire : Christian et Véronique Hebinger

■ Cave vinicole de Kientzheim-Kaysersberg
ALSACE

Créée en 1955, cette cave coopérative rayonne sur 170 hectares de vignes ; les quelque 130 adhérents apportent des raisins provenant des villages de Kientzheim, Sigolsheim, Kaysersberg et Ammerschwihr. Outre quatre Grand crus, qui représentent 12 % du volume de la cave, la gamme comporte des cuvées Réserve ainsi que des cuvées Exception - ces dernières n'étant d'ailleurs pas, à notre avis, les plus abouties. Nous apprécions en revanche la finesse d'expression des rieslings Grands crus, qui demeurent le point fort de la cave.

Les vins : le domaine ne nous ayant pas fait parvenir ses vins cette année, nous sommes amenés à reconduire les notes de l'édition précédente – sans autre commentaire.

☐	Gewurztraminer Altenburg VT 2008	n.c.	15
☐	Gewurztraminer Grand Cru Furstentum 2009	n.c.	15
☐	Gewurztraminer Grand Cru Kaefferkopf 2009	n.c.	15
☐	Gewurztraminer Grand Cru Schlossberg 2008	n.c.	15,5
☐	Pinot Gris Grand Cru Schlossberg 2009	n.c.	14,5
☐	Riesling Exception 2009	n.c.	15
☐	Riesling Grand Cru Kaefferkopf 2009	n.c.	15
☐	Riesling Grand Cru Schlossberg 2009	n.c.	15,5
■	Pinot Noir Exception 2008	n.c.	14

Rouge : 10 hectares.
Pinot noir 100 %
Blanc : 150 hectares.
Chasselas 1 %, Gewurztraminer 23 %, Muscat 3 %, Pinot blanc et auxerrois 22 %, Pinot gris 17 %, Riesling 31 %, Sylvaner 3 %
Production moyenne : 1 000 000 bt/an

Cave vinicole de Kientzheim-Kaysersberg, 10, rue des Vieux-Moulins, 68240 Kientzheim
Tél. : 03 89 47 13 19 **Fax :** 03 89 47 34 38
E-mail : contact@cave-kaysersberg.com
Site : www.cave-kaysersberg.com
Vente : au domaine
Sur rendez-vous.
Propriétaire : Philippe Schwartz

■ Domaine Clément Klur
ALSACE

Issu d'une famille ancrée à Katzenthal depuis le XVIIᵉ siècle, Clément Klur a recomposé un domaine en 1999. Adepte du développement durable, le vigneron conduit le vignoble en biodynamie. Outre l'âge respectable des vignes, la force de la propriété réside dans la qualité des terroirs exploités : la majeure partie des vignes est située en coteaux, sur des pentes pouvant atteindre 40 % de déclivité ; les sols présentent une dominante granitique, avec quelques parcelles sur l'argilo-calcaire – surtout en pinot gris et noir. Le domaine élabore des vins sincères, sans artifice, avec d'excellents rapports qualité-prix.

Les vins : la gamme des cépages 2010 offre quelques bonnes bouteilles, comme le tendu et minéral riesling Wineck Schlossberg, ou le pinot gris issu du même terroir, et qui a conservé une belle élégance, bien tenue par sa trame acide. Le crémant demeure quant à lui une des meilleures affaires de la maison.

☐	Crémant de Clément 2009	10 €	15
☐	Gewurztraminer Grand Cru Wineck-Schlossberg 2008	18 €	14
☐	Pinot Gris Grand Cru Wineck-Schlossberg 2010	17 €	15,5
☐	Pinot Gris Klur 2010	13 €	14,5
☐	Riesling 2010	12 €	14
☐	Riesling Grand Cru Wineck-Schlossberg 2010	18 €	16

Rouge : 0,5 hectare.
Pinot noir 100 %
Blanc : 6,5 hectares.
Gewurztraminer 19 %, Muscat 5 %, Pinot blanc ou Klevner 22 %, Pinot gris 22 %, Riesling 27 %, Sylvaner 5 %
Production moyenne : 45 000 bt/an
❀ Certifié en agriculture bio ou biodynamique

Domaine Clément Klur, 105, rue des Trois-Epis, 68230 Katzenthal
Tél. : 03 89 80 94 29 **Fax :** 03 89 27 30 17
E-mail : info@klur.net
Site : www.klur.net
Vente : au domaine
De 13h30 à 18h et sur rendez-vous. Fermé dimanche.
Propriétaire : Clément Klur

■ Kuentz-Bas
ALSACE

Ce beau domaine s'était endormi à la fin des années 1990. Racheté par Jean-Baptiste Adam (domaine Jean-Baptiste Adam) en 2003, il a repris la route du succès. Ancien sommelier reconverti dans la viticulture, Samuel Tottoli en a pris la tête. La conversion des 10 ha du vignoble en biodynamie et un soin attentif porté à la vinification ont permis de pousser le niveau qualitatif ces dernières années. Les vins issus des vignes du domaine sont commercialisés sous le label Trois Châteaux. Et sous le label Collection est commercialisée une gamme de vins de négoce. À suivre de près.

Les vins : dans la gamme des Trois Châteaux, le muscat 2010 semble manquer légèrement de tonus ; pour compenser, il a été embouteillé avec une dose importante de gaz carbonique. Le riesling Pfersigberg est doté d'une jolie matière, avec de l'ampleur et de l'allonge. Le pinot gris s'impose comme un bon vin de table, avec une bouche légèrement crémeuse et des notes de fruits jaunes. Quant au Eichberg, laissez-lui deux ans pour s'harmoniser, il imposera alors sa classe et ses notes savoureuses.

☐ Gewurztraminer Grand Cru Pfersigberg Trois Châteaux 2010	20,70 €	16
☐ Gewurztraminer Jérémy SGN 2010	36 € (50 cl)	16,5
☐ Muscat Trois Châteaux 2010	8,20 €	14
☐ Pinot Gris Grand Cru Eichberg 2010	20,70 €	16
☐ Pinot Gris Trois Châteaux 2010	15 €	15
☐ Riesling Collection 2010	8,90 €	14,5
☐ Riesling Grand Cru Pfersigberg Trois Châteaux 2010	18,50 €	15,5
☐ Riesling Trois Châteaux 2010	12 €	15

Rouge : 0,9 hectare.
Pinot noir 100 %.
Blanc : 8,3 hectares.
Gewurztraminer 22 %, Muscat 5 %, Pinot blanc et auxerrois 24 %, Pinot gris 25 %, Riesling 15 %, Chardonnay 1 %, Sylvaner 8 %
Production moyenne : 150 000 bt/an
❀ Certifié en agriculture bio ou biodynamique

Kuentz-Bas, 14, route du Vin, 68420 Husseren-les-Châteaux
Tél. : 03 89 49 30 24 **Fax :** 03 89 49 23 39
E-mail : info@kuentz-bas.fr
Site : www.kuentz-bas.fr
Vente : au domaine
De 9h à 12h et de 13h30 à 17h sur rendez-vous.
Directeur : Samuel Tottoli

■ Domaine Mader
ALSACE

Dès son retour au domaine en 1981, Jean-Luc Mader quitte la cave coopérative pour s'installer à son compte, et produit des vins de belle facture au milieu des années 1980. Après une petite stagnation, il revient au labour, enherbe les parcelles et fait la chasse aux sucres résiduels. Les vins des années 2000 retrouvent le grand style. Diplômé d'œnologie, le fils, Jérôme, a repris officiellement le domaine en 2005.

Les vins : tendu et délicatement citronné, le riesling demeure une valeur sûre du domaine et d'un bon rapport qualité-prix. Dans la même veine, mais plus profond, le Muhlforst termine sur de belles notes salines. Plus strict et plus tendu encore, le Rosacker doit être attendu. Nous apprécions également les deux versions du pinot gris sur le Schlossberg, en esprit VT et sec, cette dernière étant dotée d'une très belle définition et d'une bouche épurée.

☐ Pinot Gris 2010	7 €	15
☐ Pinot Gris Grand Cru Schlossberg 2010	14 €	15,5
☐ Pinot Gris Grand Cru Schlossberg Cinerea 2010	21,50 €	16
☐ Riesling 2010	7 €	15
☐ Riesling Grand Cru Rosacker 2010	14 €	16,5
☐ Riesling Muhlforst 2010	10 €	15,5
☐ Riesling VT 2009	23 €	16

Rouge : 0,85 hectare.
Pinot noir 100 %.
Blanc : 8,75 hectares.
Muscat 6 %, Pinot blanc ou Klevner 17 %, Pinot gris 30 %, Riesling 26 %, Gewurztraminer 18 %, Sylvaner 3 %
Production moyenne : 55 000 bt/an
❀ Certifié en agriculture bio ou biodynamique

Domaine Mader, 13, Grand-Rue, 68150 Hunawihr
Tél. : 03 89 73 80 32 **Fax :** 03 89 73 31 22
E-mail : vins.mader@laposte.net
Site : www.vins-mader.com
Vente : au domaine
Sur rendez-vous.
Propriétaire : Jean-Luc et Jérôme Mader

■ Domaine Gérard Neumeyer

ALSACE

G érard Neumeyer succède à trois générations de vignerons. Implanté sur les coteaux de Molsheim, le domaine témoigne d'un travail sérieux, récompensé par une qualité de raisin toujours parfaite en termes de maturité. Les vins sont amples et gras, quel que soit le cépage. Le grand cru Bruderthal, avec son terroir marnocalcaire coquillier, constitue le fleuron de la maison : le riesling et le pinot gris s'y révèlent particulièrement expressifs.

Les vins : comme l'an dernier, nous trouvons les entrées de gamme un peu simples, s'exprimant dans un registre plutôt variétal et fluide. En grand cru Bruderthal, le riesling offre une belle profondeur et un côté digeste. Le pinot gris joue la tension, mais « chauffe » en fin de bouche. Le gewurztraminer semble plus équilibré, malgré sa finale légèrement moelleuse.

□ Gewurztraminer Grand Cru Bruderthal 2010	17,55 €	15,5
□ Pinot Gris Grand Cru Bruderthal 2010	17,95 €	14,5
□ Riesling Grand Cru Bruderthal 2010	15,45 €	16

Rouge : 1 hectare.
Pinot noir 100 %
Blanc : 15,5 hectares.
Gewurztraminer 17 %, Muscat et chardonnay 10 %, Pinot blanc ou Klevner 15 %, Pinot gris 17 %, Riesling 26 %, Sylvaner 15 %
Production moyenne : 65 000 bt/an
❀ Certifié en agriculture bio ou biodynamique

Domaine Gérard Neumeyer, 29, rue Ettore-Bugatti, 67120 Molsheim
Tél. : 03 88 38 12 45 **Fax :** 03 88 38 11 27
E-mail : contact@gerardneumeyer.fr
Site : www.gerardneumeyer.fr
Vente : au domaine
Du lundi au samedi de 9h à 12h et de 14h à 19h.
Propriétaire : Gérard Neumeyer

■ Cave de Ribeauvillé

ALSACE

D atant de la fin du XIXe siècle, cette cave offre l'une des plus grandes diversités de terroirs que l'on puisse trouver dans la région. Propriétaire de 10 grands crus et de 8 lieux-dits, la maison s'appuie sur une charte de qualité sérieuse, avec des rendements revus à la baisse par rapport au décret. C'est aussi la seule cave coopérative d'Alsace où la totalité des raisins est vendangée à la main. Que dire du clos du Zahnacker ? Situé sur le terroir du grand cru Osterberg, ce clos appartient à la cave en monopole depuis 1935. La démarche qualitative engagée par les dirigeants va assurément dans le bon sens : 8 ha sont en bio. Toutefois, les vins des appellations Villages restent basiques. Quant aux tries de VT et SGN, elles ne sont pas encore des plus fines.

Les vins : en crémant, la Grande Cuvée demeure une belle référence pour la région, avec de la finesse et une texture finement crémeuse. Le trio de rieslings grands crus est tout à fait recommandable, chacun étant bien calé dans l'expression de son terroir. D'une belle densité, les gewurztraminers sont aussi un peu plus lourds. Le Clos du Zahnacker 2009 gère bien la richesse du millésime, mais évoluera assez rapidement.

□ Alsace Clos du Zahnacker 2009	23,05 €	16,5
□ Crémant d'Alsace Brut Grande Cuvée	12,30 €	14,5
□ Gewurztraminer Grand Cru Altenberg de Bergheim 2009	20,65 €	16
□ Gewurztraminer Grand Cru Gloeckelberg 2010	20,65 €	15,5
□ Pinot Gris Grand Cru Gloeckelberg 2008	17,90 €	15
□ Riesling Grand Cru Altenberg de Bergheim 2010	18,45 €	16,5
□ Riesling Grand Cru Kirchberg de Ribeauvillé 2010	17,35 €	16
□ Riesling Grand Cru Osterberg 2010	17,35 €	16
□ Riesling Les Comtes de Ribeauvillé 2010	15 €	15,5
■ Pinot Noir Rodern 2009	9,40 €	14

Rouge : 18 hectares.
Pinot noir 100 %
Blanc : 244 hectares.
Muscat 2 %, Pinot blanc ou Klevner 27 %, Riesling 28 %, Sylvaner 15 %, Gewurztraminer 18 %, Pinot gris 10 %
Production moyenne : 2 500 000 bt/an

Cave de Ribeauvillé, 2, route de Colmar, 68150 Ribeauvillé

Tél. : 03 89 73 61 80 **Fax :** 03 89 73 31 21
E-mail : cave@cave-ribeauville.com
Site : www.vins-ribeauville.com
Vente : au domaine
Du lundi au vendredi de 8h à 12h et de 14h à
18h, ouverture à 10h et 14h30 le samedi et le
dimanche.

■ Domaine Rietsch
ALSACE

Ce domaine de Mittelbergheim fut créé à la
fin des années 1970 par Pierre et Doris
Rietsch ; il est aujourd'hui dirigé efficacement
par leurs enfants. Les nombreux terroirs qui le
composent présentent des natures géologiques
différentes : outre Heiligenstein et son klevener,
il regroupe notamment les deux grands crus que
sont le Wiebelsberg et le fameux Zotzenberg,
qui met en évidence les qualités du sylvaner.
L'ensemble des vins se révèle de bon niveau,
avec de la maturité et un joli volume. En outre,
ils présentent un bon rapport qualité-prix.

Les vins : la maison élabore un crémant de
belle facture, mûr et ample, mais sans lourdeur.
Le riesling Zotzenberg 2009 est bien défini, avec
une belle gestion du millésime, tout comme le
Brandluft à la tension saline bienvenue. Le pinot
gris semble, lui, un peu moins précis.

☐ Crémant d'Alsace Extra Brut 2009	7 €	14,5
☐ Pinot Gris 2010	8 €	14,5
☐ Riesling Brandluft 2010	9 €	14,5
☐ Riesling Grand Cru Zotzenberg 2009	14 €	15,5
☐ Riesling Grand Cru Zotzenberg Vendanges Tardives 2007	16 € (50 cl)	15,5

Rouge : 2 hectares.
Pinot noir 100 %
Blanc : 10 hectares.
Chardonnay 4 %, Muscat 2 %, Riesling 24 %,
Gewurztraminer 12 %, Pinot blanc et
auxerrois 14 %, Pinot gris 9 %, Savagnin 2 %,
Sylvaner 33 %
Production moyenne : 50 000 bt/an

Domaine Rietsch, 32, rue Principale, 67140
Mittelbergheim
Tél. : 03 88 08 00 64 **Fax :** 03 88 08 40 91
E-mail : contact@alsace-rietsch.eu
Site : www.alsace-rietsch.eu
Vente : au domaine
Du lundi au samedi de 8h à 12h et de 13h30 à
18h.
Propriétaire : Annelise Rietsch-Leret et Jean-Pierre Rietsch

■ Domaine Rolly-Gassmann
ALSACE

Le domaine est situé sur le village de Rorschwihr, véritable puzzle de terroirs où la
diversité pédo-géologique permet de produire
nombre de cuvées. Si le village ne génère pas de
rieslings de grande dimension, les pinots gris,
gewurztraminers et muscats livrent de jolis vins ;
le domaine signe d'ailleurs un muscat qui fait
référence dans toute la région. L'une de ses
grandes forces réside par ailleurs dans la mise
sur le marché tardive de certaines cuvées.
L'amateur pourra apprécier cette démarche qui
permet de déguster des vins possédant une certaine maturité.

Les vins : le domaine ne nous ayant pas fait
parvenir ses vins cette année, nous sommes
amenés à reconduire les notes de l'édition précédente – sans autre commentaire.

☐ Gewurztraminer Brandhurst de Bergheim SGN 2000	n.c.	15
☐ Gewurztraminer VT 2005	n.c.	14,5
☐ Muscat Moenchreben de Roroohwihr 2000	n.c.	16
☐ Pinot Gris Brandhurst de Bergheim 2008	n.c.	15
☐ Pinot Gris Réserve 2008	n.c.	16
☐ Riesling Réserve 2008	n.c.	14,5
☐ Riesling Rorschwihr Yves VT 2000	n.c.	16
☐ Riesling Silberberg de Rorschwihr SGN 2006	n.c.	15

Rouge : 3,27 hectares.
Pinot noir 100 %
Blanc : 45,39 hectares.
Auxerrois 26 %, Gewurztraminer 27 %,
Muscat 4 %, Pinot gris 17 %, Riesling 18 %,
Sylvaner 8 %
Production moyenne : 200 000 bt/an

Domaine Rolly-Gassmann, 68590 Rorschwihr
Tél. : 03 89 73 63 28 **Fax :** 03 89 73 33 06
E-mail : rollygassmann@wanadoo.fr
Vente : au domaine
Du lundi au samedi de 9h à 12h et de 13h30 à
18h et les 2e et 4e dimanches de chaque mois
de 10h à 12h et de 14h à 18h.
Propriétaire : Louis et Pierre Rolly-Gassmann

■ Domaine Eric Rominger

ALSACE

E ric Rominger ne manque pas d'enthousiasme, ce qui lui a permis de prendre des risques incroyables pour porter son cru fétiche, le Zinnkoepflé, au plus haut niveau. Il produit une admirable gamme de vendanges tardives et des sélections de grains nobles d'une incroyable richesse. La propriété propose aujourd'hui une série de vins secs, certes moins opulents qu'auparavant, mais à la consommation plus facile, avec un cachet spécifique enchanteur.

Les vins : une fois encore, nous sommes séduits par l'expression du sylvaner dans la cuvée Z, superbe de densité et d'équilibre. Le riesling 2010, aux saveurs d'agrumes, se montre digeste et tendu. Plus serré encore, avec sa finale sur le citron vert, le Zinnkoepflé affiche un très joli potentiel. D'esprit VT, le pinot gris Zinnkoepflé ne manque pas de tonus : c'est un joli vin pour un poisson en sauce. Le pinot noir est lui, hélas, sous l'emprise de son bois.

☐ Gewurztraminer Grand Cru
Zinnkoepflé Les Sinneles 2009   15,40 €   15
☐ Gewurztraminer Grand Cru
Zinnkoepflé VT 2009   24,60 €   16
☐ Pinot Gris Grand Cru Zinnkoepflé
Les Sinneles 2010   15,10 €   15,5
☐ Riesling 2010   7,10 €   14,5
☐ Riesling Grand Cru
Saering 2009   14,90 €   15,5
☐ Riesling Grand Cru Zinnkoepflé Les
Sinneles 2010   15,10 €   16
☐ Riesling Schwarzberg 2010   9,50 €   15
☐ Sylvaner Cuvée Z 2010   4,90 €   15

Rouge : 0,8 hectare.
Pinot noir 100 %
Blanc : 11,2 hectares.
Pinot gris 20 %, Riesling 20 %, Sylvaner 10 %,
Pinot blanc ou Klevner 20 %,
Gewurztraminer 20 %, Muscat 10 %
Production moyenne : 65 000 bt/an
❀ Certifié en agriculture bio ou biodynamique

Domaine Eric Rominger, 16, rue Saint-Blaise,
68250 Westhalten
Tél. : 03 89 47 68 60   **Fax :** 03 89 47 68 61
E-mail : vins-rominger.eric@orange.fr
Vente : au domaine
Sur rendez-vous.
Propriétaire : Claudine et Eric Rominger

■ Domaine François Schmitt

ALSACE

L a Famille Schmitt exploite ce domaine depuis le début des années 1970. Le père, François Schmitt, lui a donné une autre envergure en passant de 3 à 12 ha aujourd'hui. En 1998, après avoir suivi une formation de viticulteur et d'œnologue en Alsace et en Bourgogne, son fils Frédéric intègre le domaine. Celui-ci se compose majoritairement des terroirs du Bollenberg et du grand cru Pfingstberg. Les rieslings grands crus atteignent une précision à laquelle nous sommes sensibles. La cuvée Paradis, parcelle de vieilles vignes, est située au cœur du grand cru, sur sa partie la plus pentue.

Les vins : le crémant rosé nous réjouit par ses belles saveurs fruitées. L'ambitieux pinot noir ne manque pas de fond, dommage qu'il soit sous l'emprise d'un boisé marqué. Le sylvaner est très convaincant, doté d'une belle vivacité et d'un bon volume. Les rieslings du Pfingstberg sont parfaitement définis, avec une belle colonne vertébrale acide et du fond ; superbe cuvée Paradis à la minéralité très affirmée.

☐ Gewurztraminer Grand Cru
Pfingstberg 2010   12,80 €   15
☐ Gewurztraminer SGN 2010   41,30 €   16,5
☐ Pinot Gris Le Maréchal 2010   11,30 €   15
☐ Riesling Grand Cru
Pfingstberg 2010   9,80 €   15,5
☐ Riesling Grand Cru Pfingstberg
Paradis 2010   11,30 €   16,5
☐ Sylvaner Bollenberg 2010   5,40 €   14
▨ Crémant d'Alsace Rosé   8,30 €   14
■ Pinot Noir Cœur de
Bollenberg 2009   17,80 €   14,5

Rouge : 1,5 hectare.
Pinot noir 100 %
Blanc : 11 hectares.
Gewurztraminer 28,8 %, Sylvaner 5 %, Pinot blanc ou Klevner 29,3 %, Muscat 2,2 %, Riesling 16,7 %, Pinot gris 18 %
Production moyenne : 120 000 bt/an

Domaine François Schmitt, 19, rue de ·
Soultzmatt, 68500 Orschwihr
Tél. : 03 89 76 08 45   **Fax :** 03 89 76 44 02
E-mail : info@francoisschmitt.fr
Site : www.francoisschmitt.fr
Vente : au domaine

Du lundi au samedi de 8h à 12h et de 13h30 à 19h. Le dimanche sur rendez-vous de 9h à 12h et de 14h à 17h.
Propriétaire : Frédéric Schmitt
Directeur : Frédéric Schmitt

■ Domaine Roland Schmitt
ALSACE

Anne-Marie Schmitt, accompagnée de ses deux fils, met tout en œuvre, et avec passion, pour perpétuer le domaine. La totalité du vignoble est désormais conduite en agriculture biologique. Le terroir de l'Altenberg de Bergbieten se révèle ici dans la plus noble de ses expressions.

Les vins : le muscat est joyeux et croquant, tout comme le joli pinot blanc qui fera fureur à l'apéritif. En riesling, l'Ostenberg dévoile une bouche droite, à la finale soulignée par des notes d'agrumes et de menthe fraîche. Dans le grand cru Altenberg, le riesling est porté par de beaux amers. Le pinot gris semble moins défini et précis.

☐ Muscat 2010   n.c.   14
☐ Pinot Blanc 2010   n.c. 13,5
☐ Pinot Gris Grand Cru Altenberg de
  Bergbieten 2010   n.c. 14,5
☐ Riesling Grand Cru Altenberg de
  Bergbieten 2010   n.c.   16

Rouge : 0,3 hectare.
Pinot noir 100 %
Blanc : 9,5 hectares.
Riesling 42 %, Sylvaner 7 %, Pinot gris 10 %, Muscat 5 %, Pinot blanc ou Klevner 15 %, Gewurztraminer 21 %
Production moyenne : 45 000 bt/an
❀ Certifié en agriculture bio ou biodynamique

Domaine Roland Schmitt, 35, rue des Vosges, 67310 Bergbieten
Tél. : 03 88 38 20 72 **Fax :** 03 88 38 75 84
E-mail : cave@roland-schmitt.fr
Site : www.roland-schmitt.fr
Vente : au domaine
Ouvert du lundi au samedi, fermé dimanche et jours fériés.
Propriétaire : Anne-Marie Schmitt

■ Domaine Etienne Simonis
ALSACE

Ce domaine est la propriété d'une vieille famille de vignerons. Depuis 1996, la jeune génération – Etienne Simonis – a repris les rênes du vignoble, qui possède désormais la certification en agriculture biologique. Les vins sont dotés d'une belle maturité, volume et puissance n'étant pas en reste. Depuis quelques millésimes, Etienne Simonis a donc trouvé sa vitesse de croisière, les vins ont gagné en pureté.

Les vins : les 2010 ont été bien gérés, dans le sens du millésime, avec des fraîcheurs préservées dans les entrées de gamme. Le riesling Kaefferkopf, à la bouche bien bâtie, exhale une pointe de menthe fraîche en finale, réjouissant ! Les gewurztraminers semblent en revanche un peu empâtés par leurs sucres.

☐ Auxerrois 2010   5,10 €   14
☐ Gewurztraminer Grand Cru
  Kaefferkopf 2010   11,20 € 14,5
☐ Gewurztraminer Grand Cru
  Kaefferkopf Armand 2010   13,90 €   14
☐ Muscat Grains de Folie 2010   24 €   15
☐ Pinot Gris 2010   6,90 €   14
☐ Pinot Gris Clos des Chats 2010 12,20 €   15
☐ Riesling Grand Cru
  Kaefferkopf 2010   11,20 €   15

Rouge : 0,35 hectare.
Pinot noir 100 %
Blanc : 6,65 hectares.
Riesling 13 %, Sylvaner 9 %, Auxerrois 11 %, Chasselas 6 %, Gewurztraminer 38 %, Muscat 5 %, Pinot gris 18 %
Production moyenne : 30 000 bt/an
❀ Certifié en agriculture bio ou biodynamique

Domaine Etienne Simonis, 2, rue des Moulins, 68770 Ammerschwihr
Tél. : 03 89 47 30 79 **Fax :** 03 89 78 24 10
E-mail : rene.etienne.simonis@gmail.com
Site : www.vins-simonis.fr
Vente : au domaine
De 8h30 à 12h et de 13h30 à 18h30.
Propriétaire : Etienne Simonis

■ Domaine Sipp-Mack
ALSACE

Né en 1959 de l'union des familles Sipp et Mack, le domaine est implanté sur les villages de Hunawihr, Ribeauvillé et Bergheim. Membres de l'association Tyflo, qui prône une viticulture propre, les propriétaires actuels conduisent le vignoble en lutte raisonnée et intégrée. La gamme regroupe trois profils de cuvée :

tradition, vieilles vignes et grand cru – dont l'Osterberg et le Rosacker, qui sont les valeurs sûres du domaine.

Les vins : en riesling, le domaine nous a présenté deux grands crus 2008 arrivés à maturité. Le Rosacker est très bien défini, avec de l'allonge. Le pinot gris Osterberg est élaboré dans un esprit opulent, avec de la richesse, mais aussi une bonne finesse. Les amateurs de gewurztraminer se régaleront du VT, au joli confit et à la finale portée par de nobles amers.

☐ Gewurztraminer Tradition 2010	8,50 €	14,5
☐ Gewurztraminer VT 2008	23,40 €	16,5
☐ Pinot Gris Grand Cru Osterberg 2008	16,90 €	16
☐ Riesling Grand Cru Osterberg 2008	16,90 €	15,5
☐ Riesling Grand Cru Rosacker 2008	16,90 €	16,5
☐ Riesling Vieilles Vignes 2010	8,50 €	15
☐ Riesling VT 2009	23,40 €	16,5
☐ Sylvaner Vieilles Vignes 2010	6,30 €	14

Rouge : 2 hectares.
Pinot noir 100 %
Blanc : 20 hectares.
Sylvaner 4 %, Chardonnay 4 %,
Gewurztraminer 21 %, Muscat 4 %, Pinot blanc ou Klevner 14 %, Pinot gris 23 %, Riesling 32 %
Production moyenne : 150 000 bt/an

Domaine Sipp-Mack, 1, rue des Vosges, 68150 Hunawihr
Tél. : 03 89 73 61 88 **Fax :** 03 89 73 36 70
E-mail : contact@sippmack.com
Site : www.sippmack.com
Vente : au domaine
Du lundi au samedi de 9h à 12h et de 14h à 18h. Fermé le dimanche.
Propriétaire : Jacques et Laura Sipp

NOUVEAU DOMAINE

■ Domaine Trapet
ALSACE

E pouse du célèbre vigneron bourguignon Jean-Louis Trapet, Andrée Trapet n'a jamais voulu renoncer à ses origines alsaciennes. Aussi, depuis 2002, a-t-elle choisi de reprendre les vignes de ses parents et de développer son propre domaine. Entre Gevrey et Riquewihr, elle gère avec efficacité ce petit domaine à la jolie

collection de terroirs. Culture en bio, vinifications soignées, les vins possèdent un très joli cachet.

Les vins : fidèle à l'esprit de la maison, le millésime 2009 a été géré dans un style droit et savoureux. Les vins sont digestes et fins, comme le délicieux riesling Beblenheim. Les deux grands crus issus du même cépage conservent aussi une belle énergie. Nous sommes sous le charme du très beau Schlossberg, à la sucrosité fondue.

☐ Gewurztraminer Grand Cru Sporen 2009	n.c.	17
☐ Gewurztraminer Sonnenglanz 2009	n.c.	16
☐ Pinot Gris Sonnenglanz 2009	n.c.	16
☐ Riesling Beblenheim 2009	n.c.	16
☐ Riesling Grand Cru Schlossberg 2009	n.c.	17,5
☐ Riesling Grand Cru Schoenenbourg 2009	n.c.	17
☐ Riesling Riquewihr 2009	n.c.	15

Rouge : n.c..
Blanc : n.c..
Production moyenne : n.c.

Domaine Trapet, 53, route de Beaune, 21220 Gevrey-Chambertin
Tél. : 03 80 34 30 40 **Fax :** 03 80 51 86 34
E-mail : domaine.trapet@wanadoo.fr
Site : www.domaine-trapet.com
Vente : au domaine
Sur rendez-vous du lundi au vendredi de 9h à 12h et de 14h à 17h30.
Propriétaire : Andrée Trapet

■ Domaine Zinck
ALSACE

C ette maison a connu une belle évolution ces dernières années, sous l'impulsion de Philippe Zinck. Fidèle à la tradition, le producteur applique une gestion sage du vignoble et de la cave, mais tire aussi avantage de la modernité en adoptant la capsule à vis pour l'entrée de gamme.

Les vins : chose suffisamment rare pour être mentionnée, les crémants méritent l'intérêt des amateurs. Notre préférence va au brut, droit et frais. Les rieslings 2010 sont parfaitement bien travaillés, avec une cuvée Portrait suave et élégante. Le Pfersigberg déploie une très belle minéralité, avec un côté crayeux en bouche. En

2009, Goldert gère parfaitement la richesse du millésime en préservant une très belle fraîcheur, malgré la richesse du vin. L'admirable Rangen s'impose, par son volume et sa belle richesse, comme un grand vin de garde.

☐ Riesling Portrait 2010	7 €	14,5
☐ Crémant Brut	9 €	14
☐ Muscat Terroir 2010	10 €	14,5
☐ Pinot Gris Terroir 2010	10 €	14,5
☐ Riesling Grand Cru Goldert 2009	16 €	16
☐ Riesling Grand Cru Pfersigberg 2010	16 €	16
☐ Riesling Grand Cru Rangen 2009	25 €	17

Rouge : 2 hectares.
Pinot noir 100 %.
Blanc : 30,5 hectares.
Pinot blanc et auxerrois 20 %, Pinot gris 17 %, Chardonnay 2,5 %, Riesling 28,5 %, Gewurztraminer 27 %, Sylvaner 2,5 %, Muscat 2,5 %
Production moyenne : 200 000 bt/an

Domaine Zinck, 18, rue des Trois-Châteaux, 68420 Eguisheim
Tél. : 03 89 41 19 11 **Fax :** 03 89 24 12 85
E-mail : info@zinck.fr
Site : www.zinck.fr
Vente : au domaine
Du lundi au vendredi de 9h à 12h et de 14h à 18h. Samedi de 10h à 12h et de 14h à 18h. Dimanche et jours fériés sur rendez-vous uniquement.
Propriétaire : Philippe Zinck

Bordeaux

La vitrine viticole de France

Avec ses crus classés prestigieux, vendus parfois à prix d'or dans le monde entier, Bordeaux demeure, quoi qu'on en pense, la vitrine viticole de la France. Margaux, Pauillac, Saint-Émilion sont des noms qui font toujours rêver la plupart des grands amateurs de vins du monde entier. Cela dit, il ne faut pas imaginer que Bordeaux se limite uniquement à la production de grands crus et de vins chers. On trouve à Bordeaux, au sein d'appellations moins connues, des vins remarquables souvent vendus à des prix très raisonnables.

GARE À LA BULLE

Avec les millésimes 2009 et 2010, Bordeaux connaît, en terme de qualité, un de ces duos magiques qui restera dans l'histoire. On se souvient de 1928 et 1929, de 1989 et 1990, il y aura aussi 2009 et 2010. L'autre particularité de ce duo est l'augmentation plus que spectaculaire des prix des vins, dopés par une spéculation effrénée sur les marques les plus prestigieuses. L'explication tiendrait dans la récente frénésie chinoise pour les crus les plus en vue, Lafite-Rothschild en tête. Si nous n'avons pas grand chose à reprocher en terme de qualité à ces châteaux qui ont, ces dernières années, tout mis en œuvre pour atteindre des sommets, nous sommes en revanche bien plus circonspects face aux prix de vente des bouteilles. À 1000 euros environ la bouteille de premier grand cru classé, nous pouvons certes nous féliciter pour la balance économique du pays, mais nous pensons que, d'un point de vue de l'amateur, tout ceci n'a pas beaucoup de sens.

LES POINTS FORTS

La notoriété mondiale des vins de Bordeaux est indiscutablement son principal point fort. Aucune autre région au monde ne peut se prévaloir de posséder autant de "marques" fortes que la région bordelaise. Les Grands Crus Classés du Médoc, les crus classés de Saint-Émilion, des Graves, de Sauternes et les plus prestigieux vins de Pomerol continuent de jouir d'une réputation mondiale très forte et bénéficient, dans les grands millésimes, d'une demande très soutenue. La capacité des grands châteaux bordelais à produire des volumes importants est également un atout majeur, car cela leur permet d'être très visibles sur tous les marchés mondiaux. À titre de comparaison, il n'est pas rare qu'un grand château du Médoc produise entre 200 et 300 000 bouteilles d'un même cru, alors qu'un producteur bourguignon moyen ne dispose que de quelques milliers de bouteilles d'une même cuvée. L'afflux d'argent dont ont bénéficié les grands châteaux ces dernières années leur a aussi permis de s'équiper de manière ultra-moderne. Les chais, les cuviers sont généralement au top de la technologie, permettant ainsi de vinifier les raisins dans les meilleures conditions possibles. Ainsi, la qualité moyenne des vins de Bordeaux n'a-t-elle jamais été aussi élevée et il devient vraiment très rare de croiser un vin à défaut.

LES POINTS FAIBLES

Avec plus de 120 000 hectares plantés, Bordeaux est une immense région viticole. On ne saurait résumer ses vins aux seuls crus classés prestigieux, dont le volume ne représente pas plus de 1 ou 2 % de la totalité de la production. Une croissance mal maîtrisée du vignoble bordelais ces dernières années a conduit la région à entrer en surproduction et la crise touche de nombreux petits vignerons qui élaborent leurs vins en dehors des appellations les plus prestigieuses. On le voit à nouveau avec les très spéculatifs millésimes 2009 et 2010, vendus par les crus classés à des prix astronomiques, alors que le litre de petit bordeaux vaut moins d'un euro.

LA COMMERCIALISATION

Bordeaux bénéficie d'un système de commercialisation unique au monde, via ce que l'on nomme "la place". Les différents châteaux ne vendent pas leurs vins en direct aux particuliers, ni aux différents circuits de distribution, mais à des négociants, qui se chargent ensuite de diffuser le vin dans le monde entier. Cette vente s'effectue "en primeur", c'est-à-dire que les vins sont payés par les négociants avant leur mise en bouteilles, au printemps suivant la vendange. Cela permet aux châteaux d'encaisser de la trésorerie et de ne plus avoir à se soucier ensuite de la commercialisation des vins. L'avantage pour les négociants est de payer ces vins moins cher et donc de pouvoir spéculer dessus. Comme il s'agit d'un marché extrêmement libéral, répondant à la loi de l'offre et de la demande, on assiste d'année en année à des fluctuations de prix importantes. Les grands millésimes tel que 2005 peuvent alors atteindre des prix stratosphériques ; des millésimes plus faibles tel 1997 s'écoulent parfois difficilement. En outre, "la place" de Bordeaux ne s'intéresse qu'aux marques les plus fortes, celles sur lesquelles elle s'assure une rentabilité rapide.

LES APPELLATIONS

■ Les appellations génériques
• **Bordeaux, Bordeaux blanc sec :** ce sont les appellations de base du département de la Gironde.
• **Bordeaux Supérieur :** appellation rassemblant en théorie les meilleurs des bordeaux rouges génériques.
• **Bordeaux clairet, Bordeaux rosé :** deux vins rosés différents. Plus vineux et coloré, le clairet mérite d'être redécouvert.
• **Crémant de Bordeaux :** appellation récente désignant des vins pétillants réalisés selon la méthode d'élaboration des champagnes.

■ L'Entre-deux-Mers
• **Entre-deux-Mers :** vins blancs issus du vignoble situé entre la Dordogne et la Garonne. Secs, floraux, frais, ce sont des vins simples, souvent bien réalisés techniquement.
• **Premières Côtes de Bordeaux :** vignobles longeant la Garonne, depuis Bordeaux jusqu'à Cadillac. Bons vins rouges simples et fruités, à consommer après deux à trois ans de bouteille.
• **Cadillac, Loupiac, Sainte-Croix-du-Mont :** face au Sauternais, sur l'autre rive de la Garonne, trois appellations de vins liquoreux qui peuvent donner, dans les bonnes années, de très belles bouteilles à des prix doux. Le style est plus léger et plus vif qu'à Sauternes.
• **Sainte-Foy-Bordeaux, Bordeaux-Haut-Benauge :** ces deux récentes appellations couvrent l'est du département. Plusieurs vignerons ambitieux travaillent avec acharnement pour les installer dans le concert des bons crus bordelais.

■ Le Fronsadais et le Libournais
• **Fronsac, Canon-Fronsac :** vins rouges charnus et profonds qui acquièrent avec l'âge des arômes de truffe rappelant ceux de pomerol.
• **Bordeaux Côtes de Francs :** petit vignoble en progrès. Quelques domaines sont au-dessus du lot.
• **Côtes de Castillon :** appellation méconnue dans le prolongement est de Saint-Émilion. Qualité en net progrès : rouges pleins et fins, supérieurs, pour les meilleurs, à certains saint-émilion.

■ Saint-Émilion et ses satellites
• **Lussac Saint-Émilion, Montagne Saint-Émilion, Puisseguin Saint-Émilion, Saint-Georges Saint-Émilion :** petits vignobles voisins de Saint-Émilion aux vins d'un style comparable mais plus léger, dans un niveau d'ensemble très hétérogène.
• **Saint-Émilion, Saint-Émilion Grand cru :** très vaste appellation au profil géographique contrasté : une partie méridionale située sur une plaine sablonneuse et une seconde partie, plus intéressante au nord, en côte et en plateau. À leur meilleur niveau, les vins de Saint-Émilion possèdent à la fois une structure bien définie et une chair étoffée et gourmande.

■ La région de Pomerol
• **Lalande de Pomerol :** appellation voisine de Pomerol. Quelques producteurs récemment installés donnent une nouvelle dimension à ces vins, dont les meilleurs sont très proches de bons pomerols en qualité.
• **Pomerol :** appellation très prestigieuse et pourtant fort hétérogène. Les plus grands déploient un corps et une bouquet majestueux au vieillissement.

■ Bourgeais et Blayais
• **Côtes de Blaye, Premières Côtes de Blaye, Blaye :** bons vins rouges et blancs à prix sages.
• **Côtes de Bourg :** en rouge, l'un des plus intéressants vignobles de côte. Vins charpentés, solides, manquant légèrement de finesse, à leur meilleur après quatre à six ans de garde.

■ Médoc
• **Médoc, Haut-Médoc :** appellations régionales dont la qualité globale est inévitablement hétérogène. On trouve néanmoins de très nombreux crus bourgeois de bon niveau.
• **Moulis, Listrac :** deux appellations contiguës, un peu en retrait à l'intérieur des terres entre Margaux et Saint-Julien. Bons vins, moins fins cependant que ceux des crus voisins.

N
O — E
S

Saint-Vivien-de-Médoc

Valeyrac

Saint-Christoly-Médoc

MÉDOC

Lesparre-Médoc

A 10

Gironde

St-Ciers-sur-Gironde

CÔTES-DE-BLAYE

Vertheuil
HAUT-MÉDOC

SAINT-ESTÈPHE

Saint-estèphe

Pauillac

PAUILLAC

Saint-Julien

SAINT-JULIEN

St-Laurent-Médoc

PREMIÈRES CÔTES-DE-BLAYE

St-Sa

HAUT-MÉDOC

Blaye

LISTRAC

Listrac

MOULIS

Moulis

CÔTES-DE-BOURG

Castelnau-Médoc

Margaux

Bourg

MARGAUX

St-André-de-Cubz

BORDEAUX

HAUT-MÉDOC

Blanquefort

Garonne

Bordeaux

PREMIÈRES CÔTES-DE-BORDEAUX

Pessac

PESSAC-LÉOGNAN

Quinsa

Léognan

La Brède

GRAVES

Océan Atlantique

0   15 km

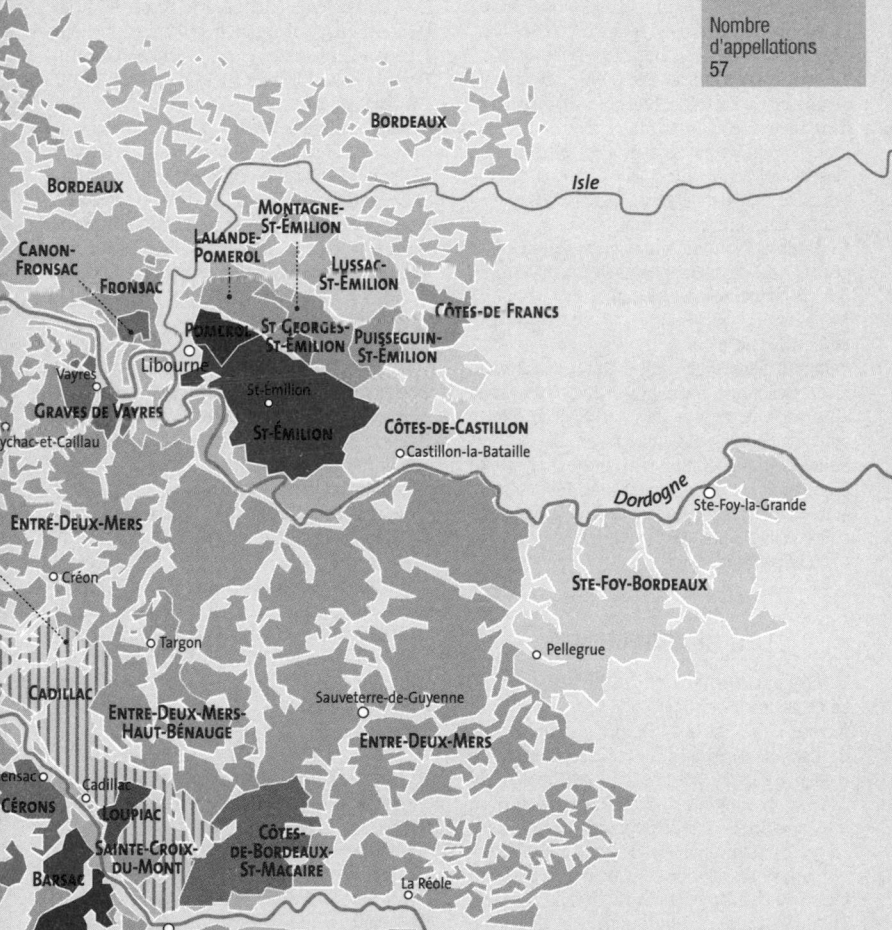

LE VIGNOBLE DE BORDEAUX

Superficie
120 200 hectares

Cépages principaux
Rouge :
Merlot
Cabernet-sauvignon
Cabernet-franc
Malbec
Petit-verdot
Carmenère
Blanc :
Sémillon
Sauvignon
Muscadelle

Volume produit
5 à 6 millions
d'hectolitres

Nombre
d'appellations
57

BORDEAUX

BORDEAUX

Isle

MONTAGNE-
ST-ÉMILION

CANON-
FRONSAC

LALANDE-
POMEROL

LUSSAC-
ST-ÉMILION

FRONSAC

CÔTES-DE-FRANCS

POMEROL

ST GEORGES-
ST-ÉMILION

PUISSEGUIN-
ST-ÉMILION

Libourne

Vayres

St-Émilion

GRAVES DE VAYRES

ychac-et-Caillau

ST-ÉMILION

CÔTES-DE-CASTILLON

Castillon-la-Bataille

Dordogne

ENTRE-DEUX-MERS

Ste-Foy-la-Grande

Créon

STE-FOY-BORDEAUX

Targon

Pellegrue

CADILLAC

ENTRE-DEUX-MERS-
HAUT-BÉNAUGE

Sauveterre-de-Guyenne

ENTRE-DEUX-MERS

ensac

Cadillac

CÉRONS

LOUPIAC

CÔTES-
DE-BORDEAUX-
ST-MACAIRE

SAINTE-CROIX-
DU-MONT

BARSAC

La Réole

SAUTERNES

Langon

BORDEAUX

• **Margaux :** réputés pour leur finesse, les meilleurs ne manquent cependant pas de corps.

• **Saint-Julien :** vins structurés, équilibrés, harmonieux. Peu de producteurs, tous de très bon niveau, en particulier dans les crus classés.

• **Pauillac :** vins de grande structure, racés et puissants, austères dans leur jeunesse. À de rares exceptions près, la qualité des crus correspond au minimum à celle que laissent espérer leurs différents classements.

• **Saint-Estèphe :** vins charpentés, charnus et possédant, pour les meilleurs, une race similaire à celle de leurs voisins de Pauillac.

■ Graves

• **Pessac-Léognan :** la partie du vignoble des Graves la plus proche de Bordeaux et celle où sont situés tous ses crus classés. Vins rouges sérieux et harmonieux, à la texture serrée, vins blancs en net progrès, gras, riches et frais.

• **Graves (sans Pessac-Léognan) :** le vignoble commence à Portets et finit, au sud, à Langon. Vins rouges équilibrés, fruités mais sans commune mesure avec ceux de Pessac-Léognan ; vins blancs de grande qualité et pleins de personnalité. Malgré des progrès, le niveau d'ensemble demeure très hétérogène.

• **Cérons :** petite partie du vignoble des Graves pouvant produire, dans les meilleurs millésimes, des vins liquoreux de belle finesse.

■ Sauternais

• **Barsac, Sauternes :** vins liquoreux de grande race, vieillissant magnifiquement. D'un style plus nerveux et plus frais, les vins de Barsac peuvent choisir de s'appeler soit Barsac, soit Sauternes, soit Sauternes-Barsac. Le niveau d'ensemble a très nettement progressé dans les années 1980, mais ces vins qui nécessitent des coûts et des soins de production énormes ne tolèrent pas la médiocrité.

LES CLASSEMENTS

■ Les classements bordelais
Le classement de 1855

Réalisé à l'occasion de l'exposition universelle de Paris de 1855 et – à une exception près – inchangé depuis, il ne concerne que les crus du Médoc et, en Graves, le château Haut-Brion d'une part et les crus du Sauternais d'autre part. La seule modification est survenue en 1973, lors du passage du rang de deuxième à premier cru classé du château Mouton Rothschild. Souvent critiqué à cause de son immuabilité, ce classement qui fut établi selon le cours moyen des vins a le mérite d'avoir institué une hiérarchie solide et suffisamment fiable. Certains crus ne sont pas à leur niveau, mais on peut penser qu'il s'agit d'un problème temporaire d'hommes, de moyens ou de talent.

■ Le classement du Médoc
• Premiers crus
Château Haut-Brion, Château Lafite-Rothschild, Château Latour, Château Margaux, Château Mouton Rothschild.
• Seconds crus
Château Brane-Cantenac, Château Cos d'Estournel, Château Ducru-Beaucaillou, Château Durfort-Vivens, Château Gruaud-Larose, Château Lascombes, Château Léoville-Barton, Château Léoville-Las-Cases, Château Léoville-Poyferré, Château Montrose, Château Pichon-Longueville Baron, Château Pichon-Longueville Comtesse de Lalande, Château Rauzan-Ségla, Château Rauzan Gassies.
• Troisièmes crus
Château Boyd-Cantenac, Château Calon-Ségur, Château Cantenac-Brown, Château Desmirail, Château Ferrière, Château Giscours, Château d'Issan, Château Kirwan, Château La Lagune, Château Lagrange, Château Langoa Barton, Château Malescot Saint-Exupéry, Château Marquis d'Alesme-Becker, Château Palmer.
• Quatrièmes crus
Château Beychevelle, Château Branaire, Château Duhart-Milon, Château Lafon-Rochet, Château La Tour Carnet, Château Marquis de Terme, Château Pouget, Château Prieuré-Lichine, Château Saint-Pierre, Château Talbot.
• Cinquièmes crus
Château d'Armailhac, Château Batailley, Château Belgrave, Château Camensac, Château Cantemerle, Château Clerc Milon, Château Cos Labory, Château Croizet-Bages, Château Dauzac, Château Grand-Puy Ducasse, Château Grand-Puy-Lacoste, Château Haut-Bages Libéral, Château Haut-Batailley, Château Lynch-Bages, Château Lynch-Moussas, Château Pédesclaux, Château Pontet-Canet, Château du Tertre.

■ Le classement du Sauternais
• Premier cru supérieur
Château d'Yquem.
• Premiers crus
Château Climens, Château Clos Haut-Peyraguey, Château Coutet, Château Guiraud, Château Lafaurie-Peyraguey, Château Rabaud-

Promis, Château de Rayne Vigneau, Château Rieussec, Château Sigalas Rabaud, Château Suduiraut, Château La Tour Blanche.
• **Seconds crus**
Château d'Arche, Château Broustet, Château Caillou, Château Doisy-Daëne, Château Doisy-Dubroca, Château Doisy-Védrines, Château Filhot, Château Lamothe (Guignard), Château de Malle, Château Myrat, Château Nairac, Château Romer du Hayot.

■ **Le classement des saint-émilion**
Ce classement est révisable tous les dix ans et donne régulièrement lieu à quelques belles joutes juridiques. Ce fut encore le cas avec la révision de 2006. Après un incroyable imbroglio juridique, voilà ce qui a finalement été décidé : le classement de1996 est maintenu en l'état (les déclassés ont retrouvé leur rang) et tous les crus promus peuvent se prévaloir de leur nouveau titre. En 2010 une nouvelle procédure a été mise en place et doit aboutir à la parution d'un nouveau classement en septembre 2012. Au moment de la mise sous presse de ce guide, nous n'en avons toujours pas le palmarès. D'ici là, voici la liste des crus classés telle qu'elle est reconnue :
• **Premiers grands crus classés A**
Château Ausone, Château Cheval Blanc.
• **Premiers grands crus classés B**
Château Angélus, Château Beau-Séjour Bécot, Château Beauséjour (Duffau Lagarrosse), Château Belair, Château Canon, Château Figeac, Château La Gaffelière, Château Magdelaine, Château Pavie, Château Pavie-Macquin, Château Trottevieille, Clos Fourtet, Château Troplong-Mondot.
• **Grands crus classés**
Château Balestard la Tonnelle, Château Bellefont-Belcier, Château Bellevue, Château Bergat, Château Berliquet, Château Cadet-Bon, Château Cadet-Piola, Château Canon La Gaffelière, Château Cap de Mourlin, Château Chauvin, Château Corbin, Château Corbin-Michotte, Château Croque-Michotte, Château Curé Bon, Château Dassault, Château Destieux, Château Faurie-de-Souchard, Château Fleur-Cardinal, Château Fonplégade, Château Fonroque, Château Franc Mayne, Château Guadet-Saint-Julien, Château Grand-Corbin, Château Grand Corbin-Despagne, Château Grand Mayne, Château Grand Pontet, Château Grandes Murailles, Château Haut Corbin, Château Haut Sarpe, Château L'Arrosée, Château La Clotte, Château La Clusière, Château La Couspaude, Château La Dominique, Château

La Marzelle, Château Laniote, Château Larcis-Ducasse, Château Larmande, Château Laroze, Château La Serre, Château La Tour Figeac, Château La Tour-du-Pin, Château La Tour-du-Pin-Figeac (Giraud-Belivier), Château Le Prieuré, Château Matras, Château Moulin du Cadet, Château Pavie Decesse, Château Petit-Faurie-de-Soutard, Château Ripeau, Château Saint-Georges Côte Pavie, Château Soutard, Château Tertre Daugay, Château Villemaurine, Château Yon-Figeac, Clos des Jacobins, Clos de l'Oratoire, Clos Saint-Martin, Couvent des Jacobins.

■ **Le classement des graves**
Publié dans les années 1950 et inchangé depuis, il ne concerne que des crus répondant aujourd'hui à l'appellation d'origine contrôlée Pessac-Léognan. Hormis quelques crus devenus depuis très importants, il consacre en revanche des crus qui, à une ou deux exceptions près, méritent cette distinction.
En blanc : Château Bouscaut, Château Carbonnieux, Domaine de Chevalier, Château Couhins-Lurton, Château Laville Haut-Brion, Château Malartic-Lagravière, Château Olivier, Château La Tour-Martillac.
En rouge : Château Bouscaut, Château Carbonnieux, Domaine de Chevalier, Château Fieuzal, Château Haut-Brion, Château Haut-Bailly, Château Latour Haut Brion, Château La Mission Haut-Brion, Château Malartic-Lagravière, Château Olivier, Château Pape-Clément, Château Smith-Haut-Lafitte, Château La Tour-Martillac.

■ **Les crus bourgeois du Médoc**
Créé en 1932, le classement des crus bourgeois du Médoc a été révisé en 2003. Mais, suite à une action en justice, 77 propriétés non retenues dans le nouveau classement ont fini par obtenir, au début de l'année 2007, l'annulation pure et simple de ce classement, au motif de la partialité de certains membres du jury. Une nouvelle forme de classement, révisé chaque année et basé sur la dégustation en bouteille arrivera avec le millésime 2008. Hélas, de nombreux crus prestigieux n'ont pas souhaité y participer.

Bordeaux

Nos bonnes adresses

HÔTELS

■ **Cordeillan Bages**
Relais et Châteaux au cœur des vignes, cuisine de haut niveau. De 199 à 517 €. Route des Châteaux, 33250 Pauillac.
Tél. : 05 56 59 24 24.

■ **Le Relais de Margaux**
Hôtel de luxe avec spa et golf. De 149 à 389 € la nuit. 5, route de l'Île-Vincent, 33460 Margaux. Tél. : 05 57 88 38 30.

■ **Château de Malleret**
Onze grandes chambres au mobilier d'époque. De 150 à 200 € la nuit. 33290 Le Pian Médoc. Tél. : 05 56 35 05 36.

■ **Les Sources de Caudalie**
Superbe complexe avec vinothérapie. À partir de 200 €. Chemin de Smith Haut-Lafitte, 33650 Martillac. Tél. : 05 57 83 83 83.

■ **Hostellerie Plaisance**
Deux étoiles au Michelin et une vue incroyable sur la cité, ce Relais & Châteaux est une des meilleures adresses de Saint-Emilion. Chambres à partir de 350 €. 5, place du clocher, 33330 Saint-Émilion. Tél. : 05 57 55 07 55.

CHAMBRES D'HÔTES

■ **Château Duvergne-Dulong**
L'œnologue Sylvie Dulong a ouvert quatre jolies chambres et une table d'hôte. Ateliers de découverte autour du vin. Chambre double/petit-déjeuner à partir de 138 €. 23, route de Courneau, 33450, Montussan. Tél. : 06 71 94 18 94.

■ **Château du Pontet d'Eyrans**
Très belles chambres d'hôtes et trois gîtes dans les anciennes écuries . 33390 Eyrans. Tél. : 05 57 64 71 07.

■ **Château Maucaillou**
Chambres et table d'hôtes entre Margaux et Saint-Julien, Accueil très convivial. 33480 Moulis-en-Médoc
Tél. : 05 56 58 01 23

■ **Château Giscours**
Cru classé de Margaux. Magnifiques chambres au milieu des vignes
Labarde, 33460 Margaux. Tél. : 05 57 97 09 09

■ **Château de Malleret**
Neuf chambres haut de gamme. De 150 à 200 €. 33290, le Plan Médoc. Tél. : 05 56 35 05 36

■ **Château Franc-Mayne**

Cinq chambres d'hôtes de grand confort. De 137 à 199 €. 14, la Gomerie, 33330 Saint-Émilion.
Tél. : 05 57 24 62 61

■ **Relais du Château d'Arche**
Neuf très belles chambres. De 120 à 160 €, 33210 Sauternes.
Tél. : 05 56 76 67 67

■ **Château de Camperos**
Gîte et chambres d'hôtes. À partir de 62 €, 8, Camperos, 33720 Barsac.
Tél. : 05 56 27 15 47

RESTAURANTS

■ **Gravelier**
Le sommelier Nicolas Duart a bien garni sa cave de crus à tous les prix, sans jamais faire flamber les étiquettes ! 114, cours de Verdun, 3300 Bordeaux. Tél. : 05 56 48 17 15.

■ **Le Chapon fin**
Propriété de la famille Cazes (château Lynch-Bages), une table étoilée qui met en avant les grands crus bordelais à un juste prix. 5, rue Montesquieu, 33000 Bordeaux.
Tél.: 05 56 79 10 10.

■ **Le Lion d'Or**
En plein cœur du Médoc, belle cuisine classique, un incontournable. De 13 à 52 €. 11, route de Pauillac, 33460 Arcins.
Tél. : 05 56 58 96 79

■ **Café Lavinial**
Au centre du village de Bages. Belle cuisine de bistrot. De 22 à 43 €. Place Desquet, 33250 Bages. Tél.: 05 57 75 00 09.

■ **L'Envers du Décor**
Au cœur de Saint-Émilion, superbe carte des vins. Environ 40 €. 11, rue du Clocher 33330 Saint-Émilion. Tél.: 05 57 74 48 31

■ **Saprien**
Cuisine régionale et franche. À partir de 25 €. 14, rue Principale, 33210 Sauternes
Tél. : 05 56 76 60 87.

■ **L'ancien Presbytère**
Cuisine de terroir à prix d'amis. À partir de 16 €. 5, le Bourg, 33570 Montagne.
Tél. : 05 57 74 65 33.

■ **Le WY**
Restaurant de la Winery au cœur du Médoc. à partir de 30 €. 33460 Arsac-sur-Médoc.
Tél. : 05 56 39 04 91.

■ Château Fleur Haut-Gaussens

BORDEAUX SUPÉRIEUR

★

C e domaine produit, depuis quelques années déjà, l'archétype du bon bordeaux supérieur : gourmand, fruité et toujours très agréablement boisé. Il constitue régulièrement l'une des excellentes affaires des foires aux vins pour tout amateur à la recherche de « la » bonne bouteille à boire au quotidien. Nous vous recommandons de le déguster sur le fruit, durant les trois premières années, en dehors de quelques très grands millésimes comme 2010, qui peuvent affronter une plus longue garde.

Les vins : le 2011 du château apparaît assez souple et montre les faiblesses de ce millésime. Il déçoit par son manque de corps, de structure et de longueur ; sa garde sera plus courte que d'habitude. Convaincu du haut niveau de maturité de ses merlots, produits sur des coteaux calcaires exposés au sud, Hervé Lhuillier, avec son conseiller Olivier Dauga, a produit en 2011 la cuvée Terre. Le vin se montre plus tannique et concentré, mais n'atteint pas le niveau de qualité auquel le domaine nous avait habitués !

■ Bordeaux Supérieur 2011	7,50 €	15
■ Bordeaux Supérieur 2010	n.c.	17
■ Bordeaux Supérieur 2009	n.c.	16,5
■ Bordeaux Supérieur 2008	n.c.	15,5
■ Bordeaux Supérieur 2 2011	5,90 €	14
■ Bordeaux Supérieur 2 2010	n.c.	14,5
■ Bordeaux Supérieur Terre 2011	8,50 €	15,5

Rouge : 30 hectares.
Cabernet-sauvignon 5 %, Merlot 90 %, Cabernet franc 5 %
Château Fleur Haut-Gaussens, 11, Les Gaussens, 33240 Vérac
Tél. : 05 57 84 48 01 **Fax :** 05 57 84 48 01
E-mail : fleur.haut.gaussens@wanadoo.fr
Vente : au domaine
De 8h30 à 18h.
Propriétaire : Hervé Lhuillier

■ Château Penin

BORDEAUX SUPÉRIEUR

★

D epuis plusieurs années déjà, Château Penin fait office de référence auprès des amateurs.

Ce domaine familial, situé sur la commune de Génissac (beaux terroirs de calcaire et terres de graves) toute proche de Saint-Emilion, est dirigé depuis 1982 avec beaucoup d'efficacité par Patrick Carteyron, œnologue de formation. Penin exprime pleinement les qualités de fruit, de chair et de fraîcheur de son terroir. Les vins séduisent par leur franchise et leurs arômes, tant en rouge qu'en blanc et en clairet. Un domaine modèle pour sa régularité dans les vastes appellations Bordeaux et Bordeaux Supérieur.

Les vins : même si c'est une habitude, et de peur de se répéter, le blanc est toujours aussi délicieux ! Des deux rosés, nous préférons une fois encore l'épicé et vineux clairet. Belle série de rouges en 2010, à commencer par un Tradition plein de fruit, très gourmand, tout en offrant ce qu'il faut de tanins pour ne pas tomber dans le registre de la simple fluidité. Grande réussite pour la cuvée Les Cailloux, dotée d'une matière de grande envergure et d'un boisé de très bon niveau. Etonnante nouvelle cuvée Natur, quasiment sans sulfite : le vin se tient bien en bouche, il faudra suivre son évolution sur deux ans.

☐ Bordeaux 2010	7,80 €	15,5
☐ Bordeaux 2009	n.c.	16
■ Bordeaux 2011	6,10 €	14
■ Bordeaux 2010	n.c.	13
■ Bordeaux Clairet 2011	6,40 €	15
■ Bordeaux Clairet 2010	n.c.	15
■ Bordeaux Natur 2010	7,75 €	14,5
■ Bordeaux Supérieur Grande Sélection 2009	n.c.	14,5
■ Bordeaux Supérieur Grande Sélection 2008	n.c.	14,5
■ Bordeaux Supérieur Les Cailloux 2010	13,20 €	16
■ Bordeaux Supérieur Les Cailloux 2009	n.c.	16
■ Bordeaux Supérieur Les Cailloux 2008	n.c.	16,5
■ Bordeaux Supérieur Tradition 2010	6,60 €	14,5
■ Bordeaux Supérieur Tradition 2009	n.c.	13

Rouge : 38 hectares.
Cabernet franc 5 %, Cabernet-sauvignon 5 %, Merlot 90 %
Blanc : 2 hectares.
Sauvignon ou Sauvignon Blanc 85 %, Sémillon 15 %
Production moyenne : 260 000 bt/an

Château Penin, 39, impasse Couponne, 33420 Génissac
Tél. : 05 57 24 46 98 **Fax :** 05 57 24 41 99
E-mail : vignoblescarteyron@wanadoo.fr
Site : www.chateaupenin.com
Vente : au domaine
Du lundi au vendredi de 9h à 12h et de 14h30 à 17h30, ouvert le samedi matin de 10h à 12h sur rendez-vous.
Propriétaire : Patrick Carteyron

■ Château Le Pin Beausoleil

BORDEAUX SUPÉRIEUR

★

Longtemps appelé Le Pin, ce château est devenu Le Pin Beausoleil en 1997, pour éviter toute ambiguïté avec le célèbre cru de Pomerol. Un couple de médecins allemands, Ingrid et Michael Hallek, ont racheté le vignoble en 2004, succédant à Arnaud Pauchet, qui l'avait entièrement relancé avec le concours du conseiller Stéphane Derenoncourt. Les derniers millésimes atteignent un haut niveau de qualité, avec une quête permanente d'élégance et de finesse. Malheureusement, le domaine produit peu de bouteilles.

Les vins : le profond et généreux 2009, assez riche en alcool, demeure équilibré. Puissant et long en finale, il présente un léger profil solaire ; un passage en carafe s'impose. Avec une année de plus de bouteille, le 2008 a encore gagné en complexité : sur des arômes minéraux, finement toasté, sa longueur s'affirme dans le temps. Un magnifique bordeaux avec lequel on se régale en ce moment.

■ Bordeaux Supérieur 2009	19,50 €	16,5
■ Bordeaux Supérieur 2008	17,50 €	17
■ Bordeaux Supérieur Le Petit Soleil 2009	8,50 €	13
■ Bordeaux Supérieur Le Petit Soleil 2008	n.c.	14

Rouge : 4,7 hectares.
Cabernet franc 15 %, Cabernet-sauvignon 5 %, Merlot 80 %
Château Le Pin Beausoleil, Le Pin, 33420 Saint-Vincent-de-Pertignas
Tél. : 05 57 84 02 56 **Fax :** 05 57 84 02 56
E-mail : lepin.beausoleil@wanadoo.fr
Site : www.lepinbeausoleil.com
Vente : au domaine
Sur rendez-vous.
Propriétaire : Ingrid et Michael Hallek
Directeur : Bertrand Dugoua

■ Château Beaulieu Comtes de Tastes

BORDEAUX SUPÉRIEUR

Guillaume de Tastes a réussi à valoriser ce domaine situé non loin du Fronsadais, en appellation Bordeaux Supérieur, avec la volonté d'élaborer des vins de plaisir offrant une belle expression du fruit. Si nous avions été convaincus par ses premiers millésimes, nous nous avouons déçus par les derniers vins produits. Ils ne se montrent pas très denses et souffrent d'un boisé trop présent qui banalise leur style.

Les vins : le 2009 se présente léger, peu intense et affichant une touche végétale en finale. Le 2008, comme nous l'avions indiqué dans la précédente édition, ne possède pas non plus l'éclat des millésimes qui ont fait la réputation de cette propriété.

■ Bordeaux Supérieur 2009	9 € cav.	14
■ Bordeaux Supérieur 2008	9 € cav.	14

Rouge : 15 hectares.
Cabernet franc 30 %, Cabernet-sauvignon 10 %, Merlot 60 %
Château Beaulieu Comtes de Tastes, 67, quai des Chartrons, 33300 Bordeaux
Tél. : 06 85 71 48 26 **Fax :** 05 57 97 75 06
E-mail : g.detastes@lestapis.com
Site : www.vignoblescomtesdetastes.com
Vente : au domaine
Sur rendez-vous.
Propriétaire : Guillaume de Tastes

■ Château Belle Garde

BORDEAUX

Eric Duffau fait partie des vignerons bordelais qui ont su démontrer, depuis maintenant trente ans, que de simples bordeaux rouges pouvaient atteindre un niveau d'excellence irréprochable, tout en pratiquant une politique tarifaire très attractive. Les argiles sur socle calcaire du très beau terroir du secteur de Génissac apportent aux cuvées du domaine un équilibre savoureux. Issus de raisins récoltés à parfaite maturité, les vins se révèlent magnifiquement élevés.

Les vins : le blanc se montre frais, sur de fins arômes d'agrumes. Le rouge classique 2010 apparaît tannique et un rien rustique en finale. La cuvée élevée en fût de chêne fait preuve en 2010 d'un haut niveau de maturité de fruit, avec une finale légèrement figuée. Notons que la prise de bois est moins toastée que d'habitude. La cuvée Excellence 2010 se montre plus concentrée et riche, avec un boisé plus soutenu. Dans ce millésime concentré, il faudra l'attendre cinq années.

☐ Bordeaux 2011 — 4,45 € 13,5
☐ Bordeaux 2010 — n.c. 15
◼ Bordeaux 2011 — 4,45 € 13
◼ Bordeaux 2010 — 4,50 € 13,5
◼ Bordeaux 2009 — n.c. 14,5
◼ Bordeaux Cuvée élevée en fût de chêne 2010 — 5,85 € 15,5
◼ Bordeaux Cuvée élevée en fût de chêne 2009 — n.c. 15,5
◼ Bordeaux Cuvée élevée en fût de chêne 2008 — n.c. 15
◼ Bordeaux Supérieur L'Excellence 2010 — 8,85 € 16
◼ Bordeaux Supérieur L'Excellence 2009 — n.c. 16
◼ Bordeaux Supérieur L'Excellence 2008 — n.c. 16

Rouge : 42 hectares.
Merlot 80 %, Cabernet franc 10 %,
Cabernet-sauvignon 10 %
Blanc : 3 hectares.
Sauvignon ou Sauvignon Blanc 75 %,
Sémillon 25 %
Production moyenne : 250 000 bt/an

Château Belle Garde, 33420 Génissac
Tél. : 05 57 24 49 12 **Fax :** 05 57 24 41 28
E-mail : duffau.eric@wanadoo.fr
Site : www.vignobles-ericduffau.com
Vente : au domaine
De 8h à 12h et de 14h à 19h.
Propriétaire : Eric Duffau

◼ Château Bolaire
BORDEAUX SUPÉRIEUR

D ans les paluds de Macau, sur le lieu-dit Le Bout de l'île, l'équipe du château Belle-Vue (en Haut-Médoc) produit un bordeaux-supérieur de très belle facture. Sa spécificité tient par un apport non négligeable de petit verdot (40 % de l'assemblage), qui donne au vin un caractère épicé et mentholé tout à fait pertinent. De récolte tardive, sur une vinification à basse température (extraction de couleur et d'expression fruitée) avec un élevage en barriques (bois neuf pour 30 %), les derniers millésimes s'imposent dans la dégustation des bordeaux-supérieur avec un profil séducteur et de grande

longueur en bouche. Cette propriété se place indiscutablement parmi les outsiders des meilleurs vins de son appellation !

Les vins : le 2010 est certainement la plus grande réussite du domaine, avec un jus de belle profondeur, alliant structure de tanins, saveurs fruitées et boisé fin. Le 2009, déjà très ouvert, se distingue par son charme plus velouté et rond.

◼ Bordeaux Supérieur 2010 — n.c. 16,5
◼ Bordeaux Supérieur 2009 — 13,50 € 16

Rouge : 5,3 hectares.
Petit verdot 39 %, Merlot 34 %,
Cabernet-sauvignon 27 %
Blanc : n.c..
Production moyenne : 29 000 bt/an

Château Bolaire, 69, route de Louens, 33460 Macau
Tél. : 05 57 88 19 79 **Fax :** 05 57 88 41 79
E-mail : sc.gironville@wanadoo.fr
Site : www.chateau-bolaire.fr
Pas de visites.
Propriétaire : Héritiers Mulliez
Directeur : Vincent Bache-Gabrielsen

◼ Domaine de Courteillac
BORDEAUX SUPÉRIEUR

D ominique Méneret est propriétaire de ce cru depuis 1997. En 2000, il rénove entièrement le cuvier et le chai. Il a aussi remodelé légèrement le vignoble en revendant certaines parcelles pour en acquérir d'autres sur de meilleurs terroirs. Stéphane Derenoncourt conseille le domaine depuis le millésime 2007. Ce cru, déjà reconnu dans les années 1980 grâce au travail de Stéphane Asséo, aujourd'hui propriétaire du domaine L'Aventure, en Californie, offre les qualités d'un délicieux bordeaux-supérieur.

Les vins : le 2008 est un vin de demi-puissance, très rond et souple. De bon équilibre, c'est un millésime que l'on peut commencer à boire. Avec un cœur de bouche plus rempli, le 2009 offre un caractère de meilleure concentration. Très beau 2010, éclatant, complet, rond (un peu plus de merlot dans l'assemblage), tout en possédant une structure très aimable.

◼ Bordeaux Supérieur 2010 — n.c. 16,5
◼ Bordeaux Supérieur 2009 — n.c. 16
◼ Bordeaux Supérieur 2008 — n.c. 15

Rouge : 27 hectares.
Cabernet-sauvignon 20 %, Merlot 70 %,

Cabernet franc 10 %
Domaine de Courteillac, 33350 Ruch
Tél. : 05 57 55 11 80 **Fax :** 05 57 55 11 84
E-mail : info-dma@wanadoo.fr
Vente : au domaine
Sur rendez-vous uniquement.
Propriétaire : Dominique Meneret

■ Château L'Isle Fort
BORDEAUX SUPÉRIEUR

Sylvie Douce et François Jeantet forment un couple d'heureux entrepreneurs parisiens propriétaires du désormais célèbre Salon du chocolat. Passionnés de vin, ils se sont offert une villégiature bordelaise dans laquelle était plantée de la vigne, avec une importante proportion de cabernet (franc et sauvignon). Perfectionnistes, c'est au conseiller Stéphane Derenoncourt qu'ils ont confié la partie culturale et la vinification. Les premiers millésimes se distinguaient par leur aimable rondeur, mais ils manquaient d'un peu de fond. Depuis deux ans, les vins atteignent un excellent niveau et il ne serait pas impossible que ce cru intègre la famille des étoilés de notre guide. Les prix sont à la hauteur de l'ambition des propriétaires : élevés !
Les vins : le rosé L'Isle Douce 2011 possède une très belle couleur provençale et un fruit précis. Une belle bouteille dans l'univers souvent très médiocre des rosés de Bordeaux. Dans le contexte du millésime, le rouge 2011 constitue une brillante réussite : c'est certainement le meilleur bordeaux-supérieur dégusté dans l'année. Sa couleur est soutenue, ses arômes de fruits mûrs associés à un élevage équilibré lui apportent une très belle complexité. Le 2010 confirme également ses qualités. Le vin a gagné en rondeur après une année de bouteille, il se boira sans difficulté sur cinq ans.

■ Bordeaux Supérieur L'Isle Douce 2011	9 € cav.	15
■ Bordeaux Supérieur 2011	14,75 € cav.	16,5
■ Bordeaux Supérieur 2010	14,50 € cav.	16
■ Bordeaux Supérieur 2009	n.c.	14,5

Rouge : 7 hectares.
Merlot 58 %, Cabernet-sauvignon 28 %,
Cabernet franc 14 %
Château L'Isle Fort, 36, route de
l'Entre-deux-Mers, 33360 Lignan-de-Bordeaux
Tél. : 06 82 00 68 95 **Fax :** 01 34 86 12 38
E-mail : lislefort@lislefort.com
Site : www.lislefort.com
Vente : au domaine

Pas de visites.
Propriétaire : Sylvie Douce et François Jeantet

■ Château Mirambeau Papin
BORDEAUX SUPÉRIEUR

Xavier Landeau exploite ce cru avec un savoir-faire et une véritable volonté d'excellence. Sur de beaux terroirs accueillant un vignoble mature, il produit des vins toujours très élégants, profonds et reconnus pour leur excellent rapport qualité-prix. Il est également à la tête de deux autres crus en appellations Bordeaux (domaine Grange Brûlée) et Cadillac Côtes de Bordeaux (château Courrèges), mais c'est toujours vers Mirambeau Papin que va notre préférence.
Les vins : le Grange Brûlée 2010 est un délicieux bordeaux supérieur construit sur un fruité superbe et éclatant. On s'en régale dès aujourd'hui. Avec une pointe foxée à l'ouverture, le 2009 de Mirambeau Papin demande de l'aération. La matière est bien présente et les tanins de belle expression. Le 2008 est joliment épanoui, sur l'expression d'un fruit encore frais. Très ouvert, on le boira avec plaisir dans l'année. D'un style puissant et concentré, luxueusement boisé, le Cru Lagaillarde 2009 s'affirme comme une très belle réussite, ambitieuse.

■ Bordeaux Supérieur 2009	n.c.	15,5
■ Bordeaux Supérieur 2008	n.c.	15
■ Bordeaux Supérieur Cru Lagaillarde 2009	n.c.	16,5
■ Bordeaux Supérieur Domaine La Grange Brûlée 2010	n.c.	15

Rouge : n.c..
Cabernet-sauvignon 50 %, Merlot 50 %
Château Mirambeau Papin, Vignobles Landeau,
domaine Grange Brûlée, 40, av.
Stephen-Couperie, 06570 Saint-Vincent-de-Paul
Tél. : 05 56 77 03 64 **Fax :** 05 56 77 11 17
E-mail : xavier.landeau@wanadoo.fr
Site : www.vignobleslandeau.fr
Vente : au domaine
Sur rendez-vous.
Propriétaire : Xavier Landeau

■ Château La Rame
SAINTE-CROIX-DU-MONT

Valeur sûre de l'appellation Sainte-Croix-du-Mont, le château La Rame bénéficie d'un

BORDEAUX

terroir remarquable. Il est aujourd'hui géré par les enfants d'Yves Armand, Grégoire et Angélique. Les vins ont encore gagné en précision et en style dans les derniers millésimes. La cuvée de prestige de la propriété, La Réserve du Château, créée en 1983, est régulièrement de haut niveau et vieillit admirablement. Il ne faudrait cependant pas négliger les rouges, qui peuvent eux aussi se révéler tout à fait délicieux.

Les vins : dans un style agréablement fruité et gourmand, La Charmille 2009 forme un bon rouge de plaisir à boire jeune. L'opulent sainte-croix-du-mont 2009 offre la rondeur de l'année sur une note exotique et séductrice déjà très épanouie. La Réserve du Château se distingue par un splendide rôti et s'inscrit parmi les plus beaux liquoreux de la rive droite du Bordelais.

☐ Bordeaux Sec 2010	n.c.	14
☐ Bordeaux Sec 2009	n.c.	14
☐ Cadillac 2009	18,50 €	14
☐ Sainte-Croix-du-Mont 2009	14,90 €	15,5
☐ Sainte-Croix-du-Mont 2008	n.c.	15,5
☐ Sainte-Croix-du-Mont Réserve du Château 2009	25 €	17
■ Bordeaux 2009	n.c.	14
■ Cadillac Côtes de Bordeaux La Charmille 2009	11 €	14
■ Cadillac Côtes de Bordeaux La Charmille 2008	n.c.	13

Rouge : 20 hectares.
Merlot 50 %, Cabernet 50 %
Blanc : 20 hectares.
Sémillon 50 %, Sauvignon ou Sauvignon Blanc 50 %
Production moyenne : 220 000 bt/an

Château La Rame, 33410 Sainte-Croix-du-Mont
Tél. : 05 56 62 01 50 **Fax :** 05 56 62 01 94
E-mail : dgm@wanadoo.fr
Vente : au domaine
Du lundi au vendredi de 9h à 12h et de 13h à 18h30, le samedi sur rendez-vous.
Propriétaire : Grégoire et Angélique Armand

■ Château Reynon
PREMIÈRES CÔTES DE BORDEAUX

C ette propriété du cœur de l'ancienne appellation Premières Côtes de Bordeaux se situe sur les contreforts de la vallée de la Garonne, très précisément à Beguey, commune voisine de Cadillac. L'œnologue Denis Dubourdieu en est l'heureux propriétaire avec ses fils Jean-Jacques et Fabrice, qui s'impliquent à plein temps dans l'élaboration des vins. Toujours à l'affût d'expériences, c'est ici, comme à Clos Floridène (Graves), que Denis Dubourdieu a élaboré et défini le style de ses rouges et de ses fameux blancs secs de sauvignon, qui ont largement contribué à sa réputation mondiale.

Les vins : frais, citronné, désaltérant sans être variétal, le sauvignon blanc 2009 s'exprime sur un fruit mûr rond et gourmand. Un régal à boire dans l'hiver en attendant le 2010 ! En rouge, le 2008 est encore un peu serré et demande une année supplémentaire pour se fondre totalement.

☐ Bordeaux 2011	9 €	15,5
☐ Bordeaux 2010	9 €	15
☐ Bordeaux Sauvignon 2009	n.c.	15,5
☐ Bordeaux Sauvignon 2008	n.c.	15
■ Cadillac Côtes de Bordeaux 2010	12 €	15
■ Cadillac Côtes de Bordeaux 2009	12 €	15,5
■ Premières Côtes de Bordeaux 2008	n.c.	15

Rouge : 20,5 hectares.
Cabernet-sauvignon 8,5 %, Merlot 86,5 %, Petit verdot 5 %
Blanc : 12,8 hectares.
Sauvignon ou Sauvignon Blanc 92,5 %, Sémillon 7,5 %
Production moyenne : 140 000 bt/an

Château Reynon, 21, route de Cardan, 33410 Beguey
Tél. : 05 56 62 96 51 **Fax :** 05 56 62 14 89
E-mail : reynon@wanadoo.fr
Site : www.denisdubourdieu.com
Vente : au domaine
Sur rendez-vous de 9h à 12h30 et de 14h à 17h30.
Propriétaire : Denis et Florence Dubourdieu
Directeur : Denis Dubourdieu

NOUVEAU DOMAINE

■ Château Sainte-Barbe
BORDEAUX SUPÉRIEUR

C ette ravissante chartreuse des bords de la Gironde, dans le secteur d'Ambès, a été entièrement rénovée par Antoine Touton, Bordelais de souche ayant fait fortune dans l'import-export de cacao. Depuis dix bonnes années, il produit sur des terres de paluds (argiles et alluvions) des vins en progrès constants largement dominés par le merlot. Sur les conseils de l'œnologue Alain Raynaud, les derniers millésimes se sont étoffés, offrant, par un plus haut niveau de maturité et des rendements plus faibles, une concentration plus intense. Sainte-Barbe offre d'agréables vins rouges de plaisir à des prix très attractifs.

Les vins : le merlot 2010 est l'exemple parfait de ce cépage dans le Bordelais. Il réunit les qualités de rondeur, de moelleux et de fruit telles qu'on devrait les trouver plus souvent, à un prix défiant toute concurrence ! Le bordeaux-supérieur 2010 gagne en structure et en ampleur, avec une corpulence apportant de la tenue à la finale. Bon style, très plaisant !

■ Bordeaux 2010	5,50 €	14,5
■ Bordeaux Supérieur 2010	9,30 €	16

Rouge : 26 hecrares.
Cabernet-sauvignon 7 %, Cabernet franc 3 %, Merlot 83 %, Petit verdot 7 %
Château Sainte-Barbe, 33810 Ambès
Tél. : 05 56 77 49 57 / 06 85 32 74 16 **Fax :** 05 56 77 17 03
E-mail : chateausaintebarbe@gmail.com
Site : www.chateausaintebarbe.com
Vente : au domaine
Sur rendez-vous.
Propriétaire : Antoine Touton

■ Château Tire Pé
BORDEAUX

S itué en coteaux, dans le secteur du sud langonais, cette petite propriété est tenue avec soin et passion par Hélène et David Barrault. Ce jeune couple a redonné vie à ce terroir en reprenant, il y a dix ans, tout un patrimoine de vieilles vignes. Ils produisent des vins superbes de fruit, d'une texture et d'une profondeur que l'on trouve rarement dans ce secteur, davantage connu pour son intense productivité et sa relative rusticité ! Les derniers millésimes illustrent parfaitement les progrès accomplis par ce domaine, que nous vous conseillons vivement.

Les vins : le domaine nous a uniquement adressé la cuvée La Côte 2009 en dégustation cette année. Un vin friand et gourmand, offrant une agréable fraîcheur de bouche.

■ Bordeaux 2009	n.c.	14,5
■ Bordeaux 2008	n.c.	15,5
■ Bordeaux La Côte 2009	11,60 €	15,5
■ Bordeaux La Côte 2008	n.c.	15,5
■ Bordeaux Les Malbecs 2009	n.c.	17
■ Bordeaux Les Malbecs 2008	n.c.	16,5

Rouge : 13,5 hectares.

Cabernet franc 30 %, Malbec 10 %, Merlot 60 %
Château Tire Pé, 33190 Gironde-sur-Dropt
Tél. : 05 56 71 10 09 **Fax :** 09 58 79 51 82
E-mail : tirepe@wanadoo.fr
Site : www.tirepe.com
Vente : au domaine
Sur rendez-vous uniquement. Chambre et table d'hôtes à la propriété.
Propriétaire : David Barrault

■ Ad Vitam Æternam
BORDEAUX

N é en 2005, ce microdomaine vinifie une seule cuvée à partir d'une parcelle de 1,5 ha donnant, au grand maximum, 6 000 bouteilles par an. C'est sur la commune de La Rivière, au cœur du vignoble du Fronsadais, que l'ancien propriétaire du château de la Rivière, Xavier Péneau, en association avec Xavier Buffo, cultive cette vigne de merlot (90 %) et de cabernet franc (10 %). Comme pour toute microcuvée, les rendements sont faibles, la recherche de maturité poussée, les extractions longues et les élevages se font en barriques (jusqu'à vingt mois pour certains millésimes).

Les vins : magnifique 2010, déployant la puissance de l'année tout en conservant une grande fraîcheur de fruit. Le 2009, éclatant il y a un an, s'est refermé et se montre légèrement réducteur mais conserve une splendide trame de tanins ! Le 2008 demeure de bel équilibre et se déguste parfaitement en ce moment. N'hésitez pas à carafer tous ces vins, ils ont besoin d'air.

■ Bordeaux 2010	18 €	17,5
■ Bordeaux 2009	18 €	16,5
■ Bordeaux 2008	18 €	15

Rouge : 1,5 hectare.
Merlot 90 %, Cabernet franc 10 %
Ad Vitam Æternam, 36, rue des Gauthiers, 33500 Les Billaux
Tél. : 05 57 74 66 36 **Fax :** 05 57 74 66 36
E-mail : vin.advitam@orange.fr
Vente : au domaine
Sur rendez-vous.
Propriétaire : Xavier Buffo et Xavier Péneau

Domaine de l'A
CASTILLON CÔTES DE BORDEAUX
★

L e propriétaire de ce cru de Castillon n'est
autre que Stéphane Derenoncourt, le plus
célèbre conseiller en vinification du Bordelais,
que les plus grands propriétaires s'arrachent !
Avec sa femme Christine, dans leur petite propriété, bien située à Sainte-Colombe, ils appli-
quent avec passion et talent les méthodes que
Stéphane encourage ailleurs : favoriser la finesse
aromatique, rechercher l'équilibre et le soyeux
de texture, plutôt que l'hyperconcentration et le
boisé massif. Jeunes, les vins de ce domaine sont
souvent délicieux et ils peuvent être conservés
quelques années.

Les vins : intense et beau, le 2009 offre une
belle expression mûre du merlot, arrondie par
des tanins élégants et finement extraits. Après
une bonne heure de carafe, on le boit avec grand
plaisir.

■ Côtes de Castillon 2009	33 €	16
■ Côtes de Castillon 2008	n.c.	16,5

Rouge : 10 hectares.
Cabernet franc 25 %, Cabernet-sauvignon 5 %,
Merlot 70 %
Domaine de l'A, lieu-dit Fillol, 33350
Sainte-Colombe
Tél. : 05 57 24 60 29 **Fax :** 05 57 24 75 95
E-mail : contact@derenoncourtconsultants.com
Vente : au domaine
Sur rendez-vous.
Propriétaire : Christine et Stéphane Derenoncourt

Château d'Aiguilhe
CASTILLON CÔTES DE BORDEAUX
★

C hâteau d'Aiguilhe bénéficie de tout le savoir-
faire du duo Stephan von Neipperg et Stéphane Derenoncourt, qui s'illustre par ailleurs à
Château Canon-La-Gaffelière et La Mondotte
à Saint-Emilion. En quelques années, ce cru
est devenu l'une des références de l'appellation,
produisant un vin délicieux et immédiat, qui
peut se consommer jeune ou être conservé de
trois à cinq ans. Les derniers millésimes sont de
très grandes réussites.

Les vins : un splendide 2009, d'une superbe
intensité aromatique apporté, c'est vrai, par un
boisé séducteur, mais aussi par une matière et
une corpulence en bouche d'un très haut
niveau ! Actuellement, l'un des deux meilleurs
castillons avec Domaine de l'A !

■ Castillon Côtes de Bordeaux 2009	n.c.	17
■ Castillon Côtes de Bordeaux 2008	n.c.	17

Rouge : 50 hectares.
Cabernet franc 20 %, Merlot 80 %
Château d'Aiguilhe, 33350
Saint-Philippe-d'Aiguilhe
Tél. : 05 57 40 60 10 **Fax :** 05 57 40 63 56
E-mail : info@neipperg.com
Site : www.neipperg.com
Vente : au domaine
Du lundi au vendredi de 9h à 12h et de 14h à
17h, sur rendez-vous.
Propriétaire : Stephan von Neipperg

Château de Carles
FRONSAC
★

L e banquier Stéphane Droulers a créé la cuvée
Haut-Carles en 1994, afin d'exprimer ce
que les meilleurs terroirs du château de Carles,
propriété venant de son épouse, Constance
Chastenet de Castaing, pouvaient produire de
mieux. Vinifiée avec soin, élevée luxueusement,
cette cuvée constitue l'archétype du beau vin
moderne, qui ne tombe pas pour autant dans la
caricature. Composée à 90 % de merlot, elle
vieillit avec harmonie.

Les vins : splendide 2009, le Haut-Carles allie
avec une grande élégance le moelleux du millésime et un boisé de premier ordre. Un très beau
fronsac, qui gagnera en complexité à la garde.

■ Fronsac Château Haut-Carles 2009	30 €	17
■ Fronsac Château Haut-Carles 2008	28 €	16,5

Rouge : 20 hectares.
Malbec 5 %, Merlot 90 %, Cabernet franc 5 %
Château de Carles, 1, Carles, 33141 Saillans
Tél. : 05 57 84 32 03 **Fax :** 05 57 84 31 91
E-mail : chateaudecarles@free.fr
Site : www.haut-carles.com
Vente : au domaine
Sur rendez-vous.
Propriétaire : Constance et Stéphane Droulers
Directeur : M. Perdigon

BORDEAUX

■ Clos Puy Arnaud
CASTILLON CÔTES DE BORDEAUX
★

Thierry Valette, dont la famille a pendant longtemps dirigé le premier cru classé de Saint-Emilion, Château Pavie, a racheté cette propriété du vignoble de Castillon, débutant dans les meilleures conditions avec le millésime 2000. Réalisé avec soin, le vin s'est imposé dès le début comme l'un des crus les plus intéressants de l'appellation, dans un style profond et éminemment racé. Aujourd'hui, le domaine, cultivé en biodynamie, confirme tous les espoirs. Le vin récolté, de facture classique, se démarque par sa droiture et sa densité : une bouteille faite pour la table, qui vieillit remarquablement bien dans les grandes années.

Les vins : comme en 2010, le 2011 de la cuvée Bistrot est un régal de fruit, de fraîcheur et de gourmandise, qui s'adresse à tous les amateurs de Bordeaux de plaisir immédiat. Davantage structuré avec des tanins raffermis, le Pervenche 2010 se dévoile sous un profil plus cabernet. Il lui faudra une bonne année de garde pour que l'ensemble se fonde. Splendide cru 2009, Le Clos affiche puissance et intensité à un fruit expressif, au boisé juste. Une grande bouteille.

- ■ Castillon Côtes de Bordeaux 2009   30 €   17
- ■ Castillon Côtes de Bordeaux 2008   n.c.   16,5
- ■ Castillon Côtes de Bordeaux Pervenche Puy Arnaud 2010   15 €   15
- ■ Castillon Côtes de Bordeaux Pervenche Puy Arnaud 2008   n.c.   14
- ■ Côtes de Bordeaux Bistrot Puy Arnaud 2011   13 €   15,5
- ■ Côtes de Bordeaux Bistrot Puy Arnaud 2010   n.c.   15,5

Rouge : 12 hectares.
Cabernet franc 25 %, Cabernet-sauvignon 5 %, Merlot 70 %
Clos Puy Arnaud, EARL Thierry Valette, 7, Puy Arnaud, 33350 Belvès-de-Castillon
Tél. : 05 57 47 90 33 **Fax :** 05 57 47 90 53
E-mail : clospuyarnaud@wanadoo.fr
Vente : au domaine
Sur rendez-vous de 9h à 12h et de 14h à 18h, du lundi au samedi.
Propriétaire : Thierry Valette

■ La Fleur de Boüard
LALANDE-DE-POMEROL
★

Hubert de Boüard a porté cette remarquable propriété en tête de son appellation. Appliquant les mêmes principes de viticulture et de vinification que ceux qui ont assuré le succès de Château Angélus à Saint-Emilion (et qui seront bientôt en vigueur au château Bellevue, récemment acquis par sa famille), il a obtenu des vins riches mais équilibrés, d'un superbe charme aromatique. Les derniers millésimes ont encore gagné en élégance. Une sélection des meilleurs raisins peut, dans les grandes années, donner la cuvée Le Plus de Lafleur de Boüard, qui cherche ouvertement à rivaliser avec les plus prestigieux pomerols. Elle peut y parvenir, mais parfois dans l'excès ! En 2012, la propriété a inauguré un cuvier flambant neuf, conçu entièrement par gravité et doté de cuves de forme tronconique inversées. C'est à voir !

Les vins : très joli 2010, laissant une belle place en bouche à l'expression du fruit. Le boisé apparaît plus discret et la bouche gagne en précision aromatique et en fraîcheur ! Plein et savoureux par sa rondeur et l'esprit très mûr du millésime, le 2009 s'affirme déjà comme un délicieux vin que l'on peut boire.

- ■ Lalande de Pomerol Le Plus de La Fleur de Boüard 2008   16,5
- ■ Lalande-de-Pomerol 2010   26 €   16,5
- ■ Lalande-de-Pomerol 2009   n.c.   16
- ■ Lalande-de-Pomerol 2008   n.c.   16

Rouge : 25 hectares.
Cabernet-sauvignon 5 %, Merlot 80 %, Cabernet franc 15 %
La Fleur de Boüard, BP 7, 33500 Pomerol
Tél. : 05 57 25 25 13 **Fax :** 05 57 51 65 14
E-mail : contact@lafleurdebouard.com
Site : www.lafleurdebouard.com
Vente : au domaine
Sur rendez-vous tous les jours de 8h30 à 12h et de 13h à 16h30.
Propriétaire : Hubert de Boüard et sa famille
Directeur : Philippe Nunes

■ Château Fontenil
FRONSAC
★

Michel et Dany Rolland, le plus célèbre couple d'œnologues bordelais, ont conduit ce cru au sommet de l'appellation Fronsac. La viticulture demeure soignée, mais c'est surtout sur la vinification et sur l'élevage que Fontenil fait la différence – on n'en attendait pas moins de la part de l'œnologue vedette de Bordeaux. Mais avant toute chose, il faut noter l'équilibre et la finesse dans les élevages, gagnés dans les derniers millésimes ; les 2008 et les 2009 sont des modèles de grands vins de Fronsac, bien dotés en tanins pour la garde.

Les vins : avec une grande fraîcheur en attaque de bouche, le 2009 se pose comme un contre-exemple de ce millésime chaud. Le fruit est juste, le boisé précis et discret, les tanins soyeux, la finale éclatante. Une très belle bouteille.

■ Fronsac 2009	n.c.	16,5
■ Fronsac 2008	n.c.	15

Rouge : 9 hectares.
Cabernet-sauvignon 10 %, Merlot 90 %
Château Fontenil, 33141 Saillans
Tél. : 05 57 51 52 43 **Fax :** 05 57 51 52 93
E-mail : contact@rollandcollection.com
Site : www.rollandcollection.com
Vente : au domaine
Sur rendez-vous.
Propriétaire : Michel et Dany Rolland

■ Château Puygueraud
FRANCS CÔTES DE BORDEAUX
★

La famille Thienpont, propriétaire du domaine depuis 1946, a fait revivre, à partir de 1983, l'appellation Côtes de Francs avec ce cru de premier ordre. Nicolas Thienpont, qui le dirige de main de maître, produit un vin corsé, généreux, au boisé toujours bien contrôlé, conçu pour une garde honnête (de cinq à dix ans). La propriété est régulière et les derniers millésimes d'un très bon niveau de qualité. En hommage à son père George, Nicolas Thienpont a réalisé une cuvée au nom éponyme, marquée par le malbec, un cépage qu'il appréciait particulièrement. Un vin de grand caractère, avec beaucoup de finesse.

Les vins : très belle fraîcheur dans le Puygueraud 2009, doté de tanins au profil raffiné et d'une trame plus cabernet que d'habitude.

■ Bordeaux Côtes de Francs 2008	n.c.	16
■ Francs Côtes de Bordeaux 2009	n.c.	16,5

Rouge : 35 hectares.

Cabernet franc 25 %, Malbec 5 %, Merlot 70 %
Château Puygueraud, 33570 Saint-Cibard
Tél. : 05 57 56 07 47 **Fax :** 05 57 56 07 48
E-mail : puygueraud@nicolas-thienpont.com
Site : www.nicolas-thienpont.com
Vente : au domaine
Sur rendez-vous.
Propriétaire : Famille Thienpont
Directeur : Nicolas Thienpont

■ Château La Rousselle
FRONSAC
★

Viviane Davau est une femme exigeante. Des 5 ha de vieilles vignes, magnifiquement situées sur un terroir de coteaux calcaires formant un amphithéâtre qui domine la vallée de la Dordogne, elle tire, avec son conseiller Stéphane Derenoncourt, un vin d'une grande intensité. Les bouquets gagnent en complexité à la garde – sur dix ans –, et prennent des arômes complexes de truffe et de lard fumé. Le velouté des tanins est remarquable et les élevages judicieux. Les derniers millésimes ont atteint un niveau de qualité indiscutable et, parmi les plus anciens, le 2001 s'avère en passe d'acquérir un statut de légende ! Il dame le pion à bien des grands pomerols et saint-émilion.

Les vins : très fin et élégant 2008, s'épanouit agréablement vers des arômes classiques d'épices. Sa fluidité et sa fine évolution aromatique le rendent déjà très agréable à boire. Malgré une petite note végétale, le 2007 séduit par sa fraîcheur et son fondu. C'est le millésime idéal à boire dans l'année. Typique de l'appellation Fronsac, le 2006 imprime un cœur de bouche dense, des tanins et une finale charnus. Devant gagner en fondu, il doit encore attendre en cave.

■ Fronsac 2009	n.c.	17
■ Fronsac 2008	n.c.	16
■ Fronsac 2007	n.c.	14,5
■ Fronsac 2006	n.c.	16,5

Rouge : 3,3 hectares.
Merlot 60 %, Cabernet franc 40 %
Château La Rousselle, 1, Rousselle, 33126 La Rivière
Tél. : 05 57 24 96 73 **Fax :** 05 57 24 91 05
Vente : au domaine
Du lundi au samedi de 10h à 13h et de 14h à 18h.
Propriétaire : Viviane Davau

■ Château La Vieille Cure

FRONSAC

★

Le château a été racheté en 1986 par des investisseurs américains, qui y ont construit un nouveau chai et restructuré le vignoble. Comptant 20 ha d'un seul tenant, répartis entre plateau et côte, ainsi qu'un joli patrimoine de très vieilles vignes, le domaine a tout pour produire de beaux vins. Ces derniers possèdent le caractère racé et gourmand du terroir, dans un style très fronsadais, qui garantit toute la personnalité de ce cru.

Les vins : après un tendre 2008, le 2009 renoue avec la personnalité de La Vieille Cure. Un vin plein et puissant, structuré, retrouvant également sa vocation de garde ! D'un caractère simple, le second vin La Sacristie 2009 reflète bien l'expression de maturité du millésime. On peut commencer à le boire.

- Fronsac 2009 — 25 € — 16,5
- Fronsac 2008 — n.c. — 14
- Fronsac La Sacristie de la Vieille Cure 2009 — 12 € — 14
- Fronsac La Sacristie de la Vieille Cure 2008 — 10,30 € — 14,5

Rouge : 18 hectares.
Cabernet franc 22 %, Cabernet-sauvignon 3 %, Merlot 75 %
Château La Vieille Cure, Coutreau, 33141 Saillans
Tél. : 05 57 84 32 05 **Fax :** 05 57 74 39 83
E-mail : vieillecure@wanadoo.fr
Site : www.la-vieille-cure.com
Sur rendez-vous du lundi au vendredi de 8h à 12h et de 13h30 à 17h30.
Propriétaire : Colin Ferenbach (gérant)

■ Château Vrai Canon Bouché

CANON-FRONSAC

★

Acquis en 2005 par l'homme d'affaires hollandais Philip de Haseth-Möller, ce domaine est idéalement situé sur un plateau d'argile et calcaire sur le haut du Tertre de Canon. Avec la complicité du conseiller Stéphane Derenoncourt, et grâce à des choix ambitieux et judicieux en matière de conduite de la vigne, de vinification et d'élevage, le château a su, en quelques millésimes, s'imposer comme l'une des excellentes références de l'appellation.

Les vins : en 2009, le second vin, Le Tertre de Canon, évolue gentiment vers des notes secondaires. Il faut le boire dans l'année. Magnifique 2009 pour le grand vin, dans un style très flatteur apporté par le moelleux des tanins en finale et un boisé opulent.

- Canon-Fronsac 2009 — n.c. — 17
- Canon-Fronsac 2008 — 20 € — 17
- Canon-Fronsac Le Tertre de Canon 2009 — n.c. — 14
- Canon-Fronsac Le Tertre de Canon 2008 — 9 € — 12

Rouge : 12 hectares.
Merlot 80 %, Cabernet franc 8 %, Malbec 2 %
Château Vrai Canon Bouché, 1, le Tertre de Canon, 33126 Fronsac
Tél. : 05 57 24 39 91 **Fax :** 05 57 24 39 91
E-mail : contact@chateauvraicanonbouche.com
Pas de visites.
Propriétaire : Philip De Haseth-Möller

■ Château Ampélia

CASTILLON CÔTES DE BORDEAUX

François et Murielle Despagne ont créé de toutes pièces ce petit domaine de moins de 5 ha sur de beaux terroirs de Saint-Philipped'Aighuilhe. Aujourd'hui en conversion bio, les vins offrent une réelle expression de fruit avec une sincérité très plaisante, sans être masquée par un boisé trop outrancier. Chaque année, le cru gagne en concentration et en profondeur.

Les vins : un beau 2010 associant, dans un équilibre distingué, boisé élégant et fruité digeste. Le 2009 s'est épanoui et séduit par sa rondeur et son profil assez mûr. Le 2008 et plus encore le 2007 sont à boire !

- Castillon Côtes de Bordeaux 2010 — 13,50 € — 15
- Castillon Côtes de Bordeaux 2009 — 13,50 € — 15,5
- Castillon Côtes de Bordeaux 2008 — 12 € — 14,5
- Castillon Côtes de Bordeaux 2007 — 11 € — 14

Rouge : 4,75 hectares.

Château Ampélia, 3, Barraillot, 33330 Saint-Emilion
Tél. : 05 57 51 08 38 **Fax :** 05 57 51 29 18
E-mail : f-despagne@grand-corbin-despagne.com
Vente : au domaine
Sur rendez-vous.
Propriétaire : François et Murielle Despagne
Directeur : François Despagne

■ Château Canon-Pécresse
CANON-FRONSAC

Jean-Francis Pécresse, brillant éditorialiste au quotidien Les Echos, est également vigneron-propriétaire sur les terres du Fronsadais. Un petit cru familial, acquis par ses aïeux corréziens, fort bien implanté sur le plateau calcaire de Saint-Michel de Fronsac. Au total, 4,5 ha de vignes que Jean-Francis Pécresse ambitionne, depuis maintenant une bonne décennie, épaulé successivement par les conseillers Olivier Dauga et Stéphane Derenoncourt, de placer dans le peloton de tête de l'appellation Canon-Fronsac. Les deux derniers millésimes, 2010 et 2011, sont certainement ceux qui valorisent le plus significativement le travail accompli depuis la reprise en main du domaine. Voilà un nouvel outsider bordelais !

Les vins : dans le compliqué et austère millésime 2011, le vin s'exprime avec l'apport d'un haut niveau de maturité. Il se montre coloré, dense en attaque de bouche et structuré en finale, sans creux : un très beau vin. Le 2010, plus massif par son extraction, et au boisé plus marqué, s'impose par la puissance qui caractérise cette très grande année bordelaise. Cependant, l'extraction des tanins paraît moins fine que sur le 2011.

■ Canon-Fronsac 2011   14,90 €   15,5
■ Canon-Fronsac 2010   15,90 €   14,5

Rouge : 4,5 hectares.
Merlot 90 %, Cabernet franc 10 %
Château Canon-Pécresse, 33126
Saint-Michel-de-Fronsac
Tél. : 05 57 24 98 67 / 06 07 32 85 23   **Fax :** 05 57 24 98 67
E-mail : canon@pecresse.fr
Site : www.chateau-canon-pecresse.fr
Vente : au domaine
Sur rendez-vous.
Propriétaire : SC Grands Crus du Libournais
Directeur : J.-F. Pécresse

■ Château Les Charmes-Godard
FRANCS CÔTES DE BORDEAUX

Cette propriété, qui appartient depuis 1988 à Nicolas Thienpont, est l'un des porte-drapeaux de l'appellation Francs Côtes de Bordeaux avec le château Puygueraud, autre propriété de la famille. En 2000, Nicolas Thienpont a également racheté à Patrick Valette, l'ancien gérant de Château Pavie, les quatre hectares de Château La Prade. Aujourd'hui, cette propriété produit quatre vins : en rouge, Château La Prade sur une sélection des meilleures parcelles, Château Les Charmes-Godard en blanc et en rouge, ainsi qu'un second vin, Château Claverie.

Les vins : gouleyant, fruité et d'une très agréable souplesse, La Prade 2009 est un bon vin de plaisir à boire dans sa jeunesse. Le blanc de Charmes-Godard 2010 apparaît expressif et épanoui, mais légèrement végétal en finale.

☐ Bordeaux Côtes de Francs 2008   n.c.   16,5
☐ Francs Côtes de Bordeaux 2010   n.c.   14
☐ Francs Côtes de Bordeaux 2009   n.c.   15,5
■ Bordeaux Côtes de Francs Château
   La Prade 2008   n.c.   15
■ Francs Côtes de Bordeaux Château
   La Prade 2009   n.c.   15

Rouge : 9 hectares.
Merlot 90 %, Cabernet franc 10 %
Blanc : 2,71 hectares.
Sémillon 70 %, Muscadelle 10 %, Sauvignon gris ou rosé 20 %
Production moyenne : 30 000 bt/an

Château Les Charmes-Godard, Lauriol, 33570
Saint-Cibard
Tél. : 05 57 56 07 47   **Fax :** 05 57 56 07 48
E-mail : charmes-godard@nicolas-thienpont.com
Site : www.charmes-godard.com
Vente : au domaine
Sur rendez-vous.
Propriétaire : Nicolas Thienpont

■ Château La Couronne
MONTAGNE-SAINT-EMILION

Avec sa cuvée Reclos (3 ha en pur merlot), Château La Couronne réalise des vins qui se distinguent de la médiocrité ambiante des satellites de Saint-Emilion. Ils témoignent d'ailleurs, indiscutablement, du potentiel qualitatif des meilleurs terroirs de Montagne. Vinifiés dans un esprit moderne, avec une recherche de couleur, de concentration, d'extraction et d'élevage prononcé.

Les vins : le très sensuel Reclos 2009 exprime pleinement la rondeur et le haut niveau de maturité du millésime par ses notes de fruits finement confits en bouche. Seul inconvénient, les tanins sont un peu secs... On retrouve ce léger défaut dans la cuvée Réserve 2009, à la corpulence plus modérée.

■ Montagne Saint-Emilion Reclos de la Couronne 2009	20 €	15
■ Montagne Saint-Emilion Reclos de la Couronne 2008	n.c.	15
■ Montagne Saint-Emilion Réserve 2009	11 €	14,5
■ Montagne Saint-Emilion Réserve 2008	n.c.	14

Rouge : 11 hectares.
Cabernet franc 4 %, Merlot 96 %
Château La Couronne, BP 10, 33570 Montagne
Tél. : 05 57 74 66 62 **Fax :** 05 57 74 51 65
E-mail : lacouronne@aol.com
Vente : au domaine
Sur rendez-vous.
Propriétaire : Thomas Thiou

■ Château Dalem
FRONSAC

Brigitte Rullier mène avec sérieux ce très joli domaine, bien situé sur les coteaux de Saillans. Lors des derniers millésimes, le vin produit a adopté un format plus moderne et plus immédiat. Il fait aujourd'hui partie des valeurs sûres d'une appellation, qui recèle de fort jolis terroirs. La famille possède également Château de la Huste, plus souple et plus friand, devant être bu plus jeune que les vins du château Dalem.

Les vins : la cuvée Château de la Huste 2009 se révèle un bon fronsac, tout en rondeur, et au plaisir immédiat. Inversement, dans le même millésime, Dalem est une splendide réussite. Le vin, de belle expression, mêle corpulence, chair moelleuse, expression minérale et boisé précis. Une belle bouteille, qui évoluera avec charme.

■ Fronsac 2009	26 €	17
■ Fronsac 2008	n.c.	15
■ Fronsac Château de la Huste 2009	14 €	14

Rouge : 10 hectares.
Merlot 90 %, Cabernet franc 10 %
Château Dalem, 1, Dalem, 33141 Saillans
Tél. : 05 57 84 34 18 **Fax :** 05 57 74 39 85
E-mail : chateau-dalem@wanadoo.fr
Site : www.chateaudalem.com
Vente : au domaine
Sur rendez-vous de 9h à 12h et de 14h à 18h.
Propriétaire : Brigitte Rullier-Loussert

■ Château de La Dauphine
FRONSAC

Après le rachat du domaine à la famille de Jean-Pierre Moueix, Jean Halley, puis son fils Guillaume ont métamorphosé ce cru en moins d'une décennie. Les installations techniques ont été totalement refaites et le vignoble est parfaitement tenu. Grâce à un terroir de qualité et à des vignes relativement âgées, La Dauphine produit, depuis quelques millésimes, des vins d'une très agréable rondeur, accessibles et offrant la fluidité des beaux bordeaux de plaisir. Mais nous continuons à penser que le grand vin pourrait se montrer plus ambitieux. Ce n'est toujours pas le cas en 2009, nous retirons donc son étoile au domaine !

Les vins : le Delphis 2009, souple et mûr, possède en finale une pointe végétale. Dans le même millésime, La Dauphine, rond, légèrement boisé, déploie un style friand et tendre.

■ Fronsac 2009	16 €	15,5
■ Fronsac 2008	n.c.	15,5
■ Fronsac Delphis 2009	8,50 €	13
■ Fronsac Delphis 2008	n.c.	14,5

Rouge : 32 hectares.
Merlot 90 %, Cabernet franc 10 %
Château de La Dauphine, 33126 Fronsac
Tél. : 05 57 74 06 61 **Fax :** 05 57 51 80 57
E-mail : contact@chateau-dauphine.com
Site : www.chateau-dauphine.com
Vente : au domaine
Du lundi au vendredi de 9h à 12h et de 14h à 17h.
Propriétaire : Guillaume Halley
Directeur : Bernard Lamaud

■ Château Hostens-Picant
SAINTE-FOY-BORDEAUX

Avec ses 40 ha en plein cœur de l'appellation Sainte-Foy Bordeaux, Hostens-Picant s'impose comme l'un des meilleurs vins du secteur aux côtés du Château du Champ des Treilles. Il a bénéficié du travail patient et obstiné d'Yves Hostens-Picant et de son épouse Nadine, qui ont acquis le cru en 1986. Les vins sont élaborés avec beaucoup d'ambition, et bénéficient des conseils avertis de Stéphane Derenoncourt. Le point fort du domaine est la fameuse Cuvée des Demoiselles, blanc d'une rare subtilité aromatique séduisant par sa finesse de style. La cuvée Lucullus se dévoile, en rouge, ambitieuse et opulente, et vieillit harmonieusement.

Les vins : grande finesse florale sur la Cuvée des Demoiselles 2010, au boisé fin et élégant. C'est vraiment l'un des meilleurs blancs de l'Entre-deux-Mers. En rouge, le château 2010 est très friand, tout en possédant une matière ample, gardant une très agréable fraîcheur de fruit en finale. Le Lucullus 2010, puissant et riche, affirme le changement de style de cette cuvée, au jus beaucoup moins marqué par le bois, d'une très grande profondeur de matière et aux tanins civilisés. C'est un millésime qui sera magnifique d'ici cinq à dix ans. Le 2009, plus rondouillard, reste aujourd'hui sur la réserve.

☐	Sainte-Foy Bordeaux Cuvée des Demoiselles 2010	20 €	16,5
☐	Sainte-Foy Bordeaux Cuvée des Demoiselles 2009	n.c.	16,5
☐	Sainte-Foy Bordeaux Cuvée des Demoiselles 2008	n.c.	16,5
▣	Bordeaux Planète Rose 2011	9,80 €	13
■	Sainte-Foy Bordeaux 2010	19 €	15,5
■	Sainte-Foy Bordeaux 2009	n.c.	15
■	Sainte-Foy Bordeaux 2008	n.c.	16
■	Sainte-Foy Bordeaux Cuvée d'Exception LVCVLLVS 2010	34 €	17
■	Sainte-Foy Bordeaux Cuvée d'Exception LVCVLLVS 2009	34 €	16,5
■	Sainte-Foy Bordeaux Cuvée d'Exception LVCVLLVS 2008	n.c.	17,5

Rouge : 30 hectares.
Merlot 80 %, Cabernet franc 20 %
Blanc : 10 hectares.
Muscadelle 10 %, Sauvignon ou Sauvignon Blanc 40 %, Sémillon 50 %
Production moyenne : 190 000 bt/an

Château Hostens-Picant, Grangeneuve Nord, 33220 Les Lèves-et-Thoumeyragues
Tél. : 05 57 46 38 11 **Fax :** 05 57 46 26 23
E-mail : chateauhp@aol.com
Site : www.chateauhostens-picant.fr
Vente : au domaine
Sur rendez-vous, du lundi au vendredi de 9h à 12h et de 14h à 18h.
Propriétaire : Yves Hostens-Picant

■ Château Marsau
FRANCS CÔTES DE BORDEAUX

Il s'agit de l'un des trois meilleurs représentants de l'appellation Francs Côtes de Bordeaux avec Puygueraud et Les Charmes-Godard. Le domaine, suivi par l'œnologue Michel Rolland, appartient à Jean-Marie Chadronnier, ancien président de la maison de négoce CVBG Dourthe-Kressmann. Il produit régulièrement un vin délicieux, gourmand, fruité, souvent doté d'une grande concentration de matière.

Les vins : nous confirmons notre jugement sur le souple 2008, qui reste équilibré et tendre. Il faut le boire dans l'année. Le 2009 renoue avec un style plus complet, élégant (le boisé est plus discret), offrant la rondeur d'un merlot de belle maturité.

■	Bordeaux Côtes de Francs 2008	11 €	14
■	Francs Côtes de Bordeaux 2009	12 €	15,5

Rouge : 12 hectares.
Merlot 100 %
Château Marsau, Bernarderie, 33570 Francs
Tél. : 05 56 44 30 49 ou 06 09 71 22 35
Fax : 05 56 44 30 49
E-mail : jm.chadronnier@gmail.com
Vente : au domaine
Sur rendez-vous.
Propriétaire : Jean-Marie et Sylvie Chadronnier

■ Château Moulin Haut-Laroque
FRONSAC

La propriété est dispersée sur les meilleurs coteaux de Saillans. On y trouve encore de très vieilles vignes, avec lesquelles le propriétaire, Jean-Noël Hervé, commercialise un vin qui s'est longtemps distingué dans l'appellation. Cependant, nous pensons que les derniers millésimes manquent de précision aromatique et de finesse d'extraction, avec des tanins marqués par de la sécheresse en finale. La propriété perd son étoile !

Les vins : le Château Hervé-Laroque 2009 s'avère un peu rustique avec des tanins secs en finale, mais il affiche une bonne concentration en cœur de bouche. Dans le même esprit d'extraction (tanins rustiques), le Moulin Haut-Laroque 2009 se montre concentré, mais manque réellement de finesse.

■	Fronsac 2009	n.c.	14,5
■	Fronsac 2008	n.c.	14
■	Fronsac Château Hervé-Laroque 2009	n.c.	13,5

Rouge : 16 hectares.
Malbec 5 %, Merlot 65 %, Cabernet franc 20 %, Cabernet-sauvignon 10 %
Château Moulin Haut-Laroque, Le Moulin, 33141 Saillans

Tél. : 05 57 84 32 07 **Fax :** 05 57 84 31 84
E-mail : hervejnoel@wanadoo.fr
Site : www.moulinhautlaroque.com
Sur rendez-vous de 8h à 12h et de 14h à 17h.
Propriétaire : Jean-Noël Hervé

■ Château Moulin Pey-Labrie
CANON-FRONSAC

O riginaires du nord de la France, Bénédicte et Grégoire Hubau sont à la tête de cette propriété depuis de nombreuses années. Ses différentes parcelles et son encépagement bien étudié lui confèrent, dans les grandes années, une personnalité aromatique complexe. Nous avions été déçus par les derniers millésimes, avec notamment un 2008 qui ne possède ni l'ampleur, ni le niveau de maturité que nous avions connus pour ce cru dans des millésimes antérieurs. Le 2009 renoue avec davantage de puissance. Bénédicte et Grégoire Hubau possèdent également le château Haut-Larriveau, en Fronsac, qui produit un vin simple.

Les vins : le 2009 apparaît assez complet et offre de la puissance et du caractère en bouche, dans un style très calcaire par sa tension en fin de bouche. Le 2008 se montre plus fluide, léger et manque de concentration.

■ Canon-Fronsac 2009	26 € cav.	16
■ Canon-Fronsac 2008	25 € cav.	13

Rouge : 6,75 hectares.
Malbec 2 %, Merlot 98 %
Château Moulin Pey-Labrie, 33126 Fronsac
Tél. : 05 57 51 14 37 **Fax :** 05 57 51 53 45
E-mail : moulinpeylabrie@wanadoo.fr
Site : www.moulinpeylabrie.com
Vente : au domaine
Tous les jours sauf dimanche.
Propriétaire : Bénédicte et Grégoire Hubau

■ Château Siaurac
LALANDE-DE-POMEROL

C hâteau Siaurac constitue l'une des plus vastes propriétés de l'appellation, avec un vignoble de 46 ha en production. Comme les châteaux Vray Croix de Gay (Pomerol) et Le Prieuré (Saint-Emilion), le domaine, racheté à leur famille, appartient depuis une petite dizaine d'années à Aline et Paul Goldschmidt. Les vins y ont grandement progressé sous la houlette de l'œnologue Stéphane Derenoncourt, remplacé,

depuis 2010, par le docteur Alain Raynaud, autre célèbre conseiller bordelais. Les derniers millésimes sont d'un bon niveau. Les rouges se révèlent bien équilibrés et juteux, sans excès d'extraction ni de boisage trop dominant. Vendu à un prix raisonnable, Siaurac produit également un second vin sous le nom de Plaisir, qui forme un délicieux bordeaux de fruit et de soif, en particulier lorsqu'on le déguste jeune.

Les vins : le Plaisir 2010 est agréablement fruité et se boira sur deux ans. En Château Siaurac, le 2010 est entré dans une phase logique de fermeture. Nous vous conseillons de l'attendre au moins deux ans pour commencer à l'ouvrir. Le 2009 est plus gourmand, avec des notes aromatiques d'un merlot un peu figué et mentholé en finale. Le profil végétal du 2008 s'accentue à la garde en perdant l'éclat du fruité de sa jeunesse !

■ Lalande-de-Pomerol 2010	n.c.	16
■ Lalande-de-Pomerol 2009	n.c.	15,5
■ Lalande-de-Pomerol 2008	n.c.	14
■ Lalande-de-Pomerol Plaisir 2010	9,95 €	14

Rouge : 46 hectares.
Malbec 6 %, Merlot 72 %, Cabernet franc 22 %
Château Siaurac, 33500 Néac
Tél. : 05 57 51 64 58 **Fax :** 05 57 51 41 56
E-mail : info@baronneguichard.com
Site : www.baronneguichard.com
Vente : au domaine
En semaine de 10h à 17h. Le week-end sur rendez-vous.
Propriétaire : Aline et Paul Goldschmidt
Directeur : Yannick Reyrel

■ Château Les Trois Croix
FRONSAC

C ette propriété appartient à Patrick Léon, ancien directeur technique de Château Mouton Rothschild. Un vignoble très bien exposé, majoritairement planté en merlot. Avec son fils Bertrand, il y réalise de très élégants fronsacs, qui ne recherchent aucunement la surpuissance mais privilégient l'équilibre. Le vin des Trois Croix imprime un style joliment équilibré, svelte, élancé et fruité, qui permet d'être dégusté assez rapidement.

Les vins : élégant, le 2009 se montre savoureux, tout en offrant une matière de belle fraîcheur, un point très positif dans ce millésime caractérisé par son profil chaud.

■ Fronsac 2009	19 €	16,5
■ Fronsac 2008	n.c.	16,5

Rouge : 15 hectares.
Cabernet franc 15 %, Merlot 85 %
Château Les Trois Croix, 33126 Fronsac
Tél. : 05 57 84 32 09 **Fax :** 05 57 84 34 03
E-mail : lestroiscroix@aol.com
Site : www.chateaulestroiscroix.com
Vente : au domaine
Sur rendez-vous.
Propriétaire : Famille Patrick Léon
Directeur : Bertrand Léon

■ Château Veyry
CASTILLON CÔTES DE BORDEAUX

L'œnologue Christian Veyry a constitué ce petit vignoble planté à 90 % de merlot. Il y réalise un vin ambitieux de faible production (au mieux 20 000 bouteilles), ample, serré, profond, au boisé souvent marqué durant sa jeunesse mais qui vieillit harmonieusement.

Les vins : le 2006 a bien évolué et atteint aujourd'hui son apogée. Délicatement épicé, il apparaît fondu et ouvert. A boire. Le domaine annonce qu'il lui reste à la vente les millésimes 2007, 2005 et 2004, qu'il ne nous a malheureusement pas présentés à la dégustation !

■	Castillon Côtes de Bordeaux 2008	n.c.	15,5
■	Castillon Côtes de Bordeaux 2007	n.c.	16

Rouge : 4 hectares.
Cabernet franc 10 %, Merlot 90 %
Château Veyry, SCEA Vignobles Christian Veyry, Paupin, 33330 Saint-Laurent-des-Combes
Tél. : 06 07 28 53 80 **Fax :** 05 57 74 09 56
E-mail : veyry@orange.fr
Vente : au domaine
Sur rendez-vous.
Propriétaire : Christian Veyry

SAINT-ÉMILION

■ Château Angélus
SAINT-EMILION GRAND CRU
★★★

Aucun cru bordelais n'aura parcouru autant de chemin en deux décennies qu'Angélus. Une spectaculaire progression que ce château de mi-côte doit à un homme, Hubert de Boüard. Grand communiquant (Angélus est associé aux événements du cinéma français) devenu consultant international, ce vinificateur moderniste est aussi un homme engagé dans les instances politiques de la viticulture. En restructurant le parcellaire du cru familial, il s'est donné tous les atouts pour atteindre les sommets de l'appellation. Et ce n'est pas fini, puisqu'en 2012 Hubert de Boüard achève la construction d'un nouveau chai à barriques, l'installation d'une chambre froide à raisins et d'une nouvelle arrivée de vendange (coût : 6,5 millions d'€). Depuis une dizaine d'années, Angélus illustre le meilleur du style contemporain et sophistiqué des saint-émilion. Coloré, raffinée, précis, Château Angélus conserve une fraîcheur dans le fruit qui lui faisait naguère défaut. Et, durant la même période, les prix se sont aussi envolés.

Les vins : avec 50 % de cabernet franc, 2011 est le troisième millésime le plus marqué par ce cépage après 2002 (54 %), et à égalité avec 2003. Ce millésime 100 % fûts neufs offre une texture serrée, concentrée, qui se donne l'ambition d'être l'une des plus résistantes du millésime. Le 2010 (non dégusté en bouteille) est ample, puissant et riche, mais ne tombe pas dans la lourdeur. La précision des tanins et le soyeux de bouche sont superbes. Un immense vin pour les décennies à venir. Le 2009 impressionne aussi par sa richesse, son équilibre et son soyeux, avec un joli gras et une finale longue et un rien moins digeste que celle du 2010. Le 2008, aux notes douces et crémeuses (entremet aux fruits confits), puis d'épices orientales, cultive une expression « mezza voce » délicate, allongée, précise ; une approche gourmande et baroque de la fraîcheur de l'année.

■	Saint-Emilion Grand Cru 2011	n.c.	17
■	Saint-Emilion Grand Cru 2010	300 €	19
■	Saint-Emilion Grand Cru 2009	295 €	19
■	Saint-Emilion Grand Cru 2008	n.c.	18

Rouge : 25 hectares.
Cabernet franc 47 %, Cabernet-sauvignon 3 %,

Merlot 50 %
Château Angélus, 33330 Saint-Emilion
Tél. : 05 57 24 71 39 **Fax :** 05 57 24 68 56
E-mail : chateau-angelus@chateau-angelus.com
Site : www.angelus.com
Vente : au domaine
Du lundi au vendredi sur rendez-vous.
Propriétaire : Héritiers de Boüard de Laforest

Cabernet franc 55 %, Merlot 45 %
Château Ausone, 33330 Saint-Emilion
Tél. : 05 57 24 24 57 **Fax :** 05 57 24 24 58
E-mail : chateau.ausone@wanadoo.fr
Site : www.chateau-ausone.com
Pas de visites.
Propriétaire : Famille Vauthier
Directeur : Alain Vauthier

■ Château Ausone
SAINT-EMILION GRAND CRU
★★★

Sur seulement 7 ha idéalement situés à mi-coteaux, Ausone produit un vin à la fois dense, profond et doté d'un velouté extraordinaire. Il ne révèle pleinement son potentiel qu'après une garde de dix à quinze ans et se montre alors capable, dans les grands millésimes, d'évoluer sur plusieurs décennies. Sous la conduite avisée et visionnaire de son propriétaire Alain Vauthier, et désormais de sa fille Pauline, les millésimes depuis 1998 sont tous particulièrement réussis, avec toutefois une mention pour le légendaire 2005, qui atteint un niveau de perfection absolu. Hélas, quasi introuvables, les vins du château atteignent des prix stratosphériques. Le 2011 est le troisième millésime élaboré dans le nouveau chai pour Pauline Vauthier.

Les vins : les cabernets francs implantés sur les coteaux calcaires bien exposés sont les brillants sauveurs du millésime 2011 sur la rive droite. Ausone en apporte une preuve éblouissante avec un assemblage 55 % cabernet franc, 45 % merlot, 100 % fûts neufs. Fraîcheur, équilibre, fruité et densité des tanins, il conjugue le meilleur de l'année sans hausser le ton, et nous fait penser à un alliage de 2006 et de 2001. D'un raffinement de texture exemplaire, serré et doté de tanins somptueux qui devront se fondre, le 2010 (non dégusté en bouteille) ajoute encore au lustre du cru. Il succède à une autre légende, le 2009, doté d'un corps majestueux et de tanins imposants, mais suaves et intégrés. C'est aussi un vin massif qu'il faudra attendre plus de dix ans. Le 2008 n'est pas en reste : son superbe profil et son fruité très pur en font un vin magique.

■ Saint-Emilion Grand Cru 2011   n.c. 17,5
■ Saint-Emilion Grand Cru 2010 1000 € 19,5
■ Saint-Emilion Grand Cru 2009 1000 € 19,5
■ Saint-Emilion Grand Cru 2008   n.c. 19

Rouge : 7 hectares.

■ Château Figeac
SAINT-EMILION GRAND CRU
★★★

Thierry Manoncourt, qui incarna la propriété durant plusieurs décennies et en fit le joyau qu'elle est aujourd'hui, s'est éteint en août 2010. Son gendre, le comte Eric d'Aramon, a repris le flambeau et continue de défendre le style unique et personnel de Figeac. Il représente la quintessence de l'élégance et du raffinement des vins du plateau de Saint-Emilion, à partir d'un encépagement atypique, avec une parité entre cabernet franc, cabernet-sauvignon et merlot. Figeac possède un cachet bien à lui, souvent plus austère et compact que celui de ses voisins durant sa jeunesse. Des vins d'une race exceptionnelle, digestes et longs, comme en témoignent tous les derniers millésimes. Mais ils ne se dévoilent totalement qu'après une longue garde, ce qui peut en dérouter certains. Ceux qui ont la chance de goûter les grands millésimes de la propriété savent à quel point le terroir de Figeac, voisin de Cheval Blanc, est capable de donner de vins immenses, sans surmaturité des raisins ni élevages tapageurs.

Les vins : en 2011, il y aura 65 % de grand vin contre 80 % en 2010, il s'agit d'un millésime aux à 13,8 % d'alcool, un record pour Figeac. Le 2011 s'annonce ouvert en attaque, crémeux, avec une pointe d'austérité qui devrait se tendre encore par l'élevage, 100 % fûts neufs. La finale très cabernet reste dans l'esprit épicé des 2010, sans la chaleur. Encore un peu austère, avec des tanins abondants, le 2010 devrait encore gagner en définition à l'élevage. Le 2009 est d'une grande droiture et d'une grande profondeur, avec des notes fraîches apportées par les cabernets. Comme toujours, il ne serait pas étonnant qu'il décroche une meilleure note encore après quelques années de bouteille. Avec un peu plus de merlot qu'à l'habitude, le 2008 est très savoureux, tout en conservant sa très belle trame. Velouté et franc, le Petit Figeac 2011 laisse parler le terroir plutôt que la technique. Plus plein et savoureux que La Grange

Neuve (second vin) de Figeac, cabernet mûr pour l'année, toujours un rien rustique, mais par ailleurs réussi.

- Saint-Emilion Grand Cru 2011   n.c.   16,5
- Saint-Emilion Grand Cru 2010   200 €   18
- Saint-Emilion Grand Cru 2009   195 €   19
- Saint-Emilion Grand Cru 2008   n.c.   18

Rouge : 54 hectares.
Cabernet franc 35 %, Cabernet-sauvignon 35 %, Merlot 30 %
Château Figeac, 33330 Saint-Emilion
Tél. : 05 57 24 72 26   **Fax :** 05 57 74 45 74
E-mail : chateau-figeac@chateau-figeac.com
Site : www.chateau-figeac.com
Sur rendez-vous du lundi au vendredi de 9h30 à 12h30 et de 14h à 18h. Fermé les jours fériés.
Propriétaire : Madame Thierry Manoncourt et ses enfants
Directeur : Eric d'Aramon

■ Château Pavie
SAINT-EMILION GRAND CRU
★★★

Acquis en 1997 par Gérard Perse, le cru vole depuis de succès en succès en défendant un style résolument moderne de haute concentration. Rendements extrêmement bas, recherche d'une grande maturité des raisins, extraction poussée et élevage luxueux : tous les leviers permettant l'amélioration de la qualité des vins ont été poussés à leur maximum. Et les investissements ne s'arrêtent jamais : après plus d'un an de travaux, une nouvelle cuverie et une extension au chai d'élevage seront opérationnelles pour les vendanges 2012. La propriété ne cherche pas à élaborer des vins faciles, immédiats, mais à inscrire sa démarche dans l'avenir. Ceux qui auront la chance de déguster les derniers millésimes du cru d'ici à quelques décennies comprendront alors ce qu'est un grand vin de garde. Il suffit d'ailleurs d'ouvrir aujourd'hui une bouteille de 1998 ou de 2000 pour comprendre à quel point Pavie est au sommet de l'appellation.

Les vins : avec 70 % de merlot, 20 % de cabernet franc, de 10 % cabernet-sauvignon, et 80 % de fûts neufs, l'échantillon de Pavie 2011 offre à notre sens une des plus justes et équilibrées expressions du terroir haut de la propriété. Un fruité sans notes confites, une enveloppe sans brûlage boisé, un jus qui fait davantage confiance aux tanins salins venu des calcaires : avec cette matière première, certes, un peu rigide mais racée, il fera débat. Nous, on adore.

Le 2010 est bâti sur une matière énorme et possède aussi un velouté et une élégance tannique somptueux, avec une petite touche de fraîcheur idéale. Avec le 2009, au corps plein mais profond et au fruité intense, ce sont deux monuments à oublier vingt ans en cave. Le 2008 continue lui aussi d'impressionner par sa concentration et sa profondeur, le tout servi par une élégance de texture qui se fond dans l'élevage.

- Saint-Emilion Grand Cru 2011   n.c.   17
- Saint-Emilion Grand Cru 2010   200 €   19,5
- Saint-Emilion Grand Cru 2009   230 €   19,5
- Saint-Emilion Grand Cru 2008   n.c.   19

Rouge : 35 hectares.
Cabernet-sauvignon 10 %, Merlot 70 %, Cabernet franc 20 %
Château Pavie, 33330 Saint-Emilion
Tél. : 05 57 55 43 43   **Fax :** 05 57 24 63 99
E-mail : contact@vignoblesperse.com
Site : www.vignoblesperse.com
Sur rendez-vous uniquement, réservées aux professionnels.
Propriétaire : Gérard Perse

■ Château Beau-Séjour Bécot
SAINT-EMILION GRAND CRU
★★

Bien situé à l'ouest du plateau calcaire de Saint-Emilion, le vignoble est mené de main de maître par les frères Bécot, qui élaborent un vin expressif mais avec de la droiture et de la densité. Le terroir, mais aussi l'approche de vinification (en demi-muids) font l'objet d'une réflexion profonde, afin d'affiner encore le style du cru et lui donner plus de volume, sans perdre son élégance. La régularité des derniers millésimes en fait un cru bien enraciné dans son époque et son terroir.

Les vins : sous la férule de Juliette Bécot, les méthodes de vinification évoluent. Pour la seconde année, en 2011, les vinifications « intégrales » (fermentations alcoolique et malolactique réalisées en grains entiers dans des demi-muids de 600 litres utilisés comme cuves) progressent. Elles représentent cette année 40 % du volume pour le grand vin. Ses fermentations apportent un supplément de finesse et de suavité dans l'échantillon primeur 2011 (70 % merlot et 70 % fûts neufs) ; un saint-émilion vibrant, crayeux, à la signature calcaire appuyé. Cette belle réussite sera à boire avant le dense 2010 et le 2009 toujours généreux et ample, avec son corps richement fruité, exotique par son gras. Le 2008 évolue bien, dans un style aussi fruité, extraverti et frais.

■ Saint-Emilion Grand Cru 2011　　n.c.　16,5
■ Saint-Emilion Grand Cru 2010　　60 €　17
■ Saint-Emilion Grand Cru 2009　　51 €　17,5
■ Saint-Emilion Grand Cru 2008　　n.c.　16,5

Rouge : 16,5 hectares.
Cabernet franc 24 %, Cabernet-sauvignon 6 %, Merlot 70 %
Château Beau-Séjour Bécot, 33330
Saint-Emilion
Tél. : 05 57 74 46 87　**Fax :** 05 57 24 66 88
E-mail : contact@beausejour-becot.com
Site : www.beausejour-becot.com
Vente : au domaine
Du lundi au vendredi sur rendez-vous de mai à septembre.
Propriétaire : Juliette, Gérard et Dominique Bécot

■ Château Canon-la-Gaffelière
SAINT-EMILION GRAND CRU
★★

Intégrant tous les progrès d'une œnologie moderne bien conduite, Stephan von Neipperg a, en moins de dix ans et avec l'aide de Stéphane Derenoncourt, redonné au vin sa stature des années 1950. Les sols chauds et précoces des pieds de coteau conviennent admirablement au cabernet franc, qui apporte sa finesse et la noblesse de ses tanins. Le sacrifice d'une partie du volume à la qualité explique la concentration extraordinaire, mais sans artifices, des derniers millésimes. Le vin regorge de nuances aromatiques nobles et a dépassé en qualité le niveau de bien des premiers crus.

Les vins : 2011 ? « Voilà un millésime assez tricky », annonce le polyglotte Stephan von Neipperg. Entendez : pas facile... D'un style moins enrobé qu'en 2009 et 2010, l'échantillon était très ouvert au nez ; la bouche moins expansive, plus sur le grain, un grain ferme mais néanmoins savoureux. Ici encore, l'âge des vignes (40 ans) va donner de l'allonge tout en exprimant un style ferme. Le 2010 est brillant, il a conservé une superbe fraîcheur pour le millésime, avec des tanins gracieux. Le 2009 exhale de jolies notes de fruits noirs. On retrouve ce profil élégamment fruité en bouche, qui révèle une par-

faite gestion des tanins et beaucoup de suavité. Toujours classique et droit, le 2008, très réussi, renferme une très belle matière.

■ Saint-Emilion Grand Cru 2011　　n.c.　16
■ Saint-Emilion Grand Cru 2010　　72 €　17,5
■ Saint-Emilion Grand Cru 2009　　72 €　18
■ Saint-Emilion Grand Cru 2008　　n.c.　17

Rouge : 19,5 hectares.
Cabernet franc 40 %, Cabernet-sauvignon 5 %, Merlot 55 %
Château Canon-la-Gaffelière, BP 34, 33330
Saint-Emilion
Tél. : 05 57 24 71 33　**Fax :** 05 57 24 67 95
E-mail : info@neipperg.com
Site : www.neipperg.com
Du lundi au vendredi de 9h à 12h et de 14h à 17h, sur rendez-vous.
Propriétaire : Stephan von Neipperg

■ Château Cheval Blanc
SAINT-EMILION GRAND CRU
★★

Une nouvelle page de cheval blanc s'écrit à partir de 2011. Première vinification dans le nouveau et aérien chai-vaisseau signé de l'architecte Christian de Portzamparc. Un chai haut, vaste, lumineux, élémentaire, écologique. Les 44 parcelles peuvent être logées dans 55 cuves en ciment fabriquées sur mesure, corsetées et profilées. L'outil « beau et utile » dont rêvait son capitaine-directeur Pierre Lurton. Cet investissement spectaculaire, mais non ostentatoire, fait suite à une vigoureuse reprise en main de la viticulture. Dans un contexte de concurrence sans cesse plus affûtée face aux autres premiers grands crus classés, et après une période de laisser-aller (jusqu'en 2005), le retour de la propriété des hommes d'affaires Albert Frère et Bernard Arnault au sein de l'élite saint-émilionnaise est totale. Doté d'un terroir sablo-graveleux exceptionnel en bordure de Pomerol, le vignoble s'appuie sur une proportion importante de cabernet franc, cépage qui confère au vin sa typicité et sa profondeur. Jamais le plus puissant, Chaval Blanc se montre en revanche capable d'offrir une élégance et un raffinement uniques. Des caractéristiques que l'on retrouve dans les trois derniers millésimes produits.

Les vins : la nouvelle cuverie a permis d'affiner les vinifications parcellaires en 2011. « Resserrer le cachemire », pour reprendre l'expression de Pierre Lurton. Le résultat immédiat en primeur est le bond qualitatif du second vin, Petit Cheval.

Il gagne en finesse aromatique, en délicatesse de tanin, et perd son côté un rien simple pour endosser le caractère soyeux des pomerols. Il prend le statut d'un classé potentiel ! Avec 52 % de cabernet franc, Cheval Blanc 2011 reste dans les arbitrages classiques du cru. Un échantillon gai par sa floralité, sérieux par sa minéralité et sa densité, qui illustre le haut potentiel, l'harmonie et l'homogénéité des cabernets cette année. Le 2010 marquait déjà incontestablement le retour fracassant de Cheval Blanc au sein de l'excellence bordelaise : un vin vibrant qui combine profondeur, précision et élégance, à l'allonge somptueuse. Le 2009 est une autre réussite, pas aussi raffiné dans sa trame tannique, mais doté d'une structure imposante et de beaucoup de volume en bouche, sans la moindre lourdeur. Le 2008 est un Cheval Blanc complet et classique, doté d'une grande précision ; il est parti pour une longue vie.

- ■ Saint-Emilion Grand Cru 2011   n.c.   17
- ■ Saint-Emilion Grand Cru 2010   1000 €   20
- ■ Saint-Emilion Grand Cru 2009   1065 €   19
- ■ Saint-Emilion Grand Cru 2008   n.c.   18,5

Rouge : 37 hectares.
Merlot 40 %, Cabernet franc 60 %
Château Cheval Blanc, 33330 Saint-Emilion
Tél. : 05 57 55 55 55   **Fax :** 05 57 55 55 50
E-mail : contact@chateau-chevalblanc.com
Site : www.chateau-cheval-blanc.com
Visites réservées aux professionnels, sur rendez-vous.
Propriétaire : Albert Frère et Bernaud Arnault.
Directeur : Pierre Lurton (Gérant)

■ Clos Fourtet
SAINT-EMILION GRAND CRU
★★

L a sortie du film « Tu sera mon fils » de Gilles Legrand, en 2011, qui a été tourné en grande partie à Clos Fourtet, a donné un grand coup de projecteur à ce premier cru classé, bien situé sur la côte de Saint-Emilion. Acquis, en 2001, par la famille Cuvelier, le vin a depuis retrouvé son rang et se présente aujourd'hui comme l'une des valeurs sûres de Saint-Emilion, combinant une jolie texture de fruit et des tanins suaves et élégants. Avec un passage progressif du vignoble en biodynamie, le cru a arraché les cabernets francs mal implantés et de nouvelles sélections massales entrent en production. Ce n'est pas le plus démonstratif de sa catégorie, mais il a pour

lui un côté très digeste et raffiné que nous plébiscitons. Il demeure également accessible en termes de prix, en primeur.

Les vins : rien n'est spectaculaire dans l'échantillon de 2011 où tout semble en devenir : les arômes de cerises épicés, la texture douce et délicate, le volume franc, encore modeste, de complexité moyenne. A revoir après élevage. Le 2010 dépassera, ici, le 2009 par sa profondeur et la pureté de son fruit, bien servi par une jolie trame minérale. Il faut dire que le 2009 a été grêlé en partie, toutefois, le vin se présente bien, avec un côté souple et agréable. Le 2008 confirme toujours son côté gourmand et flatteur, avec de la rondeur, mais du fond.

- ■ Saint-Emilion Grand Cru 2011   n.c.   16
- ■ Saint-Emilion Grand Cru 2010   90 €   18
- ■ Saint-Emilion Grand Cru 2009   72 €   17,5
- ■ Saint-Emilion Grand Cru 2008   n.c.   16,5

Rouge : 20 hectares.
Cabernet-sauvignon 10 %, Merlot 85 %, Cabernet franc 5 %
Clos Fourtet, 1, Chatelet Sud, 33330 Saint-Emilion
Tél. : 05 57 24 70 90   **Fax :** 05 57 74 46 52
E-mail : closfourtet@closfourtet.com
Site : www.closfourtet.com
Vente : au domaine
Sur rendez-vous en semaine de 9h à 12h et de 14h à 17h.
Propriétaire : Philippe Cuvelier
Directeur : Tony Ballu

■ Château La Gaffelière
SAINT-EMILION GRAND CRU
★★

L a propriété de la famille de Malet Roquefort n'a pas toujours produit un vin digne de son rang de premier grand cru classé. Elle jouit pourtant d'un terroir très bien situé, en milieu et pied de côte, assurant au raisin une maturité idéale. Défendant un style classique, loin des modes œnologiques, La Gaffelière bénéficie depuis quelques millésimes des conseils de l'équipe de Stéphane Derenoncourt. Sur leur avis, Léo et Alexandre de Malet ont arraché et replanté progressivement 5 ha de cabernet franc en faisant remonter ce cépage sur les magnifiques coteaux calcaires historiques du village. Dans les deux derniers millésimes, on sent une franche montée en puissance d'un vignoble en pleine restructuration et mieux sélectionné à la vendange. Le château peut encore viser plus haut.

Les vins : l'échantillon primeur 2011, peu causant de prime abord, déploie une très belle allonge en deuxième partie de bouche grâce à de subtils cabernets francs (20 %) pinotants. Assemblage de 60 % de côte et 40 % de pied de côte. Avec 20 % de saignée, le 2010 joue l'élégance, avec une belle matière et un côté très digeste. Il lui manque encore un rien de volume pour rejoindre les meilleurs. Le 2009 est toujours délicieux, bien construit et ample, avec un fruit généreux. Il devrait aller loin.

■ Saint-Emilion Grand Cru 2011   n.c.   16
■ Saint-Emilion Grand Cru 2010   62 €   16,5
■ Saint-Emilion Grand Cru 2009   65 €   17,5
■ Saint-Emilion Grand Cru 2008   n.c.   17

Rouge : 22 hectares.
Cabernet 20 %, Merlot 80 %
Château La Gaffelière, BP 65, 33330
Saint-Emilion
Tél. : 05 57 24 72 15 **Fax :** 05 57 24 69 06
E-mail : contact@chateau-la-gaffeliere.com
Site : www.chateau-la-gaffeliere.com
Vente : au domaine
Sur rendez-vous de 8h à 12h et de 14h à 18h.
Propriétaire : Léo de Malet Roquefort
Directeur : Alexandre de Malet Roquefort

■ Château Larcis-Ducasse
SAINT-EMILION GRAND CRU
★★

C ette magnifique propriété occupe l'extrémité de la fameuse côte Pavie, sur la commune de Saint-Laurent-des-Combes. L'exposition plein sud est merveilleuse et le vignoble, planté en terrasses, est digne d'un premier grand cru. Depuis 1945, Hélène Gratiot puis son fils, Jacques-Olivier, ont préservé la typicité unique de ce terroir en produisant un vin de grande race, noblement truffé et d'une vigueur surprenante dans les petits millésimes. Depuis 2002, en confiant la gérance du cru à Nicolas Thienpont et en faisant appel aux conseils de Stéphane Derenoncourt, Larcis-Ducasse est entré dans une nouvelle phase. Le vin se hisse désormais au sommet de l'appellation et vise encore plus haut, en ajoutant un soupçon de raffinement derrière la puissance solaire.

Les vins : l'effet « côté sud » se ressent immédiatement dans la maturité confite de l'échantillon primeur 2011, que seule la côte de Pavie a offert cette année. La bouche prend plus de recul avec cette sucrosité charmeuse. La matière est dense, un rien rigide, les tanins semblent plus anguleux que ceux de Pavie, mais de qualité. Le 2010 est un vin imposant par sa matière et la générosité de son fruit. Charmeur et profond à la fois. Très marqué par le merlot, le 2009 est une réussite totale, avec un grain et une précision dans le fruit qui le porteront loin. Séduisant et raffiné, le 2008 est un vin superbe, dans un style généreux, mais toujours précis.

■ Saint-Emilion Grand Cru 2011   n.c.   16
■ Saint-Emilion Grand
  Cru 2010   80 € cav. 18,5
■ Saint-Emilion Grand
  Cru 2009   70 € cav. 17,5
■ Saint-Emilion Grand
  Cru 2008   70 € cav.   17

Rouge : 11 hectares.
Merlot 78 %, Cabernet franc 22 %
Château Larcis-Ducasse, 33330 Saint-Emilion
Tél. : 05 57 24 70 84 **Fax :** 05 57 24 64 00
E-mail : larcis-ducasse@nicolas-thienpont.com
Site : www.larcis-ducasse.com
Pas de visites.
Propriétaire : Famille Gratiot-Alphandery
Directeur : Nicolas Thienpont

■ La Mondotte
SAINT-EMILION GRAND CRU
★★

M ême s'il est déjà fait mention de la parcelle La Mondotte dans de nombreux ouvrages centenaires, ce petit morceau de terre, voisin de Troplong Mondot et des trois Pavie, n'a pu être intégré au cadastre de Canon-la-Gaffelière. Très malicieusement, Stephan von Neipperg en a donc profité pour créer un cru à part, et faire un joli pied de nez à la commission de classement. Un vin de garage, diront certains. Il faut dire que le vin, expression d'un vignoble ancien (plus de 60 ans), s'est montré tellement impressionnant dès les premiers millésimes (à partir de 1996) qu'il est rapidement devenu culte et que son prix dépasse parfois celui des premiers crus. Entre puissance, densité et équilibre, la propriété a trouvé une voie originale, exigeante en moyens et qui fait un malheur dans toutes les dégustations à l'aveugle, mais qui est aussi capable d'affronter le temps sans sourciller.

Les vins : le 2011 primeur, issu d'une récolte au rendement de 18 hl/ha, 100 % fûts neufs, s'exprime cette année avec plus de rigueur, de réduction, sans l'exubérance latine des 2009 et 2010. Dans un style droit, karstique, il change et renoue avec le profil plus classique des grands saint-émilion du plateau. Le 2010 est l'une des plus brillantes réussites de ce petit cru. Il possède une forme impressionnante, avec un fond énorme et un éclat digne des meilleurs. La structure tannique est superbe de velouté. Autre monstre, le 2009 offre un vin d'une grâce et d'une distinction également énormes, avec une grande masse tannique très civilisée. Le 2008 se révèle toujours riche, plein et suave, mais avec de la tension en finale.

- Saint-Emilion Grand Cru 2011   n.c. 16,5
- Saint-Emilion Grand Cru 2010   290 € 19
- Saint-Emilion Grand Cru 2009   300 € 19
- Saint-Emilion Grand Cru 2008   cav. 17,5

Rouge : 4,5 hectares.
Cabernet franc 25 %, Merlot 75 %
La Mondotte, BP 34, 33330 Saint-Emilion
Tél. : 05 57 24 71 33 **Fax :** 05 57 24 67 95
E-mail : info@neipperg.com
Site : www.neipperg.com
Pas de visites.
Propriétaire : Stephan von Neipperg

■ Château Pavie Decesse
SAINT-EMILION GRAND CRU
★★

Comme il l'a fait à Pavie, Gérard Perse a métamorphosé Pavie Decesse, racheté en février 1997. Ici aussi, sur ce petit cru de moins de 4 ha, tout est mis en œuvre pour porter le cru au plus haut. Il faut dire que le terroir le permet et, grâce à un outil de vinification moderne, le vin ne cesse de progresser et de s'imposer comme l'un des saint-émilion les plus complets qui soient, dans le style qu'aime Gérard Perse, à savoir concentré, mais profond. Un vin qui a besoin de temps pour s'arrondir, mais qui ne possède pas tout à fait le raffinement de son frère, Pavie.
Les vins : le 2011 (90 % merlot, 80 % fûts neufs) se dégustait très ouvert durant les primeurs : poivre frais moulu, baies noires, touches florales (rose et lys), une palette aromatique expressive, ce que confirme une bouche aussi dense que douce en tanins, qui se termine avec une rare densité crayeuse et saline. Une grande réussite. Le 2010 est somptueux, avec des notes profondes de fruits noirs bien mûrs et un côté très juteux en bouche. Un grand vin à oublier en cave au moins dix ans. Le 2009 ravira les amateurs de vins opulents et riches. Son côté très merlot, avec une bouche sphérique, lui confère

un caractère généreux qui ne cesse de s'affiner. Le 2008 combine profondeur et élégance, avec des tanins serrés.

- Saint-Emilion Grand Cru 2011   n.c.   17
- Saint-Emilion Grand Cru 2010   126 € 18,5
- Saint-Emilion Grand Cru 2009   141 € 18,5
- Saint-Emilion Grand Cru 2008   n.c.   18

Rouge : 3,65 hectares.
Cabernet franc 10 %, Merlot 90 %
Château Pavie Decesse, 33330 Saint-Emilion
Tél. : 05 57 55 43 43 **Fax :** 05 57 24 63 99
E-mail : contact@vignoblesperse.com
Site : www.vignoblesperse.com
Pas de visites.
Propriétaire : Gérard Perse

■ Château Pavie-Macquin
SAINT-EMILION GRAND CRU
★★

Tout comme Troplong Mondot, Pavie-Macquin a été promu au rang de premier grand cru classé dans le dernier opus du classement de Saint-Emilion (le prochain est prévu pour la rentrée 2012). Une juste récompense qui vient saluer le travail remarquable réalisé au château par son gestionnaire, Nicolas Thienpont, et son conseiller Stéphane Derenoncourt. Ce duo a métamorphosé la propriété en s'inspirant largement de la biodynamie (non certifiée) depuis la fin des années 1990. Une série de vins fantastiques combinant une magnifique pureté du fruit et une grande profondeur de bouche sont venu couronner ce travail de fond. Des vins qui se distinguent de leurs voisins Pavie et Pavie Decesse par une texture plus soyeuse et un une matière plus en retenue, moins immédiatement flamboyant. Valeur sûre bien connue des amateurs, Pavie-Macquin n'a commis aucune fausse note ces dernières années.
Les vins : en primeur, le 2011 offrait une finale à la délicatesse charnue, à la trame tannique tapissante, et une rétro-olfaction éclatante sur le fruit frais. Un très beau classique, sans dilution. A retrouver dans sept, huit ans. Le 2010 se révèle élégant et racé, avec un soyeux déjà irrésistible ! Ce coureur de fond succède à un autre vin à la suavité envoûtante, le 2009, plus épicé qu'à l'accoutumée, marqué par des notes de cannelle. Il reste toutefois sur l'éclat du fruité, sur des tanins poudrés et crayeux. Le 2008 offre une version plus droite, mais diablement séduisante, tout en finesse, avec un fruité délicat.

- Saint-Emilion Grand Cru 2011   n.c.   17
- Saint-Emilion Grand Cru 2010   85 €   18,5
- Saint-Emilion Grand Cru 2009   59 €   18,5
- Saint-Emilion Grand Cru 2008   n.c.   19

Rouge : 15 hectares.
Cabernet franc 18 %, Cabernet-sauvignon 2 %,
Merlot 80 %
Château Pavie-Macquin, 33330 Saint-Emilion
Tél. : 05 57 24 74 23   **Fax :** 05 57 24 63 78
E-mail : pavie.macquin@wanadoo.fr
Site : www.pavie-macquin.com
Du lundi au jeudi de 9h à 12h et de 14h à 17h
sur rendez-vous, fermeture à 16h le vendredi.
Uniquement sur rendez-vous.
Propriétaire : Famille Corre Macquin
Directeur : Nicolas Thienpont

■ Château Troplong Mondot
SAINT-EMILION GRAND CRU
★★

E levé au rang de premier grand cru classé,
Troplong Mondot justifie pleinement sa
promotion. Une récompense largement méritée
au regard du terroir tout d'abord, mais aussi du
travail réalisé par Christine et Xavier Pariente
depuis plus de vingt ans. Tous les millésimes
produits depuis la fin des années 1980 (1989
et 1990 en tête) démontrent l'excellence de
cette propriété située sur la butte de Mondot.
Profonds, délicats et sensuels, exprimant avec
noblesse le grand style des terroirs de côte, les
vins vieillissent de plus avec grâce. À noter
que le château propose également de très belles
chambres d'hôtes (les Belles Perdrix), en plein
cœur du vignoble.

Les vins : l'assemblage du 2011, en comparaison avec le 2010, donne une part plus importante au cabernet franc (12 %) qu'au
cabernet-sauvignon, le merlot restant largement dominant. Environ 10 % de l'échantillon
dégusté étaient issus d'une vinification intégrale
(en tonneaux de 600 litres) qui correspond à des
microsélections parcellaires. Le 2011 est un vin
puissant qui séduit par sa densité, son grain
tannique finement sucré qui reste très frais et
son allonge sur des saveurs acidulées. Une élégance mûre et masculine. Le 2010 est un vin
d'une densité et d'une concentration hors normes, avec des notes de confiture de fruits noirs.
Il ne manque cependant pas de fraîcheur, ce
qui en fait son atout. Le 2009 est aussi très
impressionnant. Ce vin dense, compact, pres-

que monobloc, avec son fruité exubérant, possède aussi une énergie magnifique. Tout comme
le 2010, il devrait aller loin.

- Saint-Emilion Grand Cru 2011   n.c.   17
- Saint-Emilion Grand Cru 2010   110 €   19
- Saint-Emilion Grand Cru 2009   108 €   19
- Saint-Emilion Grand Cru 2008   n.c.   17,5

Rouge : 32 hectares.
Cabernet-sauvignon 5 %, Cabernet franc 5 %,
Merlot 90 %
Château Troplong Mondot, 33330 Saint-Emilion
Tél. : 05 57 55 32 05   **Fax :** 05 57 55 32 07
E-mail : contact@chateau-troplong-mondot.com
Site : www.chateau-troplong-mondot.com
De 9h à 12h et de 14h à 18h, sur rendez-vous.
Propriétaire : Xavier et Christine Pariente

■ Château Valandraud
SAINT-EMILION GRAND CRU
★★

C réé de toutes pièces par Jean-Luc Thunevin
et son épouse, Muriel, au début des années
1990, Valandraud est une formidable « success
story », comme seul l'ascenseur social de la rive
droite en offre à Bordeaux. Bâti à partir d'un
hectare de vignes à Saint-Emilion, le domaine,
qui couvre aujourd'hui 10 ha situés sur la
commune de Saint-Etienne-de-Lisse, s'est
imposé parmi les plus chers et les plus recherchés de Bordeaux. Le fort caractère de son propriétaire et, surtout, son sens aigu du commerce
y sont pour beaucoup. Mais aujourd'hui, c'est
le contenu de la bouteille de Valandraud qui fait
courir les amateurs de cet étonnant vin exotique,
sensuel à sa naissance et qui évolue également
très bien. S'il a été le chef de file du mouvement
des vins de garage, Valandraud n'en a désormais
plus la taille. Pour autant, les méthodes n'ont pas
changé ; le vignoble demeure l'un des mieux
tenus de Bordeaux et le vin continue de bénéficier de tout le savoir-faire de Jean-Luc
Thunevin.

Les vins : une magnifique finesse, une délicatesse prolixe, sans ces sucres sophistiqués de surmaturité, le primeur 2011 nous a séduits grâce
à une franchise tonique que nous ne connaissons pas à Vanlandraud. Le Virginie de Valandraud 2011 offre un joli croquant de bouche
rare et donne ses lettres de noblesse à la finesse
qu'il fallait aller chercher cette année. En 2010,
le vin est d'une facture remarquable. Derrière
son boisé charmeur, on perçoit une matière de
premier ordre, avec un équilibre supérieur à bien

des premiers crus. Le 2009 demeure un vin très classique et racé, il exprime un fruit doux et profond, avec un bois bien géré et une finale sans lourdeur. Le 2008 est lui aussi élancé et de grande race, plus tendu, mais moins long.

■ Saint-Emilion Grand Cru 2011	n.c.	17
■ Saint-Emilion Grand Cru 2010	250 €	17,5
■ Saint-Emilion Grand Cru 2009	287 €	18
■ Saint-Emilion Grand Cru 2008	190 €	17

Rouge : 10 hectares.
Cabernet franc 25 %, Cabernet-sauvignon 2,5 %, Malbec 2,5 %, Merlot 70 %
Blanc : 2 hectares.
Sauvignon blanc 45 %, Sémillon 45 %, Sauvignon gris ou rosé 10 %
Production moyenne : 55 000 bt/an

Château Valandraud, 6, rue Guadet, BP 88, 33330 Saint-Emilion
Tél. : 05 57 55 09 13 **Fax :** 05 67 67 03 07
E-mail : thunevin@thunevin.com
Site : www.thunevin.com
Uniquement sur rendez-vous.
Propriétaire : Ets Thunevin
Directeur : Murielle Andraud

■ Château L'Arrosée

SAINT-EMILION GRAND CRU
★

J ean-Philippe Caille ne ménage pas ses efforts, depuis 2002, pour propulser Château L'Arrosée au sommet de l'appellation. Tant à la vigne, admirablement tenue, que lors des vendanges ou des vinifications, tout est mis en œuvre pour produire le plus grand vin possible ; comme le terroir, situé dans le prolongement d'Ausone, est de premier ordre, les résultats sont là. Les derniers millésimes expriment un vin riche, moderne, mais non dénué de finesse.

Les vins : le 2009 est un millésime tendre, avec un fruité élégant, mais d'une constitution moyenne. Il s'affine bien. Le 2008 se montre bien servi par un fruité généreux et une belle allonge.

■ Saint-Emilion Grand Cru 2009	n.c.	15
■ Saint-Emilion Grand Cru 2008	n.c.	17

Rouge : 9,5 hectares.
Merlot 60 %, Cabernet franc 20 %, Cabernet-sauvignon 20 %
Château L'Arrosée, Saint-Emilion
Tél. : 05 57 24 69 44 **Fax :** 05 57 24 66 46
E-mail : contact@chateau-larrosee.com

Site : www.chateau-larrosee.com
Vente : au domaine
De 10h à 12h et de 14h à 17h sur rendez-vous.
Propriétaire : Jean-Philippe Caille

■ Château Beauséjour Héritiers Duffau-Lagarrosse

SAINT-EMILION GRAND CRU
★

N ous avons découvert un terroir beaucoup plus puissant qu'on l'imaginait », raconte Nicolas Thienpont, associé à l'équipe Derenoncourt dans la gestion du domaine depuis 2009. Il est vrai que désormais 30 % des surfaces sont écartées du grand vin pour ne garder que le meilleur sur son remarquable terroir de côte. Il en ressort, en comparaison avec les voisins tel Bellevue ou Bécot, un vin d'expression plus ample et chaleureux. A la traîne des premiers crus classés de Saint-Emilion, Beauséjour-Duffau se remet donc en selle et signe depuis trois millésimes des sélections dignes de son rang. L'étoile lui a été accordée l'an passé.

Les vins : dans l'échantillon primeur de 2011, les tanins sont d'un velours soyeux, la bouche juste et harmonieuse, conjuguant force et finesse. Un vin de demi-garde réussi, mais un cran au-dessous du superbe 2010, précis, délicat, avec une trame absolument somptueuse tourné vers l'élégance. Le 2009 marquait la première avancée réelle ; le vin est subtil et fin, mais avec de la chair et une bouche généreuse. Plus simple, le 2008 est un millésime de transition, il se révèle tendre mais agréable.

■ Saint-Emilion Grand Cru 2011	n.c.	16,5
■ Saint-Emilion Grand Cru 2010	300 € cav.	18
■ Saint-Emilion Grand Cru 2009	360 € cav.	16,5
■ Saint-Emilion Grand Cru 2008	55 € cav.	16

Rouge : 7 hectares.
Cabernet franc 26 %, Merlot 74 %
Château Beauséjour Héritiers Duffau-Lagarrosse, 33330 Saint-Emilion
Tél. : 05 57 24 71 61 **Fax :** 05 57 74 48 40
E-mail : beausejourhdl@beausejourhdl.com
Site : www.beausejourhdl.com
Pas de visites.
Propriétaire : Héritiers Duffau-Lagarrosse
Directeur : Nicolas Thienpont

Château Belair-Monange
SAINT-EMILION GRAND CRU
★

Dénommée auparavant château Belair, cette propriété magnifiquement située a changé de nom en 2008 après son acquisition par la famille Moueix. Elle a été depuis rebaptisée Belair-Monange, du nom de la grand-mère de Christian Moueix. Changement de style de vin également. Après l'aire Pascal Delbeck, son ancien propriétaire qui produisait un vin fin, racé, mais parfois mince, l'équipe de vinification des établissements Moueix, conduite par Eric Murisasco, donne la priorité à une plus haute densité de matière. Les derniers millésimes tendent à démontrer que le pari est en passe d'être gagné !

Les vins : très fin, délicatement crémeux, le nez du 2011 signe la race d'un terroir pur calcaire qui s'emble ne pas avoir trop souffert du stress hydrique de l'été. Ce que confirme la bouche sans chaleur ni épices, aux tanins pourtant très mûrs, tendres et résistants à la fois. Un style rare en 2011. Le 2009, et plus encore le 2010, nous avaient déjà impressionnés. Le vin a conservé son élégance habituelle, mais il a considérablement gagné en profondeur. Le 2010 est à ce titre une réussite incontestable. Le 2008 annonce tous ces progrès et se révèle délicieux et équilibré, avec un joli fond.

■ Saint-Emilion Grand Cru 2011		n.c.	16,5
■ Saint-Emilion Grand Cru 2010	130 €	17,5
■ Saint-Emilion Grand Cru 2009		n.c.	17
■ Saint-Emilion Grand Cru 2008		n.c.	17

Rouge : 12,5 hectares.
Cabernet franc 15 %, Merlot 85 %
Château Belair-Monange, 1, Bélair, 33330 Saint-Emilion
Tél. : 05 57 51 78 96 **Fax :** 05 57 51 79 79
E-mail : info@jpmoueix.com
Site : www.moueix.com
Vente : au domaine
Sur rendez-vous.
Propriétaire : Etablissements J.-P. Moueix
Directeur : Eric Murisasco

Château Bellevue
SAINT-EMILION GRAND CRU
★

Le cru est fort bien situé, sur un petit plateau au-dessus du château Angélus. La famille de Boüard (château Angélus) en possède 50 %, et c'est désormais Hubert de Boüard qui, avec la même détermination et les mêmes moyens qu'à Angélus, conduit la propriété. Un cru régulier et toujours très gourmand.

Les vins : un merlot très crémeux construit le primeur 2011 accompagné par une deuxième partie de bouche tonique. L'élevage va le dompter, mais il devrait garder une grande tension crayeuse et saline qui signera l'année. Le 2010 est quasiment composé exclusivement de merlot, le vin est soyeux et généreux à souhait, avec une très belle droiture. Le 2009 se montre lui aussi très intéressant, un rien plus rigide peut-être, mais doté d'un très beau fond. Le 2008 est de belle facture, avec une bouche précise et juteuse.

■ Saint-Emilion Grand Cru 2011		n.c.	16,5
■ Saint-Emilion Grand Cru 2010	55 €	17,5
■ Saint-Emilion Grand Cru 2009	45 €	17
■ Saint-Emilion Grand Cru 2008		n.c.	16,5

Rouge : 6,2 hectares.
Cabernet franc 2 %, Merlot 98 %
Château Bellevue, 33330 Saint-Emilion
Tél. : 05 57 24 74 23 **Fax :** 05 57 24 63 78
E-mail : bellevue-grandcru@nicolas-thienpont.com
Site : www.bellevue-grandcru.com
Vente : au domaine
Sur rendez-vous.
Propriétaire : Pradel de Lavaux et de Boüard de Laforest.
Directeur : Nicolas Thienpont

Château Berliquet
SAINT-EMILION GRAND CRU
★

Situé sur le plateau de Magdelaine, un cru qui ne fait jamais dans l'évidence. Il faut aller à la rencontre de cette austérité un peu salée, typique des sables calcaires à l'ouest du village, entre Magdeleine et Canon. Depuis 2008, Nicolas Thienpont et Stéphane Derenoncourt supervisent les vinifications, proposant un vin plus accessible et séducteur.

Les vins : fruité expressif, trame serrée, naturellement plus fin que dense, 2011 ne joue pas fort mais juste, surtout dans ce millésime qui habille les vins de façon minimaliste. Le 2010 a engendré un vin très fin et élégant, doté d'une matière tendre, savoureuse et de jolis tanins. Le 2009 offre également un fruit expressif, avec une bouche bien juteuse et des tanins souples. Le 2008 apparaît riche et mûr et offre une belle matière ronde.

■ Saint-Emilion Grand Cru 2011   n.c.   15
■ Saint-Emilion Grand Cru 2010   25 € 15,5
■ Saint-Emilion Grand Cru 2009   23 €   16
■ Saint-Emilion Grand Cru 2008   n.c.   15

Rouge : 9,0062 hectares.
Cabernet franc 21 %, Cabernet-sauvignon 4 %,
Merlot 75 %
Château Berliquet, 33330 Saint-Emilion
Tél. : 05 57 24 70 48 **Fax :** 05 57 34 70 24
E-mail : chateau.berliquet@wanadoo.fr
Tous les jours, sur rendez-vous.
Propriétaire : Patrick de Lesquen
Directeur : Nicolas Thienpont

■ Château Canon
SAINT-EMILION GRAND CRU
★

Tout comme Rauzan-Ségla à Margaux, Canon, propriété historique, appartient à la famille Wertheimer (propriétaire de la maison Chanel). Suite à une pollution de chais, l'énergique John Kolasa, qui dirige la propriété, a décidé de faire reconstruire les bâtiments. Le vignoble est progressivement remis en état, en augmentant de manière significative la proportion de cabernet franc. Des efforts qui paient : les derniers millésimes ont ramené Canon dans le peloton de tête des premiers. En 2011, la propriété s'est considérablement agrandie après l'achat des 12,5 ha du château Matras, situés dans le prolongement de celles de Canon sur la côte sud-sud-ouest du plateau de Saint-Emilion. Ces vignes sont destinées aujourd'hui à produire du second vin le Clos Canon. La propriété s'étend désormais sur 34 ha.

Les vins : Canon 2011, premier à être vendangé parmi les premiers grands crus classés (du 7 au 17 septembre), affiche en 2011 un style croquant, dans lequel progresse le cabernet franc (les vignes plantées en 1998 entrent déjà dans le grand vin). Composé à 30 % de cabernet franc et de 70 % de merlot, l'échantillon de 2011 était ferme, homogène, à la fois puissant, frais et d'intensité moyenne. Il évoque 2008 avec plus de volume et d'élégance, et devrait bien vieillir sur quinze ans. Le 2010 nous semble le plus complet des vins produits par le domaine depuis trois décennies. Il succède à une autre réussite, le 2009, à la corpulence imposante mais bien géré par un élevage fin et délicat.

■ Saint-Emilion Grand Cru 2011   n.c.   16
■ Saint-Emilion Grand Cru 2010   126 € 17,5

■ Saint-Emilion Grand Cru 2009   108 €   18
■ Saint-Emilion Grand Cru 2008   n.c.   17

Rouge : 22 hectares.
Cabernet franc 25 %, Merlot 75 %
Château Canon, BP 22, 33330 Saint-Emilion
Tél. : 05 57 55 23 45 **Fax :** 05 57 24 68 00
E-mail : contact@chateau-canon.com
Site : www.chateau-canon.com
Du lundi au vendredi de 9h à 12h et de 14h à 17h, sur rendez-vous.
Propriétaire : Famille Wertheimer
Directeur : John Kolasa

■ Clos de l'Oratoire
SAINT-EMILION GRAND CRU
★

Situé au nord-est de l'appellation, sur des sols sableux, Clos de l'Oratoire a été acheté en 1991 par Stephan von Neipperg. Ce dernier a orienté le travail dans le même esprit qu'à Canon-la-Gaffelière, d'où des progrès considérables dans les derniers millésimes. Les vins sont noirs, amples, d'un fruit de baies noires et se montrent très séduisants, avec de bons potentiels de garde. Un bon rapport qualité-prix.

Les vins : les années sèches réussissent assez bien à ce cru (lequel se remet doucement des stigmates de la grêle de 2009). Le 2011 primeur reste très mûr, tout en conservant un aspect plutôt ferme dans une finale sans sucrosité. Il n'a pas le coté joufflu des 2009 et 2010, et devrait continuer à se tendre pendant l'élevage. Le 2010, justement, dévoile un vin au profil très riche et un peu lourd. Il lui manque la raffinement des meilleurs, mais il s'affinera à l'élevage. Doté de tanins séduisants et proposant une bouche ample mais fraîche, le 2008 sera parfait d'ici à cinq ans.

■ Saint-Emilion Grand Cru 2011   n.c.   15
■ Saint-Emilion Grand Cru 2010   30 € 15,5
■ Saint-Emilion Grand Cru 2009   30 €   15
■ Saint-Emilion Grand Cru 2008   n.c.   16

Rouge : 10,3 hectares.
Cabernet franc 5 %, Cabernet-sauvignon 5 %,
Merlot 90 %
Clos de l'Oratoire , BP 34, 33330 Saint-Emilion
Tél. : 05 57 24 71 33 **Fax :** 05 57 24 67 95
E-mail : info@neipperg.com
Site : www.neipperg.com
Du lundi au vendredi de 9h à 12h et de 14h à 17h, sur rendez-vous.
Propriétaire : Stephan von Neipperg

■ Clos des Jacobins
SAINT-EMILION GRAND CRU
★

L'histoire récente du cru est mouvementée. Longtemps propriété de la célèbre maison Cordier, le Clos des Jacobins est passé en 2001 aux mains de l'ex-parfumeur Marionnaud, puis à celles de la famille Decoster (héritiers de l'électricien Legrand), en 2004. Des changements accompagnés de progrès qualitatifs notoires, que l'on doit, entre autres, à Hubert de Boüard (Château Angélus), qui conseille la propriété. Depuis le millésime 2000, le cru a gagné en profondeur de texture et en velouté de tanins.

Les vins : en 2011, une maturité attendue signe un vin suave, peu tannique, finement tramé et terminant sur une touche vive et tonique. Bel éclat. La richesse du millésime 2010 a produit, ici, un vin ample et chaud, marqué par des notes légèrement confites. Le 2009 s'inscrit dans un registre assez proche, dévoilant une imposante masse tannique et une matière très charnue. Un peu de raffinement supplémentaire ne nuirait pas. Plus équilibré, le 2008 propose une belle texture.

■ Saint-Emilion Grand Cru 2011   n.c. 15,5
■ Saint-Emilion Grand Cru 2010   n.c. 15
■ Saint-Emilion Grand Cru 2009   n.c. 16,5
■ Saint-Emilion Grand Cru 2008   n.c. 16

Rouge : 8,5 hectares.
Cabernet franc 23 %, Cabernet-sauvignon 2 %, Merlot 75 %
Clos des Jacobins, 4, Gomerie, 33330 Saint-Emilion
Tél. : 05 57 24 70 14 **Fax :** 05 57 24 68 08
E-mail : contact@closdesjacobins.com
Site : www.closdesjacobins.com
Pas de visites.
Propriétaire : Bernard et Thibaut Decoster
Directeur : Thibaut Decoster

■ Clos La Madeleine
SAINT-EMILION GRAND CRU
★

Petit cru de 2,5 ha à peine, voisin de Magdelaine et de Belair, le château a été déclassé en 1996. A force de travail et d'investissements – construction d'un cuvier et d'un chai, restructuration du vignoble –, il a progressivement retrouvé le niveau d'un bon cru classé. Depuis 2006, le domaine bénéficie des conseils d'Hubert de Boüard (Château Angélus). Les vins ont considérablement gagné en constitution et les derniers millésimes nous ont particulièrement enthousiasmés.

Les vins : serré, ferme, frais, le primeur 2011 offre une matière délicate, en dentelle, qui joue sur la nuance et le relief crayeux. Esprit vif. Le 2010 semble être le plus abouti des vins réalisés par la propriété, il combine finesse et profondeur, avec une belle sève. Le 2008 demeure joliment suave et légèrement épicé, avec des tanins doux et fondus.

■ Saint-Emilion Grand Cru 2011   n.c. 15,5
■ Saint-Emilion Grand Cru 2010   n.c. 16,5
■ Saint-Emilion Grand Cru 2008   n.c. 16,5

Rouge : 2,19 hectares.
Merlot 75 %, Cabernet franc 25 %
Clos La Madeleine, La Gaffelière Ouest, 33330 Saint-Emilion
Tél. : 05 57 55 38 03 **Fax :** 05 57 55 38 01
E-mail : clos.la.madeleine@wanadoo.fr
Vente : au domaine
De 9h à 12h et de 14h à 17h.
Propriétaire : GFA Clos La Madeleine
Directeur : Philippe Lauret

■ Clos Saint-Martin
SAINT-EMILION GRAND CRU
★

Ce minicru de moins de 2 ha est idéalement exposé sur une petite croupe qui sépare les deux illustres Beauséjour. Il est vinifié avec une grande attention sous la direction de Sophie Fourcade (famille Reiffers), également propriétaire des châteaux Côte de Baleau et Les Grandes Murailles. La petite production est en vinification intégrale en barriques (fermentation alcoolique et malolactique en grain entier dans le fût) depuis 2008, ce qui donne un vin un boisé plus immédiatement séduisant, doté de tanins raffinés et d'une belle élégance.

Les vins : vendangé tard (les 2 et 3 octobre), le millésime 2011 montrait en primeur un échantillon fortement marqué par le bois et ses notes de moka. La bouche est fine, puissante en attaque, un peu lâche en cœur de bouche, avant de finir sur une « rétro » finement crayeuse, sans dureté. Du caractère. Le fruit du 2010 possède un éclat et une générosité hors norme. Il en va de même pour le 2009, ultraséduisant et gourmand à souhait. Le 2008, également superbe, propose un soyeux de bouche et un fondu de tanins admirables.

■ Saint-Emilion Grand Cru 2011   n.c. 16
■ Saint-Emilion Grand Cru 2010   50 € 19
■ Saint-Emilion Grand Cru 2009   51 € 17
■ Saint-Emilion Grand Cru 2008   n.c. 16,5

Rouge : 1,4 hectare.
Cabernet 30 %, Merlot 70 %
Clos Saint-Martin, château Côte de Baleau,
33330 Saint-Emilion
Tél. : 05 57 24 71 09 **Fax :** 05 57 24 69 72
E-mail : lesgrandesmurailles@wanadoo.fr
Site : www.lesgrandesmurailles.fr
Sur rendez-vous uniquement.
Propriétaire : GFA Les Grandes Murailles
Directeur : Sophie Fourcade

■ Château La Couspaude
SAINT-EMILION GRAND CRU
★

S itué sur un excellent plateau proche de
Trottevieille, ce cru appartient à la famille
Aubert, désormais incarnée par le jeune
Yohann, qui pilote les vinifications. Il élabore,
avec les conseils de Michel Rolland, un vin
enrobé par la suavité du chêne neuf, dans un
esprit moderne et opulent, toujours défendu par
les Aubert, même si certains millésimes chauds
ont donné des vins un peu lourds.

Les vins : à notre connaissance, le plus gros
volume de crus classés de Saint-Emilion 2001
a été vinifié en « intégrale », ici (mise des baies
directement en fûts). Un travail colossal pour
Yohan Aubert et son équipe, 160 barriques
manipulées à la main. En 2011, la prise de bois
est assez discrète et la vinification intégrale a
fait progresser dans l'assemblage (75 % merlot,
25 % cabernet franc) la finesse des tanins. Le
2010 se montre très riche et fortement boisé.
L'ensemble devra trouver son équilibre et
gagner en raffinement à l'élevage. Le 2009 apparaît plus équilibré, avec de l'opulence, mais aussi
de la distinction. Le 2008 s'avère enrobé, riche
et sphérique en bouche.

■ Saint-Emilion Grand Cru 2011   n.c. 15,5
■ Saint-Emilion Grand Cru 2010   35 € 15,5
■ Saint-Emilion Grand Cru 2009   41 € 17
■ Saint-Emilion Grand Cru 2008   n.c. 16

Rouge : 7,01 hectares.
Merlot 75 %, Cabernet franc 20 %,
Cabernet-sauvignon 5 %
Château La Couspaude, BP 40, 33330
Saint-Emilion
Tél. : 05 57 40 15 76 **Fax :** 05 57 40 10 14

E-mail : vignobles.aubert@wanadoo.fr
Site : www.aubert-vignobles.com
Vente : au domaine
Tous les jours de juillet et en août, avec
expositions de peinture et de sculpture. Sur
rendez-vous le reste de l'année. Fermé pendant
les vendanges.
Propriétaire : Jean-Claude Aubert

■ Château Dassault
SAINT-EMILION GRAND CRU
★

M arcel Dassault a donné son nom à l'ancien
château Couprie, situé sur le glacis nord
de Saint-Emilion. Ces terroirs exigent une certaine discipline de travail pour donner de grands
vins. Depuis 1995, sous l'efficace impulsion
de Laurence Brun, la culture et la vinification
s'effectuent selon les règles les plus strictes de
l'école bordelaise. Valeur sûre, le cru commence
à prendre la place qu'il mérite. Tous les derniers
millésimes évoquent le profil d'un vin régulier,
harmonieux et équilibré.

Les vins : le 2010 se présente riche, soyeux et
ample en bouche, avec un fruité très mûr et un
côté séduisant. Une bonne partie du vignoble
a été lourdement touchée par la grêle en 2009.
L'équipe a toutefois réussi à produire un beau
vin élégant et fin, d'une forme classique et
digeste. Un bon rapport prix-plaisir dans ce millésime. Avec un profil plus droit et plus strict
qu'à l'habitude, le 2008 apparaît bien défini.

■ Saint-Emilion Grand Cru 2010   n.c. 15,5
■ Saint-Emilion Grand Cru 2009   n.c. 15,5
■ Saint-Emilion Grand Cru 2008   n.c. 16

Rouge : 24 hectares.
Cabernet franc 25 %, Cabernet-sauvignon 5 %,
Merlot 70 %
Château Dassault, 33330 Saint-Emilion
Tél. : 05 57 55 10 00 **Fax :** 05 57 55 10 01
E-mail : lbv@chateaudassault.com
Site : www.chateaudassault.com
Sur rendez-vous.
Propriétaire : SAS Château Dassault
Directeur : Laurence Brun

■ Château Destieux
SAINT-EMILION GRAND CRU
★

J e suis un médecin qui a construit sa propriété
progressivement, en trente ans, en artisan »,

raconte Christian Dauriac, qui est a toujours conservé des vieux millésimes en vente pour une clientèle particulière, ce qui lui a permis de construire sa notoriété récompensée par son classement au rang de grand cru classé en 2006. Le vignoble, d'un seul tenant, est situé sur le coteau de Saint-Emilion, vers Saint-Hippolyte. Grâce au travail conjoint avec Michel Rolland, Destieux est le prototype du vin de côte, charnu et enveloppant. II a beaucoup gagné en pureté d'expression et en qualité de vendanges ces dernières années.

Les vins : il y a un côté médocain dans Destieux 2011, du fait de 17 % de cabernet-sauvignon exceptionnellement mûrs, aromatiques (vendangés le 15 octobre et plus mûrs que les cabernets francs), qui s'expriment dans des notes de graphite. Un échantillon qui évoque, par sa maturité tardive, le millésime 2001 (une réussite à Destieux), mais avec plus de fermeté, sans être dur et anguleux. Beau vin classique, après la révélation du cru 2010, un vin au fruité brillant puis à la minéralité affirmée, ce qui lui confère beaucoup de race. La récolte de 2009 fut infime (grêle dévastatrice : 9 hl/ha). C'est vin de bonne facture, davantage en finesse qu'en puissance, avec un côté raffiné.

■ Saint-Emilion Grand Cru 2011	n.c.	16
■ Saint-Emilion Grand Cru 2010	n.c.	17
■ Saint-Emilion Grand Cru 2009	31 €	16,5
■ Saint-Emilion Grand Cru 2008	n.c.	16

Rouge : 8 hectares.
Cabernet franc 17 %, Cabernet-sauvignon 17 %, Merlot 66 %
Château Destieux, 1, Destieux, 33330 Saint-Hippolyte
Tél. : 05 57 24 77 44 **Fax :** 05 57 24 18 79
E-mail : christiandauriac@free. fr ou contact@vignoblesdauriac.com
Site : www.vignobles-dauriac.com
Vente : au domaine
Du lundi au vendredi de 8h à 12h et de 14h à 17h sur rendez-vous.
Propriétaire : Christian Dauriac
Directeur : Arnaud Ramsayer

■ Château La Dominique
SAINT-EMILION GRAND CRU
★

Clément Fayat, 82 ans, le créateur du groupe de BTP éponyme, est « aussi » propriétaire de vignobles bordelais et, notamment depuis 1969, du cru classé La Dominique. Une goutte d'eau (les vignobles comptent pour 0,2 % du CA du groupe) qui fait l'actualité depuis l'annonce de la construction d'une nouvelle cuverie de 800 m2, un investissement de dix à douze millions d'€, normalement opérationnelle pour les vendanges 2013. Le projet a été confié à l'architecte Jean Nouvel. Cet investissement devrait faire gagner en précision, en densité et en profondeur les vins de ce terroir sablo-graveleux remarquable.

Les vins : « Nous avons, à Saint-Emilion, supporté des foyers de pourriture comme rarement. Courir ou attendre ? Sans cesse, il fallait se poser cette question en 2011 », raconte le directeur Yannick Evenou. L'échantillon à 95 % et 85 % fûts neufs livre un vin tendu, sans creux, avec une solide acidité, qui devrait donner un saint-émilion fin et très digeste. Le 2010 joue davantage la densité et la richesse, avec des tanins généreux mais un très beau fond. Le potentiel est là, tout comme dans le beau 2009, serré et juteux, avec un fruit expressif et qui gagne en raffinement. La voie avait été ouverte par le très joli 2008, magnifiquement travaillé et d'un grand équilibre, aux tanins racés. Une affaire en or !

■ Saint-Emilion Grand Cru 2011	n.c.	16
■ Saint-Emilion Grand Cru 2010	32 €	16,5
■ Saint-Emilion Grand Cru 2009	33 €	17,5
■ Saint-Emilion Grand Cru 2008	n.c.	17

Rouge : 23 hectares.
Cabernet-sauvignon 2 %, Merlot 85 %, Cabernet franc 13 %
Château La Dominique, 33330 Saint-Emilion
Tél. : 05 57 51 31 36 **Fax :** 05 57 51 63 04
E-mail : info@vignobles.fayat.com
Site : www.vignobles.fayat.com
Du lundi au vendredi de 8h à 12h et de 14h à 18h, sur rendez-vous.
Propriétaire : Clément Fayat
Directeur : Pierre Meyhleul

■ Château Faugères
SAINT-EMILION GRAND CRU
★

Faugères est l'un des dignes représentants de l'école moderniste saint-émilionnaise de la fin du XXe siècle. Ce mouvement œnologique, qui a eu pour maître à penser Michel Rolland, a consacré l'avènement des vins de garage. On trouvera ainsi, à Faugères, une cuvée classique flatteuse, riche et mûre, et une microcuvée, Péby-Faugères, qui joue clairement la grande concentration et la puissance, parfois à l'excès. Depuis son acquisition, en 2005, par Silvio Denz, homme d'affaires suisse-allemand (parfumerie de luxe, verrerie Lalique), et la création d'un chai à la pointe de la technologie en 2009, on assiste à une évolution stylistique, avec des vins qui se veulent un peu moins démonstratifs et plus élégants. Un second vin a également été créé afin d'affiner davantage les sélections. A noter que le domaine produit aussi un très bon côtes-de-castillon, Cap de Faugères.

Les vins : à partir des primeurs 2011, Péby-Faugères, la sélection haut de gamme du château Faugères, est devenu un cru à part entière (7,5 ha), afin de prétendre à un classement en premier cru. Son style pousse toujours loin la maturité d'un merlot aromatique élevé en fûts neufs. Velouté, fin, le 2011, par son acidité soutenue, offre une version étirée, au grain frais, une élégance nouvelle au cru. A suivre avec intérêt après élevage. Toujours en primeur 2011, L'échantillon de Château Faugères fait ressortir le coté sucré, boisé, la texture épaisse des merlots récoltés tard dans ce secteur. Beau jus de goût savoureux de longueur moyenne. La cuvée Péby 2010 est serrée, dense, avec un fruit généreux, des tanins abondants, mais un bel équilibre général. La cuvée normale, un rien plus souple, regorge, elle aussi, d'un joli fruit. Le 2009 se révèle excellent, avec un vin au grain superbe et une matière riche et mûre. La cuvée Péby se présente encore plus exubérante, son empreinte de bois est légèrement marquée.

■ Saint-Emilion Grand Cru 2011	n.c.	15
■ Saint-Emilion Grand Cru 2010	n.c.	16
■ Saint-Emilion Grand Cru 2009	n.c.	17
■ Saint-Emilion Grand Cru 2008	n.c.	16
■ Saint-Emilion Grand Cru Cuvée Spéciale Péby 2011	n.c.	16
■ Saint-Emilion Grand Cru Cuvée Spéciale Péby 2009	25 €	17
■ Saint-Emilion Grand Cru Cuvée Spéciale Péby 2008	n.c.	16,5

Rouge : 80 hectares.
Cabernet franc 10 %, Cabernet-sauvignon 5 %, Merlot 85 %
Blanc : 1 hectare.
Production moyenne : 200 000 bt/an

Château Faugères, Saint-Etienne-de-Lisse, 33330 Saint-Emilion
Tél. : 05 57 40 34 99 **Fax :** 05 57 40 36 14
E-mail : info@chateau-faugeres.com
Site : www.chateau-faugeres.com
Vente : au domaine

Du lundi au vendredi de 9h à 12h et de 14h à 17h, sur rendez-vous.
Propriétaire : Silvio Denz
Directeur : Alain Dourthe

■ Château Fleur Cardinale
SAINT-EMILION GRAND CRU
★

La famille Decoster (venue de la porcelaine de Limoges, Haviland) ne ménage pas ses efforts pour faire de ce cru une des valeurs sûres de l'appellation. Cette belle propriété, située sur la côte de Saint-Emilion, au nord de Saint-Etienne-de-Lisse, bénéficie d'un terroir généreux et tardif, qui impose d'être patient pour atteindre un haut niveau de maturité. Conseillée par Jean-Luc Thunevin, la propriété élabore des vins au style moderne, riche et flatteur.

Les vins : le millésime 2011 a été l'une des vendanges parmi les plus tardives de Saint-Emilion, puisque les cabernets ont été rentrés jusqu'au 20 octobre. Son haut degré d'alcool (15 !) enrobe, avec un boisé 100 % fûts neuf sans lourdeur à ce jour, une matière fine, qui n'a pas la rusticité que la surextraction a parfois donné cette année sur les argiles de Saint-Etienne-de-Lisse. On vérifiera son équilibre en fin d'élevage. On retrouve dans le 2010 le style riche et ample qui signe le cru. Nous aimerions toutefois un peu plus de raffinement. Il s'inscrit d'ailleurs dans la lignée d'un 2009 aux notes de fruits très mûrs et au caractère presque exotique.

■ Saint-Emilion Grand Cru 2011	n.c.	15
■ Saint-Emilion Grand Cru 2010	29 €	16
■ Saint-Emilion Grand Cru 2009	28 €	16,5
■ Saint-Emilion Grand Cru 2008	n.c.	15,5

Rouge : 18 hectares.
Merlot 75 %, Cabernet-sauvignon 10 %, Cabernet franc 15 %
Château Fleur Cardinale, Saint-Étienne-de-Lisse, 33330 Saint-Emilion
Tél. : 05 57 40 14 05 **Fax :** 05 57 40 28 62
E-mail : fleurcardinale@wanadoo.fr
Site : www.chateau-fleurcardinale.com
Sur rendez-vous.
Propriétaire : Dominique Decoster

■ Château Fombrauge
SAINT-EMILION GRAND CRU
★

Cette magnifique propriété constitue désormais le plus vaste des grands crus de Saint-

Emilion. Son ambitieux propriétaire, Bernard Magrez, est aussi un grand travailleur sachant bien s'entourer. La production a très vite repris sa place : généreux et soignés, les vins s'affirment comme modernes et flamboyants. Arrivée d'Alexis Combe à la direction de la propriété, qui a postulé en 2012 au classement en grand cru classé après s'être mis en conformité en créant un lieu de vinification propre pour Magrez-Fombrauge (voir à ce domaine).

Les vins : l'échantillon de 2011 (80 % merlot) est annoncé avec un rendement de 43 hl/ha (10 de plus qu'en 2010). Moins de la moitié en fûts neufs et 20 % vinifiés et élevés en cuve béton. Le style est mûr pour l'année, gras, charnu, enveloppé, mais avec une conclusion fruitée et fraîche, grâce aux cabernets francs. Il s'ouvrira assez vite. Le 2010 est un vin doté d'une belle matière, très concentrée, auquel il manque juste un rien de fraîcheur. Le 2009 se révèle, lui aussi, massif et très dense, avec une bouche confite et des tanins volumineux. Le 2008 apparaît plus digeste, avec une jolie fraîcheur de tanins et un élevage qui se fond.

■ Saint-Emilion Grand Cru 2011	n.c.	15
■ Saint-Emilion Grand Cru 2010	20 €	15,5
■ Saint-Emilion Grand Cru 2009	20 €	16
■ Saint-Emilion Grand Cru 2008	n.c.	16
■ Saint-Emilion Grand Cru Magrez Fombrauge 2011	n.c.	16,5
■ Saint-Emilion Grand Cru Magrez Fombrauge 2009	n.c.	16,5
■ Saint-Emilion Grand Cru Magrez Fombrauge 2008		17

Rouge : 56 hectares.
Cabernet franc 14 %, Cabernet-sauvignon 9 %, Merlot 77 %
Blanc : 2 hectares.
Sauvignon blanc 40 %, Sémillon 40 %
Production moyenne : 200 000 bt/an

Château Fombrauge, 33330 Saint-Christophe des Bardes
Tél. : 05 57 24 77 12 **Fax :** 05 57 24 66 95
E-mail : contact@bernard-magrez.com
Site : www.bernard-magrez.com
Pas de visites.
Propriétaire : Bernard Magrez
Directeur : Bernard Magrez

■ Château La Gomerie
SAINT-EMILION GRAND CRU
★

P etite parcelle de 2,5 ha qui n'a pu être intégrée au foncier de Beauséjour-Bécot, La Gomerie constitue une cuvée à part entière depuis 1998, vinifiée dans l'esprit résolument d'hyperconcentration moderne des vins garage. Un style démonstratif, charmeur et charnu, mais doté d'une finale moins délicate à l'évolution. Un peu plus de raffinement (comme nous l'avons ressenti en 2011) ne nuirait pas.

Les vins : joli nez expressif de rose avec une touche d'eau de vie de prunelle dans l'échantillon de 2011. Bouche douce, coulante, moins rigide que 2010. Cette élégance et ce fruité digeste semblent plus en phase avec le terroir que la recherche de concentration (pas toujours équilibrée) constatée dans les derniers millésimes, mais tellement conforme au marché des microcrus de Saint-Emilion ! Un tournant ? Souhaitons que La Gomerie 2011 ait conservé ce brillant enjoué après vingt mois de barriques neuves. Le 2010 est l'archétype des microcuvées saint-émilionnaises qui jouent l'opulence. Le 2009 nous est apparu élégant et précis, avec une recherche de finesse dans la matière. Le 2008 est ample et riche, doté d'une grande maturité de fruit et une bouche capiteuse.

■ Saint-Emilion Grand Cru 2011	n.c.	16
■ Saint-Emilion Grand Cru 2010	55 €	16
■ Saint-Emilion Grand Cru 2009	45 €	16,5
■ Saint-Emilion Grand Cru 2008	n.c.	16

Rouge : 2,52 hectares.
Merlot 100 %
Château La Gomerie, 33330 Saint-Emilion
Tél. : 05 57 74 46 87 **Fax :** 05 57 24 66 88
E-mail : contact@beausejour-becot.com
Site : www.beausejour-becot.com
Pas de visite.
Propriétaire : Gérard, Dominique et Juliette Bécot

■ Château Grand Corbin-Despagne
SAINT-EMILION GRAND CRU
★

F rançois Despagne a tout mis en œuvre pour permettre à son cru, situé à la limite de Pomerol, de retrouver son rang de grand cru classé perdu en 1996. Ses efforts ont fini par payer et, après l'imbroglio juridique qui a entouré la révision de 2006, Grand Corbin-Despagne a été promu, ce que nous approuvons totalement. Il poursuit d'ailleurs ses efforts et vient de lancer la conversion du domaine en bio (labellisation en 2013). Depuis une dizaine d'années, le cru produit un saint-émilion de style classique, jamais tapageur, mais très gourmand et qui vieillit bien en développant de jolis arômes truffés. Les vins étant vendus à des tarifs encore raisonnables, il s'agit d'en profiter.

Les vins : un nez typé par les notes de cerise et cacao de pomerol plus que de saint-émilion emplissaient le verre de l'échantillon primeur 2011. Sa bouche annonce un vin épicé, aux tanins serrés mais fins, de concentration moyenne. L'équilibre est préservé. On s'intéressera de près au 2010, d'un superbe équilibre et doté d'une bouche élégante, au fruit généreux et frais. Le 2009 est aussi très réussi, un vin dense, mais qui a conservé son bel éclat et son soyeux. Le 2008 est croquant, avec une bouche très expressive et séduisante.

■ Saint-Emilion Grand Cru 2011	n.c.	15
■ Saint-Emilion Grand Cru 2010	18 €	17
■ Saint-Emilion Grand Cru 2009	32,50 €	17
■ Saint-Emilion Grand Cru 2008	n.c.	16

Rouge : 26,8 hectares.
Cabernet franc 24 %, Cabernet-sauvignon 1 %, Merlot 75 %
Château Grand Corbin-Despagne, 33330
Saint-Emilion
Tél. : 05 57 51 08 38   **Fax :** 05 57 51 29 18
E-mail : f-despagne@grand-corbin-despagne.com
Site : www.grand-corbin-despagne.com
Vente : au domaine
De 8h à 12h et de 14h à 18h. Autres possibilités sur rendez-vous.
Propriétaire : Famille Despagne
Directeur : François Despagne (président)

■ Château Grand Mayne
SAINT-EMILION GRAND CRU
★

Vaste propriété située au pied du plateau de Saint-Emilion et appartenant à la famille Nony depuis 1934, Grand Mayne est géré par Marie-Françoise Nony et ses deux fils, Jean-Antoine et Damien. Avec la complicité de l'œnologue Michel Rolland, qui les conseille depuis 1973, ils élaborent un saint-émilion de style moderne, riche et plein, qui vieillit bien. Les derniers millésimes sont réguliers.

Les vins : prudent dans les extractions pour ne pas extraire trop de dureté et d'amers, Grand Mayne a donné encore un style assez confit à son 2011. Charnu, chocolaté, il termine sur des tanins mats qui manquent un peu de relief. D'un style opulent et moderne, le 2010 offre un fruité très généreux, à la limite de la surmaturité. Il compote légèrement. Il emboîte le pas à un 2009 dans la même veine, qui conserve son côté flamboyant et plaira aux amateurs de vins très mûrs. Les deux devraient cependant bien vieillir.

■ Saint-Emilion Grand Cru 2011	n.c.	14,5
■ Saint-Emilion Grand Cru 2010	30 €	16
■ Saint-Emilion Grand Cru 2009	31 €	17
■ Saint-Emilion Grand Cru 2008	n.c.	16,5

Rouge : 17 hectares.
Cabernet franc 5 %, Merlot 80 %,
Cabernet-sauvignon 15 %
Château Grand Mayne, BP 64, 33330
Saint-Emilion
Tél. : 05 57 74 42 50   **Fax :** 05 57 74 41 89
E-mail : grand-mayne@grand-mayne.com
Site : www.grand-mayne.com
Vente : au domaine
Sur rendez-vous.
Propriétaire : Marie-Françoise, Jean-Antoine et Damien Nony
Directeur : Jean François Plumas

■ Château Monbousquet
SAINT-EMILION GRAND CRU
★

Situé sur un terroir de sables, de graves et de calcaire qui n'est pas considéré comme étant de première catégorie, Monbousquet a été réveillé par Gérard Perse, qui s'en est servi comme d'un prototype avant d'acquérir Pavie et Pavie Decesse. Dans leur nouveau style, les vins de Monbousquet ont, dès leur naissance, une couleur spectaculaire, des arômes envoûtants de cacao et de torréfaction, sans lourdeur, et surtout, une volupté de texture sans égale, même à Pomerol. Contrairement aux dires des mauvaises langues, le vin vieillit bien. La propriété produit de façon confidentielle, un vin blanc sec qui devrait faire rougir bien des crus dont c'est la spécialité.

Les vins : l'échantillon primeur 2011 (60 % merlot, 30 % cabernet franc, 10 % cabernet-sauvignon) s'est dégusté particulièrement dur, extrait, sur des tanins étonnamment secs et fermes. A revoir après l'élevage. Le 2010 nous a enchantés, sa finesse et son élégance de texture sont loin de toute caricature. C'est un vin de très belle race.

Le 2009 possède lui aussi une fraîcheur remarquable pour le millésime ; derrière des tanins serrés, on trouve un vin racé et dense. Le 2008 exhale de très belles notes de fruits rouges, avec un corps plein.

- ■ Saint-Emilion Grand Cru 2011   n.c. 14,5
- ■ Saint-Emilion Grand Cru 2010   35 €   18
- ■ Saint-Emilion Grand Cru 2009   32 €   17
- ■ Saint-Emilion Grand Cru 2008   n.c. 16,5

Rouge : 31 hectares.
Merlot 70 %, Cabernet franc 20 %,
Cabernet-sauvignon 10 %
Blanc : 1 hectare.
Sauvignon blanc 65 %, Sauvignon gris ou rosé 35 %
Production moyenne : 90 000 bt/an

Château Monbousquet, 42, avenue de Saint-Emilion, 33330 Saint-Sulpice-de-Faleyrens
Tél. : 05 57 55 43 43   **Fax :** 05 57 24 63 99
E-mail : contact@vignoblesperse.com
Site : www.vignoblesperse.com
Pas de visites.
Propriétaire : Gérard Perse

■ Château Moulin Saint-Georges

SAINT-EMILION GRAND CRU
★

Les amateurs de bonnes affaires seraient bien inspirés de s'intéresser de près aux vins de cette propriété, dont le terroir fait face à celui d'Ausone. Alain Vauthier, qui dirige les deux crus, réalise à Moulin Saint-Georges un magnifique saint-émilion puissant, racé, mais jamais lourd. La régularité qualitative est impressionnante depuis plus de deux décennies et les prix demeurent raisonnables. Le seul regret concerne les quantités disponibles.

Les vins : aucun problème de maturité pour ce cru en 2011, avec un échantillon primeur tout à la fois velouté, juste frais dans une bouche ample et qui s'ouvrira assez vite. Le 2010 est généreux et ouvert, avec un accès facile et beaucoup de charme. Une belle affaire. Le 2009 confirme ses belles dispositions, tout en rondeur et en élégance, mais avec du fond et un style plaisant. Le 2008 s'inscrit dans une très belle lignée, affichant profondeur et droiture de bouche.

- ■ Saint-Emilion Grand Cru 2011   n.c. 15,5

- ■ Saint-Emilion Grand Cru 2010   35 €   16
- ■ Saint-Emilion Grand Cru 2009   n.c.   17
- ■ Saint-Emilion Grand Cru 2008   n.c.   16

Rouge : 7 hectares.
Cabernet-sauvignon 10 %, Merlot 70 %,
Cabernet franc 20 %
Château Moulin Saint-Georges, Château Ausone, 33330 Saint-Emilion
Tél. : 05 57 24 24 57   **Fax :** 05 57 24 24 58
E-mail : chateau.ausone@wanadoo.fr
Site : www.chateau-ausone.com
Vente : au domaine
De 10h à 18h.
Propriétaire : Famille Vauthier
Directeur : Alain Vauthier

■ Château Quinault l'Enclos

SAINT-EMILION GRAND CRU
★

Situé en pleine ville, à Libourne, ce domaine a été acquis en 2008 par les actionnaires du château Cheval Blanc, Bernard Arnault et le baron Albert Frère. Pierre-Olivier Clouet, proche collaborateur de Pierre Lurton, en a pris les commandes, avec comme objectif la remise en valeur d'un vieux vignoble désormais entièrement travaillé. Un vin naturellement fin, issu de graves légères qui « s'avère plus complexe qu'on ne l'imaginait », explique son directeur.

Les vins : le 2011 exprime des notes de graphite racées, il prend de la densité (supérieur à La Tour du Pin), tout en restant d'une persistance moyenne. Toujours dans la nouvelle ligne stylistique, le 2010 est un vin fin, très raffiné et doté de jolis tanins. Il ne lui manque qu'un peu de profondeur supplémentaire. Le 2009 s'exprime sur le même registre, tendre et précis. Issu d'une toute petite récolte, le 2008 révèle un fruité expressif et une belle élégance, en demi-puissance.

- ■ Saint-Emilion Grand Cru 2011   n.c. 15,5
- ■ Saint-Emilion Grand Cru 2010   23 € 15,5
- ■ Saint-Emilion Grand Cru 2009   23 €   16
- ■ Saint-Emilion Grand Cru 2008   n.c. 15,5

Rouge : 18 hectares.
Cabernet franc 15 %, Sauvignon ou Sauvignon Blanc 10 %, Malbec 5 %, Merlot 70 %
Château Quinault l'Enclos, 30, chemin Videlot 33500 Libourne
Tél. : 05 57 74 19 52   **Fax :** 05 57 25 91 20
E-mail : po.clouet@chateau-chevalblanc.com

Site : www.chateau-quinault.com
Vente : au domaine
De 9h à 18h sur rendez-vous.
Propriétaire : Bernard Arnaud, Albert Frère
Directeur : Pierre Olivier Clouet

■ Château Rol Valentin
SAINT-EMILION GRAND CRU
★

C e cru, qui fut l'un des porte-drapeaux des vins de garage dans la région, affiche aujourd'hui une taille très raisonnable. Créé, en 1994, par l'ancien joueur professionnel de football Eric Prissette, et vinifié sous la houlette de Stéphane Derenoncourt, le domaine s'est rapidement imposé pour ses vins séduisants, ronds et suaves. Vendu en 2009 à Alexandra et Nicolas Robin, Rol Valentin poursuit sur sa lancée et continue dans sa voie sans faiblir. Très régulier dans un style de vins ronds, généreux et suaves à souhait.

Les vins : avec une prise de bois grillé assez marqué, l'échantillon primeur 2011 offre une matière équilibrée, qui déroule et s'affirme par sa finesse en arrière bouche. Belle continuité du cru. Les 2009 et 2010 ne décevront pas les amateurs de vins charmeurs, mais aussi profonds, car ils vieilliront bien. Le 2008 se révèle gourmand et d'un abord séduisant, avec une trame tannique bien travaillée.

■ Saint-Emilion Grand Cru 2011		n.c.	14,5
■ Saint-Emilion Grand Cru 2010		n.c.	16,5
■ Saint-Emilion Grand Cru 2009		n.c.	16
■ Saint-Emilion Grand Cru 2008		n.c.	16,5

Rouge : 7,5 hectares.
Cabernet-sauvignon 10 %, Merlot 90 %
Château Rol Valentin, 5, Cabanes Sud, 33330 Saint-Emilion
Tél. : 05 57 74 43 51 **Fax :** 05 57 74 45 13
E-mail : contact@vignoblesrobin.com
Site : www.rolvalentin.com
Sur rendez-vous.
Propriétaire : Alexandra et Nicolas Robin

■ Château La Tour Figeac
SAINT-EMILION GRAND CRU
★

D ans les derniers millésimes, ce beau cru voisin de Figeac – dont il a été détaché en 1897 –, s'est véritablement affirmé comme l'un des plus harmonieux et des mieux vinifiés de ce secteur prestigieux. La vinification et l'élevage sont suivis par Christine Derenoncourt (épouse et associée du conseiller Stéphane). Particulièrement soignée et largement inspirée de la biodynamie, la viticulture se veut exemplaire. Des replantations de cabernet franc sont programmées, avec la volonté à terme de passer de 35 à 50 % en utilisant uniquement des sélections massales. Le vin ne joue jamais la puissance – son terroir, d'ailleurs, ne le lui permet pas – mais l'harmonie.

Les vins : le millésime 2011 est l'une des vendanges les plus précoces des premiers crus classés de saint-émilion (du 9 au 20 septembre), qui ne manque pas de maturité au nez, sur des arômes de mûres et d'épices. Signée par les jeunes vignes, sa matière est fine, racée, digeste, peu marquée par le bois neuf (50 %). Le 2010 comporte une proportion importante de cabernet-sauvignon, ce qui lui confère un côté un peu strict. Il n'empêche, le fond est là, tout comme l'équilibre. Le 2009 s'affirme une fois encore dans un registre harmonieux, délicat et très séduisant, sur des tanins fins et une matière délicate. Dans un esprit similaire, le 2008 est un rien moins moelleux, mais très élancé.

■ Saint-Emilion Grand Cru 2011		n.c.	16
■ Saint-Emilion Grand Cru 2010		25 €	17
■ Saint-Emilion Grand Cru 2009		25 €	16,5
■ Saint-Emilion Grand Cru 2008		n.c.	16

Rouge : 14,6 hectares.
Merlot 65 %, Cabernet franc 35 %
Château La Tour Figeac, 33330 Saint-Emilion
Tél. : 05 57 51 77 62 **Fax :** 05 57 25 36 92
E-mail : latourfigeac@wanadoo.fr
Site : www.latourfigeac.com
Vente : au domaine
De 9h30 à 11h et de 14h30 à 17h sur rendez-vous.
Propriétaire : Otto Rettenmaier

■ Château Trottevieille
SAINT-EMILION GRAND CRU
★

P remier cru traditionnel de Saint-Emilion, Trottevieille occupe un superbe coteau un peu à l'écart de ses pairs, capable de donner des vins fins et racés, de grande longévité. Il possède un rare capital de très vieilles vignes de cabernet franc, avec lequel le château produit une microcuvée non commercialisée. Après un long passage à vide, Philippe Castéja a engagé une évidente reprise en main au début des années

2000, s'appuyant sur les conseils avisés de Denis Dubourdieu. Le cru produit un vin de facture classique, doté d'une certaine austérité en primeur, qui ne joue pas l'opulence mais davantage la fraîcheur du grain et du fruit.

Les vins : vendangé les 29 et 30 septembre, le 2011 atteint un rendement de grand vin (32 hl/ha après tri et saignée, contre 20 hl/ha en 2010). Ce sont les vieux cabernets francs qui donnent tout l'éclat et la fraîcheur crayeuse à ce très bel échantillon à l'allonge encore austère, mais indéniablement supérieure. Une réussite majeure de 2011. Le 2010 est un vin construit pour la garde, qui gagnera en rondeur sur dix ans. Le cru a été ravagé par la grêle en 2009, seule une minuscule récolte a pu être sauvée. Un vin très majoritairement composé de cabernet franc et qui demeure relativement austère. Le 2008 affiche une trame serrée mais beaucoup d'énergie et de précision, c'est un très joli saint-émilion, classique et droit.

■ Saint-Emilion Grand Cru 2011	n.c.	17
■ Saint-Emilion Grand Cru 2010	80 €	16
■ Saint-Emilion Grand Cru 2009	60 €	14
■ Saint-Emilion Grand Cru 2008	n.c.	15,5

Rouge : 10 hectares.
Merlot 50 %, Cabernet franc 45 %,
Cabernet-sauvignon 5 %
Château Trottevieille, 86, cours
Balguerie-Stuttenberg, 33330 Bordeaux
Tél. : 05 56 00 00 70 **Fax :** 05 57 87 48 61
E-mail : domaines@borie-manoux.fr
Du lundi au vendredi de 8h à 12h et de 14h à 17h30, sur rendez-vous uniquement.
Propriétaire : Philippe Castéja

■ Château Bellefont Belcier

SAINT-EMILION GRAND CRU

Remarquablement situé sur la côte, juste après Larcis Ducasse, Bellefont-Belcier, qui a longtemps somnolé, a été relancé avec de gros moyens depuis quelques années. Grâce à Dominique Hébrard, qui s'occupe de la vinification, les vins ont largement progressé depuis 2000. L'orientation bio du vignoble s'exprime dans les derniers millésimes, plus originaux, évoquant la compacité de l'argile. Un saint-émilion qui s'écrit dans les pleins de la chair mûre (typique des coteaux sud), tout en restant frais dans sa finale. Vendus à des prix raisonnables, ils représentent désormais une réelle bonne affaire.

Les vins : en 2011, les cabernets étaient « magiques » selon Dominique Hébrard, qui les a poussés à 30 % dans l'assemblage, pour un vin primeur de chair. Un échantillon convaincant, dans la lignée de 2010, l'une des révélations du millésime. Un vin ample, équilibré et tendu, avec de la chair. Plus fin que dense, à l'origine, le 2009 a gagné en ampleur et se révèle très épicé. Le 2008 est délicat, avec un joli soyeux.

■ Saint-Emilion Grand Cru 2011	n.c.	16
■ Saint-Emilion Grand Cru 2010	n.c.	16,5
■ Saint-Emilion Grand Cru 2009	28 €	16,5
■ Saint-Emilion Grand Cru 2008	n.c.	16

Rouge : 13 hectares.
Cabernet franc 20 %, Cabernet-sauvignon 10 %,
Merlot 70 %
Château Bellefont Belcier, 33330
Saint-Laurent-des-Combes
Tél. : 05 57 24 72 16 **Fax :** 05 57 74 45 06
E-mail : chateau.bellefont-belcier@wanadoo.fr
Site : www.bellefont-belcier.fr
Vente : au domaine
Sur rendez-vous.
Propriétaire : Dominique Hébrard, Jacques Berrebi et Alain Laguillaumie.
Directeur : Dominique Hébrard

■ Château Cap de Mourlin

SAINT-EMILION GRAND CRU

Naguère divisé en deux exploitations, le cru a retrouvé, depuis 1988, son unité et la plénitude de ses qualités : le terroir de la côte nord, l'encépagement classique avec un tiers de cabernet, ainsi que le goût bien trempé de la famille Capdemourlin – l'une des plus anciennes du pays – se traduisent par un vin classique, bien charpenté, un peu rugueux dans sa jeunesse mais fort harmonieux dès la cinquième année. Tout comme pour Balestard La Tonnelle, qui appartient à la même famille, nous notons depuis quelques années une évolution du style des vins, avec une austérité moins marquée.

Les vins : le vin possède toujours une petite rigidité dans sa jeunesse. En 2010, le fond est là et le fruit est tendre. Pas démonstratif, le 2009 offre un joli raffinement et une finale d'ampleur moyenne, mais de la délicatesse dans les tanins. Le 2007 s'est équilibré, avec une matière dense et un boisé qui l'assèche légèrement.

■ Saint-Emilion Grand Cru 2010	n.c.	16,5
■ Saint-Emilion Grand Cru 2009	n.c.	16
■ Saint-Emilion Grand Cru 2007	n.c.	15,5

Rouge : 14 hectares.
Cabernet franc 25 %, Cabernet-sauvignon 10 %,
Merlot 65 %
Château Cap de Mourlin, 33330 Saint-Emilion
Tél. : 05 57 74 62 06 **Fax :** 05 57 74 59 34
E-mail : info@vignoblescapdemourlin.com
Site : www.vignoblescapdemourlin.com
Vente : au domaine
Sur rendez-vous. Fermé en juillet et en août.
Propriétaire : Famille Capdemourlin

■ Château Clos de Sarpe
SAINT-EMILION GRAND CRU

C e petit cru s'inscrit dans la lignée des saint-émilion modernes, riches et amples en bouche, sans tomber dans la caricature. Grâce à son superbe terroir calcaire et à un vignoble âgé, le vin conserve une belle élégance en bouche et vieillit parfaitement. Acquis en 1923 par Jean Beyney, le cru est aujourd'hui dirigé par son petit-fils, Jean-Guy. Les derniers millésimes sont tous très réussis.

Les vins : tant en 2010 qu'en 2009, le domaine a produit un vin séduisant et savoureux, doté d'un élevage riche. Le 2009 se présente avec son profil habituel, plein, mûr et boisé, mais avec beaucoup de fond.

- Saint-Emilion Grand Cru 2011   n.c.   13,5
- Saint-Emilion Grand Cru 2010   n.c.   16,5
- Saint-Emilion Grand Cru 2009   n.c.   16

Rouge : 3,7 hectares.
Cabernet franc 15 %, Merlot 85 %
Château Clos de Sarpe, 33330 Saint-Emilion
Tél. : 05 57 24 72 39 **Fax :** 05 57 74 47 54
E-mail : chateau@clos-de-sarpe.com
Site : www.clos-de-sarpe.com
Vente : au domaine
Sur rendez-vous.
Propriétaire : Jean-Guy Beyney

■ Château La Croix Figeac
SAINT-EMILION GRAND CRU

B ien repris en main par Jean Dutruilh – qui fut champion de ski avant de devenir un vigneron de talent – et son père, ce petit cru possède un terroir de grande qualité, proche de Figeac et de Cheval Blanc. Le style des vins est axé sur une recherche de l'équilibre et de l'élégance. Le cru ne va jamais vers la puissance, mais les derniers millésimes montrent une nette progression en termes de profondeur et d'allonge. On peut les apprécier dans les six, sept ans.

Les vins : un jus très homogène, velouté, charnu, bien mûr, sans dilution, le 2011 termine un peu court en saveurs, mais reste une réussite pour le secteur. Les 2010 et 2009 sont de très beaux vins, denses, mais raffinés. Ils devraient bien évoluer tous les deux.

- Saint-Emilion Grand Cru 2011   n.c.   15
- Saint-Emilion Grand Cru 2010   n.c.   15,5
- Saint-Emilion Grand Cru 2009   n.c.   16

Rouge : 11,1 hectares.
Cabernet franc 20 %, Merlot 80 %
Château La Croix Figeac, 14, rue d'Aviau,
33000 Bordeaux
Tél. : 05 56 81 19 69 **Fax :** 05 56 81 19 69
Du lundi au vendredi, sur rendez-vous.
Propriétaire : Jean Dutruilh

■ Château Faurie de Souchard
SAINT-EMILION GRAND CRU

S ur la côte nord qui remonte vers Soutard, en face de Dassault, les vignes (en partie en replantation et drainage) de ce cru progressent à chaque millésime. Longtemps dans l'ombre, le château connaît une renaissance sous l'impulsion des frères Sciard qui, depuis 2006, s'y sont totalement impliqués. Sur les conseils de la Derenoncourt Team, le vin a gagné en tension, en énergie, avec un grain franc exprimant justement son terroir. A un tarif, qui plus est, raisonnable.

Les vins : d'une franchise reposante face aux hypersélections des grands châteaux, le 2011 (70 % merlot, 34 % cabernet franc, 6 % cabernet-sauvignon) s'annonce pur et franc. Le 2010 se montre sans doute le vin le plus abouti de la propriété, il est savoureux et intense, exprimant un très beau fruit. Le 2009 était déjà une belle révélation, plein et intense.

- Saint-Emilion Grand Cru 2011   n.c.   14,5
- Saint-Emilion Grand Cru 2010   20 €   16,5
- Saint-Emilion Grand Cru 2009   23 €   16,5
- Saint-Emilion Grand Cru 2008   n.c.   16

Rouge : 11 hectares.
Cabernet franc 20 %, Cabernet-sauvignon 5 %,
Merlot 75 %
Château Faurie de Souchard, Château Faurie de
Souchard 33330 Saint-Emilion
Tél. : 05 57 74 43 80 **Fax :** 05 57 74 43 96
E-mail : fauriedesouchard@wanadoo.fr
Site : www.fauriedesouchard.com
Vente : au domaine

Sur rendez-vous du lundi au vendredi de 9h à 16h.
Propriétaire : SAS Sciard-Jabiol

■ Château Fonplégade
SAINT-EMILION GRAND CRU

C ette très jolie propriété de Saint-Emilion a été réveillée par l'homme d'affaires écossais Steve Adams. Sous son impulsion, le vignoble encore jeune devrait être certifié bio en 2013. Une ouverture d'esprit que l'on retrouve également dans les investissements en cave, où des cuves béton en forme d'œuf ont fait leur apparition au côté des barriques. Le vin, charmeur, ample et séduisant, gagne en fraîcheur et en profondeur dans les deux derniers millésimes. A noter que la famille possède également les châteaux Candale (Saint-Emilion), Bel-Air (Lalande-de-Pomerol) et l'Enclos (Pomerol). Sur place, le caveau ouvert au grand public est l'un des plus chics et courus de Saint-Emilion.

Les vins : en primeur, le 2011 offre une attaque large, en volume, veloutée, mais moins solaire que 2010. Il termine plus équilibré, avec plus de jus, il joue la délicatesse (le vignoble est jeune) sans perdre la maturité. Continue sa progression. Délicat, gourmand, le Fleur de Fonplégade 2011 est un beau second vin de jeune vigne, à boire jeune. Le grand vin en 2010 est fin et équilibré, dans un style accessible et digeste. On le boira dans la décennie. Le 2008 a conservé son style agréable, avec un fruit généreux et des tanins souples.

■ Saint-Emilion Grand Cru 2011   n.c. 15
■ Saint-Emilion Grand Cru 2010   25 € 15
■ Saint-Emilion Grand Cru 2008   n.c. 16

Rouge : 18 hectares.
Cabernet franc 5 %, Merlot 95 %
Château Fonplégade, 33330 Saint-Emilion
Tél. : 05 57 74 43 11 **Fax :** 05 57 74 44 67
E-mail : estelle.tehan@fonplegade.fr
Site : www.fonplegade.com
Tous les jours de de 10h à 17h.
Propriétaire : S. et D. Adams
Directeur : Jean-Christophe Meyrou

■ Château Franc-Mayne
SAINT-EMILION GRAND CRU

L e château a été racheté en 2005 par Griet et Hervé Laviale (châteaux de Lussac et Vieux Maillet). Sous l'impulsion de son ancien propriétaire belge, le négociant Fourcroy, qui l'avait repris en 1996, ce cru bien situé a retrouvé la plénitude de ses qualités. Prototype du vin de côte, rond mais fermement tannique, au bouquet puissant de truffe, il évolue très bien sur une décennie. A noter que le château propose de superbes chambres offrant une vue magnifique sur le vignoble.

Les vins : le 2010 s'est révélé élégant et d'une belle fraîcheur de fruit, sans manquer d'ampleur. Le 2009, qui apparaissait très massif avec des tanins imposants, s'affine doucement. Il faudra lui laisser du temps. Le 2008 se montre en demi-puissance mais élégant, tandis que le 2007 est un vin frais et croquant que l'on peut déjà savourer.

■ Saint-Emilion Grand Cru 2011   n.c. 14
■ Saint-Emilion Grand Cru 2010   n.c. 15,5
■ Saint-Emilion Grand Cru 2009   n.c. 15
■ Saint-Emilion Grand Cru 2008   n.c. 15

Rouge : 7 hectares.
Cabernet franc 10 %, Merlot 90 %
Château Franc-Mayne, 14, La Gemerie, 33330 Saint-Emilion
Tél. : 05 57 24 62 61 **Fax :** 05 57 24 68 25
E-mail : info@chateaufrancmayne.com
Site : www.chateaufrancmayne.com
Vente : au domaine
Tous les jours de 9h à 18h sur rendez-vous.
Propriétaire : Griet Laviale Van Malderen
Directeur : Kurt de Vare

■ Château Les Grandes Murailles
SAINT-EMILION GRAND CRU

T out petit cru d'à peine 2 ha, ce château tire son nom des vestiges d'une église gothique, symbole immanquable de Saint-Emilion. Situé en bordure du village, il est vinifié dans d'étonnantes caves souterraines. Grandes Murailles est le voisin direct du premier grand cru Clos Fourtet. Son terroir, de très haut niveau, a été parfaitement mis en valeur ces dernières années par la famille Reiffers, sous la direction de Sophie Fourcade (née Reiffers), qui le bichonne avec attention depuis maintenant quelques années. Difficiles à trouver, les vins sont remarquables depuis une bonne décennie.

Les vins : le plus précoce des crus de Sophie Fourcade est, en 2011, un saint-émilion de style mûr pour l'année, sur des notes de confit frais, cassis, peau de merlot juteux, qui termine sur de légers amers. Le 2010 est une réussite, malgré la richesse du millésime, il exprime une très belle minéralité et un côté savoureux dans les tanins. Il succède à un 2009, lui aussi de haut niveau, combinant puissance et raffinement, avec beaucoup de classe en bouche. Charmeur, plein et suave, le 2008 se montre délicieux et très rond.

■ Saint-Emilion Grand Cru 2011	n.c.	14,5
■ Saint-Emilion Grand Cru 2010	43 €	17
■ Saint-Emilion Grand Cru 2009	43 €	17
■ Saint-Emilion Grand Cru 2008	n.c.	16

Rouge : 2 hectares.
Merlot 100 %
Château Les Grandes Murailles, 33330 Saint-Emilion
Tél. : 05 57 24 71 09 **Fax :** 05 57 24 69 72
E-mail : lesgrandesmurailles@wanadoo.fr
Site : www.lesgrandesmurailles.fr
Sur rendez-vous.
Propriétaire : GFA Les Grandes Murailles

■ Château Grand-Pontet
SAINT-EMILION GRAND CRU

Désormais valeur sûre de l'appellation, Grand-Pontet, propriété de Sylvie Pourquet-Bécot, occupe un vignoble voisin de celui de Beau-Séjour avec, en partie, des sols plus riches en argiles, qui donnent des vins plus colorés, plus charpentés. Le directeur, Pascal Lucin, récolte les fruits d'une mise en culture totale du vignoble faisant monter en puissance l'expression crayeuse attendue du grand vin de ce plateau. Les derniers millésimes sont tous recommandables, de très beaux classiques qui vieillissent bien.

Les vins : à 40 % dans l'échantillon primeur du 2011, la richesse du cabernet franc (entre 12,7 et 14 % vol.) domine par son velours frais. Un beau vin floral, dont le fruit est déjà éclatant. En bouche, richesse, finesse de tanins, avec un retour sur des notes crayeuses et salines, restituées par un élevage noble signé du tonnelier Stockinger. Une réussite. Le 2010 devrait constituer un vin dense et élégant, un peu dans l'esprit du beau 2009, charnu et plein. Le 2008 se montre élégant et frais, dans le style du cru, avec un joli côté digeste.

■ Saint-Emilion Grand Cru 2011	n.c.	16
■ Saint-Emilion Grand Cru 2010	40 €	16,5
■ Saint-Emilion Grand Cru 2009	40 €	17
■ Saint-Emilion Grand Cru 2008	32 €	16

Rouge : 13,7 hectares.
Cabernet franc 15 %, Cabernet-sauvignon 15 %,

Merlot 70 %
Château Grand-Pontet, 33330 Saint-Emilion
Tél. : 05 57 74 46 88 **Fax :** 05 57 74 45 31
E-mail : chateau.grand-pontet@wanadoo.fr
Vente : au domaine
Sur rendez-vous.
Propriétaire : Famille Pourquet-Bécot
Directeur : Pascal Lucin

■ Château Jean-Faure
SAINT-EMILION GRAND CRU

Très bien placé entre La Dominique et Ripeau, le château Jean-Faure a été acquis en 2004 par Olivier Decelle, également propriétaire du Mas Amiel en Roussillon et, en partie, du jeune négoce nuiton, Decelle-Villa. Depuis sa reprise, on connaît désormais mieux le profil de ce terroir à tendance sableuse, qui a été entièrement drainé par son nouveau propriétaire. Avec une majorité de cabernet franc, le vignoble ne livre jamais des vins très riches et gras, mais un rouge aromatique, profilé, orienté vers la finesse, qui peut s'apprécier jeune. La propriété était suivie par les équipes du conseiller Stéphane Derenoncourt jusqu'en 2011.

Les vins : en 2011, Jean-Faure a vendangé tard, afin de compenser l'effet diluant des pluies ; sa texture est fine, dense, un peu confite dans les arômes. Le 2010 est délicat et très équilibré, avec une trame fine et beaucoup de cachet. Le 2009 apparaissait plus puissant, avec d'intenses notes de fruits noirs, mais ses cabernets francs lui confèrent une très belle fraîcheur de bouche et sa finale est tout en équilibre. Le 2008 semble un peu plus ferme, mais avec une grande précision dans le fruit, il s'affine au vieillissement.

■ Saint-Emilion Grand Cru 2011	n.c.	15
■ Saint-Emilion Grand Cru 2010	25 €	16
■ Saint-Emilion Grand Cru 2009	26 €	17
■ Saint-Emilion Grand Cru 2008	n.c.	16,5

Rouge : 18 hectares.
Cabernet franc 54 %, Malbec 6 %, Merlot 40 %
Château Jean-Faure, 33330 Saint-Emilion
Tél. : 05 57 51 34 86 **Fax :** 05 57 51 94 59
E-mail : chateaujeanfaure@wanadoo.fr
Vente : au domaine
Sur rendez-vous.
Propriétaire : Olivier Decelle

■ Château Larmande

SAINT-EMILION GRAND CRU

S itué au nord de l'appellation et baptisé d'après le lieu-dit éponyme, le vignoble repose sur des terroirs assez variés. Depuis 1990, le cru appartient à la compagnie d'assurances La Mondiale, qui a beaucoup investi, tant dans les chais que dans le vignoble. La qualité des vins s'est sensiblement améliorée et Larmande apparaît régulièrement comme un saint-émilion de belle facture, dans un style plus délicat et subtil que puissant et extrait.

Les vins : expressif sur des notes de cassis, une matière travaillée, en texture douce, ouverte et fine, l'échantillon de 2011 souligne que le cru a beaucoup gagné en précision. Les amateurs d'élégance seront aussi ravis avec le 2010, qui offre une bouche suave, de jolies notes de fruits et surtout des tanins raffinés. Le cru a été grêlé en 2009, il propose néanmoins un vin fin et souple, avec une bouche subtile. Le 2008, classique, apparaît tendre et soyeux à la fois.

■ Saint-Emilion Grand Cru 2011	n.c.	14,5
■ Saint-Emilion Grand Cru 2010	n.c.	15,5
■ Saint-Emilion Grand Cru 2009	n.c.	15,5
■ Saint-Emilion Grand Cru 2008	n.c.	15,5

Rouge : 25 hectares.
Cabernet-sauvignon 5 %, Merlot 65 %, Cabernet franc 30 %
Château Larmande, BP 26, 33330 Saint-Emilion
Tél. : 05 57 24 71 41 **Fax :** 05 57 74 42 80
E-mail : contact@soutard-larmande.com
Site : www.chateau-larmande.com
Vente : au domaine
Du lundi au vendredi de 9h à 17h30.
Propriétaire : La Mondiale
Directeur : Claire Thomas-Chenard

■ Château Laroque

SAINT-EMILION GRAND CRU

L aroque est une vaste propriété du plateau de Saint-Christophe-des-Bardes, à l'est de Saint-Emilion. Le cru s'enorgueillit de bâtiments spectaculaires construits au XVIIᵉ siècle. La famille Beaumartin ne ménage pas ses efforts pour placer le cru au sein des belles marques de l'appellation, les derniers millésimes sont en ce sens plutôt réussis.

Les vins : une très belle finesse de texture dans le primeur 2011, un côté salin assez brillant pour le millésime conjugue avec délicatesse et fond, hors de mode. Les 2010 et 2009 constituent le plus beau duo de vins élaboré au château. Le premier offre un beau profil classique, mais élégant et très équilibré. Le second lui ressemble un peu, serré, mais d'une belle intensité, avec de la mâche.

■ Saint-Emilion Grand Cru 2011	n.c.	14,5
■ Saint-Emilion Grand Cru 2010	n.c.	15
■ Saint-Emilion Grand Cru 2009	n.c.	15,5
■ Saint-Emilion Grand Cru 2008	n.c.	16

Rouge : 61 hectares.
Cabernet franc 10 %, Cabernet-sauvignon 2 %, Merlot 88 %
Château Laroque, 33330 Saint-Christophe-des-Bardes
Tél. : 05 57 24 77 28 **Fax :** 05 57 24 63 65
E-mail : contact@chateau-laroque.com
Site : www.chateau-laroque.com
Vente : au domaine
De 9h à 12h et de 14h à 18h sur rendez-vous.
Propriétaire : Famille Beaumartin
Directeur : Bruno Sainson

■ Château Laroze

SAINT-EMILION GRAND CRU

C ette propriété appartient à la même famille depuis plus d'un siècle. Elle est située en pied de côte de Saint-Emilion, sur un sol de sables anciens. Elle produit depuis des années des vins assez souplement construits, de demi-garde, bien constitués et d'un caractère aimable. Les derniers millésimes nous ont ravis et le vin a considérablement progressé.

Les vins : à la tête du domaine, Guy Meslin a fortement trié en 2011, utilisant la méthode du tri par densimétrique (les baies passent dans un bain d'eau sucrée, les moins mûres flottent et sont éliminées), et n'a pas fait de saignée. Avec 60 % merlot, 40 % cabernet, l'échantillon est puissant, facile d'accès, doté de tanins moelleux, une qualité cette année à Bordeaux. Le 2010 est délicieux, avec un joli fruit intense ; le 2009 n'est pas en reste et montre un côté charmeur, avec de la longueur.

■ Saint-Emilion Grand Cru 2011	n.c.	15
■ Saint-Emilion Grand Cru 2010	20 €	16
■ Saint-Emilion Grand Cru 2009	22 €	16,5
■ Saint-Emilion Grand Cru 2008	n.c.	15

Rouge : 27 hectares.
Merlot 68 %, Cabernet franc 26 %, Cabernet-sauvignon 6 %
Château Laroze, BP 61, 33330 Saint-Emilion
Tél. : 05 57 24 79 79 **Fax :** 05 57 24 79 80

E-mail : info@laroze.com
Site : www.laroze.com
Vente : au domaine
Sur rendez-vous.
Propriétaire : Guy Meslin

Château Lassègue
SAINT-EMILION

L a propriété appartient à la famille Jackson depuis 2003. C'est Jess, ancien avocat américain, décédé en 2010 et fondateur du groupe Kendall-Jackson, qui l'avait acquise et en avait confié les rênes à Pierre Seillan. Sa famille reprend le flambeau et rien ne change. Château Lassègue produit un saint-émilion puissant, moderne, parfois un peu boisé dans sa jeunesse, mais toujours profond et apte à la garde.

Les vins : le 2011 développe en primeur une très belle race, dans une année hypertriée qui laisse la place à un jus tendu, épuré, que l'élevage ne devra pas boursoufler. Avec un fruit très dense et un support tannique important, le 2010 se met en place. Suave et moderne, le 2009 est séduisant, mais il aura aussi besoin de temps pour s'affiner. Plus classique, le 2008 est également de belle facture, toujours dans son style enjôleur.

■ Saint-Emilion Grand Cru 2011		n.c.	16
■ Saint-Emilion Grand Cru 2010		n.c.	16,5
■ Saint-Emilion Grand Cru 2009		n.c.	16,5
■ Saint-Emilion Grand Cru 2008		n.c.	16

Château Lassègue, Saint-Hippolyte 33330 Saint-Emilion
Tél. : 05 57 24 19 49 **Fax :** 05 57 24 00 38
E-mail : info@chateau-lassegue.com
Site : www.chateau-lassegue.com
Propriétaire : Famille Jackson
Directeur : Pierre Seillan

Château Magdelaine
SAINT-EMILION GRAND CRU

M agdelaine, idéalement situé dans le secteur d'Ausone et de Belair-Monange, appartient à la famille Moueix. Dans les meilleures années, le vin brille par sa tendresse, sa finesse, sa subtilité d'arômes et de texture. Et cela un peu à contre-courant de la mode, bien qu'il soit issu de raisins plus mûrs qu'autrefois. Malheureusement, il se montre trop souvent austère,

serré, présentant une concentration un peu juste et manquante de vinosité. Cette densité insuffisante pénalise alors le vieillissement en bouteille.

Les vins : vendangé tard, le 5 octobre, le primeur 2011 prend tout de suite une hauteur aromatique supérieure de nuances de violette et de lardé. Bouche polie, douce, fondue, avec une énergie simple, un peu sévère dans sa finale qui s'arrondira à l'élevage. Le 2010 s'annonce un peu plus austère que ses voisins, mais il renferme une belle complexité. Le 2009, qui se dégustait difficilement, semble aujourd'hui plus profond, mais il ne s'est pas encore départi de sa rigidité. A suivre. Le 2008 s'ouvre doucement, avec un profil finalement classique.

■ Saint-Emilion Grand Cru 2011		n.c.	15,5
■ Saint-Emilion Grand Cru 2010		70 €	16,5
■ Saint-Emilion Grand Cru 2009		n.c.	15
■ Saint-Emilion Grand Cru 2008		n.c.	16

Rouge : 11 hectares.
Merlot 90 %, Cabernet franc 10 %
Château Magdelaine, 33330 Saint-Emilion
Tél. : 05 57 51 78 96 **Fax :** 05 57 51 79 79
E-mail : info@jpmoueix.com
Pas de visites.
Propriétaire : Ets J.-P. Moueix
Directeur : Eric Murisasco

Château La Marzelle
SAINT-EMILION GRAND CRU

L a Marzelle fait partie des crus que le dernier classement de Saint-Emilion avait sanctionnés avant d'être annulé. Il ne méritait sans doute pas ce déshonneur au regard des derniers millésimes produits. Acquis en 1997 par la famille flamande Sioen, le château, situé derrière l'hôtel « Grand Barrail », a bénéficié d'importants investissements. Un nouveau chai de vinification sera opérationnel aux vendanges 2012. La Marzelle est désormais revenue à un bon niveau, produisant des vins amples et structurés et qui peuvent encore gagner en élégance.

Les vins : un style toujours coloré, de maturité poussée, le 2011 se révèle un primeur solide doté cette année de notes florales délicates et assez complexes. Bonne progression. Le 2010 est un vin très dense et riche, mais manquant de finesse, avec une extraction poussée. Le 2009 se montre, lui aussi, très massif et concentré, avec un boisé qui ne s'est pas encore fondu.

■ Saint-Emilion Grand Cru 2011		n.c.	15
■ Saint-Emilion Grand Cru 2010		n.c.	15

■ Saint-Emilion Grand Cru 2009   n.c. 16,5

Rouge : n.c.
Blanc : n.c.
Production moyenne : n.c

Château La Marzelle, 9, Marzelle, 33330
Saint-Emilion
Tél. : 05 57 55 10 55 **Fax :** 05 57 55 10 56
E-mail : info@lamarzelle.com
Site : www.chateaulamarzelle.com
Pas de visites.
Propriétaire : Jean-Jacques et Jacqueline Sioen
Directeur : Philippe Genevey

■ Château de Pressac
SAINT-EMILION GRAND CRU

C et historique château de Saint-Etienne-de-Lisse, impressionnant dans son architecture néomoyenâgeuse a été acquis par la famille Quenin en 1997. Pressac est, par ailleurs, l'ancien nom donné au cépage malbec. Depuis, le vignoble a été restructuré avec beaucoup d'ambition, des coteaux escarpés ont notamment été remis en culture. Les vins sont d'un style plein, puissant, un rien démonstratif, mais sans aucune rusticité ni caractère asséchant. La propriété possède une belle marge de progression.

Les vins : dans un style enrobé, dense, coloré, séducteur en primeur par son boisé sucré tout en restant assez frais, le 2011 est une jolie réussite pour l'année. Le 2009 a souffert de la grêle et le vin produit est fin et délicat ; on le boira assez rapidement.

■ Saint-Emilion Grand Cru 2011   n.c.   15
■ Saint-Emilion Grand Cru 2009 .   19 € 15,5

Rouge : 36 hectares.
Cabernet franc 14 %, Cabernet-sauvignon 12 %,
Carmenère 1 %, Malbec 1 %, Merlot 72 %
Château de Pressac, 1, château de Pressac,
33330 Saint-Etienne-de-Lisse
Tél. : 05 57 40 18 02 **Fax :** 05 57 40 10 07
E-mail : contact@chateau-de-pressac.com
Site : www.chateau-de-pressac.com
Vente : au domaine
Sur rendez-vous.
Propriétaire : Jean-François Quenin

■ Château Le Prieuré
SAINT-EMILION GRAND CRU

C ette jolie propriété de Saint-Emilion possède de belles parcelles complémentaires : face à Trottevieille, sur le plateau (qui donne un vin

pierreux et assez austère), face à Troplong Mondot, plein sud (qui apporte plus de rondeur), et toujours plein sud, en pied de côte, regardant le village de Saint-Emilion et Ausone, là encore, pour des vins généreux. Gérée par Paul Goldschmidt et son épouse, Aline, fille d'Olivier Guichard, Le Prieuré livre un saint-émilion d'un style classique, sans aucune recherche de concentration ni élevage démonstratif. Les prix sont raisonnables et les derniers millésimes permettent au cru d'atteindre un très bon niveau.

Les vins : dégusté en parallèle avec les 2009 et 2010, le 2011 est un millésime plus facile, tendre, accessible jeune. Le 2010 entrera dans la légende du cru, il s'agit du vin le plus complet jamais élaboré ici. Très racé et profond avec un fruit précis, c'est un grand vin et une révélation du millésime. Malgré la grêle qui a dévasté une partie du vignoble en 2009, le cru a élaboré un vin de très belle facture. Raffiné et droit, avec une précision de bouche remarquable et un fruit intense, il évolue bien. Il succède à un joli 2008, très frais et doté de beaux tanins.

■ Saint-Emilion Grand Cru 2011   n.c.   15
■ Saint-Emilion Grand Cru 2010   n.c.   17
■ Saint-Emilion Grand Cru 2009   n.c.   17
■ Saint-Emilion Grand Cru 2008   n.c. 16,5

Rouge : 6,24 hectares.
Cabernet franc 20 %, Merlot 80 %
Château Le Prieuré, Baronne Guichard, Château
Siaurac, 33500 Néac
Tél. : 05 57 51 64 58 **Fax :** 05 57 51 41 56
Site : www.baronneguichard.com
Vente : au domaine
Sur rendez-vous.
Propriétaire : Aline et Paul Goldschmidt
Directeur : Yannick Reyrel

■ Château La Serre
SAINT-EMILION GRAND CRU

S itué au cœur même de Saint-Emilion, le vignoble de La Serre s'étend sur le plateau côté est, à la sortie de la ville, non loin de Trottevieille et de Villemaurine. Le château a longtemps donné des vins manquant d'intensité et de profondeur, mais a beaucoup progressé depuis quelques années. Mieux constitués, les vins brillent désormais par leur élégance et leur finesse.

Les vins : l'échantillon primeur 2001 exprime un volume franc avec un rien de rigidité en milieu de bouche, qui résulte du stress que les vignes sur sable ont ressenti dans les pics de chaleur de juin et août 2011. Le 2010 est un vin au fruité généreux et à la bouche droite, bien construite et rectiligne, avec de très beaux tanins. Le 2009 se révèle être également une belle réussite, avec du fond, du fruit et une bouche très suave.

■ Saint-Emilion Grand Cru 2011	n.c.	14,5
■ Saint-Emilion Grand Cru 2010	n.c.	16
■ Saint-Emilion Grand Cru 2009	n.c.	17

Rouge : 7 hectares.
Cabernet 20 %, Merlot 80 %
Château La Serre, Luc d'Arfeuille SCE, 33330 Saint-Emilion
Tél. : 05 57 24 71 38 **Fax :** 05 57 24 63 01
E-mail : darfeuille.luc@wanadoo.fr
Vente : au domaine
Sur rendez-vous.
Propriétaire : Luc d'Arfeuille

■ Château Soutard
SAINT-EMILION GRAND CRU

L es extérieurs de ce majestueux château et de ses abords ont été entièrement restaurés. Ils se révèlent désormais aussi impressionnants que le chai neuf en inox et les chais souterrains complètement reconstruits et « designés » sous la houlette du nouveau propriétaire, le groupe La Mondiale, installé depuis 2006, et qui possède par ailleurs les châteaux Larmande et Cadet-Piola. Les vins de Soutard, inégaux par le passé, se montrent actuellement très fruités, plus accessibles jeunes, et surtout d'une rare délicatesse de tanins : preuve que les derniers millésimes exploitent parfaitement le très beau terroir du cru. Une vaste boutique destinée au grand public a été inaugurée en mai 2011.

Les vins : avec 60 % de merlot et 60 % de fût neufs, l'échantillon de 2011 nous a séduits par son extraction délicate en tanins, son fruit étincelant, tant au nez qu'en bouche, et une finale un rien sauvage. Il confirme sa nette progression. Le 2010 exprime un très joli fruit, du croquant et un toucher de bouche soyeux. Si 80 % de la récolte 2009 ont été détruits par la grêle, ce qui est resté a permis d'élaborer un vin fin et délicat, mais sans l'intensité ni la profondeur des meilleurs. Le 2008, très joli, exploite parfaitement le potentiel du terroir.

■ Saint-Emilion Grand Cru 2011	n.c.	15,5
■ Saint-Emilion Grand Cru 2010	30 €	16,5
■ Saint-Emilion Grand Cru 2009	30 €	14,5
■ Saint-Emilion Grand Cru 2008	n.c.	16,5

Rouge : 22 hectares.
Cabernet franc 30 %, Merlot 70 %
Château Soutard, 33330 Saint-Emilion
Tél. : 05 57 24 71 41 **Fax :** 05 57 74 42 80
E-mail : contact@soutard-larmande.com
Site : www.chateau-soutard.com
Vente : au domaine
Toute l'année (sauf samedi, dimanche et jours fériés) de 9h à 17h30.
Propriétaire : La Mondiale
Directeur : Claire Thomas-Chenard

■ Château La Tour du Pin
SAINT-EMILION GRAND CRU

A nciennement baptisée la Tour du Pin Figeac Moueix, la propriété a été acquise en 2006 par le château Cheval Blanc. Une nouvelle équipe en a repris les rênes et ambitionne de faire de ce cru bien situé sur le plateau, non loin de Pomerol, l'une des références de l'appellation. Les derniers millésimes sont encourageants.

Les vins : dans un style assez rond, velouté, accessible jeune, le 2011 en primeur charme par son évidence, sans pour autant faire simple et court. Il tisse le fil de la finesse. Le 2010 joue la carte de l'élégance et du classicisme, ce qui lui va plutôt bien, avec un joli raffinement et un côté très digeste. Le 2009 s'affiche dans un profil assez similaire, sans épate, mais avec du fond et de la race. Le 2008 se montre également raffiné et suave, mais un peu moins complet.

■ Saint-Emilion Grand Cru 2011	n.c.	15
■ Saint-Emilion Grand Cru 2010	30 €	16
■ Saint-Emilion Grand Cru 2009	29 €	16,5
■ Saint-Emilion Grand Cru 2008	n.c.	16

Rouge : 7 hectares.
Cabernet-sauvignon 25 %, Merlot 75 %
Blanc : n.c..
Production moyenne : n.c.

Château La Tour du Pin, 33330 Saint-Emilion
Tél. : 05 57 55 10 40 **Fax :** 05 57 55 55 55
Pas de visites.
Propriétaire : Albert Frère et Bernard Arnault
Directeur : Pierre Lurton

■ Château Villemaurine
SAINT-EMILION GRAND CRU

A dmirablement situé sur le plateau, en bordure est de l'enceinte de Saint-Emilion, Villemaurine a été acquis en 2007 et totalement rénové par le négociant belge Justin Onclin, également propriétaire de Branas Grand Poujeaux à Moulis. En suivant les conseils de Stéphane Derenoncourt, il a considérablement fait progresser la qualité des vins de Villemaurine. Ses performances sont, en partie, dues à une nouvelle cuverie gravitaire et au soin tout particulier apporté aux tris de vendanges. S'impose désormais comme une réussite remarquable de l'appellation.

Les vins : l'échantillon de 2011 (80 % merlot, 20 % cabernet franc, 70 % fûts neufs), livre des arômes de peau de raisin mûr, de poivre, une bouche délicate, soyeuse, crémeuse, tardive, un peu chaude dans sa finale (13,7°). Confirme son statut de bel outsider des primeurs. Le 2010 est la plus belle réussite du cru, qui a considérablement gagné en profondeur et en persistance. Il dépassera un joli 2009, ample et généreux.

■ Saint-Emilion Grand Cru 2011	n.c.	16
■ Saint-Emilion Grand Cru 2010	30 €	17
■ Saint-Emilion Grand Cru 2009	36 €	16,5

Rouge : 7 hectares.
Merlot 95 %, Cabernet franc 5 %
Château Villemaurine, 33330 Saint-Emilion
Tél. : 05 57 74 47 30 **Fax :** 05 57 24 63 09
E-mail : contact@villemaurine.com
Site : www.villemaurine.com
Vente : au domaine
Tous les jours sauf le lundi de 9h30 à 19h.
Propriétaire : Famille Onclin

POMEROL

■ Château L'Eglise-Clinet
POMEROL
★★★

Homme visionnaire et vigneron talentueux, Denis Durantou a porté cette propriété au sommet de l'appellation. Le vignoble est idéalement implanté sur un terroir d'argiles et de graves argileuses, dont une grande partie a résisté au terrible gel de 1956, puis à ceux de 1985 et de 1987. L'âge moyen du vignoble dépasse ainsi les quarante ans. Vinifiés dans un esprit qui mêle classicisme et modernité, les vins paraissent parfois un peu austères dans leur jeunesse, en raison d'une proportion importante de cabernet franc dans l'assemblage final. L'Eglise-Clinet vieillit admirablement et commence à révéler tout son potentiel à partir de 10-12 ans d'âge. Malheureusement, les quantités produites sont faibles et le vin atteint des prix très élevés. Il est toujours possible de se consoler avec le second vin du domaine, La Petite Eglise.

Les vins : le 2011 arbore un fruité frais et généreux, avec des tanins très racés et fondus. Le 2010 demeure une réussite majeure, avec une trame profonde et une définition émouvante. Un coureur de fond qui se révèlera dans vingt ans. Le 2009 est un vin serré et dense, avec une énorme matière compacte ; tout comme le 2008, avec un fruit plus classique et beaucoup d'allonge.

■ Pomerol 2011	n.c.	17
■ Pomerol 2010	300 €	19,5
■ Pomerol 2009	280 €	19
■ Pomerol 2008	n.c.	18

Rouge : 5,5 hectares.
Cabernet franc 10 %, Merlot 90 %
Château L'Eglise-Clinet, 33500 Pomerol
Tél. : 05 57 25 96 59 **Fax :** 05 57 25 21 96
E-mail : denis@durantou.com
Site : www.eglise-clinet.com
Sur rendez-vous du mardi au vendredi à 12h.
Propriétaire : Denis Durantou

■ Château Lafleur
POMEROL
★★★

Jacques et Sylvie Guinaudeau conduisent avec passion et méticulosité cette toute petite propriété culte de Pomerol (4,5 ha). Un heureux caprice de la nature a accumulé sur ce carré de vignes, lui-même découpé en quatre carrés, toutes les graves des alentours, ce qui permet au cabernet franc de mûrir comme nulle part ailleurs. Ce cépage entre judicieusement pour moitié dans l'encépagement, l'autre moitié étant réservée aux somptueux merlots qui bénéficient, comme sur l'ensemble du haut plateau de Certan, d'argiles profondes directement sous les graves. Lafleur vieillit à la perfection et affiche une régularité sans faille ces dernières années. Hélas, il demeure très difficile à trouver.

Les vins : le 2011 affiche une bouche suave et très bien bâtie, avec beaucoup d'intensité pour le millésime. Campé sur ses cabernets francs, le Lafleur 2010 se montre très profond et encore un peu rigide. L'élevage va le civiliser et il pourrait bien mériter une meilleure note après la mise. Atteindra-t-il le spectaculaire niveau du 2009 ? Pas certain, tant ce dernier apparaît proche de la perfection, avec une sève et un équilibre d'anthologie. Dans un style classique et avec une belle densité de bouche, le 2008 ira aussi très loin.

■ Pomerol 2011	n.c.	17,5
■ Pomerol 2010	n.c.	19,5
■ Pomerol 2009	800 €	19,5
■ Pomerol 2000	n.c.	18,5

Rouge : 4,5 hectares.
Merlot 50 %, Cabernet franc 50 %
Château Lafleur, Grand-Village, 33240 Mouillac
Tél. : 05 57 84 44 03   **Fax :** 05 57 84 83 31
Sur rendez-vous.
Propriétaire : Jacques et Sylvie Guinaudeau

■ Pétrus
POMEROL
★★★

P ropriété de la famille Moueix, le vin le plus mythique du monde n'a pas fini de fasciner ceux qui ont la chance de le déguster. Issu pratiquement à 100 % de merlot planté sur des sols d'argiles profondes, Pétrus bénéficie d'un terroir singulier pour Pomerol. Certes, tous les millésimes produits durant les années 1980 ou 1990 ne sont pas à la hauteur de l'attente qu'un tel cru peut susciter. Mais le vieillissement du vignoble et l'attention portée ces dernières années au vin ont permis de produire quelques bouteilles de légende – comme le seront, à n'en pas douter,

les 2000, 2005, 2009 et 2010. Olivier Berrouet, qui en assure la vinification, a parfaitement pris la dimension du terroir.

Les vins : l'année 2011 a donné naissance à un Pétrus très raffiné, de forme classique, avec une très belle intensité en bouche. Il sera bien difficile de départager les immenses 2010 et 2009. Le premier est immense dans son équilibre, avec une structure tannique une rien plus marquée, mais aussi une trame d'une fraîcheur interminable. Le 2009 n'est pas en reste, pourvu d'un bouquet enivrant, raffiné et profond, il semble plus soyeux et plus rond. Nous suivrons leur évolution avec passion. 2008 a permis d'élaborer un vin très raffiné, élégant et racé.

■ Pomerol 2011	n.c.	18
■ Pomerol 2010	825 €	20
■ Pomerol 2009	860 €	19,5
■ Pomerol 2008	n.c.	19

Rouge : 11,5 hectares.
Cabernet franc 5 %, Merlot 95 %
Pétrus, 3, route de Lussac, 33500 Pomerol
E-mail : cjaubert@petrus.com
Pas de visites.
Propriétaire : Jean-François Moueix
Directeur : Olivier Berrouet

■ Château La Conseillante
POMEROL
★★

C e cru magnifique au terroir de sables, de graves et d'argiles a produit durant de nombreuses années l'un des plus beaux vins de l'appellation, comme en témoignent aujourd'hui encore les fantastiques 1989 et 1990. Des dissensions familiales et un manque d'ambition avaient conduit, vers la fin des années 1990, à une légère baisse qualitative, donnant le sentiment que tout le potentiel n'était pas exploité. Depuis le millésime 2001, les choses sont rentrées dans l'ordre ; sous l'égide du directeur technique, Jean-Michel Laporte, La Conseillante a retrouvé son rang au sommet de la hiérarchie de l'appellation, avec une série de millésimes remarquables et classiques. Jean-Claude Berrouet, l'ancien vinificateur de Pétrus et des propriétés du groupe Moueix, vient d'arriver au poste de conseiller.

Les vins : le cru poursuit sa série et signe un 2011 de haut niveau. Le vin est droit et très racé pour le millésime. Le 2010 sera sans conteste une des références de la propriété : très complet, dense et précis, il semble encore plus abouti que le 2009, qui possède une bouche charnue, mais une trame fine et beaucoup de volume. Son immense masse tannique lui fera traverser le temps avec bonheur. Le 2008 est ouvert, longiligne et déjà diablement séduisant.

■ Pomerol 2011	n.c.	16,5
■ Pomerol 2010	200 €	18,5
■ Pomerol 2009	n.c.	18
■ Pomerol 2008	n.c.	17,5

Rouge : 12 hectares.
Cabernet franc 20 %, Merlot 80 %
Château La Conseillante, 33500 Pomerol
Tél. : 05 57 51 15 32 **Fax :** 05 57 51 42 39
E-mail : contact@la-conseillante.com
Site : www.la-conseillante.com
Du lundi au vendredi matin de 9h à 11h et de 14h à 17h, sur rendez-vous.
Propriétaire : Héritiers Nicolas
Directeur : Jean-Michel Laporte

■ Château L'Evangile
POMEROL
★★

I déalement situé entre Pétrus et Cheval Blanc, L'Evangile, qui appartient à la société Domaines Barons de Rothschild (Lafite), a connu une profonde restructuration et une reprise en main du vignoble ces dernières années. Et les choses pourraient encore bouger prochainement, avec l'acquisition de nouvelles parcelles. Cependant, certains millésimes des années 1990 et 2000 nous sont apparus en deçà du potentiel du terroir. C'est de l'histoire ancienne et le cru a retrouvé son rang et sa classe : les derniers millésimes produits marquent le retour du cru au plus haut niveau.

Les vins : le 2011 poursuit une belle série de réussites pour le cru, avec un vin suave et profond à la fois. Trame classique et grande droiture en bouche pour le 2010, qui séduit pas sa sève. Il ira loin et devra être regoûté après la mise. Le 2009 compte une proportion plus élevée de merlot, ce qui le rend plus suave et plus rond qu'à l'habitude. Il n'en demeure pas moins profond et armé pour la garde, avec son magnifique bouquet de fruits noirs. Le 2008 est une réussite majeure, il affiche un équilibre souverain et, surtout, une superbe suavité de tanins.

■ Pomerol 2011	n.c.	16,5
■ Pomerol 2010	150 €	17,5
■ Pomerol 2009	150 €	18,5
■ Pomerol 2008	n.c.	18

Rouge : 19 hectares.
Cabernet franc 11 %, Merlot 89 %
Château L'Evangile, 33500 Pomerol
Tél. : 05 57 55 45 55 **Fax :** 05 57 55 45 56
E-mail : cgracian@lafite.com
Site : www.lafite.com
Sur rendez-vous. Du lundi au vendredi matin de 9h à 11h et de 14h à 16h.
Propriétaire : Domaines Barons de Rothschild (Lafite)
Directeur : Jean-Pascal Vazart

■ Château Hosanna
POMEROL
★★

L a propriété est issue de la division de l'ancien château Certan Giraud, survenue en 1999. Rachetée par la famille Moueix, la moitié du vignoble a ainsi été rebaptisée Hosanna. Hosanna associe un corps plein, une grande maturité de fruits et un boisé plus démonstratif que Trotanoy ou Pétrus. Le temps lui permet ensuite de gagner en précision et en rectitude.

Les vins : après un 2010 au profil plus classique, bien droit et doté d'une belle acidité, le 2011 affiche son côté savoureux et ample typique, mais avec moins de profondeur. Le style du cru a conduit à l'élaboration d'un 2009 puissant et exotique, avec un fruit légèrement confit, qui ravira les amateurs de vins opulents et généreux. Grande réussite du cru, le 2008 ne se départit pas de son côté séduisant, mais possède une grande profondeur et de l'équilibre.

■ Pomerol 2011	n.c.	16
■ Pomerol 2010	n.c.	17
■ Pomerol 2009	n.c.	16,5
■ Pomerol 2008	n.c.	17

Rouge : 4,5 hectares.
Cabernet franc 25 %, Merlot 75 %
Château Hosanna, 33500 Pomerol
Tél. : 05 57 51 78 96 **Fax :** 05 57 74 47 18
Pas de visites.
Propriétaire : Ets Jean-Pierre Moueix

■ Château Le Pin
POMEROL
★★

B ien qu'il se défende d'en faire partie, Château Le Pin a initié en Libournais le mouvement des « vins de garage », ces petites productions extrêmement individualisées, objet de toutes les attentions et dont les prix ont parfois eu tendance à s'envoler. Avec beaucoup d'intelligence, Jacques Thienpont a su créer un type de vin parfaitement accordé au goût moderne, à l'appel immédiat, voluptueux et boisé, tout en étant porteur du charme indéfinissable des grands pomerols. Au bout de dix ans, au début des années 1990, le vin était devenu une légende et ses prix grimpaient à des hauteurs vertigineuses. Contrairement à bien d'autres crus dont le succès a été éphémère, Le Pin a gagné ses lettres de noblesse au fil des ans, grâce à un évident potentiel de vieillissement ; son style s'est affiné, devenant moins démonstratif et plus profond.

Les vins : les aficionados du cru ne seront pas déroutés par le 2011 au velouté exquis et à la fraîcheur préservée. Le 2010 est ample, mais aussi tendu à souhait. Le 2009 est une boule de fruit, à la matière énorme, avec un niveau d'alcool et de tanins impressionnant, mais il demeure équilibré. Le 2008 possédait déjà ce corps plein et riche qui signe le cru, avec un boisé encore marqué, mais moins de densité.

■ Pomerol 2011	n.c.	17
■ Pomerol 2010	1100 €	17
■ Pomerol 2009	n.c.	18
■ Pomerol 2008	n.c.	17

Rouge : 2,2 hectares.
Divero 2 %, Merlot 98 %
Château Le Pin, Les Grands-Champs, 33500 Pomerol
Tél. : 00 32 55 31 17 59   **Fax :** 05 57 51 33 99
Sur rendez-vous.
Propriétaire : Jacques Thienpont

■ Château Trotanoy
POMEROL
★★

A vec sa personnalité unique, Trotanoy est l'un des crus les plus intéressants de Pomerol. Il déçoit d'ailleurs très rarement les amateurs et vieillit avec grâce. Son profil est très différent de celui de Pétrus – dont il n'est pourtant pas si éloigné – avec un vin plus structuré et plus ferme. Depuis quelques millésimes, un travail a été opéré pour rendre le vin plus rapidement accessible dans sa jeunesse, tout en lui conservant profondeur et cachet.

Les vins : le 2011 se dégustait admirablement, avec un soyeux superbe et une délicatesse de bouche qui ne sacrifie rien à la profondeur du vin. En 2010, Trottanoy a produit un des pomerols les plus envoûtants du millésime, dont le cachet et la plénitude en bouche impressionnent. Il succède à une autre très grande bouteille : le 2009 de grande race, dense, mais aussi précis et soyeux à souhait. Le 2008 reste fidèle à l'esprit du cru, marqué de cette petite suavité supplémentaire.

■ Pomerol 2011	n.c.	16,5
■ Pomerol 2010	n.c.	19
■ Pomerol 2009	n.c.	19
■ Pomerol 2008	n.c.	17,5

Rouge : 7,2 hectares.
Cabernet franc 10 %, Merlot 90 %
Château Trotanoy, 33500 Pomerol
Tél. : 05 57 51 78 96   **Fax :** 05 57 51 79 79
E-mail : info@jpmoueix.com
Site : www.moueix.com
Pas de visites.
Propriétaire : SC du château Trotanoy
Directeur : Jean-Jacques et Christian Moueix

■ Vieux Château Certan
POMEROL
★★

S itué au cœur du plateau de Certan sur des parcelles tantôt graveleuses, tantôt argileuses, Vieux Château Certan parvient à faire mûrir ses cabernets brillamment. Ce sont d'ailleurs ces derniers qui lui donnent un cachet unique, tout en le pénalisant souvent lors des dégustations en primeur – le vin n'ayant pas le charnu immédiat de quelques-uns de ses voisins. Il ne s'amaigrit cependant pas au cours de l'élevage et gagne même en définition après cinq ans ; il vieillit ensuite comme un grand médoc, en conservant une fraîcheur fabuleuse. Les derniers millésimes sont absolument magnifiques, combinant distinction et densité.

Les vins : le cru enchaîne les succès et le 2010 s'imposera comme une des réussites majeures de la propriété, avec un vin très profond et soyeux, doté d'une belle ampleur et d'une structure tannique très précise. Le millésime 2009 a également convenu à merveille au cru qui a produit un vin d'une fraîcheur et d'une élégance de structure au sommet. Moins riche ou ample que ses voisins, il se montre plus suave. L'année 2008 a engendré une toute petite récolte ; le vin s'appuie sur ses magnifiques cabernets et joue la carte de l'élégance.

■ Pomerol 2010	n.c.	19,5
■ Pomerol 2009	155 €	19
■ Pomerol 2008	n.c.	17,5

Rouge : 14 hectares.
Cabernet franc 30 %, Cabernet-sauvignon 10 %,
Merlot 60 %
Vieux Château Certan, 33500 Pomerol
Tél. : 05 57 51 17 33 Fax : 05 57 25 35 08
E-mail : info@vieuxchateaucertan.com
Site : www.vieuxchateaucertan.com
Sur rendez-vous.
Propriétaire : Famille Thienpont
Directeur : Alexandre Thienpont

■ Château Beauregard
POMEROL
★

Vincent Priou exploite ce joli cru en fermage avec efficacité. Il maîtrise parfaitement son sujet et réalise des vins au profil séduisant, ne manquant pas de fond et surtout vieillissant très bien. Après une période durant laquelle les vins se sont montrés très boisés pendant leur jeunesse, les derniers millésimes semblent plus équilibrés et plus précis, bien que toujours aussi profonds. La régularité est remarquable et Beauregard est désormais une valeur sûre de l'appellation, vendue à des prix qui demeurent très raisonnables. Une bonne affaire à Pomerol.

Les vins : si le boisé nous perturbe toujours un peu en vin jeune, comme dans ce 2011, nous lui faisons confiance pour évoluer favorablement, d'autant que la matière est là. Le 2010 nous a séduits par sa pureté et sa droiture de bouche. Le fruit est net, suave et l'empreinte boisée est discrète. A suivre de près. Au même stade, le 2009 paraissait un peu plus enrobé par le bois, mais sa matière riche et crémeuse devrait le supporter sans problème. Le 2008 affiche également le style moderne du cru, à la fois ample, mûr et séduisant.

■ Pomerol 2011	n.c.	15
■ Pomerol 2010	35,30 €	16,5
■ Pomerol 2009	31 €	15,5
■ Pomerol 2008	n.c.	16

Rouge : 17,5 hectares.
Cabernet franc 30 %, Merlot 70 %
Château Beauregard, 33500 Pomerol
Tél. : 05 57 51 13 36 Fax : 05 57 25 09 55
E-mail : pomerol@chateau-beauregard.com
Site : www.chateau-beauregard.com
Vente : au domaine
Sur rendez-vous.
Propriétaire : GCE Domaines
Directeur : Vincent Priou

■ Château Le Bon Pasteur
POMEROL
★

Cette propriété appartient à Michel Rolland et à son épouse Dany. Le célèbre œnologue y a développé les techniques et les recettes qui ont fait son succès : vendange de raisins très mûrs, rendements limités, élevage luxueux et, désormais, la fameuse vinification intégrale avec fermentation alcoolique des raisins dans les fûts. Une approche qui permet de tirer le meilleur parti de ce terroir de graves et d'argile, situé dans le secteur de Maillet, en dehors de la zone la plus réputée de l'appellation. Séduisant dans sa jeunesse, le vin vieillit également de façon admirable, développant de beaux arômes truffés après une dizaine d'années en cave.

Les vins : remarquable et parfaitement maîtrisé, le 2011 illustre toute la suavité dont peut faire preuve le cru. Il succède à un somptueux 2010 qui affiche un moelleux fantastique et une grande profondeur de fruit. Très séduisant, comme à l'habitude. Le 2009 n'est pas en reste, il possède un fabuleux soyeux de texture, avec de la richesse, mais des tanins fondus et intégrés. Le 2008, très séduisant, impressionne par son velouté et la suavité de ses tanins. Le bois et fond parfaitement.

■ Pomerol 2011	n.c.	15,5
■ Pomerol 2010	37 €	18
■ Pomerol 2009	n.c.	17
■ Pomerol 2008	n.c.	17

Rouge : 6,7 hectares.
Cabernet franc 20 %, Merlot 80 %
Château Le Bon Pasteur, Maillet, 33500 Pomerol
Tél. : 05 57 51 52 43 Fax : 05 57 51 52 93
E-mail : contact@rollandcollection.com
Site : www.rollandcollection.com
Vente : au domaine
Sur rendez-vous.
Propriétaire : Famille Rolland

■ Château Bourgneuf-Vayron
POMEROL
★

Dominique et Xavier Vayron mettent tout leur cœur dans l'exploitation de cette jolie propriété implantée non loin de Trotanoy, et qui donne, depuis 1970, des pomerols complets, richement bouquetés et chaleureux, rivalisant avec les grandes stars de l'appellation. La viticulture y est des plus traditionnelles (labourage, hersage) et les rendements y sont maîtrisés. Le vin est d'une grande régularité depuis une vingtaine d'années. Au vieillissement, il acquiert de magnifiques arômes de truffe. Un très beau classique de l'appellation, dont les prix restent sages.

Les vins : le 2011 affiche toujours ce côté suave et tendre qui nous plaît, avec du fond. Nous sommes également sous le charme d'un 2010 de grand raffinement, avec un soyeux exemplaire et une chair magnifique. Une très belle réussite. Le 2009 combine un corps riche, avec du gras et une texture fine, très élégante. Egalement raffiné, le 2008 est un joli pomerol classique, charmeur.

■ Pomerol 2011	n.c.	15,5
■ Pomerol 2010	n.c.	17,5
■ Pomerol 2009	n.c.	17
■ Pomerol 2008	n.c.	16,5

Rouge : 9 hectares.
Cabernet franc 10 %, Merlot 90 %
Château Bourgneuf-Vayron, 1, Le Bourg-Neuf, 33500 Pomerol
Tél. : 05 57 51 42 03 **Fax :** 05 57 25 01 40
E-mail : chateaubourgneutvayron@wanadoo.fr
Vente : au domaine
Sur rendez-vous du lundi au samedi de 9h30 à 12h et de 14h à 19h.
Propriétaire : Xavier Vayron

■ Château Clinet
POMEROL
★

La famille Laborde, propriétaire du cru depuis 1999, produit un très joli pomerol classique, charmeur et toujours racé, privilégiant la fraîcheur. Il faut dire que le cru dispose d'un superbe terroir, au cœur du haut plateau de Pomerol, sur des sols argilo-graveleux qui confèrent au vin puissance et finesse. Le château est également doté d'un outil de vinification dernier cri. Les prix demeurent accessibles et la deuxième étoile se rapproche peu à peu.

Les vins : ce 2011 se distingue par l'éclat et la belle fraîcheur préservée d'un fruité intense. Le 2010 est aussi une réussite majeure : la matière est gourmande, riche, mais le fruit a conservé de l'éclat. L'ensemble est très long. Les 2009 et 2008 sont dans la même veine, deux très belles bouteilles à l'équilibre judicieux.

■ Pomerol 2011	n.c.	16
■ Pomerol 2010	80 €	16
■ Pomerol 2009	84 €	17
■ Pomerol 2008	n.c.	17

Rouge : 9 hectares.
Cabernet franc 5 %, Cabernet-sauvignon 10 %, Merlot 85 %
Château Clinet, 33500 Pomerol
Tél. : 05 57 25 50 00 **Fax :** 05 57 25 70 00
E-mail : contact@chateauclinet.com
Site : www.chateauclinet.com
Sur rendez-vous.
Propriétaire : Famille Laborde
Directeur : Ronan Laborde (président)

■ Clos l'Eglise
POMEROL
★

La famille Garcin-Cathiard a totalement métamorphosé le cru en une décennie, élaborant un vin de profil moderne et flatteur, avec une volonté évidente d'obtenir une maturité maximale des raisins, quitte à tomber parfois dans l'excès. Elaborés avec la complicité d'Alain Raynaud, les derniers millésimes sont (trop) impressionnants de concentration et de densité, mais nous semblent manquer un peu de finesse. Nous avouons notre perplexité devant de tels vins dont le style apparaît de plus en plus daté.

Les vins : l'année 2011 a permis d'élaborer un vin de belle tenue, un peu moins confit qu'à l'habitude. Le 2010 joue une fois encore dans un registre de très grande maturité, avec un vin serré, particulièrement dense et impressionnant. Le tout au détriment de l'élégance. Le 2009 est un peu dans la même veine, exubérant et massif. Le 2008 est inscrit dans le style de la maison, à la fois extrait, riche et dense.

■ Pomerol 2011	n.c.	15
■ Pomerol 2010	120 €	15
■ Pomerol 2009	n.c.	16
■ Pomerol 2008	n.c.	15

Rouge : 6 hectares.
Cabernet franc 20 %, Merlot 80 %
Clos l'Eglise, 33500 Pomerol
Tél. : 05 56 64 05 22 **Fax :** 05 56 64 06 98
E-mail : info@vignoblesgarcin.com
Site : www.vignoblesgarcin.com
Pas de visites.
Propriétaire : Sylviane Garcin
Directeur : Patrice Levêque

Rouge : 7,30 hectares.
Cabernet franc 10 %, Merlot 90 %
Château Bonalgue, 62, quai du Priourat, BP 79,
33502 Libourne Cedex
Tél. : 05 57 51 62 17 **Fax** : 05 57 51 28 28
E-mail : contact@jbaudy.fr
Site : www.vignoblesbourotte.com
Sur rendez-vous.
Propriétaire : Pierre et Jean-Baptiste Bourotte
Directeur : Cécile Dupuis

■ Château Certan de May
POMEROL

F ort bien située, sur le plateau de Certan, cette belle propriété a tout en main pour produire des vins de haut niveau, d'autant que la famille Barreau ne manque pas d'ambition. Il n'empêche, si les derniers millésimes semblent avoir progressé, ils sont encore loin du niveau des meilleurs. Un peu plus de profondeur et de définition seraient les bienvenues.

Les vins : le domaine vient de produire une jolie série de vins, à commencer par un 2011 de très belle tenue, distingué et racé. Le 2010 possède un charme certain. D'une puissance modérée, avec une trame ferme, il devrait bien évoluer. Le 2009 conserve un bon équilibre, jouant sur le registre digeste, de puissance moyenne mais élégant, sans la rusticité habituelle du cru. Le 2008 est lui aussi tendre et accessible, avec une jolie maturité de fruit, mais un petit manque de chair.

■ Pomerol 2011   n.c. 15,5
■ Pomerol 2010   n.c. 17
■ Pomerol 2009   n.c. 16
■ Pomerol 2008   n.c. 16

Rouge : 5 hectares.
Cabernet franc 25 %, Cabernet-sauvignon 5 %,
Merlot 70 %
Château Certan de May, 33500 Pomerol
Tél. : 05 57 51 41 53 **Fax** : 05 57 51 88 51
Vente : au domaine
Sur rendez-vous.
Propriétaire : Odette Barreau-Badar

■ Château La Clémence
POMEROL

L e cru appartient à Christian Dauriac depuis 1996. Ce dernier l'exploite avec le talent et la méticulosité qu'il prodigue au château Destieux (Saint-Emilion), suivant les conseils de Michel Rolland. Issus d'un assemblage de six parcelles aux profils variés, les premiers millésimes significatifs du tournant du millénaire nous ont séduits par leur plénitude.

Les vins : très en fruit, le 2011 est un vin charnu et de belle densité. Le 2010 possède un profil classique, sérieux mais fin. Le 2009, très suave et rond, déploie des tanins très lisses et offre beaucoup de fond. Le 2008 confirme son côté sphérique et ample, très flatteur, avec un fruit mûr et généreux.

■ Pomerol 2011   n.c. 15,5
■ Pomerol 2010   n.c. 16
■ Pomerol 2009   41 € 17
■ Pomerol 2008   n.c. 16

Rouge : 3 hectares.
Cabernet franc 15 %, Merlot 85 %
Château La Clémence, Château Destieux, 33330
Saint-Hippolyte
Tél. : 05 57 24 77 44 **Fax** : 05 57 24 18 79
E-mail : contact@vignoblesdauriac.com
Site : www.vignoblesdauriac.com
Vente : au domaine
Sur rendez-vous du lundi au vendredi de 8h à
12h et de 14h à 17h.
Propriétaire : Christian Dauriac
Directeur : Laure Ininger

■ Clos du Beau-Père
POMEROL

J ean-Luc Thunevin, le créateur et propriétaire du célèbre château de Valandraud à Saint-Emilion, caressait un autre rêve, celui de posséder un jour un cru à Pomerol. En rachetant le château Ratoin et ses 4 ha, le rêve est devenu réalité. Baptisée Clos du Beau-Père, la propriété bénéficie de tout le savoir-faire de Jean-Luc Thunevin, et les premiers millésimes sont réussis.

Les vins : très séduisant, le 2011 se trouve doté d'une très belle suavité de texture. Le 2010 possède une très belle précision et une grande droiture. La bouche « trace » et le vin affiche une belle allonge. Le 2009, très réussi également, est plus suave et confit.

■ Pomerol 2011   n.c. 15
■ Pomerol 2010   n.c. 17
■ Pomerol 2009   n.c. 16,5

Rouge : 2 hectares.

Clos du Beau-Père, 6, rue Guadet, BP 88,
33330 Saint-Emilion

Tél. : 05 57 24 39 76 **Fax :** 05 57 24 35 90
E-mail : thunevin@thunevin.com
Site : www.thunevin.com
Propriétaire : Jean-Luc Thunevin
Directeur : Jean-Luc Thunevin

■ Château La Croix de Gay
POMEROL

C hantal Lebreton et son frère Alain Raynaud ont séparé leurs intérêts dans cette propriété dont le terroir a été divisé. Les marques (Croix de Gay et Fleur de Gay) et les 12,5 ha restants sont désormais totalement gérés par Chantal Lebreton. Les derniers millésimes avaient souffert du conflit familial qui opposait les membres de la famille. Le calme revenu, souhaitons que les vins retrouvent eux aussi leur sérénité.

Les vins : le Fleur de Gay 2011 cultive un style démonstratif et opulent, l'ensemble doit encore se fondre. Le 2010 se montre rond, suave et dense à la fois, doté d'un bon potentiel. Il peut néanmoins prétendre encore à mieux. Le 2009 est un vin d'accès plus facile, avec un fruit généreux, mais sans la profondeur ni la distinction des meilleurs. Le 2008 se révèle un peu de la même veine, tendre et savoureux, malgré un élevage encore marqué.

■ Pomerol 2008 n.c. 15,5
■ Pomerol Château La Fleur de
  Gay 2011 n.c. 15
■ Pomerol Château La Fleur de
  Gay 2010 80 € 15,5
■ Pomerol Château La Fleur de
  Gay 2009 67 € 16
■ Pomerol Château La Fleur de
  Gay 2008 n.c. 16,5

Rouge : 10 hectares.
Merlot 95 %, Cabernet franc 5 %
Château La Croix de Gay, 33500 Pomerol
Tél. : 05 57 51 19 05 **Fax :** 05 57 51 81 81
E-mail : contact@chateau-lacroixdegay.com
Vente : au domaine
Sur rendez-vous, du lundi au vendredi de 9h à 12h et de 14h à 17h30. Le samedi de 9h à 12h. Fermé le mercredi.
Propriétaire : Chantal Lebreton et Alain Raynaud

■ Château du Domaine de l'Eglise
POMEROL

B ien installé non loin de l'église de Pomerol, ce joli domaine appartient à la famille Castéja. A ce titre, les vinifications sont assurées, à l'instar des autres propriétés de la maison, par l'œnologue Denis Dubourdieu. En constant progrès depuis quelques années, les vins affirment un style droit et frais, et vieillissent très bien.

Les vins : le 2010 est un pomerol de belle race, avec une petite austérité qui se fondra très certainement. Le potentiel est là. Le 2009, joli vin au profil droit et classique, s'avère doté d'une matière fraîche sans lourdeur ni effet d'élevage. On le suivra au vieillissement.

■ Pomerol 2010 n.c. 16,5
■ Pomerol 2009 n.c. 16,5

Rouge : 7 hectares.
Cabernet franc 5 %, Merlot 95 %
Château du Domaine de l'Eglise, 86, cours Balguerie-Stuttenberg, 33300 Bordeaux
Tél. : 05 56 00 00 70 **Fax :** 05 57 87 48 61
E-mail : domaines@borie-manoux.fr
Sur rendez-vous. Fermé les week-ends et jours fériés.
Propriétaire : Héritiers Castéja

■ Château L'Enclos
POMEROL

P ropriété de 10 ha à Pomerol, répartie en 38 parcelles, le château L'Enclos appartient à l'homme d'affaires Steve Adams. Comme toutes les propriétés de la famille, il est vinifié par Michel Rolland, qui cherche à y élaborer un vin de grand niveau, suave et immédiat. Les derniers millésimes sont flatteurs et très réussis.

Les vins : le 2010 nous a séduits par sa texture moelleuse et son fruit expressif. Jolie longueur et finale bien travaillée. L'Enclos 2008 est un pomerol de belle facture, au corps riche.

■ Pomerol 2010 n.c. 16,5
■ Pomerol 2008 n.c. 16

Rouge : 9 hectares.
Merlot 79 %, Cabernet franc 19 %, Malbec 2 %
Château L'Enclos, 33500 Pomerol
Tél. : 05 57 74 43 11 **Fax :** 05 57 74 44 67
E-mail : chateaufonplegade@fonplegade.fr
Site : www.fonplegade.com
Vente : au domaine
Pas de visites.
Propriétaire : S. et D. Adams
Directeur : Jean-Christophe Meyrou

■ Château Gombaude Guillot

POMEROL

V oici un cru atypique de l'appellation. Claire Laval, qui le conduit depuis 1983, y applique avec conviction une agriculture biologique et une approche très « naturelle » de la vinification. Les derniers millésimes du cru nous semblent particulièrement intéressants. Le vin peut se targuer d'être doté d'une grande franchise d'expression, il ne cherche pas à jouer l'épate et vieillit très bien.

Les vins : le 2010 se révèle absolument délicieux, avec une grande franchise de fruit et des tanins au soyeux admirable. L'ensemble est très fondu. Un coup de cœur !

■ Pomerol 2010   n.c.   17

Rouge : 8 hectares.
Cabernet franc 20 %, Merlot 80 %
Château Gombaude Guillot, 3, Les Grandes Vignes, 33500 Pomerol
Tél. : 05 57 51 17 40   **Fax :** 05 57 51 16 89
E-mail : gombaudeguillot@free.fr
Site : www.pomerol-terroir-bio.fr
Vente : au domaine
Sur rendez-vous de 9h30 à 12h et de 14h30 à 17h30.
Propriétaire : Claire Laval

■ Château Montviel

POMEROL

S itué sur deux terroirs distincts, l'un près de Clinet, sur des graves argileuses, l'autre sur des graves fines du secteur de Grand-Moulinet, Montviel a été racheté en 1985 par la famille Péré-Vergé. Cette dernière l'a remis en ordre via un programme d'investissements conséquent, incluant la réfection du cuvier. Le niveau est désormais celui d'un bon pomerol.

Les vins : rond et très suave, le 2011 offre un caractère immédiat et gourmand. Les 2010 et 2009 sont deux belles réussites pour le cru, le premier est élégant et plus tendu que le second, qui joue sur un registre suave et fin, avec une bonne définition tannique. Le 2008 s'avère frais et tendre, doté d'une structure raffinée.

■ Pomerol 2011   n.c.   14,5
■ Pomerol 2010   25 €   16
■ Pomerol 2009   25 €   16
■ Pomerol 2008   n.c.   15

Rouge : 5,5 hectares.

Cabernet franc 20 %, Merlot 80 %
Château Montviel, 1, rue du Grand-Moulinet, 33500 Pomerol
Tél. : 03 20 64 20 56   **Fax :** 03 20 64 18 99
E-mail : communication@montviel.com
Site : www.montviel.com
Vente : au domaine
Sur rendez-vous du lundi au vendredi de 9h à 12h et de 14h à 17h.
Propriétaire : Catherine Péré-Vergé

■ Château La Pointe

POMEROL

C e cru de vieille réputation, situé à l'entrée de Pomerol, a fortement progressé depuis quelques millésimes sous l'impulsion de son nouveau propriétaire, la société d'assurances Generali. Il se montre désormais vraiment digne d'intérêt. Reprise en main du vignoble, construction d'un nouveau chai, le vin possède désormais, au plus haut degré, le charme aromatique, la suavité, la chaleur et la persistance qu'on reconnaît à ses meilleurs voisins, ainsi qu'une finesse particulière qui, même en année chaude, le préserve de toute lourdeur. Une propriété à suivre de près !

Les vins : les progrès continuent, avec un 2011 fort joli, dense et suave. Le 2010 demeure la plus belle réussite, il dévoile une très jolie matière, délicatement extraite, et de beaux tanins soyeux. Peut-être un rien moins complet, le 2009 est aussi de belle facture, très séduisant. Le 2008 amorce ce virage qualitatif et s'ouvre doucement.

■ Pomerol 2011   n.c.   15
■ Pomerol 2010   35 €   16,5
■ Pomerol 2009   35 €   16
■ Pomerol 2008   n.c.   15

Rouge : 25 hectares.
Merlot 80 %, Cabernet-sauvignon 20 %
Château La Pointe, 33500 Pomerol
Tél. : 05 57 51 02 11   **Fax :** 05 57 51 42 33
De 9h à 12h et de 14h à 18h, sur rendez-vous.
Propriétaire : Generali

■ Château Vray Croix de Gay

POMEROL

A cquis par la famille Guichard en 1949, le domaine est désormais exploité par Aline Guichard et Paul Goldschmidt, son mari. Son excellent terroir se répartit sur trois petites parcelles, dont la plus grande se situe derrière Pétrus, à côté de Lafleur. Longtemps quelconques et en deçà du potentiel du cru, les vins s'améliorent considérablement, pour atteindre aujourd'hui un bon niveau. Les prix demeurent accessibles.

Les vins : le 2011 est un vin sérieux, bien doté, mais encore un peu anguleux en finale, l'élevage l'affinera. Bien constitué et tendu, le 2010 n'offre pas tout à fait le charme ni le moelleux du 2009. Bien bâti, il devrait néanmoins évoluer positivement et pourrait, au final, mériter une meilleure note. Le 2009 possède un soyeux de tanins superbe et une texture élégante, sur des notes de fruits frais. Il succède au 2008, d'un beau classicisme, précis et ciselé.

■	Pomerol 2011	n.c.	14,5
■	Pomerol 2010	50 €	16
■	Pomerol 2009	45 €	16,5
■	Pomerol 2008	n.c.	16

Rouge : 3,7 hectares.
Cabernet franc 10 %, Merlot 90 %
Château Vray Croix de Gay, Baronne Guichard, Château Siaurac, 33500 Néac
Tél. : 05 57 51 64 58 **Fax :** 05 57 51 41 56
E-mail : info@baronneguichard.com
Site : www.baronneguichard.com
Vente : au domaine
En semaine de 10h à 17h. Le week-end sur rendez-vous.
Propriétaire : Aline et Paul Goldschmidt
Directeur : Yannick Reyrel (dir. technique).

■ Château Bel-Air La Royère
BLAYE CÔTES DE BORDEAUX
★

Avec des vignes bien situées sur les coteaux argilo-calcaires de la commune de Cars, ce cru a la particularité d'inclure une forte proportion de malbec dans son encépagement et ses assemblages, ce qui donne au vin un style bien particulier. Depuis sa reprise en 1995 par le talentueux Xavier Loriaud, Bel-Air La Royère est devenu l'une des propriétés de pointe du Blayais. Le vin, bien mis en valeur par un élevage ambitieux (24 mois), séduit par sa maturité de fruit et sa densité. Il existe une autre cuvée, Château Les Ricards, qui atteint dans les derniers millésimes un très bon niveau, à un prix attractif.

Les vins : avec un 2009 tout en rondeur et de très belle matière, ce blaye atteint un très beau niveau de qualité. Il est tellement délicieux que l'on peut commencer à le boire, ou le garder quelques années en cave. Les Ricards 2009 n'offre pas l'expression de fruit habituelle.

■	Blaye 2009	n.c.	17,5
■	Blaye 2008	n.c.	17
■	Blaye Côtes de Bordeaux Château Les Ricards 2009	n.c.	14
■	Blaye Côtes de Bordeaux Château Les Ricards 2008	n.c.	15,5

Rouge : 22 hectares.
Cabernet-sauvignon 10 %, Merlot 67,5 %, Malbec 22,5 %
Château Bel-Air La Royère, 1, Les Ricards, 33390 Cars
Tél. : 05 57 42 91 34 **Fax :** 05 57 42 32 87
E-mail : chateau.belair.la.royere@wanadoo.fr
Vente : au domaine
Sur rendez-vous.
Propriétaire : Corinne Chevrier-Loriaud

■ Château Fougas
CÔTES DE BOURG
★

Le château Fougas est situé sur une croupe bénéficiant d'une forte diversité de sols, combinant sables, argiles et graves. La cuvée Maldoror, dont la production a débuté en 1993, représente le meilleur de ce terroir et, aujourd'hui, la quasi-totalité du vin produit par le domaine. Elle est élevée en barriques neuves et figure parmi les plus expressives des Côtes de Bourg.

Les vins : jolie expression du merlot sur un 2009 élégant, aux tanins fins et de bel équilibre. Un vin qui n'impressionne pas par sa richesse, mais qui séduit par son élégance. Délicieux, à boire sur cinq à dix ans.

■ Côtes de Bourg Maldoror 2010   15,90 € 16,5
■ Côtes de Bourg Maldoror 2009   n.c.   16
■ Côtes de Bourg Maldoror 2008   n.c.   15,5

Rouge : 17 hectares.
Cabernet-sauvignon 25 %, Merlot 75 %
Château Fougas, 33710 Lansac
Tél. : 05 57 68 42 15 **Fax :** 05 57 68 28 59
E-mail : jybechet@fougas.com
Site : www.fougas-maldoror.com
Vente : au domaine
Sur rendez-vous de 8h à 12h et de 14h à 18h.
Propriétaire : Jean-Yves Béchet

■ Château Les Jonqueyres
BLAYE CÔTES DE BORDEAUX
★

Le merlot, qui domine largement (90 %) sur ce vignoble aux rendements très sages, donne aux vins des Jonqueyres un fruit très pur et une véritable harmonie, sans aspérité. La propriété – qui exploite également le Clos Alphonse Dubreuil en Côtes de Bourg – est parfaitement menée, avec un très beau patrimoine de vieilles vignes. Les derniers millésimes impressionnent par leur profondeur tannique. Ils sont à leur meilleur niveau dans leur jeunesse. Le château Les Jonqueyres est aujourd'hui en conversion bio.

Les vins : profond et riche, le Jonqueyres 2009 est un blaye de très belle texture, offrant un soyeux de tanins exceptionnel et une qualité de fruit remarquable. D'autant que, dans ce millésime, il préserve un équilibre frais et désaltérant. Le 2008 est en revanche plus austère, avec des tanins plus fermes. Dans un esprit très classique, le Clos Alphonse Dubreuil 2008 offre l'aspect souple du millésime avec de la vivacité en fin de bouche ! C'est un bon rouge de plaisir, que l'on peut commencer à ouvrir.

■ Blaye Côtes de Bordeaux 2009   16 € 16,5
■ Blaye Côtes de Bordeaux 2008   n.c. 16,5

■ Blaye Côtes de Bordeaux If des
Jonqueyres 2009   7 €   14
■ Blaye Côtes de Bordeaux If des
Jonqueyres 2008   n.c.   15
■ Côtes de Bourg Clos Alphonse
Dubreuil 2008   18,50 €   16

Rouge : 12 hectares.
Merlot 90 %, Malbec 5 %,
Cabernet-sauvignon 5 %
Château Les Jonqueyres, Courgeau, 33390
Saint-Paul-de-Blaye
Tél. : 05 57 42 34 88 **Fax :** 05 57 42 93 80
E-mail : pascal@chateaulesjonqueyres.com
Site : www.chateaulesjonqueyres.com
Vente : au domaine
De 9h à 12h et de 14h à 19h sur rendez-vous.
Propriétaire : Pascal et Isabelle Montaut

■ Château Mondésir-Gazin
BLAYE CÔTES DE BORDEAUX
★

Réalisant le rêve de nombreux amateurs passionnés, Marc Pasquet et son épouse Laurence sont devenus vignerons en 1990. Depuis, en maîtrisant tous les aspects de leur métier, de la vigne au chai, ils n'ont cessé de faire progresser le domaine pour qu'il devienne l'une des valeurs sûres de la région. Mondésir-Gazin, élevé de 20 à 22 mois en barriques (dont un tiers de bois neuf), donne un vin complet, structuré et profond, sans aucune lourdeur. Le second vin, Château Mondésir, est vinifié selon les codes du merlot mûr, à boire jeune. Marc Pasquet a créé une petite cuvée en Côtes de Bourg, Haut-Mondésir (1,4 ha) qui, dans les derniers millésimes, progresse avec des vins plus précis et de plus élégante extraction !

Les vins : en Blaye Côtes de Bordeaux, le Mondésir 2009 est déjà évolué, il faut commencer à le déguster ! Le 2010 charme par un fruité plus expressif et frais. Le Mondésir-Gazin 2009 demeure une très belle réussite par sa profondeur et sa suavité. Excellent 2010, ouvert, concentré et de très belle fraîcheur de style.

■ Blaye 2010   14 € 16,5
■ Blaye 2009   15 €   16
■ Blaye 2008   n.c.   14
■ Blaye Côtes de Bordeaux Château
Mondésir 2010   7 €   14
■ Blaye Côtes de Bordeaux Château
Mondésir 2009   7 € 13,5
■ Côtes de Bourg
Haut-Mondésir 2010   14 € 15,5

- Côtes de Bourg
  Haut-Mondésir 2009   15 €   15
- Côtes de Bourg
  Haut-Mondésir 2008   n.c.   13
- Premières Côtes de Blaye 2008   n.c. 14

Rouge : 14 hectares.
Merlot 83,75 %, Cabernet franc 5 %,
Malbec 11,25 %
Château Mondésir-Gazin, 77, route de
l'Estuaire, 33390 Plassac
Tél. : 05 57 42 29 80 **Fax :** 05 57 42 84 86
E-mail : mondesirgazin@aol.com
Site : www.mondesirgazin.com
Vente : au domaine
Sur rendez-vous.
Propriétaire : Marc Pasquet

■ Château Roc de Cambes

CÔTES DE BOURG

★

L es amateurs avisés, les grands sommeliers et
les bons cavistes ont, depuis de nombreuses
années, placé au meilleur niveau de l'appellation
les vins de cette propriété appartenant à François Mitjavile (qu'il vinifie avec sa fille Emilie),
également propriétaire du rare château Tertre
Rotebœuf à Saint-Emilion. Bénéficiant de soins
tout particuliers, les vins du domaine expriment, à leur manière, un style élégant, suave, au
charme immédiat. Délicieux jeunes, ils vieillissent remarquablement.

Les vins : le bois du 2007 est encore présent
au nez et en bouche dont il n'arrive pas véritablement à se départir. Cependant, le vin se fond
doucement et offre des tanins qui ont gagné en
suavité en un an. Il faut commencer à le boire.

- Côtes de Bourg 2007   n.c.   16

Rouge : 10 hectares.
Merlot 75 %, Cabernet-sauvignon 20 %,
Malbec 5 %
Château Roc de Cambes, 33710
Bourg-sur-Gironde
Tél. : 05 57 68 25 58 **Fax :** 05 57 74 42 11
E-mail : contact@roc-de-cambes.com
Site : www.roc-de-cambes.com
Sur rendez-vous.
Propriétaire : François Mitjavile

■ Château Brûlesécaille

CÔTES DE BOURG

B rûlesécaille jouit d'un vignoble fort bien
situé dans l'appellation Côtes de Bourg, en
surplomb de l'estuaire de la Gironde. Une propriété produisant avec régularité des vins souples et distingués, dotés d'une séduction
immédiate, grâce à une importante part de merlots dans les assemblages. La bonne exposition
du cabernet-sauvignon et du cabernet franc permet d'obtenir, sur ce terroir, une excellente
maturité du raisin, ce qui explique le velouté de
texture et le fondu des tanins des meilleurs millésimes du domaine, tels 2009 et 2010.

Les vins : le blanc de sauvignon pur 2011
est toujours un vrai plaisir de dégustation. Sans
aucun défaut variétal, il est d'un très bon niveau
de maturité, avec de belles notes exotiques au
nez et en bouche. Agé d'une année supplémentaire, le 2009 garde un très haut niveau. Sa
bouche, aux tanins savoureux, possède une belle
allonge. Le 2010 est dans la même veine, avec
un niveau supérieur de concentration !

- □ Côtes de Bourg 2011   8,50 €   15
- □ Côtes de Bourg 2010   n.c.   15,5
- □ Côtes de Bourg 2009   n.c.   14
- Côtes de Bourg 2010   9,50 €   17
- Côtes de Bourg 2009   11,50 €   16,5
- Côtes de Bourg 2008   n.c.   14

Rouge : 25,0 hectares.
Cabernet franc 13 %, Cabernet-sauvignon 27 %,
Merlot 57 %, Malbec 3 %
Blanc : 1,03 hectares.
Sauvignon ou Sauvignon Blanc 100 %
Production moyenne : 120 000 bt/an

Château Brûlesécaille, 29, route des Châteaux,
33710 Tauriac
Tél. : 05 57 68 40 31 **Fax :** 05 57 68 21 27
E-mail : cht.brulesecaille@wanadoo.fr
Site : www.brulesecaille.com
Vente : au domaine
Du lundi au samedi de 9h à 12h et de 14h à
19h, sur rendez-vous.
Propriétaire : Jacques Rodet

■ Château Petit Boyer

BLAYE CÔTES DE BORDEAUX

C e domaine situé sur la commune de Cars est
dirigé depuis une dizaine d'années par Jean-
Vincent Bideau. La vigne est conduite avec
raison et les rendements sont maîtrisés. Cela
permet de produire des cuvées qui plaisent aux
amateurs de vins modernes et ouverts. Nous
aimons leur côté immédiat et séduisant, ainsi
que les prix très sages appliqués par ce domaine.

Les vins : malgré une légère touche de réduction au premier nez, le classique blanc 2010 offre le profil du millésime. Style très mûr, intensité aromatique, longueur et gras. En blanc toujours, la cuvée Mary 2009 est trop boisée avec des notes de confiture de lait, apportant de la lourdeur. Dans les rouges 2009, la cuvée Armand est un petit vin de fruit simple. La Passion se montre plus corpulente mais sans être très complexe. Le blaye vieilles vignes est la plus équilibrée des cuvées en rouge. Le vin est coloré, mûr, concentré et élégamment boisé. Mentholée et un rien sucrée en bouche, la cuvée Paloma 2009, au boisé dominant et universel, est un vin ambitieux, dont il faudra suivre l'évolution avec attention.

☐ Blaye Côtes de Bordeaux 2011	7,50 €	13
☐ Blaye Côtes de Bordeaux 2010	n.c.	15
☐ Blaye Côtes de Bordeaux Mary 2009	n.c.	14
■ Blaye 2009	n.c.	15,5
■ Blaye 2008	n.c.	15,5
■ Blaye Côtes de Bordeaux Armand 2009	n.c.	12
■ Blaye Côtes de Bordeaux La Passion 2010	7 €	15,5
■ Blaye Côtes de Bordeaux La Passion 2009	n.c.	13
■ Blaye Paloma 2010	19 €	16,5
■ Blaye Paloma 2009	n.c.	16
■ Blaye Paloma 2008	n.c.	16,5
■ Blaye Vieilles Vignes 2010	12 €	16

Rouge : 31,9 hectares.
Malbec 14 %, Merlot 60 %,
Cabernet-sauvignon 16 %, Cabernet franc 10 %
Blanc : 1,25 hectare.
Sauvignon blanc 83 %, Muscadelle 17 %
Production moyenne : 200 000 bt/an

Château Petit Boyer, RN 137, La Pistolette, 33390 Cars
Tél. : 05 57 42 19 40 **Fax :** 05 57 42 33 49
E-mail : contact@petit-boyer.com
Site : www.petit-boyer.com
Vente : au domaine
Du lundi au vendredi de 9h à 12h et de 14h à 17h30. Ouvert le samedi en juillet et août.
Propriétaire : Jean-Vincent Bideau

■ Château des Tourtes
BLAYE CÔTES DE BORDEAUX

A près avoir développé leur propriété, Philippe et Lise Raguenot ont transmis l'amour du vin et de la vigne à leurs deux filles, Marie-Pierre et Emmanuelle, qui gèrent aujourd'hui le domaine avec leurs maris. Le château ne propose pas moins de six cuvées. En rouge, la spécialité de la maison, L'Attribut des Tourtes, issue d'une sélection parcellaire de 2,5 ha de vignes de plus de 30 ans, est élevée en barriques neuves pour 70 %. La cuvée Prestige est aussi élevée en fûts (30 % neufs). La Tradition, quant à elle, reste en cuve pendant douze mois. Trois niveaux de qualité sont ainsi bien hiérarchisés avec d'excellents rapports qualité-prix.

Les vins : le rouge du château 2009 est simplement fruité, facile et souple, à boire jeune. Délicieuse cuvée de Prestige 2009, au caractère merlot très séduisant et au bel équilibre classique en finale. L'Attribut 2009 est certes un vin puissant et concentré, mais très boisé, perdant ainsi une part de naturel. En blanc, notre préférence va à la cuvée Prestige, pour l'expression d'un pur sauvignon bien mûr et élégamment boisé.

☐ Blaye Côtes de Bordeaux 2011	4,90 €	12,5
☐ Blaye Côtes de Bordeaux 2010	n.c.	13
☐ Blaye Côtes de Bordeaux Prestige 2010	8,10 €	14,5
☐ Blaye Côtes de Bordeaux Prestige 2009	n.c.	15,5
■ Blaye Côtes de Bordeaux 2009	5,30 €	13,5
■ Blaye Côtes de Bordeaux 2008	n.c.	14
■ Blaye Côtes de Bordeaux Prestige 2009	8 €	15,5
■ Blaye Côtes de Bordeaux Prestige 2008	n.c.	16
■ Blaye L'Attribut des Tourtes 2009	12,50 €	16
■ Blaye L'Attribut des Tourtes 2008	n.c.	15
■ Premières Côtes de Blaye Prestige 2008	n.c.	15,5

Rouge : 40 hectares.
Cabernet-sauvignon 20 %, Merlot 80 %
Blanc : 12 hectares.
Sauvignon ou Sauvignon Blanc 80 %,
Sémillon 20 %
Production moyenne : 250 000 bt/an

Château des Tourtes, 30, le Bourg, 33820 Saint-Caprais-de-Blaye
Tél. : 05 57 32 65 15 **Fax :** 05 57 32 99 38
E-mail : chateau-des-tourtes@wanadoo.fr
Site : www.chateau-des-tourtes.com
Vente : au domaine
Du lundi au samedi de 9h à 12h30 et de 14h à 19h, dimanche sur rendez-vous.
Propriétaire : Emmanuelle et Daren Miller, Marie-Pierre et Eric Lallez

MÉDOC

■ Château Cos d'Estournel

SAINT-ESTÈPHE

★★★

Propriétaire depuis 2000, Michel Reybier affiche les plus grandes ambitions pour son cru. Le château s'est doté d'un cuvier enterré ultraperformant, tout en inox, composé de cuves tronconiques. Mais la prouesse technique tient particulièrement dans les fameuses cuves de soutirage montées sur des ascenseurs, évitant ainsi toute action de pompage. Depuis une dizaine d'années, le cru a renoué avec des vins raffinés et immédiatement charmeurs, grâce à une forte proportion de merlot dans l'encépagement. Jean-Guillaume Prats conduit toujours Cos d'Estournel avec davantage de moyens et de précision encore. Les vins ont gagné en densité et en droiture ; sans rien perdre de leur suavité, ils s'avèrent plus complexes et plus profonds. Tous les derniers millésimes sont de haut niveau et les prix se sont, hélas, envolés.

Les vins : malheureusement, le cru a été en partie ravagé par la grêle en 2011. Une sélection ultrastricte a néanmoins permis d'élaborer un vin remarquable, précis et gourmand à souhait. Le 2010 atteint des sommets, il possède une structure tannique imposante, mais aussi une fraîcheur remarquable, avec beaucoup d'allonge et un potentiel formidable. Le 2009 demeure le vin le plus atypique du Médoc. Doté d'une matière phénoménale, il titre à 14,5° d'alcool et renferme une masse tannique impressionnante. Ce « monstre » deviendra peut-être une légende dans cinquante ans, patience ! Plus sage, le 2008 s'est refermé, mais n'a rien perdu de son potentiel, avec une grande intensité de fruit et une très belle constitution.

■ Saint-Estèphe 2011	n.c.	17
■ Saint-Estèphe 2010	270 €	19,5
■ Saint-Estèphe 2009	250 €	19
■ Saint-Estèphe 2008	n.c.	18

Rouge : 90 hectares.
Merlot 38 %, Cabernet franc 2 %,
Cabernet-sauvignon 60 %
Château Cos d'Estournel, 33180 Saint-Estèphe
Tél. : 05 56 73 15 50 **Fax :** 05 56 59 72 59
E-mail : estournel@estournel.com
Site : www.estournel.com
Du lundi au vendredi sur rendez-vous.
Propriétaire : Michel Reybier
Directeur : Jean-Guillaume Prats

■ Château Ducru-Beaucaillou

SAINT-JULIEN

★★★

Les amateurs de grands médocs classiques trouveront leur bonheur avec Ducru-Beaucaillou. Bruno Borie conduit ce superbe cru avec talent et détermination ; il l'a placé ces dernières années dans le peloton de tête des bordeaux. Jamais démonstratifs, ni surextraits, ni très puissants, les vins brillent par leur distinction et le soyeux de leur matière. Il s'agit de grands médocs classiques et équilibrés. Attention toutefois, un Ducru-Beaucaillou ne se révélant pleinement qu'avec l'âge, il est toujours dommage de le déguster trop tôt ; sa grande fraîcheur en finale et le grain élégant de ses tanins signent l'exceptionnelle capacité du cœur de son terroir. La Croix de Beaucaillou, ancien second vin du château, est désormais un cru à part entière, avec un parcellaire dédié.

Les vins : une fois encore, le cru atteint des sommets avec le millésime 2011. Le vin possède un cachet et un éclat somptueux, avec cet inimitable toucher de bouche soyeux qui le caractérise. Campé sur des cabernet-sauvignon exceptionnels, le 2010 possède un éclat et une profondeur immenses. L'équilibre est souverain et le grain des tanins magnifique. Le 2009 est de la même veine, un rien plus enrobé et chaleureux, mais d'une distinction hors norme. Le 2008 s'avère d'une richesse et d'une dimension aussi incroyables : sur une sève impressionnante, il s'impose par une grande tenue de tanins en bouche, mais avec une rondeur et une suavité extraordinaires.

■ Saint-Julien 2011	n.c.	17,5
■ Saint-Julien 2010	180 €	19,5
■ Saint-Julien 2009	215 €	19,5
■ Saint-Julien 2008	n.c.	18,5

Rouge : 55 hectares.
Merlot 25 %, Cabernet franc 5 %,
Cabernet-sauvignon 70 %
Château Ducru-Beaucaillou, 33250
Saint-Julien-Beychevelle
Tél. : 05 56 73 16 73 **Fax :** 05 56 59 27 37
E-mail : je-borie@je-borie-sa.com
Site : www.ducrubeaucaillou.com
Du lundi au vendredi de 9h à 12h et de 14h à 17h sur rendez-vous. Fermé en août et pendant les vendanges.
Propriétaire : Famille Borie
Directeur : Bruno Borie

BORDEAUX

■ Château Lafite Rothschild

PAUILLAC

★★★

Qu'on le veuille ou non, Lafite Rothschild s'est imposé depuis quelques années comme un produit qui dépasse le simple cadre du vin. Vénéré en Chine, il fait l'objet d'une pression spéculative jamais observée, et les bouteilles s'arrachent à des prix stratosphériques. Dans le même temps, la qualité des vins produits par Charles Chevalier et son équipe n'a sans doute jamais été aussi élevée. Ce premier grand cru classé de Pauillac, dirigé par Eric de Rothschild, et dont une partie du terroir se situe d'ailleurs sur Saint-Estèphe, élabore un vin d'un raffinement sans pareil. Serré, profond et très élancé dans sa jeunesse, il vieillit à merveille, prenant alors un typique bouquet de mine de crayon, de cèdre et d'épices. Le second vin, baptisé Carruades, suit la voie de son grand frère en vertu d'une sélection sévère. Là aussi, les prix se sont envolés.

Les vins : tout le savoir-faire du cru s'exprime dans ce 2011 à la précision de bouche somptueuse. L'extraction des tanins est parfaite et le vin brille par sa précision. Les 2010 et 2009 constituent le duo le plus magique du cru. Le premier est bouleversant de complexité et de profondeur, avec un raffinement exceptionnel dans sa texture et dans sa structure tannique. Une légende ! Légendaire, le 2009 l'est aussi : il s'agit d'un vin monumental, à l'équilibre souverain et au grain de tanins incroyable. Comparer ces deux monuments dans le temps sera passionnant pour ceux qui auront la chance de le faire. Le 2008 est lui aussi un grand Lafite, assis sur 83 % de cabernet-sauvignon. Il possède beaucoup de profondeur, une distinction superbe et s'affine encore.

■ Pauillac 2011	n.c.	18
■ Pauillac 2010	1000 €	20
■ Pauillac 2009	646 €	20
■ Pauillac 2008	n.c.	18

Rouge : 105 hectares.
Cabernet-sauvignon 70 %, Petit verdot 2 %, Merlot 25 %, Cabernet franc 3 %
Château Lafite Rothschild, 33250 Pauillac
Tél. : 05 56 73 18 18 **Fax :** 05 56 59 26 83
E-mail : visites@lafite.com
Site : www.lafite.com

Sur rendez-vous uniquement.
Propriétaire : Famille Rothschild
Directeur : Charles Chevallier

■ Château Latour

PAUILLAC

★★★

Propriétaire du domaine depuis 1993, François Pinault peut se féliciter de son investissement. Le cru est au sommet absolu de la hiérarchie bordelaise ; il continue à se montrer d'une régularité sans faille et ce, depuis plusieurs décennies. Difficile de prendre Latour en défaut, y compris dans les petits millésimes. Il représente l'essence même du grand pauillac : plein, riche et complet, développant avec l'âge un bouquet complexe et racé. Les millésimes légendaires ne manquent pas, et tous ceux qui ont eu la chance de déguster un jour les 1945, 1947, 1961 ou 1982 savent de quoi ce fantastique terroir est capable. Le directeur actuel, Frédéric Engerer, entretient fidèlement ce style sans concession. La refonte complète des chais et des installations techniques opérée ces dernières années, ainsi qu'une sélection drastique, ont permis au cru d'atteindre de nouveaux sommets. Dans le même temps, Les Forts de Latour s'impose comme un cru également extraordinaire, surpassant en raffinement et en profondeur bien des crus classés. Enfin, une troisième étiquette, le Pauillac de Latour mérite aussi l'intérêt des amateurs. A noter : le 2011 est le dernier millésime que le château commercialisera en primeur.

Les vins : la série des derniers millésimes est impressionnante, sans le moindre faux pas. Le 2011 expose une densité et un grain de tanins exceptionnels. Un grand vin raffiné et serré. Le 2010 rejoindra certainement le 2009 dans la légende. Ces deux immenses crus constituent le point culminant du raffinement et de la complexité médocaine, représenté par de grands cabernets parfaitement mûrs et équilibrés. Texture, toucher de bouche, soyeux des tanins forcent l'admiration. Le 2009 séduit par son immense classe, son intensité aromatique et la persistance incroyable de sa finale. En 2008, Latour s'impose comme l'un des plus grands vins des premiers crus classés. Il arbore une structure tannique d'une grande finesse et possède ce toucher magique qui ne commencera à s'exprimer pleinement que dans une décennie.

■ Pauillac 2011	n.c.	18

■ Pauillac 2010	1000 €	20
■ Pauillac 2009	n.c.	20
■ Pauillac 2008	n.c.	18,5

Rouge : 80 hectares.
Cabernet franc 1 %, Cabernet-sauvignon 75 %,
Petit verdot 1 %, Merlot 23 %
Château Latour, Saint-Lambert, 33250 Pauillac
Tél. : 05 56 73 19 80 **Fax :** 05 56 73 19 81
E-mail : s.guerlou@chateau-latour.com
Site : www.chateau-latour.fr
Sur rendez-vous du lundi au vendredi de 8h30 à
12h30 et de 14h à 17h.
Propriétaire : François Pinault
Directeur : Frédéric Engerer

■ Château Léoville Barton

SAINT-JULIEN

★★★

Depuis 1985, le cru ne cesse de voler de succès en succès sous la baguette d'Anthony Barton et de sa fille Lilian. Depuis 1998, les réussites se transforment en triomphes tant Léoville Barton se hisse systématiquement au plus haut niveau des grands crus bordelais. Hormis un goût évident pour le travail bien fait, le secret de ce succès tient à l'âge élevé de cet ancien vignoble, qui permet d'obtenir des raisins mûrs et concentrés. Plus charnu et fruité en primeur que Léoville Las Cases ou que Léoville Poyferré, Barton enchante par son gras, son équilibre suprême qu'il doit à son terroir, ainsi que par un profond naturel d'expression. Plus ouvert en primeur, le vin passe souvent par une phase d'austérité, puis prend peu à peu sa forme définitive ; il déploie alors au vieillissement un des bouquets les plus complexes et les plus élégants du Médoc. De plus, au regard de sa qualité et de sa grande régularité, les prix restent toujours très abordables.

Les vins : millésime oblige, le cru a privilégié les cabernet-sauvignon en 2011 pour élaborer un vin d'une belle droiture, avec du fond et de la race. Les amateurs du cru ne seront pas déçus par le 2010, flamboyant et raffiné en diable, dont la bouche éclate de fruit. Le 2009 déploie l'immense suavité habituelle du cru, le rendant irrésistible dès ses premières années. C'est un concentré de fruits, avec des tanins parfaitement intégrés. Le 2008 demeure une des réussites majeures du millésime et conserve ce côté suave si séduisant.

■ Saint-Julien 2011	n.c.	16,5
■ Saint-Julien 2010	77 €	18,5

■ Saint-Julien 2009	74 €	18,5
■ Saint-Julien 2008	n.c.	19

Rouge : 50 hectares.
Cabernet-sauvignon 74 %, Cabernet franc 3 %,
Merlot 23 %
Château Léoville Barton, 33250
Saint-Julien-Beychevelle
Tél. : 05 56 59 06 05 **Fax :** 05 56 59 14 29
E-mail : chateau@leoville-barton.com
Site : www.leoville-barton.com
Du lundi au jeudi de 9h à 11h30 et de 14h à
16h30 sur rendez-vous uniquement.
Propriétaire : Famille Barton
Directeur : Anthony Barton

■ Château Léoville Las Cases

SAINT-JULIEN

★★★

La force du château réside indiscutablement dans son célèbre clos, au terroir complexe et aux parcelles diverses et complémentaires. Le grand vin est d'ailleurs issu uniquement de ce terroir, qui évoque par différents aspects celui de Château Latour. Il peut présenter, en fonction des millésimes, un profil plus droit et pauillacais ou bien jouer sur une expression plus tendre évoquant davantage Saint-Julien. Le vin arbore régulièrement une robe bleu-noir impressionnante, même en année moyenne. À son apogée – qui peut durer plus de vingt ans –, il offre un bouquet dépassant en complexité et en noblesse de saveurs celui d'un saint-julien, avec les nuances aromatiques les plus fines du cabernet-sauvignon des grands terroirs médocains. Dirigé par Jean-Hubert Delon, l'un des plus fins connaisseurs bordelais de grands vins français, ce cru fait preuve d'une régularité sans faille depuis les années 1970. Le Clos du Marquis, longtemps présenté comme son second vin, est en réalité un cru à part entière. Il a la chance de provenir de vignes relativement âgées. On comprend alors aisément sa classe, qui égale celle de bien des premiers vins de l'appellation.

Les vins : il faudra avoir de la patience pour appréhender le 2011 à son apogée. Le vin révèle une constitution impressionnante pour le millésime, avec des tanins abondants et une immense profondeur. Le 2010 restera dans l'histoire : il possède une sève incroyable et une bouche à la matière dense et serrée ; l'un des chefs-d'œuvre du château. Le 2009, tout aussi impressionnant, se montre plus flamboyant et généreux, mais il est, lui aussi, doté d'un fond incroyable. Le 2008 s'impose par son caractère très pauillac. Classique, élancé et tendu, il doit encore être attendu.

- ■ Saint-Julien 2011   n.c.   17,5
- ■ Saint-Julien 2010   250 €   19,5
- ■ Saint-Julien 2009   258 €   20
- ■ Saint-Julien 2008   n.c.   19

Rouge : 97 hectares.
Cabernet franc 9 %, Cabernet-sauvignon 64 %, Merlot 26 %, Petit verdot 1 %
Château Léoville Las Cases, 33250 Saint-Julien-Beychevelle
Tél. : 05 56 73 25 26   **Fax :** 05 56 59 18 33
E-mail : contact@leoville-las-cases.com
Sur rendez-vous du lundi au vendredi de 9h à 11h et de 14h à 16h.
Propriétaire : Famille Delon
Directeur : Jean François Klee

■ Château Margaux
MARGAUX
★★★

Tout comme l'appellation qu'il représente, Château Margaux n'a pas toujours été à la hauteur de sa réputation, ainsi les millésimes des années 1960 et 1970 sont-ils particulièrement décevants. Cette époque est révolue depuis le rachat, en 1978, par la famille Mentzelopoulos, le château a repris son rang et le tient fièrement. Il doit beaucoup à Paul Pontallier, directeur de ce premier cru classé, également artisan de la reconquête et du retour des vins du Médoc au premier plan. Depuis le début des années 1980, le château Margaux produit en effet l'un des vins les plus raffinés de son appellation, sans pour autant, que l'on ne s'y trompe pas, accuser un manque de constitution. Grâce à une amélioration de l'outil de travail et à une sélection encore plus rigoureuse, les derniers millésimes semblent être les plus complets qui soient. Le second vin, Pavillon Rouge, a beaucoup progressé ces dernières années et fait désormais partie des meilleurs. La propriété produit aussi, sous le nom Pavillon Blanc, un vin qui, grâce à une plus grande exigence dans la recherche de maturité des sauvignons, est devenu l'un des meilleurs blancs de Bordeaux.

Les vins : issu d'une toute petite vendange, le 2011 dévoile une bouche sérieuse, très dense et d'une imposante masse tannique. L'ensemble est très racé. Nul doute que le 2010 sera légendaire et peut-être même le plus beau Château Margaux jamais produit. L'incroyable trame et l'éclat du vin doivent beaucoup au niveau exceptionnel des cabernet-sauvignon. La longueur et la complexité sont hors norme. Du raffinement à l'état pur. Au final, il devrait dépasser l'immense 2009, droit, fin et subtil. Le 2008 se montre fruité et très floral, avec un milieu de bouche serré et une finale elle aussi interminable.

- ■ Margaux 2011   n.c.   17,5
- ■ Margaux 2010   1000 €   19,5
- ■ Margaux 2009   650 €   19
- ■ Margaux 2008   n.c.   18

Rouge : 82 hectares.
Merlot 20 %, Petit verdot 3 %, Cabernet franc 2 %, Cabernet-sauvignon 75 %
Blanc : 12 hectares.
Sauvignon ou Sauvignon Blanc 100 %
Production moyenne : 400 000 bt/an

Château Margaux, 33460 Margaux
Tél. : 05 57 88 83 83   **Fax :** 05 57 88 31 32
E-mail : chateau-margaux@chateau.margaux.com
Site : www.chateau-margaux.com
Du lundi au vendredi de 10h à 12h et de 14h à 16h, sur rendez-vous. Fermé en août, pendant les vendanges et jours fériés.
Propriétaire : Corinne Mentzelopoulos
Directeur : Paul Pontallier

■ Château Mouton Rothschild
PAUILLAC
★★★

Célèbre pour ses étiquettes à la décoration signée, chaque année depuis 1945, par un grand artiste, Mouton Rothschild fut aussi le seul château à voir son classement révisé ; en 1973, il intégra le cercle ultrarestreint des premiers grands crus classés. Pourtant, tous les millésimes produits par la suite ne furent pas à la hauteur de cette prestigieuse promotion. Il y eut certes les légendaires 1982 et 1986, mais il y eut aussi une série de vins décevants, entre 1987 et 1996. L'époque semble toutefois révolue et le duo composé de Philippine de Rothschild et Philippe Dhalluin a remis le cru sur les rails du succès. Le vin, toujours flamboyant et exotique, se pare d'une grâce supplémentaire et gagne en définition et en pureté, justifiant désormais pleinement son classement. Il ne devrait cependant pas s'arrêter là ; une phase importante de travaux a débuté afin de le doter d'un outil de vinification plus performant. A noter que le second vin, le Petit Mouton, suit la même courbe ascendante depuis 2004.

Les vins : Mouton se raffermit depuis quelques millésimes ; l'année 2011 a donné un vin très tramé, doté d'une grande masse tannique, mais aussi de beaucoup de fond. Le 2010 est le millésime qui possède la plus grande proportion de cabernet-sauvignon de l'histoire du cru. Il en résulte un vin d'une race et d'un équilibre magiques, plus serré qu'à l'habitude, mais parfaitement dessiné. Le 2009, plus flamboyant, est également immense, avec un corps majestueux et des tanins très raffinés. Le 2008, déjà, attestait du retour de Mouton Rothschild au summum de son inspiration baroque. Le vin confirme en bouteille, avec un éclat de fruit et un volume de bouche remarquables ; un Mouton toujours séduisant, mais aussi profond.

■ Pauillac 2011	n.c.	17,5
■ Pauillac 2010	1000 €	19,5
■ Pauillac 2009	646 €	19,5
■ Pauillac 2008	n.c.	18,5

Rouge : 78 hectares.
Petit verdot 1 %, Cabernet franc 5 %,
Cabernet-sauvignon 83 %, Merlot 11 %
Blanc : 4 hectares.
Sauvignon blanc 51 %, Muscadelle 2 %,
Sémillon 47 %
Production moyenne : 300 000 bt/an

Château Mouton Rothschild, 33250 Pauillac
Tél. : 05 56 73 20 20 **Fax :** 05 56 73 20 33
E-mail : webmaster@bpdr.com
Site : www.bpdr.com
Sur rendez-vous du lundi au jeudi de 9h30 à 11h et de 14h à 16h, fermeture à 15h le vendredi. Pas de visites le week-end.
Propriétaire : Baronne Philippine de Rothschild.
Directeur : Philippe Dhalluin.

■ Château Palmer
MARGAUX
★★★

A vec Château Margaux, Palmer est l'autre grande star d'une appellation trop souvent hétérogène. Sa légende s'est construite en 1961. Le château a produit cette année-là un vin hors norme, bien supérieur d'ailleurs à celui de son illustre voisin Margaux. Les millésimes qui ont suivi, quoique souvent remarquables, n'ont plus atteint ce niveau d'excellence, mais la réputation du château était faite et les prix dépassaient

fréquemment ceux des autres seconds crus classés du Médoc, alors que la qualité ne le justifiait pas toujours. Depuis 1998, les choses ont changé, avec une série d'investissements importants à la propriété et la volonté affichée par le jeune et brillant directeur, Thomas Duroux, de ramener Palmer au sommet de la hiérarchie bordelaise. C'est désormais chose faite, et les dix derniers millésimes du cru sont absolument irréprochables, dans ce style bien particulier, profond, plein, riche et très "merloté" qui fait son succès. Palmer a rejoint l'élite.

Les vins : il n'y aura malheureusement pas beaucoup de 2011, car la vendange fut la plus petite depuis 1961 ! Le vin s'impose comme une réussite majeure, avec un corps et un volume inhabituels pour le millésime. Un mois de vendanges a été nécessaire pour élaborer le 2010. Si, comme à son habitude, il est construit sur une majorité de merlots, il n'en demeure pas moins très racé et droit, sans la moindre mollesse. Il évoluera magnifiquement. Combinant rondeur et grande suavité, le 2009 est aussi exceptionnel : c'est un vin qui allie soyeux et puissance. Le 2008 est un bon Palmer, issu de très faibles rendements sur les merlots, mais avec un côté très dense et intense sur les arômes ; il vieillira très bien.

■ Margaux 2011	n.c.	17
■ Margaux 2010	300 €	19,5
■ Margaux 2009	251 €	19
■ Margaux 2008	n.c.	17,5

Rouge : 55 hectares.
Cabernet-sauvignon 47 %, Merlot 47 %, Petit verdot 6 %
Château Palmer, Cantenac, 33460 Margaux
Tél. : 05 57 88 72 72 **Fax :** 05 57 88 37 16
E-mail : chateau-palmer@chateau-palmer.com
Site : www.chateau-palmer.com
De 9h à 11h30 et de 14h à 17h30 sur rendez-vous.
Propriétaire : S.C. du Château Palmer
Directeur : Thomas Duroux

■ Château Pontet-Canet
PAUILLAC
★★★

I l est désormais loin le temps où les vins de Pontet-Canet faisaient le bonheur des voyageurs de la Compagnie des wagons-lits. Bien loin également le temps où le vignoble était vendangé à la machine. Résolu, convaincu et converti à la viticulture biodynamique, Alfred

Tesseron s'est engagé dans une approche de son vignoble unique dans le Médoc et dans le Bordelais. Les nouvelles règles qu'il s'impose sont ensuite appliquées avec la rigueur et le professionnalisme d'un directeur passionné et passionnant, Jean-Michel Comme, principal artisan de cette reconquête. Si le retour à la vie d'un vignoble longuement entretenu selon les codes de la chimie ne se fait pas sans douleur, rien ne semble cependant pouvoir arrêter ce nouveau rouleau compresseur de « l'écolo-viticulture », que certains raillent à outrance, à défaut de s'en inspirer. Le domaine est d'ailleurs le premier cru classé à avoir été certifié en agriculture biologique et en biodynamie.

Les vins : les millésimes se suivent, tout comme les succès. Le château transcende une fois encore le millésime en 2011 : le vin, à l'éclat phénoménal et à la densité hors norme, est l'une des plus grandes réussites de Bordeaux. Quant au 2010, c'est une légende naissante, dotée d'une précision et d'une profondeur confondantes. Le toucher de bouche, la texture parfaite des tanins ont de quoi émouvoir le plus blasé des dégustateurs. Autre sommet, le 2009 combine puissance, raffinement et distinction, un vin qui touche lui aussi au sublime. Le 2008 confirme son immense potentiel et atteint l'excellence. Vineux, sanguin, au fruit éclatant et d'une longueur inégalée, une révélation.

■ Pauillac 2011		n.c.	18
■ Pauillac 2010	145 €	20
■ Pauillac 2009	144 €	19,5
■ Pauillac 2008		n.c.	19,5

Rouge : 81 hectares.
Cabernet-sauvignon 65 %, Cabernet franc 4 %, Merlot 30 %, Petit verdot 1 %
Château Pontet-Canet, 33250 Pauillac
Tél. : 05 56 59 04 04 **Fax :** 05 56 59 26 63
E-mail : info@pontet-canet.com
Site : www.pontet-canet.com
Sur rendez-vous 7 jours/7 du 1er mai au 31 octobre.
Propriétaire : Alfred Tesseron et héritiers Gérard Tesseron
Directeur : Jean-Michel Comme

■ Château Branaire-Ducru

SAINT-JULIEN
★★

S ous la houlette de Patrick Maroteaux, Branaire-Ducru s'est tranquillement hissé au sommet et fait désormais partie des crus incontournables du Médoc. Ces dernières années, le château a bénéficié d'équipements techniques de premier plan. Par la nature de son terroir, Branaire-Ducru ne peut donner un vin aussi corsé que ceux engendrés par les trois Léoville ; il joue sur un registre différent, plus en finesse et en souplesse, tout en vieillissant admirablement. Depuis une quinzaine d'années, le cru n'a cessé de monter en puissance et les tout derniers millésimes atteignent un niveau remarquable.

Les vins : les progrès réalisés ces dernières années se matérialisent dans le très beau 2011, admirablement construit, au fruité intense. Le 2010 demeure, quant à lui, le plus grand vin élaboré par la propriété, avec une classe somptueuse. Le 2009 se révèle irrésistible, doté d'un fruit d'une opulence rare. Très classique, le 2008 apparaît dans le plus pur esprit du cru avec beaucoup de fruit, des tanins fins et une bouche désormais bien fondue.

■ Saint-Julien 2011		n.c.	17
■ Saint-Julien 2010	73 €	18,5
■ Saint-Julien 2009	51 €	18
■ Saint-Julien 2008		n.c.	16,5

Rouge : 50 hectares.
Cabernet franc 4 %, Cabernet-sauvignon 70 %, Merlot 22 %, Petit verdot 4 %
Château Branaire-Ducru, Le Bourdieu, 33250 Saint-Julien
Tél. : 05 56 59 25 86 **Fax :** 05 56 59 16 26
E-mail : branaire@branaire.com
Site : www.branaire.com
Sur rendez-vous.
Propriétaire : Patrick Maroteaux
Directeur : Jean-Dominique Videau

■ Château Calon-Ségur

SAINT-ESTÈPHE
★★

L e décès en 2010 de Mme Gasqueton a contraint la famille à vendre cette magnifique propriété. Le nouveau propriétaire, le groupe d'assurances Suravenir, a déboursé près de 170 millions d'€ pour l'acquérir. Calon-Ségur a démontré par le passé sa capacité à produire des vins qui se hissent parmi les plus grands médocs qui soient. Très serrés, fermes et longs à se faire, ils possèdent, à leur meilleur niveau, une densité et une élégance hors du commun. Après une période difficile, le cru a retrouvé, en 1995, sous l'impulsion de Mme Gasqueton, un rang conforme aux qualités de son terroir. Vincent Millet, venu du château Margaux, est, depuis 2008, le nouveau directeur technique. Sa mission : conduire le cru vers davantage de qualité encore, en adoptant une approche des assemblages beaucoup plus marquée par le cabernet-sauvignon.

Les vins : le 2011 nous a enthousiasmés par sa précision et sa race. Une belle réussite pour le cru. Hélas, le vignoble a été durement frappé par la grêle en 2010. Le vin dégusté possédait certes de la densité, mais il se montrait un peu rigide dans son expression tannique. Le 2009 est supérieur : le vin apparaît tramé, très classique, avec des flots de tanins mûrs. Représentant 80 % de l'assemblage, le cabernet-sauvignon s'impose dans le 2008. Un vin plein, signé par son cépage principal, qui possède une trame tannique intense ; il faut encore l'attendre.

■ Saint-Estèphe 2011	n.c.	17
■ Saint-Estèphe 2010	68 €	17
■ Saint-Estèphe 2009	60 €	19
■ Saint-Estèphe 2008	n.c.	17,5

Rouge : 93 hectares.
Merlot 30 %, Cabernet-sauvignon 60 %,
Cabernet franc 10 %
Château Calon-Ségur, 33180 Saint-Estèphe
Tél. : 05 56 59 30 08 **Fax :** 05 56 59 71 51
E-mail : calon-segur@calon-segur.fr
Du lundi au vendredi sur rendez-vous.
Propriétaire : Groupe d'assurances Suravenir
Directeur : Vincent Millet

■ Château Cantenac-Brown
MARGAUX
★★

Ancienne propriété de l'écurie AXA Millésimes, ce cru classé a été acquis en 2006 par l'homme d'affaires britannique Simon Halabi. Depuis, Cantenac-Brown connaît un nouveau départ. Après une quinzaine d'années peu convaincantes, le château affiche d'autres ambitions sous la houlette de son directeur José Sanfins et avec la complicité de l'œnologue Éric Boissenot. Grâce à une reprise en main du vignoble, un contrôle plus strict des rendements et une sélection plus rigoureuse, les derniers millésimes ont gagné en définition et en profondeur. A noter que le château produit depuis 2011 une petite quantité d'un blanc délicieux.

Les vins : les progrès se poursuivent et les derniers millésimes sont vraiment très réussis, à l'image du 2011, charnu et dense, tramé par les cabernet-sauvignon. Le 2010 pourrait s'imposer comme le plus grand vin élaboré par la propriété, riche, dense, mais très équilibré et doté d'une structure soyeuse. Plein de fruit, le 2009 possède un grand équilibre et une belle fraîcheur en finale. Superbe ! Une sélection drastique a permis d'élaborer un 2008 de grande intensité, sur des notes d'épices liées à une parfaite maturité de fruit.

■ Margaux 2011	n.c.	16
■ Margaux 2010	43 €	18
■ Margaux 2009	42 €	18
■ Margaux 2008	n.c.	16,5

Rouge : 42 hectares.
Cabernet franc 6 %, Cabernet-sauvignon 67 %,
Merlot 27 %
Château Cantenac-Brown, 33460 Cantenac
Tél. : 05 57 88 81 81 **Fax :** 05 57 88 81 90
E-mail : contact@cantenacbrown.com
Site : www.cantenacbrown.com
Vente : au domaine
De 9h à 12h et de 14h à 17h sur rendez-vous.
Propriétaire : Simon Halabi
Directeur : José Sanfins

■ Château Giscours
MARGAUX
★★

Belle propriété du sud de l'appellation Margaux, Giscours a produit des vins de haute volée au début des années 1980, durant la grande époque de Pierre Tari. Il s'est ensuite quelque peu endormi à cause d'interminables querelles familiales et de quelques affaires judiciaires, avant d'être réveillé par l'homme d'affaires hollandais Eric Albada Jelgersma (également propriétaire du château du Tertre), qui a repris ce troisième cru classé en fermage. Sous la direction d'Alexander Van Beek, d'importants progrès ont été réalisés à la vigne et au chai, et le cru a retrouvé sa sérénité. Les derniers millésimes sont très réussis, avec des vins pleins, riches et corsés. L'œnologue Denis Dubourdieu conseille la propriété.

Les vins : c'est un Giscours droit et tendu, très marqué par les cabernets, qui a été élaboré en 2011. Le 2010 dévoile une matière très intéressante, un fruit bien frais et juteux et des tanins fermes, mais mûrs. Le potentiel est évident. Le 2009 possède de l'ampleur et une chair magnifique. C'est un vin raffiné, mais dense et puissant. Le 2008 est une très grande réussite à Giscours : dense, plein, à parfaite maturité, il se révèle d'une très belle concentration.

- Margaux 2011   n.c.   15,5
- Margaux 2010   53 €   17,5
- Margaux 2009   44 €   17,5
- Margaux 2008   n.c.   17

Rouge : 80 hectares.
Petit verdot 3 %, Cabernet franc 5 %,
Cabernet-sauvignon 60 %, Merlot 32 %
Château Giscours, 10, route de Giscours, 33460
Margaux
Tél. : 05 57 97 09 09   **Fax :** 05 57 97 09 00
E-mail : giscours@chateau-giscours.fr
Site : www.chateau-giscours.fr
Vente : au domaine
Sur rendez-vous.
Propriétaire : Eric Albada Jelgersma (fermage)
Directeur : Alexander Van Beek

■ Château Grand-Puy-Lacoste
PAUILLAC
★★

D eux propriétaires seulement en 75 ans – Raymond Dupin de 1932 à 1978, puis la famille Borie, représentée aujourd'hui par François-Xavier – ont dirigé ce cinquième cru classé, disposant d'un vignoble homogène sur le plateau de graves et d'argiles de Grand-Puy, avec une bonne proportion de vieilles vignes. La régularité des millésimes est sans faille depuis la reprise de la propriété par la famille. « G.P.L. », comme on dit à Bordeaux, produit un pauillac classique, plein et nerveux, aux tanins richement épicés, de style plutôt droit. Il acquiert, dans les grands millésimes, un moelleux magnifique qui gagne à vieillir.

Les vins : velouté et soyeux, le 2011 est délicieux, avec un milieu de bouche bien fruité. Le 2010 est superbe, plein, avec du fond et de la chair. Il vieillira bien et s'imposera comme une des grandes réussites du cru. Dense et ample, le 2009 révèle un très beau raffinement de texture. Le 2008 est un superbe classique, pauillacais dans sa forme, mais avec un très joli moelleux.

- Pauillac 2011   n.c.   16
- Pauillac 2010   80 €   17
- Pauillac 2009   57 €   18,5
- Pauillac 2008   n.c.   16

Rouge : 55 hectares.
Merlot 20 %, Cabernet franc 5 %,
Cabernet-sauvignon 75 %
Château Grand-Puy-Lacoste, Domaines
François-Xavier Borie, BP 82, 33250 Pauillac

Tél. : 05 56 59 06 66   **Fax :** 05 56 59 22 27
E-mail : dfxb@domainesfxborie.com
Sur rendez-vous.
Propriétaire : François-Xavier Borie

■ Château Gruaud Larose
SAINT-JULIEN
★★

T rès bien situé, le vignoble occupe un plateau de graves profondes, d'une homogénéité parfaite, dans la partie sud de la commune de Saint-Julien, où les vignes s'épanouissent remarquablement. Connu pour avoir produit, dans les années 1980 et 1990, des vins puissants, avec souvent une définition un rien animale, le cru propose des millésimes récents plus précis dans les arômes. La famille Merlaut optimise les installations techniques que le groupe Alcatel, éphémère propriétaire, avait permis d'installer. Elle a choisi également de donner aux vins de Gruaud Larose un profil plus friand et gourmand, afin de les rendre plus accessibles dans leur jeunesse. Les derniers millésimes montrent un progrès en ce sens, avec des vins qui ont aussi gagné en précision.

Les vins : le 2011 signe encore une belle réussite pour le cru qui, tout en conservant sa belle matière, possède désormais beaucoup de finesse. Le 2010 est magnifique de densité, de précision et de profondeur de fruit, avec une texture et un soyeux superbes. Très saint-julien dans l'esprit, le 2009 est lui aussi d'un raffinement rarement connu à Gruaud Larose. Sa texture se montre merveilleuse de finesse, sans que la bouche manque de volume pour autant. Le 2008 avait déjà amorcé cette tendance, avec un vin très élégant, moins puissant que par le passé, mais intense.

- Saint-Julien 2011   n.c.   16,5
- Saint-Julien 2010   75 €   18
- Saint-Julien 2009   32 €   19
- Saint-Julien 2008   n.c.   15,5

Rouge : 82 hectares.
Cabernet-sauvignon 60 %, Malbec 1,5 %,
Merlot 30 %, Petit verdot 3 %, Cabernet
franc 5,5 %
Château Gruaud Larose, 33250
Saint-Julien-Beychevelle
Tél. : 05 56 73 15 20   **Fax :** 05 56 59 64 72
E-mail : gl@gruaud-larose.com
Site : www.gruaud-larose.com
Vente : au domaine

Mai à octobre : du lundi au samedi de 9h30 à 12h30 et de 13h30 à 16h30. Novembre à fin avril : du lundi au vendredi mêmeshoraires.
Propriétaire : Famille Merlaut
Directeur : Jean Merlaut

■ Château Léoville Poyferré
SAINT-JULIEN
★★

Depuis la fin des années 1970 et l'arrivée de Didier Cuvelier, ce deuxième cru classé a été entièrement rénové. De nombreuses parcelles ont été replantées et l'outil de vinification actualisé. La vigne affiche désormais un âge respectable et le cru est dans la course à l'excellence, au sein d'une appellation bien pourvue en challengers. Les vins, élaborés avec la complicité de l'œnologue Michel Rolland, possèdent une sève et une ampleur qui les placent désormais au sommet de l'appellation. Le terroir confère au vin de Poyferré sa profondeur de robe, sa chair ample et nerveuse, son large bouquet épicé, ainsi que son potentiel de longévité.

Les vins : depuis quelques millésimes déjà, Poyferré bouscule la hiérarchie des Léoville. Le 2011 confirme la grande forme du cru : doté d'un éclat de fruit superbe, le vin allie suavité et profondeur. Le 2010 sera, quant à lui, sans doute le plus grand millésime produit par la propriété. Il possède une intensité et une densité de fruit somptueuses. La trame tannique est imposante, mais raffinée et la longueur est immense. Déjà, le 2009 avait fait très forte impression avec une chair exceptionnelle et un très grand potentiel. Le 2008 poursuit sa belle évolution, il se révèle croquant et très droit, avec ce qu'il faut de rondeur.

■ Saint-Julien 2011	n.c.	17
■ Saint-Julien 2010	115 €	19
■ Saint-Julien 2009	86 €	18,5
■ Saint-Julien 2008	n.c.	17

Rouge : 80 hectares.
Merlot 25 %, Petit verdot 8 %, Cabernet-sauvignon 65 %, Cabernet franc 2 %
Château Léoville Poyferré, Le Bourg, BP 8, 33250 Saint-Julien-Beychevelle
Tél. : 05 56 59 08 30 **Fax :** 05 56 59 60 09
E-mail : lp@leoville-poyferre.fr
Site : www.leoville-poyferre.fr
Sur rendez-vous. Du lundi au jeudi de 9h à 12h et de 14h à 17h. Le vendredi de 9h à 12h.
Propriétaire : Famille Cuvelier

■ Château Lynch-Bages
PAUILLAC
★★

Jean-Charles Cazes, qui a pris la succession de son père Jean-Michel en 2007, à la tête de la propriété, a parfaitement trouvé ses marques et impose petit à petit son style. Doucement, le vin évolue vers une forme plus profonde, sans perdre de sa flamboyance. Il faut dire que Jean-Michel Cazes, personnalité médocaine exceptionnelle et infatigable ambassadeur des vins de Bordeaux, a réalisé à Lynch-Bages un travail exceptionnel, portant ce cinquième cru au niveau de bien des seconds. La magnifique propriété familiale, excellemment située sur le plateau de Bages, a produit une impressionnante série de vins sans aucun point faible depuis le début des années 1970, imposant son style riche, séduisant et immédiatement accessible, tout en étant capable de vieillir avec grâce. Depuis quelques millésimes, le cru a encore gagné et définition et en précision, il est plus que jamais au sommet.

Les vins : les amateurs du cru ne seront pas déçus avec le 2011, d'une gourmandise absolue. Le fruit est généreux et le moelleux habituel du cru enrobe parfaitement sa trame tannique. Le 2010 est flamboyant, mais aussi très racé et profond, avec un fruit d'une grande netteté. Il succède à une autre réussite majeure, le 2009, au soyeux superbe et au fruit opulent, sans aucune lourdeur. Le 2008 est également au sommet, avec une matière puissante, une expression de fruit juste et une belle fraîcheur en finale.

■ Pauillac 2011	n.c.	17
■ Pauillac 2010	138 €	18,5
■ Pauillac 2009	86 €	19
■ Pauillac 2008	n.c.	17,5

Rouge : 90 hectares.
Merlot 18 %, Petit verdot 1 %, Cabernet franc 8 %, Cabernet-sauvignon 73 %
Blanc : 4,5 hectares.
Muscadelle 12 %, Sauvignon ou Sauvignon Blanc 58 %, Sémillon 30 %
Production moyenne : 420 000 bt/an

Château Lynch-Bages, BP 120, 33250 Pauillac
Tél. : 05 56 73 24 00 **Fax :** 05 56 59 26 42
E-mail : infochato@lynchbages.com
Site : www.lynchbages.com
De 9h30 à 12h30 et de 14h à 18h sur rendez-vous.
Propriétaire : Jean-Michel Cazes
Directeur : Nicolas Labenne

■ Château Rauzan-Ségla
MARGAUX
★★

John Kolasa ne ménage pas ses efforts pour donner à cette magnifique propriété tout le lustre qu'elle mérite. Au regard des derniers millésimes, le pari semble réussi. Appartenant à la famille Wertheimer (Chanel), également propriétaire de Château Canon à Saint-Émilion, ce prestigieux domaine produit des vins qui n'imposent jamais leur puissance mais impriment, avec délicatesse, la distinction et la finesse de l'un des plus beaux terroirs de Margaux. Depuis 2000, il s'agit de l'un des plus grands vins du Médoc actuel. Le château ne sort pas toujours du lot en primeur, mais tranquillement, en cours d'élevage, la race du terroir et la noblesse du style s'affirment. Il vieillit de surcroît admirablement bien et gagne vraiment en complexité, comme en témoignent de nombreux millésimes anciens.

Les vins : le 2011 est une nouvelle réussite pour ce cru à la régularité exemplaire. Le vin est tout en fruit et soyeux à souhait. Il emboîte le pas à un 2010 magistral, avec un fruit éclatant et une finale portée par une douce minéralité. L'ensemble est long et complet, très raffiné. Le 2009 est totalement dans l'esprit du cru, avec une très belle fraîcheur préservée, il éclate lui aussi de fruit, dans un registre un peu plus exotique que le 2010. Le 2008 est un vin de charme délicieux, mêlant avec élégance la suavité des tanins et un élevage fin et équilibré.

■ Château Saint-Pierre
SAINT-JULIEN
★★

Ce cru classé a longtemps été le plus méconnu du vignoble de Saint-Julien. Il a été racheté en 1982 par Henri Martin, propriétaire du célèbre cru bourgeois château Gloria. Sous la houlette de Jean-Louis Triaud, gendre d'Henri Martin et heureux président des Girondins de Bordeaux, ce cru a effectué un brillant retour au premier plan. Depuis le milieu des années 1980, il se révèle remarquable de concentration et de séduction aromatique. Le boisé, naguère un peu insistant, apparaît beaucoup mieux intégré depuis quelques années. Par ailleurs, le vin a gagné en longueur et en élégance. C'est une valeur sûre de l'appellation, vendue à des prix encore très raisonnables. Les derniers millésimes confirment sa montée en puissance et les amateurs ne doivent pas passer à côté.

Les vins : l'année 2011 a engendré un Saint-Pierre de très belle race, bien servi par ses beaux cabernets. Avec son fruit intense, ses notes d'épices et sa fine trame tannique, 2010 s'impose comme une superbe réussite pour le cru et l'appellation. Il succède à un autre grand vin, le 2009, dont l'ampleur et le soyeux nous séduisent. Le 2008, dominé par des cabernet-sauvignon (83 %) d'une magnifique maturité, se montre très coloré, avec une expression distinguée mêlant notes toastées et épicées.

■ Margaux 2011	n.c.	16,5
■ Margaux 2010	90 €	19
■ Margaux 2009	72 €	18
■ Margaux 2008	n.c.	17

Rouge : 66 hectares.
Petit verdot 3,5 %, Merlot 35 %, Cabernet franc 1,5 %, Cabernet-sauvignon 60 %
Château Rauzan-Ségla, Rue Alexis Millardet, BP 56, 33460 Margaux
Tél. : 05 57 88 82 10 **Fax :** 05 57 88 34 54
E-mail : contact@rauzan-segla.com
Site : www.chateaurauzansegla.com
Du lundi au vendredi de 9h à 12h et de 14h à 17h sur rendez-vous.
Propriétaire : Chanel
Directeur : John Kolasa

■ Saint-Julien 2011	n.c.	16
■ Saint-Julien 2010	74 €	18
■ Saint-Julien 2009	55 €	17
■ Saint-Julien 2008	n.c.	16,5

Rouge : 17 hectares.
Cabernet franc 10 %, Cabernet-sauvignon 75 %, Merlot 15 %
Château Saint-Pierre, 33250 Saint-Julien-Beychevelle
Tél. : 05 56 59 08 18 **Fax :** 05 56 59 16 18
E-mail : contact@domaines-martin.com
Site : www.domaines-henri-martin.com
Vente : au domaine
Sur rendez-vous.
Propriétaire : Françoise Triaud
Directeur : Rémi di Constanzo

■ Château Sociando-Mallet

HAUT-MÉDOC

★★

L e public a depuis longtemps consacré ce cru pourtant absent de tout classement officiel. Il suffit en effet de déguster tous les vins produits depuis 25 ans pour se rendre compte à quel point le terroir de Sociando-Mallet, constitué de graves de même nature que celle de Montrose ou Latour, figure parmi les meilleurs. Homme raisonnable et visionnaire, Jean Gautreau y a posé ses valises en 1969 et hissé progressivement son cru au sommet de la qualité – à tel point que l'on compare volontiers aujourd'hui Sociando-Mallet aux meilleurs seconds crus classés du Médoc. Il suffit de déguster les 1982, 1990 et 1996 pour s'en convaincre. Le vignoble atteint aujourd'hui 95 ha, qui permettent de sélectionner un grand vin à l'arôme magnifique issu de petits fruits rouges, nerveux, intense, au boisé remarquablement intégré. Et bâti pour vieillir sur une, voire deux générations pour les derniers millésimes. La régularité est admirable, mais le vin n'atteint sa pleine capacité qu'après dix ans de bouteille.

Les vins : avec sa bouche pleine et bien construite, le 2011 fera un beau classique du cru. On le boira néanmoins avant le superbe 2010, vin serré, dense, avec d'abondants tanins mûrs et qui devrait rejoindre dans la légende les plus beaux millésimes du château. Le 2009 a conservé une belle fraîcheur de fruit, avec une matière dense, très mûre et, là encore, beaucoup de volume tannique. Plus classique et immédiat, le 2008 est également très séduisant, avec un fruit croquant.

■ Haut-Médoc 2011	n.c.	16,5
■ Haut-Médoc 2010	32 €	17
■ Haut-Médoc 2009	31 €	18
■ Haut-Médoc 2008	n.c.	17

Rouge : 85 hectares.
Cabernet-sauvignon 55 %, Merlot 40 %,
Cabernet franc 5 %
Château Sociando-Mallet, 33180
Saint-Seurin-de-Cadourne
Tél. : 05 56 73 38 80 **Fax :** 05 56 73 38 88
E-mail : info@sociandomallet.com
Site : www.sociandomallet.com
Vente : au domaine
Du lundi au samedi, sur rendez-vous de 9h à 12h et de 14h à 17h.
Propriétaire : Jean Gautreau
Directeur : Vincent Faure

■ Château d'Armailhac

PAUILLAC

★

D irigé avec efficacité par l'équipe de Mouton Rothschild, Château d'Armailhac représente une excellente affaire pour les amateurs. Son prix, très raisonnable, et sa régularité font de lui un cru désormais incontournable. L'exposition sur des croupes graveleuses proches de Mouton Rothschild et de Pontet-Canet est de qualité, et l'encépagement comporte un bon pourcentage de cabernet-sauvignon. Mouton Rothschild était, jusqu'alors, parmi les plus légers des crus classés de Pauillac. En quelques années, sous l'impulsion de Philippe Dhalluin, le vin a beaucoup gagné en constitution. Il est toujours amusant de le comparer à son compagnon d'écurie Clerc Milon, qui s'appuie davantage sur le merlot.

Les vins : l'année 2011 a engendré un vin très raffiné, au toucher de bouche soyeux. Délicieux. Le 2010 est un vin étiré et élégant, avec un beau profil fruité, de la persistance et un côté digeste. Le 2009 se montre séduisant, avec un côté plus enrobé qu'à son habitude, mais une belle finesse ; il succède à un 2008 très séduisant et toujours suave.

■ Pauillac 2011	n.c.	16
■ Pauillac 2010	41 €	16,5
■ Pauillac 2009	33 €	17,5
■ Pauillac 2008	n.c.	16

Rouge : 72 hectares.
Cabernet franc 11 %, Cabernet-sauvignon 52 %,
Merlot 36 %, Petit verdot 1 %
Château d'Armailhac, 33250 Pauillac
Tél. : 05 56 73 20 20 **Fax :** 05 56 73 20 33
E-mail : webmaster@bpdr.com
Site : www.bpdr.com
Pas de visites.
Propriétaire : Baronne Philippine de Rothschild.
Directeur : Jean-Paul Polaert

■ Château Batailley

PAUILLAC

★

A vec la complicité de l'œnologue Denis Dubourdieu, Philippe Castéja produit un pauillac de style et de forme très classiques, qui a considérablement gagné en définition et en précision ces dernières années. Le vin vieillit par ailleurs remarquablement bien, conservant une très belle définition. Les prix demeurant très accessibles, il s'agit d'un cru que les amateurs doivent rechercher.

Les vins : fidèle à son style, le château a élaboré un 2011 bien tramé par ses cabernets et doté d'une belle élégance tannique. Les 2010 et 2009 sont deux très belles réussites, avec une superbe chair, beaucoup de profondeur et de classicisme, à ne pas manquer. Le 2008 se révèle dense et classique, plus droit, mais racé.

- ■ Pauillac 2011   n.c.   16,5
- ■ Pauillac 2010   48 €   17,5
- ■ Pauillac 2009   31 €   18
- ■ Pauillac 2008   n.c.   16

Rouge : 55 hectares.
Cabernet-sauvignon 67,5 %, Merlot 26,5 %, Cabernet franc 5 %, Petit verdot 1 %
Château Batailley, 86, cours Balguerie-Stuttenberg, 33300 Bordeaux
Tél. : 05 56 00 00 70   **Fax :** 05 57 87 48 61
E-mail : domaines@borie-manoux.fr
Sur rendez-vous du lundi au vendredi de 8h à 12h et de 14h à 18h.
Propriétaire : Héritiers Castéja

■ Château Belgrave

HAUT-MÉDOC

★

Voisin des châteaux La Tour Carnet, Camensac et Lagrange, à un ruisseau de l'appellation Saint-Julien, Belgrave appartient à la maison de négoce Dourthe – récemment acquise par le groupe champenois Thiénot. Longtemps à la traîne, le cru a effectué des progrès notoires sous la direction de Frédéric Bonnaffous. Outre d'importants efforts réalisés à la vigne, la propriété a bénéficié de lourds investissements (nouveau cuvier en 2004). Le vin, d'un style charnu et épanoui mais profond, s'est particulièrement affiné et s'est installé comme l'une des valeurs sûres de l'appellation. Les derniers millésimes (depuis 2005) constituent d'excellentes affaires pour les amateurs.

Les vins : le 2011 s'impose comme une des bonnes affaires du millésime. Très serré et doté de tanins racés, il s'épanouira sur une décennie. Distingué en primeur, le 2010 confirme son statut de très grande réussite, dans la foulée d'un 2009 brillant, avec une bouche étirée et beaucoup de fraîcheur. Le 2008 nous séduit toujours par son équilibre, sa matière riche mais bien travaillée.

- ■ Haut-Médoc 2011   n.c.   16
- ■ Haut-Médoc 2010   23 €   17
- ■ Haut-Médoc 2009   35 € cav.   17
- ■ Haut-Médoc 2008   n.c.   17

Rouge : 58,77 hectares.
Cabernet franc 5 %, Cabernet-sauvignon 65 %, Merlot 30 %
Château Belgrave, 33180 Saint-Laurent du Médoc.
Tél. : 05 56 35 53 00   **Fax :** 05 56 35 53 29
E-mail : contact@dourthe.com
Site : www.dourthe.com
Sur rendez-vous.
Propriétaire : Vignobles Dourthe
Directeur : Frédéric Bonnaffous

■ Château Belle-Vue

HAUT-MÉDOC

★

Le château Belle-Vue – en deux mots, contrairement à son homologue de Saint-Emilion – jouxte les parcelles de Cantemerle, le terroir alternant argiles et graves, avec un encépagement fortement marqué par le petit verdot. Vinifiés et élevés avec talent par Vincent Bache-Gabrielsen, les derniers millésimes confirment la pleine forme de ce cru bourgeois longtemps considéré comme une valeur montante et désormais à l'égal de crus classés.

Les vins : le 2011 se montrait impressionnant en primeur, avec une proportion importante de petit verdot dans l'assemblage, qui confère au vin beaucoup de droiture. Le duo des 2009 et 2010 est très brillant : le premier s'impose par son charnu et sa fraîcheur ; le second, plus strict, est doté d'une superbe structure, avec une finale finement saline. Le 2008 s'avère plein et riche, avec des tanins encore fermes, l'ensemble présentant un grand potentiel.

- ■ Haut-Médoc 2011   n.c.   16
- ■ Haut-Médoc 2010   12,50 €   17
- ■ Haut-Médoc 2009   12 €   17,5
- ■ Haut-Médoc 2008   n.c.   16

Rouge : 11 hectares.
Petit verdot 20 %, Cabernet-sauvignon 53 %, Merlot 27 %
Château Belle-Vue, SC de la Gironville, 103, route de Pauillac, 33460 Macau
Tél. : 05 57 88 19 79   **Fax :** 05 57 88 41 79
E-mail : contact@chateau-belle-vue.fr
Site : www.biturica.fr
Vente : au domaine

Sur rendez-vous.
Propriétaire : Héritiers Vincent Mulliez

■ Château Beychevelle
SAINT-JULIEN
★

L a structure capitalistique du château a changé en 2011. Le groupe d'assurance mutuelle GMF a cédé sa participation et le château appartient désormais à Pierre Castel et au groupe Suntory. Pour le reste, l'équipe dirigeante reste en place, et des projets de modernisation des installations sont à l'étude. Les vins produits par le château représentent l'archétype du joli saint-julien, toujours bâtis sur l'élégance et non sur la puissance.

Les vins : classique, le 2011 joue la finesse, avec une jolie élégance dans sa forme. Les 2010 et 2009 sont deux belles réussites pour le cru, dont les vins ont gagné quelque peu en volume. Plus étiré, le 2010 possède une très belle structure tannique et évoluera bien. Digeste et savoureux, le 2008 est un bon millésime, équilibré et fin, entre notes de fruits rouges et d'épices.

■ Saint-Julien 2011	n.c.	15,5
■ Saint-Julien 2010	65 €	17,5
■ Saint-Julien 2009	53 €	17
■ Saint-Julien 2008	n.c.	15,5

Rouge : 90 hectares.
Merlot 37 %, Petit verdot 3 %, Cabernet franc 6 %, Cabernet-sauvignon 54 %
Château Beychevelle, 33250
Saint-Julien-Beychevelle
Tél. : 05 56 73 20 70 **Fax :** 05 56 73 20 71
E-mail : beychevelle@beychevelle.com
Site : www.beychevelle.com
Vente : au domaine
Du lundi au vendredi de 10h à 12h et de 14h à 17h.
Propriétaire : Pierre Castel et groupe Suntory
Directeur : Philippe Blanc

■ Château Boyd-Cantenac
MARGAUX
★

C e cru discret, issu du partage du château Cantenac-Brown juste après le classement de 1855, possède un vignoble parfaitement bien situé et des vignes soigneusement cultivées. Depuis quelques années, le vin produit est régulièrement délicieux, dans un esprit très marga-

lais, avec une texture fine et élégante et un fruit préservé. Lucien Guillemet, le propriétaire, mène un travail sérieux et le vin mérite sa place dans la cave des amateurs.

Les vins : le 2011 est une des réussites incontestables du millésime, le vin affiche un toucher et une suavité superbes, avec beaucoup de cachet. Le 2010 n'a rien perdu de son éclat, avec un fruit vif et brillant. Avec sa trame fine et son magnifique soyeux de texture, le 2009 est superbe de distinction, à l'image de son appellation. Très marqué par de beaux cabernet-sauvignon, le 2008, délicieux, offre une richesse et une expression de fruit et de minéralité splendides.

■ Margaux 2011	n.c.	16,5
■ Margaux 2010	52,60 €	17
■ Margaux 2009	36 €	17
■ Margaux 2008	n.c.	18

Rouge : 18 hectares.
Merlot 30 %, Petit verdot 4 %,
Cabernet-sauvignon 66 %
Château Boyd-Cantenac, 33460 Cantenac
Tél. : 05 57 88 90 82 **Fax :** 05 57 88 33 27
E-mail : contact@boyd-cantenac.fr
Site : www.boyd-cantenac.fr
Vente : au domaine
Sur rendez-vous uniquement.
Propriétaire : Famille Guillemet

■ Château Brane-Cantenac
MARGAUX
★

L e château est doté d'équipements remarquables et Henri Lurton le dirige avec conviction. Il y élabore des vins très fins, dans ce que l'on pourrait qualifier de style margalais, sans lourdeur et sans effet de style, avec un fruit délicat. Des vins qui se livrent difficilement en primeur, mais qui évoluent souvent avec grâce.

Les vins : les derniers millésimes sont réguliers et le 2011 se montre soyeux, souple et très élégant. Le 2010 provient d'un tri très sévère et possède un joli fond, avec une belle texture. Un futur classique du cru. Elégant, fin, avec un côté délicatement infusé, le 2009 se densifie progressivement. Il succède à un 2008 léger, qui se boit dès aujourd'hui.

■ Margaux 2011	n.c.	16
■ Margaux 2010	78 €	17
■ Margaux 2009	62 €	16
■ Margaux 2008	n.c.	15,5

Rouge : 75 hectares.
Cabernet franc 4,5 %, Cabernet-sauvignon 55 %,
Carmenère 0,5 %, Merlot 40 %
Château Brane-Cantenac, 33460 Cantenac
Tél. : 05 57 88 83 33 **Fax :** 05 57 88 72 51
E-mail : contact@brane-cantenac.com
Site : www.brane-cantenac.com
Sur rendez-vous. Achat possible seulement
après la visite.
Propriétaire : Henri Lurton
Directeur : Henri Lurton

■ Château Cantemerle
HAUT-MÉDOC
★

L es amateurs avisés doivent s'intéresser de
près à ce beau cru classé du Médoc, dont les
derniers millésimes sont de belles réussites, à des
prix demeurant très abordables. Si Cantemerle
a toujours produit des vins élégants et digestes,
ceux élaborés depuis 2006 ajoutent un supplément de profondeur et de définition, et le positionnent clairement comme l'un des meilleurs
rapports qualité-prix de tout le Médoc. Le travail au vignoble, les choix de vinification et d'assemblage opérés depuis quelques années paient.
Il faut en profiter, d'autant que le potentiel de
garde est remarquable.

Les vins : le cru a pris le parti de rechercher
l'élégance dans le millésime 2011, produisant un
vin très raffiné et délicieux. Le 2010 demeure
« le » Cantemerle modèle, dense, frais et racé. Il
succède à un 2009 plus enveloppé, moins raffiné, mais très séduisant également. Le 2008 est
lui aussi réussi et dense.

■ Haut-Médoc 2011	n.c.	15,5
■ Haut-Médoc 2010	32 €	17
■ Haut-Médoc 2009	24 €	17,5
■ Haut-Médoc 2008	n.c.	17

Rouge : 90 hectares.
Cabernet franc 6 %, Cabernet-sauvignon 60 %,
Merlot 30 %, Petit verdot 4 %
Château Cantemerle, 33460 Macau
Tél. : 05 57 97 02 82 **Fax :** 05 57 97 02 84
E-mail : cantemerle@cantemerle.com
Site : www.cantemerle.com
Vente : au domaine
Sur rendez-vous. Fermé en août et le week-end.
Propriétaire : SMABTP
Directeur : Philippe Dambrine

■ Château Chasse-Spleen
MOULIS
★

L e vin au nom si poétique jouit d'une excellente réputation, bien méritée d'ailleurs. Il
faut dire que Chasse-Spleen possède un très
beau terroir, situé, pour une grande part, sur les
magnifiques sols de graves du secteur de Grand
Poujeaux. Sa richesse de constitution et sa puissance aromatique situent Chasse-Spleen en tête
de l'appellation, avec des vins toujours élégants,
digestes et évitant le caractère parfois un peu
rustique que l'on trouve dans le secteur. Les
derniers millésimes apparaissent très réussis.

Les vins : en dégustation primeur, le 2011 se
montrait un peu anguleux et ferme ; l'élevage
devra l'arrondir. Avec un fruit opulent et une
bouche soyeuse, le 2010 est un très beau classique du cru, que l'on peut encaver pour les
années à venir. Au sommet de la séduction, le
2009 brille par son éclat et son fruité généreux. Gourmand et sur un équilibre frais, le
2008 se révèle très plaisant, dans un style raffiné
et digeste.

■ Moulis 2011	n.c.	15
■ Moulis 2010	25 €	16,5
■ Moulis 2009	20 €	16,5
■ Moulis 2008	n.c.	15

Rouge : 100 hectares.
Petit verdot 5 %, Cabernet-sauvignon 55 %,
Merlot 40 %
Blanc : 1,8 hectare.
Sauvignon ou Sauvignon Blanc 50 %,
Sémillon 50 %
Production moyenne : 600 000 bt/an

Château Chasse-Spleen, 32, chemin de la Raze,
33480 Moulis-en-Médoc
Tél. : 05 56 58 02 37 **Fax :** 05 57 88 84 40
E-mail : infos@chasse-spleen.com
Site : www.chasse-spleen.com
Du lundi au vendredi de 9h à 12h et de 14h à
17h sur rendez-vous. Sans rendez-vous en juillet
et en août.
Propriétaire : Céline Villars-Foubet

■ Château Clarke
LISTRAC-MÉDOC
★

D ans cette propriété historique du Médoc,
acquise en 1973 par le baron Edmond de

Rothschild, le vignoble a été totalement replanté et des installations techniques de premier ordre ont été mises en place. Le domaine est désormais dirigé par son fils Benjamin, et l'équipe ne ménage pas ses efforts pour porter la qualité du vin au plus haut niveau. Clarke, dont le vignoble est planté en majorité de merlot, propose un vin très dense, riche et exubérant, mais vieillissant bien.

Les vins : nous assistons depuis quelques années à un changement de style. Les vins perdent leur côté massif et extrait au profit d'une plus grande élégance, ce dont nous nous félicitons. Le 2011 en est le parfait exemple, raffiné et subtil. Dans la même veine, mais plus constitué, le 2010 est aussi élégant et très digeste. Bien plus que le 2009, héritier de l'ancien style, et tout comme le 2008, qui se patine doucement.

■ Listrac-Médoc 2011	n.c.	15
■ Listrac-Médoc 2010	19 €	16,5
■ Listrac-Médoc 2009	22 €	15,5
■ Listrac-Médoc 2008	n.c.	16

Rouge : 54 hectares.
Cabernet-sauvignon 30 %, Merlot 70 %
Blanc : 2 hectares.
Muscadelle 10 %, Sauvignon blanc 70 %, Sémillon 20 %
Production moyenne : 250 000 bt/an

Château Clarke, 33480 Listrac
Tél. : 05 56 58 38 00 **Fax :** 05 56 58 26 46
E-mail : contact@cver.fr
Site : www.cver.fr
Vente : au domaine
Visites réservées aux professionnels, sur rendez-vous.
Propriétaire : Benjamin de Rothschild
Directeur : Georges Alnot

■ Château Clerc Milon
PAUILLAC
★

Il est toujours passionnant de comparer Clerc Milon à son frère Armailhac. Vinifiés par la même équipe, le premier joue le classicisme, avec une proportion significative de cabernet-sauvignon dans son assemblage, tandis que le second compte sur une proportion plus importante de merlot. Situé à l'écart du petit hameau de Milon, Clerc Milon donne un vin riche et corsé qui a pu parfois égaler, en corps, le prestigieux Mouton dans les millésimes des années 1980. Après une période en dents de scie, le cru

retrouve son meilleur niveau, avec une concentration et un velouté mieux définis. La construction d'un cuvier et d'un chai ont permis d'aller plus loin encore.

Les vins : en primeur, le 2011 affichait un profil classique, dense, mais un rien sévère encore. Le potentiel est là. Le 2010 est une réussite pour ce cru à la proportion de merlot un peu élevée. Il en résulte un vin un peu plus droit, mais très racé. Une voie qui avait déjà été prise en 2009, avec un vin bien défini, terminant sur une belle assise tannique. Le 2008 est ferme mais élancé et élégant.

■ Pauillac 2011	n.c.	16
■ Pauillac 2010	60 €	17,5
■ Pauillac 2009	43 €	18
■ Pauillac 2008	n.c.	16

Rouge : 40 hectares.
Cabernet franc 11 %, Cabernet-sauvignon 50 %, Merlot 36 %, Petit verdot 2 %, Carmenère 1 %
Château Clerc Milon, 33250 Pauillac
Tél. : 05 56 73 20 20 **Fax :** 05 56 73 20 33
E-mail : webmaster@bpdr.com
Site : www.bpdr.com
Pas de visites.
Propriétaire : Baronne Philippine de Rothschild GFA
Directeur : Jean-Emmanuel Danjoy

■ Clos du Marquis
SAINT-JULIEN
★

Longtemps estampillé comme le second vin de Léoville Las Cases, le Clos du Marquis est désormais un cru à part entière, issu d'une sélection de parcelles dédiées. Ses vignes bordent de nombreux crus classés de Saint-Julien et le soin qui est apporté à sa vinification en font un vin à même de se hisser au niveau d'un troisième cru. Il en a d'ailleurs le prix.

Les vins : difficile de prendre le cru en défaut, le 2011 est la suite d'une série de belles réussites, c'est un vin dense et très frais à la fois. Le 2010 se montre somptueux, avec un corps plein et une énergie magnifique, des tanins abondants, mais fondus. Le 2009 est lui aussi un vin de grande race, dense, mais doté d'une belle rondeur. Le profil du 2008 est très beau, droit et classique, doté d'une grande allonge.

■ Saint-Julien 2011	n.c.	16
■ Saint-Julien 2010	50 €	18
■ Saint-Julien 2009	41 €	17,5
■ Saint-Julien 2008	n.c.	16,5

BORDEAUX

161

hisser au niveau des beaux crus du Médoc. Haut-Batailley est un pauillac raffiné, jamais impressionnant par sa densité mais élégant et de bonne intensité. On peut le boire dès 5 à 6 ans d'âge.

Les vins : équilibré, le 2011 possède un beau fruit et des tanins intégrés ; son aîné d'un an est superbe de densité et de classicisme, avec un joli volume et une finale étirée. Le 2009 joue dans le registre de la délicatesse, avec un soyeux de texture agréable et un fruit bien croquant. La finale est belle, sur des notes de framboise fraîche. Avec une proportion de merlot plus importante dans son assemblage, le 2008 est rond et délicat, avec un côté très suave.

■ Pauillac 2011	n.c.	15,5
■ Pauillac 2010	38 €	16
■ Pauillac 2009	28 €	17
■ Pauillac 2008	n.c.	15,5

Rouge : 22 hectares.
Cabernet franc 5 %, Merlot 25 %, Cabernet-sauvignon 70 %
Château Haut-Batailley, Domaines François-Xavier Borie, BP 82, 33250 Pauillac
Tél. : 05 56 59 06 66 **Fax :** 05 56 59 22 27
E-mail : dfxb@domainesfxborie.com
Sur rendez-vous uniquement.
Propriétaire : François-Xavier Borie

■ Château Haut-Marbuzet
SAINT-ESTÈPHE
★

R ares sont les domaines susceptibles de se prévaloir d'une telle cote d'amour auprès du public. L'explication tient autant à la personnalité des vins produits ici qu'à celle de son truculent propriétaire Henri Duboscq, vigneron visionnaire et passionné, qui a su comprendre très tôt les attentes des amateurs pour des vins plus immédiats. Désormais épaulé par ses fils, il a su, en quarante ans, conquérir une foule d'inconditionnels. Opulents, riches et séducteurs, les vins de Haut-Marbuzet se montrent irrésistibles dès leur mise en bouteilles, avec un cachet facilement reconnaissable. S'il ne vieillit pas aussi bien que ses illustres voisins, Haut-Marbuzet est un vin régulier, enjôleur et plaisant, qu'il faut boire entre cinq et dix ans d'âge.

Les vins : le 2010 sera sans doute la plus belle réussite du cru depuis vingt ans. Tous aussi dense que le superbe 2009, il offre néanmoins un supplément de fraîcheur et de raffinement. Son aîné est gras, riche et ample en bouche, avec

son côté séduisant habituel, mais sa densité de matière le portera loin. Le 2008 est un vin charmeur et bien doté, avec un fruit généreux.

■ Saint-Estèphe 2011	n.c.	16
■ Saint-Estèphe 2010	32 €	17,5
■ Saint-Estèphe 2009	33 €	17,5
■ Saint-Estèphe 2008	n.c.	16

Rouge : 69 hectares.
Cabernet franc 10 %, Cabernet-sauvignon 50 %, Merlot 40 %
Château Haut-Marbuzet, Vignobles H. Duboscq et Fils, 33180 Saint-Estèphe
Tél. : 05 56 59 30 54 **Fax :** 05 56 59 70 87
E-mail : infos@haut-marbuzet.net
Vente : au domaine
Du lundi au samedi de 10h à 12h et de 14h à 18h.
Propriétaire : Henri Duboscq

■ Château d'Issan
MARGAUX
★

M onument historique, Issan est un véritable château, riche d'une histoire comme il en existe peu dans le Bordelais. Ses bâtiments sont les plus élégants du Médoc, et il jouit d'un terroir splendide en bord de Gironde. En 2007, la nouvelle délimitation de l'ère d'appellation Margaux a permis au château d'agrandir son assiette foncière de 10 ha – autrefois en appellation Haut-Médoc. Capable de hisser la finesse margalaise au sommet de la complexité et de l'élégance, le cru s'est contenté pendant très longtemps de produire un vin léger et spirituel. Avec Emmanuel Cruse, des progrès remarquables ont été réalisés : Issan a gagné en densité et en plénitude pour donner un superbe margaux, plus moderne.

Les vins : en demi-puissance, le 2011 ne manque pas d'élégance et de raffinement. On le boira avant le très sérieux 2010, toujours aussi profond et solide. Une réussite pour le cru. Le 2009 apparaît élégant, avec une belle maturité de fruit et un côté tendre, il s'avère plus complet que le 2008, qui joue l'élégance au détriment de la structure.

■ Margaux 2011	n.c.	15,5
■ Margaux 2010	65 €	17
■ Margaux 2009	48 €	16,5
■ Margaux 2008	n.c.	16,5

Rouge : 30 hectares.

Cabernet-sauvignon 70 %, Merlot 30 %
Château d'Issan, 33460 Cantenac
Tél. : 05 57 88 35 91 **Fax :** 05 57 88 74 24
E-mail : issan@chateau-issan.com
Site : www.chateau-issan.com
En semaine sur rendez-vous.
Propriétaire : Emmanuel Cruse

■ Château Kirwan

MARGAUX

★

Philippe Delfaut imprime avec conviction son rythme à ce cru qui évolue depuis déjà quelques millésimes vers un style plus épuré, plus élégant et plus aérien que par le passé. La famille Schÿler, qui souhaite hisser ce cru classé parmi les références de l'appellation, a consenti d'importants investissements. A noter également que Kirwan est devenu l'une des références en matière d'accueil œnotouristique dans le Médoc.

Les vins : guidé par ses cabernets de belle maturité, le 2011 est droit et élégant, avec un beau croquant de fruit. Le 2010 possède un charme évident, avec un fruité opulent et généreux et de jolis tanins. Comme d'autres crus de l'appellation, Kirwan a été touché par la grêle en 2009. Conséquence : des rendements très bas (29 hl/h), mais un vin réussi, avec de la mâche, du corps et une très belle délicatesse de bouche, qui confirme l'orientation prise. Grâce à une importante proportion de petit verdot dans l'assemblage, le 2008 est tendu, droit, mais pur et raffiné.

■ Margaux 20111	n.c.	15,5
■ Margaux 2010	56 €	17
■ Margaux 2009	42 €	17
■ Margaux 2008	n.c.	15,5

Rouge : 37 hectares.
Petit verdot 10 %, Cabernet franc 8 %,
Cabernet-sauvignon 45 %, Merlot 37 %
Château Kirwan, 33460 Cantenac
Tél. : 05 57 88 71 00 **Fax :** 05 57 88 77 62
E-mail : mail@chateau-kirwan.com
Site : www.chateau-kirwan.com
Vente : au domaine
Visites sur rendez-vous : de 9h30 à 12h30 et de 13h30 à 17h30. Visites sans rendez-vous : à 16h du lundi au vendredi, samedi en saison.
Propriétaire : Famille Schÿler
Directeur : Philippe Delfaut

■ Château Labégorce

MARGAUX

★

La famille Perrodo, propriétaire des châteaux Labégorce et Labégorce-Zédé, a décidé d'unifier les deux crus sous le nom de Labégorce. Une réorganisation du parcellaire a été opérée et tout est mis en œuvre pour faire de cette marque une des références des crus bourgeois du Médoc. A noter que les anciens millésimes vendus sous le nom de Labégorce-Zédé sont généralement d'un très bon niveau.

Les vins : le cru poursuit ses progrès, les derniers millésimes sont très réussis, à l'image du 2011 élégant et raffiné, avec une belle structure. Le 2010 s'impose comme une belle réussite pour cru, le vin est dense, mais aussi très civilisé, avec un très joli soyeux. Premier millésime de la fusion des deux Labégorce, le 2009 est un vin énergique, doté d'une structure imposante et de tanins généreux. Il succède à un 2008 plus souple et moins précis, mais de bonne facture.

■ Margaux 2011	n.c.	15
■ Margaux 2010	19 €	17
■ Margaux 2009	cav.	15,5
■ Margaux 2008	n.c.	15

Rouge : 70 hectares.
Petit verdot 5 %, Cabernet franc 5 %,
Cabernet-sauvignon 50 %, Merlot 40 %
Château Labégorce, 33460 Margaux
Tél. : 05 57 88 71 32 **Fax :** 05 57 88 35 01
E-mail : labegorce@chateau-labegorce.fr
Site : www.chateau-labegorce.fr
Vente : au domaine
Tour des chais et dégustation sur rendez-vous.
Propriétaire : Famille Perrodo
Directeur : Marjolaine De Coninck

■ Château Lafon-Rochet

SAINT-ESTÈPHE

★

Basile, fils de Michel Tesseron, a pris ses marques à la tête du cru. Parallèlement, l'œnologue Denis Dubourdieu a été engagé pour suivre la conduite des vignes et les vinifications. Le vignoble, magnifiquement situé, d'un seul tenant, est entouré de Lafite-Rothschild et de Cos d'Estournel. Il produit régulièrement l'un des saint-estèphe les plus opulents et harmonieux qui soient. Son prix demeure très attractif et en fait l'une des meilleures affaires du Médoc, d'autant que les derniers millésimes sont réellement très réussis, avec une pureté de fruit remarquable. A noter, la création récente d'un rosé remarquable baptisé Lafon Rosé et issu de parcelles dédiées.

Les vins : ravagé par la grêle, le millésime 2011 s'est révélé compliqué, mais le cru a su produire un vin friand, élégant et finalement très agréable, sans posséder toutefois la profondeur des meilleurs. Le 2010 se révèle dense et puissant, avec une grande richesse de fruit et des tanins imposants. L'ensemble fera un grand classique à encaver pour les décennies à venir. Le 2009, à la trame longiligne et au fruit parfaitement savoureux, est une grande réussite. C'est un saint-estèphe complet, de grande race et de belle profondeur. Le 2008 est un Lafon-Rochet exceptionnellement marqué par le cabernet-sauvignon, ce qui en fait un vin un peu plus strict, mais très joliment dessiné, il faut être patient.

■ Saint-Estèphe 2011	n.c.	16
■ Saint-Estèphe 2010	41 €	17,5
■ Saint-Estèphe 2009	35 €	18
■ Saint-Estèphe 2008	n.c.	16,5

Rouge : 45 hectares.
Cabernet franc 3 %, Cabernet-sauvignon 55 %, Merlot 40 %, Petit verdot 2 %
Château Lafon-Rochet, 33180 Saint-Estèphe
Tél. : 05 56 59 32 06 **Fax :** 05 56 59 72 43
E-mail : lafon@lafon-rochet.com
Site : www.lafon-rochet.com
Vente : au domaine
De 9h à 12h et de 14h à 16h sur rendez-vous.
Propriétaire : Michel Tesseron
Directeur : Basile Tesseron

■ Château Lagrange
SAINT-JULIEN
★

Par petites touches, ce château, acquis en 1983 par le groupe japonais Suntory, avance et progresse dans la recherche de l'excellence. De nombreux travaux ont été réalisés : les bâtiments d'exploitation, l'outil de vinification et les vignobles ont été progressivement améliorés et les méthodes culturales adaptées. Au fil des vingt dernières années, Lagrange est devenu l'un des châteaux les plus réguliers du Médoc, produisant un vin structuré, racé et toujours très équilibré. Le second cru, Les Fiefs de Lagrange, demeure l'une des meilleures affaires de la région.

Les vins : « raffiné » est certainement le mot qui caractérise le 2011, au toucher soyeux et aux tanins très fins. Une réussite. Autre succès, le 2010 n'a rien perdu de sa belle définition et conserve un corps majestueux. Déjà, le 2009 nous avait enthousiasmés. En alliant puissance et raffinement, il offrait surtout un fruit plein d'éclat, réellement délicieux. Le château a réalisé un 2008 plein, dense et riche, doté d'une belle énergie. Le 2007 est un vin fluide et délicat, très agréable en bouche pour sa fraîcheur.

■ Saint-Julien 2011	n.c.	16
■ Saint-Julien 2010	66 €	17
■ Saint-Julien 2009	44 €	17,5
■ Saint-Julien 2008	n.c.	15,5

Rouge : 113 hectares.
Cabernet-sauvignon 65 %, Petit verdot 7 %, Merlot 28 %
Blanc : 4 hectares.
Muscadelle 10 %, Sauvignon ou Sauvignon Blanc 60 %, Sémillon 30 %
Production moyenne : 700 000 bt/an

Château Lagrange, 33250 Saint-Julien-Beychevelle
Tél. : 05 56 73 38 38 **Fax :** 05 56 59 26 09
E-mail : chateau-lagrange@chateau-lagrange.com
Site : www.chateau-lagrange.com
De 9h à 12h et de 14h à 17h30.
Propriétaire : Groupe Suntory
Directeur : Bruno Eynard

■ Château La Lagune
HAUT-MÉDOC
★

Situé à l'entrée du Médoc, ce cru s'impose depuis quelques années comme une valeur sûre. Il faut dire que Caroline Frey ne ménage pas ses efforts pour porter La Lagune au plus haut. Avec l'appui de l'œnologue Denis Dubourdieu, elle produit une série de millésimes de très bon niveau, et le cru a beaucoup progressé en définition et en profondeur de fruit, tout en conservant son style élégant. Il faut dire que le château a toutes les cartes en main pour triompher, un terroir très intéressant et homogène et un outil de vinification dernier cri.

Les vins : le 2011 est une réussite évidente, le vin est à la fois charmeur et profond, sa bouche est bien dessinée. Les rendements très faibles du 2010 ont permis de produire un vin dense, plus marqué qu'à l'habitude par le merlot. Il se révèle suave, très charmeur et rond en bouche, mais avec du fond et de la fraîcheur. Le 2009 apparaît un peu plus austère, la proportion importante de petit verdot tend le vin et lui confère de l'élégance. Elégance que l'on retrouve dans le 2008, avec une matière moins dense mais raffinée, et promise à un bel avenir.

■ Haut-Médoc 2011	n.c.	16,5
■ Haut-Médoc 2010	59 €	17,5
■ Haut-Médoc 2009	41 €	18
■ Haut-Médoc 2008	n.c.	16,5

Rouge : 77 hectares.
Cabernet-sauvignon 60 %, Petit verdot 10 %, Merlot 30 %
Château La Lagune, 33290 Ludon-Médoc
Tél. : 05 57 88 82 77 **Fax :** 05 57 88 82 70
E-mail : contact@chateau-lalagune.com
Site : www.chateau-lalagune.com
Vente : au domaine
Du lundi au vendredi matin de 9h à 12h et de 14h à 17h sur rendez-vous.
Propriétaire : Famille Frey
Directeur : Caroline Frey

■ Château Langoa Barton
SAINT-JULIEN
★

Très peu connu en France, ce petit cru produit pourtant un saint-julien de très belle facture. Appartenant aux mêmes propriétaires que Léoville Barton, à savoir Anthony Barton et sa fille, il possède d'ailleurs un style qui s'en rapproche, avec un corps plein, généreux et beaucoup de velouté en bouche. Il se montre toutefois un rien moins profond et un peu plus strict au vieillissement, mais fait preuve d'une régularité exemplaire ces dernières années. Son prix demeure accessible et il représente une très belle affaire. Largement exporté, il n'est, hélas, pas facile à trouver en France.

Les vins : l'année 2011 a engendré un vin tendre et souple, mais très séduisant et raffiné. Le 2010 s'avère plus dense et serré, mais avec toujours ce côté souple et suave qui en fait la signature. Légèrement plus enrobé, mais aussi plus arrondi, le 2009 se boira plus rapidement. Le 2008 est encore une grande réussite : plus dense et concentré qu'à son habitude, le vin se rapproche, en style et en définition aromatique, de Léoville Barton.

■ Saint-Julien 2011	n.c.	15,5
■ Saint-Julien 2010	n.c.	17
■ Saint-Julien 2009	51 €	17,5

■ Saint-Julien 2008	n.c.	17,5

Rouge : 18 hectares.
Cabernet franc 5 %, Cabernet-sauvignon 60 %, Merlot 35 %
Château Langoa Barton, 33250 Saint-Julien-Beychevelle
Tél. : 05 56 59 06 05 **Fax :** 05 56 59 14 29
E-mail : chateau@leoville-barton.com
Site : www.leoville-barton.com
Du lundi au jeudi de 9h à 11h30 et de 14h à 16h30 sur rendez-vous uniquement.
Propriétaire : Famille Barton
Directeur : Anthony Barton

■ Château Lascombes
MARGAUX
★

C'est le groupe MACSF, mutuelle de santé des professions médicales, qui a acquis le cru à l'été 2011, juste avant les vendanges. Colony Capital, qui en fut propriétaire durant une dizaine d'années, avait déjà contribué à son redressement, mais le nouvel acquéreur semble animé d'ambitions encore plus élevées. Il veut porter cette vaste propriété morcelée au réel niveau d'un second cru classé, ce qui n'a pas toujours été le cas ces dernières années. Sous la direction de l'excellent Dominique Befve, l'équipe reste en place et une nouvelle ère s'ouvre pour le château.

Les vins : nous avons été impressionnés par le superbe 2011 qui, tout en conservant son volume et sa puissance habituels, semble avoir gagné en finesse. Démonstratif, le 2010 est l'un des vins les plus puissants et massifs de l'appellation, avec un fruit dense, des tanins abondants et un haut niveau d'alcool. Il devrait bien évoluer. Le 2009 regorge toujours de fruit, avec un corps très plein, des tanins abondants mais élégants. Le 2008 se montre flatteur, avec une forte proportion de merlot et beaucoup de charnu en bouche. Il s'est affiné.

■ Margaux 2011	n.c.	16
■ Margaux 2010	86 €	17
■ Margaux 2009	72 €	17
■ Margaux 2008	n.c.	16

Rouge : 84 hectares.
Merlot 50 %, Petit verdot 5 %, Cabernet-sauvignon 45 %
Château Lascombes, BP 4, 33460 Margaux
Tél. : 05 57 88 70 66 **Fax :** 05 57 88 72 17
E-mail : visite.lascombes@chateau-lascombes.fr
Site : www.chateau-lascombes.com

Vente : au domaine
Tous les jours de 9h à 12h et de 14h à 16h30,
sauf week-ends et jours fériés.
Propriétaire : Groupe MACSF
Directeur : Dominique Befve

■ Château Meyney
SAINT-ESTÈPHE
★

Magnifiquement situé en bord de Gironde et proche voisin de Montrose, Meyney a été, dans les années 1960 et 1980, l'un des meilleurs crus bourgeois de Saint-Estèphe. Dans les grands millésimes (1961, 1986 et 1989 en particulier), ses vins, robustes et charpentés, ne sont pas dénués d'élégance et de race en raison d'un terroir exceptionnel. Hélas, durant la décennie 1990, le cru s'est laissé aller à la facilité et a produit une série de vins indignes de son potentiel. Depuis son rachat par une filiale du Crédit agricole, il fait l'objet d'une sérieuse reprise en main. Dans la vigne et au chai, d'importants progrès ont été réalisés, et le château a repris son rang.

Les vins : durement frappé par la grêle en 2011, le cru s'en sort bien au prix d'un travail acharné. Si le vin est moins dense que les 2010 et 2009, il possède un joli cachet, avec une bouche au fruité tendre. Le 2010 est profond, séveux et dense, doté d'un très beau fruit. Il ira loin, tout comme le remarquable 2009 au corps plein et aux tanins très précis. Le 2008 s'impose aujourd'hui comme un très beau classique, que l'on peut commencer à ouvrir.

■ Saint-Estèphe 2011	n.c.	16
■ Saint-Estèphe 2010	35 €	17
■ Saint-Estèphe 2009	22 €	17,5
■ Saint-Estèphe 2008	n.c.	16

Rouge : 51 hectares.
Cabernet-sauvignon 58 %, Merlot 32 %, Petit verdot 10 %
Château Meyney, BP 23, quai Antoine-Ferchaud, 33250 Pauillac
Tél. : 05 56 59 00 40 **Fax :** 05 56 59 36 47
E-mail : contact@cagrandscrus.com
Site : www.cagrandscrus.com
Visites réservées aux professionnels, sur rendez-vous uniquement, du lundi au vendredi de 9h à 12h et de 14h à 17h.
Propriétaire : CA Grands Crus
Directeur : Thierry Budin

■ Château Ormes de Pez
SAINT-ESTÈPHE
★

Propriété de la famille Cazes (Lynch-Bages), Ormes de Pez produit un vin qui séduit les amateurs par son bouquet ample, riche et séduisant. Il se boit en général assez rapidement et fait preuve d'une grande régularité depuis plus de dix ans, grâce au travail d'une équipe parfaitement rodée. Il représente une bonne affaire.

Les vins : le 2011 se révèle soyeux, rond et joliment suave. Le 2010 apparaît plus construit et séveux. Le 2009 se montre savoureux, bien bâti, mais surtout très équilibré. Le 2008 est lui aussi très intéressant, avec une définition de haut niveau, de la générosité et une finale étirée.

■ Saint-Estèphe 2011	n.c.	15,5
■ Saint-Estèphe 2010	28 €	16,5
■ Saint-Estèphe 2009	23 €	17,5
■ Saint-Estèphe 2008	n.c.	16,5

Rouge : 35 hectares.
Cabernet franc 7 %, Cabernet-sauvignon 54 %, Merlot 37 %, Petit verdot 2 %
Château Ormes de Pez, 33180 Saint-Estèphe
Tél. : 05 56 73 24 00 **Fax :** 05 56 59 26 42
E-mail : infochato@ormesdepez.com
Site : www.ormesdepez.com
Pas de visites. Dégustations possibles au château Lynch-Bages. Chambres au château à la location.
Propriétaire : Jean-Michel Cazes
Directeur : Nicolas Labenne

■ Château de Pez
SAINT-ESTÈPHE
★

La famille Rouzaud (champagne Roederer) a magnifiquement restauré Château de Pez, l'une des plus anciennes propriétés médocaines, porte-drapeau des crus bourgeois. Il dispose d'un joli terroir d'un seul tenant et après une phase plus « merlotée », il privilégie désormais le cabernet dans l'assemblage, ce qui lui confère plus de droiture.

Les vins : le 2011 est bien tramé, sérieux et profond. Le 2010, issu de rendements minuscules, est bâti sur l'élégance, avec un fruit frais bien préservé et des tanins fondus. Millésime oblige, le 2009 continue a bien évoluer, avec une bouche qui ne perd rien en fraîcheur et un bel éclat. Le 2008 s'inscrit parmi les millésimes classiques du cru, grâce à une matière bien droite.

■ Saint-Estèphe 2011	n.c.	15,5
■ Saint-Estèphe 2010	30 €	16,5
■ Saint-Estèphe 2009	n.c.	16,5
■ Saint-Estèphe 2008	n.c.	15,5

Rouge : 38 hectares.
Cabernet-sauvignon 45 %, Merlot 50 %, Petit verdot 5 %
Château de Pez, 33180 Saint-Estèphe
Tél. : 05 56 59 30 26 **Fax :** 05 56 59 39 25
Du lundi au jeudi de 8h à 12h et de 13h30 à 17h30, le vendredi de 8h à 12h.
Propriétaire : Famille Rouzaud
Directeur : Philippe Moureau

■ Château Phélan Ségur
SAINT-ESTÈPHE
★

C ette vaste et belle propriété de Saint-Estèphe, appartenant à la famille Gardinier, est idéalement située et produit avec régularité un vin de très bon niveau. Jamais trop démonstratif mais vieillissant avec élégance et offrant un style digeste et classiquement médocain, Phélan-Ségur est une valeur sûre, vendue à un prix qui demeure raisonnable. Le cru affiche néanmoins de nouvelles ambitions et possède certainement les ressources pour aller plus loin encore.

Les vins : le 2011 est bien bâti, avec un fruit généreux et une bouche tout en équilibre. Le 2010 ne décevra pas les amateurs du cru : il s'agit d'un vin dense, structuré et doté d'une belle fraîcheur tannique. Le 2009, plus ample, possède une belle générosité en bouche. Il est parfaitement guidé par ses jolis cabernets. Bon classique du cru, le 2008 est frais, d'intensité moyenne mais d'une réelle élégance, avec une élégante touche saline en finale.

■ Saint-Estèphe 2011	n.c.	16
■ Saint-Estèphe 2010	32 €	17
■ Saint-Estèphe 2009	28 €	16,5
■ Saint-Estèphe 2008	20 €	15

Rouge : 70 hectares.
Merlot 45 %, Cabernet-sauvignon 55 %
Château Phélan Ségur, 33180 Saint-Estèphe
Tél. : 05 56 59 74 00 **Fax :** 05 56 59 74 10
E-mail : phelan@phelansegur.com
Site : www.phelansegur.com
De 9h à 12h et de 14h à 18h sur rendez-vous.
Propriétaire : Famille Gardinier
Directeur : Véronique Dausse

■ Château Potensac
MÉDOC
★

L es amateurs de bonnes affaires le savent, Château Potensac est le porte-drapeau de l'appellation Médoc, grâce aux 300 000 bouteilles produites chaque année et à la régularité de la qualité. Petit frère d'écurie de Léoville Las Cases, il bénéficie de tout le savoir-faire de l'équipe et, grâce au vieillissement du vignoble, il produit désormais le meilleur vin de son appellation. Délicieux après deux ou trois ans de bouteille, il est aussi capable de vieillir longtemps. Son style mêle générosité et précision, sans lourdeur ni vulgarité.

Les vins : avec ses beaux merlots, le 2011 joue la suavité et la rondeur, on le boira avant le 2010, à la matière superbe et au fruit généreux. Il sera parfait dans la prochaine décennie. Le 2009 affiche une franchise et une gourmandise immédiates. C'est un vin ample, soyeux et généreux, qui évoluera à merveille. Quant au 2008, il confirme son statut de valeur sûre, c'est un vin charnu, généreux, mais doté d'un beau potentiel.

■ Médoc 2011	n.c.	15
■ Médoc 2010	20 €	16,5
■ Médoc 2009	18 €	18
■ Médoc 2008	n.c.	16

Rouge : 81 hectares.
Merlot 45 %, Carmenère 1 %, Cabernet franc 18 %, Cabernet-sauvignon 36 %
Château Potensac, 33340 Ordonnac
Tél. : 05 56 73 25 26 **Fax :** 05 56 59 18 33
Site : www.potensac.com
Sur rendez-vous.
Propriétaire : Famille Delon
Directeur : Jean François Klee

■ Château Poujeaux
MOULIS
★

L e château, désormais propriété de la famille Cuvelier (Clos Fourtet), a connu récemment une période un peu troublée. Il dispose pourtant d'un fort beau potentiel et a produit par le passé des vins remarquables, qui avaient contribué à faire de Poujeaux une marque forte. Avec les conseils de Stéphane Derenoncourt, le cru se donne les moyens de se remettre dans la course à l'excellence. Les derniers millésimes font preuve d'une réelle intention, le cru retrouve peu à peu le style qui a fait son grand succès.

Les vins : Poujeaux 2011 est séduisant et facile d'accès, avec des tanins fondus et un corps soyeux. Il succède à deux jolis millésimes, 2010 et 2009, qui offrent une bonne densité et de la profondeur. Le 2008, premier millésime entièrement assumé par la nouvelle équipe, dévoile une bouche souple et de bonne corpulence.

■ Moulis 2011	n.c.	14,5
■ Moulis 2010	25 €	16,5
■ Moulis 2009	20 €	16,5
■ Moulis 2008	n.c.	14,5

Rouge : 68 hectares.
Merlot 40 %, Petit verdot 5 %, Cabernet franc 5 %, Cabernet-sauvignon 50 %
Château Poujeaux, 33480 Moulis-en-Médoc
Tél. : 05 56 58 02 96 **Fax :** 05 56 58 01 25
E-mail : contact@chateau-poujeaux.com
Site : www.chateau-poujeaux.com
Vente : au domaine
Sur rendez-vous uniquement.
Propriétaire : Philippe Cuvelier
Directeur : Matthieu Cuvelier

■ Château Prieuré-Lichine
MARGAUX
★

Justin Onclin, qui dirige le cru, s'efforce, depuis une bonne décennie, de replacer Prieuré-Lichine dans le peloton de tête de l'appellation. Par petites touches, le cru progresse, cultivant son style charmeur, élégant, mais pas toujours très profond. Depuis 2000, Prieuré-Lichine est un cru régulier, vendu à un prix raisonnable, qui peut certainement prétendre à mieux encore.

Les vins : jamais très démonstratifs, les vins jouent sur la finesse, comme en 2011. En demi-corps, Prieuré-Lichine présente un caractère suave, souple et agréable. Bien que partiellement grêlé, le 2010 est néanmoins bien réussi, porté par de beaux cabernets. Vin dense et savoureux, il dépasse le 2009, au corps plus tendre et fluide, mais très agréable. Le 2008 apparaît plus en retrait, souple et tendre.

■ Margaux 2011	n.c.	15
■ Margaux 2010	45 €	16,5
■ Margaux 2009	35 €	16
■ Margaux 2008	n.c.	15,5

Rouge : 68 hectares.
Cabernet-sauvignon 50 %, Merlot 45 %, Petit verdot 5 %
Blanc : 1,5 hectare.
Sauvignon ou Sauvignon Blanc 60 %, Sémillon 40 %
Production moyenne : 270 000 à 300 000 bt/an

Château Prieuré-Lichine, 34, avenue de la Ve-République, 33460 Cantenac
Tél. : 05 57 88 36 28 **Fax :** 05 57 88 78 93
E-mail : contact@prieure-lichine.fr
Site : www.prieure-lichine.fr
Vente : au domaine
Du lundi au samedi, y compris les jours fériés, de 9h à 12h et de 14h à 17h (18h en été) de préférence sur rendez-vous.
Propriétaire : Groupe Ballande
Directeur : Justin Onclin

■ Château Rauzan-Gassies
MARGAUX
★

Le château a longtemps fait partie de cette catégorie de crus prometteurs dont on entrevoyait le long réveil à chaque millésime. Il s'impose désormais comme un cru classé digne de son rang et tous les millésimes depuis 2005 témoignent de son niveau retrouvé. Le vignoble a été sérieusement repris en main, le château s'est doté d'installations techniques de premier ordre et d'une véritable politique qualitative – bien que les raisins soient encore récoltés à la machine. Les prix n'ont pas encore suivi, il faut donc en profiter.

Les vins : tout en finesse, le 2011 est un margaux délicat et digeste qui sera délicieux à boire sur son fruit. La réussite des cabernet-sauvignon est totale en 2010 et le château joue dessus. C'est une bonne option, le vin est équilibré, droit et possède une très jolie sève, avec du soyeux. Il succède à un très beau 2009, également soyeux, délicat, très dense, issu d'une vendange récoltée à juste maturité et d'une extraction bien menée. Très margalais dans son style, avec des arômes de rose et de pivoine, le 2008 porte la signature de son terroir et constitue une très bonne affaire.

■ Margaux 2011	n.c.	15
■ Margaux 2010	48 €	17
■ Margaux 2009	30 €	17,5
■ Margaux 2008	n.c.	15,5

Rouge : 30 hectares.
Cabernet franc 5 %, Cabernet-sauvignon 65 %,

Merlot 25 %, Petit verdot 5 %
Château Rauzan-Gassies, 33460 Margaux
Tél. : 06 81 04 20 56 **Fax :** 05 57 88 71 88
E-mail : rauzangassies@domaines-quie.com
Site : www.domaines-quie.com
Vente : au domaine
De 9h à 12h et de 14h à 18h.
Propriétaire : Famille Quié

Château Rollan de By
MÉDOC
★

C ette propriété créée par Jean Guyon est
désormais un classique du Médoc, tant avec
Rollan de By qu'avec l'ambitieuse cuvée Haut
Condissas. Le Château Rollan de By doit son
succès à un prix raisonnable, et surtout à un style
séduisant dès sa prime jeunesse : il exprime des
notes de fruits rouges mûrs, un boisé généreux
parfaitement intégré, et développe un corps onctueux et savoureux, riche mais jamais dénué de
fraîcheur. Il vieillit de surcroît très bien. Haut
Condissas, cuvée confidentielle, se distingue par
davantage de concentration et de richesse. Il
ambitionne de se mesurer aux plus prestigieux
crus classés.

Les vins : le style qui fait le succès de Haut
Condissas se retrouve dans le 2011, charnu,
épicé et profond. Dans le même millésime, Rolland de By possède une très belle élégance, avec
ce côté séduisant que nous aimons. Le millésime
2010 a donné, tant à Haut Condissas qu'à Rollan de By, des vins au profil très riche, denses
et mûrs, presque exotiques. Il sera intéressant de
les voir évoluer. Haut Condissas 2009 se montre
dense, plein et riche, mais digeste ; il lui faudra
quelques années pour se mettre en place. En
attendant, on pourra savourer le joli Rollan de
By 2009, également bien dessiné, tout en fruit
et très profond. Le 2008 est aussi une belle
réussite pour Rollan de By, avec un corps droit
et classique.

■ Médoc 2010	n.c.	16,5
■ Médoc 2008	n.c.	16
■ Médoc Château Haut Condissas 2011	n.c.	16
■ Médoc Château Haut Condissas 2010	30 €	17,5
■ Médoc Château Haut Condissas 2009	25 €	17,5

Rouge : 80 hectares.
Cabernet franc 10 %,
Cabernet-sauvignon 11,7 %, Merlot 65 %, Petit
verdot 13,3 %
Château Rollan de By, 7, route Rollan de By,
33340 Bégadan
Tél. : 05 56 41 58 59 **Fax :** 05 56 41 37 82
E-mail : infos@rollandeby.com
Site : www.rollandeby.com
Vente : au domaine
De 8h à 12h et de 13h 30 à 17h30 sur
rendez-vous.
Propriétaire : Jean Guyon

Château Talbot
SAINT-JULIEN
★

D epuis deux ans, les choses ont beaucoup
bougé et Talbot s'est remis dans la course
à l'excellence. Avec l'aide de Stéphane Derenoncourt, l'équipe est repartie de l'avant. Travail à
la vigne, recherche d'une meilleure maturité,
sélection plus stricte : Talbot vient de produire
une série de grands millésimes. Nous suivons
cela de près et sommes ravis de revoir le cru à
ce niveau.

Les vins : le 2011 est bâti sur une proportion
importante de merlot, il en résulte un vin rond
et suave, mais non dénué de fond. Les 2009 et
2010 exploitent parfaitement leur terroir de haut
niveau. Le 2010 est dense, précis et doté d'un
fruit finement acidulé, et offre une très belle
longueur. Il succède à une autre belle réussite,
le 2009, au charnu très séduisant. Le 2008 possède un joli fond et présente le charme qui fait
la marque du cru ; il commence à s'ouvrir.

■ Saint-Julien 2011	n.c.	16
■ Saint-Julien 2010	49 €	17
■ Saint-Julien 2009	43 €	17
■ Saint-Julien 2008	n.c.	15

Rouge : 102 hectares.
Cabernet franc 3 %, Cabernet-sauvignon 66 %,
Merlot 26 %, Petit verdot 5 %
Blanc : 5 hectares.
Sauvignon ou Sauvignon Blanc 86 %,
Sémillon 14 %
Production moyenne : 550 000 bt/an

Château Talbot, 33250 Saint-Julien-Beychevelle
Tél. : 05 56 73 21 50 **Fax :** 05 56 73 21 51
E-mail : chateau-talbot@chateau-talbot.com
Site : www.chateau-talbot.com

Du lundi au jeudi de 9h à 11h et de 14h à 16h30, vendredi jusqu'à 15h, sur rendez-vous.
Propriétaire : Nancy Bignon-Cordier

■ Château du Tertre
MARGAUX
★

S ous la houlette d'Alexander Van Beek, son directeur, le château du Tertre s'est imposé comme une des valeurs sûres de Margaux. Après son rachat par Eric Albada Jelgersma, le cru a été profondément transformé et modernisé. Une baisse des rendements et d'importants investissements ont donné un vin plein et nerveux, qui justifie parfaitement son classement. Les derniers millésimes s'avèrent particulièrement réussis, dans un style toujours droit, parfois un peu austère, mais vieillissant bien, grâce à une part importante de petit verdot et de cabernet franc dans l'assemblage.

Les vins : le 2011 est classique pour le cru, avec cette trame serrée et longiligne qui en fait une des ses particularités. Construit autour des cabernet-sauvignon avec, comme toujours, une proportion également importante (10 %) de petit verdot, le 2010 se révèle tendu, serré mais éclatant, avec un fruit profond. A attendre impérativement. Il succède à un 2009 au style très pur et à la fraîcheur remarquable, avec beaucoup de précision dans son fruit. Il faudra le suivre de près. Assez léger, 2008 est un millésime moyen au Tertre. L'ensemble est souple, dans un registre frais et agréablement fruité.

■ Margaux 2011	n.c.	15
■ Margaux 2010	28 €	17
■ Margaux 2009	26 €	17
■ Margaux 2008	n.c.	15

Rouge : 50 hectares.
Petit verdot 5 %, Cabernet franc 30 %, Cabernet-sauvignon 32 %, Merlot 33 %
Château du Tertre, Chemin de Ligondras, 33460 Arsac
Tél. : 05 57 88 52 52 **Fax :** 05 57 88 52 51
E-mail : receptif@chateaudutertre.fr
Vente : au domaine
Sur rendez-vous au 05 57 88 52 52 ou au 05 57 97 09 09.
Propriétaire : Eric Albada Jelgersma
Directeur : Alexander Van Beek

■ Château La Tour Carnet
HAUT-MÉDOC
★

D epuis la reprise du cru par Bernard Magrez, La Tour Carnet a connu des changements spectaculaires et efficaces, tant dans le vignoble que dans les nouveaux chais. Le beau château fortifié, où aimaient se rencontrer Montaigne et La Boétie, a même été ravalé. Les transformations ont porté leurs fruits : les vins des derniers millésimes apparaissent d'une ampleur et d'une richesse de chair sans commune mesure avec le caractère plein mais rustique de l'ère précédente. Ils évoluent dans un style moderne, riche et opulent, mais vieillissent bien.

Les vins : nous sommes séduits par le moelleux et l'élégance du 2011, qui confirme le virage stylistique du cru démarré avec un superbe 2010, tout en fruit et doté de tanins magnifiques. Avec une proportion très importante de merlot, le 2009 apparaît encore tout en opulence et en richesse, avec une matière très dense et des tanins abondants. Les 2008 est un héritier de l'ancien style, mais il se fond bien et ne manque pas de charme.

■ Haut-Médoc 2011	n.c.	16
■ Haut-Médoc 2010	30 €	17,5
■ Haut-Médoc 2009	24 € cav.	17
■ Haut-Médoc 2008	n.c.	16

Rouge : 71,53 hectares.
Merlot 53 %, Cabernet franc 5 %, Petit verdot 2 %, Cabernet-sauvignon 40 %
Blanc : 1,0031 hectare.
Production moyenne : 350 000 bt/an

Château La Tour Carnet, Route de Beychevelle, 33112 Saint-Laurent-du-Médoc
Tél. : 05 56 73 30 90 **Fax :** 05 56 59 48 54
E-mail : latour@latour-carnet.com
Site : www.chateau-latourcarnet.com
Uniquement sur rendez-vous.
Propriétaire : Bernard Magrez
Directeur : Jeanne Lacombe

■ Château d'Agassac
HAUT-MÉDOC

S itué sur de belles graves profondes, proche de La Lagune, ce château au passé chargé revit sous la direction avisée du régisseur Jean-Luc Zell qui, en quelques années, a accompli un travail considérable. Grâce à un précieux capital de vieilles vignes qu'il a su valoriser, et à une importante restructuration, la qualité des vins a bondi, tout en conservant un excellent rapport qualité-prix.

Les vins : le 2010 apparaît frais, doté d'une bonne tension et d'une bouche au fruit savoureux. En demi-puissance, mais équilibré. Le 2009 est dense, un rien ferme, mais doté d'un potentiel évident. Le 2008 se révèle également juteux et agréablement fruité en bouche, avec un boisé qui se fond doucement.

■ Haut-Médoc 2011	n.c.	14,5
■ Haut-Médoc 2010	n.c.	16,5
■ Haut-Médoc 2009	n.c.	16,5
■ Haut-Médoc 2008	n.c.	15,5

Rouge : 43 hectares.
Merlot 50 %, Cabernet franc 3 %, Cabernet-sauvignon 47 %
Château d'Agassac, 15, rue du Château d'Agassac, 33290 Ludon-Médoc
Tél. : 05 57 88 15 47 **Fax :** 05 57 88 17 61
E-mail : contact@agassac.com
Site : www.agassac.com
Vente : au domaine
Sur rendez-vous d'octobre à mai, de 9h à 12h et de 14h à 17h. Sans rendez-vous, en juin et septembre du mardi au samedi. Tous les jours en juillet et août.
Propriétaire : Groupama Assurances
Directeur : Jean-Luc Zell

■ Château Branas Grand Poujeaux
MOULIS

Bien situé entre Chasse-Spleen et Poujeaux, sur le plateau de Grand Poujeaux, le château connaît une nouvelle vie depuis son rachat par Justin Onclin, également en charge de Prieuré-Lichine à Margaux. Le domaine s'est doté de toutes les installations techniques nécessaires à l'élaboration d'un grand vin et propose, depuis déjà quelques millésimes, un des moulis les plus séduisants et charmeurs qui soient.

Les vins : le 2011 du château est une des révélations du millésime, à la densité superbe et au soyeux de tanin qui en font un vin très séduisant. Le 2010 affiche toujours son style ample et généreux, avec un fruité très suave, il est néanmoins plus raffiné que le 2009. Ce dernier est un vin de très riche constitution, avec une matière massive et dense. Il devra se fondre. Le 2008 est sur le même modèle, solidement bâti, puissant mais digeste.

■ Moulis 2011	n.c.	15,5
■ Moulis 2010	n.c.	16
■ Moulis 2009	n.c.	16
■ Moulis 2008	n.c.	16

Rouge : 12 hectares.
Cabernet-sauvignon 45 %, Merlot 50 %, Petit verdot 5 %
Château Branas Grand Poujeaux, 33480 Moulis-en-Médoc
Tél. : 05 56 58 93 30 **Fax :** 05 56 58 08 62
E-mail : contact@branasgrandpoujeaux.com
Site : www.branasgrandpoujeaux.com
Sur rendez-vous.
Propriétaire : Justin Onclin

■ Château Cambon La Pelouse
HAUT-MÉDOC

Depuis quelques années déjà, ce cru fort bien situé en bordure de l'appellation Margaux élabore un vin d'un remarquable rapport qualité-prix. Sous la houlette d'Annick et de Jean-Pierre Marie, il a peu à peu trouvé ses marques, et le vieillissement du vignoble lui permet désormais d'atteindre un très beau niveau, dans un style séduisant, mais non dénué de finesse.

Les vins : le 2010 est rond, bien bâti, avec des tanins très soyeux et une finale riche. Le 2009 confirme être une grande réussite, le vin est droit et profond, il a un bel avenir. Le 2008 se détend et ses tanins gagnent en suavité, il faudra cependant l'attendre encore.

■ Haut-Médoc 2010	n.c.	16,5
■ Haut-Médoc 2009	n.c.	16,5
■ Haut-Médoc 2008	n.c.	16

Rouge : 65 hectares.
Cabernet-sauvignon 32,7 %, Merlot 53 %, Petit verdot 2 %, Cabernet franc 12,3 %
Château Cambon La Pelouse, 5, chemin de Canteloup, 33460 Macau
Tél. : 05 57 88 40 32 **Fax :** 05 57 88 19 12
E-mail : contact@cambon-la-pelouse.com
Site : www.cambon-la-pelouse.com
Vente : au domaine
Du lundi au vendredi de 9h à 12h et de 14h à 18h.
Propriétaire : Annick et Jean-Pierre Marie
Directeur : Olivier Pascaud

■ Château Camensac

HAUT-MÉDOC

L e cru, racheté en 2005 par la famille Merlaut, est aujourd'hui géré par l'équipe de Chasse-Spleen, qui entend le remettre dans la course à l'excellence. Lentement et par petites touches, le vin gagne en densité et en précision, même s'il n'atteint pas encore le niveau des meilleurs crus. D'incontestables progrès en viticulture commencent à livrer leurs fruits en bouteille, et les derniers millésimes ne font pas honte à son classement. Un cru très accessible en France, grâce à la grande distribution et dont le prix demeure très sage. Une bonne affaire.

Les vins : derrière le duo des 2010 et 2009, qui restent les meilleurs Camensac connus, le 2011 affiche un style plus strict, avec une trame tannique qui devra se fondre. Frais, élégant et raffiné, le 2010 se montre séduisant et évoluera bien. Le 2009 apparaît aussi élégant et raffiné, avec une bouche bien équilibrée ; il lui manque encore un peu de volume pour atteindre le niveau des plus grands. Le 2008 séduit par son équilibre et l'expression gourmande de son fruit.

■ Haut-Médoc 2011	n.c.	15
■ Haut-Médoc 2010	24 €	16,5
■ Haut-Médoc 2009	17 €	17
■ Haut-Médoc 2008	n.c.	15,5

Rouge : 75 hectares.
Cabernet-sauvignon 64 %, Merlot 40 %
Château Camensac, BP 9, route de Saint-Julien, 33112 Saint-Laurent-du-Médoc
Tél. : 05 56 59 41 69 **Fax :** 05 56 59 41 73
E-mail : info@chateaucamensac.com
Site : www.chateaucamensac.com
Sur rendez-vous.
Propriétaire : Céline Villars-Foubet et Jean Merlaut
Directeur : Jean-Pierre Foubet

■ Château Citran

HAUT-MÉDOC

M agnifique propriété située au sud du Médoc, Citran appartient à la famille Merlaut. Son vignoble est composé de deux parties, l'une limitrophe de Margaux, l'autre sur la commune d'Avensan. Les sols de graves légères alternent avec des zones plus argileuses. Le style des vins, puissant, boisé et moelleux à la fin des années 1980, a évolué au cours des derniers millésimes pour retrouver la souplesse élégante d'un bon cru bourgeois, facile et accessible rapidement.

Les vins : le 2011 est tendre et élégant, il privilégie la délicatesse. Plus construit, plus dense, le 2010 est une belle réussite pour le cru (qu'il faut encore attendre). Le 2009 est aussi très recommandable.

■ Haut-Médoc 2011	n.c.	14
■ Haut-Médoc 2010	n.c.	15
■ Haut-Médoc 2009	n.c.	15
■ Haut-Médoc 2008	n.c.	16

Rouge : 100 hectares.
Cabernet-sauvignon 50 %, Merlot 50 %
Château Citran, 33480 Avensan
Tél. : 05 56 58 21 01 **Fax :** 05 57 88 84 60
E-mail : info@citran.com
Site : www.citran.com
Vente : au domaine
Du lundi au vendredi de 9h à 12h et de 14h à 17h, sur rendez-vous.
Propriétaire : Antoine Merlaut

■ Château Clauzet

SAINT-ESTÈPHE

V oilà quelques millésimes que ce cru ancien mais méconnu de Saint-Estèphe, propriété du baron belge Maurice Velge, mérite l'attention des amateurs. Le château, qui a totalement été restructuré, notamment avec l'acquisition de parcelles contiguës, donne désormais un vin régulier et plaisant dans sa jeunesse. Il est maintenant temps de passer au niveau supérieur, avec des vins plus denses et charnus, pouvant concourir avec les crus classés de l'appellation.

Les vins : le 2011 est d'une belle densité, avec une matière sérieuse ; il doit se fondre. Le 2010 ne manque ni de raffinement ni d'élégance, avec un fruité très frais. Équilibré, le 2009 est une réussite ; il offre également beaucoup de fraîcheur et a conservé un fruit bien juteux. Le 2008 fera un bon classique médocain, agréablement fruité et aux tanins élégants.

■ Saint-Estèphe 2011	n.c.	14,5
■ Saint-Estèphe 2010	n.c.	16,5
■ Saint-Estèphe 2009	n.c.	15,5
■ Saint-Estèphe 2008	n.c.	14,5

Rouge : 23 hectares.
Cabernet franc et petit verdot 5 %, Merlot 40 %, Cabernet-sauvignon 55 %
Château Clauzet, Leyssac, 33180 Saint-Estèphe
Tél. : 05 56 59 34 16 **Fax :** 05 56 59 37 11
E-mail : clauzet@chateauclauzet.com
Site : www.chateauclauzet.com
Vente : au domaine

Du lundi au vendredi de 9h à 12h et de 14h à 17h.
Propriétaire : Maurice Velge
Directeur : José Bueno

■ Château Clément Pichon
HAUT-MÉDOC

T out comme à La Dominique, cru de Saint-Emilion appartenant également à l'homme d'affaires Clément Fayat, cette vaste propriété, à l'extrême sud du Médoc, produit depuis quelques années des vins sérieux et classiques, gagnant en soyeux et en profondeur. Le rapport qualité/prix est désormais excellent.

Les vins : le 2011 est une réussite, le vin est complet, avec un solide milieu de bouche. Le 2010 montre un profil plus riche et exotique ; il évolue favorablement, même si son bois demeure présent. Le 2009 possède un très bel éclat et un fruit vibrant, il succède à un joli 2008, au profil droit et bien classique.

■ Haut-Médoc 2011	n.c.	15
■ Haut-Médoc 2010	n.c.	16
■ Haut-Médoc 2009	n.c.	17
■ Haut-Médoc 2008	n.c.	16

Rouge : 25 hectares.
Cabernet franc 10 %, Cabernet sauvignon 50 %, Merlot 40 %
Château Clément Pichon, 33290 Parempuyre
Tél. : 05 56 35 23 79 **Fax :** 05 56 35 85 23
E-mail : info@vignobles.fayat.com
Site : www.vignobles.fayat.com
Vente : au domaine
Du lundi au vendredi de 9h30 à 12h et de 14h30 à 17h. Sur rendez-vous de préférence.
Propriétaire : Clément Fayat
Directeur : David Charbleytou et Pierre Meylheuc.

■ Château Cos Labory
SAINT-ESTÈPHE

D iscret cru classé de Saint-Estèphe, Cos Labory ne manque pourtant pas d'atouts. La famille Audoy, qui le dirige, élabore un vin de facture très classique, souvent un peu austère dans sa jeunesse, mais vieillissant ensuite avec élégance. Loin des canons modernes actuels, Cos Labory, qui fut séparé de Cos d'Estournel à la Révolution française, a produit ces derniers millésimes des vins intéressants, à des prix demeurant très sages.

Les vins : issu d'une récolte grêlée, le 2011 est un vin tendre et souple, de constitution moyenne. Quant au 2010, c'est certainement la plus belle réussite moderne du cru, avec une très jolie trame fruitée. Le 2009 est lui aussi admirable : dense et puissant, il demandera quelques années pour se fondre. Le 2008 se montre bien plus classique et droit dans sa forme ; c'est un vin en demi-puissance mais raffiné.

■ Saint-Estèphe 2011	n.c.	14,5
■ Saint-Estèphe 2010	30 €	17
■ Saint-Estèphe 2009	26 €	16,5
■ Saint-Estèphe 2008	n.c.	14,5

Rouge : 18 hectares.
Cabernet franc 10 %, Cabernet-sauvignon 55 %, Merlot 35 %
Château Cos Labory, 33180 Saint-Estèphe
Tél. : 05 56 59 30 22 **Fax :** 05 56 59 73 52
E-mail : contact@cos-labory.com
Site : www.cos-labory.com
Vente : au domaine
Du lundi au vendredi de 9h à 12h et de 14h à 18h.
Propriétaire : Bernard Audoy

■ Château Le Crock
SAINT-ESTÈPHE

C ette propriété de la famille Cuvelier (Léoville Poyferré) jouit d'un très beau terroir, voisin de Cos d'Estournel, de Montrose et de Haut-Marbuzet. Il sort avec régularité un saint-estèphe profond, suave, appréciable dans sa jeunesse. Les derniers millésimes témoignent d'une belle régularité.

Les vins : on boira le 2011, tendre et délicieusement fruité, avant le 2010, plus construit, mais tout aussi charmeur, déployant un beau fruit et un côté moelleux en bouche. Le 2009, puissant et plein, regorge de fruit, sur des tanins abondants et bien mûrs. Très rond et judicieusement boisé, le 2008 sera délicieux à boire d'ici à cinq ans, pour son fruit mûr et son gras.

■ Saint-Estèphe 2011	n.c.	15
■ Saint-Estèphe 2010	n.c.	16,5
■ Saint-Estèphe 2009	n.c.	16,5
■ Saint-Estèphe 2008	n.c.	15,5

Rouge : 32 hectares.
Petit verdot 5 %, Cabernet franc 10 %, Cabernet-sauvignon 60 %, Merlot 25 %
Château Le Crock, Marbuzet, 33180 Saint-Estèphe
Tél. : 05 56 59 73 05 **Fax :** 05 56 59 30 33
Site : www.chateaulecrock.fr
Vente : au domaine

Sur rendez-vous.
Propriétaire : GFA des Domaines Cuvelier
Directeur : Didier Cuvelier

■ Château Durfort-Vivens

MARGAUX

D isons-le, nous n'avons pas été totalement séduits par les vins de ce cru classé. Souvent légers et fluides, ils manquent de matière. Les choses ont cependant l'air de bouger avec l'arrivée de François Lurton au poste de conseiller pour le château, et avec un programme de conversion d'une partie du domaine en biodynamie ; il est étonnant que les vins dégustés en bouteille ne semblent pas profiter de ce dynamisme.

Les vins : les 2010 et 2009 demeurent des vins faciles, peu denses et indignes d'un second cru classé dans le contexte des millésimes.

■ Margaux 2010   n.c.   14,5
■ Margaux 2009   n.c.   15

Rouge : 30 hectares.
Cabernet franc 7 %, Cabernet-sauvignon 70 %, Merlot 23 %
Château Durfort-Vivens, 33460 Margaux
Tél. : 05 57 88 31 02   **Fax :** 05 57 88 60 60
Sur rendez-vous.
Propriétaire : Gonzague Lurton

■ Château Fourcas Hosten

LISTRAC-MÉDOC

C ette propriété de Listrac sommeillait depuis quelques années. Son rachat par la famille Momméja (Hermès) a sonné l'heure du réveil. Renaud et son frère Laurent nourrissent de grandes ambitions pour ce cru qu'ils ont doté d'un outil de vinification performant. Dans la foulée, ils ont engagé l'œnologue Eric Boissenot, et les derniers millésimes progressent bien.

Les vins : le 2010 est une des belles révélations du millésime, avec un vin intense, généreux et très soyeux. Une belle affaire. Le 2009 est lui aussi de beau niveau, quoiqu'un rien moins précis. Il ira loin, tout comme le délicieux 2008, qui marquait le retour du cru au sein de l'élite de l'appellation.

■ Listrac-Médoc 2010   n.c.   17
■ Listrac-Médoc 2009   n.c.   16
■ Listrac-Médoc 2008   17 €   15,5

Rouge : 47 hectares.
Cabernet franc 10 %, Cabernet-sauvignon 45 %, Merlot 45 %
Château Fourcas Hosten, Place de l'Eglise, 33480 Listrac-Médoc
Tél. : 05 56 58 01 15   **Fax :** 05 56 58 06 73
E-mail : contact@fourcas-hosten.com
Site : www.fourcas-hosten.com
Vente : au domaine
Du lundi au vendredi de préférence sur rendez-vous de 9h à 12h et de 14h à 16h30.
Propriétaire : Laurent et Renaud Momméja

■ Château Fourcas-Dupré

LISTRAC-MÉDOC

L e vignoble de Fourcas-Dupré est planté d'un seul tenant sur une belle croupe de graves. La propriété, très bien gérée par Patrice Pagès, épaulé désormais par son frère Ghislain, propose un listrac classique, ferme, un peu austère, sincère et d'une impeccable franchise d'expression. Si les vins sont lents à se faire, ils préservent leurs qualités dans le temps et les prix restent raisonnables. Une nouvelle approche plus moderne de la vinification est en cours et les prochains millésimes seront à suivre de près.

Les vins : après un très beau 2009, le 2010 n'est pas en reste, dans un style plein et généreusement fruité, avec beaucoup de fond. Son aîné se montre sérieux et gagne en moelleux à l'élevage. Très harmonieux, le 2008 allie maturité de fruit et moelleux de tanins, avec une grande fraîcheur gustative. Une réussite.

■ Listrac-Médoc 2010   n.c.   16,5
■ Listrac-Médoc 2009   n.c.   16
■ Listrac-Médoc 2008   n.c.   16

Rouge : 44 hectares.
Merlot 44 %, Petit verdot 2 %, Cabernet franc 10 %, Cabernet-sauvignon 44 %
Château Fourcas-Dupré, Le Fourcas, 33480 Listrac-Médoc
Tél. : 05 56 58 01 07   **Fax :** 05 56 58 02 27
E-mail : info@fourcasdupre.com
Site : www.fourcasdupre.com
Vente : au domaine
Du lundi au vendredi de 8h à 12h et de 14h à 17h30, fermé les jours fériés. Le weekend sur rendez-vous.
Propriétaire : Famille Pagès
Directeur : Patrice Pagès (gérant)

■ Goulée by Cos d'Estournel

MÉDOC

Derrière cette marque se cache un domaine récent qui, comme son nom l'indique, appartient aux mêmes propriétaires que ceux du célèbre cru classé de Saint-Estèphe. Issu d'un terroir situé au nord du Médoc et bénéficiant de tout le savoir-faire de l'équipe, Goulée by Cos d'Estournel s'impose comme un superbe vin très friand, immédiat, plein et de surcroît accessible en termes de prix.

Les vins : les trois derniers millésimes nous ont emballés. Si le 2010 est le plus construit et le plus profond, le 2011 apparaît suave et déjà très accessible, malgré sa belle densité. Plus large, le 2009 commence à s'ouvrir.

■ Médoc 2011	n.c.	15
■ Médoc 2010	n.c.	16,5
■ Médoc 2009	n.c.	16,5
■ Médoc 2008	n.c.	16

Rouge : n.c..
Cabernet-sauvignon 80 %, Merlot 20 %
Blanc : n.c..
Production moyenne : n.c.

Goulée by Cos d'Estournel, Château Cos d'Estournel, 33180 Saint-Estèphe
Tél. : 05 56 73 15 50 **Fax :** 05 56 59 72 59
E-mail : estournel@estournel.com
Site : www.estournel.com
Du lundi au vendredi sur rendez-vous.
Propriétaire : Michel Reybier

■ Château Grand-Puy Ducasse

PAUILLAC

Comme Meyney, Grand-Puy Ducasse appartient à une filiale du Crédit agricole. Si nous avons été un peu déçus par les derniers millésimes, clairement en dessous du niveau d'un bon cru classé, les choses bougent doucement : l'ambition affichée par le domaine est de produire un vin digne de son rang. L'œnologue Denis Dubourdieu conseille la propriété ; le vignoble est progressivement repris en main et nous attendons les résultats.

Les vins : nous trouvons dans le 2011 le moelleux et le soyeux qui a tant manqué au cru ces dernières années ; le vin apparaît gourmand et dense. Le 2010 se fond doucement et possède

un joli corps, il manque néanmoins encore de densité. Le 2009 est lui aussi serré, mais profond, nous attendons plus de suavité. Le 2008 a conservé ce côté friand et élégant, avec une matière souple.

■ Pauillac 2011	n.c.	15,5
■ Pauillac 2010	51 €	16
■ Pauillac 2009	26 €	15,5
■ Pauillac 2008	n.c.	15

Rouge : 40 hectares.
Merlot 45 %, Cabernet-sauvignon 55 %
Château Grand-Puy Ducasse, 4, quai Antoine-Ferchaud, 33250 Pauillac
Tél. : 05 56 59 00 40 **Fax :** 05 56 59 36 47
E-mail : contact@cagrandscrus.com
Site : www.cagrandscrus.com
Visites réservées aux professionnels, du lundi au vendredi de 9h à 12h et de 14h à 17h.
Propriétaire : CA Grands Crus
Directeur : Thierry Budin

■ Château Les Grands Chênes

MÉDOC

Cette propriété du nord du Médoc, reprise en 1998 par Bernard Magrez, a toujours produit des vins solidement constitués et francs. Ils sont vinifiés dans l'esprit de celui de toutes les propriétés du groupe, et expriment richesse, puissance, concentration, sur un support boisé imposant, tout en préservant une agréable fraîcheur en finale. Les amateurs de ce style de vins démonstratifs y trouveront leur compte.

Les vins : nous notons une véritable évolution stylistique, avec un 2010 au profil plus droit et plus classique, sans les excès d'extraction habituels du cru. Dans la même veine, le 2011 est aussi une réussite, avec une belle extraction. Le 2009 se place sur un autre registre, plus massif et plus puissant, mais il se fond bien. Le 2008, très coloré et marqué par une belle maturité de fruit, est servi par un élevage chic.

■ Médoc 2011	n.c.	15,5
■ Médoc 2010	n.c.	16,5
■ Médoc 2009	n.c.	16
■ Médoc 2008	n.c.	15,5

Rouge : 22 hectares.
Merlot 55 %, Cabernet franc 5 %,
Cabernet-sauvignon 40 %
Château Les Grands Chênes, Route de Lesparre, 33340 Saint-Christoly-Médoc
Tél. : 05 56 41 53 12 **Fax :** 05 56 41 39 06

BORDEAUX

177

E-mail : chateaugrandschenes@orange.fr
Site : www.bernard-magrez.com
Sur rendez-vous, de 8h à 12h et de 13h à 17h.
Propriétaire : Bernard Magrez
Directeur : Frédéric Chabaneau

■ Château Greysac
MÉDOC

Implantées sur le hameau de By, les vignes du château Greysac ont aujourd'hui atteint un âge très respectable, qui permet à la propriété d'élaborer un vin classique et droit, de belle profondeur et à la finesse tannique certaine. Efficacement dirigé par Philippe Dambrine – qui s'occupe également de Cantemerle –, ce cru bourgeois n'a cessé de progresser pour devenir l'un de ces médocs qui, parmi les réguliers, ne déçoivent quasiment jamais. Les derniers millésimes sont délicieux.

Les vins : le 2010 est ferme, mais bien bâti, avec un bon fruit et des tanins qui lui confèrent du potentiel. L'équilibre et la fraîcheur de 2008 ont particulièrement réussi à Greysac. Le vin est subtil, ses tanins délicats, offrant un style classique délicieux.

| ■ Médoc 2010 | n.c. | 16 |
| ■ Médoc 2008 | | 15,5 |

Rouge : 93 hectares.
Cabernet franc 8 %, Merlot 50 %, Petit verdot 2 %, Cabernet-sauvignon 40 %
Blanc : 2 hectares.
Production moyenne : 600 000 bt/an

Château Greysac, 18, route de By, 33340 Bégadan
Tél. : 05 56 73 26 56 Fax : 05 56 73 26 58
E-mail : info@greysac.com
Site : www.greysac.com
Vente : au domaine
Du lundi au vendredi de 9h à 18h.
Propriétaire : Greysac SAS
Directeur : Philippe Dambrine

■ Château Haut-Bages Libéral
PAUILLAC

Propriété de la famille Merlaut, Haut-Bages Libéral est géré par Claire Villars, tout comme les châteaux Ferrière et La Gurgue. Elle y œuvre pour redonner à ce cinquième cru, qui possède une splendide parcelle toute proche de Latour, le lustre qu'il mérite. Malgré certaines

réussites, en effet, les vins n'ont pas souvent été à la hauteur. Depuis dix ans, l'ensemble a gagné en régularité. Dans les bonnes années, Haut-Bages Libéral peut donner un vin voluptueux, grâce à d'excellents merlots. Il évolue généralement très bien.

Les vins : en primeur, le 2011 se montrait tendre, élégant. Il est agréable et gagnera certainement en profondeur. Le 2010 est droit, étiré, mais savoureux, avec un bel équilibre digeste. Il succède à une autre réussite, le 2009, qui se montre toujours aussi friand et séduisant, lui aussi dans un registre délicat. Le 2008 prend une forme classique, avec un beau fond.

■ Pauillac 2011	n.c.	15
■ Pauillac 2010	45 €	16
■ Pauillac 2009	30 €	16,5
■ Pauillac 2008	n.c.	15

Rouge : 28 hectares.
Merlot 20 %, Cabernet-sauvignon 80 %
Château Haut-Bages Libéral, 33250 Pauillac
Tél. : 05 57 88 76 65 Fax : 05 57 88 98 33
E-mail : chateau@hautbagesliberal.com
Site : www.hautbagesliberal.com
Du lundi au vendredi de 9h à 16h sur rendez-vous.
Propriétaire : Claire Villars
Directeur : Stefano Ruini

■ Château L'Inclassable
MÉDOC

Anciennement baptisé château Lafon, l'Inclassable s'appelle ainsi depuis 2003, suite à une série de démêlés juridiques autour de son nom et de son classement de cru bourgeois. Très au point techniquement, appuyé sur un encépagement minutieusement étudié, ce cru, développé par Rémy Fauchey, produit avec régularité un beau médoc profond, coloré, riche en tanins bien mûrs. Les derniers millésimes sont particulièrement aboutis.

Les vins : le 2011 est une réussite, s'avérant à la fois profond et raffiné. Le 2010, issu de vendanges très tardives et bien mûres, est un vin riche, ample, conservant de la fraîcheur. Toujours aussi agréable, le 2008 joue l'élégance : sa bouche présente un équilibre très digeste et possède du fond.

■ Médoc 2011	n.c.	15
■ Médoc 2010	n.c.	16,5
■ Médoc 2008	n.c.	16

Rouge : 16 hectares.
Cabernet franc 6 %, Cabernet-sauvignon 55 %,
Merlot 25 %, Petit verdot 14 %
Château L'Inclassable, Vignobles Rémy Fauchey,
4, chemin des Vignes, 33340 Prignac-en-Médoc
Tél. : 05 56 09 02 17 **Fax :** 05 56 09 04 96
E-mail : remy.fauchey@wanadoo.fr
Site : www.linclassable.com
Vente : au domaine
Du lundi au samedi de 9h à 19h.
Propriétaire : Rémy Fauchey

■ Château Lalande-Borie
SAINT-JULIEN

C ette propriété de 30 ha, bien située sur le terroir de Lalande, fut créée de toutes pièces en 1970 par Jean-Eugène Borie. C'est désormais son fils Bruno, également en charge du château Ducru-Beaucaillou, qui la dirige. Les vins y sont exquis, relativement faciles d'accès et gourmands. De vrais saint-julien typiques.

Les vins : suave et souple, tout en fruit, le 2011 est délicieux. Autre régal, le 2010 exprime un fruit généreux dans une bouche souple et profonde, à l'acidité calée ; il ira loin. Le 2009 est aussi une très belle réussite, avec une matière une rien plus suave, mais une finale moins nerveuse. Parfait aujourd'hui, le 2008 séduit par son côté juteux et la finesse de ses tanins.

■ Saint-Julien 2011   n.c.   15
■ Saint-Julien 2010   n.c.   16,5
■ Saint-Julien 2009   n.c.   16,5
■ Saint-Julien 2008   n.c.   16

Rouge : 25 hectares.
Cabernet franc 10 %, Cabernet-sauvignon 65 %,
Merlot 25 %
Château Lalande-Borie, 33250
Saint-Julien-Beychevelle
Tél. : 05 56 73 16 73 **Fax :** 05 56 59 27 37
Site : www.chateau-ducrubeaucaillou.com
Pas de visites.
Propriétaire : Jean-Eugène Borie
Directeur : Bruno-Eugène Borie

■ Château Lavillotte
SAINT-ESTÈPHE

J acques Pedro, épaulé par son fils et son gendre, produit un joli cru bourgeois à un bon rapport qualité-prix. Si certains millésimes des années 1990 ont eu tendance à sécher légèrement à cause de boisés pas toujours bien choisis, les derniers millésimes marquent un progrès évi-

dent, avec un bien meilleur respect du fruit. Les millésimes 2009 ou 2008 en sont de beaux exemples et les vins évolueront bien.

Les vins : le 2009 est un vin vraiment excellent, croquant et ouvert, que l'on pourra boire facilement, mais qui évoluera aussi avec grâce. Le 2008 se montre bien droit, avec des tanins enrobés et du charme.

■ Saint-Estèphe 2009   15 €   16
■ Saint-Estèphe 2008   n.c.   15

Rouge : 11 hectares.
Cabernet-sauvignon 67 %, Merlot 30 %, Petit
verdot 3 %
Château Lavillotte, 33180 Vertheuil-Médoc
Tél. : 05 56 73 32 10 **Fax :** 05 56 41 98 89
E-mail : ddompedro@aol.com
Site : www.domaines-pedro.com
Vente : au domaine
Du lundi au vendredi de 9h à 12h et de 14h à
17h. Sur rendez-vous pour les groupe de + de
10 personnes.
Propriétaire : SCEA des Domaines Pedro
Directeur : Jacques Pedro

■ Château Lilian Ladouys
SAINT-ESTÈPHE

D iscret, ayant connu de nombreux propriétaires ne sachant pas toujours en exploiter son potentiel, le château Lilian Ladouys a été racheté par l'homme d'affaires Jacky Lorenzetti en 2008. Ce dernier a ensuite acquis le château Pédesclaux à Pauillac, et il nourrit de grandes ambitions pour ses deux crus. Lilian Ladouys a trouvé depuis quelques millésimes un rythme de croisière fort honorable, le vin mérite l'attention des amateurs.

Les vins : après des 2009 et 2010 de très belle facture, le 2011 continue sur la lancée, le vin est rond, élégant et dense pour le millésime. Une belle opportunité.

■ Saint-Estèphe 2011   n.c.   14,5
■ Saint-Estèphe 2010   n.c.   16,5
■ Saint-Estèphe 2009   18 €   16

Rouge : 45 hectares.
Merlot 43 %, Cabernet franc 5 %,
Cabernet-sauvignon 52 %
Château Lilian Ladouys, Blanquet, 33180
Saint-Estèphe
Tél. : 05 56 59 71 96 **Fax :** 05 56 59 35 97
E-mail : contact@chateau-lilian-ladouys.com
Site : www.chateaulilianladouys.com

Du lundi au vendredi sur rendez-vous, 48h à l'avance. Fermé les jours fériés, en juillet et en août et pendant les vendanges.
Propriétaire : Jacky Lorenzetti

■ Château Lynch-Moussas
PAUILLAC

P hilippe Castéja donne depuis quelques années déjà une nouvelle impulsion à ce cru classé. L'œnologue Denis Dubourdieu y effectue un travail de fond, à commencer par la reprise en main du vignoble. Depuis quelques millésimes, les vins ont progressé, sans toutefois atteindre le niveau des meilleurs crus classés de Pauillac. Lynch-Moussas élabore un vin relativement fin, de constitution moyenne, que l'on peut boire assez rapidement. A noter que le prix demeure très raisonnable.

Les vins : dans la continuité des millésimes précédents, le 2011 apparaît bien élaboré, plus fin que puissant, avec du charme. Autre réussite, le 2010 présente un profil élégant et sérieux ; le vin est parti pour un bel avenir. Le millésime 2009 a engendré un vin plus construit qu'à l'habitude, qui développe une belle complexité dans un corps riche aux tanins abondants. Le 2008 possède un côté sérieux, droit, avec un corps en demi-puissance.

■ Pauillac 2011	n.c.	15
■ Pauillac 2010	37 €	16
■ Pauillac 2009	30 €	16,5
■ Pauillac 2008	n.c.	15

Rouge : 57 hectares.
Cabernet-sauvignon 55 %, Merlot 45 %
Château Lynch-Moussas, 86, cours Balguerie-Stuttenberg, 33300 Bordeaux
Tél. : 05 56 00 00 70 **Fax :** 05 57 87 48 61
E-mail : domaines@borie-manoux.fr
Du lundi au vendredi de 8h à 12h et de 14h à 17h30 sur rendez-vous uniquement.
Propriétaire : Philippe Castéja

■ Château Marquis de Terme
MARGAUX

P ropriété de la famille Sénéclauze, ce discret quatrième cru classé de Margaux s'impose depuis quelques millésimes comme « la » révélation de l'appellation. Après une longue série de vins sans grand intérêt, 2009, puis 2010 et 2011 ont sonné le réveil de cette belle endormie. Un

résultat que l'on doit en partie à Ludovic David, ancien de l'équipe de Bernard Magrez au château Fombrauge (Saint-Emilion), et désormais en charge de la propriété. Un vaste programme de remise à niveau a commencé, avec d'importants travaux de restructuration des bâtiments de vinification. Le souhait de produire des vins plus charnus et, surtout, dotés de tanins plus veloutés, est clairement affiché. A suivre de très près.

Les vins : ne manquez pas les derniers millésimes. Le 2011, issu d'une minuscule récolte, se révèle serré, concentré et juteux à souhait, et le 2010 brille par son éclat et la classe de ses tanins. Le 2009 confirme son statut de réussite absolue pour le cru : le vin dévoile une bouche riche et terriblement séduisante, construite sur de superbes tanins. Le 2008 apparaît plus sec et moins profond, témoin d'une époque désormais révolue.

■ Margaux 2011	n.c.	16
■ Margaux 2010	30 €	17
■ Margaux 2009	26 €	17,5
■ Margaux 2008	n.c.	15,5

Rouge : 38 hectares.
Cabernet-sauvignon 60 %, Merlot 33 %, Petit verdot 7 %
Château Marquis de Terme, 3, Route de Rauzan, BP 11, 33460 Margaux
Tél. : 05 57 88 30 01 **Fax :** 05 57 88 32 51
E-mail : mdt@chateau-marquis-de-terme.com
Site : www.chateau-marquis-de-terme.com
Vente : au domaine
Du lundi au vendredi de 9h à 11h30 et de 14h à 16h30 sur rendez-vous.
Propriétaire : Famille Sénéclauze
Directeur : Ludovic David

■ Château Mayne Lalande
LISTRAC-MÉDOC

B ernard Lartigue dirige cette propriété de Listrac avec passion et conviction. Il élabore un vin puissant, sans rusticité, dans un esprit moderne et très régulier. Il vieillit généralement correctement sur quelques années, d'autant que le vignoble a maintenant pris de l'âge. Une valeur sûre de l'appellation.

Les vins : le 2011 se montre sérieux, doté d'un joli fruit. Le 2009 s'avère puissant, riche et tannique, mais bien construit... à attendre encore. Le 2008 confirme sa réussite, c'est un vin plaisant et classique, doté d'une matière équilibrée et d'une bonne longueur.

- Listrac-Médoc 2011   n.c. 14,5
- Listrac-Médoc 2009   n.c. 16
- Listrac-Médoc 2008   n.c. 16

Rouge : 20 hectares.
Petit verdot 5 %, Merlot 35 %,
Cabernet-sauvignon 60 %
Château Mayne Lalande, 33480 Listrac-Médoc
Tél. : 05 56 58 27 63 **Fax :** 05 56 58 22 41
E-mail : blartigue@terre-net.fr
Site : www.chateau-mayne-lalande.com
Vente : au domaine
De 9h à 12h et de 14h à 18h.
Propriétaire : Bernard Lartigue

■Château Monbrison

MARGAUX

C e cru bourgeois de Margaux avait connu ses heures de gloire durant les années 1980 et 1990, sous l'impulsion de Jean-Luc Von der Heyden. Son décès prématuré, en 1992, avait créé une période plus troublée, mais son frère Laurent, qui en a repris les rênes, semble parti pour écrire de nouvelles pages. Archétype du margaux raffiné et construit, Monbrison peut s'élever au niveau d'un bon cru classé, tant sur le plan du raffinement que du potentiel de garde.

Les vins : le millésime 2010 confirme le retour du cru au premier plan, avec un vin au raffinement exemplaire et à la trame tannique soyeuse à souhait. Le 2011 enchaîne avec une matière soyeuse. Le 2009 est lui aussi superbe de distinction et de profondeur, avec un grain magnifique, très pur dans l'expression du fruit. Le 2008 est très délicat, mais intense. Un vrai margaux.

- Margaux 2011   n.c. 15
- Margaux 2010   n.c. 17
- Margaux 2009   n.c. 17
- Margaux 2008   n.c. 16

Rouge : 13,20 hectares.
Cabernet-sauvignon 50 %, Cabernet franc 15 %,
Petit verdot 5 %, Merlot 30 %
Château Monbrison, 1, allée Monbrison, 33460 Arsac
Tél. : 05 56 58 80 04 **Fax :** 05 56 58 85 33
Sur rendez-vous.
Propriétaire : Mme E. M. Davis et fils
Directeur : Laurent Von der Heyden

■Château Moulin Riche

SAINT-JULIEN

M oulin Riche fut acquis en même temps que le château Léoville Poyferré, en 1920, par la famille Cuvelier. Ces dernières années, cette marque fut utilisée comme second vin. Depuis 2009, le cru a repris son envol et s'assume à nouveau comme un château à part entière, ce qu'il a longtemps été, puisqu'il fut même classé cru bourgeois exceptionnel en 1932.

Les vins : son style opulent et généreux rend le 2011 très séduisant et d'accès plus facile que son grand frère Léoville Poyferré. Le 2010 est une réussite majeure, son fruit se révèle savoureux et sa trame bien droite. Vraiment délicieux ! Le 2009 déploie richesse, amplitude et suavité, en conservant un côté rond et séduisant. Le 2008 était encore le second vin de Léoville Poyferré, c'est un beau saint-julien, harmonieux et accessible, tout en suavité.

- Saint-Julien 2011   n.c. 15,5
- Saint-Julien 2009   18 € 16,5
- Saint-Julien 2008   n.c. 15,5

Rouge : 21 hectares.

Château Moulin Riche, Le Bourg, BP 8, 33250 Saint-Julien-Beychevelle
Tél. : 05 56 59 08 30
E-mail : lp@leoville-poyferre.fr
Sur rendez-vous.
Propriétaire : Famille Cuvelier

■Château Les Ormes Sorbet

MÉDOC

H élène Boivert dirige amoureusement ce petit bijou du Médoc situé à Couquèques, sur un beau plateau calcaire qui convient parfaitement au cabernet-sauvignon. Le château élabore avec régularité un vin au profil droit, classique, parfois un peu austère dans sa jeunesse, mais qui vieillit bien. Cette marque bien connue des amateurs représente un bon rapport qualité-prix.

Les vins : le 2010 se révèle délicieux, dans le style souple et équilibré du cru, avec un côté croquant dans le fruit. Le 2008 ne manque pas d'atouts pour s'inscrire parmi les réussites : maturité du fruit et structure des tanins.

- Médoc 2011   n.c. 14
- Médoc 2010   n.c. 16,5
- Médoc 2008   n.c. 15

Rouge : 21 hectares.
Petit verdot 5 %, Cabernet-sauvignon 60 %,

Merlot 35 %
Château Les Ormes Sorbet, 33340 Couquèques
Tél. : 05 56 73 30 30 **Fax :** 05 56 73 30 31
E-mail : ormes.sorbet@wanadoo.fr
Site : www.ormes-sorbet.fr
Du lundi au vendredi de 9h à 12h et de 14h à
18h sur rendez-vous.
Propriétaire : Hélène Boivert

■ Château Paloumey
HAUT-MÉDOC

C ette ancienne propriété du Haut-Médoc, dont les vins étaient très appréciés avant-guerre, avait totalement disparu dans les années 1950. Rachetée en 1989 par Martine Cazeneuve, elle a depuis ressuscité. La vigne a été replantée et des installations techniques de bon niveau ont été construites. Le domaine a trouvé sa vitesse de croisière et démontre tout son savoir-faire.

Les vins : délicat, avec ses tanins suaves et son corps élégant, le 2011 se dégustait bien en primeur. Le 2009 est croquant, savoureux à souhait, très marqué par les fruits noirs. Plein et de belle constitution, le 2008 donne en bouche une sensation de richesse et d'élégance tannique.

■ Haut-Médoc 2011	n.c.	15
■ Haut-Médoc 2009	n.c.	16
■ Haut-Médoc 2008	n.c.	15,5

Rouge : 38.
Petit verdot 19 %, Cabernet-sauvignon 52 %,
Cabernet franc 1 %, Merlot 28 %
Blanc : n.c.
Production moyenne : n.c.

Château Paloumey, 50, rue Pouge-de-Beau,
33290 Ludon-Médoc
Tél. : 05 57 88 00 66 **Fax :** 05 57 88 00 67
E-mail : info@chateaupaloumey.com
Site : www.chateaupaloumey.com
Vente : au domaine
Du lundi au vendredi de 10h à 18h. Le
week-end sur rendez-vous.
Propriétaire : Château Paloumey
Directeur : Martine Cazeneuve (président)

■ Château Pédesclaux
PAUILLAC

A près de longues années de médiocrité, Pédesclaux commence une nouvelle vie à la suite de son récent rachat par Jacky Lorenzetti, ex-propriétaire du groupe immobilier Foncia et

également propriétaire du château Lilian Ladouys à Saint-Estèphe. Une nouvelle équipe est en place et le cru affiche ses ambitions. Il devrait se doter très prochainement d'un nouveau cuvier et des améliorations notables à la vigne sont désormais visibles. Une très belle parcelle idéalement située à Pauillac a été acquise et intégrée dans le foncier. Le chantier est vaste, mais les derniers millésimes montrent déjà clairement l'évolution qualitative d'un cru à suivre de très près.

Les vins : le millésime 2011 marque le retour de Pédesclaux au niveau d'un cru classé. Il s'agit du vin le plus complet et le plus sérieux que nous ayons dégusté. Il emboîte le pas aux 2010 et 2009 qui amorçaient le virage qualitatif, sans toutefois encore déployer tout le potentiel du terroir.

■ Pauillac 2011	n.c.	16
■ Pauillac 2010	28 €	16
■ Pauillac 2009	19 €	16
■ Pauillac 2008	n.c.	13,5

Rouge : 27,6 hectares.
Cabernet franc 5 %, Cabernet-sauvignon 50 %,
Merlot 45 %
Château Pédesclaux, Padarnac, 33250 Pauillac
Tél. : 05 56 59 22 59 **Fax :** 05 56 59 63 19
E-mail : contact@chateau-pedesclaux.com
Site : www.chateau-pedesclaux.com
Vente : au domaine
De novembre à mars : du lundi au vendredi à
10h30, 14h et 15h30. D'avril à octobre : du
lundi au samedi à 10h30, 14h et 15h30.
Propriétaire : Jacky Lorenzetti
Directeur : Vincent Bache-Gabrielsen

■ Château Petit Bocq
SAINT-ESTÈPHE

N é en 1972, ce domaine minuscule à l'époque (2 ha) atteint désormais une taille raisonnable, au terme de l'acquisition de différentes parcelles. Propriété de la famille Lagneaux depuis 1993, le cru produit un saint-estèphe rond, suave et facilement accessible. Les derniers millésimes sont très complets.

Les vins : pas encore tout à fait fondu, le 2011 possède un potentiel évident, avec un joli fond. Le 2010 semble s'équilibrer à l'élevage, il gagne en distinction, mais sa matière très riche. Le 2009 est réussi, avec un côté suave et gourmand. Plein d'éclat, le 2008 livre une bouche vigoureuse, aux tanins serrés mais racés.

■ Saint-Estèphe 2011	n.c.	15

■ Saint-Estèphe 2010	n.c.	15
■ Saint-Estèphe 2009	n.c.	16,5
■ Saint-Estèphe 2008	n.c.	16

Rouge : 17 hectares.
Cabernet-sauvignon 43 %, Merlot 55 %,
Cabernet franc 2 %
Château Petit Bocq, 3, rue de la Croix-de-Pez,
BP 33, 33180 Saint-Estèphe
Tél. : 05 56 59 35 69 **Fax :** 05 56 59 32 11
E-mail : petitbocq@hotmail.com
Site : www.chateaupetitbocq.com
Vente : au domaine
Sur rendez-vous.
Propriétaire : Gaëtan Lagneaux

■ Château Peyrabon
HAUT-MÉDOC

P ropriété du négociant Patrick Bernard (Millésima), Peyrabon élabore deux cuvées. La première, en Haut-Médoc, est facilement accessible et de garde moyenne. La seconde, baptisée « La Fleur Peyrabon », est issue de vignes bien situées à Pauillac (4 ha), mais l'extraction et l'élevage lui confèrent parfois un caractère un peu sec. Les vins sont de belle tenue et offrent un bon rapport qualité-prix.

Les vins : en 2011, La Fleur Peyrabon dévoile un fruité juteux et des tanins suaves. Les 2010 présentent un réel raffinement : Château Peyrabon affiche une forme classique, avec des tanins intégrés ; La Fleur Peyrabon dévoile une bouche plus large, plus intense, racée et profonde. Le Château Peyrabon 2009 se montre dense, ferme et généreusement extrait, il renferme une grande masse tannique. Dans le même millésime, La Fleur Peyrabon semble très massif et concentré, se fondra-t-il ? Taillé sur le fruit et la fraîcheur, le Château Peyrabon 2008 fera un bon vin médocain, à boire dans les cinq ans.

■ Haut-Médoc 2011	n.c.	14,5
■ Haut-Médoc 2010	n.c.	16
■ Haut-Médoc 2009	n.c.	15
■ Haut-Médoc 2008	12 €	14,5
■ Pauillac Château La Fleur Peyrabon 2011	n.c.	15,5
■ Pauillac Château La Fleur Peyrabon 2010	n.c.	17
■ Pauillac Château La Fleur Peyrabon 2009	n.c.	15,5

Rouge : 56 hectares.
Cabernet franc 2,5 %,
Cabernet-sauvignon 63,5 %, Merlot 31,5 %, Petit verdot 2,5 %
Château Peyrabon, 33250
Saint-Sauveur-en-Médoc
Tél. : 05 56 59 57 10 **Fax :** 05 56 59 59 45
E-mail : contact@chateau-peyrabon.com
Site : www.chateaupeyrabon.com
Vente : au domaine
Ouvert toute l'année : juillet-août gratuit : du lundi au samedi de 10h à 12h et de 14h à n 19h. Nocture jusqu'à 23h le jeudi, illumination des façades. Septembre à juin visite 5 /pers sur rendez-vous : du lundi au vendredi de 9h à 12h et de 14h à 17h. ermeture annuelle semaine 52.
Propriétaire : Patrick Bernard
Directeur : Xavier Michelet

■ Château Peyrat-Fourthon
HAUT-MÉDOC

P ierre Narboni se démène pour porter ce cru au sommet de l'appellation. Après avoir produit des vins très démonstratifs et parfois un peu trop boisés, il trouve les bons réglages et le vin ne manque, en tout cas, jamais de profondeur. Il est vendu à un tarif très raisonnable. Il s'agit d'une belle découverte à suivre de près.

Les vins : le 2011 constitue un haut-médoc classique, bien élaboré. Le 2010 nous a fait belle impression, le vin est dense, profond, avec un beau fruit. Espérons que l'élevage ne le marquera pas trop. Solide et charnu, le 2009 devrait bien évoluer. Le 2008 est plus tendre et facile, mais agréable.

■ Haut-Médoc 2011	n.c.	15
■ Haut-Médoc 2010	n.c.	16,5
■ Haut-Médoc 2009	n.c.	16,5
■ Haut-Médoc 2008	n.c.	15

Rouge : 20 hectares.
Cabernet franc 5 %, Cabernet-sauvignon 55 %,
Petit verdot 4 %, Merlot 36 %
Château Peyrat-Fourthon, 1, allée Fourthon,
33112 Saint-Laurent
Tél. : 05 56 59 40 87 **Fax :** 05 56 59 92 65
E-mail : info@peyrat-fourthon.com
Site : www.peyrat-fourthon.com
Sur RDV
Propriétaire : Pierre Narboni

Château Pibran
PAUILLAC

Installé sur la croupe de Pontet-Canet et d'Armailhac, Pibran a été racheté, en 1987, par AXA Millésimes. Vinifié par l'excellent Jean-René Matignon, de Pichon-Longueville, le vin se distingue régulièrement parmi l'élite des crus bourgeois, porté par un style pauillacais très classique, mêlant générosité et structure tannique. Corsé, bouqueté, accessible rapidement, il vieillit régulièrement et avec grâce.

Les vins : en 2011, le vin a été travaillé sur son fruit, avec une bouche juteuse. Ouvert et séduisant, le 2010 se révèle croquant, lui aussi plein de fruit et d'un bel équilibre. Il est sans doute un peu plus tendu que le 2009, à la bouche opulente mais très agréable. Le 2008 affiche un côté également suave, immédiat et commence à se déguster.

- Pauillac 2011   n.c.   15
- Pauillac 2010   29 €   16
- Pauillac 2009   n.c.   16
- Pauillac 2008   n.c.   15,5

Rouge : 17 hectares.
Cabernet-sauvignon 51 %, Merlot 49 %
Château Pibran, 33250 Pauillac
Tél. : 05 56 73 17 17 **Fax :** 05 56 59 64 62
E-mail : contact@pichonlongueville.com
Pas de visites.
Propriétaire : AXA Millésimes
Directeur : Christian Seely

Château Preuillac
MÉDOC

Propriété de la maison Yvon Mau depuis 1998, le château a désormais pris une bonne vitesse de croisière sous l'impulsion du conseiller Stéphane Derenoncourt. Il produit de bons vins, classiques et accessibles.

Les vins : le 2011 se distingue par sa matière élégante, ses tanins soyeux et un élevage qui se fond. Séduisant et agréable, le 2010 offre une jolie texture et des tanins souples. Le 2008 s'avère équilibré, fin et de bonne densité, avec du fond et du fruit.

- Médoc 2011   n.c.   14
- Médoc 2010   n.c.   16
- Médoc 2008   n.c.   15

Rouge : 30 hectares.
Cabernet-sauvignon 50 %, Merlot 48 %,
Cabernet franc 2 %
Château Preuillac, Route d'Ordonnac, 33340 Lesparre-Médoc
Tél. : 05 56 09 00 29 **Fax :** 05 56 09 00 34
E-mail : chateau.preuillac@wanadoo.fr
Site : www.chateau-preuillac.com
Vente : au domaine
Pas de visites.
Directeur : Jean-Christophe Mau

Château Sénéjac
HAUT-MÉDOC

Archétype du bon médoc à un prix accessible, Sénéjac déçoit rarement. Située sur des sols légers et sableux de l'extrême sud du Médoc, le domaine produit des vins friands, souples et charmeurs. Une étape vient d'être franchie au vignoble, avec une approche en conversion bio (sur le modèle de Pontet-Canet) qui devrait permettre aux vins de se démarquer nettement dans les prochaines années.

Les vins : le 2011 donne un vin d'accès plus facile, mais tendre et délicieux. On peut commencer à boire le 2008 qui s'ouvre doucement, tout en attendant les 2010 et 2009. Ce dernier affiche un profil plus mûr et confit.

- Haut-Médoc 2011   n.c.   14,5
- Haut-Médoc 2010   n.c.   16
- Haut-Médoc 2009   n.c.   16,5
- Haut-Médoc 2008   n.c.   15,5

Rouge : 40 hectares.
Cabernet-sauvignon 60 %, Merlot 25 %, Petit verdot 1 %, Cabernet franc 14 %
Château Sénéjac, 33290 Le Pian-Médoc
Tél. : 05 56 70 20 11 **Fax :** 05 56 70 23 91
E-mail : chateau.senejac@wanadoo.fr
Sur rendez-vous.
Propriétaire : Nancy Bignon-Cordier

Château Siran
MARGAUX

Une nouvelle génération représentée par Edouard Miailhe est arrivée à la tête du château et d'importants investissements ont été engagés pour redonner tout son lustre à ce cru. Son remarquable terroir, situé sur la commune la plus sudiste de l'appellation (Labarde), s'étend sur un superbe plateau de graves siliceuses. Robuste en primeur mais développant, avec le temps, un splendide bouquet de roses anciennes et d'épices, fidèle au profil des margaux, Siran a régulièrement produit des vins très typés. Après une période en demi-teinte, les derniers millésimes renouent avec les belles périodes du passé.

Les vins : tendre et très élégant, des tanins soyeux, le 2011 est une belle réussite, tout comme le 2010 d'ailleurs qui a donné un Siran flamboyant et bien équilibré. A cause de la grêle, le château a produit un 2009 plus fluide et moins précis, mais néanmoins de bon niveau, issu d'une sélection draconienne. C'est un margaux fin, équilibré et digeste, que l'on aura beaucoup de plaisir à boire jeune. Le 2008 est plus austère, marqué par le petit verdot ; il n'a pas cette même délicatesse de bouche.

■ Margaux 2011	n.c.	15
■ Margaux 2010	22 €	16
■ Margaux 2009	20 €	16
■ Margaux 2008	n.c	15

Rouge : 38 hectares.
Merlot 46 %, Petit verdot 11 %, Cabernet franc 2 %, Cabernet-sauvignon 41 %
Château Siran, 33460 Labarde-Margaux
Tél. : 05 57 88 34 04   **Fax :** 05 57 88 70 05
E-mail : commercial@chateausiran.com
Site : www.chateausiran.com
Propriétaire : Famille Miailhe
Directeur : Benjamin Sala

■ Château La Tour de By
MÉDOC

Une bonne moitié du vignoble occupe la plus belle croupe de graves gunziennes de Bégadan, au bord du fleuve, sur un site magnifique. Le microclimat favorise merlots et cabernets, plantés à parité. Le château doit beaucoup à l'implication de Marc Pagès, aujourd'hui disparu. Ses héritiers poursuivent dans la même voie, en allant plus loin encore dans la recherche de la maturité et dans la précision des vinifications. Les derniers millésimes sont convaincants.

Les vins : le 2011 apparaît tendre et facile, doté d'un joli fond. Le duo 2009-2010 est remarquable : le 2010 possède du cachet, construit sur une matière bien travaillée ; 2009 est un vin complet et très distingué, doté de jolis tanins fondus. Le 2008 nous séduit également par sa texture délicate et sa persistance.

■ Médoc 2011	n.c.	14
■ Médoc 2010	n.c.	16,5
■ Médoc 2009	n.c.	16,5
■ Médoc 2008	n.c.	16

Rouge : 94 hectares.
Cabernet-sauvignon 60 %, Petit verdot 3 %, Merlot 35 %, Cabernet franc 2 %
Château La Tour de By, 33340 Bégadan
Tél. : 05 56 41 50 03   **Fax :** 05 56 41 36 10
E-mail : info@la-tour-de-by.com
Site : www.la-tour-de-by.com
Vente : au domaine
De 8h à 12h et de 13h30 à 17h30 (vendredi 16h30). Sur rendez-vous le samedi et le dimanche. Ouvert tous les week-end en juillet et août.
Propriétaire : Famille Pagès
Directeur : Frédéric Le Clerc

■ Château Tronquoy Lalande
SAINT-ESTÈPHE

Martin et Olivier Bouygues ont acquis Tronquoy-Lalande en 2005, quelques mois après avoir acheté le château Montrose, situé à quelques encablures. Légalement, ils auraient pu réunir les deux propriétés. Il n'en a rien été. Ce très ancien cru de Saint-Estèphe garde son autonomie et son style. La direction du château, comme celle de Montrose, a été confiée à Jean-Bernard Delmas, et les vins sont remarquables, dans un style plus accessible et ouvert qu'à Montrose.

Les vins : avec du volume et un joli corps, le 2011 confirme la grande forme de la propriété. Le 2010 nous a impressionnés par sa précision de bouche et la suavité de ses tanins. Un classique. Le 2009 est généreux, avec un beau fruit qui ne confit pas. Le 2008 est ouvert, son fruit bien croquant.

■ Saint-Estèphe 2011	n.c.	14,5
■ Saint-Estèphe 2010	n.c.	16,5
■ Saint-Estèphe 2009	n.c.	16
■ Saint-Estèphe 2008	n.c.	15,5

Rouge : 26 hectares.
Petit verdot 10 %, Cabernet-sauvignon 50 %, Merlot 40 %
Château Tronquoy Lalande, 33180 Saint-Estèphe
Tél. : 05 56 59 30 12   **Fax :** 05 56 35 53 29
Site : www.tronquoy-lalande.com
Sur rendez-vous.
Propriétaire : Martin et Olivier Bouygues
Directeur : M. Delsol

GRAVES

■ Château Haut-Brion

PESSAC-LÉOGNAN

★★★

S eule propriété hors Médoc à avoir été rattachée au classement de 1855, le château
Haut-Brion possède une seconde particularité,
celle d'être totalement enclavé dans la ville. Son
terroir est certainement le plus précoce de l'appellation et les raisins mûrissent ici parfaitement,
donnant un vin ample et riche, qui déploie, au
vieillissement, des notes de fumé inimitables.
Après une petite période qui nous a semblé
moins éclatante (2000-2005), le cru vient de
produire trois millésimes de haute volée, dont
un 2009 qui s'annonce légendaire, et un 2010
encore plus aristocratique.

Les vins : en 2009, le Haut-Brion rouge s'appuie sur une proportion importante de merlots
(46 %), ce qui lui confère un profil généreux,
plus exotique qu'à l'accoutumée. Ce volume
imposant est impeccablement géré par une
trame acide bien calée. Il devrait rejoindre le
légendaire 1989 ! En blanc, le 2009 est certainement le vin le plus riche jamais produit par ce
premier cru : il titre 14,2° d'alcool ! Cela lui
donne une bouche large, aux notes de miel et
de pêche jaune mûre. Marqué par de subtils
arômes d'agrumes et de fruits blancs frais, le
2008 se montre raffiné. Le rouge 2008 mêle
notes de fruits rouges et touche mentholée en
finale. C'est un très beau Haut-Brion à la texture suave, possédant beaucoup d'éclat. De très
beaux cabernets apportent une réelle densité de
corps au 2011, et l'ensemble est délicieusement enrobé et charnu en bouche. Dans le
blanc 2011, les sémillons dominent l'assemblage
(58 %) avec une vinosité étonnante.

☐ Pessac-Léognan 2011	n.c.	17
☐ Pessac-Léognan 2010	1000 € cav.	19,5
☐ Pessac-Léognan 2009	718 €	18
☐ Pessac-Léognan 2008	n.c.	19
■ Pessac-Léognan 2011	n.c.	17
■ Pessac-Léognan 2010	1000 €	19,5
■ Pessac-Léognan 2009	1500 € cav.	19,5
■ Pessac-Léognan 2008	n.c.	18

Rouge : 48,73 hectares.
Petit verdot 1 %, Cabernet franc 10 %,
Merlot 48 %, Cabernet-sauvignon 41 %
Blanc : 2,87 hectares.
Sauvignon ou Sauvignon Blanc 47,4 %,
Sémillon 52,6 %

Production moyenne : 153 000 bt/an

Château Haut-Brion, 135, avenue Jean-Jaurès,
33608 Pessac Cedex
Tél. : 05 56 00 29 30 **Fax :** 05 56 98 75 14
E-mail : info@haut-brion.com
Site : www.haut-brion.com
Sur rendez-vous du lundi au jeudi de 8h30 à
11h et de 14h à 16h30. Le vendredi de 8h30 à
11h30.
Propriétaire : Prince Robert de Luxembourg
Directeur : Jean-Philippe Delmas

■ Château La Mission Haut-Brion

PESSAC-LÉOGNAN

★★★

L e château comprend aujourd'hui un peu plus
de 20 ha plantés sur un terroir graveleux,
légèrement plus riche que celui de Haut-Brion,
qui lui fait face. Il est d'ailleurs toujours passionnant de les comparer. Si l'on veut définir la
spécificité de ce célèbre cru à partir des millésimes dégustés, on dira qu'il ressemble énormément, on s'en doute, à Château Haut-Brion. Il
possède les mêmes qualités de souplesse, de
fondu – qui n'empêchent en rien de longues et
glorieuses évolutions en bouteille –, ainsi que le
même bouquet fumé très original, mais sa forme
en bouche se révèle assez différente, plus moelleuse, plus profonde en primeur, plus charmeuse, car plus facile à comprendre dès les
premières années. Avec l'âge, Haut-Brion surpasse La Mission en complexité de style et en
finesse pure, mais cède à son voisin en volupté
de texture. A noter que pour des raisons de sim-
plification et de cohérence dans la « famille » des
Brion, Laville Haut-Brion disparaît et devient, à
partir du millésime 2009, le Château La Mission
Haut-Brion blanc.

Les vins : les sémillons, dominants dans le
blanc 2011, apportent beaucoup de gras et rem-
plissent bien le cœur de bouche. Ayant subi un
puissant coup de chaud au printemps, les raisins
de cabernet ont souffert comme rarement ! Il a
fallu effectuer un tri sévère et aller plus loin que
d'habitude dans la sélection du grand vin. La
finesse prévaut sur la puissance, tout en gardant une réelle intensité aromatique. Plus gras
qu'Haut-Brion, le rouge 2008 est volumineux
et assez massif dans le millésime. Déjà très
séduisant, le blanc 2008 (encore étiqueté Laville
Haut-Brion) se distingue grâce à un juste équilibre entre une matière ample et une belle viva-

cité en finale. Dans les deux couleurs, le 2009 est une splendide réussite à La Mission ! Le rouge est le vin le plus massif jamais dégusté à la propriété. Il impressionne dès l'attaque en bouche avec des flots de fruits et de tanins, et une persistance incroyable. On perçoit la richesse du millésime dans le blanc avec des notes exotiques et pâtissières.

☐	Pessac-Léognan 2011	n.c.	17
☐	Pessac-Léognan 2010	830 € cav.	19
☐	Pessac-Léognan 2009	650 €	18,5
☐	Pessac-Léognan Château Laville Haut-Brion 2008	n.c.	18,5
■	Pessac-Léognan 2011	n.c.	16,5
■	Pessac-Léognan 2010	950 €	19
■	Pessac-Léognan 2009	990 € cav.	18,5
■	Pessac-Léognan 2008	n.c.	17,5

Rouge : 25,56 hectares.
Cabernet franc 10,7 %,
Cabernet-sauvignon 48,3 %, Merlot 41 %
Blanc : 3,56 hectares.
Sauvignon ou Sauvignon Blanc 37,1 %,
Sémillon 62,9 %
Production moyenne : 87 000 bt/an

Château La Mission Haut-Brion, 33608 Pessac Cedex
Tél. : 05 56 00 29 30 **Fax :** 05 56 98 75 14
E-mail : info@haut-brion.com
Site : www.mission-haut-brion.com
Sur rendez-vous du lundi au jeudi de 8h30 à 11h et de 14h à 16h30, vendredi de 8h30 à 11h30.
Propriétaire : Prince Robert de Luxembourg
Directeur : Jean-Philippe Delmas

■ Domaine de Chevalier

PESSAC-LÉOGNAN
★★

L a famille Bernard met tout en œuvre depuis le début des années 1980 pour maintenir cette très belle propriété dans le peloton de tête de l'appellation. Grâce à un outil technique de pointe et à un vignoble parfaitement soigné qui, aujourd'hui, a pris l'âge nécessaire pour produire de grands raisins, les vins sont, depuis une décennie, irréprochables tant en blanc qu'en rouge. Le vignoble, situé dans l'une des zones froides de l'appellation, est tenu comme un jardin. Les raisins blancs sont triés avec un soin extrême et leur vinification s'est considérablement sophistiquée, sans modifier le style ni la classe du vin, dévoilant une finesse et une complexité uniques à Léognan. Les rouges possèdent un superbe cachet et ont encore gagné en moelleux depuis l'arrivée du conseiller Stéphane Derenoncourt en 2004, sans jamais tomber dans l'excès. Ils vieillissent à merveille et déploient, après quelques années, un bouquet magnifique de fumé subtil.

Les vins : le rouge 2011 possède un toucher de tanins exceptionnel. L'élégance aromatique mêle une expression minérale et un fruité juste. On le considère comme l'une des très grandes réussites de l'année par son harmonie et son énergie. Chevalier touche également à la perfection avec le blanc en 2011. Un vin remarquable de finesse et de pureté, à l'équilibre délicat et raffiné. On retrouve cette délicatesse dans le rouge 2008, de texture soyeuse et d'une très complexe persistance. A contrario, le 2009 est plus crémeux, ses tanins policés. On reconnaît ce profil large et moins tendu dans un blanc 2009 séducteur. Multidimensionnel, le blanc 2008 se révèle envoûtant, avec de splendides arômes de menthe fraîche et d'acacia.

☐	Pessac-Léognan 2011	n.c.	18
☐	Pessac-Léognan 2010	87 €	18,6
☐	Pessac-Léognan 2009	72 €	18,5
☐	Pessac-Léognan 2008	n.c.	19
☐	Pessac-Léognan L'Esprit de Chevalier 2009	n.c.	14,5
■	Pessac-Léognan 2011	n.c.	17
■	Pessac-Léognan 2010	66 €	17,5
■	Pessac-Léognan 2009	55 €	18,5
■	Pessac-Léognan 2008	n.c.	18
■	Pessac-Léognan L'Esprit de Chevalier 2008	n.c.	14

Rouge : 33 hectares.
Cabernet-sauvignon 65 %, Petit verdot 2 %,
Cabernet franc 3 %, Merlot 30 %
Blanc : 4,5 hectares.
Sémillon 30 %, Sauvignon ou Sauvignon Blanc 70 %
Production moyenne : 95 000 bt/an

Domaine de Chevalier, 102, chemin de Mignoy, 33850 Léognan
Tél. : 05 56 64 16 16 **Fax :** 05 56 64 18 18
E-mail : olivierbernard@domainedechevalier.com
Site : www.domainedechevalier.com
Sur rendez-vous.
Propriétaire : Famille Bernard
Directeur : Olivier Bernard

■ Château Haut-Bailly

PESSAC-LÉOGNAN

★★

Cultivant un style personnel et terriblement attachant, cette propriété, acquise en 1998 par le banquier américain Robert Wilmers, propose un vin d'une droiture et d'une classe uniques. Véronique Sanders, petite-fille de l'ancien propriétaire, gère soigneusement au quotidien ce cru classé. Elle y produit un vin rouge harmonieux et suprêmement équilibré, respectant les usages bordelais, sans jamais trop en faire pour tenter de surpasser le profil très naturel des vins. Le terroir de graves sur crasse de fer permet d'acquérir un bouquet de griottes fort séduisant et une chair veloutée sans équivalent dans ce secteur de Léognan. Il est bien difficile de prendre en défaut un seul millésime : tous, avec un style inimitable, long et fin, parviennent à l'excellence. Avis aux amateurs trop impatients : comme tout grand vin qui se respecte, Haut-Bailly peut être austère dans sa jeunesse. Il ne se révèle véritablement qu'après quelques années de garde.

Les vins : d'un grand raffinement, les tanins du 2011 sont savoureux, donnant un style très classique et droit, habituel au cru, sur un parfait équilibre entre fruits et bois. Splendide, le 2008 possède une race exceptionnelle et une longueur éblouissante. Sans aucune lourdeur (c'est un peu la marque du millésime), le 2009 offre une grande noblesse de tanins. Il est parti pour affronter le temps !

■ Pessac-Léognan 2011	n.c.	16,5
■ Pessac-Léognan 2010	100 €	19
■ Pessac-Léognan 2009	107 €	19
■ Pessac-Léognan 2008	n.c.	18,5
■ Pessac-Léognan La Parde de Haut-Bailly 2008	n.c.	15,5

Rouge : 30 hectares.
Merlot 30 %, Cabernet-sauvignon 64 %, Cabernet franc 6 %
Château Haut-Bailly, route de Cadaujac, 33850 Léognan
Tél. : 05 56 64 75 11 **Fax :** 05 56 64 53 60
E-mail : mail@chateau-haut-bailly.com
Site : www.chateau-haut-bailly.com
Sur rendez-vous.
Propriétaire : Robert G. Wilmers
Directeur : Véronique Sanders

■ Château Malartic-Lagravière

PESSAC-LÉOGNAN

★★

Illustrant parfaitement le renouveau de l'appellation, Malartic-Lagravière a spectaculairement progressé en une décennie depuis son rachat, en 1998, par l'entrepreneur belge Alfred-Alexandre Bonnie. Avec son fils Jean-Jacques et sa belle-fille Séverine, la propriété a rattrapé en peu d'années le retard qu'elle avait accumulé lors de son passage dans le giron du groupe champenois Laurent-Perrier. Le vignoble, superbement situé sur une croupe de graves à l'arrière du château, est parfaitement tenu et les installations techniques modernes ont permis aux rouges de gagner en ampleur et en profondeur de corps. Ils n'ont jamais été aussi bons et s'inscrivent parmi les plus intéressants de l'appellation. Les blancs adoptent également un style très abouti, travaillé et généreux.

Les vins : bien que la part de bois neuf soit en diminution (65 %), l'échantillon dégusté du rouge 2011 se montrait assez boisé. Il affiche également une proportion plus importante de cabernet-sauvignon dans son assemblage, chose assez rare dans le millésime pour qu'elle soit notée. Il offre une très intense définition de corps. Rondeur, suavité et douceur qualifient parfaitement les sensations gustatives. Le blanc marque le retour vers un style également moins boisé, avec des notes d'agrumes et de poivre survolant un élevage remarquablement maîtrisé. Très avenant, le rouge 2008 offre une bouche très mûre, un style opulent et persistant. Guidé par une acidité fine, le blanc se montre complet, gras et volumineux. On adore toujours le délicieux 2009, au fruit d'une grande générosité. Profitez du délicieux et accessible second vin, La Réserve. En blanc, le 2009 est particulièrement rond et ouvert ; en rouge dans le même millésime, c'est un vin de plaisir, agréablement boisé et séducteur.

□ Pessac-Léognan 2011	n.c.	17
□ Pessac-Léognan 2010	50 €	17,5
□ Pessac-Léognan 2009	65 € cav.	18
□ Pessac-Léognan 2008	n.c.	17
□ Pessac-Léognan La Réserve de Malartic 2009	21,50 € cav.	15
□ Pessac-Léognan La Réserve de Malartic 2008	n.c.	14
■ Pessac-Léognan 2011	n.c.	16,5

- Pessac-Léognan 2010   42 €   17
- Pessac-Léognan 2009   50 € cav. 18,5
- Pessac-Léognan 2008   n.c. 17,5
- Pessac-Léognan La Réserve de
  Malartic 2009   18,50 € cav. 14,5
- Pessac-Léognan La Réserve de
  Malartic 2008   16 €   15

Rouge : 46 hectares.
Merlot 45 %, Petit verdot 2 %, Cabernet
franc 8 %, Cabernet-sauvignon 45 %
Blanc : 7 hectares.
Sémillon 20 %, Sauvignon ou Sauvignon
Blanc 80 %
Production moyenne : 200 000 bt/an

Château Malartic-Lagravière, 43, avenue de
Mont-de-Marsan, 33850 Léognan
Tél. : 05 56 64 75 08 **Fax :** 05 56 64 99 66
E-mail : malartic-lagraviere@malartic-lagraviere.com
Site : www.malartic-lagraviere.com
Sur rendez-vous de 9h à 12h et de 14h à
16h30.
Propriétaire : Alfred-Alexandre Bonnie
Directeur : Jean-Jacques Bonnie

■ Château Pape Clément
PESSAC-LÉOGNAN
★★

B ernard Magrez a fait de cette propriété son
vaisseau amiral. Rien n'est laissé au hasard
pour élaborer le plus grand vin qui soit. Recherche de la maturité la plus optimale possible,
égrappage à la main, élevage luxueux : le vin
fabriqué est l'archétype du grand bordeaux de
luxe, moderne, qui séduit immédiatement.
Revers de la médaille, il lui arrive parfois d'en
faire un peu trop et de jouer la démesure. Le
temps remet alors les choses en place et calme
sa fougue, car le terroir, absolument remarquable, finit par reprendre le dessus. La propriété
produit en petites quantités un blanc délicatement musqué et d'une élégance qui le place en
tête des graves à dominante de sauvignon, d'une
inspiration toute bourguignonne. Dans le courant de cette année, Bernard Magrez a agrandi
son vignoble de 15 ha (ancien château de Mal-
leprat), qui produiront du second vin, le Clé-
mentin de Pape Clément.
Les vins : avec des rendements annoncés
extrêmement faibles (28 hl/ha), le rouge 2011,
assemblage à parts égales de cabernet et de
merlot, déploie une trame de tanins remarquablement extraite, avec une matière d'une grande
suavité, charmeuse et finement toastée. La

quantité plus importante de sauvignon apporte
au blanc 2011 une légère expression variétale,
d'autant que la muscadelle a été écartée. Il perd
en vinosité ce qu'il gagne en fraîcheur et en
finesse. Impressionnant de densité et de
richesse, le rouge 2008 affiche de l'opulence sur
les fruits mûrs (presque confits), et ses abondants tanins lui garantissent un très bel avenir.
En blanc, le boisé est encore présent au nez et
en bouche, mais il possède de la race. Il ne fait
aucun doute que le 2010 impressionnera longtemps par sa superpuissance ! Avec une bouche
très riche, aux notes de confiture de fruits, son
gras et son intensité lui confèrent en finale une
sensation sucrée. Encore très boisé, le blanc se
montre exubérant et dense, tout en étant doté
d'une trame acide qui l'équilibre parfaitement.

- □ Pessac-Léognan 2011   n.c. 15,5
- □ Pessac-Léognan 2010   116 €   19
- □ Pessac-Léognan 2009   116 €   18
- □ Pessac-Léognan 2008   n.c. 18,5
- ■ Pessac-Léognan 2011   n.c. 17
- ■ Pessac-Léognan 2010   115 €   18
- ■ Pessac-Léognan 2009   114 €   19
- ■ Pessac-Léognan 2008   n.c. 17

Rouge : 43 hectares.
Cabernet-sauvignon 50 %, Merlot 45 %,
Cabernet franc 2 %, Petit verdot 3 %
Blanc : 3 hectares.
Sauvignon gris ou rosé 16 %, Sémillon 35 %,
Sauvignon ou Sauvignon Blanc 40 %,
Muscadelle 9 %
Production moyenne : 180 000 bt/an

Château Pape Clément, 216, avenue du
Docteur-Nancel-Pénard, 33600 Pessac
Tél. : 05 57 26 38 38 **Fax :** 05 57 26 38 39
E-mail : boutique-pessac@bernard-magrez.com
Site : www.bernard-magrez.com
Vente : au domaine
Du lundi au samedi et le dimanche matin sur
rendez-vous.
Propriétaire : Bernard Magrez

■ Château Smith Haut-Lafitte
PESSAC-LÉOGNAN
★★

D ésormais, on ne se rend plus à Smith Haut-
Lafitte uniquement pour ses vins. La propriété des Cathiard est également un haut lieu
du tourisme viticole : hôtel de luxe, restaurant,

centre de vinothérapie Les Sources de Caudalie... Cependant, que l'on ne s'y trompe pas, si la famille s'est beaucoup investie dans ces différents projets de diversification, elle n'en a pas oublié le vin. Quelconque jusqu'au début des années 1990, le vin de Smith Haut-Lafitte a, depuis son rachat (en 1990), énormément progressé. Le vignoble a été repris en main et des installations techniques modernes ont été construites. Après une phase durant laquelle Daniel et Florence Cathiard et leurs équipes ont confectionné un vin très démonstratif, les derniers millésimes se montrent plus équilibrés et plus précis, mais pas moins puissants.

Les vins : délicieux, le blanc 2009 est magnifique de précision et d'équilibre, ample, minéral et racé. Le 2008 est également l'une des très grandes réussites de l'année, son corps s'avère à la fois compact, puissant, subtil et à la finale épurée. Magistral, le 2011 est l'une des plus fines et élégantes expressions du sauvignon à Bordeaux. Très compact, le rouge 2008 est encore sur la réserve avec des tanins fermes en finale. On note cependant la qualité d'un fruité très pur. Avec 8 % de cabernet franc, le rouge 2011 se distingue par une juvénile rigueur. C'est un beau Smith de caractère.

☐ Pessac-Léognan 2011		n.c.	18
☐ Pessac-Léognan 2010		80 €	18
☐ Pessac-Léognan 2009		90 € cav.	18
☐ Pessac-Léognan 2008		n.c.	17,5
■ Pessac-Léognan 2011		n.c.	17
■ Pessac-Léognan 2010		92 €	18
■ Pessac-Léognan 2009		74 €	18,5
■ Pessac-Léognan 2008		65 € cav.	17

Rouge : 56 hectares.
Petit verdot 1 %, Cabernet franc 7 %,
Cabernet-sauvignon 60 %, Merlot 32 %
Blanc : 11 hectares.
Sémillon 5 %, Sauvignon gris ou rosé 5 %,
Sauvignon blanc 90 %
Production moyenne : 200 000 bt/an

Château Smith Haut-Lafitte, 33650 Martillac
Tél. : 05 57 83 11 22 **Fax :** 05 57 83 11 21
E-mail : f.cathiard@smith-haut-lafitte.com
Site : www.smith-haut-lafitte.com
Vente : au domaine
De 9h à 12h30 et de 14h à 18h30 sur rendez-vous.
Propriétaire : Daniel et Florence Cathiard
Directeur : Fabien Teitgen

■ Château Bouscaut
PESSAC-LÉOGNAN
★

Bouscaut nous séduit désormais grâce à la franchise de ses vins. De gros progrès ont été réalisés par Sophie et Laurent Cogombles, qui ont mis tout leur cœur, leur temps et leur énergie à redresser la viticulture et la vinification de ce cru classé de Graves. L'originalité de ce terroir apparaît parfaitement dans les derniers millésimes : les vins blancs, issus d'un encépagement réalisé jusque-là à parts égales, voient depuis cette année le sauvignon augmenter de 50 à 60 % dans l'assemblage. Ils possèdent du charme et du fond, tandis que les rouges, marqués par le merlot et une pointe de malbec dans certains millésimes, ont beaucoup gagné en corps et en qualité de texture.

Les vins : en rouge, le 2011 est une belle réussite, marquant, dans ce millésime difficile, le bon niveau actuel de cette propriété. C'est un vin coloré, à la matière charmeuse, aux tanins harmonieux. Avec une proportion sensiblement plus élevée de sauvignon, le blanc 2011 est fin et d'un esprit très agrumes, au boisé discret. Le rouge 2009 est un vin exceptionnellement riche pour ce cru, aux arômes confits assez flatteurs. Nous apprécions particulièrement le très élégant blanc 2008, aux fines notes de pêche de vigne. En rouge, dans ce millésime, c'est un vin plus simple que l'on boira dans les cinq ans avec plaisir.

☐ Pessac-Léognan 2011		n.c.	15,5
☐ Pessac-Léognan 2010		22 €	16,5
☐ Pessac-Léognan 2009		24 €	16,5
☐ Pessac-Léognan 2008		n.c.	16,5
■ Pessac-Léognan 2011		n.c.	16,5
■ Pessac-Léognan 2010		20 €	16
■ Pessac-Léognan 2009		18 €	16,5
■ Pessac-Léognan 2008		n.c.	16

Rouge : 40 hectares.
Malbec 5 %, Merlot 48 %,
Cabernet-sauvignon 47 %
Blanc : 6 hectares.
Sauvignon ou Sauvignon Blanc 50 %,
Sémillon 50 %
Production moyenne : 250 000 bt/an

Château Bouscaut, 1477, avenue de Toulouse,
33140 Cadaujac
Tél. : 05 57 83 12 20 **Fax :** 05 57 83 12 21
E-mail : cb@chateau-bouscaut.com
Site : www.chateau-bouscaut.com

Vente : au domaine
Sur rendez-vous.
Propriétaire : Sophie Lurton-Cogombles
Directeur : Laurent Cogombles

■ Château Carbonnieux
PESSAC-LÉOGNAN

★

E ric et Philibert Perrin continuent, depuis le décès de leur père Anthony, à faire progresser cette importante propriété qui, en l'espace d'une dizaine d'années, a considérablement évolué, produisant désormais un vin régulièrement délicieux. Vendangés à la main, les blancs sont vinifiés selon les règles les plus modernes de l'œnologie bordelaise, et sur les conseils du professeur Denis Dubourdieu. Elégants, rafraîchissants, ils ont gagné en constitution et en profondeur. En outre, un travail d'observation sur les élevages en barriques est en cours. Les rouges, plus sérieux et plus réguliers, ont également gagné en densité de corps, bien que toujours austères à leur jeunesse. Ils ne se goûtent jamais aussi bien qu'entre cinq et dix ans d'âge.

Les vins : dans l'austère millésime 2008, le rouge de Carbonnieux se montre tramé, son fruité très classique lui conférant de la distinction. Avec une touche d'agrumes confits en finale, le blanc est savoureux. Bien bâti, le rouge 2009 conserve de l'énergie et de la fraîcheur. Plus exotique que d'habitude, le blanc est tout en rondeur. On peut commencer à le boire. Avec 65 % de sauvignon et 35 % de sémillon vendangés fin août, le 2011 offre un fruité fin et un boisé discret. Si la prise de bois se montrait forte lors de la dégustation primeur du rouge 2011, le vin possède un bel équilibre, reposant sur une matière généreuse et des tanins qui doivent se fondre.

☐ Pessac-Léognan 2011	n.c.	15
☐ Pessac-Léognan 2010	24 €	16,5
☐ Pessac-Léognan 2009	24 €	15,5
☐ Pessac-Léognan 2008	n.c.	16
■ Pessac-Léognan 2011	n.c.	15
■ Pessac-Léognan 2010	25 €	15,5
■ Pessac-Léognan 2009	23 €	17
■ Pessac-Léognan 2008	n.c.	16

Rouge : 50 hectares.
Cabernet-sauvignon 60 %, Merlot 30 %, Petit verdot 3 %, Cabernet franc 7 %
Blanc : 42 hectares.
Sémillon 35 %, Sauvignon ou Sauvignon Blanc 65 %

Production moyenne : 500 000 bt/an

Château Carbonnieux, 33850 Léognan
Tél. : 05 57 96 56 20 **Fax :** 05 57 96 59 19
E-mail : info@chateau-carbonnieux.fr
Site : www.carbonnieux.com
Vente : au domaine
De 8h30 à 12h et de 14h à 17h sur rendez-vous.
Propriétaire : Famille Perrin
Directeur : Eric et Philibert Perrin

■ Clos Floridène
GRAVES

★

B ien connu des amateurs, ce domaine est l'œuvre du « pape » des vins blancs bordelais, l'œnologue Denis Dubourdieu. Depuis de nombreuses années, il fait incontestablement partie des valeurs sûres dans une appellation qui, si elle progresse, manque encore d'homogénéité et de leaders. Le plus étonnant, dans la production de ce domaine, réside dans le profond classicisme qu'elle exprime : loin des lourdes caricatures de blancs boisés et trop exubérants que l'on rencontre trop souvent dans les ambitieux châteaux de Bordeaux, Floridène blanc est un vin svelte et droit, sans artifices, d'une pureté presque cristalline. Celle-ci rappelle d'ailleurs le délicieux vin blanc sec du château Doisy-Daëne, le cru classé de Barsac de la famille Dubourdieu. Le rouge possède la même élégance distinguée. Ces vins peuvent parfaitement vieillir plusieurs années en cave.

Les vins : splendide blanc 2010, offrant une expression de fruit magnifique et une profondeur en bouche d'une rare persistance. On touche au beau niveau de maturité du sauvignon, avec un élevage légèrement plus appuyé qu'auparavant. Réjouissant rouge 2010, dont les cabernets apportent la grande fraîcheur de bouche et une longueur particulièrement élégante.

☐ Graves 2010	18 €	16,5
☐ Graves 2009	n.c.	15
☐ Graves 2008	n.c.	15,5
▨ Bordeaux Rosé de Floridène 2010	n.c.	15
■ Graves 2010	16 €	16
■ Graves 2008	n.c.	15,5

Rouge : 16 hectares.
Cabernet-sauvignon 72 %, Merlot 28 %
Blanc : 23,8 hectares.
Sauvignon blanc 50 %, Sémillon 47 %, Muscadelle 3 %

Production moyenne : 140 000 bt/an

Clos Floridène, château Reynon, 21, route de Cardan, 33410 Beguey
Tél. : 05 56 62 96 51 **Fax :** 05 56 62 14 89
E-mail : reynon@wanadoo.fr
Site : www.denisdubourdieudomaines.com
Vente : au domaine
Sur rendez-vous au château Reynon de 9h à 12h et de 14h à 17h.
Propriétaire : Denis et Florence Dubourdieu
Directeur : Denis Dubourdieu

■ Château Couhins-Lurton
PESSAC-LÉOGNAN

★

E xpression cristalline du cépage sauvignon, Couhins-Lurton est un vin bordelais très intéressant, car bien différent des nombreuses caricatures, lourdement boisées et presque écœurantes, qui encombrent la partie la plus ambitieuse de la production locale. Couhins-Lurton possède une finesse et une délicatesse aériennes, qui relèvent la palette aromatique fruitée du cépage. Dans sa jeunesse, le vin peut sembler exprimer davantage les qualités de son cépage que celles de son terroir. Mais il acquiert souvent en vieillissant une complexité surprenante. Depuis 2002, André Lurton produit un rouge sur lequel il fonde beaucoup d'espoir, et dont les derniers millésimes ont grandement gagné en corps et en densité tannique, résultat d'un vignoble (éloigné géographiquement du cœur du terroir de Couhins), qui commence à prendre un peu d'âge.

Les vins : le millésime 2011 compte, ici, des vins assez simples. Le blanc est gentiment citronné, souple et peu corpulent, tout comme le rouge (dominé par le merlot) d'un genre fluide. Nous avouons notre déception sur la dernière dégustation du blanc 2008. Il donne l'impression de s'être décharné ! Nous lui préférons le plus sensuel 2009, déjà très ouvert.

☐ Pessac-Léognan 2011	n.c.	13,5
☐ Pessac-Léognan 2010	28,90 €	16
☐ Pessac-Léognan 2009	20 €	16
☐ Pessac-Léognan 2008	28,90 €	14
■ Pessac-Léognan 2011	n.c.	13,5
■ Pessac-Léognan 2010	25 €	15
■ Pessac-Léognan 2009	25,70 €	15,5
■ Pessac-Léognan 2008	23,15 €	15,5

Rouge : 17,4 hectares.

Cabernet-sauvignon 23 %, Merlot 77 %
Blanc : 6 hectares.
Sauvignon ou Sauvignon Blanc 100 %
Production moyenne : 41 000 bt/an

Château Couhins-Lurton, 33420 Grézillac
Tél. : 05 57 25 58 58 **Fax :** 05 57 74 98 59
E-mail : andrelurton@andrelurton.com
Site : www.andrelurton.com
Pas de visites.
Propriétaire : André Lurton

■ Château de Fieuzal
PESSAC-LÉOGNAN

★

C e cru classé a certainement produit les plus grands blancs de Bordeaux des années 1980, lorsqu'il appartenait à la famille Négrevergne et que le gendre, Gérard Gribelin, le dirigeait. Vendu en 1994 à la Banque populaire, Fieuzal déclina tranquillement, mais sûrement ! C'est à cette époque que l'on ne retrouva plus dans les vins l'éclat et la modernité qui firent leur réputation dans le monde. En octobre 2001, l'homme d'affaires irlandais Lochlann Quinn s'en porte acquéreur, puis embauche Stephen Carrier (ancien de Lynch-Bages) comme nouveau directeur. Dès lors, le cru retrouve peu à peu son niveau, avec une recherche évidente de corps, de tenue et d'élégance tannique. Grâce aux titanesques investissements réalisés en 2011 dans la reconstruction d'un chai et un d'un cuvier ultramoderne (permettant des vinifications en cuves de bois, en inox ou en béton), 2011 marque le retour de Fieuzal à un excellent niveau. Cela lui permet de retrouver son rang parmi les crus classés de Graves étoilés dans notre guide.

Les vins : les amateurs de Fieuzal seront réconfortés par le splendide rouge 2009 affichant une matière pleine et savoureuse, à la très belle allonge. D'un style plus tendre, le 2008 est cependant d'une matière gourmande et fine. Notons que, depuis 2007, le blanc n'est plus produit que sur 10 ha, et seuls les sémillons sont passés en barriques sur le 2011, les sauvignons restant en cuves. Cela lui confère une expression de fruit très sincère. Le recentrage sur le cœur du terroir de Fieuzal porte ses fruits dans les rouges ! Le 2011 est de belle ampleur pour le millésime, avec un boisé noble et une agréable sucrosité en finale.

☐ Pessac-Léognan 2011	n.c.	14,5

☐ Pessac-Léognan 2010	37 €	15,5
☐ Pessac-Léognan 2009	31 €	16
☐ Pessac-Léognan 2008	n.c.	16
■ Pessac-Léognan 2011	n.c.	16
■ Pessac-Léognan 2010	30 €	16,5
■ Pessac-Léognan 2009	28 €	16,5
■ Pessac-Léognan 2008	n.c.	15

Rouge : 72 hectares.
Cabernet-sauvignon 46 %, Merlot 50 %, Petit verdot 2 %, Cabernet franc 2 %
Blanc : 8 hectares.
Sauvignon ou Sauvignon Blanc 70 %, Sémillon 30 %
Production moyenne : 250 000 bt/an

Château de Fieuzal, 124, avenue de Mont-de-Marsan, 33850 Léognan
Tél. : 05 56 64 77 86 **Fax :** 05 56 64 18 88
E-mail : infochato@fieuzal.com
Site : www.fieuzal.com
Sur rendez-vous.
Propriétaire : Brenda et Lochlann Quinn
Directeur : Stephen Carrier

■ Château Larrivet Haut-Brion
PESSAC-LÉOGNAN
★

L e château, propriété de la famille Gervoson (groupe Andros), produit avec régularité des vins de très belle facture, d'un abord accessible. Doté d'un beau terroir sur les hauteurs de Léognan, non loin de Haut-Bailly et de La Louvière, le cru bénéficie également d'un outil de vinification moderne. Bruno Lemoine (ancien directeur des châteaux Montrose et Lascombes) dirige le cru depuis 2007. Il apporte un supplément de précision dans la définition stylistique des vins, tant sur le plan aromatique des blancs (avec notamment des vinifications en cuves ovoïdes) que dans la structure tannique des rouges. Le domaine s'est agrandi de 11 ha en 2010, repris au château Haut-Lagrange.

Les vins : miellé, le blanc 2008 est complexe avec de fines notes de fleurs séchées en finale. C'est un blanc qui évolue avec complexité, sans traces d'oxydation. Encore un peu dans son bois, le 2009, plus gras et moins acide, évoluera certainement plus rapidement. Le rouge 2008 garde sa fluidité avec un cœur de bouche équilibré. Il évolue tranquillement ! Plus dense et charnu, le 2009 ira plus loin.

☐ Pessac-Léognan 2011	n.c.	15
☐ Pessac-Léognan 2010	28 €	16
☐ Pessac-Léognan 2009	39 €	15
☐ Pessac-Léognan 2008	39 €	15,5
■ Pessac-Léognan 2011	n.c.	14,5
■ Pessac-Léognan 2010	23 €	15,5
■ Pessac-Léognan 2009	37 €	16
■ Pessac-Léognan 2008	31 €	15,5

Rouge : 61,1 hectares.
Merlot 50 %, Cabernet franc 5 %, Cabernet-sauvignon 45 %
Blanc : 11 hectares.
Sauvignon ou Sauvignon Blanc 80 %, Sémillon 20 %
Production moyenne : 400 000 bt/an

Château Larrivet Haut-Brion, 84, avenue de Cadaujac, 33850 Léognan
Tél. : 05 56 64 75 51 **Fax :** 05 56 64 53 47
E-mail : visite@larrivethautbrion.fr
Site : www.larrivethautbrion.fr
Vente : au domaine
Sur rendez-vous de 9h à 11h30 et de 14h à 16h.
Propriétaire : Philippe Gervoson
Directeur : Bruno Lemoine

■ Château Latour-Martillac
PESSAC-LÉOGNAN
★

C hâteau Latour-Martillac est un bel exemple de propriété familiale, toujours entre les mains des Kressmann, très ancienne famille de négociants bordelais. Les différentes générations ont su respecter le patrimoine transmis, tout en progressant dans la conduite de la vigne et les vinifications. Depuis le millésime 2006, la propriété vise plus haut et a fait appel aux conseils de l'œnologue Denis Dubourdieu. Les vins ont conservé leur style élégant et précis, mais gagnent en densité.

Les vins : le blanc 2009 garde une belle fraîcheur pour le millésime, avec de la droiture et des notes d'agrumes rafraîchissantes. Si le fruit compote légèrement la finale du rouge en 2009, le vin est de belle intensité et demandera un peu de temps pour se faire. Très joliment équilibré, le rouge 2008 apparaît bien mûr, doté d'un fruité aux notes de cerise juteuse. La fraîcheur de 2008 se sent bien dans ce blanc vif et déjà joliment ouvert. Tendu en primeur, le blanc 2011 s'arrondira avec son élevage. Si les tanins du rouge 2011 se montrent un peu fermes, ils sont en revanche joliment extraits et le cœur de bouche est expressif.

☐ Pessac-Léognan 2011	n.c.	15
☐ Pessac-Léognan 2010	23 €	16,5
☐ Pessac-Léognan 2009	23 €	17
☐ Pessac-Léognan 2008	n.c.	16,5
■ Pessac-Léognan 2011	n.c.	16
■ Pessac-Léognan 2010	23 €	16
■ Pessac-Léognan 2009	22 €	16
■ Pessac-Léognan 2008	n.c.	16
■ Pessac-Léognan Lagrave Martillac 2008	n.c.	14

Rouge : 40 hectares.
Cabernet-sauvignon 65 %, Merlot 32 %, Petit verdot 3 %
Blanc : 10 hectares.
Sauvignon ou Sauvignon Blanc 55 %, Muscadelle 1 %, Sémillon 44 %
Production moyenne : 290 000 bt/an

Château Latour-Martillac, Vignobles Jean Kressmann, 33650 Martillac
Tél. : 05 57 97 71 11 **Fax :** 05 57 97 71 17
E-mail : latourmartillac@latourmartillac.com
Site : www.latourmartillac.com
Vente : au domaine
Du lundi au samedi matin de 9h à 12h et de 14h à 17h sur rendez-vous.
Propriétaire : Famille Jean Kressmann
Directeur : Tristan Kressmann

■ Château Olivier
PESSAC-LÉOGNAN
★

C onscient de son retard et de sa position de dernier de la classe des crus classés de Graves, le château Olivier a opéré une totale remise en question depuis 2004. Ce virage s'est amorcé par le recrutement de Laurent Lebrun comme directeur, qui a immédiatement engagé un travail très sérieux d'étude des sols, afin de mieux délimiter les meilleurs terroirs et leurs aptitudes à recevoir tel ou tel cépage. En 2011, 2,5 ha de vignes, dont 1 ha de petit verdot, ont été plantés sur une ancienne partie boisée. Ce fut ensuite la rénovation du cuvier, qui autorise aujourd'hui l'élaboration de vinifications plus précises. Enfin, une meilleure gestion des rendements, une recherche de maturité des baies et des vendanges plus minutieuses attestent des progrès réalisés par ce cru classé, d'excellent niveau et à

prix toujours doux ! Après le décès de Jean-Jacques de Bethmann, en juillet dernier, c'est son fils Alexandre qui reprend les rênes de ce cru classé.

Les vins : moyennement intense, le blanc 2009 se montre un peu en désordre. Laissez-lui deux ans de vieillissement, il devrait s'équilibrer et s'épanouir. La générosité naturelle du millésime 2009 va bien au rouge. La bouche est ample avec l'expression d'un beau fruit généreux en finale. Très agrumes, très frais, le blanc 2008 se montre tendu et droit. Dans ce millésime, on est moins séduit par le rouge, au creux prononcé en milieu de bouche. De beaux sémillons de sélection massale (en provenance du château Guiraud à Sauternes) intègrent l'assemblage du blanc 2011. Si dans les arômes le sauvignon domine (80 %), la fraîcheur est au rendez-vous, avec un boisé discret. Les cabernets ont donné de bons résultats en 2011 et représentent 60 % de l'assemblage du rouge. Il affiche un bel équilibre sur le fruit avec un degré alcoolique bas de 12,5 °.

☐ Pessac-Léognan 2011	n.c.	14,5
☐ Pessac-Léognan 2010	22 €	14
☐ Pessac-Léognan 2009	22 €	15
☐ Pessac-Léognan 2008	n.c.	15,5
■ Pessac-Léognan 2011	n.c.	15,5
■ Pessac-Léognan 2010	22 €	15,5
■ Pessac-Léognan 2009	20 €	16
■ Pessac-Léognan 2008	n.c.	16

Rouge : 44 hectares.
Merlot 57 %, Cabernet-sauvignon 43 %
Blanc : 10 hectares.
Muscadelle 5 %, Sauvignon ou Sauvignon Blanc 65 %, Sémillon 30 %
Production moyenne : 200 000 bt/an

Château Olivier, 175, avenue de Bordeaux, 33850 Léognan
Tél. : 05 56 64 73 31 **Fax :** 05 56 64 54 23
E-mail : mail@chateau-olivier.com
Site : www.chateau-olivier.com
Vente : au domaine
Sur rendez-vous de 10h à 12h et de 14h à 16h. Sauf le mercredi de 10h à 12h.
Propriétaire : Famille de Bethmann
Directeur : Laurent Lebrun

■ Château Brown
PESSAC-LÉOGNAN

C ette propriété, rachetée en 2005 par les familles Mau et Dirkzwager, est aujourd'hui gérée par le fils de la famille Mau, Jean-Christophe. Il a engagé un travail en profondeur de ce terroir voisin du cru classé Château Olivier. Les derniers millésimes atteignent un excellent niveau. Avec le conseiller Stéphane Derenoncourt, les vins ont également gagné en finesse d'extraction et d'élevage. Brown devient un peu plus à chaque millésime une excellente référence de l'appellation.

Les vins : un très fin blanc 2010, avec une note saline appréciable, apportant ce qu'il faut de fraîcheur. Le boisé est délicat et laisse une place de premier ordre à l'expression du fruit. Le rouge 2008 conserve une délicate fraîcheur en bouche, tout en ayant un fruité fringant. Comme dans l'ensemble du Bordelais, le 2009 se montre généreux et a gagné en épaisseur depuis un an.

☐	Pessac-Léognan 2010	27 €	16
☐	Pessac-Léognan 2009	n.c.	16,5
■	Pessac-Léognan 2009	22 €	16,5
■	Pessac-Léognan 2008	18 €	15,5

Rouge : 25 hectares.
Cabernet-sauvignon 55 %, Merlot 40 %, Petit verdot 5 %
Blanc : 4,5 hectares.
Sémillon 30 %, Sauvignon ou Sauvignon Blanc 70 %
Production moyenne : 130 000 bt/an

Château Brown, allée John-Lewis-Brown, 33850 Léognan
Tél. : 05 56 87 08 10 **Fax :** 05 56 87 87 34
E-mail : chateau.brown@wanadoo.fr
Site : www.chateau-brown.com
Vente : au domaine
De 9h à 12h et de 13h30 à 16h sur rendez-vous uniquement. Fermé le week-end et les jours fériés.
Propriétaire : Familles Mau et Dirkzwager
Directeur : Jean-Christophe Mau

■ Château Cantelys
PESSAC-LÉOGNAN

Ce vignoble appartient depuis 1996 à Florence et Daniel Cathiard du château Smith Haut-Lafitte. Il en est d'ailleurs très proche, tant en termes géographiques que de nature du terroir. Cantelys donne, en rouge comme en blanc, des vins élaborés avec soin, d'une ampleur et d'une garde certes moins ambitieuses que celles de son prestigieux voisin Smith Haut-Lafitte, mais d'un style assez proche, souvent portés par des boisés charmeurs, sans être dominants.

Les vins : légèrement grillé par un boisé séducteur, le blanc 2010 se montre gras en bouche, long et de très belle tenue. En rouge, le château est actuellement sur un 2009 aux tanins un peu accrocheurs en finale mais qui, dans ses arômes, offre une évolution élégante sur les épices.

☐	Pessac-Léognan 2010	17 €	15,5
☐	Pessac-Léognan 2009	n.c.	16
■	Pessac-Léognan 2009	18 €	16
■	Pessac-Léognan 2008	n.c.	15,5

Rouge : 15 hectares.
Merlot 30 %, Cabernet-sauvignon 70 %
Blanc : 5 hectares.
Sauvignon blanc 50 %, Sémillon 45 %, Sauvignon gris ou rosé 5 %
Production moyenne : 33 600 bt/an

Château Cantelys, 33650 Martillac
Tél. : 05 57 83 11 22 **Fax :** 05 57 83 11 21
E-mail : f.cathiard@smith-haut-lafitte.com
Site : www.smith-haut-lafitte.com
Vente : au domaine
Sur rendez-vous tous les jours de 9h à 18h30 au château Smith Haut-Lafitte.
Propriétaire : Daniel et Florence Cathiard

■ Château Couhins
PESSAC-LÉOGNAN

Depuis 1968, l'Inra est propriétaire de ce cru classé de graves. Sous la houlette de Dominique Forget, Couhins (à ne pas confondre avec Couhins-Lurton) est aujourd'hui à la fois un site de recherche viticole et de production. En effet, sur ce magnifique terroir, s'établissent les recherches les plus poussées sur le matériel végétal (sélections clonales, porte-greffe). Son vignoble est donc source de bien des innovations, lesquelles ont permis à bon nombre de viticulteurs de contourner les difficultés qu'entraîne la culture de la vigne. En parallèle, on y mène une approche de la viticulture précise et parcellaire. Les vins, surtout en blanc, sont de belle facture, assez faciles d'accès, et ils se dégustent très bien jeunes. D'importants investissements ont été faits depuis deux ans pour rénover en totalité le cuvier et le chai.

Les vins : les vendanges du 2011 ont été très précoces (à partir du 18 août), et n'ont pas permis d'obtenir un assez haut niveau de maturité à notre goût ! Le blanc est variétal, le rouge plus abouti, sans posséder une très imposante matière.

☐ Pessac-Léognan 2011	n.c.	13,5
☐ Pessac-Léognan 2010	18 €	16
☐ Pessac-Léognan 2009	17 €	16
☐ Pessac-Léognan 2008	n.c.	15,5
■ Pessac-Léognan 2011	n.c.	14
■ Pessac-Léognan 2009	n.c.	15
■ Pessac-Léognan 2008	n.c.	14,5

Rouge : 17 hectares.
Cabernet franc 4 %, Merlot 52 %, Petit verdot 4 %
Blanc : 6 hectares.
Sauvignon ou Sauvignon Blanc 90 %, Sémillon 10 %
Production moyenne : 95 000 bt/an

Château Couhins, BP 81, 33883 Villenave-d'Ornon Cedex
Tél. : 05 56 30 77 61 **Fax :** 05 56 30 70 49
E-mail : couhins@bordeaux.inra.fr
Site : www.chateau-couhins.fr
Sur rendez-vous.
Propriétaire : Inra
Directeur : Dominique Forget

■ Château Crabitey

GRAVES

A rnaud de Butler a fait de ce cru des Graves l'une des bonnes références de l'appellation. A la tête de 27 ha de vignes, dont une bonne partie sur l'une des plus belles croupes de graves de Portets, les vins se sont grandement étoffés et affirmés depuis dix ans. Gagnant en moelleux et en expression de fruit, les élevages ont aussi énormément progressé en élégance. Souvent corpulents, les rouges ne sont jamais meilleurs que dans leurs trois ou quatre premières années de bouteille.

Les vins : le blanc 2011 apparaît fin, salin, épicé par un boisé charmeur. Si le rouge 2010 est entré dans une phase de fermeture, il garde cependant toute sa corpulence et sa tenue en bouche. Le charmeur 2009 est inversement déjà très épanoui et ouvert. Soyeux, on peut même commencer à le déguster, après un passage en carafe.

☐ Graves 2011	12 €	15
☐ Graves 2010	n.c.	15,5
☐ Graves 2009	n.c.	15
■ Graves 2010	13 €	16,5
■ Graves 2009	13 €	16,5

Rouge : 25 hectares.

Cabernet-sauvignon 50 %, Merlot 50 %
Blanc : 2 hectares.
Sémillon 35 %, Sauvignon ou Sauvignon Blanc 65 %
Production moyenne : 170 000 bt/an

Château Crabitey, 63, route du Courneau, 33640 Portets
Tél. : 05 56 67 18 64 **Fax :** 05 56 67 14 73
E-mail : vignobles@debutler.fr
Vente : au domaine
De 8h à 12h et de 14h à 18h sur rendez-vous.
Propriétaire : Arnaud de Butler

■ Château La Garde

PESSAC-LÉOGNAN

L e domaine appartient à la maison de négoce Dourthe. Son vaste vignoble de 58 ha (56 de rouge et 2 de blanc) occupe un joli plateau sur la commune de Martillac. En grand progrès depuis quelques millésimes, La Garde se compare désormais aux valeurs sûres de l'appellation. Les blancs, comme les rouges, sont des vins plaisants, que l'on peut boire assez rapidement ou mettre en cave entre cinq et dix ans selon l'intensité du millésime.

Les vins : le rouge 2008 conserve son agréable fraîcheur avec un fruit délicat et une matière équilibrée. Sa demi-puissance permet de commencer à le boire. Plus dense et chaleureux, le 2009 est plus concentré. En blanc, le 2010 est très parfumé avec une fine acidité, un fruité expressif et un boisé discret et délicat.

☐ Pessac-Léognan 2010	30 € cav.	15,5
☐ Pessac-Léognan 2009	n.c.	15,5
☐ Pessac-Léognan 2008	n.c.	15,5
■ Pessac-Léognan 2009	29 € cav.	15,5
■ Pessac-Léognan 2008	27 € cav.	14,5

Rouge : 56 hectares.
Merlot 60 %, Cabernet franc 3 %, Cabernet-sauvignon 35 %, Petit verdot 2 %
Blanc : 2 hectares.
Sauvignon blanc 50 %, Sauvignon gris ou rosé 50 %
Production moyenne : 172 000 bt/an

Château La Garde, 1, chemin de la Tour, 33650 Martillac
Tél. : 05 56 35 53 00 **Fax :** 05 56 35 53 29
E-mail : contact@dourthe.com
Site : www.dourthe.com
Sur rendez-vous.
Propriétaire : CVBG - Dourthe - Kressmann
Directeur : Frédéric Bonnaffous

■ Château Gazin-Rocquencourt
PESSAC-LÉOGNAN

C e cru de Léognan était totalement inconnu jusqu'à son rachat en 2006 par la famille Bonnie, déjà propriétaire du cru classé Malartic-Lagravière. C'est Jean-Jacques Bonnie, avec sa femme Séverine, qui a redressé de façon spectaculaire ce beau terroir d'argiles et de graves. En moins de dix ans, les vins rouges atteignent un niveau de qualité de haut vol dans un style profond, sensuel, flatteur, avec un boisé toujours opulent. Et les premiers millésimes de blancs sont assez convaincants !

Les vins : très beau rouge 2009 possédant la richesse et le moelleux de l'année. C'est un vin déjà très séducteur et ouvert. Le blanc 2010 dévoile une fraîcheur mentholée pour un vin issu de jeunes vignes.

☐ Pessac-Léognan 2011	n.c.		15
■ Pessac-Léognan 2009	20 €	16,5
■ Pessac-Léognan 2008	n.c.	16,5

Château Gazin-Rocquencourt, 74, avenue de Cestas, 33850 Léognan
Tél. : 05 56 64 75 08   **Fax :** 05 56 64 99 66
E-mail : malartic-lagraviere@malartic lagraviere.com
Propriétaire : Alfred-Alexandre Bonnie
Directeur : Jean-Jacques Bonnie

■ Liber Pater
GRAVES

L iber Pater n'est autre que le nom du dieu romain du vin. Loïc Pasquet, avec sa femme Alona, féru d'histoire et grand amateur de vins, a posé ses valises à Landiras au début des années 2000 et a signé son premier millésime en 2006. Sur ce terroir d'exception (de graves fines profondes), il exploite 6 ha avec une exigence rare dans le Bordelais. Le cheval remplace le tracteur, les densités de plantation sont poussées à leur maximum (atteignant dans certaines parcelles 20 000 pieds à l'hectare) et le souhait de replanter d'anciens cépages comme le castet motive ce jeune et très dynamique vigneron. Chaque année, il crée une « collection », tel un artiste vigneron. Les cuvées se nomment L'Orage en 2009 (en référence à la grêle), Jeanne en 2008, La Feuille en 2007 et Liberalia en 2006. Avec de petits rendements, des maturités justes et des élevages très soignés, ces vins offrent une

complexité splendide et ne se comparent à aucun autre graves produit dans le secteur. Malgré des prix prohibitifs (la quasi totalité des vins est vendue en Asie), nous vous conseillons vivement de déguster ces vins, ils vous donnent une autre image de Bordeaux !

Les vins : encore marqué par son élevage, le blanc 2010 est profond, ample et généreux. Les notes légèrement miellées apparaissent à l'ouverture, ce qui le rend déjà très épanoui. Le rouge 2009 est un très grand vin, puissant et concentré avec une structure de tanins imposante. Les notes fumées dominent au nez et la bouche, très expressive, se montre longue et ample.

☐ Graves 2010	n.c.	16
☐ Graves 2009	n.c.	17
■ Graves 2009	n.c.	17
■ Graves 2008	n.c.	17

Rouge : 2 hectares.
Merlot 30 %, Cabernet-sauvignon 70 %
Blanc : 0,75 hectare.
Sémillon 100 %
Production moyenne : 3 000 bt/an
❀ Certifié en agriculture bio ou biodynamique

Liber Pater, Barreyre, 33720 Landiras
Tél. : 06 37 20 19 58
E-mail : info@liber-pater.com
Site : www.liber-pater.com
Sur rendez-vous.
Propriétaire : Loïc et Alona Pasquet

■ Château La Louvière
PESSAC-LÉOGNAN

O riginaire de l'Entre-deux-Mers, André Lurton, qui règne sur plus de 600 ha de vignes dans le Bordelais, a acheté ce cru non classé de Graves en 1965. A partir de cette date, il n'a cessé d'embellir et d'affirmer ce cru à travers ses vins, à tel point qu'aujourd'hui, les amateurs l'assimilent souvent au classement de l'appellation, au même titre que ses prestigieux voisins, Haut-Bailly ou Carbonnieux. Ce cru doit également sa forte notoriété à l'action menée par André Lurton dans la création en 1987 de l'appellation Pessac-Léognan, dont il a été le principal artisan. Si les vins ont été d'un très bon niveau, ils ont toujours été également produits dans des volumes conséquents. Cela a permis à La Louvière d'implanter une distribution forte, tout en maintenant des prix de vente accessibles. Leur style est facilement reconnaissable, particulièrement pour les blancs, dont le cépage sauvignon, largement dominant, signe des millésimes avec toujours ce caractère que nous jugeons un peu simple et trop variétal, mais typique du cru. Nous regrettons tout de même que les vins ne gagnent pas davantage en concentration et en maturité de raisins. Le domaine a entrepris un important travail de replantation du vignoble qui portera ses fruits, nous l'espérons, dans quelques millésimes.

Les vins : le sauvignon assez mûr domine au nez et en bouche dans un registre assez peu boisé dans le blanc 2010. Sur le 2009, on apprécie la rondeur et la suavité du rouge dans un registre plus mûr, qui lui va bien !

☐	Pessac-Léognan 2011	n.c.	14,5
☐	Pessac-Léognan 2010	26,45 €	15,5
☐	Pessac-Léognan 2009	19 €	14,5
☐	Pessac-Léognan 2008	n.c.	16
■	Pessac-Léognan 2011	n.c.	13,5
■	Pessac-Léognan 2009	28,95 €	15,5
■	Pessac-Léognan 2008	n.c.	15

Rouge : 48,5 hectares.
Merlot 35 %, Cabernet-sauvignon 65 %
Blanc : 13,5 hectares.
Sauvignon ou Sauvignon Blanc 85 %,
Sémillon 15 %
Production moyenne : 185 000 bt/an

Château La Louvière, 33850 Léognan
Tél. : 05 56 64 75 87 **Fax :** 05 56 64 71 76
E-mail : andrelurton@andrelurton.com
Site : www.andrelurton.com
Vente : au domaine
De 9h à 17h sur rendez-vous.
Propriétaire : André Lurton
Directeur : Pascal le Faucheur

■ Château Respide Médeville
GRAVES

Propriété de la famille Médeville (Châteaux Gilette et Les Justices à Sauternes), ce domaine, situé à Toulenne, dans la banlieue de Langon, est parfaitement tenu. Grâce à un encépagement équilibré, les vins expriment les vertus complémentaires du merlot et du cabernet-sauvignon en rouge, du sauvignon et du sémillon en blanc. Ce dernier révèle le véritable style des vins de la région dite des graves du sud : sans artifice, aux notes d'écorce d'agrumes et à

la bouche sans lourdeur. Les rouges ont bien progressé avec l'arrivée du conseiller en vinification Olivier Dauga.

Les vins : délicieux et très fin blanc 2011 donnant l'impression d'une marque d'élevage plus imposante que d'habitude. Equilibré et agréablement fruité, le rouge 2010 est d'une agréable fluidité en bouche avec une matière en demi-puissance. C'est un bon graves classique.

☐	Graves 2011	13 €	15,5
☐	Graves 2010	n.c.	16
☐	Graves 2008	n.c.	15,5
■	Graves 2010	16 €	15
■	Graves 2008	n.c.	16,5

Rouge : 8 hectares.
Cabernet-sauvignon 60 %, Merlot 40 %
Blanc : 4 hectares.
Sauvignon ou Sauvignon Blanc 32 %,
Sémillon 50 %, Muscadelle 18 %
Production moyenne : 70 000 bt/an

Château Respide Médeville, 33210 Toulenne
Tél. : 05 56 76 28 44 **Fax :** 05 56 76 28 43
E-mail : gonet.medeville@wanadoo.fr
Site : http ://gonnet-medeville.com
Vente : au domaine
Sur rendez-vous du lundi au jeudi de 9h à 12h et de 14h à 17h. Vendredi de 9h à 12h et de 14h à 15h.
Propriétaire : Julie et Xavier Gonet-Médeville

■ Château de Rouillac
PESSAC-LÉOGNAN

Ce cru de Canéjean, autrefois propriété du baron Haussmann, appartient depuis avril 2010 à Laurent et Sophie Cisneros. Cet autodidacte charentais, ancien joueur de foot de deuxième division aux côtés de Zinedine Zidane, qui a fait fortune comme chauffagiste, s'est impliqué à 100 % dans la remise en route du domaine et du vignoble. Il faut dire que, si les anciens propriétaires (la famille Lafragette), avaient entièrement rénové les bâtiments et replacé les vins parmi les bonnes références de l'appellation, l'histoire récente du cru avait été moins glorieuse. Les mauvaises affaires de Jean-Paul Lafragette ont entraîné la vente du château après quelques années de déroute. Désormais, le domaine est tenu au cordeau avec un permanent souci de qualité, tant dans les vins que dans l'organisation de l'accueil. Avec son épouse

Sophie, Laurent Cisneros, épaulé par l'œnologue médocain Eric Boissenot, apporte un souffle nouveau et innovant à Rouillac.

Les vins : frais et fringant, le blanc 2010 se montre harmonieux, délicieusement fruité et d'un élevage très fin. Souple, le Dada 2010 est un rouge de plaisir mais aujourd'hui sur son élevage. Un an de bouteille lui fera du bien. Le 2009 est fondu et pleinement épanoui pour être bu dans l'année avec plaisir. En Baron, le second vin du cru, nous préférons la fraîcheur et le fruit frais du 2010 au plus confit 2009. En rouge, le grand vin 2009 est savoureux, plein et de belle maturité. Un très beau fruit apparaît sur le 2010, qui s'épanouit dans un bel équilibre aux tanins finement extraits. Il se montre concentré en bouche et très classique en finale.

☐ Pessac-Léognan 2010	26 €	15,5
☐ Pessac-Léognan 2009	25 €	14,5
■ Pessac-Léognan 2010	27 €	16,5
■ Pessac-Léognan 2009	25 €	16
■ Pessac-Léognan 2008	n.c.	14
■ Pessac-Léognan Le Baron de Rouillac 2010	17 €	15,5
■ Pessac-Léognan Le Baron de Rouillac 2009	16 €	14
■ Pessac-Léognan Le Baron de Rouillac 2008	n.c.	13
■ Pessac-Léognan Le Dada de Rouillac 2010	15 €	14,5
■ Pessac-Léognan Le Dada de Rouillac 2009	14 €	14,5

Rouge : 21 hectares.
Cabernet-sauvignon 57 %, Merlot 43 %
Blanc : 3 hectares.
Sauvignon gris ou rosé 14 %, Sémillon 16 %, Sauvignon blanc 70 %
Production moyenne : 105 000 bt/an

Château de Rouillac, 12, chemin du 20-Août-1949, 33610 Canéjan
Tél. : 05 57 12 84 63 **Fax :** 05 57 12 83 51
E-mail : info@chateauderouillac.com
Site : www.chateauderouillac.com
Vente : au domaine
Visites à 10h, 14h30 et 16h.
Propriétaire : Laurent Cisneros

■ Château Le Sartre
PESSAC-LÉOGNAN

S on voisinage est prestigieux, en lisière de la forêt des Landes, avec le domaine de Chevalier, les châteaux Malartic-Lagravière et Fieu-

zal ! Acheté au début des années 1980 par la famille Perrin du château Carbonnieux, c'est aujourd'hui la sœur d'Anthony Perrin, Marie-Josée et son mari René qui gèrent cette exploitation et vinifient la production. Précisément, depuis le millésime 2005, les vins ont atteint un niveau de qualité que nous ne leur connaissions pas jusqu'alors. D'un style simple et accessible, ils sont passés dans la phase mûre, mieux élevés et plus concentrés, tout en gardant un niveau de prix abordable. Chaque année, les vins s'affirment dans les dégustations à l'aveugle, preuve que cette propriété a été remise sur les rails.

Les vins : beau blanc 2010, typé sauvignon dans ses arômes et en bouche. Il sera délicieux à boire sur deux ou trois ans. Le rouge 2010 s'inscrit parmi les plus belles réussites de l'histoire récente du cru. Plein, chaleureux et de très belle structure de tanins, c'est un vin de beau potentiel, au boisé juste et d'une longueur savoureuse.

☐ Pessac-Léognan 2010	19 € cav.	15
☐ Pessac-Léognan 2009	n.c.	15,5
☐ Pessac-Léognan 2008	n.c.	14,5
■ Pessac-Léognan 2010	18 € cav.	16,5
■ Pessac-Léognan 2009	n.c.	16,5
■ Pessac-Léognan 2008	n.c.	15

Rouge : 25 hectares.
Merlot 40 %, Cabernet-sauvignon 60 %
Blanc : 10 hectares.
Sauvignon blanc 80 %, Sémillon 20 %
Production moyenne : 150 000 bt/an

Château Le Sartre, 78, chemin Le Sartre, 33850 Léognan
Tél. : 05 56 64 08 78 **Fax :** 05 56 64 52 57
E-mail : chateaulesartre@wanadoo.fr
Site : www.lesartre.com
Vente : au domaine
Sur rendez-vous.
Propriétaire : Famille Perrin

■ Vieux Château Gaubert
GRAVES

D ominique Haverlan dirige cette belle propriété de Portets depuis le milieu des années 1980. Son travail privilégie la profondeur corsée des vins rouges par une vinification recherchant de l'extraction et par des élevages flatteurs. Ils ont d'ailleurs spectaculairement progressé en élégance. C'est ainsi que Vieux Château Gaubert est aujourd'hui l'une des bonnes affaires de l'appellation. Dans un style gras et profond, jamais asséchants ni écœurants, les blancs se démarquent également. Il nous semblerait dommage de les boire trop tôt, alors qu'ils sont encore marqués par leur élevage en barrique, qui paraît cependant moins dominant dans les derniers millésimes. Ils atteignent leur meilleur niveau après trois à six ans de garde.

Les vins : plein et dense, le rouge 2009 apparaît d'une belle richesse en bouche, avec une trame de tanins arrondis par la belle maturité de l'année. Encore sur la réserve, le blanc 2010 n'est pas très expressif et se laisse encore dominé par son bois. Une bonne année de bouteille lui fera du bien ! Concernant le second vin, le Benjamin, notre préférence va à l'expressif et fraîchement citronné blanc 2011.

☐ Graves 2010	12,05 €	15
☐ Graves 2008	n.c.	15,5
☐ Graves Benjamin 2010	n.c.	14
☐ Graves Benjamin 2009	n.c.	13
☐ Graves Benjamin de Vieux Château Gaubert 2011	7,95 €	14,5
☐ Graves Benjamin de Vieux Château Gaubert 2010	n.c.	15,5
■ Graves 2009	14,80 €	16,5
■ Graves 2008	n.c.	15,5
■ Graves Benjamin 2008	n.c.	13
■ Graves Benjamin de Vieux Château Gaubert 2009	9,60 €	13,5

Rouge : 20 hectares.
Cabernet-sauvignon 50 %, Merlot 50 %
Blanc : 5 hectares.
Sauvignon ou Sauvignon Blanc 50 %,
Sémillon 50 %
Production moyenne : 120 000 bt/an

Vieux Château Gaubert, 35, rue du 8-mai-1945, 33640 Portets
Tél. : 05 56 67 18 63 **Fax :** 05 56 67 52 76
E-mail : dominique.haverlan@libertysurf.fr
Vente : au domaine
De 9h à 12h et de 14h à 17h sur rendez-vous.
Propriétaire : Dominique Haverlan

SAUTERNAIS

■ Château Climens
BARSAC
★★★

C hâteau Climens est la propriété de la famille de Lucien Lurton depuis 1971. Aujourd'hui, le cru est dirigé avec brio par sa fille Bérénice. Peu de vins liquoreux français se distinguent par un bouquet aussi pur et élégant que celui de ce premier cru classé de Barsac. Il doit sa qualité transcendante à son terroir exceptionnel, qui produit des récoltes aussi riches en sucres qu'à Sauternes, mais sur une palette de parfums souvent plus complexe et diversifiée. Le savoir-faire de l'équipe n'est pas non plus étranger à cette réussite : au gré des différents lots vendangés (à des degrés plus ou moins intenses de botrytis), Bérénice Lurton réalise de savants assemblages comme autant d'œuvres d'art. Consciente des changements culturaux et culturels des dernières années, Bérénice Lurton a engagé son vignoble dans une conversion à la biodynamie.

Les vins : au total, 14 lots composent le millésime 2011, contre une moyenne de 30 habituellement. Actuellement en cours d'élevage (35 % de barriques neuves), c'est une année au caractère fruité, très poivré, dans un style assez plantureux ! Le 2010 reste un Climens de très haut vol par son onctuosité et sa richesse, à la très longue garde prévisible. Dynamique et racé, le 2009 incarne la richesse de ce millésime exceptionnel.

☐ Barsac 2011	n.c.	18
☐ Barsac 2010	n.c.	18,5
☐ Barsac 2009	n.c.	18,5
☐ Barsac 2008	n.c.	18

Blanc : 30 hectares.
Sémillon 100 %
Production moyenne : 40 000 bt/an

Château Climens, 33720 Barsac
Tél. : 05 56 27 15 33 **Fax :** 05 56 27 21 04
E-mail : contact@chateau-climens.fr
Site : www.chateau-climens.fr
Du lundi au vendredi de 9h à 15h, sur rendez-vous.
Propriétaire : Bérénice Lurton
Directeur : Frédéric Nivelle

■ Château d'Yquem

SAUTERNES
★★★

R econnu comme étant le plus célèbre vin liquoreux du monde, Yquem est la propriété, depuis 1999, du groupe LVMH dirigé par l'homme d'affaires Bernard Arnault. Le château est aujourd'hui incarné par Pierre Lurton, également à la tête du château Cheval Blanc, à Saint-Emilion. Avant lui, Alexandre de Lur Saluces a écrit, de 1967 à 2004, quelques-unes des plus belles pages de l'histoire de l'unique premier cru classé supérieur en 1855, dans la lignée de ses aïeux. Car ce vin est peut-être le plus régulier du Bordelais depuis cent ans. Même dans les petits millésimes et les périodes difficiles, Yquem a tenu son rang jusque dans son vieillissement incomparable. Il doit cet état de fait à un terroir unique, réagissant au développement du botrytis comme aucun autre, et à des hommes qui ont su comprendre et mettre en valeur ses qualités. Si Yquem n'impressionne pas forcément dans sa jeunesse, il creuse irrémédiablement l'écart avec ses voisins après quelques années de garde. Déguster un vieux millésime du château demeure une expérience que tout amateur de vin liquoreux se doit d'avoir connu dans sa vie.

Les vins : quelle gourmandise que le 2011 ! Il donne l'impression de boire un jus d'ananas, tellement les parfums et le goût à la dégustation en primeur séduisent par cette expression de fruit. C'est, dans les chiffres, un Yquem très classique avec 144 g/l de sucres résiduels et 13,8° d'alcool, à la prise de bois fine et douce. Le 2010 illustre parfaitement le classicisme du cru, à la fois dans son équilibre et dans son assemblage qui compte 11 % de sauvignon. Il lui faudra au moins dix ans pour commencer à véritablement s'exprimer. Dans le très riche millésime 2009, Yquem a contrecarré l'écueil du « trop confit » par 20 % de sauvignon dans l'assemblage, ce qui préserve une fraîcheur que beaucoup d'autres à Sauternes n'ont pas réussi à obtenir.

☐ Sauternes 2011	n.c.	19
☐ Sauternes 2010	n.c.	18,5
☐ Sauternes 2009	n.c.	18
☐ Sauternes 2008	n.c.	16,5

Blanc : 100 hectares.
Sauvignon ou Sauvignon Blanc 20 %,
Sémillon 80 %
Production moyenne : 100 000 bt/an

Château d'Yquem, 33210 Sauternes
Tél. : 05 57 98 07 07 **Fax :** 05 57 98 07 08
Site : www.yquem.fr

Sur rendez-vous uniquement du lundi au vendredi à 14h et à 15h30.
Propriétaire : LVMH
Directeur : Pierre Lurton

■ Clos Haut-Peyraguey
SAUTERNES
★★

I ssu de la division du cru Peyraguey, ce merveilleux petit cru classé a hérité de la partie la plus haute du fameux terroir du Haut-Bommes – la mieux exposée et la plus riche en argiles –, ce qui explique la nature ample de ses vins. Propriétaire depuis 1914, la famille Pauly, représentée aujourd'hui par Martine Langlais-Pauly, n'a négligé aucune occasion de perfectionner viticulture et vinification, même dans les périodes difficiles. Aujourd'hui, elle est récompensée par une production de vins superbes, riches en liqueur, au lent mais sûr développement en bouteille. Profitez des prix, qui restent raisonnables.

Les vins : très belle réussite en 2011 avec un équilibre qui tient sur une rafraîchissante acidité, qui tranche avec une richesse en sucres de 147 g/l. Les parfums d'ananas et de poivre blanc dominent et apportent une délicieuse finale. Le 2010 confirme son statut de très grand sauternes par sa pureté exceptionnelle et sa complexité aromatique. Préservant son équilibre, le racé 2009 s'épanouit doucement, mais sûrement.

☐ Sauternes 2011	n.c.	17,5
☐ Sauternes 2010	n.c.	17,5
☐ Sauternes 2009	n.c.	18
☐ Sauternes 2008	n.c.	16

Blanc : 17 hectares.
Sauvignon ou Sauvignon Blanc 6 %,
Sémillon 94 %
Production moyenne : 18 000 bt/an

Clos Haut-Peyraguey, 33210 Bommes
Tél. : 05 56 76 61 53 **Fax :** 05 56 76 69 65
E-mail : clos.haut.peyraguey@orange.fr
Site : www.closhautpeyraguey.com
Tous les jours sans exception.
Propriétaire : Martine Langlais-Pauly

■ Château Coutet
BARSAC
★★

C e premier grand cru classé est l'un des deux « seigneurs » de Barsac avec Climens. Sur la majorité des parcelles, le fameux sol rouge, dû à

BORDEAUX

201

l'association d'oxyde de fer et de roche calcaire, donne au vin un supplément de nervosité par rapport à ses proches voisins – à teneur en sucres équivalente. Les arômes d'agrumes et d'acacia le rapprochent de Climens, mais Coutet s'exprime en général plus rapidement et possède souvent un peu moins de liqueur, en dehors de la fameuse crème de tête connue sous le nom de cuvée Madame. L'Alsacien Philippe Baly et son frère Dominique, avec sa fille Aline, gèrent très consciencieusement le domaine depuis son rachat par leur père en 1977.

Les vins : la décision de produire une cuvée Madame en 2011 reste en suspens, mais un lot a été isolé, à suivre donc ! Le 2011 du château est dans un équilibre similaire à celui du 2010, mais avec une acidité légèrement supérieure. Floral avec une nuance minérale, il présente une liqueur généreuse ; un bon classique qui respecte le caractère de son terroir. Le 2010 évolue remarquablement, trouvant un magnifique équilibre durant son élevage.

☐ Barsac Premier Cru 2011	n.c.	17,5
☐ Barsac Premier Cru 2010	n.c.	17,5
☐ Barsac Premier Cru 2009	n.c.	19
☐ Barsac Premier Cru 2008	n.c.	16,5

Blanc : 38,5 hectares.
Muscadelle 2 %, Sauvignon ou Sauvignon Blanc 23 %, Sémillon 75 %
Production moyenne : 42 000 bt/an

Château Coutet, 33720 Barsac
Tél. : 05 56 27 15 46 **Fax :** 05 56 27 02 20
E-mail : info@chateaucoutet.com
Site : www.chateaucoutet.com
Sur rendez-vous de 9h à 12h et de 14h à 17h.
Propriétaire : Philippe et Dominique Baly

■ Château Doisy Daëne
★★

V oisin de Climens, ce cru classé de Barsac bénéficie du savoir-faire de la famille Dubourdieu, propriétaire depuis plusieurs générations. Denis Dubourdieu, chef de file de l'école œnologique bordelaise, vinifie magistralement une vendange récoltée toujours avec précision, au moment où la pourriture noble offre le meilleur compromis entre richesse en sucres et finesse aromatique, tout en préservant de hauts niveaux d'acidité. Elevés ensuite par de courts séjours en barriques, les vins affichent ainsi une pureté et une élégance qui les rendent d'autant plus recherchés que leurs prix restent sages. La

propriété produit trois vins : un blanc sec aromatique, un liquoreux raffiné et, dans les très grands millésimes, la rarissime cuvée L'Extravagant, issue d'un lot de la récolte beaucoup plus riche, équivalent local des plus sublimes « trockenbeerenauslese » allemands. Après observations et réflexions, l'année 2010 a donné onze barriques d'Extravagant alors que 2011 n'en produira que trois ! A noter, les domaines de Denis Dubourdieu à Barsac (Doisy Daëne et Cantegril), dans les Graves (Clos Floridène), à Cérons (château Haura) et en Côtes de Bordeaux (château Reynon) ont entamé leur conversion en bio pour une labellisation en 2014.

Les vins : la qualité des sauvignons fait la différence dans le sec 2011. Parfums floraux, minéralité calcaire et élevage complexe avec moins de bois neuf préservent une très fine expression naturelle. Le barsac 2011 est bien loin des canons d'équilibre que recherche Denis Dubourdieu : 180 g/l de sucres résiduels ! Une exception dans l'histoire récente de ce cru. Le vin possède une richesse exceptionnelle, des arômes intensément exotiques, et préserve une remarquable fraîcheur. Avec 218 g/l de sucres résiduels, L'Extravagant 2011 dévoile une richesse et un gras qui le classent davantage comme un extra-sauternes qu'un extra-barsac ! C'est d'ailleurs le constat que l'on fait sur le 2009 qui affiche un haut niveau de concentration tout en conservant une acidité qui marque nettement son terroir et porte bien la signature Dubourdieu. Le 2010 est l'ambassadeur de l'équilibre parfait, s'exprimant sur de très élégantes notes de poivre, de fruits blancs confits et une touche saline en finale.

☐ Barsac 2011	n.c.	18
☐ Barsac 2010	n.c.	18,5
☐ Barsac 2009	n.c.	18
☐ Barsac 2008	n.c.	16,5
☐ Barsac L'Extravagant 2011	n.c.	17,5
☐ Barsac L'Extravagant 2009	n.c.	20
☐ Bordeaux 2011	n.c.	16

Blanc : 16 hectares.
Sauvignon ou Sauvignon Blanc 14 %,
Sémillon 86 %
Production moyenne : 50 000 bt/an

Château Doisy Daëne, 33720 Barsac
Tél. : 05 56 62 96 51 **Fax :** 05 56 62 14 89
E-mail : reynon@wanadoo.fr
Site : www.denisdubourdieu.com
Sur rendez-vous.
Propriétaire : Pierre et Denis Dubourdieu
Directeur : Denis Dubourdieu

■ Château Doisy-Védrines

SAUTERNES
★★

I ssu du partage de Doisy en trois domaines, ce cru porte le nom des anciens propriétaires (jusqu'en 1846), les Védrines. Il se situe à proximité de Climens, de Coutet, ainsi que des deux autres Doisy (Daëne et Dubroca). Le château pratique des rendements bas, d'où un vin qui figure parmi les plus riches en bouquet et les plus liquoreux de Barsac. Il demande entre cinq et dix ans pour s'épanouir et atteint alors la distinction et l'éclat des stars de l'appellation. Depuis qu'Olivier Castéja a pris la direction du domaine en 2001, les vins ont gagné en précision et en élégance. Ce cru fait indiscutablement parti de l'élite du plateau de Barsac.

Les vins : malgré un rendement de 22 hl/ha, Doisy-Védrines offre en 2011 une grande richesse avec une concentration qui le rapproche plus d'un sauternes que d'un barsac. Egalement concentré, le 2010 se distingue par une acidité plus faible, mais il évolue avec style et complexité.

☐ Sauternes 2011	n.c.	17
☐ Sauternes 2010	n.c.	17
☐ Sauternes 2009	n.c.	16
☐ Sauternes 2008	n.c.	15,5

Blanc : 27 hectares.
Sauvignon ou Sauvignon Blanc 15 %,
Sémillon 80 %, Muscadelle 5 %
Production moyenne : 30 000 bt/an

Château Doisy-Védrines, 1, rue Védrines, 33720 Barsac
Tél. : 05 56 27 15 13 **Fax :** 05 56 27 26 76
E-mail : doisy-vedrines@orange.fr
De 10h à 17h sur rendez-vous.
Propriétaire : Héritiers de Pierre Castéja
Directeur : Frédéric Degres

■ Château de Fargues

SAUTERNES
★★

A ncien copropriétaire et vinificateur d'Yquem durant plus de trente millésimes, Alexandre de Lur Saluces s'est attaché, depuis la vente du château d'Yquem, à revaloriser la production du château de Fargues, fief de sa famille. Il y applique exactement les mêmes principes qu'à Yquem (notamment des élevages très longs allant jusqu'à 36 mois), produisant ainsi un sauternes classique et complet, comparable aux plus

grands et qui jouit, auprès des professionnels comme des amateurs, d'une estime largement méritée. Tous les millésimes en vente sont actuellement remarquables.

Les vins : peu de lots composent le 2011 en raison des pluies de la fin août sur une vendange à maturité, qui a entraîné d'importants foyers de pourriture aigre. En conséquence, la moitié de la récolte a été éliminée ! La liqueur s'affirme dans un équilibre délicat à la finale vive. Le 2010 demeure très digeste et frais, d'un grand plaisir.

☐ Sauternes 2011	n.c.	18
☐ Sauternes 2010	n.c.	18
☐ Sauternes 2009	n.c.	18
☐ Sauternes 2008	n.c.	17

Blanc : 15 hectares.
Sauvignon ou Sauvignon Blanc 20 %,
Sémillon 80 %
Production moyenne : 12 000 bt/an

Château de Fargues, 33210 Fargues-de-Langon
Tél. : 05 57 98 04 20 **Fax :** 05 57 98 04 21
E-mail : fargues@chateau-de-fargues.com
Site : www.chateau-de-fargues.com
Vente : au domaine
Du lundi au vendredi de 9h à 12h et de 14h à 18h sur rendez-vous.
Propriétaire : Alexandre de Lur Saluces
Directeur : François Amirault

■ Château Gilette

SAUTERNES
★★

C e tout petit cru de Preignac, aujourd'hui sous la responsabilité de Julie Médeville et de son mari Xavier Gonet, est célèbre pour mettre uniquement en vente de très anciens millésimes, longuement vieillis en cuves de béton (à l'abri de l'air), puis en bouteilles, et issus de vendanges très riches (d'où la mention « crème de tête »). Le bouquet caractéristique de Gilette est sans doute le plus fruité du Sauternais, avec des notes de confiture d'agrumes (orange amère), renforcées par le délicat rancio apporté par l'âge et la durée de l'élevage. La méthode de conservation privilégie la réduction sans oxydation, ce qui explique l'étonnante jeunesse des vins, même plus de trente ans après leur naissance. Il est vivement conseillé de les décanter plusieurs heures avant le service.

Les vins : le 1989 s'affirme par une très belle richesse de bouche tout en conservant l'équilibre qui distingue les grands Gilette. Il commence tout juste à exprimer les notes signant le caractère bien à part de ce cru : crème brûlée, fruits confits, écorces d'agrumes...

☐ Sauternes 1989   n.c.   19

Blanc : 4,5 hectares.
Sémillon 90 %, Muscadelle 2 %, Sauvignon ou Sauvignon Blanc 8 %
Production moyenne : 7 000 bt/an

Château Gilette, 4, rue du Port, 33210 Preignac
Tél. : 05 56 76 28 44 **Fax :** 05 56 76 28 43
E-mail : contact@gonet.medeville.com
Site : http ://gonet-medeville.com
Vente : au domaine
Du lundi au jeudi de 9h à 12h et de 14h à 17h, fermeture à 15h le vendredi.
Propriétaire : Julie et Xavier Gonet-Médeville

■ Château Guiraud
SAUTERNES
★★

C e premier cru classé de Sauternes appartient aujourd'hui à quatre copropriétaires : Robert Peugeot, Olivier Bernard (domaine de Chevalier), Stephan von Neipperg (château Canon-la-Gaffelière) et Xavier Planty. Sous l'adroite direction de Xavier Planty, le cru offre depuis de nombreux millésimes un parfait exemple de grand sauternes moderne, rôti, très ouvert dès ses premières années et qui a énormément gagné en finesse et en minéralité. La viticulture y est particulièrement soignée, Guiraud a d'ailleurs été le premier des premiers crus classés de 1855 à bénéficier de la labellisation bio, en 2011. Le domaine parvient, avec énormément de volonté, à respecter le développement naturel de la pourriture noble. La vinification, quant à elle, se refuse à la moindre chaptalisation, comme cela devrait d'ailleurs être le cas pour tous les crus classés – cause pour laquelle milite ardemment son directeur. Le château produit également, en appellation Bordeaux, un important volume d'un vin blanc sec de belle qualité.

Les vins : premier millésime certifié bio, le 2011 a malheureusement souffert de la grêle en avril, qui a dévasté jusqu'à 80 % de la récolte sur certaines parcelles ! Ceci explique les très faibles rendements de l'année, seulement 9 hl/ha. Le vin apparaît très raffiné, avec une part de sauvignon plus importante que d'habitude dans l'assemblage équilibrant la richesse de 140 g/l de sucres résiduels. Le 2010 réunit l'opulence et la fraîcheur, et sa finesse et sa justesse le placent parmi les très grandes réussites de ce millésime. Le

blanc sec 2011 (20 % de sémillon) se montre délicat et friand sur d'agréables notes de menthol.

☐ Bordeaux Le G 2011   n.c.   15
☐ Bordeaux Le G 2010   n.c.   15
☐ Sauternes 2011   n.c.   17,5
☐ Sauternes 2010   n.c.   18
☐ Sauternes 2009   n.c.   18
☐ Sauternes 2008   n.c.   16,5

Blanc : 100 hectares.
Sauvignon ou Sauvignon Blanc 35 %, Sémillon 65 %
Production moyenne : 100 000 bt/an
❀ Certifié en agriculture bio ou biodynamique

Château Guiraud, 33210 Sauternes
Tél. : 05 56 76 61 01 **Fax :** 05 56 76 67 52
Site : www.chateauguiraud.com
Vente : au domaine
De 9h à 12h et de 14h à 17h, tous les jours.
Sur rendez-vous.
Propriétaire : O. Bernard, R. Peugeot, X. Planty, S. Von Neipperg
Directeur : Xavier Planty

■ Château Lafaurie-Peyraguey
SAUTERNES
★★

L ongtemps propriété de la maison de négoce Cordier, ce cru classé est désormais sous la coupe du groupe GDF Suez. Ce splendide domaine produit de grands sauternes classiques à partir de vendanges très riches, sélectionnant désormais avec davantage de rigueur le premier vin. C'est à ce prix que la propriété obtient une qualité régulière, qui perpétue sa renommée. Le raisin est évidemment récolté par tries successives ; le pressurage s'effectue sur d'anciens – mais néanmoins très efficaces – pressoirs verticaux, et le vin est élevé pendant 30 mois en barriques (par lots correspondant aux dates de récolte), dont un tiers de bois neuf. Lafaurie-Peyraguey se distingue par une grande richesse due à son terroir, en contraste avec la finesse de son plus proche voisin, Sigalas-Rabaud. Sous l'impulsion de l'actuel directeur, Eric Larramona, les derniers millésimes arborent un style plus accessible et précis dans leur jeunesse, ce que l'on peut considérer comme une avancée, voire comme un progrès !

Les vins : sur un rôti séducteur, le 2011 se montre légèrement plus riche que le 2010. Les saveurs fruitées sont expressives et le boisé (60 %

de barriques neuves) apparaît particulièrement élégant. Salin, gourmand et délicat, le 2010 sera délicieux à boire dans les dix à quinze ans, dans l'équilibre du fin et savoureux 2008.

☐ Sauternes 2011	n.c.	18
☐ Sauternes 2010	n.c.	17,5
☐ Sauternes 2009	n.c.	18
☐ Sauternes 2008	n.c.	16,5

Blanc : 40 hectares.
Sémillon 90 %, Muscadelle 2 %, Sauvignon ou Sauvignon Blanc 8 %
Production moyenne : 80 000 bt/an

Château Lafaurie-Peyraguey, 33210 Bommes
Tél. : 05 56 76 60 54 **Fax :** 05 56 76 61 89
E-mail : info@lafaurie-peyraguey.com
Site : www.lafaurie-peyraguey.com
Du lundi au vendredi de 9h à 12h ct et de 14h à 17h30, sur rendez-vous.
Propriétaire : GDF Suez
Directeur : Eric Larramona

■ Château Nairac
BARSAC
★★

N icolas Tari-Hecter a porté ce cru classé de Barsac à son meilleur niveau. Les derniers millésimes sont splendides d'équilibre et de finesse avec des liqueurs expressives dont les arômes expriment à la perfection un botrytis de premier ordre. Les élevages ont eux aussi su trouver (après quelques approximations) un juste apport d'oxygénation renforçant la capacité de vieillissement et d'évolution complexe des vins. Très séduisants dès leur prime jeunesse, les derniers-nés du château évoluent avec justesse et précision aromatique sans jamais tomber dans des oxydations prématurées comme ce fut le cas pour ce cru dans les années 1990. Nairac fait indiscutablement partie du cercle des très grands liquoreux de Barsac et nous lui décernons avec grand plaisir sa deuxième étoile.

Les vins : le 2011 affiche une superbe couleur bouton d'or et un équilibre très élégant entre fine acidité et liqueur. La prise de bois discrète (50 % de barriques neuves) s'équilibre parfaitement avec les 180 g/l de sucres résiduels et une acidité élevée de 4,94 g/l. Le 2009 passe par une phase plus austère, ce qui n'est pas le cas du 2010 remarquablement harmonieux. Sauternes de contraste, 2008 se montre particulièrement délicat, rehaussé d'une élégante et fine acidité en finale avec de séduisantes notes de noisette.

☐ Barsac 2011	n.c.	18,5
☐ Barsac 2010	n.c.	18
☐ Barsac 2009	55 € cav.	17,5
☐ Barsac 2008	50 € cav.	16,5

Blanc : 17 hectares.
Muscadelle 4 %, Sauvignon ou Sauvignon Blanc 6 %, Sémillon 90 %
Production moyenne : 16 000 bt/an

Château Nairac, 81, avenue Aristide-Briand, 33720 Barsac
Tél. : 05 56 27 16 16 **Fax :** 05 56 27 26 50
E-mail : chateau.nairac@wanadoo.fr
Site : www.chateaunairac.fr
Vente : au domaine
Les jours sur rendez-vous uniquement.
Propriétaire : Nicole Tari
Directeur : Nicolas Heeter

■ Château Sigalas-Rabaud
SAUTERNES
★★

L a famille de Lambert exploite ce magnifique terroir homogène, permettant un développement idéal de la pourriture noble. Le style du vin n'a pas d'équivalent : s'il egale les premiers crus du Haut-Sauternes en richesse de liqueur et en puissance, avec un bouquet de même nature, il révèle une finesse immédiate plus affirmée, qui ne fait que décupler au vieillissement. Au final, il s'agit bien de petits miracles qu'un noyau de connaisseurs fidèles place au firmament du Sauternais. Laure Compeyrot de Lambert, qui dirigeait avec beaucoup d'énergie ce cru familial, a malheureusement été remerciée par les actionnaires familiaux. Qui va désormais gérer ce premier cru classé ? Est-il en vente ? Si les vins demeurent d'un très bon niveau, l'avenir de Sigalas-Rabaud est aujourd'hui incertain...

Les vins : de richesse modérée, le 2011 révèle une grande finesse exotique et fruitée, d'une pureté infinie. C'est un sauternes racé, ample et de très grande expression minérale en finale. L'acidité plus élevée du 2010 lui confère un style très raffiné, sur une liqueur particulièrement digeste.

☐ Sauternes 2011	n.c.	18,5
☐ Sauternes 2010	n.c.	18
☐ Sauternes 2009	n.c.	18
☐ Sauternes 2008	35 € cav.	16,5

Blanc : 14,25 hectares.
Sauvignon ou Sauvignon Blanc 15 %, Sémillon 85 %

Production moyenne : 30 000 bt/an

Château Sigalas-Rabaud, 33290 Bommes
Tél. : 05 56 21 31 43
E-mail : contact@chateau-sigalas-rabaud.com
Site : www.chateau-siglas-rabaud.com
Vente : au domaine
Sur rendez-vous.
Propriétaire : Famille de Lambert des Granges
Directeur : Gérard de Lambert des Granges

■ Château Suduiraut

SAUTERNES
★★

C e très vaste domaine a été racheté en 1992 par le groupe d'assurances AXA. Grâce à un vignoble géographiquement bien réparti, Suduiraut associe la puissance des vins du Haut-Sauternais au fruité prestigieux que l'on trouve dans les crus des plateaux de Preignac et de Barsac. Le tout donne un nectar complet, très lent à vieillir et qui, dans les grandes années, touche au génie. Les derniers millésimes atteignent un très haut niveau.

Les vins : le 2011 affiche une grande finesse de style malgré ses 150 g/l de sucres résiduels. Son acidité en attaque de bouche permet de conserver une grande fraîcheur aromatique. Une première trie pour l'acidité, une deuxième pour la richesse forment un assemblage efficace. Inversement, malgré une acidité plus faible, 2010 se montre séveux et plein, sur une liqueur équilibrée et digeste. A parts égales de sémillon et de sauvignon, le blanc sec apparaît délicat et délicieusement fruité.

☐ Bordeaux S de Suduiraut 2011   n.c.   16
☐ Sauternes 2011   n.c.   17,5
☐ Sauternes 2010   n.c.   17
☐ Sauternes 2009   n.c.   18
☐ Sauternes 2008   n.c.   17

Blanc : 92 hectares.
Sauvignon ou Sauvignon Blanc 1027,3 %,
Sémillon 90 %
Production moyenne : n.c.

Château Suduiraut, 33210 Preignac
Tél. : 05 56 63 61 90   **Fax :** 05 56 63 61 93
E-mail : contact@suduiraut.com
Site : www.suduiraut.com
Sur rendez-vous.
Propriétaire : AXA Millésimes
Directeur : Pierre Montégut

■ Château La Tour Blanche

SAUTERNES
★★

C e premier cru classé de Bommes, dont l'ancien propriétaire (Daniel Iffa) fit don à l'Etat en 1911, est aujourd'hui géré par le ministère de l'Agriculture. Devenu une école de viticulture, le château a formé des célébrités comme l'œnologue Michel Rolland. Depuis vingt ans, La Tour Blanche n'a cessé de produire des sauternes accomplis, harmonieux, noblement bouquetés. Aujourd'hui, ils sont encore plus riches, complexes et raffinés qu'il y a dix ans ! Leur très importante teneur en sucres résiduels ne leur confère aucune lourdeur : sur ce terroir en effet, la pourriture noble concentre les sucres pour donner aux vins une dimension aromatique extraordinaire, tout en préservant une forme gustative aérienne. Le cru est dirigé depuis 2010 par Alex Barrau, et Jean-Pierre Faure, maître de chai depuis 1974, part cette année à la retraite. C'est Philippe Pélicano, ancien élève du lycée, qui lui succède.

Les vins : le 25 avril 2011, un orage de grêle a dévasté la moitié du vignoble ! Le rendement de ce millésime est donc ridiculement bas : 9 hl/ha. D'un style modéré en richesse, c'est un sauternes agréable, mais manquant d'un peu de fond ! Nous lui préférons le 2010, équilibré, fin et élancé.

☐ Sauternes 2011   n.c. 14,5
☐ Sauternes 2010   n.c. 16,5
☐ Sauternes 2009   n.c. 16,5
☐ Sauternes 2008   n.c. 15,5

Rouge : 3 hectares.
Malbec 10 %, Merlot 90 %
Blanc : 37 hectares.
Sémillon 83 %, Muscadelle 5 %, Sauvignon ou Sauvignon Blanc 12 %
Production moyenne : 45 000 bt/an

Château La Tour Blanche, 33210 Bommes
Tél. : 05 57 98 02 73   **Fax :** 05 57 98 02 78
E-mail : tour-blanche@tour-blanche.com
Site : www.tour-blanche.com
Vente : au domaine
Du lundi au vendredi de 9h à 12h et de 14h à 17h.
Propriétaire : Ministère de l'Agriculture
Directeur : Alex Barrau

■ Château Haut-Bergeron

SAUTERNES

★

T rès bien situé, non loin de Suduiraut et fort d'un remarquable patrimoine de vieilles vignes, Haut-Bergeron se hisse au rang de nombreux crus classés en termes de qualité, tout en demeurant certainement l'une des meilleures affaires de Sauternes. La famille Lamothe vinifie avec soin ce vin qui brille, depuis vingt ans, par une régularité difficile à contester. Parfois un peu massif dans sa jeunesse et ayant connu des épisodes très boisés, il vieillit harmonieusement et gagne alors en finesse. Les derniers millésimes, plus élégants, affirment le changement de cap vers des sauternes moins opulents et privilégiant l'équilibre et la distinction. Cette évolution passe également par une augmentation des sauvignons (plantés sur le terroir de Barsac) dans les prochains millésimes.

Les vins : les aléas climatiques de l'année 2011 ont été compensés par une sélection drastique pour rester dans la lignée des splendides millésimes 2010 et 2009. D'une superbe richesse (155 g/l), il affiche une splendide liqueur, épanouie et délicate.

☐ Sauternes 2011   n.c.   17
☐ Sauternes 2010   n.c.   17
☐ Sauternes 2009   n.c. 16,5
☐ Sauternes 2008   n.c. 16,5

Rouge : 6,15 hectares.
Cabernet-sauvignon 40 %, Merlot 60 %
Blanc : 37,40 hectares.
Sauvignon ou Sauvignon Blanc 5 %,
Muscadelle 5 %, Sémillon 90 %
Production moyenne : 110 000 bt/an

Château Haut-Bergeron, Le Haire, 33210 Preignac
Tél. : 05 56 63 24 76 **Fax :** 05 56 63 23 31
E-mail : haut-bergeron@wanadoo.fr
Site : www.chateauhautbergeron.com
Du lundi au vendredi de 9h à 12h et de 14h à 18h, sur rendez-vous.
Propriétaire : Hervé et Patrick Lamothe

■ Château Les Justices

SAUTERNES

★

J ulie Médeville et son mari Xavier Gonet, également propriétaire du légendaire château Gilette, dirigent ce joli cru bien connu des ama-teurs de bonnes affaires. Le domaine produit un sauternes délicieusement bouqueté et sans excès de liqueur. Le vin se développe assez rapidement en bouteille et rivalise, dans les grands millésimes, avec les bons crus classés de l'appellation. Une valeur sûre, dont la particularité est de ne pas être élevée en barriques.

Les vins : épanoui et aromatique, le 2011 affiche un fin rôti, d'une expression moelleuse. Le 2010 s'était fait remarquer par une richesse plus élevée que d'habitude qui lui confère une opulence de bon aloi.

☐ Sauternes 2011   n.c. 15,5
☐ Sauternes 2010   n.c. 16,5
☐ Sauternes 2009   n.c.   16
☐ Sauternes 2008   n.c.   16

Blanc : 8,5 hectares.
Sémillon 80 %, Muscadelle 5 %, Sauvignon ou Sauvignon Blanc 15 %
Production moyenne : 20 000 bt/an

Château Les Justices, 4, rue du Port, 33210 Preignac
Tél. : 05 56 76 28 44 **Fax :** 05 56 76 28 43
E-mail : contact@gonet-medeville.com
Site : www.gonet-medeville.com
Vente : au domaine
Du lundi au jeudi de 9h à 12h et de 14h à 17h sur rendez-vous, fermeture à 15h le vendredi.
Propriétaire : Julie et Xavier Gonet-Médeville

■ Château de Malle

SAUTERNES

★

L e vignoble, d'un seul tenant sur trois communes, se trouve à cheval sur les appellations Sauternes et Graves. La partie sauternaise, répartie sur les communes de Preignac et de Fargues, donne un vin élégant qui a beaucoup progressé ces dernières années sous la houlette de Paul-Henry de Bournazel. Assez facile d'accès durant sa jeunesse, ce sauternes vieillit également très bien dans les grands millésimes. Un bel exemple, bon et honnête, de second cru classé. Le domaine produit aussi un vin blanc sec (M de Malle), fortement marqué par le sauvignon, et un rouge agréable, mais rarement très dense, en appellation Graves.

Les vins : les 32 % de sauvignon apportent une agréable fraîcheur dans un 2011 doté d'une liqueur modérée (128 g/l), mais équilibrée et élégante. On apprécie son caractère très friand. Il se rapproche en style du désaltérant et élégant 2010. Le 2009, endommagé par la grêle, offre de l'opulence. Avec 80 % de sauvignon, M de Malle 2011 est un graves blanc variétal, fruité et citronné.

☐ Graves M. de Malle 2011	n.c.	14,5
☐ Graves M. de Malle 2010	n.c.	15
☐ Sauternes 2011	n.c.	16
☐ Sauternes 2010	n.c.	16,5
☐ Sauternes 2009	n.c.	16,5
☐ Sauternes 2008	n.c.	14

Rouge : 23 hectares.
Cabernet-sauvignon 40 %, Merlot 60 %
Blanc : 29 hectares.
Sauvignon ou Sauvignon Blanc 48,5 %,
Muscadelle 1,5 %, Sémillon 50 %
Production moyenne : 170 000 bt/an

Château de Malle, 33210 Preignac
Tél. : 05 56 62 36 86 **Fax :** 05 56 76 82 40
E-mail : chateaudemalle@wanadoo.fr
Site : www.chateau-de-malle.fr
Vente : au domaine
De 10h à 12h sur rendez-vous (groupes) et de
14h à 18h d'avril à octobre pour le château et
ses jardins. Visite des chais du lundi au
vendredi sur rendez-vous (groupes). Fermé le
week-end et les jours fériés.
Propriétaire : Comtesse de Bournazel
Directeur : Paul-Henry de Bournazel

■ Château Raymond-Lafon
SAUTERNES
★

S itué à côté d'Yquem et cerné par un aréo-
page de crus classés, Raymond-Lafon peut
rivaliser, surtout dans les grands millésimes, avec
les meilleurs crus de l'appellation. Dirigé par la
famille Meslier (Pierre a été directeur d'Yquem
durant plusieurs années), ce cru fait preuve
d'une grande régularité.

Les vins : dernier millésime en bouteille, 2009
affiche un beau niveau de liqueur tout en respectant un équilibre frais en finale par une acidité
de bon aloi. Belle longueur noble.

☐ Sauternes 2010	n.c.	16,5
☐ Sauternes 2009	n.c.	16
☐ Sauternes 2008	n.c.	14

Blanc : 18 hectares.
Sémillon 80 %, Sauvignon ou Sauvignon
Blanc 20 %
Production moyenne : 20 000 bt/an

Château Raymond-Lafon, 33210 Sauternes
Tél. : 05 56 63 21 02 **Fax :** 05 56 63 19 58
E-mail : famille.meslier@chateau-raymond-lafon.fr
Site : www.chateau-raymond-lafon.fr
Vente : au domaine
Tous les jours sur rendez-vous.
Propriétaire : Famille Meslier
Directeur : Marie-Françoise Meslier (gérant)

■ Château de Rayne Vigneau
SAUTERNES
★

B énéficiant d'un splendide terroir (souvent
comparé à celui d'Yquem), Rayne Vigneau
a eu tendance à jouer au yo-yo dans les vingt dernières années, avec toute une série de millésimes
indignes de son rang. Il faut dire que le château
est souvent tombé entre les mains de négociants
peu scrupuleux de la qualité et plus intéressés
par le profit qu'il pouvait générer. Depuis un
peu moins de dix ans, la propriété est sous le
contrôle d'une filiale du Crédit Agricole (CA
Grands Crus), et c'est le Champenois Thierry
Budin qui en est le directeur général et l'œnologue Denis Dubourdieu qui la conseille. En parallèle de l'arrivée d'une nouvelle génération (Anne
Le Naour et Vincent Labergère) à la vigne et au
chai, un vaste plan d'investissements a été lancé,
notamment la rénovation complète du chai à
barriques (1 million d'€) et la remise en culture
d'une grande partie du vignoble.

Les vins : comme d'autres crus du secteur,
Rayne Vigneau a subi, en 2011, les dégâts du
fameux orage de grêle du 25 avril. Un impact
fort sur les quantités plus que sur la qualité pré-
cisent les responsables du vignoble, Anne Le
Naour et Vincent Labergère. La liqueur est en
effet imposante dans ce sauternes opulent et de
grande longueur. Une très belle réussite pour ce
cru qui retrouve un très bon niveau.

☐ Sauternes 2011	n.c.	17
☐ Sauternes 2010	n.c.	16,5
☐ Sauternes 2009	n.c.	16
☐ Sauternes 2008	n.c.	15,5

Blanc : 80 hectares.
Sémillon 74 %, Muscadelle 2 %, Sauvignon ou
Sauvignon Blanc 24 %
Production moyenne : 110 500 bt/an

Château de Rayne Vigneau, 33210 Bommes
Tél. : 05 56 59 00 40 **Fax :** 05 56 59 36 47
E-mail : contact@cagrandscrus.com
Site : www.cagrandscrus.com

Visites réservées aux professionnels, du lundi au vendredi de 9h à 12h et de 14h à 17h. Sur rendez-vous.
Propriétaire : CA Grands Crus
Directeur : Thierry Budin

■ Château Rieussec
SAUTERNES
★

Les Domaines Barons de Rothschild (château Lafite-Rothschild), propriétaire unique du château depuis 1984, sont associées depuis 2011 à la famille Dassault. Premier cru classé situé sur la commune de Fargues, Rieussec a toujours affiché une personnalité singulière, avec des vins d'une puissance et d'une richesse en liqueur parfois très prononcées. Dans la jeunesse des vins, la pourriture noble prend des arômes légèrement moins fins qu'ailleurs, mais le vieillissement compense ce bémol par de belles saveurs liquoreuses. Paradoxalement, Rieussec peut cependant décevoir par un manque de chair en année difficile, certainement en raison de rendements très élevés. Nous sommes aussi assez surpris par le bas niveau de viticulture pratiquée par ce premier cru classé : l'ensemble du domaine est en grande partie désherbé chimiquement et aucun travail des sols n'est effectué, ce qui n'est pas le cas dans les autres propriétés Rothschild de Pauillac ou de Pomerol !

Les vins : belle sensation de liqueur en 2011 avec une richesse de 147 g/l de sucres résiduels. Sauternes puissant et riche, le 2010 s'impose par sa liqueur opulente, mais manque de raffinement en finale avec une touche sucrée qui s'impose.

☐	Sauternes 2011	n.c.	15,5
☐	Sauternes 2010	n.c.	15,5
☐	Sauternes 2009	n.c.	16
☐	Sauternes 2008	n.c.	16

Blanc : 90 hectares.
Muscadelle 1,5 %, Sémillon 92 %, Sauvignon ou Sauvignon Blanc 6,5 %
Production moyenne : 90 000 bt/an

Château Rieussec, 33210 Fargues-de-Langon
Tél. : 05 57 98 14 14 **Fax :** 05 57 98 14 10
E-mail : rieussec@lafite.com
Site : www.lafite.com
Sur rendez-vous uniquement.
Propriétaire : Domaines Barons de Rothschild
Directeur : Charles Chevallier et Frédéric Magner

■ Domaine de l'Alliance
SAUTERNES

Valérie et Daniel Alibrand se sont installés en 2005 sur la commune de Fargues, reprenant un petit vignoble de 5 ha dispersés sur différents terroirs et d'expositions variées. Depuis 2010, ils ont engagé un programme de reconversion en bio. L'encépagement est traditionnel (dominante de sémillon), tous les soins sont apportés au tri de la vendange suivi d'entonnages précoces pour des fermentations sans levurage. Un domaine à découvrir de toute urgence !

Les vins : le bordeaux sec 2011 (à parts égales de sémillon et de sauvignon) est issu d'un assemblage de vendange sur le modèle de la complantation alsacienne. Gracieux, il est élevé en fûts de 3 ans d'âge. Dans un style moelleux, le graves-supérieures 2011 associe les caractères du botrytis et du passerillage dans une expression de fruit très sincère. Le sauternes est finement muscaté et les sémillons apportent une richesse équilibrée. Savoureux en finale, il conserve une très belle fraîcheur. L'assemblage avec des sauvignons de botrytisation tardive formera un vin délicat et harmonieux.

☐	Bordeaux 2011	14 €	15
☐	Bordeaux 2010	n.c.	13,5
☐	Graves Supérieures 2011	14 €	15,5
☐	Graves Supérieures 2010	n.c.	15
☐	Sauternes 2011	n.c.	16
☐	Sauternes 2009	n.c.	16,5
☐	Sauternes 2008	n.c.	16

Blanc : 8,7 hectares.
Muscadelle 3 %, Sémillon 87 %, Sauvignon ou Sauvignon Blanc 10 %
Production moyenne : 13 000 à 18 000 bt/an

Domaine de l'Alliance, Gaillat, route d'Auros
33210 Langon
Tél. : 06 73 10 27 85 ou 06 80 22 21 34
Fax : 05 56 63 11 25
E-mail : daniel.alibrand@wanadoo.fr
Vente : au domaine
Sur rendez-vous de 9h à 19h.
Propriétaire : Valérie et Daniel Alibrand

■ Château d'Anna
BARSAC

Au début des années 2000, Sandrine et Xavier Dauba (responsable technique du Grand Enclos du Château de Cérons) reprennent 25 ares de vignes familiales à Barsac. Depuis, le domaine s'étend sur 2,15 ha. Une sélection de parcelles a été établie, permettant d'élaborer deux gammes : Château d'Anna, sur des sables blancs à sous-sols calcaires, et Château d'Ambre, sur des sables rouges à sous-sols calcaires, du même type que ceux du plateau de Coutet. L'ensemble du vignoble est planté en sémillon. Dans les deux cas, les vins sont vinifiés et élevés en barriques, de 18 à 20 mois pour Château d'Ambre contre 12 à 14 mois pour Château d'Anna.

Les vins : très belle liqueur d'équilibre frais et digeste dans le Château d'Anna cuvée Louis d'Or 2010. C'est un beau sauterne. Les notes de fruits confits, le profil très doux du Château d'Ambre 2009 séduisent immédiatement, même s'il lui manque un soupçon d'acidité en finale.

☐ Sauternes 2009   n.c. 17,5
☐ Sauternes Louis d'Or 2010   n.c. 15,5
☐ Sauternes Louis d'Or 2009   n.c.   16

Blanc : 2,15 hectares.
Production moyenne : 2 000 à 4 000 bt/an

Château d'Anna, 16, rue Barreau, 33720 Barsac
Tél. : 05 56 27 20 12 ou 06 18 96 08 58
E-mail : chateaudanna@free.fr
Vente : au domaine
Tous les jours sur rendez-vous.
Propriétaire : Sandrine et Xavier Dauba

■ Château La Bouade

BARSAC

Propriété de la famille Pauly depuis 1914, le château La Bouade et le clos Mercier ont été repris en gérance, au début de l'année 2009, par Stéphane Wagrez et Olivier Fargues, deux jeunes vignerons dynamiques. En un millésime, ils ont réussi un coup de maître. En produisant trois cuvées différentes, ils ont hiérarchisé leur terroir et vinifié trois vins au niveau de sucre croissant, des cuvées Coccinelle et Château La Bouade, en Sauternes, au fameux Clos Mercier, en Barsac. Cette propriété pourrait vite s'imposer comme une référence parmi les crus non classés du Sauternais.

Les vins : avec une année de bouteille en plus, le Coccinelle 2009 s'est enrichi et présente une bouche plus liquoreuse qu'à sa naissance. Cette cuvée conserve cependant un bel éclat de fruit (100 % sémillon) avec une grande fraîcheur en finale. Sa souplesse permet de le boire jeune. La même remarque s'impose sur la cuvée 2009 du château : le vin a gagné en richesse de saveurs, sur une expression de rôti plus aboutie. La longueur est également plus affirmée. Le Clos Mer-

cier se distingue par une acidité plus prononcée affichant une liqueur élégante. Un beau liquoreux, énergique.

☐ Barsac 2009   25 €   18
☐ Sauternes Cuvée
   Château 2009   18,50 € 16,5
☐ Sauternes Cuvée
   Coccinelle 2009   13,50 € 15,5

Blanc : 20 hectares.
Sauvignon ou Sauvignon Blanc 14 %,
Sémillon 85 %, Muscadelle 1 %
Production moyenne : 14 000 bt/an

Château La Bouade, 4, impasse La Bouade, 33720 Barsac
Tél. : 05 56 27 30 53
E-mail : chateaulabouade@orange.fr
Site : www.chateaulabouade.fr
Vente : au domaine
De 9h à 12h et de 14h à 18h. Sur rendez-vous le week-end.
Propriétaire : Héritiers Pauly
Directeur : Stéphane Wagrez et Olivier Fargues (cogérant)

■ Château La Clotte-Cazalis

SAUTERNES

Marie-Pierre Lacoste et sa mère Bernadette poursuivent l'aventure que représente la production de vin de Sauternes. Ne cherchant pas à rivaliser en puissance ni en richesse avec les grands crus classés, elles mettent en valeur leur petit vignoble de Barsac, qui bénéficie d'une forte proportion de vieilles vignes. Les vins sont fruités, dotés d'une gracieuse acidité, parfaits pour l'apéritif. La qualité se maintient dans le style choisi.

Les vins : l'assemblage de 95 % de sémillon forme un beau vin de belle liqueur très typé de ce millésime riche qu'est 2011. Il conserve cependant en finale une belle fraîcheur typique de Barsac. L'élevage entre bois et cuves conserva un équilibre très plaisant. Le 2010 (100 % sémillon) développe une liqueur grasse et onctueuse, mais manque d'un soupçon d'acidité en finale.

☐ Sauternes 2011   n.c. 16,5
☐ Sauternes 2010   n.c.   16
☐ Sauternes 2009   n.c.   17
☐ Sauternes 2008   n.c. 15,5

Rouge : 4 hectares.

Cabernet-sauvignon 50 %, Merlot 50 %
Blanc : 5 hectares.
Sauvignon ou Sauvignon Blanc 5 %,
Sémillon 95 %
Production moyenne : 16 500 bt/an

Château La Clotte-Cazalis, 10, place du
Général-de-Gaulle, 33640 Portets
Tél. : 05 56 67 54 27 **Fax :** 05 56 67 54 27
E-mail : contact@laclotte.com
Site : http ://laclotte.com
Sur rendez-vous.
Propriétaire : Bernadette et Marie-Pierre Lacoste

■ Château de Myrat
SERVICE## BARSAC

Après plusieurs décennies de sommeil, ce cru
classé de Barsac a été entièrement replanté
par la famille de Pontac en 1988 (le premier millésime produit est 1990). Le vignoble de Myrat
a désormais l'âge nécessaire pour produire des
sauternes plus intenses et profonds que dans les
premiers millésimes du renouveau de la propriété. C'est Xavier de Pontac, avec ses nièces
Elisabeth de Pontac-Chabot et Slanie de Pontac-
Ricard, qui gère ce cru familial et qui élabore des
vins s'inscrivant désormais parmi les belles réfé
rences de Barsac.
Les vins : comme la majorité des barsacs en
2011, Myrat affiche une opulence plus sauternaise avec 160 g/l de sucres résiduels. Malgré
cette richesse, on apprécie sa fraîcheur et son
équilibre fin. À hauteur de 8 % dans son assemblage, la muscadelle signe le style du 2010 en lui
apportant une expression fruitée très sincère.

☐ Barsac 2011	n.c.	16,5
☐ Barsac 2010	n.c.	16
☐ Barsac 2009	n.c.	16
☐ Barsac 2008	n.c.	15,5

Blanc : 22 hectares.
Sémillon 88 %, Muscadelle 4 %, Sauvignon ou
Sauvignon Blanc 8 %
Production moyenne : 30 000 bt/an

Château de Myrat, 33720 Barsac
Tél. : 05 56 27 09 06 **Fax :** 05 56 27 11 75
E-mail : myrat@chateaudemyrat.fr
Site : www.chateaudemyrat.fr
Vente : au domaine
Du lundi au vendredi de 10h à 18h, samedi et
dimanche sur rendez-vous.
Propriétaire : Famille de Pontac
Directeur : Xavier de Pontac

■ Château Rabaud-Promis
SAUTERNES

Philippe Déjean et son fils Thomas ne ména-
gent pas leurs efforts pour que ce premier
cru classé atteigne le niveau de ses pairs (Sigalas-
Rabaud et Lafaurie-Peyraguey). Avec un terroir
moins complexe, les vins, millésime après millésime, s'affirment avec davantage de liqueur et de
rôti, tout en préservant un naturel et un équilibre
digestes.
Les vins : Philippe Déjean considère le millésime 2011 comme un petit miracle où la magie
du botrytis a sauvé une année qui se présentait
bien mal. La liqueur est présente et le rôti d'un
beau sémillon est expressif en bouche. Un élevage sans barriques préserve cette expression.

☐ Sauternes 2011	n.c.	16,5
☐ Sauternes 2010	n.c.	17
☐ Sauternes 2009	n.c.	16,5
☐ Sauternes 2008	n.c.	16

Blanc : 30 hectares.
Sauvignon ou Sauvignon Blanc 80 %,
Sémillon 20 %
Production moyenne : 60 000 bt/an

Château Rabaud-Promis, 33210 Bommes
Tél. : 05 56 76 67 38 **Fax :** 05 56 76 63 10
Sur rendez-vous en semaine de 8h à 12h et de
14h à 18h.
Propriétaire : Mme Déjean
Directeur : Philippe et Thomas Déjean

Bourgogne

Une mosaïque de terroirs

'incroyable complexité des terroirs de la Bourgogne offre à l'amateur de grands vins une diversité inégalable. Avec seulement deux cépages, le pinot noir en rouge et le chardonnay en blanc, la Bourgogne exprime avec une force sans pareille les nuances de sa diversité géologique. Aucun autre vignoble au monde n'a été aussi méticuleusement découpé que le vignoble bourguignon. Un seul chiffre en témoigne, 562, soit le nombre de premiers crus identifiés et délimités au mètre près et reconnus comme étant uniques. Comprendre toute la subtilité de la Bourgogne est un chemin de croix aussi long que passionnant. Nous pensons qu'il n'y a pas de vins plus émouvants, envoûtants et sensuels que les très grands bourgognes. Le vignoble de la grande Bourgogne couvre quatre départements de l'Auxerrois aux abords de Lyon et présente une grande variété de vins de tous styles et de tous prix. L'histoire et la nature des sols ont ici tellement individualisé de petites productions qu'elles ont conduit le législateur à multiplier les appellations d'origine contrôlée pour préserver ces différences et les faire comprendre au public. Cette multiplication des appellations, peut être perçue comme un obstacle, car elle rend très ardue la compréhension du vignoble bourguignon et des vins qui y sont produits.

LES POINTS FORTS

La Bourgogne fourmille désormais de jeunes vignerons très talentueux. Depuis une décennie, une formidable émulation s'est créée au sein de la région. Les grandes maisons de négoce se sont elles aussi mises à la page et sont désormais dotées d'infrastructures de très haut niveau. La Bourgogne est certainement l'une des deux ou trois régions de France qui a le plus progressé ces dernières années. À noter qu'en dehors des appellations prestigieuses, dont les vins sont, hélas, devenus rares et chers, la Bourgogne est aussi une formidable terre de découverte. Maranges, Rully, Givry ou Saint-Romain proposent à des tarifs très raisonnables une multitude de vins remarquables.

LES POINTS FAIBLES

À juste titre, la Bourgogne a longtemps traîné une mauvaise réputation. Les pratiques viticoles en vigueur durant les années 70 et 80 étaient bien loin de ce que les grands terroirs de la région méritaient. Cépage capricieux et délicat, le pinot noir ne pardonne rien et les rendements élevés ou les vinifications approximatives se paient très cher. Résultat : de nombreux vins élaborés durant ces deux décennies sont aujourd'hui imbuvables. Si la région a connu elle aussi sa révolution viticole au début des années 90, sous l'impulsion d'une nouvelle génération de jeunes vignerons plus rigoureux et surtout mieux formés, de trop nombreux producteurs vivent encore sur la réputation de leur village, considérant que le nom à lui seul suffit à vendre les vins. La petite taille des parcelles, qui induit une production très limitée de certaines cuvées, rend absolument introuvables la plupart des plus grands vins de Bourgogne. En outre, le prix a explosé ces dernières années sous l'effet d'une spéculation effrénée.

LA COMMERCIALISATION

Réputée pour la chaleur de son accueil, la Bourgogne est encore une région où il est possible de rendre visite aux vignerons, de déguster les vins sur place et d'en acheter à la propriété. Hélas, la demande mondiale pour les vins issus des meilleurs domaines étant exponentielle, de nombreux producteurs se voient aujourd'hui contraints de fermer leurs portes et n'acceptent plus de nouveaux clients. Il faut alors se tourner vers les meilleurs cavistes de la région où d'ailleurs, qui possèdent des allocations auprès de ces domaines. À quelques exceptions près, les bourgognes vendus en grandes surfaces sont très décevants, car les producteurs ne peuvent pas fournir les quantités importantes exigées par la grande distribution.

LES APPELLATIONS

La Bourgogne viticole constitue un puzzle géologique et humain sans pareil, que le législateur a tenu à reconnaître et à préserver. Néanmoins, une hiérarchie claire des appellations permet de se retrouver dans le dédale des différentes communes et des usages ancestraux.

■ Les appellations régionales

Au premier niveau de la gamme, l'appellation Bourgogne définit des vins simples, produits sur tout le terroir bourguignon (Yonne, Côte d'Or, Saône-et-Loire et Rhône). On peut la préciser par un nom de cépage (bourgogne aligoté) ou par un nom de sous-région qui en limite la production (Bourgogne Côte Chalonnaise, Bourgogne Côte d'Auxerre, Bourgogne Hautes-Côtes de Nuits). Bourgogne Passetoutgrain (mélange de pinot noir et de gamay) et Bourgogne Grand Ordinaire (vin issu de terroirs en principe inférieurs) constituent deux survivances appelées à disparaître.

■ Les appellations communales

Elles représentent environ 30 % de la production bourguignonne, avec 44 appellations. On les appelle également les appellations "village", car elle portent le nom des villages dont sont issus les vins, comme par exemple Nuits-saint-Georges ou Pommard,

■ Les appellations Premier cru

Il s'agit de parcelles précisément délimitées au sein des appellations communales. Les vins y sont de qualité supérieure et le nom de du premier cru est accolé à celui du village, comme par exemple : Gevrey-Chambertin Les Cazetiers. On dénombre 562 premiers crus en bourgogne.

■ Les appellations Grand cru

C'est l'excellence de la Bourgogne, les meilleures parcelles, elles aussi cadastrées. Leur nom se suffit à lui-même, même si les grands crus dépendent aussi du village dont ils sont issus. Ils sont au nombre de 33.

- **Aloxe-Corton, Ladoix-Serrigny et Pernand-Vergelesses :** Corton, Corton-Charlemagne, Charlemagne
- **Chablis :** Blanchot, Bougros, Les Clos, Grenouilles, Preuses, Valmur, Vaudésir
- **Chambolle-Musigny :** Bonnes Mares, Musigny
- **Chassagne-Montrachet :** Montrachet, Bâtard Montrachet, Criots-Bâtard-Montrachet ,
- **Flagey-Echezeaux :** Échezeaux, Grands Échezeaux
- **Gevrey-Chambertin :** Chambertin, Mazis-

Chambertin, Griotte-Chambertin, Charmes-Chambertin, Chapelle-Chambertin, Mazoyères-Chambertin, Ruchottes-Chambertin, Latricières-Chambertin, Chambertin-Clos de Bèze
- **Morey-Saint-Denis :** Clos de Tart, Clos Saint-Denis, Clos de la Roche, Clos des Lambrays, Bonnes Mares
- **Puligny-Montrachet :** Montrachet, Bâtard Montrachet, Bienvenues-Bâtard-Montrachet, Chevalier-Montrachet
- **Vosne-Romanée :** La Tâche, Grande Rue, Richebourg, La Romanée, Romanée-Conti, Romanée-Saint-Vivant
- **Vougeot :** Clos de Vougeot

■ Les vins de l'Yonne

On est ici à la limite nord de la maturité des raisins rouges et, hormis quelques cuvées du secteur d'Irancy, les rouges manquent de robe et de corps. En revanche, les blancs sont célèbres pour leur finesse et leur nervosité et trouvent leur épanouissement dans les meilleurs terroirs de Chablis. Les aléas du vignoble faussent la hiérarchie à quatre niveaux des chablis, qui apparaît moins nette que par le passé. Des cuvées de village de vieilles vignes peuvent surclasser des grands crus délavés ou mal faits. Dans tous les cas, les meilleurs chablis ne se révèlent vraiment qu'après cinq ans de garde et peuvent éblouir pour leurs 20 ans.

■ Les vins de la Côte d'Or

On est ici au cœur historique du vignoble. De Dijon à Chagny se multiplient les villages capables d'élaborer vins rouges et vins blancs d'une noblesse aromatique sans égale en France. Et ce, même si la discipline nécessaire pour les produire n'est pas encore assez répandue. Les vins rouges de la côte de Nuits, particulièrement ceux de Gevrey-Chambertin et de Nuits-Saint-Georges, ont tendance à être plus robustes que ceux de la côte de Beaune, voire un peu violents dans leur jeunesse. Chambolle-Musigny et Vosne-Romanée, dont les vins sont plus fins, possèdent toutefois un supplément de chair et de moelleux. En côte de Beaune, le grand cru Corton et les meilleurs pommards donnent en principe les vins les plus corsés ; Savigny, Beaune et Volnay, les vins les plus tendres. Dans les deux côtes, des villages méconnus, à deux pas d'autres trop célèbres, livrent parfois des trésors à l'amateur curieux, et à des prix fort raisonnables.

O N

E

S

Dijon

○ Chenove

Grands Crus

Appellations communales 1er Crus

Appellations communales

Appellations Bourgogne Hautes-Côtes

Appellations régionale Bourgogne

LE VIGNOBLE DE BOURGOGNE

Superficie
27 676 hectares

Cépages principaux
Rouge :
Pinot noir
Gamay
Blanc :
Chardonnay
Aligoté

Volume produit
1,5 million
d'hectolitres

Nombre
d'appellations : 100

CÔTE DE NUITS

HAUTES CÔTES DE NUITS

CÔTE DE BEAUNE

HAUTES CÔTES DE BEAUNE

MARSANNAY-LA-CÔTE ○
○ Couchey
FIXIN ○
Brochon ○
GEVREY-CHAMBERTIN

MOREY-ST-DENIS
CHAMBOLLE-MUSIGNY
Reule-Vergy ○
VOUGEOT
Flagey-Échezeaux
VOSNE-ROMANÉE
Chevannes ○
Villars-Fontaines ○
NUITS-ST-GEORGES ○

Prémeaux-Prissey ○
Villers-la-Faye ○
Comblanchien ○
Meuzin

○ Corgoloin

PERNAND-VERGELESSES ○
○ **LADOIX-SERRIGNY**
SAVIGNY-LES-BEAUNE ○
ALOXE-CORTON
○ **CHOREY-LES-BEAUNE**

○ **BEAUNE**

Rhoin

POMMARD
VOLNAY
St-ROMAIN
MONTHÉLIE
AUXEY-DURESSES
MEURSAULT
Avant Dheume

Dheume

St-AUBIN
PULIGNY-MONTRACHET
CHASSAGNE-MONTRACHET

SANTENAY
DEZIZE-LES-MARANGES
○ Chagny
SAMPIGNY-LES-MARANGES
CHEILLY-LES-MARANGES
Canal du Centre

0   5km

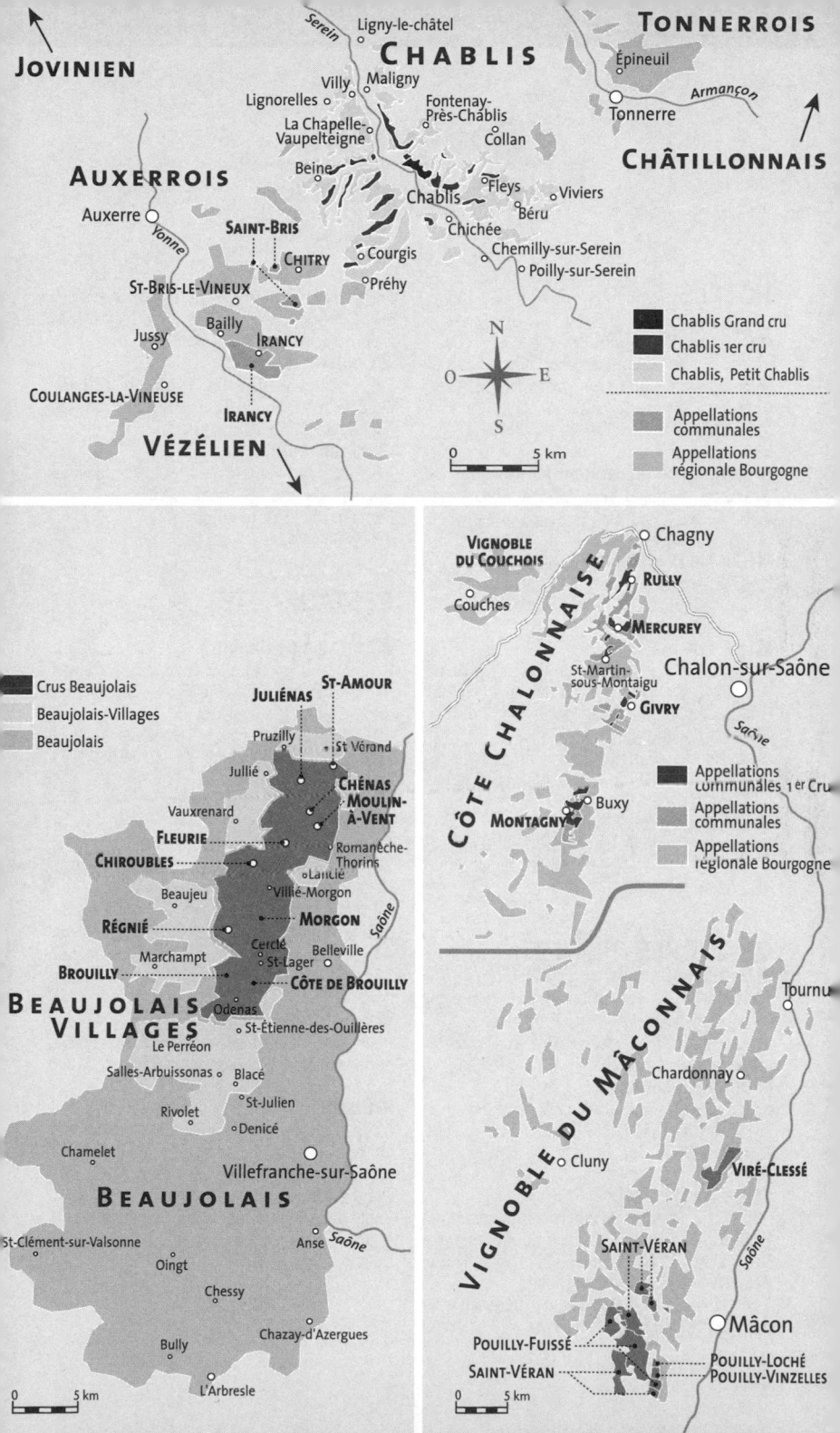

Bourgogne
Nos bonnes adresses

HÔTELS

■ Hôtel du Vieux Moulin
Propriété du domaine Laroche, l'hôtel offre une étape de charme aux amateurs de vins. Chambres et suite de 100 à 270 €. 18, rue des Moulins, 89800 Chablis. Tél. : 03 86 42 47 30. www.larochehotel.fr

■ Château de Chassagne-Montrachet
Chambres de grand luxe. 250 € la nuit. 5, rue du Château, 21190 Chassagne-montrachet. Tél. : 03 80 21 98 57

■ Hôtel le Richebourg
Hôtel de standing avec spa. À partir de 129 €. Ruelle du Pont, 21700 Vosne-Romanée. Tél. 03 80 61 59 59

■ Hôtel de la Poste
Bel établissement au cœur de Beaune. À partir de 130 €. 5, boulevard Clemenceau, 21200 Beaune. Tél. 03 80 22 08 11

■ Hôtel de Vougeot
Au milieu des vignes, chambres simples. De 58 à 108 €. 18, rue du Vieux-Château, 21640 Vougeot. Tél. 03 80 62 01 15

■ Château André Ziltener
Demeure magnifique et chambres de standing. À partir de 220 €. 21220 Chambolle-Musigny. Tél. 03 80 62 41 62

CHAMBRES D'HÔTES

■ Domaine Brocard
Maison d'hôte et excellent point de départ pour rayonner dans les villages de l'appellation. 3, route de Chablis, 89800 Préhy. Tél. : 03 86 41 49 00. www.brocard.fr

■ Domaine Laroche
5 chambres, 2 suites, caveau de dégustation et restaurant. De 150 à 250 € la nuit. 18, rue des Moulins, 89800 Chablis. Tél. 03 86 42 47 30

■ Les Jardins de Loïs
Très jolies chambres d'hôte près du centre de Beaune. Superbe décor. 8, boulevard Bretonnière, 21 200 Beaune. Tel 03 80 22 41 97.

■ Domaine Guillemard-Clerc
Jolies chambres typiques. À partir de 60 € la nuit. 21190 Puligny-Montrachet.

■ Clos du Colombier
Jolies chambres décorées avec goût. Piscine en été. De 90 à 110 €. 1, route d'Ivry, 21630 Pommard. Tél. 03 80 22 00 27

■ Château de Melin
Belles chambres dans un château du XVIe siècle. 85 à 100 € la nuit. 211190 Auxey- Duresses. Tél. 03 80 21 21 19

■ Domaine Duband
Jolies chambres dans les Hautes Côtes de Nuits. Accueil de grande qualité. 36, rue de la Fontaine, 21220 Chevannes. Tel 03 80 61 41 1 6

RESTAURANTS

■ La Table de Chaintré
Rendez-vous gourmet au cœur du Mâconnais. Menu unique à 52 € (38 € au déjeuner), qui change toutes les semaines. Et dans la carte de 450 références, il n'y a que l'embarras du choix. Le Bourg, 71570 Chaintré. Tél. : 03 85 32 90 95. www.latabledechaintre.com

■ Auberge du Pot d'Étain
Une des plus belles cartes de vins de France. Sélection incroyable à prix tout aussi incroyables. 89440 l'Isle-sur-Serein. Tél. : 03 86 33 88 10

■ Le comptoir des Tontons
Ce "comptoir" nourrit ses ouailles d'une remarquable cuisine "bio-nature" et d'une excellente sélection de vins . Formules et menus de 22 à 34 €. 22, rue du Faubourg Madeleine, 21200 Beaune. Tél. : 03 80 24 19 64

■ Ma Cuisine
Plats canailles et sélection de vins impeccable. À partir de 35 €. Passage Sainte-Hélène, 21200 Beaune. Tél. 03 80 22 30 22

■ Bissoh
Magnifique cuisine japonaise et carte des vins impressionnante. 1A, rue du Faubourg-Saint-Jacques, 21200 Beaune. Tél. 03 80 24 99 50.

■ La Table d'Olivier Leflaive
Table d'hôtes et sélection des vins du domaine. 50 € vin compris. Place du Monument, 21190 Puligny-Montrachet. Tél. 03 80 21 37 65

■ Domaine Vincent Dauvissat

CHABLIS

★★★

Le rigoureux et passionné Vincent Dauvissat gère cette propriété mythique depuis 1989, succédant à son grand-père Robert, qui mettait déjà en bouteilles en 1931, et à son père René, dont les vins étaient renommés. Le vignoble a toujours été entretenu comme un jardin et les sages rendements méritent tous les honneurs. Depuis 2002, le domaine reçoit des préparations biodynamiques, sans revendiquer de certification. La vinification en fûts – qui ne prend jamais le pas sur la matière – est peu interventionniste, permettant de laisser s'exprimer les divers climats, surtout au vieillissement. Des chablis d'une rare sincérité, d'un style pur, compact, vibrant. La gamme se découvre chez les cavistes car il n'y a malheureusement plus de vin à vendre au domaine.

Les vins : nous avons été stupéfaits par la dimension du petit-chablis. Sa précocité et son ouverture permettront d'attendre les autres vins du domaine, pour ceux qui ont la chance de s'en procurer ! En effet, la parcelle dont il est issu couvre seulement 40 ares, sur le plateau, au-dessus du grand cru Les Clos. Le chablis apparaît frais et digeste, sur une belle finesse. Le premier cru Séchet apparaît un peu plus fermé, le vin doit s'affirmer davantage avec le temps. Plus lacté et rond, le Vaillons ne tombe pour autant pas dans la mollesse. Des premiers crus, le terroir de La Forest est celui qui possède la plus grande envergure ; sa belle énergie et son joli toucher de bouche en font un vin distingué. Le grand cru Les Preuses se situe fort logiquement sur la retenue au niveau des arômes, mais la bouche est ciselée et le vin possède un grand potentiel. Les Clos, ample et finement beurré, révèle un superbe jus : toute l'épaisseur de ce vin dévoile la puissance de ce terroir, et la dimension minérale assure la persistance.

☐ Chablis 2010	n.c.	15,5
☐ Chablis Grand Cru Les Clos 2010	n.c.	18
☐ Chablis Grand Cru Les Preuses 2010	n.c.	17,5
☐ Chablis Premier Cru La Forest 2010	n.c.	16,5
☐ Chablis Premier Cru Séchet 2010	n.c.	15,5
☐ Chablis Premier Cru Vaillons 2010	n.c.	16
☐ Petit Chablis 2010	n.c.	15

Rouge : 0,6 hectare.
Pinot noir 100 %
Blanc : 11,7 hectares.
Chardonnay 100 %
Production moyenne : 70 000 bt/an

Domaine Vincent Dauvissat, 8, rue Emile-Zola, 89800 Chablis
Tél. : 03 86 42 11 58 **Fax :** 03 86 42 85 32
Pas de visites.
Propriétaire : Vincent Dauvissat

■ Domaine Raveneau

CHABLIS

★★★

Alors que la technologie submergeait le vignoble chablisien, les frères Raveneau étaient les seuls, avec les Dauvissat, à rester fidèles aux vendanges manuelles, à l'élevage en fûts, aux rendements contrôlés et à une maturité réelle des raisins. Désormais à leur apogée, les vins élaborés dans les années 1980 et 1990 dominent largement le reste de la production. De manière constante, ils associent la minéralité du terroir aux notes de miel de la grande maturité, le tout enrobé par l'élevage e fûts, d'où un style unique qui leur assure un large succès international. Même si la concurrence dans la perfection s'avive, et que les Raveneau n'ont plus le privilège de l'excellence à Chablis, leurs vins conservent un caractère incomparable. Inutile de s'adresser au domaine, toute la production est vendue. On dégustera donc les vieux Raveneau au restaurant (les plus grandes tables en proposent toujours) pour savoir ce qu'est la quintessence d'un grand chablis à son apogée.

Les vins : les 2010 se révèlent parfaitement gérés. Le simple chablis, que l'on voit très peu en France sur les cartes des restaurants, donne le ton et le niveau : doté d'une jolie patine, il possède le style et la texture caractéristiques du domaine. Le premier cru Forêt joue dans un style épuré et fin, alors que le Vaillons apparaît plus expressif, avec un joli gras et du volume. Le terroir des Butteaux dévoile un nez légèrement réduit, mais séduit par sa bouche tendue et sa longueur. Le Montée de Tonnerre, issu d'un assemblage des Chapelots et de Pied d'Aloup, montre la dimension et la matière d'un grand cru : un chablis divin, qui possède la race et le scintillant des grands vins. Si le grand cru Blanchot joue des épaules avec son gras légendaire, il garde une minéralité finale qui recentre le vin. Nous avons du mal a départager le Valmur des Clos : chacun joue avec ses armes, le Valmur avec sa rectitude et ses beaux amers minéraux, Les Clos, avec plus de volume et de puissance, ressemble à un corton-charlemagne. Les deux possèdent un grand potentiel de vieillissement.

☐ Chablis 2010	n.c.	15
☐ Chablis Grand Cru Blanchot 2010	n.c.	17
☐ Chablis Grand Cru Les Clos 2010	n.c.	18
☐ Chablis Grand Cru Vaillons 2010	n.c.	16
☐ Chablis Grand Cru Valmur 2010	n.c.	18
☐ Chablis Premier Cru Butteaux 2010	n.c.	16,5
☐ Chablis Premier Cru Forêt 2010	n.c.	15,5
☐ Chablis Premier Cru Montée de Tonnerre 2010	n.c.	17

Blanc : 8 hectares.
Chardonnay 100 %
Production moyenne : 50 000 bt/an

Domaine Raveneau, 9, rue de Chichée, 89800 Chablis
Tél. : 03 86 42 17 46 **Fax :** 03 86 42 45 55
Pas de visites.
Propriétaire : Jean-Marie et Bernard Raveneau

■ Domaine Billaud-Simon

CHABLIS

★★

C'est un très beau domaine richement doté. Le jeune vinificateur Samuel Billaud est sorti du domaine pour cause d'incompatibilité d'humeur et de visions sur l'avenir de ce grand vignoble avec son oncle Bernard Simon, désormais seul maître à bord. Rappelons qu'ici la gamme des premiers et grands crus est remarquablement diversifiée et que la précision des vinifications n'avait jamais été aussi élevée. Nous sommes ici en présence de quelques-uns des chablis les plus purs et les plus expressifs de l'appellation, avec une signature de haute maturité.

Les vins : le Vaillons 2010 est le plus facile aujourd'hui, plus enrobé et plus rond (acacia). Le Montée de Tonnerre apparaît plus strict et épuré. La palme de l'équilibre et de la finesse revient au Mont de Milieu 2010. Le 2009 issu de vieilles vignes dévoile une bouche plus enrobée mais sans mollesse, une belle prouesse dans cette année solaire. En 2010, Montée de Ton-

nerre a profité de l'énergie du millésime pour prendre cet éclat et ce côté plus salin, ce qui suffit pour faire la différence. Les grands crus impressionnent par leur fraîcheur et leur équilibre : malgré le caractère du millésime 2009, aucun vin ne présente un soupçon de mollesse. Si le Vaudésir se resserre à la limite de l'austérité, il possède une énergie incroyable. Les Preuses est superbe avec cette patine sur l'acacia et l'amande, et une belle tension en finale. Que dire des Clos, proche d'un corton-charlemagne, où le volume et la richesse n'empêchent pas la fermeté minérale de s'exprimer. Les Blanchots constitue une très belle bouteille : la patine du bois lui procure un caractère plus immédiat, mais la bouche se montre ample et racée, d'une grande longueur.

☐ Chablis Grand Cru Les Blanchots 2009	51 €	18
☐ Chablis Grand Cru Les Clos 2009	45,90 €	17,5
☐ Chablis Grand Cru Les Preuses 2009	42,60 €	17
☐ Chablis Grand Cru Vaudésir 2009	38,80 €	16,5
☐ Chablis Premier Cru Fourchaume Vieilles Vignes 2010	19,50 €	16
☐ Chablis Premier Cru Les Vaillons 2010	16,50 €	14,5
☐ Chablis Premier Cru Mont de Milieu 2010	17,50 €	15,5
☐ Chablis Premier Cru Mont de Milieu Vieilles Vignes 2009	19,50 €	15,5
☐ Chablis Premier Cru Montée de Tonnerre 2010	19,50 €	15

Blanc : 20 hectares.
Chardonnay 100 %
Production moyenne : 148 000 bt/an

Domaine Billaud-Simon, 1, quai de Reugny, BP 46, 89800 Chablis
Tél. : 03 86 42 10 33 **Fax :** 03 86 42 48 77
E-mail : bernard.billaud@online.fr
Site : www.billaud-simon.com
Vente : au domaine
Du lundi au vendredi de 10h à 12h et de 15h à 17h, samedi sur rendez-vous.
Propriétaire : Famille Billaud-Simon
Directeur : Bernard Billaud

■ Domaine Jean-Paul et Benoît Droin

CHABLIS

★★

Cette belle maison propose une palette complète de premiers et grands crus, qu'elle vinifie désormais avec grand soin. La puissance de goût du raisin bien mûr au service de l'expression sincère des terroirs : voilà qui définit bien, aujourd'hui, le travail appliqué et impliqué de Benoît Droin, arrivé en 1999 sur le domaine familial. La signature aromatique du boisé dans les vins jeunes est plus fine que par le passé, et surtout, ce n'est qu'un cap que les vins digèrent remarquablement après cinq à six ans de cave. La persistance minérale des fins de bouche est également flagrante. Nous sommes dans ce qui se fait de plus généreux et de précis à Chablis, à des prix encore sages, y compris en grand cru, en comparaison avec certains délires inflationnistes des blancs de la côte de Beaune.

Les vins : nous sommes séduits par la définition du chablis, qui affiche un niveau d'équilibre et de complexité tel qu'il pourrait servir d'exemple pour toute la région. Le Vaillons associe une bonne envergure et une trame vive et minérale rare sur ce terroir. Plus gras, le Mont de Milieu n'atteint pas la tension de certains premiers crus. Le Côte de Léchet se révèle fidèle à son terroir, large en attaque, sans tomber dans la mollesse. Le Montée de Tonnerre est racé avec cette allonge saline ; joli potentiel. Le Montmains apparaît plus enveloppé, mais dévoile en milieu de bouche une belle rectitude qui resserre le vin sans ternir l'harmonie générale. Si le Fourchaume se situe sur la réserve, il renferme une belle énergie. Dans la série des grands crus, le Valmur apparaît fin et ciselé. Légèrement réduit, le Blanchot possède volume et fermeté. Le Grenouilles présente un profil pur et cristallin. Le Vaudésir se montre le plus ferme, mais quelle finesse de bouche ! Les Clos, enfin, conjugue puissance et minéralité dans une belle tension.

☐ Chablis 2010   8,95 €   14,5
☐ Chablis Grand Cru Blanchot 2010   23 €   16,5
☐ Chablis Grand Cru
Grenouilles 2010   27 €   17
☐ Chablis Grand Cru Les Clos 2010   27 €   17,5
☐ Chablis Grand Cru Valmur 2010   23 €   16
☐ Chablis Grand Cru Vaudésir 2010   23 €   17
☐ Chablis Premier Cru Côte de
Léchet 2010   14 €   15

☐ Chablis Premier Cru
Fourchaume 2010   16 €   15,5
☐ Chablis Premier Cru Mont de
Milieu 2010   16 €   14,5
☐ Chablis Premier Cru Montée de
Tonnerre 2010   16 €   15,5
☐ Chablis Premier Cru
Montmains 2010   14 €   15,5
☐ Chablis Premier Cru
Vaillons 2010   13,50 €   15

Blanc : 25 hectares.
Chardonnay 100 %
Production moyenne : 180 000 bt/an

Domaine Jean-Paul et Benoît Droin, 14 bis, rue Jean-Jaurès, 89800 Chablis
Tél. : 03 86 42 16 78 **Fax :** 03 86 42 42 09
E-mail : benoit@jeanpaulbenoit-droin.fr
Sito : www.jeanpaulbenoit-droin.fr
Vente : au domaine
Pas de visites.
Propriétaire : Jean-Paul et Benoît Droin

■ Domaine William Fèvre

CHABLIS

★★

Acquis par la maison beaunoise Bouchard Père et Fils, propriété de Joseph Henriot depuis 1998, ce domaine possède un vaste vignoble doté d'une palette unique de grands terroirs chablisiens, valorisés grâce à une organisation méticuleuse : travail des sols, vendanges manuelles à date optimale, régulation des rendements. Le vinificateur, Didier Seguier, produit ainsi des chablis purs, très bien définis et nets. Avec, sur les grands millésimes tel 2005, un sérieux respect du terroir dans l'expression de la minéralité.

Les vins : si le chablis d'entrée de gamme nous semble un peu simple, les premiers crus connaissent des réussites diverses. Le Beauroy apparaît un peu mince pour un premier cru. Les Vaillons joue sur le côté opulent et gras, assez fidèle à ce terroir, tout en conservant une belle énergie. Le Montmains est racé, sur une trame longue et tonique. Vaulorent possède la plus belle matière, avec cette tension sur le fil du rasoir. Un vrai régal. En grand cru, Bougros passe en force : la bouche puissante exprime une pointe de chaleur qui lui enlève un point. Valmur est distingué, une énergie supplémentaire lui donne de la finesse. Les Preuses et Vaudésir montrent tous deux de la maturité et de l'énergie, avec un léger avantage pour le Vaudésir, plus éclatant. Quant au Clos, il affiche une puissance digne de ce terroir, mais nous nous attendions à une plus belle allonge.

- ☐ Chablis 2010   11,90 €   12,5
- ☐ Chablis Grand Cru Bougros Côte de Bouguerots 2010   46 €   16
- ☐ Chablis Grand Cru Les Clos 2010   52 €   17
- ☐ Chablis Grand Cru Les Preuses 2010   46 €   17
- ☐ Chablis Grand Cru Valmur 2010   46 €   16,5
- ☐ Chablis Grand Cru Vaudésir 2010   46 €   17,5
- ☐ Chablis Premier Cru Beauroy 2010   23,50 €   13,5
- ☐ Chablis Premier Cru Les Lys 2010   23,50 €   14
- ☐ Chablis Premier Cru Montmains 2010   23,50 €   15,5
- ☐ Chablis Premier Cru Vaillons 2010   23,50 €   15
- ☐ Chablis Premier Cru Vaulorent 2010   32,50 €   16

Blanc : 47 hectares.
Chardonnay 100 %
Production moyenne : 312 500 bt/an

Domaine William Fèvre, Caveau : 10, rue Jules-Rathier, Chablis
Tél. : 03 86 98 98 98   **Fax :** 03 86 98 98 99
E-mail : caveau@williamfevre.com
Site : www.williamfevre.com
Vente : au domaine
Lundi au samedi de 9h30 à 12h30 et de 13h30 à 18h. Le dimanche de 10h30 à 12h30 et de 14h30 à 16h. Fermeture annuelle du 1er décembre au 1er mars.
Propriétaire : Joseph Henriot

■ Domaine Jean-Hugues et Guilhem Goisot

SAINT-BRIS

★★

Depuis de nombreuses années, Ghislaine et Jean-Hugues Goisot, et désormais leur fils Guilhem, nous impressionnent par la qualité de leur production d'une régularité sans faille. Certes, ils ne vinifient que des vins d'appellation régionale Bourgogne, mais avec une telle exigence et un tel talent que ces cuvées modestes atteignent une qualité invraisemblable. Pour y parvenir, il ne faut pas faire aveuglément

confiance à la nature mais lui apprendre, par un long et fastidieux travail, comment donner de grands raisins (certifiés en biodynamie) ; vendange qu'il faut ensuite savoir vinifier. Les beaux terroirs crayeux des Côtes d'Auxerre conviennent aussi bien au sauvignon (Saint-Bris) qu'au chardonnay ; ils donnent généralement des vins noblement minéraux, mais trop souvent maigres en raison de rendements excessifs. Chez Goisot, c'est le contraire : on est stupéfait par l'intensité et le gras des vins simples comme des meilleures cuvées Corps de Garde, et désormais les super-sélections parcellaire Biaumont, Gondonne et Gueules de Loup, à réserver absolument car les volumes sont limités.

Les vins : nous sommes toujours aussi émerveillés par le travail effectué sur le cépage sauvignon. Loin de toute expression variétale, sans aucune trace de technicité fermentaire, ce cépage aromatique s'efface dans la dimension minérale. La cuvée Exogyra Virgula se caractérise par cette austérité minérale, le nez discret est sous tension, des notes d'aneth, d'aubépine, voire d'anis vert se fondent dans une définition très pointue et minérale. Ce vin demande de l'aération. Le Moury apparaît plus sur le fruit au premier abord : pomelos, touche de citron amer soulignée par une pointe de cumin. La bouche se montre tout aussi fraîche et accessible. La cuvée Corps de Garde, issue de sauvignon gris, s'exprime sur des fruits à chair jaune avec cette pointe muscatée et de cumin qui donne de la persistance. La bouche se montre plus ample et sphérique, plus minérale en finale. L'aligoté s'impose tout simplement comme l'une des plus belles expressions de ce cépage dans toute la Bourgogne. Toujours en blanc, le côtes-d'auxerre Corps de Garde s'exprime sans retenue, avec un boisé bien intégré, sans perdre sa tension finale. Entre les trois autres côtes-d'auxerre blancs, le match est remporté en 2010 par Gueules de Loup : l'association entre puissance et fermeté en fait un vin long et ciselé, avec une touche de gingembre, à faire pâlir quelques grands crus de Chablis. La Gondonne affiche un style plus fédérateur, avec un jus tonique, sans présenter une influence minérale aussi exacerbée. Enfin, le Biaumont est un peu moribond dans les arômes, le boisé l'écrase un peu, mais le vin est rond avec une énergie qui tend la finale. Sur les rouges, le simple côtes-d'auxerre est sur le fruit avec la fraîcheur et la vivacité qui caractérisent la Bourgogne septentrionale. Légèrement réduit, le Corps de grade livre néanmoins une belle définition et un bon volume. L'irancy est vraiment la grande cuvée de rouge : il possède une trame sérieuse avec une sève et une race de qualité.

- ☐ Bourgogne Aligoté 2010   6,110 €   15
- ☐ Bourgogne Côtes
  d'Auxerre 2010   6,80 €   14,5
- ☐ Bourgogne Côtes d'Auxerre
  Biaumont 2010   11,40 €   16
- ☐ Bourgogne Côtes d'Auxerre Corps
  de Garde 2010   9 €   15,5
- ☐ Bourgogne Côtes d'Auxerre
  Gondonne 2010   11,40 €   16,5
- ☐ Bourgogne Côtes d'Auxerre Gueules
  de Loup 2010   11,40 €   17
- ☐ Saint-Bris Corps de Garde 2010   9 €   15,5
- ☐ Saint-Bris Exogyra Virgula 2010   7 €   14,5
- ☐ Saint-Bris Moury 2010   7 €   14
- ■ Bourgogne Côtes
  d'Auxerre 2010   6,80 €   15
- ■ Bourgogne Côtes d'Auxerre Corps
  de Garde 2010   9 €   15,5
- ■ Irancy Les Mazelots 2010   12,20 €   16,5

Rouge : 7,5 hectares.
Pinot noir 100 %
Blanc : 21,5 hectares.
Chardonnay 33 %, Sauvignon ou Sauvignon
Blanc 37 %, Aligoté 30 %
Production moyenne : 150 000 bt/an
❀ Certifié en agriculture bio ou biodynamique

Domaine Jean-Hugues et Guilhem Goisot, 30,
rue Bienvenu-Martin, 89530 Saint-Bris-le-Vineux
Tél. : 03 86 53 35 15   **Fax :** 03 86 53 62 03
E-mail : domaine.jhg@goisot.com
Site : www.goisot.com
Vente : au domaine
Sur rendez-vous. Fermé dimanche et jours
fériés.
Propriétaire : Ghislaine, Jean-Hugues, Guilhem et Marie Goisot

■ Domaine Jean-Claude Bessin

CHABLIS

★

L e premier millésime en bouteilles de Jean-Claude Bessin date de 1992, et le vin a beaucoup progressé depuis. Le vignoble a été restructuré, la production s'est affinée. Les vins ont perdu leur caractère austère et ont pris de la densité et de la chair, tout en restant d'une minéralité remarquable. La gamme est courte mais

sans faille dès la cuvée de chablis de vieilles vignes - un rendez-vous annuel à ne pas manquer. En premier cru, le parcellaire Fourchaume La Pièce au Comte est l'une des meilleures sélections de ce terroir, se bonifiant avec finesse sur dix ans.

Les vins : le vieilles vignes reste une valeur sûre du domaine en 2010, avec un volume digne d'un premier cru. Le jus est étoffé et l'année 2010 lui a donné tous les atouts pour évoluer positivement. La Forêt affiche un profil plus rigoureux, sur une pointe de fenouil et d'anis, et dévoile une bouche sapide, à la finale précise. Le Fourchaume brille par sa limpidité aromatique, et recèle en bouche une énergie folle. La Pièce au Comte livre un vin intense plus mature, plus dans le profil fruit jaune dans le niveau de maturité, avec une touche d'ananas ; la bouche garde de la puissance et cette fermeté qui donne la persistance. Le Valmur se révèle en toute logique plus éteint dans les arômes, le jus est bon, pur, l'équilibre sur le fil du rasoir : la bouche est superbe, avec une minéralité et une salinité de premier ordre.

- ☐ Chablis Grand Cru Valmur 2010   24 €   17
- ☐ Chablis Premier Cru
  Fourchaume 2010   13,50 €   15,5
- ☐ Chablis Premier Cru Fourchaume
  La Pièce au Comte 2010   17 €   16,5
- ☐ Chablis Premier Cru La
  Forêt 2010   14,50 €   15,5
- ☐ Chablis Premier Cru
  Montmains 2010   13 €   14
- ☐ Chablis Vieilles Vignes 2010   11 €   15,5

Blanc : 12 hectares.
Chardonnay 100 %
Production moyenne : 60 000 bt/an

Domaine Jean-Claude Bessin, 18, rue de
Chitry, 89800 Chablis
Tél. : 03 86 42 46 77   **Fax :** 03 86 42 85 30
E-mail : dnejcbessin@wanadoo.fr
Vente : au domaine
Sur rendez-vous.
Propriétaire : Jean-Claude Bessin

■ Domaine Pascal Bouchard

CHABLIS

★

P ascal Bouchard, propriétaire puis négociant-propriétaire, a largement développé son affaire depuis sa création voici trente ans. La partie négoce (avec la simple mention « Pascal Bouchard » sur les étiquettes, et non « domaine Pascal Bouchard ») offre une gamme de vins mûrs, fruités et précoces. Parmi les vins du domaine, premiers et grands crus tiennent un discours plus minéral, avec des boisés affinés. Dans leur ensemble, ce sont des chablis assez précoces, accessibles jeunes.

Les vins : en raison de leur niveau de qualité insatisfaisant, les cuvées du négoce (étiquetées Pascal Bouchard) ne sont pas présentées ici. Nous ne jugeons que les vins du domaine Pascal Bouchard. Le chablis vieilles vignes se livre avec fraîcheur et vivacité, sur un volume plus digeste que concentré. Le Montmains possède plus de classe et de volume, dans un profil élégant et frais. Le Mont de Milieu apparaît plus solaire et plus sur l'évolution (touche de miel et d'acacia), dans une bouche plus sphérique et généreuse. Dans un style classique, le Fourchaume impose une matière et une persistance bien supérieures a tous les autres premiers crus. Le Vaudésir est doté d'une belle harmonie. D'un bon volume, Les Clos se montre logiquement plus solaire et plus enrobé. Cependant, même s'il est plus généreux, le Vaudésir possède un meilleur équilibre. Le Blanchot s'avère tout aussi mûr et reste droit avec une tension supplémentaire.

☐ Chablis Grand Cru Blanchot 2010	n.c.	16,5	
☐ Chablis Grand Cru Les Clos 2010	n.c.	15,5	
☐ Chablis Grand Cru Vaudésir 2010	n.c.	16,5	
☐ Chablis Les Vieilles Vignes 2010	11 €	13,5	
☐ Chablis Premier Cru Fourchaume Les Vieilles Vignes 2010	18 €	15	
☐ Chablis Premier Cru Mont de Milieu 2010	15 €	14	
☐ Chablis Premier Cru Montmains Les Vieilles Vignes 2010	16 €	14,5	

Blanc : 40 hectares.
Chardonnay 100 %
Production moyenne : 240 000 bt/an
❀ Certifié en agriculture bio ou biodynamique

Domaine Pascal Bouchard, Parc des Lys, 89800 Chablis
Tél. : 03 86 42 18 64 **Fax :** 03 86 42 48 11
E-mail : info@pascalbouchard.com
Site : www.pascalbouchard.com
Vente : au domaine
Tous les jours de 10h à 12h30 et de 14h à 18h.
Propriétaire : Pascal Bouchard

■ Domaine Jean-Marc Brocard
CHABLIS
★

A force de persévérance et de travail, Jean-Marc Brocard et désormais son fils Julien prouvent à ceux qui en douteraient que quantité et qualité sont parfaitement compatibles, à condition de s'en donner les moyens. Sur un très vaste domaine viticole, l'équipe réussit à produire régulièrement des blancs génériques très purs, intelligemment étiquetés selon la nature géologique des sols de l'Yonne (Portlandien, Jurassique, Kimméridgien). Ainsi que des chablis nerveux, frais, réguliers, dont les meilleurs vieillissent remarquablement bien.

Les vins : dans une gamme de bourgognes assez hétérogène, le Kimméridgien se montre un peu plus enlevé et plus frais. Le domaine Saint-Claire apparaît classique, avec une bouche légère et iodée, alors que le vieilles vignes se révèle plus ample et plus abouti. Sur les premiers crus, le Montmains s'avère tendu et vif, avec une belle allonge ; à un niveau de maturité supérieur, le Fourchaume possède plus de persistance. Butteaux est plus immédiat, plus riche, avec un support acide qui ressort en finale. Le Côte de Léchet est plus solaire. Les Preuses se dévoile avec une belle puissance et fermeté, il est digne d'un grand cru.

☐ Bourgogne Jurassique 2010	n.c.	12	
☐ Bourgogne Kimméridgien 2010	n.c.	13,5	
☐ Chablis Domaine de la Boissonneuse 2010	n.c.	12	
☐ Chablis Domaine Sainte-Claire 2010	9,20 €	13,5	
☐ Chablis Domaine Sainte-Claire Vieilles Vignes 2010	n.c.	14	
☐ Chablis Grand Cru Les Preuses 2010	n.c.	16	
☐ Chablis Premier Cru Butteaux 2010	n.c.	14	
☐ Chablis Premier Cru Côte de Léchet 2010	n.c.	14	
☐ Chablis Premier Cru Fourchaume 2010	n.c.	15	
☐ Chablis Premier Cru Montée de Tonnerre 2010	n.c.	15	
☐ Chablis Premier Cru Montmains 2010	n.c.	14,5	
☐ Chablis Premier Cru Vaulorent 2010	n.c.	13,5	

Rouge : 5 hectares.
Pinot noir 100 %
Blanc : 195 hectares.
Aligoté 3 %, Chardonnay 92 %, Sauvignon ou
Sauvignon Blanc 5 %
Production moyenne : 1 200 000 bt/an
❀ Certifié en agriculture bio ou biodynamique

Domaine Jean-Marc Brocard, 3, route de
Chablis, 89800 Prehy
Tél. : 03 86 41 49 00 **Fax :** 03 86 41 49 09
E-mail : info@brocard.fr
Site : www.brocard.fr
Vente : au domaine
Du lundi au samedi de 9h à 13h et de 14h à
18h30.
Propriétaire : Jean-Marc Brocard
Directeur : Julien Brocard

■ La Chablisienne
CHABLIS
★

L e plus important producteur de Chablis, La
Chablisienne, fait partie des meilleures coopératives de France, aussi adroite au niveau
commercial qu'en terme d'œnologie. Parmi les
innombrables cuvées produites - 23 présentées
cette année -, il faut savoir faire le tri, mais tous
les vins profitent aujourd'hui d'une parfaite maîtrise technique dans les pressurages et les élevages sur lies. Les grandes spécialités sont ici le
chablis vieilles vignes, d'une très grande régularité, et les premiers crus en bouteilles lourdes,
qui rivalisent avec les meilleures productions de
caves particulières. Et enfin le célèbre grand cru
Château Grenouilles, que l'on boit toujours trop
jeune.
Les vins : dans un style limpide et épuré, le
chablis La Sereine se montre élégant et harmonieux. La cuvée Les Vénérables apparaît plus
ferme, plus puissante, tout en conservant cette
pointe saline. Parmi les premiers crus, le Montée
de Tonnerre possède le plus joli potentiel, et s'il
reste sur la réserve, sa mâche et sa tenue de
bouche sont bonnes. Plus délicat, le Mont de
Milieu séduit par son profil cristallin. Le Vaulorent, vif et épuré, manque légèrement d'étoffe
pour un premier cru. Le Côte de Léchet se
montre plus immédiat, déjà porté sur des notes
d'amande et d'acacia. En grand cru, si Les Preuses est encore marqué par le boisé, la chair est
au niveau, mais nous lui préférons le Grenouilles, dont l'allonge et la finesse font la différence.

Quant aux Blanchots, il nous régale par son
volume, son gras et sa densité, dignes d'un
corton-charlemagne.

☐	Chablis Grand Cru Blanchot 2010	35,80 €	17
☐	Chablis Grand Cru Château Grenouilles 2010	50,30 €	16,5
☐	Chablis Grand Cru Les Preuses 2010	35,80 €	16
☐	Chablis La Sereine 2010	12,70 €	14
☐	Chablis Les Vénérables 2010	14,60 €	14,5
☐	Chablis Premier Cru Côte de Léchet 2010	16,40 €	14,5
☐	Chablis Premier Cru Fourchaume 2010	18,20 €	15
☐	Chablis Premier Cru Mont de Milieu 2010	19,20 €	15,5
☐	Chablis Premier Cru Montée de Tonnerre 2010	19,80 €	15,5
☐	Chablis Premier Cru Montmains 2010	16,40 €	14
☐	Chablis Premier Cru Vaulorent 2010	19,20 €	15
☐	Petit Chablis Pas si Petit 2010	10,20 €	12,5

Blanc : 1125 hectares.
Chardonnay 100 %
Production moyenne : n.c.

La Chablisienne, 8, boulevard Pasteur, BP 14,
89800 Chablis
Tél. : 03 86 42 89 89 **Fax :** 03 86 42 89 90
E-mail : chab@chablisienne.fr
Site : www.chablisienne.com
Vente : au domaine
Pas de visites.
Directeur : Damien Leclerc

■ Domaine Colinot
IRANCY
★

S ur les traces de son noble père, la brillante
et dynamique Stéphanie Colinot vinifie le
pinot noir comme personne dans l'Yonne ; elle
est capable de lui donner une couleur et une
intensité de fruit inimitables, ainsi qu'une grande
aptitude au vieillissement. Le climat Mazelots –
l'assemblage pinot noir et césar, notamment –
donne un vin plus corsé. Le Côte du Moutier est
le plus aromatique, tandis que le Palotte se
montre le plus souple et fruité. Le rapport
qualité/prix de l'ensemble tout comme l'accueil
au domaine doivent être soulignés.

Les vins : si le bourgogne rosé présente une belle trame de bouche, le fruit apparaît par contre totalement éteint. L'irancy Les Cailles symbolise à lui seul le plaisir immédiat, sur une pointe de griotte et de rose, de pivoine ; le raisin entier est la marque de cette élégance. Le Très Vieilles Vignes développe une parfaite expression fruitée, moins animale que le Vieilles Vignes. La bouche est plus intense et charnue avec des tanins bien enrobés. Le climat Palotte est subtil et offre un fruit juteux, avec une pointe de rose fanée. Si le Côte du Moutier se révèle concentré, les tanins apparaissent un peu durs en finale. Les Mazelots est tout aussi dense avec une matière plus civilisée, dans un ensemble plein et juteux. Le même climat élevé en fût renferme un fruit tout aussi plaisant, avec en plus une qualité de tanins savoureuse, une trame plus fine, dans un ensemble encore plus abouti. Superbe.

▨ Bourgogne 2010	9 €	13,5
■ Irancy Côte du Moutier 2010	14 €	15
■ Irancy Les Cailles 2010	13 €	15
■ Irancy Les Mazelots 2010	14 €	16
■ Irancy Les Mazelots élevé en fût 2010	15 €	16,5
■ Irancy Palotte 2010	15 €	15,5
■ Irancy Très Vieilles Vignes 2010	14 €	15,5
■ Irancy Vieilles Vignes 2010	12 €	14,5

Rouge : 12,5 hectares.
César 5 %, Pinot noir 95 %
Domaine Colinot, Anita, Jean-Pierre et Stéphanie Colinot, 1, rue des Chariats, 89290 Irancy
Tél. : 03 86 42 33 25 **Fax :** 03 86 42 33 25
E-mail : vin@irancy-colinot.fr
Site : www.irancy-colinot.fr
Vente : au domaine
Du lundi au samedi de 9h à 12h et de 14h à 18h. Dimanche de 10h à 12h sur rendez-vous.
Propriétaire : Anita, Jean-Pierre et Stéphanie Colinot

■ Domaine Corinne et Jean-Pierre Grossot
CHABLIS
★

L e domaine Grossot brille d'abord par la qualité remarquable de ses chablis génériques. Ces derniers sont le plus souvent produits sur la rive droite du Serein, sur des pentes et terroirs en tout point comparables à ceux d'illustres voisins Premiers crus. Faute de Grands crus, la

famille Grossot fait plus que se consoler avec cinq Premiers crus, tous remarquablement typés et de prix fort raisonnables. Avis aux amateurs de chablis de terroir. Ceux appréciant que le grain mûr du chardonnay roule longuement sur la langue. Et que de beaux amers évoluent vers des notes de craie sèche et fraîche après sept, huit ans de bouteille. Une gamme de chablis de terroir, sincères et de bonne constitution.

Les vins : le simple chablis est un vin sincère et élégant, nous apprécions sa belle allonge saline. La Part des Anges possède plus de volume mais garde son empreinte minérale, et le boisé subtil « graisse » judicieusement la bouche sans farder l'ensemble. Parmi les premiers crus, Les Fourneaux reste l'expression la plus ciselée de la série : le vin est pointu, racé, l'équilibre tient sur un fil. Le Vaucoupin apparaît plus large et trapu. Nous aimons le Mont de Milieu pour son équilibre : la puissance est relayée par un support acide de qualité, et la finale est persistante. Le Fourchaume reste notre favori, très précis dans ses arômes, il gère parfaitement sa texture assez riche grâce à sa minéralité.

☐ Chablis 2010	8,60 €	14,5
☐ Chablis La Part des Anges 2010	9,90 €	15
☐ Chablis Premier Cru Fourchaume 2010	14,70 €	16
☐ Chablis Premier Cru Les Fourneaux 2010	13,20 €	15
☐ Chablis Premier Cru Mont de Milieu 2010	14,40 €	15,5
☐ Chablis Premier Cru Vaucoupin 2010	13,20 €	14,5

Blanc : 18 hectares.
Chardonnay 100 %
Production moyenne : 90 000 bt/an

Domaine Corinne et Jean-Pierre Grossot, 4, Route de Mont-de-Milieu, 89800 Fleys
Tél. : 03 86 42 44 64 **Fax :** 03 86 42 13 31
E-mail : info@chablis-grossot.com
Vente : au domaine
Du lundi au vendredi de 9h à 12h et de 14h à 18h, sur rendez-vous de préférence. Samedi sur rendez-vous uniquement.
Propriétaire : Corinne et Jean-Pierre Grossot

■ Domaine Laroche
CHABLIS
★

L a maison (de négoce) ainsi que le domaine, créés par le visionnaire et dynamique Michel

Laroche, est passé en 2009 dans le giron du groupe languedocien Advini (ex-Jeanjean). Michel Laroche reste encore sur place jusqu'à fin 2011, le temps des passations. Jeanjean devient également propriétaire des domaines en Languedoc (Mas La Chevalière), au Chili (Viña Punto Alto) et en Afrique du Sud (L'Avenir). L'esprit Laroche est à ce jour perpétué dans ce vaste vignoble, avec une priorité aux jus en finesse, jamais surmûris, portés par des vinifications en barriques, enrobantes et aromatiques. Tous les chablis Laroche sont bouchés à vis.

Les vins : les entrées de gamme sont techniquement bien faites, mais montrent un style un peu simple, sur des expressions variétales. La gamme des bourgognes blancs en est la parfaite illustration. Le petit-chablis, bien que facile d'accès, et plus sur la fraîcheur. Loin de toute microvinification, la cuvée Saint-Martin reste bien typée. Sur les premiers crus, le Beauroy se distingue par sa finesse, et sa retenue lui donne de l'éclat. Dans un registre plus gras et plus rond, Les Vaillons exprime fidèlement l'ouverture aromatique et gustative de ce terroir précoce. Les Montmains reste notre favori : une texture complète sans excès lui donne une trame longue et subtile avec de beaux amers minéraux. Le terroir des Bouguerots livre en 2009 un vin cossu, ferme, riche et vineux, mais l'équilibre n'est pas encore en place. Le Blanchots est moins assis sur la générosité du millésime. Dans le même millésime, Les Clos se révèle aussi ferme et racé, aucune mollesse ne vient l'atteindre. La Réserve de l'Obédience est superbe : sur un boisé bien plus subtil que sur d'autres millésimes, le vin affiche une puissance et une longueur de bouche remarquables.

☐ Bourgogne 2011	7,30 €	12,5
☐ Bourgogne Bio 2011	8,20 €	13,5
☐ Bourgogne Réserve 2011	7,70 €	13
☐ Chablis Grand Cru Les Blanchots 2009	42 €	16
☐ Chablis Grand Cru Les Bouguerots 2009	42 €	15,5
☐ Chablis Grand Cru Les Clos 2009	54 €	16,5
☐ Chablis Grand Cru Réserve de l'Obédience 2009	82 €	17
☐ Chablis Premier Cru 2010	16 €	14
☐ Chablis Premier Cru Beauroy 2010	22 €	15
☐ Chablis Premier Cru Les Mont de Milieu 2010	19 €	14
☐ Chablis Premier Cru Les Montmains 2010	22 €	16
☐ Chablis Premier Cru Les Vaillons 2010	25 €	15
☐ Chablis Premier Cru Les Vaucoupins 2010	18 €	14,5
☐ Chablis Saint-Martin 2010	14 €	14
☐ Petit Chablis 2011	9 €	13,5

Blanc : 100 hectares.
Chardonnay 100 %
Production moyenne : 3 200 000 bt/an

Domaine Laroche, 22, rue Louis-Bro, 89800 Chablis
Tél. : 03 86 42 89 00 **Fax :** 03 86 42 89 29
E-mail : info@larochewines.com
Site : www.larochewines.com
Vente : au domaine
Sur rendez-vous du lundi au samedi de 10h à 18h.
Propriétaire : Michel Laroche
Directeur : Thierry Bellicaud

■ Domaine Long-Depaquit
CHABLIS
★

Propriété de la maison beaunoise Albert Bichot, ce domaine possède une prestigieuse palette de terroirs, dont le Grand cru La Moutonne en monopole, que certains considèrent comme le meilleur terroir de Chablis et qui bénéficie de l'exposition la plus solaire de l'appellation. Le domaine renoue avec les élevages en fûts, mais sans la moindre intention de laisser le boisé dominer la minéralité propre au chardonnay des terroirs crayeux du Kimméridgien. Des chablis davantage tournés vers la rondeur, la générosité.

Les vins : les vins du domaine présentent en 2010 un style très enrobé. La patine boisée que tous les vins expriment dès leur prime jeunesse les rend certes plus faciles, mais certaines cuvées demanderaient plus de précision. Les deux premiers crus dégustés manquent effectivement de peps pour ce millésime. En 2009, le grand cru Les Vaudésirs est assis sur le caractère du millésime, une mollesse l'accompagne tout au long de la dégustation. La Moutonne se livre avec autant de puissance et plus d'énergie, le vin impose sa corpulence. Les Blanchots s'exprime sur des notes miellées, avec une pointe d'acacia et de noyau, et présente une bouche limpide et équilibrée. Les Clos confirme notre impression générale : le vin est fardé par ce gras, et l'ensemble manque d'énergie. L'étoile est menacée.

☐ Chablis 2010	10,75 €	13
☐ Chablis Grand Cru La Moutonne 2009	48,20 €	16,5
☐ Chablis Grand Cru Les Blanchots 2009	29,60 €	16
☐ Chablis Grand Cru Les Clos 2009	31,40 €	15
☐ Chablis Grand Cru Les Vaudésirs 2009	29,60 €	15,5
☐ Chablis Premier Cru Les Vaillons 2010	16,25 €	14
☐ Chablis Premier Cru Les Vaucoupins 2010	18,05 €	13,5

Blanc : 65 hectares.
Chardonnay 100 %
Production moyenne : 480 000 bt/an

Domaine Long-Depaquit, 45, rue Auxerroise, 89800 Chablis
Tél. : 03 86 42 11 13 **Fax :** 03 86 42 81 89
E-mail : chateau-long-depaquit@albert-bichot.com
Site : www.albert-bichot.com
Vente : au domaine
Du lundi au samedi de 9h à 12h30 et de 14h à 18h. Fermés les samedis de novembre à mi-février.
Propriétaire : Albéric Bichot
Directeur : Matthieu Mangenot

■ Domaine Christian Moreau Père et Fils
CHABLIS
★

L e fils de Christian, Fabien Moreau, jeune œnologue diplômé, a pris les commandes de ce domaine bien implanté en grand cru, notamment sur Les Clos, dont une parcelle est isolée pour la cuvée Clos des Hospices. Le vignoble est entretenu avec soin et vendangé manuellement. Les vinifications ont gagné en finesse et en précision. Le bois est utilisé partiellement, jamais à l'excès, ce qui préserve un fruit brillant et un velouté élégant dans le toucher de bouche.

Les vins : doté d'une belle maturité qui lui donne ce côté exotique sur les fruits jaunes, le chablis village joue en bouche plus sur la largeur que sur la tension. Après aération, le premier cru Vaillon développe le gras et la puissance typiques de son terroir. Issue du même cru, la cuvée Guy Moreau se montre à la hauteur d'un grand cru, tant le vin est abouti, avec une fermeté qui ramène finesse et salinité. Un boisé subtil donne une patine lactée au grand cru Blanchot, qui dévoile une bouche grasse, mais moins cohérente. Tout aussi dense, le Valmur offre plus de fraîcheur dans le même millésime 2010. Les Clos se montre tout au long de la dégustation salin et ferme, et offre une belle persistance. Dans sa version Clos des Hospices, le grand cru affiche une réelle distinction : le vin est complet, gras, ferme, salin, avec cet éclat qui caractérise les grands terroirs.

☐ Chablis 2010	10 €	13,5
☐ Chablis Grand Cru Blanchot 2010	30 €	15,5
☐ Chablis Grand Cru Les Clos 2010	30 €	16,5
☐ Chablis Grand Cru Les Clos Clos des Hospices 2010	35 €	17,5
☐ Chablis Grand Cru Valmur 2010	30 €	17
☐ Chablis Grand Cru Valmur 2009	30 €	16
☐ Chablis Grand Cru Vaudésir 2010	30 €	16,5
☐ Chablis Premier Cru Vaillon 2010	15 €	14,5
☐ Chablis Premier Cru Vaillon Guy Moreau 2010	17 €	16

Blanc : 11,8 hectares.
Chardonnay 100 %
Production moyenne : 80 000 bt/an

Domaine Christian Moreau Père et Fils, 26, avenue d'Oberwesel, 89800 Chablis
Tél. : 03 86 42 86 34 **Fax :** 03 86 42 84 62
E-mail : contact@domainechristianmoreau.com
Site : www.domainechristianmoreau.com
Vente : au domaine
Sur rendez-vous uniquement de 10h à 12h et de 14h à 16h.
Propriétaire : Fabien Moreau

■ Domaine Moreau Naudet
CHABLIS
★

A vec un travail soigné à la vigne, des élevages rallongés et des filtrations nulles ou légères, les chablis de Stéphane Moreau gagnent en caractère, en profondeur et surtout en salinité. Après de luxuriants millésimes assez fortement boisés, le domaine se cale sur des élevages, certes longs, mais qui n'alourdissent ni n'aromatisent le nuancé chardonnay de Chablis, ici récolté juste mûr. Des chablis qui n'impressionnent pas de prime abord, tout en étant parfaitement digestes. Le domaine décroche l'étoile.

Les vins : l'élégant petit-chablis exprime une belle fraîcheur. Le chablis se montre logiquement plus soutenu, l'énergie du millésime lui donne de la persistance. Le premier cru Forêts est épuré, mais d'une envergure et d'une persistance moyennes. Plus enrobé, le chablis Caractère possède puissance et gras, tout en restant accessible dès maintenant. Le Vaillons dévoile le même profil avec une finale plus tendue. Epicé et minéral, le Montmains possède un équilibre remarquable. Nous apprécions le Montée de tonnerre pour sa puissance et son équilibre. Sa bouche révèle une parfaite gestion de l'élevage et le vin se livre sur une patine qui part sur l'acacia, l'amande et le miel. Le plus beau vin reste le grand cru Valmur : complet, il possède cette classe et cette race que seuls les vins de haut niveau atteignent.

☐ Chablis 2010	14,50 €	14
☐ Chablis Caractère 2010	18,50 €	15
☐ Chablis Grand Cru Valmur 2010	51,50 €	17
☐ Chablis Premier Cru Forêts 2010	26 €	14,5
☐ Chablis Premier Cru Montée de Tonnerre 2010	35 €	16
☐ Chablis Premier Cru Montmains 2010	26 €	16
☐ Chablis Premier Cru Vaillons 2010	26 €	15
☐ Petit Chablis 2010	10,90 €	13,5

Blanc : 22,5 hectares.
Chardonnay 100 %
Production moyenne : n.c.

Domaine Moreau Naudet, 5, rue des Fossés, 89800 Chablis
Tél. : 03 86 42 14 83 **Fax :** 03 86 42 85 04
E-mail : moreau.naudet@wanadoo.fr
Vente : au domaine
Pas de visites.
Propriétaire : Stéphane Moreau

■ Samuel Billaud
CHABLIS

L e millésime 2009 a été le premier qu'a commercialisé Samuel Billaud, viticulteur bien connu des amateurs de Chablis, puisqu'on lui doit les vinifications des dix dernières grandes années du domaine Billaud-Simon (voir plus haut). Désormais séparé de son oncle Bernard, ce fin connaisseur des nuances du chardonnay chablisien a monté sa propre maison en achats de vin (2009) puis en achats de raisin (2010). Soyez les premiers à les découvrir et les premiers clients de ce négociant-éleveur d'avenir.

Les vins : dans le chablis, pur et salin, l'élégance aromatique se ressent dès le premier nez. Plus cristalline, la cuvée Jules Billaud dévoile une matière tout en finesse. Un soupçon d'anis et de fenouil s'exprime sur le premier cru Fourneaux ; doté d'une belle texture, salin et serré, il réserve une finale épicée savoureuse. Plus sphérique, le Mont de Milieu renferme un joli gras et se révèle d'une belle dimension. Le Montée de Tonnerre est le plus complet : légèrement austère au départ, le vin affiche en bouche une belle maturité et une longue persistance.

☐ Chablis 2010	8,90 €	14,5
☐ Chablis Jules Billaud 2010	n.c.	15
☐ Chablis Premier Cru Les Fourneaux 2010	15 €	15,5
☐ Chablis Premier Cru Mont de Milieu 2010	17 €	15
☐ Chablis Premier Cru Montée de Tonnerre 2010	17 €	15,5

Blanc : Achat mouts + raisins.
Chardonnay 100 %
Production moyenne : 45 000 bt/an

Samuel Billaud, 23, rue du Serein, BP 24, 89800 La Chapelle Vaupelteigne
Tél. : 03 86 51 00 07
E-mail : samuel.billaud@orange.fr
Vente : au domaine
Sur rendez-vous.
Propriétaire : Samuel Billaud

■ Domaine Bernard Defaix
CHABLIS

S ylvain et Didier Defaix tiennent la barre du domaine familial de Milly, dont le vignoble est implanté sur la rive gauche du Serein. Leurs premiers crus, un peu moins connus que ceux de la rive droite, réservent de belles surprises dans les années chaudes – particulièrement sur le terroir de la Côte de Léchet. Grâce à des vinifications habiles et à des élevages sur lies en cuves, les vins gagnent en gras, protégés contre l'oxydation. Les cuvées issues du négoce (premier cru Fourchaume et grands crus), plus communes, portent simplement la mention Bernard Defaix.

Les vins : exempts de reproches, les vins d'entrée de gamme du domaine se révèlent d'une approche facile, ronds en attaque de bouche, dans un profil plus sphérique que minéral. La cuvée vieilles vignes, comme souvent, bascule dans un autre univers en termes de volume et d'identité de terroir. Dans la série des premiers crus, Les Lys paraît un peu mince en milieu de bouche, et manque de profondeur pour un premier cru. Nous somme séduits par le terroir de Fourchaume, qui ne manque ni de race ni d'envergure. Les deux cuvées de Côte de Léchet sont réussies, le vieilles vignes étant à la fois enrobé et tendu, tout en laissant entrevoir une certaine pureté et une belle allonge minérale. Le grand cru Bougros se montre ample, mais un léger déficit d'énergie l'empêche d'atteindre des sommets. Le Vaudésir apparaît plus élégant, sur une trame bien plus longue, étirée par une belle acidité ; l'ensemble est plus sapide.

☐ Chablis 2010	9,90 €	13,5
☐ Chablis Grand Cru Bougros 2010	34,50 €	15
☐ Chablis Grand Cru Vaudésir 2010	34,50 €	16
☐ Chablis Premier Cru Côte de Léchet 2010	17 €	15
☐ Chablis Premier Cru Côte de Léchet Réserve 2010	18,50 €	15,5
☐ Chablis Premier Cru Fourchaume 2010	18,50 €	15,5
☐ Chablis Premier Cru Les Lys 2010	17 €	13,5
☐ Chablis Premier Cru Les Vaillons 2010	17 €	14,5
☐ Chablis Vieilles Vignes 2010	11 €	15
☐ Petit Chablis 2010	7 €	15

Blanc : 26 hectares.
Chardonnay 100 %
Production moyenne : 300 000 bt/an

Domaine Bernard Defaix, 17, rue du Château, 89800 Milly
Tél. : 03 86 42 40 75 **Fax :** 03 86 42 40 28
E-mail : didier@bernard-defaix.com
Site : www.bernard-defaix.com
Vente : au domaine
De 8h à 12h et de 14h à 18h sur rendez-vous.
Propriétaire : Sylvain et Didier Defaix

■ Domaine d'Elise
CHABLIS

Installé depuis plus de vingt ans, Frédéric Prain ne s'est jamais pris au sérieux. Mais qu'il le veuille ou non, ce néo-vigneron sensible a clairement gagné aujourd'hui son statut de vigneron de référence à Chablis. Des hauts de la Côte de Léchet à Milly, sa production de chablis et de petit-chablis, ainsi qu'un peu de premier cru Côte de Léchet, est régulière et hors du commun.

Les vins : le petit-chablis possède toutes les caractéristiques d'un chablis, salin, tonique, pur et précis, avec une belle allonge. Dans un style tendu, le chablis révèle une bouche cristalline, bien équilibrée. La cuvée Galilée apparaît plus ample, un côté cire/miel se fait sentir avec une pointe de truffe blanche dans un ensemble plus sphérique en toute logique, sans tomber dans la lourdeur. Le Côte de Léchet possède la puissance et la race d'un terroir plein sud, le vin est gras dans son milieu de bouche mais le support acide et minéral lui donne une belle envergure.

☐ Chablis 2010	8,50 €	15
☐ Chablis Galilée 2009	10 €	15
☐ Chablis Premier Cru Côte de Léchet 2010	13 €	16
☐ Petit Chablis 2010	6,50 €	14,5

Blanc : 13,5 hectares.
Chardonnay 100 %
Production moyenne : 45 000 bt/an

Domaine d'Elise, Chemin de la Garenne, Carrefour Poinchy, 89800 Milly
Tél. : 03 86 42 40 82 **Fax :** 03 86 42 44 76
E-mail : frederic.prain@wanadoo.fr
Vente : au domaine
Sur rendez-vous.
Propriétaire : Frédéric Prain

■ Domaine Garnier et Fils
CHABLIS

Le domaine est tenu par deux frères passionnés, Xavier et Jérôme Garnier. La gamme couvre toutes les géologies et toutes les appellations de Chablis, et compte même un rouge d'Epineuil. Les grands et premiers crus proviennent d'achat de raisin. Vinifiés en levures indigènes, les vins bénéficient d'élevages soignés en cuve ou en fût, et ne subissent pas de filtration avant la mise en bouteilles. Une production cohérente, digne d'intégrer notre sélection.

Les vins : les entrées de gamme sont un peu timides, avec un petit-chablis 2011 fluet, qui dispense une sensation aqueuse. Le chablis est classique, dans un style qui privilégie la fraîcheur et la tension ; s'il n'est pas le plus structuré des chablis villages, il affiche une harmonie plaisante. Nous montons en puissance avec la superbe cuvée Grains Dorés 2008 : bien mûr, sans perdre une once d'identité chablisienne, le vin renferme de l'énergie et révèle une juste gestion du boisé pour un élevage qui a duré 30 mois. Le Mont de Milieu est sérieux, gras en attaque, velouté, la fraîcheur du millésime fait le reste. Parmi les deux grands crus 2009 dégustés, nous avouons une légère préférence pour le Vaudésir pour son relief et son acidité. Les deux vins, fermentés en pièce bourguignonne sur un millésime solaire, n'affichent aucun déséquilibre ; si les deux terroirs expriment cette patine propre à 2009, ils ne tombent pas dans le côté planureux et mou.

☐ Chablis 2010	10,50 €	13,5
☐ Chablis Grains Dorés 2008	13 €	15
☐ Chablis Grand Cru Les Clos 2009	35 €	15,5
☐ Chablis Grand Cru Vaudésir 2009	35 €	16
☐ Chablis Premier Cru Mont de Milieu 2010	16 €	14,5
☐ Petit Chablis 2011	8 €	12

Blanc : 23 hectares.
Chardonnay 100 %
Production moyenne : 120 000 bt/an

Domaine Garnier et Fils, chemin de Méré, 89144 Ligny-le-Châtel
Tél. : 03 86 47 42 12 **Fax :** 03 86 98 09 95
E-mail : info@chablis-garnier.com
Site : www.chablis-garnier.com
Vente : au domaine
Sur rendez-vous.
Propriétaire : Xavier et Jérôme Garnier

■ Domaine Louis Michel et Fils
CHABLIS

G éré par Jean-Loup Michel, ce domaine fondé en 1850 s'est toujours fait le chantre des chablis premiers crus très purs et très nets, sans utilisation du bois. Discrets dans leur jeunesse, les vins sont bâtis pour évoluer de dix à vingt ans en bouteille. En progression, ce domaine développe un style de chardonnay de prime abord assez direct dans l'expression du fruit, mais avec des finales en retenue, voir très jugulées. Si Butteaux et Montmains manquent un peu de concentration, le niveau des premiers crus progresse en homogénéité.

Les vins : les vins du domaine sont classiques, mais nous trouvons que certaines cuvées du millésime 2010 possèdent un fruit mat et une certaine austérité de bouche. Si les matières sont correctes, les vins peinent à s'exprimer. Le Séchets apparaît un peu mince. Le Butteaux est doté d'un jus plus étiré, ce qui est logique pour ce terroir. Le Vaillons, d'ordinaire si immédiat dans sa jeunesse, se montre serré et dur. Le Montée de Tonnerre est également fermé, mais la bouche est plus loquace et l'on peut déjà apprécier sa trame en devenir. Nos terroirs préférés sont le Vaulorent, qui arbore un beau volume et une certaine souplesse en milieu de bouche, et le Forêts, aussi ouvert, au caractère cristallin, qui dévoile une belle texture équilibrée. Sur le grand cru Vaudésir, le 2009 évolue sur des notes d'acacia et de noyau, le vin est généreux mais ne tombe pas dans la mollesse. Le 2010, bien que resserré, possède un équilibre et une allonge supérieurs.

☐ Chablis Grand Cru Vaudésir 2010	n.c.	16
☐ Chablis Grand Cru Vaudésir 2009	n.c.	15,5
☐ Chablis Premier Cru Butteaux 2010	n.c.	14,5
☐ Chablis Premier Cru Forêts 2010	n.c.	15,5
☐ Chablis Premier Cru Montée de Tonnerre 2010	n.c.	15
☐ Chablis Premier Cru Montmains 2010	n.c.	15
☐ Chablis Premier Cru Séchets 2010	n.c.	13,5
☐ Chablis Premier Cru Vaillons 2010	n.c.	14
☐ Chablis Premier Cru Vaulorent 2010	n.c.	15

Blanc : 25 hectares.
Chardonnay 100 %
Production moyenne : 150 000 bt/an

Domaine Louis Michel et Fils, 9, boulevard de Ferrières, 89800 Chablis
Tél. : 03 86 42 88 55 **Fax :** 03 86 42 88 56
E-mail : contact@louismicheletfils.com
Site : www.louismicheletfils.com
Vente : au domaine
Du lundi au vendredi de 9h à 11h30 et de 14h à 17h30, samedi sur rendez-vous.
Propriétaire : Famille Michel

■ Domaine Olivier Morin
BOURGOGNE CHITRY

L e petit vignoble de Chitry joue une musique à part dans le concert icaunais. Olivier Morin est actuellement le plus régulier des producteurs de sa petite appellation plantée de chardonnay et de pinot noir. Il soigne ses vignes, évite les herbicides, surveille ses rendements et cueille ses raisins à la main. Il donne de la noblesse à de modestes bourgognes, avec une réussite plus évidente en blanc. Il est vrai que les pinots noirs de bonne maturité ne sont pas légion dans le secteur. Saluons d'autant le gourmand bourgogne-chitry Vau du Puits.

Les vins : le domaine n'a pas présenté ses vins blancs 2010 cette année, nous dégustons donc à nouveau les 2009. La cuvée Constance 2009 possède la belle maturité de son année de naissance, et manque de fraîcheur. Bien plus fraîche et énergique, la cuvée Olympe 2009 garde son équilibre et affiche la même tenue que l'an passée. Les rouges sont réussis. L'irancy se révèle le plus plein et le plus cossu, mais exprime un fruit précis, dans un ensemble peu extrait et gourmand. En appellation Bourgogne-Chitry, le Vau du Puits 2009 évolue positivement.

☐ Bourgogne Chitry
  Constance 2009   7,50 € 13,5
☐ Bourgogne Chitry Olympe 2009 10,50 € 15
☐ Bourgogne Chitry Olympe 2008 10,50 € 14,5
■ Bourgogne Chitry Constance 2010 8 € 13,5
■ Bourgogne Chitry Vau du
  Puits 2009   10,50 € 14
■ Irancy 2010   11,50 € 15

Rouge : 3,5 hectares.
Pinot noir 100 %
Blanc : 8 hectares.
Aligoté 25 %, Chardonnay 75 %
Production moyenne : 70 000 bt/an

Domaine Olivier Morin, 2, chemin de Vaudu, 89530 Chitry
Tél. : 03 86 41 47 20
E-mail : morin.chitry@orange.fr
Site : www.olivier-morin.fr
Vente : au domaine
Sur rendez-vous.
Propriétaire : Olivier Morin

■ Domaine Pattes Loup

CHABLIS

T homas Pico, installé à Courgis, travaille moins de 3 ha de terres familiales (issues du Domaine de Bois d'Yves) depuis 2005, date à laquelle il a entamé une conversion en agriculture biologique. Pas de grand cru ni de terroirs illustres, mais une volonté de bien faire et de respecter un terroir par ailleurs si souvent bafoué. La taille de son exploitation lui permet de travailler intégralement son vignoble. Ses chablis s'apprécient assez jeunes (entre 2 et 7 ans), dans l'éclat de leur fruit généreux.

Les vins : dans une bouche harmonieuse, le chablis associe maturité et fraîcheur, une légère patine lactée apportée par le bois lui donne, avec beaucoup de nuances, une belle rétro-olfaction des saveurs. Le Côte de Jouan porte plus sur le côté fruits secs et pain grillé. Son excellente maturité lui apporte volume et gras, dans une bouche plus sur la puissance que la minéralité. A l'inverse, le Beauregard gère mieux son élevage, ce qui laisse place à un fruit plus limpide ; l'ensemble se révèle d'une envergure supérieure. Le Montmains conserve sa pointe exotique ; sa maturité conjuguée à un boisé plus luxueux lui donnent cette typicité. Doté d'une bouche opulente et ronde, le vin se rapproche d'un cru de la Côte de Beaune tout en restant tendu en finale.

☐ Chablis 2010   13 € 14,5
☐ Chablis Premier Cru
  Beauregard 2010   20 € 16
☐ Chablis Premier Cru Côte de
  Jouan 2010   20 € 14,5
☐ Chablis Premier Cru
  Montmain 2010   20 € 15,5

Blanc : 5 hectares.
Chardonnay 100 %
Production moyenne : 35 000 bt/an
❀ Certifié en agriculture bio ou biodynamique

Domaine Pattes Loup, 2, Grande Rue N. Droin, 89800 Courgis
Tél. : 03 86 41 46 38 **Fax :** 03 86 41 46 39
E-mail : thomas.pico@pattes-loup.com
Site : www.pattes-loup.com
Sur rendez-vous uniquement.
Propriétaire : Thomas Pico

■ Domaine Gilbert Picq et Fils

CHABLIS

C e domaine, implanté à Chichée, a forgé sa réputation avec la qualité de son chablis vieilles vignes, où finesse et minéralité sont régulièrement au rendez-vous. Pour y parvenir, les propriétaires cherchent à maîtriser la vigueur végétative du vignoble et préfèrent conserver la fraîcheur par un élevage en cuves (ce qui donne à ces chablis un caractère floral), plutôt que de privilégier les gras apportés par un vieillissement sur lies en barriques. Deux premiers crus, Vosgros, légèrement salin, et Vaucoupin, plus rond, viennent compléter une gamme de grande finesse.

Les vins : le chablis arbore une texture assez ronde et souple, sans avoir une identité minérale très marquée. On pourra l'apprécier rapidement. Le vieilles vignes nous semble plus complet, avec autant de gras et, en plus, une vivacité et un dynamisme qui augurent d'un bon potentiel de garde. Le Vosgros se montre le plus ferme, et nous apprécions sa finesse et la façon dont la bouche libère la puissance, un crescendo qui lui permet de rester droit et ciselé. Le Vaucoupin est plus gras, avec une opulence assez démonstrative en attaque, mais réserve une belle fraîcheur finale.

☐ Chablis 2010		11,50 € cav.	14
☐ Chablis Premier Cru Vaucoupin 2010		17 € cav.	15,5
☐ Chablis Premier Cru Vosgros 2010		16 € cav.	16
☐ Chablis Vieilles Vignes 2010		13,50 € cav.	15

Blanc : 14 hectares.
Chardonnay 100 %
Production moyenne : 90 000 ht/an

Domaine Gilbert Picq et Fils, 3, route de Chablis, 89800 Chichée
Tél. : 03 86 42 18 30 **Fax :** 03 86 42 17 70
E-mail : domaine.picq-gilbert@wanadoo.fr
De 8h à 12h et de 14h à 18h sur rendez-vous.
Propriétaire : Didier et Pascal Picq

■ Domaine Pinson
CHABLIS

D irigé par les frères Pinson, Laurent et Christophe, ce domaine traditionnel de chablis possède plusieurs premiers crus ainsi qu'une vaste parcelle sur le grand cru Les Clos. Depuis plusieurs millésimes, les vins gagnent en précision tout en conservant un excellent volume. Charlène, fille de Laurent et œnologue, est depuis 2008 revenue sur le domaine où elle met en place des macérations pelliculaires en fûts, sur l'appellation Chablis en cuvée Mademoiselle.

Les vins : la cuvée Mademoiselle 2010 apparaît plus large que tendue, et séduit par son gras ; un beau chablis, accessible dès sa prime jeunesse. La vinification des premiers crus s'effectue pour 10 à 15 % en fûts, le reste en cuves,

suivie d'un élevage en fûts pendant 9 mois. A côté du discret Vaillons qui ne montre pas l'allant et la générosité habituelle de ce terroir, le Mont de Milieu apparaît plus étoffé, plus ample et démonstratif, tout en restant très fidèle au terroir chablisien dans sa définition. Le Montmain affiche une trame épurée et digeste, le vin se livre tout en finesse. Loin d'être le plus gras des premiers crus, il brille par son allonge saline. Dans un style léger, La Forêt manque d'un soupçon de volume. D'une belle envergure, le Fourchaume possède un milieu de bouche velouté et une finale tendue. Les grands crus Les Clos sont bien en phase avec leur terroir, la palme revenant à la cuvée Authentique pour sa chair et son volume de bouche, qui montre un joli potentiel. Un bémol : le toasté-grillé du bois nous semble un peu trop prononcé.

☐ Chablis Cuvée Mademoiselle 2010		12,60 €	14
☐ Chablis Grand Cru Les Clos 2010		27 €	16
☐ Chablis Grand Cru Les Clos L'Authentique 2009		36 €	16,5
☐ Chablis Premier Cru Fourchaume 2010		15 €	15
☐ Chablis Premier Cru La Forêt 2010		15 €	14
☐ Chablis Premier Cru Mont de Milieu 2010		15 €	14,5
☐ Chablis Premier Cru Montmain 2010		15 €	15
☐ Chablis Premier Cru Vaillons 2010		15 €	14
☐ Chablis Premier Cru Vaugiraut 2010		15 €	14,5

Blanc : 14 hectares.
Chardonnay 100 %
Production moyenne : 75 000 bt/an

Domaine Pinson, 5, quai Voltaire, 89800 Chablis
Tél. : 03 86 42 10 26 **Fax :** 03 86 42 49 94
E-mail : contact@domaine-pinson.com
Site : www.domaine-pinson.com
Vente : au domaine
Pas de visites.
Propriétaire : Laurent et Christophe Pinson

NOUVEAU DOMAINE

■ Domaine Isabelle et Denis Pommier
CHABLIS

I sabelle et Denis Pommier se sont installés dans le village de Poinchy en 1990, avec 2 ha de vignes. Le vignoble en compte aujourd'hui 16. Certains premiers crus subissent une fermentation partielle sous bois, ainsi que la cuvée Croix aux Moines, et toutes les vinifications sont effectuées en levures indigènes. L'ensemble de la production affiche une qualité irréprochable, notamment les vins d'entrée de gamme.

Les vins : bonne entrée de gamme, le petit-chablis apparaît franc et fruité. Le chablis se montre un peu plus salin. La cuvée Croix aux Moines séduit par son amplitude et sa personnalité. Sur les premiers crus, le climat Beauroy n'atteint pas le volume ni la persistance des deux autres. Le Côte de Léchet, large d'épaules, dispense une belle énergie. Le Fourchaume reste le plus ferme, d'une jolie texture, et sa tension lui donne de la persistance.

☐ Chablis 2010	8,50 €	13
☐ Chablis Croix aux Moines 2010	11 €	14
☐ Chablis Premier Cru Beauroy 2010	13,50 €	13,5
☐ Chablis Premier Cru Côte de Léchet 2010	14 €	14,5
☐ Chablis Premier Cru Fourchaume 2010	15 €	15
☐ Petit Chablis 2010	7,30 €	13
■ Bourgogne 2010	7,50 €	14

Rouge : 2 hectares.
Pinot noir 100 %
Blanc : 15 hectares.
Chardonnay 100 %
Production moyenne : 100 000 bt/an

Domaine Isabelle et Denis Pommier, 31, rue de Poinchy, 89800 Poinchy
Tél. : 03 86 42 83 04 **Fax :** 03 86 42 17 80
E-mail : isabelle@denis-pommier.com
Site : www.denis-pommier.com
Vente : au domaine
De 9h à 12h et de 14h à 18h. Le week-end sur rendez-vous.
Propriétaire : Isabelle et Denis Pommier

CÔTE DE NUITS

■ Clos de Tart
CLOS DE TART
★★★

Merveilleusement situé et mené de main de maître par Sylvain Pitiot, Clos de Tart produit un vin flamboyant, de style moderne et complet, immédiatement accessible. Tout y conduit : l'exposition solaire du vignoble, la mise en œuvre de techniques viticoles pour récolter des raisins à maturité optimale - largement au-dessus de 13° - et l'élevage en bois neuf. Cette empreinte solaire se retrouve dans des vins à l'étoffe somptueuse, très adroitement vinifiés et dont les derniers millésimes semblent être les plus accomplis du domaine.

Les vins : la Forge de Tart 2008 reste dans la vivacité d'un fruit juvénile agrémenté d'une pointe épicée. Très présents, les tanins ont encore le temps de s'assagir. Depuis plusieurs millésimes, on pratique ici une double vinification ; l'une est réalisée avec des raisins éraflés, l'autre non. On assemble le tout avant la mise en bouteilles. Avec le millésime 2010, ce grand cru apparaît moins massif, moins imposant, plus raffiné et nuancé. Il ne trahit pas le côté charnel de son caractère qui forge sa personnalité. Incontestablement le plus beau vin produit par Sylvain Pitiot.

■ Clos de Tart Grand Cru 2010	n.c.	18,5
■ Morey-Saint-Denis Premier Cru La Forge de Tart 2008	130 € cav.	16

Rouge : 7,53 hectares.
Pinot noir 100 %
Clos de Tart, 21220 Morey-Saint-Denis
Tél. : 03 80 34 30 91 **Fax :** 03 80 51 86 70
E-mail : contact@clos-de-tart.com
Site : www.clos-de-tart.com
Sur rendez-vous.
Propriétaire : Famille Mommessin
Directeur : Sylvain Pitiot

■ Domaine Jack Confuron-Cotetidot
VOSNE-ROMANÉE
★★★

C'est l'un des rares, avec le domaine Leroy, à pratiquer la vinification des raisins par grappe entière, quel que soit le millésime. Les vins se reconnaissent au premier nez par ce supplément de parfum apporté par la rafle et cette fraîcheur utile, les millésimes solaires nécessitant des maturités élevées le cas contraire. D'ailleurs, le domaine a toujours opté pour des vendanges tardives. Mais Jean-Pierre, l'aîné, et Yves, le cadet, tous deux œnologues, n'ont plus cette approche systématique qu'avaient leurs parents, toujours présents dans les vignes à leurs côtés. Aujourd'hui, c'est la dégustation des raisins au moment des vendanges, parcelle après parcelle, qui dicte à Yves et à Jean-Pierre le rythme des vendanges. Sur les derniers millésimes, les vins ont gagné en précision. Le domaine produit des vins baroques, des vins de texture portés par des maturités élevées mais peut-être moins excessives que par le passé, renforçant leur équilibre. Quel que soit le terroir, on retrouve une unité de style et une qualité d'une grande homogénéité. Fougueux dans leur jeunesse, avec l'âge, les vins prennent une complexité magnifique. De grands vins de Bourgogne. Nous avons dégusté quelques millésimes anciens, qui ont tenu toutes leurs promesses. La troisième étoile est méritée pour la régularité des vins et leur magnifique évolution dans le temps. Bravo.

Les vins : dans la série des villages, le vosne-romanée est magnifique d'équilibre et de raffinement. Produit sur un sol argileux, le chambolle-musigny semble plus ample et plus charnel en milieu de bouche, apportant en outre un beau parfum de violette. Floral et épicé, le gevrey-chambertin est le plus racé et le plus distingué des cuvées villages. Le gevrey premier cru Craipillot sent la vendange entière, il se montre fin, immédiat mais long. Le Petite Chapelle possède plus de volume, mais s'étire moins en finale. Le chambolle-musigny Derrière la Grange est un premier cru fin et puissant, proposant une belle assise tannique. Le nuits-saint-georges Les Vignerondes est volumineux, sur une texture serrée ; son potentiel de garde apparaît énorme. Le vosne-romanée Les Suchots a de la profondeur, du volume, de la puissance et une texture veloutée. L'échezeaux se montre tout simplement grandiose, doté d'un fruit énorme, il est de la race des grands terroirs. Le charmes-chambertin est gracieux, floral et sphérique. D'une pureté exemplaire, le mazis-chambertin rivalisera, plus par sa fougue que par ses nuances, avec celui du domaine d'Auvenay.

■ Chambolle-Musigny 2010		n.c.	15
■ Chambolle-Musigny Premier Cru Derrière la Grange 2010		n.c.	17

■ Charmes-Chambertin Grand Cru 2010		n.c.	19
■ Echezeaux Grand Cru 2010		n.c.	19
■ Gevrey-Chambertin 2010		n.c.	15,5
■ Gevrey-Chambertin Premier Cru Craipillot 2010		n.c.	17
■ Gevrey-Chambertin Premier Cru Petite Chapelle 2010		n.c.	16,5
■ Mazis-Chambertin Grand Cru 2010		n.c.	19,5
■ Nuits-Saint-Georges Premier Cru Aux Vignerondes 2010		n.c.	17
■ Vosne-Romanée 2010		n.c.	15
■ Vosne-Romanée Premier Cru Les Suchots 2010		n.c.	18

Rouge : 10,7 hectares.
Pinot noir 100 %
Blanc : 0,3 hectare.
Aligoté 100 %
Production moyenne : 35 000 bt/an

Domaine Jack Confuron-Cotetidot, 10, rue de la Fontaine, 21700 Vosne-Romanée
Tél. : 03 80 61 03 39 **Fax :** 03 80 61 17 85
Vente : au domaine
Sur rendez-vous.
Propriétaire : Jack Confuron-Cotetidot

■ Domaine Bernard Dugat-Py

GEVREY-CHAMBERTIN

★★★

Bernard Dugat-Py travaillait, depuis 1975, sur un petit domaine qui cédait tous ses vins au négoce. Après les premières mises en bouteilles, en 1989, l'intéressé a mis les bouchées doubles, en particulier à la vigne. Le vignoble est conduit de manière exceptionnelle et avec un rare savoir-faire. Les raisins acquièrent ici une saveur unique. Vinifiés sans aucun artifice, avec une proportion importante de vendange entière, ils donnent des vins colorés, puissants et marqués comme peu d'autres par l'empreinte de leur terroir. Longs à se faire, ils ne se révèlent qu'après un vieillissement de plusieurs années. Des vins à se procurer auprès de cavistes.

Les vins : le gevrey Cœur de Roy donne le ton des 2010, éclatant de fraîcheur et d'équilibre. Les Evocelles est encore plus étiré en bouche, sa minéralité ciselée lui donne une justesse magnifique. Le vosne-romanée libère un beau parfum de fleurs, il a l'étoffe d'un premier, voire d'un grand cru. Les Champaux dégage des parfums de bois précieux, de fruits noirs et de baies sauvages. On remarque une grande part de vendanges entières dans ce vin au cœur de bouche très ouvert. Le Petite Chapelle s'impose grâce à son délié et à sa finesse de texture. Quant au Lavaux Saint-Jacques, puissant, solide, racé, on apprécie son élégance. Dans la série des grands crus, difficile de les démarquer tant leur personnalité s'impose, aucun ne surclasse l'autre. Si le mazis garde notre préférence pour son éclatante persistance, il n'est pas dit que le somptueux mazoyères, plus boisé que l'an passé, ne lui tienne pas tête, tout comme le charmeschambertin, d'une profondeur renversante. Avec le chambertin 2009, on retrouve le plaisir d'un millésime charnel, mais avec ce supplément d'intensité et de raffinement que ne possèdent pas les autres vins du domaine.

- ■ Chambertin Grand Cru Très Vieilles Vignes 2009   n.c.   19,5
- ■ Charmes-Chambertin Grand Cru 2010   n.c.   18,5
- ■ Gevrey-Chambertin Cœur de Roy 2010   n.c.   15,5
- ■ Gevrey-Chambertin Les Evocelles 2010   n.c.   15,5
- ■ Gevrey-Chambertin Premier Cru Champeaux 2010   n.c.   16,5
- ■ Gevrey-Chambertin Premier Cru Lavaux Saint-Jacques 2010   n.c.   17,5
- ■ Gevrey-Chambertin Premier Cru Petite Chapelle 2010   n.c.   16,5
- ■ Mazis-Chambertin Grand Cru 2010   n.c.   19
- ■ Mazoyères-Chambertin Grand Cru 2010   n.c.   18,5
- ■ Vosne-Romanée Vieilles Vignes 2010   n.c.   16

Rouge : 9,5 hectares.
Pinot noir 100 %
Blanc : 1 hectare.
Chardonnay 100 %
Production moyenne : 35 000 bt/an

Domaine Bernard Dugat-Py, Rue de Planteligone, BP 31, 21220 Gevrey-Chambertin
Tél. : 03 80 51 82 46   **Fax :** 03 80 51 86 41
E-mail : dugat-py@wanadoo.fr
Site : www.dugat-py.fr
Pas de visites.
Propriétaire : Bernard Dugat

■ Domaine des Lambrays

CLOS DES LAMBRAYS
★★★

Bien que ne s'affichant pas en tant que telle, la viticulture est ici extrêmement bio, et plus d'un tiers du vignoble est conduit avec l'aide du cheval. Les jeunes vignes ainsi que les cuvées les moins réussies sont systématiquement déclassées en Morey Saint-Denis Premier cru (cuvée Les Loups). Le domaine est partisan d'une récolte précoce, mais avec un tri sévère ; la vinification s'effectue en général en vendange entière. Il en résulte un vin classique et très régulier, moins spectaculaire et surtout moins boisé que celui du Clos de Tart, qui vieillit à la perfection. Le domaine possède également deux belles parcelles à Puligny, l'une sur le Cailleret, l'autre sur Les Folatières.

Les vins : Le Clos des Lambrays est de plus en plus épuré mais avec une vitalité magnifique et les parfums envoûtants de la vendange entière. De plus, on est revenu sur des maturités plus septentrionales. Un 2010 Sublime. A l'inverse, sur le puligny-montrachet Le Clos du Cailleret, l'élevage marque un peu trop le vin par une note lactique. Il est généreux, gras, doux et charnel. Son fruit mature et solaire est accompagné par une belle salinité en finale et un parfum d'ananas et de pêche blanche.

- ☐ Puligny-Montrachet Premier Cru Le Clos du Cailleret 2010   70 €   16,5
- ■ Clos des Lambrays Grand Cru 2010   95 €   19

Rouge : 10 hectares.
Pinot noir 100 %
Blanc : 0,65 hectare.
Chardonnay 100 %
Production moyenne : 45 000 bt/an

Domaine des Lambrays, 31, rue Basse, 21220 Morey-Saint-Denis
Tél. : 03 80 51 84 33   **Fax :** 03 80 51 81 97
E-mail : clos.lambrays@wanadoo.fr
Site : www.lambrays.com
Vente : au domaine
Du lundi au vendredi de 8h à 12h et de 13h30 à 17h30 sur rendez-vous.
Propriétaire : Mr et Mme Freund
Directeur : Thierry Brouin (gérant)

■ Domaine Leroy
VOSNE-ROMANÉE

★★★

L es vins produits par Lalou Bize-Leroy continuent d'enthousiasmer. Cette dégustatrice
hors pair possède l'une des visions les plus personnelles de toute la Bourgogne. La conduite de
ses vignes en biodynamie ne souffre, à ses yeux,
d'aucun compromis, quoi qu'il lui en coûte.
Qu'importe si la nature lui fait parfois payer cher
ses choix, comme en 1993 : cette grande dame
ne change rien au cap fixé. A cela s'ajoute une
expérience unique de la vinification, là encore
dans le respect de principes stricts, comme le
non égrappage des raisins. Tout cela a permis à
Lalou Bize-Leroy, qui possède de surcroît une
collection unique de grands terroirs, de produire
quelques-unes des plus grands vins au monde.

Les vins : au domaine Leroy, les 2010
devraient entrer dans la légende pour le demi-
siècle à venir. Rarement des vins d'une telle
perfection et d'un tel niveau nous ont été offerts
à déguster. Quel que soit le vin, vosne-romanée
ou chambolle-musigny, la transcription du terroir et l'expression du raisin sont d'une précision
confondante. En premier cru, le vosne-
romanée Les Beaumonts surpasse nombre de
grands crus, tant il atteint un sommet inégalé. Le
vosne-romanée Les Brûlées n'est pas en reste,
même s'il ne présente pas le raffinement ultime
des Beaumonts. Le volnay Les Santenots, plein
mais gracieux, s'imposera comme un modèle
pour les générations futures. Doté d'une matière
sculptée, ramassée et ciselée, le chambolle-
musigny Les Charmes offre un magnifique
voyage olfactif. Le gevrey-chambertin Les
Combottes est long, solide et racé. Pureté et
classe hors norme pour le romanée-saint-vivant.
Le richebourg montre moins sa face séductrice,
mais semble aller puiser dans le sol les traits de
sa personnalité. Un rien marqué par une note
vanillée, le musigny offre une qualité de texture
sublime et un équilibre magistral. Le chambertin
est majestueux, racé, doté d'une énergie et d'une
élégance qui grandiront dans les cent ans qui
viennent.

■ Chambertin Grand Cru 2010	n.c.	20
■ Chambolle-Musigny 2010	n.c.	18
■ Chambolle-Musigny Premier Cru Les Charmes 2010	n.c.	19
■ Gevrey-Chambertin Premier Cru Les Combottes 2010	n.c.	19
■ Musigny Grand Cru 2010	n.c.	20
■ Richebourg Grand Cru 2010	n.c.	20
■ Romanée Saint-Vivant Grand Cru 2010	n.c.	20
■ Volnay-Santenots Premier Cru Les Santenots du Milieu 2010	n.c.	18,5
■ Vosne-Romanée Les Genaivrières 2010	n.c.	18
■ Vosne-Romanée Premier Cru Aux Brûlées 2010	n.c.	19
■ Vosne-Romanée Premier Cru Les Beaux Monts 2010	n.c.	20

Rouge : 18,13 hectares.
Pinot noir 100 %
Blanc : 3,86 hectares.
Aligoté 71 %, Chardonnay 29 %
Production moyenne : 40 000 bt/an
❀ Certifié en agriculture bio ou biodynamique

Domaine Leroy, 15, rue de la Fontaine, 21700
Vosne-Romanée
Tél. : 03 80 21 21 10 **Fax :** 03 80 21 63 81
Site : www.domaineleroy.com
Sur rendez-vous, clients distributeurs
uniquement.
Propriétaire : Lalou Bize-Leroy

■ Domaine
Jacques-Frédéric Mugnier
CHAMBOLLE-MUSIGNY

★★★

L e domaine a radicalement changé d'allure en
2003, passant de 4 à 14 ha avec la réinté-
gration du Clos de la Maréchale à Nuits-Saint-
Georges, qui était en fermage depuis 53 ans. Par
ailleurs, la maison possède toujours des vignes
au cœur de Chambolle-Musigny, sur les meilleurs terroirs de la commune : Musigny, en plein
centre du Grand-Musigny, Bonnes-Mares, Les
Amoureuses, Les Fuées. Ici, on privilégie avant
tout la finesse pour exprimer le terroir sans
aucune fioriture, avec une constance digne
d'éloges et une précision de plus en plus grande.

Les vins : il est évident que le millésime 2009
donne des vins où le pinot prend une forme
singulière. Ici, sur le chambolle village, le fruit
doux et dense prend une épaisseur peu classique, même si le fond de bouche laisse parler
le terroir. Des tanins tendres enveloppent une
chair nourrie par une grande maturité. Le Clos
de la Maréchale dissimule la solidité de Nuits-
Saint-Georges derrière une masse de fruits
noirs, avec des notes qui vont du cacao aux
épices. Le gras enrobe une structure affirmée,

mais qui, tout d'un coup, prend des courbes. Avec les années, cette cuvée devient une belle référence de ce domaine. Quant au musigny, malgré la puissante générosité du millésime, il fait reluire son élégance et trône magistralement. Taillé pour la garde, il faudra le revoir dans deux décennies au moins.

■ Chambolle-Musigny 2009   n.c.   16
■ Musigny Grand Cru 2009   n.c. 19,5
■ Nuits-Saint-Georges Premier Cru
   Clos de la Maréchale 2009   n.c. 17,5

Rouge : 13 hectares.
Pinot noir 100 %
Blanc : 1 hectare.
Chardonnay 100 %
Production moyenne : 60 000 bt/an

Domaine Jacques-Frédéric Mugnier, château de Chambolle-Musigny, 21220 Chambolle-Musigny
Tél. : 03 80 62 85 39 **Fax :** 30 80 62 87 36
E-mail : info@mugnier.fr
Site : www.mugnier.fr
Pas de visites.
Propriétaire : Jocelyne et Frédéric Mugnier

■ Domaine de la Romanée-Conti

LA TÂCHE
★★★

L e domaine est au cœur de ce qui fait le mythe de la Bourgogne. Peu d'étiquettes suscitent une telle admiration et une telle passion - hors toute raison, diront certains. Bien sûr, les bouteilles sont rares et terriblement chères, mais la magie qui s'en dégage, à condition de donner aux vins le temps de prendre forme en bouteille, ne peut laisser personne indifférent, même le dégustateur le plus blasé. Les vignes atteignent désormais un âge moyen très élevé. Leur culture, largement inspirée par la biodynamie, permet à chaque terroir d'exprimer à travers les raisins ses particularismes avec une force insurpassable. Les vinifications sont d'une simplicité quasi biblique : le raisin est peu ou pas du tout égrappé, les températures ne sont jamais manipulées pour obtenir davantage de couleur ou des arômes plus marqués ; l'élevage s'effectue en bois neuf et le logement, en première année, dans l'admirable cave aux anciens moines de Saint-Vivant, permet de gagner en fraîcheur aromatique. L'échezeaux et le grands-échezeaux jouent sur la finesse et la délicatesse des textures.

Le romanée-saint-vivant, issu d'une sélection impitoyable des meilleures parcelles, a considérablement progressé et atteint une sublime élégance. Le richebourg, après un petit passage à vide entre 1985 et 1996, a retrouvé toute son ampleur. Toujours fidèle à lui-même, la-tâche donne le vin le plus complet de la Bourgogne, tandis que le romanée-conti a complètement retrouvé les secrets de son bouquet unique au monde et la plénitude si divinement légère de son corps. Le montrachet, vendangé à la maturité la plus haute possible, naît avec une richesse presque extravagante mais trouve, après huit à dix ans de vieillissement, un équilibre réellement sublime qui rend tous les autres vins de l'appellation bien pâles en comparaison. Le domaine ne peut, hélas !, recevoir les innombrables amateurs qui en font la demande.

Les vins : lors de dégustations privées, nous avons pu accéder à quelques vins du domaine. La Romanée Saint-Vivant 2008 s'est montrée époustouflante par son équilibre et sa race, avec une bouche épurée, mais dense et très persistante. La Romanée-Conti 2007 se trouve actuellement dans une phase moins expressive, avec l'expression d'un fruit mûr, mais pas tout à fait le fond et la vibration que nous en attendions.

■ Romanée Saint-Vivant Grand
   Cru 2008   n.c.   19
■ Romanée-Conti Grand Cru 2007   n.c.   18

Rouge : 24 hectares.
Pinot noir 100 %
Blanc : 0,85 hectare.
Chardonnay 100 %
Production moyenne : 80 000 bt/an

Domaine de la Romanée-Conti, 1, rue Derrière-le-Four, 21700 Vosne-Romanée
Tél. : 03 80 62 48 80 **Fax :** 03 80 61 05 72
Pas de visites.
Propriétaire : Aubert de Villaine et Henry-Frédéric Roch.

■ Domaine Georges Roumier

CHAMBOLLE-MUSIGNY
★★★

C hristophe Roumier poursuit sereinement son travail pour produire des vins d'un équilibre magistral, qui ne dévoilent véritablement leurs grandes qualités qu'après sept à huit ans de vieillissement. Le domaine possède un important patrimoine de vieilles vignes et quelques terroirs magnifiques en Bonnes-Mares, Musigny, ou sur le cru Les Amoureuses. Le Clos de la Bussière, acquis en 1953 et replanté dans les années 1980, constitue, sur les derniers millésimes, une très bonne introduction aux vins du domaine. Peu de producteurs signent des vins d'une telle grâce, quel que soit le millésime.

Les vins : en 2010, Christophe Roumier a produit un chambolle villages viril, aux solides tanins. Le morey-saint-denis Clos de la Bussière sent la merise, il est plus éclatant au nez avec une belle tendresse en attaque et une finale minéral. Vinifié avec plus de vendanges entières, le chambolle Les Combottes est gracieux et délicat. Avec Les Cras, on monte en richesse et en maturité de fruit : la bouche révèle un beau volume et une légère salinité en finale. Le charmes-chambertin est très ouvert et soyeux, mais moins profond que par le passé, car une partie des très vieilles vignes a été arrachée. Le ruchottes-chambertin offre un parfum magnifique de rose et d'épices, avec un très beau toucher de bouche. Les Amoureuses sont d'un raffinement magistral, sur une matière aérienne mais intense. Le bonnes-mares, avec ses 50 % de vendanges entières, offre un parfum captivant de fleurs. Doté d'un supplément d'étoffe, il se montre plus aimable que les millésimes antérieurs. Quant au musigny, pièce rare et maîtresse du domaine, il s'impose par son parfum de violette et d'agrumes dans une bouche epanouie. Grandiose !

■ Bonnes-Mares Grand Cru 2010	n.c.	19
■ Chambolle-Musigny 2010	n.c.	15
■ Chambolle-Musigny Les Combottes 2010	n.c.	16
■ Chambolle-Musigny Premier Cru Les Amoureuses 2010	n.c.	18,5
■ Chambolle-Musigny Premier Cru Les Cras 2010	n.c.	17
■ Charmes-Chambertin 2010	n.c.	18
■ Morey-Saint-Denis Premier Cru Clos de La Bussière 2010	n.c.	15,5
■ Musigny Grand Cru 2010	n.c.	20
■ Ruchottes-Chambertin Grand Cru 2010	n.c.	18,5

Rouge : 11,67 hectares.
Pinot noir 100 %
Blanc : 0,2 hectare.
Chardonnay 100 %
Production moyenne : 40 000 bt/an

Domaine Georges Roumier, Rue de Vergy, 21220 Chambolle-Musigny

Tél. : 03 80 62 86 37 **Fax :** 03 80 62 83 55
Site : www.roumier.com
Sur rendez-vous.
Propriétaire : Christophe Roumier

■ Domaine Armand Rousseau

GEVREY-CHAMBERTIN

★★★

Depuis plusieurs années, Eric Rousseau a trouvé ses marques avec un subtil mélange d'élégance, de noblesse, de densité, mais aussi de soyeux et de notes tendrement épicées qui rendent les vins du domaine reconnaissables entre tous. La régularité de la qualité, compte tenu de la disparité des cuvées et des millésimes, est proprement époustouflante, bien servie par un patrimoine de vignes exceptionnel.

Les vins : au domaine Rousseau, on observe un léger changement de cap. Certes, les vins gardent cette grâce et ce toucher délicat qui assurent leur succès. Toutefois, le simple gevrey- villages a gagné en puissance et en profondeur. Le clos-de-la-roche peut désormais se frotter aux plus grandes cuvées de terroir, car lui aussi a pris du muscle et du volume. Il reste plus ferme que le magnifique ruchottes-chambertin, que la délicatesse de texture et le soyeux de chair d'un raffinement majeur distinguent. Dense et puissant, le Clos Saint-Jacques a bien entendu l'étoffe d'un grand cru. Cependant, il reste toujours plus marqué par son élevage reçu dans sa prime jeunesse, et le 2010 n'y échappe pas. Le chambertin-clos-de-bèze conjugue finesse et puissance, tout en cultivant un certain penchant pour la finesse et l'élégance, qui prédominent toujours. Mais la pièce maîtresse du millésime 2010, c'est l'exceptionnel chambertin. Légèrement poudré au nez, il le montre une densité phénoménale. Plein, musclé mais raffiné, c'est un vin qui fera date et auquel nous attribuons la note maximale.

■ Chambertin Clos de Bèze Grand Cru 2010	n.c.	19,5
■ Chambertin Grand Cru 2010	n.c.	20
■ Clos de la Roche Grand Cru 2010	n.c.	18
■ Gevrey-Chambertin 2010	n.c.	15,5
■ Gevrey-Chambertin Premier Cru Clos Saint-Jacques 2010	n.c.	18,5
■ Ruchottes-Chambertin Grand Cru Clos des Ruchottes 2010	n.c.	18

Rouge : 14 hectares.

Pinot noir 100 %
Domaine Armand Rousseau, 21220
Gevrey-Chambertin
Tél. : 03 80 34 30 55 **Fax :** 03 80 58 50 25
E-mail : contact@domaine-rousseau.com
Site : www.domaine-rousseau.com
Sur rendez-vous.
Propriétaire : Domaine Armand Rousseau SADIR
Directeur : Eric Rousseau (président)

■ Domaine Jean Trapet Père et Fils
GEVREY-CHAMBERTIN
★★★

Producteur attentif et sensible, adepte convaincu mais sage de la biodynamie, Jean-Louis Trapet a positionné très haut le domaine familial. Une succession récente lui a fait perdre une partie de ses vignes au profit de ses cousins Rossignol, mais il dispose toujours d'un beau patrimoine avec trois grands crus et deux premiers crus, entre autres. Toutes les cuvées sont également réussies, en grand comme en petit millésime, avec un respect du terroir digne d'éloges et dans un grand style qui fait honneur à la Bourgogne. Jean-louis Trapet avait déjà confirmé son talent l'an passé avec une production de très grande qualité, ce qui lui avait valu une troisième étoile. Cette année, il est encore monté encore d'un cran dans la définition de chaque cru et dans la pureté de ses vins.

Les vins : le gevrey-villages, doté d'une douceur très fruits rouges, se révèle tendre en attaque et de belle tenue sur la fin de bouche. Le gevrey-chambertin premier cru Aléa renferme cette fraîcheur végétale qui évoque la ronce, mais aussi la groseille ; la bouche, charnue, dévoile des tanins totalement fondus dans le fruit. Magnifique de précision ! Dans un raffinement sans faille, le latricières-chambertin se montre d'un bloc, avec juste ce qu'il faut d'épaisseur et de structure. Le chapelle-chambertin, plus complet et charpenté, possède un très beau milieu de bouche, volumineux, solide et racé. Le chambertin n'est pas le plus puissant de la série, seulement le plus raffiné. Son nez de pêche de vigne et d'épices douces lui confère une délicatesse presque diaphane et une pureté exemplaire. Dans l'ensemble, les vins ont pris du poids en bouche par rapport à l'an passé, à l'exception du chambertin qui, au contraire, présente une forme encore plus aérienne.

■ Chambertin Grand Cru 2010	n.c.	19,5
■ Chapelle-Chambertin Grand Cru 2010	n.c.	18,5
■ Gevrey-Chambertin 2010	n.c.	15,5
■ Gevrey-Chambertin Premier Cru Aléa 2010	n.c.	17
■ Latricières-Chambertin Grand Cru 2010	n.c.	18,5

Rouge : 14,5 hectares.
Pinot noir 100 %
Blanc : 1,2 hectare.
Chardonnay 100 %
Production moyenne : 65 000 bt/an
❀ Certifié en agriculture bio ou biodynamique

Domaine Jean Trapet Père et Fils, 53, route de Beaune, 21220 Gevrey-Chambertin
Tél. : 03 80 34 30 40 **Fax :** 03 80 51 86 34
E-mail : domaine.trapet@wanadoo.fr
Site : www.domaine-trapet.com
Vente : au domaine
Du lundi au vendredi de 9h à 12h et de 14h à 17h30, sur rendez-vous.
Propriétaire : Jean-Louis et Jean Trapet

■ Domaine Bruno Clair
MARSANNAY
★★

Avec son fidèle collaborateur et associé Philippe Brun, Bruno Clair, petit-fils de Joseph Clair - fondateur du célèbre domaine Clair-Daü -, élabore des bourgognes classiques, délicieux jeunes, remarquables au vieillissement. Ils sont immédiatement reconnaissables à leur velouté de texture, leur densité sans faille et leur persistance. Aux côtés d'une splendide série de gevrey-chambertin, le domaine a mis en valeur les terroirs de Marsannay. Les blancs, plus méconnus, sont tout aussi remarquables. Le domaine est d'une régularité digne d'éloges.

Les vins : le marsannay est délicieux grâce à un fruit mûr, doux à l'attaque, vif en fin de bouche. Plus incisif et plus minéral, le pernand-vergelesses se montre droit, tendu, et réserve une finale précise, légèrement citronnée. Puissant et musclé, le corton-charlemagne apparaît d'un bloc, solide comme un roc ; construit sur une belle matière fraîche, il lui faudra du temps pour s'épanouir. En rouge, le marsannay Les Grasses Têtes est tendu, son beau fruit acidulé et sa trame tannique serrée. Le Longeroies, au fruit plus doux et tendre, se montre ouvert et aimable. Quant au savigny La Dominode, il accuse une légère sécheresse en raison de son élevage, malgré un fruit très tendre et doux qui s'exprime dans une chair plantureuse. Le vosne-romanée Champs Perdrix dévoile une matière profonde, an fruit très riche ; c'est plein, dense, mais sans la moindre dureté. Ses tanins sont solides et fins. Le chambolle-musigny Les Véroilles est délicat, ciselé, avec un fruit porté par une belle fraîcheur acidulée. Le morey En la Rue de Vergy se révèle dense, profond, sculpté, avec une chair à la trame serrée. Il est plus large que le chambolle-musigny, mais n'a pas son éclat. Le gevrey-chambertin Clos du Fonteny, encore coincé par son élevage, se révèle dominé par la palette aromatique par le vanillé du bois ; à l'inverse, la bouche est d'une pureté exemplaire, ciselée et d'une grande finesse de grain. Superbe. Le Cazetiers offre un fruit mûr et doux au nez, mais la bouche ne s'affirme pas avec la même douceur, car le vin montre la fermeté de son terroir, et mêle puissance, élégance et fermeté. Avec le chambertin Clos de Bèze, on monte de plusieurs paliers, non par la puissance mais par la finesse. Racé et précis, sa chair est fine et son fruit éclatant. Un chambertin Clos de Bèze majestueux, qui représente à merveille ce millésime. Bravo !

☐ Corton Charlemagne Grand Cru 2010	n.c.	17
☐ Marsannay 2010	n.c.	14
☐ Pernand-Vergelesses 2010	n.c.	15,5
■ Chambertin-Clos de Bèze Grand Cru 2010	n.c.	18,5
■ Chambolle-Musigny Les Longeroies 2010	n.c.	15,5
■ Gevrey-Chambertin Premier Cru Cazetiers 2010	n.c.	16,5
■ Gevrey-Chambertin Premier Cru Clos du Fonteny 2010	n.c.	16
■ Marsannay Les Grasses Têtes 2010	n.c.	14,5
■ Marsannay Les Longeroies 2010	n.c.	14,5
■ Morey-Saint-Denis En la Rue de Vergy 2010	n.c.	15
■ Vosne-Romanée Les Champs Perdrix 2010	n.c.	15

Rouge : 17,3 hectares.
Pinot noir 100 %
Blanc : 4,56 hectares.
Chardonnay 100 %
Production moyenne : 110 000 bt/an

Domaine Bruno Clair, 5, rue du Vieux-Collège, BP 22, 21160 Marsannay-la-Côte

Tél. : 03 80 52 28 95 **Fax :** 03 80 52 18 14
E-mail : brunoclair@wanadoo.fr
Site : www.bruno-clair.com
Vente : au domaine
Du lundi au vendredi de 9h à 12h et de 14h à 17h, sur rendez-vous uniquement.
Propriétaire : Famille Clair
Directeur : Bruno Clair (gérant)

■ Domaines David Duband - François Feuillet
NUITS-SAINT-GEORGES
★★

David Duband s'est installé sur la propriété en 1991. En quelques années, il s'est placé dans le peloton de tête des jeunes vignerons bourguignons. François Feuillet, homme d'affaire avisé, a bien compris tout le potentiel de ce vigneron et lui a confié le soin d'exploiter les vignes qu'il a acquises sur quelques-uns des plus beaux terroirs de la côte. Son style, qui combine habilement modernisme et respect de l'expression des terroirs, a bien évolué ces dernières années vers une plus grande précision du fruit. L'éclat de ses vins en 2008 lui a valu sa deuxième étoile. Toutes les cuvées sont vendues sous l'étiquette David Duband ou François Feuillet.

Les vins : d'une belle fraîcheur, le hautescôtes-de-nuits apporte finesse et persistance. Le morey-saint-denis, sculpté en profond, dispose d'un beau milieu de bouche. Plus tellurique, le gevrey-chambertin campe sur des tanins, malgré un beau fruit. Stigmatisé par la vendange entière, le fruit des Pruliers offre une grande douceur, tout en restant énergique et minéral. Le cru Les Procès, plus plein et plus gras, ne perd pas cette douceur de texture. Le premier cru Aux Thorey présente une bouche mûre et grasse, avec un côté chocolaté mais pas chaud ; c'est le plus tendre des trois nuits-saint-georges. Sur des senteurs de champ de violettes et d'herbe séchée, le chambolle-musigny Les Sentiers recèle des tanins d'une grande finesse et sa persistance va crescendo. L'échezeaux, entre fleurs et touche végétale, affiche majesté et longueur. Assez pâle, mais doté de beaucoup de relief, le clos-de-la-roche repose sur la puissance, la minéralité et la longueur. Plus rose que rouge, le latricières-chambertin se révèle d'une délicatesse extrême, envoûtant par cette matière à la fois aérienne et persistante. Plus mûr, riche et gras, le charmes-chambertin est charnel et plus enrobé. Il présente cette douceur de parfum résultant de la vendange entière. On aimerait un rien de fond en plus pour atteindre l'excellence.

- Bourgogne Hautes-Côtes de Nuits
  Louis Auguste (Duband) 2010 22 € cav. 13
- Chambertin Grand Cru 2010 220 € cav. 19
- Chambolle-Musigny Premier Cru
  Les Sentiers 2010 79 € cav. 17
- Charmes-Chambertin Grand
  Cru 2010 160 € cav. 18
- Clos de la Roche Grand
  Cru 2010 127 € cav. 18,5
- Echezeaux Grand Cru 2010 127 € cav. 18,5
- Gevrey-Chambertin 2010 41 € cav. 15
- Latricières-Chambertin Grand
  Cru 2010 190 € cav. 19
- Morey-Saint-Denis 2010 37 € cav. 15
- Nuits-Saint-Georges Premier Cru
  Aux Thorey 2010 51 € cav. 15,5
- Nuits-Saint-Georges Premier Cru
  Les Procès (Duband) 2010 51 € cav. 16
- Nuits-Saint-Georges Premier Cru
  Les Pruliers (Duband) 2010 51 € cav. 16,5

Rouge : 16,5 hectares.
Pinot noir 100 %
Blanc : 0,5 hectares.
Chardonnay 100 %
Production moyenne : 85 000 bt/an

Domaines David Duband - François Feuillet,

36, rue de la Fontaine, 21220 Chevannes
Tél. : 03 80 61 41 16
E-mail : domaine.duband@wanadoo.fr
Vente : au domaine
Du lundi au samedi de 8h à 17h.
Propriétaire : David Duband

■ Claude Dugat
GEVREY-CHAMBERTIN
★★

Plébiscité par les amateurs du monde entier, Claude Dugat fait preuve d'une humilité rare. Derrière le plaisir gourmand de façade lié au fruité éclatant du pinot apparaissent de grands vins de garde, exprimant à merveille toute la beauté et la force des terroirs de Gevrey-Chambertin. Il n'y a malheureusement pas de vin à vendre à la propriété - quelques gevrey-villages étant disponibles, entre autres, aux Caves du Panthéon, à Paris (Ve).

Les vins : Au domaine Dugat, le simple bourgogne est déjà un grand vin, plein de sève avec

un joli fruit acidulé. Avec le simple gevrey-chambertin, on monte en élégance et en densité, tout en longueur et en profondeur. Le premier cru est d'une grande noblesse de parfums, large d'épaule, puissant mais gracieux, avec une finale fraîche et acidulée. Le Lavaux Saint-Jacques offre un nez encore plus racé, porté par un fruit solaire, mature et tendre. Il est plus volumineux mais avec des tanins d'une grande douceur. Le chapelle-chambertin a beaucoup de tenue, à la fois solide, raffiné et persistant. Le charmes-chambertin est tout en courbes mais doté d'une matière qui se livre de suite, sans retenue mais avec distinction. Le griotte-chambertin s'impose en douceur par son raffinement et une texture veloutée, voire un grain d'une grande finesse, avec un mélange d'épices et de fruit, qui lui confère un parfum d'une belle complexité.

- Bourgogne 2010 n.c. 14
- Chapelle-Chambertin Grand
  Cru 2010 n.c. 18,5
- Charmes-Chambertin Grand
  Cru 2010 n.c. 18,5
- Gevrey-Chambertin 2010 n.c. 15,5
- Gevrey-Chambertin Premier
  Cru 2010 n.c. 16,5
- Gevrey-Chambertin Premier Cru
  Lavaux Saint Jacques 2010 n.c. 17,5
- Griotte-Chambertin Grand
  Cru 2010 n.c. 19

Rouge : 6 hectares.
Pinot noir 100 %
Claude Dugat, 1, place de la Cure, 21220
Gevrey-Chambertin
Tél. : 03 80 34 36 18 **Fax :** 03 80 58 50 64
Site : www.latourtw.com
Pas de visites.
Propriétaire : Claude Dugat

■ Domaine Dujac
MOREY-SAINT-DENIS
★★

Au travers de Jacques Seysses et de son fils Jeremy, le Domaine Dujac demeure fidèle à un type de pinot noir, très marqué par la vinification en raisins entiers. Le vin obtenu n'a que rarement une couleur soutenue, mais celle-ci tient et s'approfondit même au vieillissement. Surtout, les raisins entiers exaltent la finesse aromatique unique du cépage même si, sur un vin très jeune, le tanin apparaît végétal et un rien rigide. Le très long vieillissement (trente ans ou plus) rend pleinement justice au parti pris d'élaboration, avec l'apparition de bouquets tertiaires souvent sublimes. Comme de nombreux domaines qui connaissent le succès et ne peuvent répondre aux sollicitations, le domaine Dujac a décidé de créer une petite structure d'achat de raisin. Aux superbes vins du domaine s'ajoute désormais la production issue d'un petit négoce baptisé Dujac Fils et Père. Nous avons regroupé les vins du domaine Dujac et ceux de leur négoce car la qualité du dernier nous a semblé prendre la voie du premier.

Les vins : le morey blanc, assez tendre et opulent, s'avère un peu court. En rouge, le morey-saint-denis prône la fermeté. Plus trapu et plus corpulent, bien que son fruit soit net et pur, il déploie moins de fougue que l'an passé, mais beaucoup de sève en bouche. Le gevrey-chambertin Aux Combottes, chocolaté et d'une belle empreinte tellurique, renferme une énergie et une puissance phénoménales. Le vosne-romanée Les Beaumonts se montre plus gracieux, moins fougueux, d'une texture veloutée séduisante. Avec l'échezeaux, on monte en volume de bouche, en intensité, mais aussi en complexité. Quant au clos-de-la-roche, marqué à ce stade par une forte réduction, il apparaît plein, délié, puissant et racé. Après cinq jours d'ouverture, il était toujours vaillant.

☐ Morey-Saint-Denis 2010		n.c.	14
■ Clos de la Roche Grand Cru 2010		n.c.	18,5
■ Echezeaux Grand Cru 2010		n.c.	18
■ Gevrey-Chambertin Premier Cru Aux Combottes 2010		n.c.	17
■ Morey-Saint-Denis 2010		n.c.	14,5
■ Vosne-Romanée Premier Cru Les Beaux Monts 2010		n.c.	17

Rouge : 14 hectares.
Pinot noir 100 %
Blanc : 1,5 hectare.
Chardonnay 100 %
Production moyenne : 70 000 bt/an

Domaine Dujac, 7, rue de la Bussière, 21220 Morey-Saint-Denis
Tél. : 03 80 34 01 00 **Fax :** 03 80 34 01 09
E-mail : dujac@dujac.com
Site : www.dujac.com
Du lundi au vendredi sur rendez-vous. Pas de visite les mercredis.
Propriétaire : Jacques, Jeremy et Alec Seysses
Directeur : Jeremy Seysses (président)

■ Domaine Sylvie Esmonin
GEVREY-CHAMBERTIN
★★

Depuis 1998, ce petit domaine est entièrement géré par la scrupuleuse Sylvie Esmonin, ingénieur agronome, qui l'a porté au sommet. Son savoir-faire à la vigne, son sens de la vinification combiné à l'utilisation des fameux fûts de Dominique Laurent font des étincelles. Depuis quelques millésimes, les vins produits ici sont parmi les plus beaux du village, dans un style très classique.

Les vins : avec un nez légèrement marqué par une note de moka, le gevrey vieilles vignes est basé sur un fruit d'une magnifique précision, intense, et renferme une matière élancée et racée. Un très beau modèle pour cette appellation. Le Clos Saint-Jacques sent les parfums de vendange entière ; frais, tendu mais plein, il déploie une magnifique présence en bouche. Sans perdre d'ampleur, les vins semblent s'être affinés, ils ont perdu en gras ce qu'ils ont gagné en muscles. A ne pas manquer.

■ Gevrey-Chambertin 2010	40 € cav.	15
■ Gevrey-Chambertin Premier Cru Clos Saint-Jacques 2010	70 € cav.	18

Rouge : 6,87 hectares.
Pinot noir 100 %
Blanc : 0,26 hectare.
Chardonnay 100 %
Production moyenne : 36 000 bt/an

Domaine Sylvie Esmonin, Clos Saint-Jacques, 1, rue Neuve, 21220 Gevrey-Chambertin
Tél. : 03 80 34 36 44 **Fax :** 03 80 34 17 31
Pas de visites.
Propriétaire : Sylvie Esmonin

■ Domaine Geantet Pansiot
GEVREY-CHAMBERTIN
★★

Vincent Geantet a rejoint son père en 1977, puis a pris entièrement sa suite en 1989. Il a été l'un des premiers à comprendre la valeur des macérations préfermentaires à froid pour préserver le potentiel aromatique du raisin. Il maîtrise désormais parfaitement la technique et produit des vins très colorés et intensément fruités, qui bénéficient d'un succès largement mérité. Nous apprécions tout particulièrement le caractère digeste et élégant de ces vins, avec des réussites incontestables depuis plusieurs millésimes.

Les vins : Le gevrey vieilles vignes est magnifique de précision, fin, tendu avec juste ce qu'il faut de profondeur et de chair. Belle réussite. Le chambolle-musigny vieilles vignes, plus serré, se replie sur sa structure, perdant un peu la finesse de son terroir. Le gevrey-chambertin En Champs offre une trame serrée mais avec une belle vivacité. Il est bien en phase avec l'équilibre du millésime. Superbe. Le Poissenot possède la fraîcheur acidulée d'un fruit qui ne manque pas de maturité. Il est dense sans être dur et très vivant. Le charmes-chambertin est marqué par une petite note de grain de café qui reste discrète. La bouche pleine et juteuse a du gras et de la profondeur. Il développe une note d'orange sanguine et la bouche a une belle ossature.

- ■ Chambolle-Musigny Vieilles
  Vignes 2010   30 € 15
- ■ Charmes-Chambertin Grand
  Cru 2010   100 € 18,5
- ■ Gevrey-Chambertin En
  Champs 2010   40 € 16
- ■ Gevrey-Chambertin Premier Cru Le
  Poissenot 2010   50 € 17,5
- ■ Gevrey-Chambertin Vieilles
  Vignes 2010   30 € 15,5

Rouge : 14,3 hectares.
Pinot noir 100 %
Blanc : 0,7 hectare.
Production moyenne : 74 000 bt/an

Domaine Geantet Pansiot, 3, route de Beaune, 21220 Gevrey-Chambertin
Tél. : 03 80 34 32 37 **Fax :** 03 80 34 16 23
E-mail : domaine.geantet@wanadoo.fr
Site : www.geantet-pansiot.com
Vente : au domaine
Du lundi au samedi de 8h à 18h sur rendez-vous.
Propriétaire : Vincent Geantet

■ Domaine Henri Gouges
NUITS-SAINT-GEORGES
★★

Depuis près d'un siècle, la famille Gouges défend la qualité des vins de Nuits-Saint-Georges en général, et ceux du domaine familial en particulier. La génération actuelle, représentée par Pierre, Christian et Grégory, s'inscrit

dans cette continuité. Avec une régularité de métronome, ils produisent des nuits-saint-georges francs, droits et profonds, qui ont su conquérir le goût d'amateurs exigeants. Aucun artifice d'élevage ni effet de style n'est utilisé pour rendre les vins plus aimables durant leur jeunesse et il faut savoir être patient pour capter toute la complexité d'un grand Saint-Georges ou d'un Pruliers racé.

Les vins : Le nuits-saint-georges Les Pruliers est réduit mais somptueux et son énergie phénoménale. Il est ciselé avec des tanins très longilignes et un fruit très pur : c'est un beau classique d'un grand raffinement. Les Vaucrains est un rien enrobé par une note lactique dû à son élevage. A l'image d'un château-fort, ce vin est d'un bloc, très franc de goût avec une belle extraction des tanins. Le nuits-saint-georges Les Saint-Ggeorges tient à la fois des Pruliers pour son énergie mais aussi des Vaucrains par son volume de bouche et son assise. C'est le plus complet des trois. Il possède de la structure, de la vitalité et un magnifique potentiel de garde. Les vins de ce domaine historique on gagné en raffinement sans perdre de leur assise du terroir superbe.

- ■ Nuits-Saint-Georges Premier Cru
  Les Pruliers 2010   48 € cav. 16
- ■ Nuits-Saint-Georges Premier Cru
  Les Saint-Georges 2010   90 € cav. 17,5
- ■ Nuits-Saint-Georges Premier Cru
  Les Vaucrains 2010   70 € cav. 17

Rouge : 13,2 hectares.
Pinot noir 100 %
Blanc : 1,3 hectare.
Pinot blanc ou Klevner 100 %
Production moyenne : 60 000 bt/an

Domaine Henri Gouges, 7, rue du Moulin, 21700 Nuits-Saint-Georges
Tél. : 03 80 61 04 40 **Fax :** 03 80 61 32 84
E-mail : domaine@gouges.com
Site : www.gouges.com
Pas de visites.
Propriétaire : Famille Gouges

■ Domaine Jean Grivot
NUITS-SAINT-GEORGES
★★

Etienne Grivot est l'un des vignerons les plus perfectionnistes de la Côte de Nuits. Sa quête ressemble à la quadrature du cercle. Comment concilier en effet profondeur de matière et délicatesse dans la texture ? Maturité complète du raisin et fraîcheur aromatique ? Aptitude à la très longue garde et ouverture immédiate du bouquet ? Si les vins peuvent parfois se montrer austères durant leur jeunesse, et par la même difficiles à juger. Le temps leur rend généralement grâce.

Les vins : le nuits-saint-georges Aux Lavières, long et minéral, s'inscrit dans la continuité du style du domaine, avec l'étoffe d'un millésime solaire. Le vosne-romanée Le Bossières, au nez lardé, offre une chair plus nourrie et un ample volume de bouche. Le nuits-saint-georges Aux Boudots recèle la complexité d'un premier cru dans cette intensité du fruit et par cette structure présente, mais totalement enrobée. Le raffinement est du côté du vosne Les Beaumonts, porté par un fruit limpide et acidulé (groseille) et doté de tanins fins. Une pointe de réduction domine le nez de l'échezeaux, mais on ne la retrouve pas dans la bouche profonde et droite. Le clos-vougeot s'impose par sa stature : sans avoir le velouté de texture de l'échezeaux, il domine par sa puissance distinguée.

■ Clos de Vougeot Grand Cru 2009	n.c.	17
■ Echezeaux Grand Cru 2009	n.c.	16,5
■ Nuits-Saint-Georges Aux Lavières 2009	n.c.	14
■ Nuits-Saint-Georges Premier Cru Aux Boudots 2009	n.c.	15,5
■ Vosne-Romanée Bossières 2009	n.c.	14
■ Vosne-Romanée Premier Cru Les Beaux Monts 2009	n.c.	16

Rouge : 13,9 hectares.
Pinot noir 100 %
Blanc : 0,22 hectare.
Chardonnay 100 %
Production moyenne : 60 000 bt/an

Domaine Jean Grivot, 6, rue de la Croix Rameau, 21700 Vosne-Romanée
Tél. : 03 80 61 05 95 **Fax :** 03 80 61 32 99
E-mail : domaine.grivot@domainegrivot.fr
Site : www.domainegrivot.fr
Sur rendez-vous.
Propriétaire : Etienne Grivot

■ Domaine Anne Gros
VOSNE-ROMANÉE
★★

L e domaine possède des vignes en grand cru qui comptent parmi les plus vieilles - plan-

tées en 1904 pour le Clos de Vougeot - et donnent un jus très concentré, vinifié avec une précision remarquable. Hors grand cru, les parcelles - chacune d'un seul tenant - sont toujours extrêmement bien situées, notamment celle de Chambolle-Musigny, accolée au Grand cru Musigny, et celle de Vosne-Romanée, à proximité immédiate du Richebourg. Le style Anne Gros, assez austère en vin jeune, fait l'unanimité par son classicisme ; de toute évidence, les vins sont bâtis pour la garde.

Les vins : Anne Gros ne cherche jamais à produire des vins trop concentrés ou trop colorés. Avec ses 2010, magistralement réussis, on a le sentiment de goûter des cuvées qui ont la couleur des vins rouges mais l'intensité des grands blancs (comme si c'était des blancs de Noirs). Le hautes-côtes-de-nuits Marine blanc est net, ciselé, tranchant, magnifique de pureté ; c'est à la fois désaltérant et un concentré de saveurs avec une finale saline. Le bourgogne rouge évoque la framboise. Il est très septentrional dans son tempérament par cette fraîcheur de fruit. Le vosne-romanée Les Barraux est somptueux, on a toute la distinction et le raffinement de ce grand terroir, avec une énergie phénoménale en bouche. L'échezeaux sent le coulis de framboise ; c'est très élégant dans la fraîcheur du terroir, énergique, il y a un raffinement intemporel. Dégusté sur plusieurs jours, le clos-de-vougeot n'a fait que grandir à l'air. Très charpenté à l'ouverture, il s'est affiné avec un milieu de bouche sublime. Le millésime lui va comme un gant. Quant au richebourg, plus hédoniste par sa forme généreuse, il est doté d'un raffinement exemplaire.

□ Bourgogne Hautes-Côtes de Nuits Marine 2010	16 € cav.	14
■ Bourgogne 2010	14 €	14
■ Clos de Vougeot Grand Cru 2010	80 € cav.	19
■ Echezeaux Grand Cru 2010	70 € cav.	18
■ Richebourg Grand Cru 2010	180 € cav.	19,5
■ Vosne-Romanée 2010	45 € cav.	16

Rouge : 5,3 hectares.
Pinot noir 100 %
Blanc : 1,2 hectare.
Chardonnay 100 %
Production moyenne : 30 000 bt/an

Domaine Anne Gros, 11, rue des Communes, 21700 Vosne-Romanée
Tél. : 03 80 61 07 95 **Fax :** 03 80 61 23 21
E-mail : domaine-annegros@orange.fr

Site : www.anne-gros.com
Sur rendez-vous.
Propriétaire : Anne Gros

Domaine Méo-Camuzet
VOSNE-ROMANÉE
★★

U ne des adresses les plus sûres de toute la
Bourgogne. Jean-Nicolas Méo est un viticulteur méticuleux et un adroit vinificateur, qui
sait produire de grands bourgognes lisses et suaves d'un premier abord, mais qui ont une étoffe
et une profondeur de texture admirables. Entre
classicisme et modernité. Les parfums s'épanouissent avec quelques années de bouteille et
le vin gagne encore en profondeur. Toutes ces
qualités sont largement reconnues par le marché
mondial ; les vins sont tous prévendus et il est
impossible d'acheter au domaine.

Les vins : Pur produit de négoce, le fixin est
gourmand, droit et bien équilibré. Concentré,
mais avec une belle trame, le chambolle-
musigny offre des notes de fruits frais, légèrement acidulées, qui rendent le vin très vivant.
Le nuits-saint-georges Les Boudots est dominé
par un boisé fumé, lardé, qui masque un peu le
fruit. La bouche, à l'inverse, est bien construite
et profonde. Idéalement situé dans les rouges du
bas, l'échezeaux est encore marqué par des notes
de chêne neuf et de pivoine. Il est long et fin,
avec une trame serrée et une belle fraîcheur de
fruit, donnant de l'éclat au vin.

- **Chambolle-Musigny Premier Cru**
  Les Cras 2010   86 €   15
- **Echezeaux Grand Cru 2010**   166 €   17,5
- **Fixin 2010**   26 €   14
- **Nuits-Saint-Georges Premier Cru**
  Aux Boudots 2010   89 €   16

Rouge : 13,8 hectares.
Pinot noir 100 %
Blanc : 3,6 hectares.
Chardonnay 100 %
Production moyenne : 70 000 bt/an

Domaine Méo-Camuzet, 11, rue des
Grands-Crus, 21700 Vosne-Romanée
Tél. : 03 80 61 55 55 **Fax :** 03 80 61 11 05
E-mail : meo-camuzet@wanadoo.fr
Site : www.meo-camuzet.com
Pas de visites.
Propriétaire : Famille Méo

Domaine Denis Mortet
GEVREY-CHAMBERTIN
★★

D ans les années 1990, le domaine Mortet a
bousculé les standards des vins de Bourgogne, tant par un travail méticuleux à la vigne,
qu'à travers des vinifications modernes donnant
au pinot des densités et des teintes peu usuelles
jusqu'alors. Les élevages en fût neuf, avec un
toasté reconnaissable dès le premier nez, ont
guidé la forme et le fond de tous les vins, ce
qui dessert parfois le terroir au profit des élevages. Le jeune Arnaud Mortet est un brillant
vinificateur dont les vins offrent un beau potentiel. Nous attendons des élevages moins appuyés
pour accompagner ses vins, qui ne manquent
pas d'élégance.

Les vins : le bourgogne blanc, très pur, tire sur
une belle note de zeste de citron. Le bourgogne
Noble Souche est réglissé, très fin et également
pur en bouche. Superbe. Le marsannay Les
Longeroys tapisse littéralement le palais d'une
matière dense, dotée d'une grande finesse de
tanins. Plus musclé, le fixin parvient à préserver une belle élégance compacte. Le gevrey-
chambertin se montre solide, sur des tanins
structurants, l'équilibre de son fruit atteint une
juste maturité. Avec le gevrey-chambertin vieilles vignes, on gagne en finesse et en volume,
le fruit semble plus riche et plus mature. Le
chambolle-musigny, au fruit très ciselé, offre
une grande finesse de tanins et de grain, sur des
notes de moka, sans pour autant trahir le fruit en
bouche. Le gevrey-chambertin premier cru,
malgré un joli fruit, est encore marqué d'une
légère note boisée. Avec du fond et une chair
soyeuse, En Champs, délicieux et déjà très
ouvert, nous enchante. On aime le Champeaux
pour sa finesse, sa longueur, la belle intensité de
son fruit et son acidité mordante en fin de bouche. Avec un nez légèrement poudré, le Lavaux-
Saint-Jacques s'avère plein, solide, avec un fruit
très charnu et une trame serrée. Le clos-vougeot
propose une touche de réglisse et d'épices, ainsi
qu'un fruit somptueux, et témoigne d'un élevage
parfait, intégré. C'est net, pur et ciselé, tout en
préservant l'ossature de ce grand terroir : on a la
puissance, la race et la finesse. Il y a un réel progrès accompli en termes d'élevage, qui accompagne désormais le fruit dans sa pureté sans plus
le dominer, et les matières sont plus fraîches et
moins exubérantes qu'auparavant. Ce domaine
s'inscrit dans le renouveau d'une Bourgogne qui
laisse s'exprimer les terroirs et non l'ego des
vignerons. Bravo !

☐ Bourgogne Chardonnay 2010   n.c.   14,5
■ Bourgogne Noble Souche 2010   n.c.   14
■ Chambolle-Musigny Premier Cru
Aux Beaux Bruns 2010   n.c.   16,5
■ Clos de Vougeot Grand Cru 2010   n.c.   18
■ Fixin Champ Pennebaut 2010   n.c.   14,5
■ Gevrey-Chambertin 2010   n.c.   14,5
■ Gevrey-Chambertin En
Champs 2010   n.c.   16
■ Gevrey-Chambertin Premier
Cru 2010   n.c.   16
■ Gevrey-Chambertin Premier Cru
Lavaux Saint-Jacques 2010   n.c.   17
■ Gevrey-Chambertin Premier Cru
Les Champeaux 2010   n.c.   16,5
■ Gevrey-Chambertin Vieilles
Vignes 2010   n.c.   15
■ Marsannay Les Longeroies 2010   n.c.   14,5

Rouge : 11,5 hectares.
Pinot noir 100 %
Blanc : 0,6 hectare.
Chardonnay 100 %
Production moyenne : 65 000 bt/an

Domaine Denis Mortet, 22, rue de l'Eglise,
21220 Gevrey-Chambertin
Tél. : 03 80 34 10 05   **Fax :** 03 80 34 16 26
E-mail : denis-mortet@wanadoo.fr
Site : www.domaine-denis-mortet.com
Pas de visites.
Propriétaire : Laurence Mortet
Directeur : Laurence Mortet

■ Domaine Georges Mugneret-Gibourg

VOSNE-ROMANÉE
★★

Depuis le décès en 1988 du dynamique Dr Mugneret, le domaine est géré avec sérieux et passion par ses deux filles Marie-Christine et Marie-Andrée. Pour des raisons fiscales, les cuvées peuvent se présenter sous deux étiquettes, Georges Mugneret et Mugneret-Gibourg, mais les vins sont réunis dans la même cave. Le domaine commet un excellent vosne-romanée, prêt assez jeune et d'une finesse rare, ce qui permettra d'attendre les dix ans nécessaires pour apprécier les splendides échezeaux, clos-de-vougeot et autres ruchottes-chambertin.

Les vins : Le bourgogne rouge est une belle invitation à la dégustation. Il est juteux en bouche et cela reste frais et digeste. Le chambolle-

musigny Les Feusselottes, frais, ciselé, se démarque par un beau grain de tanins. On a un fruit désaltérant mais avec de la sève et une belle complexité. L'échezeaux est doux, riche, gras mais avec du relief, sa minéralité ne dissimule pas son caractère gourmand et son raffinement. Le domaine poursuit en produisant des vins élégants et profonds avec beaucoup de fruit et de soyeux. Il y a un vrai plaisir hédoniste dans ces trois vins.

■ Bourgogne 2010   n.c.   13,5
■ Chambolle-Musigny Premier Cru
Les Feusselottes 2010   n.c.   16
■ Echezeaux Grand Cru 2010   n.c.   17,5

Rouge : 6 hectares.
Pinot noir 100 %
Domaine Georges Mugneret-Gibourg, 5, rue des Communes, 21700 Vosne-Romanée
Tél. : 03 80 61 01 57   **Fax :** 03 80 61 33 08
E-mail : dgm@mugneret-gibourg.com
Site : www.mugneret-gibourg.com
Tous les jours de 9h30 à 17h30 sur rendez-vous, sauf mercredi.
Propriétaire : Jacqueline, Marie-Andrée et Marie-Christine Mugneret

■ Domaine Henri Perrot-Minot et Domaine Christophe Perrot-Minot

CHAMBOLLE-MUSIGNY
★★

La production du domaine comporte trois sources : les vignes du domaine familial issu de la division du domaine Merme ; les vignes rachetées à André Pernin ; et enfin, des récoltes affermées sur Gevrey-Chambertin. Mais l'impressionnante maîtrise dont fait aujourd'hui preuve Christophe Perrot-Minot a gommé ces diverses origines. Riches, denses, exubérants et intensément parfumés, les vins évoquent les plus belles réussites d'Henri Jayer.

Les vins : après un long parcours qui a mené ce brillant vigneron, des vins démonstratifs à des vins séducteurs avec le millésime 2010, Christophe Perrot-Minot vient de franchir un nouveau cap. Les vins ont dans l'ensemble gagné en pureté, en finesse de texture, avec à la fois des extractions douces et des élevages adaptés. C'est moins enjôleur et plus authentique. Le chambolle-musigny est fin avec un beau délié. Le vosne-romanée Champs Perdrix sent la rose et la pivoine avec une minéralité plus affirmée.

La Rue de Vergy sent le lard fumé, c'est sculpté, minéral et frais. Le nuits-saint-georges La Richemone évoque le bois précieux avec une minéralité qui donne une fin de bouche aiguisée. Le Richemone Ultra, elle, prend plus de poids en bouche, c'est gras et mûr ; il n'a pas cette petite aspérité de la cuvée classique car les tanins sont mieux enrobés. Le vosne-romanée Les Beaux Monts est marqué par son élevage ; derrière, le fruit est franc mais sa trame est resserrée par l'apport de bois neuf. D'une grande pureté, La Combe d'Orveau Ultra a un nez floral magnifique. Ses tanins sont enrobés par un fruit doux et mûr. Solide et profond, le charmes-chambertin se montre plus riche et velouté que le mazoyères-chambertin. Ce dernier, à l'inverse, offre un raffinement et une vivacité majeurs. Le chapelle-chambertin est plus carré, plus ferme, sa puissance en fait un beau vin de garde. Le chambertin-clos-de-bèze est marqué par son élevage. Avec lui, on monte en harmonie, en intensité et en densité : il est d'un raffinement exemplaire. Il a cette stature des grands terroirs, avec un supplément d'âme et de structure. Encore en élevage, le chambertin a un fruit plus séducteur. En bouche, il est d'un bloc, compact et, derrière cette bouche serrée et profonde, on découvre un vin racé et exemplaire. Une gamme cohérente qui nous a enthousiasmés, surtout le charmes- et le mazoyères-chambertin.

- ■ Chambertin Grand Cru 2010   n.c. 18,5
- ■ Chambertin-Clos de Bèze Grand Cru 2010   n.c. 18,5
- ■ Chambolle-Musigny 2010   n.c. 14,5
- ■ Chambolle-Musigny Premier Cru La Combe d'Orveau Ultra 2010   n.c. 17
- ■ Chapelle-Chambertin Grand Cru 2010   n.c. 17,5
- ■ Charmes-Chambertin Grand Cru 2010   n.c. 18,5
- ■ Mazoyères-Chambertin Grand Cru 2010   n.c. 18,5
- ■ Morey-Saint-Denis La Rue de Vergy 2010   n.c. 14,5
- ■ Nuits-Saint-Georges Premier Cru La Richemone 2010   n.c. 16
- ■ Nuits-Saint-Georges Premier Cru La Richemone Ultra 2010   n.c. 17
- ■ Vosne-Romanée Champs Perdrix 2010   n.c. 15
- ■ Vosne-Romanée Premier Cru Les Beaux Monts 2010   n.c. 16,5

Rouge : 12,6 hectares.

Pinot noir 100 %
Blanc : 0,4 hectare.
Aligoté 50 %, Chardonnay 50 %
Production moyenne : 65 000 bt/an

Domaine Henri Perrot-Minot et Domaine Christophe Perrot-Minot, Route des Grands Crus, 21220 Morey-Saint-Denis
Tél. : 03 80 34 32 51   **Fax :** 03 80 34 13 57
E-mail : gfa.perrot-minot@wanadoo.fr
Site : www.perrot-minot.fr
Sur rendez-vous uniquement.
Propriétaire : Christophe Perrot-Minot

■ Domaine Ponsot
CLOS DE LA ROCHE
★★

L e Domaine Ponsot a toujours défendu les vendanges à haute maturité. Ici, peu ou pas de soufre et des élevages en barriques ayant déjà vu plusieurs vins, afin de ne pas écraser «le génie du terroir». Les vins sont d'une grande pureté, même s'ils peuvent flirter avec une pointe d'acidité volatile - compensant ainsi la maturité généreuse du raisin. Ils apportent un éclairage différent sur la notion de grand vin de Bourgogne. Le domaine possède rien moins que 11 Grands crus, complétés par quelque rares «villages».

Les vins : longtemps en Bourgogne, le goût du pinot noir s'est entremêlé intimement avec l'apport du chêne neuf, si bien que l'amateur peu averti sera dérouté par les vins du domaine Ponsot. Pourtant, l'esthétique des vins revêt ici une forme de pureté originelle. Pureté que l'on retrouve dès le morey-saint-denis Les alouettes 2009, où le fruit s'installe en douceur et prend une tonalité envoûtante dans une matière sans fard et profonde. Le chapelle-chambertin offre une forme solide mais raffinée, avec une colonne vertébrale qui assurera sa longévité. Plus facile d'accès par sa texture veloutée, le griotte-chambertin s'impose aussi sur la longueur. Difficile de départager les deux grands crus de Morey. Le clos-saint-denis présente une forme épurée, et son fruit aux senteurs de coulis de framboises exprime sa complexité après dix à vingt minutes d'aération. Le clos-de-la-roche, une des plus belles réussites du millésime, offre une étoffe plus épaisse mais une densité accrue. Il lui faut une bonne aération pour faire ressortir toutes ses nuances et sa magnifique harmonie. Quant au morey-saint-denis Clos des Mont luisants blanc 2009, il constitue lui aussi une réussite majeure. A la lecture des vins que nous avons pu déguster, sur les millésimes récents et antérieurs, de leur qualité et de leur régularité, un domaine en route vers la troisième étoile.

☐ Morey-Saint-Denis Premier Cru
   Clos des Monts Luisants 2009   n.c.   16,5
■ Chapelle-Chambertin 2009   n.c.   18,5
■ Clos de la Roche 2009   n.c.   20
■ Clos Saint-Denis 2009   n.c.   19,5
■ Griotte-Chambertin 2009   n.c.   18,5
■ Morey-Saint-Denis Premier Cru
   Cuvée des Alouettes 2009   n.c.   17,5

Rouge : 10 hectares.
Pinot noir 100 %
Blanc : 1 hectare.
Aligoté 100 %
Production moyenne : 50 000 bt/an

Domaine Ponsot, 21, rue de la Montagne, 21220 Morey-Saint-Denis
Tél. : 03 80 34 32 46   **Fax :** 03 80 58 51 70
E-mail : contact@domaine-ponsot.com
Site : www.domaine-ponsot.com
Pas de visites.
Propriétaire : Laurent Ponsot
Directeur : Laurent Ponsot

■ Domaine Emmanuel Rouget
VOSNE-ROMANÉE
★★

Emmanuel Rouget a fait ses classes dès 1979 avec le célèbre Henry Jayer, son oncle. En 1985, le neveu produit son premier vin, avant de reprendre progressivement les vignes de l'emblématique vigneron de Vosne-Romanée, décédé en 2006 - dont le célèbre Cros Parantoux. Les méthodes culturales sont celles apprises à son contact : tailles courtes et rendements raisonnés. En cave, respect du raisin sain, sans excès de maturité afin de préserver la fraîcheur et l'acidité du pinot. Emmanuel Rouget est sans doute le seul vrai héritier du style Jayer, cette recherche de vins fins, élégants et racés, au fruité intense et dont la complexité grandit avec le temps. Depuis 2002, il pratique des élevages plus longs sur lies, sans soutirage. Les vins ont gagné en épaisseur et en profondeur ce qu'ils ont peut-être perdu en spontanéité.

Les vins : D'une grande délicatesse de texture, le simple vosne-romanée offre un grain d'une réelle finesse et une belle persistance sur le fruit.

Le vosne-romanée Les Beaumonts, tout en préservant cette finesse de grain qui fait le charme des vins de ce domaine, est un rien plus marqué par un boisé qui doit encore s'estomper. L'échezeaux, avec un fruit généreux mais tout en nuances et en délicatesse, rivalise d'intensité et de profondeur avec le célèbre Cros Parantoux. Ce dernier offre une matière encore plus serrée mais un toucher de bouche plus ferme et moins soyeux à ce stade, avec une minéralité plus affirmée.

■ Echézeaux Grand Cru 2010   n.c.   18,5
■ Vosne-Romanée 2010   n.c.   15
■ Vosne-Romanée Premier Cru Cros
   Parantoux 2010   n.c.   19
■ Vosne-Romanée Premier Cru Les
   Beaumonts 2010   n.c.   17

Rouge : n.c.
Blanc : n.c.
Production moyenne : n.c

Domaine Emmanuel Rouget, 18, route Gilly Les Cîteaux, 21640 Flagey-Echézeaux
Tél. : 03 80 62 86 61   **Fax :** 03 80 62 86 61
Sur rendez-vous.

■ Château de la Tour
CLOS DE VOUGEOT
★★

Ce château est le seul à être situé dans le Clos de Vougeot, dont il est également le propriétaire principal. Le domaine a commencé à mettre en bouteilles dans les années 1930. Tombé bien bas en qualité dans les années 1970 et début 1980, il est fortement remonté en qualité grâce à François Labet. Lorsqu'il n'est pas aux quatre coins du monde pour présenter son vin, ce dernier aime à se retrouver dans ce magnifique vignoble. On le comprend. S'il a fait appel, sur quelques millésimes, aux conseils de l'œnologue Jean-Pierre Confuron, il travaille depuis le millésime 2009 avec Sylvain Pataille. Le vin est aujourd'hui à son plus haut niveau. La vinification de raisins entiers et l'élevage en fûts partiellement neufs donnent une matière de grande qualité. La cuvée Vieilles Vignes porte encore plus haut ces qualités, à l'égal des plus grands.

Les vins : la cuvée classique donne la tonalité d'un vin raffiné avec un fruit bien équilibré. Plus sombre et plus profonde, la cuvée vieilles vignes offre un supplément de sève. On est allé chercher une plus grande maturité que l'on ressent dans cette fin de bouche chaleureuse, chocolatée, tenue par des tanins puissants qui doivent encore s'assagir.

- ■ Clos de Vougeot Grand Cru 2010   n.c.   17
- ■ Clos de Vougeot Grand Cru Vieilles
  Vignes 2010   n.c.   18,5

Rouge : 6 hectares.
Pinot noir 100 %
Château de la Tour, Clos de Vougeot, 21640 Vougeot
Tél. : 03 80 62 86 13 **Fax :** 03 80 62 82 72
E-mail : contact@chateaudelatour.com
Site : www.chateaudelatour.com
Tous les jours de mai à novembre sauf le mardi. Sur rendez-vous pour les groupes.
Propriétaire : François Labet

■ Domaine Arlaud
MOREY-SAINT-DENIS
★

A vec l'arrivée de la jeune génération, le domaine Arlaud s'impose comme l'un des plus passionnants de Morey-Saint-Denis. Bertille, la sœur, est aux labours avec son cheval. Tandis que Cyprien et Romain interviennent en cave comme dans les vignes. Le trio a perçu rapidement qu'il n'était nul besoin d'élaborer des vins extraits pour viser l'excellence : des raisins sains et de haute qualité suffisent. Avec un travail des sols portant ses fruits et des élevages de mieux en mieux maîtrisés - même si quelques petits réglages demeurent nécessaires - les vins sont d'une grande pureté, fins et très élégants. Dont un clos-saint-denis vinifié en vendange partiellement égrappée. Somptueux.

Les vins : le hautes-côtes-de-nuits blanc est frais, sapide et légèrement salin, avec de beaux amers en finale. Le bourgogne Roncevie gagne en volume millésime après millésime, tout en gardant cette forme effilée, avec une légère note sucrée en finale. Le morey-saint-denis est frais, délié, mais onctueux ; il a cette appétence des 2010, mais avec une magnifique fraîcheur. Avec le Ruchots, on monte en volume de bouche. Sur une maturité encore plus aboutie, il conjugue volume et finesse. Le gevrey-chambertin Les Combottes est merveilleux de pureté, avec une petite touche de bois précieux et beaucoup de délicatesse. Le charmes-chambertin est très vivant, avec un fruit charnu et une maturité supérieure aux autres grands crus ; c'est délicat mais intense. Le bonnes-mares possède le raffinement de son terroir, il est doté d'une maturité

de fruit où la fraîcheur acidulée donne le ton et de l'éclat à ce vin très typé Chambolle-Musigny. Le clos-de-la-roche est lardé/fumé, tenu par une structure ferme donnant du relief. Tout en finesse, le clos-saint-denis est distingué, sans avoir l'épaisseur du fruit du charmes-chambertin ou cette empreinte minérale du clos-de-la-roche. A l'inverse, sa délicatesse reste son atout majeur. Nous constatons un véritable progrès de l'ensemble des vins, grâce à des élevages plus justes et plus précis. Bravo.

- ☐ Bourgogne Hautes-Côtes de
  Nuits 2010   14 € cav.   14
- ■ Bonnes-Mares Grand
  Cru 2010   180 € cav. 18,5
- ■ Bourgogne Roncevie 2010   15 € cav.   13
- ■ Charmes-Chambertin Grand
  Cru 2010   90 € cav.   18
- ■ Clos de la Roche Grand
  Cru 2010   95 € cav. 17,5
- ■ Clos Saint-Denis Grand
  Cru 2010   140 € cav.   18
- ■ Gevrey-Chambertin Premier Cru
  Aux Combottes 2010   51 € cav.   16
- ■ Morey Saint-Denis Premier Cru Les
  Ruchots 2010   51 € cav.   15
- ■ Morey-Saint-Denis 2010   38 € cav.   14

Rouge : 14,3 hectares.
Pinot noir 100 %
Blanc : 1 hectare.
Aligoté 79 %, Chardonnay 21 %
Production moyenne : 70 000 bt/an
❀ Certifié en agriculture bio ou biodynamique

Domaine Arlaud, 41, rue d'Epernay, 21220 Morey-Saint-Denis
Tél. : 03 80 34 32 65 **Fax :** 03 80 34 10 11
E-mail : contact@domainearlaud.com
Site : www.domainearlaud.com
Sur rendez-vous uniquement.
Propriétaire : Arlaud

■ Domaine de l'Arlot
NUITS-SAINT-GEORGES
★

B elle parcelle de 4 hectares, le Clos de l'Arlot a donné son nom au domaine, propriété d'AXA Millésimes depuis 1987. Ce clos monopole qui entoure le bâtiment donne le blanc le plus original et le plus séducteur de la Côte de Nuits. L'autre vedette est le Clos des Forêts Saint-Georges, qui associe puissance et élégance dans un équilibre presque parfait. Les vinifications des rouges ont progressé ces dernières années avec la volonté de donner un peu plus de densité de matière, sans altérer la finesse issue du terroir.

Les vins : le nuits-saint-georges blanc Clos de l'Arlot se cisèle sur les agrumes. Vif, minéral, salin, juste magnifique, il propose un fruit riche et doux, sans gras, malgré le millésime solaire. Somptueux ! Le Clos des Forêts Saint-Georges, aux tanins bien enrobés, s'avère puissant, chocolaté, riche, volumineux : un très grand vin. Les Suchots se révèle et se réveille en douceur, grâce à un toucher de bouche d'une grande amabilité, nourri par un fruit onctueux, mûr et des tanins matures. Quatre superbes vins à ne pas manquer.

☐ Nuits-Saint-Georges Premier Cru
Clos de l'Arlot 2009   46 €   16,5
■ Nuits-Saint-Georges Premier Cru
Clos de l'Arlot 2009   44 €   17
■ Nuits-Saint-Georges Premier Cru
Clos des Forêts
Saint-Georges 2009   44 €   17
■ Vosne-Romanée Premier Cru Les
Suchots 2009   60 €   17

Rouge : 12 hectares.
Pinot noir 100 %
Blanc : 2 hectares.
Chardonnay 96 %, Pinot gris 4 %
Production moyenne : 60 000 bt/an

Domaine de l'Arlot, RN 74, 21700 Prémeaux-Prissey
Tél. : 03 80 61 01 92   **Fax :** 03 80 61 04 22
E-mail : contact@arlot.fr
Vente : au domaine
Du lundi au vendredi sur rendez-vous.
Propriétaire : AXA Millesimes
Directeur : Jacques Devanges

■ Domaine Bart

MARSANNAY

★

Il y a une cinquantaine d'années, le domaine André Bart ne possédait que six hectares de vignes. Sa surface a été notablement étendue avec l'apport par héritage d'une partie du célèbre domaine Clair-Daü. Arrivés au domaine en 1982, les deux enfants, Martin et Odile, ont fondé un Groupement agricole d'exploitation en commun (GAEC) en 1987, pour continuer l'exploitation, avec des vins de style classique. Toujours de bonne facture, ces vins ont depuis quelques années gagné en régularité et en franchise d'expression. Les prix sont restés raisonnables et le domaine est très vite dévalisé.

Les vins : tirant sur une note très pamplemousse, le santenay blanc En Bievau apparaît gras, rond et gourmand, souple et facile. Parmi les marsannays rouges, Les Grands Vignes est droit, ciselé, nerveux, mais avec un fruit éclatant, des tanins solides et puissants, mais équilibrés. Les Echézots offre un fruit plus gourmand, tout en restant dans ce profil de fruit frais et croquant ; c'est ciselé mais bien nourri d'un fruit juteux. Le Longeroies est le plus massif : il dévoile un milieu de bouche plus nourri et une finale tout en finesse revenant sur une belle note acidulée avec un joli grain de tanin. Les Saint-Jacques sent la cerise bien juteuse, il est fin, aérien mais intense. Doté d'une matière profonde Le Clos du Roy est fin en attaque, onctueux en milieux de bouche et tendre en finale ; c'est le plus velouté de la gamme. Les Champs Salomon est distingué, avec un beau toucher de bouche. Le fixin Les Harvelets est délicat et raffiné, et offre un fruit pur qui se livre tout en nuances. Il y a de la vendange entière dans le bonnes-mares plein en bouche, gras, doté d'un fruit magnifique. C'est un vin charnel mais qui renferme toute l'élégance de Chambolle-Musigny.

☐ Santenay En Bievau 2010   n.c.   14,5
■ Bonnes-Mares Grand Cru 2010   n.c.   18
■ Fixin Premier Cru Les
Hervelets 2010   n.c.   15
■ Marsannay Les Champs
Salomon 2010   n.c.   15,5
■ Marsannay Les Clos du Roy 2010   n.c.   15
■ Marsannay Les Echézots 2010   n.c.   14,5
■ Marsannay Les Grands
Vignes 2010   n.c.   14,5
■ Marsannay Les Longeroies 2010   n.c.   14,5
■ Marsannay Les
Saint-Jacques 2010   n.c.   15

Rouge : 18 hectares.
Pinot noir 100 %
Blanc : 2,8 hectares.
Aligoté 55 %, Chardonnay 45 %
Production moyenne : 75 000 bt/an

Domaine Bart, 23, rue Moreau, 21160 Marsannay-la-Côte
Tél. : 03 80 51 49 76   **Fax :** 03 80 51 23 43
E-mail : domaine.bart@wanadoo.fr
Vente : au domaine

Sur rendez-vous.
Propriétaire : Famille Bart

■ Domaine Vincent et Denis Berthaut

FIXIN

★

L a sixième génération représentée par Denis et Vincent Berthaut dirige le domaine depuis 1975. Pendant longtemps, les vins étaient tanniques et robustes ; ils avaient ensuite un peu changé de style grâce à une maturité plus poussée des raisins et à des extractions moins fortes, du moins le croyait-on... Hélas, depuis quelques années la parenthèse est de nouveau fermée, sauf millésime très mûr comme 2003. Les vins sont toujours denses et compacts, mais leur haut niveau tannique implique une garde obligatoire d'au moins cinq ans ; c'est alors qu'apparaîtra leur franchise. Ils possèdent déjà une belle finesse de texture.

Les vins : avec un fruit acidulé, le fixin se montre fin et élancé, voire légèrement mordant, avec un tanin ferme. Structure plus affirmée et fruit mat pour Les Crais, qui se démarque du lot. Le fixin Le Clos s'impose par sa densité de chair, sur une texture veloutée avec un supplément d'onctuosité. Le gevrey villages Clos des Chezaux rivalise par une puissance accrue, mais sa texture s'avère moins douce. Le gevrey-chambertin Les Cazetiers domine la production, son fruit est plus éclatant, l'équilibre et l'intensité sont accrus.

■ Fixin 2010	n.c.	14
■ Fixin Le Clos 2010	n.c.	15
■ Fixin Les Crais 2010	n.c.	14,5
■ Gevrey-Chambertin Clos des Chézeaux 2010	n.c.	15
■ Gevrey-Chambertin Premier Cru Les Cazetiers 2010	n.c.	16

Rouge : 13 hectares.
Pinot noir 100 %
Domaine Vincent et Denis Berthaut, Domaine Berthaut, 9, rue Noisot, 21220 Fixin
Tél. : 03 80 52 45 48 **Fax :** 03 80 51 31 05
E-mail : denis.berthaut@wanadoo.fr
Site : www.domaine-berthaut.com
Vente : au domaine
Du lundi au vendredi de 9h à 12h et de 14h à 18h, samedi de 10h à 12h et de 14h à 18h, dimanche de 10h à 12h.
Propriétaire : Vincent et Denis Berthaut

■ Jean-Claude Boisset

NUITS-SAINT-GEORGES

★

J ean-Claude Boisset est à la tête d'un empire en Bourgogne regroupant plus d'une trentaine de marques. Longtemps associé à la production de vins moyens, voire médiocres, il a engagé depuis 1999 un changement de cap avec la création du domaine de la Vougeraie. Une seconde étape a été franchie en 2002 avec le repositionnement sur le créneau haut de gamme de sa marque phare : Jean-Claude Boisset. Pour y parvenir, il en a confié les rênes à un vinificateur de talent formé chez Lalou Bize-Leroy, Grégory Patriat. La production a été divisée par dix, un nouvel outil de vinification ultramoderne a été construit et une politique intelligente et exigeante d'achat de raisins est désormais menée. Le résultat est spectaculaire et les vins font aujourd'hui partie de l'élite bourguignonne.

Les vins : l'auxey-duresses blanc Les Crais est vif, droit, ciselé. Le santenay premier cru Beaurepaire est plein, d'un bloc, avec une matière tranchante. Bien typé, le meursault est frais, avec une note de citron et un beau volume de bouche. Très belle retranscription du terroir avec le puligny-montrachet où priment la finesse et l'intensité. Le meursault-perrières est porté par des amers doux une note citronnée ; il valorise la finesse plus que la puissance. Il y a une très belle progression dans les blancs dans la gestion de l'élevage, les vins sont moins lactiques et le fruit beaucoup plus épuré. Dans la gamme des rouges, le ladoix premier cru Hautes Mourottes offre un fruit croquant. Le nuits-saint-georges Les Charbonnières exprime une note de mine de crayon et révèle une belle fraîcheur végétale dans une bouche ciselée. Le chambolle-musigny sent la violette, il est fin mais velouté : un joli vin soyeux et charnu. Plus timide et plus replié sur sa structure, le chambolle-musigny Les Charbannes se montre moins en chair mais plus long, avec un élevage qui sèche légèrement. Le gevrey-chambertin Les Jeunes Rois est plein d'un fruit juteux, et ses tanins sont extrêmement soyeux et fins. Déjà fort gourmand. Le chambolle-musigny premier cru Les Charmes apparaît un peu plus lactique, mais la bouche est franche avec un fruit plein, net, gras, savoureux et tenu par des tanins fermes. Si le clos-de-la-roche se révèle riche gras et assez tendre, il manque un peu de largeur d'épaules pour un grand cru.

☐ Auxey-Duresses Les Crais 2010	n.c.	14

☐ Meursault 2010	n.c.	16,5
☐ Meursault Premier Cru Les Perrières 2010	n.c.	17,5
☐ Puligny-Montrachet 2010	n.c.	16,5
☐ Santenay Premier Cru Beaurepaire 2010	n.c.	15,5
■ Chambolle-Musigny 2010	n.c.	15
■ Chambolle-Musigny Les Chardannes 2010	n.c.	15
■ Chambolle-Musigny Premier Cru Les Charmes 2010	n.c.	16,5
■ Clos de la Roche Grand Cru 2010	n.c.	17
■ Gevrey-Chambertin Les Jeunes Rois 2010	n.c.	15,5
■ Ladoix Premier Cru Hautes Mourottes 2010	n.c.	14
■ Nuits-Saint-Georges Les Charbonnières 2010	n.c.	14,5

Rouge : Achats raisins.
Pinot noir 100 %
Blanc : Achats raisins.
Chardonnay 100 %
Production moyenne : 100 000 bt/an

Jean-Claude Boisset, Les Ursulines, 5, quai Dumorey, 21700 Nuits-Saint-Georges
Tél. : 03 80 62 61 61 **Fax :** 03 80 62 61 59
E-mail : jcb@jcboisset.com
Site : www.jcboisset.com
Vente : au domaine
De 10h à 19h à l'Imaginarium, avenue du Jura, 21700 Nuits-Saint-Georges. Tél. 03 80 62 61 40.
Propriétaire : Jean-Claude Boisset
Directeur : Alexandre Graffard

■ Domaine René Bouvier
GEVREY-CHAMBERTIN
★

Bernard Bouvier incarne la jeune génération de vignerons qui ont apporté à la Bourgogne un sang neuf. Après avoir, comme beaucoup d'autres, cédé aux sirènes des vins modernes et très extraits, il a corrigé le tir et les vins tendent à exprimer davantage de finesse. Cela a valu au domaine sa première étoile l'année dernière. Mais attention : s'il a bien progressé, il ne faudrait pourtant pas que ses vins soient débordés par un élevage trop ostentatoire.

Les vins : le marsannay En Ouzeloy présente un fruit magnifique de fraîcheur, tirant sur la groseille, et révèle en bouche une solide assise tannique. Plus riche et plus gras, le Longeroies surfe sur un boisé légèrement plus sucré qui densifie le vin ; la bouche se montre pourtant moins éclatante et réserve une finale amère. Le Clos du Roy s'avère plus distingué : il se montre long, frais et offre une belle chair. Le fixin Crais de Chêne apparaît plus tendu, sur des tanins fins et puissants. Dommage que son boisé sèche la fin de bouche ! Le gevrey-chambertin La Justice est délicieux, doux et avec du volume. Les Jeunes Rois décline un très beau fruit mûr aux tanins fins et enrobés, malgré un boisé pas totalement harmonieux. Le Racines du Temps se montre légèrement poudré, mais le fruit reste plein. Le vosne-romanée Les Croix Blanches est hédoniste, léger, ses tanins se révèlent doux et soyeux. Le chambolle-musigny Les Fuées, plus incisif, contient une acidité donnant du tonus en fin de bouche – là aussi, l'élevage se met en avant. Le gevrey-chambertin Les Fontenys se cale sur la mine de crayon, avec une matière serrée et un fruit comprimé par la barrique neuve. Même si les tanins sont fins, cela sèche. L'échezeaux profite d'un parfum délicat, d'une texture veloutée et d'un fruit doux, dans une bouche en harmonie avec son élevage. Le charmes-chambertin possède de la densité, avec un côté massif, plein, charpenté et trapu. Dans l'ensemble, les vins affichent un bon niveau. Nous regrettons cependant une forte amertume liée à des boisés appuyés, alors que l'élevage devrait magnifier leur pureté et leur élégance.

■ Chambolle-Musigny Premier Cru Les Fuées 2010	66 €	15,5
■ Charmes-Chambertin Grand Cru 2010	76 €	17
■ Echezeaux Grand Cru 2010	95 €	17,5
■ Fixin Crais de Chêne 2010	23 €	14
■ Gevrey-Chambertin La Justice 2010	27 €	14
■ Gevrey-Chambertin Les Jeunes Rois 2010	34,30 €	14
■ Gevrey-Chambertin Premier Cru Les Fontenys 2010	57 €	15
■ Gevrey-Chambertin Racines du Temps 2010	42 €	14,5
■ Marsannay Clos du Roy 2010	24 €	14
■ Marsannay En Ouzeloy 2010	19 €	13,5
■ Marsannay Longeroies 2010	19 €	13
■ Vosne-Romanée Les Croix Blanches 2010	43 €	15,5

Rouge : 13 hectares.
Pinot noir 100 %
Blanc : 4 hectares.
Chardonnay 100 %
Production moyenne : 100 000 bt/an

Domaine René Bouvier, Chemin de
Saule-Brochon, 21220 Gevrey-Chambertin
Tél. : 03 80 52 21 37 **Fax :** 03 80 59 95 96
E-mail : rene-bouvier@wanadoo.fr
Vente : au domaine
Pas de visites.
Propriétaire : Bernard Bouvier

■ Domaine Pierre Damoy
CHAMBERTIN-CLOS-DE-BÈZE
★

Pierre Damoy est en charge de ce prestigieux domaine depuis 1992. Il possède et exploite la plus grande surface en propriété individuelle du fameux Grand cru Clos de Bèze (plus de 5 hectares), ce qui l'autorise à procéder à des sélections sévères pour ses mises en bouteilles et à présenter deux cuvées. Son autre point fort est une très vieille vigne sur Chapelle-Chambertin, cru irrégulier, plus souple et plus tendre que son Chambertin. La viticulture est raisonnée depuis de nombreuses années, sans apport d'engrais, et chaque cep est suivi de près. Il en résulte des vins très classiques, d'un grand naturel d'expression, une des traductions les plus abouties du terroir.

Les vins : le simple bourgogne est déjà un vin qui a du fond, un fruit croquant et beaucoup de mâche. Le marsannay offre un jus délicieux, un rien porté par son bois, mais le grain de tanin est joli. Le gevrey-chambertin Clos Tamisot apparaît sombre, dense, là aussi porté par son élevage, mais il y a une belle trame et un fruit très plein en bouche. Le chapelle-chambertin est puissant, musclé. Derrière un beau volume, on perçoit un soupçon de bois en trop qui empêche la fin de bouche d'être plus gracieuse. Le chambertin Clos de Bèze est, lui aussi, légèrement poudré au nez, mais reste très distingué. La bouche est magnifique d'élégance, avec une matière serrée mais qui se détend en finale. Marqué par une plus forte réduction, le chambertin impose son autorité, il est à la fois plus racé et solide, mais avec un très bel équilibre. C'est la grande réussite du domaine en 2010.

■ Bourgogne 2010	15 €	13
■ Chambertin Clos de Bèze Grand Cru 2010	95 €	18
■ Chambertin Grand Cru 2010	100 €	18,5
■ Chapelle-Chambertin Grand Cru 2010	80 €	17
■ Gevrey-Chambertin Clos Tamisot 2010	40 €	14,5

■ Marsannay Les Longeroies 2010	26 €	13,5

Rouge : 10,47 hectares.
Pinot noir 100 %
Domaine Pierre Damoy, 11, rue du
Maréchal-de-Lattre-de-Tassigny, 21220
Gevrey-Chambertin
Tél. : 03 80 34 30 47 **Fax :** 03 80 58 54 79
E-mail : info@domaine-pierre-damoy.com
Site : www.domaine-pierre-damoy.com
Exclusivement sur rendez-vous.
Propriétaire : Famille Damoy

■ Domaine Robert Groffier Père et Fils
CHAMBOLLE-MUSIGNY
★

Ce domaine, prisé depuis fort longtemps par les amateurs du monde entier, a refusé pendant de longues années de présenter ses vins, prétextant qu'il n'avait rien à vendre. Même s'il n'y a "toujours rien à vendre", Nicolas Groffier, génération montante, qui a rejoint en 2005 le domaine familial, a accepté de nous présenter ses vins. Implanté à Morey-Saint-Denis, le domaine Groffier possède l'essentiel de ses vignes à Chambolle-Musigny, avec, entre autres, une magnifique parcelle de chambolle, Les Amoureuses. Du Village au Grand cru, les vins se révèlent fins, avec ce soyeux de texture qui symbolise à merveille le style du domaine. Comme nous le précise Nicolas Groffier, il cherche "la concentration par les raisins et non en cave". Pari réussi sur toute la gamme.

Les vins : le simple bourgogne est déjà un vin plein, charnu, avec un fruit gourmand, à boire, sans urgence. Le gevrey-chambertin Les Seuvrées, gras et long, tire sur le fruit noir avec une belle richesse en bouche. Légèrement lardé au nez, le chambolle-musigny Les Hauts-Doix a la bouche pleine, mature et profonde. Un rien plus réduit, le chambolle-musigny Les Sentiers dévoile un nez de graphite et de fruits noirs. La bouche reste charnue, son tanin plus pointu. Les Amoureuses est l'archétype du grand chambolle raffiné, à la matière racée, effilée, tendue, nourrie par un fruit généreux, se laissant transpercer par une minéralité fine et prégnante. Le bonnes-mares se montre plus énergique. On a un fruit d'une grande pureté, mais une minéralité sur la longueur. Ce domaine mérite amplement sa première étoile.

■ Bonnes-Mares 2010	n.c.	18,5

- Bourgogne 2010   n.c.   14
- Chambolle-Musigny Les
  Amoureuses 2010   n.c.   18
- Chambolle-Musigny Les
  Sentiers 2010   n.c.   16,5
- Chambolle-Musigny Premier Cru
  Les Hauts Doix 2010   n.c.   16,5
- Gevrey-Chambertin Les
  Seuvrées 2010   n.c.   15

Rouge : 8 hectares.
Pinot noir 0 %
Domaine Robert Groffier Père et Fils, 3, route
Grands-Crus, 21220 Morey-Saint-Denis
Tél. : 03 80 34 31 53   **Fax :** 03 80 34 15 48
Sur rendez-vous.
Propriétaire : Mme Groffier, Robert et Serge Groffier

■ Domaine Philippe et Vincent Lecheneaut
NUITS-SAINT-GEORGES
★

L es frères Lecheneaut pratiquent une viticulture probe, sans esbroufe. Les vinifications visent à produire des bourgognes de type classique, sans excès de corps ni de couleur mais dotes d'une belle densité de matière et surtout, proposant une expression honnête du terroir.

Les vins : un chambolle-musigny où domine une note de groseille, une structure saillante mais avec un vrai croquant de fruit et une belle fermeté. Avec une note légèrement fumée, le nuits-saint-georges Les Pruliers a un cœur de bouche serré. Il exprime le caractère ferme des vins situés dans la partie sud des Nuits Saint Georges. A l'inverse, Les Damodes, plus floral, regarde vers Vosne-Romanée. Son fruit offre plus de sève et de soyeux, même si ses tanins restent ciselés, respectant l'esprit des vins de ce domaine. Le chambolle-musigny premier cru offre une robe profonde, un nez doux sentant la cerise bien mûre et la violette. La bouche est veloutée, raffinée et profonde. C'est un vin racé. Le morey-saint-denis premier cru a un nez magnifique, avec un fruit légèrement plus mûr, accompagné par une petite note de lard. Il est gras et onctueux avec un beau volume. Le clos-de-la-roche est encore dans l'empreinte de son élevage, avec un boisé fumé, mais le fruit l'encaisse bien. Il est tendu avec une trame fine, mais sa fin de bouche est en queue de paon.

- Chambolle-Musigny 2010   40 € cav.   14

- Chambolle-Musigny Premier
  Cru 2010   60 € cav.   16
- Clos de la Roche Grand
  Cru 2010   100 € cav.   18
- Morey-Saint-Denis Premier
  Cru 2010   50 € cav.   16
- Nuits-Saint-Georges Les
  Damodes 2010   50 € cav.   16
- Nuits-Saint-Georges Premier Cru
  Les Pruliers 2010   60 € cav.   16

Rouge : 9 hectares.
Gamay 5 %, Pinot noir 95 %
Blanc : 1 hectare.
Aligoté 60 %, Chardonnay 40 %
Production moyenne : 40 000 bt/an

Domaine Philippe et Vincent Lecheneaut, 14,
rue des Seuillets, 21700 Nuits-Saint-Georges
Tél. : 03 80 61 05 96   **Fax :** 03 80 61 28 31
E-mail : lecheneaul@wanadoo.fr
Pas de visites.
Propriétaire : Philippe et Vincent Lecheneaut

■ Domaine Chantal Lescure
NUITS-SAINT-GEORGES
★

L 'efficace François Chavériat est depuis plusieurs années à la tête de ce beau domaine de Nuits-Saint-Georges. Grâce à un travail énergique à la vigne, il produit sans aucune concession des vins solides et expressifs qui méritent plusieurs années de garde. La patience est payée en retour, car les vins évoluent remarquablement en bouteilles.

Les vins : malgré une pointe de réduction, le volnay a un fruit magnifique, doux, limpide avec des tanins très soyeux. Le pommard Les Vignots est également net, précis, avec cette fermeté du terroir de pommard, mais un très bel équilibre valorisant un fruit charnu, frais et digeste. Le pommard Les Vaumuriens est plus gras, avec un caractère légèrement solaire. Il est juteux. Le pommard premier cru Les Bertins sent la cerise noire, il est un rien plus comprimé par son élevage, mais possède la chair qui l'accompagne. On monte en densité et en profondeur. Des pommards de belle facture et raffinés. Le beaune premier cru Les Chouacheux a un fruit plus confit et apparaît légèrement plus gras et mat avec des tanins un peu secs. Le nuits-saint-georges Les Damodes livre un nez très élégant sur la pivoine et la peau d'agrumes, avec un très beau toucher de bouche ; c'est vif, droit, ciselé avec un superbe soyeux de milieu de bouche. Des vins de grande qualité, cohérents, raffinés avec une belle maîtrise de la vinification et des tanins toujours mûrs et bien maîtrisés. Voilà de beaux 2010, dont Les Damodes surclasse l'ensemble.

- ■ Beaune Premier Cru Les
  Chouacheux 2010   28 € cav.   14,5
- ■ Nuits-Saint-Georges Les
  Damodes 2010   36 € cav.   16
- ■ Pommard Les
  Vaumuriens 2010   28 € cav.   15,5
- ■ Pommard Les Vignots 2010   28 € cav.   14
- ■ Pommard Premier Cru Les
  Bertins 2010   40 € cav.   15,5
- ■ Volnay 2010   26 € cav.   14

Rouge : 16,6 hectares.
Pinot noir 100 %
Blanc : 1,7 hectare.
Chardonnay 95 %, Pinot gris 5 %
Production moyenne : 80 000 bt/an
❀ Certifié en agriculture bio ou biodynamique

Domaine Chantal Lescure, 34 A, rue Thurot,
21700 Nuits-Saint-Georges
Tél. : 03 80 61 16 79 **Fax :** 03 80 61 36 64
E-mail : contact@domaine-lescure.com
Site : www.domaine-lescure.com
Vente : au domaine
Lundi au vendredi de 9h à 12h et de 13h30 à 17h. Samedi sur rendez-vous.
Propriétaire : Aymeric Machard de Gramont
Directeur : François Chavériat

■ Domaine Thibault Liger-Belair
Nuits-Saint-Georges
★

L e jeune Thibault Liger-Belair a, en quelques années, brillamment repris le domaine familial en 2002, produisant des vins sans concession, fermes et denses mais sans aucune raideur, qui ont vite trouvé leur place. Les vignes sont cultivées en bio, et même un peu plus, les rendements sont maîtrisés et la vinification, sans emphase, est très consciencieuse. Depuis, millésime après millésime, toutes ces bonnes dispositions sont confirmées avec des vins brillants.
Les vins : Le moulin-à-vent La Roche offre un magnifique fruit, il en remontrerait à bien des vins de la Côte-d'Or. Le moulin-à-vent vieilles

vignes, plus réduit mais avec un fruit gras, se démarque par sa minéralité malgré une petite pointe de chaleur. L'aloxe-corton est dynamique, avec une belle épaisseur de chair et beaucoup de vie. Le nuits-saint-georges La Charmotte affirme sa puissance ; c'est un vin ciselé, tannique mais avec une ossature très nuitonne. Le vosne-romanée Aux Réas, encore plein de gaz, exhibe un fruit plus gras, volumineux mais digeste. Les Saint-Georges offre un nez doux de fruits mûrs et gras, avec des tanins bien enrobés mais encore présents ; il possède du volume et du fond. Superbe. Très belle réussite pour le corton-renardes au nez de raisin non égrappé, charnu sans puissance excessive mais avec une belle allonge, à la fois racé et distingué. Le clos-de-vougeot apparaît puissant, viril ; il campe sur sa structure mais son aristocratie se révèle en fin de bouche. Il faut qu'il se canalise, car il y a une belle gestion de la maturité du fruit. Le charmes-chambertin est gracieux avec un bouquet magnifique, un velouté de texture sublime et une chair qui montre sa densité en fin de bouche. C'est encore une fois le grand vin de ce domaine. Prélevé sur fûts, le richebourg dévoile un fruit qui a souffert mais la bouche, à l'inverse, est ciselée, puissante, volumineuse, tenue par une main de fer et portée par un fruit mature mais frais.

- ■ Aloxe Corton Premier Cru La Toppe
  au Vert 2010   n.c.   14,5
- ■ Charmes-Chambertin Grand
  Cru 2010   n.c.   18,5
- ■ Clos de Vougeot Grand Cru 2010   n.c.   17
- ■ Corton-Renardes Grand Cru 2010   n.c.   17
- ■ Moulin-à-Vent La Roche 2010   n.c.   14,5
- ■ Moulin-à-Vent Les Vieilles
  Vignes 2010   n.c.   14,5
- ■ Nuits-Saint-Georges La
  Charmotte 2010   n.c.   14,5
- ■ Nuits-Saint-Georges Premier Cru
  Les Saint-Georges 2010   n.c.   17
- ■ Richebourg Grand Cru 2010   n.c.   18
- ■ Vosne-Romanée Aux Réas 2010   n.c.   15

Rouge : 10,2 hectares.
Pinot noir 100 %
Domaine Thibault Liger-Belair, 32, rue Thurot,
21700 Nuits-Saint-Georges
Tél. : 03 80 61 51 16 **Fax :** 03 80 61 51 16
E-mail : tligerbelair@wanadoo.fr
Site : www.thibaultligerbelair.com
Sur rendez-vous.
Propriétaire : Thibault Liger-Belair

Domaine Lignier-Michelot
MOREY-SAINT-DENIS

★

C ousin de Romain Lignier, trop tôt disparu, et ami d'enfance de Frédéric Magnien, Virgile Lignier travaille dur pour hisser son domaine parmi l'élite bourguignonne. Jeune vigneron passionné, il voit enfin ses efforts récompensés : les derniers millésimes produits méritent toute l'attention des amateurs. Le style des vins privilégie le fruit et la suavité, ce qui les rend très agréables à boire jeunes.

Les vins : le bourgogne rouge est plus dans un style frais et désaltérant que généreux. Derrière une petite note volatile, le chambolle-musigny offre une matière soyeuse et profonde mais tendue. Si le morey vieilles vignes est plus gras à l'attaque, il est un rien plus sec en finale. Avec En la rue de Vergy, on retrouve le caractère de ronce au nez, mais le vin est assez aimable avec un beau croquant de fruit. Dans les morey-saint-denis premiers crus, Les Chenevery est très doux, souple, déjà fort agréable avec une note lardée et un beau tandem minéralité-acidité en finale. Plus fin à l'attaque, Aux charmes est tout en nuances et en finesse, on aime sa face tendre. Les Faconnières est plein, puissant, avec une touche végétale au nez et en bouche, qui évoque la merise. Il est un rien strict, mais il y a une belle énergie et de la sève. Aux Chezeaux est dominé par un boisé qui donne une note de vernis et cela assèche la bouche. Dans les grands crus, le clos-de-la-roche est aussi marqué par son bois mais le vin a un fruit net, les tanins sont fins, précis et ciselés. Le charmes-chambertin est plus solaire, le fruit plus mûr, donnant un vin large avec une chair qui encaisse mieux son élevage. Le clos-saint-denis a un nez poudré, mais sa finesse plaide pour lui. Le terroir parle, même si l'élevage apporte un bois pas totalement intégré, l'ensemble reste raffiné. Globalement, il y a des fruits nets et précis, des vinifications très respectueuses des raisins, mais les élevages ont tendance à donner de la verdeur aux vins. A suivre.

■ Bourgogne 2010	n.c.	13
■ Chambolle-Musigny 2010	n.c.	14,5
■ Charmes-Chambertin 2010	n.c.	17,5
■ Clos de la Roche Grand Cru 2010	n.c.	17
■ Clos Saint-Denis 2010	n.c.	17
■ Morey-Saint-Denis En la Rue de Vergy 2010	n.c.	14,5
■ Morey-Saint-Denis Premier Cru Aux Charmes 2010	n.c.	16
■ Morey-Saint-Denis Premier Cru Aux Chezeaux 2010	n.c.	15
■ Morey-Saint-Denis Premier Cru Les Chenevery 2010	n.c.	15,5
■ Morey-Saint-Denis Premier Cru Les Faconnières 2010	n.c.	16
■ Morey-Saint-Denis Vieilles Vignes 2010	n.c.	14

Rouge : 8,2 hectares.
Pinot noir 100 %
Blanc : 0,3 hectare.
Chardonnay 100 %
Production moyenne : 45 000 bt/an

Domaine Lignier-Michelot, 11, rue Haute, 21220 Morey-Saint-Denis
Tél. : 03 80 34 31 13 **Fax :** 03 80 58 52 16
E-mail : virgile-lignier@wanadoo.fr
Sur rendez-vous.
Propriétaire : Virgile Lignier

Domaine Alain Michelot
NUITS-SAINT-GEORGES

★

Q ue les amateurs de vins faciles et légers passent leur chemin, il n'y a rien ici pour eux. Epaulé par ses filles, Alain Michelot aime les vins puissants, riches mais sans lourdeur dans les tanins. Il faut leur laisser le temps d'exprimer leur race, car ils sont souvent fermés à double tour durant leur jeunesse. La belle palette des Premiers crus invite à la constitution de caisses panachées.

Les vins : le nuits-saint-georges vieilles vignes est légèrement réglissé, avec des arômes de cuir, de cacao et de fruit très mûr. La bouche vineuse renferme un tanin longiligne qui doit encore s'amadouer. Le nuits-saint-georges Aux Chaignots sent le cassis ; si ses tanins sont fins, il sèche légèrement. Le nuits-saint-georges Aux Champs-Perdrix se montre plus lardé, sa matière est tendre, mais toujours avec cette petite sécheresse. Le nuits-saint-georges Les Cailles est distingué et fin, mais avec une matière serrée bien présente. D'un bel équilibre, le Porêts-Saint-Georges offre des notes de cuir et de tannerie, sur un fruit très doux et un grain lisse et fin. Dans l'ensemble, les vins sont élégants, cohérents, même si, par moments, l'élevage paraît un rien dominant, à l'exception du très beau Porêts-Saint-Georges.

■ Nuits-Saint-Georges Aux
Champs-Perdrix 2009   33,10 € 14,5
■ Nuits-Saint-Georges Premier Cru
Aux Chaignots 2009   34,20 € 14,5
■ Nuits-Saint-Georges Premier Cru
Les Cailles 2009   34,20 € 15,5
■ Nuits-Saint-Georges Premier Cru
Les Porêts-Saint-Georges 2009 34,20 € 16
■ Nuits-Saint-Georges Premier Cru
Les Vaucrains 2009   35 € 16
■ Nuits-Saint-Georges Vieilles
Vignes 2009   24,70 € 13,5

Rouge : 7,7 hectares.
Chardonnay 4 %, Pinot noir 96 %
Blanc : 0,3 hectare.
Production moyenne : 35 000 bt/an

Domaine Alain Michelot, 6, rue Camille-Rodier,
21700 Nuits-Saint-Georges
Tél. : 03 80 61 14 46 **Fax :** 03 80 61 35 08
E-mail : domalainmichelot@orange.fr
Vente : au domaine
Sur rendez-vous.
Propriétaire : Alain Michelot

■ Domaine Philippe Naddef
GEVREY-CHAMBERTIN
★

P hilippe Naddef a débuté en 1983 avec 2,5
hectares légués par son grand-père. Depuis,
il a fait du chemin avec des vins reconnaissables :
solides, colorés et tanniques. L'empreinte du
terroir est très marquée, avec les crus Mazis-
Chambertin, Les Cazetiers ou Les Champeaux,
où le domaine possède beaucoup de très vieilles
vignes. Ces vins, dont la brutalité peut inquié-
ter bon nombre de dégustateurs durant leurs
premières années de vie, vieillissent plutôt bien
et comme les prix n'ont rien d'excessif, cette
adresse demeure une valeur sûre.

Les vins : bon vin de soif, le bourgogne blanc
est un doux mélange d'arômes de tilleul et
d'agrumes. Plus volumineux, le marsannay
blanc affiche une belle énergie. En rouge, le marsannay village est très réglissé, avec un fruit
gourmand et une jolie texture veloutée qui
enrobe des tanins bien gras. Les Genelières, qui
a bénéficié d'un élevage un rien plus ambitieux, offre des notes de fumé et de mine de
crayon. Plus élancé, mais plus sec et moins
gras, il est dominé par une note de cassis frais.
Le gevrey-chambertin vieilles vignes est réduit,

mais, à peine ouvert, il affiche une note de fruits
noirs bien mûrs. La bouche renferme un fruit
tendre et juteux aux tanins bien enrobés et fins.
S'il se montre un rien fermé à l'ouverture, le
gevrey Les Champeaux ne manque pas de distinction avec son magnifique toucher de bouche.
On retrouve une pointe de cassis en arrière-
plan. Les Cazetiers apparaît plus frais, doté
d'une matière plus ciselée, il est plus fin mais
a moins d'ampleur. Le mazis-chambertin est
plein, dense, compact, longiligne, distingué,
doté de beaux tanins tout fins. Le domaine progresse millésime après millésime, les vins sont
moins extraits et le fruit est plus équilibré. Bravo
pour cette belle évolution.

☐ Bourgogne 2010   8,50 € 13
☐ Marsannay Vieilles Vignes 2010 15 € 14
■ Gevrey-Chambertin Premier Cru
Les Cazetiers 2010   52 € 16,5
■ Gevrey-Chambertin Premier Cru
Les Champeaux 2010   42 € 16
■ Gevrey-Chambertin Vieilles
Vignes 2010   30 € 14,5
■ Marsannay 2010   15,50 € 13,5
■ Marsannay Les Genelières 2010 21 € 14
■ Mazis-Chambertin Grand
Cru 2010   92 € 18,5

Rouge : 5 hectares.
Pinot noir 100 %
Blanc : 1 hectare.
Chardonnay 100 %
Production moyenne : 20 000 à 25 000 bt/an

Domaine Philippe Naddef, 30, route des
Grands-Crus, 21220 Fixin
Tél. : 03 80 51 45 99 **Fax :** 03 80 58 83 62
E-mail : domaine.phil.naddef@wanadoo.fr
Site : www.bourgogne-naddef.com
Vente : au domaine
Du lundi au samedi de 9 h à 12 h et de 14 h à
19 h, sur rendez-vous.
Propriétaire : Philippe Naddef

■ Domaine Chantal Remy
CLOS DE LA ROCHE
★

C hef de culture, vinificatrice, commerciale
depuis 1988, Chantal Remy cumule tous
les postes. Ici, pas d'orgueil déplacé en matière
de vinification ou d'élevage : les vins proposent
l'exacte signature du terroir. En contrepartie, il
ne faut pas en attendre une régularité absolue.

Nous constatons néanmoins avec plaisir que, depuis quelques années, les efforts de Chantal Remy sont payants et que ses vins se montrent beaucoup plus homogènes. On ne comprendra réellement leur portée qu'après un vieillissement de douze à quinze ans minimum pour les grands crus.

Les vins : pour les 2010, le morey-saint-denis Clos des Rosiers offre une robe pâle avec un grain de tanins très fin ; c'est un beau vin à l'ancienne, frais, digeste, que l'on a envie de boire sur le moment. Prélevé sur fûts, le latricières-chambertin offre une matière serrée et n'est pas encore totalement en place ; ses tanins doivent encore s'assagir. Le clos-de-la-roche évoque la merise, il y a un surcroît de maturité au nez comme en bouche ; c'est à la fois plein mais avec une belle ossature. Le chambertin s'impose par son raffinement. On a le sentiment qu'il y a quelques raisins non égrappés. La bouche est plus poétique que le clos-de-la-roche mais avec une magnifique énergie. Pour les 2009, le Clos des Rosiers a un fruit mat au nez ; la bouche trouve une expression plus méridionale (notes de lard fumé). La finale est courte. Le latricières-chambertin a besoin d'air, même si le fruit est net ; ses tanins sont saillants et il termine par une pointe de chaleur. Le clos-de-la-roche est moins ciselé mais plus gras avec une chair soyeuse ; ici la structure est enrobée par le fruit. Les 2010 se positionnent bien au-dessus des 2009, qui sont probalement dans une phase ingrate. Mais l'ensemble reste de haute volée.

■ Chambertin Grand Cru 2010	n.c.	18,5
■ Clos de la Roche Grand Cru 2010	n.c.	18
■ Clos de la Roche Grand Cru 2009	85 €	17
■ Latricières-Chambertin Grand Cru 2010	n.c.	17
■ Latricières-Chambertin Grand Cru 2009	92 €	16,5
■ Morey-Saint-Denis Clos des Rosiers 2010	n.c.	14,5
■ Morey-Saint-Denis Clos des Rosiers 2009	60 €	13,5

Rouge : n.c..
Pinot noir 100 %
Blanc : n.c..
Production moyenne : n.c.

Domaine Chantal Remy, 1, place du Monument, 21220 Morey-Saint-Denis
Tél. : 03 80 34 32 59 **Fax :** 03 80 51 09 87
E-mail : domaine.chantal.remy@orange.fr
Site : www.domaine-chantal-remy.com
Vente : au domaine

Tous les jours de 10h à 12h et de 14h à 18h sur rendez-vous, sauf le samedi.
Propriétaire : Chantal Remy

■ Domaine Cécile Tremblay
CÔTE DE NUITS
★

En quelques millésimes, cette talentueuse vigneronne a su s'imposer comme l'une des figures montantes de la nouvelle génération. En 2003, Cécile Tremblay récupérait les vignes de ses arrière-grands-parents. Des parcelles de surface très limitée mais idéalement situées, sur Vosne, Morey, Chambolle ou encore Gevrey. Cécile Tremblay est allée naturellement vers l'agriculture biologique, avec la biodynamie en ligne de mire. Adepte des vinifications en raisins non égrappés, l'intéressée vise moins les vins surpuissants que ceux trouvant leur équilibre à travers la structure et surtout, des textures extrêmement veloutées, en finesse. Du vosne-romanée jusqu'au chapelle-chambertin, ses vins devraient devenir rapidement des références incontournables. Ce domaine a encore évolué dans la pureté de ses vins et dans la définition des crus, nous lui accordons sa première étoile.

Les vins : le bourgogne La Croix Blanche est un beau modèle de générique, fin mais pas maigre, qui a du fruit et une bonne trame tannique. Elégant, floral et épicé, le vosne-romanée vieilles vignes offre des tanins solides qui s'affinent sur la finale. Le chambolle-musigny Les Cabottes est riche, plein, adossé à un fruit mature sans excès qui enrobe des tanins présents mais soyeux. Le morey-saint-denis Très Girard est épicé, poivré avec une pointe de réduction et une bouche superbe, qui repose sur des tanins fermes donnant du relief à l'ensemble. Le vosne-romanée premier cru Les Rouges du Dessus est marqué par une petite acescence à l'ouverture, à l'inverse, la bouche déploie une énergie phénoménale, on est dans le grand vin profond, juteux avec des tanins d'une grande précision. Le vosne-romanée premier cru Les Beaumonts est plus floral et très doux, magistralement velouté. Il a de l'étoffe, de la profondeur et une sève magnifique. Grandiose, quelle émotion ! L'échezeaux est fin, ciselé, peu gras mais énergique, minéral et salin. Sa finesse et son intensité restent ses atouts majeurs. Plus discret au nez, le chapelle-chambertin a une assise magnifique en bouche ; il impose sa stature là où l'échezeaux affirme son énergie. Cécile Tremblay est une grande vigneronne et ses 2010 ne font que le confirmer.

- ■ Bourgogne La Croix Blanche 2010   n.c.   14
- ■ Chambolle-Musigny Les Cabottes 2010   n.c.   15
- ■ Chambolle-Musigny Premier Cru Les Feusselottes 2010   n.c.   17
- ■ Chapelle-Chambertin Grand Cru 2010   n.c.   18,5
- ■ Echezeaux Grand Cru Du Dessus 2010   n.c.   18,5
- ■ Morey-Saint-Denis Très Girard 2010   n.c.   15
- ■ Vosne-Romanée Premier Cru Les Beaumonts 2010   n.c.   17,5
- ■ Vosne-Romanée Premier Cru Les Rouges du Dessus 2010   n.c.   17
- ■ Vosne-Romanée Vieilles Vignes 2010   n.c.   15

Rouge : 4,17 hectares.
Pinot noir 100 %
Domaine Cécile Tremblay, 1, rue de la Fontaine, 21700 Vosne-Romanée
Tél. : 03 45 83 60 08   **Fax :** 03 80 23 95 09
E-mail : domainetremblay@yahoo.fr
Site : www.domaine-ceciletremblay.com
Sur rendez-vous.
Propriétaire : Cécile Tremblay

■ Domaine de la Vougeraie

VOUGEOT

★

E n charge du domaine depuis sa création en 1999, Pascal Marchand a passé la main en 2006 à un nouveau régisseur, Pierre Vincent. Créée de toutes pièces à partir des plus beaux terroirs de la famille Boisset, cette propriété est censée incarner la volonté d'exigence et de qualité du groupe. Un pari réussi même si nous avions émis, par le passé, quelques doutes à propos de certaines cuvées qui avaient tendance à sécher.

Les vins : le beaune blanc est marqué par une légère présence du bois, mais le vin est tendu comme un arc, on a presque une sensation tannique. Un vin bien défini et précis. Le vougeot blanc premier cru tire sur une note pamplemousse, c'est ciselé, sur un magnifique équilibre. Le corton-charlemagne a une petite prise de bois au nez, mais la bouche est tendue et offre un

beau volume ; son énergie va crescendo et il s'impose en douceur sur un registre d'agrumes. En rouge, le chambolle-musigny est légèrement réduit mais pur. Il recèle une matière serrée qui révèle un bel équilibre dans la maturité du fruit. Le gevrey-chambertin Les Evocelles sent le coulis de framboises. Sur des tanins incisifs mais pas durs, il campe sur sa structure et dévoile une petite sécheresse en finale. Le beaune Les Grèves doit se mettre en place, il est probablement perturbé par une mise en bouteilles récente. Le nuits-saint-georges Les Damodes premier cru possède un fruit magnifique et ce velouté des nuits-saint-georges situés côté Vosne-Romanée. Il y a une belle cohérence entre la vinification et son terroir. Le vougeot premier cru Les Cras est très plein et gras : il a de la sève et de la profondeur. Le corton rouge Clos du Roi exprime un fruit magnifique : viande, cuir, fruits noirs, c'est gras, plein, compact et solide. Le clos-vougeot se montre à la fois raffiné et sérieux. Il possède l'assise de son terroir et révèle, derrière une trame serrée, un élevage pas totalement intégré. Plus gras, plus volumineux et plus profond, le charmes-chambertin s'impose par une belle masse de tanins extrêmement fins. Le bonnes-mares est très minéral et tonique, mais d'un raffinement majeur. Le musigny s'impose au sommet par cette texture fine et délicate, doublée d'une énergie et de cette persistance phénoménale, singularité d'un terroir d'exception. Superbe.

- ☐ Beaune 2010   23 €   14
- ☐ Corton-Charlemagne Grand Cru 2010   110 €   17,5
- ☐ Vougeot Premier Cru Le Clos Blanc de Vougeot 2010   59 €   16,5
- ■ Beaune Premier Cru Les Grèves 2010   39 €   14,5
- ■ Bonnes-Mares Grand Cru 2010   98 €   18
- ■ Chambolle-Musigny 2010   36 €   14,5
- ■ Charmes-Chambertin Grand Cru Les Mazoyères 2010   73 €   18
- ■ Clos de Vougeot Grand Cru 2010   72 €   17,5
- ■ Corton Grand Cru Le Clos du Roi 2010   60 €   17,5
- ■ Gevrey-Chambertin Les Evocelles 2010   31 €   14
- ■ Musigny Grand Cru 2010   420 €   19,5
- ■ Nuits-Saint-Georges Premier Cru Les Damodes 2010   49 €   16
- ■ Vougeot Premier Cru Les Cras 2010   49 €   16,5

Rouge : 29 hectares.

Pinot noir 100 %
Blanc : 5 hectares.
Chardonnay 100 %
Production moyenne : 120 000 bt/an
❀ Certifié en agriculture bio ou biodynamique

Domaine de la Vougeraie, 7 bis, rue de l'Eglise,
21700 Prémeaux-Prissey
Tél. : 03 80 62 48 25 **Fax :** 03 80 61 25 44
E-mail : vougeraie@domainedelavougeraie.com
Site : www.domainedelavougeraie.com
Vente : au domaine
Sur rendez-vous uniquement.
Propriétaire : Famille Boisset

■ Domaine Dupont-Tisserandot

GEVREY-CHAMBERTIN

L es vins de ce vénérable domaine de Gevrey-Chambertin - la quatrième génération est actuellement aux commandes - sont vinifiés par Didier Chevillon, le gendre de Bernard Dupont. Sur les 20 ha du vignoble, plus de 2 ha sont situés sur le terroir des Cazetiers, avec des vignes de plus de 45 ans. L'âge du vignoble est encore plus élevé sur Charmes Chambertin (50 ans) et cela va jusqu'à 60 ans sur Mazis-Chambertin. Dans le chai, les raisins sont totalement égrappés et la préfermentation à froid dure une semaine environ. Les vins sont donc de style plutôt moderne, mais sans excès.

Les vins : le bourgogne pinot noir est dans un style fin, ciselé et frais. Le ladoix est marqué par des tanins saillants peu enrobés. Le marsannay Les Echezeaux est frais, avec un fruit qui évoque la groseille. Le nuits-saint-georges manque un peu de netteté dans la nature du fruit avec des tanins pointus, même s'il y a du jus. Le gevrey-chambertin vieilles vignes est droit avec un fruit net et une structure très en avant. Le Clos Prieur a la même trame, un peu serrée, il est sans exubérance et il faut aller le chercher. La Petite Chapelle est tout en finesse, plus en attaque qu'un vin de fond, mais elle a une belle texture et de la séduction. Avec Cazetiers, on monte en complexité, en profondeur. Le vin est très pur, net, droit sans fioritures. Un rien plus élevé, le Lavaux Saint-Jacques impose sa stature, mais avec distinction. Le fruit là aussi est précis. Dans les grands crus, le corton Le Rognet a une belle finesse d'attaque mais de la puissance aussi : c'est un vin musclé. D'une grande fraîcheur, le charmes-chambertin est dense, compact, terrien mais avec un fruit très ciselé. Plus enraciné dans

sa terre que charmeur. Plus délicat au nez, le mazis-chambertin offre un fruit encore plus épuré. Dans l'ensemble, les vins sont dans un style vif, franc, frais et tendu, ils sont musclés mais pas durs, peu gras mais structurés. Si le charmes s'impose par sa corpulence et sa sève en bouche, le mazis-chambertin s'affirme par son raffinement.

■ Bourgogne 2010		n.c.	13
■ Charmes-Chambertin Grand Cru 2010		n.c.	17
■ Corton Grand Cru Le Rognet 2010		n.c.	16,5
■ Gevrey-Chambertin Clos Prieur 2010	31 € cav.		14,5
■ Gevrey-Chambertin Premier Cru Cazetiers 2010	57 € cav.		15,5
■ Gevrey-Chambertin Premier Cru Lavaux Saint-Jacques 2010	57 € cav.		16
■ Gevrey-Chambertin Premier Cru Petite Chapelle 2010	57 € cav.		15,5
■ Gevrey-Chambertin Vieilles Vignes 2010	30 € cav.		14,5
■ Ladoix 2010	20 € cav.		13,5
■ Marsannay Les Echezeaux 2010		n.c.	14
■ Mazis-Chambertin Grand Cru 2010		n.c.	17
■ Nuits-Saint-Georges 2010	30 € cav.		14,5

Rouge : 19,3 hectares.
Pinot noir 100 %
Blanc : 0,6 hectare.
Production moyenne : 50 000 bt/an

Domaine Dupont-Tisserandot, 2, place des Marronniers, 21220 Gevrey-Chambertin
Tél. : 03 80 34 10 50 **Fax :** 03 80 58 50 71
E-mail : dupont.tisserandot@orange.fr
Site : www.duponttisserandot.com
Vente : au domaine
Pas de visites.
Propriétaire : Marie Françoise Guillard et Patricia Chevillon

■ Domaine d'Eugénie

VOSNE-ROMANÉE

E n 2006, François Pinault, propriétaire du château Latour dans le Médoc, rachète le domaine René Engel, qu'il rebaptise domaine d'Eugénie. Frédéric Engerer, directeur du château Latour, supervise la production avec la complicité de Michel Maillard, un jeune œnologue, et de Pénélope Godefroy, ingénieur agronome. Le domaine possède des parcelles idéalement situées sur Vosne-Romanée, avec un splendide et rare grands-échezeaux. Le clos-vougeot est lui aussi magnifiquement situé. Le domaine est conduit en lutte raisonnée avec des essais en biodynamie sur certaines parcelles. On y pratique le labour des sols et les désherbants chimiques sont proscrits. Si ce domaine privilégie la finesse, les vins ne manquent ni de puissance ni d'élégance. Il propose une belle gamme cohérente, qui peut encore progresser en termes de texture et d'élevage, sans que cela constitue un réel handicap à ce jour.

Les vins : le vosne-romanée apparaît légèrement réduit, mais son fruit plus net et plus limpide (jolie note de ronce) dénote d'un élevage qui s'améliore. Sa bouche, d'une grande finesse, révèle un vin élégant et nuancé. Le Clos d'Eugénie évolue tout en finesse, avec un élevage un rien plus marqué. Dominé par une note boisée, le premier cru Aux Brûlées exprime pourtant une grande délicatesse de texture. Pour l'échezeaux, même constat, la note de boisé présente au nez n'altère pas la bouche d'une grande pureté, au fruit net, ciselée et très aérienne. Avec une sensation de raisin entier dans le grands-échezeaux, on gagne en finesse et en délicatesse, mais aussi en volume de bouche, avec une grande intensité de fruit et des tanins très doux. Le clos-de-vougeot, fin et racé, dégage une belle puissance. Les vins ont gagné en finesse et en élégance plus qu'en puissance, même si les élevages, toujours un peu marqués, peuvent encore progresser.

■ Clos Vougeot 2010	265 € cav.	17,5
■ Echezeaux 2010	205 € cav.	16,5
■ Grands-Echezeaux 2010	223 € cav.	17
■ Vosne-Romanée 2010	50 € cav.	14
■ Vosne-Romanée Clos d'Eugénie 2010	66 € cav.	14,5
■ Vosne-Romanée Premier Cru Aux Brûlées 2010	126 € cav.	15

Rouge : 6,51 hectares.
Pinot noir 100 %
Domaine d'Eugénie, 14, rue de la Goillotte,
21700 Vosne-Romanée
Tél. : 03 80 61 10 54 **Fax :** 03 80 62 89 73
E-mail : contact@domaine-eugenie.com
Site : www.domaine-eugenie.com
Pas de visites.
Propriétaire : François Pinault
Directeur : Frédéric Engerer

■ Domaine Faiveley

NUITS-SAINT-GEORGES

E rwan Faiveley a pris la suite de son père début 2005, et pratique, depuis, une révo-

lution discrète. En 2006 il engage l'ancien directeur général de Bouchard, Bernard Hervet, qui avait à l'époque entièrement relevé la maison. Le style des vins n'a pas changé pour autant. Solidement bâtis autour d'une matière dense mais austère, ils sont faiblement colorés, avec un fruit discret mais franc qui n'apparaît qu'après un vieillissement plus ou moins long selon les terroirs. Il aura fallu attendre les 2006 pour constater une nette amélioration de la qualité des boisés, qui étaient autrefois un peu verts et participaient - un peu trop - à la réputation d'austérité des vins du domaine.

Les vins : dans la gamme des blancs, le mercurey Clos Rochette est bon mais un peu court, on le boira sur la rondeur de son fruit. Le rully Les Villeranges est une belle réussite, c'est très minéral, sur la fleur blanche, avec une belle maturité tranchante. Le ladoix est dominé par son bois au nez comme en bouche. Cela assèche. Le chablis premier cru Fourchaume est un rien vert dans les arômes et en bouche ; cela manque d'allonge et d'ampleur, il y a beaucoup d'amers. Le puligny-montrachet Champgain est fin, ciselé, précis avec un bel équilibre maturité-minéralité ; ici l'élevage se fond dans le vin. Pour les rouges, le mercurey Clos des Myglands offre un fruit croquant, c'est un bon vin désaltérant avec une belle expression du pinot. Le beaune premier cru Clos de l'Ecu est droit avec des tanins fermes et le fruit est absent. Le nuits-saint-georges Les Porrêts-Saint-Georges sent le cuir et la tannerie, le fruit est en retrait ; cela manque de sève en bouche. Si Les Damodes a un supplément de complexité aromatique, la bouche reste étroite avec des tanins un peu crispés, le bois remonte et assèche le vin. Le gevrey-chambertin La Combe aux Moines a un peu plus de fruit et de fond, c'est bien enrobé, le vin est plein. Le clos-de-vougeot est dominé par une note beurrée lactique, mais le fruit est net ; on retrouve ce style avec des tanins crispés. Cela manque un peu d'allonge pour un grand cru, même si le grain de tanins est fin. Les rouges dans l'ensemble manquent de chair et de profondeur et sont marqués par des tanins peu matures, légèrement secs. Nous espérions beaucoup plus de cette grande et ancienne maison, mais les résultats ne sont pas à la hauteur. D'où son étoile en moins.

□ Chablis Premier Cru Fourchaume 2010	21,20 €	14
□ Ladoix 2010	18,50 €	12,5
□ Mercurey Clos Rochette 2010	13,10 €	13,5

☐ Puligny-Montrachet Premier Cru
  Champgain 2010   48,10 € 15,5
☐ Rully Les Villeranges 2010   11,30 € 13,5
■ Beaune Premier Cru Clos de
  l'Ecu 2010   32 € 14
■ Clos de Vougeot Grand Cru 2010 100 € 16
■ Gevrey-Chambertin Premier Cru La
  Combe aux Moines 2010   46,30 € 15
■ Mercurey Premier Cru Clos des
  Myglands 2010   18,50 € 13,5
■ Nuits-Saint-Georges Premier Cru
  Les Damodes 2010   42,70 € 14,5
■ Nuits-Saint-Georges Premier Cru
  Les
  Porrêts-Saint-Georges 2010   46,30 € 14

Rouge : 90 hectares.
Pinot noir 100 %
Blanc : 30 hectares.
Chardonnay 100 %
Produotion moyenne : 900 000 bt/an

Domaine Faiveley, 8, rue du Tribourg, 21700
Nuits-Saint-Georges
Tél. : 03 80 61 04 55 **Fax :** 03 80 62 33 37
E-mail : info@bourgognes-faiveley.com
Site : www.domaine-faiveley.com
Pas de visites.
Propriétoirc : Erwan Faiveley

■ Domaine Olivier Guyot

MARSANNAY

C omme son père et surtout son grand-père,
Olivier Guyot s'est décidé à cultiver ses
vignes à l'ancienne, en passant peu à peu à la
biodynamie et en introduisant largement le travail au cheval. Cette approche était considérée
d'un œil amusé dans le village mais les vins, qui
allient modernité et classicisme, ont largement
progressé en parallèle - tout comme, d'ailleurs,
le travail au cheval a fait ses preuves. Issues
d'un beau patrimoine de vieilles vignes jalouse-
ment préservées, les différentes cuvées propo-
saient jusqu'ici une densité et une personnalité
qui les situaient au meilleur niveau de leurs villages respectifs.

Les vins : sur une belle note de citron, le
marsannay blanc La Montagne est plus vif que
charnu ; un vin désaltérant mais qui manque de
fond. Le marsannay rouge Les Favières est
dominé par un joli fruit qui évoque la cerise à
peine mûre, ce qui donne un vin tendu, même
si le gras se retrouve en fin de bouche par une
note légèrement compotée. La Montagne offre
un tanin plus fin avec une matière longiligne. Le

chambolle-musigny est tendu, ses tanins un peu
rêches. Résultat : une petite sécheresse en fin
de bouche, mais le fruit reste joli. Le gevrey-
chambertin Les Champs déploie plus de sève.
Le gevrey-chambertin Les Champaux semble
un peu sec et évolué, voire disgracieux. Le
chambolle-musigny premier cru Les Fuées se
montre plein, gras, soyeux ; on a un joli velouté,
des tanins bien enrobés. Pris sur fût, le clos-de-
la-roche est dominé par une note beurrée, lactique et de noix de coco. Il reste marqué par
son élevage, mais l'on devine une belle finesse
de grain. Plus harmonieux, le clos-saint-denis
recèle un fruit net et pur dans une bouche équilibrée. Dans l'ensemble, les vins sont de belle
facture, mais peuvent encore progresser en termes de volume et d'harmonie.

☐ Marsannay La Montagne 2010   15 €   14
■ Chambolle Musigny Premier Cru
  Les Fuées 2010   42 € 15,5
■ Chambolle-Musigny Vieilles
  Vignes 2010   31 €   14
■ Clos de la Roche Grand Cru 2010 80 € 16,5
■ Clos Saint-Denis Grand Cru 2010 75 € 17
■ Gevrey-Chambertin Les
  Champs 2010   28 €   15
■ Gcvrcy Chambertin Premier Cru
  Les Champeaux 2010   38 € 14,5
■ Marsannay La Montagnc 2010   10 €   14
■ Marsannay Les Favières 2010   15 € 13,5

Rouge : 13 hectares.
Pinot noir 100 %
Blanc : 2 hectares.
Chardonnay 50 %, Aligoté 50 %
Production moyenne : 60 000 bt/an

Domaine Olivier Guyot, 39, rue de Mazy, 21160
Marsannay-la-Côte
Tél. : 03 80 52 39 71 **Fax :** 03 80 51 17 58
E-mail : domaine.guyot@wanadoo.fr
Site : www.domaineguyot.fr
Vente : au domaine
Sur rendez-vous, de 10h à 12h et de 14h à
18h.
Propriétaire : Olivier Guyot

■ Domaine Huguenot Père et Fils

MARSANNAY

H éritier d'une dizaine de générations de
vignerons établis à Marsannay, Jean-Louis
Huguenot a produit pendant longtemps des vins

techniquement irréprochables qui glanaient de nombreuses médailles dans les concours. Plus discret, son fils Philippe est un jeune vinificateur ambitieux qui a su donner davantage de personnalité aux vins, sans pour autant obérer leurs qualités fondamentales. L'ensemble de la gamme est très homogène, avec des vins robustes et encore un peu (trop) rustiques.

Les vins : le marsannay blanc est plein, dense et généreux, avec une finale citronnée. Pour les marsannays rouges, Les Echezots est très réglissé avec une bouche serrée, un fruit croquant et des tanins qui ne manquent pas de finesse. Le Montagne garde le même profil aromatique mais la bouche est plus déliée, avec un beau velouté de texture. C'est le plus tendre. Sur des notes de ronce, le Champ-Perdrix est ciselé, minéral avec un supplément d'énergie en finale. Le fixin Petits Crais est réduit, il a la finesse de son terroir mais moins de fond et de chair que les marsannays. Le gevrey-chambertin vieilles vignes a une texture serrée et une belle profondeur de fruit. Les Crais est plus sec, avec un fruit mat et chocolaté, l'harmonie est du côté du vieilles vignes. Les Fontenys est plus boisé : cela domine la bouche, dommage car le fruit apparaît net et pur. Le charmes-chambertin a une matière serrée avec un joli grain de tanins, c'est droit mais le boisé prend de la place à l'aération. Dans l'ensemble, si la qualité du fruit et les vinifications sont de qualité, les élevages peuvent encore progresser, même si les vins sont déjà de belle facture.

☐ Marsannay 2010	14 €	14
■ Charmes-Chambertin Grand Cru 2010	50 €	16,5
■ Fixin Petits Crais 2010	17 €	14,5
■ Gevrey-Chambertin Les Crais 2010	21,50 €	15
■ Gevrey-Chambertin Premier Cru Les Fontenys 2010	34,50 €	15,5
■ Gevrey-Chambertin Vieilles Vignes 2010	24,50 €	15,5
■ Marsannay Champ-Perdrix 2010	18 €	14,5
■ Marsannay Les Echezots 2010	15 €	14,5
■ Marsannay Montagne 2010	16 €	14,5

Rouge : 19,4 hectares.
Pinot noir 100 %
Blanc : 2,6 hectares.
Chardonnay 100 %
Production moyenne : 130 000 bt/an

Domaine Huguenot Père et Fils, 7, ruelle du Carron, 21160 Marsannay-la-Côte

Tél. : 03 80 52 11 56 **Fax :** 03 80 52 60 47
E-mail : domaine.huguenot@wanadoo.fr
Site : www.domainehuguenot.com
Vente : au domaine
Sur rendez-vous uniquement.
Propriétaire : Philippe Huguenot
Directeur : Philippe Huguenot

■ Frédéric Magnien
MOREY-SAINT-DENIS

Après avoir effectué des stages en Californie et en Australie, Frédéric Magnien a monté, en 1995 une petite affaire de négoce, vinifiant de nombreuses propriétés dont il conseille aussi la viticulture. A partir de quelques principes simples – contrôle des rendements, vendange à maturité complète, fermentation malolactique lente – il élabore des vins francs et denses, assez fortement colorés, qui trouvent immédiatement leur place sur le marché. Ces dernières années, il s'est acharné à lisser les matières un peu rudes pour donner des vins de facture certes moderne, mais d'une densité et d'une longueur réjouissantes.

Les vins : Le meursault Les Pentes Vignes se montre plein, gras, onctueux, long et intense, avec une note de citron confit. Le meursault Les Genevrières est plus lactique au nez, mais la bouche, ciselée et énergique, s'impose avec éclat. En rouge, le nuits-saint-georges Les Damodes est puissant mais déformé par son élevage. Le chambolle-musigny Les Borniques apparaît dur, avec des tanins serrés, presque trop même. Les Charmes est plus large et plus juteux, avec des tanins enrobés. Le morey-saint-denis Les Ruchots a un nez poudré ; le fruit est plein, généreux mais les tanins du bois viennent rapidement saturer la bouche, favorisant une remontée de l'amertume. Le gevrey-chambertin Les Cazetiers est fin par son grain de tanins mais, là aussi, écrasé par la barrique neuve. Le Lavaut Saint-Jacques offre un supplément de volume en bouche et des tanins plus enrobés ; il est légèrement sucré par l'élevage. Le clos-de-vougeot est dominé par le bois mais la bouche est jolie, fine, avec une belle sève. Le bonnes-mares est puissant, viril avec des tanins extraits. Le charmes-chambertin est plus tendre et mieux équilibré. Sur des notes de cassis et de ronce, le chambertin-clos-de-bèze est fin à l'attaque, mais totalement dominé par les tanins du bois. Nous sommes déçus par ce type de vins, écrasés par un boisé dominant et souvent surextraits, perdant souvent l'empreinte de leur terroir, la pureté du fruit et, surtout, qui fatiguent passé le premier verre. Nous lui retirons donc son étoile cette année.

- ☐ Meursault Les Pentes
  Vignes 2010　　　　　37 € cav.　15
- ☐ Meursault Premier Cru Les
  Genevrières 2010　　　75 € cav.　17
- ■ Bonnes-Mares Grand
  Cru 2010　　　　　 176 € cav.　16
- ■ Chambertin Clos de Bèze Grand
  Cru 2010　　　　　 176 € cav.　16
- ■ Chambolle-Musigny Premier Cru
  Les Borniques 2010　　87 € cav.　14
- ■ Chambolle-Musigny Premier Cru
  Les Charmes Vieilles
  Vignes 2010　　　　　96 € cav.　15,5
- ■ Charmes-Chambertin Grand
  Cru 2010　　　　　 134 € cav.　16,5
- ■ Clos de Vougeot Grand
  Cru 2010　　　　　 129 € cav.　16
- ■ Gevrey-Chambertin Premier Cru
  Lavaut Saint-Jacques 2010　89 € cav.　15,5
- ■ Gevrey-Chambertin Premier Cru
  Les Cazetiers 2010　　89 € cav.　15
- ■ Morey Saint-Denis Premier Cru Les
  Ruchots 2010　　　　78 € cav.　14,5
- ■ Nuits-Saint-Georges Premier Cru
  Les Damodes 2010　　66 € cav.　14

Rouge : 24,7 hectares.
Pinot noir 100 %
Blanc : 1,3 hectare.
Chardonnay 100 %
Production moyenne : 300 000 bt/an

Frédéric Magnien, 26, route Nationale, 21220 Morey-Saint-Denis
Tél. : 03 80 58 54 20　**Fax :** 03 80 51 84 34
E-mail : frederic@fred-magnien.com
Site : www.frederic-magnien.com
Vente : au domaine
Sur rendez-vous.
Propriétaire : Frédéric Magnien

■ Domaine Marchand Frères

Gevrey-Chambertin

L e domaine est né à Morey-Saint-Denis en 1813 grâce à l'union de Pierre Marchand et de Marie Jacotier. Pour agrandir la propriété, leur descendant Claude Marchand s'est installé à Gevrey-Chambertin en 1983. Le domaine est dirigé par Denis Marchand depuis 1999. Lar-

gement disséminées, les vignes sont labourées et les vendanges manuelles. Les vins sont globalement de bonne facture et les prix corrects.

Les vins : le gevrey-chambertin Fanny offre un nez fruité légèrement compoté ; cela sent le cuir, c'est gras et plein. Il est nourri par un fruit mature. Le chambolle-musigny vieilles vignes est plus volumineux que raffiné, avec un élevage qui fait ressortir une petite sécheresse en fin de bouche. Le morey-saint-denis vieilles vignes offre un fruit plus éclatant. Tout en ayant un fruit juteux, il reste ciselé. Le chambolle-musigny Les Sentiers est marqué par une note de poudre, signe d'un élevage pas totalement intégré. Malgré cela, la bouche est harmonieuse avec une finesse de texture typique du terroir de Chambolle-Musigny. Le morey-saint-denis premier cru Eline a un fruit croquant et frais, tout en possédant une belle chair en bouche et des tanins soyeux. Le Clos des Ormes a un élevage plus ambitieux, qui donne un côté sucré et plus gras au vin, mais moins de pureté dans le fruit. On peine à le boire. Le gevrey-chambertin Les Combottes offre un fruit net, pur, c'est le plus beau des premiers crus. Le charmes-chambertin est distingué mais davantage un vin d'attaque en bouche. On a une matière dense, avec des tanins gras et mûrs tout en préservant cette forme généreuse qui définit le style de ce domaine. Plus discret, mais avec un supplément de raffinement dans le griotte-chambertin : il est moins plein, mais sa force s'exprime par une énergie qui se déploie tout en longueur.

- ■ Chambolle-Musigny Premier Cru
  Les Sentiers 2010　　33 €　15,5
- ■ Chambolle-Musigny Vieilles
  Vignes 2010　　　　20 €　13,5
- ■ Charmes-Chambertin Grand
  Cru 2010　　　　　48 €　17
- ■ Gevrey-Chambertin Cuvée
  Fanny 2010　　　　22 €　14
- ■ Gevrey-Chambertin Premier Cru
  Les Combottes 2010　44 €　16,5
- ■ Griotte-Chambertin Grand
  Cru 2010　　　　　60 €　17,5
- ■ Morey-Saint-Denis Premier Cru
  Clos des Ormes 2010　25 €　15,5
- ■ Morey-Saint-Denis Premier Cru
  Cuvée Eline 2010　　28 €　15,5
- ■ Morey-Saint-Denis Vieilles
  Vignes 2010　　　　17 €　14

Rouge : 7,5 hectares.

Pinot noir 100 %
Blanc : 0,5 hectare.
Chardonnay 50 %, Aligoté 50 %
Production moyenne : 30 000 bt/an

Domaine Marchand Frères, 1, place du
Monument, 21220 Gevrey-Chambertin
Tél. : 03 80 62 10 97
E-mail : dmarc2000@aol.com
Site : www.domainemarchandfreres.com
Vente : au domaine
De 8h à 12h et de 14h à 18h sur rendez-vous.
Propriétaire : Denis Marchand

■ Domaine Thierry Mortet
GEVREY-CHAMBERTIN

T hierry est le frère de Denis Mortet, leurs
deux exploitations étant séparées depuis de
nombreuses années. Plus discret que Denis, il
est aussi plus lent à prendre des mesures radi-
cales pour la vigne et la vinification, qui lui
auraient permis d'imposer un style. D'autant
qu'il dispose d'une palette réduite de terroirs -
comme son frère au départ. Cela lui permet
cependant de proposer, à des prix raisonnables,
des vins qui donneront beaucoup de plaisir.

Les vins : dominé par une note de pamplemousse rose, le bourgogne-aligoté se révèle plus
charnu que ciselé. Le bourgogne blanc dévoile
une pointe de surmaturité, et manque un peu
de nerf. Le marsannay blanc évolue dans le
même esprit tendre. Le passetougrain, croquant,
dévoile son joli fruit frais et acidulé. Avec le
bourgogne Les Charmes de Daix, on gagne en
fruit et en plaisir gourmand. Le chambolle-
musigny manque un peu de naturel, bien que
ciselé, droit et aux tanins fermes. Le gevrey-
chambertin offre plus de richesse et de volume
en bouche, sans pour autant dissimuler une belle
assise tannique. Le gevrey-chambertin Vigne
Belle sent l'écorce d'orange ; fin, épuré, élégant,
précis, il est tout en longueur et sans gras. Le
chambolle-musigny Les Beaux Bruns semble un
rien marqué par son élevage, il dégage une petite
note de mine de crayon, on apprécie cependant
son fruit croquant d'une grande pureté, malgré
une petite rigidité de tanins. A l'inverse, le Clos
Prieur se montre gras, sa belle sève enrobant des
tanins soyeux.

☐ Bourgogne 2010	8,50 €	12,5
☐ Bourgogne Aligoté 2010	6,20 €	12,5
☐ Marsannay 2010	14 €	13,5

■ Bourgogne Les Charmes de Daix 2010	12,50 €	13
■ Bourgogne Passetoutgrain 2010	6,20 €	12,5
■ Chambolle-Musigny 2010	30 €	14
■ Chambolle-Musigny Premier Cru Les Beaux Bruns 2010	44 €	15
■ Gevrey-Chambertin 2010	24 €	14
■ Gevrey-Chambertin Premier Cru Clos Prieur 2010	44 €	16
■ Gevrey-Chambertin Vigne Belle 2010	29 €	14,5

Rouge : 6 hectares.
Gamay 2 %, Pinot noir 98 %
Blanc : 1 hectare.
Aligoté 33 %, Chardonnay 67 %
Production moyenne : 30 000 bt/an
❀ Certifié en agriculture bio ou biodynamique

Domaine Thierry Mortet, 16, place des
Marronniers, 21220 Gevrey-Chambertin
Tél. : 03 80 51 85 07 **Fax :** 03 80 34 16 80
E-mail : domainethierrymortet@hotmail.fr
Site : www.domainethierrymortet.fr
Vente : au domaine
Sur rendez-vous.
Propriétaire : Thierry Mortet

NOUVEAU DOMAINE

■ Domaine Philippe Pacalet
GEVREY-CHAMBERTIN

A depte des vins vinifiés sans soufre, mais
sans dogmatisme, Philippe Pacalet a travaillé avec son oncle Marcel Lapierre dans le
Beaujolais, de 1985 à 1991, avant d'arriver au
domaine Prieuré Roch où il vinifie, découvre
et trouve ses repaires en Bourgogne. Il y restera jusqu'en 2001, date à laquelle il décide de
développer sa propre activité de négoce. Rapidement, il ne commercialise pas moins de 27
appellations différentes, en rouge comme en
blanc. Si le propre du négoce est l'achat de
raisins, Philippe Pacalet passe un temps important à trouver des sources de qualité. Mais pour
lui, l'élevage reste un moment crucial pour faire
grandir les vins, si bien qu'il y apporte le plus
grand soin possible. En plus de faire parler
leur terroir, ses vins sont d'une douceur et d'une
complexité incroyables. Même s'ils peuvent
encore grandir en termes de densité et de
profondeur.

Les vins : le gevrey-chambertin 2010 s'exprime tout en nuances et en finesse, un rien

gracile à l'attaque, mais avec un fruit très pur et une fin de bouche ciselée et élancée. Le gevrey-chambertin 2009 offre un supplément de chair et d'étoffe, sans basculer dans le confit, même si le vin est plus chaleureux. Le gevrey-chambertin premier cru Bel Air 2009 s'appuie sur une belle structure, avec toujours cette finesse qui signe les vins du domaine et un fruit doux et gracieux. Le charmes-chambertin 2009 cache, derrière une apparente rondeur, une solidité qui l'accompagnera tout au long de son évolution, sur les dix ou vingt prochaines années, même si, déjà, il nous laisse entrevoir une belle complexité.

- Charmes-Chambertin 2009   n.c. 17,5
- Gevrey-Chambertin 2010   n.c. 14
- Gevrey-Chambertin 2009   n.c. 14,5
- Gevrey-Chambertin Premier Cru Bel Air 2009   n.c. 15,5

Rouge : n.c..
Pinot noir 100 %
Blanc : n.c..
Chardonnay 100 %
Production moyenne : 50 000 bt/an

Domaine Philippe Pacalet, 12, rue de Chaumergy, 21200 Beaune
Tél. : 03 80 25 91 00 **Fax :** 03 80 22 46 18
Sur rendez-vous.
Propriétaire : Philippe Pacalet
Directeur : Philippe Pacalet

■ Domaine des Perdrix
NUITS-SAINT-GEORGES

C hristiane et Bertrand Devillard ont repris en 1996 ce petit domaine de Nuits-Saint-Georges, qui a emprunté le nom de son climat le plus célèbre, le Premier cru Les Perdrix, dont il a d'ailleurs le monopole. Avec l'aide de leurs enfants Amaury et Aurore, qui gèrent aujourd'hui le domaine, ils en ont fait un petit bijou, proposant des vins corsés, denses, fortement colorés, qu'il est conseillé de faire vieillir plusieurs années avant ouverture.

Les vins : le nuits-saint-georges premier cru blanc Les Terres Blanches est onctueux, gras. On a de la longueur et un goût qui évoque le pamplemousse jaune, mais il manque un peu de tonus en bouche. Le simple bourgogne rouge est droit, assez pur, avec des tanins fermes mais précis. Le nuits-saint-georges village est dense, mais formaté par le bois, ce qui lui donne beaucoup d'amertume. Le vosne-romanée est fin,

mais aussi dominé par le bois, dommage, car la bouche ne manque pas de profondeur. Le nuits-saint-georges Aux Perdrix est ample et charnu, mais marqué par une forte amertume. Le nuits-saint-georges Les 8 Ouvrées laisse deviner une certaine finesse, mais, là encore, c'est écrasé par l'élevage qui détourne l'équilibre du vin malgré une belle qualité d'extraction de tanins. L'échezeaux n'échappe pas au constat général où trop de bois disqualifie l'empreinte du terroir. Si le travail de vinification semble juste, les élevages gomment totalement toutes les nuances du terroir. Nous attendons plus à ce niveau de classification, d'où la perte de son étoile cette année.

- ☐ Nuits-Saint-Georges Premier Cru Les Terres Blanches 2010   44,30 € 12,5
- ■ Bourgogne Pinot Noir 2010   15,45 € 12
- ■ Echezeaux Grand Cru 2010   132,90 € 15
- ■ Nuits-Saint-Georges 2010   38,10 € 13
- ■ Nuits-Saint-Georges Premier Cru Aux Perdrix 2010   53,60 € 13,5
- ■ Nuits-Saint-Georges Premier Cru Les 8 Ouvrées 2010   57,70 € 14
- ■ Vosne-Romanée 2010   42,30 € 13

Rouge : 11,5 hectares.
Pinot noir 100 %
Blanc : 0,5 hectare.
Chardonnay 100 %
Production moyenne : 61 000 bt/an

Domaine des Perdrix, rue des Ecoles, 21700 Prémeaux-Prissey
Tél. : 03 85 45 21 61 **Fax :** 03 85 98 06 62
E-mail : contact@domainedesperdrix.com
Site : www.domainedesperdrix.com
Vente : au domaine
Sur rendez-vous, de 9h à 12h et de 14h à 18h.
Propriétaire : Bertrand Devillard

■ Domaine Remoriquet
NUITS-SAINT-GEORGES

C e domaine familial propose une belle série de cuvées élaborées dans un style plutôt classique et vieillissant bien. Gilles, œnologue diplômé de l'Université de Dijon, est engagé dans la viticulture bourguignonne ; il conduit le domaine pour en faire un modèle, avec labours, contrôle des rendements, vendanges manuelles et élevages en fûts. Le domaine possède une belle palette de nuits-saint-georges, dont de nombreux Premiers crus vinifiés séparément. Les vins sont soigneusement élaborés, riches et denses, présentant une belle vinosité.

Les vins : le nuits-saint-georges Les Allots sent la ronce, il exprime un fruit pur et digeste. On a envie d'en boire, même si l'on perçoit une légère amertume en fin de bouche et une pointe de rusticité. Le nuits-saint-georges premier cru Les Bousselottes renferme de la chair et réserve un joli retour sur la griotte. Le nuits-saint-georges Les Damodes pâtit d'une légère acescence. Les Saint-Georges offre un très joli nez, qui évoque l'orangette, et dévoile une bouche bien équilibrée, au fruit pur. Avec le nuits-saint-georges Les Malconsorts, on retourne sur un boisé plus ambitieux donnant de l'amertume au vin. Dans l'ensemble, les crus manquent un rien de précision, les élevages procurent des petites acescences qui, probablement, disparaîtront avec le temps. L'harmonie qu'affiche le cru Les Saint-Georges en fait la pièce maîtresse du domaine.

- ■ Nuits-Saint-Georges Les Allots 2010 — n.c. — 14
- ■ Nuits-Saint-Georges Les Malconsorts 2010 — n.c. — 15,5
- ■ Nuits-Saint-Georges Premier Cru Les Bousselots 2010 — n.c. — 14,5
- ■ Nuits-Saint-Georges Premier Cru Les Damodes 2010 — n.c. — 14,5
- ■ Nuits-Saint-Georges Premier Cru Les Saint-Georges 2010 — n.c. — 16

Rouge : 9 hectares.
Gamay 2 %, Pinot gris 2 %, Pinot noir 96 %
Blanc : 0,5 hectare.
Aligoté 50 %, Chardonnay 50 %
Production moyenne : 40 000 bt/an

Domaine Remoriquet, 25, rue de Charmois, 21700 Nuits-Saint-Georges
Tél. : 03 80 61 08 17 **Fax :** 03 80 61 36 63
E-mail : domaine.remoriquet@wanadoo.fr
Vente : au domaine
Du lundi au vendredi de 8h à 12h et de 14h à 18h, samedi et dimanche sur rendez-vous.
Propriétaire : Gilles Remoriquet

■ Domaine Rossignol-Trapet
GEVREY-CHAMBERTIN

La division en 1990 des vignes du domaine Trapet a donné naissance aux domaines Rossignol-Trapet d'un côté, et Jean Trapet de l'autre. Moins connus que leur cousin Jean-louis Trapet, les frères Rossignol, Nicolas l'aîné et David le cadet, ont toujours accordé une grande importance à la culture de la vigne. Ils passent à la culture biodynamique en 1997 et reconvertissent tout le domaine en 2004. Du simple gevrey-chambertin jusqu'aux Grands crus, Nicolas et David produisent des vins remarquables, plus pleins et moins ciselés que ceux de leur cousin, grâce à un élevage plus appuyé. Avec, au sommet de la pyramide, un chambertin épatant et un latricières-chambertin de haute volée.

Les vins : d'un bel équilibre, le beaune Les Teurons est ciselé avec un fruit lumineux digeste, on a déjà envie de le boire. Le gevrey vieilles vignes exprime une note de ronce et dévoile un beau milieu de bouche. C'est un vin effilé et incisif, mais pas dur ; il retranscrit à merveille la fraîcheur des grands pinots. Superbe. Le Petite Chapelle est tranchant, tel un diamant, et porté par une maturité fraîche, il reste sur la retenue, très pur et peu charnu. Le chambertin se démarque par un supplément d'étoffe, d'harmonie et de complexité : il possède cette énergie et cette tension que l'on retrouve dans tous les vins du domaine. Dans l'ensemble, les vins sont très vivants, pleins d'énergie, sans gras, mais purs et ciselés par une belle fraîcheur du fruit.

- ■ Beaune Premier Cru Les Teurons 2010 — 29 € — 15
- ■ Chambertin Grand Cru 2010 — 110 € — 18
- ■ Gevrey-Chambertin Premier Cru Petite Chapelle 2010 — 49 € — 16
- ■ Gevrey-Chambertin Vieilles Vignes 2010 — 25 € — 14

Rouge : 13,2 hectares.
Pinot noir 100 %
Domaine Rossignol-Trapet, 4, rue de la Petite-Issue, 21220 Gevrey-Chambertin
Tél. : 03 80 51 87 26 **Fax :** 03 80 34 31 63
E-mail : info@rossignol-trapet.com
Site : www.rossignol-trapet.com
Vente : au domaine
Du lundi au vendredi de 9 h à 12 h et de 14 h à 18 h sur rendez-vous.
Propriétaire : David et Nicolas Rossignol

■ Domaine d'Auvenay
MEURSAULT
★★★

L alou Bize-Leroy est seule propriétaire de ce petit domaine, qui comprend deux grands crus en Côte de Nuits et quelques remarquables parcelles dans les grands terroirs de blancs de la côte de Beaune. On retrouve ici les mêmes principes de culture et de vinification qu'au domaine Leroy, donnant des vins d'esprit semblable. Les blancs sont peut-être encore plus inoubliables que les rouges, car les tout petits rendements leur donnent une texture absolument unique et une longueur en bouche phénoménale. Comme on s'en doute, le monde entier s'en arrache la moindre goutte.

Les vins : à chaque millésime, le domaine d'Auvenay semble gravir une marche supplémentaire, mais pour aller jusqu'où ? Comment aborder l'aligoté sans évoquer ce cépage qui disparaît derrière la magie d'un travail magistral... Qu'importe si vous choisissez l'auxey-duresses La Macabrée ou Les Boutonniers, l'un comme l'autre délivrent une intensité de parfums et de saveurs sans équivalent. La Macabrée se distingue par sa finesse de texture, Les Boutonniers se montre plus ouvert. Le meursault village est une perle rare qui conjugue douceur, finesse et puissance, dans un parfum d'orange confite des plus envoutants. Le meursault Les Narvaux renferme une acidité qui cisèle la bouche, mais la densité de son fruit et le volume qu'il délivre semblent totalement enrober cette acidité. Peu de montrachets auront la densité du meursault Gouttes d'Or, d'une finesse renversante et qui offre une longueur phénoménale en bouche. Le puligny-montrachet Les Folatières fait ressortir le bouquet floral de ce grand terroir dans un écrin de douceur et d'intensité. Le criots-bâtard-montrachet, élevé en cuve inox, montre que le goût du raisin apporte plus de complexité au vin qu'n'importe quelle barrique. C'est le fruit à l'état pur ! Il se montre plus plein et ample que le chevalier-montrachet. Ce dernier dévoile une pureté étincelante, qui vous donne un long frisson, comme de l'eau de roche qui coule en bouche. Magistral. Le mazis-chambertin a cette solide matière des grands terroirs, portée avec raffinement ; le bonnes-mares lui tient tête par sa bouche serrée et la pureté de son fruit.

☐ Auxey-Duresses La Macabrée 2010	n.c.	17
☐ Auxey-Duresses Les Boutonniers 2010	n.c.	17
☐ Bourgogne Aligoté 2010	n.c.	16,5
☐ Chevalier-Montrachet Grand Cru 2010	n.c.	20
☐ Criots-Bâtard-Montrachet Grand Cru 2010	n.c.	20
☐ Meursault Les Narvaux 2010	n.c.	19,5
☐ Meursault Premier Cru Gouttes d'Or 2010	n.c.	20
☐ Puligny-Montrachet Premier Cru Les Folatières 2010	n.c.	19,5
■ Bonnes-Mares Grand Cru 2010	n.c.	19,5
■ Mazis-Chambertin Grand Cru 2010	n.c.	20

Rouge : 0,5 hectare.
Pinot noir 100 %
Blanc : 3,4 hectares.
Aligoté 10 %, Chardonnay 90 %
Production moyenne : 8 000 bt/an

Domaine d'Auvenay, 21190 Meursault
Tél. : 03 80 21 23 27 **Fax :** 03 80 21 23 27
Visites réservées aux clients distributeurs, sur rendez-vous.
Propriétaire : Lalou Bize-Leroy

■ Domaine Bonneau du Martray
CORTON-CHARLEMAGNE GRAND CRU
★★★

B ien connu des amateurs, ce joli domaine ne possède que deux cuvées : l'une en blanc, le corton-charlemagne, et l'autre en rouge, le corton. S'il a la chance de ne posséder que des vieilles vignes très bien situées, le domaine sait aussi exploiter leur potentiel avec une grande régularité. Le corton-charlemagne est ainsi, depuis quelques années, un modèle du genre, combinant droiture et précision mais qui, surtout, ne s'exprime qu'après un vieillissement d'une décennie au moins. Comme le domaine propose encore à la vente des millésimes plus anciens, il faut en profiter.

Les vins : le corton-charlemagne 2010 est l'un des plus beaux que le domaine ait produit. Sur des arômes de poivre blanc et un côté minéral, la matière est tendue sans être austère, et offre finesse et persistance. Sublime. Le corton rouge est raffiné.

☐ Corton-Charlemagne Grand
  Cru 2010   n.c.   18
■ Corton Grand Cru 2010   n.c. 16,5

Rouge : 1,5 hectare.
Pinot noir 100 %
Blanc : 9,5 hectares.
Chardonnay 100 %
Production moyenne : 55 000 bt/an

Domaine Bonneau du Martray, 2, rue de
Frétille, 21420 Pernand-Vergelesses
Tél. : 03 80 21 50 64 **Fax :** 03 80 21 57 19
E-mail : contact@bonneaudumartray.com
Site : www.bonneaudumartray.com
Vente : au domaine
Pas de visites.
Propriétaire : Jean-Charles Le Bault de la Morinière

■ Domaine Jean-François Coche-Dury
MEURSAULT
★★★

Modeste et travailleur, Jean-François Coche-
Dury, désormais épaulé par son fils, a su
éviter les pièges tendus par le succès mondial.
Qu'importe si ses vins s'arrachent aux quatre
coins de la planète et se négocient à des prix
faramineux aux enchères, il continue de travailler ses vignes sans relâche et à suivre ses vinifications avec la plus grande attention. Si les vins
de Coche-Dury sont aisément reconnaissables à
leur style droit, tendu et finement aromatique
sur la noisette, ils possèdent avant tout une profondeur de corps et une allonge absolument
uniques. Nous sommes ici au sommet de ce que
peut produire le chardonnay. Hélas !, toute la
production est largement vendue avant même la
récolte et il est impossible au domaine d'accepter
de nouveaux clients. On peut en revanche en
trouver à la carte de certains grands restaurants ;
il ne faut alors pas hésiter.

Les vins : nous passons du millésime 2008 au
2010 sur cette nouvelle édition, sans hélas avoir
pu déguster le 2009. Sur les deux vins dégustés,
nous n'avons absolument rien à redire. Le meursault village reste très épuré, la patine Coche
est bien là, et le vin arbore toujours cette juste
rigueur qui se détend en milieu de bouche. Un
bon passage en carafe est à conseiller. Les Rougeots se révèle plus enveloppé, sans tomber dans
l'exubérance et le gras à outrance, ce n'est pas
le style de la maison. Les épaules et la mâche
des Rougeots gèrent bien mieux le boisé que la
cuvée village.

☐ Meursault 2010   n.c.   16
☐ Meursault Les Rougeots 2010   n.c.   17

Rouge : 2,5 hectares.
Pinot noir 100 %
Blanc : 7,8 hectares.
Chardonnay 94 %, Aligoté 6 %
Production moyenne : 45 000 bt/an

Domaine Jean-François Coche-Dury, 25, rue
Charles-Giraud, 21190 Meursault
Tél. : 03 80 21 24 12 **Fax :** 03 80 21 67 65
Visites réservées aux clients fidélisés, sur
rendez-vous.
Propriétaire : Jean-François Coche-Dury

■ Domaine de Courcel
POMMARD
★★★

Yves Confuron et Gilles de Courcel forment
un sacré duo de perfectionnistes. Au sein
d'une appellation qui se cherche un peu, ils
produisent les pommards les plus excitants de
notre époque. Les terroirs sont les meilleurs de
la commune et la viticulture, certainement la
plus exigeante en matière de contrôle des rendements et de recherche de la maturité idéale.
Les derniers millésimes sont au sommet et le
domaine accède à la troisième étoile.

Les vins : le seul blanc du domaine est une
valeur sûre, et ce simple bourgogne atteint le
niveau d'un cru. Par contre, les amateurs de
bourgognes blancs gras et boisés doivent passer
leur chemin, car ce 2007 joue davantage sur la
tension et sur la finesse. Parmi les 2006, les deux
pommards sont prêts à être bus : le Fremiers,
dont nous notons l'évolution positive sur des
notes de fruits macérés, de sous-bois, présente
des tanins légèrement secs en finale, le Clos
Epenots apparaît plus plein et d'une texture plus
homogène. Le millésime 2007 est une très belle
réussite, le terroir des Vaumuriens se livre, ici,
sur de subtils parfums de roses et de pivoines ;
la bouche est délicate. Tactilement, il déploie
une belle envergure. Le Grand Clos des Epenots
en « garde sous le pied », son allonge et sa sève
en font un vin plus charnu, les saveurs épicées
et florales apportent de la complexité. Issu d'une
année froide, le Clos des Epenots 2008 se situe
sur la retenue et la tension, le fruit est encore
assez frais, tenu par le support acide. Seuls les
amateurs confirmés comprendront ce vin. Les
2009 sont parfaitement gérés, ce sont des bouteilles à avoir absolument en cave, la vendange

entière jouant tout son rôle sur ce type de millésime. Une belle énergie anime ces vins, dont les tanins racés constitueront la colonne vertébrale. En 2010, le premier cru Les Fremiers est une jolie bouteille, à l'expression plus juteuse et moins confite pour le moment. Le Grand Clos des Epenots constitue le trésor du domaine : le jus, sublime, abrite un fruit gourmand et dévoile une grande matière. Les Croix Noires 2002 montre tout simplement la capacité des vins du domaine à bien vieillir.

☐ Bourgogne 2007		n.c.	15
◼ Pommard Premier Cru Clos des Epenots 2009		n.c.	18
◼ Pommard Premier Cru Clos des Epenots 2008		n.c.	16,5
◼ Pommard Premier Cru Clos des Epenots 2006		n.c.	16
◼ Pommard Premier Cru Fremiers 2010		n.c.	17,5
◼ Pommard Premier Cru Fremiers 2006		n.c.	15
◼ Pommard Premier Cru Grand Clos des Epenots 2010		n.c.	19
◼ Pommard Premier Cru Grand Clos des Epenots 2007		n.c.	17,5
◼ Pommard Premier Cru Les Croix Noires 2009		n.c.	17
◼ Pommard Premier Cru Les Croix Noires 2002		n.c.	17
◼ Pommard Premier Cru Rugiens 2009		n.c.	18,5
◼ Pommard Vaumuriens 2007			16

Rouge : 8 hectares.
Pinot noir 100 %
Domaine de Courcel, place de l'Eglise, 21630 Pommard
Tél. : 03 80 22 10 64 **Fax :** 03 80 24 98 73
E-mail : courcel@domaine-de-courcel.com
Sur rendez-vous.
Propriétaire : Famille de Courcel

◼ Domaine Leflaive
PULIGNY-MONTRACHET
★★★

Tous les grands amateurs de chardonnay se doivent d'avoir dégusté au moins une fois un vin de ce merveilleux domaine de Puligny-Montrachet. Avec leur droiture exemplaire, leur côté cristallin et la définition parfaite du terroir dont ils sont issus, les vins blancs du domaine Leflaive comptent assurément parmi les plus passionnants de la Bourgogne. Anne-Claude Leflaive, infatigable ambassadrice de ses vins et de ses idées, fait partie de ces vignerons engagés et audacieux qui portent haut les couleurs de la viticulture française. La gestion du vignoble en biodynamie et le travail réalisé sur les sols lui permettent d'atteindre, depuis une bonne décennie, un niveau de perfection quasi absolue. Toutes les cuvées sont hautement recommandables et vieillissent de manière remarquable. Hélas, le domaine ne vend rien en direct, il faut donc se tourner vers les bons cavistes.

Les vins : l'année 2009 se révèle parfaitement gérée, les vins ne subissent pas le millésime. Ils dégagent un côté exotique dans les arômes (fruits jaunes bien mûrs), mais offrent une bouche très cadrée, sans débordement. Le Clavoillon possède ce profil entre rondeur et volume, tout en restant droit. Les Pucelles est superbe : un puligny tactilement éclatant, doté d'une jolie épaisseur non fardée. Une légère réduction resserre le vin avec bonheur.

☐ Puligny-Montrachet Premier Cru Le Clavoillon 2009		n.c.	16,5
☐ Puligny-Montrachet Premier Cru Les Pucelles 2009		n.c.	18

Blanc : 24 hectares.
Chardonnay 100 %
Production moyenne : 120 000 bt/an
✤ Certifié en agriculture bio ou biodynamique

Domaine Leflaive, Place des Marronniers, 21190 Puligny-Montrachet
Tél. : 03 80 21 30 13 **Fax :** 03 80 21 39 57
E-mail : sce-domaine-leflaive@wanadoo.fr
Site : www.leflaive.fr
Visites réservées aux clients professionnels.
Propriétaire : Anne-Claude Leflaive

◼ Domaine Roulot
MEURSAULT
★★★

Les amateurs de meursaults purs, droits et minéraux ont depuis longtemps consacré ce domaine. Jean-Marc Roulot s'impose comme l'un des vinificateurs les plus adroits de l'appellation et a défini un style que nous défendons avec conviction, tant les vins qu'il élabore apparaissent purs et vieillissent avec grâce. Hélas, la demande est telle qu'il est très difficile pour le domaine d'accepter de nouveaux clients. Depuis un an, Jean-Marc Roulot s'est également lancé dans la production d'eaux-de-vie de poire remarquablement aromatiques.

Les vins : le bourgogne blanc est un grand moment. Sur un jus frais et épuré, le vin possède une finesse et une persistance difficiles à trouver à ce niveau d'appellation. Nous ne pouvons que confirmer la qualité des 2009 du domaine. Les Tillets 2010 joue davantage la réduction, développant un côté fumé minéral. Le vin est plus strict mais la tension est remarquable. Le meursault Clos de mon Plaisir 2009 est limpide, ferme, long ; les beaux amers participent de cette allonge de bouche. Encore balbutiant, il est loin d'avoir atteint son apogée. Le Charmes 2010, tout simplement aérien, propose un jus serré et droit, dans un ensemble ciselé et minéral. Le Perrières 2009, plus large, se montre équilibré.

☐ Bourgogne 2010	n.c.	15
☐ Meursault Les Luchets 2009	n.c.	16
☐ Meursault Les Tessons Clos de mon Plaisir 2009	n.c.	16,5
☐ Meursault Les Tillets 2010	n.c.	16
☐ Meursault Premier Cru Charmes 2010	n.c.	18
☐ Meursault Premier Cru Perrières 2009	n.c.	17,5

Rouge : 0,8 hectare.
Pinot noir 100 %
Blanc : 14,3 hectares.
Aligoté 10 %, Chardonnay 90 %
Production moyenne : 70 000 à 80 000 bt/an

Domaine Roulot, 1, rue Charles-Giraud, 21190 Meursault
Tél. : 03 80 21 21 65 **Fax :** 03 80 21 64 36
E-mail : roulot@domaineroulot.fr
Pas de visites.
Propriétaire : Famille Roulot
Directeur : Jean-Marc Roulot

■ Domaine Simon Bize et Fils

SAVIGNY-LÈS-BEAUNE
★★

Référence à Savigny, le domaine défend une vision de la Bourgogne classique, loin des modes et des effets de style. Les rouges, vinifiés avec une proportion importante de vendange entière, possèdent un cachet superbe et une texture de grands pinots qui nous ravit. Les blancs sont précis et floraux et vieillissent également très bien. Les prix demeurent raisonnables pour le niveau de qualité atteint.

Les vins : le savigny blanc est superbe. Volume et richesse sont associés à une belle fraîcheur. Voilà un bon exemple de ce qu'une simple appellation village peut révéler. En revanche, nous sommes déçus de ne pas avoir pu déguster le cru Aux Guettes ni les Vergelesses 2010. Le Bourgeots est gourmand, servi par une finesse et une sève qui tendent le vin. Le Talmettes est floral et révèle une envergure supplémentaire, dommage que la trame tannique soit un peu sèche en finale. L'aloxe-corton est une vraie réussite, il incarne exactement ce qu'une appellation village peut produire en termes de maturité et de fraîcheur.

☐ Savigny-lès-Beaune 2010	n.c.	16
■ Aloxe-Corton Le Suchot 2010	n.c.	16
■ Savigny-lès-Beaune Les Bourgeots 2010	n.c.	15
■ Savigny-lès-Beaune Premier Cru Les Talmettes 2010	n.c.	15,5

Rouge : 17 hectares.
Pinot noir 100 %
Blanc : 5 hectares.
Chardonnay 100 %
Production moyenne : 100 000 bt/an

Domaine Simon Bize et Fils, 12, rue du Chanoine-Donin, 21420 Savigny-lès-Beaune
Tél. : 03 80 21 50 57 **Fax :** 03 80 21 58 17
E-mail : domaine.bize@wanadoo.fr
Site : www.domainebize.com
Vente : au domaine
Du lundi au vendredi de 9h à 12h et de 14h à 17h sur rendez-vous.
Propriétaire : Famille Bize

■ Domaine Jean-Marc Boillot

PULIGNY-MONTRACHET
★★

Depuis plusieurs années, nous sommes séduits par les vins de ce domaine, qui montrent une régularité et un éclat remarquables, tant en blanc qu'en rouge. Jean-Marc Boillot et ses enfants exploitent les 11 hectares du vignoble familial, auxquels s'ajoute une petite activité de négoce. Les puligny sont élégants, droits et très précis ; ce sont des valeurs sûres de l'appellation. Les cuvées issues du négoce apparaissent également dignes d'intérêt.

Les vins : le domaine ne nous ayant pas fait parvenir ses vins cette année, nous sommes amenés à reconduire les notes de l'édition précédente – sans autre commentaire.

☐ Bourgogne 2009 — n.c. 14,5
☐ Puligny-Montrachet 2009 — n.c. 15,5
☐ Puligny-Montrachet Premier Cru
Champs Canet 2009 — n.c. 16,5
☐ Puligny-Montrachet Premier Cru
Les Combettes 2009 — n.c. 17
■ Bourgogne 2009 — n.c. 15
■ Pommard 2009 — n.c. 16
■ Pommard Premier Cru
Jarollières 2009 — n.c. 17,5
■ Volnay Premier Cru Carelle sous la
Chapelle 2009 — n.c. 17

Rouge : 5 hectares.
Pinot noir 100 %
Blanc : 6 hectares.
Chardonnay 100 %
Production moyenne : 50 000 bt/an

Domaine Jean-Marc Boillot, La Pommardière, 21630 Pommard
Tél. : 03 80 24 97 57 **Fax :** 03 80 24 98 07
E-mail : pommardiere@wanadoo.fr
Site : www.jeanmarc-boillot.com
Pas de visites.
Propriétaire : Jean-Marc Boillot

■ Domaine Michel Bouzereau et Fils

MEURSAULT

★★

Depuis quelques millésimes, nous sommes enchantés par la régularité et le style précis des vins qu'élabore Jean-Baptiste Bouzereau. Digestes, élégants et profonds, ils vieillissent de plus avec harmonie. Le domaine possède de petites parcelles sur de beaux crus du secteur. Il vinifie ses blancs avec une grande précision, sachant s'adapter avec souplesse au caractère de chaque millésime. Jean-Baptiste Bouzereau recherche avant tout l'élégance et la pureté ; on rencontrera donc rarement dans ses vins les notes fortement grillées et réduites que certains amateurs associent à Meursault.

Les vins : si le meursault Les Grands Charrons présente un profil assez sphérique et gras, Les Tessons est un vin de méditation. Nous aimons la pureté et la finesse de ce dernier, le jus est sur le fil du rasoir. Les Genevrières apparaît plus

démonstratif, avec ce côté fruits jaunes, cette pointe exotique, conjuguées a cette attaque de bouche opulente assez caractéristique du terroir. Le Charmes du Dessus est magnifique. Doté d'un jus d'une grande profondeur, le minéral tend cette belle maturité et l'ensemble atteint une distinction rare. Le Perrières passe plus en force, c'est un autre équilibre, mais que c'est bon ! Le puligny-montrachet se révèle très épuré, il renferme une matière fine et saline, et révèle une belle tension qui lui donne se côté posé et digeste.

☐ Meursault Les Grands
Charrons 2010 — n.c. 15
☐ Meursault Les Tessons 2010 — n.c. 16
☐ Meursault Premier Cru
Charmes 2010 — n.c. 17,5
☐ Meursault Premier Cru
Genevrières 2010 — n.c. 16,5
☐ Meursault Premier Cru
Perrières 2010 — n.c. 18
☐ Puligny-Montrachet Premier Cru Le
Cailleret 2010 — n.c. 17

Rouge : 1,4 hectares.
Pinot noir 100 %
Blanc : 9,3 hectares.
Chardonnay 100 %
Production moyenne : 70 000 bt/an

Domaine Michel Bouzereau et Fils, 5, rue Robert Thénard, 21190 Meursault
Tél. : 03 80 21 20 74 **Fax :** 03 80 21 66 41
E-mail : michel-bouzereau-et-fils@wanadoo.fr
Site : www.michelbouzereauetfils.com
Vente : au domaine
Pas de visites.
Propriétaire : Michel et Jean-Baptiste Bouzereau.

■ Domaine Louis Carillon et Fils

PULIGNY-MONTRACHET

★★

Contrairement à ce que nous vous annoncions l'année dernière, la division du domaine familial en deux entités distinctes se fera sur le millésime 2010. En effet, les deux frères Jacques et François ont chacun reçu la moitié des vignes, qu'ils travailleront séparément. Ils produiront donc et étiquetteront sous leur propre nom à partir de ce premier millésime de la nouvelle décennie. Nous souhaitons à chacun de pérenniser le style de vin qui lui est propre. En parallèle François monte une activité de négoce. Nous suivrons avec intérêt leur évolution, souhaitant qu'ils poursuivent le travail accompli jusqu'ici et qui a permis de porter le domaine au sommet de la Bourgogne.

Les vins : le puligny villages 2009 offre belle dimension pour le millésime, le vin reste cohérent et léger. Les Champs Canet impose sa force : puissance et gras sont bien là. Une pointe de chaleur alcoolisée en finale lui ôte un soupçon de finesse. Le premier cru Les Perrières s'affirme comme un harmonieux 2009, son équilibre est parfait, la bouche bien qu'immédiate possède sève et énergie.

☐ Puligny-Montrachet 2009   24 €   15,5
☐ Puligny-Montrachet Premier Cru
Les Champs Canet 2009   42 €   16
☐ Puligny-Montrachet Premier Cru
Les Perrières 2009   42 €   17

Rouge : 3,5 hectares.
Pinot noir 100 %
Blanc : 8,5 hectares.
Chardonnay 100 %
Production moyenne : 60 000 bt/an

Domaine Louis Carillon et Fils, 21190 Puligny-Montrachet
Tél. : 03 80 21 30 34   **Fax :** 03 80 21 90 02
E-mail : louiscarillonetfils@free.fr
Site : www.louis-carillon.com
Vente : au domaine
Sur rendez-vous du lundi au vendredi.
Propriétaire : Famille Carillon

■ Domaine Chandon de Briailles

SAVIGNY-LÈS-BEAUNE
★★

Propriété familiale depuis 1834, le domaine est actuellement géré par le comte et la comtesse Aymard-Claude de Nicolay ainsi que leurs enfants. Les vinifications sont ici très traditionnelles, avec une forte proportion de vendange entière pour les vins rouges et une utilisation très modérée du fût de chêne neuf. Il en résulte des vins qui peuvent parfois dérouter durant leur jeunesse et qui ne se montrent pas très expressifs avant quelques années de cave. En revanche, le vieillissement leur rend grâce et ils déploient alors toute la complexité des grands pinots floraux et raffinés.

Les vins : le Pernand blanc s'avère digeste et épuré. Cela fait du bien de trouver encore des blancs qui ne sont pas maquillés par le bois ! Ce parfait compromis entre le fruit et l'élevage donne une belle lecture de vin. Le même terroir en rouge se montre fin et léger et déçoit par sa texture, surtout dans ce millésime. Le savigny Les Lavières est distingué et dévoile une bouche fraîche au toucher de bouche velouté et fin. Le corton-bressandes est réussi, le vin allie fraîcheur et acidité dans une belle dimension.

☐ Pernand-Vergelesses Premier Cru
Ile des Vergelesses 2010   35 €   15,5
■ Corton Grand Cru Les
Bressandes 2010   70 €   18
■ Pernand-Vergelesses Premier Cru
Ile des Vergelesses 2010   33 €   14,5
■ Savigny-lès-Beaune Premier Cru
Les Lavières 2010   30 €   16

Rouge : 12,55 hectares.
Pinot noir 100 %
Blanc : 1,25 hectare.
Chardonnay 100 %
Production moyenne : 55 000 bt/an

Domaine Chandon de Briailles, 1, rue Sœur-Goby, Savigny-lès-Beaune
Tél. : 03 80 21 52 31   **Fax :** 03 80 21 59 15
E-mail : contact@chandondebriailles.com
Site : www.chandondebriailles.com
Vente : au domaine
Lundi au samedi sur rendez-vous de 9h à 12h et de 14h à 18h.
Propriétaire : François de Nicolay

■ Chanson Père et Fils

BEAUNE
★★

Cette très belle maison beaunoise, fondée en 1750 et détenue par Bollinger depuis 1999, a désormais pleinement trouvé ses marques et son style. Elle rivalise avec les meilleurs grâce à des vins précis et purs, tant en blanc qu'en rouge. Une cuverie dernier cri et les conseils pertinents de Jean-Pierre Confuron, à la vigne comme en vinification, expliquent la netteté d'expression de la large gamme du domaine.

Les vins : les blancs 2010 sont de bon niveau, seul le pernand blanc est encore coincé par la réduction. Le savigny possède moins de chair, mais la bouteille est juste avec une belle fraîcheur. Le Chenevottes reste une valeur sûre du domaine : finement beurré sans excès, il possède la trame et l'allonge d'un beau vin. Le Perrières est superbe, la bouche allie gras et volume, avec la patine Chanson. Une jolie bouteille à mettre en cave. Le Vergennes s'avère tout aussi réussi, assis sur un autre équilibre, plus vif et plus épuré en toute logique. Les rouges se caractérisent par des belles mâches. Le Champimonts dévoile des tanins un peu secs, nous lui préférons le Clos des Mouches qui possède la même densité, mais qui présente une patine beaucoup plus rassemblée. Le joli volnay se révèle aimable et facile dès aujourd'hui. Le gevrey-chambertin est réussi, la matière et le fruit du millésime lui apportent de l'éclat. Le Clos de Bèze est large et puissant, avec cette texture séveuse qui assure la persistance et le potentiel de vieillissement.

☐	Beaune Premier Cru Clos des Mouches 2010	n.c.	15,5
☐	Chassagne-Montrachet Premier Cru Les Chenevottes 2010	n.c.	16,5
☐	Corton Grand Cru Vergennes 2010	n.c.	17
☐	Meursault Premier Cru Perrières 2010	n.c.	17,5
☐	Pernand-Vergelesses Premier Cru Les Caradeux 2010	n.c.	14,5
☐	Savigny-lès-Beaune Premier Cru Hauts Marconnets 2010	n.c.	15
■	Beaune Premier Cru Champimonts 2010	n.c.	14,5
■	Beaune Premier Cru Clos des Mouches 2010	n.c.	16
■	Chambertin Clos de Bèze Grand Cru 2010	n.c.	17,5
■	Gevrey-Chambertin 2010	n.c.	16
■	Nuits-Saint-Georges 2010	n.c.	15
■	Volnay 2010	n.c.	15,5

Rouge : 32 hectares.
Pinot noir 100 %
Blanc : 13 hectares.
Chardonnay 100 %
Production moyenne : 180 000 bt/an

Chanson Père et Fils, 10, rue Paul-Chanson, 21200 Beaune
Tél. : 03 80 25 97 97 **Fax :** 03 80 24 17 42
E-mail : chanson@domaine-chanson.com
Site : www.domaine-chanson.com
Vente : au domaine
Sur rendez-vous.
Propriétaire : Société Jacques Bollinger

■ Domaine Marc Colin et Fils

SAINT-AUBIN
★★

Marc Colin présente l'une des gammes les plus complètes sur les meilleurs terroirs de Saint-Aubin, village situé juste au nord de Chassagne-Montrachet et qui constitue une véritable mine de bonnes affaires. Ce grand styliste des blancs - célèbres pour leur pureté et leur délicatesse - sait aussi vinifier les rouges : ses cuvées Vieilles Vignes de pinot noir à Santenay et à Chassagne-Montrachet surprennent par leur vigueur. Une adresse sûre et hautement recommandable.

Les vins : Le domaine confirme sur le beau millésime 2010 que les rouges montent en puissance : désormais, le fossé qui existait entre les couleurs appartient au passé. Le niveau des saint-aubin rouges est bon, le premier cru est notre favori avec plus de mâche avec un fruit expressif. Le terroir Sous Roche Dumay montre un joli potentiel pour une jeune vigne, le vin est plus tendu et la matière est moins cossue. Le santenay est plein avec de beaux tanins bien enrobés. La longue série des terroirs de Saint-Aubin se révèle homogène. Nos préférences se portent vers La Chatenière, pour son gras et sa plénitude de bouche, et En Remilly, qui domine tous les autres par sa puissance et sa fermeté minérale. Les terroirs de Chassagne sont vraiment en place, les amateurs de vins épurés seront aux anges avec Les Chenevottes et Les Vide-Bourses, deux climats tout en finesse. Les Caillerets sont plus larges d'épaules, tout en gardant la belle allonge du millésime. Enfin, nous trouvons Les Champs Gains plus pommadé par le bois à ce stade. Sur le village de Puligny, le premier cru La Garenne est marqué par cette empreinte ciselée. Le Trézin est dans le même profil, avec une allonge moins persistante. Les deux grands crus sont superbes, et la tension et la maîtrise de la puissance que le montrachet dévoile donne la chair de poule. Le bâtard est plus ample et plus généreux, sans pour autant perdre de la fraîcheur.

☐	Bâtard-Montrachet Grand Cru 2010	220 € cav.	18,5
☐	Chassagne-Montrachet Premier Cru Les Caillerets 2010	55 € cav.	16
☐	Chassagne-Montrachet Premier Cru Les Champs Gains 2010	55 € cav.	15,5

- ☐ Chassagne-Montrachet Premier Cru
  Les Chenevottes 2010   55 € cav.   16
- ☐ Chassagne-Montrachet Premier Cru
  Les Vide-Bourses 2010   55 € cav.   16,5
- ☐ Montrachet Grand Cru 2010   450 € cav.   19
- ☐ Puligny-Montrachet Les
  Enseignières 2010   35 € cav.   15
- ☐ Puligny-Montrachet Premier Cru La
  Garenne 2010   55 € cav.   16
- ☐ Puligny-Montrachet
  Trézin 2010   35 € cav.   15,5
- ☐ Saint-Aubin La
  Fontenotte 2010   22 € cav.   14
- ☐ Saint-Aubin Premier Cru En
  Montceau 2010   28 € cav.   15
- ☐ Saint-Aubin Premier Cru En
  Remilly 2010   28 € cav.   16
- ☐ Saint-Aubin Premier Cru La
  Chatenière 2010   28 € cav.   15,5
- ☐ Saint-Aubin Premier Cru Le
  Charmois 2010   28 € cav.   14,5
- ☐ Saint-Aubin Premier Cru Les
  Combes 2010   28 € cav.   15
- ☐ Saint-Aubin Premier Cru Sous
  Roche Dumay 2010   28 € cav.   15
- ■ Chassagne-Montrachet 2010   23 € cav.   15
- ■ Saint-Aubin Les
  Argilliers 2010   15 € cav.   14
- ■ Saint-Aubin Premier
  Cru 2010   19 € cav.   15,5
- ■ Saint-Aubin Premier Cru Sous
  Roche Dumay 2010   19 € cav.   15
- ■ Santenay 2010   23 € cav.   15,5

Rouge : 6 hectares.
Pinot noir 100 %
Blanc : 11,5 hectares.
Chardonnay 95 %, Aligoté 5 %

Production moyenne : 115 000 bt/an

Domaine Marc Colin et Fils, 9, rue de la
Chatenière, 21190 Saint-Aubin
Tél. : 03 80 21 30 43   **Fax :** 03 80 21 90 04
E-mail : marccolin@ymail.com
Site : www.marc-colin.com
Vente : au domaine
Sur rendez-vous d'octobre à mars.
Propriétaire : Caroline, Joseph et Damien Colin

■ Domaine du Comte Armand

POMMARD
★★

C e domaine, qui jouit d'une grande réputation, a toujours produit des vins puissants et
riches. Fermes et tanniques durant leurs premières années de vie, les célèbres pommards de la
maison - dont le Clos des Epeneaux en monopole - semblent avoir gagné en raffinement sous
l'impulsion de Benjamin Leroux. Si les grands
millésimes apparaissent très réussis, avec des
potentiels de garde énormes, les plus petites
années engendrent des vins plus durs et parfois
un peu secs.

Les vins : les vins de 2010 sont au rendez
vous ! Le volnay est délicat, son fruit éclate avec
une grande finesse, sa bouche intègre bien les
tanins : l'ensemble est harmonieux et le fruit
reste présent. Le Clos des Epeneaux est simplement magique : concentré et présentant un subtil toucher de bouche, il exprime un fruit précis
sur des notes florales de rose et de pivoine. Un
grand pommard savoureux et persistant.

- ■ Pommard Premier Cru Clos des
  Epeneaux 2010   n.c.   18
- ■ Volnay 2010   n.c.   16

Rouge : 8,6 hectares.
Pinot noir 100 %
Blanc : 0,4 hectare.
Chardonnay 100 %
Production moyenne : 42 000 bt/an
❀ Certifié en agriculture bio ou biodynamique

Domaine du Comte Armand, 7, rue de la
Mairie, 21630 Pommard
Tél. : 03 80 24 70 50   **Fax :** 03 80 22 72 37
E-mail : epeneaux@domaine-comte-armand.com
Site : www.domaine-comte-armand.com
Sur rendez-vous.
Propriétaire : Gabriel Armand
Directeur : Benjamin Leroux

■ Domaine des Comtes Lafon

MEURSAULT
★★

O n ne présente plus Dominique Lafon, les
critiques émises il y a quelques années sont
désormais bien loin. La dégustation du millé-

sime 2009 confirme le changement de style amorcé depuis le milieu de la décennie 2000. Les vins blancs ont gagné en fraîcheur et en race. Les dates de cueillette y sont pour beaucoup. Le style de vinification, davantage sur la réduction, livre des vins plus digestes et moins crémeux. Les rouges sont toujours denses et savoureux, une meilleure gestion des élevages laissant plus de place à la dimension du fruit. Cette cohérence de gamme nous conduit à penser que la troisième étoile est proche.

Les vins : le domaine ne nous ayant pas fait parvenir ses vins cette année, nous sommes amenés à reconduire les notes de l'édition précédente – sans autre commentaire.

☐ Meursault Premier Cru Charmes 2009	n.c.	17
☐ Meursault Premier Cru Perrières 2009	n.c.	18,5
☐ Meursault-Genevrières Premier Cru 2009	n.c.	16,5
☐ Montrachet Grand Cru 2009	n.c.	19
■ Monthélie Premier Cru Les Duresses 2009	n.c.	16
■ Volnay 2009	n.c.	15
■ Volnay Premier Cru Champans 2009	n.c.	18
■ Volnay Premier Cru Clos des Chênes 2009	n.c.	17
■ Volnay Premier Cru Santenots du Milieu 2009	n.c.	16,5

Rouge : 5,0 hectares.
Pinot noir 100 %
Blanc : 8 hectares.
Chardonnay 100 %
Production moyenne : 60 000 bt/an
❀ Certifié en agriculture bio ou biodynamique

Domaine des Comtes Lafon, Clos de la Barre, 21190 Meursault
Tél. : 03 80 21 22 17 **Fax :** 03 80 21 61 64
E-mail : comtes.lafon@gmail.com
Pas de visites.
Propriétaire : Dominique Lafon

■ Maison Joseph Drouhin
BEAUNE
★★

Depuis quelques années, cette belle maison, désormais dirigée par Frédéric Drouhin, a trouvé sa vitesse de croisière et s'impose comme une valeur sûre. Elle s'appuie sur un vignoble particulièrement bien pourvu en grands blancs - en Côte de Beaune mais aussi à Chablis - dont le célèbre Clos des Mouches. Le style a toujours été axé sur la finesse et l'élégance, mais les vins ont beaucoup gagné en profondeur de constitution ces dernières années.

Les vins : le meursault En Luraule, sans tomber dans l'archétype du meursault village, manque un peu de dimension, le boisé le farde un peu. Le beaune Clos des Mouches est équilibré, sur une trame épurée ; la belle réduction lui donne cette finesse. Le chassagne Morgeot s'avère plus volumineux, dans un tout autre style : la puissance déborde, le vin est généreux. Le Perrières se situe plus sur la réserve, il impose sa force sans bousculer l'équilibre. En rouge, le gevrey est juteux, plein de fruit, mais manque de finesse pour atteindre un niveau supérieur. Le chambolle, bien que moins généreux, est bien plus en harmonie. Le Clos des Mouches est une belle réussite : le jus est fin, peu extrait, sur des notes florales, et sa belle sève en fait un vin persistant.

☐ Beaune Premier Cru Clos des Mouches 2010	61 €	16
☐ Chablis Grand Cru Vaudésir 2010	37,50 €	15,5
☐ Chablis Premier Cru Vaillons 2010	20,90 €	14
☐ Chablis Propriétés de Famille 2010	14,90 €	13,5
☐ Chassagne-Montrachet Premier Cru Morgeot Marquis de Laguiche 2010	55,50 €	16
☐ Meursault Luraule 2010	38,20 €	14,5
☐ Meursault-Perrières Premier Cru 2010	55 €	17
☐ Pouilly-Vinzelles 2010	13,70 €	14
■ Beaune Premier Cru Clos des Mouches 2010	52 €	16,5
■ Chambolle-Musigny Premier Cru 2010	46,70 €	16
■ Gevrey-Chambertin 2010	35,20 €	15
■ Savigny-les-Beaune Aux Fourneaux 2010	20,90 €	14,5

Rouge : 26 hectares.
Pinot noir 100 %
Blanc : 46 hectares.
Chardonnay 100 %
Production moyenne : n.c.

Maison Joseph Drouhin, 7, rue d'Enfer, 21200 Beaune
Tél. : 03 80 24 68 88 **Fax :** 03 80 22 43 14

E-mail : maisondrouhin@drouhin.com
Site : www.drouhin.com
Sur rendez-vous du lundi au vendredi de 9h à 12h et de 14h à 18h.
Propriétaire : Frédéric Drouhin

■ Camille Giroud

CÔTE DE BEAUNE

★★

Acquise en 2001 par des Américains passionnés, devenus célèbres en Californie avec la production de vins cultes sur leur vignoble de Colgin, cette belle maison de négoce se hisse progressivement au sommet de la hiérarchie des domaines beaunois. Après avoir produit des vins au style international et boisé, nous observons depuis déjà quelques années une évolution stylistique importante. Plus précis, plus expressifs, les 2008 mais aussi les 2007 sont aujourd'hui un modèle en matière d'expression de pinot noir.

Les vins : le beaune Lulunne est ciselé et révèle une belle gestion du boisé. Rond et onctueux, sans lourdeur, le meursault apparaît légèrement souligné par le bois. Le maranges, doté d'un joli fruit, avec une texture est demi-corps, sera aimable dès sa prime jeunesse. Le cortoncharlemagne impose sa race ; sa bonne retenue et son allonge sont typiques de ce grand cru. En rouge, le marsannay offre une belle définition, sans atteindre une grande persistance. Le beaune Les Avaux, aimable et gourmand, dévoile un caractère velouté qui le rend séduisant, sur le côté précoce. Malgré sa finesse de bouche, le volnay Caillerets déçoit à ce stade par l'intégration du boisé : le fût est trop marqué et le volume paraît insuffisant pour un premier cru de cette réputation. Le vosne-romanée est un exemple, sa bouche recèle un fruit précis et dévoile une patine veloutée. L'échezeaux joue tout en finesse, sur une puissance modérée, mais cela n'empêche pas le terroir de s'exprimer. Le corton Le Rognet possède de l'envergure avec une belle mâche et des tanins bien enrobés pour ce terroir. Le Clos du Roi ne dispose pas de la même dimension, sa bouche équilibrée renferme un jus moins scintillant. Le chambertin passe un peu en force, et le latricières lui est supérieur par sa finesse et son allonge (la vendange entière lui donne cette dimension). Le charmes porte bien son nom : fin et distingué, il pèche toutefois par une densité trop faible pour un grand cru.

☐ Beaune Lulunne 2010   20,80 €   15

☐ Chassagne-Montrachet Premier Cru Tête du Clos 2010	50,50 €	16
☐ Corton-Charlemagne Grand Cru 2010	83,70 €	17,5
☐ Meursault 2010	31,90 €	15,5
■ Beaune Premier Cru Les Avaux 2010	29,50 €	15
■ Chambertin Grand Cru 2010	137 €	17,5
■ Charmes-Chambertin Grand Cru 2010	86,30 €	16
■ Corton Grand Cru Le Clos du Roi 2010	63,60 €	16
■ Corton Grand Cru Le Rognet 2010	63,60 €	17
■ Echezeaux Grand Cru 2010	100,30 €	16,5
■ Latricières-Chambertin Grand Cru 2010	103,80 €	18
■ Maranges Premier Cru La Croix aux Moines 2010	22,50 €	14
■ Marsannay Les Longeroies 2010	20,20 €	15,5
■ Volnay Premier Cru Caillerets 2010	42,60 €	15
■ Vosne-Romanée 2010	40 €	16

Rouge : 1 hectare + achat de raisin.
Pinot noir 100 %
Blanc : Achat de raisin.
Chardonnay 100 %
Production moyenne : 60 000 bt/an

Camille Giroud, 3, rue Pierre-Joigneaux, 21200 Beaune
Tél. : 03 80 22 12 65   **Fax :** 03 80 22 42 84
E-mail : contact@camillegiroud.com
Vente : au domaine
Sur rendez-vous du lundi au vendredi.
Directeur : David Croix

■ Domaine Albert Grivault

MEURSAULT

★★

Joyau du domaine, le Clos des Perrières est une parcelle de 1 ha, considérée unanimement comme la partie optimale du meilleur Premier cru de Meursault. Il est exploité en monopole par le domaine Grivault depuis 1873, qui y produit régulièrement un des vins blancs les plus fantastiques de Bourgogne, dépassant bien des Grands crus. Le Premier cru Perrières est également une cuvée de haute volée.

Les vins : nous confirmons que les 2009 ont été parfaitement gérés. Le meursault, avec une année d'évolution, possède encore une belle fraîcheur. Nous pensons que le secret de cette réussite tient à une juste maturité et à une maîtrise parfaite du bois. Le premier cru Perrières 2009 le prouve : l'élevage est posé et le bois ne « graisse » pas davantage l'expression d'un millésime déjà assez riche. Le 2010 possède de l'éclat et une allonge qui fait la différence. Le Clos des Perrières est plus puissant en milieu de bouche, mais l'ensemble reste aussi fin et tendu. Le pommard Clos Blanc est peu extrait, le vin livre un fruit plaisant avec une belle sève.

☐ Bourgogne 2010	12 €	13,5
☐ Meursault 2010	25 €	15
☐ Meursault Premier Cru Clos des Perrières 2010	57 €	18,5
☐ Meursault-Perrières Premier Cru 2010	44 €	18
☐ Meursault-Perrières Premier Cru 2009	44 €	16,5
■ Pommard Premier Cru Clos Blanc 2010	25 €	15

Rouge : 1 hectare.
Pinot noir 100 %
Blanc : 5 hectares.
Chardonnay 100 %
Production moyenne : 35 000 bt/an

Domaine Albert Grivault, 7, place Murger, 21190 Meursault
Tél. : 03 80 21 23 12 **Fax :** 03 80 21 24 70
E-mail : albert.grivault@wanadoo.fr
Vente : au domaine
Sur rendez-vous.
Propriétaire : Héritiers Grivault
Directeur : Claire Bardet (gérante)

■ Antoine Jobard
MEURSAULT
★★

A ntoine Jobard est désormais aux commandes de ce beau domaine familial. Dans la lignée de son père François, il produit des meursaults de haut niveau dans un style classique, avec des élevages très longs et surtout aucun effet de style. Jamais lourds ou outrageusement boisés, les vins brillent par leur précision et surtout leur aptitude au vieillissement. Son Genevrières fait indiscutablement partie des meilleurs, mais toute la gamme mérite l'intérêt des amateurs, c'est pourquoi nous lui attribuons une seconde étoile cette année.

Les vins : le bourgogne affiche une belle maturité, mais le jus réduit demande un bon carafage. Le Tillets, au caractère ciselé, apparaît tout aussi serré. En la Barre est un beau village avec un gras et un volume caractéristiques du village, cela reste de très bon niveau. Les Poruzots est large, dans un profil exotique et bien mûr ; un vin riche et savoureux. Le volume du Genevrières tapisse la bouche sans excès. Sa subtilité et son délicat toucher de bouche lui apportent puissance et équilibre. Notre préférence va au Charmes, le plus épuré et le plus cristallin des tous ces premiers crus magiques de Meursault.

☐ Bourgogne 2010	n.c.	14
☐ Meursault En La Barre 2010	n.c.	15,5
☐ Meursault Les Tillets 2010	n.c.	16
☐ Meursault Premier Cru Charmes 2010	n.c.	18
☐ Meursault Premier Cru Genevrières 2010	n.c.	17
☐ Meursault Premier Cru Poruzots 2010	n.c.	17

Blanc : 6 hectares.
Chardonnay 100 %
Production moyenne : 30 000 bt/an

Antoine Jobard, 2, rue de Leignon, 21190 Meursault
Tél. : 03 80 21 21 26 **Fax :** 03 80 21 26 44
E-mail : antoine.jobard@orange.fr
Pas de visites.
Propriétaire : François et Antoine Jobard

■ Domaine Rémi Jobard
MEURSAULT
★★

F in vinificateur, Rémi Jobard réalise des meursaults onctueux et souples, aptes à vieillir avec race. Les cuvées génériques et d'appellations Villages s'avèrent tout aussi recommandables que les crus. Ce sont des vins qui ne s'expriment véritablement qu'avec le temps, sans jamais jouer l'épate.

Les vins : l'aligoté apparaît franc et digeste. Le Narvaux est à sa place, la rigueur des terroirs proches d'Auxey est là. Plus sur la richesse, Les Chevalières est superbe : gras, puissant et volumineux. Le meursault premier cru Les Charmes impose le caractère et l'identité du pays, le jus est animé d'une énergie épicée. Si Les Genevrières est plus plein, il se montre moins tonique

que Les Charmes. Quant aux premiers crus majeurs, ils incarnent à merveille le sérieux de ce domaine.

- ☐ Bourgogne Aligoté 2010   n.c.   14
- ☐ Meursault Les Chevalières 2010   n.c.   15,5
- ☐ Meursault Les Narvaux 2010   n.c.   15
- ☐ Meursault Premier Cru Le Poruzot-Dessus 2010   n.c.   16
- ☐ Meursault Premier Cru Les Charmes 2010   n.c.   17,5
- ☐ Meursault Premier Cru Les Genevrières 2010   n.c.   17

Rouge : 3 hectares.
Pinot noir 100 %
Blanc : 6,5 hectares.
Aligoté 28 %, Chardonnay 72 %
Production moyenne : 50 000 bt/an

Domaine Rémi Jobard, 12, rue Sudot, 21190 Meursault
Tél. : 03 80 21 20 23   **Fax :** 03 80 21 67 69
E-mail : remijobardvins@orange.fr
Vente : au domaine
Sur rendez-vous.
Propriétaire : Rémi Jobard

■ Domaine Hubert Lamy

SAINT-AUBIN
★★

O livier Lamy maîtrise totalement son sujet depuis quelques années déjà, en élaborant des vins d'une droiture exemplaire. Ambassadeur des vins de Saint-Aubin, il a contribué à développer la réputation de cette appellation encore trop méconnue. Sa palette de terroirs et son talent à en exprimer toutes les nuances permettent de comprendre à quel point tout amateur peut trouver dans ce village des vins magnifiques à des prix très raisonnables. Malheureusement, les volumes disponibles au domaine sont très limités.

Les vins : belle série de saint-aubin en 2010. Le premier cru Derrière chez Edouard, qui engendre de si beaux rouges, a donné en blanc le vin le plus précoce. Classique de Saint-Aubin, Les Frionnes présente une texture de demi-corps et une belle fraîcheur finale. Dans un style épuré, le Clos de la Chatenière se situe un ton au-dessus, avec une trame cristalline. En Remilly possède une colonne vertébrale minérale et offre plus de puissance et de gras. Les Murgers des Dents de Chien apparaît plus

réservé, mais la densité est tout aussi bonne. Le puligny Les Tremblots est bon, sans pour autant atteindre la dimension des saint-aubin En Remilly et Murgers. Le domaine n'a pas présenté ses rouges cette année.

- ☐ Puligny-Montrachet Les Tremblots 2010   44 € cav.   15,5
- ☐ Saint-Aubin Premier Cru Clos de la Chatenière 2010   42 € cav.   15,5
- ☐ Saint-Aubin Premier Cru Derrière chez Edouard 2010   32 € cav.   14
- ☐ Saint-Aubin Premier Cru En Remilly 2010   42 € cav.   16
- ☐ Saint-Aubin Premier Cru Les Frionnes 2010   32 € cav.   14,5
- ☐ Saint-Aubin Premier Cru Les Murgers des Dents de Chien 2010   44 € cav.   16

Rouge : 3,3 hectares.
Pinot noir 100 %
Blanc : 15,2 hectares.
Chardonnay 100 %
Production moyenne : 100 000 bt/an

Domaine Hubert Lamy, 20, rue des Lavières, 21190 Saint-Aubin
Tél. : 03 80 21 32 55   **Fax :** 03 80 21 38 32
E-mail : domainehubertlamy@wanadoo.fr
Site : www.domainehubertlamy.com
Vente : au domaine
Pas de visites.
Propriétaire : Olivier Lamy

■ Château de la Maltroye

CHASSAGNE-MONTRACHET
★★

C e château, dont les caves datent du XVe siècle, est la propriété de la famille Cournut depuis 1940. Ancien ingénieur en aéronautique, Jean-Pierre Cournut a magnifiquement revitalisé le vignoble, dont le patrimoine de crus est exceptionnel à Chassagne. D'importants travaux ont permis au domaine de se doter d'un outil de vinification ultraperformant. Les blancs continuent de tutoyer les sommets ; les rouges possèdent pour leur part une très belle personnalité et un fruit expressif.

Les vins : le santenay blanc est un modèle, rares sont les blancs de ce village qui peuvent atteindre cette dimension. Dans la série des chassagne-montrachet, le Chenevottes est le plus rond et massif de tous les premiers crus. Le volume est bon, dans une bouche finement beurrée. Le Grandes Ruchottes reste droit et limpide en bouche. La Romanée possède la puissance d'un grand cru, le vin est superbe. Le Morgeot Vigne Blanche est large en attaque, mais la tension minérale est de premier ordre.

- ☐ Chassagne-Montrachet Premier Cru Clos du Château de la Maltroye 2010   40 € cav.   16
- ☐ Chassagne-Montrachet Premier Cru La Romanée 2010   70 € cav. 17,5
- ☐ Chassagne-Montrachet Premier Cru Les Chenevottes 2010   36 € cav. 15,5
- ☐ Chassagne-Montrachet Premier Cru Les Grandes Ruchottes 2010   60 € cav. 16,5
- ☐ Chassagne-Montrachet Premier Cru Morgeot Vigne Blanche 2010   40 € cav.   17
- ☐ Santenay Premier Cru La Comme 2010   30 € cav. 15,5

Rouge : 6,5 hectares.
Pinot noir 100 %
Blanc : 8,5 hectares.
Chardonnay 100 %
Production moyenne : 60 000 bt/an

Château de la Maltroye, 16, rue Murée, 21190 Chassagne-Montrachet
Tél. : 03 80 21 32 45 **Fax :** 03 80 21 34 54
E-mail : chateau.maltroye@wanadoo.fr
Vente : au domaine
Sur rendez-vous.
Propriétaire : Jean-Pierre Cournut

■ Domaine Catherine et Claude Maréchal
BOURGOGNE
★★

C e domaine artisanal met tout en œuvre pour produire des vins d'un grand naturel d'expression : viticulture soignée et respectueuse de l'environnement, vinifications naturelles et utilisation modérée du soufre. Le résultat se montre très convaincant depuis déjà quelques millésimes, avec des vins élégants et délicatement parfumés, sans aucun effet de style, mais qu'il convient de conserver avec précaution.

Les vins : l'aligoté possède un bon niveau de maturité, dans un profil assez généreux pour ce cépage. Nous aimons le bourgogne blanc pour son volume et sa précision : un vin sans artifice qui relève le niveau des bourgognes génériques. Le savigny-lès-beaune apparaît finement beurré,

doté d'un jus gras, enveloppé, qui conserve de la fraîcheur. La série des rouges 2010 nous confirme tout le travail réalisé au domaine pour donner leurs lettres de noblesse à tous ces villages qui n'ont pas la chance d'être aussi réputés que les grands noms de la Côte de Beaune. Le bourgogne Gravel, rond et juteux, est un modèle de bourgogne rouge. Le chorey s'exprime dans le même esprit, avec plus de mâche et de sève. L'auxey est plus tendu sur les tanins en finale, mais garde sa fraîcheur de fruit. Les deux savignys sont intenses, avec l'étoffe et la gourmandise pour le village, la chair et une matière de grande qualité pour le premier cru. Le volnay village est accessible dès aujourd'hui, le fruit se livre sans retenue, sa texture est très typée. Charnu, sur une matière de qualité au fruit épanoui, le pommard peut rivaliser avec certains premiers crus.

- ☐ Bourgogne Aligoté 2010   11 € cav.   14
- ☐ Bourgogne Antoine 2010   15 € cav.   15
- ☐ Savigny-lès-Beaune 2010   24 € cav. 15,5
- ■ Auxey-Duresses 2010   20 € cav. 14,5
- ■ Bourgogne Catherine 2010   16 € cav.   14
- ■ Bourgogne Gravel 2010   15 € cav.   15
- ■ Chorey-lès-Beaune 2010   20 € cav. 15,5
- ■ Ladoix Les Chaillots 2010   20 € cav.   15
- ■ Pommard La Chanière 2010   31 € cav. 16,5
- ■ Savigny-lès-Beaune Premier Cru Les Lavières 2010   31 € cav. 16,5
- ■ Savigny-lès-Beaune Vieilles Vignes 2010   23 € cav. 15,5
- ■ Volnay 2010   30 € cav.   16

Rouge : 10,2 hectares.
Pinot noir 100 %
Blanc : 1,8 hectare.
Aligoté 28 %, Chardonnay 72 %
Production moyenne : 65 000 bt/an

Domaine Catherine et Claude Maréchal, 6, route de Chalon, 21200 Bligny-lès-Beaune
Tél. : 03 80 21 44 37 **Fax :** 03 80 26 85 01
E-mail : marechalcc@orange.fr
Site : www.bourgogne-marechal.com
Sur rendez-vous.
Propriétaire : Catherine et Claude Maréchal

■ Domaine Marquis d'Angerville

VOLNAY PREMIER CRU

★★

G uillaume d'Angerville continue de mener cette célèbre propriété sur la route du succès. Depuis plusieurs décennies déjà, les vins produits ici dans un style très pur et proche du terroir, se sont imposés comme des références absolues de la Bourgogne en général et de Volnay en particulier. Ils vieillissent admirablement et possèdent un raffinement dont devraient s'inspirer de nombreux producteurs. Le vignoble est superbement tenu ; les vinifications évitent tout effet de style.

Les vins : nous restons un peu sur notre faim cette année, même si le volnay Champans nous séduit encore. Toutefois, avec une année d'évolution, le vin montre une définition plus marquée par les stigmates du millésime solaire qu'est 2009. La bouche ne bouge pas, mais le fruit nous semble plus touché par le côté compoté du pinot noir. Nous espérons l'année prochaine vous faire partager plus d'émotions car cela fut court.

■ Volnay Premier Cru
Champans 2009   n.c.   17

Rouge : 13 hectares.
Pinot noir 100 %
Blanc : 2 hectares.
Chardonnay 100 %
Production moyenne : 50 000 à 60 000 bt/an

Domaine Marquis d'Angerville, 21190 Volnay
Tél. : 03 80 21 61 75   **Fax :** 03 80 21 65 07
E-mail : info@domainedangerville.fr
Site : www.domainedangerville.fr
Pas de visites.
Propriétaire : Guillaume d'Angerville

■ Domaine de Montille

VOLNAY

★★

C 'est Etienne de Montille qui vinifie les rouges au domaine. Il produit, nous semble-t-il, des vins moins rigides que son père et surtout plus fins et plus gracieux. On ne cherche pas ici à créer la sensation par la puissance aromatique ou le charnu des textures, mais à exprimer toute l'élégance naturelle des meilleurs terroirs de Volnay et de Pommard. Certes, les vins peuvent

alors paraître austères, voire durs dans leurs premières années, mais ils évoluent généralement avec grâce. Très célèbre pour ses rouges, le domaine élabore également des blancs très convaincants, dans un style très profond et classique.

Les vins : les 2010 sont à mettre en cave absolument. Sur la rose et la pivoine, le beaune-grèves renferme une matière délicate dotée de tanins fins. Le Champans ne s'impose pas par son volume, mais dévoile une bouche très étirée qui monte en puissance crescendo. Le Taillepied est notre préféré : juteux, il révèle une bouche racée et un niveau de finesse magnifique ; il dispose d'un potentiel incroyable. Très typé Côte de Nuits, le Malconsort exprime un fruit plus primaire, le vin est charnu, et si la bouche apparaît moins en place, la qualité et le potentiel sont là. Nous sommes déçus de ne pas avoir pu déguster les pommards.

■ Beaune Premier Cru Les
Grèves 2010   n.c.   16
■ Volnay Premier Cru En
Champans 2010   n.c.   17
■ Volnay Premier Cru Les
Taillepieds 2010   n.c.   18
■ Vosne-Romanée Premier Cru Aux
Malconsorts 2010   n.c.   17

Rouge : 15,26 hectares.
Pinot noir 100 %
Blanc : 4,75 hectares.
Chardonnay 100 %
Production moyenne : 60 000 bt/an

Domaine de Montille, Rue de Pied-de-la-Vallée, 21190 Volnay
Tél. : 03 80 21 39 14   **Fax :** 03 80 21 39 07
E-mail : contact@demontille.com
Site : www.demontille.com
Vente : au domaine
Sur rendez-vous.
Propriétaire : Famille de Montille
Directeur : Etienne de Montille

■ Domaine Pierre Morey

MEURSAULT

★★

L 'ancien régisseur du domaine Leflaive possède un vignoble personnel lui aussi prestigieux. Ses vignes sont travaillées selon les règles de l'agriculture biodynamique et les vins bénéficient de ses talents de vinificateur. A cela s'ajoute une petite activité de négoce, sous le nom Morey-Blanc, où les cuvées sont judicieusement sélectionnées, sans toutefois atteindre le niveau suprême des vins du domaine. Peu de bouteilles sont disponibles sur place.

Les vins : l'aligoté 2009 se montre plus accessible que le 2008, mais plus sur la lourdeur. Le terroir des Tessons jouit d'une parfaite maturité, le style est large et beurré en attaque de bouche, la finale se resserre avec une belle élégance. Le saint-aubin premier cru affiche une belle amplitude, la tension reste moyenne. La définition de terroir des Charmes est réussie, le vin, opulent et riche, offre une patine un peu beurrée qui accompagne cet ensemble gustatif. Cela pèse un peu sur la fin de bouche, le vin est marqué par le millésime. Nous sommes déçus par la gestion du millésime 2009 en blanc. Les deux rouges 2009 arborent une expression fruitée bien mûre, la matière est là. Le Monthélie finit un peu sec et anguleux, le Clos du Chapitre travaille mieux sa matière tannique, notamment en termes de volume et de richesse.

☐ Bourgogne Aligoté 2009   5,50 €   14
☐ Meursault Charmes Premier Cru
    Morey-Blanc 2009   49 €   16,5
☐ Meursault Les Tessons 2009   37 €   16
☐ Saint-Aubin Premier Cru
    Morey-Blanc 2009   19,70 €   15
■ Aloxe-Corton Premier Cru Clos du
    Chapitre Morey-Blanc 2009   32,50 €   16
■ Monthélie 2009   15,50 €   15

Rouge : 3,37 hectares.
Pinot noir 100 %
Blanc : 6,77 hectares.
Aligoté 27 %, Chardonnay 73 %
Production moyenne : 47 000 bt/an
❀ Certifié en agriculture bio ou biodynamique

Domaine Pierre Morey, 13, rue
Pierre-Mouchoux, 21190 Meursault
Tél. : 03 80 21 21 03   **Fax :** 03 80 21 66 38
E-mail : morey-blanc@wanadoo.fr
Site : www.morey-meursault.fr
Vente : au domaine
Sur rendez-vous.
Propriétaire : Pierre Morey

■ Domaine de la Pousse d'Or
VOLNAY
★★

En quelques millésimes, Patrick Landanger a redonné au domaine tout son lustre et toute la dimension qui fut la sienne pendant la période où Gérard Potel était aux commandes. La Pousse d'Or a désormais repris sa place au sommet de la hiérarchie bourguignonne. Les crus sont tous remarquables. La vinification privilégie avec succès l'expression du terroir et la finesse aromatique.

Les vins : les volnays sont plus typés et plus digestes qu'en 2009, avec une prime pour le Clos des 60 Ouvrées pour son volume et sa densité. Si le chambolle-musigny est très bon, il pourrait gagner en précision avec un boisé moins présent, le côté lardé fumé est trop dominant. Le pommard Jarollières est bien en place, avec de la sève et une densité qui lui donnent de l'envergure et de la persistance. Dense et serré, le corton reste encore ferme. En toute logique, le vin est bâti pour la garde.

■ Chambolle-Musigny Premier Cru
    Les Feusselottes 2010   64,80 €   16
■ Corton Grand Cru Clos du
    Roi 2010   58,80 €   17
■ Pommard Premier Cru Les
    Jarollières 2010   49,20 €   17
■ Volnay Premier Cru Clos de la
    Bousse d'Or 2010   52,80 €   15,5
■ Volnay Premier Cru En Caillerets
    Clos des 60 Ouvrées 2010   55,20 €   16,5

Rouge : 16,3 hectares.
Pinot noir 100 %
Blanc : 0,7 hectare.
Chardonnay 100 %
Production moyenne : n.c.

Domaine de la Pousse d'Or, Rue de la
Chapelle, 21190 Volnay
Tél. : 03 80 21 61 33   **Fax :** 03 80 21 29 97
E-mail : patrick@lapoussedor.fr
Site : www.lapoussedor.fr
Vente : au domaine
Pas de visites.
Propriétaire : Patrick Landanger

■ Domaine Jacques Prieur
BEAUNE PREMIER CRU
★★

Désormais entre les mains de la famille Labruyère - également propriétaire du château Rouget à Pomerol -, ce vaste domaine a la chance de posséder une des plus belles collections de terroirs prestigieux qui soient, tant en côte de Beaune qu'en côte de Nuits. L'excellente œnologue Nadine Gublin élabore avec grande régularité des vins amples, puissants et savoureux, porte-drapeaux des grands bourgognes modernes. À nos yeux, il ne leur manque qu'un petit soupçon de magie, un éclat supplémentaire pour rejoindre l'élite absolue.

Les vins : ce domaine, élu « vigneron de l'année » à l'occasion du Spécial millésime 2010 de « La RVF », confirme tout le potentiel et le bien-fondé de notre choix de l'époque. Nous pouvons quand même constater que certaines prises de bois sont, sur certains vins, plus ou moins bien intégrées. L'écart constaté entre les deux blancs en est un parfait exemple. Doté d'un joli volume, le beaune Champs-Pimont est fardé par un boisé lacté/caramel qui pèse un peu. Le Clos de la Féguine possède une autre classe, de l'énergie et une tension qui le rend bien plus digeste. Le meursault Clos de Mazeray joue dans un style classique, avec ce beurré et ce gras immédiats, mais ne tombe pas dans la mollesse. Si le Santenots blanc dévoile une chair et une allonge de qualité, nous lui préférons Les Combettes pour sa fraîcheur et son dynamisme, la belle acidité fait la différence. Le puligny-montrachet est exceptionnel ; il en allie puissance, fermeté et finesse de style ; la persistance est superbe. La série des rouges 2010 est également magnifique. Le beaune Champs-Pimont explose sur un fruit juteux et gourmand, dans une bouche équilibrée. Le volnay Santenots est savoureux, peu extrait, avec une bouche tout en finesse. Le Clos des Santenots va plus loin, tant en termes de chair que de finesse. Le clos-vougeot se referme, la trame tannique est ferme et le vin encore décalé pour le moment, mais le vin possède une chair et un volume dignes d'un grand cru. Le musigny se montre élégant et subtil, quel bonheur !

☐ Beaune Premier Cru Champs-Pimont 2010	32 €	14,5
☐ Beaune Premier Cru Clos de la Féguine 2010	37 €	15,5
☐ Meursault Clos de Mazeray 2010	35 €	15
☐ Meursault Premier Cru Santenots 2010	47 €	16
☐ Montrachet Grand Cru 2010	415 €	19
☐ Puligny-Montrachet Premier Cru Les Combettes 2010	64 €	17
■ Beaune Premier Cru Champs-Pimont 2010	31 €	15,5
■ Clos de Vougeot Grand Cru 2010	103 €	17
■ Corton-Bressandes Grand Cru 2010	94 €	18
■ Musigny Grand Cru 2010	226 €	19

■ Volnay Premier Cru Clos des Santenots 2010	65 €	17
■ Volnay Premier Cru Santenots 2010	50 €	16,5

Rouge : 14 hectares.
Pinot noir 100 %
Blanc : 7 hectares.
Chardonnay 100 %
Production moyenne : 90 000 bt/an

Domaine Jacques Prieur, 6, rue des Santenots, 21190 Meursault
Tél. : 03 80 21 23 85 **Fax :** 03 80 21 29 19
E-mail : info@prieur.com
Site : www.prieur.com
Pas de visites.
Propriétaire : Famille Labruyère
Directeur : Edouard Labruyère

■ Etienne Sauzet

PULIGNY-MONTRACHET
★★

Domaine de grande réputation créé au début du XXe siècle, la maison Etienne Sauzet associe, depuis le début des années 1990, le négoce et la production. Les achats étant réalisés auprès des meilleurs viticulteurs de la région, le niveau qualitatif est absolument remarquable. Gérard Boudot, sa fille Emilie et son mari Benoît Riffault, qui dirigent aujourd'hui le domaine, préservent une approche très classique de la vinification et de l'élevage. Le style des vins allie grande pureté d'expression, finesse et élégance, sans pour autant manquer de potentiel de vieillissement.

Les vins : le millésime 2010 atteint ici un niveau remarquable. On commence par le puligny-montrachet villages, dont la dimension de terroir en dit long. Le Champs Canet approche cette finesse et ce côté minéral. Le Combettes est plus enrobé et plus riche, le vin se montre plus accessible, démonstratif et tendu. Le Folatières est assez riche, mais parvient à gérer une matière élégante et fine, digne des meilleurs premiers crus. Le bâtard-montrachet est grand, sa dimension et son volume en font un vin à l'identité de terroir exceptionnelle.

☐ Bâtard-Montrachet Grand Cru 2010	200 € cav.	19
☐ Puligny-Montrachet 2010	40 € cav.	15,5
☐ Puligny-Montrachet Premier Cru Champ-Canet 2010	80 € cav.	16

☐ Puligny-Montrachet Premier Cru
Les Combettes 2010   100 € cav.   17
☐ Puligny-Montrachet Premier Cru
Les Folatières 2010   80 € cav. 17,5
☐ Puligny-Montrachet Premier Cru
Les Referts 2010   70 € cav. 17,5

Blanc : 9 hectares et achat de raisin.
Chardonnay 100 %
Production moyenne : 100 000 bt/an

Etienne Sauzet, 11, rue de Poiseul, 21190
Puligny-Montrachet
Tél. : 03 80 21 32 10 **Fax :** 03 80 21 90 89
E-mail : etienne.sauzet@wanadoo.fr
Site : www.etiennesauzet.com
Pas de visites.
Propriétaire : Jeanine Boudot
Directeur : Benoît Riffault et Gérard Boudot.

■ Domaine Bachelet-Ramonet
Chassagne-Montrachet
★

C e domaine régulier, conduit avec efficacité
par Alain Bonnefoy et son épouse, possède
l'une des palettes d'appellations les plus complètes de Chassagne-Montrachet avec, en rouge et
en blanc, tous les meilleurs Premiers crus et
deux Grands crus. Le style des vins est classique, d'une grande régularité et les prix demeurent raisonnables. Il n'y a donc aucune raison de
s'en priver.
Les vins : : le millésime 2010 peine à se livrer.
Nombres de cuvées sont mâchées dans les arômes avec une lecture austère en bouche (ce qui
est récurrent sur le millésime 2010). Le chassagne village apparaît un peu délité, et manque
de volume. Les Grandes Ruchottes réserve une
finale plus persistante. Le grand terroir de La
Romanée, bien que peu expressif au niveau des
arômes, montre une dimension de bouche bien
supérieure, avec du caractère et du fond. Le
bâtard assume son statut, le vin est ample et
ferme. En rouge, le Clos Saint-Jean manque de
fond, et si la texture et la chair ne sont pas en
cause, un premier cru dans un millésime comme
2010 devrait afficher plus de dimension.

☐ Bâtard-Montrachet Grand
Cru 2010   85 € 16,5
☐ Chassagne-Montrachet 2010   19 € 14,5
☐ Chassagne-Montrachet Premier Cru
La Grande Montagne 2010   25 € 15,5

☐ Chassagne-Montrachet Premier Cru
La Romanée 2010   32 €   16
☐ Chassagne-Montrachet Premier Cru
Les Grandes Ruchottes 2010 25 € 15,5
■ Chassagne-Montrachet Premier Cru
Clos Saint-Jean 2010   18 € 13,5

Rouge : 6,5 hectares.
Pinot noir 100 %
Blanc : 6,5 hectares.
Aligoté 14 %, Chardonnay 86 %
Production moyenne : 40 000 bt/an

Domaine Bachelet-Ramonet, 11, rue du
Parterre, 21190 Chassagne-Montrachet
Tél. : 03 80 21 32 49 **Fax :** 03 80 21 91 41
E-mail : bachelet.ramonet@wanadoo.fr
Vente : au domaine
Du lundi au vendredi de 8h à 12h et de 13h30
à 18h30. Samedi matin sur rendez-vous. Fermé
dimanche et jours fériés.
Propriétaire : Marie-Paule Bonnefoy

■ Domaine Ballot Millot et Fils
Meursault
★

V oici une adresse hautement recommandable
pour les amateurs en quête de bonnes affaires. Le domaine, sous l'impulsion de Philippe
Ballot, produit avec une grande régularité des
vins de haut niveau. Les derniers millésimes
sont remarquables et atteignent la qualité des
meilleurs à des tarifs encore très abordables.
Ayant la chance de disposer de beaux terroirs
sur Meursault, la maison propose, en blanc
comme en rouge, une gamme large et très
homogène.
Les vins : les meursaults blancs 2010 sont parfaitement gérés. Le 2010, d'un excellent rapport
qualité-prix, présente un caractère racé. Une
légère réduction accompagne un joli gras, le vin
est digeste. Le terroir des Narvaux apparaît plus
ciselé. En toute logique, le vin est moins immédiat, mais l'identité du terroir est bien marquée. Parmi les trois premiers crus majeurs, le
Genevrières est plus exotique. La Perrière est
plus trapu, sa puissance en milieu de bouche lui
donne de l'envergure et de la persistance. Nous
lui préférons celle distinguée et minérale des
Charmes. Sur les rouges, le niveau est moins
homogène, Les Charmots est un peu lâche en
milieu de bouche, le volnay Taillepieds est fin

mais son potentiel de vieillissement ne nous semble pas à la hauteur du millésime. Le Pézerolles est le plus convaincant.

☐ Meursault 2010	22 €	15
☐ Meursault Les Narvaux 2010	28,50 €	15,5
☐ Meursault Premier Cru Charmes 2010	42,90 €	17
☐ Meursault Premier Cru Genevrières 2010	42,90 €	16
☐ Meursault Premier Cru Perrières 2010	44,20 €	16,5
■ Pommard Premier Cru Charmots 2010	30,20 €	14
■ Pommard Premier Cru Pézerolles 2010	33,20 €	15,5
■ Volnay Premier Cru Taillepieds 2010	30,70 €	14,5

Rouge : 4 hectares.
Pinot noir 100 %
Blanc : 7 hectares.
Chardonnay 100 %
Production moyenne : 45 000 à 50 000 bt/an

Domaine Ballot Millot et Fils, 9, rue de la Goutte d'Or, 21190 Meursault
Tél. : 03 80 21 21 39 **Fax :** 03 80 21 65 92
E-mail : charles.ballot@ballotmillot.com
Site : www.ballotmillot.com
Vente : au domaine
Sur rendez-vous de 9h à 12h et de 14h à 17h.
Propriétaire : Charles Ballot
Directeur : Charles Ballot

■ Domaine Bernard-Bonin
MEURSAULT
★

Anciennement connue sous l'étiquette Michelot Mère et Filles, cette maison a changé de nom afin d'éviter toute confusion avec le domaine Michelot, également situé à Meursault, et dont le style des vins diffère. L'approche se veut ici très naturelle, avec une utilisation modérée du soufre et des élevages longs (deux ans). Les vins se révèlent pleinement à l'issue d'une garde de quelques années. Nous lui attribuons cette année sa première étoile.

Les vins : nous sommes un peu sur la réserve, même si certains 2010 évoluent plutôt bien. Le meursault Tillets, par exemple, présente un arrière-goût de fané, le vin ne traduit pas la tension minérale de ce terroir proche d'Auxey-

Duresses. Le meursault Clos du Cromin est beurré et rond, mais cela semble logique. Par contre, en bouche, il ressemble plus à un 2009 qu'à un 2010. Le vieilles vignes révèle plus d'amplitude : le vin est riche, mais l'acidité du millésime joue son rôle. En premier cru, le Charmes-Dessus est superbe de puissance, mais la protection est faible : attention, cela peut basculer à tout moment. Nous faisons le même constat pour le puligny-montrachet Les Folatières. Nous espérons nous tromper, mais il faut être vigilant sur l'évolution des vins.

☐ Bourgogne Initiales B.B. 2010	10 €	14,5
☐ Meursault Clos du Cromin 2010	27 €	15
☐ Meursault Les Tillets 2010	27 €	14
☐ Meursault Premier Cru Les Charmes Dessus 2010	38 €	16
☐ Meursault Vieilles Vignes 2010	22 €	15,5
☐ Puligny-Montrachet Premier Cru Les Folatières 2010	43 €	16

Blanc : 7 hectares.
Chardonnay 100 %
Production moyenne : 20 000 bt/an

Domaine Bernard-Bonin, 24, rue de la Velle, 21190 Meursault
Tél. : 03 80 21 68 99 **Fax :** 03 80 21 27 65
E-mail : domainebb@orange.fr
Vente : au domaine
Sur rendez-vous.
Propriétaire : Nicolas Bernard et Véronique Bonin

■ Maison Bouchard Père et Fils
BEAUNE
★

Cette vénérable maison historique, fondée en 1731 à Beaune, appartient depuis 1995 à la famille Henriot. Elle a connu ces dernières années une succession de dirigeants à sa tête, Stéphane Follin-Arbelet ayant quitté ses fonctions en 2010. Exploitant 130 hectares de vignes, la maison Bouchard couvre la quasi-totalité des appellations bourguignonnes. Depuis quelques années, la qualité des vins, tant en blanc qu'en rouge, n'a cessé de progresser. Nous regrettons toutefois un manque de régularité dans les entrées de gamme, alors que les crus les plus prestigieux demeurent irréprochables.

Les vins : nous nous excusons par avance auprès du domaine car, si tous les vins qui nous ont été envoyés ont été dégustés, nous ils ne peuvent tous être cités. Nous sommes bien sûr reconnaissants qu'un domaine puisse nous donner la possibilité de déguster l'ensemble de sa gamme. Sur les rouges, nous pensons que les crus de la Côte de Nuits possèdent dans les appellations village plus de gourmandise dans le fruit, plus de mâche en bouche que les crus de la Côte de Beaune. Si l'aloxe-corton manque un peu de chair et possède un fruit assez mat, le pommard, lui, est assez distingué dans son fruit, mais l'ensemble de bouche n'est pas transcendant. Par contre, le gevrey-chambertin est plus juteux, et offre une mâche digne de l'appellation. Même remarque sur le joli chambolle-musigny qui se livre avec une belle maturité et texture élégante. Sur les premiers crus rouges, le beaune Grèves Vigne de L'Enfant-Jésus renferme une texture veloutée et fine ; un vin plus sur la finesse que sur la concentration. Sur les volnays premier crus, si le terroir du Clos des Chênes apparaît un peu enrobé par le bois, le Caillerets possède du fond, de la mâche, dans un ensemble d'une parfaite harmonie. Le pommard Rugiens joue dans la cour des grands avec un volume sérieux et un fruit éclatant. Sur les premiers crus rouges de la Côte de Nuits, nous préférons le chambolle Les Noirots, au fruit succulent et doté d'une texture veloutée, ainsi que le vosne-romanée Beaumont le gevrey-chambertin Les Cazetiers qui restent les deux vins les plus aboutis, avec des bouches pleines et des tanins bien enrobés. Sur les grand crus, si le clos-vougeot déçoit (manque de dimension), l'échezeaux en revanche offre une belle harmonie et longue persistance. Le charmes-chambertin est subtil et le délicieux chapelle-chambertin révèle un joli élevage bien géré, le vin possède la race de ce grand cru. En blanc, après un début de gamme timide, le meursault Les Clous se montre fin et digeste, avec un Goutte d'Or certes plus étoffé, mais fardé par un boisé qui lui enlève de l'éclat. Le Perrières est tendu et ferme. Le corton-charlemagne se livre avec toute la tension typique de son terroir, sans atteindre les plus grandes émotions que peut procurer ce terroir. Le bâtard-montrachet est équilibré et réserve une persistance de qualité. D'une rare finesse, le montrachet est épuré et développe une puissance subtile dans un jus étiré pour finir sur une superbe allonge.

☐ Bâtard-Montrachet Grand
Cru 2010   n.c.   17,5
☐ Chevalier-Montrachet Grand
Cru 2010   n.c.   18

☐ Corton-Charlemagne Grand
Cru 2010   n.c.   16
☐ Meursault Premier Cru Les Gouttes
d'Or 2010   n.c.   15,5
☐ Meursault Premier Cru
Perrières 2010   n.c.   16
☐ Montrachet Grand Cru 2010   n.c.   18,5
■ Beaune Premier Cru Grèves Vigne
de l'Enfant Jésus 2010   n.c.   15,5
■ Chambolle-Musigny Les
Noirots 2010   n.c.   16,5
■ Chapelle-Chambertin Grand
Cru 2010   n.c.   17
■ Charmes-Chambertin Grand
Cru 2010   n.c.   16
■ Clos Vougeot Grand Cru 2010   n.c.   16
■ Echezeaux Grand Cru 2010   n.c.   17
■ Gevrey-Chambertin 2010   n.c.   15
■ Gevrey-Chambertin Premier Cru
Les Cazetiers 2010   n.c.   16
■ Nuits-Saint-Georges Premier Cru
Les Cailles 2010   n.c.   15
■ Pommard 2010   n.c.   14,5
■ Pommard Premier Cru
Rugiens 2010   n.c.   16,5
■ Volnay Premier Cru Clos des
Chênes 2010   n.c.   15
■ Vosne-Romanée Premier Cru Les
Beaumonts 2010   n.c.   16

Rouge : 86 hectares.
Pinot noir 100 %
Blanc : 44 hectares.
Chardonnay 100 %
Production moyenne : 600 000 bt/an

Maison Bouchard Père et Fils, Château de Beaune, 15, rue du Château, 21200 Beaune
Tél. : 03 80 24 80 24 **Fax :** 03 80 22 55 88
E-mail : contact@bouchard-pereetfils.com
Site : www.bouchard-pereetfils.com
Vente : au domaine
Du lundi au vendredi de 15h de décembre à mars inclus. Du lundi au samedi à 15h d'avril à novembre inclus.
Propriétaire : Groupe familial Henriot
Directeur : Christophe Bouchard

■ Domaine Buisson-Charles
MEURSAULT

M ichel Buisson aime les meursaults élaborés dans la grande tradition, souvent riches et réduits dans leur jeunesse, mais qui traversent le temps avec bonheur. Il est épaulé depuis quelques années par sa fille Catherine et par son gendre Patrick Essa, et le style des vins a évolué doucement vers une plus grande accessibilité, sans pour autant les priver de potentiel de vieillissement. Désormais travaillés en vendange entière, les rouges ont nettement progressé et gagné en précision.

Les vins : l'aligoté apparaît franc et épuré. Une jolie race anime le meursault vieilles vignes, qui réserve une belle allonge sur la fin de bouche ; le vin est séduisant dès maintenant. Le meursault Les Cras s'avère plus classique, plus ample et finement beurré, mais moins long par contre. Les Tessons est fidèle à son terroir avec une belle rigueur, sans tomber dans l'austérité. Les deux grands meursaults restent les Bouches Chères et le sublime Goutte d'Or. Ce dernier impose le volume et la dimension d'un grand cru, le vin se montre sans excès de bois, sur une matière sérieuse, sans artifice. Le Bouches-Chères se révèle plus voluptueux, velouté, tout en conservant l'énergie caractéristique des 2010. Malgré sa notoriété, le cru Les Charmes ne peut pas rivaliser en termes de persistance et de finesse. Le Clos Saint-Jean possède de l'éclat et séduira le plus grand nombre. Sur les vins rouges, nous avons préféré les 2009 de l'année dernière. Le bourgogne 2010 est fruité, la matière est correcte, mais cela manque d'éclat. Le pommard, avec un soupçon de vendange entière, brille par son fruit et son côté foral, le vin est délicat. Le volnay est dans le même esprit peu extrait, mais ne se montre pas aussi réussi que le 2009.

☐ Bourgogne Aligoté Sous le Chemin 2010	8 €	14
☐ Chassagne Montrachet Premier Cru Clos Saint-Jean 2010	38 €	16
☐ Chassagne-Montrachet Premier Cru En Remilly 2010	38 €	16
☐ Meursault Les Tessons 2010	32 €	16
☐ Meursault Premier Cru Bouches-Chères 2010	40 €	17
☐ Meursault Premier Cru Charmes 2010	40 €	16,5
☐ Meursault Premier Cru Goutte d'Or 2010	40 €	18
☐ Meursault Vieilles Vignes 2010	24 €	15
■ Bourgogne 2010	9 €	13,5
■ Pommard En Chiveau 2010	20 €	15,5
■ Volnay Premier Cru Santenots 2010	34 €	16

Rouge : 1,7 hectare.
Pinot noir 100 %
Blanc : 4 hectares.
Aligoté 7 %, Chardonnay 93 %
Production moyenne : 31 000 bt/an

Domaine Buisson-Charles, 3, rue de la Velle, 21190 Meursault
Tél. : 03 80 21 22 32 **Fax :** 03 80 21 97 68
E-mail : dombuissoncharles@wanadoo.fr
Site : www.domaine.buisson.charles.over-blog.com
Vente : au domaine
Sur rendez-vous tous les jours sauf les samedis après-midi, dimanches et jours fériés.
Propriétaire : Michel Buisson
Directeur : Catherine Essa-Buisson

NOUVEAU DOMAINE

■ Domaine François Carillon
PULIGNY-MONTRACHET
★

C omme nous l'annoncions dans l'édition précédente, l'année 2010 marque la prise d'indépendance de François Carillon. Le vignoble familial a été séparé en deux, entre lui et son frère Jacques. En plus du vignoble de 6,5 ha, François achète des raisins pour son activité de négoce. La force du domaine Carillon a toujours été un énorme travail à la vigne : avec une belle matière première, on ne peut faire que de beaux vins.

Les vins : le joli bourgogne blanc, épuré et fin, sur une trame classique, a le mérite de ne pas être surdimensionnée ni chargé par le bois. Le puligny-montrachet village se révèle cristallin, la bouche est fraîche et dotée d'une belle allonge. Les Enseignières présente plus d'épaules et de fond, il est vrai que cette parcelle est bien placée. Sur les deux premiers crus, le Perrières est plus ciselé et salin, tandis que Les Combettes se montre plus cossu, dans une bouche au joli gras, longue, qui reste très fine. Le grand cru chevalier-montrachet, bien que souligné par un boisé noble, arbore une bouche d'une très belle dimension, où la puissance est totalement fondue et les beaux amers minéraux donnent de la persistance.

☐ Bourgogne 2010	n.c.	14
☐ Chevalier-Montrachet Grand Cru 2010	n.c.	18,5
☐ Puligny-Montrachet 2010	n.c.	15,5

- ☐ Puligny-Montrachet Les
  Enseignières 2010   n.c.   16
- ☐ Puligny-Montrachet Premier Cru
  Les Combettes 2010   n.c.   17
- ☐ Puligny-Montrachet Premier Cru
  Les Perrières 2010   n.c.   17

Rouge : n.c..
Blanc : n.c..
Production moyenne : n.c.

Domaine François Carillon, 2, place de l'Église,
21190 Puligny Montrachet
Tél. : 03 80 21 00 80
Site : www. francois-carillon.com
Pas de visites.
Propriétaire : François Carillon

■ Domaine Jean Chartron
PULIGNY-MONTRACHET
★

Valeur sûre pour tous les amateurs de vins
blancs racés, ce très vieux domaine de
Puligny-Montrachet possède un joli patrimoine
de vignes qu'il exploite habilement. Au début
des années 1980, il s'était allié au négociant
Trébuchet pour former la maison Chartron et
Trébuchet, en charge notamment de la distribution des vins. L'aventure a pris fin en 2004 et
le domaine Chartron, qui continue à exploiter
ses vignes, est de nouveau autonome. Les vins
produits ici ont, depuis deux millésimes, considérablement gagné en profondeur et en netteté, se débarrassant du caractère trop boisé
qui les empêchait de s'exprimer pleinement. La
seconde étoile approche.
    Les vins : le début de gamme manque de
définition. Pour son énergie, nous préférons le
hautes-côtes-de-beaune au rully, qui nous semble un peu pommadé par le bois. Le chassagne
Les Benoites épouse la finesse et la matière de
ce village. Les Caillerets est un grand terroir
qui transcende le vin, mais le Clos du Cailleret
se révèle encore plus intense et plus long. Le
corton-charlemagne possède de la classe et la
finesse, le bois le farde un peu alors qu'il n'en a
pas besoin ! Enveloppé, gras et rond, le bâtard
reflète fidèlement son terroir, qui lui donne de
la dimension. Le chevalier possède le plus beau
profil : doté d'une belle sève, il se livre en retenue
et réserve de la tension finale.

- ☐ Bâtard-Montrachet Grand
  Cru 2010   n.c.   17

- ☐ Bourgogne Hautes-Côtes de
  Beaune En Bois Guillemain 2010   n.c. 13,5
- ☐ Chassagne-Montrachet Les
  Benoîtes 2010   n.c.   15
- ☐ Chassagne-Montrachet Premier Cru
  Cailleret 2010   n.c.   16
- ☐ Chevalier-Montrachet Grand Cru
  Clos des Chevaliers 2010   n.c.   18
- ☐ Corton-Charlemagne Grand
  Cru 2010   n.c. 16,5
- ☐ Puligny-Montrachet Premier Cru
  Clos de la Pucelle 2010   n.c.   16
- ☐ Puligny-Montrachet Premier Cru
  Clos du Cailleret 2010   n.c.   17
- ☐ Rully Montmorin 2010   n.c.   13
- ☐ Saint-Aubin Premier Cru Les
  Murgers des Dents de
  Chien 2010   n.c. 14,5

Rouge : 0,78 hectare.
Pinot noir 100 %
Blanc : 12,4 hectares.
Chardonnay 100 %
Production moyenne : 70 000 bt/an

Domaine Jean Chartron, Grande-Rue, 21190
Puligny-Montrachet
Tél. : 03 80 21 99 19 **Fax :** 03 80 21 00 23
E-mail : info@jeanchartron.com
Site : www.jeanchartron.com
Vente : au domaine
Tous les jours de 10h à 12h et de 14h à 18h
de mi-avril à fin novembre. Le reste de l'année
sur rendez-vous.
Propriétaire : Famille Chartron
Directeur : Jean Michel Chartron (président)

■ Domaine Françoise et Denis Clair
SANTENAY
★

Françoise et Denis Clair produisent depuis
longtemps les rouges les plus séduisants de
Santenay. Ils ont été parmi les premiers à
comprendre les avantages du refroidissement
des raisins pour extraire le maximum de leur
potentiel aromatique. Récoltés sur des terroirs
de premier ordre, les blancs confirment leur bon
niveau.
    Les vins : encore une fois, les amateurs de vins
gras et beurré doivent passer leur chemin. En
plus du joli santenay de plaisir immédiat, la série
des saint-aubin blancs est de belle qualité. Les
Champlots, en toute logique, ne possède pas

l'envergure des deux autres, mais il brille pas son côté salin et minéral. La puissance supplémentaire arrive avec Les Murgers des Dents de Chien. Le puligny se situe sur la retenue, avec une bouche ciselée à la jolie texture sapide. En rouge, le santenay Clos Genêt se révèle digeste et facile, mais le vin manque un peu d'étoffe. Sur les premiers crus de Santenay, le Clos des Mouches se révèle le plus structuré, mais présente un fruit en retrait. Nous aimons particulièrement La Comme, qui renferme la plus belle matière. Le vin est cossu, plein, et délivre une bonne dimension du fruit.

☐ Puligny-Montrachet Premier Cru La Garenne 2010	29 €	16
☐ Saint-Aubin Premier Cru En Remilly 2010	18 €	15,5
☐ Saint-Aubin Premier Cru Les Champlots 2010	14 €	14,5
☐ Saint-Aubin Premier Cru Les Murgers des Dents de Chien 2010	18 €	16
☐ Santenay 2010	11 €	14,5
■ Santenay Clos Genêt 2010	12 €	14
■ Santenay Premier Cru Clos de la Comme 2010	17 €	16
■ Santenay Premier Cru Le Clos des Mouches 2010	16 €	15

Rouge : 10 hectares.
Pinot noir 100 %
Blanc : 5 hectares.
Chardonnay 100 %
Production moyenne : 80 000 bt/an

Domaine Françoise et Denis Clair, 14, rue de la Chapelle, 21590 Santenay
Tél. : 03 80 20 61 96 **Fax :** 03 80 20 65 19
E-mail : fdclair@orange.fr
Site : www.domaineclair.fr
Vente : au domaine
Pas de visites.
Propriétaire : Denis Clair

■ Domaine Bruno Colin

CHASSAGNE-MONTRACHET

★

Installé à son compte depuis le millésime 2004, Bruno Colin défend une vision nette et pure des chardonnays de Bourgogne. Les 8 hectares de son domaine sont essentiellement répartis sur Chassagne-Montrachet, Puligny-Montrachet et Saint-Aubin, soit une très belle collection de

terroirs parfaitement exploités et vinifiés, avec une gestion de l'élevage et de la tension remarquable, ce qui lui vaut la première étoile cette année.

Les vins : le rouges 2010 dépassent les 2009, avec un fruit plus éclatant dans l'ensemble. Après le joli maranges, sans dureté, le santenay Gravières apparaît sérieux ; il en « garde sous le pied ». Le plus beau vin reste le Clos des Mouches, pour sa finesse et son extraction maitrisée. Les deux chassagnes sont étoffés, construits sur de belle matières. Le vieilles vignes doit « manger » son bois, les tanins sont un peu dissociés sur la fin de bouche. La Maltroie est aussi ferme, mais l'ensemble est mieux maitrisé. En blanc, les différents terroirs s'expriment sur des puissances et des équilibres variés. Parmi nos préférences, il faut signaler la justesse du chassagne village, qui ne possède pas la persistance des autres mais renferme une matière finement beurrée, sans excès de bois. Avec le terroir des Vergers on « suce le caillou », le vin est très fin. Le Chenevottes est féminin, avec cette patine sans excès. La puissance et la fermeté arrivent avec le Morgeot, qui possède un équilibré délicieux. La Maltroie est tout aussi plein, avec des amers en fin de bouche qui « serrent » un peu pour le moment. Le Remilly est plus serré, le vin se montre un peu restrictif, mais le jus est long. Le terroir des Blanchots est plus puissant, la richesse et la fermeté minérale se jouent l'un de l'autre, dans un ensemble riche et épuré à la fois. Nous aimons le terroir des Truffières pour la finesse et la race qu'il déploie, le vin est étiré et la persistance est juste.

☐ Bourgogne Chardonnay 2010	9,50 €	14
☐ Chassagne-Montrachet 2010	23 €	15
☐ Chassagne-Montrachet Premier Cru Blanchot Dessus 2010	36 €	17
☐ Chassagne-Montrachet Premier Cru En Remilly 2010	35 €	16,5
☐ Chassagne-Montrachet Premier Cru La Boudriotte 2010	35 €	16
☐ Chassagne-Montrachet Premier Cru La Maltroie 2010	35 €	16,5
☐ Chassagne-Montrachet Premier Cru Les Chaumées 2010	35 €	15,5
☐ Chassagne-Montrachet Premier Cru Les Chenevottes 2010	35 €	16
☐ Chassagne-Montrachet Premier Cru Les Vergers 2010	35 €	16
☐ Chassagne-Montrachet Premier Cru Morgeot 2010	35 €	17
☐ Puligny-Montrachet Premier Cru La Truffière 2010	50 €	17

- ☐ Saint-Aubin Premier Cru Les
  Charmois 2010   18 € 14,5
- ■ Beaune Premier Cru Clos des
  Mouches 2010   35 € 16,5
- ■ Bourgogne Pinot Noir 2010   8,50 € 13,5
- ■ Chassagne-Montrachet Premier Cru
  La Maltroie 2010   20 € 15,5
- ■ Chassagne-Montrachet Vieilles
  Vignes 2010   13 € 15
- ■ Maranges Premier Cru La
  Fussière 2010   14 € 15
- ■ Santenay Premier Cru
  Gravières 2010   17 € 15,5

Rouge : 4 hectares.
Pinot noir 100 %
Blanc : 4,3 hectares.
Aligoté 5 %, Chardonnay 95 %
Production moyenne : 60 000 bt/an

Domaine Bruno Colin, 3, impasse des Crêts,
21190 Chassagne-Montrachet
Tél. : 03 80 24 75 61 **Fax :** 03 80 21 93 79
E-mail : contact@domainebrunocolin.com
Vente : au domaine
Du lundi au vendredi de 8h30 à 12h et de
13h30 à 17h sur rendez-vous.
Propriétaire : Bruno Colin

■ Domaine Comte Senard
ALOXE-CORTON
★

L e domaine possède un patrimoine de vignes
tout à fait remarquable. Si les millésimes
produits durant les années 1980 et 1990 ont
pu donner des résultats contrastés - pas toujours inintéressants d'ailleurs -, il a retrouvé une
certaine régularité depuis maintenant quelques
années. Les vins ont perdu leur côté explosif et
leurs notes entêtantes de cassis au profit d'une
forme plus classique et plus droite.

Les vins : le Clos du Roi 2009 se montre
parfaitement géré. Il possède en 2009 un fruit
mûr qui ne bascule pas sur le côté compoté, la
bouche est de bonne envergure, le tanin est racé,
sa qualité est de premier ordre. Le terroir des
Bressandes déploie en 2010 une structure et un
fruit éclatant, le jus est précis avec cette touche
de vendange entière qui lui va bien. Le corton
est très épuré : sur un jus légèrement réduit, la
bouche monte crescendo. La très belle évolution du domaine sur les derniers millésimes est
récompensée d'une étoile.

- ☐ Corton Grand Cru 2010   71 € 16

- ■ Corton Grand Cru Clos du
  Roi 2009   61 € 16,5
- ■ Corton Grand Cru Les
  Paulands 2005   59 € 15
- ■ Corton-Bressandes Grand
  Cru 2010   61 € 17,5

Rouge : 7,9 hectares.
Pinot noir 100 %
Blanc : 1,1 hectare.
Chardonnay 100 %
Production moyenne : 35 000 bt/an

Domaine Comte Senard, 1, rue des Chaumes,
Les Meix, 21420 Aloxe-Corton
Tél. : 03 80 26 41 65 **Fax :** 03 80 26 45 99
E-mail : table@domainesenard.com
Site : www.domainesenard.com
Vente : au domaine
Du mardi au samedi de 10h à 18h. Fermé en
janvier.
Propriétaire : Philippe Senard
Directeur : Lorraine Senard Pereira

■ Vincent Dancer
CHASSAGNE-MONTRACHET
★

V incent Dancer est l'un des vignerons talentueux et doués de la Bourgogne. Ouvert et
perfectionniste, il élabore des vins d'une grande
pureté, parfois un peu marqués par le bois dans
leur jeunesse, mais dotés de très belles matières.
En 2009, malgré un bon niveau de maturité, les
rouges apparaissent en retrait par rapport aux
blancs, d'où le retrait d'une étoile cette année.

Les vins : le bourgogne blanc est vraiment un
vin de plaisir. Sa fraîcheur et sa ligne digeste
suffisent à notre bonheur. Le chassagne-
montrachet se montre réussi, entre volume et
sapidité. Nous sommes séduits par l'envergure
du Tête de Clos, qui atteint le niveau d'un premier cru. La romanée reste vraiment exceptionnel. Le vin est à oublier et à mettre au fond de
sa cave, le jus est superbe. Le meursault Les
Perrières impose sa force, il est doté d'un beau
volume et d'une trame longue et racée. Nous
sommes un peu déçus du chevalier-montrachet.
Le vin est terne, touché par une pointe de fané
dans le fruit. N'ayant pas reçu de double, nous
ne pouvons émettre un véritable jugement.

- ☐ Bourgogne 2010   10 € 14,5
- ☐ Chassagne-Montrachet 2010   20 € 15,5
- ☐ Chassagne-Montrachet Premier Cru
  La Romanée 2010   35 € 17

☐ Chassagne-Montrachet Premier Cru
Morgeot Tête du Clos 2010   35 €   16

☐ Chevalier-Montrachet Grand
Cru 2010   95 €   16

☐ Meursault Les
Grands-Charrons 2010   22 €   15

☐ Meursault Premier Cru Les
Perrières 2010   45 €   17,5

■ Chassagne-Montrachet Premier Cru
Morgeot La Grande Borne 2010   23 €   15

Rouge : 1,3 hectares.
Pinot noir 100 %
Blanc : 2,7 hectares.
Chardonnay 100 %
Production moyenne : 15 000 bt/an
❧ Certifié en agriculture bio ou biodynamique

Vincent Dancer, 23, route de Santenay, 21190
Chassagne-Montrachet
Tél. : 03 80 21 94 48
E-mail : vincentdancer@free.fr
Site : www.vincentdancer.com
Vente : au domaine
Sur rendez-vous.
Propriétaire : Vincent Dancer

Domaine Rodolphe Demougeot
POMMARD
★

Avec beaucoup de conviction, Rodolphe Demougeot continue d'élaborer des vins rouges énergiques et denses, qui vieillissent souvent très bien. Il semble avoir progressé ces dernières années, proposant des vins plus harmonieux et moins extraits, affranchis des finales dures qui marquaient souvent les millésimes passés.

Les vins : les blancs tombent dans la facilité. Ils sont ronds, gras et attractifs dès le premier toucher de bouche. La dimension du terroir n'est pas encore au rendez-vous. Sur les vins rouges, le monthélie révèle un joli fruit, mais la bouche s'avère un peu lâche dans son milieu. Le beaune, plus cossu, n'égale pas les meilleurs. L'auxey-duresses Les Clous est plus racé. Le savigny Les Peuillets se montre juteux, sa matière est homogène. En pommard, le simple villages offre une texture concentrée et un fruit éclatant. Le Vignots présente plus d'intensité, tandis que le Charmots possède une trame plus longue et une finesse indéniable. Toutefois, l'étoile accordée au domaine vacille sur le millésime 2010.

☐ Beaune Clos Saint-Désiré 2010   20 €   14,5
☐ Bourgogne 2010   11,50 €   13
☐ Meursault 2010   23 €   15
■ Auxey-Duresses Les Clous 2010   15 €   13
■ Beaune Les Beaux
Fougets 2010   17,50 €   14,5
■ Bourgogne Pinot Noir Vieilles
Vignes 2010   10 €   13
■ Monthélie Combe Damay 2010   15 €   13,5
■ Pommard 2010   21 €   15,5
■ Pommard Les Vignots 2010   31 €   16
■ Pommard Premier Cru Les
Charmots Le Coeur des
Dames 2010   34 €   16,5
■ Savigny-lès-Beaune Les
Bourgeots 2010   15 €   14,5
■ Savigny-lès-Beaune Premier Cru
Les Peuillets 2010   22 €   15

Rouge : 5,9 hectares.
Pinot noir 100 %
Blanc : 1,6 hectare.
Chardonnay 100 %
Production moyenne : 40 000 bt/an

Domaine Rodolphe Demougeot, 2, rue du
Clos-de-Mazeray, 21190 Meursault
Tél. : 03 80 21 28 99   **Fax :** 03 80 21 29 18
E-mail : rodolphe.demougeot@orange.fr
Vente : au domaine
Tous les jours de 8h à 12h et de 13h30 à 19h
sur rendez-vous.
Propriétaire : Rodolphe Demougeot

Deux Montille Sœur Frère
MEURSAULT
★

Cette jeune maison créée en 2003 par Etienne de Montille et sa sœur Alix, les enfants d'Hubert, continue sa route avec bonheur grâce à une intelligente politique d'achats et à un parfait suivi des vinifications assuré par Alix. Nous aimons beaucoup le style des vins : sans fard ni effet de style, ils représentent de très beaux bourgognes qui vieillissent bien.

Les vins : nous sommes séduits par la finesse et la justesse des différents terroirs. Doté d'un caractère épuré et salin, le montagny Les Coères est cristallin. Le saint-romain atteint un niveau rare dans l'appellation. Le pernand-vergelesses affiche une dimension proche de celle d'un charlemagne. Nous espérons déguster les autres terroirs l'an prochain : l'accession à un niveau supérieur passe par la présentation d'une gamme plus large et plus représentative.

- ☐ Montagny Premier Cru Les
  Coères 2010   n.c. 15
- ☐ Pernand-Vergelesses Premier Cru
  Sous Frétille 2010   n.c. 16
- ☐ Saint-Romain Les Jarrons 2010   n.c. 15,5

Rouge : Achat de raisin.
Pinot noir 100 %
Blanc : Achat de raisin.
Chardonnay 100 %
Production moyenne : 60 000 bt/an

Deux Montille Sœur Frère, Rue des Fontaines, 21190 Volnay
Tél. : 03 80 21 39 14 **Fax :** 03 80 21 39 07
E-mail : contact@domainedemontille.com
Site : www.demontille.com
Vente : au domaine
Sur rendez-vous.
Propriétaire : Alix et Etienne de Montille
Directeur : Alix et Etienne de Montille

■ Domaine Follin-Arbelet
ALOXE-CORTON
★

Cela fait maintenant quelques années que ce petit domaine poursuit l'élaboration de beaux vins de terroir, indifférents aux modes. Grâce à une viticulture très soignée et à des vinifications classiques qui respectent le raisin et la nature du millésime, les vins possèdent un joli cachet. Pas forcément démonstratifs jeunes, ils évoluent bien.
Les vins : le millésime 2010 est bien réussi. Le corton-charlemagne épouse bien, avec sa rigueur et sa tension, la définition de ce terroir. Sur les rouges, l'aloxe-corton village se montre limpide et digeste. Il est plus facile que concentré, mais le fruit reste agréable. Le premier cru Vercots est plus dense et structuré, seul un léger décalage tannique l'empêche d'atteindre l'harmonie et le côté juteux du Clos du Chapitre. Les deux pernand-vergelesses sont bien en place, avec une petite préférence pour le terroir des Caradeux pour sa mâche et sa persistance. Le corton, bien que mat et anguleux, arbore un beau volume. Le terroir des Bressandes accède au rang de très beau vin du millésime, complet dans son expression et son volume, avec une finesse tactile remarquable. Le romanée-saint-

vivant est à la hauteur de son terroir, le vin se montre puissant sans aucune austérité. A garder au fond de la cave sans inquiétude.

- ☐ Corton-Charlemagne Grand
  Cru 2010   65 € 16,5
- ■ Aloxe-Corton 2010   25 € 14
- ■ Aloxe-Corton Premier Cru Clos du
  Chapitre 2010   30 € 16
- ■ Aloxe-Corton Premier Cru Les
  Vercots 2010   30 € 15
- ■ Corton Grand Cru 2010   50 € 16,5
- ■ Corton-Bressandes Grand
  Cru 2010   50 € 17,5
- ■ Pernand-Vergelesses Premier Cru
  En Caradeux 2010   20 € 15,5
- ■ Pernand-Vergelesses Premier Cru
  Les Fichots 2010   20 € 15
- ■ Romanée Saint-Vivant Grand
  Cru 2010   150 € 18

Rouge : 5,5 hectares.
Pinot noir 100 %
Blanc : 0,5 hectare.
Chardonnay 100 %
Production moyenne : 25 000 bt/an

Domaine Follin-Arbelet, Les Vercots, 21420 Aloxe-Corton
Tél. : 03 80 26 46 73 **Fax :** 03 80 26 43 32
E-mail : franck.follin-arbelet@wanadoo.fr
Vente : au domaine
Sur rendez-vous.
Propriétaire : Franck Follin-Arbelet

■ Maison Alex Gambal
BOURGOGNE
★

Archétype de la petite structure de négoce exigeante et fiable, la maison Alex Gambal, créée par un Américain tombé amoureux de la Bourgogne, s'est imposée, en une décennie à peine, comme l'une des plus régulières et qualitatives de la Côte de Beaune. Certes, les volumes de vins élaborés ne sont jamais importants, mais la qualité est toujours irréprochable, grâce à une très intelligente politique d'achats.
Les vins : le bourgogne chardonnay apparaît un peu pommadé, rond et facile. Le fixin est assez juste et plaisamment équilibré. Gras et volumineux, le chassagne-montrachet est bon, mais manque d'énergie. Le puligny se révèle plus fin, et se déguste avec plus de fraîcheur. Le meursault Les Genevrières est une belle bou-

teille, racée et persistante. Parmi les rouges, on sent trop de bois dans le bourgogne, le vin doit être plus friand. Le chorey-lès-beaune s'avère élégant et peu extrait. Le beaune Les Grèves compte parmi les plus belles réussites : le vin serré déploie un fruit juste et persistant. Le vosne-romanée renferme cette finesse ; pas très long, il offre pourtant un jus de qualité. Le clos-vougeot est subtil. Pas très puissant de prime abord, il possède cependant un jus fin et serré. Le latricières-chambertin se situe un ton au-dessus : ses arômes évoquent la rose et les épices, et la bouche, peu extraite, affirme sa puissance, sans qu'aucune lourdeur ne vienne amoindrir son style.

☐ Bourgogne 2010	15 €	13,5
☐ Chassagne-Montrachet 2010	36 €	15
☐ Chassagne-Montrachet Premier Cru La Maltroie 2010	45,50 €	15,5
☐ Fixin 2010	22 €	14
☐ Meursault Premier Cru Les Genevrières 2010	58,50 €	16,5
☐ Puligny-Montrachet 2010	39 €	15,5
■ Beaune Premier Cru Les Grèves 2010	35 €	16
■ Bourgogne Pinot Noir Les Deux Papis 2010	17 €	14
■ Chorey-lès-Beaune 2010	25 €	14,5
■ Clos Vougeot Grand Cru 2010	90 €	16,5
■ Latricières-Chambertin 2010	95 €	17
■ Vosne-Romanée Vieilles Vignes 2010	50 €	15,5

Rouge : 1,6 hectare.
Pinot noir 100 %.
Blanc : 1,8 hectare.
Chardonnay 100 %.
Production moyenne : 50 000 bt/an

Maison Alex Gambal, 14, boulevard Jules-Ferry, 21200 Beaune
Tél. : 03 80 22 75 81 **Fax :** 03 80 22 21 66
E-mail : info@alexgambal.com
Site : www.alexgambal.com
Vente : au domaine
Sur rendez-vous de 9h à 12h et de 14h à 17h du lundi au vendredi.
Propriétaire : Alex Gambal

■ Domaine Henri Germain et Fils

MEURSAULT
★

On défend ici une approche traditionnelle de la vinification des blancs et des rouges, sans épate, avec parfois - revers de la médaille - des vins qui ne se goûtent pas très facilement jeunes. Les meursaults se révèlent toutefois d'un remarquable classicisme, longs, harmonieux et racés. Quant aux rouges, ils ne sont désormais plus très loin derrière.

Les vins : le meursault village joue dans un style épuré et fin. La matière est certes longiligne, mais cela manque un peu d'éclat. Le cru Les Charmes est superbe : sur une puissance tout en retenue, la bouche se livre avec justesse, tout en gardant de la finesse (touche de poivre blanc). Le meursault rouge se montre peu extrait, le jus est sur le fruit avec une jolie finesse de tanin.

☐ Meursault 2010	24 €	15
☐ Meursault Premier Cru Charmes 2010	38,70 €	17
■ Meursault Clos des Mouches 2010	25,10 €	15

Rouge : 2 hectares.
Pinot noir 100 %.
Blanc : 6 hectares.
Chardonnay 100 %.
Production moyenne : 30 000 bt/an

Domaine Henri Germain et Fils, 4, rue des Forges, 21190 Meursault
Tél. : 03 80 21 22 04 **Fax :** 03 80 21 67 82
E-mail : domaine.h.germain-et-fils@orange.fr
Vente : au domaine
Sur rendez-vous. Pas de dégustations du 15 mai au 14 juillet.
Propriétaire : Famille Germain
Directeur : Jean-François Germain

■ Domaine Vincent Girardin

MEURSAULT
★

Vincent Girardin, qui avait créé sa maison en 1992, puis l'avait portée au sommet, a décidé de tourner la page cette année. Les vignes ont été vendues et la maison a été reprise par la

Compagnie des Vins d'Autrefois. La structure reste en place de même que l'équipe technique. Nous suivrons de près son évolution et souhaitons que le haut niveau qualitatif des vins se maintienne.

Les vins : le saint-aubin Les Murgers des Dents de Chien est une jolie bouteille animée, reflétant la précision et la tension qui caractérisent ce terroir. Le meursault Les Narvaux s'avère serré et austère. En puligny, le vieilles vignes 2009 ne tombe pas dans les travers de ce millésime solaire, il montre quand même un équilibre assez fédérateur. Les Folatières est prêt à boire dès aujourd'hui, c'est un beau 2006 pour cette année difficile. La série des 2007 évolue avec plus ou moins de bonheur. Sur le premier cru Les Combettes, le boisé ressort, tandis qu'une forme de dureté finale le rend anguleux. Le chassage-montrachet Abbaye de Morgeot ne bouge pas, toujours épuré et droit, doté de cette tension sur les saveurs d'amande et d'acacia. Le corton-charlemagne affiche toutes les particularités du millésime, dont cette tension et cette acidité minérale. Le vin traversera les années sur le même équilibre. Le bienvenues-bâtard-montrachet est puissant et racé, ample et riche, tout en possédant cette droiture et cet épicé en finale. Le bâtard-montrachet se montre plus trapu, opulent et généreux. L'ensemble est bon, le vin doit encore digérer son bois. Nous lui préférons le chevalier-montrachet, tout en maîtrise et en puissance. Le vin possède une énergie et une classe incroyables.

☐ Bâtard-Montrachet Grand Cru 2008	174 € 17
☐ Bienvenues-Bâtard-Montrachet Grand Cru 2007	129,50 € 17,5
☐ Chassagne-Montrachet Premier Cru Abaye de Morgeot 2007	32,50 € 16
☐ Chassagne-Montrachet Premier Cru Le Cailleret 2007	36 € 16,5
☐ Chevalier-Montrachet Grand Cru 2007	178 € 18
☐ Corton-Charlemagne Grand Cru 2008	47 € 16,5
☐ Meursault Les Narvaux 2009	30 € 14,5
☐ Puligny-Montrachet Premier Cru Les Combettes 2007	48,50 € 15,5
☐ Puligny-Montrachet Premier Cru Les Folatières 2006	48,50 € 15,5
☐ Puligny-Montrachet Vieilles Vignes 2009	30 € 15,5
☐ Saint-Aubin Premier Cru Les Murgers de Dents de Chien 2010	27 € 15,5

Rouge : 2 hectares.
Pinot noir 100 %
Blanc : 18 hectares.
Chardonnay 100 %
Production moyenne : 150 000 bt/an

Domaine Vincent Girardin, Les Champs Lins, 21190 Meursault
Tél. : 03 80 20 81 00 **Fax :** 03 80 20 81 10
E-mail : vincent.girardin@vincentgirardin.com
Site : www.vincentgirardin.com
Pas de visites.
Propriétaire : Compagnie des Vins d'Autrefois

■ Domaine Antonin Guyon
CORTON
★

C e domaine de grande qualité ne démérite pas et produit avec régularité des vins de bonne facture, vendus à des tarifs très raisonnables. La gamme proposée est large, avec comme points forts, en Côte de Nuits, un remarquable chambolle Clos du Village (issu d'une grande parcelle de 4 hectares d'un seul tenant en plein coteau) et, en Côte de Beaune, de superbes cortons et corton-charlemagne. Notons que les meilleurs rapports qualité-prix proviennent de Pernand-Vergelesses, dans les deux couleurs. Si les derniers millésimes ont été bien vinifiés et ne laissent pas apparaître de gros points faibles, nous n'avons pas retrouvé la magie qu'offrent les meilleurs domaines de Bourgogne, surtout en blanc.

Les vins : la typicité et l'équilibre du millésime 2010 resserre bien les vins blancs du domaine. Nous préférons la gestion du millésime 2010 à celle du 2009 qui avait donné des vins plantureux sur certains terroirs. Le pernand Sous Frétille incarne tout le peps et le dynamisme de ce village. Le vin, bien que digeste, se montre tactilement velouté. Le meursault Les Charmes Dessus, enrobé sans être crémeux, développe de l'énergie en milieu de bouche, ce qui lui confère de la persistance. Notre meilleure note récompense le puligny-montrachet Les Pucelles, qui marie puissance et fermeté minérale. Le vin brille et assure sa persistance sur un beau support minéral. Tout aussi puissant, le corton-charlemagne révèle la densité d'un grand cru, mais le boisé alourdit légèrement l'ensemble. Les rouges pâtissent d'une gestion moyenne du bois, notamment les savignys et pernand-vergelesses. Ces crus doivent se situer davantage sur le côté friand du fruit et être moins soutenus par l'élevage. Le chambolle-musigny se montre très fin, bien en place, doté d'un fruit scintillant. Parmi les grands crus, le terroir de Bressandes est le plus abouti, il exprime toute la force et la finesse dont le terroir est capable.

☐	Corton-Charlemagne Grand Cru 2010	70 €	17
☐	Meursault-Charmes Premier Cru Les Charmes Dessus 2010	43 €	16,5
☐	Pernand-Vergelesses Premier Cru Sous Frétille 2010	22 €	15
☐	Puligny-Montrachet Premier Cru Les Pucelles 2010	55 €	17,5
■	Aloxe-Corton Premier Cru Les Fournières 2010	32 €	15
■	Chambolle-Musigny Clos du Village 2010	35 €	16
■	Corton Clos du Roy Grand Cru 2010	51 €	17
■	Corton-Bressandes Grand Cru 2010	48 €	17,5
■	Gevrey-Chambertin La Justice 2010	31 €	15
■	Pernand-Vergelesses Premier Cru Les Vergelesses 2010	23 €	14
■	Savigny-lès-Beaune Les Goudelettes 2010	19 €	14
■	Volnay Premier Cru Clos des Chênes 2010	37 €	16

Rouge : 43 hectares.
Pinot noir 100 %
Blanc : 3,7 hectares.
Chardonnay 100 %
Production moyenne : 220 000 bt/an

Domaine Antonin Guyon, 2, rue de Chorey, 21420 Savigny-lès-Beaune
Tél. : 03 80 67 13 24 **Fax :** 03 80 66 85 87
E-mail : domaine@guyon-bourgogne.com
Site : www.guyon-bourgogne.com
Vente : au domaine
Du lundi au vendredi de 8h à 12h et de 14h à 18h sur rendez-vous.
Propriétaire : Michel et Dominique Guyon
Directeur : Dominique Guyon (président)

■ Louis Jadot
CORTON-CHARLEMAGNE
★

Cette prestigieuse maison de négoce possède une gamme des plus étendues et une très belle collection de terroirs, répartie sur 150 ha. Le tandem formé par Pierre-Henry Gagey et Jacques Lardière a permis à Louis Jadot de se tailler une fort belle réputation, élaborant des vins énergiques et vieillissant généralement bien. Nous devons toutefois avouer notre déception cette année, face à plusieurs dégustations de vins en bouteille, dont l'hétérogénéité nous a laissé sur notre faim. Si certains vins brillent par leur race et leur profondeur, d'autres, en revanche, nous ont franchement déçu, ce qui nous conduit à ôter une étoile à la maison cette année.

Les vins : le domaine a choisi de nous envoyer des vins de millésimes plus ou moins évolués. Nous avouons que le résultat révèle des fortunes diverses. Les vins blancs du millésime 2008 et 2006 sont fanés. Le Clos de Malte bascule sur l'acacia et le côté miellé, le vin en bouche mange son gras, l'équilibre tient encore sur un fil. Il est dommage de constater qu'un vin issu du beau terroir de l'abbaye de Morgeot soit aussi fané que le 2006. Il est vrai que ce millésime manquait d'acidité, mais le vin est « sur les genoux ». Les deux autres blancs sont plus frais, le ladoix est tendu par la réduction, la bouche montre plus de gras et de vinosité. Le fixin est le blanc qui possède le plus d'éclat, l'équilibre du millésime 2010 a apporté la fraîcheur. Le savigny La Dominode apparaît peu épais, mais nous aimons sa finesse et sa trame digeste. Que dire du beaune Bressandes qui évolue sur le côté terreux et géranium ? Cela manque de fraîcheur, le vin se décharne en bouche. Par contre, le gevrey-chambertin premier cru révèle une évolution positive : le vin exprime des arômes tertiaires, sans pour autant en bouche perdre de l'harmonie et de la finesse.

☐	Chassagne-Montrachet Abbaye de Morgeot 2006	56 € cav.	13
☐	Fixin Clos Moreau 2010	22 € cav.	15
☐	Ladoix Le Clou d'Orge 2009	20 € cav.	14
☐	Santenay Clos de Malte 2008	24 € cav.	14,5
■	Beaune Bressandes 2006	27 € cav.	12,5
■	Gevrey-Chambertin Lavaux-Saint-Jacques 2002	70,40 € cav.	16
■	Savigny-lès-Beaune Dominode 2006	26 € cav.	14,5

Rouge : 122 hectares et achat de vin et raisin.
Gamay 45 %, Pinot noir 55 %
Blanc : 22 hectares.
Chardonnay 98 %, Aligoté 2 %
Production moyenne : 8 000 000 bt/an

Louis Jadot, 21, rue Eugène-Spuller, 21200 Beaune
Tél. : 03 80 22 10 57 **Fax :** 03 80 22 56 03

E-mail : maisonlouisjadot@louisjadot.com
Site : www.louisjadot.com
Sur rendez-vous de 9h à 12h et de 14h à 17h.
Propriétaire : Famille Kopf

■ Domaine Patrick Javillier
MEURSAULT
★

Patrick Javillier privilégie un style classique qui rend ses vins parfois un peu difficiles à comprendre durant leur jeunesse, mais les fait évoluer avec grâce. Ils ne manquent ainsi ni de race ni de profondeur et offrent, après quelques années de cave, une expression magnifique des terroirs de Meursault. Les rouges progressent depuis quelques millésimes.

Les vins : le bourgogne Oligocène 2010 nous semble plus énergique que le 2009. Délicat et subtil, le savigny exprime toute la tension de son village, transcription fidèle de son terroir. Le meursault Les Clousots est bien en place, d'un caractère classique, sans excès de gras. Le Clos du Cromin est le plus trapu : il impose sa puissance, mais la finale pâtit d'une pointe de chaleur. Le Tête de Murgers possède une jolie trame, où le minéral est perceptible. Le terroir des Tillets offre la plus belle texture, l'empreinte minérale est là, la finesse reprend le dessus. Si le corton-charlemagne se montre un peu enrobé par le bois en attaque, la bouche reste équilibrée, sans pouvoir toutefois rivaliser avec les plus grands vins de ce terroir.

☐ Bourgogne Cuvée Oligocène 2010   n.c.   14,5
☐ Corton-Charlemagne Grand
    Cru 2010   n.c.   16
☐ Meursault Clos du Cromin 2010   n.c.   14,5
☐ Meursault Cuvée Tête de
    Murger 2010   n.c.   15,5
☐ Meursault Les Clousots 2010   n.c.   15
☐ Meursault Les Tillets 2010   n.c.   16
☐ Savigny-lès-Beaune Les
    Montchenevoy 2010   n.c.   15
■ Aloxe-Corton 2010   n.c.   15
■ Savigny-lès-Beaune Les Grands
    Liards 2010   n.c.   14,5
■ Savigny-lès-Beaune Premier Cru
    Les Serpentières 2010   n.c.   15,5

Rouge : 2 hectares.
Pinot noir 100 %.
Blanc : 8 hectares.
Chardonnay 100 %.
Production moyenne : 60 000 bt/an

Domaine Patrick Javillier, 7, impasse des Acacias, 21190 Meursault
Tél. : 03 80 21 27 87   **Fax :** 03 80 21 29 39
E-mail : contact@patrickjavillier.com
Site : www.patrickjavillier.com
Vente : au domaine
Cave Saint-Nicolas, place de l'Europe, de fin mars à fin novembre les lundi, vendredi, samedi, dimanche matin et jours fériés de 10h à 12h et de 15h à 19h.
Propriétaire : Patrick Javillier

■ Domaine Michel Lafarge
VOLNAY
★

Ce domaine traditionnel de Volnay, converti à la biodynamie depuis 2000, élabore des vins de facture très classique, qui mettent du temps à se révéler, mais qui expriment dans la durée une précision et une expression magnifiques des terroirs sans aucun artifice. La seconde étoile approche, d'autant que les derniers millésimes sont irréprochables.

Les vins : les amateurs de rouges colorés et extraits se sont trompés de porte. La vendange 2010 est une belle réussite, avec des vins plus veloutés et fins qu'en 2009, montrant une bien meilleure intégration des tanins. Le volnay se montre élégant, sur des nuances florales. Bien que peu extrait, cela ne l'empêche pas de se montrer à la hauteur de son terroir. Le Clos des Chênes possède une mâche et une tension supérieures, le fruit brille sur ce côté framboise écrasée, les tanins sont rassemblés et l'ensemble est superbe.

■ Volnay Premier Cru Clos des
    Chênes 2010   n.c.   18
■ Volnay Vendanges
    Sélectionnées 2010   n.c.   16,5

Rouge : 10 hectares.
Pinot noir 98 %, Gamay 2 %.
Blanc : 2 hectares.
Chardonnay 50 %, Aligoté 50 %.
Production moyenne : 60 000 bt/an
☙ Certifié en agriculture bio ou biodynamique

Domaine Michel Lafarge, 15, rue de la Combe, 21190 Volnay
Tél. : 03 80 21 61 61   **Fax :** 03 80 21 67 83
E-mail : contact@domainelafarge.com
Site : www.domainelafarge.com
Sur rendez-vous.
Propriétaire : Michel et Frédéric Lafarge

■ Olivier Leflaive Frères

PULIGNY-MONTRACHET

★

Personnage incontournable de la côte, Olivier Leflaive a construit au fil des ans, avec la complicité de son œnologue Franck Grux, une maison sérieuse. Cependant, face à une concurrence de plus en plus pointue et au regard d'une gamme dans laquelle nous pointons quelques faiblesses, nous avons décidé de lui ôter une étoile, persuadés qu'Olivier Leflaive saura mettre en œuvre les moyens nécessaires pour repartir de l'avant.

Les vins : le montagny est réussi et dévoile cette belle tension et la fraîcheur du millésime. Nous aimons le saint-aubin pour son allonge minérale, le vin est bien en place avec une belle rectitude et un parfait équilibre. Seul le pernand-vergelesses nous semble un peu crémeux. Après une année d'évolution, le chassagne-montrachet 2009 bascule sur le côté pommadé, cela manque de peps. Le premier cru du même village possède une plus belle définition, il s'oppose grâce à sa profondeur à la mollesse du millésime. Le puligny est le plus en forme des villages 2009, il ne subit pas et possède cette élégance qui le sauve. Le Folatières, bien que plus volumineux en attaque, possède un jus tonique et épuré, sans excès de bois en finale. Assez précis, le meursault Poruzots possède volume et énergie. Enfin, le bâtard impose sa puissance, et si le vin est plus dans le gras et l'opulence, il reste cohérent en termes d'équilibre. Les rouges affichent une belle maturité, mais quelques villages se montrent un peu compotés de fruit. Quand on arrive au niveau des premiers crus, les matières et la trame tannique apportent de la fraîcheur. Parmi nos préférences, un joli pommard village qui séduit par son fruit. Le volnay Clos des Angles est charpenté, il a les atouts pour bien vieillir. Le pommard Epenots offre la plus belle texture, charnu, le vin est l'aube de son potentiel.

☐ Bâtard-Montrachet Grand Cru 2009	165 €	17
☐ Bourgogne Les Sétilles 2010	12,50 €	14
☐ Chassagne-Montrachet 2009	33 €	14
☐ Chassagne-Montrachet Premier Cru Abbaye de Morgeot 2009	49 €	15,5
☐ Meursault 2009	30 €	15
☐ Meursault Premier Cru Poruzots 2009	49 €	16
☐ Montagny Premier Cru 2010	15,30 €	14,5
☐ Pernand-Vergelesses 2010	17,40 €	14
☐ Puligny-Montrachet 2009	35 €	15,5
☐ Puligny-Montrachet Premier Cru Les Folatières 2009	69 €	16,5
☐ Saint-Aubin Premier Cru Le Charmois 2010	26,50 €	15,5
■ Aloxe-Corton 2009	24 €	14,5
■ Pernand-Vergelesses Premier Cru Les Fichots 2009	18 €	15
■ Pommard 2009	31 €	15,5
■ Pommard Premier Cru Epenots 2009	43 €	16,5
■ Santenay 2009	14,50 €	14
■ Volnay 2009	25 €	15
■ Volnay Premier Cru Clos des Angles 2009	36 €	16

Rouge : 3 hectares + achat de raisin.
Pinot noir 100 %
Blanc : 14 hectares + achat de raisin.
Chardonnay 100 %
Production moyenne : 850 000 bt/an

Olivier Leflaive Frères, Place du Monument, 21190 Puligny-Montrachet
Tél. : 03 80 21 37 65 **Fax :** 03 80 21 33 94
E-mail : contact@olivier-leflaive.com
Site : www.olivier-leflaive.com
Vente : au domaine
Du lundi au samedi. Table d'hôte du lundi au samedi au déjeuner + dîner de février à fin décembre + chambres, hôtel 4*.
Propriétaire : Olivier Leflaive
Directeur : Jean Soubeyrand

■ Domaine Albert Morot

BEAUNE PREMIER CRU

★

Geoffroy Choppin continue à diriger efficacement ce joli domaine doté d'une gamme complète de Premiers crus de Beaune, ainsi que de la meilleure parcelle des Vergelesses de Savigny, connue depuis toujours sous le nom de La Bataillère. Le travail effectué avec sérieux et dynamisme depuis quelques millésimes a payé : la régularité est désormais au rendez-vous et les vins s'imposent comme des valeurs sûres de l'appellation.

Les vins : le savigny libère un fruit vraiment gourmand, le jus est bon avec une belle fraîcheur. La série des beaunes 2010 se montre plus loquace que celle des 2009, le fruit est nettement plus juteux. Si le Cent Vignes est serré et anguleux, nous nous régalons avec Les Marconnets, le vin est policé, avec un fruit éclatant. Le Teurons est plus ferme, construit sur une matière de belle qualité. Avec ses notes florales et sa texture raffinée, le Grèves est le plus beau. Le pommard est conforme a ce que l'on est en droit attendre de ce village.

- Beaune Premier Cru Cent
  Vignes 2010   26 € 14,5
- Beaune Premier Cru Grèves 2010   28 € 16
- Beaune Premier Cru
  Marconnets 2010   28 € 16
- Beaune Premier Cru
  Teurons 2010   28 € 15
- Beaune Premier Cru
  Toussaints 2010   26 € 14,5
- Pommard 2010   24 € 15,5
- Savigny-lès-Beaune Premier Cru La
  Bataillère Aux Vergelesses 2010   23 € 15

Rouge : 8,25 hectares.
Pinot noir 100 %
Blanc : 0,25 hectare.
Chardonnay 100 %
Production moyenne : 36 000 bt/an

Domaine Albert Morot, Château de la Creusotte, 20, avenue Charles-Jaffelin, 21200 Beaune
Tél. : 03 80 22 35 39 **Fax :** 03 80 22 47 50
E-mail : albertmorot@aol.com
Vente : au domaine
Sur rendez-vous.
Propriétaire : Geoffroy Choppin de Janvry

■ Château de Puligny-Montrachet

PULIGNY-MONTRACHET PREMIER CRU

★

Sous l'intelligente direction d'Etienne de Montille, le château de Puligny-Montrachet retrouve ses marques et produit à nouveau avec régularité des blancs précis et élégants. Les vignes les plus significatives se trouvent dans les appellations Saint-Aubin, Meursault et Puligny, dont la plus petite parcelle actuellement exploitée de Montrachet !

Les vins : le Saint-aubin En Remilly apparaît un peu serré et bloqué. La matière est trop mince pour ce terroir : il ne faut pas confondre le côté épuré avec le manque de chair. Le puligny village présente une bouche cristalline, mais avec plus de gras. Le bourgogne Clos du Château possède un style plus rond et immédiat, tout en restant moins long. Le Folatières est le plus persistant, le vin apparaît plus large d'épau-

les tout en restant dans le style du domaine. Si les vins se montrent peu fardés par le bois et expriment une certaine rectitude, il ne faut pas tomber dans l'excès d'austérité qui rend les matières un peu étriquées.

- ☐ Bourgogne Clos du Château 2010   n.c. 14
- ☐ Puligny-Montrachet 2010   n.c. 14,5
- ☐ Puligny-Montrachet Premier Cru
  Les Folatières 2010   n.c. 16
- ☐ Saint-Aubin Premier Cru En
  Remilly 2010   n.c. 13,5

Rouge : 6,5 hectares.
Pinot noir 100 %
Blanc : 15 hectares.
Chardonnay 100 %
Production moyenne : 120 000 bt/an

Château de Puligny-Montrachet, rue du But, 21190 Puligny-Montrachet
Tél. : 03 80 21 39 14 **Fax :** 03 80 21 39 07
E-mail : contact@demontille.com
Site : www.chateaudepuligny.com
Vente : au domaine
Sur rendez-vous.
Propriétaire : Famille de Montille
Directeur : Etienne de Montille

■ Domaine Rapet Père et Fils

PERNAND-VERGELESSES

★

Ce très vieux domaine familial a été créé en 1765. Vincent, qui en tient les rênes aujourd'hui, élabore des vins de style moderne, bien vinifiés et représentatifs de leur terroir. Quelques années de garde leur conviennent parfaitement et les prix des différentes cuvées demeurent tout à fait raisonnables. Il s'agit donc d'une adresse sûre, tant en blanc qu'en rouge.

Les vins : le millésime 2010 est une réussite, et ce dans les deux couleurs. Ce type de millésime équilibré, aux rendements faibles, donne aux vins plus de mâche et de profondeur. Le pernand-vergelesses possède une belle envergure, tout en restant fidèle à son terroir en finale. Le charlemagne, limpide et cristallin, possède une matière ciselée, sans austérité : c'est l'une de nos plus belles émotions sur ce terroir en 2010. Les rouges sont aussi a l'honneur en 2010, avec un bel aloxe-corton tout en finesse. Le pernand rouge premier cru offre du fruit, de la gourmandise, et possède le potentiel pour bien évoluer dans le Temps. Un coup cœur pour le beaune-grèves, complet, qui se déguste déjà bien aujourd'hui. Une mise en cave lui sera bien sûr encore plus profitable. Le corton-pougets présente une bouche étirée, et si le jus n'est pas des plus flatteurs, la race et la belle sève de tanins lui donnent de la noblesse.

☐ Corton-Charlemagne Grand
   Cru 2010   85 € cav.   18
☐ Pernand-Vergelesses Premier Cru
   En Caradeux 2010   38 € cav. 15,5
■ Aloxe-Corton 2010   37 € cav.   15
■ Beaune Premier Cru
   Grèves 2010   40 € cav. 16,5
■ Corton-Pougets Grand
   Cru 2010   80 € cav.   17
■ Pernand-Vergelesses Premier Cru
   Ile des Vergelesses 2010   40 € cav. 15,5

Rouge : 12 hectares.
Pinot noir 100 %
Blanc : 6 hectares.
Chardonnay 100 %
Production moyenne : 80 000 bt/an

Domaine Rapet Père et Fils, 21420
Pernand-Vergelesses
Tél. : 03 80 21 59 94 **Fax :** 03 80 21 54 01
E-mail : vincent@domaine-rapet.com
Site : www.domaine-rapet.com
Vente : au domaine
Pas de visites.
Propriétaire : Vincent Rapet

■ Domaine Tollot-Beaut et Fils
★

Ce vaste domaine, qui possède une jolie palette de terroirs, propose des vins de belle facture, plutôt modernes dans leur style mais dotés d'une réelle personnalité. La majeure partie de la production est exportée et les disponibilités au domaine sont plus que restreintes. On trouve en revanche les vins de la propriété dans de nombreux restaurants gastronomiques.

Les vins : le niveau des rouges 2010 est assez homogène, la maturité est aboutie sur l'ensemble de la gamme. Nous sommes un peu critiques quant à la gestion des boisés de certaines cuvées, notamment les villages. Même si cela participe d'une certaine noblesse de style, le fruit serait encore bien plus éclatant avec un élevage plus

modéré. Parmi nos préférences, le savigny Champ Chevret. Peu extrait, le vin séduit par sa finesse de bouche. Le beaune Les Grèves, juste et raffiné, se distingue par son toucher de bouche, la puissance est là. Les tanins, même séveux, donnent une belle énergie finale. Le corton se révèle sublime, la cuvée associe concentration et fraîcheur, une palette d'arômes de rose et de pivoine vient parfaire un toucher de bouche épicé. L'ensemble affiche une réelle élégance, avec cette finale subtile du raisin entier.

■ Aloxe-Corton 2010   n.c. 14,5
■ Aloxe-Corton Premier Cru Les
   Vercots 2010   n.c.   15
■ Beaune Premier Cru Les
   Grèves 2010   n.c. 16,5
■ Chorey-lès-Beaune 2010   n.c. 14,5
■ Corton Grand Cru 2010   n.c. 17,5
■ Savigny-lès-Beaune Premier Cru
   Champ Chevret 2010   n.c. 15,5

Rouge : 22 hectares.
Pinot noir 100 %
Blanc : 2 hectares.
Chardonnay 100 %
Production moyenne : 140 000 bt/an

Domaine Tollot-Beaut et Fils, Rue
Alexandre-Tollot, 21200 Chorey-lès-Beaune
Tél. : 03 80 22 16 54 **Fax :** 03 80 22 12 61
E-mail : tollot.beaut@wanadoo.fr
Sur rendez-vous.
Propriétaire : Famille Tollot

■ Domaine Anne-Marie et Jean-Marc Vincent
★

Voilà certainement le vigneron le plus talentueux de Santenay. En quelques années, Jean-Marc Vincent a affiné son style et présente désormais des vins d'une classe et d'une harmonie hors pair, avec un naturel d'expression qui pourrait servir de modèle à bien des vignerons mieux dotés en grands terroirs. Hélas, les quantités disponibles sont minimes. Une petite activité de négoce vient compléter la gamme.

Les vins : : les 2010 sont à laisser en cave. Les vins blancs ne manquent pas de tension et nous recommandons de boire les vins du millésime 2009 avant. L'excellent auxey Les Hautés ressemble à un joli meursault. Le santenay blanc est digeste. Parmi les premiers crus de Santenay, le Gravières est plus gras et ample, le Beaurepaire, marqué par la réduction, présente une bouche ciselée. Le puligny est joliment fait, avec une finesse et une allonge de qualité. Sur les rouges, l'auxey apparaît légèrement dissocié, le fruit bascule, la matière est un peu austère. Les vins, bien que dotés de belles mâches, ont plus ou moins bien intégré leur élevage. Le climat Beaurepaire porte sur le toasté grillé dans les arômes. Le Passetemps est plus marqué en bouche. Les Gravières est le terroir qui retient notre attention pour son fruit et son volume.

☐	Auxey-Duresses Les Hautes 2010	17 €	16
☐	Bourgogne 2010	11 €	13,5
☐	Puligny-Montrachet Corvées des Vignes 2010	26 €	16
☐	Saint-Aubin Premier Cru Les Combes 2010	22 €	15
☐	Santenay 2010	14,50 €	14,5
☐	Santenay Premier Cru Le Beaurepaire 2010	20 €	15,5
☐	Santenay Premier Cru Les Gravières 2010	20 €	16
■	Auxey-Duresses Premier Cru Les Bretterins 2010	18,50 €	14
■	Santenay Premier Cru Le Beaurepaire 2010	18,50 €	15
■	Santenay Premier Cru Le Passetemps 2010	18,50 €	15
■	Santenay Premier Cru Les Gravières 2010	18,50 €	16

Rouge : 3 hectares.
Pinot noir 100 %
Blanc : 3 hectares.
Chardonnay 100 %
Production moyenne : 33 000 bt/an

Domaine Anne-Marie et Jean-Marc Vincent, 3, rue Sainte-Agathe, 21590 Santenay
Tél. : 03 80 20 67 37 **Fax :** 03 80 20 67 37
E-mail : vincent.j-m@wanadoo.fr
Vente : au domaine
Sur rendez-vous.
Propriétaire : Anne-Marie et Jean-Marc Vincent.

NOUVEAU DOMAINE

■ Domaine Jean-Claude Bachelet et Fils

CHASSAGNE-MONTRACHET

Jean Baptiste et Benoît gèrent ce domaine familial avec brio. Jean-Claude, leur père, leur a cédé un beau vignoble de 10 ha, composé des plus beaux terroirs de Saint-Aubin ainsi que de quelques belles parcelles à Chassagne-Montrachet – comme le fameux Blanchots-Dessus, proche voisin du grand cru Bâtard-Montrachet – et une parcelle en appellation Bienvenues-Bâtard-Montrachet. Issus de vendanges bien mûres, les vins sont vinifiés en levures indigènes. Les élevages sont assez longs, et les vins passent deux hivers en cave. Ils présentent un profil plus que tendu, mais les harmonies sont parfaitement gérées. Les rouges sont bien réalisés, mais n'atteignent pas la dimension des blancs.

Les vins : après le joli bourgogne de soif, la série des saint-aubin commence avec un Champlots bien mûr qui manque d'un soupçon d'énergie. Le Charmois est nettement plus marqué par son terroir, sa trame minérale est bien plus affirmée. Le duo En Remilly-Murgers est au sommet : les deux vins affichent une trame à la fois mûr et ferme. La gamme des chassagnes est au niveau en 2010 : le terroir des Encégnières a donné un vin riche, ample et finement beurré, Les Macherelles possède plus d'énergie, La Boudriotte est magique avec sa grande plénitude de bouche, et le Blanchot-Dessus se révèle ample, large et persistant. Le bienvenues-bâtard-montrachet est un grand vin, le jus est superbe, à l'aube de ce qu'il peut révéler. Les rouges n'atteignent pas le même niveau, la maturité est là, mais ils présentent en bouche des tanins dissociés.

☐	Bienvenues-Bâtard-Montrachet Grand Cru 2010	85 €	17
☐	Bourgogne 2010	8 €	13,5
☐	Chassagne-Montrachet Les Encégnières 2010	21 €	15
☐	Chassagne-Montrachet Premier Cru Blanchot-Dessus 2010	42 €	16,5
☐	Chassagne-Montrachet Premier Cru La Boudriotte 2010	28 €	16,5
☐	Chassagne-Montrachet Premier Cru Les Macherelles 2010	26 €	15,5
☐	Puligny-Montrachet Les Aubues 2010	21 €	15
☐	Puligny-Montrachet Premier Cru Sous le Puits 2010	33 €	15,5
☐	Saint-Aubin Premier Cru En Remilly 2010	18,50 €	16
☐	Saint-Aubin Premier Cru Les Champlots 2010	15,50 €	14,5
☐	Saint-Aubin Premier Cru Les Charmois 2010	15,50 €	15,5

- ☐ Saint-Aubin Premier Cru Les Murgers des Dents de Chien 2010   18,50 €   16
- ■ Chassagne-Montrachet Premier Cru La Boudriotte 2010   21 €   15
- ■ Chassagne-Montrachet Vieilles Vignes 2010   13 €   14,5
- ■ Saint-Aubin Premier Cru Derrière la Tour 2010   11,50 €   13,5

Rouge : 3,8 hectares.
Pinot noir 100 %
Blanc : 6,2 hectares.
Chardonnay 100 %
Production moyenne : 50 000 bt/an

Domaine Jean-Claude Bachelet et Fils, 1, rue de La Fontaine, Hameau de Gamay, 21190 Saint Aubin
Tél. : 03 80 21 31 01   **Fax :** 03 80 21 91 71
E-mail : info@domainebachelet.fr
Site : www.domainebachelet.fr
Pas de visites.

■ Domaine Bachelet-Monnot

PULIGNY-MONTRACHET PREMIER CRU

M arc et Alexandre Bachelet ont créé cette petite propriété en 2005. Ne possédant pas de vignes, ils les louent et les exploitent avec talent. La qualité se confirme depuis l'entrée du domaine dans le guide l'an passé.

Les vins : si le bourgogne blanc s'avère étriqué, le santenay est fédérateur. Pourvu d'un joli gras, le vin se montre finement beurré mais pas caricatural. Le maranges blanc possède une énergie et une finale beaucoup plus toniques. Resseré, le puligny villages ne nous charme pas. Nous ne critiquons pas le niveau de maturité, mais sa lecture. Le Referts, enrobé et rond, conserve une belle tension. Idem pour Les Folatières, même si le vin est plus marqué par son terroir. Le bâtard-montrachet déploie toute sa personnalité, le jus s'avère un peu anguleux, le vin n'est pas encore très démonstratif, le potentiel est là. Sur les rouges, nous faisons le même constat : les vins proposent des matières correctes, mais cela manque d'un soupçon de gourmandise.

- ☐ Bâtard-Montrachet Grand Cru 2010   135 €   16,5
- ☐ Bourgogne 2010   10,60 €   13
- ☐ Chassagne-Montrachet 2010   23,20 €   15

- ☐ Maranges Premier Cru La Fussière 2010   17,50 €   14
- ☐ Puligny-Montrachet 2010   27,40 €   14,5
- ☐ Puligny-Montrachet Premier Cru Les Folatières 2010   49,50 €   16
- ☐ Puligny-Montrachet Premier Cru Les Referts 2010   43,20 €   15,5
- ☐ Santenay 2010   16,20 €   14
- ■ Maranges Premier Cru La Boutière 2010   14,90 €   14,5
- ■ Maranges Premier Cru La Fussière 2010   14,90 €   14
- ■ Santenay Les Charmes 2010   15,60 €   14

Rouge : 14 hectares.
Pinot noir 100 %
Blanc : 9 hectares.
Chardonnay 100 %
Production moyenne : 100 000 bt/an

Domaine Bachelet-Monnot, Grande Rue, 71150 Dezize-les-Maranges
Tél. : 03 85 91 16 82   **Fax :** 03 85 91 17 83
E-mail : bachelet-monnot@wanadoo.fr
Vente : au domaine
Sur rendez-vous.
Propriétaire : Marc et Alexandre Bachelet

■ Domaine Roger Belland

SANTENAY

C e très grand domaine de Santenay dispose d'une prestigieuse palette de Premiers crus, complétée par un Grand cru - la plus vaste parcelle de Criots-Bâtard-Montrachet. Il produit régulièrement des blancs nets de belle longévité et des rouges assez corsés, parfois un peu austères. Il a, depuis quelques années déjà, complètement repensé ses critères de production pour atteindre la régularité que nous lui connaissons désormais.

Les vins : les blancs 2010 sont plutôt convaincants, à commencer par le Clos Pitois, bien enrobé, qui démontre une bien meilleure harmonie qu'en 2009. Le délicat meursault-santenots, propose une grande finesse de bouche. Une parfaite maîtrise du bois combinée à la belle acidité du millésime lui donne une jolie allonge. Le puligny Les Champs-Gains se révèle plus enveloppé et riche, sur un boisé plus marqué qui le farde un peu. Le criots-bâtard-montrachet, puissant et ferme, conserve une bouche encore serrée, mais le potentiel est là. Dans la gamme des rouges, le maranges manque de charme, les tanins sont en relief. Si la série des santenays décline des matières correctes, nous constatons que le fruit manque d'éclat, et ce sur les différents terroirs de Santenay. Celui des Gravières reste le plus plein et le plus juteux. Un boisé prétentieux marque le Commes. Beauregard sera à boire en premier, le milieu de bouche est de demi-puissance. Le chassagne Clos Pitois apparaît dissocié, et sa finale sèche un peu. Le pommard se montre plus riche et étoffé, mais le fruit se retrouve étouffé par un boisé plus exubérant. Le volnay nous semble le cru le plus rassemblé, avec une trame tannique plus souple de perception et une harmonie d'ensemble qui laisse place au fruit. Les rouges ne sont pas à la hauteur des blancs.

☐ Chassagne-Montrachet Premier Cru
  Morgeot Clos Pitois 2010   38 € 15,5
☐ Criots-Bâtard-Montrachet Grand
  Cru 2010   126 € 17,5
☐ Meursault-Santenots Premier
  Cru 2010   43 € 16,5
☐ Puligny-Montrachet Premier Cru
  Les Champs-Gains 2010   46 € 16
☐ Santenay-Beauregard Premier
  Cru 2010   19 € 14,5
■ Chassagne-Montrachet Premier Cru
  Morgeot Clos Pitois 2010   23 € 14,5
■ Maranges Premier Cru La
  Fussière 2010   15 € 14
■ Pommard Les Cras 2010   28 € 15
■ Santenay Charmes 2010   16 € 13,5
■ Santenay-Commes Premier
  Cru 2010   18 € 15
■ Santenay-Gravières Premier
  Cru 2010   19 € 15,5
■ Volnay Premier Cru
  Santenots 2010   33 € 16

Rouge : 19 hectares.
Pinot noir 100 %
Blanc : 5 hectares.
Chardonnay 100 %
Production moyenne : 110 000 bt/an

Domaine Roger Belland, 3, rue de la Chapelle, BP 13, 21590 Santenay
Tél. : 03 80 20 60 95 **Fax :** 03 80 20 63 93
E-mail : belland.roger@wanadoo.fr
Site : domaine-belland-roger.com
Vente : au domaine
Du lundi au samedi de 8h à 12h et de 14h à 18h sur rendez-vous.
Propriétaire : Roger Belland

■ Domaine Jean-Marc Bouley
VOLNAY

L a famille Bouley est présente depuis 1527 sur le terroir de Volnay. A la tête du domaine depuis 1984, Jean-Marc Bouley n'est pas un inconnu pour La Revue du vin de France. Plusieurs fois cité dans nos colonnes, il exploite aujourd'hui avec son fils Thomas près de 9 hectares de vignes. Les vins sont friands et sans fioritures.

Les vins : nous sommes séduits par la série des volnays. Le villages est gourmand et peu extrait. Le vieilles vignes possède une belle étoffe et du caractère, un soupçon de vendange entière « tire » le vin. Moins dense que le vieilles vignes, le premier cru Les Carelles se montre plus tendre et facile. Le Clos des Chênes révèle une belle envergure et s'exprime en finesse. Les Caillerets, bien que souligné par un boisé plus flatteur, montre toute la sève qu'il possède. En Pommard, Les Fremiers est noble et doté d'une belle texture homogène. Nous aimons le côté plus ample et sudiste du Rugiens. Le vin possède un joli potentiel.

■ Beaune Premier Cru Les
  Reversées 2010   n.c. 14
■ Bourgogne Hautes Côtes de
  Beaune 2010   n.c. 13
■ Pommard Premier Cru Les
  Fremiers 2010   n.c. 16
■ Pommard Premier Cru Les
  Rugiens 2010   n.c. 17
■ Volnay 2010   n.c. 14,5
■ Volnay Premier Cru Clos des
  Chênes 2010   n.c. 16
■ Volnay Premier Cru Les
  Caillerets 2010   n.c. 16
■ Volnay Premier Cru Les
  Carelles 2010   n.c. 15
■ Volnay Vieilles Vignes 2010 n.c. 15,5

Rouge : 7,3 hectares.
Pinot noir 100 %
Blanc : 0,2 hectare.
Aligoté 100 %
Production moyenne : 35 000 bt/an

Domaine Jean-Marc Bouley, 12, chemin de la Cave, 21190 Volnay
Tél. : 03 80 21 62 33 **Fax :** 03 80 21 64 78
E-mail : jeanmarc.bouley@wanadoo.fr
Site : www.jean-marc-bouley.com
Vente : au domaine

Sur rendez-vous.
Propriétaire : Jean-Marc Bouley

■ Domaine Henri et Gilles Buisson
SAINT-ROMAIN

La famille Buisson travaille la vigne à Saint-Romain depuis huit générations. Gilles dirige désormais le domaine, qui compte une belle collection de parcelles, sur Saint-Romain bien entendu, mais également sur Pommard et Corton. Un travail sérieux à la vigne et au chai lui permet de produire des vins profonds et racés qui vieilliront bien. Une adresse sûre.

Les vins : nous avons du mal à départager les deux saint-romain blancs. Le Perrière est plus enrobé, bien qu'il garde la fraîcheur du village. Joli bourgogne rouge, le Sous la Velle se révèle gourmand, plus cristallin et plus minéral. Les amateurs de vin épuré y trouveront leur compte. L'Absolu, doté d'une belle texture, souffre d'être enrobé de trop de bois. Le Sous Roches 2010 est bien plus juteux, tandis que le 2009 bascule sur un fruit plus compoté. Le beaune rouge reste un vin de plaisir. Le volnay est plus cossu. Toutefois, les tanins sont davantage en relief. En 2010, le pommard Les Petits Noizons constitue une valeur sûre. Son fruit, parfaitement défini, offre une belle matière homogène. Le Rognet et Corton a une bonne envergure, seule sa pointe de volatilité lui enlève de la précision. Les Renardes est davantage sur le fruit macéré et confit, le vin est dense. Cela manque de fraîcheur.

☐ Saint-Romain La Perrière 2010	19 € cav.	15
☐ Saint-Romain Sous la Velle 2010	19 € cav.	15
■ Beaune Prevoles 2010	20 € cav.	15
■ Bourgogne 2010	10 € cav.	14
■ Corton Grand Cru Le Rognet et Corton 2010	50 € cav.	16
■ Corton Grand Cru Les Renardes 2009	50 € cav.	15,5
■ Pommard Les Petits Noizons 2010	38 € cav.	16
■ Saint-Romain Absolu 2010	19 € cav.	14,5
■ Saint-Romain Sous Roches 2010	19 € cav.	15
■ Saint-Romain Sous Roches 2009	19 € cav.	14
■ Volnay Premier Cru Chanlins 2010	30 € cav.	15

Rouge : 12 hectares.
Pinot noir 100 %
Blanc : 7 hectares.
Aligoté 2 %, Chardonnay 98 %
Production moyenne : 60 000 bt/an

Domaine Henri et Gilles Buisson, Impasse du Clou, 21190 Saint-Romain
Tél. : 03 80 21 22 22 **Fax :** 03 80 21 64 87
E-mail : contact@domaine-buisson.com
Site : www.domaine-buisson.com
Vente : au domaine
Du lundi au samedi de 9h à 12h et de 14h à 17h.
Propriétaire : Gilles Buisson
Directeur : Franck Buisson

■ Domaine Chevalier Père et Fils
LADOIX

Claude Chevalier est un personnage en Bourgogne. Dynamique et motivé, il s'est beaucoup investi pour sa région, parfois au détriment de ses propres vins. Le millésime 2004, par exemple, n'est clairement pas au niveau. Il en a pris conscience et les choses bougent au sein de son domaine. Certes, tout n'est pas encore parfait, mais nous constatons depuis deux ans une amélioration sensible de la qualité. S'il doit encore aller plus loin, il est sur la bonne voie.

Les vins : les blancs 2010 donnent le ton, le Bois de Gréchons est digeste, son appétence en fait un joli blanc de soif. Les Gréchons se montre plus plein, nous aimons son équilibre et sa maîtrise de la générosité. Le corton-charlemagne, assez enrobé pour ce terroir, dispose quand même d'une belle énergie (bien que nous ne soyons pas côté Pernand), et affiche une ossature et une chair plus démonstratives. Le ladoix rouge s'avère gourmand, la matière est assez simple. Le premier cru, en toute logique, se situe bien au-dessus. La bouche révèle un joli potentiel de semi-garde. L'aloxe-corton est friand, son fruit se livre sans retenue ; un vin très bien réalisé, mariant une puissance bien dosée à une juste extraction. Le Valozières se tient plus sur la réserve, mais sa chair et sa densité en disent long. Même si le vin manque d'un soupçon de persistance, Le Rognet impose sa puissance sans violence, sur une trame fine.

☐ Corton-Charlemagne Grand Cru 2010	70 €	16,5
☐ Ladoix Bois de Gréchons 2010	20 €	14,5

☐	Ladoix Premier Cru Les Gréchons 2010	25 €	15,5
■	Aloxe-Corton 2010	30 €	15,5
■	Aloxe-Corton Premier Cru Les Valozières 2010	30 €	16
■	Corton Grand Cru Le Rognet 2010	50 €	16,5
■	Gevrey-Chambertin 2010	30 €	15
■	Ladoix 2010	20 €	14
■	Ladoix Premier Cru Les Corvées 2010	30 €	15,5

Rouge : 2,5 hectares.
Pinot noir 100 %
Blanc : 13,5 hectares.
Aligoté 50 %, Chardonnay 50 %
Production moyenne : 80 000 bt/an

Domaine Chevalier Père et Fils, Hameau de Buisson, 21550 Ladoix-Serrigny
Tél. : 03 80 26 46 30 **Fax :** 03 80 26 41 47
E-mail : contact@domaine-chevalier.fr
Site : www.domaine-chevalier.fr
Vente : au domaine
Du lundi au samedi de 8h à 12h et de 13h30 à 17h.
Propriétaire : Claude Chevalier

■ Domaine Chevrot et Fils

MARANGES

Ce domaine exploite des vignes dans le sud de la Côte de Beaune depuis la fin du XIXe siècle. Plusieurs générations s'y sont succédé, et ce sont aujourd'hui les deux frères Pablo et Vincent qui exploitent les 18 ha de la propriété, certifiée en agriculture biologique uniquement sur le millésime 2011.

Les vins : la cuvée Tilleul est certes assez complexe dans les arômes, mais sa bouche est molle. La Cuvée des Quatre Terroirs apparaît plus en phase avec le dynamisme et le minéral. Le marangos blanc est beurré à souhait. Sur la même appellation, en rouge, le début de gamme est gourmand et facile avec un fruit qui « déborde ». Le villages Sur le Chêne est plus volumineux, mais le vin reste digeste. En premier cru, Le Croix Moines se révèle enrobé par le bois. Les deux meilleurs marangos sont le Clos Roussots et La Fussière : ils expriment un joli style avec un fruit plaisant et surtout aucune dureté de tanins. Un vrai travail d'équilibre a été réalisé.

☐	Bourgogne Aligoté Cuvée des Quatre Terroirs 2011	5,80 €	13,5

☐	Bourgogne Aligoté Tilleul 2009	13,30 €	12,5
☐	Bourgogne Hautes-Côtes de Beaune 2011	8,50 €	13,5
☐	Maranges 2010	13,90 €	14
■	Bourgogne Hautes-Côtes de Beaune 2010	7,90 €	14
■	Bourgogne Pinot Noir 2010	7 €	13,5
■	Maranges Premier Cru La Fussière 2010	15 €	15,5
■	Maranges Premier Cru Le Croix Moines 2010	26 €	14,5
■	Maranges Premier Cru Les Clos Roussots 2010	16 €	15,5
■	Maranges Sur le Chêne 2010	11 €	14,5
■	Santenay Premier Cru Clos Rousseau 2009	15 €	15
■	Santenay Vieilles Vignes 2009	12 €	14

Rouge : 12,25 hectares.
Gamay 2 %, Pinot noir 98 %
Blanc : 4,35 hectares.
Aligoté 38 %, Chardonnay 62 %
Production moyenne : 80 000 bt/an

Domaine Chevrot et Fils, 19, route de Couches, 71150 Cheilly-les-Maranges
Tél. : 03 85 91 10 55 **Fax :** 03 85 91 13 24
E-mail : contact@chevrot.fr
Site : www.chevrot.fr
Vente : au domaine
Lundi au samedi de 9h à 12h et de 14h à 18h sur rendez-vous.
Propriétaire : Catherine et Fernand Chevrot
Directeur : Kaori Chevrot

■ Domaine Pierre-Yves Colin-Morey

CHASSAGNE-MONTRACHET

Pierre-Yves Colin est certainement l'un des vinificateurs les plus doués de sa génération. Il a travaillé au domaine familial Marc Colin jusqu'en 2005, date à laquelle il prend son indépendance. En 2001, il avait déjà lancé une petite activité négoce. Il exploite aujourd'hui, avec son épouse, Caroline Morey, 6 ha de vignes, qui produisent les deux tiers de sa production, le dernier tiers provenant d'achat de raisins. Les vignes sont travaillées et les vins sont élevés soigneusement. Ici, on utilise des demi-muids de 350 l, et il faut avouer que la gestion des élevages est le point fort du domaine. Un bel exemple à suivre.

Les vins : sur les différents terroirs de Saint-Aubin, nous sommes bluffés par la délicatesse et la juste retenue que les vins possèdent. Le Chatenière, d'une grande limpidité, dévoile le beau grillé de la réduction, et la pureté et l'allonge transcendent le vin. Le Champlots est plus enrobé, sans tomber dans la mollesse. Sur Chassagne, le premier cru Les Baudines est ciselé, la bouche finit sur l'agrume confit, dans une tension remarquable. Les Chenevottes est précis, l'équilibre tiens sur un fil. Les Caillerets reste le cru incontournable, le plus ample, et la belle patine légèrement beurré est parfaitement gérée par la fraîcheur et la tension finale. Le Perrières impose une dimension incroyable, le jus est racé avec cette fermeté qui donne du répondant et de l'allonge. Le bâtard montre une dimension et une persistance magnifiques. Il délivre cette sensation tactile où la matière exprime toute sa puissance, sans déséquilibre ni exubérance, la finesse tout simplement.

☐ Chassagne-Montrachet Les Ancegnières 2010	n.c.	15
☐ Chassagne-Montrachet Premier Cru Les Baudines 2010	n.c.	16,5
☐ Chassagne-Montrachet Premier Cru Les Caillerets 2010	n.c.	17
☐ Chassagne-Montrachet Premier Cru Les Chenevottes 2010	n.c.	16
☐ Meursault Les Narvaux 2010	n.c.	15
☐ Meursault Premier Cru Perrières 2010	n.c.	18
☐ Saint-Aubin Premier Cru Champlots 2010	n.c.	15
☐ Saint-Aubin Premier Cru Chatenière 2010	n.c.	15,5
☐ Saint-Aubin Premier Cru En Remilly 2010	n.c.	16

Rouge : n.c..
Blanc : n.c..
Production moyenne : n.c.

Domaine Pierre-Yves Colin-Morey, 4, rue de la Murée, 21190 Chassagne-Montrachet
Tél. : 03 80 21 90 10 **Fax :** 03 80 21 91 85
E-mail : pierreyvescolin@cegetel.net
Site : www.chassagne-montrachet.com
Pas de visites.
Propriétaire : Pierre-Yves Colin-Morey

■ Domaine Edmond Cornu et Fils

LADOIX

Ce domaine de Ladoix-Serrigny fait son entrée dans le guide cette année. L'excellente série des 2010 dégustés pour le numéro "Spécial millésime" de La RVF nous a conduits à demander les 2009 pour le guide. Aidée de son cousin Emmanuel ainsi que de son père Edmond, Pierre Cornu produit une large majorité de vins rouges sur les villages avoisinants. La série des ladoix et aloxe-corton est parfaitement gérée.

Les vins : les rouges du millésime 2010 possèdent un fruit et une dimension supérieure à ceux de 2009. Le domaine nous régale dès le ladoix village, qui se livre sans retenue sur un fruit franc et une bouche de demi-corps. Le chorey est une jolie bouteille, à acheter pour la soif et la gourmandise Ce vin prouve vraiment que la Bourgogne peut générer des crus digestes tout en restant respectueux de leur terroir. L'aloxe apparaît plus ferme, mais le fruit est éclatant. Le Valozières est la belle bouteille, avec de la mâche et un bon potentiel de garde.

☐ Ladoix 2010	18,50 €	14
■ Aloxe-Corton Premier Cru Les Valozières 2010	36,30 €	16
■ Aloxe-Corton Vieilles Vignes 2010	21,70 €	15,5
■ Chorey-lès-Beaune Les Bons Ores 2010	13,80 €	15
■ Ladoix Premier Cru Le Bois Roussot 2010	18,70 €	15
■ Ladoix Vieilles Vignes 2010	14,50 €	14,5

Rouge : 13,5 hectares.
Pinot noir 100 %
Blanc : 2 hectares.
Chardonnay 100 %
Production moyenne : 80 000 bt/an

Domaine Edmond Cornu et Fils, Le Meix Gobillon, 6, rue du Bief, cedex 34, 21550 Ladoix
Tél. : 03 80 26 40 79 **Fax :** 03 80 26 48 34
E-mail : cornu.pierre@voila.fr
Site : www.bourgogne-vigne-verre.com
Vente : au domaine
Sur rendez-vous.
Propriétaire : Pierre Cornu

■ Château de la Crée

SANTENAY

Passionné de vin, Nicolas Ryhiner a repris ce château en 2004 et restauré la bâtisse et la cuverie. Le domaine compte 7,5 hectares en culture écologique, répartis sur sept appellations sur la Côte de Beaune. La gamme présentée se révèle d'une grande homogénéité, les vins sont peu extraits et possèdent une certaine élégance de style.

Les vins : sur le millésime 2010, le terroir des Gravières est enrobé, le vin s'offre facilement et délivre une patine beurrée et crémeuse. Le Beauregard affiche un profil similaire, bien que sa finale soit plus stricte. Beaurepaire reste le climat le plus équilibré, mariant avec succès puissance et fraîcheur : le jus se révèle à la fois suave et tendu. Nous sommes étonnés de la mollesse dont le Tillet fait preuve, et de son côté très lactique. Le puligny est bien plus frais en bouche et il dégage une autre énergie. Le chassagne-montrachet Morgeot possède la plus belle persistance, s'affirmant comme le terroir le plus abouti. Dans la série des rouges, nous ne pouvons pas critiquer les matières et la concentration des 2010. Nous aimons En Foulot pour le plaisir et la soif qu'il procure. Le Clos du Château apparaît plus épais, mais plus sec dans les tanins. Il émane plus de charme du Clos de la Confrérie et son fruit est total. Le Clos Faubard pâtit d'un léger creux en milieu de bouche. Plus équilibré, Les Gravières renferme une matière digeste et exprime un fruit persistant.

☐ Chassagne-Montrachet Premier Cru Morgeot 2010	n.c.	15,5
☐ Meursault Les Tillets 2010	n.c.	13,5
☐ Puligny-Montrachet 2010	n.c.	15
☐ Santenay Premier Cru Beauregard 2010	n.c.	14
☐ Santenay Premier Cru Beaurepaire 2010	n.c.	15
☐ Santenay Premier Cru Gravières 2010	n.c.	14,5
■ Maranges En Goty 2010	n.c.	14
■ Santenay Clos de La Confrérie 2010	n.c.	15
■ Santenay Clos du Château 2010	n.c.	14
■ Santenay En Foulot 2010	n.c.	14,5
■ Santenay Premier Cru Clos Faubard 2010	n.c.	14
■ Santenay Premier Cru Gravières 2010	n.c.	15,5

Rouge : 6,7 hectares.

Pinot noir 100 %
Blanc : 2,8 hectares.
Chardonnay 100 %
Production moyenne : Environ 55 000 bt/an

Château de la Crée, 11, rue Gaudin, 21590 Santenay le Haut
Tél. : 03 80 20 63 36 **Fax :** 03 80 20 65 27
E-mail : la.cree@orange.fr
Site : www.la-cree.com
Vente : au domaine
Sur rendez-vous de 9h à 12h et de 14h à 18h.
Propriétaire : Nicolas Ryhiner

■ Domaine Darnat

MEURSAULT

En dix ans, Henri Darnat a défini son style et trouvé sa voie. Après avoir un peu tâtonné, il produit aujourd'hui un panel de blancs et de rouges très recommandables. Le travail des sols et les méthodes de vinification sont tout ce qu'il y a de plus classique et naturel. Si quelques vins se montrent vraiment remarquables, d'autres semblent moins aboutis.

Les vins : le domaine a réussi ses blancs en 2010. Le simple bourgogne est sans prétention, mais il est dans un registre tout à fait conforme à une appellation de ce niveau. Le saint-aubin En Remilly est pointu avec une bouche précise, à la finale épurée. Dans la série des meursaults, la cuvée Le 611 se livre facilement, sans atteindre en bouche la dimension des deux autres. Le Clos du Château possède une autre envergure, bien dans le profil des vins du domaine, et la matière nous semble plus étirée et saline. Le Clos Richemont est le plus typé meursault, car le vin est plus beurré et sphérique. Le support acide et minéral le resserre bien. Le premier cru Les Folatières dévoile une bouche ciselée, qui monte en puissance avec finesse ; nous aimons sa justesse de texture.

☐ Bourgogne La Jumalie 2011	12,50 €	13,5
☐ Meursault Clos du Domaine 2010	25 €	15
☐ Meursault Le 611 2010	61 €	14
☐ Meursault Premier Cru Clos Richemont Monopole 2010	54 €	15,5
☐ Puligny-Montrachet Premier Cru Folatières 2010	54 €	16,5
☐ Saint-Aubin Premier Cru En Remilly 2010	20 €	15,5

Rouge : 1 hectare.

Pinots 100 %
Blanc : 8 hectares.
Chardonnay 100 %
Production moyenne : 50 000 bt/an

Domaine Darnat, 20, rue des Forges, 21190 Meursault
Tél. : 03 80 21 43 72 **Fax :** 03 80 21 64 62
E-mail : domaine.darnat@wanadoo.fr
Site : www.domaine-darnat.com
Vente : au domaine
Sur rendez-vous du lundi au samedi de 10h à 18h.
Propriétaire : Henri Darnat
Directeur : Henri Darnat

■ Decelle-Villa

SAVIGNY-LÈS-BEAUNE

C e domaine a été créé grâce à l'association d'Olivier Decelle (Mas Amiel, Jean Faure) et du Rhodanien Pierre Jean-Villa, qui fut en charge durant plusieurs années des Vins de Vienne. Les débuts sont prometteurs.

Les vins : ce domaine conforte cette année son entrée dans le guide en 2011. Les blancs sont plaisants. Le bourgogne est finement beurré. Le saint-aubin affiche une juste définition de terroir avec une minéralité sous-jacente. Le meursault Les Vireuils est réduit sur les lies, mais le vin reste fidèle par sa trame à ce terroir proche d'Auxey. Nous sommes moins impressionnés par le puligny, plus galvanisé par le bois. L'ensemble des vins rouges 2010 définit une patte et un style. Les parcelles de la Côte de Nuits sont parfaitement gérées, leurs fruits sont éclatants, les mâches de bouche plus affirmées. Le simple nuits-saint-georges villages en témoigne, doté d'une fraîcheur et d'une trame plaisantes, pas faciles à obtenir sur cette appellation. Le volnay est facile, mais sa mâche est au-dessous du niveau de l'appellation. Le savigny Les Gollardes est très soigné, le vin se positionne sur le fruit grâce à une texture lisible rapidement. Le pommard est plus intense, plus fleuri. Le chambolle-musigny est bien réalisé et la trame est conforme, le boisé un peu « coco lactone ». Le nuits-saint-georges Les Crots reste le grand rouge du domaine. Son allonge et sa persistance font la différence.

☐ Bourgogne 2010	13 €	14
☐ Meursault Les Vireuils 2010	33 €	15,5
☐ Puligny-Montrachet Les Nosroyes 2010	32,50 €	15

☐ Saint-Aubin Premier Cru Sur Gamay 2010	28 €	15
■ Bourgogne 2010	12 €	14
■ Chambolle-Musigny Premier Cru Les Baudes 2010	58 €	16
■ Côte de Nuits-Village Aux Montagnes 2010	20 €	15
■ Nuits-Saint-Georges 2010	28 €	15,5
■ Nuits-Saint-Georges Premier Cru Les Crots 2010	48,50 €	16
■ Pommard 2010	26,50 €	15,5
■ Savigny-lès-Beaune Les Gollardes 2010	15,50 €	15
■ Volnay 2010	26,50 €	15

Rouge : 7 hectares.
Pinot noir 100 %
Blanc : 3 hectares.
Chardonnay 100 %
Production moyenne : 35 000 bt/an

Decelle-Villa, 7, rue des Sevillets, 21700 Nuits-Saint-Georges
Tél. : 03 80 53 74 35 **Fax :** 03 80 53 74 35
E-mail : contact@decelle-villa.com
Pas de visites.
Propriétaire : Olivier Decelle et Pierre Jean Villa

NOUVEAU DOMAINE

■ Domaine Michel et Joanna Ecard

SAVIGNY-LÈS-BEAUNE PREMIER CRU

D escendant du domaine familial Maurice Ecard, Michel Ecard a créé sa propre propriété viticole en 2004, avec son épouse Joanna. Comme souvent en Bourgogne, l'amateur doit être vigilant quant aux homonymies : le domaine Maurice Ecard et Fils existe toujours mais est exploité par une maison de négoce de Beaune. Le vignoble de Michel et Joanna (4 ha), entièrement situé dans le village de Savigny-lès-Beaune, comprend cinq premiers cru et deux appellations villages. Les vins rouges présentent un style charnu et concentré, au fruit expressif, et l'ensemble de la production se montre fidèle aux différentes identités de terroirs.

Les vins : le domaine réalise une gamme homogène sur le millésime 2009. Le niveau des vins de ce village est irréprochable, et nous savourons et saluons leur précision. Le fruit reste franc avec une grande fraîcheur. Fort logiquement, les intensités varient en fonction des terroirs. Le terroir des Gravains se montre le plus immédiat et le plus friand. Les Peuillets apparaît plus charnu, avec un boisé plus présent. Le terroir des Serpentières se révèle le plus dense et le plus à même de vieillir avec bonheur.

- ■ Savigny-lès-Beaune Premier Cru Les Gravains 2009   19 € 14,5
- ■ Savigny-lès-Beaune Premier Cru Les Peuillets 2009   17,50 € 15,5
- ■ Savigny-lès-Beaune Premier Cru Les Serpentières 2009   21 € 16
- ■ Savigny-lès-Beaune Vieilles Vignes 2010   14 € 14,5

Rouge : 3,3 hectares.
Blanc : 0,7 hectare.
Production moyenne : 20 000 bt/an

Domaine Michel et Joanna Ecard, 3, rue Boulanger-et-Vallée, 21420 Savigny-lès-Beaune
Tél. : 03 80 26 10 55 **Fax :** 03 80 26 10 55
E-mail : ecard.michel.joanna@orange.fr
Vente : au domaine
Du lundi au samedi de 8h à 12h et de 14h à 19h30, uniquement sur rendez-vous.
Propriétaire : Michel Ecard
Directeur : Michel Ecard

NOUVEAU DOMAINE

■ Maison En Belles Lies
CÔTE DE BEAUNE

P ierre Fenals exploite ce petit domaine créé en 2009. Le vignoble se compose de 2,5 ha cultivés en biodynamic et d'un achat de raisins issus de 4 ha de vignes conduites avec le même cahier des charges. Seulement une dizaine de cuvées sont élaborées, à parts égales entre blancs et rouges. Les vins se montrent digestes et peu extraits, avec un côté « nature » parfaitement géré, ce qui leur permet de rester précis et harmonieux.

Les vins : nous sommes séduits par les vins du domaine. Pour la seconde vendange seulement, les vins affichent un bon niveau. Les blancs se livrent totalement, le plaisir est immédiat sans être lacté ni surboisé. Le côtes-de-beaune est plein, gras et gourmand. Le monthélie possède une texture et un équilibre qui, pour ce village, sont peu communs. Le marangs Clos Roussots est de belle qualité. Sur des arômes de pivoine, de rose, le jus précis est animé par des tanins bien enrobés et révèle une trame digeste. Le beaune Les Grèves est plus cossu, mais une pointe de volatile lui ôte un peu de noblesse.

- ☐ Côte de Beaune 2010   n.c. 14,5

- ☐ Monthélie 2010   n.c. 15
- ■ Beaune Premier Cru Les Grèves 2010   n.c. 14,5
- ■ Maranges Premier Cru Clos Roussots 2010   n.c. 15,5

Rouge : n.c..
Blanc : n.c..
Production moyenne : n.c.

Maison En Belles Lies, 38, rue des Lavières, 21190 Saint-Aubin
Tél. : 06 72 13 53 63 ou 06 15 35 13 51
Fax : 03 80 21 93 10
Site : www.en-belles-lies.com
Pas de visites
Propriétaire : Pierre Fenals

■ Château Génot-Boulanger
MEURSAULT

C e grand et beau domaine dispose d'une gamme très diversifiée de vins issus des meilleurs terroirs de la Côte de Beaune - complétée par une petite production de clos-de-vougeot. Les derniers millésimes nous ont semblé techniquement bien maîtrisés, mais sans grande profondeur.

Les vins : le mercurey se montre du niveau d'un bourgogne blanc, le savigny dévoile une texture assez fidèle à ce terroir, plus sur la finesse et la tension, mais le bois marque un peu la finale. Le chassagne s'avère bien enveloppé, et la patine de l'élevage graisse un peu le vin ; heureusement que ce millésime 2010 possède de la fraîcheur. Le puligny La Garenne compte parmi les blancs les plus aboutis. Sa belle bouche tapisse le palais tout en conservant la sève et le coté cristallin. Si le Clos du Cromin est classique, on retrouve un gras immédiat et un coté beurré. Le premier cru Bouchère se révèle plus fin et plus long, ne le buvez pas aujourd'hui. Le mercurey rouge possède un volume assez moyen. En outre, il sèche en finale. L'aloxe-corton joue l'élégance, le vin se livre avec un fruit et une matière agréables. Le pommard vieilles vignes possède une petite pointe végétale, la bouche paraît un peu mince. Le volnay Ronceret est le rouge le plus réussi, tant en termes de maturité de fruit qu'en matière de texture de bouche.

- ☐ Chassagne-Montrachet Premier Cru les Vergers 2010   38 € 15

☐ Mercurey Les Bacs 2010   16 €   13,5
☐ Meursault Clos du Cromin 2010   30 €   14,5
☐ Meursault Premier Cru Les
    Bouchères 2010   41 €   16
☐ Puligny-Montrachet Premier Cru La
    Garenne 2010   45 €   16
☐ Savigny-lès-Beaune Vieilles
    Vignes 2010   22 €   14
■ Aloxe-Corton Premier Cru Clos du
    Chapître 2010   36 €   15
■ Beaune Premier Cru Les
    Grèves 2010   29 €   15,5
■ Mercurey Premier Cru En
    Sazenay 2010   17 €   13
■ Pommard Vieilles Vignes 2010   27 €   14
■ Volnay Premier Cru Le
    Ronceret 2010   32 €   16
■ Volnay Vieilles Vignes 2010   23 €   14,5

Rouge : 17,4 hectares.
Pinot noir 100 %
Blanc : 10 hectares.
Chardonnay 100 %
Production moyenne : 150 000 bt/an

Château Génot-Boulanger, 25, rue de Cîteaux,
21190 Meursault
Tél. : 03 80 21 49 20   **Fax :** 03 80 21 49 21
E-mail : contact@genot-boulanger.com
Site : www.genot-boulanger.com
Vente : au domaine
Sur rendez-vous uniquement.
Propriétaire : Aude et Guillaume Lavollée
Directeur : Aude et Guillaume Lavollée

■ Domaine Emmanuel Giboulot

CÔTE DE BEAUNE

Converti à la biodynamie depuis 1985,
Emmanuel Giboulot dirige avec conviction
ce domaine familial de Beaune. Ses vins possèdent tous une véritable personnalité et beaucoup
de naturel d'expression. Nous avouons cependant une préférence pour les blancs.

Les vins : les années se suivent et se ressemblent, nous aimons les blancs 2010 du domaine.
Une parfaite maturité conjuguée a une gestion
des boisés cohérente participe a cette dimension
de fraîcheur. C'est bien la maturité du raisin qui
apporte le gras et non le côté lacté du bois. La
cuvée Terres burgondes est dans un profil chablisien, épuré et salin : un très beau vin de soif.
La Combe d'Eve affiche une puissance et une
envergure supérieures. La bouche est assise sur

un équilibre et un volume à faire pâlir quelques
beaux terroirs de la Côte de Beaune. Les rouges
sont moins impressionnants : le hautes-côtes-
de-nuits est très digeste et se positionne plus
comme un vin de fruit ; le saint-romain apparaît
un peu mat et délité pour le millésime.

☐ Côte de Beaune Combe
    d'Eve 2010   26,45 €   16
☐ Côte de Beaune Les Pierres
    Blanches 2010   23,20 €   15,5
☐ IGP Sainte-Marie-la-Blanche Terres
    Burgondes 2011   11,90 €   14
■ Bourgogne Hautes-Côtes de Nuits
    Sous le Mont 2010   14,35 €   14
■ Saint-Romain 2010   18,15 €   14,5

Rouge : 5,72 hectares.
Pinot noir 100 %
Blanc : 4,58 hectares.
Chardonnay et autres 100 %
Production moyenne : 25 000 bt/an
🏵 Certifié en agriculture bio ou biodynamique

Domaine Emmanuel Giboulot, 4, rue de Seurre,
21200 Beaune
Tél. : 03 80 22 90 07   **Fax :** 03 80 22 89 53
E-mail : emmanuel.giboulot@wanadoo.fr
Vente : au domaine
Lundi, mardi & jeudi de 8h30 à 12h et de 14h à
17h30. Mercredi, vendredi & week-end sur
rendez-vous.
Propriétaire : Emmanuel Giboulot
Directeur : Emmanuel Giboulot

■ Domaine Jean-Luc Joillot

POMMARD

Jean-Luc Joillot produit, avec une belle régularité, une gamme complète de pommards
généralement très colorés et vigoureux. Vinifiés
dans un esprit classique et taillés pour la garde,
les vins doivent impérativement être attendus
pour se livrer. Un soupçon de raffinement supplémentaire ne nuirait pas.

Les vins : si les entrées de gamme paraissent
brouillons, en raison d'une matière légèrement sèche et décalée, le Noizons s'avère gourmand sans être extrait. Les Charmots se montre
plus dense et possède un fruit tout aussi
démonstratif ; Les Petits Epenots reste sur la
retenue, mais la bouche déploie une belle envergure ; Les Rugiens est en pleine prise de bois, la
bouche offre quand même une jolie chair. Ce

n'est pas le plus grand des Rugiens que nous ayons dégusté, toutefois volume et densité sont là.

- Beaune Montagne
  Saint-Désiré 2010   13 €   13,5
- Pommard 2010   18 €   14
- Pommard Les Noizons 2010   24 €   15
- Pommard Les Rugiens 2010   29 €   15
- Pommard Premier Cru Les
  Charmots 2010   33 €   15,5
- Pommard Premier Cru Les Petits
  Epenots 2010   36 €   16

Rouge : 13,4 hectares.
Gamay 1 %, Pinot noir 99 %
Blanc : 1,6 hectare.
Aligoté 67 %, Chardonnay 33 %
Production moyenne : 80 000 bt/an

Domaine Jean-Luc Joillot, 6, rue Marey-Monge, 21630 Pommard
Tél. : 03 80 24 20 26   **Fax :** 03 80 24 67 54
E-mail : joillot@vin-pommard.com
Site : www.joillot-pommard.com
Vente : au domaine
Du lundi au samedi de 9h à 12h et de 14h à 19h, dimanche de 10h à 12h, sur rendez-vous.
Propriétaire : Jean-Luc Joillot

■ Domaine Pierre Labet
BEAUNE

François Labet exploite ce petit domaine qui possède plusieurs Premiers crus à Beaune. Avec beaucoup de sérieux, les vins sont élaborés au château de La Tour, autre propriété de la famille Labet. La qualité est régulière et la production affiche de la personnalité.

Les vins : le domaine ne nous ayant pas fait parvenir ses vins cette année, nous sommes amenés à reconduire les notes de l'édition précédente – sans autre commentaire.

- ☐ Beaune Clos du Dessus des
  Marconnets 2009   n.c.   15,5
- ☐ Bourgogne Chardonnay Vieilles
  Vignes 2009   n.c.   13
- ☐ Meursault Les Tillets 2009   n.c.   16
- ☐ Savigny-lès-Beaune Premier Cru
  Vergelesses 2009   n.c.   14
- ■ Beaune Clos du Dessus des
  Marconnets 2009   n.c.   15,5
- ■ Beaune Premier Cru
  Coucherias 2009   n.c.   16

- ■ Bourgogne Pinot Noir Vieilles
  Vignes 2009   n.c.   15
- ■ Gevrey-Chambertin Vieilles
  Vignes 2009   n.c.   15,5

Rouge : 4,5 hectares.
Pinot noir 100 %
Blanc : 4,7 hectares.
Chardonnay 100 %
Production moyenne : n.c.

Domaine Pierre Labet, Clos de Vougeot, 21640 Vougeot
Tél. : 03 80 62 86 13   **Fax :** 03 80 62 82 72
E-mail : contact@chateaudelatour.com
Site : www.chateaudelatour.com
Vente : au domaine
Tous les jours de mai à novembre sauf mardi.
Sur rendez-vous pour les groupes.
Propriétaire : François Labet

■ Domaine Laleure-Piot
PERNAND-VERGELESSES

La maison Champy, à Beaune, a acquis en 2010 ce beau domaine de dix hectares produisant essentiellement du pernand-vergelesses et du corton-charlemagne. La qualité a toujours été ici régulière et, surtout, les prix demeurent très accessibles.

Les vins : le domaine ne nous ayant pas fait parvenir ses vins cette année, nous sommes amenés à reconduire les notes de l'édition précédente – sans autre commentaire.

- ☐ Corton-Charlemagne Grand
  Cru 2009   n.c.   16
- ☐ Pernand-Vergelesses 2009   n.c.   13,5
- ☐ Pernand-Vergelesses Premier
  Cru 2009   n.c.   15
- ■ Aloxe-Corton 2009   n.c.   14
- ■ Corton Grand Cru le Rognet 2009   n.c.   16
- ■ Corton-Bressandes Grand
  Cru 2009   n.c.   17,5
- ■ Pernand-Vergelesses Premier Cru
  Ile de Vergelesses 2009   n.c.   15,5
- ■ Pernand-Vergelesses Premier Cru
  Les Vergelesses 2009   n.c.   15

Rouge : 6,7 hectares.
Pinot noir 100 %
Blanc : 3,9 hectares.
Chardonnay 100 %
Production moyenne : 60 000 bt/an

Domaine Laleure-Piot, Rue de Pralot, 21420 Pernand-Vergelesses

Tél. : 03 80 25 09 99 Fax : 03 80 25 09 95
E-mail : contact@champy.com
Site : www.laleure-piot.com
Vente : au domaine
Du lundi au vendredi de 8h à 12h et de 14h à 18h, samedi et dimanche sur rendez-vous.
Propriétaire : Maison Champy
Directeur : Pierre Meurgey (président)

■ Domaine Lamy-Pillot
CHASSAGNE-MONTRACHET

E xploitation familiale par excellence, le domaine Lamy-Pillot cultive une vingtaine d'hectares de vignes, dont une série de belles parcelles sur Chassagne-Montrachet. Secondé par sa fille Florence, René Lamy élabore de beaux blancs francs et nets, modernes, qui font désormais montre d'une très belle régularité.

Les vins : si le saint-aubin En Créot est plus sur le côté beurré, le climat des Pucelles se montre plus ciselé, avec une juste épaisseur tactile. Des trois saint-aubin, le Charmois est le plus séduisant : la bouche révèle une belle amplitude et offre une allonge minérale qui tend le vin. Si le chassagne-montrachet Pot Bois apparaît étriqué, le Morgeot, plus dense, renferme une belle énergie. La Grande Montagne est moins large, mais le jus est fin. Dans la série des rouges, le blagny présente une bouche gourmande, légère et fruitée. Le saint-aubin Argilliers pâtit d'une pointe végétale. Doté d'une matière fine, le Castets exprime un fruit expressif ; un joli premier cru de Saint-Aubin. Les chassagne-montrachet présentent un soupçon de rusticité : c'est à ce niveau que le domaine doit progresser, car les vins font preuve d'une certaine dureté de bouche.

☐ Chassagne-Montrachet Pot
Bois 2010   30 € cav. 14,5
☐ Chassagne-Montrachet Premier Cru
Clos Saint-Jean 2010   25 € cav. 15,5
☐ Chassagne-Montrachet Premier Cru
La Grande Montagne 2010 40 € cav. 15,5
☐ Chassagne-Montrachet Premier Cru
Morgeot 2010   40 € cav. 16
☐ Saint-Aubin Les
Pucelles 2010   22 € cav. 15,5
☐ Saint-Aubin Premier Cru En
Créot 2010   24 € cav. 14,5
☐ Saint-Aubin Premier Cru Les
Charmois 2010   26 € cav. 16
■ Blagny Premier Cru La Pièce sous
le Bois 2010   26 € cav. 15,5

■ Chassagne-Montrachet Premier Cru
Boudriotte 2010   25 € cav. 13,5
■ Chassagne-Montrachet Premier Cru
Morgeot 2010   25 € cav. 15
■ Saint-Aubin Les
Argiliers 2010   16 € cav. 13,5
■ Saint-Aubin Premier Cru Les
Castets 2010   20 € cav. 15

Rouge : 9 hectares.
Pinot noir 100 %
Blanc : 8 hectares.
Chardonnay 100 %
Production moyenne : 90 000 bt/an

Domaine Lamy-Pillot, 31, route de Santenay, 21190 Chassagne-Montrachet
Tél. : 03 80 21 30 52 Fax : 03 80 21 30 02
E-mail : contact@lamypillot.fr
Site : www.lamypillot.fr
Vente : au domaine
Tous les jours sur rendez-vous sauf le dimanche.
Propriétaire : René Lamy

■ Domaine Larue
SAINT-AUBIN

T rès belle adresse, ici, pour les amateurs en quête de bons rapports qualité-prix. Le domaine, qui possède un large éventail de saint-aubin, propose des vins droits, réguliers et habilement vinifiés par Didier et Denis Larue, dans un style moderne et immédiat. Comme les prix sont doux, il faut en profiter.

Les vins : l'austérité n'est plus de rigueur, la série des saint-aubin 2010 le démontre, les vins sont plus juteux et plus ouverts que les mêmes cuvées de 2009. Le vieilles vignes est large et puissant, sans mollesse. Les Cortons est plus réduit, mais le cru se montre plus scintillant, le peps qui anime ce vin lui donne de la persistance. Plus cossu, En Remilly affiche une autre dimension, puissance et épices donnent du relief. Les Murgers des Dents de Chien s'impose comme le grand terroir qu'il est. Le Trézin est un peu fade et mat, par contre le terroir Sous le Puits possède toute la tension et la minéralité nécessaires. Le Clos de la Garenne offre une texture moins austère, mais tout aussi saline et racée. Les vins rouges du domaine ne sont pas au niveau, ce dernier ne pourra jamais s'élever à un rang supérieur dans le Guide Vert sans un travail de fond sur les vins rouges. Même sur un millésime 2010, on ressent quelques maigreurs, les vins finissent sur une certaine austérité, voire une forme de dureté. Dommage !

☐ Puligny-Montrachet Le
  Trézin 2010   19,50 €   15
☐ Puligny-Montrachet Premier Cru La
  Garenne 2010   29 € 16,5
☐ Puligny-Montrachet Premier Cru
  Sous le Puits 2010   24 €   16
☐ Saint-Aubin Premier Cru En
  Remilly 2010   19 €   16
☐ Saint-Aubin Premier Cru Les
  Cortons 2010   16 €   15
☐ Saint-Aubin Premier Cru Murgers
  des Dents de Chien 2010   19 € 16,5
☐ Saint-Aubin Premier Cru Vieilles
  Vignes 2010   14,50 € 14,5
■ Blagny Premier Cru Sous le
  Puits 2010   20 €   13
■ Chassagne-Montrachet 2010   14 €   14
■ Chassagne-Montrachet Premier Cru
  La Boudriotte 2010   20 € 14,5
■ Saint-Aubin Les Cduens 2010   10 €   14
■ Saint-Aubin Premier Cru Sur le
  Sentier du Clou 2010   13 € 14,5

Rouge : 5,5 hectares.
Pinot noir 100 %
Blanc : 9,5 hectares.
Aligoté 17 %, Chardonnay 83 %
Production moyenne : 60 000 bt/an

Domaine Larue, 32, rue de la Chatenlère,
21190 Saint-Aubin
Tél. : 03 80 21 30 74 **Fax :** 03 80 21 91 36
E-mail : dom.larue@wanadoo.fr
Site : www.larue-vins.com
Vente : au domaine
Sur rendez-vous sauf dimanche et jours fériés.
Propriétaire : Didier et Denis Larue

■ Maison Louis Latour
BEAUNE

Dirigée par Louis-Fabrice Latour, cette illustre maison familiale tient à ses principes,
notamment sa conception des grands vins de
Bourgogne, loin des modes et des effets de style.
Cependant, face à une concurrence très affûtée,
le domaine nous apparaît depuis quelques millésimes en retrait par rapport aux meilleurs, les
vins manquant de constitution et de profondeur.
Depuis deux ans, nous notons une légère évolution vers des vins plus précis, mais n'affichant
toujours pas l'éclat des meilleurs.

Les vins : les entrées de gamme sont bien
timides, entre un marsannay à la matière mécon-
naissable et un pernand basculant sur le cré-

meux et l'acacia. Tout cela semble loin de ce
que ce village peut exprimer. Le beaune blanc
Les Cras apparaît mou et sans relief, alors que le
meursault reste conforme à son style classique :
beurré et rond. Le chassagne-morgeot se trouve
nettement au-dessus, nous saluons sa maturité,
son volume et son harmonie qui en font un vin
digne de la cuvée 2010. La série des rouges nous
semble plus en phase avec le millésime. Le volnay, bien typé, est souple et élégant. Le gevrey
est bien typé Côtes de Nuits, se montrant plus
solide et offrant un fruit précis. Les Chatelots
reste notre préféré, c'est un grand bourgogne.
Le Clos de la Vigne au Saint se révèle fin et
équilibré, la finale peut encore être plus persistante. Le Grancey 2010 est un beau flacon, sur
une charpente digne d'un grand cru dont on
apprécie le toucher de bouche et la finesse.

☐ Beaune Premier Cru Aux
  Cras 2010   33 €   13
☐ Chassagne-Montrachet Premier Cru
  Morgeot 2010   43 € 15,5
☐ Marsannay 2010   10,70 € 12,5
☐ Meursault 2010   25,80 €   14
☐ Pernand-Vergelesses Premier Cru
  En caradeux 2010   27,20 € 13,5
☐ Puligny-Montrachet Premier Cru
  Sous le Puits 2010   41,60 €   14
■ Beaune Premier Cru Vignes
  Franches 2010   37,30 €   14
■ Chambolle-Musigny Premier Cru
  Les Chatelots 2010   57,40 € 16,5
■ Corton Grand Cru Château Corton
  Grancey 2010   63,80 €   17
■ Corton Grand Cru Clos de la Vigne
  au Saint 2010   n.c.   16
■ Gevrey-Chambertin 2010   38 €   15
■ Volnay Premier Cru En
  Chevret 2010   37,30 €   15

Rouge : 40 hectares.
Pinot noir 100 %
Blanc : 10 hectares.
Chardonnay 100 %
Production moyenne : 7 000 000 bt/an

Maison Louis Latour, 18, rue des Tonneliers,
21200 Beaune
Tél. : 03 80 24 81 00 **Fax :** 03 80 22 36 21
E-mail : louislatour@louislatour.com
Site : www.louislatour.com
Du lundi au vendredi de 9h à 12h et de 14h à
18h sur rendez-vous.
Propriétaire : Louis-Fabrice Latour
Directeur : Louis-Fabrice Latour

■ Domaine Maroslavac-Léger
PULIGNY-MONTRACHET

E tabli à Puligny-Montrachet, Roland Maroslavac exploite un petit domaine avec conviction et fait désormais partie des vignerons réguliers et fiables de son appellation. Il produit des vins d'une belle expression, très naturels et capables de vieillir avec bonheur.

Les vins : la lecture du millésime n'est pas évidente, les vins ne sont pas très gourmands à la première approche. Nous avions déjà remarqué le style de la maison l'année passée. Les vins passent par des phases de fermeture et d'austérité. Le saint-aubin premier cru est étriqué et strict pour ce terroir. La série des puligny-montrachet va crescendo. Le Puligny village est fin mais manque un peu d'envergure, le Champ Gains est réduit, Les Combettes est plus gras, sans livrer son potentiel. Le plus beau vin reste Les Folatières, son niveau de maturité supérieur facilite la perception et la dimension du vin.

☐ Chassagne-Montrachet Les Voillenots 2010	18 €	14,5
☐ Puligny-Montrachet Les Corvées des Vignes 2010	21 €	14,5
☐ Puligny-Montrachet Premier Cru Les Champs Gain 2010	32 €	15
☐ Puligny-Montrachet Premier Cru Les Combettes 2010	40 €	15,5
☐ Puligny-Montrachet Premier Cru Les Folatières 2010	40 €	16,5
☐ Saint-Aubin Premier Cru Les Murgers des Dents de Chien 2010	18 €	14,5

Blanc : 7 hectares.
Chardonnay 100 %
Production moyenne : 45 000 bt/an

Domaine Maroslavac-Léger, 43, Grande-Rue, 21190 Puligny-Montrachet
Tél. : 03 80 21 31 23 **Fax :** 03 80 21 91 39
E-mail : maroslavac.leger@wanadoo.fr
Vente : au domaine
Sur rendez-vous.
Propriétaire : Roland Maroslavac

■ Domaine René Monnier
MEURSAULT

X avier Monnot dirige ce domaine sérieux de Meursault avec une approche assez

moderne des vinifications et des élevages. Il produit des vins immédiatement séduisants, mais aussi capables de vieillir avec bonheur. Auparavant un peu lourdes et généreusement boisées, les cuvées semblent avoir gagné en précision ces dernières années.

Les vins : le monthélie est un vin fin et prêt à boire. Les meursaults atteignent un bon niveau de maturité, notamment Les Chevalières, fidèle au terroir de Meursault, qui décline un beurré et une rondeur immédiates. Le Limozin évolue sur un profil similaire, bien que le bois le maquille davantage. Le meursault-charmes se révèle bien plus profond, plus généreux. L'ensemble est satisfaisant, mais nous semble toutefois un peu massif pour atteindre le meilleur niveau de ces lieux-dits. Le puligny Les Folatières est le plus distingué des blancs, sur une trame savoureuse et équilibrée. Les rouges 2010 sont réussis. On ne peut pas critiquer le niveau de maturité ni la densité des crus, mais notre jugement est identique à celui que nous portons sur les blancs. Certains vins sont un peu poudrés par un boisé racoleur : c'est le cas du marangs et du beaune Les Cent Vignes. Le pommard Les Vignots est juste, avec une belle identité de fruit, le vin se montre velouté et délicieux. Le volnay offre une lecture plus fine, racée, le vin se livre tranquillement au fil de la dégustation.

☐ Meursault Le Limozin 2010	n.c.	15
☐ Meursault Les Chevalières 2010	n.c.	14,5
☐ Meursault Premier Cru Les Charmes 2010	n.c.	16
☐ Monthélie Les Duresses 2010	n.c.	13,5
☐ Puligny-Montrachet Premier Cru Les Folatières 2010	n.c.	16,5
■ Beaune Premier Cru Les Cent Vignes 2010	n.c.	14,5
■ Beaune Premier Cru Les Toussaints 2010	n.c.	15
■ Maranges Premier Cru Clos de la Fussière 2010	n.c.	14,5
■ Pommard Les Vignots 2010	n.c.	16,5
■ Volnay Premier Cru Clos des Chênes 2010	n.c.	16,5

Rouge : 7 hectares.
Pinot noir 100 %
Blanc : 9,7 hectares.
Chardonnay 85 %, Aligoté 15 %
Production moyenne : 100 000 bt/an

Domaine René Monnier, 6, rue du Docteur-Rolland, 21190 Meursault
Tél. : 03 80 21 29 32 **Fax :** 03 80 21 61 79

E-mail : domaine-rene-monnier@wanadoo.fr
Vente : au domaine
Sur rendez-vous uniquement.
Propriétaire : Xavier Monnot

■ Domaine Bernard Moreau et Fils

CHASSAGNE-MONTRACHET

Désormais en charge du domaine, Alexandre et Benoît conduisent le vignoble depuis déjà quelques millésimes. Les blancs sont expressifs et séduisants, tandis que les rouges sont francs, intensément fruités, avec un beau potentiel de garde. Nous n'avons malheureusement pas été convaincus par des 2009 au profil trop lourd, ce qui nous conduit à retirer cette année son étoile au domaine.

Les vins : le domaine ne nous ayant pas fait parvenir ses vins cette année, nous sommes amenés à reconduire les notes de l'édition précédente – sans autre commentaire.

☐ Bourgogne 2009	n.c.	13
☐ Chassagne-Montrachet 2009	n.c.	14
☐ Chassagne-Montrachet Premier Cru Grandes Ruchottes 2009	n.c.	15
☐ Chassagne-Montrachet Premier Cru Les Chenevottes 2009	n.c.	14,5
☐ Chassagne-Montrachet Premier Cru Morgeot 2009	n.c.	16,5
☐ Chassagne-Montrachet Premier Cru Vergers 2009	n.c.	15
■ Chassagne-Montrachet Premier Cru La Cardeuse 2009	n.c.	16
■ Chassagne-Montrachet Vieilles Vignes 2009	n.c.	14,5

Rouge : 6,8 hectares.
Pinot noir 100 %
Blanc : 7,2 hectares.
Aligoté 15 %, Chardonnay 85 %
Production moyenne : 75 000 bt/an

Domaine Bernard Moreau et Fils, 3, route de Chagny, 21190 Chassagne-Montrachet
Tél. : 03 80 21 33 70 **Fax :** 03 80 21 30 05
E-mail : domaine.moreau-bernard@wanadoo.fr
Vente : au domaine
Sur rendez-vous.
Propriétaire : Bernard, Alexandre et Benoît Moreau.

■ Domaine Lucien Muzard et Fils

SANTENAY

Sous cette bannière sont regroupés le domaine familial dirigé par les frères Claude et Hervé Muzard une petite activité de négoce, qui vient compléter une sélection pourtant bien fournie, notamment sur Santenay. Les vins produits ici sont régulièrement excellents depuis déjà quelques millésimes.

Les vins : même si le domaine a progressé en termes de gestion des élevages, le santenay reste marqué par un boisé légèrement toasté et grillé. Le meursault, classique, ne possède pas une grande dimension. Le chassagne-montrachet affirme beaucoup plus de personnalité, le jus est davantage étiré et l'ensemble se montre plus agréable. Notre préférence va au puligny villages pour le volume et la fraîcheur qu'il déploie. Le corton-charlemagne offre de la maturité, dans un style ample et puissant, mais très enrobé. Reste à acquérir la tension et la fermeté qui donnent ce côté cristallin. La série des santenays débute avec un Champs Claude de bon volume, mais ses tanins sèchent en finale. Le Clos des Mouches est assez mince, et ne brille pas par son volume. Le Clos de Tavannes se montre plus dense, et le Maladière marie puissance et finesse. Le chassagne rouge est juteux et étoffé. Le pommard Les Cras s'avère plein et pourvu d'un fruité expressif.

☐ Chassagne-Montrachet 2010	33,30 €	15,5
☐ Corton-Charlemagne Grand Cru 2010	64,30 €	16,5
☐ Meursault Les Crotots Vieilles Vignes 2010	27,30 €	14,5
☐ Puligny-Montrachet 2010	33,30 €	16
☐ Santenay Champs Claude 2010	17,80 €	13,5
■ Chassagne-Montrachet Vieilles Vignes 2010	23 €	15,5
■ Pommard Les Cras Vieilles Vignes 2010	27,30 €	16
■ Santenay Champs Claude Vieilles Vignes 2010	16,80 €	13,5
■ Santenay Premier Cru Clos de Tavannes 2010	19,90 €	15
■ Santenay Premier Cru Clos des Mouches 2010	19,90 €	14
■ Santenay Premier Cru Clos Faubard 2010	18,80 €	15
■ Santenay Premier Cru Maladière 2010	18,80 €	15,5

Rouge : 15,5 hectares.

BOURGOGNE ET BEAUJOLAIS

Pinot noir 100 %
Blanc : 3,5 hectare.
Aligoté 10 %, Chardonnay 90 %
Production moyenne : 120 000 bt/an

Domaine Lucien Muzard et Fils, 11 bis, rue de
la Cour-Verreuil, 21590 Santenay
Tél. : 03 80 20 61 85 **Fax :** 03 80 20 66 02
E-mail : lucienmuzard@orange.fr
Vente : au domaine
Du lundi au samedi de 9h à l2h et de 14h à
19h, sur rendez-vous.
Propriétaire : Claude et Hervé Muzard

■ Domaine Newman
BEAUNE

C réé par Robert Newman, un Américain
d'origine autrichienne, ce joli domaine de
Beaune est dirigé par son fils Christopher. Les
vins qu'il produit depuis quelques millésimes ont
considérablement gagné en finesse et en précision. Ils reflètent avec justesse l'expression de
leur terroir, grâce à une culture de la vigne bien
menée et à des élevages justement dosés.

Les vins : c'est un grand plaisir de déguster le
monthélie, sur son caractère jeune et gourmand. Doté d'un fruit très agréable, il constitue un beau vin de gastronomie. Nous sommes
moins enthousiasmés par le beaune rouge, qui
nous semble un peu mince dans son milieu de
bouche. Le Beaune-grèves se montre le plus
convaincant et s'affirme comme une belle réussite. Le pommard est classique, la matière de
bouche est au niveau, mais la trame tannique
sèche un peu. Le mazis-chambertin est élancé,
et si le bois domine à ce stade sur le plan aromatique, la bouche possède la dimension de
ce terroir. Le bonne-mares est bien enrobé, la
bouche est concentrée en finesse et se montre
convaincante.

■	Beaune 2010	n.c.	13,5
■	Beaune Premier Cru Clos des Avaux 2010	n.c.	14,5
■	Beaune Premier Cru Grèves 2010	n.c.	15,5
■	Bonnes-Mares Grand Cru 2010	n.c.	17,5
■	Mazy Chambertin Grand Cru 2010	n.c.	16,5
■	Monthélie 2010	n.c.	14,5
■	Pommard Vieilles Vignes 2010	n.c.	15

Rouge : 5,25 hectares.
Pinot noir 100 %
Blanc : 0,25 hectares.
Chardonnay 100 %
Production moyenne : n.c.

Domaine Newman, 29, boulevard Clemenceau,
21200 Beaune
Tél. : 03 80 22 80 96 **Fax :** 03 80 24 29 14
E-mail : info@domainenewman.com
Site : www.domainenewman.com
Sur rendez-vous.
Propriétaire : Mr. Newman

■ Domaine Parigot Père et Fils
POMMARD

U n petit domaine familial dont les derniers
millésimes nous ont séduits par leur franchise et l'éclat de leur fruit, surtout en rouge.
Les vins sont de facture classique et évoluent
bien.

Les vins : les blancs sont trop dominés par le
boisé, il faut absolument revoir les élevages, qui
marquent trop les vins par une note toastée/
grillée. Si le meursault est animé par la fraîcheur
du millésime, le bois est encore trop présent. La
série des savignys débute par les Peuillets, souligné par un élevage inadapté. La gestion de
l'élevage est mieux gérée sur les terroirs qui
montrent davantage de caractère, notamment le
savoureux Les Vergelesses qui possède ce fruit
et cette gourmandise qui font un vin friand. Sur
les autres terroirs, nous distinguons le beaune-
grèves, bien élaboré, avec une mâche de qualité,
et le pommard Les Charmots pour son volume
et sa densité. C'est le seul vin du domaine où le
fruit n'est pas maquillé par le boisé.

□	Bourgogne Hautes-Côtes de Beaune Vieilles Vignes 2010	11 €	12
□	Chassagne-Montrachet Premier Cru Clos Saint-Jean 2010	28 €	14
□	Meursault Les Limozin 2010	22 €	14,5
■	Beaune Premier Cru Les Grèves 2010	24 €	15,5
■	Bourgogne Hautes-Côtes de Beaune Clos de la Perrière 2010	12 €	13,5
■	Pommard Les Vignots 2010	24 €	15
■	Pommard Premier Cru Les Charmots 2010	28 €	16
■	Savigny-lès-Beaune Premier Cru Les Peuillets 2010	20 €	14
■	Savigny-lès-Beaune Premier Cru Les Vergelesses 2010	22 €	15
■	Volnay Les Brouillards 2010	22 €	15,5

Rouge : 15,68 hectares.
Pinot noir 100 %
Blanc : 2,32 hectares.
Aligoté 15 %, Chardonnay 85 %
Production moyenne : 115 000 bt/an

Domaine Parigot Père et Fils, Route de
Pommard, 21190 Meloisey
Tél. : 03 80 26 01 70 **Fax :** 03 80 26 04 32
E-mail : domaine.parigot@orange.fr
Vente : au domaine
Sur rendez-vous de 8h à 18h.
Propriétaire : Famille Parigot

■ Domaine Jean-Marc et Hugues Pavelot
SAVIGNY-LÈS-BEAUNE

L e domaine exploite une belle série de parcelles sur les meilleurs terroirs de Savigny. Il
fait partie, avec le domaine Bize, des valeurs
sûres de l'appellation, avec des vins qui possèdent un réel cachet et un beau potentiel de
vieillissement. Les prix demeurent très sages.

Les vins : les 2010 affichent une jolie fraî
cheur. Le savigny blanc est finement beurré, le
jus est bon, gourmand, tout en restant fidèle
dans l'esprit au terroir de Savigny. Parmi les
rouges, l'aloxe-corton est sur le fruit et dévoile
une bouche assez digeste qui manque quand
même de fond pour ce village. La série des
premiers crus de Savigny est plus dense et alerte.
Sans posséder la plus belle matière, le savigny
Aux Gravains est séduisant et brille par son
équilibre et la justesse de l'expression du pinot.
Les Guettes s'avère plus anguleux, avec une
petite verdeur de tanins en fin de bouche. Les
Serpentières est le plus cossu, le vin est encore
un peu rigide, mais il possède un bon potentiel.

☐ Savigny-lès-Beaune 2010	16 €	14
■ Aloxe-Corton 2010	20 €	14
■ Pernand-Vergelesses Premier Cru Les Vergelesses 2010	23 €	15
■ Savigny-lès-Beaune Premier Cru Aux Gravains 2010	25 €	15,5
■ Savigny-lès-Beaune Premier Cru Aux Guettes 2010	23 €	15
■ Savigny-lès-Beaune Premier Cru Les Serpentières 2010	23 €	15,5

Rouge : 12 hectares.
Pinot noir 100 %
Blanc : 1 hectare.
Chardonnay 100 %
Production moyenne : 60 000 bt/an

Domaine Jean-Marc et Hugues Pavelot, 1,
chemin des Guettottes, 21420
Savigny-lès-Beaune
Tél. : 03 80 21 55 21 **Fax :** 03 80 21 59 73
E-mail : hugues.pavelot@wanadoo.fr

Site : www.domainepavelot.com
Vente : au domaine
Du lundi au samedi de 10h à 12h et de 14h à
18h sur rendez-vous.
Propriétaire : Jean-Marc et Hugues Pavelot

■ Domaine Jean-Marc Pillot
CHASSAGNE-MONTRACHET

J ean-Marc Pillot est l'un des plus adroits vinificateurs de Chassagne-Montrachet. Vendangés à haute maturité, ses blancs présentent une
remarquable précision aromatique et un grand
équilibre. Le producteur se montre également
très adroit avec ses terroirs de rouges, produisant
des vins gourmands et profonds.

Les vins : la série des chassagne-montrachet
2010 est cohérente, vins et terroirs s'affirment
en jouant sur une vaste gamme de profils. Nous
aimons la façon dont les élevages sont gérés. Les
Champs Gains et Macherelles sont les plus prêts
à boire, leur style, plus rond et plus fédérateur,
les rend accessibles. Les Chenevottes, davantage
épuré, présente une trame plus fine, moins opulente, ce qui lui confère de la distinction. Le
Morgeot Les Fairendes est plus cossu, une belle
puissance anime ce vin sans lui faire perdre sa
trame minérale. Le Clos Saint-Marc, limpide,
offre une pureté de bouche qui fait la différence.

☐ Chassagne-Montrachet Premier Cru Les Champs-Gain 2010	32 €	15
☐ Chassagne-Montrachet Premier Cru Les Chenevottes 2010	32 €	15,5
☐ Chassagne-Montrachet Premier Cru Les Macherelles 2010	32 €	15
☐ Chassagne-Montrachet Premier Cru Les Vergers Clos Saint-Marc 2010	45 €	17
☐ Chassagne-Montrachet Premier Cru Morgeot Les Fairendes 2010	32 €	16
■ Chassagne-Montrachet Premier Cru Clos Saint-Jean 2010	30 €	15

Rouge : 5,5 hectares.
Pinot noir 100 %
Blanc : 5,5 hectares.
Chardonnay 100 %
Production moyenne : 50 000 bt/an

Domaine Jean-Marc Pillot, Le Haut des
Champs, 21190 Chassagne-Montrachet
Tél. : 03 80 21 92 96 **Fax :** 03 80 21 92 57
E-mail : jeanmarc.pillot@wanadoo.fr
Vente : au domaine

Sur rendez-vous.
Propriétaire : Jean-Marc Pillot

■ Domaine Paul Pillot
CHASSAGNE-MONTRACHET

C e vieux domaine familial de Chassagne-Montrachet est, depuis quelques millésimes, une valeur sûre de cette appellation. Paul Pillot y exploite un peu plus de 10 hectares, avec une vision intelligente de la vinification privilégiant l'expression du fruit et du terroir, non la puissance et la concentration. Il en résulte une belle série de vins francs, nets et expressifs.

Les vins : le saint-aubin Les Pitangerets, bien qu'enrobé par le bois, se montre plein. Le chassagne-montrachet villages est assez juste. Dans le même style, Les Mazures proposent une tension supplémentaire. Si le chassagne villages succombe un peu à la facilité, le premier cru Les Grandes Ruchottes se montre plus tonique ; le terroir s'affirme, la belle trame minérale fait la différence. Plus large que tendu, Le Clos Saint-Jean est bon. Le Cailleret se révèle épuré et fin. Le terroir de La Romanée est digne d'un grand cru, tant son vin est racé et profond. Les rouges sont décevants, le Clos Saint-Jean est logiquement plus dense, mais le boisé est un peu marqué.

☐ Chassagne-Montrachet 2010   28 € cav. 14,5
☐ Chassagne-Montrachet Les
   Mazures 2010   30 € cav.   15
☐ Chassagne-Montrachet Premier Cru
   Clos Saint-Jean 2010   40 € cav. 15,5
☐ Chassagne-Montrachet Premier Cru
   La Grande Montagne 2010   45 € cav.   15
☐ Chassagne-Montrachet Premier Cru
   La Romanée 2010   55 € cav.   17
☐ Chassagne-Montrachet Premier Cru
   Les Caillerets 2010   45 € cav.   16
☐ Chassagne-Montrachet Premier Cru
   Les Champs Gains 2010   40 € cav.   15
☐ Chassagne-Montrachet Premier Cru
   Les Grandes Ruchottes 2010   45 € cav.   16
☐ Saint-Aubin Premier Cru Les
   Charmois 2010   25 € cav.   13
☐ Saint-Aubin Premier Cru Les
   Pitangerets 2010   22 € cav.   14
■ Chassagne-Montrachet Premier Cru
   Clos Saint-Jean 2010   28 € cav. 14,5
■ Santenay Vieilles
   Vignes 2010   14 € cav. 13,5

Rouge : 4,5 hectares.

Pinot noir 100 %
Blanc : 8,2 hectares.
Aligoté 10 %, Chardonnay 90 %
Production moyenne : 70 000 bt/an

Domaine Paul Pillot, 3, Rue Clos Saint Jean, 21190 Chassagne-Montrachet
Tél. : 03 80 21 31 91 **Fax :** 03 80 21 90 92
E-mail : contact@domainepaulpillot.com
Site : www.domainepaulpillot.com
Vente : au domaine
Pas de visites.
Propriétaire : Paul, Thierry et Chrystelle Pillot.

■ Château de Pommard
POMMARD

C ette jolie propriété de Pommard appartient à la famille Giraud depuis 2003. Le vignoble d'un peu plus de 20 hectares, d'un seul tenant, en appellation Villages, est l'un des plus vastes de toute la Bourgogne. Le château entend par ailleurs jouer un rôle majeur au sein de la région en matière d'œnotourisme, à travers l'organisation de nombreux événements liés à la vigne ou à l'art. Les prix sont relativement soutenus et la gamme est désormais étoffée par une activité de négoce.

Les vins : les deux blancs proposés s'avèrent peu convaincants, fardés pas des boisés trop importants. Le savigny est massif et crémeux, et le chassagne, trop simple, n'atteint pas la dimension d'un premier cru. En rouge, le maranges pourrait être encore plus gourmand, ses tanins sèchent en finale. Le nuits-saint-georges se révèle à la fois juteux et charpenté. Les pommards sont marqués par le bois, c'est dommage, car les vins n'ont pas besoin de ces artifices. Le 2009 est le plus foral des deux, et se livre avec plus d'harmonie.

☐ Chassagne-Montarachet Premier
   Cru 2010   44 €   14
☐ Savigny-lès-Beaune 2009   29 € 13,5
■ Maranges 2010   19 € 13,5
■ Nuits-Saint-Georges 2010   33 €   15
■ Pommard 2010   63 €   15
■ Pommard 2009   82,50 € 15,5

Rouge : 21 hectares.
Pinot noir 100 %
Blanc : 1,5 hectare.
Chardonnay 100 %
Production moyenne : 130 000 bt/an

Château de Pommard, 15, rue Marey-Monge, 21630 Pommard
Tél. : 03 80 22 12 59 **Fax :** 03 80 24 65 88
E-mail : contact@chateaudepommard.com
Site : www.chateaudepommard.com
Vente : au domaine
Tous les jours de 9h30 à 18h.
Propriétaire : Maurice Giraud
Directeur : Cécile Lepers

■ Domaine Prieur-Brunet

SANTENAY

Ce domaine familial a été créé en 1804 à Santenay. Il prend son nom actuel en 1955, suite à l'union de Guy Prieur et d'Elisabeth Brunet. S'étendant sur 20 hectares, dans la Côte de Beaune, le domaine, sous l'impulsion de Guillaume, représentant la huitième génération, s'impose avec régularité comme l'une des références de Santenay.Nous sommes heureux de le réintégrer dans le guide après quelques années d'absence.

Les vins : nous sommes un peu déçus par les vins du millésime 2010. Les palettes aromatiques et le fond de certains vins laissent à désirer. En blanc, la cuvée Clos Faubard se révèle anguleuse et sans charme, et le meursault Chevalières est un peu court. Seul le terroir des Charmes est à la hauteur, sans atteindre la dimension des meilleurs de ce terroir. La déception vient surtout des rouges qui manquent de juteux et d'intensité pour le millésime.

☐ Chassagne-Montrachet Premier Cru Les Embazées 2010	n.c.	15
☐ Meursault Chevalières 2010	n.c.	14,5
☐ Meursault-Charmes Premier Cru 2010	n.c.	16
☐ Santenay Premier Cru Clos Faubard 2010	n.c.	13
■ Santenay Premier Cru Maladière Cuvée Claude 2010	n.c.	14
■ Santenay-Maladière Premier Cru 2010	n.c.	14,5

Rouge : 12 hectares.
Pinot noir 100 %
Blanc : 8 hectares.
Chardonnay 100 %
Production moyenne : 130 000 bt/an

Domaine Prieur-Brunet, Rue de Narosse, 21590 Santenay
Tél. : 03 80 20 60 56 **Fax :** 03 80 20 64 31
E-mail : uny-prieur@prieur-santenay.com

Site : www.prieur-santenay.com
Du lundi au vendredi de 10h à 12h et de 14h à 18h, samedi et dimanche matin sur rendez-vous.
Propriétaire : Dominique Prieur-Uny

■ Domaine Nicolas Rossignol

VOLNAY

Après avoir sillonné le monde et appris son métier de vigneron dans quelques grands domaines, Nicolas Rossignol est revenu s'installer en Bourgogne et a créé sa propre structure en 1997. Il propose aujourd'hui une gamme cohérente de vins très bien vinifiés, dans un style moderne mais pas tapageur.

Les vins : le domaine a choisi de nous envoyer à nouveau des cuvées du millésime 2009. Avec une année de recul, les vins sont plus parlants. Le bourgogne Héritière est doté d'une belle concentration, la bouche est dense, seuls les tanins sèchent en finale et écourtent la persistance. Le beaune Clos du Roy subit le millésime, le fruit bascule sur des notes compotées et animales. Le degré impose sa force, et le vin perd en finesse. Plus enrobé, le Clos des Mouches présente un fruit un peu mat. Le Clos des Angles, sans jeu de mots, a besoin de s'arrondir. Nous ne critiquons pas la matière, mais bel et bien le côté anguleux du vin. Le pommard Les Vignots est souligné par un côté sauvage dans les arômes. Le profil de bouche est sérieux, avec une sève qui lui donne de la longueur. Le terroir des Chaponnières a engendré la cuvée la plus aboutie du domaine : le vin montre avant tout qu'il est possible d'associer la structure avec la finesse, le volume parle de lui même, mais la fraîcheur du fruit et l'intégration des tanins en font un pommard bien constitué.

■ Beaune Premier Cru Clos des Mouches 2009	40 €	15
■ Beaune Premier Cru Clos du Roy 2009	26 €	14
■ Bourgogne L'Héritière 2009	15 €	13,5
■ Pommard Les Vignots 2009	37 €	15,5
■ Pommard Premier Cru Epenots 2009	42 €	16
■ Volnay Premier Cru Clos des Angles 2009	35 €	14,5

Rouge : 15 hectares.
Pinot noir 100 %
Blanc : 1 hectare.
Chardonnay 100 %
Production moyenne : 80 000 bt/an

Domaine Nicolas Rossignol, 3, rue Colbert,
21200 Beaune
Tél. : 03 80 21 62 43 **Fax :** 03 80 21 27 61
E-mail : nicolas-rossignol@wanadoo.fr
Site : www.nicolas-rossignol.com
Vente : au domaine
De 9h à 12h et de 14h à 18h.
Propriétaire : Nicolas Rossignol
Directeur : Nicolas Rossignol

■ Domaine des Terres de Velle
AUXEY-DURESSES

C e petit domaine fait son entrée dans le guide. Issus de 5 hectares répartis sur onze appellations, les vins sont élaborés par Sophie et Patrice Laronze, qui se sont rencontrés au domaine Alex Gambal où ils ont officié pendant dix ans. Ils signent avec le millésime 2009 leur première vendange : c'est plutôt une réussite.

Les vins : les blancs 2010 sont de bon niveau. Le terroir des Hautés donne un auxey gras et rond, avec la tension classique de ce village en finale de bouche. Le puligny présente une patine lactée caramel au lait lui confère un peu de lourdeur, sa bouche reste classique. Le chassagne développe une bouche grasse et généreuse, mais sans mollesse, le millésime lui apportant un peu de relief. Le meursault se révèle le plus cohérent, il possède cette fin de bouche épurée et limpide qui rappelle celle d'un meursault, côté Auxey-Duresses. Les rouges 2010 sont gourmands, excepté le bourgogne rouge, un peu trop simple. Sans prétention, l'auxey-duresses se livre avec une belle fraîcheur. Le volnay village, peu extrait, affiche sa justesse et se montre digeste. Avec le premier cru Le Ronceret, on monte en puissance et en perception du bois. Bien que le vin ait du potentiel, il doit encore digérer cet élevage. Le premier cru Les Duresses, concentré en finesse, séduit par son fruit : c'est vraiment un joli terroir de Monthélie.

☐ Auxey-Duresses Les Hautés 2010	16 €	15
☐ Bourgogne Chardonnay 2010	10 €	13,5
☐ Chassagne-Montrachet La Platière 2010	26 €	15
☐ Meursault 2010	23 €	15,5
☐ Monthélie Les Sous-Roches 2010	16 €	14,5
☐ Puligny-Montrachet 2010	28 €	15,5
■ Auxey-Duresses Les Closeaux 2010	13 €	14
■ Bourgogne Pinot Noir 2010	9,50 €	13

■ Monthélie Premier Cru Les Duresses 2010	20 €	15,5
■ Volnay Ez Blanches 2010	23 €	15
■ Volnay Premier Cru Le Ronceret 2010	29 €	15,5

Rouge : 2,5 hectares.
Pinot noir 100 %.
Blanc : 2,5 hectare.
Chardonnay 100 %.
Production moyenne : 25 000 bt/an

Domaine des Terres de Velle, Chemin sous la Velle, 21190 Auxey-Duresses
Tél. : 03 80 22 80 31 **Fax :** 09 72 12 14 95
E-mail : info@terresdevelle.fr
Site : www.terresdevelle.fr
Vente : au domaine
Du lundi au vendredi de 9h à 12h et de 13h30 à 17h.
Propriétaire : Fabrice et Sophie Laronze
Directeur : Fabrice et Sophie Laronze

■ Domaine Thierry Violot-Guillemard
POMMARD

P etit vignoble familial conduit depuis 1980 par Thierry Violot-Guillemard, ce domaine possède une belle collection de terroirs et élabore des vins francs au style classique. A noter qu'il propose également des chambres d'hôte, pour ceux qui souhaitent découvrir le vignoble.

Les vins : le meursault se montre un peu trop enrobé et crémeux pour ce type terroir. La gamme des rouges ne semble pas exprimer son potentiel : les matières sont correctes, mais la perception du boisé est un peu forte sur certaines cuvées (nuances toastés). Le beaune Clos des Mouches est fin, il propose une trame équilibrée. Sur les pommards, le Clos des Epenots est le plus homogène, avec une petite touche florale qui lui donne de la distinction.

☐ Meursault Les Meix Chavaux 2010	21 €	14
■ Auxey-Duresses Premier Cru Les Reugnes 2010	18 €	14
■ Beaune Premier Cru Clos des Mouches 2010	27 €	15,5
■ Pommard Premier Cru Epenots 2010	39 €	16
■ Pommard Premier Cru La Platière 2010	30 €	15
■ Pommard Premier Cru Rugiens 2010	39 €	15,5

Rouge : 4,5 hectares.
Pinot noir 100 %
Blanc : 1,5 hectare.
Chardonnay 100 %
Production moyenne : 25 000 à 30 000 bt/an

Domaine Thierry Violot-Guillemard, 7, rue
Sainte-Marguerite, 21630 Pommard
Tél. : 03 80 22 49 98 **Fax :** 03 80 22 94 40
E-mail : violot.pommard@cegetel.net
Site : www.violot-guillemard.fr
Vente : au domaine
De 8h à 20h.
Propriétaire : Thierry Violot-Guillemard

■ Domaine Vincent Dureuil-Janthial

RULLY
★★

C éline et Vincent Dureuil ont pris, en 1994, la suite de Raymond, l'un des pionniers de la qualité à Rully. Passionné et travailleur, Vincent Dureuil fait partie de cette jeune garde de vignerons bourguignons motivés et talentueux. Ses vins entrent dans les meilleurs standards qualitatifs de l'appellation. A signaler : le nuits-saint-georges, vinifié avec beaucoup de soin.

Les vins : l'ensemble de la cave en 2010 est de bonne facture. En appellation Rully blanc, le Maizières séduit par sa facilité et son gras immédiat ; il ne possède ni l'allonge ni la tension des autres, mais présente déjà un caractère flatteur. Vauvry affiche une tension supplémentaire. Avec Les Margotés, on entre dans un style plus épuré et fin, le vin est juste, avec une des plus jolies bouches en termes d'équilibre. Le Meix Cadot apparaît plus large, tout en conservant la fraîcheur qui participe à son équilibre. Sur le même cru, les vieilles vignes ont donné un vin au joli potentiel, puissant, ferme, de bonne amplitude, qui se situe pour l'instant plus sur la retenue. Le puligny impose une envergure et une dimension plus nobles, par contre, un boisé plus fardé lui ôte un soupçon de finesse. Côté rouges, le simple rully est un bon vin soif, alors que la cuvée En Guesnes apparaît plus consistante avec autant de fruit. Le terroir de Maizières se révèle tout aussi cossu avec des tanins pour le moment décalés. Le premier cru vieilles vignes possède certes un élevage plus luxueux, mais aussi un fond bien meilleur. Le Clos des Argillières s'avère en phase avec son terroir de Nuits-Saint-Georges, charnu, racé, avec un fruit éclatant.

☐ Puligny-Montrachet Premier Cru
  Les Champs Gains 2010   34 € 16,5
☐ Rully Maizières 2010   15 € 14
☐ Rully Premier Cru Chapitre 2010   17 € 15,5
☐ Rully Premier Cru Le Meix
  Cadot 2010   17 € 15
☐ Rully Premier Cru Le Meix Cadot
  Vieilles Vignes 2010   19 € 16,5
☐ Rully Premier Cru Les
  Margotés 2010   18 € 16
☐ Rully Premier Cru Vauvry 2010   17 € 14,5

- Nuits-Saint-Georges Premier Cru
  Clos des Argillières 2010   34 €   16
- Rully 2010   14,50 €   14
- Rully En Guesnes 2010   15,50 €   15
- Rully Maizières 2010   16,50 €   15
- Rully Premier Cru Vieilles
  Vignes 2010   16,50 €   15,5

Rouge : 8 hectares.
Gamay 1 %, Pinot noir 99 %
Blanc : 8,5 hectares.
Aligoté 9 %, Chardonnay 91 %
Production moyenne : 100 000 bt/an

Domaine Vincent Dureuil-Janthial, 10, rue de la
Buisserolle, 71150 Rully
Tél. : 03 85 87 26 32   **Fax :** 03 85 87 15 01
E-mail : vincent.dureuil@wanadoo.fr
Site : www.dureuiljanthial-vins.com
Vente : au domaine
Sur rendez-vous.
Propriétaire : Vincent Dureuil

■ Domaine Joblot
GIVRY
★★

G ivry est une appellation dont la production
peut faire jeu égal avec les meilleurs vins de
la Côte de Beaune, tout particulièrement chez
les frères Joblot. Le rigoureux et exigeant Jean-
Marc Joblot a montré qu'une viticulture soignée
pouvait conduire les terroirs de Givry au sommet de la qualité et que celle-ci pouvait être
payante. L'intéressé est l'éminent représentant
d'une école de vinification en quête de pureté de
fruit, de rondeur et de charme sur une trame serrée. Les rouges du domaine peuvent se déguster
à tout âge : jeunes sur leur fruit superbe, puis
sur leur rondeur ; plus tard encore (après huit à
dix ans), sur de belles notes épicées.

Les vins : le givry blanc vieilles vignes se livre
dans le gras et la générosité en attaque de bouche. Sa définition reste précise et se tend en
finale : le vin atteint le niveau d'un premier cru.
Si la Servoisine se montre moins démonstratif
au premier abord, nous sommes sensibles à cette
retenue qui lui donne plus de fraîcheur de style.
En rouge, le Clos des Bois Chevaux apparaît
serré, sans envergure particulière, et nous semble provenir de jeunes vignes. La Servoisine
associe le fruit et l'élégance, dans une puissance
modérée, sur une texture digeste. A ce stade
moins démonstratif au niveau du fruit, le Cellier
aux Moines révèle un jus de qualité, et sa sève
et sa longueur en disent long sur son potentiel.

- ☐ Givry En Veau Vieilles
  Vignes 2010   n.c.   15
- ☐ Givry Premier Cru Clos de la
  Servoisine 2010   n.c.   16
- Givry Premier Cru Clos de la
  Servoisine 2010   n.c.   15,5
- Givry Premier Cru Clos des Bois
  Chevaux 2010   n.c.   14
- Givry Premier Cru Clos du Cellier
  aux Moines 2010   n.c.   16
- Givry Premier Cru Clos
  Marole 2010   n.c.   15

Rouge : 11 hectares.
Pinot noir 100 %
Blanc : 2,5 hectares.
Chardonnay 100 %
Production moyenne : 65 000 bt/an

Domaine Joblot, 4, rue Pasteur, 71640 Givry
Tél. : 03 85 44 30 77   **Fax :** 03 85 44 36 72
Sur rendez-vous.
Propriétaire : Vincent et Jean-Marc Joblot

■ Domaine François Lumpp
GIVRY
★★

F rançois Lumpp est un producteur extrêmement régulier, tant en blanc qu'en rouge.
Avec des vins d'un gras et d'une allonge exceptionnels, le domaine donne le sentiment que
Givry peut produire des chardonnays aussi
grands que ses pinots noirs. En rouge, Petit
Marole et Crausot possèdent la complexité et la
structure qui font des premiers crus de Givry les
pinots les plus remarquables du sud de la Bourgogne. Deux étoiles largement méritées.

Les vins : parmi des blancs 2010 réussis, le
Clos des Vignes rondes apparaît plus instantané,
plein et sans mollesse, mais sans l'allonge ni la
fraîcheur des autres. Le Crausot se révèle d'une
grande finesse : doté d'une persistance de qualité, le vin se livre en délicatesse. Tout aussi fin,
le Petit Marole se montre plus large en milieu
de bouche. Les rouges 2010 sont superbes, sur
un fruit toujours juste, avec du peps et de la
fraîcheur. Le givry Le Pied du Clou est tout
simplement l'un des plus beau villages de la côte
chalonnaise. Sur les premiers crus, la palme de
la qualité de fruit et de la fraîcheur gustative
revient au Petit Marole, mais le Clos Jus reste
« the King » du domaine.

☐ Givry Clos des Vignes
rondes 2010   16 €   14,5
☐ Givry Premier Cru Crausot 2010   20 €   15,5
☐ Givry Premier Cru Petit
Marole 2010   20 €   16
■ Givry Le Pied du Clou 2010   16 €   15
■ Givry Premier Cru A Vigne
Rouge 2010   20 €   15,5
■ Givry Premier Cru Clos Jus 2010   20 €   16,5
■ Givry Premier Cru Crausot 2010   20 €   15
■ Givry Premier Cru Petit
Marole 2010   20 €   15,5

Rouge : 7,5 hectares.
Pinot noir 100 %
Blanc : 1,5 hectare.
Chardonnay 100 %
Production moyenne : 45 000 bt/an

Domaine François Lumpp, Le Pied du Clou, 36,
avenue de Mortières, 71640 Givry
Tél. : 03 85 44 45 57   **Fax :** 03 85 44 46 66
E-mail : domaine@francoislumpp.com
Site : www.francoislumpp.com
Vente : au domaine
Sur rendez-vous.
Propriétaire : Isabelle et François Lumpp

■ Domaine Stéphane Aladame

Montagny Premier Cru

★

Bien que n'étant pas originaire d'une famille de vignerons, Stéphane Aladame a créé son domaine en 1992, dès l'âge de 18 ans. Depuis, ce producteur très perfectionniste progresse régulièrement à force d'expérimentations. Ses montagnys blancs sont rafraîchissants et aromatiques, parfois même légèrement muscatés, fort agréables et proposés à un tarif des plus raisonnables.

Les vins : très prometteur, le millésime 2010 a été parfaitement géré, et le potentiel de vieillissement des vins sera intéressant à découvrir pour les meilleurs d'entre eux. La cuvée Découverte ne possède pas le volume des autres, mais le vin, épuré et fin, se montre plaisant dès aujourd'hui. Les Burnins apparaît plus riche et sphérique, moins sur la tension minérale. Superbe, sans pourtant posséder l'opulence du vieilles vignes, Les Coères présente un caractère aérien, pur, avec un éclat et une allonge d'une rare précision. Les Vignes Derrière recèle une

belle matière équilibrée, qui tapisse le palais. Le vieilles vignes constitue une belle cuvée cette année : le volume et la dimension atteints sont tout simplement dignes d'un puligny-montrachet premier cru.

☐ Crémant de Bourgogne Blanc de
Blancs 2009   9 €   14
☐ Montagny Premier Cru
Découverte 2010   13 €   14,5
☐ Montagny Premier Cru Les
Burnins 2010   18 €   15
☐ Montagny Premier Cru Les
Coères 2010   18 €   16,5
☐ Montagny Premier Cru Les Vignes
Derrière 2010   16 €   15,5
☐ Montagny Premier Cru Sélection
Vieilles Vignes 2010   15 €   16

Blanc : 7 hectares.
Chardonnay 90 %, Aligoté 10 %
Production moyenne : 40 000 bt/an

Domaine Stéphane Aladame, Rue du Lavoir,
71390 Montagny-les-Buxy
Tél. : 03 85 92 06 01   **Fax :** 03 85 92 03 67
E-mail : aladame@wanadoo.fr
Site : www.aladame.fr
Vente : au domaine
Sur rendez-vous.
Propriétaire : Stéphane Aladame

■ Domaine Paul et Marie Jacqueson

Rully

★

Paul Jacqueson produit, en toute discrétion, des vins qui figurent parmi les plus fins de Bourgogne. Certes, ils ne tranchent ni par leur boisé tonitruant, ni par leur surmaturité, et encore moins par leur puissance brute, mais ils affichent une rare harmonie, ce qui est moins populaire, mais satisfait davantage l'amateur de vins. Le domaine fait preuve d'une égale réussite en blanc et en rouge. Les cuvées possèdent une grande franchise de fruit et offrent beaucoup de plaisir dès leur mise en bouteilles, tout en évoluant favorablement. Les premiers crus La Pucelle et Grésigny donnent des vins savoureux et complexes, qui méritent de figurer dans la cave de tout amateur, d'autant que les prix sont restés raisonnables.

Les vins : parmi les blancs 2010, Margotés souffre d'une prise de bois trop prononcée (caramel). Le terroir de Grésigny se révèle plus ample, avec un tonus et une fermeté bien supérieures. La Pucelle, le plus abouti, présente une bouche ample et racée, d'une très belle persistance. En rouge, Les Chaponnières se présente comme un vin de fruit, gourmand, d'une belle fraîcheur. Les Cloux s'avère plus étoffé, bâti sur une matière plus ample, avec un boisé plus luxueux. Si le mercurey ne s'impose pas comme le plus puissant de l'appellation, il renferme une matière ronde et souple aux tanins policés.

☐ Rully Premier Cru Grésigny 2010   12 €   15
☐ Rully Premier Cru La Pucelle 2010   12 €   16,5
☐ Rully Premier Cru Margotés 2010   12 €   14
■ Mercurey Premier Cru Les
   Naugues 2010   12 €   15
■ Rully Les Chaponnières 2010   10,50 €   14
■ Rully Premier Cru Les Cloux 2010   12 €   15

Rouge : 5 hectares.
Pinot noir 100 %
Blanc : 7 hectares.
Aligoté 20 %, Chardonnay 80 %
Production moyenne : 60 000 bt/an

Domaine Paul et Marie Jacqueson, 5, rue de Chèvremont, 71150 Rully
Tél. : 03 85 91 25 91 **Fax :** 03 85 87 14 92
E-mail : marie.jacqueson@wanadoo.fr
Site : www.domainejacqueson.fr
Vente : au domaine
Sur rendez-vous.
Propriétaire : Paul et Marie Jacqueson

Domaine Lorenzon
MERCUREY
★

Bruno Lorenzon exploite ce petit domaine familial depuis 1997, après un passé de globe-trotter du vin. Il continue encore aujourd'hui à se rendre en Afrique du Sud, en tant que consultant. Un travail rigoureux à la vigne lui permet d'obtenir de belles matières premières. Nous pouvons constater une évolution des vins dans le style, surtout en rouge. Les matières sont moins dures et plus patinées. Cette recherche d'amabilité va dans le bons sens.

Les vins : avec une année en plus, le terroir des Croichots confirme notre commentaire de l'an passé sur ce mercurey blanc. Le vin a digéré son élevage et la fraîcheur et l'équilibre de bouche nous impressionnent pour un 2009. Le Champs Martin se situe un ton au-dessus

dans la gestion du boisé, le vin se tend sur le minéral, ce qui lui donne une finale bien plus persistante. Entre les deux cuvées rouges Carline, notre préférence va au 2009 pour son côté juteux et plein, doté d'une matière riche mais sans excès. Hormis la réduction, le 2010 apparaît sec et austère, il manque de charme. L'écart entre les deux cuvées 2009 se réduit, le Champs Martin possède un peu moins de volume que Carline, mais l'équilibre reste très bon. Le Champs Martin 2010 présente le même caractère étoffé, avec plus d'éclat dans le fruit et un support acide de bonne facture.

☐ Mercurey Premier Cru Champs
   Martin 2009   26 €   16
☐ Mercurey Premier Cru
   Croichots 2009   26 €   15
■ Mercurey Premier Cru
   Carline 2010   27 €   14
■ Mercurey Premier Cru
   Carline 2009   27 €   15
■ Mercurey Premier Cru Champs
   Martin 2010   25 €   16
■ Mercurey Premier Cru Champs
   Martin 2009   25 €   15,5

Rouge : 4 hectares.
Pinot noir 100 %
Blanc : 1 hectare.
Chardonnay 100 %
Production moyenne : 18 000 bt/an

Domaine Lorenzon, 71640 Mercurey
Tél. : 03 85 45 13 51 **Fax :** 03 85 45 15 52
E-mail : contact@domainelorenzon.com
Site : domainelorenzon.com
Vente : au domaine
Sur rendez-vous le samedi après-midi.
Propriétaire : Bruno Lorenzon

Domaine A. et P. de Villaine
BOUZERON
★

Cogérant du domaine de La Romanée-Conti, Aubert de Villaine applique, dans cet adorable petit village, la même discipline de travail à la vigne, avec l'aide de son épouse, Pamela, et de Pierre de Benoist : approche biodynamique, raisins cueillis et triés à la main, mêmes vinifications naturelles. Le terroir de Bouzeron donne ici au cépage aligoté une force d'expression et une harmonie inconnues ailleurs en Bourgogne, avec de réelles possibilités de vieillissement.

Les vins : les deux blancs 2010 se livrent avec une grande fraîcheur et témoignent d'une parfaite gestion de l'élevage. Le bouzeron se révèle éclatant, sur une palette aromatique limpide et juste. Sa bouche brille par cet équilibre à la fois mûr et désaltérant. Les Clous se montre tout aussi harmonieux, avec logiquement plus d'épaules. En rouge, le superbe La Digoine offre toute la finesse du pinot entier peu extrait, avec des notes de rose, de pivoine, une pointe de kirsch et d'épices. Le mercurey affiche le même profil sur le plan de la finesse, loin de toute rusticité tannique qui colle à la peau de l'appellation.

- ☐ Bourgogne Côte Chalonnaise Les Clous 2010   11,80 €   16
- ☐ Bouzeron 2010   10,50 €   15,5
- ■ Bourgogne Côte Chalonnaise La Digoine 2010   14 €   15,5
- ■ Mercurey Les Montots 2010   15,50 €   16

Rouge : 6 hectares.
Pinot noir 100 %
Blanc : 15 hectares.
Chardonnay 22 %, Aligoté 78 %
Production moyenne : 100 000 bt/an
☙ Certifié en agriculture bio ou biodynamique

Domaine A. et P. de Villaine, 2, rue de la Fontaine, 71150 Bouzeron
Tél. : 03 85 91 20 50 **Fax :** 03 85 87 04 10
E-mail : contact@de-villaine.com
Site : www.de-villaine.com
Vente : au domaine
Tous les jours de 9h à 12h et de 14h à 17h sur rendez-vous.
Propriétaire : Pierre de Benoist et Aubert de Villaine.

■ Château de Chamirey

MERCUREY

Cette propriété majeure, qui appartient aux Devillard, est un peu le vaisseau amiral de la famille, également propriétaire du domaine des Perdrix en Côte de Nuits. La moitié des parcelles de ce relativement vaste vignoble sont, par chance, situées dans six des premiers crus de Mercurey.

Les vins : un manque de fraîcheur évident pour le mercurey blanc 2010, lourd et crémeux ; il fatigue par son manque d'équilibre.

- ☐ Mercurey 2010   18,80 €   13

Rouge : 22 hectares.
Pinot noir 100 %
Blanc : 15 hectares.
Chardonnay 100 %
Production moyenne : 200 000 bt/an

Château de Chamirey, BP 5, 71640 Mercurey
Tél. : 03 85 45 21 61 **Fax :** 03 85 98 06 62
E-mail : contact@chateaudechamirey.com
Site : www.chateaudechamirey.com
Vente : au domaine
Du lundi au vendredi de 9h à 12h et de 14h à 18h sur rendez-vous.
Propriétaire : Bertrand, Aurore et Amaury Devillard

■ Clos Salomon

GIVRY

Le Clos est connu depuis le XIVᵉ siècle et sa production actuelle est digne en tous points du grand terroir dont elle est issue. Grâce à une viticulture probe, nous retrouvons ici tout ce qui porte Givry à son maximum d'expression : des vins complets, vineux et solides.

Les vins : le givry La Grande Berge 2010 est enrobé par un boisé un peu flatteur, cependant, l'équilibre est bon et le vin se montre assez plein, sans mollesse. Épuré et tendu, le montagny apparaît ciselé, vif et salin en finale. Doté d'une matière concentrée, le Clos Salomon rouge est un vin sérieux, mais un élevage moins luxueux ferait mieux ressortir le fruit.

- ☐ Givry Premier Cru La Grande Berge 2010   18 €   15
- ☐ Montagny Le Clou 2010   12 €   14,5
- ■ Givry Premier Cru 2010   18 €   15,5

Rouge : 7 hectares.
Pinot noir 100 %
Blanc : 2,6 hectares.
Chardonnay 100 %
Production moyenne : 50 000 bt/an

Clos Salomon, 71640 Givry
Tél. : 03 85 44 32 24 **Fax :** 03 85 44 49 79
E-mail : clos.salomon@wanadoo.fr
Site : www.givry.com
Vente : au domaine
Pas de visites.
Propriétaire : Ludovic du Gardin

■ Domaine Michel Juillot
MERCUREY

Avec son impressionnant gabarit, Laurent Juillot, qui a le cœur sur la main, a beaucoup œuvré pour le prestige de l'appellation Mercurey. Après avoir progressé d'année en année, il a désormais pleinement trouvé son style. Les vins sont vinifiés dans un esprit moderne, tout en conservant une fidèle empreinte du terroir. La gamme est vaste : des sélections sont nécessaires.

Les vins : en blanc 2010, si le rully nous semble un peu facile et mince, le mercurey En Sazenay fait preuve d'équilibre et de sapidité. Nous montons en puissance avec les Vignes de Maillonge, doté d'une fermeté et d'un support acide supérieurs, qui lui donnent un éclat supplémentaire. Enfin, le Clos des Barraults affiche une belle amplitude ; puissant et ferme, le vin possède un joli potentiel. Ample et riche, le nez du charlemagne 2009 apparaît trop dominé par le côté exotique et beurré dû au millésime. La pointe de chaleur en bouche le confirme : cela manque de finesse pour un grand cru. Parmi les premiers crus rouges de Mercurey, Les Combins séduit par son ouverture et sa chair, et se montre même supérieur au Clos Tonnerre, aux tanins plus secs. Le Clos des Barraults présente un caractère plus animal, sur une bonne matière. Encore sur la réserve, Les Champs Martins dévoile une bouche sérieuse, mais manque de charme et de patine pour atteindre la dimension des plus grands. Le corton-perrières se révèle bâti pour la garde.

☐ Corton-Charlemagne Grand Cru 2009	n.c.	15
☐ Mercurey Les Vignes de Maillonge 2010	n.c.	15
☐ Mercurey Premier Cru Clos des Barraults 2010	n.c.	16
☐ Mercurey Premier Cru En Sazenay 2010	n.c.	14
☐ Rully Les Thivaux 2010	n.c.	13
■ Corton-Perrières Grand Cru 2009	n.c.	16,5
■ Mercurey Les Vignes de Maillonge 2010	n.c.	14
■ Mercurey Premier Cru Clos des Barraults 2010	n.c.	15
■ Mercurey Premier Cru Clos Tonnerre 2010	n.c.	14,5
■ Mercurey Premier Cru Les Champs Martins 2010	n.c.	15,5
■ Mercurey Premier Cru Les Combins 2010	n.c.	15

Rouge : 21,5 hectares.
Pinot noir 100 %
Blanc : 9,5 hectares.
Chardonnay 100 %
Production moyenne : 180 000 bt/an

Domaine Michel Juillot, 59, Grande-Rue, BP 10, 71640 Mercurey
Tél. : 03 85 98 99 89 **Fax :** 03 85 98 99 88
E-mail : infos@domaine-michel-juillot.fr
Site : www.domaine-michel-juillot.fr
Vente : au domaine
Du lundi au samedi de 9h à 18h30. Le dimanche de 9h30 à 13h.
Propriétaire : Laurent Juillot

■ Domaine Theulot Juillot
MERCUREY

Petits-enfants d'Emile Juillot, Nathalie et Jean-Claude Theulot ont repris le domaine en 1987 et ont attendu vingt ans pour faire apparaître timidement leur nom sur les étiquettes. Affectionnant les vins rouges corsés, riches en couleur et en tanins dans les grandes années, ils s'adaptent cependant au millésime avec, si besoin, des structures plus légères, ce qui peut désarçonner.

Les vins : parmi les blancs, si le mercurey village s'exprime avec une certaine facilité, sur le gras et la rondeur, le premier cru Les Saumonts nous semble plus fin et moins assis sur le gras. Par contre, il perd de son intensité en milieu de bouche, comme un vin de jeune vigne. Les rouges sont assez fins. Le premier cru Les Combins apparaît un peu juste, sur des tanins qui manquent de maturité. La Cailloute se révèle plus abouti, avec une belle fraîcheur de style. Le Champs Martins possède la dimension et l'étoffe d'un premier cru.

☐ Mercurey 2010	11,50 €	14
☐ Mercurey Premier Cru Les Saumonts 2010	15,50 €	14,5
■ Mercurey Château Mipont 2010	12,35 €	14,5
■ Mercurey Premier Cru Champs Martins 2010	14,50 €	15,5
■ Mercurey Premier Cru La Cailloute 2010	15,20 €	14,5
■ Mercurey Premier Cru Les Combins 2010	15,20 €	13,5

Rouge : 9,1 hectares.
Pinot noir 100 %
Blanc : 2,4 hectares.
Chardonnay 100 %
Production moyenne : 50 000 bt/an

Domaine Theulot Juillot, Clos Laurent, 4 rue de Mercurey, 71640 Mercurey
Tél. : 03 85 45 13 87   **Fax :** 03 85 45 28 07
E-mail : e.juillot.theulot@wanadoo.fr
Site : www.theulotjuillot.eu
Vente : au domaine
Du lundi au vendredi de 8h30 à 12h et de 13h30 à 18h, le week-end sur rendez-vous. Fermé entre le 25 décembre et le 1er janvier.
Propriétaire : Nathalie et Jean-Claude Theulot

■ Domaine Ragot
GIVRY

Jean-Paul et Nicolas Ragot exploitent avec sérieux ce petit domaine, un habitué du « Guide des meilleurs vins à moins de 20 € » également édité par « La RVF ». La maison offre effectivement une gamme cohérente de jolies cuvées et, surtout, des rapports qualité-prix très intéressants que les amateurs de vins friands et immédiats devraient plébisciter.

Les vins : nous sommes partagés sur le millésime 2010. En blanc, le givry Champ Pourot apparaît simple mais digeste et gourmand. Plus volumineux, le premier cru est enrobé par le bois : certes, la patine caramel au lait est plus fédératrice, mais le vin devient légèrement plus pesant, dans un ensemble tout de même de bon niveau. En rouge, le givry village est fermé, le fruit tarde à s'exprimer, et la bouche révèle un vin dissocié, asséchant en finale. Logiquement, la cuvée issue de vieilles vignes possède une texture plus large, mais manque aussi de fruit. Il faut attendre le Clos Jus pour savourer une belle expression aromatique de pinot. Si le boisé s'avère plus luxueux, la bouche affiche un fruit démonstratif et une matière plus fondue, aux tanins plus enrobés. La Grande Berge ne possède pas la dimension du Clos Jus, mais le fruit est intact.

☐ Givry Champ Pourot 2010	10 €	14
☐ Givry Premier Cru Crausot 2010	17 €	15
■ Givry 2010	9 €	12
■ Givry Premier Cru Clos Jus 2010	15,50 €	15
■ Givry Premier Cru La Grande Berge 2010	14,50 €	14
■ Givry Vieilles Vignes 2010	11,50 €	13,5

Rouge : 7 hectares.
Pinot noir 100 %
Blanc : 2 hectares.
Chardonnay 100 %
Production moyenne : 55 000 bt/an

Domaine Ragot, 4, rue de l'Ecole, 71640 Givry
Tél. : 03 85 44 35 67   **Fax :** 03 85 44 38 84
E-mail : vin@domaine-ragot.com
Site : www.domaine-ragot.com
Vente : au domaine
De 8h à 12h et de 14h à 19h sauf dimanche et jours fériés.
Propriétaire : Nicolas Ragot
Directeur : Nicolas Ragot

■ Domaine François Raquillet
MERCUREY

Issu d'une lignée de viticulteurs de père en fils depuis onze générations, François Raquillet a repris le domaine en 1990 avec son épouse, Emmanuelle. Il a désormais trouvé sa vitesse de croisière et propose des vins d'une excellente précision, dotés d'une réelle personnalité. Peu de choses séparent ici les cuvées de vieilles vignes d'appellation Villages des premiers crus, du moins dans la prime jeunesse des vins. Le manque actuel de notoriété de l'appellation Mercurey explique le fait que ces vins, valant largement des volnays ou des beaunes, sont proposés à des prix inférieurs. Un élevage plus soigné les catapulterait au niveau supérieur.

Les vins : dans un style fédérateur, rond et gras, La Brigadière affiche une certaine gourmandise. Si le premier cru Les Veleys apparaît plus réduit au nez (côté toasté), il associe en bouche la puissance et la tension ; un vin plus cohérent et surtout plus sapide. Ce même cru en rouge révèle un fruit bien défini, dans une bouche homogène, au bon potentiel.

☐ Mercurey La Brigadière 2010	12,80 €	14
☐ Mercurey Premier Cru Les Veleys 2010	18 €	15,5
■ Mercurey Premier Cru Les Veleys 2010	17 €	16

Rouge : 7,8 hectares.
Pinot noir 100 %
Blanc : 2,2 hectares.
Chardonnay 100 %
Production moyenne : 50 000 bt/an

Domaine François Raquillet, 19, rue de Jamproyes, 71640 Mercurey
Tél. : 03 85 45 14 61   **Fax :** 03 85 45 28 05
E-mail : francoisraquillet@club-internet.fr
Site : www.domaine-raquillet.com
Vente : au domaine

Du lundi au samedi de 9h à 19h.
Propriétaire : François Raquillet

■ Domaine Michel Sarrazin et Fils

GIVRY

M ichel Sarrazin et ses deux fils, Guy et Jean-Yves, ont su adopter des techniques modernes, en raison de la dimension de leur exploitation. Sans tomber pour autant dans la production de vins industriels, car les rendements sont contrôlés et les vins vinifiés terroir par terroir. Largement majoritaires, les rouges sont d'une qualité très régulière. Echappant au clinquant des vins à la mode, ils constituent des valeurs sûres et les prix demeurent très sages.

Les vins : nous sommes un peu déçus par le peu d'envergure des givrys blancs 2010. Les vins sont ternes, le Champ Lalot manque de fond, et seul le premier cru possède un supplément de chair, sans offrir beaucoup d'éclat. L'ensemble des rouges 2010 se montre hétérogène, avec des entrées de gamme qui manquent de consistance. Parmi les givrys, le Clos de la Putin pèche par son boisé racoleur. Les Bois Gauthiers et La Grande Berge montrent un peu plus d'étoffe, avec un soupçon de rusticité tannique en finale. Le mercurey apparaît bien élaboré, sur une charpente classique.

E-mail : sarrazin2@wanadoo.fr
Site : www.sarrazin-michel-et-fils.fr
Vente : au domaine
Du lundi au samedi de 9h à 12h et de 14h à 19h. Le dimanche de 9h à 12h.
Propriétaire : Guy et Jean-Yves Sarrazin

☐ Givry Champ Lalot 2010	12,30 €	14
☐ Givry Les Grognots 2010	10 €	13
☐ Givry Premier Cru Les Pièces d'Henry 2010	12,80 €	14,5
■ Givry Champ Lalot Vieilles Vignes 2010	12,50 €	14
■ Givry Clos de la Putin 2010	13,50 €	14
■ Givry Premier Cru La Grande Berge 2010	13,80 €	15,5
■ Givry Premier Cru Les Bois Gauthier 2010	13,80 €	15
■ Givry Premier Cru Les Grands Prétants 2010	13,70 €	14,5
■ Mercurey La Perrière 2010	13,50 €	15

Rouge : 27,3 hectares.
Pinot noir 100 %
Blanc : 5,2 hectares.
Chardonnay 100 %
Production moyenne : 150 000 bt/an

Domaine Michel Sarrazin et Fils, 26, rue de Charnailles, 71640 Jambles
Tél. : 03 85 44 30 57 **Fax :** 03 85 44 31 22

Domaine Guffens-Heynen

POUILLY-FUISSÉ

★★★

Domaine Guffens-Heynen, En France, 71960 Vergisson
Tél. : 03 85 51 66 00 **Fax :** 03 85 51 66 09
E-mail : info.verget@orange.fr
Site : www.verget-sa.com
Pas de visites.
Propriétaire : Jean-Marie et Maine Guffens-Heynen

Déguster une des cuvées élaborées par cet artiste-vigneron hors normes constitue toujours un grand moment. Certes, l'intéressé ne travaille pas les plus beaux terroirs de France, mais son sens de la vinification et de l'élevage demeurent, à nos yeux, un modèle dont pourraient s'inspirer de nombreux vignerons bien plus gâtés. Arrivés de Flandre en 1979, Maine et Jean-Marie Guffens-Heynen ont acquis quelques parcelles de vignes sur les hauteurs de Pierreclos. Ils ont démontré, d'emblée, une véritable sensibilité au vin, produisant des cuvées d'une pureté et d'une droiture exemplaires qui vieillissent à merveille, comme l'a prouvé une récente dégustation verticale organisée au domaine. Les grands amateurs du monde entier sont parfaitement conscients de la valeur des vins produits ici ; les quantités sont malheureusement très faibles, il est donc difficile de s'en procurer.

Les vins : dans un millésime 2010 superbement réussi, le mâcon-pierreclos Le Chavigne ouvre le bal avec brio. Epuré, racé, le vin se montre à la fois serré et fringant. Le Tri de Chavigne brille par sa finesse : plus riche et plus étoffé, le vin reste droit et salin en finale. Le tonique Tri des Hauts des Vignes, encore vif à ce stade, impose son empreinte minérale, sur un volume et une persistance de premier ordre. Que dire du saint-véran qui restera en mémoire ? Nous avons rarement dégusté un vin de cette appellation aussi complet et équilibré. La cuvée C.C. est à garder en cave, toutes les données sont rassemblées pour une bonne aptitude au vieillissement.

☐ Mâcon-Pierreclos Le Chavigne 2010	23 €	15,5
☐ Mâcon-Pierreclos Tri de Chavigne 2010	31 €	16
☐ Pouilly-Fuissé C.C. 2010	38 €	17,5
☐ Pouilly-Fuissé Tri des Hauts des Vignes 2010	54 €	17
☐ Saint-Véran Unique 2010	31 €	16

Blanc : 5,5 hectares.
Chardonnay 100 %
Production moyenne : 20 000 bt/an

Domaine J.-A. Ferret

POUILLY-FUISSÉ

★★

La maison de négoce Louis Jadot a acquis cette belle propriété en 2008. Les vignes sont plantées sur les meilleurs terroirs de Pouilly-Fuissé. Sur les sept cuvées du domaine, quatre sont destinées au marché français – les trois autres étant une exclusivité américaine. Elles égalent en qualité les cuvées issues des meilleurs terroirs de la Côte d'Or. Les Perrières, Le Clos, Les Ménétrières et Tournant peuvent être assimilés à des grands crus. Des vignes âgées ainsi que des rendements faibles expliquent l'exceptionnelle qualité des vins.

Les vins : le niveau des 2010 est bon, seul le mâcon-solutré-pouilly ne montre pas la même dimension. Sur les pouilly fuissé, Autour de Fuissé possède une énergie et une fraîcheur incroyables pour ce terroir réputé chaud. A l'inverse, le Sous Vergisson apparaît fin sur des arômes minéraux, avec une bouche plus avachie et plus courte qu'à l'accoutumée. Si Les Perrières est dominé par un côté boisé toasté, le vin possède une belle dimension. Le terroir du Clos brille par sa finesse : dans un style chablisien, il révèle un vin précis doté d'une belle allonge. Le Tournant de Pouilly se montre tout aussi pur avec sa bouche plus large et plus longue. D'une très belle dimension, Les Ménétrières associe la puissance à la fermeté minérale, dans un jus fin, limpide. Un vin bâti pour la garde.

☐ Mâcon-Solutré-Pouilly 2010	14 €	13,5
☐ Pouilly-Fuissé Autour de Fuissé 2010	19,30 €	15,5
☐ Pouilly-Fuissé Hors Classe Les Ménétrières 2010	31 €	17
☐ Pouilly-Fuissé Hors Classe Tournant de Pouilly 2010	31 €	16
☐ Pouilly-Fuissé Sous Vergisson 2010	19,30 €	14,5
☐ Pouilly-Fuissé Tête de Cru Le Clos 2010	24,50 €	16
☐ Pouilly-Fuissé Tête de Cru Les Perrières 2010	24,50 €	15,5

BOURGOGNE ET BEAUJOLAIS

Blanc : 18,5 hectares.
Chardonnay 100 %
Production moyenne : 40 000 bt/an

Domaine J.-A. Ferret, rue du Plan, 71960
Fuissé
Tél. : 03 85 35 61 56 **Fax :** 03 85 35 62 74
E-mail : ferretlorton@orange.fr
Vente : au domaine
Du lundi au vendredi de 8h à 12h et de 14h à
17h, sur rendez-vous.
Propriétaire : Famille Kopf
Directeur : Audrey Braccini

■ Domaine La Soufrandière
POUILLY-VINZELLES
★★

L e domaine La Soufrandière, acquis par Jules Bret en 1947, quitte la cave coopérative de Vinzelles en 1998. Les deux frères Jean-Philippe et Jean-Guillaume Bret débutent alors leur histoire commune à partir du millésime 2000. Le domaine est depuis certifié en agriculture biologique (et même en biodynamie). Les terroirs sont essentiellement sur les appellations Mâcon-Vinzelles et Pouilly-Vinzelles, ainsi qu'une parcelle de vieilles vignes de gamay, acquise en 2006, sur le village de Leynes.

Les vins : l'année 2010 a donné un super mâcon, précis, pur, salin, doté d'une trame épurée, qui séduit par sa fraîcheur. Si le vinzelles 2011 plaît par son côté digeste et sa finesse, le 2010 se montre plus large, d'une dimension et d'un potentiel supérieurs. Le terroir des Longeays signe ici une vraie réussite, avec un vin qui arbore une chair et une tension minérale de premier ordre. Le climat Les Quarts a donné en 2011 un superbe jus ; le vin, dégusté tiré sur fût, reste imprécis pour le moment, mais la bouche est prometteuse. Les Quarts 2010 reste la plus belle expression de Pouilly, qui allie jolie densité et puissance, sur une trame ciselée. Un vin éclatant de finesse.

☐ Mâcon-Vinzelles Le Clos de Grand-Père 2010	13 €	15,5
☐ Pouilly-Vinzelles 2010	16 €	15,5
☐ Pouilly-Vinzelles Climat Les Longeays 2011	n.c.	14,5
☐ Pouilly-Vinzelles Climat Les Longeays 2010	20 €	16,5
☐ Pouilly-Vinzelles Climat Les Quarts 2011	n.c.	16
☐ Pouilly-Vinzelles Climat Les Quarts 2010	25 €	17

Rouge : 3 hectares.
Gamay 100 %
Blanc : 6 hectares.
Chardonnay 100 %
Production moyenne : 35 000 bt/an
❀ Certifié en agriculture bio ou biodynamique

Domaine La Soufrandière, 71680 Vinzelles
Tél. : 03 85 35 67 72 **Fax :** 03 85 32 90 10
E-mail : contact@bretbrothers.com
Site : www.bretbrothers.com
Vente : au domaine
Sur rendez-vous uniquement.
Propriétaire : Jean-Guillaume, Jean-Philippe et
Marc-Antoine Bret

■ Verget
POUILLY-FUISSÉ
★★

L e bouillant Jean-Marie Guffens met au service de cette maison de négoce tout son talent de négociant-vinificateur-éleveur. Il s'est recentré depuis plusieurs années sur les vins du Mâconnais, qui ne comptent certainement aucun équivalent dans la région au regard des volumes proposés. On se régalera particulièrement avec ses mâcons La Roche et Vergisson, ou encore ses étonnants saint-véran. Sans oublier un bourgogne Grand Elevage, qui démontre ce qu'il est possible de produire comme vin générique lorsqu'on sait travailler.

Les vins : le mâcon-charnay apparaît enrobé, avec un toucher de bouche délicat, dans un ensemble dont le fil conducteur reste la maîtrise du bois et la fraîcheur. Le saint-véran Côte Rôtie est généreux, les amateurs de vins gras et crémeux se régaleront. Le pouilly-fuissé Les Combes dévoile une touche anisée et fraîche, accompagnée d'une belle vivacité de bouche qui en font un vin sapide et frais. Mais nous lui préférons le terroir de Vergisson qui se révèle tout en dentelle, sur une palette aromatique épurée et une bouche tout aussi cristalline. Le puligny Sous le Puits ne trahit pas son terroir : ces vignes proches de Blagny font un vin qui « tient sur un fil », alliant finesse et minéralité. La gamme des rouges monte désormais en puissance et cela est une très bonne nouvelle. Le volnay village est doté d'un joli fruit, et dévoile des tanins très légèrement décalés. Le pommard

Saucilles affiche une rondeur immédiate, sur une belle trame concentrée. En toute logique, le Rugiens se montre le plus ferme, doté d'une matière plus serrée. Actuellement sur la réserve, il dispose d'un beau potentiel.

- ☐ Mâcon-Bussières Vignes de Montbrison 2010   10,50 €   14,5
- ☐ Mâcon-Charnay Le Clos Saint-Pierre 2010   10,50 €   15
- ☐ Pouilly-Fuissé Terroir de Pouilly Les Combes Vieilles Vignes 2010   18,30 €   16
- ☐ Pouilly-Fuissé Terroir de Vergisson La Roche 2010   18,30 €   16,5
- ☐ Puligny-Montrachet Premier Cru Sous le Puits 2010   35,60 €   17
- ☐ Saint-Véran Côte Rôtie 2010   13,70 €   15,5
- ■ Pommard Premier Cru Rugiens 2009   38,90 €   16,5
- ■ Pommard Premier Cru Saucilles 2009   34,30 €   16
- ■ Volnay 2009   22,40 €   15,5

Blanc : Achat de raisin.
Chardonnay 100 %
Production moyenne : 350 000 bt/an

Verget, Le Bourg, 71960 Sologny
Tél. : 03 85 51 66 00   **Fax :** 03 85 51 66 09
E-mail : info.verget@orange.fr
Site : www.verget-sa.com
Vente : au domaine
Sur rendez-vous.
Propriétaire : Jean-Marie Guffens

■ Domaine Martine, Daniel et Julien Barraud
POUILLY-FUISSÉ

★

L e fils de la maison, Julien, tient désormais sa place au sein d'un domaine qui est l'une des adresses les plus sûres du Mâconnais. Depuis de nombreuses années, Daniel et Martine Barraud excellent dans tous les secteurs de leur métier : de la vigne, méticuleusement travaillée, à la vinification, précise et experte, en passant par la remarquable qualité de l'accueil. Ils donnent à chaque millésime le maximum de chances. La maison diffuse également quelques cuvées de négoce sous son nom.

Les vins : le mâcon Les Pierres polies est l'archétype de ce que nous sommes en droit d'attendre d'un vin de l'appellation, immédiat, sans

trop de boisé, doté d'une certaine pureté qui lui donne ce côté cristallin. Le saint-véran reste assez ferme, sur la réserve, mais la bouche se livre tout en finesse. La série des pouilly-fuissé se montre cohérente. Plus ample et sphérique que tous les autres, La Verchère n'atteint pas la finesse de certains, et nous lui préférons En Buland pour son harmonie d'ensemble et son volume ; riche, plus solaire, le vin est grand. Éclatant, pur, limpide, La Roche renferme une belle puissance gérée avec retenue, sur un support minéral bien présent. Quant au Crays, il repose sur une merveilleuse matière, et révèle une bouche puissante et ferme, remarquable de finesse. La deuxième étoile n'est pas loin.

- ☐ Mâcon-Chaintré Les Pierres polies 2010   7,70 €   14,5
- ☐ Pouilly-Fuissé En Buland 2010   23 €   16
- ☐ Pouilly-Fuissé La Roche 2010   20,50 €   16,5
- ☐ Pouilly-Fuissé La Verchère 2010   19,50 €   15
- ☐ Pouilly-Fuissé Les Crays 2010   20,50 €   17
- ☐ Saint-Véran Les Pommards 2010   14,50 €   14,5

Blanc : 10,5 hectares.
Chardonnay 100 %
Production moyenne : 70 000 bt/an

Domaine Martine, Daniel et Julien Barraud, Le Bourg, 71960 Vergisson
Tél. : 03 85 35 84 25   **Fax :** 03 85 35 86 98
E-mail : contact@domainebarraud.com
Site : www.domainebarraud.com
Vente : au domaine
Tous les jours de 10h à 12h et de 14h à 18h sur rendez-vous.
Propriétaire : Daniel, Julien et Martine Barraud

■ Domaine de la Bongran
VIRÉ-CLESSÉ

★

S 'appuyant sur une tradition ancienne de vins moelleux (« levroutés », disait-on autrefois), Jean Thévenet et son fils Gautier ont beaucoup œuvré pour la reconnaissance des vins à sucres résiduels dans cette partie de la Bourgogne. Leur production comprend également une très belle série de vins secs, dont l'ampleur et la richesse peuvent parfois désarçonner quelques palais inexpérimentés. Le domaine a la bonne idée de mettre sur le marché des cuvées souvent prêtes à boire. En dehors de la Bongran, ils produisent également des vins sur le domaine de Roally (Mâcon-Villages) et Emilian Gillet (Viré-Clessé).

Les vins : le 2005 évolue positivement, le vin s'est affiné, il mange sa douceur primaire et sa trame s'affine. Mais est-ce normal sur Emilian Gillet de constater une évolution prématurée, avec une pointe de fané, un côté miellé et de l'amertume ? Le Domaine de Roally révèle une vendange bien mûre : puissant mais sans excès, le vin possède un caractère généreux, mais pâtit en milieu de bouche d'une pointe de chaleur qui lui fait perdre en finesse.

☐ Viré-Clessé 2005   19 €   15,5
☐ Viré-Clessé Domaine de
    Roally 2010   10 €   14
☐ Viré-Clessé Domaine Emilian
    Gillet 2009   12 €   13

Blanc : 18 hectares.
Chardonnay 100 %
Production moyenne : 60 000 bt/an
❀ Certifié en agriculture bio ou biodynamique

Domaine de la Bongran, Quintaine, rue Gillet, Cedex 654, 71260 Clessé
Tél. : 03 85 36 94 03   **Fax :** 03 85 36 99 25
E-mail : contact@bongran.com
Site : www.bongran.com
Vente : au domaine
Sur rendez-vous de 8h à 12h et de 13h30 à 17h30.
Propriétaire : Gautier Thévenet
Directeur : Gautier Thevenet

■ Bret Brothers
MÂCON
★

Ce négoce a été créé en 2001, par les deux frères Bret. Le cahier des charges, strict, permet d'offrir une gamme de vins de qualité de la côte mâconnaise. Les raisins sont achetés sur pied, vendangés et vinifiés par l'équipe du domaine. La totalité des vins est vinifiée avec des levures indigènes, et la grande majorité repose dans des pièces bourguignonnes. Quelques crus sont certifiés en agriculture biologique.

Les vins : la série des mâcons est homogène, seul le mâcon chardonnay, un peu exotique, apparaît trop simple à notre goût. Parfaite illustration de l'appellation, facile et gourmand, le Terroirs du Mâconnais séduit par sa trame rafraîchissante. Le mâcon-uchizy La Martine révèle une bouche mûre, ample et grasse, qui

possède néanmoins une belle énergie ; un superbe vin. Dans la même veine, le Clos des Vignes du Maynes apparaît plus fin, sur une maturité plus maîtrisée par le support minéral. Saint-véran « de soif », En Combe s'avère harmonieux et précis. Le Côte Rôtie se révèle plus généreux, sans perdre de l'équilibre. Le viré-clessé Sous les Plantes est plus riche, et nous lui préférons La Verchère qui intègre mieux cette générosité qui marque beaucoup Viré-Clessé. En Pouilly-Loché, nous apprécions La Colonge pour son équilibre et sa finesse ; cette cuvée rehausse véritablement le niveau de l'appellation. Parmi les pouilly-fuissé, tous réussis, En Carementrant se montre le plus délicat avec une bouche très longue et racée. Dans un style plus solaire mais parfaitement géré, le Clos Reyssié se révèle logiquement plus large d'épaules, mais sans aucune mollesse, le millésime 2010 lui va bien !

☐ Mâcon Chardonnay 2010   12 €   13
☐ Mâcon Chardonnay Climat La
    Roche 2010   15 €   14,5
☐ Mâcon-Cruzille 2010   14 €   15
☐ Mâcon-Cruzille Le Clos des Vignes
    du Maynes 2010   18 €   16
☐ Mâcon-Uchizy Climat La
    Martine 2010   11 €   15
☐ Mâcon-Villages Terroirs du
    Mâconnais 2010   9,50 €   14,5
☐ Pouilly-Fuissé Climat En
    Carementrant 2010   22,50 €   16,5
☐ Pouilly-Fuissé Climat La
    Roche 2010   22,50 €   15,5
☐ Pouilly-Fuissé Climat Le Clos
    Reyssié 2010   19,50 €   16,5
☐ Pouilly-Fuissé Climat Terre de
    Fuissé 2010   18,50 €   15
☐ Pouilly-Fuissé Climat Terres de
    Vergisson 2010   18,50 €   15
☐ Pouilly-Loché Climat La
    Colonge 2010   16,50 €   16
☐ Pouilly-Loché Climat Les
    Mûres 2010   18,50 €   14,5
☐ Saint-Véran Climat En
    Combe 2010   16,50 €   15
☐ Saint-Véran Climat La Côte
    Rotie 2010   16,50 €   15,5
☐ Viré-Clessé Climat La
    Verchère 2010   15 €   15,5
☐ Viré-Clessé Climat Sous les
    Plantes 2010   15 €   14

Rouge : achat de raisin.

Pinot noir 100 %
Blanc : achat de raisin.
Chardonnay 100 %
Production moyenne : 40 000 bt/an

Bret Brothers, 71680 Vinzelles
Tél. : 03 85 35 67 72 **Fax :** 03 85 32 90 10
E-mail : contact@bretbrothers.com
Site : www.bretbrothers.com
Vente : au domaine
Sur rendez-vous uniquement.
Propriétaire : Jean-Guillaume, Jean-Philippe et
Marc-Antoine Bret

■ Domaine Cordier Père et Fils
POUILLY-FUISSÉ
★

F ondé en 1945, le domaine Cordier a été
repris en 1971 par Roger Cordier. L'arrivée
à ses côtés de son fils Christophe, il y a un peu
plus de cinq ans, n'a rien changé au style des
vins, exemplaire. La propriété demeure au sommet depuis de nombreuses années.
Les vins : à côté du mâcon fuissé, bien élaboré, le saint-véran Clos à la Côte s'avère plus
plein et plus gras, dans un style rond et fédérateur. La série des pouilly-fuissé est hétérogène.
La cuvée d'entrée de gamme est très enrobée,
d'une bonne maturité mais fardée par le boisé :
attention à ce côté facile qui donne une dimension internationale ! Le terroir de Vers Pouilly a
donné un vin rond mais sans relief, qui manque clairement de fraîcheur. Le Vers Cras possède une bonne puissance et le bois muscle un
peu l'ensemble, d'une bonne dimension mais
d'une fraîcheur moyenne. Sur le Vignes blanches, l'équilibre et la finesse sont là ; c'est le plus
homogène et le plus équilibré des vins présentés
par le domaine.

☐ Mâcon-Fuissé 2010	n.c.	13,5
☐ Pouilly-Fuissé 2010	n.c.	14
☐ Pouilly-Fuissé Vers Cras 2010	n.c.	14,5
☐ Pouilly-Fuissé Vers Pouilly 2010	n.c.	14
☐ Pouilly-Fuissé Vignes blanches 2010	n.c.	15,5
☐ Saint-Véran Clos à la Côte 2010	n.c.	14

Blanc : 28 hectares.
Chardonnay 100 %
Production moyenne : 120 000 bt/an

Domaine Cordier Père et Fils, Les Molards,
71960 Fuissé
Tél. : 03 85 35 62 89 **Fax :** 03 85 35 64 01
E-mail : domaine.cordier@wanadoo.fr
Sur rendez-vous uniquement.
Propriétaire : Christophe Cordier

■ Château Fuissé
POUILLY-FUISSÉ
★

C e magnifique château, dont une partie date
du XVe siècle, appartient à la famille Vincent
depuis 1852. Le patrimoine viticole y est remarquable et, depuis 1966, Jean-Jacques Vincent
dirige l'affaire avec efficacité. Les cuvées sont
séparées selon l'âge des vignes et les climats ;
mais davantage que l'expression du terroir, le
style des vins privilégie le fruit et l'opulence
aromatique – avec une réussite certaine. Grâce
au maître de chai Eric Vieux, la maîtrise technique est impressionnante, d'où une régularité
exemplaire qui transcende les millésimes.
Les vins : le Tête de Cru développe du volume
et une bonne mâche, mais manque légèrement
de finesse. Le vieilles vignes est un peu lacté
et souligné par le bois. Sur les parcellaires, Les
Brûlés apparaît bien mûr : avec un soupçon
d'exotisme apporté par la maturité conjuguée au
boisé, il joue dans un registre plus solaire que
minéral, et la bouche manque d'énergie. Sur Les
Combettes, le fruit est moins fardé par le bois,
ce qui laisse plus de place à la fraîcheur, et
l'envergure et l'allonge lui donnent une certaine
noblesse. Le Clos s'impose un ton au-dessus,
et possède la finesse et la minéralité qui donnent immédiatement une matière plus épurée et
digeste, avec autant de puissance. Dans l'ensemble, plusieurs vins du millésime 2010 révèlent
des boisés trop appuyés. Nous serons vigilants
l'an prochain quant à la gestion des élevages,
l'étoile est menacée.

☐ Pouilly-Fuissé Le Clos 2010	26 €	16
☐ Pouilly-Fuissé Les Brûlés 2010	26 €	14,5
☐ Pouilly-Fuissé Les Combettes 2010	26 €	15,5
☐ Pouilly-Fuissé Marie Antoinette 2010	13,50 €	12,5
☐ Pouilly-Fuissé Tête de Cru 2010	21 €	14
☐ Pouilly-Fuissé Vieilles Vignes 2010	28,50 €	14,5

Rouge : 2,85 hectares.

Gamay 100 %
Blanc : 33 hectares.
Chardonnay 100 %
Production moyenne : 150 000 bt/an

Château Fuissé, Le Plan, 71960 Fuissé
Tél. : 03 85 35 61 44 **Fax :** 03 85 35 67 34
E-mail : domaine@chateau-fuisse.fr
Site : www.chateau-fuisse.fr
Vente : au domaine
Du lundi au vendredi de 8h à 12h et de 13h30
à 17h30, samedi et dimanche sur rendez-vous.
Propriétaire : Famille Vincent
Directeur : Antoine Vincent

■ Domaine Guillot-Broux
MÂCON
★

C réé en 1978 par Jean-Gérard Guillot, dit
« Minet », tragiquement disparu en 2008, le
domaine Guillot-Broux est aujourd'hui l'une des
adresses les plus sûres de la région. Grâce à
un patrimoine de vieilles vignes parfaitement
tenues, le style des vins, résolument classique,
s'appuyant sur de beaux raisins bien mûrs et
évitant tout effet de style ou d'élevage, nous ravit
par son côté immédiat et sincère. Ludovic et
Patrice perpétuent l'œuvre de leur père, dans le
même esprit.

Les vins : le domaine signe en 2010 un mâcon-
village expressif, de plaisir immédiat, rond et
ample, aux beaux amers qui lui donnent du relief
et de la persistance. Les Combettes affiche plus
de fond et de puissance, tout en restant plus
serré sur sa trame acide. Les Perrières ne recèle
pas la même fraîcheur : le millésime est plus
enrobé par un boisé qui évoque le caramel, un
léger fané se fait sentir, mais la bouche se montre
plus sphérique et le vin fera des heureux. Les
Genièvrières possède la dimension d'un beau
terroir de premier cru de la Côte de Beaune. La
puissance se révèle crescendo, l'équilibre est parfait. Le rouge n'est pas au niveau des blancs.

☐ Mâcon Chardonnay Les
Combettes 2010 15 € 16
☐ Mâcon-Cruzille Les
Genièvrières 2010 15 € 16,5
☐ Mâcon-Cruzille Les Perrières 2009 30 € 15
☐ Mâcon-Village 2010 10 € 14,5
■ Mâcon-Cruzille Beaumont 2010 15 € 13,5

Rouge : 8 hectares.

Gamay 50 %, Pinot noir 50 %
Blanc : 9 hectares.
Chardonnay 100 %
Production moyenne : 90 000 bt/an
✿ Certifié en agriculture bio ou biodynamique

Domaine Guillot-Broux, Le Bourg, 71260
Cruzille
Tél. : 03 85 33 29 74 **Fax :** 03 85 33 29 74
E-mail : domaine.guillotbroux@wanadoo.fr
Site : www.guillot-broux.com
Vente : au domaine
Du lundi au vendredi de 8h30 à 12h et de 14h
à 18h. Samedi et dimanche sur rendez-vous
uniquement.
Propriétaire : Ludovic, Patrice et Emmanuel Guillot

■ Les Héritiers du Comte Lafon
MÂCON
★

R acheté en 1999, ce domaine, placé sous l'œil
bienveillant de Dominique Lafon, a trouvé
son style et sa vitesse de croisière. Les vins se
montrent régulièrement francs et de très bon
niveau, déployant une belle personnalité. Les
Clos du Four et de la Crochette s'imposent
désormais parmi les références de l'appellation.

Les vins : derrière sa rondeur, le mâcon-
uchizy manque de tension. Le Clos de la Crochette est réussi, une belle maturité lui donne de
l'éclat. Le Monsard se montre plus généreux,
sans perdre de la fraîcheur. Le Clos du Four
affiche une très belle dimension avec le volume
et la charpente d'un grand vin de la Côte de
Beaune. Le viré-clessé est classique dans l'esprit,
plus exotique, bien mûr, sans mollesse de style :
il associe parfaitement puissance et fermeté.

☐ Mâcon Clos de la Crochette 2010 n.c. 15,5
☐ Mâcon-Bussières Le
Monsard 2010 n.c. 15
☐ Mâcon-Milly-Lamartine Clos du
Four 2010 n.c. 16
☐ Mâcon-Uchizy Les
Maranches 2010 n.c. 13
☐ Viré-Clessé 2010 n.c. 15,5

Blanc : 14 hectares.
Chardonnay 100 %
Production moyenne : 90 000 bt/an

Les Héritiers du Comte Lafon, Cartelées, 71960
Milly-Lamartine

Tél. : 03 85 37 78 09 **Fax :** 03 85 37 65 21
E-mail : comtes.lafon@gmall.com
Pas de visites.
Propriétaire : Dominique Lafon (gérant)

■ Denis Jeandeau
POUILLY-FUISSÉ

★

J eune vigneron passionné et talentueux, Denis Jeandeau s'apprêtait à reprendre le domaine familial lorsque ce dernier a été vendu. Ne se laissant pas décourager et souhaitant poursuivre son activité de vigneron, il a décidé d'acheter des raisins qu'il vendange et vinifie ensuite avec un soin remarquable. Les premiers millésimes sont très prometteurs.

Les vins : le saint-véran possède une juste maturité, le vin est de bonne dimension, ferme sur la finale avec une légère amertume. Le pouilly-fuissé vieilles vignes est bien plus en place, et se révèle en bouche harmonieux et gras, avec de l'amplitude et de la finesse en finale. La cuvée Secret minéral s'exprime dans une version bien plus mûre qu'à l'accoutumée, mais la chair et la puissance sont équilibrées par son support minéral ; joli potentiel de garde.

☐	Pouilly-Fuissé Secret Minéral 2010	26,50 €	16,5
☐	Pouilly-Fuissé Vieilles Vignes 2010	20,50 €	16
☐	Saint-Véran 2010	16,50 €	14

Blanc : 1 hectare + achat de raisin sur 3,5 hectares.
Chardonnay 100 %
Production moyenne : 25 000 bt/an

Denis Jeandeau, Le Bourg, 71960 Fuissé
Tél. : 03 85 40 97 55 **Fax :** 03 85 40 97 55
E-mail : denisjeandeau@yahoo.fr
Vente : au domaine
Sur rendez-vous.
Propriétaire : Denis Jeandeau

■ Domaine Robert-Denogent
POUILLY-FUISSÉ

★

I nstallé sur le domaine familial depuis 1988, Jean-Jacques Robert perpétue le travail de son grand-père. Les 5 ha du domaine sont positionnés sur les terroirs de Fuissé et de Solutré-Pouilly : les parcelles de vieilles vignes contribuent à l'élaboration de vins racés et dotés de belles identités : Les Carrons (90 ans), La Croix (70 ans) et Les Reisses (plus de 60 ans).

Les vins : le domaine ne nous ayant pas fait parvenir ses vins cette année, nous sommes amenés à reconduire les notes de l'édition précédente – sans autre commentaire.

☐	Mâcon-Fuissé Les Tâches 2008	n.c.	14,5
☐	Pouilly-Fuissé La Croix 2008	n.c.	16,5
☐	Pouilly-Fuissé Les Carrons 2008	n.c.	15
☐	Pouilly-Fuissé Les Cras 2008	n.c.	16,5
☐	Pouilly-Fuissé Les Reisses 2008	n.c.	16
☐	Saint-Véran Les Pommards 2008	n.c.	14

Blanc : 6,5 hectares.
Chardonnay 100 %
Production moyenne : 40 000 bt/an

Domaine Robert-Denogent, Le Plan, 71960 Fuissé
Tél. : 03 85 35 65 39 **Fax :** 03 85 35 66 69
E-mail : info@robert-denogent.com
Site : www.robert-denogent.com
Vente : au domaine
De 9h à 12h et de 14h à 18h.
Propriétaire : Jean-Jacques Robert

■ Château des Rontets
POUILLY-FUISSÉ

★

P rogressivement, le couple franco-italien Claire Gazeau et Fabio Montrasi, architectes reconvertis en viticulteurs passionnés, monte tous les échelons conduisant à l'excellence. Sur le magnifique terroir des Rontets, leurs pouilly-fuissé, racés et complexes, s'affichent désormais comme des classiques incontournables de l'appellation. Si ce n'est déjà fait, un domaine à découvrir d'urgence.

Les vins : le Clos Varambon se montre ample et riche en attaque, puis la patine du bois se fait encore sentir – mais la bouche possède la dimension à le contenir – et la fermeté finale resserre le vin. Avec le terroir de Pierrefolle, on gagne réellement en finesse. Sa bouche est aussi mûre, mais plus équilibrée, et son allonge et sa persistance en font un grand vin de terroir. Les Birbettes se situe plus sur la réserve au niveau des arômes, mais en bouche le vin se montre racé, et possède une belle énergie et de la fraîcheur.

consistance et son volume en font plus un vin de repas, certes plus crémeux en milieu de bouche, mais sans tomber dans la lourdeur. Le Clos du Martelet manque un peu d'allonge et de fond pour une année comme 2010. Le Clos de France est équilibré, doté d'un jus savoureux et d'une belle énergie. Le Terroirs de Vergisson se montre fidèle à la minéralité des vins de ce village. Moins sur la pierre à fusil qu'à l'accoutumée, la cuvée Racines parvient, par son côté miellé et ses beaux amers, à contrebalancer le support alcoolique.

- ☐ Pouilly-Fuissé Clos de France 2010 — 15,50 € — 15,5
- ☐ Pouilly-Fuissé Clos du Martelet 2010 — 15 € — 13,5
- ☐ Pouilly-Fuissé Racines 2009 — 19 € — 15,5
- ☐ Pouilly-Fuissé Terroirs de Vergisson 2008 — 12,80 € — 15
- ☐ Saint-Véran Le Cras 2009 — 16,50 € — 15
- ☐ Saint-Véran Les Mûres 2010 — 16 € — 14,5

Rouge : 2,15 hectares.
Gamay 100 %
Blanc : 15,24 hectares.
Chardonnay 100 %
Production moyenne : 110 000 bt/an

Domaine Roger Lassarat, Le Martelet, 71960 Vergisson
Tél. : 03 85 35 84 28 **Fax :** 03 85 35 86 73
E-mail : info@roger-lassarat.com
Site : www.roger-lassarat.com
Vente : au domaine
Sur rendez-vous.
Propriétaire : Roger Lassarat

■ Nicolas Maillet
MÂCON-VILLAGES

Cet ancien domaine familial embouteille sa production depuis 1999 seulement. Nicolas Maillet, qui a pris la succession de son père, a donc décidé de quitter la cave coopérative et de lancer sa propre production. S'appuyant sur de très vieilles vignes situées sur de beaux coteaux argilo-calcaires, il produit des cuvées expressives.

Les vins : au mâcon-villages, assez simple et fugace en bouche, nous préférons le joli mâcon-verzé. Pour son éclat et sa fraîcheur, le vin est réussi, harmonieux en bouche, avec une finale enfin digne de ce nom. Rond, sans excès de générosité, le mâcon-igé présente un caractère plus fédérateur. La cuvée Le Chemin Blanc du terroir de Verzé est bien plus large d'épaules, et possède la dimension d'un pouilly-fuissé, aussi bien sur le fond que sur la persistance de bouche. Le pouilly est plus mat, dans un ensemble ferme et un peu strict, mais la bouche offre une allonge de qualité.

- ☐ Bourgogne Aligoté 2010 — 8 € — 12
- ☐ Mâcon-Igé 2010 — 10,50 € — 14
- ☐ Mâcon-Verzé 2010 — 10 € — 14,5
- ☐ Mâcon-Verzé Le Chemin Blanc 2010 — 14 € — 15
- ☐ Mâcon-Villages 2010 — 8 € — 13
- ☐ Pouilly-Fuissé 2010 — 15 € — 14,5

Rouge : 1 hectare.
Pinot noir 56 %, Gamay 44 %
Blanc : 4,5 hectares.
Aligoté 13 %, Chardonnay 87 %
Production moyenne : n.c
🌿 Certifié en agriculture bio ou biodynamique

Nicolas Maillet, La Cure, 71960 Verzé
Tél. : 03 85 33 46 76 **Fax :** 03 85 33 46 76
E-mail : vinsnicolasmaillet@orange.fr
Site : www.vins-nicolas-maillet.com
Vente : au domaine
Sur rendez-vous.
Propriétaire : Nicolas Maillet

■ Maison Merlin
MÂCON

Dans sa belle cave de La Roche-Vineuse, Olivier Merlin élabore, depuis son premier millésime en 1987, une superbe gamme de vins blancs du Mâconnais. Ceux-ci illustrent parfaitement le renouveau qualitatif de la région. Les matières sont riches ; la vinification et l'élevage sous bois permettent d'enrober, dans un boisé flatteur mais jamais excessif, une belle minéralité liée au terroir. Olivier Merlin rencontre la même réussite dans la vinification des vins rouges, avec un moulin-à-vent très élégant, sans trop de chair mais avec une longueur certaine.

Les vins : la série des mâcon-la-roche-vineuse va crescendo. Après une entrée de gamme trop simple à notre goût, les vieilles vignes impose plus de gras et de volume, dans un ensemble nettement plus étoffé. Au-delà d'un élevage plus luxueux, Les Cras se montre ample et riche, avec toujours cette trame fraîche qui tend l'ensemble. Si le saint-véran est mûr, il apparaît plus marqué par un boisé vanillé, et malgré une bouche sérieuse, il s'exprime dans un style légèrement plus lourd. Le Terroir de Vergisson est en toute logique plus tendu, sans atteindre l'éclat des meilleurs vins de ce village. Le Clos des Quarts est souligné par un boisé un peu fort, dommage car la bouche, de beau volume, est la plus belle de la série. Le bourgogne rouge offre de la fraîcheur et de la gourmandise, un vin de soif sans prétention mais réussi. Sur l'appellation Moulin-à-Vent, La Rochelle est de bonne constitution ; il offre de la mâche, du volume et de la finesse.

☐	Mâcon La Roche Vineuse 2010	8,90 €	13
☐	Mâcon La Roche Vineuse Les Cras 2010	17,85 €	15,5
☐	Mâcon La Roche Vineuse Vieilles Vignes 2010	12,40 €	14
☐	Pouilly-Fuissé Clos des Quarts 2010	21,30 €	15,5
☐	Pouilly-Fuissé Terroir de Vergisson 2010	21,30 €	15
☐	Saint-Véran Le Grand Bussière 2010	17,85 €	14,5
■	Bourgogne Les Cras 2010	13,10 €	14
■	Moulin-à-Vent 2010	12,40 €	14
■	Moulin-à-Vent La Rochelle 2010	17,90 €	15,5

Rouge : 4 hectares.
Gamay 60 %, Pinot noir 40 %
Blanc : 9 hectares.
Chardonnay 100 %
Production moyenne : 150 000 bt/an

Maison Merlin, Domaine du Vieux Saint-Sorlin, 71960 La Roche-Vineuse
Tél. : 03 85 36 62 09 **Fax :** 03 85 36 66 45
E-mail : merlin.vins@wanadoo.fr
Site : www.merlin-vins.com
Vente : au domaine
Sur rendez-vous.
Propriétaire : Olivier Merlin

■ Domaine des Poncetys
SAINT-VÉRAN

L e domaine, né au XVIIe siècle, a appartenu à la fin du XIXe siècle à l'archevêché d'Autun. Les aléas de l'histoire lui ont permis de devenir la propriété du département de Saône-et-Loire. Il abrite aujourd'hui un vignoble de 18 ha, qu'exploite le lycée viticole de Mâcon-Davayé. Nous avons été séduits par l'ensemble des vins, d'un bon niveau de maturité. Pas trop

marqués par leur élevage, au style à la fois puissant et épuré, ils sont agréables, digestes et vieilliront bien.

Les vins : le domaine élabore des vins de parfaite maturité, plus ou moins marqués par la minéralité. La cuvée Classic, pleine de charme, mûre et fraîche, se livre avec une trame ronde et sans mollesse. Plus ferme, Les Cras présente une attaque plus serrée, et libère en bouche une belle sève minérale. Nous sommes séduits par la race et la finesse du Clos des Poncetys qui offre une juste maturité soulignée par des épices (pointe de curry, poivre blanc). Le vin dégage une vraie personnalité dans une bouche savoureuse d'une belle allonge. Le Clos du Château apparaît davantage sur la réserve, mais sa bouche est d'une grande élégance.

☐	Pouilly-Fuissé 2010	12,40 €	14,5
☐	Saint-Véran Classic 2010	7,70 €	14
☐	Saint-Véran Clos du Château 2010	9,90 €	15,5
☐	Saint-Véran Le Clos des Poncetys 2010	9,50 €	15,5
☐	Saint-Véran Les Cras 2010	11 €	15

Rouge : 2 hectares.
Gamay 100 %
Blanc : 14 hectares.
Chardonnay 100 %
Production moyenne : 110 000 bt/an

Domaine des Poncetys, Les Poncetys, 71960 Davayé
Tél. : 03 85 33 56 22 **Fax :** 03 85 39 97 53
E-mail : domaineponcetys@free.fr
Site : www.macon-davaye.com
Vente : au domaine
Visite sur rendez-vous.
Propriétaire : Florent Rouve

■ Domaine Rijckaert
VIRÉ-CLESSÉ

J ean Rijckaert et son épouse Régine sont installés depuis 1998 dans le petit village de Leynes et produisent depuis des blancs sans fioritures, d'une belle expression de terroir. La régularité est au rendez-vous et les prix demeurent très sages. Une adresse sûre.

Les vins : nous avouons notre surprise quant au côté mat et évolué des deux mâcons. Le viré-clessé se montre en toute logique plus riche, et mieux réussi sur ce millésime solaire. Les Vercherres possède de la puissance et du fond, mais la bouche affiche un côté plantureux et lourd ; cela manque de fraîcheur. Le climat Vers Chanes est certes bien mûr, mais le côté digeste n'est pas au rendez-vous.

☐	Mâcon Montbellet En Pottes 2009	14,20 €	13
☐	Mâcon-Lugny Les Crays Vers Vaux 2009	14,20 €	12
☐	Pouilly-Fuissé Vers Chanes 2009	21 €	14
☐	Viré-Clessé L'Epinet 2009	12,50 €	14,5
☐	Viré-Clessé Les Vercherres 2009	16,50 €	14

Blanc : 4,5 hectares et achat de raisin.
Chardonnay 100 %
Production moyenne : 65 000 bt/an

Domaine Rijckaert, En Correaux, 71570 Leynes
Tél. : 03 85 35 15 09 **Fax :** 03 85 35 15 09
E-mail : rijckaert.jean@orange.fr
Site : www.rijckaert.fr
Vente : au domaine
Pas de visites.
Propriétaire : Jean Rijckaert

■ Domaine La Soufrandise
POUILLY-FUISSÉ

Ingénieur des Eaux et Forêts, Nicolas Melin a repris la propriété familiale en 1986. Ce domaine classique de Fuissé réussit particulièrement bien son mâcon-fuissé Le Ronté, parfait exemple de chardonnay du Mâconnais, à la fois sec, gras et ample.

Les vins : le mâcon est de bonne facture, dans un registre assez variétal. Plus gras et opulent, beurré mais sans mollesse, le pouilly-fuissé vieilles vignes exprime une belle acidité en finale. Le Clos Marie sort du lot : sa puissance égale celle du vieilles vignes, mais la gestion de l'équilibre est bien meilleure, et le vin possède cette énergie et cette pureté qui lui donnent de l'éclat.

☐	Mâcon-Fuissé Le Ronté 2010	9 €	14
☐	Pouilly-Fuissé Clos Marie 2010	14,50 €	15
☐	Pouilly-Fuissé Levrouté Velours d'Automne 2010	17 €	14,5
☐	Pouilly-Fuissé Vieilles Vignes 2010	16,50 €	15

Blanc : 6 hectares.
Chardonnay 100 %
Production moyenne : n.c

Domaine La Soufrandise, Rouette du Clos, 71960 Fuissé
Tél. : 03 85 35 64 04 **Fax :** 03 85 35 65 57
E-mail : la-soufrandise@wanadoo.fr
Site : www.soufrandise.fr
Vente : au domaine
Du lundi au samedi sur rendez-vous, sauf pendant les vendanges.
Propriétaire : Françoise et Nicolas Melin

■ Domaine Thibert Père et Fils
POUILLY-FUISSÉ

Parti d'une toute petite parcelle en 1967, le domaine s'est progressivement développé grâce à des achats de vignes et à la construction, en 2005, d'un nouveau bâtiment de travail. Il est désormais géré en famille par Christophe Thibert, sa sœur Sandrine et son beau-frère Benjamin. Ces dernières années, les vins ont gagné en densité de constitution et en précision dans l'expression du terroir.

Les vins : nous éprouvons une certaine déception sur les entrées de gamme, surtout dans ce millésime 2010, les vins manquent de personnalité. Certains se cantonnent à une expression variétale, d'autres manquent d'équilibre comme le mâcon-fuissé où l'alcool l'emporte. Le pouilly-vinzelles s'avère plus précis, dans un style assez classique. Toujours sur Vinzelles, Les Longeays apparaît plus étoffé, mais le bois est plus présent. En Pouilly-Fuissé, le village 2010 est facile d'approche avec son caractère assez sudiste, ample et gras, Les Champs est distingué, avec une belle allonge qui lui donne un côté cristallin. Mais les deux meilleures cuvées sont encore, comme pour le millésime 2009, Les Cras, plus gras et opulent, et Les Ménétrières, pour sa tension et sa finesse de style.

☐	Mâcon-Fuissé Bois de la Croix 2010	11 €	13
☐	Mâcon-Prissé En Chailloux 2010	9,50 €	12
☐	Pouilly-Fuissé 2010	17,50 €	14
☐	Pouilly-Fuissé Les Champs 2010	25,50 €	15
☐	Pouilly-Fuissé Les Cras 2010	23,50 €	16
☐	Pouilly-Fuissé Les Ménétrières 2010	27 €	16,5
☐	Pouilly-Fuissé Les Vignes Blanches 2010	27 €	14,5
☐	Pouilly-Fuissé Vieilles Vignes 2010	19 €	14,5
☐	Pouilly-Fuissé Vignes de la Côte 2010	23,50 €	14,5

☐ Pouilly-Vinzelles 2010	14 €	14
☐ Pouilly-Vinzelles Les Longeays 2010	16 €	14,5
☐ Saint-Véran Bois de Fée 2010	17,50 €	12
☐ Saint-Véran Champ Rond 2010	14 €	13

Rouge : 1,5 hectare.
Gamay 100 %
Blanc : 23 hectares.
Chardonnay 100 %
Production moyenne : 155 000 bt/an

Domaine Thibert Père et Fils, rue
Adrien-Arcelin, 71960 Fuissé
Tél. : 03 85 27 02 66 **Fax :** 03 85 35 66 21
E-mail : info@domaine-thibert.com
Site : www.domaine-thibert.com
Vente : au domaine
Du lundi au samedi midi de 8h à 12h30 et de
13h30 à 18h30. Samedi après-midi, dimanche
et jours fériés sur rendez-vous.
Propriétaire : Sandrine Thibert-Needham et Christophe Thibert

■ Domaine Vessigaud
POUILLY-FUISSÉ

Pierre Vessigaud s'est installé dans cette vieille propriété en 1998. Il s'est fixé comme objectif de travailler le plus naturellement possible en utilisant les labours et le compostage. La majorité du vignoble se trouve à Fuissé et à Pouilly, à mi-pente et sur des terroirs exceptionnels situés au cœur du cru, dans les meilleurs lieux-dits de Fuissé. Le vigneron possède en particulier des vignes sur Vers Pouilly, dont les vins atteignent largement la noblesse des grands blancs de la Côte de Beaune.

Les vins : nous n'avons pas de critique à faire sur le fond des vins, mais ceux-ci apparaissent quand même enrobés. Si le mâcon est légèrement maquillé, les pouilly-fuissé sont trop boisés, surtout sur le Vers Agnières. Plus étoffé, le vieilles vignes offre plus d'harmonie. Nous pensons qu'une meilleure gestion de l'élevage en fût peu laisser plus de place au fruit et à la facilité gustative.

☐ Mâcon-Fuissé Les Taches 2010	n.c.	13
☐ Pouilly-Fuissé Vers Agnières 2010	21 €	14
☐ Pouilly-Fuissé Vers Pouilly 2010	23 €	14
☐ Pouilly-Fuissé Vieilles Vignes 2010	19 €	15

Rouge : 1 hectare.
Gamay 100 %
Blanc : 10 hectares.
Chardonnay 100 %
Production moyenne : 80 000 bt/an

Domaine Vessigaud, hameau de Pouilly, 71960
Solutré
Tél. : 03 85 35 81 18 ou 06 18 08 69 55
 Fax : 03 85 35 84 29
E-mail : contact@domainevessigaud.com
Site : www.domainevessigaud.com
Vente : au domaine
Du lundi au samedi de 9h à 19h. Dimanche sur
rendez-vous.
Propriétaire : Pierre Vessigaud

BEAUJOLAIS

■ Domaine Daniel Bouland
MORGON
★★

Viticulteur du hameau de Corcelette (où il vient d'acquérir 30 ares supplémentaires), Daniel Bouland (attention au prénom car les Bouland sont nombreux dans le secteur !) nous séduit depuis quelques années avec des morgons d'une intensité de fruit et d'une rondeur exemplaires, issus d'un patrimoine de très vieilles vignes impeccablement cultivées et vendangées. Le fruit ne masque pas la minéralité presque sauvage du terroir, mais l'exalte au contraire. De plus, les rapports qualité-prix sont ici imbattables ! Daniel Bouland fête cette année sa trentième vinification.

Les vins : le chiroubles 2011 issu de vignes en mi-côtes orientées au nord représente un très bel exemple de cru pour l'exaltation de son fruit, la finesse délicate de sa bouche et sa grande fraîcheur de goût. Splendide côte-de-brouilly d'exposition issu de la cuvée Mélanie 2011. Sa robe est sombre, son nez se renforce à l'air avec des notes d'épices, de fruits noirs, et sa bouche révèle une délicate structure de tanins. Le profil minéral (volcanique) de la côte s'exprime pleinement. Sur un terroir de sables granitiques décomposés au sous-sol schisteux, Corcelette 2011 se distingue par sa structure et par son caractère plus profond et intense, au boisé discret. La minéralité apparaîtra après trois ou quatre ans de cave. Comme chaque année, le morgon vieilles vignes impressionne par son intensité et sa puissance. Provenant des vignes de Corcelette de 1927, c'est la cuvée qui offre le meilleur potentiel de garde, et surtout qui gagne en complexité au vieillissement. Si vous pouvez vous en procurer en magnums, n'hésitez pas une seconde !

■ Chiroubles 2011   8 € 15,5
■ Côte de Brouilly Mélanie 2011   8 € 16,5
■ Morgon Corcelette 2011   8 € 16,5
■ Morgon Vieilles Vignes 2011   9 € 17,5

Rouge : 6 hectares.
Gamay 100 %
Domaine Daniel Bouland, Corcelette, 69910 Villié-Morgon
Tél. : 04 74 69 14 71 ou 06 81 30 89 12
 Fax : 04 74 69 14 71
E-mail : bouland.daniel@free.fr
Vente : au domaine

Tous les jours de 8h à 20h.
Propriétaire : Daniel Bouland

■ Domaine Louis Claude Desvignes
MORGON
★★

La jeune Claude-Emmanuelle Desvignes, qui a repris les rênes du domaine avec son frère depuis 2002, incarne la neuvième génération de vignerons. Son vignoble est idéalement situé au cœur de la célèbre Côte du Py, au centre de Morgon. Une vinification traditionnelle et de vieilles vignes (plus de 60 ans) révèle le meilleur du gamay noir à jus blanc. Nous conseillons de garder les vins quelques années, car ils sont lents à s'ouvrir.

Les vins : dans un style tendrement fruité, de grand plaisir, La Voûte Saint-Vincent exprime l'aspect le plus gourmand du gamay en 2010. Une cuvée de grand plaisir à boire dans l'année. Coulant, tout en possédant une très belle profondeur, le Côte du Py reflète parfaitement la réussite de ce millésime. Le temps dévoilera l'expression unique du gamay sur ce grand terroir. Dans le même esprit, mais avec des tanins plus en relief, Javernières est aussi plus solide et masculin. Evoquant les fruits à noyau macérés, Les Impénitents souffre encore d'un boisé assez marqué au nez et en bouche. Le temps devra fondre cet effet aromatique, car la matière en bouche ne se dément pas, en particulier dans le très grand millésime 2010.

■ Morgon Côte du Py 2010   12 €   17
■ Morgon Javernières 2010   13,50 € 17,5
■ Morgon Javernières Les
  Impénitents 2010   18 €   18
■ Morgon La Voûte
  Saint-Vincent 2010   8 €   15,5

Rouge : 13 hectares.
Gamay 100 %
Domaine Louis Claude Desvignes, 135, rue de la Voûte, 69910 Villié-Morgon
Tél. : 04 74 04 23 35 **Fax :** 04 74 69 14 93
E-mail : louis.desvignes@wanadoo.fr
Site : www.louis-claude-desvignes.com
Vente : au domaine
Sur rendez-vous du lundi au samedi de 8h30 à 12h et de 14h à 18h.
Propriétaire : Claude-Emmanuelle et Louis-Benoît Desvignes

■Château des Jacques
MOULIN-À-VENT
★★

C e domaine phare de Moulin-à-Vent a été acheté par la maison beaunoise Louis Jadot en 1996. Cette acquisition a valu un essor et un développement à ce vignoble que peu de domaines du Beaujolais ont connu depuis presque vingt ans. C'était d'ailleurs un pari audacieux, mais aujourd'hui transformé, pour lequel Pierre-Henri Gagey s'était engagé en s'appuyant sur le savoir-faire de Guillaume de Castelnau, l'actuel directeur du château depuis 2000. Cet ancien chef d'escadron a su apporter une rigueur toute militaire à la gestion de ce vaste vignoble en délimitant de façon précise les différents terroirs et en développant la superficie, pour atteindre aujourd'hui pas loin de 90 ha en production. Quelques puristes du gamay jugeront les vins trop boisés dans leur jeunesse et manquant d'identité de terroir. Ce serait passer rapidement sur leur capacité de vieillissement ! Toutes les cuvées parcellaires du château des Jacques demandent un minimum de cinq ans de garde pour exprimer pleinement le caractère propre de leur terroir. Il faut donc de la patience pour profiter de leur complexité !

Les vins : le domaine propose deux blancs, l'un en appellation Bourgogne, le Clos de Loyse, finement grillé en 2010, et l'autre, le Grand Clos de Loyse, dans un style plus en fruit, moins pommadé, qui sera agréable sur deux ans. En rouge, le domaine a envoyé uniquement à la dégustation des 2010, le dernier millésime en bouteilles. Sur des vignes récemment reprises, le chénas En Papolet est un vin souple, peu profond, qui manque d'un peu de chair. En Morgon, le classique Château des Jacques est tout à fait rond, soyeux et généreux en finale. Le Roche Noire, plus structuré, se montre également très minéral dans sa finale. Avec de la puissance, il est typé par son terroir, et c'est à la garde qu'il se dévoilera totalement. Au boisé plus présent dans ses arômes, l'esprit Morgon est remarquablement préservé dans le Côte du Py. Magnifique série de moulin-à-vent. La cuvée du château se rapproche par sa texture d'un fin pinot noir bourguignon ! Le Clos des Thorins est plus léger en cœur de bouche, avec un boisé anguleux. Sa matière souple n'incite pas à une très longue garde. On lui préfère Champ de Cour, plus complet, avec une corpulence plus ample, et surtout une meilleure harmonie entre la concentration et l'élevage.

L'ensemble apparaît plus équilibré. En matière d'élégance de tanins, de finesse aromatique, de soyeux de matière, le Clos du Grand Carquelin atteint un niveau suprême en 2010 ! A mettre en cave et à boire dans dix ans. Tout aussi sérieux, mais très taiseux, le Clos de Rochegrès offrira, comme le précédent, une complexité rare dans le temps. La texture, les parfums, les saveurs en font un proche cousin d'un grand bourgogne.

☐ Beaujolais-Villages Grand Clos de
  Loyse 2010   n.c. 13,5
☐ Bourgogne Clos de Loyse 2010   n.c. 14
■ Chénas En Papolet 2010   n.c. 13,5
■ Morgon 2010   n.c. 14,5
■ Morgon Côte du Py 2010   n.c. 16,5
■ Morgon Roche Noire 2010   n.c. 16
■ Moulin-à-Vent 2010   n.c. 15,5
■ Moulin-à-Vent Champ de
  Cour 2010   n.c. 16,5
■ Moulin-à-Vent Clos de
  Rochegrès 2010   n.c. 17,5
■ Moulin-à-Vent Clos des
  Thorins 2010   n.c. 14
■ Moulin-à-Vent Clos du Grand
  Carquelin 2010   n.c. 17

Rouge : 70 hectares.
Gamay 100 %
Blanc : 9 hectares.
Chardonnay 100 %
Production moyenne : 300 000 bt/an

Château des Jacques, 147, rue des Jacques, 71570 Romanèche-Thorins
Tél. : 03 85 35 51 64 **Fax :** 03 85 35 59 15
E-mail : chateau-des-jacques@wanadoo.fr
Site : www.chateau-des-jacques.fr
Vente : au domaine
Sur rendez-vous. Fermé le week end et jours fériés.
Propriétaire : Famille Kopf
Directeur : Guillaume de Castelnau

■ Domaine du Vissoux
BEAUJOLAIS
★★

D ans le sud du Beaujolais, bien loin du cœur des crus, dans le secteur de Oingt, le domaine du Vissoux livre une production d'une régularité exemplaire depuis vingt ans. Les vins élaborés par Martine et Pierre-Marie Chermette (depuis peu, avec leur fils Jean-Etienne) ne comptent pratiquement aucun équivalent, tant leur profondeur et leur définition les placent au-dessus du lot. Le redoublement d'efforts consentis à la viticulture depuis dix ans donne des résultats particulièrement satisfaisants. Et leur talent de vinificateurs s'est confirmé depuis l'exploitation de trois crus en Fleurie, Brouilly et Moulin-à-Vent.

Les vins : régalez-vous du crémant extra-brut de la maison ; notes de noisette, fine oxydation noble, caractère long et saveurs gourmandes en finale : une très belle réussite. Splendide série sur le millésime 2011. Les Griottes apparaît dans le style d'une année tendre, avec la souplesse et la fraîcheur du millésime. Pour un euro de plus, foncez sur la cuvée Traditionnelle. Son caractère plus dense et l'expression d'un fruit plus mûr et concentré méritent ce petit effort financier. La gourmandise du Cœur de Vendanges en surprendra plus d'un ! Ses formidables arômes de cerise procurent un immense plaisir de dégustation. Remarquable brouilly, étonnamment minéral qui gagnera à vieillir. Plus tendu et plus ferme, le fleurie Les Garants est encore marqué par une légère réduction au nez (dégusté brut de cuve), mais exprime la minéralité de son terroir par des notes graphites, et renferme un fruit de parfaite maturité, juteux à souhait. Le moulin-à-vent Les Trois Roches (assemblage des terroirs de Rochegrès, La Rochelle et Roche Noire) est savoureux, avec une suavité de tanins de premier ordre.

☐ Crémant de Bourgogne Extra-Brut 12 € 15
■ Beaujolais Cœur de
Vendanges 2011 11,50 € 16
■ Beaujolais Les Griottes 2011 7,50 € 13,5
■ Beaujolais Traditionnelle Vieilles
Vignes 2011 8,50 € 15
■ Brouilly Pierreux 2011 12,50 € 16
■ Fleurie Les Garants 2011 13,50 € 17
■ Moulin-à-Vent Les Trois
Roches 2011 14 € 17,5

Rouge : 29 hectares.
Gamay 100 %
Blanc : 6 hectares.
Chardonnay 100 %
Production moyenne : 300 000 bt/an

Domaine du Vissoux, 69620 Saint-Vérand
Tél. : 04 74 71 79 42 **Fax :** 04 74 71 84 26
E-mail : domaineduvissoux@chermette.fr
Site : www.chermette.fr
Vente : au domaine
Du lundi au samedi sur rendez-vous.
Propriétaire : Pierre-Marie et Martine Chermette

■ Domaine Chignard

FLEURIE

★

Vinificateur hors pair, Michel Chignard possède, avec son fils Cédric, un très beau patrimoine de vieilles vignes sur le remarquable terroir des Moriers, à Fleurie. Sans excès d'extraction, les vins reflètent en général parfaitement le profil de chaque millésime. Privilégier la Cuvée spéciale pour la garde. Dans les grandes années comme 2009, elle offre un vin remarquable, qui s'épanouit avec beaucoup de grâce.

Les vins : assez souple et tendre, Les Moriers 2010 se boira dans l'année sur sa fraîcheur et sa gourmandise. Cependant, dans ce millésime, on attendait un peu plus de corps. La Cuvée spéciale apparaît joliment équilibrée et fine, avec un fruité frais et désaltérant. Dans un autre registre, la même cuvée se montre splendide en 2009 : sa bouche très complète, suave et concentrée, exprime un gamay de haute maturité. Une des grandes réussites récentes du domaine.

■ Fleurie Cuvée spéciale Vieilles
Vignes 2010 12,50 € 15,5
■ Fleurie Cuvée spéciale Vieilles
Vignes 2009 12,50 € 17
■ Fleurie Les Moriers 2010 8,90 € 13,5

Rouge : 8 hectares.
Gamay 100 %
Domaine Chignard, Le Point du Jour, 69820 Fleurie
Tél. : 04 74 04 11 87 **Fax :** 04 74 69 81 97
E-mail : domaine.chignard@wanadoo.fr
Vente : au domaine
Du lundi au samedi de 8h à 12h et de 14h à 19h.
Propriétaire : Michel et Cédric Chignard

■ Domaine Jean Foillard

MORGON

★

Jean Foillard fait partie de ces vignerons mythiques du Beaujolais. Tout commence en 1981, lorsqu'il rejoint le domaine familial. Puis le vigneron traverse les années, tout en restant fidèle à son style, des vins naturels, sans fioritures, mais précis. L'ensemble des vinifications s'effectue à basse température et en macération carbonique en vendanges entières. Ils présentent l'intérêt d'associer la race des terroirs, tout en gardant l'appétence et la fraîcheur des grands vins du Beaujolais.

Les vins : parmi les 2010 dégustés au domaine, nous retenons trois cuvées. Le Corcelette brille par sa souplesse fruitée et son profil délicat, et se montre déjà très épanoui. Le Côte du Py, très floral, révèle en bouche des tanins denses et puissants, et une finale plus raffinée que l'attaque. Un peu de garde lui fera du bien. La Cuvée 3,14 (pour Py) provient uniquement des vieilles vignes de la côte et n'est produite que dans les grands millésimes. Elle livre en 2010 un vin généreux, plein et dense, exprimant parfaitement ce grand terroir.

- ■ Morgon Corcelette 2010   n.c.   14,5
- ■ Morgon Côte du Py 2010   n.c.   15,5
- ■ Morgon Cuvée 3,14 2010   n.c.   17

Rouge : 7,8 hectares.
Gamay 100 %
Domaine Jean Foillard, Le Clachet, 69910 Villié-Morgon
Tél. : 04 74 04 24 97   **Fax :** 04 74 69 12 71
E-mail : jean.foillard@wanadoo.fr
Du lundi au samedi matin de 9h à 11h et de 14h à 16h30, sur rendez-vous.
Propriétaire : Jean Foillard

■ Domaine Paul et Eric Janin
MOULIN-À-VENT
★

L es Janin sont des viticulteurs d'une probité et d'un talent reconnus par tous leurs pairs. Nous-mêmes leur accordons une qualité rare en Beaujolais, celle de ne jamais se contenter du niveau acquis et de rechercher tous les moyens de progresser. Leurs vignes, qui ne se situent pas dans les secteurs les plus prestigieux de Moulin-à-Vent, sont admirablement cultivées. Dans ces conditions, ce domaine atteint chaque année la perfection, et il ne serait pas étonnant de lui voir accorder une deuxième étoile si ce niveau de perfection se confirmait à nouveau l'an prochain ! Les vins : les rouges 2010 sont savoureux. Leur profil juteux et leur gourmandise en font de très grands vins de plaisir, allant crescendo dans la concentration, du simple beaujolais-villages à la grande cuvée de moulin-à-vent. Vigoureux, le Vignes du Tremblay est un moulin-à-vent tannique, dense, encore serré en finale. Un peu de garde et d'aération à l'ouverture lui feront du bien. Le Clos du Tremblay constitue un modèle

du genre. C'est certainement l'une des plus belles expressions du gamay que nous ayons rencontrée dans ce millésime. Plus costaud, plus mûr aussi, avec un profil un rien confit en fin de bouche, le Vieilles Vignes des Greneriers 2010 apparaît plus resserré en finale. Le potentiel de garde est indiscutable et dix ans de cave lui seront nécessaires pour s'épanouir totalement.

- ☐ Beaujolais-Villages Domaine des Vignes des Jumeaux 2010   8 €   15
- ■ Beaujolais-Villages Domaine des Vignes des Jumeaux 2010   7,50 €   16
- ■ Moulin-à-Vent Clos du Tremblay 2010   14,90 €   18
- ■ Moulin-à-Vent Domaine des Vignes du Tremblay 2010   12,60 €   15,5
- ■ Moulin-à-Vent Vieilles Vignes des Greneriers 2010   15,60 €   17,5

Rouge : 8 hectares.
Gamay 100 %
Blanc : 0,5 hectare.
Chardonnay 100 %
Production moyenne : 45 000 bt/an

Domaine Paul et Eric Janin, 71570 Romanèche-Thorins
Tél. : 03 85 35 52 80   **Fax :** 03 85 35 21 77
E-mail : contacct@domaine-paul-janin.fr
Site : www.domaine-paul-janin.fr
Vente : au domaine
Du lundi à samedi de 9h30 à 12h et de 14h à 18h.
Propriétaire : Paul et Eric Janin

■ Marcel Lapierre
MORGON
★

M arcel Lapierre, malheureusement disparu en 2010, était un adepte des vins naturels et l'un des vignerons les plus emblématiques du Beaujolais. C'est sa femme et son fils Mathieu (ancien cuisinier), déjà à ses côtés depuis 2005, qui poursuivent son travail dans la même philosophie. La force du domaine, en culture biodynamique, réside aussi dans l'âge moyen du vignoble, qui frôle les 60 ans, ainsi que dans la situation des vignes, sur le fameux terroir de la côte du Py (2 ha) et sur les secteurs de Corcelette et de Montplain. Le domaine s'approvisionne également en achat de raisins. La vinification reste classique (raisin entier en semi-macération carbonique beaujolaise sans SO_2).

Le vin est élevé en moyenne 9 mois en pièces âgées de 3 à 13 ans. La qualité des derniers millésimes force le respect.

Les vins : une fois encore, Mathieu Lapierre prouve avec le millésime 2011 qu'il maîtrise parfaitement le style et la ligne qu'avait donnés son père au morgon du domaine. Sans artifices, respectant un croquant et un naturel dans le fruit hors du commun, le vin dévoile une trame élégante, rafraîchissante et fine. Une grande réussite !

■ Morgon 2011   15 €   17

Rouge : 14 hectares.
Gamay 100 %
Marcel Lapierre, Le Pré Jourdan, 69910 Villié-Morgon
Tél. : 04 74 04 23 89   **Fax :** 04 74 69 14 40
E-mail : informations@marcel-lapierre.com
Site : www.marcel-lapierre.com
Vente : au domaine
Pas de visites.
Propriétaire : Mathieu Lapierre

■ Domaine Laurent Martray
BROUILLY
★

L aurent Martray, métayer du château de la Chaize, possède l'ensemble de son vignoble sur le coteau de Combiaty à Brouilly (cuvées Vieilles Vignes et Corentin), ainsi qu'une parcelle de très vieilles vignes sur le terroir volcanique de la côte de Brouilly, dont lequel il produit sa cuvée Les Feuillées. Ses vins possèdent un style franc et vieillissent gracieusement.

Les vins : très belle série de 2011, avec un brouilly vieilles vignes superbement juteux, tout en fruit, d'une réelle gourmandise. Le Corentin est un vin éclatant de fruit, sans traces d'élevage dans les arômes et aux tanins très naturels. Sur la réserve, Les Feuillées, en Côte de Brouilly, se montre également plus minéral. Ce terroir mérite cinq ans de garde avant d'être dégusté.

■ Brouilly Corentin 2011   13 €   16,5
■ Brouilly Vieilles Vignes 2011   11 €   16
□ Côte de Brouilly Les
    Feuillées 2011   12 €   16

Rouge : 10 hectares.
Gamay 100 %
Domaine Laurent Martray, Combiaty, 69460 Odenas

Tél. : 04 74 03 51 03   **Fax :** 04 74 03 50 92
E-mail : martray.laurent@akeonet.com
Vente : au domaine
Sur rendez-vous.
Propriétaire : Laurent Martray

■ Domaine Dominique Piron
MORGON
★

L es vins de ce producteur perfectionniste méritent largement l'intérêt des amateurs en quête de beaujolais solides et amples. Il a été l'un des artisans de la renaissance du morgon en s'attelant avec une énergie sans borne à l'élaboration de cuvées de terroir vinifiées dans la plus pure tradition beaujolaise. A chaque nouvelle édition de notre guide, nous sommes séduits par sa gamme, allant du simple mais délicieux beaujolais-villages à l'intense moulin-à-vent.

Les vins : le blanc Domaine de la Chanaise apparaît léger et souple, presque perlant ! Tout en souplesse également, le beaujolais-villages, bon rouge de soif, et le morgon au profil gourmand, accessible jeune. Parmi les cuvées signées Dominique Piron, le morgon-côte-du-py est une très grande réussite. Sur un élevage bien maîtrisé, le caractère minéral de la côte s'exprime parfaitement. Un très beau vin qui évoluera gracieusement. La cuvée Quartz en Chénas décline les nuances granitiques de son terroir. En rien rigide jeune, trois à cinq ans de garde le complexifieront. En Moulin-à-Vent, le vieilles vignes 2011 est plus sophistiqué, à la fois complexe et ambitieux, avec un boisé maîtrisé et justement dosé !

□ Beaujolais Domaine de la
    Chanaise 2011   7,50 €   13
■ Beaujolais-Villages Domaine de la
    Chanaise 2011   6,50 €   13
■ Chénas Quartz Domaine
    Piron-Lameloise 2011   11 €   16
■ Morgon Côte du Py 2011   11 €   16,5
■ Morgon Domaine de la
    Chanaise 2011   8,50 €   13,5
■ Moulin-à-Vent Domaine
    Piron-Lameloise Vieilles
    Vignes 2011   12 €   16,5

Rouge : 43 hectares.
Gamay 100 %
Blanc : 2 hectares.
Chardonnay 100 %
Production moyenne : 250 000 bt/an

Domaine Dominique Piron, Morgon, 69910 Villié-Morgon
Tél. : 04 74 69 10 20 **Fax :** 04 74 69 16 65
E-mail : dominiquepiron@domaines-piron.fr
Site : www.domaines-piron.fr
Vente : au domaine
Sur rendez-vous du lundi au samedi de 9h à 18h.
Propriétaire : Dominique Piron

◼ Domaine des Terres Dorées

BEAUJOLAIS

★

La réputation du beaujolais nouveau de Jean-Paul Brun est telle qu'elle en finit par éclipser ses autres vins. Il est vrai que son style très naturel convient bien à ce type de vins, même si la gamme recèle d'autres affaires intéressantes, à commencer par le moulin-à-vent. Dans le respect des expressions des terroirs, avec des vinifications justes, sans excès d'élevage, les derniers millésimes offrent beaucoup de raffinement et de nuances.

Les vins : des deux blancs du domaine, le Classic (présenté dans le millésime 2010) évolue avec charme sur des notes finement beurrées. La version « vinification bourguignonne », en fûts de chêne, offre une bouche bien remplie, possédant du gras et une belle longueur. Il s'adaptera bien à table, d'autant que le boisé est délicieusement fondu. La Cuvée Première forme l'idéal vin de soif, de comptoir, de copains, à boire frais dans l'année. A ce prix, ne vous privez pas ! La cuvée L'Ancien 2010 embaume les épices, la pivoine. Sa matière est élégante, aux tanins raffinés. Lui laisser un peu de temps à l'air lui fait du bien. Les crus ne sont pas en reste : le côte-de-brouilly se dévoile minéral et structuré, bien dans le style de son terroir. Comme l'année dernière, le morgon n'atteint pas ce niveau, avec des tanins plus extraits et un léger manque de fond en finale. Très grand fleurie 2010, exprimant les plus nobles arômes du gamay, tout en offrant une fraîcheur subtile. Il vieillira à merveille. On apprécie le caractère plus masculin du moulin-à-vent. Ses tanins forment une bouche au caractère accrocheur, qui lui permettra de bien se tenir dans le temps. S'il connaît une phase de fermeture, il éclatera dans les cinq à dix prochaines années. De ce terroir solaire, Grille-Midi, dans le légendaire millésime 2010, fera figure d'exemple. C'est un vin char-

meur par ses arômes finement surmûris ; sa trame est moelleuse et son caractère, long et savoureux. Il en étonnera plus d'un à la garde !

☐	Beaujolais Classic 2010	10 €	14,5
☐	Beaujolais Fûts de Chêne 2010	14 €	15,5
◼	Beaujolais Cuvée Première 2011	6,50 €	14,5
◼	Beaujolais L'Ancien 2010	9,50 €	15
◼	Côte de Brouilly 2010	11,50 €	15,5
◼	Fleurie 2010	14,50 €	16,5
◼	Fleurie Grille-Midi 2010	19 €	17,5
◼	Morgon 2010	12 €	14
◼	Moulin-à-Vent 2010	14,50 €	16,5

Rouge : 17 hectares.
Gamay 90 %, Pinot noir 10 %
Blanc : 3 hectares.
Roussanne 5 %, Chardonnay 95 %
Production moyenne : 200 000 bt/an

Domaine des Terres Dorées, Crière, 69380 Charnay-en-Beaujolais
Tél. : 04 78 47 93 45 **Fax :** 04 78 47 93 38
E-mail : contact@jeanpaulbrun.fr
Vente : au domaine
Pas de visites.
Propriétaire : Jean-Paul Brun

◼ Château Thivin

CÔTE DE BROUILLY

★

Ce grand domaine classique est l'ambassadeur de la colline de Brouilly dans le monde. Les vins ont désormais acquis une assurance stylistique exemplaire, qui trouve son apothéose dans les derniers millésimes. Le corps, la texture et le potentiel des cuvées issues des terroirs de la côte de Brouilly n'ont pas d'équivalents connus. Dans l'ordre croissant des prix, Les 7 Vignes est un assemblage de différents terroirs, donnant un vin assez souple. Vient ensuite La Chapelle, parcelle de 2 ha située tout en haut de la côte, d'exposition plein sud et de forte pente, sur un terroir caillouteux. En général plus dense, Les Griottes de Brulhié, acquis en 2006, bénéficie d'une exposition très solaire à mi-côte. Enfin, la cuvée Zacharie est un savant assemblage de ses différentes parcelles, élevé sous bois, dont 5 à 10 % de fûts neufs dans un objectif de garde.

Les vins : avec un élevage de sept mois en barriques, le terroir Marguerite se distingue par une robe aux reflets d'or. La bouche est grasse, saline, offrant les caractéristiques d'un bon chardonnay de fruit. La simple cuvée de brouilly présente peu d'intérêt. C'est véritablement sur la côte de Brouilly que le père et le fils Geoffray expriment au mieux les marques de ce grand terroir à travers quatre cuvées. Les 7 Vignes 2010, assemblage de plusieurs terroirs, est un vin floral, souple et rond. La Chapelle 2010 forme un vin plein et savoureux, complexe par sa minéralité graphite. Les Griottes de Brulhié, issu d'un terroir solaire, se montre construit sur un profil plus chaud du gamay avec des tanins plus imposants. Une fois encore, c'est la cuvée Zacharie qui survole la gamme. Le vin, aux senteurs de violette, délicatement fumé, rappelle l'expression d'un grand pinot noir. Admirable de finesse, d'élégance et de longueur.

☐ Beaujolais-Villages Marguerite 2010	9,10 €	14
■ Brouilly 2010	8,20 €	13
■ Côte de Brouilly La Chapelle 2010	12,50 €	16,5
■ Côte de Brouilly Les 7 Vignes 2010	8,50 €	15
■ Côte de Brouilly Les Griottes de Brulhié 2010	12 €	16,5
■ Côte de Brouilly Zacharie 2010	15 €	17

Rouge : 24 hectares.
Gamay 100 %
Blanc : 1,1 hectare.
Chardonnay 100 %
Production moyenne : 130 000 bt/an

Château Thivin, La Côte de Brouilly, 69460 Odenas
Tél. : 04 74 03 47 53   **Fax :** 04 74 03 52 87
E-mail : geoffray@chateau-thivin.com
Site : www.chateau-thivin.com
Vente : au domaine
Du lundi au samedi de 10h à 12h30 et de 14h à 19h.
Propriétaire : Claude Geoffray
Directeur : Claude Geoffray

NOUVEAU DOMAINE

■ Domaine Xavier et Nicolas Barbet
MOULIN-À-VENT

En 2006, Xavier et Nicolas Barbet, également à la tête de la maison de négoce Loron, ont eu la chance de pouvoir acquérir 4,5 ha sur le prestigieux terroir de Moulin-à-Vent. Entre les terroirs de Champ de Cour, Perelles et Bruyères des Thorins, ils vinifient trois cuvées, suivies par leur fidèle œnologue Jean-Pierre Rodet. Issues de macérations longues et d'élevages en fûts, elles possèdent un style profond. Le terroir Champ de Cour sort réellement du lot.

Les vins : d'un format assez léger et tendre en 2009, le simple moulin-à-vent manque un peu de fond en milieu de bouche ; il s'appréciera dans les deux ans. Beaucoup plus complet et dense, le Réserve Caveau vieilles vignes 2009 se révèle profond, long et structuré : il vieillira harmonieusement. Plus raffiné et élégant, Champ de Cour s'exprime dans un registre plus minéral, avec une finale très graphite, à la fois longue et savoureuse. C'est la belle bouteille du domaine, pour la garde.

■ Moulin-à-Vent 2009	10 €	14,5
■ Moulin-à-Vent Champ de Cour 2010	15 €	16,5
■ Moulin-à-Vent Réserve Caveau 2009	11 €	15,5

Rouge : n.c..
Gamay 100 %
Blanc : n.c..
Chardonnay 100 %
Production moyenne : n.c.

Domaine Xavier et Nicolas Barbet, 1846, RN 6, Pontanevaux, 71570 La Chapelle-de-Guinchay
Tél. : 03 85 36 81 20   **Fax :** 03 85 33 83 19
E-mail : vinloron@loron.fr
Site : www.loron.fr
Vente : au domaine
Pas de visites.
Propriétaire : Xavier et Nicolas Barbet

■ Domaine Jean-Marc Burgaud
MORGON

Viticulteur ambitieux, Jean-Marc Burgaud est à la tête de ce domaine familial depuis 1989. La plus grande surface de ses vignes se situe à Morgon (13 ha), avec une majeure partie dans la couronne sud, sud-est et sud-ouest de la fameuse côte du Py. Il possède également 1 ha sur Régnié et, enfin, 4 ha en Beaujolais-Villages. Depuis 2008, il vinifie dans une toute nouvelle cave. Si ses beaujolais se sont long-temps distingués par leur profil séducteur, moderne et flatteur, apporté par des boisés présents (en particulier sur les cuvées Réserve, Javernières et James), nous notons cependant que les derniers millésimes ne possèdent ni l'élan ni la tenue des vins que Jean-Marc Burgaud a produits à ses débuts ; c'est pour cela que nous lui retirons son étoile. Les cuvées paraissent prématurément évoluées et l'emprise des élevages nous semble aujourd'hui bien loin des nouveaux codes du Beaujolais !

Les vins : en 2011, le beaujolais-villages Les Vignes de Thulon est terreux et pas très net dans ses arômes. Plus en fruit, le régnié 2011 fait preuve de délicatesse, mais toujours avec cette trace terreuse en finale. Intéressant morgon-côte-du-py 2010, droit, sincère, au bouquet joliment kirsché, qui se déguste avec beaucoup de plaisir pour sa fraîcheur. Dans la série des cuvées élevées sous bois, le Réserve 2010 se montre déjà un peu évolué et sèche en fin de bouche. Le Javernières est vinifié sur les tanins du bois et manque réellement de finesse. Le James, plus corsé, résiste davantage à l'élevage.

■ Beaujolais-Villages Les Vignes de Thulon 2011	7 €	12
■ Morgon Côte du Py 2010	12 €	15
■ Morgon Côte du Py James 2010	20 €	15,5
■ Morgon Côte du Py Javernières 2010	18 €	15
■ Morgon Côte du Py Réserve 2010	14 €	14
■ Régnié Vallières 2011	8 €	13,5

Rouge : 19 hectares.
Gamay 100 %
Domaine Jean-Marc Burgaud, Morgon La Côte du Py, 69910 Villié-Morgon
Tél. : 04 74 69 16 10 **Fax :** 04 74 69 16 10
E-mail : burgaud@jean-marc-burgaud.com
Site : www.jean-marc-burgaud.com
Vente : au domaine
Du lundi au samedi sur rendez-vous.
Propriétaire : Jean-Marc Burgaud

■ Château de la Chaize
BROUILLY

C e domaine, d'un seul tenant, est le plus important du Beaujolais avec 99 ha de vignes exploitées. Propriété de la marquise de Roussy de Sales depuis 1967, le château et ses jardins ont été classés monuments historiques en 1972. Le domaine est incontournable pour les visiteurs, l'ensemble étant, par son architecture, le plus impressionnant de la région. Malgré la présence de vieilles vignes, les vins demeurent très accessibles, dans un registre fruité et frais, sans jamais impressionner par leur intensité.

Les vins : le brouilly 2011 est un gamay aromatique, à boire jeune, à une température de consommation de 15 °C maximum. Plus complexe et aussi plus ambitieux, avec un boisé dominant en finale, le Réserve de la Marquise 2009 demande à être carafé avant le service ; il pourra être bu courant 2012-2013.

■ Brouilly 2011	8,20 €	14
■ Brouilly Réserve de la Marquise 2009	13 €	15

Rouge : 99 hectares.
Gamay 100 %
Château de la Chaize, La Chaize, 69460 Odenas
Tél. : 04 74 03 41 05 **Fax :** 04 74 03 52 73
E-mail : chateaudelachaize@wanadoo.fr
Site : www.chateaudelachaize.com
Vente : au domaine
Du lundi au vendredi de 9h à 12h et de 14h à 17h, le week-end sur rendez-vous. (Cave et jardins)
Propriétaire : Marquise de Roussy de Sales

■ Clos de Mez
FLEURIE

B ardée de diplômes – BTS de viticulture-œnologie en 2000, maîtrise des sciences de la vigne en 2002, diplôme d'œnologue en 2004 à Montpellier –, Marie-Elodie Zighera-Confuron a repris, en 2006, le domaine familial géré depuis quatre générations par des femmes. Cette jeune vigneronne revendique un retour à la tradition pour, dit-elle, « retrouver le vin de nos aïeux ». Pour cela, elle s'applique à travailler les sols, maîtriser les rendements et rendre dans ses vins un caractère propre à ses terroirs de Morgon et de Fleurie.

Les vins : marqué par des notes de cassis très mûr, le morgon se montre plein et dense, mais manque à notre goût d'un peu de finesse par son profil très (trop !) confit. L'aération lui fait du bien. Plus sur le fruit frais, le fleurie se révèle aussi plus élégant et fin en finale, avec une réelle profondeur de chair.

■ Fleurie La Dot 2009	11 €	16,5
■ Morgon Château Gaillard 2009	11 €	15,5

Rouge : 5,3 hectares.
Gamay 100 %
Clos de Mez, Les Raclets, 69820 Fleurie
Tél. : 06 03 35 71 89 **Fax :** 03 80 61 21 47
E-mail : contact@closdemez.com
Site : www.closdemez.com
Vente : au domaine
Sur rendez-vous.
Propriétaire : Marie-Elodie Zighera-Confuron

■ Georges Descombes

MORGON

Adepte des vinifications naturelles (avec un apport minimum de soufre), Georges Descombes produit des vins au fruité généreux et d'une grande gourmandise. Il possède également un joli patrimoine de vieilles vignes à Morgon et à Brouilly.

Les vins : doté d'une réelle finesse aromatique, avec des parfums floraux au nez et en bouche, le régnié offre des tanins souples, dans un ensemble séducteur. On peut commencer à le boire. Plus ample en attaque, le brouilly se montre généreux, dans une belle expression de gamay et sur un fruité plus précis que dans le régnié. Comme toujours, c'est le morgon qui surclasse les cuvées du domaine, par sa meilleure concentration et son caractère riche, tout en affichant une réelle minéralité en finale.

■ Brouilly Vieilles Vignes 2009	13 €	15
■ Morgon Vieilles Vignes 2009	13 €	16
■ Régnié Vieilles Vignes 2010	13 €	14

Rouge : 17 hectares.
Gamay 100 %
Georges Descombes, Vermont, 69910 Villié-Morgon
Tél. : 04 74 69 16 67 **Fax :** 04 74 69 16 40
E-mail : descombesgeorges@orange.fr
Vente : au domaine
Pas de visites.
Propriétaire : Georges Descombes

■ Domaine Jean-Marc Després

FLEURIE

Ce domaine produit certainement l'un des fleuries les plus suaves et les plus féminins d'aujourd'hui, rappelant de façon troublante le style des beaux chambolle-musigny. Le naturel de la merveilleuse cuvée Grille-Midi, qui exprime la fine minéralité du terroir avec une rare précision, devrait lui valoir de nombreux amis ! En 2010, la cuvée La Madone, en vieilles vignes, se montre plus dense.

Les vins : dans un genre souple, le Domaine du Niagara d'Arnaud Després forme un bon fleurie de soif. Superbes parfums de rose et de pivoine au nez et en bouche dans le lieu-dit Grille-Midi. La souplesse et la tendresse de la bouche lui apportent une gourmandise délicieuse avec des tanins d'une grande finesse. Aux tanins légèrement plus fermes, La Madone est aussi sur la réserve aromatique. Mais son potentiel est là et se juge sur la longueur minérale en finale. A mettre en cave cinq ans.

■ Fleurie Domaine du Niagara 2010	9 €	14
■ Fleurie Grille-Midi 2010	11 €	16
■ Fleurie La Madone Vieilles Vignes 2010	12,50 €	16,5

Rouge : 18 hectares.
Gamay 100 %
Domaine Jean-Marc Després, La Madone, 69820 Fleurie
Tél. : 04 74 69 81 51 **Fax :** 04 74 69 81 93
E-mail : domainedelamadone@wanadoo.fr
Site : www.domaine-de-la-madone.com
Vente : au domaine
Du lundi au samedi de 10h à 20h, dimanche sur rendez-vous.
Propriétaire : Jean-Marc Després

■ Vins Georges Dubœuf

BEAUJOLAIS

Premier acteur et metteur en marché du Beaujolais, l'innovateur et médiatique Georges Dubœuf est négociant-éleveur depuis 1964. Son fils Franck le relaie efficacement depuis 1983. Grâce à des équipements techniques de tout premier ordre, les vinifications ont encore progressé ces dernières années. Le travail d'ambassadeur infatigable que mène Georges Dubœuf pour assurer la promotion de sa région est admirable et la renommée mondiale dont jouit la maison est justifiée. Le vignoble du Beaujolais lui doit énormément !

Les vins : dans la série des cuvées de négoce, le beaujolais-villages 2011 est plutôt réussi, dans un style très technique, mais universel ! Il fera le bonheur des brasseries. Le régnié est réjouissant avec de la fraîcheur, du fruit et de la longueur. Le côte-de-brouilly est encore accrocheur en finale et une bonne année de garde l'assouplira, d'autant que la matière est au rendez-vous. C'est moins le cas du chiroubles, plus souple et tendre, que l'on peut boire sur la fougue de sa jeunesse. Pour les vins de domaines, le saint-amour du domaine du Paradis est, malgré un aspect légèrement technique, plaisant à boire. Les deux cuvées de brouilly (Château de Nevers et Domaine des Nazins) sont en retrait dans la dégustation, avec un profil plus léger et trop souple à notre goût ! Le Clos des Quatre Vents exprime avec justesse les parfums floraux de Fleurie, sa finesse de texture apportée par une délicate extraction des tanins. Le morgon, avec ses notes de réglisse, de gamay mûr, son profil sanguin et sa longueur en fin de bouche, place le Domaine de la Chaponne sur le podium final de notre dégustation. Nous confirmons notre jugement sur le juliénas Prestige 2009. Avec encore une année de bouteille, son style s'est encore épanoui, et le boisé apparaît encore un peu plus fondu. C'est un grand vin à boire à table. Si vous l'ouvrez aujourd'hui, il est indispensable de le passer une bonne heure en carafe. Le moulin-à-vent est en revanche trop boisé, ce qui anesthésie une belle matière, c'est vraiment dommage !

■ Beaujolais-Villages 2011	5,59 €	13
■ Brouilly Château de Nervers 2011	6,38 €	12,5
■ Brouilly Domaine des Nazins 2011	6,38 €	12
■ Chiroubles 2011	5,95 €	14
■ Côte de Drouilly 2011	n.c.	15
■ Fleurie Clos des 4 Vents 2011	n.c.	15,5
■ Juliénas Prestige 2009	12,73 €	16,5
■ Morgon Domaine de la Chaponne 2011	n.c.	16,5
■ Moulin-à-Vent Prestige 2009	15,38 €	15
■ Régnié 2011	5,60 €	14,5
■ Saint-Amour Domaine du Paradis 2011	n.c.	14

Rouge : n.c.
Gamay 100 %
Blanc : n.c.
Production moyenne : 22 000 000 bt/an

Vins Georges Dubœuf, Route de Lancié, 71570 Romanèche-Thorins
Tél. : 03 85 35 34 20 **Fax :** 03 85 35 34 25
E-mail : gduboeuf@duboeuf.com
Site : www.duboeuf.com
Vente : au domaine
Tous les jours de 9h à 18h au hameau du Vin (boutique et espace culturel dédié à la vigne et au vin).
Propriétaire : Georges Dubœuf
Directeur : Franck Dubœuf

■ Domaine Jean-Paul Dubost
BEAUJOLAIS-VILLAGES

C onnu également sous le nom du domaine du Tracot, Jean-Paul Dubost est un viticulteur dynamique possédant des vignes sur plusieurs crus (Moulin-à-Vent, Fleurie, Brouilly, Morgon et Régnié), mais ne néglige pas pour autant l'appellation de base Beaujolais-Villages, avec des vins toujours vigoureux, mais parfumés. Il est aujourd'hui épaulé par ses deux fils Corentin et Joffrey.

Les vins : un bon beaujolais-villages fruité, croquant et gourmand, fluide. Deux cuvées sur le fruit démontrent que dans les crus, on peut également produire des vins de plaisir à boire jeunes, offrant des caractéristiques de terroir. Le Vivier, en Fleurie, est souple et fringant de fruit, floral en finale, alors que le morgon La Ballofière se montre plus dur en bouche. Dans la gamme des sans-soufre 2011, le fleurie apparaît délicat et suave, très floral, mais manque de précision aromatique avec une finale brouillonne. Le morgon se montre plus coloré est aussi plus vigoureux, plus épanoui, net et précis dans la définition aromatique et dans l'extraction des tanins. Il constitue un beau vin dans la série. Ne manquez pas le splendide moulin-à-vent, offrant l'expression la plus naturelle et sincère de la série. On est séduit pas sa bouche de pivoine, de poivre blanc, rehaussée en finale par un fumé délicat. Une superbe bouteille !

■ Beaujolais-Villages Tracot 2011	n.c.	13
■ Brouilly La Bruyère et Piereux Vieilles Vignes 2011	n.c.	14,5
■ Fleurie Le Vivier 2011	n.c.	14
■ Fleurie Sans Soufre 2011	n.c.	14,5
■ Morgon La Ballofière 2011	n.c.	13,5
■ Morgon Sans Soufre 2011	n.c.	16
■ Moulin-à-Vent Sans Soufre 2011	n.c.	16,5

Rouge : 20,5 hectares.
Gamay 100 %
Blanc : 0,5 hectare.
Chardonnay 50 %, Viognier 50 %
Production moyenne : 150 000 bt/an

Domaine Jean-Paul Dubost, Le Tracot, 69430 Lantignié
Tél. : 04 74 04 87 51 **Fax :** 04 74 69 27 33
E-mail : j.p-dubost@wanadoo.fr
Site : www.domaine-dubost.com
Vente : au domaine
Tous les jours de 8h à 12h et de 14h à 18h.
Propriétaire : Jean-Paul Dubost

■ Domaine Labruyère
MOULIN-À-VENT

L a famille Labruyère, également propriétaire du domaine Jacques Prieur à Meursault et du château Rouget à Pomerol, détient ce domaine viticole depuis 1830. Après avoir livré durant de longues années sa récolte au négociant Georges Duboeuf, Jean-Pierre Labruyère, avec son fils Edouard depuis 2008, a modernisé la cuverie et agrandi le domaine, par l'acquisition notamment du splendide et légendaire clos du Moulin-à-Vent, en 2000. Au total, 13 ha uniquement sur Moulin-à-Vent, vinifiés par Nadine Gublin, du domaine Jacques Prieur. Aujourd'hui, trois cuvées sont produites : la cuvée domaine, la Grande Cuvée et Le Clos, en attendant l'arrivée, avec le millésime 2011, du Clos du Carquelin. La volonté d'obtenir des maturités poussées du gamay est ici évidente et la méthode de vinification, inspirée de la Bourgogne, en vendanges égrappées, donne un style très séducteur avec des tanins charmeurs, ronds et suaves. Une étoile pourrait arriver rapidement !

Les vins : deux beaux 2010, avec une Grande Cuvée qui affiche une couleur sombre, une expression de fruit éclatante et une matière longue et séduisante. Si le vin se montre déjà chatoyant, il pourra se garder facilement sur quelques années. Dégusté avant sa mise en bouteilles, le Clos du Moulin 2010 est une belle réussite dans le millésime, avec une minéralité superbe au nez et en bouche et une matière de premier ordre. Très belle garde prévisible.

- ■ Moulin-à-Vent Grande
  Cuvée 2010   9,50 €   15
- ■ Moulin-à-Vent Le Clos du Moulin
  Monopole 2010   15 €   17

Rouge : 13 hectares.
Gamay 100 %
Domaine Labruyère, 310, rue des Thorins,
71570 Romanèches-Thorins
Tél. : 03 85 20 38 18 **Fax :** 03 85 38 89 90
E-mail : veronique.calloch@groupe-labruyere.com
Vente : au domaine
Sur rendez-vous.
Propriétaire : Héritiers Labruyère
Directeur : Edouard Labruyère

■ Domaine Hubert Lapierre

CHÉNAS

Si ce domaine possède un magnifique patrimoine de très vieilles vignes (pas loin de 90 ans pour certaines parcelles), nous sommes déçus par les derniers millésimes. Dans un style facile (évoquant la thermovinification), certaines cuvées présentent un goût de fruits primaires en finale, manquant de classe et de raffinement,

alors que la cuvée élevée en fûts offre une expression boisée tellement dominante que le vin en devient totalement anesthésié ! Nous retirons son étoile au domaine.

Les vins : la simple cuvée de chénas 2011 est pleine de fruit, avec cependant un petit goût levuré en finale. Nous lui préférons la première cuvée de moulin-à-vent dans le même millésime. En vieilles vignes, le chénas offre davantage de chair et de profondeur, mais possède toujours cette note levurée en finale, tout comme le moulin-à-vent dans la même cuvée. Le chénas élevé en fûts se révèle totalement dominé par les arômes de la barrique et a perdu tout naturel !

- ■ Chénas 2011   6,10 € 13,5
- ■ Chénas Fût de Chêne 2010   11 €   13
- ■ Chénas Vieilles Vignes 2011 6,80 € 14,5
- ■ Moulin-à-Vent 2011   6,80 € 14,5
- ■ Moulin-à-Vent Vieilles
  Vignes 2011   7,50 € 14

Rouge : 3,3 hectares.
Gamay 100 %
Domaine Hubert Lapierre, 1847, route des Deschamps, Les Gandelins 71570 La Chapelle-de-Guinchay
Tél. : 03 85 36 74 89 **Fax :** 03 85 36 79 69
E-mail : hubert.lapierre@orange.fr
Site : www.domaine-lapierre.com
Vente : au domaine
Tous les jours de 9h à 12h et de 14h à 19h, de préférence sur rendez-vous.
Propriétaire : Hubert Lapierre

■ Château du Moulin-à-Vent

MOULIN-À-VENT

Jean-Jacques Parinet, ancien président fondateur de la société Orsyp (logiciel informatique), achète en mars 2009 cette magnifique propriété de Moulin-à-Vent. De profonds investissements sont réalisés à la vigne et au chai. Plusieurs terroirs prestigieux, dont les Vérillats et Champ de Cour, agrémentent cette propriété de 30 ha de vignoble. Le chef de cave Guillaume Berthier possède toute latitude pour produire et vinifier des grands vins de terroir. Si les vins possèdent indiscutablement du fond, de la tenue et une très belle matière, on peut leur reprocher d'être marqués par des boisés dominants dans les fins de bouche. Cependant, il faut reconnaître l'esprit très moderne, le caractère généreux et ambitieux de l'ensemble de la production. Si les vins ne se montrent pas à leur avantage dans leur jeunesse, le temps les épanouira. Patience donc...

Les vins : en 2011, le Couvent des Thorins affiche un caractère un peu technique et assez simple, nous lui préférons nettement le 2010, offrant une expression plus naturelle du fruit et une fine évolution, qui sera appréciable dans les mois qui viennent. La cuvée du château 2011 (dégusté sur fût) est aujourd'hui dominée par son élevage. Le 2010, aux tanins assez fermes, montre le potentiel de cette année, avec cependant une marque de l'élevage toujours assez présente en finale. Le Croix des Vérillats 2011, toujours dans un registre fortement toasté, manque aujourd'hui d'harmonie, le fruit étant anesthésié par la barrique, ce qui est également le cas du 2010. Le Champ de Cour 2011 apparaît assez pur, avec une prise de bois plus discrète. Très beau 2010, plus minéral, plein et savoureux en finale.

■ Moulin-à-Vent 2011	16,90 €	15	
■ Moulin-à-Vent 2010	16,90 €	15	
■ Moulin-à-Vent Champ de Cour 2011	25,90 €	17	
■ Moulin-à-Vent Champ de Cour 2010	25,90 €	17	
■ Moulin-à-Vent Couvent des Thorins 2011	11,90 €	13,5	
■ Moulin-à-Vent Couvent des Thorins 2010	11,90 €	15	
■ Moulin-à-Vent Croix des Vérillats 2011	23,30 €	16	
■ Moulin-à-Vent Croix des Vérillats 2010	23,30 €	16	

Rouge : 30 hectares.
Gamay 100 %
Château du Moulin-à-Vent, 4, rue des Thorins, 71570 Romanèche-Thorins
Tél. : 03 85 35 50 68
E-mail : info@chateaudumoulinavent.com
Site : www.chateaudumoulinavent.com
Vente : au domaine
Du lundi au vendredi de 9h à 12h et 14h à 18h.
Le week-end sur rendez-vous.
Propriétaire : Jean-Jacques Parinet
Directeur : Guillaume Berthier

■ Domaine des Nugues
BEAUJOLAIS-VILLAGES

Le domaine possède l'essentiel de son vignoble dans les appellations génériques Beaujolais et Beaujolais-Villages, et quelques parcelles en crus sur Morgon (1 ha) et Fleurie (6 ha).

L'âge des vignes est assez élevé et les vins produits par Gilles Gelin, assez extraits dans leur jeunesse, s'imposent par un style structuré.

Les vins : léger, le blanc (chardonnay) se révèle souple et tendre, à boire dans l'année ; mais à 9,50 €, on peut trouver mieux ! Plus dense que le 2009, le simple beaujolais-villages 2010 affiche des tanins présents en finale. Une bonne année de garde lui sera bénéfique. Elégant, le morgon 2010 est floral et minéral à la fois, doté de tanins joliment extraits, donnant un vin juteux en finale. Plus corsé, le fleurie 2010 s'impose davantage par une matière ample et longue, avec un meilleur potentiel de garde. Limitée à 3 000 bouteilles, la cuvée Pierre est vinifiée dans la pure tradition beaujolaise : l'élevage en foudres donne un vin élégant, long et suave, rentrant dans un registre aromatique secondaire. Il sera intéressant de suivre son évolution.

☐ Beaujolais-Villages 2011	9,50 €	13	
■ Beaujolais-Villages 2010	7,50 €	14,5	
■ Beaujolais-Villages Pierre 2009	15 €	15,5	
■ Fleurie 2010	10 €	15,5	
■ Morgon 2010	9,50 €	15	

Rouge : 27,2 hectares.
Gamay 100 %
Blanc : 0,8 hectare.
Chardonnay 100 %
Production moyenne : 140 000 bt/an

Domaine des Nugues, Les Pasquiers, 40, rue de la Serve, 69220 Lancié
Tél. : 04 74 04 14 00 **Fax :** 04 74 04 16 73
E-mail : earl-gelin@wanadoo.fr
Site : www.domainedesnugues.com
Vente : au domaine
Sur rendez-vous.
Propriétaire : Gilles Gelin
Directeur : Gilles Gelin

■ Domaine Robert Perroud
BROUILLY

Robert Perroud incarne depuis maintenant quelques années la jeune génération beaujolaise, motivée pour redonner à ce vignoble ses lettres de noblesse. Son credo porte essentiellement sur la valorisation des terroirs, passant par la défense des méthodes de vinification traditionnelles propres au Beaujolais. Un travail qu'il met en œuvre sur ses différents vins, issus de parcelles fort bien situées sur la côte de Brouilly et à Brouilly.

Les vins : l'Enfer des Balloquets 2011 (dégusté avant sa mise en bouteilles) est un brouilly magnifique, au fruit explosif, offrant de la salinité en finale. En 2010, la cuvée Pollen s'est refermée et n'exprime pas encore totalement tout son potentiel ; l'attendre est indispensable. A l'inverse, le 2009 apparaît très épanoui, sur un bouquet de pivoine et d'épices. En Côte de Brouilly, le Foudre n°5 2010 (issu d'une parcelle de 1,23 ha) se distingue toujours par sa délicatesse de fruit et de tanins, sans posséder une matière très dense. Son harmonie est construite sur la fraîcheur du fruit. La Fournaise du Pérou 2010, comme la cuvée Pollen, est entrée dans une phase d'austérité et de réserve qui la rend timide en bouche ! Nous lui préférons aujourd'hui le très complet 2009, long et savoureux.

- Brouilly L'Enfer des Balloquets 2011 — 10,90 € cav. 15,5
- Brouilly Pollen 2010 — 12,30 € cav. 15
- Brouilly Pollen 2009 — 12,50 € cav. 15,5
- Côte de Brouilly Foudre n°5 2010 — 10,70 € cav. 15
- Côte de Brouilly La Fournaise du Pérou 2010 — 12,30 € cav. 15,5
- Côte de Brouilly La Fournaise du Pérou 2009 — 12,50 € cav. 16

Rouge : 12 hectares.
Gamay 100 %
Blanc : 1 hectare.
Viognier 30 %, Chardonnay 70 %
Production moyenne : 63 000 bt/an

Domaine Robert Perroud, Les Balloquets, 69460 Odenas
Tél. : 04 74 04 35 63 **Fax :** 04 74 04 35 63
E-mail : robertperroud@wanadoo.fr
Site : www.terroirs-originels.com
Vente : au domaine
Sur rendez-vous.
Propriétaire : Robert Perroud

NOUVEAU DOMAINE

■ Château de la Pierre
RÉGNIÉ

Propriété de la maison de négoce Loron depuis le début des années 1980, ce domaine a connu depuis quelques années une importante mutation, avec la volonté de Xavier Barbet et de son vinificateur Jean-Pierre Rodet de produire des vins « nature », sans ajout de sulfites durant les vinifications et les mises en bouteilles. Un choix qui se confirme être le bon, au regard de la qualité des derniers millésimes produits ! Profitez des excellents rapports qualité-prix.

Les vins : la Cuvée sans SO_2 2010 possède, pour un régnié, une structure de premier ordre, sur des tanins présents mais joliment extraits. La bouche, pleine, longue en finale, offre la dimension d'un beau gamay. Le magnifique 2009 a conservé une robe sombre. En bouche, les épices, liées à un haut niveau de maturité et de concentration, offrent des saveurs complexes, et le vin termine sur une note de graphite en finale.

- Régnié Cuvée sans SO_2 2010 — 8,50 € 15,5
- Régnié Cuvée sans SO_2 2009 — 8,50 € 16,5

Rouge : n.c..
Gamay 100 %
Blanc : n.c..
Chardonnay 100 %
Production moyenne : n.c.

Château de la Pierre, 1846, RN 6, Pontanevaux, 71570 La Chapelle-de-Guinchay
Tél. : 03 85 36 81 20 **Fax :** 03 85 33 83 19
E-mail : vinloron@loron.fr
Site : www.loron.fr
Pas de visites.
Propriétaire : Xavier Barbet

■ Domaine des Pierres
CHÉNAS

Georges Trichard est une personnalité connue et respectée dans le Beaujolais pour son caractère bien trempé et son esprit passionné. Souvent honorés dans les concours, ses vins offrent une parfaite définition. Le saint-amour brille par son fruit et sa souplesse. Amples et charnus, les chénas n'ont rien à envier aux grands moulin-à-vent. Les cuvées élevées en fûts de chêne sont élaborées avec une grande maîtrise et un bon respect du fruit.

Les vins : le blanc 2010 est mou avec une évolution aromatique, d'un style vieillissant. Eclatant saint-amour 2011, regorgeant de fruit au nez et en bouche et possédant des tanins raffinés et soyeux, c'est un vin revigorant de fraîcheur et de plaisir. Le chénas (fût de chêne) 2010 est plus profond, « terrien » et bâti pour la garde. Il exprime déjà une fine évolution, mais les tanins ont encore besoin d'un peu de temps.

- ☐ Beaujolais 2010 — 6 € 12,5
- ■ Chénas Fût de Chêne 2010 — 7 € 16

■ Saint-Amour 2011   7 € 15,5

Rouge : 10,5 hectares.
Gamay 100 %
Blanc : 0,63 hectare.
Chardonnay 100 %
Production moyenne : 67 000 bt/an

Domaine des Pierres, 2775, Route de Juliénas,
71570 La Chapelle de Guinchay
Tél. : 03 85 36 70 70 **Fax :** 03 85 33 82 31
E-mail : georges.trichard71@orange.fr
Vente : au domaine
Tous les jours de 8h à 12h et de 14h à 20h.
Propriétaire : Georges Trichard
Directeur : Jean-François Trichard

■ Villa Ponciago
FLEURIE

C e domaine historique de Fleurie, situé au
nord de l'appellation, a été repris en 2008
par la famille Henriot. Il possède un vignoble de
coteaux, avec des pentes raides pouvant atteindre 60 %. La parcelle des Hauts du Py est l'un
des points culminants de l'appellation (410 m).
Le millésime 2008 n'a pas été commercialisé.
Thomas Henriot et son équipe ont commencé
avec l'excellent millésime 2009. Trois cuvées
sont produites : La Réserve (issue d'une sélection des meilleures parcelles du domaine), Les
Hauts du Py (terroir d'altitude) et La Roche
Muriers (coteaux).

Les vins : le 2010 de la cuvée La Réserve est
un peu court et faible en bouche. Il commence
à évoluer ! Plus franc, les Hauts du Py
commence à digérer son élevage, biens que l'influence du toast soit encore présent en finale.
On peut commencer à le boire, mais un passage en carafe est nécessaire. Un peu réduit, La
Roche Muriers 2009 se révèle assez profond,
possédant de la chair et de l'amplitude en finale.
C'est un beau vin complet qui évoluera encore.

■ Fleurie Grande Cuvée La Roche
  Muriers 2009   22 € 15,5
■ Fleurie La Réserve 2010   11,50 € 13
■ Fleurie Les Hauts du Py 2010 14,50 € 14,5

Rouge : 49 hectares.
Gamay 100 %
Blanc : n.c.
Production moyenne : n.c.

Villa Ponciago, BP 6, 69820 Fleurie
Tél. : 04 37 55 34 75 **Fax :** 04 37 55 35 87

E-mail : contact@villaponciago.fr
Site : www.villaponciago.fr
Pas de visites.
Propriétaire : Groupe familial Henriot
Directeur : Thomas Henriot

■ Domaine Bernard Santé
CHÉNAS

B ernard incarne la quatrième génération des
vignerons de la famille Santé. Situé dans
les secteurs de Chénas et de Juliénas, ce bon
domaine traditionnel donne un coup de patte
charmeur à tous ses vins.
Les vins : très belle série de vins dans le millésime 2011. Un chénas très complet, même si
aujourd'hui il fait preuve d'une certaine austérité
en fin de bouche avec des tanins un peu accrocheurs ! Le juliénas dévoile une bouche veloutée
et particulièrement florale, exprimant d'intenses
notes de pivoine et de rose fraîche. Toujours
plus puissant, le duo moulin-à-vent et chénas
vieilles vignes porte le haut potentiel de ces deux
crus, avec un caractère plus puissant et structuré
pour une longue garde.

☐ Beaujolais 2011   6,50 € 13
■ Chénas 2011   7,50 € 14,5
■ Chénas Vieilles Vignes Fût de
  Chêne 2011   8,50 € 16,5
■ Juliénas 2011   7,50 € 15
■ Moulin-à-Vent 2011   8,50 € 16,5

Rouge : 10 hectares.
Gamay 100 %
Blanc : 1 hectare.
Gamay 100 %
Production moyenne : 45 000 bt/an

Domaine Bernard Santé, 3521, route de
Juliénas, 71570 La-Chapelle-de-Guinchay
Tél. : 03 85 33 82 81 **Fax :** 03 85 33 84 46
E-mail : earl.sante-bernard@wanadoo.fr
Vente : au domaine
Sur rendez-vous.
Propriétaire : Bernard Santé

Champagne

La magie des bulles

Le vignoble champenois couvre un peu plus de 32 000 hectares, pour l'essentiel dans les départements de la Marne, de l'Aube et de l'Aisne, tous trois en limite nord de la maturité possible du raisin. Les vendanges sont donc habituellement pauvres en sucre et riches en acide malique. Avec beaucoup d'audace et de savoir-faire, les Champenois ont transformé la faiblesse initiale de la matière première en force. Ils ont mis au point une technique capable d'exalter la finesse du raisin et de rendre supportable l'acidité d'un fruit qui a du mal à mûrir parfaitement. La prise de mousse en bouteille équilibre l'acidité par les bulles et épanouit la saveur minérale du raisin, due à la craie sur laquelle pousse la vigne. Quant au mélange savant dans l'élaboration d'une cuvée de raisins de plusieurs origines et, pour les bruts sans année, de plusieurs millésimes, il s'explique par la nécessité de compenser les défauts d'une origine et d'une année par les qualités d'une autre, et réciproquement.

L'élaboration d'un bon champagne exige une importante main-d'œuvre, pour la manipulation du vin, et beaucoup de temps, donc d'argent. Une immobilisation en cave de quatre ou cinq récoltes décide de la plus haute qualité possible, que seule est en mesure de garantir, au sein des maisons champenoises, une trésorerie solide.

Trois familles se partagent le marché moderne du champagne :

- Les maisons de négoce traditionnelles (N.M., négociant-manipulant, code inscrit au bas des étiquettes) disposent d'un vignoble plus ou moins étendu et achètent à un grand nombre de vignerons différents. Elles sont donc plus à même d'élaborer des cuvées complexes, d'autant plus nécessaires que les volumes à fournir sont importants. Leur force commerciale a répandu le champagne sur toute la planète ; elles contribuent ainsi fortement, par leur image de marque, au prestige du produit.

- Les caves coopératives (C.M.) fournissent, pour l'essentiel, les maisons de négoce en raisin ou en vin tranquille (le vin avant sa champagnisation), mais développent des marques commerciales de champagne qui fonctionnent comme celles des maisons de négoce.

Pour exemple : Nicolas Feuillate ou Veuve A. Devaux. En échangeant leurs raisins, elles aussi peuvent élaborer des cuvées complexes. Elles cèdent aussi une partie de leurs vins à des coopérateurs qui font croire qu'ils élaborent le vin eux-mêmes puisqu'ils mettent leur nom sur l'étiquette ; seules les initiales R.C. (récoltant-coopérateur), inscrits en minuscule au bas de l'étiquette, révèlent le subterfuge.

- Les vrais vignerons élaborateurs, appelés dans le jargon champenois les récoltants-manipulants (R.M.), n'offrent à la vente que le produit, forcément limité, de leur propre vignoble. Leurs assemblages sont a priori moins complexes que ceux des grandes maisons. Toutefois, les meilleurs compensent, à terroir égal, par des rendements moindres et un haut niveau de viticulture. Dans les grandes années, leurs vins possèdent un cachet difficile à égaler. Ils exportent peu et fournissent à la clientèle française une bouteille sur deux. Enfin, ces trois familles peuvent produire des champagnes de marque auxiliaire (M.A.), pour une marque ou un marché particulier.

PRINCIPAUX CÉPAGES

La Champagne produit plus de 300 millions de bouteilles par an sous la seule et même appellation Champagne. Trois principaux cépages y sont plantés et peuvent être utilisés seuls ou assemblés.

• **Le pinot meunier :** donne des vins fruités, peu acides, d'un développement rapide. Dans un assemblage, il apporte de la souplesse et sert surtout à lier les qualités dissemblables des deux autres cépages. Ses lieux de prédilection sont les coteaux de l'Aisne et ceux du début de la vallée de la Marne.

• **Le pinot noir :** désormais le premier cépage planté en Champagne, il donne des vins plus corsés, légèrement plus délicats à presser pour éviter que le jus soit coloré, peu acides après fermentation malolactique, et souvent médiocres en petite année. Il domine dans l'Aube, dans la Montagne de Reims et au cœur de la

LE VIGNOBLE DE CHAMPAGNE

Superficie
32 902 hectares

Cépages principaux
Rouge :
Pinot noir
Pinot meunier
Blanc :
Chardonnay

Volume produit
303 750 hectolitres

Nombre
d'appellations
3

Aÿ • Grands Crus

vallée de la Marne. Le vin, issu uniquement des deux pinots ou d'un seul, peut s'appeler blanc de Noirs.

• **Le chardonnay :** apporte de la fraîcheur, de la finesse et du nerf dans les assemblages. Seul, c'est sous la dénomination blanc de Blancs qu'il favorise la production de vins légers et destinés à l'apéritif. On le trouve sur la côte des Blancs et sur la rive gauche de la Marne, avec des îlots privilégiés dans la Montagne de Reims, où il produit des champagnes plus charpentés.

LES TERROIRS ET LES ZONES DE PRODUCTION

La plupart des champagnes des grandes maisons sont des vins d'assemblage composés de raisins provenant de plusieurs communes. Mais les récoltants-manipulants proposent des vins de crus exprimant une typicité particulière.

• **L'Aisne :** élaborés avec une dominante de meunier, les vins ont progressé. Ils sont souples et légers. Mais la majorité des récoltants-manipulants manque encore de technique.

• **La petite vallée de la Marne :** de Dormans à Venteuil, elle donne des vins du même type, à peine plus corsés.

• **La grande vallée de la Marne :** de Cumières à Mareuil-sur-Aÿ, elle produit les plus somptueuses cuvées de pinot noir. En grande année, elles atteignent leur apogée entre six et douze ans et s'assortissent particulièrement à table avec les viandes blanches et les gibiers à plume.

• **La Montagne de Reims :** le sud, vers Ambonnay et Bouzy, donne des vins surtout de pinot noir, corsés et de caractère, plus harmonieux à Ambonnay, plus terriens à Bouzy. A Verzy et Verzenay, les pinots noirs, issus de terroirs froids, produisent des vins plus nerveux et moins parfaits si on ne les assemble pas avec une proportion de raisins blancs. On en trouve d'excellents dans les villages proches de Trépail et de Villers-Marmery. Vers Chigny-les-Roses et Ludes, un encépagement équilibré engendre des vins universels, bons de l'apéritif au dessert.

• **La côte des Blancs :** elle vaut pour la finesse et l'éclat de ses chardonnays (blancs de Blancs) et se termine à Vertus.

• **L'Aube :** produit des vins réguliers, bien charpentés, souvent plus mûrs et donc moins frais, à fort caractère de terroir. Dans le secteur des Riceys, le pinot noir trouve une finesse exceptionnelle égalant au vieillissement celle de la vallée de la Marne.

LES DIFFÉRENTS CHAMPAGNES

• **Le champagne rosé :** la Champagne est la seule région française où il est autorisé de produire du rosé en mélangeant du vin rouge de coteaux champenois (entre 10 et 15 %) à du blanc avant champagnisation. L'autre technique consiste à champagniser un vin rosé, obtenu par un pressurage un peu plus appuyé des raisins rouges ou par une courte vinification avec les peaux noires du raisin (saignée). Cette dernière technique produit un champagne à la teinte soutenue.

• **Extra-brut, brut, dry, demi-sec :** ces dénominations désignent des champagnes qui vont du plus sec au moins sec, selon la proportion de liqueur d'expédition ajoutée. "Non dosé", "brut intégral" ou "brut nature" indique l'absence de toute liqueur (et donc les champagnes les plus secs), le remplissage de la bouteille ne se faisant qu'avec du vieux vin tranquille. Le champagne brut contient moins de 12 grammes de liqueur de dosage.

• **Blanc de blancs :** champagne produit exclusivement à partir de raisins blancs de chardonnay. À l'inverse, blanc de Noirs désigne un champagne produit à partir de raisins noirs de pinot noir et ou de pinot meunier.

GRAND CRU, PREMIER CRU

Ces deux mentions définissent des champagnes provenant exclusivement de vignobles classés à 100 % pour la première, et de 90 à 99 % pour la seconde. Ce sont généralement les récoltants-manipulants qui revendiquent ce classement, tandis que les maisons de négoce préfèrent donner à leurs acheteurs la "moyenne" de classement de leurs approvisionnements (sur leurs plaquettes publicitaires), mais se gardent bien de l'imprimer sur l'étiquette : rien d'étonnant dans un univers dominé par l'assemblage.

MILLÉSIME

Dans les grandes années, les maisons comme les vignerons peuvent millésimer leur champagne. Le vin contenu dans la bouteille est donc issu d'une seule et même année. En règle générale, cinq à six années sont millésimées par décennie.

Champagne
Nos bonnes adresses

HÔTELS

■ Hostellerie la Briqueterie
Relais et châteaux, chambres de grand luxe au calme. À partir de 200 €. 4, route de Sézanne, 51530 Vinay. Tél. : 03 26 59 99 99.

■ Les Grains d'Argent
Joli hôtel contemporain et belle table créative. De 80 à 117 € la nuit. 1, allée du Petit Bois, 51530 Dizy. Tél. : 03 26 55 76 28.

■ La Villa Eugène
Très chic, dans une magnifique demeure du XIXe siècle. De 100 à 250 € la nuit. 82/84, avenue de Champagne, 51200 Épernay.
Tél. : 03 26 32 44 76.

■ Château de Juvigny
Chambres très charmantes, avec petit-déjeuner servi dans l'ancienne cuisine du château. De 110 à 130 € la nuit. 51150 Juvigny.
Tél. : 06 78 99 69 40.

■ Les Crayères
Relais et Châteaux. Entre 290 et 530 € la nuit. 64, boulevard Henry-Vasnier, 51100 Reims.
Tél. : 03 26 82 80 80.

■ Royal Champagne
Grand luxe et standing. Chambres entre 205 et 380 €. RN 31, 51160 Champillon.
Tél. : 03 26 52 87 11.

■ Manoir de Montflambert
Jolies chambres spacieuses. De 95 à 105 €.
51160 Mutigny. Tél. : 03 26 52 33 21.

CHAMBRES D'HÔTES

■ Champagne Ployez-Jacquemart
Très belle maison de maître avec cinq vastes chambres, chacune décorée selon un thème différent. Au menu : dîner aux chandelles et, bien sûr, au champagne. Chambres à partir de 120 € l'été. 5, rue Astoin, 51500 Ludes. Tél. : 03 26 61 12 20. www.ployez-jacquemart.fr

■ Chambres d'hôtes Eric Isselée
Trois chambres coquettes au sein du domaine, avec vue sur les vignes. De 45 à 60 € la nuit. 350, rue des Grappes-d'Or, 51530 Cramant.
Tél. : 03 26 57 54 96.

■ L'Atelier des Artistes
Trois chambres d'hôtes sur l'exploitation des champagnes Girardin. À partir de 58 € la nuit. 19, rue du Bas, 51530 Mancy.
Tél. : 03 26 59 70 78.

■ Les Barbotines
Cinq chambres d'hôtes soignées au domaine Paul Clouet. 90 € la nuit. 10, rue Jeanne-d'Arc, 51150 Bouzy. Tél. : 03 26 57 07 31.

■ Maison d'Hotes La Parenthèse
Entre la maison d'hôtes et le gîte. Beaucoup de charme. Minimum 2 nuits, à partir de 160 €. 83, rue Clovis, 51100 Reims. Tél. : 03 26 40 39 57.

■ Domaine de la Creuse
De 85 à 100 €. Moussey, 10800 Saint-Léger-près-Troyes. Tél. : 03 25 41 74 01.

RESTAURANTS

■ La Vigne d'Adam
Une sélection impeccable, 700 références à la carte et 300 à emporter pour ce restaurant-cave niché dans un petit village mosellan. 50, rue du Général-de-Gaulle, 57050 Plappeville. Tél. : 03 87 30 36 68.

■ Le Mesnil
Élégant décor d'époque et belle cuisine, forte en goûts et en saveurs. Menus de 34 à 45 €.
2, rue Pasteur, 51190 Le Mesnil-sur-Oger.
Tél. : 03 26 57 95 57.

■ Les Berceaux
Décor droit et classique. Belle cuisine. Menus à 58 et 69 €. 13, rue des Berceaux, 51200 Épernay. Tél. : 03 26 55 28 84.

■ Le Foch
Une des valeurs sûres de Reims, entre classicisme et audace. De 33 à 80 €. 37, boulevard Foch, 51100 Reims. Tél. : 03 26 47 48 22.

■ Les Crayères
Superbe demeure, grande cuisine et cave de premier ordre. De 150 à 305 €. 64, boulevard Henry-Vasnier, 51100 Reims.
Tél. : 03 26 82 80 80.

■ L'Assiette champenoise.
Grand confort et cuisine contemporaine de très haut niveau. De 65 à 150 €. 40, avenue Paul-Vaillant-Couturier, 51430 Tinqueux.
Tél. : 03 26 84 64 64.

■ La table Kobus
Belle carte des vins, avec 70 références de champagnes. Menus de 26 à 46 €.
3, rue du Docteur-Rousseau, 51200 Épernay.
Tél. : 03 26 51 53 53.

■ Agrapart et Fils

CHAMPAGNE

★★★

L a famille Agrapart, implantée depuis la fin du XIXᵉ siècle, possède un superbe patrimoine de chardonnay Grand cru à Avize, Cramant, Oger et Oiry, valorisé par des méthodes de culture et de vinification artisanales, respectueuses du milieu naturel. Représentant la nouvelle génération, Pascal, qui revendique haut et fort son appartenance aux récoltants-manipulants, a étendu la gamme en déclinant les cuvées parcellaires (fermentations malolactiques faites). Ce sont désormais des références dans l'expression appuyée de la matière et de la minéralité champenoise. Les fins de bouche sont claires (peu ou non dosées), les saveurs persistantes sur des notes d'oxydation ménagées et salines. Le vieillissement en cave aidant, la finesse des bulles est remarquable. Un domaine exigeant qui montre la voie à une Côte des Blancs qui se laisse trop souvent aller à la facilité. La gamme dégustée cette année était issue d'un dégorgement de mai 2012 (mentionné sur les contre-étiquettes).

Les vins : nous sommes impressionnés par la précision radicale de toute la gamme, à commencer par la nouvelle cuvée Expérience 7, magnifique de crayeux et de sobriété. De garde. Autre immanquable nouveauté, la cuvée Complanté, issue de six cépages en jeunes vignes, au jus délicat, savoureux et miellé dans son attaque, bien sec dans sa finale. Le millésime 2006, tendre, sphérique, déjà bien ouvert, se décline en un Minéral superbe de générosité, avec une juste dentelle de bulles qui portent en douceur des notes salines, et dans la version L'Avizoise, d'une incroyable franchise et profondeur pour un 2006, millésime souvent superficiel. Et qu'écrire sur Venus ! Champagne ample, callipyge, aux volutes pâtissières, qui conclut sur de très longues saveurs mi-crémeuses, mi-minérales. Magistral.

☐ Brut Blanc de Blancs Expérience 7
Crus   n.c.   17

☐ Brut Nature Grand Cru Blanc de
Blancs Venus 2006   n.c.   18

☐ Extra Brut Complanté 2008   n.c.   15

☐ Extra Brut Grand Cru Blanc de
Blancs L'Avizoise 2006   n.c. 17,5

☐ Extra Brut Grand Cru Blanc de
Blancs Minéral 2006   n.c. 16,5

☐ Extra Brut Grand Cru Blanc de
Blancs Terroirs   n.c.   15

Rouge : 0,5 hectare.
Blanc : 9,5 hectares.
Pinot noir et meunier 0,5 %, Arbane 0,5 %, Pinot blanc et auxerrois 0,5 %, Chardonnay 93 %, Petit meslier 0,5 %, Pinot noir 5 %
Production moyenne : 80 000 bt/an

Agrapart et Fils, 57, avenue Jean-Jaurès, 51190 Avize
Tél. : 03 26 57 51 38 **Fax :** 03 26 57 05 06
E-mail : champagne.agrapart@wanadoo.fr
Site : www.champagne-agrapart.com
Vente : au domaine
Sur rendez-vous pour dégustation.
Propriétaire : Pascal Agrapart

■ Bollinger

CHAMPAGNE

★★★

C ette maison de haute qualité, encore familiale, produit des champagnes d'un style vineux, avec une base majoritaire de pinot noir vinifié en fûts. De grands vins capables de défier les années avec sérénité et de s'imposer tant en apéritif qu'en cours de repas. L'important vignoble du domaine, qui couvre 70 % de ses besoins en raisins, doublé d'un cahier des charges de production draconien, expliquent la haute régularité et l'intensité de la gamme. Le champagne brut non millésimé – sur lequel on juge une maison –, baptisé, ici, Spécial Cuvée, est de loin le meilleur de sa catégorie. Rappelons que la rare cuvée RD signifie « récemment dégorgé », c'est-à-dire que le vin vieillit environ dix ans en cave, sur ses lies, sous bouchon de liège, et n'est dégorgé qu'à la veille de sa commercialisation, afin de conserver une fraîcheur intégrale. Bollinger est également désormais propriétaire du champagne Ayala, des maisons de négoce Chanson en Bourgogne et Langlois-Château à Saumur.

Les vins : le brut Spécial Cuvée est un champagne très mûr, vineux, charnu et qui revient dans l'univers de la fraîcheur par l'éclat fruité de la fin de bouche des derniers tirages. Les rosés sont toujours passionnants. Le brut est un grand rosé non millésimé, expressif pour les amoureux de notes « pinotantes » de clafouti sucré, de table et d'apéritif. Sa bulle est un peu plus active que dans le Spécial Cuvée. Archétype du rosé de fort caractère, le Grande Année 2004 qui a la difficile tâche de passer après le 2002, s'appuie sur de persistantes notes racinaires et végétales nobles. Destiné au homard. Le blanc Grande Année

2002 évoque la tarte à la rhubarbe, les fruits blancs en gelée. La bouche dense, intense, au goût puissant de raisin noir.

☐ Brut La Grande Année 2002	99 € cav.	18
☐ Brut Spécial Cuvée	40 € cav.	15
▦ Brut Rosé	55 € cav.	15,5
▦ Brut Rosé La Grande Année 2004	125 € cav.	17,5

Rouge : 127 hectares.
Meunier ou Pinot Meunier 20 %, Pinot noir 80 %
Blanc : 37 hectares.
Chardonnay 100 %
Production moyenne : n.c.

Bollinger, 16, rue Jules-Lobet, BP 4, 51160 Aÿ
Tél. : 03 26 53 33 66 **Fax :** 03 26 54 85 59
E-mail : contact@champagne-bollinger.fr
Site : www.champagne-bollinger.com
Pas de visites.
Propriétaire : Société Jacques Bollinger
Directeur : Jérôme Philipon

■ Egly-Ouriet
CHAMPAGNE
★★★

S elon Francis Egly, « les vignes, c'est comme les chevaux : si tu veux bien les maîtriser, il faut les faire naître ». Ce cavalier-éleveur sait de quoi il parle, lui qui possède un vignoble approchant les 40 ans d'âge, construit par sa famille autour de sélections massales remarquables, à l'origine de la saveur rare de ses raisins et donc de ses champagnes. Depuis trois générations, la famille a édifié un patrimoine de vignes en grand cru (9,7 ha) à Bouzy, Verzenay et surtout Ambonnay (7,7 ha), au cœur du terroir. En premier cru (vigne arrivée du côté de Madame), elle dispose de 2 ha en pinot meunier sur le terroir de Vrigny, dans la vallée de la Marne. A rebours d'une Champagne qui vend ses bouteilles de plus en plus jeunes, Francis Egly, à la suite de son père Michel, construit patiemment un trésor qui lui permet de commercialiser ses bruts après quatre ans de vieillissement, et ses millésimés au-delà de six ans. Tous les vins sont vinifiés en barriques (depuis 1995), sans fermentation malolactique (depuis 1999), afin de conserver davantage de fraîcheur. Les dates de dégorgement sont mentionnées sur les contre-étiquettes.

Les vins : savoureux, charnu et frais, sur des notes de fougères, et de fruits blanc sucrés, les Vignes de Vrigny, dégorgé en novembre 2011, est un pinot meunier séduisant et construit. Le

Tradition grand cru (dégorgement 01/12) monte en tonicité, en intensité de saveur. Toujours très jeune à sa sortie, nous conseillons de le laisser reposer un an. Surtout en comparaison avec le blanc de Noir grand cru (dégorgement 01/12), déjà tellement savoureux, profond, un immense délice. Le rosé grand cru (dégorgement 11/11) affiche son fort caractère vineux dans des notes plus tendues, fruitées que l'an passée, tout en restant en bouche dans un registre très vineux. La cuvée VP (dégorgement 10/11, 75 mois d'élevage) est toujours envoûtante par ses arômes automnaux et pourtant si frais. Nous avons rarement dégusté cette grande cuvée aussi précise dans ses arômes. Le millésime 2002 (dégorgement 11/12, 100 mois d'élevage) est immense de densité et de race, toujours marqué par le tilleul et le moka de la barrique, tout est d'une pureté absolue. Immense. Une dégustation d'Egly ne peut se finir sans évoquer le coteaux-champenois Ambonnay rouge Les Grands Côtés, sélection de vieilles vignes : le 2009 offre une majestueuse maturité, puissant, sans astringence, tapissant le palais par des tanins de haute maturité.

☐ Brut Grand Cru 2002	n.c.	19
☐ Brut Grand Cru Blanc de Noirs Vieilles Vignes	n.c.	16
☐ Brut Grand Cru Tradition	n.c.	15
☐ Brut Premier Cru Les Vignes de Vrigny	n.c.	16
☐ Extra Brut Grand Cru VP	n.c.	17,5
▦ Brut Rosé Grand Cru	n.c.	17
■ Coteaux Champenois Ambonnay Les Grands Côtés 2009	n.c.	17

Rouge : 10 hectares.
Pinot noir 78 %, Meunier ou Pinot Meunier 22 %
Blanc : 2 hectares.
Chardonnay 100 %
Production moyenne : 100 000 bt/an

Egly-Ouriet, 9-15, rue de Trépail, 51150 Ambonnay
Tél. : 03 26 57 00 70 **Fax :** 03 26 57 06 52
E-mail : eglyouriet@orange.fr
Vente : au domaine
Du lundi au vendredi de 9h à 12h et de 14h à 18h, éventuellement le samedi matin sur rendez-vous.
Propriétaire : Michel et Francis Egly-Ouriet

■ Jacquesson
CHAMPAGNE
★★★

C élèbre au XIXe siècle, cette marque était tombée dans l'oubli avant d'être rachetée en 1974 par la famille Chiquet, qui exerçait à la fois le métier de vigneron et de courtier. Les Chiquet ont déménagé les caves sur leurs terres de Dizy, dans la vallée de la Marne, près d'Aÿ, où s'est opérée la totale reconstruction d'une maison aujourd'hui modèle. Tout le mérite en revient aux frères, Jean-Hervé et Laurent Chiquet, passionnés de grands vins. La maison s'appuie sur un beau vignoble d'une trentaine d'hectares situés à Avize, Aÿ, Dizy et Hautvillers, mais également sur des approvisionnements réguliers et sûrs dans ces mêmes secteurs. Malgré le succès, les volumes n'enflent pas, au contraire ; la maison s'est recentrée sur des cuvées à très forte personnalité, mettant en avant l'expression de vignes parcellaires. Les vinifications sur lies en foudres de chêne sont maintenues, le dosage est très faible ou absent, comme les filtrations. Le nom du brut non millésimé est un numéro (733, 734, etc.) qui change à chaque nouveau tirage. Cette cuvée s'appuie sur les caractéristiques de l'année de base, avec une moitié de chardonnay et deux quarts de pinots noir et meunier, uniquement issus de grands crus et de premiers crus de la vallée de la Marne.

Les vins : on croisera en fin d'année 2012 les dernières bouteilles de la cuvée 735 (deux tiers de récolte 2007), champagne franc, droit, velouté, qui laissera la place à la puissante 736 (deux tiers de récolte 2008), plus tonique, saline, persistante et qui teindra mieux dans le temps. En attendant la sortie des nouveaux millésimes des parcellaires (Corne Bautray, Vauzelle Terme, Champ Caïn), on profite de la dernière salve de la cuvée d'assemblage millésimée avec un dégorgement tardif de 1996 : mousseron, curry, à l'acidité bien trempée, très long en bouche, idéal pour accompagner les grandes volailles aux morilles. Dans le même millésime, l'Avize se présente plus en chair, sous un aspect plus crémeux, tout en restant dans un profil animal et terrien. A boire. La dégustation se conclut dans la fraîcheur de l'intensément fruits rouges Dizy Terres Rouges rosé 2007.

☐ Brut Cuvée N°736	n.c.	15,5
☐ Brut Dégorgement		
Tardif 1996	180 € cav.	17,5
☐ Brut Grand Cru Avize Dégorgement		
Tardif 1996	180 € cav.	17,5

▨ Extra Brut Rosé Dizy Terres		
Rouges 2007	70 € cav.	16

Rouge : 16 hectares.
Pinot noir 50 %, Meunier ou Pinot Meunier 50 %
Blanc : 14 hectares.
Chardonnay 100 %
Production moyenne : 300 000 bt/an

Jacquesson, 68, rue du Colonel-Fabien, 51530 Dizy
Tél. : 03 26 55 68 11 **Fax :** 03 26 51 06 25
E-mail : Info@champagnejacquesson.com
Site : www.champagnejacquesson.com
Sur rendez-vous du lundi au jeudi de 8h à 12h et de 13h30 à 17h30.
Propriétaire : Jean-Hervé et Laurent Chiquet

■ Krug
CHAMPAGNE
★★★

L a mythique maison rémoise bouge en douceur sous la férule d'une nouvelle génération, Olivier Krug (fils d'Henry), avec la complicité fidèle du chef de cave Eric Lebel. Le duo ne cache pas que la maison augmente sa capacité de production depuis quelques années. Les 20 ha de propriété, issus des plus nobles origines, correspondent à environ 30 % des approvisionnements, logiquement complétés par des apports d'exception garantis par le groupe. Tous les vins sont vinifiés en petits fûts âgés (25 ans en moyenne), pendant deux mois seulement, le temps de la phase fermentaire. La Grande Cuvée, qui présente l'originalité de posséder près d'un quart de pinot meunier dans son assemblage, est issue de 40 % de vins de réserve avec, dans l'assemblage, des vins de plus de 20 crus et de plus de 20 ans. Elle est ensuite vieillie sur pointe, en cave, au minimum six ans. Matures et riches, ces champagnes savoureux, persistants, complexes sans être compliqués, s'expriment au mieux lors d'un repas. Décriés pour l'indécence de leurs prix, les rarissimes cuvées monocru et monocépage Clos du Mesnil (1,85 ha de chardonnay) et Clos d'Ambonnay (0,68 ha de pinot noir) n'en sont pas moins glorifiées par tous les grands amateurs pour leur absolu raffinement.

Les vins : la Grande Cuvée, moins rancio que naguère, décline la vinosité des grandes origines de pinot (noir et meunier), avec une bulle délicate, enrobée avec légèreté. Un champagne posé, accompli. La version rosée incarne la subtilité dans cette couleur, dans une harmonie totale, avec un complément de chair, de fruits rouges et de vinosité pinotante que l'on déguste avec avidité. Il lui manque juste un soupçon de persistance. Côté millésimé, le 2000 est un grand dans cette année de moyen format, jeune, franc, très bien construit sur des saveurs rôties vaillantes. Mariage parfait de la patine du bois, de l'oxydation ménagée et d'une fraîcheur pure toute champenoise, le 1998 est un immense champagne. Le Clos du Mesnil 2000 sort totalement du contexte du millésime par sa finesse, sa tension, son panache crayeux. Il rayonne au sommet de ce millésime sur le terrain de la fraîcheur, de la pureté chlorophyllienne du chardonnay. Toujours inoubliable. Le Krug Collection 1989 arrive dans l'âge tertiaire avec une palette aromatique de mousseron, de vieux jerez et de ganache chocolat-moka.

☐ Brut 20000		210 € cav.	17,5
☐ Brut 1998		205 € cav.	18
☐ Brut Clos du Mesnil 2000		n.c.	18
☐ Brut Collection 1989		n.c.	17,5
☐ Brut Grande Cuvée		145 € cav.	17
▪ Brut Rosé		240 € cav.	16

Rouge : 10 hectares et achat de raisin.
Pinot noir et meunier 100 %
Blanc : 10 hectares et achat de raisin.
Chardonnay 100 %
Production moyenne : 500 000 bt/an

Krug, 5, rue Coquebert, 51100 Reims
Tél. : 03 26 84 44 20 **Fax :** 03 26 84 44 49
E-mail : krug@krug.fr
Site : www.krug.com
Uniquement sur rendez-vous
Propriétaire : Moët Hennessy
Directeur : Margareth Henriquez (présidente)

▪ Pol Roger

★★★

O n ne peut qu'être impressionné par la cohérence très forte de la gamme Pol Roger. Cette maison d'excellence possède un vignoble d'une centaine d'hectares, plantés notamment sur les coteaux d'Epernay, en Côte des Blancs (Oiry, Cuis, Cramant), ainsi qu'à Mareuil et à Ambonnay ; autant de terroirs sources de haute qualité et de régularité. Les trois cépages sont présents par tiers ; il en va de même pour les achats et cet équilibre se retrouve également dans les vins. Les fermentations malolactiques sont systématiques (ce qui apporte de la rondeur) ; les débourbages se font à froid (pour

l'intensité aromatique) et la prise de mousse s'effectue sous capsule et non sous bouchon liège (pour la pureté et la régularité des arômes). Dès lors, les cuvées se différencient à travers le vieillissement des vins de réserve, ainsi que l'origine des crus. Pol Roger a retrouvé le style et la générosité des vins qui ont fait sa gloire dans les années 1950 et 1960, avec des cuvées comme Sir Winston Churchill (seulement dix millésimes produits en trente ans), composées de pinot noir issu de grands crus pour l'essentiel. Ou la cuvée blanc de Blancs millésimée, parangon des champagnes vifs et racés qui vieillissent remarquablement. La qualité et l'harmonie de l'ensemble de la gamme lui ont valu l'an dernier une troisième étoile.

Les vins : une magistrale dégustation qui confirme le niveau exemplaire de toute la gamme. Le brut Réserve épouse au nez une fine réduction et développe en bouche un très beau fruité, sur des notes mûres de clémentine sucrée. Le meilleur champagne brut de grande maison. Son alter ego, le brut Pure, non dosé, garde cette même précision au service de notes plus épurées, sèches, salines, qui peuvent être aussi à l'aise à l'apéritif qu'à table. Le Rich demi-sec à la bouche d'agrumes, fraîche et suave, est aussi un premier de sa catégorie par le raffinement. Le rosé 2004 s'appuie sur les nuances encore légèrement amères, stigmates du millésime. Le Vintage 2002 allonge sa bulle fine et sa maturité saline avec aisance et harmonie. A ce niveau de qualité, son prix est encore sage. Un rien fatigués et lactés, les deux échantillons de blanc de Blancs 2000 nous ont laissés sur notre soif. La cuvée Sir Winston Churchill 1999 est un immense champagne complet, hors norme par son épaisseur de jus, sa richesse de matière extraordinaire, sa volupté callipyge. Un monstre de bonté et de plaisir.

☐ Brut Blanc de Blancs 2000		62 €	15,5
☐ Brut Réserve		32,50 €	15,5
☐ Brut Vintage 2002		45,50 €	17
☐ Demi Sec Rich		32,50 €	15,5
☐ Extra Brut Pure		42 €	16
▪ Brut Rosé 2004		65 €	16

Rouge : 95 hectares.
Meunier ou Pinot Meunier 55 %, Pinot noir 45 %
Blanc : 90 hectares.
Chardonnay 100 %
Production moyenne : 1 500 000 bt/an

Pol Roger, 1, rue Winston Churchil, 51206 Epernay Cedex
Tél. : 03 26 59 58 00 **Fax :** 03 26 55 25 70
E-mail : polroger@polroger.fr

Site : www.polroger.com
Vente : au domaine
Réservé aux professionnels.
Propriétaire : Famille Pol Roger
Directeur : Patrice Noyelle

Jacques Selosse
CHAMPAGNE
★★★

A ussi forts de caractère que fins en bulles, les champagnes d'Anselme Selosse peuvent être déroutants lors d'une première approche. Comme l'œuvre de tout grand créateur, ils s'apprivoisent. Puis, sans que l'on s'en rende compte, ils changent votre perception du champagne en vous rendant surtout plus exigeant ! Peu de vins au monde possèdent une telle profondeur, une telle résonance. Le travail complet du vignoble, la cueillette à maturité optimale, les vinifications sous de multiples origines de bois (en assemblage façon solera : chaque millésime ancien éduque les plus jeunes dans l'esprit des grands jerez) ou encore un stock de six ans en bouteilles qui continue de croître : tous ces procédés, tous ces efforts sont au service d'une expression toujours plus harmonieuse des terroirs. Le domaine constitué par Jacques, le père d'Anselme, compte une quarantaine de parcelles sur la Côte des Blancs, en chardonnay, réparties essentiellement sur Avize mais également Cramant, Oger et Le Mesnil-sur-Oger – complétées depuis avec du pinot noir venu d'Aÿ, d'Ambonnay et de Mareuil. La gamme s'est réorientée dans l'élaboration de six cuvées de lieux-dits dont les premières sont sorties en 2011.

Les vins : seulement trois vins présentés à la dégustation cette année, en attendant la sortie des nouveaux tirages de la collection « lieux-dits » que nous avons dégustés pour la première fois l'an passé. Le brut Initiale (dégorgement 12/11), la plus importante cuvée de la cave, est un grand champagne mature, suave et délicat, impressionnant par sa digestibilité pour un champagne aussi vineux. Le 2002 joue la sobriété dans ce millésime très attendu ; assez fermé, complexe, sur la texture et le salin plus que sur la maturité des saveurs. Au début d'une belle vie. La cuvée V.O. (dégorgement 10/11) joue comme à son habitude sur la patine d'un assemblage puissant de grands crus, très velouté, chatoyant et déjà délicieux.

☐ Brut Grand Cru Blanc de
   Blancs 2002   n.c.   18
☐ Brut Initial   n.c.   16,5
☐ Extra Brut Grand Cru Version
   Originale   n.c.   16

Rouge : 0,9 hectare.
Pinot noir 100 %
Blanc : 6,6 hectares.
Chardonnay 100 %
Production moyenne : 55 000 bt/an

Jacques Selosse, 22, rue Ernest-Vallé, 51190 Avize
Tél. : 03 26 57 53 56 **Fax :** 03 26 57 78 22
E-mail : a.selosse@wanadoo.fr
Pas de visites.
Propriétaire : Corinne et Anselme Selosse

Billecart-Salmon
CHAMPAGNE
★★

C ette maison encore familiale, implantée à Mareuil-sur-Aÿ depuis le XIXe siècle, a toujours été réputée pour ses rosés. Elle a connu un fort développement ces vingt dernières années. Elle se stabilise désormais à un peu plus d'un million de bouteilles. Depuis le milieu des années 2000, la qualité est revenue à son meilleur niveau. Le contrôle est toujours du ressort de l'aîné, François Roland-Billecart. Ce passionné d'entomologie, qui a su faire de gros investissements pour absorber la croissance, est habilement secondé par Alexandre Bader, emblématique directeur commercial, qui fait rayonner la marque sur les plus belles tables du monde. Les approvisionnements en raisins s'effectuent en grande partie dans un rayon de 20 km autour d'Epernay, où se situent tous les grands crus (excepté Verzenay, Verzy et Mailly) qui incarnent le cœur historique de la Champagne. Les fermentations alcooliques se déroulent lentement autour de 13 °C, afin d'exhausser au mieux la finesse aromatique des jus, une signature Billecart. Historiquement, la famille fut l'une des premières en Champagne à utiliser le froid pour clarifier les jus, plutôt que de les filtrer. Toutes les grandes cuvées sont au plus haut niveau, notamment le rare Clos Saint-Hilaire – petite vigne de pinot noir de plus de 45 ans, en bas de coteau à Mareuil, exposée à l'est – vinifié en fûts à 100 %.

Les vins : le salin extra-brut se montre d'une grande puissance dans sa catégorie, un champagne de table, minéral et marin. Le rosé, couleur jadis emblématique de la maison, est toujours de bonne facture, dans un style rond et typé Mara des bois. Ferme, tonique et légèrement rancioté (parmesan), le 2004 est à boire, aussi bien en apéritif qu'en entrée. Nous sommes enthousiasmés par le duo des chardonnays – le grand cru non millésimé, très raffiné et tonique, et le 1999, crémeux, à la bulle hyper délicate. La nouvelle cuvée Brut Sous Bois 2000 est, comme son nom l'indique, vinifiée en fûts, mais avec une rare maîtrise dans les nuances aromatiques et le supplément de velouté. A découvrir absolument. Quant au Clos Saint-Hilaire, c'est un champagne baroque, condensé, extrêmement salin, qui, à défaut de fraîcheur, joue la vinosité appuyée et sauvage.

☐ Brut Blanc de Blancs 1999	n.c.	16,5
☐ Brut Grand Cru Blanc de Blancs	n.c.	15,5
☐ Brut Nicolas François Billecart 2000	n.c.	16,5
☐ Brut Réserve	n.c.	15
☐ Brut Sous Bois 2000	n.c.	16,5
☐ Brut Vintage 2004	n.c.	15,5
☐ Extra-Brut	n.c.	15,5
▨ Brut Rosé	n.c.	15

Rouge : 7 hectares et achat de raisin.
Pinot noir et meunier 100 %
Blanc : 4,25 hectares et achat de raisin.
Chardonnay 100 %
Production moyenne : 1 600 000 bt/an

Billecart-Salmon, 40, rue Carnot, 51160 Mareuil-sur-Aÿ
Tél. : 03 26 52 60 22 **Fax :** 03 26 52 64 88
E-mail : billecart@champagne-billecart.fr
Site : www.champagne-billecart.fr
Sur rendez-vous. Du lundi au jeudi toute la journée et le vendredi matin.
Propriétaire : Famille Roland-Billecart
Directeur : François Roland-Billecart (président)

▪ De Sousa
CHAMPAGNE
★★

Installé dans le village d'Avize, Erick De Sousa est l'un des plus entreprenants vignerons de sa génération. Dominé par le chardonnay, son vignoble, situé sur les meilleurs terroirs de la côte des Blancs (Avize, Cramant et Oger), avec un joli patrimoine de vieilles vignes, a été remis en culture complète (sans désherbant, amendements naturels). La vendange est vinifiée en fûts, notamment pour la gamme des Caudalies (millésimés), qui a construit la réputation du domaine chez les amateurs de grandes cuvées de terroir. Des champagnes de bouche plus que de nez qui offrent de réelles sensations, à travers

leurs complexes et nobles saveurs terriennes et racinaires. Le dosage et la date de dégorgement sont mentionnés sur les contre-étiquettes.

Les vins : dès le brut Réserve, on retrouve une des plus belles signatures de chardonnay actuelles de la Champagne par l'alliance de sa fraîcheur et de sa densité. Comme l'an passé, c'est l'une de nos plus grandes émotions de brut cette année. La cuvée 3 A – pour Aÿ (25 % pinot noir), Ambonnay (25 % pinot noir) et Avize (50 % chardonnay) – enchante toujours autant par la rondeur de sa bouche, le fondu et la noblesse de son goût. Quant aux Caudalies millésimés, 2006 est vibrant, savoureux, plus ouvert que le Mesnil 2005, immense champagne de garde, chardonnay minéral qu'il faut oublier au fond de sa cave 5, 7 ans. Au sommet de la Champagne.

☐ Brut Grand Cru Blanc de Blancs Cuvée des Caudalies 2006	104 €	17,5
☐ Brut Grand Cru Blanc de Blancs Cuvée des Caudalies	46,50 €	16
☐ Brut Grand Cru Blanc de Blancs Cuvée des Caudalies Le Mesnil 2005	n.c.	18,5
☐ Brut Grand Cru Blanc de Blancs Réserve	29 €	15
☐ Brut Grand Cru Cuvée 3A	36,50 €	16
▨ Brut Rosé Cuvée des Caudalies	59,50 €	16,5

Rouge : 3,4 hectares.
Meunier ou Pinot Meunier 23 %, Pinot noir 77 %
Blanc : 7,6 hectares.
Chardonnay 100 %
Production moyenne : 100 000 bt/an
❀ Certifié en agriculture bio ou biodynamique

De Sousa, 12, place Léon-Bourgeois, 51190 Avize
Tél. : 03 26 57 53 29 **Fax :** 03 26 52 30 64
E-mail : contact@champagnedesousa.com
Site : www.champagnedesousa.com
Vente : au domaine
Lundi au vendredi de 9h à 12 et de 14h à 17h.
Propriétaire : Erick De Sousa

▪ Deutz
CHAMPAGNE
★★

Cette vénérable maison de 174 ans est aujourd'hui dans le giron de la famille Rouzaud (champagnes Louis Roederer). Deutz colle à son terroir pour produire des champagnes à dominante de pinot harmonieux, pleins et déliés (fermentation malolactique), sans artifice, aux bulles toujours très fines. Le grand classicisme revisité, pour une gamme homogène qui épouse son époque. Maîtresse des raisins noirs, la maison se fait aussi une spécialité des très vineux blancs de Blancs, en particulier le brillantissime Amour de Deutz. Quant à son brut sans année, c'est l'un des plus beaux bruts de grandes maisons, qui a su conserver le style singulier des vins de réserve. Depuis 2008, toute la gamme est habillée de la bouteille chic et évasée de la cuvée William.

Les vins : le brut Classic séduit plus par son fruité rouge et sa fraîcheur d'assemblage que par la vinosité qui signait les assemblages il y a quelques années. La vinosité et la touche pâtissière, on les retrouvera surtout dans le 2006. Toujours dans les forts caractères, mais tendance chardonnay, le blanc de Blancs 2007 se révèle traçant et pur. Il fera des émules chez les amateurs d'hyperminéralité. Très beau fruité toujours au rendez-vous dans le brut rosé, gourmand. Dans le trio des grandes cuvées, deux sont particulièrement riches, très riches : la ronde et suave William blanc 2000 et l'Amour 2003. Des profils qui posent la question de la pertinence de millésimer les années qui manquent de fraîcheur et d'élégance. Nous terminons en beauté avec l'énergique et complexe William rosé 2002, à l'équilibre parfait.

☐ Brut Amour de Deutz Blanc de Blancs 2003	140 €	16
☐ Brut Blanc de Blancs 2007	62 €	16,5
☐ Brut Classic	35,80 €	15
☐ Brut Millésime 2007	51 €	15
☐ Brut William Deutz 2000	118 €	15,5
▨ Brut Rosé 2007	57 €	16
▨ Brut Rosé	47 €	15,5
▨ Brut Rosé William Deutz 2002	118 €	17,5

Rouge : 24,8 hectares et achat de raisin.
Pinot noir 65 %, Meunier ou Pinot Meunier 35 %
Blanc : 6,1 hectares et achat de raisin.
Chardonnay 100 %
Production moyenne : 2 000 000 bt/an

Deutz, 16, rue Jeanson, BP 9, 51160 Aÿ
Tél. : 03 26 56 94 00 **Fax :** 03 26 56 94 10
E-mail : france@champagne-deutz.com
Site : www.champagne-deutz.com
Vente : au domaine
Sur invitation et professionnels uniquement.
Horaires selon convenance mutuelle.
Propriétaire : Champagne Louis Roederer
Directeur : Fabrice Rosset (président)

■ Dom Pérignon

CHAMPAGNE
★★

S i la légende a fait du moine bénédictin Pierre Pérignon (1638-1715) le père du champagne, le groupe LVMH en a fait mousser l'image à la perfection. Moët et Chandon produit sous cette marque, depuis 1936, le plus célèbre des effervescents. Ces dernières années, le volume de production du « Dom Pé' » a continué de croître, bien que le nombre de bouteilles produites demeure l'un des secrets industriels les mieux gardés. Les Champenois bien informés chuchotent un volume de... 5-6 millions de bouteilles. Son effervescence éthérée, sa grande finesse de texture, son goût toasté savoureux peuvent être interprétés, tout comme l'équilibre entre l'élégance du chardonnay (autour de 60 %) et la profondeur du pinot noir de grande origine. Des raisins de qualité sont effectivement nécessaires pour aboutir à ce style régulier de champagne. Une haute technique œnologique l'est tout autant. Dom Pérignon est souvent bu trop jeune, alors que ses arômes réducteurs gagnent en raffinement avec l'âge dans les grands millésimes.

Les vins : comme nous l'avons déjà écrit dans nos colonnes de « La RVF », 2003, année de vin pesant et sans classe, n'est pas un grand millésime en Champagne. Dom Pérignon puissant, épicé, un rien lacté et écourté, ne nous a pas fait changer d'avis. Nous préférons nous enthousiasmer pour le rosé 2002, vrai grand champagne pur et traçant, d'une remarquable allonge. Dans la collection Œnothèque, l'immense 1996 nous offre Dom Pérignon comme on rêve de le retrouver : à son zénith, frais, très frais ; complet, très complet ; profond, très profond. Un rêve de champagne éveillé.

☐ Brut 2003	135 €	16
☐ Brut Œnothèque 1996	398 €	18
▨ Brut Rosé 2002	300 €	17

Rouge : n.c.
Pinot noir et meunier 100 %
Blanc : n.c.
Chardonnay 100 %
Production moyenne : n.c.

Dom Pérignon, Moët et Chandon, 9, avenue de Champagne, 51200 Epernay
Tél. : 03 26 51 20 00 **Fax :** 03 26 54 84 23
Site : www.domperignon.com
Vente : au domaine

Pas de visites.
Propriétaire : LVMH
Directeur : Daniel Lalonde (président)

■ Gosset

CHAMPAGNE
★★

La maison, revenue à son meilleur niveau, a obtenu sa deuxième étoile l'an passé et confirme haut la main cette année. Gosset, très vieille et vénérable marque, installée sur le village d'Aÿ, appartient à la famille Cointreau. Elle a construit sa réputation avec des cuvées puissantes, vineuses, essentiellement issues de raisins noirs, et commercialisées après un long vieillissement sur pointe. Après quelques années de dégustations en dents de scie, surtout dans les cuvées d'entrée de gamme, la maison offre aujourd'hui une gamme bien définie, d'une parfaite régularité et d'un rare tempérament pour une maison de cette taille.

Les vins : on retrouve toute la pureté des grands champagnes matures dans le Grande Réserve, champagne de volume, de générosité, très fruits rouges, un rare festival de saveurs pour un brut multimillésimé. Le Grand Rosé gagne en tension, en notes fraîches, toujours dans la palette des petits fruits rouges. Le nouveau blanc de Blancs est aussi une sacrée surprise de par sa précision, sa pureté de notes salines et agrumes, qui en font un apéritif très élégant et bien bâti. Le Celebris Vintage 1998 extra-brut a travaillé sa pureté depuis l'an passé, moins d'oxydo-réduction et toujours dans le cadre de saveurs automnales toniques. Le Grand Millésime 2004 joue la subtilité et la maturité d'un millésime déjà ouvert. Gamme remarquable.

☐ Brut Grand Blanc de Blancs		53 €	16,5
☐ Brut Grand Millésime 2004		61 €	16
☐ Brut Grande Réserve		40 €	15,5
☐ Extra Brut Celebris Vintage 1998		116 €	17,5
▨ Brut Grand Rosé		50 €	16

Rouge : 5 hectares en approvisionnement.
Pinot noir 100 %
Blanc : 115 hectares en approvisionnement.
Meunier ou Pinot Meunier 3 %,
Chardonnay 65 %, Pinot noir 32 %
Production moyenne : 1 100 000 bt/an

Gosset, 12, rue Godart Roger, 51200 Epernay
Tél. : 03 26 56 99 56 **Fax :** 03 26 51 55 88
E-mail : info@champagne-gosset.com

Site : www.champagne-gosset.com
Vente : au domaine
Visites réservées aux professionnels sur rendez-vous.
Propriétaire : Groupe Renaud Cointreau
Directeur : Jean-Pierre Cointreau (président)

■ Larmandier-Bernier

CHAMPAGNE
★★

Avec leur champagne majeur, Terre de Vertus, Pierre et Sophie Larmandier affichent fièrement leur appartenance à ce village du sud de la côte des Blancs. Une revendication légitime, car les intéressés valorisent leur terroir par un travail complet du sol et y pratiquent des traitements biodynamiques. Si sa famille est originaire de Cramant, Pierre Larmandier s'est installé à Vertus en étendant le vignoble familial en 2002, agrandissant et modernisant la cave dans la foulée, ce qui lui permet de vinifier une vendange de 16 ha, dont 3,5 en grand cru : Cramant – somptueuse cuvée vieilles vignes – et Chouilly. On salue la franchise, l'intensité de goût et la puissance de saveur rare de ces champagnes désormais très peu (extra-bruts) ou pas du tout dosés.

Les vins : superbe dégustation sur l'ensemble d'une gamme désormais d'une haute précision, au dosage transparent dès le « simple » Tradition. L'effet un rien turbulent de l'effervescence est aujourd'hui bien dompté pour servir des bulles en dentelle. Terre de Vertus Premier offre une très belle pureté de bouche ; délicatesse des saveurs (cédrat, clémentine). Le vieille vigne de Cramant 2005 extra-brut, à la fois étiré et minéral, joue de ses rondeurs. Carmin, le Rosé de Saignée extra-brut est original, de fort caractère, au jus de baies rouges (cranberry, fraise des bois) et très sec en finale. Le rouge Coteaux Champenois commence à prendre du volume et de l'étoffe, surtout dans un millésime fruité comme 2009.

☐ Extra Brut Grand Cru Vieille Vigne de Cramant 2005		50 €	17
☐ Extra Brut Premier Cru Blanc de Blancs		31,50 €	16
☐ Extra Brut Premier Cru Tradition		29 €	15,5
☐ Premier Cru Terre de Vertus Non Dosé 2007		37,50 €	16
▨ Extra Brut Premier Cru Rosé de Saignée		39 €	15
■ Coteaux Champenois Premier Cru Vertus 2009		35,50 €	14,5

CHAMPAGNE

Rouge : 2 hectares.
Pinot noir 100 %
Blanc : 14 hectares.
Chardonnay 100 %
Production moyenne : 130 000 bt/an
❀ Certifié en agriculture bio ou biodynamique

Larmandier-Bernier, 19, avenue
Général-de-Gaulle, 51130 Vertus
Tél. : 03 26 52 13 24 **Fax :** 03 26 52 21 00
E-mail : champagne@larmandier.fr
Site : www.larmandier.fr
Vente : au domaine
Du lundi au samedi matin sur rendez-vous.
Propriétaire : Pierre et Sophie Larmandier

■ Louis Roederer
CHAMPAGNE
★★

T oujours familiale, la maison Roederer s'appuie sur un rare vignoble de 214 ha détenu en propre, totalement marnais, largement de pinot noir. Et admirablement situé, avec une forte proportion de vignes classées en grand cru (70 %). Permettant à la maison de couvrir les trois quarts de ses approvisionnements, la viticulture est, ici, une réelle priorité : près de 15 % des vignes sont en culture biologique et en biodynamie, le travail des sols se généralise. Ce n'est pas un hasard si le chef de cave, Jean-Baptiste Lecaillon, est certes œnologue mais aussi agronome, comme son grand patron, Jean-Claude Rouzaud. Celui qui a bâti un empire de grands vignobles internationaux a, en bonne intelligence, désormais laissé les rênes commerciales à son fils, Frédéric. Cette maîtrise du lien direct avec la terre champenoise explique la régularité des vins. Comme les fermentations malolactiques ne sont que partielles et aléatoires (25 % sur Cristal), les jus sont travaillés longuement sur lies en cuves et en foudres de chêne, afin de leur donner naturellement de l'épaisseur. Avec un apport non négligeable de cuves en bois pour les vinifications et les vieillissements des vins de réserve, le style du brut Premier, la cuvée la plus diffusée, a évolué vers davantage de densité et de tenue au temps.

Les vins : le grand bond en avant du brut Premier se confirme cette année encore, dans un champagne crémeux, citronné et salin. A la frontière du brut d'apéritif et du vin de gastronomie. Côté millésime, on trouvera, en 2012, un duo de suaves 2006 : un Vintage charnel, encore contenu par ses notes vineuses et d'élevage, et un blanc de Blancs, très fruits jaunes, juteux et gourmand pour un chardonnay. Il faut aussi

absolument découvrir l'extra-dry, pour se faire une idée neuve de la fraîche suavité d'un grand dry. La succession du légendaire 2002 par le Cristal 2004 a déstabilisé certains amateurs. Nous continuons d'affirmer que ce Cristal 2004, millésime certes moins dense, est d'une très haute tenue. Son fruité charnu, éclatant et sa délicatesse crémeuse grandissent un millésime délicat.

☐	Brut Carte Blanche	36 € cav.	15
☐	Brut Cristal 2004	185 € cav.	18
☐	Brut Premier	36 € cav.	15
☐	Brut Vintage 2004	56 € cav.	15,5
■	Brut Rosé 2007	58 € cav.	16,5

Rouge : 137 hectares et achat de raisin.
Pinot noir et meunier 100 %
Blanc : 79 hectares et achat de raisin.
Chardonnay 100 %
Production moyenne : 3 000 000 bt/an

Louis Roederer, 21, boulevard Lundy, 51100
Reims
Tél. : 03 26 40 42 11 **Fax :** 03 26 47 66 51
E-mail : com@champagne-roederer.com
Site : www.louis-roederer.com
Uniquement pour les professionels et clients recommandés.
Propriétaire : Famille Rouzaud
Directeur : Frédéric Rouzaud

■ Salon
CHAMPAGNE
★★

P ropriété du groupe Laurent-Perrier, ce champagne, parangon du blanc de Blancs, provient d'un seul cépage, le chardonnay, d'un seul cru, le Mesnil-sur-Oger, et d'un seul millésime sans fermentation malolactique, pour préserver une plus haute acidité et favoriser la garde. Les millésimes ne sont proposés qu'après une période de vieillissement sur pointe (environ dix ans), afin de transcrire au plus juste cette saveur si typée du chardonnay du Mesnils, alliance de raisin mûr et de craie fraîche. Il est intéressant de noter qu'à sa sortie, voici dix-huit ans, le 1979 était vendu 320 francs (environ 48 €), alors qu'aujourd'hui, le 1999 sort à 300 €.

Les vins : après un millésime 1997 qui évolue assez rapidement, 1999 arrive dans une expression crémeuse, beurrée, signalant les contours solaires d'un bon mais pas très grand millésime de chardonnay. Cette générosité se reflète dans un champagne riche, épicé et déjà accessible, restant très Mesnil dans la rétro de craie et de beurre salé.

☐ Brut Blanc de Blancs 1999   320 € cav.   17

Blanc : 10 hectares.
Chardonnay 100 %
Production moyenne : 60 000 bt/an

Salon, 5, rue de la Brèche-d'Oger, 51190 Le Mesnil-sur-Oger
Tél. : 03 26 57 51 65 **Fax :** 03 26 57 79 29
E-mail : champagne@salondelamotte.com
Site : www.salondelamotte.com
Vente : au domaine
Pas de visites.
Propriétaire : Groupe Laurent-Perrier
Directeur : Didier Depond (président)

■ AR Lenoble
CHAMPAGNE
★

Cette maison encore familiale, discrète et volontaire, installée à Damery, est dirigée par Anne Malassagne et son frère Antoine, arrière-petits-enfants d'Armand-Raphaël (« AR ») Graser, son fondateur en 1915. Le vignoble en propre est équilibré par tiers, avec un avantage aux raisins noirs. Les stocks de vieillissement ont significativement progressé, ce qui se ressent dans l'harmonie d'une gamme tournée vers des champagnes confortables, aux matières patinées (Gentilhomme, Aventures), qui ne s'interdit pas des incursions convaincantes vers la modernité des champagnes de fruit et de fraîcheur (Intense, Dosage Zéro).

Les vins : vous cherchez un champagne très fruité d'apéritif ? L'explosive et digeste cuvée Intense fera votre bonheur. Dans le même registre (apéritif) avec plus de densité et de salinité, le brut Nature jouera davantage un premier rôle sur les canapés salés. Le grand cru blanc de Blancs gagne en volume de bouche, en maturité et joue donc les entre-deux (apéritif/entrées de mer). L'Epurée reste dans le même registre, avec un niveau de maturité plus abouti et une finesse de grain remarquable. Le 2006 est un millésime ouvert, mûr, qui manque de tension, légèrement déséquilibré par le boisé, qu'il faut saisir jeune. Nous retenons surtout dans cette année la version blanc de Noirs, le plus vineux, ample et la version Rosé (ferme et retenu). Toujours présente, en grande bourgeoise de la maison, la cuvée Gentilhomme 2002 évolue avec lenteur et luxuriance, sur un registre terrien et crémeux. Le dernier tirage de la grande cuvée Les Aventures, nom d'un parcellaire mythique de Chouilly, est un chardonnay de haute densité, radical par son crayeux, très jeune, entier, profond, il va encore s'affiner deux ans.

☐ Brut Grand Cru Blanc de
  Blancs 2006   35 €   15
☐ Brut Grand Cru Blanc de
  Blancs   28,80 €   15
☐ Brut Grand Cru Blanc de Blancs
  Gentilhomme 2002   60 €   16
☐ Brut Grand Cru Blanc de Blancs
  L'Epurée   31 € 16,5
☐ Brut Grand Cru Blanc de Blancs
  Les Aventures   63 €   17
☐ Brut Intense   25,80 € 14,5
☐ Brut Nature   27 € 14,5
☐ Brut Premier Cru Blanc de
  Noirs 2006   36 € 15,5
■ Brut Rosé 2006   34 € 15,5

Rouge : 3 hectares.
Pinot noir 100 %
Blanc : 15 hectares.
Chardonnay 100 %
Production moyenne : 380 000 bt/an

AR Lenoble, 35-37, rue Paul Douce, 51480 Damery
Tél. : 03 26 58 42 60 **Fax :** 03 26 58 65 57
E-mail : anne.malassagne@champagne-lenoble.com
Site : www.champagne-lenoble.com
Pas de visites.
Propriétaire : Famille Malassagne
Directeur : Anne et Antoine Malassagne

■ Paul Bara
CHAMPAGNE
★

Ce domaine classique est la mémoire de l'un des grands spécialistes du pinot noir de Bouzy, cru dont la générosité d'expression des fruits rouges se trouve merveilleusement restituée – sans lourdeur – dans les champagnes blancs et surtout rosés. Avec Chantale, la fille aînée de Paul, le style a gagné en distinction aromatique. Les millésimes se comparent aux meilleures cuvées de prestige du négoce, à la moitié ou au tiers du prix. Une visite toujours hautement recommandable.

Les vins : il faut déguster en priorité les rosés, qui montent en puissance. Déjà notre coup de cœur l'an passé, le Spécial Club rosé arrive en millésime 2006 dans un style tout à la fois gourmand et ferme. En blanc, le Spécial Club 2004 est très fruits rouges, velouté, tout en générosité.

- ☐ Brut Grand Cru 2004   22,50 €   15
- ☐ Brut Grand Cru Comtesse Marie de France 2000   33 €   15,5
- ☐ Brut Grand Cru Réserve   17,50 €   14,5
- ☐ Brut Grand Cru Spécial Club 2004   31 €   15,5
- ▨ Brut Grand Cru Grand Rosé de Bouzy   20,60 €   15
- ▨ Brut Grand Cru Spécial Club Rosé 2006   41,50 €   16

Rouge : 9,45 hectares.
Pinot noir 100 %
Blanc : 1,55 hectare.
Chardonnay 100 %
Production moyenne : 100 000 bt/an

Paul Bara, 4, rue Yvonnet, 51150 Bouzy
Tél. : 03 26 57 00 50   **Fax :** 03 26 57 81 24
E-mail : champagne.paul.bara@wanadoo.fr
Site : www.champagnepaulbara.com
Vente : au domaine
Uniquement sur rendez-vous.
Propriétaire : Famille Bara
Directeur : Chantale Bara

■ Françoise Bedel et Fils
CHAMPAGNE
★

A moins de 80 km de Paris, Crouttes-sur-Marne marque la frontière occidentale de la Champagne. Crouttes ? Un nom étrange qui vient de la déformation de « grottes » : l'extraction de la craie a fait du gruyère de ces coteaux escarpés. Les champagnes produits sont souples et précoces, issus essentiellement du pinot meunier, sur des terroirs hétérogènes (limoneux, argileux, calcaires), dont le potentiel se révèle chez ceux qui s'en donnent la peine. Vincent Desaubeau travaille avec sa mère, Françoise Bedel, depuis 2003. Ils possèdent un vignoble découpé en vastes parcelles, un atout en culture biodynamique – que le domaine pratique depuis 1998. Leurs champagnes originaux et vineux, élevés longtemps en cave et peu dosés, reposent sur la maturité et la tendresse du pinot meunier, à l'effervescence et aux notes oxydatives subtiles. Des champagnes peu connus du grand public, d'une sincérité rare. Comme après avoir goûté aux fromages fermiers au lait cru, leur usage fréquent rend la consommation de champagnes techniques et aseptisés bien laborieuse.

Les vins : la nouvelle cuvée Origin'elle, meunier 84 %, est délicieusement fruitée dans un version extra-brut directe, savoureuse et brillante, on en boira jusqu'à bout de la nuit. L'Entre Ciel et Terre, 80 % pinot meunier, gagne en densité, en minéralité. Bravo ! L'Ame de la Terre 2003, dans un millésime poids lourd, riche et enrobant, préserve péniblement un peu de finesse.

- ☐ Brut Entre Ciel et Terre   37,50 €   16
- ☐ Brut Origin'Elle   26 €   15,5
- ☐ Extra Brut L'Ame de la Terre 2003   43,20 €   16

Rouge : 7,22 hectares.
Pinot noir 9 %, Meunier ou Pinot Meunier 91 %
Blanc : 1,2 hectare.
Chardonnay 100 %
Production moyenne : 60 000 bt/an
 Certifié en agriculture bio ou biodynamique

Françoise Bedel et Fils, 71, Grande Rue, 02310 Crouttes-sur-Marne
Tél. : 03 23 82 15 80   **Fax :** 03 23 82 11 49
E-mail : contact@champagne-bedel.fr
Site : www.champagne-bedel.fr
Vente : au domaine
Du lundi au vendredi de 9h à 12h30 et de 13h30 à 18h. Les autres jours sur rendez-vous (mêmes horaires).
Propriétaire : Françoise Bedel

■ Bérêche et Fils
CHAMPAGNE
★

R égulièrement distingué dans nos dégustations depuis le milieu des années 2000, ce domaine du nord-ouest de la Montagne de Reims se singularise d'abord par son respect du raisin (d'une sensibilité proche du bio, ils ont abandonné les désherbages chimiques depuis 2004), qui aboutit logiquement à des champagnes expressifs, de caractère, issus de sélections et de vinifications parcellaires. Le résultat d'un travail familial rigoureux, représenté aujourd'hui par Raphaël Bérêche, le vinificateur, et son frère cadet Vincent, qui s'occupe davantage du vignoble. Ne vous fiez pas à leurs airs d'adolescents enjoués qui ne se prennent pas au sérieux, ils font désormais partie des grands vignerons de Champagne. Initiés par leur père Jean-Pierre (il y a plus de vingt ans), les frères Bérêche perpétuent les élevages en fûts et en demi-muids. Sur un terroir à dominante pinot noir et meunier, naturellement solide d'expression, la recherche de la maturité ne se fait jamais au détriment de la tension en bouche. Les dosages sont légers, voire inexistants. L'ensemble de la gamme devient de plus en plus précis, le domaine se rapproche d'une deuxième étoile. Date de dégorgement mentionnée sur les contre-étiquettes.

Les vins : le domaine persiste et signe dans une gamme savoureuse, avec de la présence et toujours une excellente précision dans le fruité comme dans la minéralité. A la fois mûr, plein, savoureux, le brut Réserve est une excellente introduction au travail irréprochable des Bérèche. Mais c'est surtout avec l'extra-brut Réserve, plus intense, affûté, qui s'allonge sur des notes fermes et salines, que l'on saisit l'esprit de rigueur de cette famille. Les Beaux Regards dégage une grande énergie sur de fins amers jamais agressifs. La cuvée Vallée de la Marne-Rive Gauche, pinot meunier vieilles vignes délicat en bulle, extraordinairement salin, en accord majeur avec un grand brie de Meaux fermier. Le Cran passe au millésime 2005 (mi-chardonay, mi-pinot, plantés sur la craie de Ludes), très jeune et déjà d'une finesse de jus rare. Le Reflet d'Antan (en magnum), assemblage équitable des trois cépages majeurs, élevé sous liège, a fait des progrès dans l'équilibre. Ce n'est pas la cuvée la plus minérale, mais elle réussit à créer son propre univers, une alliance de la fermeté du terroir champenois et de la finesse lactée des grands blancs de la côte de Beaune. Le très cher coteau rouge, l'Ormes Rouge 2009, est fin, mûr dans ses tanins, élégant dans son fruité. Très beau rouge champenois contemporain.

☐ Brut Les Beaux Regards	36 €	16
☐ Brut Reflet d'Antan Magnum	96,0 €	16
☐ Brut Réserve	19 €	15
☐ Extra Brut Réserve	26 €	15,5
☐ Le Cran 2005	58 €	16
☐ Vallée de la Marne Rive Gauche	36 €	16
■ Coteaux Champenois Ormes Rouge 2009	85 €	15,5

Rouge : 6,5 hectares.
Meunier ou Pinot Meunier 57 %, Pinot noir 43 %
Blanc : 3 hectares.
Chardonnay 100 %
Production moyenne : 85 000 bt/an

Bérèche et Fils, Le Craon de Ludes, BP 18, 51500 Ludes
Tél. : 03 26 61 13 28 **Fax :** 03 26 61 14 14
E-mail : info@champagne-bereche-et-fils.com
Site : www.champagne-bereche-et-fils.com
Sur rendez-vous.
Propriétaire : Famille Bérèche

■ Dehours et Fils
CHAMPAGNE
★

Installée depuis quatre générations à Cerseuil, petit village des coteaux sud de la vallée, la maison est dirigée par Jérôme Dehours, qui a su diversifier les cuvées et les styles, à partir d'un vignoble très morcelé sur les deux rives. Des champagnes classiques côtoient des cuvées de collection (en AOC Champagne et Coteaux champenois) issues de Lieu-dit à forte personnalité. Toutes les cuvées sont non dosées ou très peu (le brut est donc assez vif) et certaines, comme le blanc de Noirs, bénéficient d'une vinification en barriques. Ce sont des champagnes précis, de grand caractère, qui séduiront les œnophiles exigeants. Les dates de dégorgement sont mentionnées sur les contre-étiquettes.

Les vins : la fraîcheur et la nuance sont les deux piliers de la cuvée Trio S sur une base de Solera 1998. Cette cuvée gagne en précision cette année. D'un style plus terrien, serré, de belle allonge entre fruits blancs et craie, le Lieu-dit Brisefer 2004 est à boire sur deux ans. L'extra-brut 2005 Les Genevraux s'ouvre sur une robe soutenue, des notes légèrement oxydatives, végétales et ferreuses dans sa finale.

☐ Brut Grande Réserve	20 €	15
☐ Brut Trio S	49 €	16,5
☐ Extra Brut Collection Brisefer 2004	38 €	15
☐ Extra-Brut Les Genevraux 2005	38 €	15

Rouge : 11 hectares.
Pinot noir 20 %, Meunier ou Pinot Meunier 80 %
Blanc : 3,5 hectares.
Chardonnay 100 %
Production moyenne : 80 000 bt/an

Dehours et Fils, 2, rue de la Chapelle, 51700 Cerseuil
Tél. : 03 26 52 71 75 **Fax :** 03 26 52 73 83
E-mail : champagne.dehours@wanadoo.fr
Site : www.champagne-dehours.fr
Vente : au domaine
Sur rendez-vous.
Propriétaire : Famille Dehours
Directeur : Jérôme Dehours (président)

■ Diebolt-Vallois
CHAMPAGNE
★

Fin vinificateur, désormais assisté de ses enfants, Jacques Diebolt donne de son vignoble, principalement situé sur Cramant et Cuis (Côte des Blancs), une expression tout en élégance et en vigueur, dans une gamme logiquement dominée par le chardonnay. Des modèles de champagnes gracieux et de très bonne garde – en témoigne le mythique Cramant 1953 –, notamment la cuvée Fleur de Passion, vinifiée en fûts sans fermentation malolactique. Une maison de référence en blanc de Blancs. Proche de la deuxième étoile.

Les vins : le brut blanc de Blancs est frais, croquant, tendu et serré dans une finale désaltérante. Le bonheur du dégustateur s'élève avec la cuvée Prestige, aux saveurs de grillé du chardonnay et de fruits jaunes savoureux. Magnifique de générosité et d'équilibre. Le 2005 Fleur de Passion affiche lui aussi une très belle maturité, dans un style plus épicé et porté par de fines notes miellées et un rien dosées.

☐ Brut Blanc de Blancs		19 €	15
☐ Brut Blanc de Blancs Fleur de Passion 2005		52 €	16
☐ Brut Blanc de Blancs Prestige		24,50 €	15,5

Rouge : 4,2 hectares.
Blanc : 8,8 hectares.
Chardonnay 100 %
Production moyenne : 130 000 à 150 000 bt/an

Diebolt-Vallois, 84, rue Neuve, 51530 Cramant
Tél. : 03 26 57 54 92 **Fax :** 03 26 57 53 74
E-mail : diebolt.vallois@wanadoo.fr
Site : www.diebolt-vallois.com
Vente : au domaine
Sur rendez-vous uniquement.
Propriétaire : Famille Diebolt Père et Fils

■ Pascal Doquet

CHAMPAGNE
★

C ultiver en biologique en Champagne n'est pas sans risques, nous rappelle Pascal Doquet. Située à Vertus, cette adresse montante de la côte des Blancs mise sur le chardonnay pour des champagnes au style ferme, légèrement dosés, parfois rustiques dans la restitution des saveurs, mais toujours d'une honnêteté rare dans des longues fins de bouche nettes et salines. Les nouvelles déclinaisons de parcelles sont particulièrement enthousiasmantes. Quand on aime la variété et l'intensité des saveurs du raisin, on ne peut que se convertir à ce style de champagne de fort caractère, dont on a oublié l'indispensable présence à table.

Les vins : pas moins de onze cuvées présentées cette année. Et une dégustation comparative passionnante entre le blanc de Blancs classique et celui en conversion bio. Comparatif qui tourne à l'avantage de ce dernier du fait de son supplément de finesse. Le plus fruité de la gamme est le Mont Aimé 2005, sur les fruits jaunes charnus et mûrs. On salue une fois encore le coloré rosé premier cru, vineux, très jus de cerise mûre, rosé de repas légèrement tannique, précis et généreux, sans lourdeur. Nous conseillons les puissants extra-bruts en grand cru et en premier cru pour les accords sur les grands jambons hispaniques et les fromages à croûte pressée d'âge. En 2002, le premier cru tient haut son rang dans un style finement oxydatif et épicé ; le grand cru est somptueux, complet, frais, d'un volume chic et retenu. Chapeau bas.

☐ Brut Blanc de Blancs		25 € cav.	15
☐ Brut Blanc de Blancs Bio		28 € cav.	15,5
☐ Brut Grand Cru		35 € cav.	15,5
☐ Brut Grand Cru Blanc de Blancs Le Mesnil sur Oger 2002		50 € cav.	17
☐ Brut Premier Cru		30 € cav.	15
☐ Brut Premier Cru Blanc de Blancs Le Mont Aimé 2005		40 € cav.	15,5
☐ Brut Premier Cru Nature		30 € cav.	15,5
☐ Brut Premier Cru Vertus 2002		43 € cav.	15,5
☐ Extra Brut Grand Cru		35 € cav.	16,5
☐ Extra Brut Premier Cru Blanc de Blancs		30 € cav.	15,5
■ Brut Premier Cru Rosé		35 € cav.	16

Rouge : 0,46 hectare.
Pinot noir 100 %
Blanc : 8,2 hectares.
Chardonnay 100 %
Production moyenne : 75 000 bt/an
❀ Certifié en agriculture bio ou biodynamique

Pascal Doquet, 44, chemin du Moulin de la Cense Bizet, 51130 Vertus
Tél. : 03 26 52 16 50 **Fax :** 03 26 59 36 71
E-mail : contact@champagne-doquet.com
Site : www.champagne-doquet.com
Vente : au domaine
Pas de visites.
Propriétaire : Pascal Doquet
Directeur : Pascal Doquet

■ Drappier
CHAMPAGNE
★

Une maison auboise notable et dynamique (près d'un million et demi de bouteilles), dont les champagnes sont typés par des pinots noirs bien mûrs. Elle dispose à ce titre d'un vaste vignoble à Urville, complété par des approvisionnements issus de la Montagne de Reims, de Bouzy et d'Ambonnay. Les chardonnays proviennent de l'Aube et de Cramant. La rare cuvée Quattuor assemble les 4 cépages blancs de la Champagne (arbane, petit meslier, pinot blanc et chardonnay). Michel Drappier élabore des champagnes colorés – avec des doses minimales de soufre en vinification, voire sans soufre –, mûrs dans leurs arômes, qui s'expriment en bouche par leur vinosité et leur légère sucrosité. Une dimension de terroir franche et sans fard. A noter que de la demi-bouteille jusqu'aux rarissimes primats (27 litres) et melchisédechs (30 litres), tous les contenants sont élaborés, ici, avec prise de mousse dans le flacon d'origine.

Les vins : nous sommes particulièrement emballés par la précision (toujours dans l'expression d'une haute maturité) qu'offre désormais le brut Nature Zéro Dosage. Le brut Carte d'Or progresse aussi, surtout dans la finesse de la bulle. Dégusté en magnum, le 2005 Millésime Exception est un champagne pur et solidement construit, mais qui reste dans une maturité élégante. Retour sur le 1995, toujours en magnum, contenant qui a préservé sa jeunesse et donne de la tension à des saveurs automnales. On termine en apothéose avec la Grande Sendrée blanche 2004, tout en délicatesse et fruits jaunes, ainsi qu'avec le terrien et racinaire Grande Sendrée rosé 2005. Avec sa pointe gentiane et sel marin, sa force douce, c'est un champagne de gastronomie et de homard.

☐ Brut Carte d'Or 1995	87,75 €	Magnum	15,5
☐ Brut Carte d'Or	28,60 €	cav.	14,5
☐ Brut Grande Sendrée 2004	63,30 €	cav.	16
☐ Brut Millésime Exception 2005	75,50 €	Magnum	15,5
☐ Brut Nature Zéro Dosage	30,60 €	cav.	15
☐ Brut Quattuor Blanc de 4 Blancs	42,85 €	cav.	15
▨ Brut Rosé Grande Sendrée 2005	71,45 €	cav.	16,5

Rouge : n.c.

Meunier ou Pinot Meunier 16 %, Pinot noir 84 %
Blanc : n.c.
Chardonnay 88 %, Arbane 3 %, Divers 6 %, Petit meslier 3 %
Production moyenne : 1 500 000 bt/an

Drappier, 14, rue des Vignes, 10200 Urville
Tél. : 03 25 27 40 15 **Fax :** 03 25 27 41 19
E-mail : info@champagne-drappier.com
Site : www.champagne-drappier.com
Vente : au domaine
Du lundi au samedi de 8h à 12h et de 14h à 18h sur rendez-vous.
Propriétaire : Michel Drappier

■ Duval-Leroy
CHAMPAGNE
★

Duval-Leroy n'est plus l'outsider des maisons qualitatives de la Champagne. C'est désormais une marque moderne, bien installée dans la restauration de qualité et poussée par les cavistes avisés. Dirigée par Carol Duval-Leroy, femme directe et d'une rare énergie, la maison familiale a doublé la surface de sa cave de vinification en fûts et de stockage, basée à Vertus, au sud de la côte des Blancs. Sandrine Logette, chef de cave depuis 2007, perpétue l'esprit d'innovation de la maison et l'esprit chardonnay, qui domine une gamme éclectique allant de cuvées en bio, parcellaires, d'assemblage, aux vieux millésimés réservés en magnum.

Les vins : dans une gamme large, nous retenons le bon niveau du simple brut, la plus importante cuvée et du Fleur de Champagne, hyper fruité, à la bulle légère, de belle soif. Coup de cœur pour le nouveau brut Nature 2002, ciselé, mature et frais, un apéritif haut de gamme. Avec le Clos des Bouveries 2005, on redescend sur terre, pour un champagne charnu, un rien rustique en saveurs. Ce même millésime prend des notes vineuses et fruits rouges dans le Bouzy, plus frais en finale. Le rosé Prestige joue sur ses rondeurs, son volume de bouche le destine tout naturellement aux desserts de fruits peu sucrés. Jugée sévèrement l'an passé, la cuvée Femme 2000 conserve une belle énergie pour ce millésime de moyenne garde. Le 1996 reste un très grand dans ce millésime surdimensionné, car il a su garder fraîcheur et équilibre.

☐ Brut	28,72 €	14,5
☐ Brut Authentis Bouzy 2005	n.c.	15,5
☐ Brut Clos des Bouveries 2005	49,05 €	15,5

☐ Brut Femme de
Champagne 2000   65,37 €   16

☐ Brut Femme de
Champagne 1996   77,81 €   17,5

☐ Brut Nature 2002   n.c.   15,5

☐ Brut Premier Cru Fleur de
Champagne   31,60 €   15

▨ Brut Rosé Prestige   42,79 €   15

Rouge : 100 hectares et achat de raisin.
Meunier ou Pinot Meunier 50 %, Pinot noir 50 %
Blanc : 100 hectares et achat de raisin.
Chardonnay 100 %
Production moyenne : 5 000 000 bt/an

Duval-Leroy, 69, avenue de Bammental, 51130
Vertus
Tél. : 03 26 52 10 75   **Fax :** 03 26 52 12 93
E-mail : champagne@duval-leroy.com
Site : www.duval-leroy.com
Vente : au domaine
Du lundi au vendredi de 9h à 12h et de 13h30
à 17h sur rendez-vous uniquement.
Propriétaire : Carol Duval-Leroy

▪ Fleury
CHAMPAGNE
★

Un domaine aubois (plus précisément, bar-
séquanais) pionnier en matière de culture
biodynamique. On ne sera donc pas étonné de
trouver ici une intensité de saveurs hors norme
pour la Champagne, dans des cuvées dominées
par l'expression vineuse, généreuse du pinot
noir, dès les bruts blancs de Noirs et Fleur de
l'Europe. Le niveau de gamme est soutenu par
un puissant millésimé et termine en apothéose
avec une cuvée Robert Fleury vinifiée sous bois,
et dont l'élevage en cave se fait sous liège.

  Les vins : pur fruit rouge, avec une grande
fraîcheur de bouche, le blanc de Noirs brut tient
en bouche sur une acidité traçante. La cuvée
Fleur de l'Europe, généreuse en arômes de pinot
mûr, a elle aussi gagné de la tension depuis le
tirage de l'an passé, avec des fins de bouche
très salines, surtout dans le nature. On trouvera autant de tension avec, en complément, la
richesse du fruit dans le rosé de saignée. Parfait
sur un homard. Et l'extra-brut 2005 ? D'une
tension inconnue par ailleurs, très énergique et
charnue. Le Robert Fleury 2002 est superbe, en
allonge, en maturité, en densité de saveurs, d'un
incroyable rapport prix/plaisir.

☐ Brut Blanc de Noirs   19 €   14,5

☐ Brut Fleur de l'Europe   20 €   15

☐ Brut Nature Fleur de l'Europe   32 € cav.   15,5

☐ Brut Robert Fleury 2002   30 €   17

☐ Extra Brut 2005   38 € cav.   16

▨ Brut Rosé de Saignée   25 €   15

Rouge : 12,5 hectares.
Pinot noir 100 %
Blanc : 2,5 hectares.
Chardonnay 100 %
Production moyenne : 200 000 bt/an
🌿 Certifié en agriculture bio ou biodynamique

Fleury, 43, Grande Rue, 10250 Courteron
Tél. : 03 25 38 20 28   **Fax :** 03 25 38 24 65
E-mail : champagne@champagne-fleury.fr
Site : www.champagne-fleury.fr
Vente : au domaine
Pas de visites.
Propriétaire : Jean-Pierre Fleury

▪ Gatinois
CHAMPAGNE
★

De longue date, la famille Cheval-Gatinois a
eu le souci de s'installer sur les meilleures
parcelles de son village d'Aÿ. Soit 27 au total,
toutes remarquablement situées en coteaux et à
90 % de pinot noir. Les cuvées Tradition et surtout Réserve soulignent cet étonnant compromis entre puissance et finesse, avec des saveurs
confites et grillées ainsi qu'un ovale généreux en
bouche. Le rosé, toujours régulier, est le pinot
noir le plus « kirsché » de la gamme. Un délice
coloré et explosif en saveurs. Des champagnes
qui respirent le pinot à parfaite maturité.

  Les vins : épatante dégustation une fois encore
avec une cuvée Réserve généreuse, savoureuse,
un modèle de champagne bâti autour de vins
de réserve affinés et précis. Toujours le même
enthousiasme également pour le Brut Rosé
Grand Cru, charnu, plein, ample. Ferme, jeune,
ramassé, de bonne densité, très typé par la cerise
du pinot, le millésime 2006 doit être attendu
deux ans.

☐ Brut Grand Cru 2006   27 €   16

☐ Brut Grand Cru Réserve   20 €   15

▨ Brut Rosé Grand Cru   22 €   15,5

Rouge : 6 hectares.
Pinot noir 100 %
Blanc : 1 hectare.
Chardonnay 100 %
Production moyenne : 50 000 bt/an

Gatinois, 7, rue Marcel-Mailly, 51160 Aÿ
Tél. : 03 26 55 14 26 **Fax :** 03 26 52 75 99
E-mail : contact@champagne-gatinois.com
Site : www.champagne-gatinois.com
Vente : au domaine
Sur rendez-vous exclusivement.
Propriétaire : Louis Cheval-Gatinois

■ Gonet-Médeville
CHAMPAGNE
★

Nouvel acteur majeur dans l'univers des vignerons champenois de qualité, Xavier Gonet s'est installé à son compte à Bisseuil, premier cru de la vallée de la Marne, avec son épouse Julie – née Médeville, du château Gilette, à Sauternes. Ils disposent d'une palette de vignes originale : l'apport familial de grands chardonnays du Mesnil-sur-Oger (Louvière, Champ d'Alouette), ainsi que de bons crus en pinot meunier (Mareuil) et en pinot noir (Ambonnay et Bisseuil). Afin d'assurer au vin une meilleure vivacité au vieillissement, les fermentations malolactiques sont bloquées. Une partie de plus en plus importante de vins clairs fermente par ailleurs en barrique, ce qui soutient la finesse des bulles. Nous apprécions la parfaite homogénéité d'une gamme très personnelle, juste récompense d'efforts synchrones en viticulture et en vinification.

Les vins : une fois encore, une très belle dégustation avec, en priorité, une réussite complète du simple Tradition premier cru, un champagne savoureux et généreux que l'on boit jusqu'au bout de la nuit. On ira aussi loin tout en mangeant, si on le souhaite, avec la cuvée blanc de Noirs extra-fruitée, tendue et bien fondue par un juste dosage. L'Ambonnay La Grande Ruelle 2004 est une petite sélection parcellaire qui change de style avec des notes marquées de moka, de pain d'épices (vinification sous bois), avec une finale qui « ranciote » légèrement. Un champagne vineux, complexe, qui a besoin d'air, idéal sur les viandes blanches et les truffes. Retour sur l'univers du fruité frais (sans goût de lumière cette année !) avec le rosé. Ne surtout pas manquer l'Ambonnay Athénaïs rouge 2009, le plus délicat, mûr et racé produit par le domaine. Et à prix sage ! Bravo.

☐ Brut Premier Cru Blanc de Noirs 22 € 15,5
☐ Brut Premier Cru Tradition 19 € 15
☐ Extra Brut Grand Cru Ambonnay La
  Grande Ruelle 2004 45 € 16,5
▨ Extra Brut Premier Cru Rosé 25 € 15

■ Coteaux Champenois Grand Cru
  Ambonnay Cuvée Athénaïs 2009 26 € 16,5

Rouge : 5 hectares.
Pinot noir 100 %
Blanc : 5 hectares.
Chardonnay 100 %
Production moyenne : 90 000 bt/an

Gonet-Médeville, 1, chemin de la Cavotte,
51150 Bisseuil
Tél. : 03 26 57 75 60 **Fax :** 05 56 76 28 43
E-mail : jx@gonet-medeville.com
Site : www.gonet-medeville.com
Vente : au domaine
Sur rendez-vous.
Propriétaire : Xavier et Julie Gonet

■ Charles & Piper-Heidsieck
CHAMPAGNE
★

Les marques Piper-Heidsieck et Charles Heidsieck on été vendu cédées en 2011 par le groupe Rémy-Cointreau au groupe EPI de la famille Descours, spécialisée dans les marques de prêt-à-porter de luxe (Bonpoint, Weston) et propriétaire du château La Verrerie en Lubéron. Piper cible le grand public, alors que la seconde a orienté sa production vers des champagnes racés, réguliers, à dominante chardonnay. Charles Heidsieck propose toujours une cuvée de brut sans année avec, sur l'étiquette, la date de mise en cave ; l'indication du temps de vieillissement en bouteille, avant le dégorgement et la mise en vente, permet de juger et d'apprécier les effets de la maturité. Le fleuron de la gamme demeure le millésimé Blanc des Millénaires, qui brille par son énergie et le raffinement de ses bulles.

Les vins : chez Piper, le fruité du brut a gagné en précision, le dosage est moins pesant également, mais la finale reste des amers qui manquent de finesse. Le rosé Sauvage confirme son attaque généreuse et vineuse, simple et finement sucrée dans sa conclusion. On retrouve cette simplicité des saveurs, plus dans la suavité sur 2004. La cuvée Rare ne passe pas inaperçue, avec sa bouteille ceinte d'une dentelle en métal doré, très prisée par les femmes asiatiques qui la décollent du flacon pour s'en faire un diadème ! La cuvée Rare 2002 est assez puissante, entière, et n'a pas l'élégance et la grâce attendues. Chez Charles, le brut est moins marqué par les notes grillées des vins de réserve de chardonnay que jadis, il se montre aujourd'hui plus rond, plus sur les fruits blancs au sirop. Le rosé Réserve dispose aussi de cette présence d'attaque, plus discrète en finale. Le 2000 exprime un travail de réduction sur lie, au grillé typé, et une bouche souple, bien équilibrée aujourd'hui dans sa finale fraîche. Savoureux, plein et encore d'une grande fraîcheur (selon les bouchons, car le premier échantillon servi était voilé par le liège), le Blanc des Millénaires 1995 évoque de plus en plus 1959, de par sa densité en extraits secs et son allonge à l'air, une fois libéré dans le verre.

☐ Brut Réserve Charles Heidsieck 40 € 14,5
☐ Brut Blanc des Millénaires Charles
Heidsieck 1995 130 € 17
☐ Brut Millésimé Charles
Heidsieck 2000 64 € 16
☐ Brut Millésimé
Piper-Heidsieck 2004 41 € 14
☐ Brut Piper-Heidsieck 29,50 € 13,5
☐ Brut Rare Piper-Heidsieck 2002 130 € 15
▨ Brut Rosé Réserve Charles
Heidsieck 52 € 14,5
▨ Brut Rosé Sauvage
Piper-Heidsieck 35,50 € 14

Rouge : n.c..
Meunier ou Pinot Meunier 50 %, Pinot noir 50 %
Blanc : n.c..
Chardonnay 100 %
Production moyenne : n.c.

Charles & Piper-Heidsieck , 12, Allée du Vignoble, 51100 Reims
Tél. : 03 26 84 43 00 **Fax :** 03 26 84 43 90
E-mail : alexandra.rendall@champagnes-ph-ch.com
Pas de visites.
Propriétaire : Groupe EPI
Directeur : Cécile Bonnefond (président)

■ Henriot

CHAMPAGNE
★

L a maison Henriot s'est fait une spécialité des champagnes droits, fins et apéritifs, dominés par le chardonnay. La maturité et la force de caractère des vins de base et des vins de réserve permettent, ici, des dosages sages. Jamais agressifs, les champagnes Henriot s'affirment dans un style délicat et doux.

Les vins : le brut Souverain est une bonne introduction au style ouvert et rond des bouches des champagnes de la maison. Même style épanoui dans le rosé, peu typé pinot, juste en arrière-plan ; un anti-rosé de saignée. Le blanc de Blancs conserve une touche très citronnée, c'est franc mais simple. Les 2005 (blanc et rosé) sont francs, carrés, dans la suavité douce de l'année. La cuvée des Enchanteleurs 1998 séduit moins pas son nez lacté que par ses notes de fruits rouges et la délicatesse de la bulle.

☐ Brut Blanc de Blancs 32 € cav. 14
☐ Brut Cuvée des
Enchanteleurs 1998 120 € cav. 16
☐ Brut Millésimé 2005 38 € cav. 15
☐ Brut Souverain 29 € cav. 14
▨ Brut 38 € cav. 14,5
▨ Brut Rosé 2005 40 € cav. 15

Henriot, 81, rue Coquebert, 51100 Reims
Tél. : 03 26 89 53 00 **Fax :** 03 26 89 53 10
E-mail : contact@champagne-henriot.com
Site : www.champagne-henriot.com
Sur rendez-vous.
Propriétaire : Famille Henriot
Directeur : Thierry Mure

■ Benoît Lahaye

CHAMPAGNE
★

L 'étoile montante de Bouzy a choisi de traiter son vignoble par les plantes et les minéraux. « Il faut se réapproprier la terre », dit ce vigneron pragmatique qui, jadis, adorait la mécanique et qui se forme aujourd'hui à la traction animale pour cultiver à cheval ses vignobles de Bouzy, Ambonnay et Tauxières-Mutry. Sans de lourds dosages dissimulateurs, il donne à ses champagnes (blancs et rosés sont au même niveau d'excellence) toute la dimension très fruitée des pinots noirs qui a fait la légende du sud de la Montagne de Reims. Les premiers prix sont sages, les vins ronds et savoureux. Comme disaient jadis les bons guides : « Mérite le détour ! ».

Les vins : à ceux qui recherchent un champagne d'apéritif généreux en saveur, franc de goût, minéral et peu dosé, le brut Nature est un incontournable de la Champagne. Le Naturessence fait monter cette concentration minérale si salivante, persistante, séduisante, car enrobé d'une pointe supérieure de maturité. Un grand champagne noir abouti. Le millésimé 2006 offre ce même haut niveau de maturité, mais avec plus de finesse, de nuances, loin des lourdeurs généralement nées dans ce millésime. Le rosé de macération demeure un « must » dans la famille des rosés de fruit, de maturité, qui ne perdent jamais leur élégance. Un bonheur. Le coteaux-champenois 2009 s'exprime dans la fermeté de prime abord, puis dans la finesse et la densité. Un très beau bouzy rouge à retrouver dans deux ans.

☐	Brut Blanc de Noirs Prestige	23,20 €	15,5
☐	Brut Grand Cru 2006	30,70 €	16
☐	Brut Nature	20,40 €	15
☐	Brut Naturessence	28,30 €	16
▪	Brut Rosé de Macération	22,10 €	16
■	Coteaux Champenois Bouzy 2009	18 €	15

Rouge : 3,8 hectares.
Pinot noir 100 %
Blanc : 0,6 hectare.
Chardonnay 100 %
Production moyenne : 38 000 bt/an
❀ Certifié en agriculture bio ou biodynamique

Benoît Lahaye, 33, rue Jeanne d'Arc, 51150 Bouzy
Tél. : 03 26 57 03 05
E-mail : lahaye.benoit@wanadoo.fr
Sur rendez-vous uniquement.
Propriétaire : Valérie et Benoît Lahaye

■ Laherte Frères
CHAMPAGNE
★

Benoît Laherte et son fils Aurélien exploitent un peu plus de dix hectares sur la côte de Blancs en chardonnay et dans la vallée de la Marne, du côté du Breuil et de Boursault, plutôt pinot meunier donc. Le vignoble est entièrement en culture, replanté de vignes en sélections massales issues de vieilles parcelles maison. Les trois quarts des vins sont vinifiés sous bois, en barriques. L'apport du chêne est, ici, bien géré, sans outrance. L'équilibre frais des jus champenois est préservé par l'usage ou non des fermentations malolactiques et dosages absents ou légers. La cuvée Les 7 est issue des sept cépages autorisés en Champagne : chardonnay, pinot meunier, pinot noir, pinot blanc, pinot gris, petit meslier et arbanne, planté sur une parcelle située sur Chavot. La date de dégorgement est mentionnée sur chaque bouteille. Une adresse en grande forme.

Les vins : le terme « champagne de terroir » prend tout son sens dans une gamme qui enchantera les amateurs de vins discernables et savoureux. Cela débute avec la grande générosité fraîche d'un rosé de haute maturité. Tou-

jours assez mordant jeune, citronné, sans amertume, le Brut Tradition a encore besoin de sept, huit mois de bouteille. Un peu rustique mais sincère, le Brut Nature Blanc de Blancs affirme un style sec, crayeux, tourné vers la cuisine de mer. Encore en non dosé, Les Empreintes monte sur des notes d'oxydo-réduction (besoin d'air) et laisse passer un champagne riche, appuyé, de grande persistance. Le Vignes d'Autrefois 2007, pur pinot meunier, s'affirme avec plus de grâce et d'équilibre dans l'expression de la minéralité. Reste une puissance minérale extraordinaire pour un meunier. Les 7 extra-brut (assemblage de cépages) est de la même race, présenté dans un tirage jeune, tonique, serré, salin, avec une allonge encore sur les amers. A oublier en cave un an.

☐	Brut Nature Blanc de Blancs	24 €	15
☐	Brut Tradition	19 €	14,5
☐	Extra Brut Les Vignes d'Autrefois 2007	28 €	15,5
☐	Les 7	41 €	16,5
☐	Les Empreintes 2007	31 €	15
▪	Brut Rosé	22,50 €	15

Rouge : 5 hectares.
Meunier ou Pinot Meunier 92 %, Pinot noir 8 %
Blanc : 5 hectares.
Chardonnay 100 %
Production moyenne : 100 000 bt/an

Laherte Frères, 3, rue des Jardins, 51530 Chavot
Tél. : 03 26 54 32 09
E-mail : contact@champagne-laherte.com
Site : www.champagne-laherte.com
Vente : au domaine
Du lundi au vendredi de 9h à 12h et de 14h à 17h.
Propriétaire : Thierry Laherte
Directeur : Thierry Laherte

■ Jean Lallement et Fils
CHAMPAGNE
★

Sur la Montagne de Reims, face nord, Verzenay fait la part belle au pinot noir (à 85 %), qui lui vaut un classement en grand cru. Comme ceux des crus voisins, Mailly et Verzy, les vins symbolisent le meilleur de la Champagne d'autrefois, celle des raisins appréciés pour leurs qualités aromatiques (la finesse du pinot exposé nord-est), leur puissance, mais aussi leur fermeté que l'on devait – que l'on savait – attendre plusieurs années. Des pinots noirs puissants, terriens, plus rustiques qu'à Ambonnay ou à Aÿ. Jean-Luc Lallement et son épouse produisent, avec leurs quatre hectares essentiellement implantés sur Verzenay, des champagnes d'artisans vignerons, pleins et corsés. Ils ne pratiquent ni le levurage pour la première fermentation, ni la réfrigération ni la filtration ; nous apprécions particulièrement les dosages très mesurés (6 g/l pour le Tradition, 4 g/l pour le Réserve). Les quantités étant limitées, n'hésitez pas à réserver d'une année sur l'autre.

Les vins : le brut sans année est généreux dans les derniers assemblages, charnu avec toujours un supplément d'allonge dans sa catégorie. La cuvée Réserve gagne en densité, et conjugue la dimension mature (la chair) et terrienne des vins de Verzenay. Le rosé nuancé, d'une grande franchise, en est le plus bel exemple. Le Réserve est toujours vineux, hyper fruité et tonique, une superbe affaire.

☐ Brut Réserve	n.c.		16
☐ Brut Tradition	n.c.		15,5
▦ Brut Réserve Rosé	n.c.		15,5

Rouge : 3,6 hectares.
Pinot noir 100 %
Blanc : 0,9 hectare.
Chardonnay 100 %
Production moyenne : 20 000 bt/an

Jean Lallement et Fils, 1, rue Moët-et-Chandon, 51360 Verzenay
Tél. : 03 26 49 43 52 **Fax :** 09 71 70 63 90
E-mail : alex.lallement@wanadoo.fr
Vente : au domaine
Sur rendez-vous.
Propriétaire : Jean-Luc et Alexandra Lallement.

■ Laurent-Perrier
CHAMPAGNE
★

L'année 2010 a vu la disparition de Bernard Nonancourt, président fondateur de la célèbre maison de Tours-sur-Marne. Il avait spécialisé sa marque dans une gamme de champagnes typée chardonnay pour près de la moitié des approvisionnements – le vignoble en propre ne couvrant que 10 % des besoins. Aromatique et fine, cette gamme est pour beaucoup dans le succès mondial du champagne apéritif. Ses éléments célèbres sont la cuvée de prestige Grand Siècle – non millésimée, sauf en 1985, 1990, 1995 et 1996 pour le marché anglo-saxon –, et

l'ultra-brut, précurseur des champagnes secs à faible dosage, créé en 1976. Sans oublier le rare rosé millésimé Alexandra.

Les vins : en non millésimé, nous préférons nettement le salin ultra-brut au brut, car il laisse une fin de bouche fraîche et pure. Le 2002, franc, carré, de longueur moyenne, nous paraît solidement dosé sur le tirage de cette année. Couleur emblématique chez Laurent-Perrier, le rosé prend ses lettres de noblesse avec la cuvée Alexandra 1998, sur des notes automnales, un rien décadent, toujours d'une grande finesse. A boire. Avec des arômes de réduction grillée et de moka au nez, la cuvée Grand Siècle constitue un champagne charnu, un rien épais (et dosé) dans son dernier tirage, qui s'équilibre avec des saveurs d'agrumes rôtis. Il partage avec l'Alexandra une grande délicatesse de bulle.

☐ Brut 2002	51 € cav.		14
☐ Brut	36 € cav.		13,5
☐ Brut Grand Siècle	170 € cav.		16
☐ Ultra Brut	55 € cav.		14,5
▦ Brut Rosé	71 € cav.		14
▦ Brut Rosé Grand Siècle Alexandra 1998	350 € cav.		17

Rouge : Propre + achat.
Pinot noir et meunier 100 %
Blanc : Propre + achat.
Chardonnay 100 %
Production moyenne : n.c.

Laurent-Perrier, 32, Avenue de Champagne, 51150 Tours-sur-Marne
Tél. : 03 26 58 91 22 **Fax :** 03 26 58 77 29
E-mail : agnes.richerdeforges@laurent-perrier.fr
Site : www.laurent-perrier.com
Vente : au domaine
Sur rendez-vous et uniquement pour les professionnels.
Propriétaire : Famille Nonancourt
Directeur : Michel Boulaire (président)

■ Georges Laval
CHAMPAGNE
★

La quarantaine, Vincent Laval a repris le domaine familial de Cumières et poursuit la culture biologique mise en place par son père depuis 1971. Sa toute petite production de champagnes est celle d'un artisan d'art ; sans chaptalisation, vinifiés en fûts, ils s'adressent à nos papilles sans artifice et restituent fortissimo l'expression sudiste des coteaux de ce village de la rive droite de la Marne. Des champagnes vineux, marqués par le bois dans leur jeunesse (mieux gérés aujourd'hui, ce qui lui vaut sa première étoile cette année), de table davantage que d'apéritif, qui méritent la garde dans une cave bien fraîche.

Les vins : on croque le raisin bien mûr et de caractère dans le cumières premier cru, un délice. On ressent encore plus de densité et de salinité ainsi que de fraîcheur et de précision dans le brut nature. Les chênes et les hautes chèvres 2008, disponible fin 2012, n'ont pu être présentés.

☐ Brut Nature Premier Cru Cumières 50 € 16
☐ Brut Premier Cru Cumières 50 € 15,5

Rouge : 2 hectares.
Meunier ou Pinot Meunier 62 %, Pinot noir 38 %
Blanc : 0,53 hectare.
Chardonnay 100 %
Production moyenne : 10 000 bt/an
❀ Certifié en agriculture bio ou biodynamique

Georges Laval, 16, Ruelle du Carrefour, 51480 Cumières
Tél. : 03 26 51 73 66 **Fax :** 03 26 57 80 87
E-mail : champagne@georgeslaval.com
Site : www.georgeslaval.com
Vente : au domaine
Sur rendez-vous.
Propriétaire : Vincent Laval

■ Marie-Noëlle Ledru

CHAMPAGNE
★

M arie-Noëlle Ledru s'impose aujourd'hui parmi les plus grands vignerons de la Champagne. Ses vins de terroir sont entiers, vrais, énergiques, d'une franchise exemplaire, dans la tradition des plantureux pinots noirs d'Ambonnay, où prospère son vignoble tenu avec rigueur. Le brut est présent et parfaitement équilibré, plus consensuel que l'extra-brut, toujours très vif et persistant. Saluons encore un splendide demi-sec savoureux, sans lourdeur de sucres, ainsi que des millésimés travaillés dans une optique de garde. En ajoutant que les prix demeurent accessibles, on comprend pourquoi les amateurs de grands vins bénissent cette adresse.

Les vins : le Rosé Grand Cru reste dans le registre de la maturité et de l'intensité du fruit rouge franc et direct du pinot. Superbe. Les millésimés constituent la grande force du domaine, à des prix encore très accessibles : le Grand Cru

2007 commence à s'assagir dans un style très salin, un rien plus rigide que le très vineux 2002, grand champagne de table, salin, riche, d'une force de goût rare, qui appelle les grandes volailles et poissons sans crème. On termine en feu d'artifice encore en 2007, avec la cuvée du Goulté, qui glorifie la finesse de matière et de bulle d'un millésime vertical, tendu et hyper salin.

☐ Brut Grand Cru 2007 22,30 € 16,5
☐ Brut Grand Cru 19,10 € 15
☐ Brut Grand Cru Cuvée du Goulté
  Blanc de Noirs 2007 24,80 € 16,5
☐ Brut Grand Cru Nature 2006 31,40 € 15,5
☐ Brut Grand Cru Nature 2002 31,40 € 17
☐ Demi Sec Grand Cru 19,10 € 15
☐ Extra Brut Grand Cru 20,70 € 15
▨ Brut Grand Cru Rosé de
  Saignée 2008 27,80 € 15,5

Rouge : 5 hectares.
Pinot noir 100 %
Blanc : 1 hectare.
Chardonnay 100 %
Production moyenne : 25 000 bt/an

Marie-Noëlle Ledru, 5, place de La Croix, 51150 Ambonnay
Tél. : 03 26 57 09 26 **Fax :** 03 26 58 87 61
E-mail : info@champagne-mnledru.com
Tous les jours sur rendez-vous.
Propriétaire : Marie-Noëlle Ledru

■ Lilbert-Fils

CHAMPAGNE
★

U ne des familles de vignerons de la côte des Blancs parmi les plus fiables et les plus anciennes – « Vignerons à Cramant depuis 1746 ! ». Bertrand Lilbert, fils de Georges, a repris officiellement le domaine en 2003, après un parcours d'œnologue conseil. Leurs cuvées de chardonnay – assemblage très heureux de Chouilly et de Cramant pour le non millésimé, et souvent issues uniquement de Cramant pour le millésimé – sont renommées de longue date. Et ce dans un style ferme, parfois même austère dans leur jeunesse, mais d'excellente garde, comme nous le rappelle la cave privée des Lilbert, qui regorge de pimpants vieux millésimes « sur pointe » de plus de 40 ans – non commercialisés, malheureusement.

Les vins : le brut non millésimé monte en maturité dans l'assemblage équitable entre 2008/

2007 en restant d'une parfaite fraîcheur citron-née. Un des grands bruts du vignoble actuelle-ment. Bonne nouvelle, la cuvée Perle a perdu son côté réducteur tout en gagnant en ouverture de bouche, dans un style toujours plus crémeux, crayeux, tiré en mousse légère. Excellent. Arri-vée du millésimé 2006, l'un des plus tendres et ronds depuis 2003, un millésime généreux à défaut d'être très concentré.

☐ Brut Grand Cru Blanc de Blancs
  Cramant   18 € 15
☐ Brut Grand Cru Blanc de Blancs
  Cramant Vieilles Vignes 2006   28 € 15,5
☐ Brut Grand Cru Blanc de Blancs
  Perle Vieilles Vignes   21 € 15,5

Blanc : 4 hectares.
Chardonnay 100 %
Production moyenne : 30 000 bt/an

Lilbert-Fils, 223, rue du Moutier, BP 14, 51530 Cramant
Tél. : 03 26 57 50 16 **Fax :** 03 26 58 93 86
E-mail : info@champagne-lilbert.com
Site : www.champagne-lilbert.com
Vente : au domaine
Du lundi au samedi de 10h à 12h et de 14h à 18h sur rendez-vous.
Propriétaire : Bertrand Lilbert

■ Franck Pascal
CHAMPAGNE
★

Ingénieur de formation, Franck Pascal a pris la suite du domaine familial en choisissant l'option courageuse, si peu commune en Cham-pagne, de la viticulture biologique (depuis 2005) puis, aujourd'hui, biodynamique. A partir d'un vignoble à dominante pinot meunier, au faible rendement, morcelé sur cinq communes de la rive droite de la vallée de la Marne, il donne naissance à des champagnes de caractère, géné-reux, s'adressant à un public qui recherche de la vinosité dans les champagnes. Dosage et date de dégorgement sont mentionnés sur chaque bouteille.

Les vins : Reliance Brut Nature est un pinot meunier (60 %) d'une grande finesse, bien cré-meux et persistant. La version Extra-Brut, dosée à 5 g/l de sucre, paraît étonnement plus mor-dante et pas encore en place. Laissons-lui encore six mois. Plein, charnu tout en restant très sec, le rosé Tolérance est dosé lui aussi à moins de 5 g/l, pour un rosé salin et désaltérant. En version millésimée, deux 2004 sortent de cave : Harmo-

nie blanc de Noirs extra-brut prend des notes ranciotées et terriennes insistantes, beau cham-pagne de table et de viande blanche, prêt à boire, un rien moins fin et subtil que le Quinte-Essence, pinot noir 60 %, très franc, droit, d'une grande précision. Une belle dégustation.

☐ Brut Nature Reliance   29 € 15
☐ Extra Brut Blanc de Noirs
  Harmonie 2004   45 € 15,5
☐ Extra Brut Quinte-Essence 2004   45 € 16
☐ Extra Brut Reliance   29 € 15
■ Brut Rosé Tolérance   38 € 15,5

Rouge : 0,29 hectare.
Meunier ou Pinot Meunier 75 %, Pinot noir 25 %
Blanc : 3,77 hectares.
Chardonnay 100 %
Production moyenne : 30 000 à 32 000 bt/an
❀ Certifié en agriculture bio ou biodynamique

Franck Pascal, 1 bis, rue Valentine-Régnier, 51700 Baslieux-sous-Chatillon
Tél. : 03 26 51 89 80 **Fax :** 09 70 62 46 96
E-mail : franck.pascal@wanadoo.fr
Site : www.franckpascal.fr
Vente : au domaine
Sur rendez-vous uniquement.
Propriétaire : Franck Pascal

■ Joseph Perrier
CHAMPAGNE
★

Cette maison discrète de Châlons-en-Champagne est toujours dirigée par les des-cendants de Joseph Perrier, l'attachante famille Fourmon. Elle se trouve également désormais rattachée aux vignobles Alain Thiénot, huitième groupe de champagne. Elle possède de remar-quables caves souterraines de plain-pied et un vignoble d'une vingtaine d'hectares de grande origine s'orientant vers une viticulture probe. A Cumières, Hautvillers et Damery, les pinots du domaine, majoritaires, expriment leur matu-rité, et les chardonnays, une minéralité et une puissance originales. Les efforts déployés depuis quelques années se retrouvent dans la finesse et l'harmonie présentes à tous les niveaux de la gamme, qui s'enrichit, en 2010, d'une nouvelle bouteille pour les millésimés, une réplique d'un flacon du Second Empire au fond plat, et dont le cul arrondi est décoré d'une frise de bulles en relief, permettant une meilleure prise en main pour le service.

Les vins : la gamme Millésimé sort en 2004, avec un rosé très réussi, franc et mature dans son arôme. Moins séduisant, le blanc de Blancs s'exprime sur des notes plus pesantes et oxydatives. Surtout en comparaison avec le Joséphine 2004, tout en finesse et en énergie, d'une grande élégance. Pour la table et les grands apéritifs. Dégusté de nouveau, le Cuvée Royale 2002 confirme nos doutes de l'an passé par sa lourdeur et une évolution prématurée dans les arômes. Parmi les bruts, le blanc de Blancs s'en sort avec les honneurs : fruité (évoquant les fruits blancs) et un rien sec en finale.

☐ Brut Joséphine 2004	110 € cav.	17
☐ Brut Royale 2002	47 € cav.	14
☐ Brut Royale	31 € cav.	14
☐ Brut Royale Blanc de Blancs	34 € cav.	14,5
☐ Brut Spéciale Blanc de Blancs 2004	57 € cav.	14,5
▦ Brut Spéciale Rosé 2004	57 € cav.	15,5

Rouge : 19 hectares.
Pinot noir 43 %, Meunier ou Pinot Meunier 57 %
Blanc : 2 hectares.
Chardonnay 100 %
Production moyenne : 800 000 bt/an

Joseph Perrier, 69, avenue de Paris, BP 80031, 51016 Châlons-en-Champagne
Tél. : 03 26 68 29 51 **Fax :** 03 26 70 57 16
E-mail : contact@josephperrier.fr
Site : www.josephperrier.fr
Vente : au domaine
Sur rendez-vous exclusivement avec l'Office de tourisme de Châlons-en-Champagne.
Propriétaire : Champagne Joseph Perrier
Directeur : Jean-Claude Fourmon (président)

▪ Perrier-Jouët

CHAMPAGNE
★

A vec sa bouteille conçue et signée en 1902 par Emile Gallé, et dont les marchés asiatiques raffolent, la cuvée de prestige Belle Epoque (mi-blanc, mi-noir) assure la renommée de la marque, chantre du style Art nouveau. Comme Mumm, elle appartient, depuis le rachat d'Allied Domecq, en 2005, au groupe Pernod-Ricard. Le numéro deux mondial des vins et spiritueux s'est fixé un objectif : hisser cette maison parmi les premières marques de luxe de la Champagne. Et cela se sent au retour en finesse des bulles et dans la qualité des saveurs des derniers assemblages. A condition que l'on comprenne le style

ample et baroque défendu par la maison. Bonne nouvelle : les dosages souvent puissants sont allégés dans les derniers tirages.

Les vins : déjà amorcé dans les tirages de l'an passé, le brut grand cru confirme le retour de la finesse, dans un champagne de chair qui termine toujours avec générosité. On salue la précision du dosage qui respecte l'équilibre frais de l'année dans le Belle Epoque 2004, d'une grande jeunesse. La version rosée cultive cette générosité du fruit mais avec une élégance sensuelle et classique rare.

☐ Grand Brut	31 €	15,5
▦ Blason Rosé	41 €	15
▦ Brut Rosé Belle Epoque 2004	118 €	16,5

Rouge : 28,6 hectares.
Pinot noir 63 %, Meunier ou Pinot Meunier 37 %
Blanc : 36,4 hectares.
Chardonnay 100 %
Production moyenne : 2 500 000 bt/an

Perrier-Jouët, 28, avenue de Champagne, 51200 Epernay
Tél. : 03 26 53 38 00 **Fax :** 03 26 54 54 55
E-mail : info@perrier-jouet.com
Site : www.perrier-jouet.com
Vente : au domaine
Pas de visites.
Propriétaire : Pernod-Ricard
Directeur : Michel Letter

▪ Pierre Péters

CHAMPAGNE
★

C ette célèbre famille du Mesnil-sur-Oger dispose de très belles parcelles de chardonnay dans l'épicentre de ce village grand cru de la côte des Blancs. Leurs champagnes blancs de Blancs sont à la fois classiques dans leur fraîcheur crayeuse et d'un parti pris assumé dans la puissance de l'expression des terroirs, tout particulièrement dans la mémorable cuvée Les Chétillons, l'un des meilleurs chardonnays champenois.

Les vins : bien fruité, franc, avec déjà une signature typée de blanc de Blancs minéral, le brut grand cru blanc de Blancs Cuvée de Réserve est un chardonnay d'apéritif et une excellente introduction au terroir ferme du Mesnil. Le rosé Albane est joliment fruité, de teinte claire, sur la base chardonnay puissant et solaire. On entre dans le cœur des saveurs de sel et de craie du Mesnil avec l'extra-brut grand cru blanc de Blancs, que l'on imagine accompagnant un vieux comté. Le 2004 prend des notes de fruits rouges dans le premier nez de la cuvée Les Chétillons, grand chardonnay parcellaire, qui explore les notes complexes et salivantes de morilles et de moka.

☐ Brut Grand Cru Blanc de Blancs
Cuvée de Réserve   20,60 €   14,5

☐ Brut Grand Cru Blanc de Blancs
Les Chétillons Spéciale 2004   42,90 €   17

☐ Brut Grand Cru Blanc de Blancs
Réserve Privée   35 €   15,5

☐ Extra Brut Grand Cru Blanc de
Blancs   22,70 €   15,5

▨ Brut Rosé For Albane   24,70 €   15

Blanc : 18 hectares.
Chardonnay 100 %
Production moyenne : 175 000 bt/an

Pierre Péters, 26, rue des Lombards, 51190 Le Mesnil-sur-Oger
Tél. : 03 26 57 50 32   **Fax :** 03 26 57 97 71
E-mail : champagne-peters@wanadoo.fr
Site : www.champagne-peters.com
Vente : au domaine
Sur rendez-vous du lundi au vendredi de 8h à 12h et de 13h30 à 18h30.
Propriétaire : Famille Péters
Directeur : Rodolphe Péters

▨ Philipponnat
CHAMPAGNE
★

S i Philipponnat a décroché son étoile en 2008, c'est, bien sûr, pour la personnalité constante de son Clos des Goisses, le plus vaste des clos champenois, abritant 5,5 ha exposés plein sud sur des pentes abruptes à Mareuil, le long de la route qui mène à Aÿ. Caractérisée par une forte proportion de pinot noir, sa verticale des vingt dernières années ne montre aucune faiblesse, affirmant un style puissant et baroque. On soulignera également les progrès enregistrés sur les bruts sans année (blancs et rosés), d'expression assez vineuse, mais toujours digestes, ainsi que la bonne gestion des derniers millésimés.
Les vins : une gamme homogène avec un brut Royale Réserve vineux, finement acidulé, en chair, qui revendique avec cohérence son côté pinot, que l'on ressent encore plus dans la version non dosée. Dans ce même élan, le rosé, très charnel est une réussite. On ne boudera pas pour autant le blanc de Blancs 2005, déjà très gourmand, à boire jeune. Nous sommes moins

enthousiasmés par l'évolution des 2003, qui manquent de profondeur. Le millésime est sauvé par la cuvée rosée 1522. Une miniverticale de Clos des Goisses consacre toujours le 2002, jus impressionnant de profondeur, qui illustre à merveille le relief suave et résistant que seul ce grand terroir solaire de Champagne est capable d'offrir. Bonne tenue du 2000, un cran plus dense que le généreux, très fruité et déjà épanoui 2001.

☐ Brut Clos des Goisses 2002   123,79 €   17,5
☐ Brut Clos des Goisses 2001   123,79 €   15,5
☐ Brut Clos des Goisses 2000   123,79 €   16,5
☐ Brut Grand Blanc 2005   44,84 €   15,5
☐ Brut Réserve 2003   44,84 €   14
☐ Brut Royale Réserve   29,71 €   14,5
☐ Brut Royale Réserve Non Dosé   29,71 €   14,5
☐ Extra Brut Grand Cru
1522 2003   57,77 €   14,5
☐ Sec Sublime Réserve 2002   44,84 €   14,5
▨ Brut Réserve Rosée   36,59 €   15
▨ Extra Brut Rosé Premier Cru
1522 2003   79,77 €   15

Rouge : 14,5 hectares et achat de raisin.
Meunier ou Pinot Meunier 8 %, Pinot noir 82 %
Blanc : 2 hectares et achat de raisin.
Chardonnay 100 %
Production moyenne : 650 000 bt/an

Philipponnat, 13, rue du Pont, 51160 Mareuil-sur-Aÿ
Tél. : 03 26 56 93 00   **Fax :** 03 26 56 93 18
E-mail : info@champagnephilipponnat.com
Site : www.philipponnat.com
Vente : au domaine
Sur rendez-vous.
Propriétaire : Groupe Lanson BCC
Directeur : Charles Philipponnat

▨ Roses de Jeanne - Cédric Bouchard
CHAMPAGNE
★

C édric Bouchard a créé « RDJ » en 2000. Très exigeant, ce petit producteur n'élabore qu'une seule cuvée, Les Ursules, sur un peu moins d'1 ha de pinot noir (blanc de Noirs), dans l'Aube. Le vignoble est tenu dans les règles de l'art avec labourage, ébourgeonnage et vendanges en vert, ce qui réduit les quantités. Les quelques milliers de bouteilles élaborées pour être bues précocement sont prévendus (pas de vente au domaine), mais disponibles auprès de bons cavistes. Les millésimes se suivent et nous enchantent toujours autant.

Les vins : la bulle est large et tumultueuse à l'ouverture des Ursules (base 2009). Dans un millésime très charnu, très mûr, sur des saveurs de turón et marsipane, il est moins tonique que le 2008, de longueur moyenne.

☐ Blanc de Noirs Les
    Ursules 2009   49 € cav. 15,5

Rouge : 0,972 hectare.
Pinot noir 100 %
Roses de Jeanne - Cédric Bouchard, 13, rue du Vivier, 10110 Celles-sur-Ource
Tél. : 03 25 29 69 78 **Fax :** 03 25 29 69 78
E-mail : rdj@orange.fr
Site : www.champagne-rosesdejeanne.com
Pas de visites.
Propriétaire : Cédric Bouchard

■ Taittinger

★

Les Taittinger sont de retour ! « Ah, ils étaient partis ? », s'étonneront certains. Effectivement, cette grande fratrie champenoise n'a jamais quitté la maison éponyme. Mais après une période de flottement familial, de changement d'actionnariat (Crédit agricole du Nord-Est en 2006), et une remise en ordre de marche, le fougueux et bientôt sexagénaire Pierre-Emmanuel Taittinger, épaulé par sa fille, Vitalie, est de nouveau totalement aux commandes de cette maison historique. Avec un trésor de 270 ha de vignes (dont de rares sélections massales et 180 ha travaillés sans herbicides), l'auto-approvisionnement ne représente qu'une fraction des raisins nécessaires à l'élaboration des diverses cuvées, marquées par un style rond, volontairement peu acide. Les fermentations malolactiques sont faites, le dosage est ici défendu comme un « exhausteur de goût », indispensable des bruts sans année ». Par sa vigueur, sa complexité, son amplitude racée au vieillissement – elle se révèle au bout de vingt ans –, la cuvée chardonnay de prestige maison, Comtes de Champagne (entre 150 et 300 000 bouteilles suivant les millésimes), est toujours l'un des dix plus grands effervescents au monde.

Les vins : la gamme Taittinger est immédiatement accessible, les cuvées multimillésimées étant enrobées par un dosage généreux mais habile. C'est le cas du brut Réserve, joliment fruité, gras, plein, à la finale détendue. Plus

dense, serré, animé par une pointe d'amertume douce, le Prélude Grands Crus, mi-chardonnay, mi-pinot, se montre un compagnon de table tout à la fois généreux et distrayant. Assez poussé en maturité, le vineux Prestige, très réussi rosé, sera aussi à l'aise à table. Illustrant bien le fruité très ouvert de l'année, le nillésime 2005 est une réussite dans sa finesse. Le Comtes de Champagne 2002 : une approche charnelle, sensuelle, d'un millésime surtout réputé pour sa verticalité. Grande délicatesse et maturité. La version 2000 de la même cuvée, reconnaissable à ses fines notes de réduction grillées des grands chardonnays, est délicieuse, fondue, ronde, concluant par une pointe suave chic. Le meilleur 2000 de Champagne actuellement sur le marché. Sa version rosée 2005, d'une jeunesse encore turbulente dans sa bulle, s'avère délicate dans ses saveurs, de longueur moyenne.

☐ Brut 2005   47,50 € 15
☐ Brut Blanc de Blancs Comtes de
   Champagne 2002   n.c. 17
☐ Brut Blanc de Blancs Comtes de
   Champagne 2000   110 € 17,5
☐ Brut Les Folies de la
   Marquetterie   46,50 € 14,5
☐ Brut Prélude Grands Crus   44 € 15,5
☐ Brut Réserve   35 € 14,5
▨ Brut Rosé Comtes de
   Champagne 2005   160 € 16,5
▨ Brut Rosé Prestige   46,50 € 15

Rouge : 183,85 hectares.
Pinot noir 60 %, Meunier ou Pinot Meunier 40 %
Blanc : 103,36 hectares.
Chardonnay 100 %
Production moyenne : 5 000 000 bt/an

Taittinger, 9, place Saint-Nicaise, 51100 Reims
Tél. : 03 26 85 45 35 **Fax :** 03 26 50 14 30
E-mail : marketing@taittinger.fr
Site : www.taittinger.com
Vente : au domaine
De 9h30 à 13h et de 14h à 17h30 (derniers départs à 11h50 et 16h20). Tous les jours (y compris les jours fériés) du 01/05 au 15/11. Fermé dimanches et jours fériés du 15/03 au 30/04 et du 15 au 30/11. Fermé samedis, dimanches et jours fériés du 01/12 au 15/03.
Directeur : Pierre-Emmanuel Taittinger (Président)

■ Tarlant

CHAMPAGNE

★

Un des domaines familiaux les plus dynamiques de Champagne, qui donne ses lettres de noblesse au cœur de la rive gauche de la vallée de la Marne et à celle du Surmelin. Depuis 2002, Benoît Tarlant vinifie tout son vignoble en parcellaire, sa viticulture s'adaptant à une mosaïque de sols et de sous-sols : des sables au silex, des argiles et calcaires à la pure craie. Cette sélection affinée se double d'efforts en matière de pressée des raisins : « Une bonne vinification en Champagne se maîtrise à 70 % au pressurage », explique l'intéressé. Sans levurage ni enzymage, les deux tiers des vinifications se font sous bois. Ces champagnes ont du volume, de la mâche et ils conservent une grande fraîcheur du fait d'un dosage léger : en 2010, l'intégralité de la production est passée en dosage a minima (extra-brut, 4,5 g/l) ou nul (Nature).

Les vins : les notes racinaires de la fin de bouche du brut Nature sont plus civilisées et grand public dans le tirage de cette année. On peut prévoir le même succès avec le rosé, un rien rustique, très fraise et franc de goût. La cuvée Louis, qui fut l'une des premières cuvées de vignerons de Champagne vinifiée sous bois (base 1998/1997/1996, mi-chardonnay, mi-pinot noir), est un champagne de table tannique, vineux, appuyé sur des notes de moka et pain grillé. Nous qui ne sommes pas fans des 2003, reconnaissons qu'une fois encore le Vigne d'Or, pur pinot meunier, sort brillamment du lot, par son volume sans pesanteur. Dans le même millésime mais autour d'un pinot noir de la Celle-sur-Condé, très fruité, plus traçant, à la finesse préservée, le Vigne Rouge est aussi remarquable. Deux cuvées désormais incontournables de la Champagne.

☐	Brut Nature La Vigne Rouge 2003	n.c.	16
☐	Brut Nature Zéro	24 €	15
☐	Brut Prestige 2000	35 €	15,5
☐	Extra Brut La Vigne d'Or Blanc de Meuniers 2003	65 €	16
☐	Extra Brut Louis	48 €	15,5
■	Brut Nature Rosé Zéro	29 €	15

Rouge : 9,1 hectares.
Pinot noir et meunier 100 %
Blanc : 3,9 hectares.
Chardonnay 98 %, Divers 2 %
Production moyenne : 100 000 bt/an

Tarlant, 51480 Œuilly
Tél. : 03 26 58 30 60 **Fax :** 03 26 58 37 31

E-mail : champagne@tarlant.com
Site : www.tarlant.com
Vente : au domaine
Du lundi au vendredi à 10h30 et à 14h30. Le samedi exclusivement sur rendez-vous à 10h30 et à 14h30. Groupes (20 pers. maxi) : sur rendez-vous.
Propriétaire : Famille Tarlant
Directeur : Benoît et Mélanie Tarlant

■ Veuve Clicquot Ponsardin

CHAMPAGNE

★

Le style Clicquot est fortement marqué par le pinot noir : des champagnes de bouche, vineux et structurés – notons la grande tenue des millésimés –, ce qui n'exclut pas une réelle finesse de texture et de goût. Dans cet esprit, la maison élabore également des rosés millésimés légendaires d'une garde stupéfiante. A propos de son brut non millésimé (dit « Carte jaune »), il faut noter que, parmi les champagnes de grande consommation (plus de 8 millions de bouteilles par an), il fait partie de ceux qui ont su conserver du caractère. Après une très belle série de vieux millésimes sortis en 2008, la maison revient sur une gamme assez classique et assez jeune (2004), qui correspond davantage à un classement à une étoile que deux, que nous lui accordions naguère.

Les vins : un brut toujours bien typé par le pinot noir charnu, précision délicatement épicée dans sa finale. Le message du rosé est plus discret, plus fin en saveur et en bulle. Un bon rosé de grande diffusion. En cuvée millésimée, un duo 2004 : le Vintage a la fraîcheur d'aplomb, un grain tonique, un rien anguleux, de belle persistance ; et La Grande Dame est d'une délicatesse de texture remarquable, homogène, harmonieuse, tout en délicatesse, prête à boire. Sa version rosée ne nous a pas été présentée.

☐	Brut Carte Jaune	35 € cav.	14,5
☐	Brut La Grande Dame 2004	125 € cav.	17
☐	Brut Vintage 2004	55 € cav.	15
■	Brut Rosé	43 € cav.	15

Rouge : n.c..
Blanc : n.c..
Production moyenne : n.c.

Veuve Clicquot Ponsardin, 12, rue du Temple, 51100 Reims
Tél. : 03 26 89 54 40

Site : www.veuve-clicquot.com
Vente : au domaine
Sur rendez-vous.
Propriétaire : Möet Hennessy
Directeur : D. Demarville

■ Veuve Fourny

CHAMPAGNE

★

Une nouvelle génération, incarnée par Charles et Emmanuel Fourny, préside désormais aux destinées de ce domaine bien implanté à Vertus, au sud de la côte des Blancs, notamment sur le Clos Notre-Dame, qui fait partie du patrimoine familial depuis le XIXe siècle. La gamme a du goût, de la franchise, avec des blancs de chardonnay (dominants) solides et entiers, en partie élevés en fût. Des champagnes avec beaucoup de personnalité et de précision, qui valent au domaine l'accession à la première étoile cette année.

Les vins : sur les trois entrées de gamme, nous préférons pour la première fois les deux blancs de Blancs : le premier cru très précis, savoureux et frais, et le Nature, finement salin. Dans cette famille de dosage léger, l'extra-brut prend de la hauteur par sa densité et ses notes puissantes de salaison sèche. Cette recherche de l'essence des saveurs du champagne dans les extraits secs se poursuit avec un très beau 2006 blanc de Blancs traçant, frais, et dans l'assemblage Clos Faubourg 2002, champagne de haute intensité en attaque de bouche, très franc dans une finale finement boisée. Le 1996, vieilli sous liège, monte en complexité : notes pâtissières et de truffe blanche, bulle délicate. Un grand blanc de Blancs à maturité, pour accompagner girolles et ris de veau braisés.

☐ Brut Nature Premier Cru Blanc de
　Blancs Vertus　　　　　24 € cav.　15

☐ Brut Premier Cru Blanc de Blancs
　Vertus 2006　　　　　　40 € cav.　16

☐ Brut Premier Cru Blanc de Blancs
　Vertus 1996　　　　　　78 € cav.　17

☐ Brut Premier Cru Blanc de Blancs
　Vertus　　　　　　　　　23 € cav.　15

☐ Brut Premier Cru Grande Réserve
　Vertus　　　　　　　　　22 € cav.　14,5

☐ Extra Brut Clos du Faubourg
　Notre-Dame 2002　　　92 € cav.　16,5

☐ Extra Brut Cuvée R　　34 € cav.　15,5

■ Brut Rosé Premier Cru Vertus　28 € cav.　15

■ Extra Brut Rosé Les
　Rougemonts　　　　　　33 € cav.　15,5

Rouge : 2 hectares.
Meunier ou Pinot Meunier 13 %, Pinot noir 87 %
Blanc : 18 hectares.
Chardonnay 100 %
Production moyenne : 180 000 bt/an

Veuve Fourny, 5, rue du Mesnil, 51130 Vertus
Tél. : 03 26 52 16 30　**Fax :** 03 26 52 20 13
E-mail : info@champagne-veuve-fourny.com
Site : www.champagne-veuve-fourny.com
Du lundi au vendredi de 8h à 12h et de 14h à 17h30. Le samedi sur rendez-vous.
Propriétaire : Famille Fourny
Directeur : Charles et Emmanuel Fourny

■ Yann Alexandre

CHAMPAGNE

Situé à Courmas, petit village du nord-ouest de la Montagne de Reims, le vignoble, issu d'un héritage familial, s'étend sur un peu plus de 6 ha et le pinot meunier constitue 45 % de la superficie. Sans a priori, nous avons découvert des champagnes très fruités, à boire jeunes, un peu fort en bulles, mais avec des fins de bouche élégantes, fraîches, droites ; surtout, le très bon brut Sélection, d'un excellent rapport prix/plaisir.

Les vins : mission remplie pour le brut Sélection, un champagne tutti fruti agrumes, franc et bien sec. Avec de belles notes salines et une texture crémeuse, le Roche Mère se révèle un très beau champagne de mer et crustacés. Le Grande Réserve premier cru sera plus consensuel, avec son fruité enrobé qui évoque la tarte à la rhubarbe, des notes acidulées de fruits blancs. Un bon champagne accessible que l'on a envie de conseiller aux amis. Le blanc de Blancs 2006 se montre comme souvent dans cette année, tout en rondeur, un peu sucré, en demi longueur. Beau rosé premier cru, d'un très bon rapport prix/plaisir, lui aussi. Le millésimé 2004 premier cru extra-brut prend de l'envergure, surtout en largeur de bouche.

☐ Brut Blanc de Blancs 2006　　18,40 €　14,5

☐ Brut Nature Roche Mère　　　15,80 €　15,5

☐ Brut Premier Cru Grande
　Réserve　　　　　　　　　16,50 €　15

☐ Brut Sélection　　　　　　14,50 €　14,5

☐ Extra Brut Premier Cru 2004　27,40 €　15,5

■ Brut Premier Cru Rubis　　15,90 €　15

Rouge : 4,9 hectares.
Meunier ou Pinot Meunier 80 %, Pinot noir 20 %
Blanc : 1,5 hectare.
Chardonnay 100 %
Production moyenne : 30 000 bt/an

CHAMPAGNE

Yann Alexandre, 3, rue Saint-Vincent, 51390
Courmas
Tél. : 03 26 04 66 50
Site : www.champagne-alexandre.fr
Vente : au domaine
Sur rendez-vous.
Propriétaire : Yann Alexandre

■ Ayala & Co
CHAMPAGNE

P résidée par le plus célèbre nœud papillon de
Champagne, Hervé Augustin, cette vénérable maison d'Aÿ, fondée en 1860, appartient au
voisin Bollinger depuis février 2005. Elle mise
sur des champagnes zéro dosage, qu'elle décline
en bruts et en millésimés (Perle). D'où des
fermentations malolactiques systématiques permettant d'arrondir les angles des vins clairs.
L'ancien propriétaire, le groupe Freys, ayant
conservé les 20 ha du vignoble, Ayala, qui ne
dispose plus que d'1 ha à Chouilly, achète tous
ses raisins via Bollinger – soit l'équivalent de 100
ha. La gamme reste tournée vers le pinot noir,
notamment l'entrée de gamme, brut Majeur, qui
a fait de nets progrès. Le stock permet toujours
de fournir de petits volumes de Perle d'Alaya.

Les vins : beaucoup de fruits, mais une bulle
grossière marque le rosé, qui prend la seconde
place dans la gamme Majeur, derrière le Nature.
Sa version Rosé Nature est très construite, avec
une fraîcheur tannique idéale pour accompagner les grands crustacés. Déclinaison de Perles
(élevé sous bouchon de liège) en 2002 : très
réducteur en Nature, il faut l'aérer, le faire voya-
ger en carafe afin qu'il retrouve sa pureté et la
minéralité qui lui donnent un supplément d'élé-
vation face à la cuvée Perle classique.

☐ Brut Blanc de Blancs 2005	40 €	cav.	15
☐ Brut Majeur	29 €	cav.	14
☐ Brut Nature Zéro Dosage	30 €	cav.	15
☐ Brut Perle d'Ayala 2002	65 €	cav.	16
☐ Brut Perle Nature 2002	70 €	cav.	16,5
▨ Brut Majeur	38 €	cav.	14,5
▨ Brut Nature Zéro Dosage	55 €	cav.	15

Rouge : n.c..
Pinot noir 72 %, Meunier ou Pinot Meunier 28 %
Blanc : n.c.
Chardonnay 100 %
Production moyenne : 600 000 bt/an

Ayala & Co, 2, boulevard du Nord, BP 6, 51160
Aÿ
Tél. : 03 26 55 15 44 **Fax :** 03 26 51 09 04
E-mail : contact@champagne-ayala.fr

Site : www.champagne-ayala.fr
Vente : au domaine
Sur rendez-vous de 9h à 11h et de 14h à 17h,
sauf samedi et dimanche (réservé aux
professionnels).
Propriétaire : Groupe Champagne Bollinger
Directeur : Hervé Augustin

■ Barnaut
CHAMPAGNE

P hilippe Secondé donne à ses champagnes
la vinosité et la puissance d'expression
attendues des terroirs de son village de Bouzy.
La proportion de chardonnay augmente avec le
plus conventionnel brut Grande Réserve. L'arrivée de la cuvée Sélection extra-brut révèle au
mieux la générosité fruitée des pinots noirs de
Bouzy. Les bouzy-coteaux-champenois rosés et
rouges sonnent authentiques, d'un bon niveau
technique.

Les vins : une gamme très cohérente avec
des champagnes à la fois fermes, construits, un
rien massifs dans la bulle (qui peut gagner en
finesse), mais jamais complaisants dans la surmaturité. Le rosé est toujours un régal de fruits
rouges. Dans un millésime déjà bien ouvert et
tendre, le 2000 est à boire.

☐ Brut Grand Cru 2000	30,25 €		15
☐ Brut Grand Cru Blanc de Noirs	19,10 €		14,5
☐ Brut Grand Cru Grande Réserve	19,10 €		14
☐ Extra Brut Grand Cru Sélection	20,10 €		14
☐ Sec Grand Cru Douceur	19,10 €		14
▨ Brut Rosé Grand Cru Authentique	20,10 €		14,5
▨ Coteaux Champenois Bouzy Clos Barnaut 2006	20,10 €		13,5
■ Coteaux Champenois Bouzy 2002	20,10 €		14

Rouge : 12 hectares.
Meunier ou Pinot Meunier 10 %, Pinot noir 90 %
Blanc : 4,5 hectares.
Chardonnay 100 %
Production moyenne : 120 000 bt/an

Barnaut, 2, rue Gambetta, 51150 Bouzy
Tél. : 03 26 57 01 54 **Fax :** 03 26 57 09 97
E-mail : contact@champagne-barnaut.fr
Site : www.champagne-barnaut.com
Vente : au domaine
Dégustation uniquement du lundi au samedi de
9h30 à 12h et de 14h à 17h. Sur rendez-vous
en janvier. Fermé les jours fériés et le 22
janvier.
Propriétaire : Philippe Secondé

■ Francis Boulard & Fille
CHAMPAGNE

Francis Boulard s'est séparé, en 2009, de la maison familiale (Champagne Raymond Boulard) et a pris, avec sa fille, Delphine, son indépendance sur 3 ha. Il a conservé les cuvées qu'il vinifiait déjà (Petraea et Les Rachais) et continue la commercialisation des millésimes antérieurs. Issus du massif de Saint-Thierry, de la vallée de la Vesle, ses vins (déclinés dosage extra-brut et Nature) sont des références dans la famille des savoureux champagnes de terroir, dont le désormais célèbre Lieu-dit Les Rachais, exposé à l'est. Ce chardonnay de 45 ans en sélection massale, vinifié en barrique, à la fois dense et frais, offre une grande présence en bouche.

Les vins : dans le duo des Murgiers (70 % meunier, base 2009), toujours très sec et salin, notre préférence va à la version extra-brut, dont la finale gagne en élégance par le léger dosage. Cette préférence s'inverse sur la cuvée blanc de Blancs vieilles vignes (base 2009), car le Nature retranscrit avec une immense précision des saveurs très crayeuses dans ce millésime solaire. Nous sommes assez circonspects et même inquiets quant à la série des millésimés, qui souffrent de déviances aromatiques marquées et de bouches asséchantes, surtout en 1997. Ce qui nous incite, cette année, à retirer l'étoile au domaine.

☐	Brut Hale-Bopp 1997	75 € cav.	14
☐	Brut Hyakutake 1996	85 € cav.	15
☐	Brut Nature Blanc de Blancs Vieilles Vignes Bio	30,50 € cav.	16
☐	Brut Nature Les Murgiers	25,50 € cav.	15
☐	Brut Nature Les Rachais 2006	50 € cav.	16
☐	Brut Nature Petraea MMVI	38 € cav.	15,5
☐	Brut Vintage 2005	30 € cav.	15
☐	Extra Brut Blanc de Blancs Vieilles Vignes Bio	29,50 € cav.	15,5
☐	Extra Brut Les Murgiers	24,50 € cav.	15

Rouge : 2 hectares.
Pinot noir et meunier 64 %, Pinot noir 36 %
Blanc : 1 hectare.
Chardonnay 100 %
Production moyenne : 25 000 bt/an
❀ Certifié en agriculture bio ou biodynamique

Francis Boulard & Fille, Route Nationale, RD 944, 51220 Cauroy-les-Hermonville
Tél. : 03 26 61 52 77 **Fax :** 03 26 61 54 92
E-mail : contact@francis-boulard.com

Site : www.francis-boulard.com
Vente : au domaine
Sur rendez-vous du lundi au samedi de 9h à 12h et de 14h à 18h.
Propriétaire : Francis Boulard et Delphine Richard-Boulard
Directeur : Francis Boulard et Delphine Richard-Boulard

NOUVEAU DOMAINE

■ Leclerc Briant
CHAMPAGNE

Suite au décès brutal de Pascal Leclerc-Briant, récoltant-manipulant renommé dans le monde de la biodynamie, cette maison a été vendue en 2012. Les vignes ont été partiellement rachetées par la maison Roederer. Denise Dupré et Mark Nunnelly, un couple d'américains francophile, ont racheté en 2012 la marque, les bâtiments, les stocks de la maison d'Épernay ainsi qu'un vignoble à Cumières, Damery et Hautvillers. Mark Nunnelly est un financier, Denise Dupré est professeur à Harvard en « hospitalité, restauration et hôtellerie ». Hervé Jestin, œnologue et conseil en biodynamie (ex-Duval Leroy), a pris la direction de cette nouvelle entité. L'ambition n'est pas de produire plus de 300 000 bouteilles mais du très haut de gamme dans le segment biodynamique. Des notes lactées issues de fermentation malolactiques partielles et languissantes brouillent encore le nez d'une gamme qui, par ailleurs, offre une remarquable concentration de jus. Concentration par la faiblesse des rendements et l'expression de haute maturité d'un vignoble solaire notamment à Cumières. Nous conseillons d'aérer ce champagne par un léger passage en carafe.

Les vins : le brut Cuvée de Réserve est un champagne de pression légère, typé par la chair et la maturité du pinot noir ; une générosité sans lourdeur, et plus précise que naguère. Les notes lactées et moka de la cuvée Les Crayères gomment l'expression que nous attendions plus minérale. Une minéralité avec une allonge fraîche que l'on trouvera dans la bouche de la Cuvée Les Chèvres Pierreuses, plus sur la poire et la mirabelle dans ses arômes. D'une haute maturité pour un 2004, la cuvée Divine est en harmonie après un quart d'heure d'aération. Son jus est compact, enrobant, d'une longue minéralité.

☐	Brut Cumières Premier Cru Les Chèvres Pierreuses	35 €	15,5
☐	Brut Cumières Premier Cru Les Crayères	35 €	15,5
☐	Brut Divine 2004	45 €	16,5
☐	Brut Réserve	29 €	15

CHAMPAGNE

385

Rouge : n.c..
Meunier ou Pinot Meunier 29 %, Pinot noir 71 %
Blanc : n.c..
Chardonnay 100 %
Production moyenne : 250 000 bt/an
❧ Certifié en agriculture bio ou biodynamique

Leclerc Briant, 67, rue Chaude-Ruelle, BP 108,
BP 108 51204 Epernay Cedex
Tél. : 03 26 54 45 33 **Fax :** 03 26 54 49 59
E-mail : m-berrot@leclercbriant.com
Site : www.leclercbriant.com
Vente : au domaine
Pas de visites.
Propriétaire : Denise Dupré
Directeur : Hervé Jestin

NOUVEAU DOMAINE

■ Coessens Largillier
CHAMPAGNE

L es producteurs de l'Aube sont les méridionaux de la grande famille des champagnes. Ce qui signifie que chez ce producteur de la Côte des Bar se produisent des champagnes mûrs, puissants, enrobés, vineux, qui séduiront les plus rétifs à l'acidité champenoise. Ces 100 % pinot noir livrent leur pleine dimension dans le cadre d'un repas ou d'un apéritif dînatoire.

Les vins : repéré lors de notre dégustation de champagnes de fin d'année à « La RVF », le brut Nature 2006 est sûrement le champagne le plus généreux et enveloppant de sa catégorie. Plus assis sur les amers, le blanc de Noirs manque d'allonge en comparaison avec le 2006, sur les fruits blancs à noyaux et la mirabelle. Le plus harmonieux est sans doute le rosé de saignée 2007, fin, digeste, entre fruit et vinosité : une réussite. La cuvée Les Sens Boisés 2008, comme son nom l'indique, joue sur un boisé serré, exigeant, mais qui n'apporte pas une grande complexité à la matière première. A suivre.

☐ Brut Blanc de Noirs 2008		35 €	14
☐ Brut Les Sens Boisés 2008		42 €	14,5
☐ Brut Nature 2006		40 €	15
☐ Brut Rosé de Saignée 2007		40 €	15
☐ Extra Brut Millésime 2006		47 €	14,5

Blanc : 6,5 hectares.
Chardonnay 100 %
Production moyenne : 12 000 bt/an

Coessens Largillier, Chemin les Farces, 10110
Villa Arce
Tél. : 03 25 40 77 74 **Fax :** 03 25 73 56 59
E-mail : jerome.coessens@wanadoo.fr

Site : www.champagne-coessens.com
Vente : au domaine
Sur rendez-vous.
Propriétaire : Jérome Coessens
Directeur : Jérome Coessens

■ Delamotte
CHAMPAGNE

S ituée au Mesnil-sur-Oger, en pleine côte des Blancs, Delamotte est une très ancienne maison, fondée en 1760, et acquise par Laurent-Perrier en 1989. Elle est dirigée par le dynamique Didier Depond, également en charge du champagne Salon. Delamotte est un spécialiste du chardonnay, il produit des vins traditionnellement floraux et assez ronds, accessibles jeunes.

Les vins : le style du brut est désormais bien calé sur le fruité d'agrumes, porté par une petite réduction grillée sur lie, qui signe les champagnes modernes. Son dosage sensible pourrait encore s'alléger, même si les derniers assemblages restent équilibrés. Nous nous retrouvons toujours davantage dans la bouche posée du rosé (80 % pinot noir), sur de fins et doux amers personnels, ou encore dans l'intensité fruitée du blanc de Blancs, qui assume davantage sa longueur légèrement saline et son énergie apéritive. La version blanc de Blancs 2002 gagne en intensité, en complexité, sans être très longue en finale du fait d'un dosage marqué.

☐ Brut		30 € cav.	14,5
☐ Brut Blanc de Blancs 2002		52 € cav.	15,5
☐ Brut Blanc de Blancs		42 € cav.	15
■ Brut Rosé		52 € cav.	16

Rouge : Achat de raisin.
Blanc : 5 hectares et achat de raisin.
Pinot noir 35 %, Chardonnay 50 %, Pinots 15 %
Production moyenne : 700 000 bt/an

Delamotte, 7, rue de la Brèche-d'Oger, 51190
Le Mesnil-sur-Oger
Tél. : 03 26 57 51 65 **Fax :** 03 26 57 79 29
E-mail : champagne@salondelamotte.com
Site : www.salondelamotte.com
Vente : au domaine
Pas de visites.
Propriétaire : Groupe Laurent-Perrier
Directeur : Didier Depond (président)

■ René Geoffroy
CHAMPAGNE

R ené Geoffroy, désormais rejoint par son fils, Jean-Baptiste, élabore, sur la rive droite de la Marne (en premier cru), des champagnes à la bulle discrète, marqués du sceau de la vinosité, de la haute maturité et de la sensualité du pinot noir des coteaux solaires de Cumières. Le dynamique Jean-Baptiste, par ses multiples essais autour du pinot et des rosés de saignée (sa grande spécialité), fait évoluer vers plus de précision une gamme de forte personnalité.

Les vins : les notes fraîches de fruits rouges sucrés et la pression basse font du brut premier cru Empreinte un délicieux apéritif d'un très bon rapport prix/plaisir. En rosé, le généreux Brut Premier Cru Rosé de Saignée a le défaut de ses qualités, qui se paie dans une bulle un rien grossière. Ce dont ne souffre pas l'extra-brut premier cru Blanc de Rose, énergique (pinot noir et chardonnay ont été assemblés avant la saignée du jus) et tonique dans ses amers de jeunesse. Parmi les blancs millésimés, nos préférences vont au 2006 Empreinte, plus tendu que le Volupté et surtout au 2004 extra-brut, légèrement oxydatif au nez, mais d'un bon équilibre frais et classique en bouche.

☐ Brut Premier Cru Empreinte 2006	21 €	14,5
☐ Brut Premier Cru Expression	17 €	15
☐ Brut Premier Cru Volupté 2006	28 €	14,5
☐ Extra Brut Premier Cru 2004	48 €	15
▨ Brut Premier Cru Rosé de Saignée 2009	24 €	14,5
▨ Extra Brut Premier Cru Blanc de Rose	38 €	15

Rouge : 12 hectares.
Meunier ou Pinot Meunier 48 %, Pinot noir 52 %
Blanc : 2 hectares.
Chardonnay 100 %
Production moyenne : 135 000 bt/an

René Geoffroy, 4, rue Jeanson, 51160 Aÿ-Champagne
Tél. : 03 26 55 32 31 **Fax :** 03 26 54 66 50
E-mail : info@champagne-geoffroy.com
Site : www.champagne-geoffroy.com
Vente : au domaine
Sur rendez-vous de 9h à 12h et de 14h à 17h30.
Propriétaire : René et Jean-Baptiste Geoffroy
Directeur : René et Jean-Baptiste Geoffroy

■ Pierre Gimonnet et Fils

CHAMPAGNE

L a famille Gimonnet fait partie des précurseurs en matière de vinifications parcellaires et de recherche poussée de l'identité des terroirs de la côte des Blancs. Toutes les cuvées – à l'exception de Paradoxe, composée de pinot noir – sont donc issues de chardonnays provenant de Cuis et Vertus, classés en premier cru, ou les deux grands crus Cramant et Chouilly. Ce domaine a offert dans un passé récent des champagnes millésimés de référence dans les cuvées Spécial Club, Gastronome ou Fleuron. Aujourd'hui, sans démériter, ils se retrouvent égalés et parfois dépassés par une jeune garde de récoltants-artisans toujours plus perfectionnistes.

Les vins : le brut Cuis premier cru blanc de Blancs donne le « la » d'une partition très fruitée, tendre et finement réductrice. Le Gastronome 2008 monte joliment en intensité et en salinité dans un millésime d'exception. Le 2006, année plus simple, reste sur des amers dans la cuvée Fleuron et dans une rondeur en Paradoxe. Le jeune Œnophile 2005 se livre sur la retenue, un mordant inhabituel dans ce millésime. Le Spécial Club Collection 2002 exprime, comme l'an passé, la puissance terrienne, saline plus qu'aérienne du champagne. Persistant et de gastronomie.

☐ Brut Premier Cru Blanc de Blancs Fleuron 2006	29,95 €	14,5
☐ Brut Premier Cru Blanc de Blancs Gastronome 2008	25,80 €	15
☐ Brut Premier Cru Cuis Blanc de Blancs	22,40 €	14,5
☐ Brut Premier Cru Paradoxe 2006	32 € cav.	14,5
☐ Brut Premier Cru Spécial Club 2005	36,80 €	15,5
☐ Brut Premier Cru Spécial Club 2002	46,50 €	16,5
☐ Extra Brut Premier Cru Œnophile 2005	32 €	15

Rouge : 0,5 hectare.
Pinot noir 100 %
Blanc : 28 hectares.
Chardonnay 100 %
Production moyenne : 260 000 bt/an

Pierre Gimonnet et Fils, 1, rue de la République, 51530 Cuis
Tél. : 03 26 59 78 70 **Fax :** 03 26 59 79 84
E-mail : info@champagne-gimonnet.com
Site : www.champagne-gimonnet.com
Vente : au domaine
Du lundi au vendredi de 8h30 à 12h et de 14h à 18h, samedi matin sur rendez-vous.
Propriétaire : Famille Gimonnet
Directeur : Olivier et Didier Gimonnet

■ Henri Giraud

CHAMPAGNE

C'est aujourd'hui Claude Giraud, douzième génération de la famille Giraud-Hémart, qui préside aux destinées de cette petite maison d'Aÿ. Le domaine dispose d'un vignoble très bien placé dans ce village classé en grand cru pour ses pinots noirs. Une partie des vins clairs sont vinifiés en fûts de chêne de l'Argonne. Un boisé jadis très marqué dans la gamme qui aujourd'hui exprime davantage la maturité et la sincérité vineuse des pinots d'Aÿ.

Les vins : une seule cuvée présentée, l'Hommage, vinifiée en fût mais sans dominante boisée, présente une matière généreuse, bien fruitée. Typé pinot noir, ce champagne s'affranchit des notes trop pesantes et termine avec élégance.

☐ Brut Aÿ Grand Cru Hommage à François Hémart	34,50 €	15,5

Rouge : n.c..
Pinot noir 100 %
Blanc : n.c..
Chardonnay 100 %
Production moyenne : 250 000 bt/an

Henri Giraud, 71, bld Charles de Gaulle, 51160 Aÿ
Tél. : 03 26 55 18 55 **Fax :** 03 26 55 33 49
E-mail : contact@champagne-giraud.com
Site : www.champagne-giraud.com
Vente : au domaine
Pas de visites.
Propriétaire : Claude Giraud
Directeur : Emmanuelle Giraud Patair

■ Alfred Gratien

CHAMPAGNE

C ette petite maison d'Epernay s'attache à travailler selon des règles davantage artisanales qu'auparavant. Avec une politique d'approvisionnements personnalisée, pratiquée par la famille Jaeger de père en fils, le domaine achète des raisins – pinot noir, de préférence – sur les meilleurs terroirs, au service de champagnes denses, puissants, vineux, dont la fermentation des vins clairs se fait en fûts et le vieillissement en bouteilles bouchées liège pour les millésimés.

Les vins : il manque de la fraîcheur et du tonus aux plantureux et suaves brut et rosé, cette fraîcheur qui donne envie de se servir plus d'un verre. Finement réducteur, charnu et ample, le 1999 (élevage sous liège) a bien évolué. Il offre une belle et juste image d'un millésime solaire, prêt à boire et plus équilibré que la cuvée Paradis, dont la puissance vineuse est vertement contrebalancée par l'acidité.

☐ Brut 1999	n.c.	16
☐ Brut	n.c.	14,5
☐ Brut Paradis	n.c.	15,5
▩ Brut Rosé	n.c.	14

Alfred Gratien, 30, rue Maurice-Cerveaux, BP 3, 51201 Epernay
Tél. : 03 26 54 38 20 **Fax :** 03 26 54 53 44
E-mail : contact@alfredgratien.com
Site : www.alfredgratien.com
Vente : au domaine
Pas de visites.
Propriétaire : Henkell et Co. Sektkellerei
Directeur : Erlfried Baatz (président)

■ André Jacquart

CHAMPAGNE

L e vignoble très blanc de Blancs est essentiellement implanté sur la commune du Mesnil-sur-Oger, au cœur des grands crus, où une cave est actuellement en construction. La cave et l'ensemble de la champagnisation de cette marque déménageront donc de Vertus, village d'origine de la famille Doyard. Elle produit une gamme de champagnes homogènes, où le chardonnay parle à la première personne, qui ne manque ni de fond ni de précision aromatique.

Les vins : le premier cru blanc de Blancs (assemblage Mesnil et Vertus) a gagné en franchise dans le dernier tirage, tout en s'affirmant sur des notes de plus en plus salines. Une caractéristique assez marquante également dans le savoureux Mesnil Expérience blanc de Blancs 2006, bien à maturité, crémeux et long sur ses agrumes. Et un rosé de saignée intense, coloré, vineux, parfaitement profilé pour la table et les entrées légèrement fuitées et épicées. Une dégustation de qualité et homogène.

☐ Brut Blanc de Blancs Expérience	17 €	14,5
☐ Grand Cru Blanc de Blancs Millésime Expérience 2006	22 €	16
▩ Brut Rosé Expérience	27 €	15,5

Rouge : 4 hectares.
Blanc : 20 hectares.
Chardonnay 100 %
Production moyenne : 90 000 bt/an

André Jacquart, 63, avenue de Bammental, 51130 Vertus
Tél. : 03 26 57 52 29 **Fax :** 03 26 57 78 14
E-mail : contact@a-jacquart-fils.com
Site : www.couleursdoyard.com
Vente : au domaine
De 9h30 à 12h et de 14h à 18h30.
Propriétaire : Benoît et Marie Doyard

■ Janisson-Baradon

CHAMPAGNE

Avec un vignoble implanté sur les coteaux cernant Epernay, les deux frères Maxence et Cyril Janisson, à la suite de leur père Richard, élaborent des champagnes d'une grande franchise. On y décèle un vrai sens de la maturité et une recherche de la concentration dans l'expression des terroirs, surtout dans la gamme des déclinaisons parcellaires. Les entrées de gamme peuvent encore progresser vers plus de finesse et de personnalité.

Les vins : nous retenons surtout les parcellaires : le Toulette 2005 a pris encore de la chair, de l'enrobage depuis l'an passé, un beau champagne de maturité à maturité. Sa version 2006, plus tendue, ferme, a un peu moins de volume mais joue la continuité de ce terroir généreux. Toujours en 2005, Tue Bœuf, pinot noir plus vertical que Toulette, continue d'afficher une jolie pureté pour ce millésime mûr et solaire. Chemin des Conges 2006, nouveau parcellaire, séduit par le délicat, le velouté de sa matière, un champagne qui met de la volupté dans une année plutôt vive et en demi-corps. Quant au Grand Cru 2005, il s'exprime avec moins de brillant mais, en toute logique, avec plus d'allonge et de persistance.

☐ Brut Grande Réserve	25 € cav.	14
☐ Brut Sélection	22 € cav.	14
☐ Brut Toulette 2006	47 € cav.	15,5
☐ Brut Toulette 2005	49 € cav.	15,5
☐ Chemin des Congés 2006	45 € cav.	15
☐ Extra Brut	24 € cav.	14
☐ Grand Cru 2005	45 € cav.	15
☐ Non Dosé	27 € cav.	14
☐ Tue Bœuf 2005	45 € cav.	15

Rouge : 5,1 hectares.
Meunier ou Pinot Meunier 18 %, Pinot noir 82 %
Blanc : 4,2 hectares.
Chardonnay 100 %
Production moyenne : 95 000 bt/an

Janisson-Baradon, 2, rue des Vignerons, 51200 Épernay

Tél. : 03 26 54 45 85 **Fax :** 03 26 54 25 54
E-mail : info@champagne-janisson.com
Site : www.champagne-janisson.com
Vente : au domaine
Du lundi au samedi de 9h à 12h.
Propriétaire : Maxence et Cyril Janisson.
Directeur : Cyril Janisson

■ Lallier

CHAMPAGNE

Grande famille d'Aÿ, les Lallier furent les propriétaires du Champagne Deutz jusqu'au début des années 1990. En 1996, ils créent le Champagne Lallier avant de le céder en 2003 à Isabelle et Francis Tribaut, tous deux œnologues. Elle est originaire de Nuits-Saint-Georges, lui de Romery, fief familial dans la vallée de la Marne. Ils développent chez Lallier un vignoble de 12 ha, dont 8 ha en grand cru, 4 ha dans la vallée de la Marne, 5 ha sur Aÿ et 3 ha sur la côte des Blancs, exclusivement en premier cru et en grand cru. Le vignoble propre est en culture totale. La gamme de champagne est volontairement sous-dosée (voire non dosée), pour aller chercher au plus loin l'identité du terroir.

Les vins : très beau Zéro Dosage (vieilli sous liège), impeccable dans la restitution du grain salin, très tendu pour un pinot noir (70 %), il ne lui manque qu'un gain de finesse de bulle que lui donneront encore deux ans de garde. Le rosé est cadré, précis dans l'approche du fruit, tout fraise des bois, délicieux sur les desserts crémeux peu sucrés. Nous sommes moins enthousiasmés par le 2005, trop porté sur la suavité, et par le Grand Dosage demi-sec, qui manque de fond. Savoureux, très fruits blancs, le brut Grande Réserve est un généreux et pourtant frais champagne d'apéritif.

☐ Brut Grand Cru Blanc de Blancs	38 €	14,5
☐ Brut Grand Cru Grande Dosage	35 €	13,5
☐ Brut Grand Cru Grande Réserve	28 €	14
☐ Brut Grand Cru Zéro Dosage 2005	40 €	14,5
☐ Brut Grand Cru Zéro Dosage	49 €	16
▨ Brut Rosé Premier Cru	35 €	15,5

Rouge : 30 hectares.
Pinot noir 100 %
Blanc : 20 hectares.
Chardonnay 100 %
Production moyenne : 400 000 bt/an

Lallier, 4, place de la Libération, 51160 Ay
Tél. : 03 26 55 43 40 **Fax :** 03 26 55 79 93
E-mail : contact@champagne-lallier.fr
Site : www.champagne-lallier.fr

Vente : au domaine
Pas de visites.
Propriétaire : Francis Tribaut

■ Lancelot-Pienne

CHAMPAGNE

G illes Lancelot, œnologue, a repris l'exploitation familiale en 1995. Située dans le centre du village de Cramant, la propriété s'étend sur un parc verdoyant, qui offre une vue exceptionnelle sur le vignoble de la Côte des Blancs. Un domaine familial très chardonnay en grand cru (Cramant, Avize et Chouilly) et pinot meunier. Gilles Lancelot travaille ses vins clairs en cuve (pas de bois) pour accentuer leur expression minérale, et a fait le choix des fermentations malolactiques. Des champagnes aromatiques, accessibles jeunes, qui ont gagné en précision et en élégance.

Les vins : la qualité d'une cave se juge sur son simple brut : on ne sera pas déçu par la Sélection de Lancelot-Pienne, dont l'éclat des agrumes, la générosité, sont typiques de la dominante chardonnay mûr du domaine. Le blanc de Blancs est une cuvée d'introduction au chardonnay simple, fine de bulle, vivante, de belle énergie. Le Table Ronde blanc de Blancs Nature grand cru répond à davantage d'exigences par une matière au grain minéral, ferme, persistante, idéale pour les salaisons fumées. Dans la version classique, si le dosage civilise l'attaque de bouche, il fait ressortir la jeunesse acidulée de l'assemblage. Perceval s'affirme comme un champagne harmonie et de fruité, de très belle allonge, mûr et crémeux. Dans un millésime de moyenne catégorie, le Marie-Lancelot 2006 est ambitieux, pur et juste.

☐	Brut Blanc de Blancs	16,70 €	14,5
☐	Brut Blanc de Blancs Cuvée de la Table Ronde	18,90 €	14,5
☐	Brut Grand Cru Marie Lancelot 2006	29,30 €	16
☐	Brut Nature Blanc de Blancs Cuvée de la Table Ronde	18,90 €	15
☐	Champagne Brut sans Année Sélection	15,60 €	14,5
☐	Perceval 2006	26,90 €	16

Rouge : n.c..
Meunier ou Pinot Meunier 80 %, Pinot noir 20 %
Blanc : n.c..
Chardonnay 100 %
Production moyenne : 75 000 bt/an

Lancelot-Pienne, 1, place Pierre-Rivière, 51530 Cramant

Tél. : 03 26 59 99 86 **Fax :** 03 26 57 53 02
E-mail : contact@champagne-lancelot-pienne.fr
Site : www.champagne-lancelot-pienne.fr
Vente : au domaine
Sur rendez-vous du lundi au samedi de 9h à 12h et de 14h à 18h. Sur rendez-vous le dimanche de 10h à 12h.
Propriétaire : Gilles Lancelot
Directeur : Gilles Lancelot

■ Michel Loriot

CHAMPAGNE

D ans la vallée de la Marne, les Loriot ont repris l'exploitation familiale en 1977. Ils disposent d'une palette complète de cépages régionaux, avec la particularité de mettre en avant d'exceptionnelles vieilles vignes de pinot meunier ; une référence champenoise dans ce cépage. La dégustation de la gamme confirme non seulement une production abordable mais, surtout, une qualité d'ensemble sans faille, dans un style de champagne riche, suave, qui reflète l'identité des pinots mûrs du secteur Festigny.

Les vins : pur meunier, délicat, limite suave, le blanc de Noirs s'appuie sur des amers doux et francs. Un bon champagne d'entrée de gamme, un rien moins fruité que l'extra-brut, plus élégant et digeste dans ses notes citronnées. Avec une année supplémentaire de dégorgement, le Vieilles Vignes pinot meunier 2006 confirme sa chair, son moelleux, la caresse de ses bulles. Il est à boire. Un point de plus à la cuvée Marie Léopold, juste, exotique et d'une rare franchise de goût pour un demi-sec.

☐	Brut Blanc de Blancs 2005	22,30 €	14
☐	Brut Pinot Meunier Vieilles Vignes 2006	27,40 €	15
☐	Champagne Brut sans Année Blanc de Noirs Réserve	16,10 €	14
☐	Extra Brut Sélection	18,30 €	15
☐	Sec Marie-Léopold	17,80 €	14,5
▪	Brut Rosé	17,80 €	14

Rouge : 6,1 hectares.
Pinot noir 6 %, Meunier ou Pinot Meunier 94 %
Blanc : 0,7 hectare.
Chardonnay 100 %
Production moyenne : 60 000 bt/an

Michel Loriot, 13, rue de Bel-Air, 51700 Festigny
Tél. : 03 26 58 34 01 **Fax :** 03 26 58 03 98
E-mail : info@champagne-loriot.com
Site : www.champagne-loriot.com
Vente : au domaine

Sur rendez-vous du lundi au samedi de 9h à 12h et de 14h à 17h.
Propriétaire : Michel et Martine Loriot

■ Mailly Grand Cru
CHAMPAGNE

C ette coopérative rayonne sur la grande Montagne de Reims, secteur méconnu – surtout sa côte nord, face à Reims. C'est sur les grands crus Mailly, Verzenay et Verzy qu'intervient le vrai génie humain de la Champagne, consistant à faire mûrir des raisins en exposition nord. D'où des pinots noirs qui évoluent plus longuement, mais qui sont également plus aromatiques, sur des notes acidulées ; ils n'atteignent jamais de hauts degrés, ce qui constitue un sacré atout compte tenu du réchauffement climatique. La coopérative vinifie presque le tiers des 230 ha du village, où domine le pinot noir (75 %), qui s'assemble bien avec les chardonnays du même cru, s'exprimant davantage dans le volume et la chair que dans la finesse et la fraîcheur.

Les vins : les notes très fruits rouges du pinot type le Brut Réserve prennent de la complexité et une belle profondeur dans les blancs de Noirs. C'est encore ce goût de noir qui ressort du rosé classique, étonnamment moins marqué par le dosage que la pesante grande cuvée rosée L'Intemporelle 2007. Un millésime très réducteur dans la version blanche, à revoir. L'Air 2005, pinot noir (75 %) est à boire, dans la rondeur et le crémeux inhérents au millésime. Décevante cuvée Les Echansons 2000 sur des notes lactiques de beurre rance.

☐ Brut Grand Cru Blanc de Noirs	35 € cav.	15
☐ Brut Grand Cru Délice	34 € cav.	14
☐ Brut Grand Cru L'Air 2005	49,50 € cav.	14,5
☐ Brut Grand Cru Les Echansons 2000	82 € cav.	14,5
☐ Brut Grand Cru L'Intemporelle 2007	59 € cav.	15
☐ Brut Grand Cru Millésimé 2006	37 € cav.	13,5
☐ Brut Grand Cru Réserve	29 € cav.	14
☐ Extra Brut Grand Cru	34 € cav.	14,5
▨ Brut Grand Cru L'Intemporelle Rosé 2007	69 € cav.	15
▨ Brut Rosé Grand Cru	39 € cav.	14

Rouge : 52,5 hectares.
Pinot noir 100 %
Blanc : 17,5 hectares.
Chardonnay 100 %
Production moyenne : 450 000 bt/an

Mailly Grand Cru, 28, rue de la Libération, 51500 Mailly-Champagne
Tél. : 03 26 49 41 10 **Fax :** 03 26 49 42 27
E-mail : contact@champagne-mailly.com
Site : www.champagne-mailly.com
Vente : au domaine
Pas de visites.
Propriétaire : Xavier Muller (président)
Directeur : Jean-François Préau

■ A. Margaine
CHAMPAGNE

B ernard et Arnaud Margaine possèdent toutes leurs vignes à Villers-Marmery, dont une grande majorité de chardonnays, qui ont la particularité de donner des champagnes plus mûrs, ronds, plus immédiatement accessibles que ceux de la côte de Blancs. La bulle y est aussi un peu moins fine. L'ensemble de la gamme a bien progressé ces derniers temps (moins de nez réducteur) et se montre toujours très régulier en prix.

Les vins : la Cuvée Traditionnelle (90 % chardonnay) est un bon classique des bruts sans année de vignerons, dans un style mûr et tonique, savoureux, immédiat, bien dosé pour que s'exprime franchement les agrumes (la signature 2008, majoritaire dans le tirage de fin 2012). L'extra brut, version blanc de Blancs, est moins réducteur que par le passé, il gagne en vigueur, en incision et tension citronnée sans jamais être agressif. Sa belle longueur, il la partage avec le Spécial Club dans le style plus opulent et plus tendre de 2006, millésime précoce qu'il faudra boire dans les trois, quatre ans. Un rare rapport prix/plaisir.

☐ Brut	14,70 €	14,5
☐ Brut Spécial Club 2006	22,50 €	15,5
☐ Extra Brut	17 €	15

Rouge : 0,35 hectare.
Pinot noir 100 %
Blanc : 5,65 hectares.
Chardonnay 100 %
Production moyenne : 50 000 bt/an

A. Margaine, 3, avenue de Champagne, 51380 Villers-Marmery
Tél. : 03 26 97 92 13 **Fax :** 03 26 97 97 45
E-mail : champagne.margaine@terre-net.fr
Site : www.champagne-a-margaine.com
Vente : au domaine
Du lundi au vendredi de 8h à 12h et de 14h à 18h. Samedi sur rendez-vous.
Propriétaire : Bernard et Arnaud Margaine

■ Christophe Mignon

CHAMPAGNE

En aval d'Epernay, dans la vallée de la Marne, Laurence et Christophe Mignon sont installés près des villages de Leuvrigny et de Festigny, terres de pinot meunier (90 % de l'encépagement). Cinquième génération sur le domaine, ils cultivent 6,5 ha. Les sols sont travaillés, les vignes sont traitées à partir de préparats de minéraux et de végétaux dynamisés. Leurs champagnes, peu ou très légèrement dosés, impressionnent par la pureté et la force de leur saveur. Le pur meunier extra-brut est une de nos plus belles émotions du guide 2012.

Les vins : le brut Nature pur meunier (zéro dosage) est un champagne généreux, dense, entier, aux fines notes d'oxydation et de peau de raisin mûr. Un fort caractère pour la table. Du fait de la touche de dosage (moins de 6 g) qui parachève sa fin de bouche, l'extra-brut Pur Meunier est un délice plus grand public et plus facile à servir de l'apéritif à la table. Le millésimé 2006 prend du coffre, de la chair, de la hauteur, et bluffera tout ceux qui doutent des possibilités du pinot meunier à faire de vibrants champagnes. La cuvée Coup de Foudre, loin de prendre du poids du fait de son élevage sous bois, dévoile une superbe pureté aromatique en compagnie d'une chair juste, équilibrée. Très beau duo de rosés, doux et élégant dans sa version pur meunier, à la robe framboise soutenue, mais qui semble bien pâle en comparaison du carmin rosé de saignée, un champagne entier, de longueur moyenne, qui reste frais.

☐	Brut Coup de Foudre	31 €	16
☐	Brut Nature 2006	31 €	15,5
☐	Brut Nature	24 €	15
☐	Extra Brut	24 €	15,5
▣	Brut Rosé	31 €	15
▣	Brut Rosé de Saignée	36 €	15

Rouge : 6 hectares.
Pinot noir et meunier 100 %
Blanc : 0,3 hectare.
Chardonnay 100 %
Production moyenne : 40 000 bt/an

Christophe Mignon, La Boulonnerie, 51700 Festigny
Tél. : 03 26 58 34 24 **Fax :** 03 26 58 39 09
E-mail : mignon.christophe@wanadoo.fr
Vente : au domaine
Sur rendez-vous.
Propriétaire : Christophe Mignon

■ Moët et Chandon

CHAMPAGNE

Le champagne le plus vendu au monde est la figure de proue du groupe LVMH, le plus puissant des acteurs champenois par l'étendue de son vignoble et la diffusion de ses marques (Veuve Clicquot, Ruinart, Krug, Mercier). Son brut Impérial est représentatif de l'universalité des assemblages de la région, dans toutes ses composantes – encépagement, millésime et terroir – en complément d'une maîtrise technique exceptionnelle. Quel que soit l'endroit de la planète où l'on se le procure, sa qualité et son goût ne varient que très peu : une palette aromatique suave, grillée et citronnée, des bulles fines, actives et jamais agressives, une texture douce et rebondissante, une bouche courte sans rusticité. Dom Pérignon, cuvée de prestige de Moët et Chandon, bénéficie d'un texte à part dans ce guide.

Les vins : il est impossible pour des dégustateurs d'évaluer précisément une cuvée produite à plusieurs dizaines de millions de bouteilles. Cependant, à partir de plusieurs dégustations réalisées cette année dans le monde, nous ne pouvons que confirmer un redressement spectaculaire de la qualité sur le brut Impérial. Moins dosé que par le passé, son fruité/grillé est franc, bien équilibré et digeste. Dans le cœur d'un fruit simple et gourmand, l'Impérial rosé gagne aussi en précision et en délicatesse. Le millésimé 2004 pêche par sa réduction, ses combinaisons soufrées, il n'a pas le panache du 2002 de l'an passé. En collection ancienne, 1993 est un vaillant témoignage d'une année froide, stricte, qui affiche toujours aujourd'hui une franche droiture enlacée de notes confites et finement exotiques. A boire.

☐	Brut Grand Vintage 2004	44 €	15
☐	Brut Grand Vintage Collection 1993	90 €	16
☐	Brut Impérial	30 €	14,5
▣	Brut Rosé Grand Vintage 2004	48 €	14,5
▣	Brut Rosé Impérial	37 €	15

Rouge : n.c.
Pinot noir et meunier 100 %
Blanc : n.c.
Chardonnay 100 %
Production moyenne : n.c

Moët et Chandon, 20, avenue de Champagne, 51200 Epernay
Tél. : 03 26 51 20 00 **Fax :** 03 26 51 20 21
E-mail : info@moet.fr
Site : www.moet.com

Vente : au domaine
De 9h30 à 11h30 et de 14h à 16h30.

■ Pierre Moncuit

CHAMPAGNE

N icole Moncuit est l'une des rares vinificatrices de Champagne. Elle écrit, depuis plus de vingt ans, les plus belles pages du grand cru Mesnil-sur-Oger, dans un style personnel – initié par son père – qui allie une précision du fruit, une finesse de bulle et une souplesse pour des vins du Mesnil. Le domaine familial dispose d'un capital de vieilles vignes (plus de 50 ans), que l'on retrouve dans la légendaire et confidentielle cuvée Nicole Moncuit, dont les inimitables arômes de noisette grillée marquent à jamais la mémoire de tout dégustateur. Ces vignes – soulignons-le – ne produisent que 8 000 à 9 000 kg/ha, soit moitié moins que la moyenne champenoise. Une partie de la gamme, baptisée Hugues de Coulmet, provient de vignes du Sézannais.

Les vins : le brut Hugues de Coulmet exprime simplement l'expression variétale du chardonnay dans une finale enrobée par le dosage. Une haute marche le sépare du brut Pierre Moncuit-Delos, plus intense, généreux, avec une qualité de fruit extraverti (pêche). Nous sommes déçus par la simplicité pesante des 2005 (brut et non dosé) et par leur finale asséchante due à un niveau de sulfité trop élevé. Nous attendons plus de pureté et de grâce dans une gamme dédiée aux grands chardonnays.

☐ Brut Blanc de Blancs Hugues de Coulmet		16,50 €	13
☐ Brut Grand Cru Blanc de Blancs 2005		30 €	14,5
☐ Brut Grand Cru Blanc de Blancs 2004		27 €	14,5
☐ Brut Grand Cru Blanc de Blancs Non Dosé 2005		30 €	14,5
☐ Brut Grand Cru Blanc de Blancs Pierre Moncuit-Delos		19 €	14,5
■ Brut Grand Cru Rosé		20 €	13,5

Blanc : 19 hectares.
Chardonnay 100 %
Production moyenne : 180 000 bt/an

Pierre Moncuit, 11, rue Persault-Maheu, 51190 Le Mesnil-sur-Oger
Tél. : 03 26 57 52 65 **Fax :** 03 26 57 97 89
E-mail : contact@pierre-moncuit.fr
Site : www.pierre-moncuit.fr
Vente : au domaine

Du lundi au vendredi de 9h à 12h et de 14h à 18h, le samedi de 10h à 12h30 et de 14h à 18h.
Propriétaire : Nicole, Valérie et Yves Moncuit

■ G.H. Mumm

CHAMPAGNE

H éritière d'une histoire prestigieuse, la marque au cordon rouge, qui demeure l'une des plus célèbres de Champagne, a connu bien des vicissitudes au cours des dernières années. De 1955 à 1999, elle fut la propriété de Seagram. En 2000, son rachat par Domecq a permis de remonter le niveau des vins, qui a ensuite rapidement stagné. Depuis 2005, Mumm est entré dans le giron du groupe Pernod-Ricard. Tous ces ballottements entre multinationales ne favorisent pas le travail de qualité. Le chef de cave Didier Mariotti restaure l'image de la maison en misant sur le resserrement des approvisionnements et sur la relance de cuvées plus haut de gamme, travaillées par cépage et origine (chardonnay de Verzenay, pinot noir de Cramant) et par assemblage millésimé (R. Lalou).

Les vins : le brut Cordon Rouge, dans un style fruits noirs acidulés, reflète davantage le style historique de Mumm. Le Mumm de Cramant place son fruité délicat, typé chardonnay mûr, friand, facile, déjà accessible. Le Mumm de Verzenay capte davantage la dimension des grands noirs, leur vinosité, leur volume de bouche, leurs arômes de baies noires. La cuvée René Lalou est passée sur le généreux millésime 1999 et en donne une interprétation gracieuse, moins dans l'expression patinée que le 1998. Interprétation qui doit beaucoup à la finesse et à la douceur de sa bulle. Elle est prête à boire.

☐ Brut 2004		38 €	14
☐ Brut Cordon Rouge		28 €	13,5
☐ Brut Grand Cru Blanc de Blancs Mumm de Cramant		60 €	15
☐ Brut Grand Cru Blanc de Noirs Mumm de Verzenay		60 €	16
☐ Brut René Lalou 1999		118 €	16,5

Rouge : 187 hectares et achat de raisin.
Meunier ou Pinot Meunier 24 %, Pinot noir 76 %
Blanc : 31 hectares et achat de raisin.
Chardonnay 100 %
Production moyenne : 8 000 000 bt/an

G.H. Mumm, 29, rue du Champ-de-Mars, 51100 Reims
Tél. : 03 26 49 59 69 **Fax :** 03 26 40 46 13
E-mail : mumm@mumm.fr

CHAMPAGNE

■ Ruinart

CHAMPAGNE

L e phénoménal succès commercial actuel de Ruinart dans les cocktails mondains s'explique surtout par un brillant choix marketing consistant à passer, voici une dizaine d'années, l'intégralité de la production de brut sans année dans une bouteille originale, copie malicieuse de la cuvée de prestige maison et de celle de Dom Pérignon. Dans le giron de Moët et Chandon depuis 1963, désormais dans celui du groupe LVMH, cette marque s'est forgé une grande réputation autour de cuvées à l'expression dominante de chardonnay, dotées d'arômes grillés issus de réduction. Dans une gamme aujourd'hui trop dosée, le meilleur de cette légende reste Dom Ruinart, plus « blanc » que son cousin Dom Pérignon, et qui n'est jamais aussi bon, dans les millésimes de belle acidité, qu'après quinze ans de garde. Les prix en hausse ne sont pas à la hauteur de la qualité attendue.

Les vins : la sucrosité du dosage domine le brut aux saveurs simples et fruitées, tout comme le blanc de Blancs, un rien plus élégant. L'esprit de la maison se retrouve davantage dans l'équilibre gourmand du rosé très fruit rouge, toujours un rien trop dosé mais qui, de fait, convient sur les desserts. Toujours signé au nez d'un grillé levuraire très réducteur, Dom Ruinart blanc 2002 est plus complet mais, lui aussi, en conflit, à cause de son dosage couvrant en bouche. Le Dom Ruinart rosé 1996, s'en sort bien mieux grâce à ses fins tanins et à sa vinosité qui contrebalancent astucieusement la fin de bouche.

☐ Brut 2006	55 € cav.	14,5
☐ Brut Blanc de Blancs	55 € cav.	14
☐ Brut Blanc de Blancs Dom Ruinart 2002	145 € cav.	15,5
☐ Brut R de Ruinart	36,50 € cav.	14
▤ Brut Rosé	55 € cav.	15
▤ Brut Rosé Dom Ruinart 1998	205 € cav.	16,5

Rouge : n.c.
Pinot noir et meunier 100 %
Blanc : 17 hectares.
Chardonnay 100 %
Production moyenne : n.c.

Ruinart, 4, rue des Crayères, BP 85, 51100 Reims
Tél. : 03 26 77 51 51 **Fax :** 03 26 82 88 43
E-mail : wines@ruinart.com
Site : www.ruinart.com
Vente : au domaine

Mardi à samedi de 10h à 17h.
Propriétaire : Möet Hennessy
Directeur : Frédéric Dufour

■ J.-L. Vergnon

CHAMPAGNE

E n 1950, Jean-Louis Vergnon a recréé le vignoble sur les coteaux de la Côte des Blancs, au Mesnil-sur-Oger, destiné à la coopérative. Ce n'est qu'en 1985 que sa descendance élabore les premiers vins. Aujourd'hui, c'est l'œnologue Christophe Constant qui ordonne le domaine et les vins pour la famille. La nature droite et parfois rigide des chardonnays grands crus du Mesnil est ici revendiquée. Ce qui implique aussi un travail de patine sur les vins de réserve pour ne pas heurter les palais néophytes. Les crus sont travaillés en cuve inox jusqu'à la cuvée Confidence, dans laquelle le bois apparaît. Les fermentations malolactiques sont volontairement bloquées. Les derniers millésimes chaleureux ont permis de produire des champagnes plus accessibles jeunes que par le passé, tout en cultivant l'esprit des grands blancs du Mesnil.

Les vins : le Conversation, l'entrée de gamme, sort cette fin 2012 sur une base de 2008, immense millésime champenois, d'une haute maturité. Sa bulle s'avère très crémeuse, tendre en entrée de bouche délicieusement crayeuse et saline en finale, finement dosée. Nous aimons le style frais, finement végétal de l'extra-brut Eloquence (base 2007) et sa bouche montera encore en ampleur avec la base 2008. Le Résonance 2006 touche certes les limites d'un millésime qui manque de fond, toutefois bien en profit d'un bel équilibre. Le millésime 2006 s'exprime avec plus de volume et de densité dans la cuvée Confidence, en attendant le très sec et torréfié 2007, de garde et à suivre.

☐ Brut Grand Cru Blanc de Blancs Conversation (Base 2008)	21 € cav.	15
☐ Brut Grand Cru Blanc de Blancs Résonance 2006	32 € cav.	15
☐ Brut Nature Grand Cru Blanc de Blancs Confidence 2007	45 € cav.	15,5
☐ Brut Nature Grand Cru Blanc de Blancs Confidence 2006	42 € cav.	15,5
☐ Extra-Brut Grand Cru Blanc de Blancs Eloquence (Base 2007)	23 € cav.	15

Blanc : 5,26 hectares.
Chardonnay 100 %
Production moyenne : 50 000 bt/an

J.-L. Vergnon, 1, Grande-Rue, 51190 Le
Mesnil-sur-Oger
Tél. : 03 26 57 53 86 **Fax :** 03 26 52 07 06
E-mail : contact@champagne-jl-vergnon.com
Site : www.champagne-jl-vergnon.com
Vente : au domaine
De 8h à 12h et de 13h30 à 17h30.
Propriétaire : Didier Vergnon

De 10h à 18h sauf le dimanche.
Propriétaire : Union Auboise
Directeur : Laurent Gillet

■ Veuve A. Devaux

CHAMPAGNE

V euve A. Devaux est la marque pilote de
l'Union auboise, solide et florissante coopérative, installée à Bar-sur-Seine. Elle compte 800
vignerons et contrôle près de 1 400 hectares. Le
meilleur de ses approvisionnements, issu d'une
rigoureuse sélection parcellaire, entre dans l'élaboration de la gamme « D », dans cette bouteille
à la forme épurée et conique, qui mérite aujour-
d'hui toute l'attention des amateurs de champagnes de chair, bien charpentés par des pinots
noirs d'excellente maturité. Une gamme homogène construite avec de beaux vins de réserve,
mais qui peut encore gagner en race par une
effervescence plus apaisée.

Les vins : nous avons reçu cette année uniquement le haut de gamme signé « D » dans lequel
se concentre le meilleur des approvisionnements. La cuvée D sans année est actuellement
élaborée avec les derniers millésimes puissants
et solaires, qui surlignent l'écriture naturellement vineuse du terroir de l'Aube. Le D rosé en
tire davantage d'équilibre, dans un fruité frais
(fraise) d'une rare délicatesse. L'Ultra également,
un rien réducteur, qui demande à s'aérer
dans le verre, pour affirmer son style crayeux et
marin. Le rosé offre en bouche un fruit dominateur, charnel, savoureux, tout en fruit.

☐	Brut D de Devaux 2002	60 € cav.	16
☐	Brut D de Devaux	35 € cav.	14,5
☐	Brut L'Ultra D de Devaux	39 € cav.	15,5
■	Brut Rosé D de Devaux	45 € cav.	15,5

Rouge : n.c.
Pinot noir 100 %
Blanc : n.c.
Chardonnay 100 %
Production moyenne : 700 000 bt/an

Veuve A. Devaux, Union auboise, Domaine de
Villeneuve, BP 17, 10110 Bar-sur-Seine
Tél. : 03 25 38 30 65 **Fax :** 03 25 29 73 21
E-mail : info@champagne-devaux.fr
Site : www.champagne-devaux.fr
Vente : au domaine

Jura
Typicité et originalité

Fortement identitaire, restée longtemps méconnu, le vignoble jurassien est en pleine renaissance. Fière de ses origines et particularismes, une nouvelle génération de vignerons est en train de faire éclater au grand jour la qualité exceptionnelle et la grande diversité des vins de cette petite région.

Doté d'une grande diversité de terroirs, le Jura produit des vins rouges et rosés très originaux à partir de cépages autochtones, poulsard (appelé ploussard à Pupillin) et trousseau, faibles en couleur, riches en tanins, à la saveur animale prononcée et à peine adoucie par l'appoint de pinot noir. Vinifié seul, ce dernier n'atteint jamais la finesse d'expression qu'il prend cent kilomètres plus loin en Côte d'Or. Mais à notre sens, le grand vin universel de la région est blanc. Les chardonnays vinifiés seuls manquent parfois de puissance et de classe mais trouvent dans certains terroirs d'Arbois et du sud des côtes du Jura une expression originale et savoureuse pour des prix très raisonnables.

Le savagnin se révèle un cépage exceptionnel, riche en alcool naturel et en acidité, et susceptible de prendre le voile. Entendez par là que les bactéries locales forment un voile bénéfique dans la barrique, qui va protéger le vin pendant six longues années et lui permettre d'approfondir lentement sa saveur. Ailleurs, on obtiendrait du vinaigre, ici on élabore le vin jaune, à la saveur inimitable de noix et de morilles.

De plus en plus, les vignerons s'essayent au savagnin ouillé (ou naturé), démontrant qu'on ne peut nullement réduire son expression à celle résultant du travail oxydatif entre l'air et le vin pendant l'élevage. Le savagnin apporte désormais la preuve de son extraordinaire capacité d'adaptation, offrant de grandes expressions de terroir et donnant des vins aptes à se bonifier au vieillissement.

On le redécouvre aujourd'hui "ouillé", vinifié pour préserver son fruit et sa fraîcheur, ou bien longuement élevé, avec ou sans ouillage, apte à transcender le caractère variétal pour retranscrire les nuances des terroirs. Les amateurs vénèrent toujours la palette aromatique du style oxydatif, inimitable pour le savagnin, jusqu'aux saveurs envoûtantes du vin jaune.

LES APPELLATIONS EN BREF

■ **Les crus du Jura**

• **Arbois et sa sous-division Arbois-Pupillin :** au nord, elles définissent des vins blancs, jaunes, rouges et rosés généreux, richement bouquetés mais un peu plus fins et plus universels d'emploi qu'ailleurs. Les savagnins les plus expressifs proviennent du secteur de Pupillin.

• **Côtes du Jura :** tout au long des coteaux jurassiens et jusqu'aux confins de la Bourgogne, l'appellation couvre un grand nombre d'expressions diverses, dont des blancs de savagnin étonnants du côté de Voiteur.

• **Château-Chalon :** au cœur de ce secteur, la commune de Château-Chalon fait admirer un impressionnant vignoble voué à la production de vins jaunes, un peu moins jaunes de robe qu'ailleurs et d'une longévité inégalable (des vins de deux siècles sont encore buvables !). Il mérite largement son appellation propre.

• **L'Etoile :** au sud, près de Lons-le-Saulnier, on produit uniquement des blancs d'une grande subtilité, la plupart vinifiés en mousseux, et une très petite quantité de vins jaunes finement bouquetés.

VIN DE PAILLE

Spécialité du Jura, le vin de paille est élaboré à partir de raisins cueillis à parfaite maturité et mis à sécher sur des claies à l'air libre mais plus souvent en chambre avec soufflerie artificielle. Ce séchage augmente naturellement la concentration en sucre et en extrait sec ; il en résulte des vins liquoreux au parfum plus puissant que subtil.

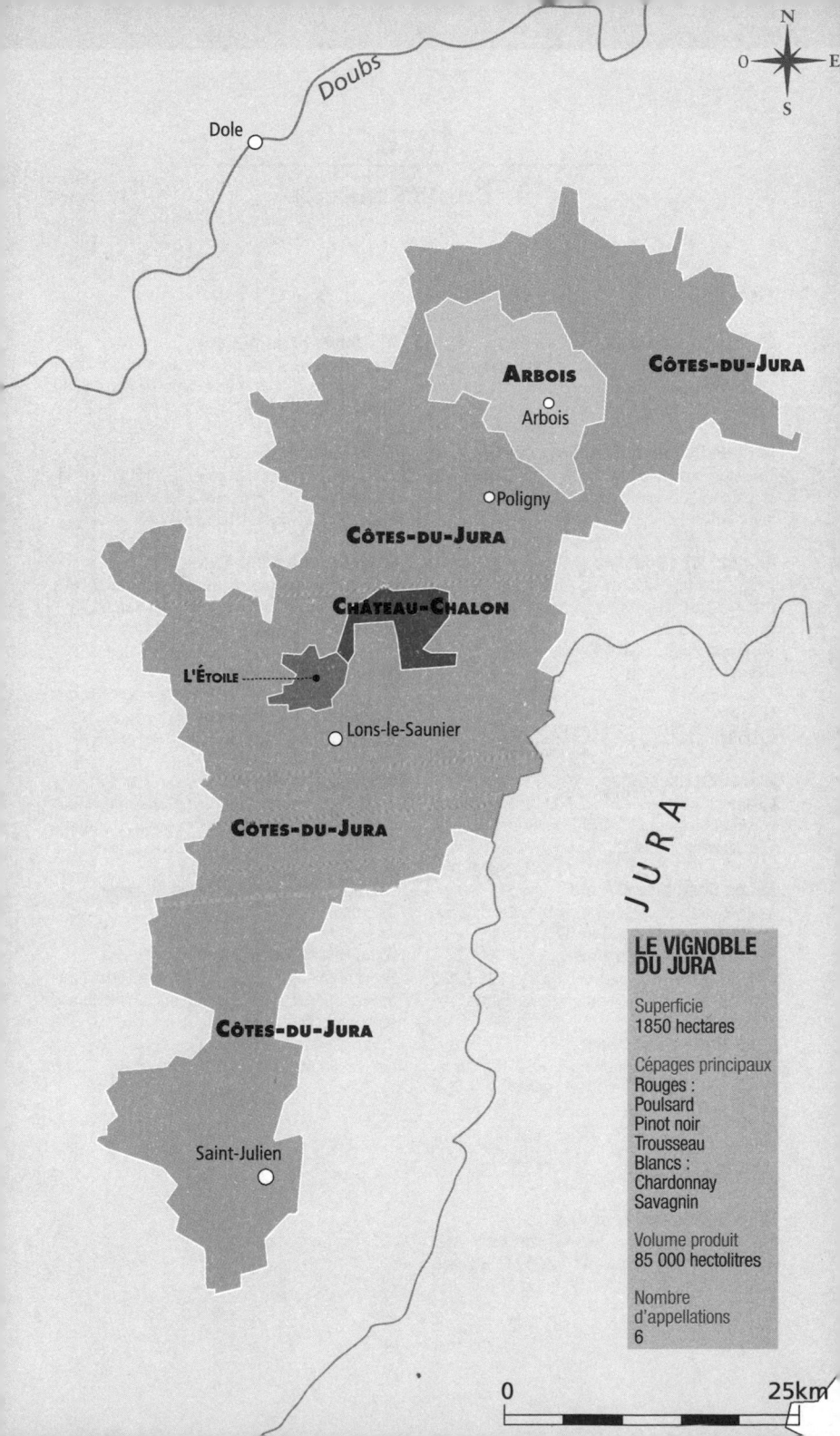

N
O · E
S

Doubs

Dole

ARBOIS
Arbois

CÔTES-DU-JURA

Poligny

CÔTES-DU-JURA

CHÂTEAU-CHALON

L'ÉTOILE

Lons-le-Saunier

CÔTES-DU-JURA

J U R A

CÔTES-DU-JURA

Saint-Julien

LE VIGNOBLE DU JURA

Superficie
1850 hectares

Cépages principaux
Rouges :
Poulsard
Pinot noir
Trousseau
Blancs :
Chardonnay
Savagnin

Volume produit
85 000 hectolitres

Nombre
d'appellations
6

0   25km

Jura

Nos bonnes adresses

HÔTELS

■ Château de Germigney
Superbe Relais et Châteaux, grand standing. De 130 à 350 euros. Rue Edgar-Faure, 39600 Port-Lesney. Tel : 03 84 73 85 85.

■ Hôtel Restaurant Le Bon Accueil
Une étoile au Guide Michelin 2012. Chemin de la grande source. 25 160 Malbuisson - Lac Saint Point. Tel : 03 81 69 30 58

■ Hôtel les Caudalies
Belle demeure idéalement située, avec un joli parc qui inspire le repos. Très jolie sélection de vin au restaurant.
20, avenue Pasteur, 39600 Arbois.
Tel : 03 84 73 06 54

CHAMBRES D'HÔTES

■ La Part des Anges
Chambre et table d'hôtes pour découvrir les vins de la région. 55 euros la chambre. Rue de Chenevières, 33600 Pupillin.
Tel : 03 84 37 47 35

■ Les Chambres d'Aude
Jolies chambres élégantes. 5, rue de la Gare, 39380 Chatelay. Tel : 03 84 37 47 95

■ Château de Chavanes
Chambres d'hôtes confortables. De 105 à 120 euros la nuit. 39600 Montigny-lès-Arsures.
Tel : 03 84 37 47 95

■ La Grange à Nicolas
Gîte et superbes chambres. De 85 à 105 euros. 5, rue Saint-Jean, 39290 Baume-les-Messieurs.
Tel : 03 84 85 20 39

RESTAURANTS

■ La Balance Mets et Vins
Un grand spécialiste des accords mets vins. Menus de 19 à 55 euros. 47, rue de Courcelles, 39600 Arbois. Tel : 03 84 37 45 00

■ L'Auberge du Grapiot
Petite auberge de village avec une jolie sélection de vins. De 25 à 30 euros. Rue Bagier, 39600 Pupillin. Tel : 03 84 37 49 44

■ Le Comtois
Jolie table et carte complète. Également hôtel. Menus de 20 à 50 euros. 806, rue des Trois Lacs, 39130 Doucier. Tel : 03 84 25 71 21

■ Hostellerie Saint-Germain
Ancien relais de postes, jolies chambres et belle cuisine. Menus de 18 à 60 euros. Grand-Rue, 39210 St-Gernain-les-Arlay. Tel : 03 84 44 60 91

■ Jean-Paul Jeunet
Grande gastronomie locale et superbe carte des vins. Menus de 53 à 130 euros.
9, rue de l'Hôtel de Ville, 39600 Arbois

■ Les Zinzins du vin
Cave à vin accueillante, belle sélection de tapas et de charcutterie pour accompagner les nombreux crus de la région et d'ailleurs. Tapas à par tir de 7 euros.
14, rue de la Madeleine, 25000 Besançon
Tel : 03 81 81 24 74

■ Le Bistrot de la Tournelle
Petit bistrot sympathique au bord de l'eau ouvert midi et soir (sauf dimanche) de juin à septembre.
5, Petite-Place, 39600 Arbois
Tel : 03 84 66 25 76

■ Domaine Jean Macle
CHÂTEAU-CHALON
★★★

Goûter un château-chalon de Jean Macle est un moment intense. Un véritable « jaune », droit, pointu, harmonieux et digeste, dont le goût particulier n'est pas le seul élément précurseur de la complexité des arômes et des saveurs. Ce domaine traverse les millésimes avec une telle précision et une telle identité qu'il force le respect. Créé en 1850, il possède les terroirs parmi les plus pentus du cru, pouvant atteindre 50 % de déclivité. Le choix et la volonté de planter des vignes sur des terroirs où personne, à une certaine époque, ne voulait s'aventurer indique la détermination et la passion du vigneron pour le vignoble de Château-Chalon.

Les vins : le nouveau millésime du château-chalon, le 2004, nous a été envoyé par le domaine. Il éblouira par sa pureté d'arômes, sa précision de saveur et son intensité exceptionnelle : la grande fraîcheur et l'acidité sans concession du millésime se ressentent aisément, et il faudra de longues années pour que ce vin atteigne son épanouissement, qu'on devine fabuleux. Un vin majeur, dans la longue lignée d'un domaine qui n'en manque pourtant pas.

☐ Château-Chalon 2004   37 € 18,5

Blanc : 12 hectares.
Chardonnay 80 %, Savagnin 20 %
Production moyenne : 40 000 bt/an

Domaine Jean Macle, Rue de la Roche, 39210 Château-Chalon
Tél. : 03 84 85 21 85 **Fax :** 03 84 85 27 38
E-mail : maclel@wanadoo.fr
Vente : au domaine
De 8h30 à 12h et de 14h30 à 19h sur rendez-vous de préférence.
Propriétaire : Domaine Macle

■ Domaine André et Mireille Tissot
ARBOIS
★★★

Quel parcours réalisé par Stéphane depuis 1990 ! Le domaine a gravi les échelons au fur et à mesure : la reconversion en bio s'est amorcée dès 1999 et, aujourd'hui, la totalité du domaine est en culture biodynamique. Nous saluons tous les efforts fournis, la vaste gamme n'a jamais été aussi complète et cohérente. Quel que soit le type de vin par lequel on aborde la production du domaine, tout est géré avec brio, finesse et grande intégrité des saveurs de fruit. Que dire des macvins qui sont les plus beaux de la région, où la rusticité souvent apportée par les marcs est ici merveilleusement bien fondue ! La rigueur du travail accompli, la saine émulation que connaît le domaine le placent au sommet de la production de la région. Et la gamme ne cesse de s'agrandir d'année en année : où s'arrêtera Stéphane Tissot ?

Les vins : le crémant classique offre une réelle finesse de bulles. Indigène est son pendant plus « brut » et profond en saveur, porté par une fine amertume. Blanc de Blancs élevé en fûts de chêne, vieilli 52 mois sur lattes, BBF est l'un des rares crémants capables de se mesurer aux belles cuvées champenoises par sa finesse et son allonge crémeuse. En rouge, Poulsard vieilles vignes 2011, vinifié sans soufre, régalera de son fruit vif et sans fard, d'une subtile fraîcheur florale ; DD 2011 a subi une macération de trois mois, ce qui a exacerbé sa délicatesse de texture et ses arômes intensément poivrés. Avec ses arômes de pivoine et de rose séchée, Trousseau Singulier 2010 nous enchante par l'éclat énergique de son fruit et sa délicieuse finesse de sève : un modèle de trousseau contemporain. Sans la grâce du 2009, le pinot noir En Barberon 2010 ne présente pas la même vigueur, mais sa densité de matière ne laisse aucun doute sur sa bonne constitution. En blanc, les chardonnays 2010 rivalisent de finesse et d'intensité de saveurs, Les Bruyères plus robuste et dense, Les Graviers plus élancé et persistant, le compact En Barberon à la chair plus ferme et à la finale épicée. Sursis (ainsi nommé car planté en terre de savagnin) prend en 2010 des accents chablisiens, entre la coquille d'huître et la rétro-olfaction minérale : un superbe vin de gastronomie. La Mailloche 2009 est un chardonnay plus alangui et solaire. Dès le premier nez, le Tour de Curon 2009 entre dans une autre dimension : plus vertical, plus introverti, beaucoup plus long et débordant de sève minérale. Un vin racé, au caractère hors du commun. En savagnin, la version ouillée Traminer se montre tendre et suave en 2010. Ouillé également, Les Bruyères 2010 a trouvé son équilibre avec 15 g de sucre résiduel, le privant de son appellation : original, déroutant, mais indéniablement gourmand, il lorgne vers une cuisine épicée. Non ouillé, le savagnin 2008 a passé 30 mois en fûts : très tendu, incisif et cinglant, il réveillera les plus blasées des papilles, de son fruit svelte et épicé. Le savagnin Dévoilé 2005 a vieilli comme un vin jaune, mais sans la protection du voile habituel : il en résulte un vin incroyablement épicé et sec, qui lorgne vers le Roussillon pour son fin rancio mais conserve son identité jurassienne. Nous sommes sous le charme. En vin jaune, Les Bruyères 2005 se montre aromatique et poivré, très expressif et fin, En Spois 2005 plus ample et profond, très vigoureux mais avec moins d'élégance et le feu de l'alcool un peu marqué. La Vasée combine le meilleur des deux en un vin harmonieux, profilé et frais, d'une grande élégance. Survolant tous ses pairs, le macvin de pinot noir 2011 est monumental et atteint un rare niveau d'harmonie épicée. Enfin, en vins passerillés, le Spirale blanc 2007 constituera le plus noble et digeste (8 % d'alcool) des vins de méditation, éblouissant dans la fraîcheur de ses arômes de miel d'acacia et d'angélique. PMG 2007 offre la même maîtrise dans l'intégration des sucres, mais avec une concentration encore plus poussée, la richesse visqueuse devenant dominante et presque excessive : un exercice de style qui conclut un éblouissant voyage.

☐ Arbois Chardonnay La Mailloche 2009	20 €	16
☐ Arbois Chardonnay Le Clos de la Tour de Curon 2009	64 €	18
☐ Arbois Chardonnay Les Bruyères 2010	19,50 €	16
☐ Arbois Chardonnay Les Graviers 2010	19,50 €	16,5
☐ Arbois Savagnin 2008	20 €	16,5
☐ Arbois Savagnin Dévoilé 2005	33 €	17
☐ Arbois Traminer 2010	14 €	14,5
☐ Arbois Vin Jaune en Spois 2005	45 €	16
☐ Arbois Vin Jaune La Vasée 2005	45 €	17,5
☐ Arbois Vin Jaune Les Bruyères 2005	50,50 €	17
☐ Côtes du Jura Chardonnay En Barberon 2010	19,50 €	16,5
☐ Côtes du Jura Chardonnay Sursis 2010	20,50 €	17
☐ Crémant du Jura	11 €	15
☐ Crémant du Jura BBF	15,50 €	16
☐ Crémant du Jura Indigène	12,50 €	15,5
☐ Moût de raisin passerillé PMG 2007	75 €	16
☐ Moût de raisin passerillé Spirale 2007	32,50 €	17
☐ VDT Savagnin Bruyères 2010	22 €	15,5

■ Arbois Poulsard DD 2011	12 €	16
■ Arbois Poulsard Vieilles Vignes 2011	12 €	16
■ Arbois Trousseau Singulier 2010	16,50 €	17
■ Côtes du Jura Pinot Noir En Barberon 2010	25 €	16
■ Macvin du Jura Pinot Noir 2011	23 €	18

Rouge : 17 hectares.
Poulsard 37 %, Trousseau 28 %, Pinot noir 35 %
Blanc : 29 hectares.
Chardonnay 61 %, Savagnin 39 %
Production moyenne : 140 000 bt/an
❀ Certifié en agriculture bio ou biodynamique

Domaine André et Mireille Tissot, Quartier Bernard, 39600 Montigny-les-Arsures
Tél. : 03 84 66 08 27 **Fax :** 03 84 66 25 08
Site : www.stephane-tissot.com
Vente : au domaine
A Montigny-les-Arsures sur rendez-vous. A Arbois sur la place principale : tous les jours de 9h à 12h30 et de 14h30 à 19h.
Propriétaire : Bénédicte et Stéphane Tissot

■ Domaine Ganevat

CÔTES DU JURA
★★

J ean-François est revenu dans le Jura, dans la combe de Rotalier, après de longues années à Chassagne-Montrachet, chez Jean-Marc Morey. Le domaine familial est riche en vieilles vignes et en diversité de terroirs. Fidèle à la philosophie des vins naturels, le vigneron maîtrise parfaitement la biodynamie et est un bon vinificateur. Chaque sélection parcellaire de chardonnay est loin de tout stéréotype, avec des harmonies et des tensions variées qui reflètent les terroirs. Grâce à des rendements faibles et à une meilleure gestion dans la pureté des vins, les vins rouges atteignent un niveau remarquable, tout comme le sublime vin jaune. La dégustation des derniers millésimes des vins de ce domaine constituera pour beaucoup une révélation majeure.

Les vins : le domaine ne nous ayant pas fait parvenir ses vins cette année, indiquant que ceux-ci n'étaient pas prêts, nous sommes amenés à reconduire les notes de l'édition précédente – sans autre commentaire.

☐ Côtes du Jura Chardonnay Chamois du Paradis 2009	n.c.	15,5
☐ Côtes du Jura Chardonnay Cuvée Florine 2009	n.c.	15
☐ Côtes du Jura Chardonnay Grusse En Billat 2009	n.c.	15,5
☐ Côtes du Jura Chardonnay Les Chalasses Vieilles Vignes 2009	n.c.	16,5
☐ Côtes du Jura Chardonnay Les Grands Teppes Vieilles Vignes 2009	n.c.	17,5
☐ Côtes du Jura Cuvée Marguerite 2009	n.c.	17
☐ Côtes du Jura Cuvée Orégane 2009	n.c.	15
☐ Côtes du Jura Savagnin Cuvée Prestige 2005	n.c.	15,5
☐ Côtes du Jura Savagnin Les Chalasses Marnes Bleues 2009	n.c.	16
☐ Côtes du Jura Savagnin Vignes de Mon Père 2000	n.c.	17,5
☐ Côtes du Jura Vin Jaune Savagnin Vert 2002	n.c.	18,5
☐ VDT Sulq 2008	n.c.	18
■ Côtes du Jura Pinot Noir Cuvée Julien 2009	n.c.	17,5
■ Côtes du Jura Poulsard Cuvée de L'Enfant Terrible 2009	n.c.	15,5
■ Côtes du Jura Trousseau Plein Sud 2009	n.c.	16,5

Rouge : 2,8 hectares.
Ploussard 30 %, Trousseau 30 %, Pinot noir 40 %
Blanc : 6 hectares.
Chardonnay 70 %, Savagnin 30 %
Production moyenne : 35 000 bt/an
❦ Certifié en agriculture bio ou biodynamique

Domaine Ganevat, 39190 Rotalier
Tél. : 03 84 25 02 69 **Fax :** 03 84 25 02 69
Vente : au domaine
Sur rendez-vous de 14h à 18h.
Propriétaire : Jean-François Ganevat

■ Domaine Jacques Puffeney

ARBOIS
★★

J acques Puffeney est un producteur attentif et respectueux des terroirs et des cépages jurassiens. Il vinifie et transcende le savagnin et le trousseau comme peu de vignerons savent le faire dans la région. Finesse et élégance caractérisent ses vins, excellents dans toutes les 50 vendanges) donne à ce domaine une dimension particulièrement attachante, et il incarne à nos yeux la grande tradition viticole du Jura.

Les vins : le poulsard M n'est jamais exubérant et présente souvent dans sa jeunesse un visage un peu austère : ce 2010 ne déroge pas à la règle et s'épanouira dans 3 à 5 ans. Velouté, tout en nuances, le Trousseau les Bérangères exprime à nos yeux un archétype de ce cépage : un vin droit, très frais et poivré, aux tanins stricts mais fins et qui sera à son meilleur dans 5 à 8 ans. Le chardonnay 2010 s'exprime avec précocité en une chair dense, mais il lui manque l'éclat des meilleurs. Sacha (assemblage de savagnin et chardonnay) présente en 2010 un profil complexe et ces inimitables et subtiles notes de noix fraîches qui raviront les aficionados (dont nous faisons partie). Épuré et raffiné dans sa texture, très tendu et salin, le Savagnin 2008 est l'introduction rêvée à l'univers des grands jaunes. Le vin jaune 2005 nous enchante par sa pureté presque cristalline et sa précision d'anthologie pour ce type de vin : assurément un très grand millésime.

☐ Arbois Chardonnay 2010	10 €	15
☐ Arbois Sacha 2010	11 €	16,5
☐ Arbois Savagnin 2008	14 €	17
☐ Arbois Vin Jaune 2005	32 €	18
■ Arbois Poulsard M 2010	10 €	15,5
■ Arbois Trousseau Cuvée Les Bérangères 2010	15 €	16,5

Rouge : 2,6 hectares.
Poulsard 50 %, Trousseau 40 %, Pinot noir 10 %
Blanc : 3 hectares.
Savagnin 70 %, Chardonnay 30 %
Production moyenne : 30 000 bt/an

Domaine Jacques Puffeney, Quartier Saint-Laurent, 39600 Montigny-les-Arsures
Tél. : 03 84 66 10 89 **Fax :** 03 84 66 08 36
E-mail : jacquespuffeney@orange.fr
Vente : au domaine
De 8h à 12h et de 14h à 19h, sur rendez-vous.
Propriétaire : Jacques Puffeney

JURA

Domaine Labet
CÔTES DU JURA
★

Alain Labet a gardé le cap et la philosophie du domaine : un excellent travail à la vigne et au chai est récompensé par des vins limpides et sans artifice ; toutes les sélections parcellaires en chardonnay sont irréprochables. La gamme Fleur de Marne créée en 1974 par Alain Labet comprend des beaux lieux-dits issus de vieilles vignes : Bardette, Montceau et Chalasse.

Les vins : le crémant se montre un peu rustique mais savoureux. Fleurs 2010 est un chardonnay ouillé sincère, croquant et appétant. Fleur de Chardonnay 2010 offre beaucoup plus de relief et d'allonge, prolongée par une fraîcheur épicée et saline. L'attaque tranchante du Fleur de Savagnin 2010 laisse place à une matière étoffée, dynamique et revigorante : une expression exigeante et inspirée du savagnin ouillé. A l'issu d'un long élevage, le chardonnay Les Varrons 2008 a acquis une belle complexité de saveurs (genêt, agrumes frais) et d'élégants amers. Les vieux chardonnays du Fleur de Marne en Chalasse 2009 offrent un profil généreux et épicé, avec la matière dense et solaire du millésime. Autre sélection parcellaire, le Fleur de Marne La Bardette 2009 a conservé une matière plus nerveuse et intense, d'une grande profondeur de sève.

- ☐ Côtes du Jura Fleur de
  Chardonnay 2010   10 € 15,5
- ☐ Côtes du Jura Fleur de Marne En
  Chalasse 2009   14 € 16
- ☐ Côtes du Jura Fleur de Marne La
  Bardette 2009   14 € 16,5
- ☐ Côtes du Jura Fleur de
  Savagnin 2010   13 € 16,5
- ☐ Côtes du Jura Fleurs 2010   7,50 € 14
- ☐ Côtes du Jura Les Varrons 2008   13 € 16,5
- ☐ Crémant du Jura   7 € 13,5

Rouge : 2,2 hectares.
Poulsard 42 %, Trousseau 21 %, Pinot noir 37 %
Blanc : 9,8 hectares.
Chardonnay 75 %, Savagnin 25 %
Production moyenne : 40 000 bt/an

Domaine Labet, Place du Village, 39190 Rotalier
Tél. : 03 84 25 11 13 **Fax :** 03 84 25 06 75
E-mail : domaine.labet@wanadoo.fr
Vente : au domaine

Sur rendez-vous. Dégustation de 9h à 12h.
Propriétaire : Alain Labet

Julien Labet Vigneron
CÔTES DU JURA
★

Rigoureux, méticuleux, Julien Labet est bien le fils d'Alain, du Domaine Labet. Après avoir débuté au côté de son père, Julien a commencé avec 3 hectares en 2003. Les deux domaines sont bien distincts, et Julien a opté pour une reconversion du domaine en bio. Tous les vins sont vinifiés en levures indigènes et en fûts de chêne. Le domaine, bien légitimement différencié aujourd'hui, propose des vins de très haut niveau, qui ont connu depuis deux ans une progression fulgurante, avec malheureusement des volumes infimes (quelques ares sur certaines parcelles) : la réussite des 2010 est une vraie révélation. Nous prenons le pari que ce domaine marquera de son empreinte la région comme un illustre domaine voisin du village de Rotalier. Si tout cela se confirme l'an prochain, la progression dans les étoiles sera envisageable.

Les vins : expression saine et délicate des très vieux poulsard, En Billat 2011 est un jus très raffiné. Un rien serré, très frais, le pinot noir Les Varrons 2010 offre un vrai raffinement de texture et des tanins en filigrane : infusé, subtil, admirablement élevé, c'est une éclatante démonstration du potentiel des pinot jurassiens. Les jeunes vignes du Savagnin en Chalasse 2010 s'expriment avec intensité et justesse de saveurs : un ceviche de poisson amadouera l'énergie minérale de cette matière un peu « brut ». Profond, élancé et ferme, le chardonnay Les Varrons 2010 offre une énergie peu commune et une éblouissante finale parsemée de nobles amers minéraux. Le chardonnay En Chalasse Nature 2010 porte bien son nom, car désarmant de naturel et de fraîcheur saline, magnifiquement digeste, évolutif : une montée en puissance éblouissante en fin de bouche. Tilleul, camomille, vanille Bourbon : le profil aromatique du chardonnay La Reine 2010 est avant tout la signature d'un terroir d'exception qui imprime sa marque au vin, tout en profondeur et en rectitude de saveurs. Un vin digne d'un grand cru de la Côte de Beaune. « Vin liquoreux issu de raisins passerillés sur paille », La Paille Perdue se montre parfaitement digeste et maîtrisé. Enfin, le macvin 2005 transcende les limites du style grâce à sa patine tout en finesse, sa fraîcheur mentholée et la suavité de ses sucres.

- ☐ Côtes du Jura Chardonnay En Chalasse 2010   20 € cav.   17
- ☐ Côtes du Jura Chardonnay La Reine 2010   20 €   18
- ☐ Côtes du Jura Chardonnay Les Varrons 2010   19 € cav.   17
- ☐ Côtes du Jura Fleur de Savagnin En Chalasse 2010   18 € cav.   16
- ☐ Macvin du Jura 2005   25 € cav.   17,5
- ☐ VDT La Paille Perdue 2007   30 € cav.   17
- ■ Côtes du Jura Pinot Les Varrons 2010   18 € cav.   16,5
- ■ Côtes du Jura Poulsard En Billat 2011   17 € cav.   15,5

Rouge : 0,77 hectare.
Poulsard 46 %, Pinot noir 32 %,
Trousseau 22 %
Blanc : 2,23 hectares.
Chardonnay 73 %, Savagnin 27 %
Production moyenne : 12 000 bt/an

Julien Labet Vigneron, 1, chemin Monceau,
39190 Rotalier
Tél. : 03 84 25 11 13   **Fax :** 03 84 25 06 75
E-mail : domainelabet@wanadoo.fr
Vente : au domaine
Sur rendez-vous uniquement.
Propriétaire : Julien Labet

■ Domaine de Montbourgeau
L'ETOILE

★

Nous avons toujours pensé que l'appellation Étoile était capable d'exprimer une grande finesse et le caractère minéral de ses sols : Nicole Deriaux nous conforte dans cette idée. Nous apprécions particulièrement le style du domaine, sans frou-frou ni artifice, offrant des vins droits et intenses. Les meilleurs vins du domaine, lorsqu'ils sont bien nés, atteignent une superbe finesse, surtout le savagnin et le vin jaune. Ce travail attentif est récompensé cette année par une première étoile.

Les vins : le crémant brut est solide et ferme. Épicé, vigoureux, L'Étoile 2009 associe volume et tension, sans caractère solaire trop marqué, avec une belle allonge. Très complexe, la Cuvée Spéciale 2008 est servie par une grande finesse de sève, bâti autour d'une trame tendue et des arômes revigorants d'un savagnin très délicatement oxydé. Le pur Savagnin 2008 est de la

même trempe, frais et savoureux, sans retrouver cependant toute sa même énergie et persistance. Le vin jaune 2005 offre un profil limpide, épuré, très dynamique et éclatant, d'une très grande intensité salivante. Très raisin de Corinthe, le vin de Paille 2009 va loin dans ses saveurs mais conserve une acidité vivifiante.

- ☐ Crémant de Jura   7,20 €   14
- ☐ L'Etoile 2009   9 €   15
- ☐ L'Etoile Cuvée Spéciale 2008   13 €   17
- ☐ L'Etoile Savagnin 2008   15,50 €   16
- ☐ L'Etoile Vin de Paille 2009   22,50 €   17
- ☐ L'Etoile Vin Jaune 2005   28 €   17,5

Rouge : 0,5 hectare.
Poulsard 50 %, Trousseau 50 %
Blanc : 8,5 hectares.
Chardonnay 79 %, Savagnin 21 %
Production moyenne : 50 000 bt/an

Domaine de Montbourgeau, 53, rue de
Montbourgeau, 39570 L'Etoile
Tél. : 03 84 47 32 96   **Fax :** 03 84 24 41 44
E-mail : domaine@montbourgeau.com
Site : www.montbourgeau.com
Vente : au domaine
Sur rendez-vous.
Propriétaire : Nicole Deriaux

■ Domaine de la Tournelle
ARBOIS

★

Après une carrière d'inspecteurs à l'Inao, Pascal et Evelyne Clairet ont acquis ce domaine en 1991. Cultivant la vigne selon des principes nobles, ils se donnent tous les moyens pour réaliser des vins de terroir : vendanges manuelles, levures indigènes, maîtrise du SO_2, élevage long et vins non filtrés. Nous avons été séduits par la qualité des vins présentés. L'adéquation de la maturité juste et des élevages précis révèlent toute la finesse et la pureté des terroirs. Une adresse à ne pas manquer.

Les vins : un sympathique pétillant naturel rouge (ploussard avec 20 g de sucres résiduels) joue le rôle de la friandise digeste (10,4 % d'alcool). Pur Ploussard sans soufre ajouté, l'Uva Arbosiana 2011 se dépouille rapidement d'une pointe de réduction et offre sans réserve son fruit léger et souple et ses notes de fraise des bois. Plus épicé mais tout aussi délicatement infusé, le Trousseau des Corvées sait présenter le visage svelte et épuré (presque éthéré) du cépage, loin des équilibres de 2009. Terre de Gryphées, chardonnay élevé 24 mois, semble marqué aromatiquement par l'élevage, incontestablement frais et salivant : on ne peut toutefois s'empêcher de regretter un peu de profondeur de chair et de matière supplémentaire. Les Corvées sous Curon 2011 est un chardonnay de grande envergure, mûr et intense, très énergique et pourvu en finale de tout le feu minéral de ce terroir d'exception. Enfin, Fleur de Savagnin 2010 s'avère délicatement parfumé (coriandre, yuzu), et son dépouillement de texture lui sied mieux qu'à d'autres, avec une persistance des plus raffinées dans les notes d'agrumes.

☐ Arbois Fleur de Savagnin 2010   13,50 € 16,5
☐ Arbois Les Corvées sous
   Curon 2011   12,50 € 16,5
☐ Arbois Terre de Gryphées 2010   9,80 € 14,5
■ Arbois L'Uva Arbosiana 2011   7,50 € 14,5
■ Arbois Pétillant Naturel   9,30 € 14
■ Arbois Trousseau Des
   Corvées 2010   12,20 € 16

Rouge : 2,8 hectares.
Poulsard 57 %, Trousseau 43 %
Blanc : 4,2 hectares.
Chardonnay 54 %, Savagnin 46 %
Production moyenne : 38 000 bt/an

Domaine de la Tournelle, 5, Petite place, 39600 Arbois
Tél. : 03 84 66 25 76
E-mail : domainedelatournelle@wanadoo.fr
Site : www.domainedelatournelle.com
Vente : au domaine
Sur rendez-vous.
Propriétaire : Evelyne et Pascal Clairet

■ Domaine Berthet-Bondet
CÔTES DU JURA

Chantal et Jean Berthet-Bondet, tous deux ingénieurs agronomes, ont délaissé la ville en 1985 pour créer ce domaine de 10 ha situés à parité en appellation Château-Chalon et en Côtes du Jura. Notre préférence va aux différentes cuvées de blanc, le rouge nous paraissant un peu plus simple. Un domaine qui doit se donner les moyens de progresser vers un style de vins plus expressifs et la mise en valeur d'un fruit plus pur.

Les vins : très réduit, le chardonnay 2010 est néanmoins droit et sincère. Assez savoureux,

Naturé 2010 a gagné en expressivité et pureté de saveurs par rapport à l'an dernier. Réduit, austère, le Tradition 2008 ne nous convainc pas vraiment. Marqué par le curry et les épices, le Savagnin 2008 offre allie droiture, vigueur et fraîcheur. Assez nerveux, élancé, le Château-Chalon 2005 retrouve la précision et l'éclat perdu l'an dernier. Très confit, le vin de Paille 2008 est très riche en sucres et en alcool.

☐ Château-Chalon 2005   31,20 € 16
☐ Côtes du Jura Chardonnay 2010 n.c.   14
☐ Côtes du Jura Naturé 2010   n.c.   15
☐ Côtes du Jura Savagnin 2008   n.c. 15,5
☐ Côtes du Jura Tradition 2008   n.c.   14
☐ Côtes du Jura Vin de Paille 2008 n.c. 14,5

Rouge : 1,5 hectare.
Pinot noir 5 %, Poulsard 60 %, Trousseau 35 %
Blanc : 8,5 hectares.
Chardonnay 30 %, Savagnin 70 %
Production moyenne : 40 000 bt/an

Domaine Berthet-Bondet, 39210 Château-Chalon
Tél. : 03 84 44 60 48 **Fax :** 03 84 44 61 13
E-mail : berthet-bondet@orange.fr
Site : www.berthet-bondet.net
Vente : au domaine
Du lundi au samedi sur rendez-vous.
Propriétaire : Jean Berthet-Bondet

■ Domaine Frédéric Lornet
ARBOIS

Montigny-les-Arsures est certainement le village jurassien comptant le plus de bons vignerons cités dans le guide. Frédéric Lornet fait incontestablement partie des domaines qui comptent en Jura, et qui suit son chemin avec sérieux et discrétion. Equilibrés et fins, ses vins affichent souvent une belle identité de terroir mais la marge de progression est encore importante.

Les vins : le chardonnay 2011 est tendre et simple. Les Messagelins 2010 offre un profil tendu et citronné, un peu réduit mais de belle fraîcheur. Naturé 2010 est un savagnin ouillé qui ne manque pas de vivacité mais se montre un peu sec en finale. Corsé et très épicé, le Savagnin 2008 se livre avec une savoureuse rusticité. Le Trousseau des Dames 2011 est charnu et ferme, porté par une allonge poivrée du meilleur effet. Encore un peu strict, il se livrera dans 3 à 5 ans et va beaucoup plus loin que le simple

Trousseau 2010. Enfin, en vin jaune 2005, l'arbois séduira par son volume et son intensité, alors que le Côtes du Jura est plus comprimé.

☐ Arbois Chardonnay Les Messagelins 2010	11 €	15
☐ Arbois Naturé 2010	12 €	14
☐ Arbois Savagnin 2008	14 €	14,5
☐ Arbois Vin Jaune 2005	28 €	16
☐ Côtes du Jura Chardonnay 2011	7 €	13,5
☐ Côtes du Jura Vin Jaune 2005	28 €	15
■ Arbois Trousseau 2010	9,50 €	13,5
■ Arbois Trousseau des Dames 2011	12 €	15,5

Rouge : 8 hectares.
Poulsard 30 %, Trousseau 50 %, Pinot noir 20 %
Blanc : 9,5 hectares.
Chardonnay 50 %, Savagnin 50 %
Production moyenne : 70 000 bt/an

Domaine Frédéric Lornet, L'Abbaye, 39600 Montigny-les-Arsures
Tél. : 03 84 37 45 10 **Fax :** 03 84 37 40 17
E-mail : frederic.lornet@orange.fr
Vente : au domaine
Ouvert tous les jours, le dimanche sur rendez-vous.
Propriétaire : Frédéric Lornet

■ Domaine de l'Octavin
ARBOIS

Ce jeune domaine dirigé par Alice Bouvot et Charles Dagand – respectivement diplômée d'enologie et fils de vigneron d'Arbois – élabore des vins sincères et empreints de fraîcheur. Passionnés de musique, les propriétaires ont donné à leurs cuvées des noms évocateurs. Depuis 2010, le domaine est certifié en agriculture biodynamique Demeter, et l'orientation se confirme vers des vins très naturels. Assez diffus, les derniers vins présentés ne nous ont pas convaincus.

Les vins : seulement trois vins présentés cette année. Le chardonnay Pamina 2010 est certes vif et frais mais très léger, manquant de chair et de consistance. Le Don Giovanni 2011 est un pinot noir assez animal, très chargé en gaz carbonique, agréable mais très simple. Encore brut de cuve, le trousseau Commandatore 2011 est prometteur, digeste et friand.

☐ Arbois Commandatore 2011	15 €	15

☐ Arbois Pamina 2010	13 €	14
■ Arbois Pinot Noir Don Giovanni 2011	13 €	13,5

Rouge : 2,5 hectares.
Poulsard 33 %, Trousseau 50 %, Pinot noir 17 %
Blanc : 2,5 hectares.
Chardonnay 50 %, Savagnin 50 %
Production moyenne : 12 000 bt/an
❀ Certifié en agriculture bio ou biodynamique

Domaine de l'Octavin, 1, rue de la Faïencerie, 39600 Arbois
Tél. : 03 84 66 27 39
E-mail : contact@octavin.fr
Site : www.octavin.fr
Vente : au domaine
Sur rendez-vous 7j/7.
Propriétaire : Alice Bouvot et Charles Dagand

■ Domaine de la Renardière
ARBOIS-PUPILLIN

Ce domaine, situé sur le terroir de marnes rouges de Pupillin, a été créé en 1990. Le vignoble, fort de 6 ha, est aux mains de Jean-Michel et Laurence Petit. Ce terroir met en évidence la qualité du cépage poulsard, mais nous sommes séduits par l'ensemble de la gamme, les blancs sont distingués et le vin de paille est d'une parfaite précision. La cave montre dans son ensemble une bonne homogénéité.

Les vins : un sympathique pétillant naturel rosé, le Pêt' de Léo, ouvre la gamme. Plus classique, le crémant est de bonne facture, long et savoureux. En blanc 2010, le chardonnay Jurassique se montre croquant et frais à souhait, très précis dans ses saveurs, tout comme le plus profond et dense Les Vianderies, vin très équilibré de vieilles vignes sur calcaires marneux. Le savagnin ouillé Les Terrasses 2010 se montre un peu plus réservé, campé sur sa structure droite et ferme. Le savagnin 2008, élevé 40 mois sous voile, offre une tension et une persistance de grande envergure. En rouge, le ploussard 2010 se fait croquant et frais, une fois débarrassé de son caractère réducteur. Le trousseau 2010 associe volume, finesse et fraîcheur : on s'en désaltérera en profitant de sa finale finement épicée. Parfumé, rond et souple, le Grande Réserve 2010 offre un visage net et précis du pinot noir jurassien. Le vin jaune 2005 nous déçoit par son caractère sec et ses arômes évoquant la colle

Scotch. En revanche, le vin de paille 2008 s'avère superbe, sa richesse étant tempérée par une acidité et une fraîcheur préservée.

- ☐ Arbois-Pupillin Chardonnay
  Jurassique 2010   8 €   15
- ☐ Arbois-Pupillin Les
  Terrasses 2010   11 €   15,5
- ☐ Arbois-Pupillin Les
  Vianderies 2010   9,50 €   16
- ☐ Arbois-Pupillin Savagnin 2008   14,20 € 16,5
- ☐ Arbois-Pupillin Vin de Paille 2008 23 € 17
- ☐ Arbois-Pupillin Vin Jaune 2005 27,80 € 13,5
- ☐ Crémant du Jura   7,50 €   15
- ☐ Macvin du Jura   14,20 €   15
- ■ VDT Pétillant Naturel Le Pêt' de
  Léo 2011   7 €   14
- ■ Arbois-Pupillin Grande
  Réserve 2010   9,80 €   15
- ■ Arbois-Pupillin Ploussard 2010 7,50 € 14,5
- ■ Arbois-Pupillin Trousseau 2010   10 €   15,5

Rouge : 3,3 hectares.
Pinot noir 12 %, Ploussard 68 %,
Trousseau 20 %
Blanc : 3,5 hectares.
Chardonnay 59 %, Savagnin 41 %
Production moyenne : 35 000 bt/an

Domaine de la Renardière, Rue du Chardonnay, 39600 Pupillin
Tél. : 03 84 66 25 10
E-mail : renardiere@libertysurf.fr
Site : www.vins-jura-larenardiere.com
Vente : au domaine
Du lundi au samedi, de 9h à 12h et de 14h à 19h. Sur rendez-vous le dimanche.
Propriétaire : Jean-Michel Petit

■ Domaine Rijckaert

ARBOIS

L e chardonnay n'a pas de secrets pour Jean Rijckaert, qui partage son temps entre son vignoble du Jura et le Mâconnais. On peut percevoir, à travers les cuvées dégustées, tous les moyens mis en œuvre pour élaborer des vins sérieux, racés et dotés d'une belle élégance. Nous constatons malheureusement trop de disparités entre les cuvées, et une expression des vins un peu trop formatée par leurs élevages.

Les vins : le chardonnay 2010 est de bon niveau, franc et citronné. Friand et précoce en attaque, le chardonnay Les Sarres 2010 ne manque pas de vivacité, mais le boisé masque un peu

l'intensité du fruit. En Paradis 2009 est un chardonnay vigoureux, complet, assez tranchant en finale : une belle réussite. Une nouvelle cuvée de chardonnay, Vigne des Voises, fait son apparition en 2009 : un vin de belle facture, charnu mais tendu, souligné par un élevage habile. Le savagnin 2009 Les Sarres se montre ramassé, introverti : il faudra lui laisser du temps. Enfin, Grand Elevage est un savagnin mûr et ample, dont l'acidité naturelle ne suffit pas à épurer un boisé insistant en finale : le vieillissement l'harmonisera peut-être.

- ☐ Arbois Chardonnay 2010   9,95 € 14,5
- ☐ Arbois Chardonnay En
  Paradis 2009   12,50 €   16
- ☐ Arbois Savagnin Grand
  Elevage 2009   18,50 € 15,5
- ☐ Côtes du Jura Chardonnay Les
  Sarres 2010   11,50 €   15
- ☐ Côtes du Jura Chardonnay Vigne
  des Voises 2009   12,50 € 15,5
- ☐ Côtes du Jura Savagnin Les
  Sarres 2009   14,30 € 14,5

Blanc : 5 hectares + achat de raisin.
Chardonnay 92 %, Savagnin 8 %
Production moyenne : 32 000 bt/an

Domaine Rijckaert, En Correaux, 71570 Leynes
Tél. : 03 85 35 15 09 **Fax :** 03 85 35 15 09
E-mail : rijckaert.jean@orange.fr
Site : www.rijckaert.fr
Vente : au domaine
Sur rendez-vous.
Propriétaire : Jean Rijckaert

■ Domaine Rolet Père et Fils

ARBOIS

L 'appellation et la région doivent beaucoup au domaine Rolet. Fier de son grand vignoble de 65 hectares, il contribue à donner une bonne image des vins du Jura en France et à l'étranger. Le domaine réussit bien les spécialités jurassiennes (vin jaune, vin de paille). S'il a su conserver un style propre, alliance de facture classique et de bonne maîtrise technique, le domaine se montre trop irrégulier dans ses vins, en particuliers les rouges. Les millésimes se suivent mais les vins nous semblent manquer d'inspiration. Nous retirons cette année son étoile au domaine.

Les vins : le poulsard vieilles vignes 2009 se présente bien, avec un joli moelleux et une finale acidulée. L'assemblage Mémorial 2007 décline des saveurs de fruits à l'eau-de-vie mais pêche par ses tanins un peu secs. En blanc, le chardonnay 2009 de L'Etoile affiche un caractère assez réduit mais un bon volume de fruit mûr. Bien équilibré et typé (croûte de fromage, mirabelle à l'eau-de-vie), le Côtes du Jura 2005 a bien évolué. L'arbois vin jaune 2005 offre une belle intensité, dans un style très classique et d'une grande rectitude de saveurs. Le profil aromatique exubérant du vin de paille 2005 séduira sans mesure mais nous regrettons un léger déséquilibre en alcool en finale.

JURA

☐ Arbois Vin de Paille 2005	22,50 €	16,5
☐ Arbois Vin Jaune 2005	27 €	17
☐ Côtes du Jura Savagnin 2005	15,50 €	16
☐ L'Etoile Chardonnay 2009	8,50 €	15
■ Arbois Mémorial 2007	10 €	14
■ Arbois Poulsard Vieilles Vignes 2009	8,50 €	15

Rouge : 26 hectares.
Pinot noir 26 %, Poulsard 44 %,
Trousseau 28 %
Blanc : 37 hectares.
Savagnin 43 %, Chardonnay 57 %
Production moyenne : 400 000 bt/an

Domaine Rolet Père et Fils, Montesserin, Route de Dole, 39602 Arbois
Tél. : 03 84 66 00 05 **Fax :** 03 84 37 47 41
E-mail : rolet@wanadoo.fr
Site : www.rolet-arbois.com
Visite au domaine sur rendez-vous. Vente au caveau, face à l'hôtel de ville d'Arbois, de 9h à 12h et de 14h à 18h30. Dimanche et jours fériés de 9h30 à 12h et de 14h30 à 18h30.
Propriétaire : Pierre, Bernard, Guy et Eliane Rolet

Languedoc-Roussillon

Terre de découverte

Considéré dans les années 1990 comme le nouvel eldorado des vins français, le Languedoc-Roussillon a connu voici maintenant une vingtaine d'années une révolution qualitative impressionnante. Après avoir été une région de production massive de vins riches en alcool et sans grand intérêt gustatif, il a pris récemment conscience de son potentiel qualitatif, sous l'impulsion d'une bande de vignerons passionnés et convaincus que l'on pouvait y produire de grands vins. Désertant la plaine et réinvestissant les meilleurs coteaux, ils ont rapidement imposé leurs vins dans les dégustations comparatives. Cette jeune génération a su produire des vins, notamment des rouges, qui correspondent à la personnalité de la région : un caractère généreux, sans déséquilibre ni lourdeur, et une palette aromatique méditerranéenne par ses notes de garrigue. Certains débats opposant cépages et appellations autour de la notion de terroir sont obsolètes : le style dépasse largement le cadre de l'encépagement. Un bon vin à dominante de cabernet produit ici est tout aussi méditerranéen qu'un corbières ou un minervois. Le terroir prime sur le cépage.

Les rouges nous paraissent globalement d'un niveau supérieur à celui des blancs et des rosés. Les producteurs proposent en général une cuvée simple et une cuvée de prestige. Pour la première, on a souvent intérêt à boire le vin dans sa prime jeunesse, lorsqu'il exprime le meilleur de son fruit (entre deux et quatre ans). Dans le second cas, il faut parfois se méfier de ces cuvées prétentieuses et exagérément boisées qui perdent toute fraîcheur et "sèchent" en vieillissant. Cette rapide revue d'effectifs ne saurait passer sous silence la très grande qualité de certains vins doux naturels, qu'il s'agisse de muscats ou de vins de grenache comme les rivesaltes, maury et banyuls. Très injustement méconnus, souffrant – cette fois encore – d'une image de marque ancienne et négative, voire inexacte (le "vin cuit", l'apéritif bon marché…), ces vins doivent absolument être redécouverts. Les plus grands offrent un rapport qualité-prix exceptionnel. Attention toutefois, cette très vaste région offre aussi, hélas, de très nombreux vins sans aucun intérêt, et encore largement majoritaires. Ces cuvées, issues généralement des vignobles de plaine plantés à faible densité et vendangés à la machine, sont bien loin de ce que la région peut produire de meilleur.

LES APPELLATIONS

■ Les appellations du Languedoc

• **Languedoc :** depuis 2008 sont apparus sur le marché des vins (rouge, blanc et rosé) avec la simple mention Languedoc. Il s'agit de la nouvelle grande appellation régionale (le pendant de Bordeaux ou Côtes du Rhône) qui consacre des vins d'entrée de gamme pouvant être produits sur les aires géographiques des appellations Coteaux du Languedoc, Collioure, Côtes du Roussillon, Corbières, Cabardès, Malepère, Limoux et Minervois.

• **Coteaux du Languedoc :** d'ici à quelques années, l'appellation aura disparu. Ses moins bons terroirs produiront du simple Languedoc et les meilleurs porteront les noms d'appellations sous-régionales que l'on retrouve déjà aujourd'hui accolés à celui des Coteaux du Languedoc. Sur le seul choix méticuleux d'un bon producteur, on peut s'intéresser plus particulièrement au Pic-Saint-Loup (à dominante syrah), aux Terrasses du Larzac et à son cru Montpeyroux (assemblages amples et riches), à La Clape (bon potentiel en vins blancs et rosés) ou encore aux secteurs de Pézenas (en renaissance), Saint-Georges d'Orques, Grès de Montpellier (bon potentiel mais à la définition encore confuse).

• **Cabardès :** appellation de rouges et de rosés, qui marie les cépages "atlantiques" (cabernet, merlot, malbec) aux cépages "méditerranéens" (syrah, grenache). Quelques domaines se distinguent mais beaucoup de travail reste à accomplir.

• **Malepère :** reconnue depuis 2007, cette appellation requiert dans ses rouges au moins 50 % de merlot. Les caves coopératives dominent très largement, avec une production de masse. Deux ou trois bons domaines émergent depuis peu.

• **Limoux :** l'appellation s'enorgueillit d'être à l'origine des premiers vins effervescents du monde. Crémant, blanquette ou méthode ancestrale constituent la plus grande partie de la

N
O · E
S

LANGUEDOC

MONTPEYROUX   ST-DREZÉRY   VÉRARGUES
TERRASSES DU LARZAC   ST-CHRISTOL
PIC-ST-LOUP
Lodève ○
ST-SATURNIN
ST-GEORGES-
CLAIRETTE   D'ORQUES
DU LANGUEDOC
Montpellier
MUSCAT DE   GRÈS DE
ST-JEAN-DE-MINERVOIS   FAUGÈRES   MONTPELLIER
MUSCAT
MINERVOIS   PÉZENAS   DE LUNEL
LA LIVINIÈRE   ST-CHINIAN   La Méjanelle
CABRIÈRES   MUSCAT DE MIREVAL
Béziers
○   MUSCAT DE FRONTIGNAN
Agde ○
CABARDÈS
Carcassonne ○   PICPOUL DE PINET
MINERVOIS
Narbonne   LA CLAPE
ÔTES DE MALEPÈRE   ○
QUATOURZE
CORBIÈRES
BOUTENAC
Limoux
○   CORBIÈRES
LIMOUX
FITOU
MAURY   FITOU
TAUTAVEL
LESQUERDE
LA TOUR DE FRANCE   CÔTES-DU-ROUSSILLON
CARAMANY   VILLAGES
○ Perpignan

Mer Méditerranée

CÔTES-DU-ROUSSILLON

COLLIOURE
BANYULS

ESPAGNE

0 ————— 50 km

**LE VIGNOBLE
DE LANGUEDOC
-ROUSSILLON**

Superficie
41 400 hectares

Cépages principaux
Rouges :
Carignan
Cinsault
Grenache
Mourvèdre
Syrah
Blancs :
Grenache
Muscat
Clairette
Marsanne
Maccabeu
Rolle
Roussanne

Volume produit
16 millions
d'hectolitres

Nombre
d'appellations : 12

production. Les rouges doivent encore faire leurs preuves, mais les blancs issus de chardonnay, mauzac ou chenin peuvent s'avérer remarquables sur les secteurs d'altitude.

• **Picpoul de Pinet :** petite appellation littorale de vins blancs, d'un style suave et légèrement gazeux, dédiés aux huîtres du Bouzigues.

• **Saint-Chinian :** c'est un vignoble du Haut-Languedoc construit autour des hommes et non de la réalité du terroir. Il n'y a rien de commun entre les rouges de la zone des schistes du nord, très tendres, où le carignan en macération fait fureur, et ceux de la partie sud, argilo-calcaire, aux vins denses et structurés qui ont, par leur personnalité, plus de légitimité à devenir un cru. Depuis 2004, les secteurs de Berlou et de Roquebrun sont passés en cru (sans que la qualité s'en ressente) et toute l'appellation Saint-Chinian peut produire du blanc sous son nom.

• **Faugères :** potentiel intéressant pour des vins rouges sur schiste, plus élégants que les vins traditionnels de la région. L'appellation progresse beaucoup autour d'assemblages souvent dominés par la syrah. Depuis 2004, elle peut produire du blanc sous son nom.

• **Minervois :** production traditionnelle, quelques domaines sont au-dessus du lot. Ces dernières années, on trouve beaucoup de bons vins, notamment dans le cru La Livinière, où les rouges possèdent davantage de fraîcheur minérale, et qui concentre d'excellents producteurs.

• **Fitou :** divisée en deux parties bien distinctes (littoral et intérieur), cette appellation ancienne possède de véritables atouts pour produire des vins rouges profonds et structurés. Sauf exception, la qualité globale demeure uniforme, dans un style méditerranéen et alcoolisé. Les caves coopératives sont omniprésentes.

• **Corbières :** cette vaste appellation produit beaucoup, et pas toujours le meilleur. On y trouve de nombreux domaines très dynamiques, qui proposent des vins rouges mieux construits, moins rustiques, en particulier ceux du nouveau cru Boutenac et de secteurs comme la Montagne d'Alaric. On note aussi l'émergence de secteurs d'altitude pour les blancs et les rosés.

• **Muscat de Saint-Jean de Minervois, Muscat de Lunel :** des vins doux naturels issus de muscat. La qualité est intéressante uniquement chez les meilleurs représentants de ces crus.

■ Les appellations du Roussillon

• **Côtes du Roussillon, Côtes du Roussillon-Villages :** une production hétérogène. Quand ils sont bien faits, les vins rouges sont solides, sans trop de lourdeur alcoolisée. Il existe un important potentiel de vieilles vignes de grenache et carignan (jadis destinés à l'élaboration de vins doux) qui permet aux jeunes domaines de produire rapidement des cuvées de fort caractère. Montée en puissance des vins blancs (à dominante grenaches gris et blanc) produits sur les calcaires du nord du département des Pyrénées-Orientales (Fenouillèdes).

• **Collioure :** vins secs rouges, blancs et rosés produits sur le même vignoble que celui de Banyuls. D'un style équilibré et assez fin, mais souvent trop secs, les rouges sont en progrès, même s'ils ne justifient pas toujours leurs prix indexés sur la demande estivale. Les blancs sont très prometteurs, les grenaches blanc et gris leur apportant un caractère affirmé.

• **Banyuls, Banyuls Grand cru :** vins doux naturels de remarquable qualité, dont certaines bouteilles n'ont rien à envier aux meilleurs portos. Il existe deux types de vins : le style traditionnel, vieilli plusieurs années en foudre, qui donne une couleur ambrée et un rancio fin et superbe, et les vintages (ou rimatges), de couleur plus vive, aux arômes de fruits noirs.

• **Rivesaltes :** production de vins doux naturels plus importante et plus hétérogène en qualité qu'à Banyuls. Les meilleurs producteurs proposent cependant d'excellents rivesaltes traditionnels, très loin de certaines caricatures en vente dans les grandes surfaces.

• **Muscat de Rivesaltes :** quand il réussit à garder une certaine fraîcheur en bouche, le muscat de Rivesaltes est un vin aromatique et plein, idéal pour les desserts aux fruits.

• **Maury :** vin doux naturel des contreforts pyrénéens, au style plus fougueux qu'à Rivesaltes et moins complexe qu'à Banyuls. De plus en plus de producteurs proposent des vins de très bon niveau dans cette appellation, où le grenache est façonné par les sols de schistes.

■ Les vins de pays

Cette catégorie très fourre-tout rassemble le pire comme le meilleur. Tout d'abord, elle regroupe les vins qui ne bénéficient pas d'une appellation d'origine contrôlée, parce qu'ils ne sont pas produits sur une aire d'appellation contrôlée, ou parce que leurs pratiques culturales ne correspondent pas à la réglementation fixée pour l'appellation. La faible réputation de certaines appellations locales comme l'interdiction de certains cépages populaires (cabernet, chardonnay, etc.) ont poussé de nombreux producteurs à se consacrer aux vins de pays. Ce qui explique qu'en Languedoc-Roussillon, ces vins ne sont pas toujours inférieurs en qualité aux appellation d'origine contrôlée.

Languedoc-Roussillon
Nos bonnes adresses

HÔTELS

■ La Terrasse au soleil
Authentique mas catalan à la fois luxueux et simple ; dispose de plusieurs chambres et d'un excellent restaurant. Route de Fonfrède, 66400 Céret. Tél. : 04 68 87 01 94.

■ Le couvent d'Hérépian
Ancien couvent du XVIIe siècle admirablement restauré. À partir de 160 €. 2, rue du Couvent, 34600 Hérépian. Tél. : 04 67 11 87 15.

■ Domaine du Canalet
Dans une ambiance dédiée à l'art, quatre chambres entre 185 et 300 €. Avenue Joseph-Vallot, 34700 Lodève. Tél. : 04 67 44 29 33.

■ Riberach
L'ancienne cave coopérative de la commune de Bélesta transformée en un magnifique hôtel-restaurant-cave. Chambres : 150 à 250 €. Menus de 29 €, à 67 €, carte : de 41 € à 65 €. 2, route de Caladroy, 66720 Bélesta. Tél. :04 68 50 30 10. www.riberach.com

■ Hôtel des Elnes
Chambres contemporaines donnant sur une charmante plage. Environ 76 €. Plage des Elnes, 66650 Banyuls. Tél. : 04 68 88 00 10.

CHAMBRES D'HÔTES

■ Château de Jonquières
Quatre chambres d'hôte au cœur du château de Jonquières, classé monument historique. 90-95 € pour deux. 34725 Jonquières. tél : 04 67 96 62 58. www.chateau-jonquieres.com

■ Château Roumanières
Belles chambres, jardin d'hiver et dégustation des vins du domaine. 80 à 90 € la nuit. 34160 Garrigues. Tél. : 04 67 86 91 71.

■ Mas des Barandons
Mas viticole du XVIIIe siècle avec de superbes chambres. De 65 à 75 €. 7, chemin des Barandons, 34160 saint-Bauzille-de-Montmel. Tél. : 04 67 85 15 45.

■ Mas de Martin
Gîte pour 6 personnes dans un ancien mazet en pierres. De 350 à 830 €. Route de Carnas, 34160 Saint-Bauzille-de-Montmel. Tél. : 04 67 86 98 82.

■ Le Clos Maussanne
Cette maison d'hôtes dispose de très belles chambres. Route de Pézenas, 34500 Béziers. Tél. : 04 67 39 31 81.

■ Château de Valmy
Sublime château viticole proposant d'exceptionnelles chambres d'hôtes. À partir de 150 €. Chemin de Valmy, 66700 Argelès-sur-Mer. Tél. : 04 68 81 25 70.

RESTAURANTS

■ Auberge du Vieux Puits
Au cœur des Corbières, une carte des vins de 900 références pour ce 3 étoiles Menus de 65€ à 150€. Chambres de 145 à 215 €. 5, avenue Saint-Victor 11360 Fontjoncouse. Tél. : 04 68 44 07 37.ww.auberge

■ Grill du château de Jau
Belle table de vigneron. Repas à 29 €. 66600 Cases-de-Pène. Tél. : 04 68 38 91 38.

■ Le Pic Saint-Loup
Un joli bistrot avec grande terrasse. Sincère cuisine de goûts. De 14 à 25 €. 1/6, route de Montpellier, 34270 Les Matelles. Tél. : 04 67 84 35 18.

■ Lennys
La table "gastro" du Pic Saint-Loup. Assiettes modernes et ambitieuses. De 21 à 85 €. 266, avenue Louis-Cancel, 34270 Saint-Mathieu-de-Trévier. Tél. : 04 67 55 37 97.

■ Mas de Baumes
Cuisine de très bon niveau. De 17 à 65 €. 34190, Ferrières-les-Verreries. Tél. : 04 66 80 88 80.

■ Mas des Brousses
Jérôme Bartoletti y signe une cuisine inventive. À partir de 24 €. 540, rue du Mas des Brousses, 34000 Montpellier. Tél. : 04 67 64 18 91.

■ Auberge du Cellier
Excellente cuisine régionale et belle carte des vins. À partir de 40 €. 1, rue Saint-Eugénie, 66720 Montner. Tél. : 04 68 29 09 78.

■ La terrasse du Mimosa
Carte détaillée des vins des villages voisins. À consommer sur place avec une formule à 16,5 €, 19 € ou 24 €, ou à emporter au prix du domaine. Place de l'Horloge, 34150 Montpeyroux. Tél. : 04 67 44 49 80. laterrassedumimosa.blogspot.com

LANGUEDOC

■ Mas Jullien
LANGUEDOC TERRASSE DU LARZAC
★★★

P lus qu'aucun autre vigneron du Languedoc, Olivier Jullien recueille l'admiration et le respect de ses pairs ; il est l'un des principaux artisans de la renaissance d'une viticulture rigoureuse dans la région, recherchant la combinaison nuancée de sols et de cépages autochtones variés, en rouge et en blanc, sur les terrasses du Larzac. La sincérité de ce visionnaire fuyant la compétition se projette sur ses vins profonds, digestes et généreux, sudistes par l'intensité et la variété de leurs saveurs, non par la simple maturité du raisin et son illusoire richesse en alcool. Des rouges frais et complets, à l'élevage millimétré, capables de briller sur plus de quinze ans de vieillissement, mais aussi un magnifique blanc hors mode. Les vins de ce domaine, le seul de la région à se distinguer par trois étoiles, servent aujourd'hui de référence.

Les vins : subtilité aromatique et fraîcheur anisée, dans un profil plus réservé qu'en 2009, caractérisent le nouveau millésime du Mas Jullien blanc. Ample, élancé, étoffé, il est porté par une désaltérante amertume et évoluera bien sur au moins dix ans. Le rouge 2009 constitue encore un vin d'anthologie, qui jalonne le parcours d'Olivier Jullien : matière dense, mûre et fraîche, sève nerveuse, impressionnante profondeur de saveurs, tanins abondants et réglissés tapissant littéralement la bouche. Un très grand vin.

☐ IGP Hérault 2010   23 €   18
■ Languedoc Terrasses du
    Larzac 2009   26 €   18

Rouge : 16 hectares.
Cinsault 5 %, Carignan 25 %, Grenache 20 %, Mourvèdre 25 %, Syrah 25 %
Blanc : 4 hectares.
Grenache 20 %, Divers 10 %, Viognier 5 %, Chenin ou chenin blanc ou pineau de la loire 10 %, Carignan 50 %, Clairette 5 %
Production moyenne : 70 000 bt/an

Mas Jullien, Route de Saint-André, 34725 Jonquières
Tél. : 04 67 96 60 04 **Fax :** 04 67 96 60 50
E-mail : masjullien@free.fr

D'avril à oct. : tous les après-midi de 14h à 18h du lundi au vendredi sans rendez-vous, sauf juillet et août, de 15h à 19h. Fermé de janvier à mars, nov. et déc.
Propriétaire : Olivier Jullien

■ Domaine Jean-Michel Alquier
FAUGÈRES
★★

C e domaine majeur est l'une des deux adresses incontournables de Faugères. Vignerons discrets et avisés, Jean-Michel Alquier et son épouse s'attachent depuis vingt ans à valoriser un vignoble dominé par de vieilles syrahs issues de sélections massales – parmi les premières plantées en Languedoc dans les années 1960 par le père, Gilbert – complétées de mourvèdre et de grenache. Ce dernier est dominant dans la cuvée Maison Jaune, qui se déploie en finesse et suavité. La syrah reprend le dessus dans le Bastides d'Alquier, grand vin à la plénitude harmonieuse, capable d'évoluer avec bonheur sur plus de quinze ans. Un hectare de marsanne et de roussanne donne naissance à un blanc élevé en cuve, qui allie complexité et gourmandise. Nous sommes admiratifs du travail accompli ici, en suivant une voie singulière, à l'écart des modes, ce qui permet cette année au domaine d'accéder au cercle restreint des deux-étoiles de la région.

Les vins : précis et fin, le rosé s'avère très digeste. En blanc, le sauvignon Les Pierres Blanches est marqué par la réduction, mais fait preuve d'une vivacité peu commune, évitant toute expression variétale. Charnu mais tendu, le faugères Les Vignes du Puits se montre sobre et parfaitement défini, dans un profil épicé et sur la retenue. Les rouges 2010 nous enchantent par leur fraîcheur, leur pureté de saveurs et leur intensité aromatique : Les Premières, tout en finesse et élégance de tanins ; Maison Jaune, svelte et harmonieux, dont la chair moelleuse et droite se livre avec distinction naturelle jusque dans une magnifique finale épicée ; et enfin Les Bastides d'Alquier, empreint d'une fraîcheur aromatique exceptionnelle (écorce d'orange, bois de santal), vin profilé et profond de grande stature, au vieillissement assuré (les 1991 et 1994 sont encore en pleine forme).

☐ Faugères Les Vignes du
    Puits 2011   16 € cav. 15,5

Rouge : 11 hectares.
Grenache 35 %, Mourvèdre 10 %, Syrah 55 %
Blanc : 1 hectare.
Grenache 40 %, Marsanne 60 %
Production moyenne : 50 000 bt/an

Domaine Jean-Michel Alquier, 4, route de
Pézenes-les-Mines, 34600 Faugères
Tél. : 04 67 23 07 89 **Fax :** 04 67 23 98 28
E-mail : jmalquier@wanadoo.fr
Vente : au domaine
Ouvert le lundi de 14 h 30 à 17 h 30 (sur
rendez-vous). Du mardi au vendredi de 9h30 à
11h30 et de 14h à 17h30, sur rendez-vous.
Propriétaire : Jean-Michel Alquier

◼ Domaine Léon Barral

FAUGÈRES

★★

D idier Barral a parcouru un long chemin
depuis son installation sur les schistes pater-
nels de Lenthéric, au début des années 1990. En
quête d'une expression authentique de son terroir, il ne ménage pas sa peine à la vigne. Aidé
de son frère, Jean-Luc, ce vigneron obstiné a mis
en place un mode de culture permettant de respecter l'écosystème, de favoriser les interactions
entre règne végétal et animal, et de renforcer au
plus loin l'immunité de la vigne. Côté cave,
comme la vendange est très saine et les raisins
d'excellente constitution, l'élevage est « biblique ». Après quelques risques pris il y a une
dizaine d'années, les vins sont revenus depuis
2003 à un niveau d'exigence sans faille. Le Tradition est une entrée de gamme aux arômes per-
sonnalisés et aux tanins doux. Autour de la
trilogie syrah, grenache, mourvèdre, le Jadis
annonce la puissance du style Barral : un vin
entier, mûr, qui parle en force mais très justement, avec une expression toujours un rien sauvage, et auquel l'aération est bénéfique. Une
utilisation minimale du soufre explique l'acidité
volatile parfois haute sur les années de grande

chaleur ; acidité qui, dans la cuvée Valinière,
exalte les arômes cacaotés et poivrés de la syrah
et du mourvèdre. Pas de vente directe à la propriété, mais les Barral communiquent volontiers
les adresses de leurs cavistes fidèles. De par leur
singularité, leur caractère profondément original
et noblement paysan, les vins de Didier Barral
font désormais partie des références essentielles
du Languedoc.

Les vins : le domaine ne nous ayant pas fait
parvenir ses vins cette année, nous sommes
amenés à reconduire les notes de l'édition précédente – sans autre commentaire.

Rouge : 32,5 hectares.
Mourvèdre 27 %, Syrah 20 %, Carignan 33 %,
Cinsault 3 %, Grenache 17 %
Blanc : 2,5 hectares.
Viognier 10 %, Roussanne 10 %, Terret 80 %
Production moyenne : 95 000 bt/an

Domaine Léon Barral, Lenthéric, 34480
Cabrerolles
Tél. : 04 67 90 29 13 **Fax :** 04 67 90 13 37
Sur rendez-vous.
Propriétaire : Didier Barral

◼ Domaine Alain Chabanon

COTEAUX DU LANGUEDOC

★★

A nticonformiste, exigeant et réservé, Alain
Chabanon a fait ses classes chez Alain Brumont (château Montus) à Madiran, mais aussi
en Corse, avant d'installer sa cave à Montpeyroux, en 1992. Nous devons nous incliner
devant l'étendue et la qualité du travail accompli ici, tant à la vigne (viticulture saine, petits
rendements) qu'en cave – élevages longs, jusqu'à trente mois sur les grandes cuvées. Peu de
domaines de la région offrent une gamme aussi
aboutie et précise. Nous saluons également la
capacité de vieillissement des vins, qui n'a que
peu d'équivalent. Toujours en décalage de un à
deux millésimes avec la production régionale,
l'ensemble de la gamme est indéniablement racé.
Ce qui a permis au domaine de décrocher l'an
dernier sa deuxième étoile.

Les vins : le Rosé Trémier 2011 se montre particulièrement gourmand, mais réclame des accords très savoureux pour dompter sa légère sucrosité. Le blanc Trélans 2008 fait incontestablement partie des meilleurs de la région, avec son équilibre de haute volée et sa fraîche amertume salivante. Frais et parfumé, Le Petit Merle aux Alouettes 2010 est frais et tendu, très digeste, plus délié et juteux que le Merle aux Alouettes 2008, un peu comprimé en finale. Nous lui préférons Campredon 2010, régal de fruits et de notes épicées, tout en franchise et nuances de saveurs. Les Boissières 2007 décline une matière étoffée et profonde, destinée à une belle pièce de bœuf. L'Esprit de Font Caude 2007 ne retrouve pas toute la magie du 2006, mais demeure sérieux et dense dans sa trame, légèrement sec en finale. La nouvelle cuvée Saut de Côte, élevée en œufs béton, raconte la mâche vigoureuse d'un grand mourvèdre buriné, adoucie par le jus épicé d'un trait de syrah : c'est un vin de très grande envergure, qui détonne dès son premier millésime.

☐ VDP d'Oc Trélans 2008	24,80 €	17
▨ VDF Rosé Trémier 2011	9,50 €	15
◼ Coteaux du Languedoc Campredon 2010	12 €	16,5
◼ Coteaux du Languedoc Les Boissières 2007	23,80 €	16,5
◼ Coteaux du Languedoc Montpeyroux L'Esprit de Font Caude 2007	25,30 €	17
◼ Coteaux du Languedoc Saut de Côte 2008	30 €	17,5
◼ VDP d'Oc Le Merle Aux Alouettes 2008	25,30 €	15,5
◼ VDP d'Oc Le Petit Merle Aux Alouettes 2010	12 €	15,5

Rouge : 15 hectares.
Mourvèdre 27 %, Syrah 31 %, Merlot 20 %, Carignan 5 %, Grenache 17 %
Blanc : 2 hectares.
Chenin ou chenin blanc ou pineau de la loire 55 %, Vermentino 45 %
Production moyenne : 50 000 bt/an
❀ Certifié en agriculture bio ou biodynamique

Domaine Alain Chabanon, Chemin de Saint-Etienne, 34150 Lagamas
Tél. : 04 67 57 84 64 **Fax :** 04 67 57 84 65
E-mail : alainchabanon@free.fr
Site : www.alainchabanon.com
Le mercredi et le samedi de 9h30 à 12h30.
Propriétaire : Alain Chabanon

◼ Clos Marie

LANGUEDOC PIC SAINT-LOUP
★★

Depuis leur installation en 1995 dans le Pic Saint-Loup, Christophe Peyrus et Françoise Julien ont enchaîné à un rythme soutenu les expériences indispensables, afin de saisir toutes les nuances de leurs terroirs. Le travail effectué au vignoble améliore la finesse des rouges du domaine. Des nuances aromatiques personnelles étoffent désormais les cuvées Simon et Les Glorieuses, qui possèdent la garde et la silhouette des grands du Rhône. Les cuvées Simon et Métairie du Clos sont vendues en primeur. Les vins n'ont cessé de progresser et se présentent désormais, dès leur prime jeunesse, sous un visage profond mais avenant.

Les vins : le blanc Manon s'impose par sa trame impérieuse et saline, son volume épicé et sa finale salivante. Un grand vin vivant qui se révèle à l'aération. Les rouges 2010 racontent une maturité fraîche et de solides supports acides : L'Olivette ample et floral, Simon plus dense et juteux, bâti sur des tanins fermes. L'intense Métairies du Clos évoque la grenade, les baies et le poivre de Cayenne. Encore immature, Les Glorieuses déploie une matière sphérique, dynamique, dont l'étoffe tannique aura besoin de temps pour se patiner.

☐ Languedoc Manon 2010	17 €	17
◼ Languedoc Pic-Saint-Loup Les Glorieuses 2010	45 €	18
◼ Languedoc Pic-Saint-Loup L'Olivette 2010	14 €	16
◼ Languedoc Pic-Saint-Loup Métairies du Clos 2010	23 €	17
◼ Languedoc Pic-Saint-Loup Simon 2010	23 €	16,5

Rouge : 19 hectares.
Grenache 40 %, Mourvèdre 10 %, Syrah 40 %, Carignan 10 %
Blanc : 3 hectares.
Rolle 20 %, Carignan 10 %, Clairette 10 %, Grenache 40 %, Roussanne 20 %
Production moyenne : 85 000 bt/an

Clos Marie, Route de Cazeneuve, 34270 Lauret
Tél. : 04 67 59 06 96 **Fax :** 04 67 59 08 56
E-mail : clos.marie@orange.fr
Sur rendez-vous.
Propriétaire : Françoise Julien et Christophe Peyrus

■ Domaine de la Grange des Pères

VIN DE PAYS D'OC

★★

S ouvent splendides, ces vins (qui vieillissent admirablement) sont issus de parcelles d'altitude du massif de l'Arboussas, près d'Aniane. Le rouge se compose de syrah et mourvèdre, complété de cabernet-sauvignon, le blanc de roussanne, marsanne, chardonnay et gros manseng. Laurent Vaillé est assurément l'un des plus talentueux vignerons du Languedoc. Toutefois, pendant longtemps, à toutes nos demandes de visite ou tentatives d'établir un début de communication, il opposait systématiquement une fin de non-recevoir. Il a accepté de nous accueillir début 2012, pour une passionnante dégustation des vins en cours d'élevage. Nous gardons bon espoir de pouvoir approfondir bientôt cet échange.

Les vins : très subtil et empreint d'une fraîche tension, le 2008 suit une ligne directrice de petits tanins épicés. Immédiatement séducteur, il n'a sans doute pas le potentiel du 2009, vin séveux et solaire à la trame dense et à la générosité parfaitement contenue, qui éblouit par sa profondeur. Le blanc 2009 est un monument, très grand vin tendu aux arômes nobles (thym, garrigue fraîche, menthe poivrée), qui conjugue la race d'un grand bourgogne blanc et la richesse d'expression sudiste.

☐ VDP de l'Hérault 2009	n.c.	18,5
■ VDP de l'Hérault 2009	n.c.	17,5
■ VDP de l'Hérault 2008	n.c.	17

Rouge : n.c.
Blanc : n.c.
Production moyenne : n.c

Domaine de la Grange des Pères, 34150 Aniane
Tél. : 04 67 57 70 55 **Fax :** 04 67 57 32 04
Sur rendez-vous.
Propriétaire : Laurent Vaillé

■ Mas Champart

SAINT-CHINIAN

★★

V ignerons aussi discrets que chevronnés, Isabelle et Mathieu Champart élaborent une gamme lumineuse qui porte l'empreinte des grands terroirs argilo-calcaires du sud de l'appellation Saint-Chinian. Des vins d'intuition, denses, tendus et structurés, qui puisent dans la garrigue calcaire un supplément de finesse minérale, naturelle et exemplaire, au-delà de la Méditerranée. En rouge, leurs fleurons sont Causse du Bousquet (55 % syrah), principale cuvée du domaine, qui a toujours l'avantage du moelleux, du velouté fin et profond ; et le plus corsé Clos de la Simonette (70 % mourvèdre), qui associe intensité aromatique, finesse et élégance, apte au vieillissement et requérant trois à quatre ans pour s'épanouir. Les autres déclinaisons de terroirs en AOC Saint-Chinian et en Vin de Pays sont plus simples mais aussi rigoureuses, avec un élevage précis en demi-muids. Le blanc se distingue par une combinaison subtile de fraîcheur et de maturité du fruit. Les prix sont très raisonnables.

Les vins : pur terret, le Monts de la Grage 2010 est un blanc mûr et croquant, à la belle fraîcheur et aux notes de poire et de caillou. Droit, encore serré, le saint-chinian 2010 nous séduit par vigoureuse trame saline. Très accessible, le rouge Pays d'Oc 2010 déploie sa matière finement moelleuse. Réglissé et juteux, le Côte d'Arbo 2010 régalera de ses notes poivrées. Encore réservé, le Causse du Bousquet 2010 se distingue par ses délicates notes fumées et ses tanins à la finesse de grain admirable. Robuste et serré, le Clos de la Simonette se montre encore très immature et devra impérativement vieillir.

☐ IGP Hérault Monts de la Grage 2010	12 €	16
☐ Saint-Chinian 2010	12 €	16
■ IGP d'Oc 2010	7,75 €	15,5
■ Saint-Chinian Causse du Bousquet 2010	12,50 €	17,5
■ Saint-Chinian Clos de la Simonette 2010	19 €	17
■ Saint-Chinian Côte d'Arbo 2010	8 €	16

Rouge : 10,3 hectares.
Cabernet franc 5 %, Carignan 10 %,
Syrah 35 %, Mourvèdre 24 %, Grenache 20 %,
Cinsault 6 %
Blanc : 1,7 hectare.
Viognier 8 %, Grenache 18 %, Marsanne 25 %,
Roussanne 18 %, Bourboulenc 18 %,
Terret 13 %
Production moyenne : 40 000 bt/an

Mas Champart, Bramefan, route de Villespassans, 34360 Saint-Chinian

Tél. : 04 67 38 20 09 ou 04 67 38 05 59
Fax : 04 67 38 20 09
E-mail : mas-champart@wanadoo.fr
Vente : au domaine
Sur rendez-vous.
Propriétaire : Isabelle et Mathieu Champart

■ Domaine de Montcalmès

COTEAUX DU LANGUEDOC

★★

Vignerons chevronnés, Frédéric Pourtalié et son cousin Vincent Guizard connaissent une réussite amplement méritée depuis leur premier millésime (1999). Sur Puéchabon, ils ont défriché un impressionnant coteau de galets exposé plein sud pour y planter du mourvèdre, les autres raisins provenant d'un terroir calcaire orienté au nord, sur Aniane. Dans une vaste cave pouvant accueillir deux millésimes, ils élèvent une unique grande cuvée rouge d'assemblage : syrah (60 %), grenache (20 %) et mourvèdre, égrappés et pigés, élevés vingt-quatre mois en barriques, sans collage ni filtration, dans la tradition la plus classique. Un blanc de marsanne et roussanne, vinifié en barriques, est élaboré depuis 2004. Montcalmès s'est affirmé comme une révélation majeure du Languedoc des dix dernières années.

Les vins : très parfumé, le blanc 2009 enrobe en un beau boisé les notes un peu exotiques et vanillées d'un fruit sphérique et très mûr. Assurément un beau vin dense et riche, mais un rien chaleureux. Très expressif, le rouge 2009 est un grand séducteur, dont la matière très étoffée se déploie par vagues, encadrée par de fins tanins poudreux. C'est une grande réussite du domaine.

☐ Coteaux du Languedoc 2009   21 €   16
■ Coteaux du Languedoc Terrasses
   du Larzac 2009   21 €   17,5

Rouge : 16 hectares.
Grenache 20 %, Syrah 60 %, Mourvèdre 20 %
Blanc : 3 hectares.
Marsanne 50 %, Roussanne 50 %
Production moyenne : 37 000 bt/an

Domaine de Montcalmès, Chemin du Cimetière,
34150 Puéchabon
Tél. : 04 67 57 74 16   **Fax :** 04 67 57 74 16
E-mail : gaecbh@wanadoo.fr
Vente : au domaine

Sur rendez-vous uniquement.
Propriétaire : Frédéric Pourtalié

■ Domaine Peyre Rose

COTEAUX DU LANGUEDOC

★★

Sur ses hauteurs de Saint-Pargoire, Marlène Soria donne naissance, depuis le début des années 1990, à une petite production très recherchée : un blanc, Oro, à base de rolle, roussanne et viognier, élevé près de dix ans en cuves et en bouteilles, ainsi que deux rouges, Clos des Cistes, vin le plus ferme dans sa jeunesse mais aussi le plus complexe, grandiose après cinq ou six ans de garde ; et Syrah Léone, superbement soyeux, aux capacités aromatiques intenses sur les baies sauvages, les agrumes, les épices et la menthe. Ces cuvées impressionnent dans un premier temps par leur concentration et leur force. Se dévoilent ensuite l'authenticité de leur goût et leur complexité orientale. Toutes deux sont dominées par une syrah solaire, à très faibles rendements, longuement élevée en cave afin de civiliser les tanins : deux ans minimum en cuves, doublés d'autant de repos en bouteilles. Un long élevage qui n'est pas sans risque. Suite à une pollution due au revêtement de la cuverie, les millésimes 1999, 2000 et 2001 n'ont pas été mis en bouteilles. Malgré ces vicissitudes, la magie de Peyre Rose se perpétue avec panache, et les nouveaux millésimes sont exceptionnels.

Les vins : le millésime 2004 arrive sur le marché. Le Marlène N°3 a une chair moelleuse, juteuse et fumée du meilleur effet. Plus solaire, le Syrah Léone 2004 offre une matière burinée, lardée et tendue, tout en sève dans son allonge, encore assez serrée ; il prendra de l'ampleur avec l'âge, comme aujourd'hui le superbe 2002. Le Clos des Cistes 2004 présente un nez magnifique, entre poivre noir, cerise confite et viande rôtie ; dense et profilé, sans aucune lourdeur, c'est un vin d'une fascinante complexité de saveurs. Il surpassera au final 2002 absolument délicieux aujourd'hui dans ses notes d'aromates et sa texture déliée, et égalera l'admirable 1998, kaléidoscope aromatique des saveurs méditerranéennes et truffées.

■ Coteaux du Languedoc Clos des
   Cistes 2004   62 €   18
■ Coteaux du Languedoc Clos des
   Cistes 2002   72 €   18
■ Coteaux du Languedoc Clos des
   Cistes 1998   148 € Magnum   18,5

- Coteaux du Languedoc Clos Syrah
  Léone 2004   62 € 16,5
- Coteaux du Languedoc Clos Syrah
  Léone 2002   72 € 17
- Coteaux du Languedoc Marlène
  N°3 2004   62 € 16,5

Rouge : 24 hectares.
Grenache 20 %, Mourvèdre 3 %, Syrah 75 %,
Carignan 2 %
Blanc : 2 hectares.
Production moyenne : 30 000 à 35 000 bt/an
❀ Certifié en agriculture bio ou biodynamique

Domaine Peyre Rose, 34230 Saint-Pargoire
Tél. : 04 67 98 75 50
E-mail : peyrerose@orange.fr
Vente : au domaine
Pas de visites
Propriétaire : Marlène Soria

■ Domaine d'Aupilhac
LANGUEDOC MONTPEYROUX
★

A partir d'un petit vignoble hérité de son père, dominé par le mourvèdre et le carignan, Sylvain Fadat a construit en vingt ans un domaine exemplaire, travaillé naturellement, à l'encépagement pluriel et équilibré. Le vignoble s'est progressivement agrandi avec la conquête de terrasses en altitude (Les Cocalières), plantées en syrah et en cépages blancs. Les cuvées issues de sélections parcellaires et les vins génériques (Lou Maset) sont habilement maîtrisés, toujours empreints de fraîcheur. Une gamme large et homogène de vins expressifs et charnus, qui a maintenant trouvé sa vitesse de croisière, et les élevages plus subtils sur les grandes cuvées : un domaine en très grande forme.

Les vins : beau rosé Lou Maset 2011, épicé et nerveux. En blanc, la cuvée Domaine est bien aromatique, droite et franche, et Les Cocalières 2011 atteint un haut niveau de précision et de fraîcheur, avec de fines notes d'amande et de miel. En rouge, Les Servières 2011 offre une densité de texture et de saveurs qui nous enchante, et illustre tout le potentiel des vieux cinsaults (ici, centenaires). Très salivant, Le Carignan 2010 a plus de sève et de fermeté, mais se présente un peu plus austère. Le Montpeyroux 2010 est juteux et réglissé à souhait, de belle ampleur, tout comme Les Cocalières 2010, plus persistant et intense dans ses arômes de garrigue. La Boda 2009 est une grande bouteille,

qui associe la densité de chair des mourvèdres d'altitude à la finesse poivrée des syrahs. Nous révisons notre jugement de l'an dernier, le Clos 2009 a intégré son élevage et gagné en moelleux et en harmonie.

- ☐ IGP Mont Baudile Le Blanc 2011 8,10 € 15
- ☐ Languedoc Montpeyroux Les
  Cocalières 2011   16,80 € 16
- ▨ Languedoc Montpeyroux Lou
  Maset 2011   7,40 € 14,5
- ■ IGP Hérault Les Servières 2011 9,90 € 16
- ■ IGP Mont Baudile Le
  Carignan 2010   17 € 15,5
- ■ Languedoc Montpeyroux La
  Boda 2009   25,20 € 17
- ■ Languedoc Montpeyroux Le
  Clos 2009   38 € 16,5
- ▨ Languedoc Montpeyroux Le
  Montpeyroux 2010   14 € 15,5
- ■ Languedoc Montpeyroux Les
  Cocalières 2010   16,30 € 16

Rouge : 22,2 hectares.
Grenache 11 %, Mourvèdre 28 %, Syrah 18 %,
Carignan 25 %, Cinsault 18 %
Blanc : 2,8 hectares.
Marsanne 10 %, Roussanne 15 %, Ugni ou Ugni
blanc (trebbiano) 20 %, Vermentino 15 %,
Chardonnay 10 %, Grenache 30 %
Production moyenne : 125 000 bt/an
❀ Certifié en agriculture bio ou biodynamique

Domaine d'Aupilhac, 28, rue du Plô, 34150
Montpeyroux
Tél. : 04 67 96 61 19   **Fax :** 01 83 64 04 71
E-mail : aupilhac@wanadoo.fr
Site : www.aupilhac.com
Vente : au domaine
De 9h à 12h30 et de 13h30 à 17h.
Propriétaire : Sylvain Fadat
Directeur : Sylvain Fadat

■ Domaine Les Aurelles
COTEAUX DU LANGUEDOC
★

D epuis 1995, Basile Saint-Germain et son épouse travaillent avec exigence, dans un esprit bio – en phytobiologie, sans engrais, désherbant ni pesticide –, un vignoble situé sur les croupes villafranchiennes des environs de Nizas. Des rendements faibles, une démarche authentique et une volonté rare de ne commercialiser qu'à l'issue d'élevages très longs dans des cuves en ciment : tout concourt, ici, à élaborer des vins civilisés, digestes, au fruit poli et lentement assagi par le temps. Le Solen est une cuvée à dominante carignan et grenache, élégante et plus précoce qu'Aurel, le grand vin à dominante mourvèdre (complété de syrah), soyeux et droit, tout en intégrité de fruit et en densité de sève. Pure roussanne, le rare Aurel blanc, élevé lui en barriques, s'exprime avec profondeur, plénitude et naturel : c'est l'un des plus grands blancs du sud de la France. Ces vins vieillissent admirablement.

Les vins : Déella 2009 est un vin tendre, digeste et civilisé, qui assume un caractère généreux, marqué par des notes de garrigue (sarriette, origan, olive noire). Plus moelleux, le Solen 2008 s'avère prêt à boire, assez fondu et relancé par une délicate amertume en finale. Juste avant la mise, l'Aurel 2008 se présentait fort bien, vigoureux et étoffé, d'une profondeur salivante. La finesse aromatique d'Aurel blanc 2008 (orangette, cédrat, acacia) annonce un grand vin voluptueux et plein, d'une race formidable.

☐ Coteaux du Languedoc Aurel 2008		n.c.	17,5
■ Coteaux du Languedoc Déella 2009		n.c.	15,5
■ Languedoc Pézenas Aurel 2008		n.c.	16,5
■ Languedoc Pézenas Solen 2008		n.c.	16

Rouge : 8 hectares.
Grenache 33 %, Mourvèdre 19 %, Clairette 2 %, Syrah 13 %, Carignan 33 %
Blanc : 1,05 hectare.
Roussanne 100 %
Production moyenne : 30 000 bt/an

Domaine Les Aurelles, 8, chemin des Champs Blancs, 34320 Nizas
Tél. : 04 67 25 08 34 **Fax :** 04 67 25 00 38
E-mail : contact@les-aurelles.com
Site : www.les-aurelles.com
Vente : au domaine
Sur rendez-vous.
Propriétaire : Basile Saint-Germain

■ Château La Baronne

CORBIÈRES

★

Médecins et vignerons de père en fils, telle pourrait être la devise de la famille Lignères, qui se consacre avec passion à son vaste

vignoble des Corbières, dans le secteur frais de la montagne d'Alaric. Conseillés par l'œnologue toscan Stefano Chioccioli depuis 2002, les propriétaires du domaine ont placé le vignoble en culture bio, et la gamme intègre des sélections de terroirs (assemblages) et de cépages purs (vieux carignan, roussanne, mourvèdre), dont un somptueux blanc de roussanne. L'élevage sous bois a acquis une très grande précision, exaltant une franchise de saveurs et d'arômes peu commune. Nous ne cachons pas notre admiration grandissante pour cette production à découvrir en priorité et qui ne cesse de s'affiner chaque année, rejoignant désormais l'élite de la région.

Les vins : les blancs 2011 sont remarquables, à commencer par le très intense Domaine des Lanes. Très typé, le Grenache gris de Jean 2011 affiche un fort caractère, avec sa robe saumonée et ses saveurs charnues, salines et épicées. La roussanne d'altitude Las Vals 2011 nous éblouit par sa tension délicatement miellée aux notes d'acacia. En rouge, le Domaine des Lanes 2010 évoque la framboise confite, dans un profil très mûr et vigoureux. La Baronne Les Chemins 2010 se présente plus en fraîcheur et croquant de fruit, avec encore plus de charnu et d'intensité dans sa version sans soufre, Les Chemins de Traverse 2010. Le mourvèdre Las Vals 2009 se distingue par sa matière pulpeuse, encore fort jeune, dont la vraie finesse resplendira au vieillissement. La Baronne Alaric 2009 déploie une chair mûre, fraîche et poivrée, dont l'équilibre constitue un hommage au talent des Lignères. Les carignans de 1892 de La Baronne Pièce de Roche n'ont jamais parlé aussi justement et harmonieusement que dans la vibrante version 2009.

☐ Corbières Domaine des Lanes 2011	9 €	15,5
☐ IGP Hauterive La Baronne Le Grenache Gris de Jean 2011	12 €	17
☐ IGP Hauterive Las Vals 2011	15 €	17
■ Corbières Domaine des Lanes 2010	9 €	15,5
■ Corbières La Baronne Alaric 2009	17 €	17
■ Corbières La Baronne Les Chemins 2010	12 €	16
■ Corbières La Baronne Les Chemins de Traverse 2010	14 €	16
■ IGP Hauterive La Baronne Pièce de Roche 2009	24 €	18
■ IGP Hauterive Las Vals 2009	17 €	16,5

Rouge : 78 hectares.
Cabernet 2 %, Syrah 18 %, Cinsault 2 %, Merlot 3 %, Mourvèdre 19 %, Grenache 16 %,

Carignan 40 %
Blanc : 12 hectares.
Grenache 14 %, Grenache gris 25 %,
Vermentino 35 %, Roussanne 19 %,
Bourboulenc 7 %
Production moyenne : 220 000 bt/an
🏵 Certifié en agriculture bio ou biodynamique

Château La Baronne, 11700 Fontcouverte
Tél. : 04 68 43 90 20 **Fax :** 04 68 43 96 73
E-mail : info@chateaulabaronne.com
Site : www.chateaulabaronne.com
Vente : au domaine
De 9h à 12h et de 14h30 à 17h sur
rendez-vous.
Propriétaire : Famille Lignères
Directeur : Jean Lignères

■ Domaine Bertrand-Bergé
FITOU
★

A idé de l'œnologue Claude Gros, ce domaine tenu par Jérôme Bertrand produit actuellement les fitous les plus complets et frais de l'appellation, reflets de la finesse spécifique du terroir de Paziols. Intenses et francs, les vins font honneur à une appellation qui redéfinit son identité. Nous apprécions particulièrement les cuvées Ancestrale, toujours puissamment bâtie mais d'une fraîcheur conservée, et Jean Sirven, opulente, colorée et boisée, issue d'une sélection de très vieilles vignes (carignan, syrah, grenache), qui sait allier richesse de sève et race indéniable.

Les vins : le blanc Méconnu 2011est un excellent muscat frais et tendu. Les rouges 2010 sont assez serrés, vifs et épicés : Origines se montre précoce et frais, Ancestrale plus dense et chocolaté. Les Mégalithes déçoit car son amertume est trop marquée, et le Jean Sirven 2009 offre un très beau velouté de texture, une matière riche et intense, dont le boisé demande à se fondre. Le rivesaltes Ma-Ga 2008 a progressé et se distingue par sa finesse.

☐ IGP Torgan Le Méconnu 2011	7,70 €	14,5
■ Fitou Ancestrale 2010	11 €	15
■ Fitou Jean Sirven 2009	35 €	16,5
■ Fitou Les Mégalithes 2010	11,90 €	14
■ Fitou Origines 2010	7,90 €	15
■ Rivesaltes Ma-Ga 2008	18 €	15

Rouge : 29,5 hectares.
Carignan 40 %, Grenache 35 %, Mourvèdre 3 %,

Syrah 22 %
Blanc : 3,5 hectares.
Maccabeu 43 %, Muscat à petits grains 57 %
Production moyenne : 110 000 bt/an

Domaine Bertrand-Bergé, Avenue du Roussillon,
11350 Paziols
Tél. : 04 68 45 41 73 **Fax :** 04 68 45 03 94
E-mail : bertrand-berge@wanadoo.fr
Site : www.bertrand-berge.com
Vente : au domaine
Tous les jours de 9h à 12h et de 14h à 18h.
Propriétaire : Jérôme Bertrand

■ Domaine Borie La Vitarèle
SAINT-CHINIAN
★

L a dualité des terroirs de Saint-Chinian s'exprime à merveille dans cette propriété très régulière et parfaitement tenue par le couple Planès-Izarn, d'une grande modestie. Leur cuvée Les Crès est une référence en terroir argilo-calcaire, assemblage de syrah et grenache profond et fin en tanins, intense en fraîcheur crayeuse. La cuvée Les Schistes, quant à elle, est naturellement plus veloutée et précoce. Les vins rouges de pays sont aussi dignes d'intérêt, tel l'ambitieux La Combe (cabernet et syrah), qui vieillit avec panache sur six ou sept ans.

Les vins : rouge de fruit encore très brut de cuve, La Cuvée des Cigales 2011 doit se boire fraîche. Les Terres Blanches 2011 décline des notes de cannelle et d'épices douces, sa matière précoce et solaire manque un peu de fraîcheur. Les Schistes 2010 se montre plus harmonieux, avec une vitalité préservée en dépit d'une finale un peu chaleureuse. Nous admirons la dimension lardée et poivrée des Crès 2010, grand vin intègre et profond de longue évolution. Le Midi Rouge 2009 trouve peu à peu ses marques comme cuvée de prestige à la juste ambition.

■ Saint-Chinian Les Crès 2010	18 €	17
■ Saint-Chinian Les Schistes 2010	13,60 €	16
■ Saint-Chinian Les Terres Blanches 2011	8,90 €	15
■ Saint-Chinian Midi Rouge 2009	39 €	16,5
■ VDP Coteaux de Murviel La Combe 2009	9,50 €	15,5
■ VDP Coteaux de Murviel La Cuvée des Cigales 2011	6,60 €	13,5

Rouge : 15 hectares.
Merlot 7 %, Mourvèdre 6 %, Syrah 40 %,
Cabernet-sauvignon 9 %, Grenache 38 %
Domaine Borie La Vitarèle, 34490
Causses-et-Veyran
Tél. : 04 67 89 50 43 **Fax :** 04 67 89 70 79
E-mail : jf.izarn@borielavitarele.fr
Site : www.borielavitarele.fr
Vente : au domaine
Sur rendez-vous.
Propriétaire : Jean-François et Cathy Izarn

■ Domaine Canet Valette

SAINT-CHINIAN

★

E nfant de la coopération, Marc Valette est un
vigneron languedocien pur jus, entier et sans
concession. Il y a quinze ans, il a opté pour la
cave particulière afin de bousculer les convenan-
ces et de provoquer – à l'image de ses rouges,
alors sombres et entiers. Les élevages très longs
(trois ans pour la cuvée Maghani) sont le pendant d'une matière « brute », comme on parle
d'art brut. Ce qui n'est pas synonyme de brutalité, car les vins acquièrent un réel velouté de
tanins. Si le vieillissement est leur allié, les derniers vins présentés nous semblent plus précoces
et expressifs dans leur jeunesse, en un mot plus
civilisés que par le passé, ce qui n'est pas pour
nous déplaire. Le Une et Mille Nuits se boit sur
cinq ans, alors que le Maghani s'ouvre sur six
ou huit ans, demeurant le saint-chinian de terroir
argilo-calcaire le plus puissant et le plus sincère
de sa génération, dont de vieux millésimes sont
toujours à la vente.

Les vins : plus vif et frais qu'en 2010, l'Anto-
nyme 2011 est un excellent vin de fruit à boire
dès maintenant. Charnu mais frais, tout en
volume généreux, le Une et Mille Nuits 2009
se montre sérieux et persistant. L'Ivresses 2010
séduit par ses notes d'agrumes et de fleurs
séchées, et se distingue par son allonge lardée et
truffée. Le Maghani 2007 décline ses saveurs
patinées et sa finesse moelleuse. La cuvée 2008,
un peu plus animale, la devance en fraîcheur et
en vigueur et l'égale en finesse. Le MV 2009 est
un pur mourvèdre au grain tendu et au boisé
ample.

■ Saint-Chinian Antonyme 2011	6,90 €	15
■ Saint-Chinian Ivresses 2010	15,90 €	16,5
■ Saint-Chinian Maghani 2008	23,15 €	17
■ Saint-Chinian Maghani 2007	23,15 €	16,5

■ Saint-Chinian MV 2009	30 €	16,5
■ Saint-Chinian Une et Mille Nuits 2009	10,50 €	16

Rouge : 18 hectares.
Grenache 25 %, Mourvèdre 25 %, Syrah 25 %,
Carignan 15 %, Cinsault 10 %
Domaine Canet Valette, Route de
Causses-et-Veyran, 34460 Cessenon sur Orb
Tél. : 04 67 89 51 83 **Fax :** 04 67 89 37 50
E-mail : contact@canetvalette.com
Site : www.canetvalette.com
Vente : au domaine
Sur rendez-vous.
Propriétaire : Marc Valette

■ Château Champ des Sœurs

FITOU

★

L aurent Maynadier est un vigneron fort doué
qui a créé son domaine en 1994 et y pratique la mise en bouteilles depuis 1999. Avec sa
compagne œnologue Marie Valette, il élabore
des vins à partir des cépages traditionnels locaux
(à commencer par le carignan), avec une recherche de fraîcheur et de finesse essentielle dans le
secteur maritime de Fitou. Des vins précis, d'un
naturel confondant, qui se distinguent toujours
dès leur prime jeunesse et donnent, selon nous,
le « la » de l'appellation. Ces vins ne cessent de
progresser, hors de toute médiatisa-
tion à outrance, grâce aux années de travail
acharné accompli, ici, avec discrétion.

Les vins : le rosé 2011 est fin et net, mais
manque un peu de relief. Le blanc 2011 suit le
même profil, vif mais un peu neutre. En rouge,
le fitou 2011 exprime un fruit frais tendre et
mûr, évoquant la garrigue au caractère précoce.
Le Bel Amant 2010 met en avant de belles notes
d'orange sanguine, une trame souple et franche, généreuse mais équilibrée. Encore un peu
sous le joug de l'élevage, La Tina 2010 présente un profil droit et juteux, toujours suave et
intense. Le muscat-de-rivesaltes 2011 est l'un
des meilleurs du genre, intensément parfumé et
harmonieux.

☐ Corbières 2011	7 €	14
☐ Muscat de Rivesaltes 2011	7 €	15,5
▨ Corbières 2011	7 €	13,5
■ Fitou 2011	7 €	15
■ Fitou Bel Amant 2010	9,50 €	15,5

■ Fitou La Tina 2010   14,50 € 16

Rouge : 9 hectares.
Grenache 40 %, Mourvèdre 15 %, Syrah 10 %,
Carignan 35 %
Blanc : 4 hectares.
Muscat à petits grains 30 %, Roussanne 35 %,
Grenache 35 %
Production moyenne : 45 000 bt/an

Château Champ des Sœurs, 19, avenue des
Corbières, 11510 Fitou
Tél. : 04 68 45 66 74 **Fax :** 04 68 45 66 74
E-mail : chateauchampdessoeurs@orange.fr
Site : www.champdessoeurs.fr
Vente : au domaine
Sur rendez-vous l'hiver et du 15 juin au 15
septembre de 10h à 12h et de 15h à 19h.
Propriétaire : Laurent Maynadier

■ Domaine Le Conte des Floris
COTEAUX DU LANGUEDOC
★

V oilà dix ans que Daniel Le Conte des Floris,
ancien journaliste, a franchi le pas en mon-
tant ce petit et passionnant domaine de Pézenas.
Sa formation bourguignonne se ressent dans
son goût pour la déclinaison des terroirs, la gestion délicate de l'élevage en barriques. Et, in
fine, dans des vins privilégiant la complexité
aromatique, le corps et la fraîcheur. Le bouche-
à-oreille a fait des blancs des stars du Languedoc, précurseurs dans leur style intense, précis
et gourmand, au souffle préservé. En rouge,
dans un style fin, très belle trilogie autour des
déclinaisons du terroir avec les cuvées Villafranchien (grenache), Carbonifère (syrah) et Basal-
tique. Sur les deux derniers millésimes, nous ne
retrouvons plus toute la « patte » qui apportait
tant de cachet à ces vins : attention à ce que
cette légère déception ne se confirme pas l'an
prochain.

Les vins : nous retrouvons dans le Lune Blanche 2010 toute la tension et la dimension saline
si originale qui nous avait séduits dans les premiers vins du domaine ; matière charnue, touches d'agrumes, allonge épicée. Le Rouge
Nature 2010 est marqué par le bourgeon de
cassis, avec une maturité un peu poussée du
fruit : nous avouons quelques réserves. Avant la
mise, l'échantillon de Villafranchien 2010 est
prometteur, mais laisse un peu à désirer dans sa

précision de saveurs. Le Carbonifère 2009 ne
manque pas de fraîcheur et livre un fruit noir
généreux, un peu fumé et confit. Plus dense,
le Homo Habilis 2009 est légèrement opulent,
plein d'un fruit assez sec et chaleureux.

☐ Coteaux du Languedoc Lune
  Blanche 2010   n.c. 16,5
■ Coteaux du Languedoc
  Carbonifère 2009   n.c. 15,5
■ Coteaux du Languedoc Homo
  Habilis 2009   n.c. 15
■ Coteaux du Languedoc Rouge
  Nature 2010   n.c. 14
■ Coteaux du Languedoc
  Villafranchien 2010   n.c. 15

Rouge : 5,3 hectares.
Carignan 25 %, Cinsault 5 %, Grenache 35 %,
Syrah 35 %
Blanc : 2,2 hectares.
Roussanne 9 %, Terret bourret 3 %,
Carignan 45 %, Grenache 3 %, Marsanne 40 %
Production moyenne : 22 000 bt/an

Domaine Le Conte des Floris, 7, rue Victor
Hugo, 34720 Caux
Tél. : 06 16 33 35 73
E-mail : domaine.floris@gmail.com
Site : www.domainelecontedesfloris.com
Sur rendez-vous.
Propriétaire : Daniel Le Conte des Floris

■ Mas de Daumas Gassac
VIN DE PAYS DE L'HÉRAULT
★

A imé Guibert a été l'un des pionniers de la
quête de l'excellence dans le Languedoc. Il
a révélé, à la fin des années 1970, la vallée de
Daumas Gassac, ce contrefort cévenol où les
nuits sont fraîches, propices à l'épanouissement du cabernet-sauvignon. Aimé a aujour-
d'hui cédé les rênes du domaine à ses fils,
Samuel, Gaël et Romain. Notre classement met
à l'honneur la production de la maison et non les
gammes plus standardisées du négoce (Moulin
de Gassac et autres étiquettes). Le Daumas Gassac rouge a la capacité de résister au temps, mais
il n'est jamais aussi bon, selon nous, qu'après
sept à dix ans de garde, comme les meilleurs
rouges de la région. Les vins ne déméritent pas,
mais ils sont aujourd'hui dépassés en profondeur et identité par d'autres références de la

région : nous pensons que Daumas Gassac n'est plus aujourd'hui à la hauteur de la réputation dont il jouissait il y a dix à vingt ans.

Les vins : le domaine nous a adressés deux vins de sa gamme de négoce Moulin de Gassac. Le Eraus 2011 est un sauvignon blanc variétal et simple, assez sec et herbacé en finale. Un peu exotique, manquant de sincérité, le Mas de Daumas Gassac blanc 2011 montre de l'acidité, il est désormais très loin des meilleurs blancs du secteur. En rouge, l'Albaran 2010 associe cabernet-sauvignon et syrah en une matière fraîche et nerveuse : un vin bien élaboré. Le Mas de Daumas Gassac 2010 a lui aussi bénéficié de la fraîcheur du millésime et offre un fruit vif et épicé aux tanins fins.

☐ IGP Hérault Eraus 2011   7 €   13,5
☐ IGP Saint Guilhem le Désert 2011   35 €   14,5
■ IGP Hérault 2010   35 €   16
■ IGP Hérault Albaran 2010   7 €   14,5

Rouge : 37 hectares.
Divers 20 %, Cabernet-sauvignon 80 %
Blanc : 13 hectares.
Viognier 22 %, Chenin ou chenin blanc ou pineau de la loire 22 %, Petit manseng 22 %, Autres 12 %, Chardonnay 22 %
Production moyenne : 200 000 bt/an

Mas de Daumas Gassac, 34150 Aniane
Tél. : 04 67 57 71 28   **Fax :** 04 67 57 41 03
E-mail : contact@daumas-gassac.com
Site : www.daumas-gassac.com
Vente : au domaine
Toute l'année du lundi au samedi de 10h à 18h.
Fermé dimanche et jours fériés.
Propriétaire : Famille Guibert
Directeur : Aimé Guibert

■ Ermitage du Pic Saint-Loup

COTEAUX DU LANGUEDOC PIC SAINT-LOUP

★

P ar sa régularité depuis plusieurs millésimes, la famille Ravaille confirme sa place au sommet de la hiérarchie des producteurs de Pic Saint-Loup. Le célèbre pic se trouve d'ailleurs lui-même, ainsi que les ruines de l'Ermitage, dans l'enceinte de la propriété. Du très beau travail en blanc, avec un style en chair qui préserve la fraîcheur dans un fruité exotique. Les

rouges possèdent également une chair soyeuse et fraîche, à commencer par la brillante cuvée classique, la profonde et expressive Cuvée Sainte Agnès. Ainsi que la grande cuvée Guilhem Gaucelm, longuement élevée en barriques. Le domaine a amplement mérité sa première étoile, et la régularité des vins est enthousiasmante.

Les vins : la finesse et la franchise de saveurs du rosé 2011 sont remarquables. Le Sainte Agnès blanc 2011 présente une grande gourmandise de fruit et une allonge épicée du meilleur effet. Le Tour de Pierres 2010 se montre très délié et friand, avec un fruit savoureux, qui introduit Sainte Agnès rouge 2010, très beau vin floral (pivoine) et désaltérant. Le Guilhem Gaucelm 2008 ne retrouve pas la magie du 2007, mais son volume charnu, sa fraîcheur et son élégance naturelle en font une très belle bouteille.

☐ Coteaux du Languedoc
Sainte-Agnès 2011   14 € cav.   15,5
■ Coteaux du Languedoc Pic
Saint-Loup 2011   8,50 € cav.   15,5
■ Coteaux du Languedoc Pic
Saint-Loup Guilhem
Gaucelm 2008   37 € cav.   17
■ Coteaux du Languedoc Pic
Saint-Loup
Sainte-Agnès 2010   16,50 € cav.   16
■ Coteaux du Languedoc Pic
Saint-Loup Tour de
Pierres 2010   10,50 € cav.   14,5

Rouge : 35 hectares.
Grenache 45 %, Mourvèdre 5 %, Syrah 50 %
Blanc : 10 hectares.
Roussanne 50 %, Clairette 20 %, Grenache 20 %, Marsanne 10 %
Production moyenne : 85 000 bt/an

Ermitage du Pic Saint-Loup, Cami Lou Castellas, 34270 Saint-Mathieu-de-Tréviers
Tél. : 04 67 54 24 68   **Fax :** 04 67 55 23 49
E-mail : ermitagepic@free.fr
Site : www.ermitagepic.com
Vente : au domaine
Pas de visites.
Propriétaire : Ravaille Frères

■ Domaine de la Garance

COTEAUX DU LANGUEDOC

★

A près une période de coopérative, Pierre Quinonero et Murielle Clavier procèdent à leur première mise en bouteilles avec le millésime 1998. Situé au pied du village de Caux, le vignoble comprend de vieux carignans et d'antiques ugnis et clairettes – certaines souches ayant plus de cent ans. Les replantations de grenache et de syrah sont issues de sélections massales. Dans la cave bâtie entre amis, l'option de la vendange entière, en longues macérations, donne un rouge, Les Armières (90 % carignan) tannique, doté d'une solide acidité, qui s'affine dans des cuves en béton et en bois. Refusant toute facilité, longuement élevée, la petite production de blanc est l'une des plus personnalisées du Languedoc.

Les vins : la cuvée Les Claviers 2010 est un grand vin blanc de gastronomie traversé de nobles amers, enrichi par une macération et une oxydation parfaitement ménagée, qui libère des saveurs de cédrat en finale. Délicatement épicé, velouté à souhait, Les Armières 2009 se montre admirable dans son authenticité de saveurs et sa fraîcheur préservée : c'est l'un des plus beaux millésimes de cette cuvée dont nous nous souvenons. Le A Coline 2002 reste un beau vin profond aux accents de fève de cacao, qui mérite assurément de respirer un peu avant d'être servi.

☐ IGP Hérault Les Claviers 2010 n.c. 16,5
■ Coteaux du Languedoc A Coline 2002 n.c. 16,5
■ Coteaux du Languedoc Les Armières 2009 n.c. 17

Rouge : 6 hectares.
Grenache 5 %, Syrah 5 %, Pinot noir 90 %
Blanc : 2 hectares.
Clairette 40 %, Chardonnay 60 %
Production moyenne : 25 000 bt/an

Domaine de la Garance, 34720 Caux
Tél. : 04 67 09 30 74
E-mail : quinonero-pierre@wanadoo.fr
Site : www.domaine-garance.com
Vente : au domaine
En semaine de 9h30 à 12h30 et de 15h30 à 19h30. Sur rendez-vous le week-end.
Propriétaire : Pierre Quinonero

■ La Grange de Quatre Sous
VIN DE PAYS D'OC
★

D'origine suisse-allemande, la propriétaire Hildegard Horat et son compagnon,

Alioune Diop, n'ont cessé de progresser dans l'élaboration de vins de pays d'exception, sans tapage, avec méticulosité et passion. Sur un terroir assez frais (Assignan), le domaine a été entièrement replanté avec un large éventail de cépages, l'originalité venant de la marsanne et d'un quart de malbec dans l'encépagement du rouge – complété par la syrah. Le blanc Jeu du Mail (marsanne et viognier) possède un fort caractère, dans un esprit mûr et précis – à boire entre deux et cinq ans. Les rouges vieillissent admirablement, et les étiquettes viennent d'être modernisées avec bonheur.

Les vins : très réussi, le Jeu du Mail 2010 est un blanc croquant et ferme, aux saveurs anisées et à la fine amertume. Doté d'une belle mâche, Les Serrottes 2009 (syrah et malbec) allie densité et fraîcheur, Lo Molin 2009 (cabernet franc et cabernet-sauvignon) est une grande réussite, vin plein de sève et porté par des tanins mûrs et savoureux. La cuvée Domaine 2009 porte le plus loin les saveurs épicées et fumées, dans un équilibre moelleux.

☐ IGP Oc Le Jeu du Mail 2010 10,30 € 16
■ IGP Oc 2009 16,40 € 16,5
■ IGP Oc Les Serrottes 2009 12,30 € 15,5
■ IGP Oc Lo Molin 2009 14,20 € 16,5

Rouge : 6 hectares.
Mourvèdre 7 %, Syrah 28 %, Cabernet 15 %, Cot 21 %, Grenache 3 %, Cinsault 26 %
Blanc : 2 hectares.
Chardonnay 35 %, Marsanne 32 %, Viognier 33 %
Production moyenne : 28 000 bt/an
❀ Certifié en agriculture bio ou biodynamique

La Grange de Quatre Sous, 34360 Assignan
Tél. : 04 67 38 06 41 **Fax :** 04 67 38 27 16
E-mail : hildegard.horat@wanadoo.fr
Sur rendez-vous.
Propriétaire : Hildegard Horat

■ Hecht et Bannier
LANGUEDOC
★

Grégory Hecht et François Bannier poursuivent leur entreprise de négoce-élevage spécialisée en vins du Languedoc et du Roussillon, qui donne un salutaire coup de jeune à une région en manque d'initiatives de ce type. La sélection des vins est rigoureuse, dans un format aromatique précis et moyennant l'expression discrète d'un élevage au service des terroirs, qui se passe habilement de l'emprise du bois neuf. Nous saluons le travail accompli et la régularité des cuvées, avec un rosé qui ne déçoit jamais, et des faugères et saint-chinian parmi les meilleurs de leurs appellations respectives. La gamme est désormais régulière et bien installée, et s'élargit par l'arrivée d'un bandol cette année.

Les vins : bon rosé digeste et sérieux. Le languedoc blanc 2011 manque un peu de tonus et de vitalité de fruit. Denses et bien constitués, les rouges sont très recommandables, à commencer par le très fiable languedoc 2010, bien expressif. Parmi les 2009, le minervois se montre poivré et crémeux dans sa texture, mais le saint-chinian plus harmonieux, élancé et mûr, très bien proportionné. Le côtes-du-roussillon-villages est précis, assez nerveux, structuré par son élevage. Gourmand, réglissé et très complet, le faugères s'installe durablement au sommet de la gamme. Nouveautés cette année, le bandol 2009, assez chaleureux, mais à la trame tendue et énergique ; un beau vin qui méritera deux à trois ans de garde. Sobre mais très épicé, le maury est un peu chaleureux en finale.

☐ Languedoc 2011	7,90 €	14,5
▨ Languedoc 2011	7,90 €	14,5
■ Bandol 2009	25 €	16
■ Côtes du Roussillon Villages 2009	17 €	15,5
■ Faugères 2009	25 €	17
■ Languedoc 2010	7,90 €	15
■ Maury 2009	19 €	15
■ Minervois 2009	12,50 €	15,5
■ Saint-Chinian 2009	17 €	16

Rouge : Achat de vins.
Mourvèdre 20 %, Syrah 40 %, Grenache 20 %, Carignan 20 %
Hecht et Bannier, 3, rue Seguin, 34140 Bouzigues
Tél. : 04 67 74 66 38 **Fax :** 04 67 74 66 45
E-mail : contact@hbselection.com
Site : www.hechtbannier.com
Vente : au domaine
Pas de visites.
Propriétaire : Grégory Hecht et François Bannier

■ Château de Jonquières
COTEAUX DU LANGUEDOC
★

J onquières fait depuis longtemps partie des valeurs sûres des coteaux du Languedoc. Une propriété où les vins, à l'empreinte classique, sont toujours digestes, harmonieux et apaisés. Ils ont franchi un nouveau cap qualitatif ces dernières années. Le blanc expressif associe chenin et grenache blanc. Les rouges vieillissent bien, notamment la cuvée La Baronnie, qui s'affine entre deux et huit ans de bouteille, et la régulière cuvée Domaine, s'affirmant comme une référence à l'exemplaire gourmandise.

Les vins : un peu dodu et sans la tension des années fraîches, le blanc 2009 reste de bonne constitution. Mûr et frais, le rouge Lansade 2009 se montre bien équilibré, et le caractère tonique de la cuvée Domaine 2010 s'exprime dans un fruit vigoureux. Toujours sobre, élégant, le Baronnie 2008 s'est légèrement asséché, mais le sudiste 2009, au fruit plus confit, gagne sérieusement en profondeur.

☐ IGP Hérault Domaine de Jonquières 2009	14 €	15
▨ IGP Hérault Domaine de Jonquières 2011	7,50 €	14
■ Coteaux du Languedoc Terrasses du Larzac Domaine de Jonquières 2010	11 €	15,5
■ Coteaux du Languedoc Terrasses du Larzac La Baronnie 2009	16 €	16,5
■ Coteaux du Languedoc Terrasses du Larzac La Baronnie 2008	15,50 €	16
■ IGP Hérault Domaine de Jonquières 2009	11 €	14,5

Rouge : 7 hectares.
Carignan 25 %, Grenache 12 %, Mourvèdre 19 %, Syrah 22 %, Cinsault 22 %
Blanc : 1,5 hectare.
Chenin ou chenin blanc ou pineau de la loire 57 %, Grenache 43 %
Production moyenne : 25 000 bt/an

Château de Jonquières, 34725 Jonquières
Tél. : 04 67 96 62 58 **Fax :** 04 67 88 61 92
E-mail : contact@chateau-jonquieres.com
Site : www.chateau-jonquieres.com
Vente : au domaine
Du 1er juillet au 15 septembre : du lundi au samedi de 10h à 12h et de 15h à 19h. Du 15 septembre au 30 juin : du lundi au vendredi de 17h 15 à 18h30, samedi de 10h à 12h et de 14h à 18h. Fermé le dimanche.
Propriétaire : François et Isabelle de Cabissole

■ Château Mansenoble

CORBIÈRES

★

Guido Jansegers, œnophile flamand, s'est investi avec sa compagne dans la production de corbières contemporains et équilibrés, précis dans leurs saveurs fruitées et soulignés, dans les cuvées haut de gamme, par un élevage rigoureux en barriques. Les vignes sont principalement situées en exposition nord sur le terroir de la Montagne d'Alaric, barrière rocheuse qui s'étire entre Carcassonne et Lézignan, donnant des rouges sérieux, empreints de fraîcheur et d'étoffe. Les cuvées Réserve et surtout Marie-Annick, qui n'est produite que dans les meilleures années, allient tension, finesse, sérieux et précision de saveurs. C'est aujourd'hui l'un des tout premiers domaines des Corbières, et des plus réguliers.

Les vins : le domaine ne nous ayant pas fait parvenir ses vins cette année, nous sommes amenés à reconduire les notes de l'édition précédente – sans autre commentaire.

■ Corbières Montagne d'Alaric 2009   n.c.   15,5
■ Corbières Réserve 2009   n.c.   15

Rouge : 22,8 hectares.
Mourvèdre 5 %, Syrah 20 %, Grenache 47 %, Carignan 28 %
Château Mansenoble, 15, avenue Henri Bataille, 11700 Moux
Tél. : 04 68 43 93 39   **Fax :** 04 68 43 97 21
E-mail : mansenoble@wanadoo.fr
Site : www.mansenoble.com
Vente : au domaine
Du lundi au vendredi de 9h à 12h et de 14h à 18h, le week-end sur rendez-vous.
Propriétaire : Guido Jansegers

■ Mas Cal Demoura

COTEAUX DU LANGUEDOC TERRASSES DU LARZAC

★

Depuis la reprise du domaine en 2003, nous avons pu mesurer toute l'étendue du talent d'Isabelle et Vincent Goumard, dont le dynamisme s'affirme pleinement au sein du secteur des Terrasses du Larzac. L'équilibre très séduisant de ces cuvées multicépages s'exprime dans des profils de vins élancés, lisses, fruités et vigoureux. Ils peuvent s'apprécier jeunes mais les rouges méritent au moins deux à quatre ans de vieillissement. Les deux derniers millésimes ont donné des vins remarquables, qui progressent à la fois en profondeur, en finesse et en vitalité : le domaine est désormais en passe d'intégrer la petite élite des meilleurs vignerons de la région.

Les vins : grande série de vins dégustés, dont la virtuosité, en apparence facile, cache une impressionnante maîtrise. Le blanc L'Etincelle 2010 séduit par sa fraîcheur aromatique élaborée et la tension millimétrée de ses saveurs jusque dans la finale saline et aérienne. Le Paroles de Pierres 2010 se montre plus charnu mais non moins précis et élancé, avec une expression sans fard et idéalement désaltérante. En rouge 2009, L'Infidèle a dompté la maturité du millésime et propose une expression sobre et magnifiquement digeste des terroirs de Jonquières. Tout aussi inspiré et mis en valeur par un élevage de grande classe, Les Combariolles déploie une trame plus suave et des tanins déjà patinés, et une chair dont la profondeur se dessine en filigrane.

☐ IGP Hérault L'Etincelle 2010   14,50 €   16
☐ IGP Hérault Paroles de
   Pierres 2010   19 €   17
■ Coteaux du Languedoc Terrasses
   du Larzac L'Infidèle 2009   14,50 €   16,5
■ Coteaux du Languedoc Terrasses
   du Larzac Les Combariolles 2009   22 €   17,5

Rouge : 9,2 hectares.
Cinsault 10 %, Grenache 25 %, Mourvèdre 20 %, Syrah 30 %, Carignan 15 %
Blanc : 1,8 hectare.
Chenin ou chenin blanc ou pineau de la loire 50 %, Grenache 15 %, Roussanne 15 %, Viognier 10 %, Muscat 10 %
Production moyenne : 40 000 bt/an

Mas Cal Demoura, Route de Saint-André, 34725 Jonquières
Tél. : 04 67 44 70 82   **Fax :** 04 67 88 59 35
E-mail : info@caldemoura.com
Site : www.caldemoura.com
Vente : au domaine
De 10h à 12h et de 14h à 18h en juin, juillet et août. Sur rendez-vous le reste de l'année.
Propriétaire : Isabelle et Vincent Goumard

Mas de Martin
COTEAUX DU LANGUEDOC GRÈS DE MONTPELLIER
★

Voilà une des plus belles révélations des vins du Languedoc : Christian Mocci a choisi de produire des rouges stylés, empreints de fraîcheur et de digestibilité. Il s'appuie sur un vignoble encore jeune et sérieusement jugulé (culture intégrale), proche du Pic Saint-Loup. Les deux coteaux du domaine s'articulent autour de la syrah, du grenache et du mourvèdre – avec un élevage sous bois plus poussé pour Ultreïa. Sans oublier le merlot, le cabernet et le tannat dans le savoureux vin de pays, Roi Patriote. Un domaine au sommet de sa forme, le virage négocié en quelques années est impressionnant, les dernier vins n'ont jamais été aussi bons et ont considérablement gagné en fraîcheur et en caractère digeste.

Les vins : les rouges 2010 sont remarquables. Fraîche, épicée, très garrigue, la cuvée Vénus est intensément parfumée et très réussie. Le Roi Patriote mise sur un fruité énergique, à la tension saline, d'une grande pureté de saveurs. Assez capiteux dans son expression aromatique, marqué par la framboise à l'eau-de-vie, Cinarca se montre assez chaleureux. Ultreïa est un grand vin tout en franchise de saveurs, à la trame droite et dense, dont les tanins ciselés restent au service du fruit.

◼ VDF Muscat de Hambourg Amour
et Psyché 2011　　　　　　5 € 　14,5
◼ Coteaux du Languedoc Grès de
Montpellier Ultreïa 2010　　20 € 　16,5
◼ VDF Cinarca 2010　　　　12,50 € 　15,5
◼ VDF Roi Patriote 2010　　8,50 € 　16
◼ VDF Vénus 2010　　　　　　8 € 　15,5

Rouge : 19 hectares.
Merlot 17,5 %, Cabernet-sauvignon 15 %,
Syrah 35 %, Cabernet franc 7,5 %,
Mourvèdre 5 %, Tannat 10 %, Grenache 10 %
Mas de Martin, Route de Carnas, D21, 34160
Saint-Bauzille-de-Montmel
Tél. : 04 67 86 98 82　**Fax :** 04 67 86 98 82
E-mail : masdemartin@wanadoo.fr
Site : www.masdemartin.fr
Vente : au domaine
Tous les jours de 10h à 19h sur rendez-vous.
Propriétaire : Christian Mocci

Mas des Brousses
COTEAUX DU LANGUEDOC
★

C'est en 1997 que Géraldine Combes crée ce domaine à Puéchabon, avec Xavier Peyraud – de l'illustre famille propriétaire du domaine Tempier, à Bandol. Ce secteur tempéré permet à ces vignerons discrets d'élaborer des vins équilibrés, francs et toujours empreints d'une remarquable finesse de texture, avec des tanins soyeux. Ces qualités se retrouvent dans Chasseur des Brousses (merlot et grenache), ainsi que dans le plus profond Mas des Brousses (syrah et mourvèdre). Bon sang ne saurait mentir : ce dernier cépage trouve, ici, une de ses plus magistrales expressions dans la région, avec en particulier la cuvée Mataro. Délicieux dès leur jeunesse, ces vins sont capables de bien évoluer.

Les vins : le Rosée des Brousses 2011 est joliment construit entre finesse et vinosité. Assez ample, le blanc 2011 décline des saveurs de fenouil et une finale épicée. En rouge, le Chasseur des Brousses 2011 se montre un peu évolué, très tendre, il devra se boire rapidement. La cuvée Mas des Brousses 2010 est florale et soyeuse, traversée d'une belle fraîcheur épicée. Comme l'an dernier, le Mataro 2009 est toujours aussi superbe.

☐ IGP Oc 2011　　　　　　　13 € 　15
◻ Coteaux du Languedoc Rosée des
Brousses 2011　　　　　7,70 € 　14,5
◼ Coteaux du Languedoc Terrasses
du Larzac 2010　　　　　　15 € 　16
◼ Coteaux du Languedoc Terrasses
du Larzac Mataro 2009　　36 € 　17
◼ IGP Oc Chasseur des
Brousses 2011　　　　　　　7 € 　13,5

Rouge : 7 hectares.
Mourvèdre 43 %, Grenache 17 %, Merlot 20 %,
Syrah 20 %
Blanc : 1 hectare.
Clairette 10 %, Vermentino 10 %, Muscat 5 %,
Chardonnay 15 %, Roussanne 15 %, Chenin ou
chenin blanc ou pineau de la loire 15 %,
Sauvignon ou Sauvignon Blanc 15 %,
Viognier 15 %
Production moyenne : 25 000 bt/an

Mas des Brousses, 2, Chemin du Bois, 34150
Puéchabon
Tél. : 04 67 57 33 75　**Fax :** 04 67 57 33 75
E-mail : geraldine.combes@wanadoo.fr
Site : www.masdesbrousses.fr

Vente : au domaine
Sur rendez-vous.
Propriétaire : Géraldine Combes-Peyraud

■ Mas des Chimères

COTEAUX DU LANGUEDOC

★

S itué en bordure du plateau du Larzac, sur un terroir argilo-sableux, non loin du lac du Salagou, ce domaine est une valeur sûre du secteur des Terrasses du Larzac. C'est en rouge qu'il exprime tout son potentiel, avec des vins jamais démonstratifs, issus de l'assemblage de cinq cépages égrappés (syrah et grenache dominants). Une adresse fortement recommandée, où de délicieux vieux millésimes sont toujours à la vente, et à laquelle nous avons accordé l'an dernier une première étoile.

Les vins : un peu marqué par l'élevage, le blanc 2010 développe une belle complexité aromatique (acacia, gentiane) et une matière généreuse, assez robuste. Veloutée et ample, la Nuit Grave 2010 est un régal de fruits frais et croquants, aux saveurs de grenade et à la finale fumée. Le superbe Caminarèm 2009 offre une grande fraicheur de sève et des tanins ronds et poudreux.

☐ IGP Coteaux du Salagou 2010   7,70 €   15,5
■ Coteaux du Languedoc Terrasses
   du Larzac Caminarèm 2009   13 €   16,5
■ Coteaux du Languedoc Terrasses
   du Larzac Nuit Grave 2010   10 €   16

Rouge : 14,67 hectares.
Carignan 8 %, Cinsault 7 %, Grenache 40 %,
Mourvèdre 10 %, Syrah 35 %
Blanc : 3,13 hectares.
Terret 27 %, Carignan 8 %, Chardonnay 27 %,
Viognier 14 %, Grenache 19 %, Roussanne 5 %
Production moyenne : 50 000 bt/an

Mas des Chimères, 34800 Octon
Tél. : 04 67 96 22 70   **Fax :** 04 67 88 07 00
E-mail : mas.des.chimeres@wanadoo.fr
Site : www.masdeschimeres.com
Vente : au domaine
Du lundi au vendredi après 17h30 sur
rendez-vous, samedi de 15h à 18h30, dimanche
de 10h à 12h. En juillet et en août, tous les
jours de 10h à 12h et de 17h à 19h, sauf le
dimanche après-midi.
Propriétaire : Guilhem Dardé

■ Domaine Les Mille Vignes

FITOU

★

L ancé à la fin des années 1980, ce petit domaine du secteur de La Palme (dans le Fitou maritime) est l'œuvre de Jacques Guérin, enseignant en viticulture à Orange, qui a désormais passé le relais à sa fille, Valérie. De petits rendements, des élevages sous bois et un travail proche de celui d'un artisan d'art, telles sont les clés de cette réussite. Si les prix sont élevés, les vins se montrent de plus en plus enthousiasmants, telle la cuvée Atsuko, aux tanins fins, au fruit vibrant et croquant, ou la cuvée Les Vendangeurs de la Violette (mourvèdre, grenache et carignan, à tiers égaux), dominée par des notes de cassis confit et d'épices sur une trame longue, très serrée et d'une grande douceur. La régularité, la profondeur de ces vins ont permis au domaine de gagner l'an dernier sa première étoile.

Les vins : un rosé 2011 un peu opulent, tout en chair voluptueuse, ouvre la marche cette année. En rouge, le Cadette 2009 se montre mûr, mais sa nervosité de sève l'équilibre avec bonheur. Encore un peu fermé, Atsuko 2010 est plus tonique mais encore sur la réserve. Les Vendangeurs de la Violette 2008 associe le fruit à la réglisse et aux notes de poivre rouge : c'est une très belle bouteille, adaptée à la cuisine méditerranéenne (lapin aux olives, par exemple). Profil fin et sobre pour le muscat-de-rivesaltes, très caramel salé pour le rivesaltes.

■ Rivesaltes 2005   25 €   15,5
☐ Muscat de Rivesaltes 2011   25 €   15
▪ IGP Aude Rosé 2011   15 €   14,5
■ Fitou Atsuko 2010   35 €   16
■ Fitou La Cadette 2009   17 €   16
■ Fitou Les Vendangeurs de la
   Violette 2008   40 €   16,5

Rouge : 7,5 hectares.
Carignan 25 %, Grenache 40 %, Mourvèdre,
syrah, divers 35 %
Blanc : 1,5 hectare.
Divers 100 %
Production moyenne : 25 000 bt/an

Domaine Les Mille Vignes, 24, avenue
Saint-Brancat, 11480 La Palme
Tél. : 04 68 48 57 14   **Fax :** 04 68 48 57 14

LANGUEDOC-ROUSSILLON

E-mail : les.mille.vignes@free.fr
Vente : au domaine
Sur rendez-vous.
Propriétaire : Valérie Guérin

Domaine de Mouscaillo
LIMOUX
★

Pierre Fort est un vigneron opiniâtre et de caractère. De ses dix années passées dans le vignoble du château de Tracy, à Pouilly-sur-Loire, il a conservé un goût pour les blancs fins et minéraux. Avec son épouse, Marie-Claire, il a entrepris un retour aux sources sur le petit vignoble familial de Roquetaillade, le plus ferme des terroirs de Limoux. Dès le premier millésime (2004), une grande précision s'est exprimée dans les blancs, soigneusement vendangés en caissettes et vinifiés en demi-muids. Après l'arrivée d'un rouge tout aussi enthousiasmant, ce domaine se place naturellement au sommet de la hiérarchie de l'appellation et peut encore progresser, notamment à la vigne, même si les vins n'ont jamais été meilleurs qu'aujourd'hui.

Les vins : le 2008 est toujours un vin brillant, scintillant et intense. Un rien plus enrobé, mais profilé par un élevage ciselé, le 2009 tient toutes ses promesses et vieillira harmonieusement. Elégant, persistant, 2010 associe magistralement volume, précision et éclat de saveurs. Nous nous inclinons devant cette très grande réussite, qu'il faudra servir à table pour harmoniser sa fine amertume. Gourmand et digeste, le Pinot Noir 2009 a bien évolué et fondu ses tanins. Un peu plus mûr, le 2010 a gagné en charnu et en finesse de tanins, sans se départir de sa fraîcheur.

☐ Limoux 2010	15 €	18
☐ Limoux 2009	15 €	17
☐ Limoux 2008	15 €	17,5
■ VDP Haute Vallée de l'Aude 2010	17 €	17
■ VDP Haute Vallée de l'Aude 2009	17 €	16,5

Rouge : 1 hectare.
Pinot noir 100 %
Blanc : 4 hectares.
Mauzac 1 %, Chardonnay 98 %, Chenin ou chenin blanc ou pineau de la loire 1 %
Production moyenne : 20 000 bt/an

Domaine de Mouscaillo, 6, rue du Frêne, 11300 Roquetaillade
Tél. : 04 68 31 38 25

E-mail : info@mouscaillo.com
Site : www.mouscaillo.com
Vente : au domaine
Tous les jours sur rendez-vous.
Propriétaire : Marie-Claire et Pierre Fort

Domaine Navarre
SAINT-CHINIAN
★

Thierry Navarre est un vigneron artisan qui cultive avec grand soin son vignoble sur les beaux coteaux schisteux du village pittoresque de Roquebrun. Il privilégie le grenache et le carignan pour ses saint-chinian profonds et complexes, qui gagnent en finesse sur des notes de laurier, de thym et d'épices. Le domaine travaille aussi à la pérennité de cépages locaux oubliés tels que l'œillade (raisin de table, cousin du cinsault) ou le ribeyrenc. La gamme est régulière et irréprochable : Le Laouzil, élevé en foudres, fait partie de la noblesse des vins de bistrot, ceux qui racontent toujours une histoire de terroir – l'histoire de la mine de crayon du schiste, celle du fruité charnu du carignan ou du grenache de coteau. Toujours franche et digeste, la cuvée Olivier s'affirme comme une référence de l'appellation.

Les vins : le Vin d'Œillades 2011 est très tendre et léger, définition du vin de casse-croûte. Plus sérieux, assez réduit, Le Laouzil 2010 est un vin de schistes friand, mais un peu simple dans sa définition. Plus nerveuse, la Cuvée Olivier 2010 présente de l'élan mais demeure assez austère.

■ Saint-Chinian Cuvée Olivier 2010	12 €	15,5
■ Saint-Chinian Le Laouzil 2010	8 €	15
■ VDF Vin d'Œillades 2011	7 €	14

Rouge : 10 hectares.
Carignan 28 %, Grenache 24 %, Cinsault 23 %, Merlot 3 %, Syrah 19 %, Divers 3 %
Blanc : 2,5 hectares.
Terret 16 %, Muscat à petits grains 75 %, Chenin ou chenin blanc ou pineau de la loire 9 %
Production moyenne : 35 000 bt/an

Domaine Navarre, 15, avenue de Balaussan, 34460 Roquebrun
Tél. : 04 67 89 53 58 **Fax :** 09 70 62 13 15
E-mail : thierry.navarre@orange.fr
Vente : au domaine

Sur rendez-vous de 9h à 12h et 16h à 19h.
Propriétaire : Thierry Navarre

Château Ollieux Romanis

CORBIÈRES
★

Pierre Bories a repris cette vaste propriété familiale, agrandie en 2006 du vignoble voisin Les Ollieux, le tout bien situé sur le terroir de galets de Boutenac. La gamme est aujourd'hui restructurée, avec des habillages judicieux et différents vins qui jouent sur des encépagements divers (avec une prédominance de vieux carignans) et des méthodes de vinification variées. Tant pour les entrées de gamme, qui associent qualité et volume de production, que pour les ambitieuses cuvées de prestige, cette propriété d'un rare dynamisme élabore des vins civilisés, qui incarnent le nouveau visage des Corbières. Bien ajustés, les vins ont aujourd'hui atteint une qualité réelle, mais certains peuvent encore progresser.

Les vins : le blanc Classique 2010 est un peu neutre, mais le blanc Prestige a progressé dans sa finesse d'élevage, même si le boisé reste bien présent. Une nouvelle cuvée, Lo Petit Fantet d'Hippolyte 2011, est un réjouissant vin au fruit très mûr mais souple, sans autre prétention que sa générosité de saveurs. Plus en retenue, la cuvée Classique 2011 constitue une très bonne entrée de gamme. En rouge, le Prestige 2009 est une belle réussite, dense et charnu, déjà très accessible. Nous conservons notre appréciation élogieuse sur l'Atal Sia, dont la finale trahit la richesse alcoolique du millésime. La cuvée Or 2010 semble mieux intégrer le bois que par le passé, sans toutefois égaler l'harmonie d'Atal Sia. La cuvée Alicante 2011, issue d'un cépage tant décrié, a valeur de témoignage mais démontre son réel intérêt.

☐ Corbières Classique 2011	7,50 €	13,5
☐ Corbières Prestige 2010	16 €	14,5
■ Corbières Classique 2010	7,50 €	15
■ Corbières Florence 2011	7,50 €	14
■ Corbières Or 2010	21 €	15,5
■ Corbières Prestige 2009	12 €	15
■ Corbières-Boutenac Atal Sia 2009	17,95 €	16,5
■ IGP Aude Alicante 2011	10 €	15

■ IGP Aude Lo Petit Fantet d'Hippolyte 2011	8 €	14,5

Rouge : 135 hectares.
Mourvèdre 5 %, Syrah 24,5 %, Carignan 47,5 %, Grenache 23 %
Blanc : 5 hectares.
Roussanne 58 %, Marsanne 42 %
Production moyenne : 600 000 bt/an

Château Ollieux Romanis, RD 613, 11200 Montseret
Tél. : 04 68 43 35 20 **Fax :** 04 68 43 35 45
E-mail : pbories@chateaulesollieux.com
Site : www.chateaulesollieux.com
Vente : au domaine
Tous les jours de 10h à 18h. Eté de 10h à 19h.
Propriétaire : Jacqueline Bories

Domaine du Pas de l'Escalette

COTEAUX DU LANGUEDOC
★

Après une longue expérience chez Henri Pellé, à Menetou-Salon (Cher), Julien Zernott a déniché en 2002 un vignoble d'altitude (entre 350 et 400 m) à Pégairolles-de-l'Escalette. Les ceps y sont, pour moitié, âgés de plus de 60 ans, bien irrigués par les sources du Larzac et parcourus par les vents frais. Pas à pas, épaulé par sa compagne Delphine Rousseau, il a construit une gamme cohérente, digeste et originale. Tous les vins y sont bien en place et ont progressé depuis leurs débuts. Cette année, un nouveau chai est opérationnel, pour affiner encore vinifications et élevages.

Les vins : toujours salivant et épicé, le Ze Rozé 2011 est très recommandable. Le blanc Les Clapas 2011 approfondit encore la veine saline et fraîche des années précédentes, agrémentée de fins amers. En rouge, Les Petits Pas 2011 tire profit de la fraîcheur du millésime : un très joli vin de soif, nuancé, vif et friand. Les Clapas 2010 présente un profil limpide et svelte, avec ce qu'il faut de mâche et de profondeur de chair, dans un style toujours franc. Vinifié par Delphine, la compagne de Julien, Le Pas de D. affirme sa touche singulière dans sa délicatesse de texture. Le Grand Pas 2010 s'avère remarquable de profondeur, avec un fruit mûr, à la maturité fraîche et réglissée et une belle allonge épicée.

☐ IGP Hérault Les Clapas 2011   20 €   16,5
▪ Languedoc Ze Rozé 2011   9 €   15
■ Languedoc Terrasses du Larzac Le
Grand Pas 2010   24 €   17
■ Languedoc Terrasses du Larzac Le
Pas de D. 2010   16 €   16
■ Languedoc Terrasses du Larzac
Les Clapas 2010   13 €   16
■ Languedoc Terrasses du Larzac
Les Petits Pas 2011   9,50 €   15

Rouge : 12 hectares.
Carignan 30 %, Cinsault 10 %, Grenache 40 %,
Syrah 20 %
Blanc : 3 hectares.
Carignan 40 %, Grenache 20 %, Terret
bourret 40 %
Production moyenne : 60 000 bt/an
❀ Certifié en agriculture bio ou biodynamique

Domaine du Pas de l'Escalette, Le Champ de
Peyrottes, 34700 Poujols
Tél. : 04 67 96 13 42 **Fax :** 09 70 62 26 61
E-mail : contact@pasdelescalette.com
Site : www.pasdelescalette.com
Vente : au domaine
Sur rendez-vous le week-end de 9h à 12h et de
14h à 18h.
Propriétaire : Julien Zernott

■ Prieuré de Saint-Jean-de-Bébian

CÔTEAUX DU LANGUEDOC

★

H aut lieu de l'histoire viticole languedocienne depuis les Romains, Bébian a connu
des heures de gloire sous la propriété succes-
sive d'Alain Roux, qui planta syrah, grenache et
mourvèdre, puis, dès 1994, d'anciens propriétaires de « La Revue du vin de France », Jean-
Claude Le Brun et Chantal Lecouty, qui en
firent un domaine phare du sud de la France.
Nous nous sommes montrés critiques, au milieu
des années 2000, sur la qualité des vins en
termes d'harmonie et d'intégration du bois,
pêchant par manque de fraîcheur du fruit et par
des finales alourdies par des tanins confits. Les
vins de 2008 et 2009 semblent confirmer le
retour au meilleur niveau du domaine. Vendu il
y a deux ans à un fonds d'investissement suisse,
ce dernier est désormais piloté par la dynamique
Karen Turner, capable de le mener vers de nouveaux sommets.

Les vins : enrobé, le rosé 2011 est plutôt flatteur. La Chapelle de Bébian blanc 2011 est bien
constitué, charnu mais un peu chaud en finale.
Le Prieuré blanc 2010 se montre large, onctueux
et dense, aux séduisantes saveurs miellées, mais
qui manque un peu de fraîcheur. Nous sommes
plus convaincus par les rouges : si La Croix de
Bébian 2009 est simple, épicé et chaleureux, une
nouvelle cuvée, L'Autre Versant (cabernet-
sauvignon et merlot) est un vin riche et équilibré,
armé pour la garde. Très joli La Chapelle rouge
2008, un vin frais et nerveux aux saveurs poivrées ; le Prieuré 2009 ne manque ni de profondeur ni de sève, mais sèche un peu en finale :
nous lui préférons le 2008, à la vitalité préservée.

☐ Coteaux du Languedoc 2010   27 €   15,5
☐ Coteaux du Languedoc La Chapelle
de Bébian 2011   13,50 €   14,5
▪ Coteaux du Languedoc Pézenas La
Chapelle de Bébian 2011   8 €   13,5
■ Coteaux du Languedoc 2009   26 €   16
■ Coteaux du Languedoc 2008   26 €   17
■ Coteaux du Languedoc La Croix de
Bébian 2009   8 €   14
■ Coteaux du Languedoc Pézenas La
Chapelle de Bébian 2008   12 € . 15
■ IGP Oc L'Autre Versant 2009   14 €   15,5

Rouge : 27 hectares.
Divers 10 %, Mourvèdre 15 %, Grenache 40 %,
Syrah 35 %
Blanc : 6 hectares.
Bourboulenc 10 %, Picpoul 10 %, Clairette 10 %,
Grenache 10 %, Roussanne 60 %
Production moyenne : 100 000 bt/an

Prieuré de Saint-Jean-de-Bébian, Route de
Nizas, 34120 Pézenas
Tél. : 04 67 98 13 60 **Fax :** 04 67 98 22 24
E-mail : info@bebian.com
Site : www.bebian.com
Vente : au domaine
Ouvert toute l'année. Lundi au vendredi de 9h à
12h et de 14h à 18h. Samedi & dimanche sur
rendez-vous. Du 1er mai au 31 septembre, lundi
au vendredi de 10h à 12h30 et de 14h à
18h30. Samedi de 10h à 13h et de 15h à 19h.
Dimanche sur rendez-vous.
Propriétaire : Sinara
Directeur : Pierre-Etienne Chevalier

◼ Domaine de la Prose
COTEAUX DU LANGUEDOC
★

Depuis la fin de ses études d'œnologie à Bordeaux, Bertrand de Mortillet pilote le domaine familial, bien équipé depuis son lancement à la fin des années 1990. Il donne aujourd'hui une expression tout en nuances de son terroir en culture bio, situé sur Saint-Georges d'Orques, aux portes occidentales de Montpellier. Il en est devenu le meilleur représentant, avec des cuvées de syrah précises, délicatement fumées. Un très beau blanc, Embruns, possède une vraie personnalité, ce qui n'est malheureusement pas encore si fréquent dans la région pour cette couleur.

Les vins : le blanc 2011 les Embruns offre une excellente nervosité saline et des saveurs de poire fraîche. Digeste, sobre dans ses saveurs, le rouge Embruns 2010 nous enthousiasme par sa fraîcheur salivante et son énergie préservée. Un rouge épuré, tout en tension, un profil rare dans la région.

☐ Coteaux du Languedoc Grès de
   Montpellier Embruns 2011   13 € 15,5
◼ Coteaux du Languedoc Grès de
   Montpellier Embruns 2010   13 € 16,5

Rouge : 14,5 hectares.
Cinsault 25 %, Carignan 2 %, Grenache 21 %, Mourvèdre 15 %, Syrah 37 %
Blanc : 3,5 hectares.
Vermentino 26 %, Viognier 29 %, Grenache 25 %, Roussanne 20 %
Production moyenne : 60 000 bt/an
❀ Certifié en agriculture bio ou biodynamique

Domaine de la Prose, Route de Saint-Georges, 34570 Pignan
Tél. : 04 67 03 08 30 **Fax :** 04 67 03 48 70
E-mail : domaine-de-la-prose@wanadoo.fr
Vente : au domaine
Du lundi au vendredi de 8h à 12h et de 14h à 19h. Samedi sur rendez-vous.
Propriétaire : Bertrand de Mortillet

◼ Roc d'Anglade
IGP GARD
★

Sous ses airs bonhommes, Rémy Pedreno est un vigneron exigeant, qui ne produit que des vins de pays – donc hors des contraintes d'encépagement de l'appellation Coteaux du Languedoc. Son style original situe ses vins, géographiquement et gustativement parlant, à mi-chemin entre les côtes-du-rhône et les coteaux-du-languedoc. Issu de chenin, son blanc, savoureux et délicat, fort apprécié des sommeliers éclairés, fait partie du cercle restreint des meilleurs blancs du Sud. Le rouge, assemblage de syrah, grenache et carignan, incarne un style digeste, friand mais sérieux. Dans les deux couleurs, les vins sont aptes à vieillir et les élevages en foudres ont fait progresser la qualité, qui n'a jamais été aussi élevée à cette adresse.

Les vins : tout en finesse florale, le rosé 2011 est superbe de sincérité et de fraîcheur : nous ne lui connaissons pratiquement aucun équivalent qualitatif dans la région. Le Roc d'Anglade blanc 2010 est bluffant de précision et d'intensité saline, admirablement dessiné et harmonieux jusque dans les touches de citron vert de sa finale. Plus frais et élancé que le 2009, le rouge 2010 est porté par une tension crayeuse du meilleur effet.

☐ IGP Gard 2010   32 € 17,5
◼ IGP Gard 2011   12 € 16,5
◼ IGP Gard 2010   32 € 17

Rouge : 8 hectares.
Carignan 50 %, Grenache 15 %, Syrah 10 %, Mourvèdre 25 %
Blanc : 2 hectares.
Chardonnay 20 %, Chenin ou chenin blanc ou pineau de la loire 80 %
Production moyenne : 35 000 bt/an
❀ Certifié en agriculture bio ou biodynamique

Roc d'Anglade, 700, Chemin de Vignecroze, 30980 Langlade
Tél. : 04 66 81 45 83 **Fax :** 04 66 75 39 06
E-mail : remy.pedreno@rocdanglade.fr
Vente : au domaine
Sur rendez-vous.
Propriétaire : Rémy Pedreno

◼ Domaine Jean-Baptiste Senat
MINERVOIS
★

Vigneron et vinificateur doué, Jean-Baptiste Senat, s'est, en 1996, installé avec son épouse, Charlotte, au domaine familial, avec l'ambition de le reprendre sérieusement en main (culture totale). Modèle pour les jeunes vignerons de la région, le couple Senat fait partie de cette nouvelle génération qui donne au Languedoc ses lettres de noblesse, grâce à des vins de gourmandise (Arbalète et Coquelicots ou La Nine) et des cuvées d'artisanat d'art (Mais Ou Est Donc Ornicar, Le Bois des Merveilles). Les grenaches, conduits sur de petits rendements et s'exprimant tout en finesse dans le vin, ainsi que d'énergiques mourvèdres, constituent les fondamentaux du domaine. Nous suivrons avec attention l'arrivée d'un nouveau blanc fort prometteur.

Les vins : un blanc fait son apparition chez les Senat, grenache blanc et gris composent Les Amis de ma Sœur, dont la franchise saline et la justesse de saveurs lui en vaudront sûrement de nombreux, des amis.... De beaux rouges 2011 mûrs et friands, particulièrement La Nine et son volume généreux. Très intense et salivant, encore immature, Le Bois des Merveilles assoit durablement son statut de grand vin du domaine : une des plus belles cuvées de Minervois à l'heure actuelle.

☐	IGP Aude Aux Amis de Ma Sœur 2011	12 €	15,5
■	IGP Aude Arbalète et Coquelicots 2011	8 €	14
■	Minervois La Nine 2011	11 €	16
■	Minervois Le Bois des Merveilles 2010	19 €	17
■	Minervois Mais Où Est Donc Ornicar 2011	13,50 €	16

Rouge : 16 hectares.
Syrah 10 %, Carignan 20 %, Cinsault 10 %, Grenache 25 %, Merlot 5 %, Mourvèdre 25 %
Domaine Jean-Baptiste Senat, 12, rue de l'Argent-Double, 11160 Trausse-Minervois
Tél. : 04 68 79 21 40 **Fax :** 04 68 79 21 40
E-mail : charlotte-senat@gmail.com
Site : www.domaine-jeanbaptistesenat.fr
Vente : au domaine
Sur rendez-vous.
Propriétaire : Charlotte et Jean-Baptiste Senat

■ Domaine Anne Gros et Jean-Paul Tollot

MINERVOIS

V igneronne bourguignonne de renom, Anne Gros, aidée de son mari, Jean-Paul Tollot, se sont lancés en 2007 dans l'aventure langue-

docienne et s'y dépensent sans compter. Achat de vignes sur sols argilo-calcaires et grès à Cazelles, aux confins du Minervois et de Saint-Chinian, construction d'une cave bien fonctionnelle... Dès le premier millésime, 2008, la gamme des vins est cohérente, soignée, et les vins sudistes dans les arômes mais pas dans les profils de bouche. Une adresse remarquable, avec des vins très aboutis.

Les vins : les rouges 2010 sont particulièrement réussis. La cuvée La 50/50 se montre franche et bien mûre, encore un peu sur la réserve. Fin et fumé, La Ciaude offre un jus robuste et épicé. Les Fontanilles déploie une grande matière moelleuse et épicée, soutenue par un élevage de grande qualité. Les Carrétals approfondit ces qualités en une chair ample, aux dimensions superlatives.

■	Minervois La Ciaude 2010	n.c.	16
■	Minervois Les Carrétals 2010	n.c.	17
■	Minervois Les Fontanilles 2010	n.c.	16
■	VDT La 50/50 2010	n.c.	14,5

Rouge : 14.
Syrah 25 %, Carignan 25 %, Cinsault 25 %, Grenache 25 %
Domaine Anne Gros et Jean-Paul Tollot,

Cazelles 34210 Aigues Vives
Tél. : 03 80 61 07 95 **Fax :** 03 80 61 23 21
E-mail : domaine-annegros@orange.fr
Site : www.anne-gros.com
Pas de visites.
Propriétaire : Anne Gros et Jean-Paul Tollot

■ Gérard Bertrand

LANGUEDOC

E n une décennie, l'ancien rugbyman international Gérard Bertrand s'est construit une entreprise d'un dynamisme exceptionnel en Languedoc. Partant du vignoble familial de Villemajou, dans les Corbières, sur le terroir de Boutenac, son empire se compte en millions de bouteilles vendues chaque année et comprend désormais plusieurs centaines d'hectares répartis sur plusieurs sites : Narbonne-Plage, avec le vaste Château L'Hospitalet en gérance (vin de Pays d'Oc et Coteaux du Languedoc), La Livinière (Château Laville-Bertrou), Bizanet (Cigalus en vin de Pays d'Oc) et, plus récemment, Limoux (Domaine de l'Aigle). A partir des meilleures parcelles, l'œnologue Vincent Charleux produit trois cuvées triées et vinifiées comme des

« vins de garage » : Le Viala en minervois, La Forge en corbières, et Hospitalitas en coteaux-du-languedoc. La gamme des vins s'étend désormais à de nouvelles appellations, depuis le rachat du domaine de la Sauvageonne en Terrasses du Larzac.

Les vins : la place manque pour évoquer tous les vins de cette gamme très complète. Parmi les blancs 2011, signalons le corbières Domaine de Villemajou, expressif et énergique, le volumineux et toujours très enrobé Cigalus, et les limoux Domaine de l'Aigle, dont la cuvée de prestige Aigle Royal, à la fraîcheur citronnée. Parmi les rouges 2011, le pinot noir Domaine de l'Aigle se montre sec et assez amer, L'Hospitalet Art de Vivre 2011 est dense et charnu. En 2010, Domaine de Villemajou offre un fruit doux et mûr, Laville-Bertrou se montre un peu plus chaleureux. Certaines cuvées doivent ajuster leur boisé, comme le très solidement constitué Villemajou Grand Vin ou le Cigalus. Nous saluons l'initiative de la nouvelle gamme Les Vignes Centenaires, dont l'intense corbières La Crémaille ou le plus confit La Combe du Roi. Dans les grandes sélections parcellaires, l'Aigle Royal reste trop construit sur l'élevage, le caractère très mûr mais savoureux de La Forge fait mouche, mais L'Hospitalitas 2010 l'égale cette année grâce à son équilibre et ses saveurs fumées. Deux vieux VDN en cerise sur le gâteau : le rivesaltes Legend Vintage 1974, en pleine majesté aromatique (écorce d'orange, épices), et le maury 1929, d'une grande complexité, interminable dans son allonge délicatement confite.

☐ IGP Aude Hauterive Cigalus 2011	27 €	15
☐ Limoux Aigle Royal 2011	39 €	16
☐ Limoux Domaine de l'Aigle Chardonnay 2011	12,50 €	15
■ Corbières Les Vignes Centenaires La Crémaille 2010	19,90 €	16
■ Corbières-Boutenac Château de Villemajou Grand Vin 2010	25 €	15
■ Corbières-Boutenac La Forge 2010	43 €	16,5
■ Coteaux du Languedoc La Clape Château L'Hospitalet Art de Vivre 2011	12 €	15
■ Coteaux du Languedoc La Clape Château L'Hospitalet Grand Vin 2010	25 €	16
■ Coteaux du Languedoc La Clape L'Hospitalitas 2010	41 €	16,5
■ Côtes du Roussillon-Villages Tautavel Hommage 2010	25 €	15
■ Côtes du Roussillon-Villages Tautavel Les Vignes Centenaires La Combes du Roi 2010	19,90 €	15
■ IGP Pays d'Oc Aigle Royal 2011	39 €	15
■ IGP Pays d'Oc Cigalus 2010	27 €	15,5
■ Maury Legend Vintage 1929	560 €	18
■ Minervois-La-Livinière La Viala 2010	39 €	15,5
■ Rivesaltes Legend Vintage 1974	149 €	18,5

Rouge : n.c.
Blanc : n.c.
Production moyenne : n.c
⚘ Certifié en agriculture bio ou biodynamique

Gérard Bertrand, Château l'Hospitalet, route de Narbonne-Plage, 11100 Narbonne
Tél. : 04 68 45 57 51
E-mail : a.gudimard@gerard-bertrand.com
Site ; www.gerard-bertrand.com
Vente : au domaine
Tous les jours de 9h à 19h.
Propriétaire : Gérard Bertrand
Directeur : Michel Van Duijn

■ Domaine Borie de Maurel
MINERVOIS

Aidé de ses fils, Michel Escande s'affirme, depuis la fin des années 1980, parmi les meilleurs vignerons du Minervois, grâce aux tanins merveilleusement confits et soyeux de ses rouges. Outre le voluptueux Belle de Nuit (100 % grenache), les cuvées vedette baptisées Maxime (pur mourvèdre) et Sylla – sélection de syrah plantée sur les contreforts de la Montagne Noire – ne sombrent jamais dans la caricature.

Les vins : La Féline 2010 se révèle bien équilibrée, avec l'expression un peu crémeuse des syrahs bien mûres. Le Belle de Nuit 2010 est remarquable, car la forte maturité du grenache s'agrémente de notes d'épices et de petits amers croquants. Toujours fumée et très intense, la Cuvée Sylla 2010 s'avère profonde et robuste, avec du gras et de la densité de milieu de bouche.

■ Minervois Belle de Nuit 2010	16 €	16
■ Minervois La Livinière La Féline 2010	10 €	15,5
■ Minervois Sylla 2010	24 €	16,5

Rouge : 28 hectares.
Carignan 39 %, Grenache 7 %,
Cabernet-sauvignon 6 %, Mourvèdre 16 %,
Syrah 32 %
Blanc : 2 hectares.
Marsanne 90 %, Muscat à petits grains 10 %
Production moyenne : 140 000 bt/an

Domaine Borie de Maurel, Rue de la Sallèle,
34210 Félines-Minervois
Tél. : 04 68 91 68 58 **Fax :** 04 68 91 63 92
E-mail : contact@boriedemaurel.fr
Site : www.boriedemaurel.fr
Vente : au domaine
Tous les jours de 10h à 12h et de 14h à 18h.
Fermé le dimanche et jours fériés.
Propriétaire : Michel, Gabriel et Maxime Escande

■ Domaine de Cabrol
CABARDÈS

D ans l'appellation Cabardès en plein renouveau, Claude Carayol a fait de son domaine
de Cabrol une référence, dont la qualité a su
rapidement se dépouiller de toute rusticité. Les
deux vins principaux évoluent lentement et
témoignent de la dualité qui anime ce vignoble,
tourné presque autant vers l'Atlantique que vers
la Méditerranée, et où le grenache intervient en
complément : le Vent d'Ouest, plus animal dans
les millésimes chauds, à dominante cabernet-
sauvignon ; le Vent d'Est, à dominante syrah. La
grande cuvée La Dérive associe admirablement cabernet-sauvignon et syrah des meilleures
parcelles.

Les vins : un blanc fait son apparition, à dominante de grenache blanc, complété de viognier,
chenin et gros manseng. Assez mûr, un peu
exotique (ananas rôti), le Cabrol Blanc 2010 (et
2011 dans la même veine) se présente très riche
en extrait sec et doté d'un profil original, conçu
pour la gastronomie. Le Vent d'Ouest est très
réussi en 2008, avec ses saveurs fraîches et finement confites, un peu cacaotées en finale. Légèrement fumé et réglissé, le Vent d'Est 2010 ne
déçoit pas, tout comme La Dérive 2008.

☐ VDF Cabrol 2011		13,50 €	15
☐ VDF Cabrol 2010		13,50 €	15
■ Cabardès La Dérive 2008		18 €	16
■ Cabardès Vent d'Est 2010		13,50 €	16,5
■ Cabardès Vent d'Ouest 2008		10,50 €	15,5

Rouge : 21 hectares.
Cabernet-sauvignon 35 %, Grenache 20 %,

Syrah 40 %, Cabernet franc 5 %
Blanc : 2 hectares.
Grenache 50 %, Viognier 20 %, Chenin ou
chenin blanc ou pineau de la loire 20 %, Gros
manseng 10 %
Production moyenne : 60 000 bt/an

Domaine de Cabrol, D 118, 11600 Aragon
Tél. : 04 68 77 19 06 **Fax :** 04 68 77 54 90
E-mail : cc@domainedecabrol.fr
Site : www.domainedecabrol.fr
Vente : au domaine
Du lundi au samedi de 11h à 12h et de 15h à
19h. Le dimanche sur rendez-vous.
Propriétaire : Claude Carayol

■ Domaine de Cazaban
CABARDÈS

A vec sa compagne, Claire, l'Alsacien Clément
Mengus vinifie son premier millésime en
2007, installé à Villegailhenc dans l'appellation
Cabardès. Les vignes, essentiellement des syrahs
et merlots, sont en conversion bio. La gamme
de vins s'avère remarquable, dans un style très
soigné et d'une grande précision de saveurs :
un jeune domaine dont la maîtrise avérée est
déjà impressionnante. Nous signalons également l'existence de très belles chambres d'hôtes
sur le domaine.

Les vins : le nouveau venu est un rosé aux
formes épurées, Hors Série N° 1, très subtil et
délicat. Le Jours de Vigne 2011 se dédie tout
entier à la fraîcheur du fruit, le Demoiselle Claire
2010 sait approfondir ce discours et progresse
en allonge et finesse. Un supplément de volume
et de chair habille le très gourmand Les Petites
Rangées, cette année plus complet. La cuvée
classique 2010 est peut-être le meilleur vin produit à cette jeune adresse, persistant et fumé
dans les accents rhodaniens de sa syrah.

▨ Cabardès Hors Série N° 1 2011		n.c.	15
■ Cabardès 2010		16,90 €	17
■ Cabardès Demoiselle Claire 2010		9,20 €	16
■ Cabardès Les Petites Rangées 2010		11 €	16,5
■ IGP Côtes de Lastours Jours de Vigne 2011		7,60 €	15,5

Rouge : 8 hectares.
Blanc : 2 hectares.
Production moyenne : 30 000 bt/an
❀ Certifié en agriculture bio ou biodynamique

Domaine de Cazaban, Chemins des Eclauzes,
11600 Villegailhenc
Tél. : 04 68 72 11 63
E-mail : clement.mengus@orange.fr
Site : www.domainedecazaban.com
Vente : au domaine
Sur rendez-vous.
Propriétaire : Clément Mengus

■ Domaine de Cazeneuve
COTEAUX DU LANGUEDOC

A ndré Leenhardt, ancien technicien à la
chambre d'agriculture, a signé sa première
vinification en 1991. Son vignoble donne la
priorité à la syrah (60 % de l'encépagement en
rouge) et au mourvèdre, tout en conservant de
vieux grenaches. Ses grandes cuvées Roc des
Mates et Sang du Calvaire, rectilignes dans les
premiers millésimes, prennent de l'étoffe année
après année. Son blanc parfumé est également
le résultat d'un parcours régulier, pour des vins
figurant parmi les plus typés du Pic Saint-Loup.
Ce domaine populaire est désormais certifié bio.
Les derniers vins se sont montrés un peu décevants, nous attendons mieux de ce domaine
de référence, aussi retirons-nous l'étoile cette
année.

Les vins : le rosé 2011 Cynarah est assez chaleureux. Le Cazeneuve 2010 est un blanc soigné
mais assez technique, dans lequel l'alcool ressort
en finale. Le Carline 2010 convainc plus par son
profil fruité et friand et ses accents fumés. Souple et floral, Les Calcaires 2009 ne manque pas
de finesse mais se montre un peu sec en finale.
Le Roc des Mates 2009 offre un fruit lardé mais
assez confit, qu'un élevage généreux alourdit un
peu. Le Sang du Calvaire conserve son statut de
grande cuvée de garde, avec sa sève et ses touches de graphite, mais il nous semble en deçà
du 2008.

☐ Languedoc Château de
   Cazeneuve 2010   15 € 14
▨ Languedoc Pic Saint-Loup
   Cynarah 2011   8 € 13,5
■ Languedoc Pic Saint-Loup
   Carline 2010   10 € 15,5
■ Languedoc Pic-Saint-Loup Le Roc
   des Mates 2009   19 € 15,5
■ Languedoc Pic-Saint-Loup Le Sang
   du Calvaire 2008   34 € 16,5
■ Languedoc Pic-Saint-Loup Les
   Calcaires 2009   13,50 € 15

Rouge : 26,5 hectares.
Mourvèdre 5 %, Syrah 67 %, Cinsault 10 %,
Grenache 18 %
Blanc : 7,5 hectares.
Rolle 10 %, Roussanne 50 %, Viognier 15 %,
Grenache 20 %, Muscat 5 %
Production moyenne : 80 000 bt/an

Domaine de Cazeneuve, 34270 Lauret
Tél. : 04 67 59 07 49 **Fax** : 04 67 59 06 91
E-mail : andre.leenhardt@wanadoo.fr
Site : www.cazeneuve.net
Vente : au domaine
Sur rendez-vous en semaine. Le samedi de 9h
à 19h.
Propriétaire : André Leenhardt

■ Clos Centeilles
MINERVOIS-LA-LIVINIÈRE

C ette propriété originale, située dans l'environnement poétique du causse de Siran,
est dirigée par Patricia Boyer-Domergue et son
époux Daniel, enseignant érudit, trublion de la
viticulture languedocienne. Leurs vins, très
digestes, sont issus d'un travail d'une exemplaire
probité, tourné vers la culture des cépages rares
ou oubliés. L'expression du fruit au nez est toujours un peu cuite, alors qu'en bouche l'ensemble de la gamme possède une rare élégance et
une grande finesse de texture – notamment les
cuvées de pur cinsault. Dans les grandes cuvées,
les vins ne sont vendus qu'à leur apogée. Le
domaine produit un joli blanc sec à base de
variétés oubliées : araignan blanc, riveirenc
blanc et gris, ainsi qu'une vendange passerillée,
Erme, dans l'esprit des vins « nobles » jadis élaborés en Minervois – en accord parfait avec le
roquefort.

Les vins : le C de Centeilles 2010 est trapu,
construit sur une amertume prononcée un peu
déconcertante, d'autant plus que le vin manque
de tension. Assez fermé, un peu chaud en finale,
le Carignanissime de Centeilles 2009 dévoile
un fruit sain, mûr et croquant. Le C de Centeilles 2008 se montre assez confit. Plus équilibré,
le Clos de Centeilles 2006 est assez serré. Le
Capitelle de Centeilles 2004 révèle des signes
d'usure. Enfin, la vendange passerillée L'Erme
de Centeilles manque de fraîcheur et finit sur
des notes pâteuses.

☐ IGP Côtes du Brian C de
   Centeilles 2010   14 € 13,5
☐ Vendanges Passerillées L'Erme de
   Centeilles 2004   29 € 14,5
■ Minervois C de Centeilles 2008 12,50 € 14

- Minervois Capitelle de
  Centeilles 2004   18,50 €   14
- Minervois Carignanissime de
  Centeilles 2009   9,30 €   14
- Minervois La Livinière 2006   16,50 €   15

Rouge : 10,50 hectares.
Syrah 7 %, Mourvèdre 10 %, Grenache 10 %,
Autres 6 %, Carignan 20 %, Cinsault 27 %,
Picpoul 20 %
Blanc : 1,5 hectare.
Divers 50 %, Grenache gris 50 %
Production moyenne : 60 000 bt/an

Clos Centeilles, Campagne de Centeilles, 34210
Siran
Tél. : 04 68 91 52 18 **Fax :** 04 68 91 65 92
E-mail : contact@closcenteilles.com
Site : www.closcenteilles.com
Vente : au domaine
Sur rendez-vous.
Propriétaire : Patricia Boyer-Domergue

Clos de l'Anhel
CORBIÈRES

Ce petit clos en culture bio est dirigé par un couple de vignerons confirmés, Sophie Guiraudon et son compagnon Philippe Mathias, également gérant du château Pech-Latt. Ils réalisent des vins d'une finesse de tanins remarquable pour le Languedoc, d'une élégance et d'une plénitude peu communes. En outre, toutes les cuvées sont de bon niveau – ce qui n'est pas si fréquent dans la région –, du sympathique vin de casse-croûte Lolo de l'Anhel jusqu'au plus ambitieux Les Dimanches, de moyenne garde (cinq ans).

Les vins : un seul vin présenté cette année, Les Terrassettes 2010, au fruit mûr et frais, à la trame veloutée, très précis et soigné.

- Corbières Les Terrassettes 2010 9,50 € 15,5

Rouge : 9 hectares.
Carignan 50 %, Grenache 21 %, Mourvèdre 4 %,
Syrah 25 %
Clos de l'Anhel, 2, rue des Montlauriers, 11220
Montlaur
Tél. : 04 68 43 18 12 ou 06 77 09 65 48
 Fax : 04 68 43 18 12
E-mail : anhel@wanadoo.fr
Site : www.anhel.fr
Vente : au domaine
Sur rendez-vous uniquement.
Propriétaire : Sophie Guiraudon

Clos du Gravillas
MINERVOIS

Grâce à des vignerons comme Nicole et John Bojanowski, le carignan a pleinement retrouvé son intérêt comme élément constitutif de l'identité vineuse de la région (également à Priorat, en Espagne). Les Bojanowski, producteurs artisans installés depuis 1999 sur le causse blanc et aride de Saint-Jean-de-Minervois, aiment ce cépage qui s'exprime beaucoup dans la gamme du domaine, mais il n'y est pas seul. Des rouges intenses et attachants, qui trouveront aisément leur place à table, et dont la rusticité justement domptée se voit travaillée en velours. Les vins montent en puissance, en particulier les blancs, et nous plaçons de grands espoirs dans ce domaine, qui ne cesse de progresser.

Les vins : un nouveau blanc, Mademoiselle Lily 2011, présente un jus salin, épuré et droit, tout comme Emmenez-Moi au Bout du Terret, plus ample et de très belle envergure. L'Inattendu 2011 offre beaucoup de complexité aromatique, des notes anisées et de bons amers. En rouge, Sous les Cailloux des Grillons 2011 se montre rond et friand, très accessible. La rusticité contenue de Terre de Lune 2011 fera merveille sur une viande en sauce. Le Rendez-Vous du Soleil 2009 déploie sa savoureuse matière solaire, toujours dans une expression franche.

- ☐ IGP Côtes de Brian Emmenez-Moi
  au Bout du Terret 2011   10 €   16
- ☐ IGP Côtes de Brian Mademoiselle
  Lily 2011   10 €   15
- ☐ Minervois L'Inattendu 2011   16 €   16
- ■ IGP Côtes de Brian Rendez-Vous
  du Soleil 2009   12 €   15,5
- ■ IGP Côtes de Brian Sous les
  Cailloux des Grillons 2011   8 €   14,5
- ■ Minervois Terre de Lune 2011   12 €   15

Rouge : 5,3 hectares.
Cinsault 5 %, Cabernet-sauvignon 10 %,
Carignan 30 %, Counoise 2 %, Grenache 12 %,
Mourvèdre 3 %, Syrah 38 %
Blanc : 3,1 hectares.
Grenache 20 %, Muscat à petits grains 35 %,
Roussanne 3 %, Viognier 3 %, Terret 34 %,
Maccabeu 5 %
Production moyenne : 26 000 bt/an
❀ Certifié en agriculture bio ou biodynamique

Clos du Gravillas, 34360 Saint-Jean de
Minervois
Tél. : 04 67 38 17 52

E-mail : nicole@closdugravillas.com
Site : www.closdugravillas.com
Vente : au domaine
Sur rendez-vous.
Propriétaire : Nicole et John Bojanowski

■ Clos Maïa
VIN DE PAYS DE L'HÉRAULT

Géraldine Laval, la compagne d'Olivier Jean-tet (mas Haut-Buis), a repris en 2009 quelques parcelles de vignes d'altitude (350 à 400 m) dans les Terrasses du Larzac, sur le secteur de Pégairolles-de-l'Escalette. Après une solide formation et de nombreux stages chez de grands vignerons français, elle s'attache à retrouver les équilibres naturels de la vigne pour produire des vins digestes, droits et fins, d'une précision et d'une maîtrise remarquables au bout de seulement trois années de labeur. Planté de vieux grenaches et de terret (et de chenin qui n'arrivera en production qu'en 2014), ce domaine couvre à peine 5 ha. Nous sommes tombés sous le charme de cette production singulière et cohérente, emblématique de la nouvelle vague languedocienne.

Les vins : le Petit Clos 2010 est un pur grenache subtilement parfumé, aux notes très fraîches de framboise sauvage et de fraise des bois ; sa grande finesse de tanins lui confère un grand cachet et magnifie son fruit délicat. Encore un peu réservé, le Clos Maïa 2010 déploie une chair veloutée et onctueuse, des tanins millimétrés et salivants : c'est un vin au très grand potentiel, qui sera éblouissant d'ici à deux ans. Issu du cépage terret, le Confidentiel blanc 2011, dégusté au domaine, révèle un jus droit, minéral et ciselé, d'une précision admirable : un grand blanc du Languedoc, tout simplement.

☐ IGP Hérault 2011		17 €	17
■ IGP Hérault 2010		15 €	16,5
■ IGP Hérault Le Petit Clos 2010		9 €	15,5

Rouge : 4 hectares.
Grenache 50 %, Grenache 40 %, Carignan 5 %, Divers 5 %
Blanc : 1,3 hectare.
Terret bourret 50 %, Roussanne 50 %
Production moyenne : 18 000 bt/an

Clos Maïa, 1, Grande-Rue, 34520 La-Vacquerie
Tél. : 06 12 83 42 89 **Fax :** 04 67 44 12 13
E-mail : closmaia@hotmail.fr

Vente : au domaine
Sur rendez-vous uniquement.
Propriétaire : Géraldine Laval
Directeur : Géraldine Laval

■ Clos Pacalis
CORBIÈRES-BOUTENAC

Ingénieur et journaliste scientifique, Nadine Adenis a choisi de s'installer à Ferrals-les-Corbières en 2000, reprenant 4 ha de vieilles vignes de grenache et de carignan. Energique, volontaire, la dame n'a pas ménagé sa peine pour entretenir son patrimoine de vieux gobelets aux rendements infimes, que d'autres arrachent sans état d'âme. Elle a façonné des vins soignés, riches en saveurs et issus de très longues macérations, élevés en barriques, en apportant un soin extrême à toutes les étapes. Le domaine a été vendu et vient de prendre le nom de Clos Pacalis, mais Nadine Adenis reste en place. La cuvée La Mariole met en avant la fraîcheur et un superbe fruit joyeux à dominante grenache. Le corbières-boutenac Agapê (amour de l'amitié et du partage en grec) magnifie le carignan en révélant tout le soyeux de tanins et la densité de sève, épurée et digeste, dont ce cépage est capable sur les meilleurs sols pauvres. Une adresse vivement recommandée.

Les vins : le domaine ne nous ayant pas fait parvenir ses vins cette année, nous sommes amenés à reconduire les notes de l'édition précédente – sans autre commentaire.

■ Corbières Sicera 2008	n.c.	16
■ Corbières-Boutenac Agapê 2007	n.c.	17

Rouge : 4 hectares.
Carignan 43 %, Grenache 47 %, Syrah 10 %
Clos Pacalis, Impasse des Jardins, 11200 Ferrals-les-Corbières
Tél. : 04 86 57 38 07 **Fax :** 04 83 07 53 95
E-mail : contact@clos-pacalis.com
Site : www.clos-pacalis.com
Vente : au domaine
Sur rendez-vous uniquement.
Propriétaire : Anthony Dufour
Directeur : Nadine Adenis

■ Les Clos Perdus
CORBIÈRES

L'improbable duo constitué par l'Australien Paul Old, ancien danseur, et Hugo Stewart, précédemment fermier en Angleterre, entretient avec passion depuis 2003 de vieilles vignes réparties entre Corbières et Roussillon. Culture en biodynamie et approche minimaliste en cave – sans rien laisser au hasard cependant – permettent de proposer une série de cuvées de haute volée, conservant intacts le naturel du fruit et l'intensité des saveurs, en particulier sur le voluptueux corbières Prioundo et les brillantes expressions des terroirs de Maury. Nous croyons beaucoup en ce domaine artisanal, un de ceux par lesquels passe la renaissance des vins des Corbières.

Les vins : frais et citronné, tendu et légèrement grillé, L'Extrême 2011 est un blanc sapide et digeste. Très tendre, Le Rouge 2010 exprime toute la gourmandise précoce du millésime. La Cuvée 81 de 2010 montre plus de volume et de fraîcheur, avec un fruit intègre et crayeux de grande dimension. Du même acabit, le Prioundo 2010 va plus loin en finesse et persistance épicée. Le Mire la Mer 2009 est un peu serré par l'élevage, mais sa densité de matière lui assure une solide assise.

☐ IGP Côtes Catalanes
  L'Extrême 2011   29 € cav.   16
■ Corbières Cuvée 81 2010   13 € cav. 15,5
■ Corbières Mire la Mer 2009   23 € cav.   16
■ Corbières Prioundo 2010   17 € cav.   16
■ IGP Côtes Catalanes Le
  Rouge 2010   12 € cav.   15

Rouge : 10 hectares.
Mourvèdre 18,5 %, Terret 4 %, Carignan 14 %, Cinsault 9 %, Grenache 20 %, Syrah 18,5 %, Lladoner pelut 20 %
Blanc : 2 hectares.
Grenache gris 60 %, Maccabeu 35 %, Terret 5 %
Production moyenne : 25 000 bt/an
❧ Certifié en agriculture bio ou biodynamique

Les Clos Perdus, 17, rue du Marche, 11440 Peyriac-de-Mer
Tél. : 06 70 08 00 65
E-mail : info@lesclosperdus.com
Site : www.lesclosperdus.com
Vente : au domaine
Sur rendez-vous.
Propriétaire : Paul Old et Hugo Stewart

■ Cave d'Embres-et-Castelmaure

CORBIÈRES

Vous en faire boire de toutes les couleurs ! C'est le slogan de la coopérative la plus innovante du Languedoc. Celle qui, du tréfonds des Corbières, chahute les codes du vin avec des cuvées contemporaines et festives séduisant un public jeune et toujours plus large. A la tête de cette agitation permanente, « Fidel », le président Patrick de Marien, et son « Che », l'œnologue Bernard Pueyo, n'ont pas hésité, il y a quelques années, à ouvrir leur cave aux vinificateurs rhodaniens Tardieu et Laurent (avec qui ils élaborent la Cuvée N° 3), et au-delà, à remettre profondément en cause leur production. Les premiers rouges de la gamme sont, dans leur majorité, francs, secs, directs, certes courts, mais avec une « désaltérance » fruitée très appréciable. Les cuvées plus ambitieuses semblent modérer l'usage du bois et offrent une alternative à prix juste, sans pourtant égaler les vins des meilleurs domaines de la région.

Les vins : des entrées de gamme précises et soignées (Rosé Agricole, Blanc Paysan, La Buvette) témoignent du souci qualitatif constant. Parmi les nouveautés annuelles, retenons le friand Sois beau et tais-toi !, tout en fruit juteux, le très sympathique Cochon !, à l'identité tellement corbières, et l'énergique et tendu Donner du temps au temps. Parmi les cuvées classiques, si Pompadour nous déçoit un peu, Grande Cuvée et Cuvée N° 3 ne déméritent pas dans leur style plein et généreusement boisé. A perpète !, conçu dans un esprit solera, sait conjuguer avec brio les notes d'évolution de vins âgés, rafraîchis par le fruit de vins jeunes : une initiative aussi intelligente que pédagogique.

☐ Corbières Le Blanc Paysan 2011   5 €   14
▦ Corbières Le Rosé Agricole 2011   5 € 13,5
■ Corbières A Perpète   12,40 €   16
■ Corbières Cochon 2011   7,40 €   15
■ Corbières Donner du Temps au
  Temps 2009   8,90 €   16
■ Corbières La Cuvée N° 3 2010 19,35 € 15,5
■ Corbières La Grande
  Cuvée 2010   10,75 €   15
■ Corbières La Pompadour 2010   8,30 €   14
■ Corbières Le Castelmaure 2010   5 €   14
■ Corbières Sois Beau et Tais
  Toi 2011   5,30 € 14,5
■ VDT La Buvette 2011   3,85 € 13,5

Rouge : 362 hectares.
Carignan 43 %, Cinsault 2 %, Grenache 34 %, Syrah 21 %
Blanc : 16 hectares.
Grenache 93 %, Maccabeu 7 %, Grenache 31 %
Production moyenne : 1 000 000 bt/an

Cave d'Embres-et-Castelmaure, 4, route des
Canelles, 11360 Embres-et-Castelmaure
Tél. : 04 68 45 91 83 **Fax :** 04 68 45 83 56
E-mail : vins@castelmaure.com
Site : www.castelmaure.com
Vente : au domaine
Pas de visites.
Directeur : Bernard Pueyo

Domaine Les Eminades, Rue des Vignes, 34360
Cébazan
Tél. : 04 67 36 14 38 **Fax :** 09 71 70 21 68
E-mail : les.eminades@wanadoo.fr
Site : www.leseminades.fr
Vente : au domaine
Sur rendez-vous.
Propriétaire : Patricia et Luc Bettoni

■ Domaine Les Eminades
SAINT-CHINIAN

C réé en 2002 par Patricia et Luc Bettoni, ce
domaine, implanté sur les grès et schistes
de Saint-Chinian, pratique une viticulture
sérieuse – en cours de certification bio – qui
entretient avec soin un vignoble à majorité
composé de très vieux carignans, complétés de
grenache, syrah et cinsault. Nous sommes tombés sous le charme de cette gamme de vins sincères, gourmands et respectant le fruit.
Signalons en particulier un magnifique Vieilles
Canailles, issu de carignans centenaires, et un
étonnant blanc de sauvignon, le Silice.

Les vins : le blanc Montmajou 2010 est fin
mais manque un peu de relief. Nous préférons
le Silice 2010, très belle expression de sauvignon aux saveurs de tomate verte. En saint-
chinian rouge, La Pierre Plantée 2010 offre une
franchise un peu rustique, le Cebenna 2010
des notes animales (sanguin, fourrure) et une
chair épicée et croquante. Le Sortilège 2007
commence à fondre son boisé, mais manque un
peu d'équilibre. Les carignans centenaires de
Vieilles Canailles donnent leur pleine mesure en
2009 avec un vin d'une juteuse profondeur de
sève.

☐ IGP Coteaux de Fontcaude
   Silice 2010   n.c.   16
☐ Saint-Chinian Montmajou 2010   n.c.   14,5
■ Saint-Chinian Cebenna 2010   n.c.   15
■ Saint-Chinian La Pierre
   Plantée 2010   n.c.   14
■ Saint-Chinian Sortilège 2007   n.c.   15,5
■ Saint-Chinian Vieilles
   Canailles 2009   n.c.   17

Rouge : 11 hectares.
Carignan 10 %, Cinsault 10 %, Grenache 30 %,
Mourvèdre 10 %, Syrah 40 %
Blanc : 2,3 hectares.
Sauvignon ou Sauvignon Blanc 40 %,
Marsanne 20 %, Grenache 40 %
Production moyenne : 35 000 bt/an

■ Mas Foulaquier
COTEAUX DU LANGUEDOC PIC
SAINT-LOUP

S itué au nord du cru Pic Saint-Loup, ce
domaine dédié au rouge est constitué d'une
grande parcelle de coteaux, plantée en grenache et syrah en 1990. Depuis 1998, le vignoble appartient au couple Pierre Jequier-Blandine
Chauchat et à leurs associés. Des vignerons
passionnés, qui ont restructuré le domaine en
l'orientant vers une certification bio et des
options biodynamiques. Après quelques petits
réglages, le domaine revient à son meilleur
niveau et présente une gamme renouvelée de
vins sains, friands et parfumés, élevés en milieu
réducteur.

Les vins : le rosé 2011 est charnu, croquant,
avec du caractère. L'Oiseau Blanc 2011 s'avère
souple et charnu mais manque de corps. L'Orphée 2010 est tendu, doté d'une mâche énergique et mûre. Le Rollier 2009 se présente très
mûr, à la limite du confit, mais de bonne constitution. Le Petit Duc 2010 nous séduit par ses
saveurs de framboise et sa matière un peu déca-
dente, d'une grande gourmandise. Gran'Tonillières 2009 offre des tanins un rien secs, mais
une bonne fraîcheur de sève pour l'équilibrer.

☐ Languedoc L'Oiseau Blanc 2011   n.c.   14
■ Languedoc Pic Saint-Loup Le
   Rosé 2011   n.c.   14,5
■ Languedoc Pic Saint-Loup Gran'
   Tonillières 2009   n.c.   15,5
■ Languedoc Pic Saint-Loup Le Petit
   Duc 2010   n.c.   16
■ Languedoc Pic Saint-Loup Le
   Rollier 2009   n.c.   15,5
■ Languedoc Pic Saint-Loup
   L'Orphée 2010   n.c.   15

Rouge : 11 hectares.
Carignan 16 %, Grenache 42 %, Syrah 42 %
Mas Foulaquier, Route des Embruscalles, 34270
Claret
Tél. : 04 67 59 96 94 **Fax :** 04 67 59 70 65
E-mail : contact@masfoulaquier.com

Site : www.masfoulaquier.fr
Vente : au domaine
De 9h à 12h et de 14h à 18h.
Propriétaire : MM. Jequier, Chauchat, Stolt, Fallot.

NOUVEAU DOMAINE

■ Château de Gaure
IGP PAYS D'OC

P ierre Fabre, industriel belge, a suivi son rêve en rachetant en 2004 un vignoble perdu aux confins du Limouxin et de la Malepère, proche du village de Cépie, puis quelques parcelles totalisant 15 hectares en Roussillon (secteur de Latour de France). Devenu vigneron-artiste (il dessine lui-même ses étiquettes), Pierre Fabre s'engage résolument dans la voie de l'agriculture bio pour que la biodiversité s'exprime pleinement – les vignes sont entourées de champs et de forêts dans un environnement d'exception. Les blancs du secteur de Limoux et les rouges du Roussillon conjuguent une excellente fraîcheur et un caractère généreux et digeste. L'ensemble de la gamme doit encore gagner en précision et en régularité.

Les vins : le muscat 2009 présente un équilibre de demi-sec, avec des sucres contrebalancés par de magnifiques amers, une chair croquante et élancée au caractère bien trempé : on se situe ici aux antipodes de tant de muscats variétaux et technologiques du département. Tout aussi intègre, le Mauzac 2010 est large et juteux, assez limpide et salin, très avenant dans son volume croquant. Le Macabeu 2008 (qui intègre aussi grenache gris et muscat) séduira par son volume, ses notes de caramel et sa finale saline. Un élevage plus discret et un peu moins d'alcool n'aurait pas fait de mal. L'Oppidum 2010 associe une matière charnue et magnifique de franchise à de petits amers salivants du meilleur effet ; une pointe de sucrosité vient habilement enrichir l'ensemble. En rouge, la cuvée Alderica (100 % mourvèdre en 2009) est épicée, très cacaotée et mûre. Le 2007 se montre plus lâche et compoté. La cuvée Pour Mon Père 2009 constitue un très beau vin à la sève nerveuse, assez onctueux dans son volume.

☐ IGP Oc Muscat 2009	n.c.	16
☐ VDF Mauzac 2010	n.c.	15,5
☐ VDF Oppidum 2010	n.c.	15,5
☐ VDT Maccabeu 2008	n.c.	14,5
■ IGP Oc Alderica 2009	n.c.	14,5
■ VDF Pour Mon Père 2009	n.c.	15

■ VDT Alderica 2007	n.c.	14

Rouge : 15 hectares.
Carignan 50 %, Grenache 30 %, Syrah 10 %, Mourvèdre 10 %
Blanc : 25 hectares.
Chenin ou chenin blanc ou pineau de la loire 20 %, Mauzac 20 %, Maccabeu 20 %, Chardonnay 40 %
Production moyenne : 60 000 bt/an

Château de Gaure, domaine de Gaure, 11250 Rouffiac-d'Aude
Tél. : 04 75 39 82 37 ou 06 74 44 64 23
E-mail : pierre.fabre@skynet.be
Site : www.chateaudegaure.com
Vente : au domaine
Sur rendez-vous.
Propriétaire : Pierre Fabre

■ Domaine du Grand Arc
CORBIÈRES

I nspirés par les paysages montagneux et sauvages des Hautes Corbières, où se trouve leur village de Padern, Bruno et Fabienne Schenck produisent des vins qui se distinguent par leur juste maturité et des élevages à l'écart des excès. Nous apprécions la personnalité de ces rouges d'altitude, denses, vibrants et frais. A noter : l'exceptionnel rapport qualité-prix des premières cuvées tricolores (Nature d'Orée, La Tour Fabienne, Veillée d'Equinoxe), toujours fruitées. Récemment, les vins ont un peu perdu de cette fraîcheur digeste que nous avions tant appréciée, aussi retirons-nous cette année l'étoile à ce domaine.

Les vins : le Nature d'Orée 2011 est un très joli vin d'entrée de gamme, sur le fruit. Plus charnu mais un peu marqué par l'élevage, le Réserve Grand Arc est de bon niveau. Déception cette année sur les autres vins : la Cuvée des Quarante se montre assez vigoureuse, énergique, mais un peu pesante dans sa maturité. Très confit, l'En Sol Majeur est tenu par l'alcool. Aux Temps d'Histoire conserve plus de fraîcheur mais manque de franchise de fruit et se révèle un peu épais en finale. Le Six Terres Sienne, la grande cuvée, présente en 2009 un boisé appuyé qui alourdit inutilement le vin.

■ Corbières Aux Temps d'Histoire 2010	12,90 €	15
■ Corbières Cuvée des Quarante 2010	7,60 €	15
■ Corbières En Sol Majeur 2010	10,80 €	14,5

- Corbières Nature d'Orée 2011   5 €   14,5
- Corbières Réserve Grand Arc 2010   6 €   15
- Corbières Six Terres Sienne 2009   26 €   15

Rouge : 16,07 hectares.
Carignan 38 %, Cinsault 6 %, Grenache 30 %,
Mourvèdre 3 %, Syrah 23 %
Blanc : 3,05 hectares.
Grenache 44 %, Maccabeu 27 %,
Roussanne 29 %
Production moyenne : 65 000 bt/an

Domaine du Grand Arc, 15, chemin des
Métairies du Devez, 11350 Cucugnan
Tél. : 04 68 45 01 03   **Fax :** 04 68 45 01 03
E-mail : domaine.grandarc@gmail.com
Site : www.grand-arc.fr
Vente : au domaine
De 9h à 12h et de 15h à 18h.
Propriétaire : Bruno et Fabienne Schenck
Directeur : Bruno Schenck

■ Domaine Lacroix-Vanel
COTEAUX DU LANGUEDOC

C e domaine de 10 ha situé sur le terroir de
Caux (Villafranchien), non loin de Pézenas, est mené depuis dix ans par Jean-Pierre
Vanel, ancien restaurateur sétois. Elevés longuement sous bois, ses rouges, dont la cuvée Mélanie à dominante syrah, sont des vins généreux
et hauts en couleur, soigneusement élaborés.
Ils revendiquent un caractère solaire, mûr, mais
sans lourdeur sur un alcool maîtrisé. La confidentielle cuvée de mourvèdre ...Ma Non
Troppo mérite d'être recherchée.

Les vins : le joli blanc s'avère vif et précis, bien
construit. Le Fine Amor 2011 est un beau rouge
assez dense, aux tanins nerveux, bien équilibré.
Après une attaque un peu souple, le Mélanie
2010 présente une bonne densité et de l'allonge.
Le ...Ma Non Troppo 2010 se montre robuste,
tendu et un peu sec en finale.

- ☐ Coteaux du Languedoc Joli
  Blanc 2010   n.c.   14,5
- ■ Coteaux du Languedoc ...Ma Non
  Troppo 2010   n.c.   15,5
- ■ Coteaux du Languedoc
  Mélanie 2010   n.c.   15
- ■ Coteaux du Languedoc Pézenas
  Fine Amor 2011   n.c.   15,5

Rouge : 10 hectares.
Mourvèdre 10 %, Carignan 19 %, Cinsault 11 %,

Grenache 49 %, Syrah 20 %
Blanc : 0,5 hectare.
Roussanne 20 %, Grenache 80 %
Production moyenne : 32 000 bt/an
☙ Certifié en agriculture bio ou biodynamique

Domaine Lacroix-Vanel, 41, boulevard du
Puits-Allier, 34720 Caux
Tél. : 04 67 09 32 39   **Fax :** 04 67 09 32 39
E-mail : lacroix-vanel@wanadoo.fr
Site : www.domainelacroix-vanel.com
Sur rendez-vous au 06 81 72 07 74.
Propriétaire : Jean-Pierre Vanel

■ Mas Laval
IGP DE L'HÉRAULT

C hristine et Joël Laval ont repris au début
des années 2000 le vignoble familial situé à
Aniane. Le style de leurs vins s'est peu à peu
affranchi d'une certaine technicité pour gagner
en précision et en soyeux de texture. Ces expressions digestes et proches du fruit se révèlent
immédiatement séduisantes, à l'image des Pampres, ou de la cuvée Mas Laval. Elevé dix-huit
mois en fûts bourguignons, ce beau rouge possède la finesse de grain et cet équilibre entre
chair et fraîcheur préservée, typiques des rouges
d'Aniane. Nous ne cachons pas notre déception
cette année devant ces vins certes bien vinifiés,
mais sans beaucoup d'âme et très œnologiquement corrects. Nous retirons l'étoile.

Les vins : deux blancs présentés cette année,
Les Pampres 2011, vin assez technique et acidulé, sans vice ni vertu. Plus ambitieux, Les
Souls 2010 offre la séduction d'un élevage en
barriques adroitement mené, mais n'a pas une
grande personnalité. En rouge, Les Pampres
2011 se montre soigné mais sans beaucoup de
relief, assez chaleureux en finale. La Grande
Cuvée 2010 ne manque pas de volume, mais
sa finale est mâchée, et l'ensemble un peu
confectionné.

- ☐ IGP de l'Hérault Les
  Pampres 2011   6,80 €   13,5
- ☐ VDF Les Souls 2010   18 €   14,5
- ■ IGP de l'Hérault Les
  Pampres 2011   9,50 €   15

Rouge : 30 hectares.
Cabernet franc 1,5 %, Carignan 7,5 %,
Syrah 57,5 %, Mourvèdre 7,5 %, Grenache 26 %
Blanc : 2 hectares.
Roussanne 25 %, Chardonnay 35 %,
Viognier 40 %

Production moyenne : 65 000 à 70 000 bt/an

Mas Laval, 26, rue Jean Casteran, 34150
Aniane
Tél. : 04 67 57 79 23 **Fax :** 04 67 57 84 38
E-mail : contact@maslaval.com
Site : www.maslaval.com
Vente : au domaine
Sur rendez-vous uniquement.
Propriétaire : Joël Laval

■ Domaine Ledogar
CORBIÈRES

Poussée par une nouvelle génération incarnée par le fils, Xavier, la famille Ledogar a reconverti, courant 1998, le domaine coopératif en cave particulière (anciennement domaine Grand Lauze). Le vignoble, d'une vingtaine d'hectares, s'étend sur les argiles et les calcaires mêlés de galets roulés et de grès rouges du terroir de la jeune appellation Corbières-Boutenac, dont les sols, peu fertiles, sont très favorables à la pleine expression aromatique des vieux carignans. En bio depuis 2009, le vignoble compte deux tiers de carignan et de grenache, dont l'âge est compris entre 60 et 120 ans. Le blanc est majoritairement issu du très rare carignan blanc. La justesse, la sincérité et la régularité des vins rapprochent le domaine d'une première étoile.

Les vins : nouveauté cette année, un pur maccabeu aux fines notes d'infusion et d'anis, très abouti dans sa définition et tellement juste dans ses saveurs : irrésistible, tout comme le Blanc 2011, qui a gagné en précision et en allonge par rapport aux millésimes précédents. La cuvée Tout Nature, exercice de style vinifié sans soufre, livre un fruit croquant et sain, un peu chaleureux mais sans aucune des déviations fréquentes de ce type de vin. Très intense, d'une absolue franchise de saveurs, La Mariole est remarquable. Un peu réduit, le Compagnon mérite un ou deux ans de cave. La grande cuvée Ledogar 2008 a trouvé ses marques depuis l'an dernier et méritera au moins une belle épaule d'agneau.

☐	Corbières 2011	n.c.	17
☐	VDF Maccabeu 2011	n.c.	16,5
■	Corbières La Compagnon 2010	n.c.	15,5
■	Corbières-Boutenac Ledogar 2008	n.c.	17
■	VDF La Mariole 2011	n.c.	16
■	VDF Tout Nature 2010	n.c.	14,5

Rouge : 20 hectares.
Syrah 8 %, Carignan 20 %, Mourvèdre 20 %,
Grenache 15 %, Cinsault 5 %, Autres 2 %
Blanc : 2 hectares.
Maccabeu 20 %, Carignan 70 %,
Grenache 10 %
Production moyenne : 30 000 bt/an
❀ Certifié en agriculture bio ou biodynamique

Domaine Ledogar, Place de la République,
11200 Ferrals-les-Corbières
Tél. : 06 81 06 14 51 **Fax :** 04 68 32 67 85
E-mail : xavier.ledogar@orange.fr
Site : www.domaineledogar.com
Vente : au domaine
Sur rendez-vous.
Propriétaire : Xavier et Mathieu Ledogar

■ Domaine La Madura
SAINT-CHINIAN

Après des études poussées en biogénétique, ampélographie et œnologie, Cyril Bourgne a débuté sa carrière à Bordeaux (château Fieuzal) avant d'entamer, avec son épouse, une aventure viticole plus personnelle dans le Languedoc. Le vignoble est entretenu avec rigueur et permet, en vinification, des extractions dans la longueur et la finesse. La précision de l'élevage en fûts, mis en place sur le Grand Vin à dominante de syrah et de mourvèdre, renouvelle l'expression contemporaine de Saint-Chinian, que le vieillissement permet de révéler. Si nous préférons les rouges au style personnel qui fait mouche, les blancs semblent évoluer vers plus de naturel et de complexité aromatique. Dans les deux couleurs, la gamme se structure entre cuvées Classic et Grand Vin.

Les vins : avec ses notes sanguines et cacaotées, la cuvée Classic 2008 offre un caractère convaincant, svelte et épuré. Grand Vin 2009, plus mûr et étoffé, se livre harmonieusement, très habilement cadré par une structure tannique ferme mais ciselée : à boire d'ici deux à huit ans.

■	Saint-Chinian Classic 2008	9,85 €	16
■	Saint-Chinian Grand Vin 2009	16,75 €	17

Rouge : 13,2 hectares.
Syrah 29 %, Carignan 30 %, Grenache 20 %,
Mourvèdre 21 %
Blanc : 1,1 hectare.
Sauvignon ou Sauvignon Blanc 100 %
Production moyenne : 50 000 bt/an

Domaine La Madura, 12, rue de la Digue,
34360 Saint-Chinian
Tél. : 04 67 38 17 85 **Fax :** 04 67 38 17 85
E-mail : info@lamadura.com
Site : www.lamadura.com
Vente : au domaine
Pas de visites.
Propriétaire : Cyril et Nadia Bourgne

■ Mas Bruguière
COTEAUX DU LANGUEDOC

Aidé de son épouse, Xavier Bruguière a pris la suite de son père Guilhem sur ce domaine historique du Pic Saint-Loup. Les vignes sont impeccablement tenues. Les rouges sont ronds, aromatiques, dominés – comme il se doit dans ce secteur – par la syrah, mais toujours bien équilibrés par le grenache. Le blanc Les Mûriers est un vin consistant, à boire jeune, qui évolue vers plus de fraîcheur. La gamme se décline du simple et fruité Vinam de Calcadiz, jusqu'à la cuvée principale La Grenadière, en passant par Arbouse, toujours frais et parfumé. Une nouvelle cuvée de syrah, Le Septième – en référence à la septième génération – trouve peu à peu ses marques, mais l'élevage est encore un peu appuyé.
Les vins : le blanc Les Mûriers 2011 offre d'agréables notes florales et une intensité sapide. Marqué par des arômes de garrigue fraîche, L'Arbouse 2010 présente une excellente constitution mais une pointe d'alcool en finale. La Grenadière 2009 doit amadouer ses tanins encore fermes, toutefois l'harmonie est au rendez-vous, la maturité du fruit s'agrémentant d'un très bon support acide. Richement constitué et boisé, Le Septième 2008 gagne peu à peu en moelleux.

☐ Coteaux du Languedoc Les Mûriers 2011	11 €	15
■ Coteaux du Languedoc Pic Saint-Loup La Grenadière 2009	17 €	16,5
■ Coteaux du Languedoc Pic Saint-Loup L'Arbouse 2010	11 €	15,5
■ Coteaux du Languedoc Pic Saint-Loup Le Septième 2008	35 €	16

Rouge : 17,5 hectares.
Mourvèdre 6 %, Grenache 39 %, Syrah 55 %
Blanc : 2 hectares.
Marsanne 20 %, Roussanne 70 %,
Vermentino 10 %
Production moyenne : 90 000 bt/an

Mas Bruguière, La Plaine, 34270 Valflaunes
Tél. : 04 67 55 20 97 **Fax :** 04 67 55 20 97
E-mail : xavier.bruguiere@wanadoo.fr
Site : www.mas-bruguiere.com
Vente : au domaine
Du lundi au samedi de 10h à 12h et de 15h à 19h. Dimanche et jours fériés sur rendez-vous uniquement. Fermé le mercredi.
Propriétaire : Xavier Bruguière

■ Mas d'Alezon
FAUGÈRES

Architecte de formation, passionnée par la vigne, Catherine Roque achète en 1989 quelques hectares à Bédarieux, dans la haute vallée de l'Orb (domaine de Clovallon), où elle plante des cépages inattendus, dont le pinot noir. Discrète, cette autodidacte, mère de trois filles, s'entiche, en 1997, d'un vignoble oublié au plus haut de l'appellation Faugères, le Mas d'Alezon. A force d'un travail le plus naturel possible et en augmentant peu à peu la proportion de mourvèdre, elle vinifie aujourd'hui dans son chai de poupée une des plus belles expressions du cru, la confidentielle cuvée Montfalette. Un grand vin profond, subtil, d'une rare noblesse d'expression, qui sait vieillir avec grâce.
Les vins : un blanc rare existe désormais au domaine avec Cabretta, un vin très persistant et de grand caractère en 2011 avec ses notes d'agrumes (cédrat), ses amers nobles et sa fine oxydation ménagée. Le rouge Montfalette 2011 offre une fraîcheur épicée et une matière ferme, à la réjouissante franchise. Plus complexe et intense, d'un équilibre supérieur, le 2010 est une grande bouteille.

☐ Faugères Cabretta 2011	18 €	16,5
■ Faugères Montfalette 2011	16 €	16,5
■ Faugères Montfalette 2010	16 €	17

Rouge : 7 hectares.
Grenache 30 %, Mourvèdre 50 %, Syrah 20 %
Blanc : 9 hectares.
Clairette 40 %, Roussanne 40 %,
Grenache 15 %, Viognier 5 %
Production moyenne : 35 000 bt/an
❀ Certifié en agriculture bio ou biodynamique

Mas d'Alezon, 2, Place de l'Eglise 34600
Faugères
Tél. : 04 67 95 19 72 **Fax :** 04 67 95 11 18
E-mail : mas@alezon.fr
Site : www.masdalezon.fr
Vente : au domaine

LANGUEDOC-ROUSSILLON

Sur rendez-vous.
Propriétaire : Catherine Roque

■ Mas de Cynanque
SAINT-CHINIAN

C heminant entre Saint-Chinian et Assignan, les botanistes comprendront pourquoi la famille de Franssu a ainsi baptisé sa propriété. Violaine, venue de Haute-Savoie, et Xavier, fils d'agriculteurs de la Somme, se sont rencontrés sur les bancs de « l'Agro ». Des études complétées par un diplôme d'œnologue, avant de fonder leur domaine en 2004, essentiellement composé de vieilles vignes (à dominante de carignan et de cinsault), dans la verte garrigue de Gabelas. Il émane de leur gamme un style ferme et ample, qui doit encore libérer un peu le fruit et s'affranchir d'élevages parfois trop structurants, mais qui sait exprimer le caractère des terrasses du Villafranchien. Des rouges languedociens qui ont de la classe.

Les vins : le blanc Althea 2010 opte pour un style plus personnel que par le passé, avec un caractère affirmé, mûr et droit, porté par d'excellents amers. Les rouges ont gagné en naturel d'expression sans rien perdre de leur précision, comme le très abouti Plein Grès 2009. La nouvelle cuvée Carissimo 2010 est un vibrant hommage au carignan, juteux et épicé à souhait, très adroitement vinifié. Les grenaches d'Amicytia 2010 apportent une belle dimension, toujours un peu chaleureux. Le boisé très chocolaté de Nominaris 2009 n'est sans doute pas le plus adapté.

☐ Saint-Chinian Althea 2010	11,50 €	15,5
■ Saint-Chinian Acutum 2009	12 €	14,5
■ Saint-Chinian Amicytia 2010	16 €	15,5
■ Saint-Chinian Carissimo 2010	18 €	16
■ Saint-Chinian Fleur de Cynanque 2010	6,50 €	14,5
■ Saint-Chinian Nominaris 2009	25 €	15
■ Saint-Chinian Plein Grès 2009	8,20 €	16

Rouge : 13 hectares.
Mourvèdre 10 %, Syrah 35 %, Carignan 30 %, Grenache 25 %
Blanc : 1 hectare.
Grenache 30 %, Roussanne 40 %, Vermentino 30 %
Production moyenne : 40 000 bt/an

Mas de Cynanque, Route d'Assignan, 34310 Cruzy

Tél. : 04 67 25 01 34 **Fax :** 04 67 25 01 34
E-mail : contact@masdecynanque.com
Site : www.masdecynanque.com
Vente : au domaine
Sur rendez-vous.
Propriétaire : Xavier et Violaine de Franssu

■ Le Mas de Mon Père
MALEPÈRE

S i la jeune appellation Malepère peine à se faire connaître dans le vaste paysage languedocien, son visage qualitatif doit aujourd'hui beaucoup au jeune Fréderic Palacios, vigneron passionné et intuitif, qui a accompli en très peu de temps un travail considérable. Très exigeant à la vigne, ne négligeant aucun soin, il vinifie séparément les différents cépages en petites cuves et positionne son domaine de 5 ha, situé sur les sols argilo-calcaires d'Arzens, parmi l'élite des nouveaux producteurs de l'Aude. Une découverte enthousiasmante de grands vins d'artisan.

Les vins : un peu simple, le blanc Quitte ou Double 2011 offre de belles saveurs de poire, mais il semble déjà un peu évolué. le M Comme Je Suis 2010 est un très joli rouge friand et mûr, énergique, avec une pointe de rusticité. Le carignan C Comme Ça 2011 ! est superbe, profond et frais à la fois, éclatant dans ses saveurs. L'Insolite 2010 est finement épicé et juteux, un vin intègre de belle allonge. Le Cause Toujours ! 2011 joue la carte du fruit tendre et frais, gourmand et plus équilibré qu'en 2010.

☐ IGP Oc Quitte ou Double 2011	15 €	14
■ IGP Oc L'Insolite 2010	14 €	16
■ VDF C Comme Ca ! 2011	11 €	16,5
■ VDF Cause Toujours 2011	15 €	16
■ VDF M Comme Je Suis ! 2010	10 €	14,5

Rouge : 5,35 hectares.
Cabernet franc 10 %, Cabernet-sauvignon 19 %, Carignan 14 %, Malbec 19 %, Merlot 27 %, Cinsault et autres 27 %
Blanc : 0,25 hectare.
Chasan 100 %
Production moyenne : 15 000 bt/an
❀ Certifié en agriculture bio ou biodynamique

Le Mas de Mon Père, Chemin du Roudel, 11290 Arzens
Tél. : 04 68 76 23 07 **Fax :** 04 68 76 23 07
E-mail : f.palacios@aliceadsl.fr
Site : http ://lemasdemonpere.chez-alice.fr
Vente : au domaine

Sur rendez-vous.
Propriétaire : Frédéric Palacios

■ Mas des Caprices
FITOU

Anciens restaurateurs en Alsace, Pierre et Mireille Mann ont effectué leur « retour aux sources », cette envie irrépressible de devenir vignerons, en s'installant en 2005 à Leucate, dans le secteur maritime de Fitou. Après trois années en cave coopérative, le temps de convertir le vignoble en bio, ils démarrent en 2009 la production du Mas des Caprices. Le vignoble est situé sur le plateau de Leucate, en bordure de falaises surplombant la mer, dans un environnement magnifique et préservé. Composant harmonieusement entre des cuvées de soif (excellent rosé RAS) et d'autres plus ambitieuses (Anthocyane), les vins font la part belle aux vieux cépages locaux (carignan et grenache gris) et associent maturité et fraîcheur de fruit. Une adresse à découvrir en priorité.

Les vins : la gamme est vaste et le domaine a choisi de présenter le blanc Gris Gris 2011 : un pur grenache gris finement épicé, d'une belle rectitude, à la finale tranchante et destiné à accompagner des coquillages. Le B. to B. 2010 (Blanc pour la barrique) est un grenache blanc et gris assez profond et profilé par un bel élevage, soigné et structuré par des amers. En rouge, le RAS (Rouge à Siroter) 2011 est un vin friand, un peu canaille, au fruit glissant et direct. Retour aux Sources 2010 offre des saveurs réglissées et fraîches, soutenues par des tanins croquants : un fitou contemporain et charmeur. Les meilleurs lots – essentiellement des vieux mourvèdres – intègrent la cuvée Anthocyane, qui a donné en 2010 un grand vin mûr et très savoureux, à la trame veloutée, déjà très harmonieux, mais promis à un beau vieillissement. Le rivesaltes Grenat 2010 offre un équilibre irréprochable.

☐ Corbières B. to B. (Blanc pour la
Barrique) 2010   16 €   16
☐ IGP Aude Gris Gris 2011   13 €   15,5
■ Fitou Anthocyane 2010   13 €   16,5
■ Fitou Retour aux Sources 2010   11 €   15
■ IGP Aude R.A.S. (Rouge A
Siroter) 2011   7 €   14,5
■ Rivesaltes Grenat 2010   10 €   15,5

Rouge : 13 hectares.
Syrah 4,5 %, Grenache 26 %, Carignan 32 %, Mourvèdre 34 %, Lladoner pelut 3,5 %
Blanc : 2 hectares.
Maccabeu 15 %, Muscat à petits grains 36 %, Grenache 31 %, Grenache gris 18 %
Production moyenne : 45 000 bt/an

Mas des Caprices, 37, avenue
Georges-Brassens, 11370 Leucate-Village
Tél. : 06 76 99 80 24 ou 06 89 15 18 50
Fax : 04 68 40 96 19
E-mail : masdescaprices@free.fr
Vente : au domaine
De la mi-juin à la mi-août : tous les jours, sauf lundi, de 18h à 20h, dimanche de 11h à 13h. L'hiver sur rendez-vous.
Propriétaire : Mireille et Pierre Mann

■ Mas Haut-Buis
COTEAUX DU LANGUEDOC TERRASSES DU LARZAC

Olivier Jeantet est un vigneron exigeant qui a poursuivi sans relâche depuis dix ans une voie difficile – il est installé à 800 m d'altitude, au sommet du causse du Larzac – et est revenu à un haut niveau de qualité et régularité avec des vins de grand caractère, en blanc comme en rouge. La fraîcheur, la finesse et le caractère singulier des derniers vins dégustés approchent désormais le domaine de la première étoile.

Les vins : grande fraîcheur et finesse aromatique pour le grenache blanc Les Agrunelles, à la matière savoureuse et franche, parsemée de notes d'acacia, très « végétal mûr ». Passé une légère réduction, le rouge Les Carlines 2010 met en avant son fruit crayeux et croquant. La grande cuvée de rouge Costa Caoude 2010 présente un profil délié, presque acidulé dans sa vivacité, et une remarquable franchise de fruit : un vin très précis, tendu, salivant dans sa finale caillouteuse. Le 2009, en comparaison, nous semble un peu riche en alcool. Le domaine propose toujours de vieux millésimes : le 2002 se révèle tendre et moelleux, encore bien frais, et le 2001, poudreux et persistant dans ses fines notes chocolatées.

☐ IGP Herault Les Agrunelles 2010   17 €   16,5
■ Languedoc Costa Caoude 2009   22 €   16,5
■ Languedoc Costa Caoude 2002   31 €   16
■ Languedoc Costa Caoude 2001   33,50 € 16,5
■ Languedoc Terrasse du Larzac
Costa Caoude 2010   20 €   17

LANGUEDOC-ROUSSILLON

■ Languedoc Terrasse du Larzac Les
  Carlines 2010   11 € 15

Rouge : 6,5 hectares.
Carignan 50 %, Grenache 50 %
Blanc : 1 hectare.
Roussanne 80 %, Chardonnay 20 %
Production moyenne : 35 000 bt/an

Mas Haut-Buis, 52, Grand Rue, 34520 La
Vacquerie
Tél. : 06 13 16 35 47 **Fax :** 04 67 44 12 13
E-mail : mashautbuis@hotmail.fr
Site : www.mashautbuis.com
Vente : au domaine
Sur rendez-vous uniquement.
Propriétaire : Olivier Jeantet

■ L'Oustal Blanc
MINERVOIS-LA-LIVINIÈRE

Passionnés et généreux, Claude et Isabel Fonquerle travaillent depuis 2002 dans le secteur de La Livinière, déclinant une viticulture soignée : vendange en caisses, tri draconien sur des raisins égrappés, vinification en barriques ouvertes (comme dans le Priorat) pour les vieux grenaches. Derrière d'ésotériques étiquettes, le couple défend les cépages autochtones, jonglant entre des vins de table (cuvées Naïck) issus du cinsault et du carignan en rouge, l'appellation Minervois à dominante grenache, ainsi qu'un des plus beaux blancs de grenache gris et de maccabeu du secteur. Par rapport à ceux de certains voisins, les derniers vins présentés ont du mal à se départir de maturités très poussées qui alourdissent les vins, et certaines cuvées n'ont pas vieilli de façon aussi convaincante que nous l'espérions.

Les vins : le domaine ne nous ayant pas fait parvenir ses vins cette année, nous sommes amenés à reconduire les notes de l'édition précédente – sans autre commentaire.

☐ VDT Naïck 2009   n.c. 15
■ Minervois Giocoso 2009   n.c. 15,5
■ Minervois La Livinière Prima
  Donna 2009   n.c.   14
■ VDT K10 2010   n.c. 15

Rouge : 10,5 hectares.
Carignan 40 %, Cinsault 10 %, Grenache 30 %,
Syrah 20 %
Blanc : 1,5 hectare.
Maccabeu 5 %, Grenache gris 95 %
Production moyenne : 40 000 bt/an

L'Oustal Blanc, 4 bis, avenue de la Source,
34370 Creissan
Tél. : 04 67 26 93 84 **Fax :** 04 67 26 93 84
E-mail : earl.fonquerle@wanadoo.fr
Site : www.oustal-blanc.com
Vente : au domaine
Sur rendez-vous.
Propriétaire : Claude et Isabel Fonquerle

■ Château Pech-Latt
CORBIÈRES

Cette grande propriété des Corbières, plantée pour moitié en carignan, appartient à la maison de négoce bourguignonne Louis Max – comme le château de Caraguilhes. Philippe Mathias, œnologue inspiré, a fait magistralement progresser la gamme en développant une viticulture durable (labellisée bio) et en affichant toujours un souci de précision – trop rare dans la région – dans ses vinifications. Les vins rouges se sont montrés fiables et réguliers, mais les maturités sont parfois assez poussées et les élevages pas toujours bien cadrés dans les derniers millésimes : nous attendons mieux de ce domaine.

Les vins : le Tradition 2011 est souple, avec un fruit un peu confituré. Plus vigoureux, le vieilles vignes 2011 associe volume et structure, avec une pointe d'alcool en finale. Joufflu mais équilibré, le Tamanova 2010 s'appuie sur un boisé asséchant en finale. En cours d'élevage, l'échantillon de 2011 se présentait assez mou et épais, manquant de fraîcheur.

■ Corbières Tamanova 2011   19 € 14,5
■ Corbières Tamanova 2010   19 € 15
■ Corbières Tradition 2011   6,80 € 14,5
■ Corbières Vieilles Vignes 2011 9,50 € 15

Rouge : 128,5 hectares.
Syrah 26 %, Carignan 38 %, Grenache 21 %,
Mourvèdre 15 %
Blanc : 6,5 hectares.
Marsanne 95 %, Vermentino 5 %
Production moyenne : 400 000 bt/an
❀ Certifié en agriculture bio ou biodynamique

Château Pech-Latt, 11220 Lagrasse
Tél. : 04 68 58 11 40 **Fax :** 04 68 58 11 41
E-mail : chateau.pechlatt@louis-max.fr
Site : www.louismax.com
Vente : au domaine
Du lundi au jeudi de 8h à 12h et de 13h à
17h30. Le vendredi de 8h à 11h. Samedi,
dimanche et jours fériés sur rendez-vous.
Propriétaire : Philippe Bardet (président)
Directeur : Philippe Mathias

Château Pech-Redon
COTEAUX DU LANGUEDOC

C hristophe Bousquet est un vigneron dyna-mique et volontaire, qui se bat (parfois dans l'adversité) pour porter haut les couleurs du massif de la Clape (récemment promu en cru du Languedoc), secteur maritime au fort poten-tiel. Il a effectué le choix d'une viticulture bio et a progressivement affiné ses vinifications et ses élevages, portant ses vins, autrefois robustes et généreux en alcool, vers des expressions plus civilisées et équilibrées aujourd'hui. Nous som-mes heureux d'accueillir dans ce guide cette production identitaire et affirmée, au sein d'une gamme aujourd'hui bien en place.

Les vins : le blanc L'Epervier 2010, à domi-nante de bourboulenc, apparaît puissant et dense, élevé sur lies, marqué par une chair vigoureuse, nerveuse et saline en finale. Un blanc identitaire de grand caractère. En rouge, Les Cades 2011 se montre sain et charnu, assez fin et d'une très juste maturité. L'Epervier 2011, dégusté brut de cuve, est prometteur dans sa finesse de texture, mais ses tanins demandent à se patiner. Plus dense, légèrement marqué par des notes de pin et de pruneau, L'Epervier 2010 offre un profil corsé et profond, doté d'une belle allonge réglissée : une des plus belles cuvées de la Clape aujourd'hui.

☐ Languedoc La Clape
   L'Epervier 2010   n.c. 15,5
■ Languedoc La Clape
   L'Epervier 2011   n.c. 15,5
■ Languedoc La Clape
   L'Epervier 2010   n.c. 16,5
■ Languedoc La Clape Les
   Cades 2011   n.c. 14,5

Rouge : 35 hectares.
Alicante 5 %, Carignan 20 %, Cinsault 20 %,
Grenache 17 %, Grenache 30 %,
Mourvèdre 5 %, Syrah 20 %
Blanc : 7 hetares.
Bourboulenc 18 %, Chardonnay 25 %,
Chasan 40 %, Grenache 17 %, Grenache 30 %
Production moyenne : 150 000 bt/an

Château Pech-Redon, Route de Gruissan, 11100
Narbonne
Tél. : 04 68 90 41 22 **Fax :** 04 68 65 11 48
E-mail : info@pech-redon.com
Site : www.pech-redon.com

Sur rendez-vous.
Propriétaire : Christophe Bousquet

Yannick Pelletier
SAINT-CHINIAN

V oilà un moment que ces vins aux noms d'oi-seaux et à consonance rabelaisienne (Les Coccigrues) nous avaient séduits dans nos mul-tiples dégustations : il est donc bien légitime de faire entrer dans le guide la production de ce jeune vigneron enthousiaste, ancien caviste venu à la vigne après un passage chez Didier Barral, dont il s'inspire pour son éthique et son appro-che respectueuse du vivant. Installé sur quelques abrupts coteaux de schistes du secteur de Saint-Nazaire-de-Ladarez, aux confins de Saint-Chinian et de Faugères, Yannick Pelletier est un vigneron rigoureux à la vigne, méticuleux, qui a construit un gamme très soignée de vins enjoués et digestes, proches du fruit mais jamais brouil-lons : l'Oiselet, tout en fruit gourmand, l'Engou-levent et les Coccigrues, issu de vieilles vignes.

Les vins : le domaine ne nous ayant pas fait parvenir ses vins cette année, nous sommes amenés à reconduire les notes de l'édition pré-cédente – sans autre commentaire.

■ Saint-Chinian L'Engoulevent 2009   n.c. 16
■ Saint-Chinian Les
   Coccigrues 2009   n.c. 16,5
■ Saint-Chinian Les
   Coccigrues 2007   n.c. 17
■ Saint-Chinian L'Oiselet 2009   n.c. 14,5

Rouge : 9,5 hectares.
Carignan 18 %, Mourvèdre 5 %, Syrah 15 %,
Cinsault 12 %, Grenache 50 %
Blanc : 0,5 hectare.
Terret 100 %
Production moyenne : 28 000 à 30 000 bt/an

Yannick Pelletier, Rue de la Bourrède, 34490
Saint-Nazaire de Ladarez
Tél. : 06 64 66 38 90 **Fax :** 04 67 26 09 34
E-mail : yapelletier@wanadoo.fr
Pas de visites.
Propriétaire : Yannick Pelletier
Directeur : Yannick Pelletier

Château de Rieux
MINERVOIS

E mmanuel de Soos est un vigneron rigoureux et énergique, qui a fait de ce domaine bien situé l'une des valeurs montantes du Minervois. Il se concentre sur les rouges avec une excellente cuvée Château de Rieux, combinaison d'une large palette de cépages. Millésime après millésime, le vin prend du corps tout en demeurant digeste, savoureux, sans sécheresse, avec une allonge louable. La cuvée Riussanelle, typée cinsault et grenache, est un délicieux rouge de soif, expressif. Une des plus fiables adresses du Minervois.

Les vins : le Riussanelle 2011 se montre très fruité et tendre, avec une belle qualité de fruit. Plus mûr et velouté, le Château de Rieux 2010 présente un caractère assez solaire mais équilibré.

■ Minervois 2010   12 €   16
■ Minervois Riussanelle 2011   8 €   15

Rouge : 15 hectares.
Grenache 10 %, Pinot noir 15 %, Syrah 35 %, Carignan 20 %, Cinsault 20 %
Blanc : 7 hectares.
Sauvignon ou Sauvignon Blanc 35 %, Viognier 65 %
Production moyenne : 40 000 bt/an

Château de Rieux, 11160 Rieux-Minervois
Tél. : 04 68 78 33 66   **Fax :** 04 68 78 37 21
E-mail : chateauderieux@wanadoo.fr
Vente : au domaine
Tous les jours de 8 h à 20 h.
Propriétaire : Emmanuel de Soos

■ Château Rives-Blanques
LIMOUX

L e domaine est situé à 350 m d'altitude, sur un plateau dominant la vallée de l'Aude d'un côté, et offrant de l'autre une vue en cinémascope sur les Pyrénées enneigées. Rives-Blanques a bénéficié de la passion et des moyens de Jan et Caryl Panman, couple britannique venu de la finance, séduit par la beauté du site et par sa palette de blancs limouxins. Dans une cave désormais parfaitement équipée, le chardonnay (100 % dans la Cuvée de l'Odyssée), le chenin (Dédicace) et le mauzac (Occitania), soumis à des rendements assez bas, sont vinifiés en cuves et en barriques. Le premier donne un vin riche et frais, d'un excellent équilibre ; le second, un blanc plus sec et puissant en alcool, plus dense aussi ; quant au mauzac de l'originale cuvée Occitania, il associe la richesse sudiste et la fraî-

cheur des amers limouxins. Les élevages sous bois permettent aux vins de gagner en hauteur et tension. Une valeur sûre de Limoux.

Les vins : les effervescents sont de bonne facture et représentatifs du potentiel de Limoux pour ce type de vin. Une nouvelle cuvée, Le Limoux, offre en 2010 une matière franche et un fruit expressif. Très croquant, l'Odyssée 2011 se révèle salivant et complet. Le Dédicace 2010 est un peu en retrait, mais sa finesse et sa discrète amertume sonnent très juste. Comme à son habitude, La Trilogie montre en 2010 un supplément de volume et d'allonge, très appétant dans ses saveurs de pamplemousse jaune. Le vin de table 2006, vendange tardive de chenin et de mauzac, présente des sucres déjà fondus, un peu confits, mais une expression aromatique très originale de miel d'acacia.

☐ Blanquette de Limoux 2010   10,50 €   14
☐ Crémant de Limoux Blanc de
    Blancs 2009   11 €   15
☐ IGP Oc Chardonnay du
    Domaine 2011   5,95 €   13,5
☐ Limoux "Le Limoux" 2010   11,25 €   15,5
☐ Limoux Dédicace 2010   11,25 €   15,5
☐ Limoux La Trilogie 2010   15,60 €   16,5
☐ Limoux Odyssée 2011   11,25 €   16,5
☐ VDT Lagremas d'Aur 2006   13 €   15,5
■ Crémant de Limoux Vintage 2009   12 €   15

Blanc : 22 hectares.
Chardonnay 50 %, Chenin ou chenin blanc ou pineau de la loire 15 %, Mauzac 25 %, Sauvignon blanc 10 %
Production moyenne : 100 000 bt/an

Château Rives-Blanques, 11300 Cépie
Tél. : 04 68 31 43 20   **Fax :** 04 68 31 43 20
E-mail : rives-blanques@wanadoo.fr
Site : www.rives-blanques.com
Vente : au domaine
Sur rendez-vous.
Propriétaire : Jan et Caryl Panman

■ Domaine Saint-Antonin
FAUGÈRES

F rédéric Albaret, autodidacte sensible, a fait tranquillement ses classes à Faugères. Sa cuvée Magnoux est l'une des plus belles expressions du cru : un rouge à dominante syrah, aux tanins fins et d'une grande franchise, qui se place à l'aveugle parmi les meilleurs de son appellation. Les derniers millésimes ont gagné en précision et un nouveau chai permet un travail plus qualitatif, mais les vins ont du mal à se départir d'une certaine réserve.

Les vins : le caractère sec, austère et maigre du faugères Lou Cazalet 2010 ne convainc pas. Le Magnoux 2010 offre plus de sève et de volume, avec d'abondants tanins réglissés et une belle allonge, mais sans l'éclat du 2009.

- Faugères Lou Cazalet 2010 — 9 € — 13,5
- Faugères Magnoux 2010 — 15 € — 16

Rouge : 25 hectares.
Grenache 17,5 %, Mourvèdre 22,5 %, Syrah 47,5 %, Carignan 12,5 %
Domaine Saint-Antonin, Lentheric, 34480 Cabrerolles
Tél. : 04 67 90 13 24 **Fax :** 04 67 90 06 43
E-mail : stantonin@wanadoo.fr
Vente : au domaine
Pas de visites.
Propriétaire : Frédéric Albaret
Directeur : Frédéric Albaret

■ Château Sainte-Eulalie
MINERVOIS-LA-LIVINIÈRE

Dirigé par Isabelle Coustal, ce domaine méconnu de Minervois-La-Livinière dispose d'un vignoble de coteaux d'altitude où les raisins mûrissent bien. Depuis 2001, le château a régulièrement figuré dans le peloton de tête de son appellation avec sa cuvée La Cantilène. Celle-ci exprime à merveille le caractère des argiles de La Livinière et n'a cessé de progresser dans les derniers millésimes. Il faut la boire entre trois et sept ans. La nouvelle cuvée Grand Vin doit trouver ses marques.

Les vins : le Plaisirs d'Eulalie 2011 est un vin de fruit tendre et épicé, parfait à boire dès maintenant. Le Prestige d'Eulalie 2010 offre un fruit sain, mais manque un peu d'éclat. Généreux, débordant de fruits noirs, le Cantilène 2009 a pris des accents un peu fumés. Plus subtile et fraîche, la version 2010 gagne aussi en finesse de tanins : un très beau vin équilibré. Le Grand Vin 2010 est plus en densité, avec des notes réglissées et un élevage plus ambitieux : bien fait, mais un peu sec en finale. Plus tendre et précoce, le Grand Vin 2011 compte plus de nuances et de fraîcheur.

- Minervois La Livinière Grand
  Vin 2011 — 17 € — 16,5
- Minervois La Livinière Grand
  Vin 2010 — 16,50 € — 16
- Minervois La Livinière La
  Cantilène 2010 — 12,35 € — 16,5
- Minervois La Livinière La
  Cantilène 2009 — 12,10 € — 16
- Minervois Prestige
  d'Eulalie 2011 — 5,40 € — 14,5
- Minervois Prestige
  d'Eulalie 2010 — 7,30 € — 15

Rouge : 36 hectares.
Carignan 22,35 %, Cinsault 7,7 %, Grenache 17,50 %, Syrah 52,45 %
Château Sainte-Eulalie, 34210 La Livinière
Tél. : 04 68 91 42 72 **Fax :** 04 68 91 66 09
E-mail : info@chateausainteeulalie.com
Site : www.chateausainteeulalie.com
Vente : au domaine
L'été de 11h à 13h et de 15h à 19h (7j/7). Hors saison du lundi au vendredi de 10h30 à 12h30 et de 15h à 17h, samedi et dimanche sur rendez-vous.
Propriétaire : Isabelle et Laurent Coustal

■ Les Vignerons du Sieur d'Arques
LIMOUX

Cette prolifique coopérative est le premier producteur de blanquette (à base de cépage mauzac) et de crémant de Limoux, mais elle dynamise aussi toute la région en « poussant » le chardonnay tranquille, vinifié en barriques. Sa déclinaison des terroirs sous la marque Toques et Clochers (associée à une fête populaire et à une vente aux enchères destinée à la restauration des clochers de la région) est devenue une référence majeure parmi les blancs du Sud. Cette cave développe également une gamme de rouges qui demandent encore à s'ajuster, surtout dans l'élevage en barriques.

Les vins : parmi le bon niveau des effervescents, notre préférence va au crémant 2007 Toques et Clochers, tranchant dans sa droiture de bouche mais assez complexe dans sa palette aromatique. Le Petit Toqué, « vin bistronomique », existe en blanc dès 2010 (un peu épais, assis sur un boisé « sucraillon ») et en rouge dès 2009 (marqué par un fruit mûr mais un peu sec). La gamme des Terroirs 2010 démarre avec Autan, toujours assez mûr mais un peu pesant ; le Méditerranéen se montre plus expressif, marqué par le fenouil, et une fine nervosité grillée ; l'Équilibré, assez dense, l'Océanique est très prometteur ; le Haute Vallée, comme à son habitude, offre le plus d'harmonie dans sa matière ferme et étoffée, parsemée d'élégants amers.

☐ Blanquette de Limoux Première
Bulle Fuchsia 2010   10 € 13,5
☐ Crémant de Limoux Première Bulle
Premium 2010   12 € 14
☐ Crémant de Limoux Toques et
Clochers 2007   15 € 15,5
☐ Limoux 4 Terroirs Toques et
Clochers Autan 2010   12,20 € 14,5
☐ Limoux 4 Terroirs Toques et
Clochers Haute Vallée 2010   12,20 € 17
☐ Limoux 4 Terroirs Toques et
Clochers Méditerranéen 2010   12,20 € 16
☐ Limoux 4 Terroirs Toques et
Clochers Océanique 2010   12,20 € 15,5
☐ Limoux Le Petit Toqué 2010   7,90 € 13,5
▨ Crémant de Limoux Première Bulle
Rosé 2010   12 € 13,5
■ Limoux Le Petit Toqué 2009   7,90 € 13,5
■ Limoux Occursus 2005   18,40 € 13,5

Rouge : 1 300 hectares.
Merlot 20 %, Pinot noir 20 %, Syrah 10 %,
Cabernet franc 8 %, Cabernet-sauvignon 12 %,
Divers 20 %, Grenache 10 %
Blanc : 2 200 hectares.
Viognier 2 %, Sauvignon ou Sauvignon
Blanc 5 %, Chardonnay 39 %, Chenin ou chenin
blanc ou pineau de la loire 13 %, Divers 2 %
Production moyenne : 18 000 000 bt/an

Les Vignerons du Sieur d'Arques, Avenue du
Carcassonne, 11300 Limoux
Tél. : 04 68 74 63 00 **Fax :** 04 68 74 63 12
E-mail : a.aquanno@sieurdarques.com
Site : www.sieurdarques.com
Vente : au domaine
Tous les jours de 9h à 12h et de 14h à 18h sur
rendez-vous.
Propriétaire : Alain Gayda
Directeur : Alain Gayda

■ Domaine La Terrasse d'Elise
VIN DE PAYS DE L'HÉRAULT

Fils de vigneron, Xavier Braujou s'est constitué, en dix années de travail, un domaine partagé entre Aniane et Saint-Jean-de-Fos. Cet artisan vigneron solitaire et résolu élabore avec peu de moyens des vins passionnants et hautement convaincants, récompensant un énorme

travail sur de vieilles vignes en gobelet aux rendements très faibles, 20hl/ha en moyenne. Nées d'élevages longs en cuves et vieux fûts, les cuvées, classées en Vin de Pays (désormais en Indication géographique protégée, IGP), ont su préserver fraîcheur et velouté de fruit et racontent la noblesse des vieux cépages de la région. Une adresse qui réjouit les amateurs, partagée par un nombre croissant de sommeliers et de cavistes.

Les vins : issu de roussanne, marsanne et chardonnay, un nouveau blanc, le Siclène 2011, est encore marqué par l'élevage mais possède un magnifique volume, une trame précise et droite, empreinte de nervosité et de fraîcheur. Un très beau vin en devenir, à déguster à nouveau l'an prochain. Passée une légère réduction, la syrah XB 2010 offre déjà un fruit patiné et doux. Irrésistible, Le Pradel 2010 ralliera tous les suffrages par sa chair croquante et soyeuse : la pulpe épicée du fruit est flagrante. Sans doute l'un des rares grands vins de pur cinsault du sud de la France.

☐ IGP Hérault Siclène 2011   18 € 16,5
■ IGP Hérault Le Pradel 2010   18,50 € 16,5
■ IGP Hérault XB 2010   8 € 15

Rouge : 10,5 hectares.
Cinsault 30 %, Mourvèdre 10 %, Syrah 30 %,
Carignan 20 %, Merlot 10 %
Blanc : 1 hectare.
Chardonnay 80 %, Roussanne 10 %,
Marsanne 10 %
Production moyenne : 30 000 bt/an

Domaine La Terrasse d'Elise, 10, rue
Victor-Hugo, 34150 Saint-Jean-de-Fos
Tél. : 06 22 91 81 39 **Fax :** 04 67 57 99 40
E-mail : terrassedelise@club-internet.fr
Site : www.terrassedelise.com
Vente : au domaine
Sur rendez-vous.
Propriétaire : Xavier Braujou

■ Domaine Turner Pageot
VIN DE PAYS DE L'HÉRAULT

Sommelier baroudeur ayant vinifié en Italie, France et plusieurs pays de l'hémisphère Sud, Emmanuel Pageot a uni ses efforts à ceux de sa compagne Karen Turner, qui dirige également le Prieuré Saint-Jean de Bébian. Ensemble, ils travaillent en biodynamie un petit domaine du secteur de Gabian, qui propose une gamme très homogène et soignée. Si les rouges offrent un vrai caractère, ce sont ici les blancs qui surprendront le plus, car ils sortent des sentiers battus (longues macérations) et nous ont particulièrement séduit par leur parti-pris et leur vitalité saline. La Rupture, énergique sauvignon blanc, en est la parfaite illustration.

Les vins : le rouge 2010 se montre délicieusement parfumé, encore très immature, d'une belle intégrité de saveurs et vitalité de sève. Plus sphérique et légèrement amoindri par le bois, Carmina Major présente un fruit légèrement confit et terne. Les blancs constituent le point fort du domaine, particulièrement La Rupture 2011 (sauvignon blanc), mûr et citronné, très énergique, et Les Choix 2010, macération pelliculaire de marsanne aux notes de thym et aux amers nobles. Un vin tendu et stimulant, à la forte personnalité.

☐ Languedoc Le Blanc 2011	11 €	14,5
☐ VDF La Rupture 2011	16 €	15,5
☐ VDF Les Choix 2010	26 €	16,5
☐ VDF Santo 2008	18 €	15,5
■ Languedoc Pézenas Carmina Major 2010	14 €	14,5
■ Languedoc Pézenas Le Rouge 2010	11 €	15,5

Rouge : 5 hectares.
Mourvèdre 15 %, Syrah 25 %, Grenache 60 %
Blanc : 2 hectares.
Marsanne 25 %, Roussanne 25 %, Sauvignon blanc 50 %
Production moyenne : 30 000 bt/an
❀ Certifié en agriculture bio ou biodynamique

Domaine Turner Pageot, 3, avenue de la Gare, 34320 Gabian
Tél. : 04 67 00 14 33
E-mail : contact@turnerpageot.com
Site : www.turnerpageot.com
Vente : au domaine
Sur rendez-vous.
Propriétaire : Karen Turner et Emmanuel Pageot.
Directeur : Emmanuel Pageot

NOUVEAU DOMAINE

■ Domaine Vaïsse
COTEAUX DU LANGUEDOC

Installé à Puéchabon sur des terroirs de galets et d'argiles rouges, non loin d'Aniane dans les Terrasses du Larzac, Pierre Vaïsse est un jeune vigneron qui a débuté avec seulement 2 ha de

vignes en 2007. Parrainé par Frédéric Pourtalié (Montcalmès) et Laurent Vaillé (Grange des Pères), il s'attache à élever longuement ses vins (20 mois pour les rouges) pour leur apporter un velouté de chair et un soyeux de tanins peu communs. Nous plaçons beaucoup d'espoir dans ce jeune domaine dont la production, encore confidentielle, est appelée à s'agrandir, et qui fait déjà preuve d'une maîtrise impressionnante, en rouge comme en blanc.

Les vins : le Hasard 2011 est un viognier élégant et velouté, au style très soigné et précis, dont nous apprécions l'équilibre, éloigné de tout artifice œnologique. A dominante de mourvèdre, l'Aphyllante 2009 se livre avec bonheur dans une expression soyeuse et croquante, sans aspérités, à l'élégance naturelle. Epicé, richement doté et moelleux, les Capitelles 2009 associe syrah et mourvèdre en un supplément de densité et d'allonge, relevée d'une note de poivre et de cacao.

☐ IGP Hérault Hasard 2011	24 €	15,5
■ Coteaux du Languedoc L'Aphyllante 2009	17,85 €	16
■ Coteaux du Languedoc Les Capitelles 2009	19,85 €	16,5

Rouge : 3 hectares.
Syrah 50 %, Mourvèdre 50 %
Blanc : 1 hectare.
Viognier 100 %
Production moyenne : 6 000 bt/an

Domaine Vaïsse, 12, route d'Ariane 34150 Puechabon
Tél. : 06 22 10 07 41   **Fax :** 04 67 57 28 86
E-mail : domaine.vaisse@free.fr
Vente : au domaine
A partir de 17h.
Propriétaire : Pierre Vaïsse

■ Villa Serra
MINERVOIS

Ce petit domaine familial situé sur la commune de Caune-Minervois est piloté par l'œnologue-conseil Claude Serra. Depuis 2001, la gamme se diversifie peu à peu et exprime l'élégance des tanins et le travail tout en nuances de ce Languedocien sensible à l'expression des terroirs. Si les volumes sont confidentiels, de nouvelles cuvées voient le jour, avec des élevages très soignés. Le domaine, en conversion bio, nous a déçus, les vins présentés ne retrouvent pas le naturel d'expression des 2009. Trop d'irrégularité nous conduit à retirer l'étoile.

Les vins : Que Sera Serra 2010 est un rouge simple et souple. Le rouge 2010 est plus profond, il offre une belle énergie mais manque un peu de naturel. Le Pinabo décline une chair mûre et moelleuse, dans un style assez flatteur, avec un boisé un peu trop pesant.

■ Minervois 2010	12 €	15
■ Minervois Pinabo 2010	19,50 €	15
■ Minervois Que Sera Serra 2010	7,90 €	13,5

Rouge : 2,8 hectares.
Carignan 15 %, Cinsault 25 %, Grenache 25 %, Mourvèdre 10 %, Syrah 25 %
Blanc : 0,3 hectare.
Grenache 100 %
Production moyenne : 10 000 bt/an

Villa Serra, 3, impasse des Acanthes, 34070 Montpellier
Tél. : 04 11 65 54 47 **Fax :** 04 67 64 18 48
E-mail : villaserra.minervois@gmail.com
Site : www.villaserra-minervois.com
Vente : au domaine
Sur rendez-vous.
Propriétaire : Anne et Claude Serra

■ Château La Voulte-Gasparets
CORBIÈRES

Cinq générations animées par la volonté de révéler la spécificité du terroir de Boutenac se sont succédé ici. Patrick Reverdy et son fils Laurent se sont attachés à valoriser leurs vieux carignans, colonne vertébrale de la gamme secondée par des grenaches et des mourvèdres. Vinifié en macération carbonique, le carignan entre pour moitié dans l'assemblage de la cuvée Romain Pauc 2010. Alors que beaucoup progressent rapidement dans le secteur des Corbières, ce domaine ne doit donc pas s'endormir sur ses lauriers, et les vins présentés montrent les signes d'une reprise en main.

Les vins : parfumé et finement anisé, le Blanc 2011 est en progrès. Franche et expressive dans ses saveurs de garrigue, la Cuvée Réservée fera une jolie bouteille d'ici à deux ans. La Cuvée Romain Pauc 2010 est bien supérieure à celle du millésime 2009, avec un beau volume et des notes d'orange sanguine encadrées par un boisé légèrement chocolaté.

☐ Corbières 2011	7,70 €	15
■ Corbières Réservée 2010	8,60 €	15
■ Corbières-Boutenac Romain Pauc 2010	18,30 €	16

Rouge : 53 hectares.
Carignan 50 %, Grenache 25 %, Mourvèdre 15 %, Syrah 10 %
Blanc : 3 hectares.
Maccabeu 10 %, Rolle 50 %, Grenache 40 %
Production moyenne : 250 000 bt/an

Château La Voulte-Gasparets, 13, rue des Corbières, 11200 Boutenac
Tél. : 04 68 27 07 86 **Fax :** 04 68 27 41 33
E-mail : chateaulavoulte@wanadoo.fr
Site : www.lavoultegasparets.com
Vente : au domaine
Pas de visites.
Propriétaire : Patrick Reverdy

NOUVEAU DOMAINE

■ Zélige-Caravent
LANGUEDOC PIC SAINT-LOUP

Le secteur du Pic Saint-Loup est un des plus qualitatifs du Languedoc, mais trop rares sont les vignerons capables d'exprimer pleinement le potentiel de ses terroirs. Petit-fils de vigneron, retourné par choix à la terre, Luc Michel (aidé de sa compagne Marie) fait partie de ces artisans talentueux qui s'attachent à travailler manuellement leurs nombreuses parcelles certifiées en bio (ici 23, éparpillées dans la garrigue). Les vieux cépages locaux ont encore droit de cité (carignan, cinsault, aramon, carignan blanc) aux côtés des syrah et mourvèdre. Des vins savoureux et nuancés, vinifiés sans intrants et élevés en cuves béton, qui s'expriment avec fraîcheur et naturel, produits d'un écosystème vivant. Un domaine à suivre de près.

Les vins : le Jardin des Simples ouvre le jeu avec un jus parfumé et tendre, à la fraîcheur acidulée. La cuvée Ellipses demande un peu d'aération pour exprimer son fruit lisse et soyeux, savoureux à souhait. Plus mûr et velouté, le Manouches est aussi plus simple, dominé par la cerise à l'eau-de-vie. Le Nuit d'Encre est un alicante-bouchet juteux et expressif, aux agréables accents rustiques. Le Velvet déborde de fruit frais et tonique, avec de petits tanins poudreux au diapason. La grande cuvée Fleuve Amour doit digérer un peu son élevage, mais sa profondeur et sa persistance épicée ne laissent aucun doute sur son grand potentiel.

- Languedoc Pic Saint-Loup
  Ellipse 2010 — 12 € — 16
- Languedoc Pic Saint-Loup Fleuve
  Amour 2010 — 26 € — 17
- Languedoc Pic Saint-Loup Jardin
  des Simples 2010 — n.c. — 15
- Languedoc Pic Saint-Loup
  Velvet 2010 — 17 € — 16,5
- VDF Manouches 2010 — 12 € — 15
- VDT Nuit d'Encre — n.c. — 15

Rouge : 13 hectares.
Mourvèdre 10 %, Autres 5 %, Syrah 30 %,
Grenache 10 %, Alicante 5 %, Cinsault 20 %,
Carignan 20 %
Blanc : 1 hectare.
Clairette 5 %, Roussanne 15 %, Chasan 80 %

Production moyenne : 40 000 bt/an

⚜ Certifié en agriculture bio ou biodynamique

Zélige-Caravent, Chemin de la Gravette, 30260
Corconne
Tél. : 06 87 32 35 02
E-mail : contact@zelige-caravent.fr
Site : www.zelige-caravent.com
Vente : au domaine
Sur rendez-vous.
Propriétaire : Luc et Marie Michel

■ Domaine Gauby

CÔTES DU ROUSSILLON-VILLAGES

★★★

Depuis ses débuts au milieu des années 1980, Gérard Gauby, vigneron d'une haute exigence poursuit, aidé de son fils Lionel et de son épouse, Ghislaine, sa quête permanente du grand vin à l'équilibre parfait. Il a connu plusieurs périodes de remise en question qui, progressivement, l'ont porté vers un style de vins rouges et blancs tendus, sveltes et incroyablement digestes, qui enchantent par leur fraîcheur et lui valent de nombreux admirateurs. Jamais exempte de prise de risques, cette recherche de dépouillement révèle la quintessence du terroir varié de Calce, composé notamment d'étonnantes marnes noires sur lesquelles sont plantées les syrahs de La Muntada. Par un travail sans relâche des sols et de la vigne, les maturités phénoliques arrivent plus rapidement, permettant des degrés alcooliques souvent très modérés. Ces vins blancs et rouges demandent au moins trois ou quatre ans de bouteille avant de s'ouvrir sagement, mais dix à quinze ans n'effraient pas les grandes cuvées – et tous se présentent au mieux après un long passage en carafe. Nous rendons hommage au parcours exemplaire d'une famille qui a su ouvrir de nouvelles voies et réinventer la viticulture du Sud.

Les vins : tranchant, subtil, Les Calcinaires 2011 est un blanc effilé et digeste, moins intense que le 2010. Magnifiquement précis, le vieilles vignes blanc 2010 offre une superbe trame énergique et de très pures notes d'agrumes (citron vert). Nous avouons un faible pour le Coume des Lloups 2010, grenache gris de macération à la fraîcheur tannique désaltérante, portée par de grands amers minéraux. En rouge, Les Calcinaires 2011 mérite une légère aération mais constitue une parfaite introduction au style Gauby : frais, suave, charnu et souple, il se montre immédiatement salivant et hautement digeste. Le vieilles vignes 2010 se fait très appétent, velouté et de grande envergure, habillé d'un taffetas de tanins frais et mûrs. Floral, aérien, salin dans son allonge minérale, La Muntada 2010 trouve un équilibre hors du commun, avec l'évidence naturelle des plus grands vins. Nouvelle cuvée de rouge 2010, La Jasse (pur mourvèdre) séduira par sa chair croquante et suave, son étoffe salivante et son caractère sobre (12,5°

d'alcool). Les grenaches de La Roque 2010 révèleront à l'aération ou au vieillissement leur potentiel d'exception, tout comme le Coume Gineste, plus serré et vigoureux, intensément marqué par son terroir (schistes). Les carignans de La Foun 2010 offrent une merveilleuse intensité aromatique et une quasi-perfection formelle dans l'expression poudrée et revigorante de cette matière ciselée par le terroir.

- ☐ IGP Côtes Catalanes Coume des Lloups 2010   n.c.   18
- ☐ IGP Côtes Catalanes Les Calcinaires 2011   n.c.   15,5
- ☐ IGP Côtes Catalanes Vieilles Vignes 2010   n.c.   18
- ■ Côtes du Roussillon-Villages Coume Gineste 2010   n.c.   18,5
- ■ Côtes du Roussillon-Villages La Foun 2010   n.c.   19,5
- ■ Côtes du Roussillon-Villages La Jasse 2010   n.c.   18
- ■ Côtes du Roussillon-Villages La Muntada 2010   n.c.   19
- ■ Côtes du Roussillon-Villages La Roque 2010   n.c.   18,5
- ■ Côtes du Roussillon-Villages Les Calcinaires 2011   n.c.   16
- ■ Côtes du Roussillon-Villages Vieilles Vignes 2010   n.c.   17,5

Rouge : 28 hectares.
Carignan 30 %, Grenache 40 %,
Mourvèdre 10 %, Syrah 20 %
Blanc : 12 hectares.
Muscat à petits grains 10 %, Vermentino 5 %,
Grenache 45 %, Chardonnay 5 %,
Maccabeu 33 %
Production moyenne : 90 000 à 100 000 bt/an

Domaine Gauby, La Muntada, 66600 Calce
Tél. : 04 68 64 35 19   **Fax :** 04 68 64 41 77
E-mail : domaine.gauby@wanadoo.fr
Site : www.domainegauby.fr
Vente : au domaine
Sur rendez-vous uniquement.
Propriétaire : Gérard et Lionel Gauby

■ Domaine de Casenove

IGP DES CÔTES CATALANES
★★

E tienne Montès, ancien grand photographe de presse, est à la tête du domaine familial depuis maintenant une génération. Connaissant parfaitement ses terroirs et leur potentiel, il décline une magnifique production de vins de pays des Côtes catalanes, allant du simple vin de fruit à des cuvées de grande ampleur – comme le très fameux Commandant Jaubert. Les VDN sont également parmi les meilleurs exemples disponibles dans la région. L'ensemble de la gamme est irréprochable et nous ne pouvons qu'encourager vivement tous les amateurs à se précipiter pour la découvrir.

Les vins : le rosé Rossa Nova 2011 se montre plein et charnu, mais manque un peu d'élan. En blanc, Les Clares Petites 2011 offre un profil très salin, d'une excellente précision. Pas si éloigné d'un jerez, Les Clares 2007 conjugue allonge et fraîcheur. En rouge, La Colomina 2011 décline un fruit frais et désaltérant, d'excellent équilibre. Long et étoffé, La Garrigue 2009 revendique sa maturité et ses saveurs cacaotées en finale, mais l'harmonie est respectée. Le VDP Torrespeyres 2004 affiche une maturité épanouie et un excellent volume. En pleine forme, frais et velouté, le côtes-du-roussillon Pla del Rei 2000 est un vin glorieux, dont on se régalera à l'automne sur un gibier. Un rien confit, le muscat-de-rivesaltes 2011 offre une grande sincérité, le rivesaltes Tuilé 2007 toujours riche et vigoureux, l'Ambré 15/10 2001 toujours somptueux et opulent. Le VDT S'Arena offre un magnifique passerillage sur des notes de mandarine, avec une liqueur abondante mais digeste.

- ☐ IGP Côtes Catalanes Les Clares Petites 2011   8 €   14,5
- ☐ Muscat de Rivesaltes 2011   12 €   14,5
- ☐ Rivesaltes Ambré 15/10 2011   22 €   18
- ☐ VDP Côtes Catalanes Les Clares 2007   18 €   15,5
- ☐ VDT S'Arena 2005   22 € (50 cl)   16
- ■ IGP Côtes Catalanes Rossa Nova 2011   8 €   14
- ■ Côtes du Roussillon Pla del Rei 2000   80 €   17,5
- ■ IGP Côtes Catalanes La Colomina 2011   8 €   15
- ■ IGP Côtes Catalanes La Garrigue 2009   14 €   16
- ■ Rivesaltes Tuilé 2007   16 €   15,5
- ■ VDP Côtes Catalanes Torrespeyres 2004   18 €   16

Rouge : 33 hectares.
Carignan 40 %, Grenache 20 %,

Mourvèdre 10 %, Syrah 30 %
Blanc : 12 hectares.
Maccabeu 20 %, Muscat à petits grains 15 %,
Grenache 50 %, Roussanne 10 %, Torbat 5 %
Production moyenne : 80 000 bt/an

Domaine de Casenove, 66300 Trouillas
Tél. : 04 68 21 66 33 **Fax :** 04 68 21 77 81
E-mail : chateau.la.casenove@wanadoo.fr
Site : www.7devigne.com
Vente : au domaine
De 10h à 12h et de 16h à 19h.
Propriétaire : Famille Montès

■ Domaine Gardiés
CÔTES DU ROUSSILLON-VILLAGES
★★

T enant d'un style classique, unanimement
respecté par ses pairs, Jean Gardiés a repris
le domaine familial en 1990, en privilégiant la
production de vins rouges des Côtes du Roussillon, diminuant ainsi fortement celle des vins
doux, qui ne représentent plus que 4 ha. Typés
par la syrah, les rouges font partie des meilleurs
de la région, avec un beau volume en bouche et
une grande précision de saveurs. Notons les
progrès effectués sur les blancs, avec des élevages désormais en demi-muids de 600 litres,
préservant une belle minéralité. La régularité
exemplaire, les soins constants apportés au
vignoble comme au chai et la finesse, dont font
désormais preuve tous les vins, sont récompensés cette année par une deuxième étoile, qui
consacre la stature de ce domaine.
Les vins : en blanc, les Vignes de mon Père est
un pur malvoisie (aussi appelé tourbat en catalan) : un vin tendu et précis, droit et salin, d'un
classicisme irréprochable. Les Glaciaires 2011 a
gagné en volume par rapport au 2010, mais
demeure profilé et porté par de petits amers,
d'une précision millimétrée. Le Clos des Vignes
2010 approfondit le propos avec un vin dense,
à la chair ferme : à laisser trois à quatre ans en
cave. Les rouges 2010 se montrent très harmonieux : Les Millères 2010 est tendu, au profil
assez nerveux, le carignan Vignes de mon Père
dans la même veine, empreint d'une grande
fraîcheur, avec une trame tannique subtile. Le
Clos des Vignes 2010 est encore assez immature, serré dans ses tanins, mais sa finesse de
grain indique un épanouissement prévisible
dans quelques années : un vin très persistant, à
la grande allonge fumée. Bien que fort jeune, La

Torre 2010 affiche déjà une très grande envergure : volume, trame droite et serrée, matière
étoffée, grain minéral et fumé. C'est assurément
une très grande réussite. Un peu plus réservé,
Les Falaises 2010 demandera plus de temps
pour s'exprimer mais ses tanins fins et abondants le porteront loin, préservant toute sa fraîcheur de fruit.

☐	Côtes du Roussillon Clos des Vignes 2010	n.c.	16,5
☐	Côtes du Roussillon Les Glaciaires 2011	n.c.	16
☐	IGP des Côtes Catalanes Les Vignes de mon Père 2011	n.c.	15,5
■	Côtes du Roussillon-Villages La Torre 2010	n.c.	17,5
■	Côtes du Roussillon-Villages Les Millères 2010	n.c.	15,5
■	Côtes du Roussillon-Villages Tautavel Clos des Vignes 2010	n.c.	16,5
■	Côtes du Roussillon-Villages Tautavel Les Falaises 2010	n.c.	17
■	IGP des Côtes Catalanes Les Vignes de mon Père 2010	n.c.	15,5

Rouge : 25 hectares.
Syrah 20 %, Carignan 20 %, Mourvèdre 20 %,
Grenache 40 %
Blanc : 10 hectares.
Grenache 30 %, Maccabeu 10 %, Muscat à
petits grains 50 %, Roussanne 10 %
Production moyenne : 90 000 bt/an

Domaine Gardiés, chemin de Montpins, 66600
Espira-de-l'Agly
Tél. : 04 68 64 61 16 **Fax :** 04 68 64 69 36
E-mail : domgardies@wanadoo.fr
Site : www.domaine-gardies.fr
Vente : au domaine
Sur rendez-vous.
Propriétaire : Jean Gardiés

■ Mas Amiel
MAURY
★★

R epris par l'entreprenant Olivier Decelle
(également présent à Saint-Emilion avec le
château Jean-Faure, en Haut-Médoc et à Fronsac, et en Bourgogne avec la maison Decelle-
Villa), ce vaste domaine, qui a longtemps été le
fer de lance des grands vins doux naturels, évolue brillamment depuis son rachat. Sans négliger – bien au contraire – les vins doux, Olivier

Decelle a immédiatement perçu la grande aptitude des terroirs de Maury à produire des vins rouges classiques et s'est donné les moyens de les réussir. En outre, la gamme est complète, les vins aimables jeunes mais capables de vieillir, telle la cuvée Notre Terre. Jusqu'au début 2012, les vins bénéficiaient des conseils du très en vue Bordelais Stéphane Derenoncourt.

Les vins : le blanc 2010 Altaïr se montre tranchant et ferme, d'une grande tension saline (expression caillouteuse des schistes), encore marqué par l'austérité de la réduction. Le rouge Notre Terre 2010 (grenache, carignan, syrah) s'avère précis et tendu. Issu du même assemblage, Carerades 2010 offre plus de fermeté et de maturité, un vin de grand volume qui évoluera très favorablement. Les très vieux carignans de Vol de Nuit 2010 se livrent en une expression raffinée, portée par des tanins d'une finesse exemplaire. Le Cabirou est une nouvelle cuvée de maury sec, marquée autant par l'amertume des schistes que par l'élevage un peu appuyé : encore très brut de cuve, il demande à se patiner au vieillissement. Après un superbe muscat de Rivesaltes 2011, nerveux et croquant, les Maury sont de très haut niveau : le Vintage Reserve 2009 et ses notes de framboise, le très persistant Charles Dupuy, 2009 tout en finesse et en touches cacaotées, et le toujours glorieux millésime 1969, aux saveurs de figue et de datte. Seul le Vintage 2010 est en retrait, trop marqué par la puissance alcoolique.

☐	Côtes du Roussillon Altaïr 2010	18,50 €	15,5
☐	Maury Vintage 2010	16 €	15
☐	Muscat de Rivesaltes 2011	15,5 €	16
■	Côtes du Roussillon-Villages Carerades 2010	25 €	16,5
■	Côtes du Roussillon-Villages Notre Terre 2010	15 €	15
■	IGP Côtes Catalanes Vol de Nuit 2011	32 €	17
■	Maury 1969	70 €	17,5
■	Maury 15 Ans d'Age	15,50 €	15,5
■	Maury Cabirou Haut 2011	32 €	16
■	Maury Vintage 2010	16 €	15
■	Maury Vintage Charles Dupuy 2009	32 €	17,5
■	Maury Vintage Réserve 2009	21 €	16

Rouge : 143 hectares.
Mourvèdre 2 %, Syrah 12 %, Grenache 81 %, Carignan 5 %
Blanc : 12 hectares.
Muscat 47 %, Maccabeu 20 %, Grenache gris 33 %

Production moyenne : 400 000 bt/an

Mas Amiel, 66460 Maury
Tél. : 04 68 29 01 02 **Fax :** 04 68 29 17 82
E-mail : contact@lvod.fr
Site : www.masamiel.fr
Vente : au domaine
De 8h30 à 12h30 et de 13h30 à 18h.
Propriétaire : Olivier Decelle
Directeur : Nicolas Raffy

■ Domaine Olivier Pithon
VIN DE PAYS DES CÔTES CATALANES
★★

En moins de dix ans, ce vigneron originaire d'Anjou, frère du fameux Jo des Coteaux du Layon, s'est imposé parmi les domaines de référence de la région. Olivier Pithon décline une viticulture bio et durable, respectueuse des terroirs et des cépages autochtones. Il affirme désormais un style bien personnel, donnant naissance à des vins authentiques et droits qui progressent d'année en année, plus précis et réguliers aujourd'hui dans les vins d'entrée de gamme. La cuvée La D18, issue de grenache blanc et gris, s'affirme comme un des plus grands blancs du Sud. La régularité, la franchise d'expression et l'intensité de saveurs dans les derniers vins présentés permettent cette année au domaine d'obtenir sa deuxième étoile. Nous espérons qu'il saura tout mettre en œuvre pour se maintenir à ce niveau.

Les vins : croquant et charnu, Mon P'tit Pithon blanc 2011 présente la séduisante franchise qui lui faisait un peu défaut dans sa version 2010. Le produit des jeunes vignes de grenache et de syrah constitue Mon P'tit Pithon rouge 2011, friandise tout en souplesse et en fraîcheur. La cuvée Laïs 2010 nous enchante par sa trame veloutée et précise, son fruit intense et ses saveurs de caillou en finale : assurément la plus belle réussite de cette cuvée depuis sa naissance. Encore marqué par la réduction, Laïs blanc 2011 présente de fins amers salins mais un léger manque de pureté aromatique (notes fermentaires des lies) gâche sa seconde partie de bouche. La grande émotion en blanc, c'est La D18, qui prend en 2010 un souffle vigoureux et une nervosité racée : assurément un grand vin blanc du Sud. La grande cuvée de rouge, le Pilou 2009, est à citer en exemple de maturité fraîche et d'équilibre dans ce millésime : vin étoffé, très profond et digeste, d'une grande persistance de saveurs. La microcuvée Le Clot est un grenache combinant maturité et tension, dans lequel l'empreinte du terroir s'avère prépondérante.

☐	IGP Côtes Catalanes La D18 2010	33 €	18
☐	IGP Côtes Catalanes Laïs 2011	15,50 €	15,5
☐	IGP Côtes Catalanes Mon P'tit Pithon 2011	8,20 €	15
■	Côtes du Roussillon Laïs 2010	15,50 €	16,5
■	IGP Côtes Catalanes Le Clot 2010	69 €	17
■	IGP Côtes Catalanes Le Pilou 2009	33 €	18
■	IGP Côtes Catalanes Mon P'tit Pithon 2011	8,20 €	15

Rouge : 8 hectares.
Carignan 40 %, Grenache 50 %, Syrah 5 %, Mourvèdre 5 %
Blanc : 7 hectares.
Grenache 20 %, Maccabeu 40 %, Grenache gris 40 %
Production moyenne : 35 000 bt/an
❀ Certifié en agriculture bio ou biodynamique

Domaine Olivier Pithon, 19, route d'Estagel, 66600 Calce
Tél. : 04 68 38 50 21 **Fax :** 04 68 38 50 21
E-mail : pithon.olivier@wanadoo.fr
Site : www.domaineolivierpithon.com
Vente : au domaine
Sur rendez-vous du lundi au samedi de 9h à 12h et de 14h à 18h.
Propriétaire : Olivier Pithon

■ Domaine de la Rectorie
COLLIOURE
★★

De retour sur les terres familiales depuis 1984, les frères Parcé se sont d'abord illustrés dans l'élaboration de banyuls mutés sur grains de type vintage (millésimés, prêts à boire jeunes), auxquels ils ont apporté une précision de saveurs et une intensité aromatique jusqu'alors inconnues. Depuis, Marc, épicurien, prosélyte du terroir catalan, et Thierry, vinificateur sensible, interprètent avec le même brio une partition en vins secs (Collioure), digestes et salins, avec pour base les grenaches blancs, gris et rouges, dont ils sont d'ardents défenseurs. Le vignoble est très morcelé, bénéficiant d'expositions solaires et d'altitudes variées. Deux cuvées de haute expression rendent justice au potentiel de Collioure : Côté Mer est le reflet du terroir maritime, et Côté Montagne celui du terroir montagnard. L'Argile est un vin fondateur, de ceux qui ont insufflé aux vignerons de la région l'envie d'élaborer des grands blancs secs à partir des cépages locaux. Nous saluons la qualité exceptionnelle de la gamme et la précision de saveurs des vins, dans les trois couleurs comme en VDN.

Les vins : les notes de fenouil de Côté Mer rosé 2011 le placent loin de l'univers traditionnel de cette couleur, et sa trame élancée en fait un vin de grand caractère. En blanc, L'Argile 2011 confirme sa singularité par ses saveurs iodées et anisées, sa trame rectiligne et savoureusement saline : une référence incontournable. Les rouges 2011 sont très réussis dans un millésime délicat : le Côté Mer, tendre et précoce, se montre très minéral en finale, mais le Côté Montagne, plus charnu et tendu, le devance aisément cette année. Etoffé, voluptueux, un rien plus serré dans ses tanins, L'Oriental 2011 n'a rien à leur envier, mais appelle une cuisine haute en saveur. Les millésimes de banyuls se suivent avec une régularité de métronome : Thérèse Reig offre un jus éclatant et poudreux, Léon Parcé montre encore plus de nerf et de profondeur. L'Oublée est un vin de toute beauté, à l'impressionnante intensité, véritable festival aromatique (cannelle, noisette, clou de girofle, etc.). Le Vin de Pierre Pedro Soler requiert un palais un peu éduqué pour saisir toute sa complexité, toutefois nous avouons un grand faible pour cette expression inimitable de grand rancio.

☐	Collioure L'Argile 2011	22 €	17,5
☐	VDP de la Côte Vermeille Vin de Pierre Pedro Soler	65 €	17,5
▨	Collioure Côté Mer 2011	14 €	15,5
■	Banyuls Léon Parcé 2010	16 €	17,5
■	Banyuls L'Oublée	36 €	18,5
■	Banyuls Thérèse Reig 2011	14 €	17
■	Collioure Côté Mer 2011	14 €	16
■	Collioure Côté Montagne 2011	22 €	17
■	Collioure L'Oriental 2011	16 €	16

Rouge : 24,06 hectares.
Carignan 10 %, Grenache 80 %, Syrah 10 %
Blanc : 4,38 hectares.
Grenache 10 %, Grenache gris 90 %
Production moyenne : 80 000 bt/an

Domaine de la Rectorie, 65, avenue du Puig-del-Mas, 66650 Banyuls-sur-Mer
Tél. : 04 68 88 13 45 **Fax :** 04 68 88 51 22
E-mail : thierryparce@orange.fr

Site : www.la-rectorie.com
Vente : au domaine
Du lundi au samedi de 10h à 12h et de 16h à 19h.
Propriétaire : Thierry et Jean-Emmanuel Parcé

■ Domaine Le Roc des Anges
CÔTES DU ROUSSILLON-VILLAGES
★★

Marjorie Gallet est une brillante vinificatrice qui, en quelques millésimes seulement, et aidée de son mari, Stéphane, a su imposer un ton personnel à une production issue d'une majorité de vieux grenaches et de carignans. Les vins ont rapidement progressé en finesse, tout en restant très catalans d'expression, et la culture des vignes prend naturellement une orientation biologique. Si la cuvée 1903 (100 % carignan) a beaucoup contribué à la notoriété du domaine, Iglesia Vella et L'Oca en blanc s'affirment déjà au même niveau. La gamme ne cesse de s'étoffer avec de nouveaux vins époustouflants, et la montée en puissance est ici phénoménale, récompensée par une deuxième étoile.

Les vins : la gamme est éblouissante et comprend de nombreuses nouveautés. Présenté en rosé, Les Vignes Métissées 2011 tient plus (tant pas sa couleur que par ses saveurs) du grand vin blanc, tendu et ferme, fuselé dans sa trame de bouche. Issu d'une parcelle de muscat à petits grains sur schistes, Chamane 2011 recèle une tension phénoménale, transcende le cépage et offre une très fine matière épicée. Tannique, tranchant et cristallin dans sa pureté, le carignan gris Imalaya (planté à 500 m d'altitude) impressionne par sa maîtrise et sa sérénité. En Côtes du Roussillon, la cuvée Llum 2011 assemble de vieilles vignes de grenache gris et de maccabeu : un vin athlétique, finement dessiné, mais très ferme et persistant. Le vieilles vignes 2010 possède plus de mâche et d'extrait sec, mais sans la même finesse. L'Iglesia Vella 2011 est un éblouissant grenache gris, aérien dans sa délicatesse de chair, tellurique dans ses fins amers nobles. Les vieux raisins de maccabeu de L'Oca 2011 dessinent un vin harmonieux et tout en nuances, formidablement frais et tendu, comme sculpté dans la roche (schistes et argiles rouges). En rouge, Segna de Cor se montre doux, fin et précoce ; le Reliefs 2010, beaucoup plus dense, est bâti sur une sève minérale aux tanins savou-

reux. La version 2011 est tout en délicatesse, très gourmande et épicée, plus déliée et expressive. La cuvée de carignan 1903 se distingue en 2011 par sa grande précision de saveurs et ses tanins millimétrés, tout en finesse et en élégance, sans la profondeur ni la densité du réglissé 2010. Nouvelle parcelle isolée de vieux carignans, Las Trabassères 2011 éblouit par ses saveurs de caillou frais, de pulpe de fruit, dans une rare dimension juteuse, avec des tanins des plus soyeux et une finale de très haut vol.

☐	Côtes-du-Roussillon Llum 2011	18 €	17,5
☐	Côtes-du-Roussillon Vieilles Vignes 2010	18 €	16,5
☐	IGP Côtes Catalanes Chamane 2011	14 €	17
☐	IGP Côtes Catalanes Iglesia Vella 2011	35 €	18
☐	IGP Côtes Catalanes Imalaya 2011	14 €	17,5
☐	IGP Côtes Catalanes L'Oca 2011	35 €	18,5
◪	IGP Côtes Catalanes Les Vignes Métissées 2011	16 €	16
■	Côtes du Roussillon-Villages Segna de Cor 2011	13,80 €	16
■	Côtes-du-Roussillon-Villages Reliefs 2011	22 €	16,5
■	Côtes-du-Roussillon-Villages Reliefs 2010	22 €	16,5
■	IGP Côtes Catalanes 1903 2011	33 €	16,5
■	IGP Côtes Catalanes Les Trabassères 2011	50 €	18
■	IGP Pyrénées-Orientales 1903 2010	33 €	17,5

Rouge : 18 hectares.
Syrah 20 %, Carignan 50 %, Grenache 30 %
Blanc : 8 hectares.
Muscat à petits grains 5 %, Carignan 2 %, Maccabeu 30 %, Grenache gris 60 %
Production moyenne : 50 000 bt/an

Domaine Le Roc des Anges, 2, place de l'Aire, 66720 Montner
Tél. : 04 68 29 16 62 **Fax :** 04 68 29 45 31
E-mail : rocdesanges@wanadoo.fr
Site : www.rocdesanges.com
Vente : au domaine
Sur rendez-vous.
Propriétaire : Marjorie et Stéphane Gallet

■ Le Soula
VIN DE PAYS DES CÔTES CATALANES
★★

Sur les belles terrasses granitiques d'altitude de la région des Fenouillèdes, au nord-ouest de Maury, Gérard Gauby et quelques associés ont acquis ce domaine cultivé en bio. Les vins rouges et blancs sont vinifiés en barriques sur la base de principes très naturels : levures indigènes, aucune acidification, aucune chaptalisation. Dès le début en 2001, Le Soula s'est distingué essentiellement par ses blancs, que chaque millésime a portés un peu plus loin dans la pureté et l'intensité, constituant pour beaucoup une révélation. L'habile association du maccabeu, du sauvignon blanc et d'autres cépages y fait merveille. Jamais pris en défaut de fraîcheur ou d'élégance, les rouges ont su récemment gagner en structure et en chair.

Les vins : tendre, précoce, le Trigone 2011 doit être bu dans le croquant de sa jeunesse. Dégusté avant la mise, Le Soula rouge 2010 est un vin assez léger, certes frais et sincère, mais qui manque de volume et de complexité, sans la profondeur des millésimes précédents. Plein, charnu et très dense, avec beaucoup d'extrait sec, l'échantillon du Soula blanc 2010 est prometteur mais dégusté avant la mise en bouteilles, sans soufre ajouté, et donc assez fragile et diffus au moment de notre dégustation.

☐ IGP Côtes Catalanes 2010	32 €	17
■ IGP Côtes Catalanes 2010	32 €	15,5
■ IGP Côtes Catalanes Trigone 2011	11 €	14,5

Rouge : 12 hectares.
Carignan 42 %, Grenache 16 %, Syrah 42 %
Blanc : 10 hectares.
Grenache 5 %, Grenache gris 5 %,
Malvoisie 5 %, Marsanne 5 %, Roussanne 5 %,
Sauvignon ou Sauvignon Blanc 25 %,
Maccabeu 40 %, Vermentino 10 %
Production moyenne : 50 000 bt/an

Le Soula, avenue des Fenouillèdes, 66220 Prugnanes
Tél. : 04 68 35 69 31
E-mail : info@le-soula.com
Site : www.le-soula.com
Vente : au domaine
Sur rendez-vous uniquement.
Propriétaire : Gérard Gauby, Richards Walford, Gérald Standley
Directeur : Gérald Standley

■ Domaine Cazes
RIVESALTES
★

Une véritable institution du Roussillon, dont le vignoble en biodynamie (180 hectares, le plus grand de France) est complété de méthodes d'irrigation. La famille Cazes a confié, en 2004, la distribution et la commercialisation de sa production au négociant Jeanjean (maintenant Advini), tout en restant cependant productrice et propriétaire. La gamme se divise en deux familles bien distinctes, suivies par Emmanuel Cazes. La première réunit les vins doux mutés (dits naturels) issus de la plaine de Rivesaltes. Vinifiés avec talent et expérience, ils constituent un modèle de l'appellation, avec toujours des équilibres digestes et de magnifiques complexités gagnées au vieillissement. La seconde famille réunit les vins secs, qui progressent régulièrement, depuis les améliorations initiées par Emmanuel Cazes, puis de Lionel Lavail (directeur général), dans une approche plus moderne.

Les vins : parmi les rouges, Le Canon du Maréchal 2011 est simple et léger. Le Marie-Gabrielle 2011 présente un volume et une franchise appréciables. Plus mûr, l'Ego 2011 offre une sève dense mais non-dénuée de fraîcheur. En comparaison, l'Alter 2010 manque un peu de carrure, mais sa finale est bien épicée. Le collioure Notre-Dame des Anges 2010 possède une chair déliée et moelleuse, relevée de notes de cuir. Nouveauté cette année, sa version en blanc 2011 dispose de jolis amers et d'un volume notable. Le Credo 2010 reste très marqué par un boisé opulent mais asséchant, auquel le vin doit une partie de sa stature mais dont il serait bon de l'alléger. Spécialité de la maison, le muscat-de-rivesaltes 2009 est expressif et généreux. Assez ferme et droit, le rivesaltes Grenat 2010 offre un fruit énergique et un bel équilibre. L'Ambré 2000 est un vin admirable, dont la palette aromatique complexe n'a d'égale que la patine de la texture.

☐ Collioure Notre Dame des Anges 2011	14 €	15
☐ Muscat de Rivesaltes 2009	10,30 €	15,5
☐ Rivesaltes Ambré 2000	16 €	16,5
■ Collioure Notre Dame des Anges 2010	14 €	15
■ Côtes du Roussillon Marie-Gabrielle 2011	7 €	14,5

■ Côtes du Roussillon-Villages
  Alter 2010   11 € 14,5
■ Côtes du Roussillon-Villages
  Ego 2011   8,50 €   15
■ Côtes du Roussillon-Villages Le
  Credo 2010   36 € 14,5
■ IGP Côtes Catalanes Le Canon du
  Maréchal 2011   5,30 €   13
■ Rivesaltes Grenat 2010   10,30 € 15,5

Rouge : 144,5 hectares.
Cabernet franc 1 %, Carignan 3,5 %,
Grenache 34 %, Merlot 12,5 %,
Mourvèdre 28 %, Syrah 44 %, Tannat 1,5 %
Blanc : 75,5 hectares.
Viognier 9 %, Vermentino 2 %, Muscat à petits
grains 24,5 %, Muscat d'Alexandrie 40 %
Production moyenne : 800 000 bt/an
❀ Certifié en agriculture bio ou biodynamique

Domaine Cazes, 4, rue Francisco-Ferrer, 66602
Rivesaltes
Tél. : 04 68 64 08 26 **Fax :** 04 68 64 69 79
E-mail : info@cazes.com
Site : www.cazes-rivesaltes.com
Vente : au domaine
Du lundi au vendredi de 9h à 12h et de 14h à
18h, sur rendez-vous.
Directeur : Lionel Lavail

■ Clos du Rouge Gorge
VIN DE PAYS DES CÔTES CATALANES
★

C e microdomaine situé sur des terrasses de
schistes et de gneiss de Latour-de-France
repose entièrement sur Cyril Fhal. Ayant débuté
en 2002, ce jeune vigneron passionné effectue
seul tous les travaux, et sa démarche rigoureuse,
extrêmement exigeante à la vigne (tenue en biodynamie avec un soin extrême, au prix de milliers d'heures de travail) comme en cave (emploi
de levures indigènes, carignan vinifié en grappes
entières), est un modèle pour une nouvelle génération. Distingués, d'un grand raffinement naturel, loin de tout artifice, ses vins d'artiste sont
vénérés par une clientèle de fidèles. Les volumes sont très limités, il est déjà difficile de s'en
procurer.

Les vins : le caractère salin et tranchant du
blanc 2011 (vieux maccabeu planté sur gneiss)
achèvera de convaincre les sceptiques, qui
auront la chance de le déguster, de l'incroyable
potentiel des terroirs du Roussillon. En rouge,
le Jeunes Vignes 2011 se définit comme une

infusion de grenache : doté d'une chair désaltérante et florale, il offre un profil aromatique
désarmant de fraîcheur naturelle. Profondément revigorant, le Clos du Rouge Gorge 2010
déborde de senteurs de cerise griotte et de grenade : il a gagné en intensité et en précision de
définition depuis l'an dernier. Plus ferme et serré
dans sa trame tannique, le 2009 mérite d'être
attendu. Les vieux cinsaults du rarissime Ubac
(dégusté à nouveau en 2010) provoquent toujours le même choc gustatif : son raffinement
aromatique, son volume minéral et son allonge
épurée créeront l'émotion.

□ IGP Côtes Catalanes 2011   18 €   17
■ IGP Côtes Catalanes Jeunes
  Vignes 2011   14 €   16
■ VDP des Côtes Catalanes 2010   28 €   17,5
■ VDP des Côtes Catalanes 2009   28 €   17
■ VDP des Côtes Catalanes
  Ubac 2010   50 €   18,5

Rouge : 5 hectares.
Grenache 47 %, Carignan 40 %, Cinsault 13 %
Blanc : 1 hectare.
Grenache 10 %, Maccabeu 90 %
Production moyenne : 13 000 bt/an
❀ Certifié en agriculture bio ou biodynamique

Clos du Rouge Gorge, 6, place Marcel-Vié,
66720 Latour de France
Tél. : 04 68 29 16 37 **Fax :** 04 68 29 16 37
E-mail : cyrilfhal@gmail.com
Vente : au domaine
Sur rendez-vous uniquement.
Propriétaire : Cyril Fhal

■ Coume Del Mas
COLLIOURE
★

P hilippe Gard est un amoureux des terroirs.
Il passe son temps à les étudier, tentant de
comprendre leurs subtilités pour mieux les mettre en valeur. Installé dans le petit village de
Cosprons, entre Banyuls-sur-mer et Port-
Vendres, il exploite avec brio un patrimoine
de vieilles vignes remarquablement situées. Son
savoir-faire en matière de vinification et d'élevage a rapidement placé sa production parmi les
plus ambitieuses et les plus complexes de l'appellation, et les élevages s'affinent un peu plus
chaque année. Millésime délicat, 2011 a été fort
habilement négocié au domaine.

Les vins : nous apprécions la densité de matière et la structure inhabituelle du rosé de mourvèdre Consolation, qui le destinent à une consommation à table. Le blanc Folio 2011 intègre mieux son boisé que par le passé : un blanc concentré, riche et nerveux, de belle envergure. La cuvée Edition Spéciale 2010 pousse le curseur du volume et de la maturité, avec une formidable allonge saline. En rouge, le Schistes 2011 associe fraîcheur aromatique et maturité de fruit en un ensemble vigoureux, très intense et salivant, d'une grande précision de fruit. Plus dense et encore sous le joug de l'élevage, le Quadratur nous semble en retrait, très comprimé par le bois à ce stade. A contrario, le Dog Strangler 2010 est un mourvèdre voluptueux, profond et enrobé, dont les tanins encore fermes s'estomperont d'ici deux à quatre ans. Les banyuls n'ont jamais été meilleurs à cette adresse, avec en particulier un frais et harmonieux Galateo, très précisément défini, et un Quintessence 2010 qui porte très bien son nom, idéale expression contemporaine du banyuls, à laquelle nous souscrivons sans réserve.

☐ Banyuls 2011	12 €	15,5
☐ Collioure Folio 2011	16,50 €	16
☐ Collioure Folio Edition Spéciale 2010	n.c.	17
◼ Collioure Consolation 2011	12 €	15
◼ Banyuls Galateo 2011	15 €	16,5
◼ Banyuls Quintessence 2010	26 €	18
◼ Collioure Dog Strangler 2010	28 €	17
◼ Collioure Quadratur 2010	24 €	16
◼ Collioure Schistes 2011	16,50 €	16,5

Rouge : 10 hectares.
Carignan 10 %, Grenache 65 %, Mourvèdre 20 %, Syrah 5 %
Blanc : 4 hectares.
Grenache 5 %, Grenache gris 90 %, Vermentino 5 %
Production moyenne : 35 000 bt/an

Coume Del Mas, 3, rue Daudet, 66650 Banyuls-sur-Mer
Tél. : 04 68 88 37 03 / 06 86 81 81 32 **Fax :** 04 68 88 37 03
E-mail : info@coumedelmas.com
Site : www.coumedelmas.com
Vente : au domaine
Sur rendez-vous.
Propriétaire : Philippe Gard

◼ Domaine de l'Horizon
VIN DE PAYS DES CÔTES CATALANES
★

L'Europe du vin se construit en Roussillon : d'origine allemande, ayant travaillé pour différentes propriétés en Allemagne, en Italie et à Saint-Emilion, Thomas Teibert s'installe à Calce et fonde son domaine en 2006, certifié bio. Influencé au départ par Gérard Gauby, le célèbre voisin et mentor, le blanc (grenache gris et maccabeu) et le rouge (carignan et grenache) se font remarquer et trouvent rapidement leur style propre. Celui-ci offre une rare séduction immédiate, faite de fraîcheur et de vitalité, soutenu par des élevages millimétrés en foudres et demi-muids de Stockinger, le tonnelier autrichien haute couture. Une première étoile met à l'honneur la régularité de ces vins, emblématiques du dynamisme catalan actuel, dont nous avons dégusté l'intégralité des millésimes en début d'année.

Les vins : l'Esprit de l'Horizon 2010 est un nouveau rouge aux saveurs de grenade et d'orange sanguine, à la très croquante chair poudreuse. Son propos sert d'introduction au classique 2010, grand vin velouté et savoureux, plus dense mais servi par un élevage virtuose : son équilibre moelleux et sa fraîcheur intrinsèque en font, à notre sens, le meilleur rouge produit à cette adresse. Le blanc 2010 n'était pas prêt, nous avons dégusté à nouveau le blanc 2009 : gourmand, enrobé mais abouti, il a bien évolué.

☐ VDP des Côtes Catalanes 2009	34 € cav.	16
◼ IGP Côtes Catalanes 2010	34 € cav.	17,5
◼ IGP Côtes Catalanes Esprit de l'Horizon 2010	24 € cav.	16

Rouge : 7 hectares.
Carignan 60 %, Grenache 15 %, Syrah 25 %
Blanc : 7 hectares.
Maccabeu 70 %, Grenache 5 %, Grenache gris 25 %
Production moyenne : 25 000 bt/an
❀ Certifié en agriculture bio ou biodynamique

Domaine de l'Horizon, 4, rue des Pyrénées, 66600 Calce
Tél. : 06 23 85 24 59 **Fax :** 04 68 28 49 45
E-mail : teibert.thomas@wanadoo.fr
Site : www.domaine-horizon.com
Vente : au domaine
Sur rendez-vous uniquement.
Propriétaire : Thomas Teibert et Associés

■ Domaine Matassa

VIN DE PAYS DES CÔTES CATALANES

★

L e Sud-Africain Tom Lubbe a fait l'acquisition, entre 2001 et 2003, de nombreuses
parcelles de vieilles vignes, disséminées entre
Calce et les hauteurs des Fenouillèdes, jusqu'à
600 mètres d'altitude. Fort d'une expérience de
vinification chez son voisin Gérard Gauby, ainsi
que dans son pays d'origine, Tom Lubbe a
développé un style très personnel, représentatif
du dynamisme actuel de la Vallée de l'Agly. Les
préceptes de la biodynamie régissent le travail
des vignes. Parfois marqués par la réduction
dans leur jeunesse, les vins présentent un caractère vivant, dont les élevages longs conservent la
souplesse et la fraîcheur du fruit. Des blancs
et des rouges intensément revigorants qui se
conçoivent dans la vitalité et la tension, dans un
style décidément différent de celui des amis et
confrères vignerons de Calce du producteur.
Une première étoile vient rendre justice au travail accompli ici.

Les vins : débarrassé de sa réduction, le
Matassa blanc 2010 offre un profil revigorant,
très croquant dans ses notes de pamplemousse
jaune et ses fins amers. En rouge, El Sarrat 2010
est gourmand, mûr et croquant, très digeste et
savoureux, avec un caractère à la fois inimita-
blement méditerranéen et frais dans sa sève.
Le Romanissa 2009 se montre plus solaire et
ample, assez patiné dans l'expression mûre de
son fruit charnu, mais d'excellente persistance.
Plus étoffé, le Matassa rouge 2009 est à la fois
plus complet et réservé à ce stade, mais offre des
dimensions et une trame de grande envergure.

☐ VDF 2010	24 € cav.	17
■ IGP Côtes Catalanes El Sarrat 2010	20 € cav.	16,5
■ VDP des Côtes Catalanes 2009	24 € cav.	17
■ VDP des Côtes Catalanes Romanissa 2009	20 € cav.	17

Rouge : 5 hectares.
Carignan 30 %, Grenache 70 %
Blanc : 7 hectares.
Grenache gris 60 %, Maccabeu 40 %
Production moyenne : 20 000 bt/an
🏵 Certifié en agriculture bio ou biodynamique

Domaine Matassa, 10, route d'Estagel, 66600
Calce

Tél. : 04 68 64 10 13 **Fax :** 04 68 64 10 13
E-mail : matassa@orange.fr
Site : www.matassawine.com
Vente : au domaine
Sur rendez-vous.
Propriétaire : Thomas et Nathalie Lubbe

■ Mas Mudigliza

CÔTES DU ROUSSILLON

★

A près un passage à Bordeaux, Dimitri Glipa
s'est installé au cœur du vignoble du Roussillon, dans le secteur très qualitatif et convoité
des Fenouillèdes. Comme beaucoup de vignerons talentueux du secteur, il produit, sur les
meilleurs terroirs d'altitude, des vins issus de
vieilles vignes qui séduisent par leur caractère
concentré et gourmand. La qualité progresse
régulièrement chaque année, et cette adresse
s'installe parmi les valeurs sûres de la région.

Les vins : le Caudalouis 2011 semble un peu
en retrait par rapport au 2010, plus sec et ferme.
Le Carminé 2009 tient ses promesses de l'an
dernier, et le 2010 ne décevra pas, plus vif et
désaltérant, très cadré dans sa structure tannique. Le Symbiosis 2008 est un vin fumé et
tendu, que nous goûtons de nouveau, assez marqué par son élevage. Très belle expression de
schistes dans le maury 2010, juteux et nerveux
à souhait, même s'il ne retrouve pas toute l'harmonie du 2009, lui-même plus riche mais plus
persistant. Un peu plus simple, le maury 2007
offre une bonne évolution aromatique mais un
peu de sécheresse dans ses tanins.

☐ IGP Côtes Catalanes Caudalouis 2011	14 € cav.	15
■ Côtes du Roussillon Carminé 2010	12 € cav.	16,5
■ Côtes du Roussillon Carminé 2009	12 € cav.	16
■ Côtes du Roussillon Symbiosis 2008	19 € cav.	16
■ Maury 2010	15 € cav.	17
■ Maury 2009	16 € cav.	17,5
■ Maury 2007	18,50 € cav.	16

Rouge : 10 hectares.
Mourvèdre 10 %, Syrah 20 %, Carignan 15 %,
Grenache 55 %
Blanc : 2,15 hectares.
Grenache gris 70 %, Maccabeu 30 %
Production moyenne : 25 000 bt/an

Mas Mudigliza, 20, rue de Lesquerde, 66220
Saint-Paul-de-Fenouillet
Tél. : 06 79 82 03 46
E-mail : masmudigliza@neuf.fr
Site : www.masmudigliza.fr
Vente : au domaine
Sur rendez-vous.
Propriétaire : Dimitri Glipa

■ Domaine Sarda-Malet
CÔTES DU ROUSSILLON
★

C e domaine, sous l'impulsion de Jérôme
Malet, se maintient à un haut niveau dans
un style racé et équilibré. Sont produits ici les
vins les plus élégants de la plaine du Roussillon,
en sec comme en doux. La cuvée de prestige
Terroir Mailloles, jamais excessive, et dont la
personnalité s'appuie sur une part importante
de mourvèdre (jusqu'à 60 %), affiche, depuis
quelques millésimes, un boisé plus équilibré et
discret qu'à ses débuts. En témoignent le blanc
comme le rouge, d'une belle profondeur et
d'une rare finesse de texture. La dégustation de
millésimes plus anciens montre le potentiel de
cette cuvée de terroir et sa capacité à vieillir harmonieusement sur une dizaine d'années ; harmonie que l'on retrouve aussi dans les rivesaltes.

Les vins : avec leurs étiquettes rajeunies, les
vins d'entrée de gamme Le Sarda se montrent
précis et très accessibles : une année de vieillissement leur a été bénéfique. Le Terroir Mailloles
rouge 2007 a gagné en chair et en volume,
sudiste de caractère mais équilibré dans sa fraîcheur cacaotée. Le blanc Terroir Mailloles 2008
se montre miellé et plein, droit et finement salin
en finale. Les grenaches gris et blanc de l'Insouciant 9 présentent un profil ardent, bâti sur une
trame très ferme : à boire sur une cuisine épicée
ou à oublier quelques années en cave. En rouge,
L'Insouciant 6 a conservé de la vigueur et son
fruit sphérique et épicé arrive dans une phase de
maturité. Les syrahs de Fandango 8 séduisent
par leur fraîcheur et leurs tanins confortables.
Les vieux mourvèdres de l'Intransigeant offrent
un profil ferme mais un peu épais en finale. Les
VDN sont remarquables, le muscat a progressé
en 2010 et Le Serrat 2000 décline de magnifiques saveurs d'épices et d'agrumes confits. La
Carbasse Collection 2007 est un vin strict et
ferme, armé pour un long vieillissement, d'une
grande pureté aromatique.

☐ Côtes du Roussillon Le Sarda 2010	11 €	14,5

☐ Côtes du Roussillon Terroir Mailloles 2008	23 €	16,5
☐ Muscat de Rivesaltes 2010	11 €	15
☐ Rivesaltes Le Serrat Ambré 2000	14 €	16,5
☐ VDF L'Insouciant 9	19 €	15,5
■ Côtes du Roussillon Le Sarda 2009	11 €	15
■ Côtes du Roussillon Terroir Mailloles 2007	23 €	16,5
■ Rivesaltes La Carbasse 2007	20 €	16
■ Rivesaltes La Carbasse Collection 2007	27 €	17
■ VDF Fandango 8	19 €	16
■ VDF L'Insouciant 6	19 €	16
■ VDF L'Intransigeant 8	19 €	15

Rouge : 26,5 hectares.
Syrah 40 %, Grenache 35 %, Mourvèdre 25 %
Blanc : 10,5 hectares.
Maccabeu 5 %, Muscat 41 %, Marsanne 5 %,
Malvoisie 7 %, Roussanne 9 %, Grenache 33 %
Production moyenne : 100 000 bt/an

Domaine Sarda-Malet, Mas Saint-Michel,
chemin de Sainte-Barbe, 66000 Perpignan
Tél. : 04 68 56 72 38   **Fax :** 04 68 56 47 60
E-mail : info@sarda-malet.com
Site : www.sarda-malet.com
Vente : au domaine
Du lundi au vendredi de 8h30 à 12h30. Les
après-midi et les autres jours sur rendez-vous.
Propriétaire : Jérôme Malet

■ Domaine des Schistes
CÔTES DU ROUSSILLON-VILLAGES
★

L e domaine n'a pas usurpé son nom puisque
l'essentiel de son vignoble se situe sur ces
fameuses roches multicolores à la structure feuil-
letée, arrachées à la garrigue à coups de bulldo-
zer. Jacques et Mickaël Sire tirent de ces sols
pauvres des vins de forte personnalité, et qui
méritent de vieillir un peu, du moins Les Terrasses Blanches et La Coumeille. La qualité et
la régularité ont beaucoup progressé et cette
adresse s'inscrit parmi les valeurs les plus sûres
de la région. Soulignons la douceur des prix
pratiqués au domaine.

Les vins : le blanc 2011 Le Bosc se montre vif
et net, d'une franche simplicité. Nous lui préférons Les Terrasses Blanches 2010, plus profond et tendu, dont le boisé n'est pas encore
pleinement intégré. En rouge, le Tradition 2010

dévoile une bouche mûre et nerveuse, bien équilibrée, soutenue par un élevage de qualité. Finement poivré, très élégant, Les Terrasses 2010 est une grande bouteille, avec tout l'élan et la trame veloutée souhaitée. Le maury La Cerisaie 2009 offre une excellente intensité, une texture serrée et de beaux arômes de fruits cristallisés. Parmi les VDN, le toujours équilibré muscat-de-rivesaltes 2011 allie densité et richesse. Le rivesaltes Solera constitue une découverte prioritaire pour les amateurs de ce type de vin, dont la fraîcheur nous enchante chaque année, tout comme le rancio sec, dont la vaste palette aromatique s'avère exceptionnelle.

☐ Côtes du Roussillon Le Bosc
Blanc 2011   6,50 €   14
☐ Côtes du Roussillon Les Terrasses
Blanches 2010   13,50 € 15,5
☐ Muscat de Rivesaltes 2011   8 € 15,5
☐ Rivesaltes Solera   14 € 17,5
☐ VDT Rancio Sec   14 €   17
■ Côtes du Roussillon-Villages
Tautavel Les Terrasses 2010   13,50 € 16,5
■ Côtes du Roussillon-Villages
Tradition 2010   8 € 15,5
■ Maury La Cerisaie 2009   13 €   16

Rouge : 25 hectares.
Carignan 40 %, Grenache 30 %, Syrah 30 %
Blanc : 23 hectares.
Grenache 23 %, Grenache gris 17 %,
Maccabeu 17 %, Muscat 43 %
Production moyenne : 90 000 bt/an

Domaine des Schistes, 1, avenue Jean-Lurçat, 66310 Estagel
Tél. : 04 68 29 11 25 **Fax :** 04 68 29 47 17
E-mail : sire-schistes@wanadoo.fr
Site : www.domaine-des-schistes.com
Vente : au domaine
Sur rendez-vous.
Propriétaire : Jacques Sire

■ Domaine des Soulanes
MAURY
★

Installés à Tautavel, Cathy et Daniel Laffite ont repris, à la fin des années 1990, un vignoble situé au pied des pics rocheux du château cathare de Quéribus. Quinze années d'apprentissage aux côtés du précédent propriétaire leur ont permis d'acquérir l'expérience nécessaire.

Rebaptisé « Soulanes », terme qui désigne un coteau exposé sud-sud-est, le domaine propose une gamme de vins d'une rare précision et netteté de saveurs, valorisant un caractère digeste et un fruit éclatant. Le blanc Kaya (grenaches gris et blanc, carignan blanc, en exposition nord) surprendra plus d'un dégustateur. Un domaine encore trop discret, mais qui mérite sa première étoile.

Les vins : le blanc Kaya 2011 s'avère dense et nerveux, d'une excellente précision, avec des saveurs épicées en finale. Une nouvelle cuvée de blanc, Les Davaillères 2011, offre plus de volume et de chair, avec une belle allonge saline. Le rouge Jean Pull 2011 exprime un excellent fruit vif et frais. Le Kaya rouge 2011 se fait plus pulpeux, agrémenté de saveurs de framboise et d'une belle tonicité. Le maury 2011 est parfaitement exécuté, ayant conservé une fraîcheur aromatique idéale et une trame d'une grande finesse : félicitations.

☐ IGP Côtes Catalanes Kaya 2011   13 €   16
☐ IGP Côtes Catalanes Les
Davaillères 2011   n.c. 16,5
▨ IGP Côtes Catalanes Kaya 2011   6 € 13,5
■ IGP Côtes Catalanes Jean
Pull 2011   8,50 €   15
■ IGP Côtes Catalanes Kaya 2011   11 € 16,5
■ Maury 2011   12 €   17

Rouge : 16 hectares.
Blanc : 1,8 hectare.
Production moyenne : 30 000 bt/an

Domaine des Soulanes, mas de Las Frédas, 66720 Tautavel
Tél. : 04 68 29 12 84 **Fax :** 04 68 29 12 84
E-mail : daniel.laffite@nordnet.fr
Site : www.domaine-soulanes.com
Vente : au domaine
Sur rendez-vous uniquement.
Propriétaire : Cathy et Daniel Laffite

■ Domaine Les Terres de Fagayra
MAURY
★

Marjorie et Stéphane Gallet, du domaine Le Roc des Anges, se sont lancés en 2008 dans l'aventure des vins doux naturels : avec une rare inspiration et un souci de qualité extrême, ils façonnent dans leurs trois cuvées de maury de grandioses expressions de schistes. Ces vins, deux rouges et un blanc, transcendent les limites inhérentes au mutage en préservant un éclat et un fumé minéral, terme qui s'impose ici avec évidence. Ils apportent un éclairage nouveau à un genre encore trop formaté ou conventionnel, et s'inscrivent d'emblée parmi les toutes meilleures cuvées de Maury. La première étoile s'est vite imposée.

Les vins : Fagayra blanc 2010 s'est légèrement épaissi et révèle un fruit un peu plus confit. Plus vif, croquant et empreint d'amers savoureux, le blanc 2011 prend des saveurs d'agrumes. Fagayra rouge 2011 se déploie voluptueusement, avec une chair florale et épicée, relevée d'une noble amertume en finale : les sucres sont discrets et admirablement intégrés. Op. Nord 2010 le précède en finesse et en allonge, avec des amers encore plus poussés qui ne plairont pas à tout le monde.

☐	Maury Fagayra Blanc 2011	28 €	17,5
☐	Maury Fagayra Blanc 2010	28 €	17,5
■	Maury Fagayra Rouge 2011	28 €	18
■	Maury Op. Nord 2010	38 €	17,5

Rouge : 3 hectares.
Carignan 5 %, Grenache 95 %
Blanc : 3 hectares.
Grenache 11 %, Grenache gris 85 %, Maccabeu 4 %
Production moyenne : 10 000 bt/an

Domaine Les Terres de Fagayra, 2, Place de l'Aire, 66720 Montner
Tél. : 04 68 29 16 62 **Fax :** 04 68 29 45 31
E-mail : stephane@terresdefagayra.com
Site : www.terresdefagayra.com
Vente : au domaine
Sur rendez-vous.
Propriétaire : Marjorie et Stéphane Gallet

■ Domaine La Tour Vieille
COLLIOURE
★

Vincent Cantié et Jean Baills donnent à la viticulture catalane intègre et exigeante ses lettres de noblesse. Ils s'emploient à traduire, tant en vins secs qu'en vins mutés, l'expression de leur grenache noir sur argiles et sur schistes. Le niveau des vins secs s'améliore encore cette année et les banyuls sont très réussis : la première étoile est venue l'an dernier récompenser ce travail.

Les vins : épicé, gras et vigoureux, Les Canadells 2011 nous réjouit par son équilibre et par son allonge saline. En rouge, La Pinède 2010 offre un équilibre irréprochable et un fruit patiné, charnu et assez frais. Puig Ambeille présente plus de maturité et de complexité aromatique, avec davantage de fraîcheur et d'élégance naturelle que par le passé. En Banyuls, Rimage Mise tardive 2008 est toujours aussi raffiné, avec des sucres très discrets ; Rimage 2010 joue sur l'ampleur et le moelleux plus que sur l'intensité des saveurs. La cuvée Reserva a vieilli 5 à 6 ans en bonbonnes et en fûts, et a développé ce fin rancio oxydatif si prisé des amateurs : un vin entier et très digeste pour ce style.

☐	Collioure Les Canadells 2011	13 €	16
■	Banyuls Reserva	15 €	16
■	Banyuls Rimage 2010	10 € (50 cl)	16,5
■	Banyuls Rimage Mise Tardive 2008	15 €	16,5
■	Collioure La Pinède 2010	12 €	16
■	Collioure Puig Ambeille 2010	14 €	16,5

Rouge : 10 hectares.
Mourvèdre 25 %, Syrah 25 %, Carignan 20 %, Grenache 30 %
Blanc : 4 hectares.
Grenache 40 %, Roussanne 25 %, Maccabeu 10 %, Vermentino 25 %
Production moyenne : 60 000 bt/an

Domaine La Tour Vieille, 12, route de Madeloc, 66190 Collioure
Tél. : 04 68 82 44 82 **Fax :** 04 68 82 38 42
E-mail : info@latourvieille.com
Site : www.latourvieille.com
Vente : au domaine
Du lundi au vendredi les après-midi.
Propriétaire : Vincent Cantié et Christine Campadieu

■ Domaine Vial Magnères
BANYULS
★

Ce domaine familial est une adresse sûre, abritant une gamme impressionnante de banyuls rouges et, plus rare, de blancs. La prédominance des grenaches blancs et gris, sur un domaine soumis à une forte influence maritime, explique l'importance de production de ce cépage mais aussi son antériorité (dès 1986), ainsi que des blancs secs, en VDP puis en AOC Collioure. En Banyuls, les vintages sont tendres et savoureux, avant de progresser avec l'âge vers des rancios stylés. La maison recèle des spécialités, dont le Ranfio Cino, cousin des secs de jerez, ou l'Al Tragou, rancio doux très subtil, toujours en millésime ancien avec, cette année, l'arrivée du 1988.

Les vins : le blanc Armenn 2009 a bien évolué mais reste un peu dodu et chaleureux ; il s'épurera au vieillissement mais constitue une référence dans la région. Le rouge Les Espérades 2009 manque un peu d'éclat et de fraîcheur mais offre une bonne densité de sève. En Banyuls, le blanc Rivage 2009 s'alanguit un peu dans des saveurs confites, mais c'est la très riche cuvée Ambré qui se distingue, très bonbon au miel et sapin des Vosges. Les banyuls rouges se montrent de très bon niveau, Gaby Vial a progressé en franchise et en équilibre, un peu sur l'alcool en finale. Rimage 2010 évoque l'écorce d'orange, la rhubarbe et la quinine ; un vin droit et énergique, très élégant. André Magnères 2002 délivre une matière patinée, caramélisée, de grande envergure, un rien chaleureuse en finale. Très puissant, Al Tragou 1988 a développé la grande noblesse aromatique des saveurs de datte, de noix fraîche, de rancio et de cèdre, d'un éclat éblouissant, avec encore de la réserve. Ranfio Cino reste digeste et nerveux, appelant les anchois.

☐	Banyuls Rivage 2009	17,50 €	14,5
☐	Banyuls Rivage Ambré	26 €	16
☐	Collioure Armenn 2009	13,50 €	15,5
☐	VDP Côte Vermeille Ranfio Cino	13 €	16,5
■	Banyuls Al Tragou 1988	38 €	18
■	Banyuls Gaby Vial	15 €	15
■	Banyuls Grand Cru André Magnères 2002	28 €	17
■	Banyuls Rimage 2010	15 €	16,5
■	Collioure Les Espérades 2009	13,50 €	15

Rouge : 8 hectares.
Grenache 85 %, Carignan 10 %, Syrah 5 %
Blanc : 2 hectares.
Grenache 70 %, Grenache gris 30 %
Production moyenne : 20 000 bt/an

Domaine Vial Magnères, 14, rue Herriot, 66650 Banyuls-sur-Mer
Tél. : 04 68 88 31 04 **Fax :** 04 68 88 02 43
E-mail : al.tragou@wanadoo.fr
Vente : au domaine
Sur rendez-vous uniquement.
Propriétaire : Olivier Sapéras

■ Domaine Bila-Haut - M. Chapoutier
CÔTES DU ROUSSILLON-VILLAGES

Michel Chapoutier, incontournable figure des vins de la vallée du Rhône, a fait l'acquisition progressive, à partir de 1999, de vignes majoritairement situées sur les beaux terroirs de schistes de Latour-de-France et, plus récemment, sur Lesquerde. Carignan, syrah et grenache en rouge, grenache et maccabeu en blanc composent une gamme intelligente de vins qui savent exprimer sans fard le fruit et le caractère des terroirs. Le vignoble est conduit en biodynamie comme le reste des domaines Chapoutier, mais sans le revendiquer.

Les vins : le blanc 2011 est simple et manque de relief. Les rouges 2010 nous déçoivent un peu : robuste, le Vignes de Bila-Haut est franc mais manque un peu de finesse. L'Occultum Lapidem offre davantage de profondeur et de densité, avec un équilibre construit autour d'un fruit très charnu mais frais. Le VIT joue la carte d'un fruit très mûr et doux, un peu saturé en alcool et très enrobé par le bois. Le RI possède la finesse de grain des granits de Lesquerde et se montre plus harmonieux.

☐	Côtes du Roussillon Les Vignes de Bila-Haut 2011	8 €	13,5
■	Côtes du Roussillon-Villages Latour de France Occultum Lapidem 2010	n.c.	15,5
■	Côtes du Roussillon-Villages Latour de France V.I.T. 2010	n.c.	14,5
■	Côtes du Roussillon-Villages Les Vignes de Bila-Haut 2010	8 €	14
■	Côtes du Roussillon-Villages Lesquerde R.I. 2010	n.c.	15,5

Rouge : 63 hectares.
Blanc : n.c.
Production moyenne : n.c

Domaine Bila-Haut - M. Chapoutier, 18, avenue du Docteur-Paul-Durand, 26600 Tain-L'Hermitage
Tél. : 04 75 08 28 65 **Fax :** 04 75 08 81 70
E-mail : chapoutier@chapoutier.com
Site : www.chapoutier.com
Vente : au domaine
Du lundi au vendredi de 9h à 12h30 et de 14h à 19h. Samedi de 9h30 à 13h et de 14h à 19h. Dimanche de 10h à 13h et de 14h à 18h.
Propriétaire : Michel Chapoutier

■ Domaine Boudau

CÔTES DU ROUSSILLON-VILLAGES

C e vaste domaine de Rivesaltes, conduit dans la plus grande rigueur par Véronique et Pierre Boudau, bénéficie d'un patrimoine ampélographique rare, avec un pourcentage dominant de très vieux grenaches issus de sélections massales opérées sur les grands domaines de Châteauneuf-du-Pape. La reconversion récente du domaine, déjà fort respecté pour ses rivesaltes mûtés sur grains, dans la production de Côtes du Roussillon, permet d'enrichir la gamme. Les vins bénéficient d'un excellent rapport qualité-prix.

Les vins : bien sec, pas trop variétal, le muscat est de très bon niveau. En rouge, le Petit Closi se montre franc, direct, avec un fruit net. Plus charnu, Le Clos décline la même précision de fruit avec un supplément d'intensité épicée. Tradition 2010 est un rien plus serré mais tout aussi fin, et Henri Boudau 2010 marqué par un boisé un peu ferme. Padri 2010 est profond, assez intense et persistant. Doté d'une sève vigoureuse, mûr et franc, Patrimoine 2010 sera une très belle bouteille d'ici deux ou trois ans. Bien aromatique, le muscat de Rivesaltes est une jolie friandise, tout comme le rivesaltes Grenat 2010, fin et précis, d'excellente facture.

☐ IGP Côtes Catalanes Muscat Sec 2011	6,50 €	14,5
☐ Muscat de Rivesaltes 2011	9,20 €	15
■ Côtes du Roussillon Le Clos 2011	6,70 €	15
■ Côtes du Roussillon-Villages Henri Boudau 2010	10 €	15
■ Côtes du Roussillon-Villages Padri 2010	13,40 €	15,5
■ Côtes du Roussillon-Villages Patrimoine 2010	16 €	16,5
■ Côtes du Roussillon-Villages Tradition 2010	7,50 €	15
■ IGP Côtes Catalanes Le Petit Closi 2011	5,60 €	14,5
■ Rivesaltes Grenat Sur Grains 2010	10,20 €	16

Rouge : 37 hectares.
Cabernet-sauvignon 3,5 %, Carignan 8,5 %, Grenache 64,4 %, Mourvèdre 10,1 %, Syrah 13,5 %
Blanc : 16 hectares.
Muscat d'Alexandrie 50 %, Muscat à petits grains 50 %
Production moyenne : 150 000 bt/an.

Domaine Boudau, 6, rue Marceau, BP 60, 66600 Rivesaltes
Tél. : 04 68 64 45 37 **Fax :** 04 68 64 46 26
E-mail : contact@domaineboudau.fr
Site : www.domaineboudau.fr
Vente : au domaine
Pas de visites.
Propriétaire : Véronique et Pierre Boudau

■ Domaine des Chênes

CÔTES DU ROUSSILLON-VILLAGES
TAUTAVEL

S itué au pied des magnifiques falaises de Vingrau, ce domaine, propriété de l'œnologue Alain Razungles, se distingue d'abord par la qualité de ses blancs secs et doux, vinifiés à parfaite maturité. Le domaine s'enorgueillit également de vins rouges joliment dessinés, en particulier les tautavels. Les rivesaltes se montrent plus rustiques. Dans leur ensemble, les vins déçoivent et ne sont pas au niveau de ce que nous sommes en droit d'attendre aujourd'hui. Nous espérons une rapide reprise en main.

Les vins : nous sommes déçus par ces vins qui manquent de relief aromatique et de personnalité ; être œnologiquement irréprochable n'est pas suffisant. En blanc, le muscat Les Olivettes 2010 apparaît très variétal et neutre. Les Sorbiers 2009 se révèle sec et alcooleux. Plus riche et robuste, Les Magdaléniens 2008 manque un peu de caractère. Les Grands-Mères 2009 est un rouge frais et aromatique, discret et cacaoté dans ses saveurs. Le Mascarou 2008 est équilibré mais un peu terne. La Carissa 2005 a accentué sa sécheresse avec l'âge. Les VDN sont trop simples dans leur définition, et marqués par l'alcool.

☐ Côtes du Roussillon Les Magdaléniens 2008	12,30 €	14,5
☐ Côtes du Roussillon Les Sorbiers 2009	8,90 €	14
☐ Muscat de Rivesaltes 2010	10,10 €	13,5
☐ Rivesaltes Ambré 2004	13,30 €	15
☐ VDP des Côtes Catalanes Les Olivettes 2010	6,80 €	13
■ Côtes du Roussillon-Villages Les Grands-Mères 2009	7,80 €	14,5
■ Côtes du Roussillon-Villages Tautavel La Carissa 2005	19,50 €	14,5
■ Côtes du Roussillon-Villages Tautavel Le Mascarou 2008	10 €	15
■ Rivesaltes Tuilé 2005	13,80 €	14

LANGUEDOC-ROUSSILLON

Rouge : 20 hectares.
Mourvèdre 4 %, Syrah 32 %, Carignan 28 %,
Grenache 36 %
Blanc : 16 hectares.
Grenache 25 %, Maccabeu 20 %,
Roussanne 24 %, Muscat 31 %
Production moyenne : n.c.

Domaine des Chênes, 7, rue du
Maréchal-Joffre, 66600 Vingrau
Tél. : 04 68 29 40 21 **Fax :** 04 68 29 10 91
E-mail : domainedeschenes@wanadoo.fr
Site : www.domainedeschenes.fr
Vente : au domaine
Sur rendez-vous.
Propriétaire : Alain Razungles

■ Domaine du Clot de l'Oum
CÔTES DU ROUSSILLON-VILLAGES

Installé sur les hauteurs de Belesta, Eric Monné est aujourd'hui à la tête d'un patrimoine important de vieilles vignes, magnifiquement réparti entre terroirs de granits, de schistes et de gneiss. A l'évidence, l'altitude contribue au caractère original et empreint de fraîcheur de ces vins, dont le charme délicat et très élégant est souligné par des tanins parfois vifs.

Les vins : le Clot 2009 ne manque pas de finesse mais son élevage a légèrement terni et séché le fruit. Sobres et élégants, les 2010 se montrent plus équilibrés que les millésimes précédents : La Compagnie des Papillons est vif et nuancé, empreint de fraîcheur ; le Pozzo Roccoco très précis et tendu, à la fois souple et rond. Saint-Bart vieilles vignes présente plus de volume et de tension, avec un fruit précis et expressif. Encore un peu réduit, Numero Uno s'affirme par son grain de tanin soyeux. Le blanc Cine-Panettone 2010 est tendu, vif et frais, bien équilibré.

☐ Côtes du Roussillon Cine
   Panetonne 2010   15 € 15,5
■ Côtes du Roussillon-Villages La
   Compagnie des Papillons 2010   13 € 15
■ Côtes du Roussillon-Villages Le
   Clot 2009   15 € 14,5
■ Côtes du Roussillon-Villages
   Numero Uno 2010   28 € 16,5
■ Côtes du Roussillon-Villages Pozzo
   Roccoco 2010   13 € 15,5
■ Côtes du Roussillon-Villages
   Saint-Bart Vieilles Vignes 2010   18 € 16

Rouge : 13,5 hectares.
Carignan 40 %, Grenache 20 %, Syrah 40 %
Blanc : 1,5 hectare.
Grenache 35 %, Grenache gris 15 %,
Maccabeu 30 %, Autres 10 %, Autre 10 %
Production moyenne : 30 000 bt/an
❀ Certifié en agriculture bio ou biodynamique

Domaine du Clot de l'Oum, 66720 Belesta
Tél. : 04 68 57 82 32 **Fax :** 04 68 62 19 78
E-mail : emonne@web.de
Site : www.clotdeloum.com
Vente : au domaine
Ouvert toute l'année sur rendez-vous, de 8h à 12h.
Propriétaire : Eric Monné

■ Domaine de la Coume du Roy
MAURY

Relancé par Paule de Volontat et son mari, ce domaine ancien et dynamique est l'un des plus représentatifs du potentiel de l'appellation Maury, petit vignoble de vins doux naturels niché au pied des Pyrénées-Orientales. Grâce à leur force brute et à leur profondeur aromatique, les vins parviennent parfois à une intensité hors du commun. Attention cependant, les derniers vins dégustés manquent de précision et de fraîcheur.

Les vins : le Désir 2007 est un vin franc et ferme, un peu rustique, très simple dans sa définition. Le maury Doré blanc 2009 est assez confit, manquant de fraîcheur. Corsés, robustes, les Maury sont denses mais un peu épais en finale et rugueux dans leurs tanins.

☐ Maury Maury Doré 2009   13 € 14
■ Côtes du Roussillon-Villages Le
   Désir 2007   8 € 13
■ Maury 2010   11 € 15
■ Maury 2009   12 € 14,5

Rouge : 18 hectares.
Grenache 100 %
Blanc : 3 hectares.
Muscat à petits grains 25 %, Divers 25 %,
Grenache 50 %
Production moyenne : 50 000 bt/an

Domaine de la Coume du Roy, 13, route de
Cucugnan, 66460 Maury
Tél. : 04 68 59 67 58 **Fax :** 04 68 59 67 58
E-mail : contact@lacoumeduroy.com

Site : www.lacoumeduroy.com
Vente : au domaine
Sur rendez-vous.
Propriétaire : Agnès de Volontat-Bachelet

■ Domaine Danjou-Banessy
CÔTES DU ROUSSILLON-VILLAGES

J eune vigneron passionné, Benoît Danjou a repris ce vieux domaine consacré à la production de rivesaltes, hérité de son grand-père, et qu'il a progressivement converti aux vins blancs et rouges secs, tout en conservant sagement de magnifiques vieux rivesaltes, commercialisés au compte-goutte. Reflets de différents terroirs et parcelles, les vins offrent caractère et originalité. Nous plaçons de grands espoirs dans ce domaine, qui travaille de façon très naturelle à la vigne et non-interventionniste en cave.

Les vins : le rosé Unanit se définit comme un « blanc de rouge » : un jus droit et ferme, dense et frais, qui réjouira l'amateur exigeant. En blanc, le pur carignan gris la Truffière 2010 déploie son souffle puissant et son étonnant vigueur, qui en font un vin réellement à part au discours idiosyncratique. Plus alanguis en attaque, les grenache et maccabeu d'Estaca blanc 2010 présentent un visage plus immédiatement séducteur mais encore un peu trop cadré par son élevage en barriques. Le rouge Roboul 2010 est doté d'un caractère frais et minéral, parfaitement en équilibre avec sa maturité de fruit. Encore un peu marqué par un boisé qui devrait se fondre, les vieux grenaches d'Estaca 2010 offrent plus de fraîcheur et de précision qu'en 2009. L'élevage peut également être affiné sur La Truffière, dont le 2010 se montre mûr et nerveux mais un peu comprimé dans ses saveurs. Le vin qui fait des étincelles cette année, c'est Espurna 2010, un pur cinsault ample et vigoureux à l'acidité friande, dont le fruit floral se montre délicieusement croquant : à servir carafé sur une volaille.

☐ Côtes du Roussillon Estaca 2010	22 €	15,5
☐ IGP Côtes Catalanes La Truffière 2010	20 €	17
◼ Côtes du Roussillon Unanit 2011	12 €	15
■ Côtes du Roussillon-Villages Estaca 2010	25 €	15,5
■ Côtes du Roussillon-Villages La Truffière 2010	18 €	15
■ Côtes du Roussillon-Villages Roboul 2010	14 €	15,5
■ IGP Côtes Catalanes Espurna 2010	36 €	16,5

Rouge : 13 hectares.
Grenache 50 %, Carignan 15 %, Syrah 20 %, Mourvèdre 10 %, Cinsault 5 %
Blanc : 5 hectares.
Grenache gris 20 %, Grenache 25 %, Carignan 5 %, Maccabeu 50 %
Production moyenne : 30 000 bt/an

Domaine Danjou-Banessy, 1 bis, rue Thiers, 66600 Espira-de-l'Agly
Tél. : 04 68 64 18 04   **Fax :** 04 68 64 18 04
E-mail : bendanjou@hotmail.fr
Site : www.domainedanjou-banessy.com
Vente : au domaine
Sur rendez-vous.
Propriétaire : Famille Danjou-Banessy

■ Domaine Depeyre
CÔTES DU ROUSSILLON-VILLAGES

C ette propriété, qui fait désormais partie des valeurs sûres du Roussillon, oriente sa production vers des rouges d'une définition généreuse mais non dénués d'élégance. Les vins de Serge Depeyre, également régisseur du Clos des Fées, continuent de progresser vers toujours plus de finesse, d'élégance et de fraîcheur, pour notre plus grande satisfaction, et se rapprochent du niveau de leurs meilleurs voisins. La gamme reste encore trop disparate mais comporte des vins enrobés, généreux, assez flatteurs mais gourmands.

Les vins : très mûre, richement dotée en alcool, la cuvée classique 2011 est très intense, marquée par les fruits noirs macérés, mais a conservé un excellent équilibre. Le Sainte-Colombe 2010 se fait plus onctueux, assez chocolaté dans l'expression de son fruit mais séduisant dans son intensité de saveurs. De prime abord, le Rubia Tinctoria 2011 évoque le sirop de cassis, avec un moelleux qui enrobe, mais il mérite un élevage plus poussé. Enfin, le blanc Symphonie 2011 s'avère convaincant dans sa vigueur saline et son profil bien cadré, assez savoureux mais complet.

☐ IGP des Côtes Catalanes Symphonie 2011	15 €	15,5
■ Côtes du Roussillon-Villages 2011	9 €	14,5
■ Côtes du Roussillon-Villages Rubia Tinctoria 2011	18 €	16

■ Côtes du Roussillon-Villages
Sainte-Colombe 2010   15 €   15,5

Rouge : 12 hectares.
Carignan 20 %, Grenache 35 %, Lladoner
pelut 10 %, Mourvèdre 15 %, Syrah 20 %
Blanc : 1 hectare.
Production moyenne : n.c.

Domaine Depeyre, 1, rue Pasteur, 66600
Cases-de-Pène
Tél. : 04 68 28 32 19   **Fax :** 04 68 28 32 19
E-mail : brigitte.bile@orange .fr
Site : www.domaine-depeyre-66.com
Vente : au domaine
De 9h30 à 18h.
Propriétaire : Brigitte Bile et Serge Depeyre

NOUVEAU DOMAINE

■ Domaine Bruno Duchêne
COLLIOURE

O riginaire du Loir-et-Cher, Bruno Duchêne fait l'acquisition en 2002 de petites parcelles de vignes, sur les coteaux escarpés surplombant Banyuls, à 300 m d'altitude. Dans cet environnement rude, où la pénibilité du travail n'est pas une notion vaine, l'homme accomplit un labeur acharné pour entretenir en bio la plus grande partie de son vignoble, dont certaines parcelles sont bichonnées comme de petits jardins. A la cave, des vinifications douces, avec des doses minimes de soufre, donnent naissance à des vins qui valent plus que le qualificatif trop réducteur de « naturel » : issus de vieux grenaches et carignans, ce sont avant tout des vins digestes, aux matières suaves et emplies de la fraîcheur procurée par les équilibres gagnés dans la vigne. Des vins ensoleillés, gourmands, qui semblent irradier la bonne humeur et la spontanéité de leur vigneron-auteur !

Les vins : le blanc Vall Pompo présente un nez magnifique, avec des notes de thym, d'infusion, de citron. Sa matière possède une grande douceur, une fraîcheur minérale admirable et une allonge délicate. Rouge léger ou rosé foncé, La Mère Lach'Nous offre la revigorante franchise de vins très proches du fruit, mais il pèche par manque de netteté. La Luna 2011 associe la richesse aromatique (agrumes, fleurs séchées) à une trame svelte et tendue, formidablement digeste. La Pascole 2011 se présente avec un surcroît de maturité et de moelleux, parsemé de petits tanins poudreux et salivants. Tout en fruit

moelleux et croquant, L'Anodine 2011 nous enchante par son naturel d'expression et sa finesse de texture.

☐ Collioure Vall Pompo 2011   28 € cav.   16
■ Collioure La Pascole 2011   28 € cav.   17
■ Collioure L'Anodine 2011   100 € cav.   16,5
■ IGP Côte Vermeille La
Luna 2011   14 € cav.   16,5
■ VDF La Mère Lach'Nous 2011   n.c.   14

Rouge : n.c..
Carignan 10 %, Grenache 90 %
Blanc : n.c..
Grenache 100 %
Production moyenne : n.c.

Domaine Bruno Duchêne, 3, rue Jean Bourrat ,
66650 Banyuls sur Mer
Tél. : 04 68 88 06 94
Pas de visites.
Propriétaire : Bruno Duchêne

■ Domaine de l'Edre
CÔTES DU ROUSSILLON-VILLAGES

V oisins du médiatique Hervé Bizeul, Jacques Castany et Pascal Dieunidou, originaires de Vingrau, ont associé leurs patrimoines viticoles respectifs pour créer ce domaine. Les vignes, anciennes, sont cultivées dans les règles de l'art. Les vins se démarquent par leur précision aromatique et préservent leur caractère, mais se montrent malheureusement trop alourdis par leurs élevages sous bois.

Les vins : le Carrément Rouge 2011 est un vin mûr et rond, très croquant et gourmand. Le Carrément Mourvèdre 2011 se montre fin, assez suave, et a conservé une bonne fraîcheur épicée. Nous préférons ce vin à la cuvée L'Edre, dont le 2010 présente un boisé toujours aussi pesant aromatiquement (banane, cocolactone), ce qui atténue en bouche l'expression du fruit. Le Carrément Blanc 2011, assez épais et manquant un peu de fraîcheur, s'appuie également trop sur son élevage.

☐ Côtes du Roussillon Carrément
Blanc 2011   14,50 €   14
■ Côtes du Roussillon-Villages
Carrément Rouge 2011   14,50 €   15
■ Côtes du Roussillon-Villages
L'Edre 2010   26,50 €   14,5
■ IGP Côtes Catalanes Carrément
Mourvèdre 2011   9 €   15,5

Rouge : 8 hectares.
Carignan 17 %, Grenache 25,5 %, Syrah 48 %,
Mourvèdre 9,5 %
Blanc : 2 hectares.
Roussanne 10 %, Grenache 55 %, Grenache
gris 30 %, Maccabeu 5 %
Production moyenne : 23 000 bt/an

Domaine de l'Edre, 8, rue de la République,
66720 Tautavel
Tél. : 06 08 66 17 51 **Fax :** 04 68 54 65 18
E-mail : contact@edre.fr
Site : www.edre.fr
Vente : au domaine
Sur rendez-vous.
Propriétaire : Jacques Castany et Pascal Dieunidou.

■ Domaine Laguerre
CÔTES DU ROUSSILLON

E ric Laguerre a fait ses armes chez Gérard
Gauby, au domaine La Soula. Depuis 2001,
il vole de ses propres ailes à la tête du vignoble
familial de 22 ha, sur les hauteurs des Fenouillèdes. Ayant été à bonne école, il reproduit avec
brio les méthodes qui mènent au succès avec
deux cuvées déclinées en blanc et en rouge : Eos
et Le Ciste. Les vins du domaine sont désormais
certifiés en bio, et nous semblent gagner en
régularité.

Les vins : le rosé 2011 est plein, charnu et
tendu, d'excellente constitution. En rouge 2011,
Le Passage offre un profil sobre et digeste, avec
un fruit aux tanins fins. Précoce, précis, l'EOS
gagne en finesse et en velouté de texture. Le
Ciste se fait plus dense, plein et profond, avec un
fruit frais et chocolaté. En blanc 2011, l'EOS est
droit et élancé, assez persistant. Dégusté avant
la mise, encore très marqué par la réduction, Le
Ciste ne manque pas de fermeté et d'allonge.

☐ Côtes du Roussillon EOS 2011	9,80 €	15
☐ Côtes du Roussillon Le Ciste 2011	14 €	16
▥ Côtes du Roussillon EOS 2011	9,80 €	15
■ Côtes du Roussillon EOS 2011	9,80 €	15,5
■ Côtes du Roussillon Le Ciste 2011	14 €	16,5
■ Côtes du Roussillon Le Passage 2011	9,80 €	15

Rouge : 19 hectares.
Carignan 10 %, Syrah 30 %, Grenache 50 %,
Cabernet-sauvignon 10 %
Blanc : 20 hectares.
Roussanne 10 %, Rolle 10 %, Grenache 45 %,
Maccabeu 5 %, Marsanne 30 %
Production moyenne : 80 000 bt/an

❀ Certifié en agriculture bio ou biodynamique

Domaine Laguerre, Le Village, 66220
Saint-Martin de Fenouillet
Tél. : 04 68 59 26 92 **Fax :** 04 68 59 26 92
E-mail : domaine-laguerre@free.fr
Site : www.domainelaguerre.com
Vente : au domaine
Sur rendez-vous.
Propriétaire : Eric Laguerre

■ Domaine Madeloc
COLLIOURE

P ierre Gaillard, vigneron de Côte Rôtie, toujours secondé par sa femme et désormais
par sa fille, est venu sur la Côte Vermeille pour
vivre pleinement sa passion des grands terroirs
de schistes. Il leur offre une interprétation personnelle et imprime son style à une sélection qui
s'est rapidement distinguée en Collioure rouge
et blanc. Si nous saluons le bon niveau atteint
par les vins, en particulier les banyuls, nous ne
cachons pas nos interrogations sur la qualité un
peu irrégulière et un fruit souvent trop mat,
manquant d'éclat et de fraîcheur en rouge : les
choix de vinification et d'élevage (très appuyés)
à l'œuvre ici sont-ils réellement adaptés ?

Les vins : en blanc 2011, Tremadoc est bien
constitué mais manque un peu de fraîcheur et
de profondeur, et Penya le devance légèrement en allonge et en profondeur. En rouge
2009, Serral se montre un peu confit, manquant
d'éclat de fruit. Solaire et riche, avec des tanins
abondants, Magenca se présente épais en finale.
Crestall offre un peu plus de sève et un élevage
mieux intégré, mais le fruit est très mat. Terre-
Mer est un excellent vin produit en association
avec Stéphane Gallet (Roc des Anges), à la fine
liqueur savoureuse. Les banyuls ne déméritent
pas mais pêchent également par excès de bois.
Nous attendons mieux.

☐ Banyuls Asphodeles 2011	14,50 €	15,5
☐ Collioure Penya 2011	22 €	15
☐ Collioure Tremadoc 2011	14 €	14
▥ Collioure Foranell 2011	8 €	12
■ Banyuls Cirera 2009	14,50 €	15
■ Banyuls Robert Pagès	11 €	16
■ Banyuls Solera	35 €	15,5
■ Collioure Crestall 2009	22 €	15
■ Collioure Magenca 2009	18 €	15
■ Collioure Serral 2009	14 €	14,5
■ VDL Terre-Mer 2011	20 €	16

Rouge : 17 hectares.
Carignan 10 %, Grenache 70 %,
Mourvèdre 10 %, Syrah 10 %
Blanc : 11 hectares.
Roussanne 20 %, Vermentino 20 %, Grenache
gris 60 %
Production moyenne : 50 000 bt/an

Domaine Madeloc, 1 bis, avenue du
Général-de-Gaulle, 66650 Banyuls-sur-Mer
Tél. : 04 68 88 38 29 **Fax :** 04 68 88 04 65
E-mail : domaine-madeloc@wanadoo.fr
Site : www.domainespierregaillard.com
Vente : au domaine
De 9h30 à 13h et de 15h à 19h30.
Propriétaire : Pierre Gaillard
Directeur : Elise Gaillard

■ Mas Cristine
CÔTES DU ROUSSILLON

C e domaine a été repris en 2006 par trois
vignerons, dont l'énergique Philippe Gard,
de la Coume del Mas. Ce dernier a fait appel à
Julien Grill, qui supervise le vignoble : celui-ci
se trouve à 250 mètres d'altitude, sur les schistes
du massif des Albères, proche d'Argelès-sur-
Mer et non loin de ceux de Collioure et Banyuls.
Finesse, fraîcheur et caractère digeste sont les
choix réjouissants qui semblent prévaloir. Nous
intégrons ici également certains vins de la très
intéressante gamme Consolation, vins de cépage
provenant de vignes des domaines Mas Cristine,
Coume del Mas et parfois d'un peu de négoce.
Les vins : en Mas Cristine, un sympathique
rosé 2011 introduit un blanc salin et précis, de
belle intensité aromatique. Le rouge 2010 est
bien mûr et ferme. Le maccabeu Filles de Mai
2011 se montre plein et vigoureux, très marqué
par le poivre vert. La marsanne Miranda offre
un beau volume et une nervosité de bon aloi :
tendu en finale, il appelle les crustacés. Seul le
muscat de Rivesaltes nous semble un peu juste
dans sa précision de saveurs.

☐	Côtes du Roussillon 2011	10 €	14,5
☐	IGP Côtes Catalanes Consolation Filles de Mai 2011	13 €	15,5
☐	IGP Côtes Catalanes Mirada 2011	13 €	16
☐	Muscat de Rivesaltes 2011	10 €	14
▪	Côtes du Roussillon 2011	7,90 €	14
■	Côtes du Roussillon 2010	10 €	14,5

Rouge : 12 hectares.

Grenache 50 %, Carignan 20 %, Syrah 30 %
Blanc : 8 hectares.
Roussanne 25 %, Marsanne 20 %,
Grenache 25 %, Maccabeu 25 %, Carignan 5 %
Production moyenne : 60 000 bt/an

Mas Cristine, 3, rue Daudet, 66650
Banyuls-sur-Mer
Tél. : 04 68 88 37 03 **Fax :** 04 68 88 37 03
E-mail : info@tramontanewines.com
Site : www.mas-cristine.com
Sur rendez-vous.
Propriétaire : Philippe Gard et Julien Grill

■ Domaine Padié
CÔTES DU ROUSSILLON

J ean-Philippe Padié s'est installé en 2003 à
Calce, village au nom minéral, emblématique
de la nouvelle vague de « Catalogne nord » fédé-
rée autour de Gérard Gauby, chez qui il s'est
formé après un passage au Mas Amiel. Trente
parcelles sur dix hectares, des rendements très
faibles, un fruit pur, un style ciselé et sobre,
particulièrement limpide. Les blancs étonnent
par leur fraîcheur élancée, et les rouges, de plus
en plus vinifiés en raisins entiers, se montrent
très proches du raisin. Les derniers millésimes
n'ont jamais été meilleurs, le domaine est désormais proche d'une première étoile.
Les vins : rouge friand, éminemment désaltérant, Calice 2011 peut se boire jusqu'à la lie.
Petit Taureau a désormais acquis un élan et une
fraîcheur de sève fort enviables : c'est un jus frais
et digeste au soyeux de tanins peu commun
dans la région. Le caractère acidulé de Ciel
liquide 2008 apporte un surcroît de tension et de
vigueur : un vin clairement supérieur au 2007.
Le blanc Fleur de Cailloux 2011, citronné et
nerveux, se fait aérien et limpide. Milouise 2010
est une grande réussite, habilement travaillée en
réduction, qui déploie sa matière dense, minérale et pure, prolongée de notes de gingembre
et de poivre blanc.

☐	IGP Côtes Catalanes Fleur de Cailloux 2011	14,50 €	16
☐	VDF Milouise 2010	30 €	17
■	Côtes du Roussillon Petit Taureau 2010	13 €	16
■	Côtes du Roussillon-Villages Ciel Liquide 2007	21 €	16
■	VDF Calice 2011	9,50 €	14
■	VDF Ciel Liquide 2008	22 €	16,5

Rouge : 7 hectares.
Carignan 40 %, Syrah 25 %, Mourvèdre 10 %,
Grenache 25 %
Blanc : 8 hectares.
Grenache 75 %, Maccabeu 25 %
Production moyenne : 30 000 bt/an

Domaine Padié, 11, rue des Pyrénées, 66600
Calce
Tél. : 04 68 64 29 85
E-mail : contact@domainepadie.com
Site : www.domainepadie.com
Vente : au domaine
Sur rendez-vous uniquement.
Propriétaire : Jean-Philippe Padié

■ Domaine Pouderoux
MAURY

L a vallée de l'Agly, avec sa production de maury et de côtes-du-roussillon, est une région qui attire les investisseurs, créant une émulation entre les domaines. Celui du « natif » Robert Pouderoux – dont le grand-père fut un pionnier du maury – propose aujourd'hui une gamme sérieuse, délicieuse, en vintage comme en mise tardive. Longuement élevés, les derniers millésimes confirment la bonne forme de ce domaine, dont les vins se montrent très homogènes : les rouges sonnent très juste et les vins doux restent des références.

Les vins : Montpin 2011 est la première cuvée de maury sec, un vin aux tanins suaves et à la matière poudreuse, de belle intensité. Terre brune 2009 associe volume et trame svelte, raffiné mais un rien chaleureux en finale. La Mouriane 2007 est une très belle bouteille, dont la structure ferme méritera quelques années de garde pour s'assouplir, mais dont la profondeur de saveurs et les notes de poivre et de cassis s'avèrent séduisantes. Les maurys sont très réussis, le 2011 très parfumé (petits fruits rouges) mais un peu souple, le Mise tardive 2006 toujours harmonieux et long, et le Hors d'Age 15 ans remarquable pour la fraîcheur de ses saveurs de pruneau et d'épices.

■ Côtes du Roussillon-Villages La
  Mouriane 2007   33 €   16
■ Côtes du Roussillon-Villages Terre
  Brune 2009   14,50 € 15,5
■ Maury Hors d'Age 15 ans   22 €   17
■ Maury Montpin 2011   18 €   15
■ Maury Vendange 2011   14 €   15

■ Maury Vendange Mise
  Tardive 2006   17 € 16,5

Rouge : 18 hectares.
Carignan 3 %, Syrah 7 %, Grenache 87 %,
Mourvèdre 3 %
Blanc : 2 hectares.
Grenache 62,5 %, Muscat à petits grains 37,5 %
Production moyenne : 60 000 bt/an

Domaine Pouderoux, 2, rue Emile-Zola, 66460
Maury
Tél. : 04 68 57 22 02 **Fax :** 04 68 57 11 63
E-mail : domainepouderoux@orange.fr
Site : www.domainepouderoux.fr
Vente : au domaine
De 11h à 19h.
Propriétaire : Robert Pouderoux

■ La Préceptorie de Centernach
CÔTES DU ROUSSILLON

L e domaine est né de l'association de trois anciens coopérateurs de Maury et de la jeune génération du domaine de la Rectorie, à Banyuls, dont Vincent Parcé. Ils sont installés depuis 2001, dans les locaux d'une ancienne cave coopérative de 800 m². Le vignoble est situé au nord-ouest du département des Pyrénées-Orientales, sur le très prometteur secteur d'altitude des Fenouillèdes. Cette adresse est une valeur sûre, les vins ont gagné en régularité et en pureté sur les derniers millésimes.

Les vins : le nouvel habillage des bouteilles est bien réussi. En rouge, Coume Marie 2010 est un vin parfumé, riche mais svelte, d'une belle franchise de saveurs. Le Terres Nouvelles 2010 offre plus de densité et de rémanence mais pas forcément plus de finesse. Le maury Aurélie 2010 est l'un des plus complets que nous connaissons, toujours dense et savoureux, très sincère et intense. En blanc, le Coume Marie 2011 séduit par sa chair juteuse et tendue ; le Terres nouvelles 2011 est dans un profil similaire, plus profond et sur la réserve, avec de petits amers anisés en finale.

□ Côtes du Roussillon Coume
  Marie 2011   11 €   16
□ Côtes du Roussillon Terres
  Nouvelles 2011   15 € 16,5
■ Côtes du Roussillon Villages Terres
  Nouvelles 2010   20 €   16

■ Côtes du Roussillon-Villages Coume
Marie 2010   11 € 15,5
■ Maury Aurélie 2010   13,50 € 16,5

Rouge : 16 hectares.
Grenache 60 %, Syrah 10 %, Carignan 30 %
Blanc : 10 hectares.
Grenache gris 35 %, Maccabeu 30 %,
Grenache 35 %
Production moyenne : 63 000 bt/an

La Préceptorie de Centernach, 1, route de
Lansac, 66220 Saint-Arnac
Tél. : 04 68 59 26 74 **Fax :** 04 68 59 99 07
E-mail : lapreceptorie@gmail.fr
Site : www.lapreceptorie.com
Vente : au domaine
Sur rendez-vous.
Propriétaire : Joseph Parcé

■ Domaine de Rancy
RIVESALTES

C e vieux domaine de la vallée de l'Agly est
aux mains de Jean-Hubert Verdaguer et de
son épouse, Brigitte, qui ont ajouté dès 2001 une
gamme de vins secs aux côtés des vieux rivesaltes, fleuron de la production du domaine. A la
vigne comme en cave, le travail est très attentif. Si les vins rouges sont de bon niveau, ce
sont surtout les admirables vins doux naturels
(dont une collection de vieux millésimes jusqu'en 1948) qui assurent la renommée de cette
adresse, méritant l'attention des amateurs.

Les vins : tendre et précoce, le grenache 2011
se boira frais dans sa jeunesse. Le carignan 2008
se présente sec, avec un fruit usé. Assez ample
et chaleureux, le mourvèdre 2009 est franc, un
rien rustique. Bien équilibré, construit sur des
tanins assez fins, le côtes-du-rousssillon-villages
est bien réussi. Le Latour-de-France 2008 est
fin mais montre des signes d'usure. En Rivesaltes, le 4 ans d'âge a conservé un excellent moelleux et des saveurs de noix fraîche. Le 1998
gagne en intensité et acquiert un volume et une
rémanence admirable. Le 1993 n'est pas meilleur, un rien plus riche en liqueur et en alcool.
Le 1982 offre une magnifique complexité, entre
caramel et noix de pécan grillée, d'un équilibre
irréprochable. Un 1948 vient d'être proposé à la
vente, dont les notes d'encaustique et de cire
d'abeille ne doivent pas occulter les bluffantes
fraîcheur de sève et intensité de saveurs. Les
Rancio secs plairont aux amateurs mais n'ont
pas la complexité des meilleurs du genre.

■ Rivesaltes Ambré 1998   16 € 16,5
■ Rivesaltes Ambré 1993   19 € 16,5
■ Rivesaltes Ambré 1982   40 € 17,5
■ Rivesaltes Ambré 1948   200 € 19
■ Rivesaltes Ambré 4 ans d'âge 13 € 15
□ VDT Rancio Sec Carignan   8,50 € 14
□ VDT Rancio Sec Maccabeu   13 € 14,5
■ Côtes du Roussillon-Villages 2011 8 € 15
■ Côtes du Roussillon-Villages Latour
de France 2008   10 € 14
■ IGP Côtes Catalanes Le Grenache
de Rancy 2011   8,50 € 15
■ VDP des Côtes Catalanes Le
Carignan de Rancy 2008   10 € 13,5
■ VDP des Côtes Catalanes
Mourvèdre 2009   10 € 14,5

Rouge : 4,267 hectares.
Grenache 47 %, Mourvèdre 32 %,
Carignan 21 %
Blanc : 11,147 hectares.
Maccabeu 100 %
Production moyenne : 50 000 bt/an
❀ Certifié en agriculture bio ou biodynamique

Domaine de Rancy, 11, rue Jean-Jaurès, 66720
Latour de France
Tél. : 04 68 29 03 47
E-mail : info@domaine-rancy.com
Site : www.domaine-rancy.com
Vente : au domaine
De 10h à 12h30 et de 15h à 19h et le
dimanche matin.
Propriétaire : Jean-Hubert Verdaguer

■ Riberach
VIN DE PAYS DES CÔTES CATALANES

V oici un des projets les plus ambitieux que
la région ait connu ces dernières années :
enfant du pays, l'architecte Luc Richard, aidé
de ses associés (un viticulteur, un maître de chai
et un sommelier), a d'abord constitué en 2006
un domaine sur le secteur d'altitude de Bélesta.
Ils ont racheté les bâtiments de la coopérative
locale, réhabilités en cave, mais aussi en un
spectaculaire hôtel-restaurant. Les vins sont très
aboutis et soignés, déclinés pour mettre en avant
les différents cépages traditionnels locaux.

Les vins : le rosé N°11 titre seulement 11 %
d'alcool, ce qui le rend assurément digeste. Synthèse Gris 2011, issu du carignan, présente
davantage de caractère et de volume. En blanc,
Synthèse 2011 ne manque ni de fraîcheur ni de
chair, dans un style très lisse. On aimerait un

peu plus de caractère, que l'on trouvera dans Hypothèse 2011, pur carignan gris à la matière vigoureuse et saline. En rouge, le N°9 se montre vif et fruité, très accessible et soigné. Le domaine nous a présenté à nouveau les rouges 2008 dégustés l'an dernier, et notre préférence va toujours au profond et élégant Hypothèse (carignan).

☐ IGP Côtes Catalanes
  Hypothèse 2011   26 € 16,5
☐ IGP Côtes Catalanes
  Synthèse 2011   13 € 14
▦ IGP Côtes Catalanes Rosé N°
  11 2011   10 € 13,5
▦ IGP Côtes Catalanes Synthèse
  Gris 2011   13 € 14
■ IGP Côtes Catalanes Rouge N°
  09 2009   10 € 14,5
■ VDP des Côtes Catalanes
  Antithèse 2008   15 € 16
■ VDP des Côtes Catalanes
  Hypothèse 2008   31 € 16,5
■ VDP des Côtes Catalanes
  Synthèse 2008   15 € 15
■ VDP des Côtes Catalanes
  Thèse 2008   15 € 15

Rouge : 8,5 hectares.
Syrah 47 %, Carignan 29,5 %, Grenache 23,5 %
Blanc : 1,87 hectare.
Carignan 37,5 %, Grenache 33 %,
Maccabeu 29,5 %
Production moyenne : 30 000 bt/an

Riberach, 2c, route de Caladroi, 66720 Bélesta
Tél. : 04 68 50 56 56
E-mail : cave@riberach.com
Site : www.riberach.com
Vente : au domaine
Sur rendez-vous.
Propriétaire : SARL Riberach

■ Domaine Vinci
VIN DE PAYS DES CÔTES CATALANES

A près avoir bourlingué aux quatre coins de la planète vin, Emmanuelle Vinci et Olivier Varichon se sont établis à Estagel, dans la vallée de l'Agly. Ils apportent tous les soins possibles à leur petit domaine (culture biologique, gestion pied par pied des vieilles vignes en gobelet, etc.) pour élaborer en rouge comme en blanc de grands vins d'artisan, au caractère affirmé, destinés à des amateurs cultivés et exigeants.

Les vins : la cuvée Coyade 2009 (assemblage maccabeu, grenache et carignan blancs) est un blanc puissant et poivré, dont le caractère vigoureux et sans concession demande à rencontrer une cuisine inventive. Pur grenache noir, Inferno 2009 se montre très confit, manquant hélas de fraîcheur et déjà assez évolué dans sa qualité de fruit. En comparaison, le carignan centenaire de Rafalot nous charme par sa texture généreuse et sa fraîcheur préservée : un vin savoureux, dense et intègre.

☐ VDP des Côtes Catalanes
  Coyade 2009   n.c. 16
■ VDP des Côtes Catalanes
  Inferno 2009   n.c. 14,5
■ VDP des Côtes Catalanes
  Rafalot 2009   n.c. 16

Rouge : 6 hectares.
Blanc : 1 hectare.
Production moyenne : 10 000 bt/an
❀ Certifié en agriculture bio ou biodynamique

Domaine Vinci, 19, avenue du
Docteur-Torreilles, 66310 Estagel
Tél. : 06 18 49 11 21
E-mail : vinciemmanuelle@aol.com
Site : www.domainevinci.com
Vente : au domaine
Sur rendez-vous.
Propriétaire : Olivier & Emmanuelle Varichon

Loire

Fraîcheur et élégance

La force, l'originalité et la juste nature des vins de Loire sont de jouer sur le registre de la fraîcheur, du fruité, de cette digestibilité si rare dans les vins issus de millésimes chauds et des nouveaux vignobles du Sud.

Sans hiérarchie de terroirs comme en Bourgogne ou en Alsace, sans classement historique de domaines à la bordelaise, les vignobles de la vallée de la Loire ne nous facilitent pas l'accès à ses meilleurs producteurs. L'apport de la Loire au patrimoine des vins mondiaux est pourtant capital. On pourrait le résumer par la formule "diversité, qualité et économie". Diversité, parce que cette région peut tout produire : de la liqueur la plus concentrée au vin le plus sec, du vin primeur au vin centenaire, de la saveur la plus fruitée et proche du raisin au minéral apporté par le terroir. Qualité, parce qu'une nouvelle génération de vignerons artistes a compris qu'il fallait revenir à une viticulture plus attentive et moins productive, tout en perfectionnant les techniques de vinification dans le sens d'un plus grand respect du raisin. Enfin, d'un point de vue économique, la Loire demeure un vivier de bonnes affaires avec des touraines de charme à moins de 6 euros et de grands cabernets en Champigny ou en Chinon pour à peine le double. Bref, les vins de Loire ne videront pas votre compte en banque.

Mais tous ne se valent pas. Un grand nombre de cuvées de blancs secs trop banales et trop acides ont de plus en plus de mal à trouver des acheteurs. Les vins rouges immatures, aux tanins verts et herbacés, ne plaisent qu'aux vignerons qui les produisent ou à des piliers de bars à vins pas trop regardants. Les liquoreux bon marché, collectionneurs de médailles d'or aux concours officiels, scandaleusement édulcorés au sucre de betterave et laissant la tête lourde, détournent le public des trésors qui dorment dans les meilleures caves du Layon ou de Vouvray. On cache généralement la misère de la production courante par le doux euphémisme "bon petit vin pas cher de petit producteur". Nous refusons dans ce classement la langue de bois ou la démagogie rampante. Nous vous présentons uniquement des producteurs capables de signer de grands vins de terroir, et, répétons-le, sans vous ruiner. Comme dans tous les vignobles septentrionaux, l'effet millésime est particulièrement amplifié dans la Loire. La vallée connaît toujours des phases ascendantes de maturité et de qualité durant trois ou quatre millésimes, puis une apogée sur un ou deux millésimes, et souvent, une chute brutale par un millésime froid ou une gelée générale (comme en 1991).

LES APPELLATIONS

Le vignoble de la Loire est l'un des plus complexes de France en raison de la diversité des terroirs, des cépages et des appellations qui ont tenté de le rationaliser. Pour s'y retrouver, le mieux est encore de suivre le cours du fleuve d'aval en amont.

■ Le Pays Nantais

• **Muscadet Sèvre-et-Maine, Muscadet-Coteaux de la Loire, Muscadet-Côtes de Grandlieu et Muscadet :** ces quatre appellations contrôlées très cousines désignent des vins blancs secs, légers et souvent perlants, élaborés à partir du cépage melon de Bourgogne, localement appelé muscadet. En principe, la première des trois, de loin la plus vaste, définit les meilleurs terroirs, ce qui n'exclut pas, France oblige, les nombreuses exceptions. Ces vins se boivent jeunes et sans trop de modération, étant donné la louable modestie de leur prix. Le gros-plant est également un blanc sec nantais, de plus petite envergure, issu du cépage folle blanche. Malgré une crise ininterrompue depuis quinze ans, une poignée de vignerons nantais se bat et recrute toujours de nouveaux amateurs avec des vins aux notes océanes et minérales exemplaires.

■ L'Anjou

L'Anjou possède un patrimoine viticole d'une grande richesse, produisant toute la gamme possible de vins : blancs, rouges, rosés, secs, demi-secs, liquoreux, tranquilles, effervescents.

• **Anjou, Anjou-Villages et Anjou-Villages Brissac :** la première de ces trois appellations est la plus vaste du Maine-et-Loire et désigne des vins blancs secs à dominante chenin, des rosés secs légers à base de grolleau (les rosés demi-secs de cabernet franc ont droit à l'appellation Cabernet d'Anjou) et des rouges souvent simples, de gamay ou de cabernet. La deuxième est réservée aux meilleurs terroirs de rouges (souvent sur schistes), à base de cabernet franc et de cabernet-sauvignon. La troisième ne concerne que dix communes entre la Loire et le Layon, réputées pour leurs rouges de garde. À la porte occidentale d'Angers, la région privilégiée de Savennières donne des blancs secs (plus rarement demi-secs) de cépage chenin, corsés et pouvant merveilleusement vieillir. Savennières possède deux crus : la Roche-aux-Moines (19 ha) et la Coulée-de-Serrant (7 ha), qui appartient à un seul producteur. Une nouvelle génération d'ambitieux anjous blancs secs leur fait aujourd'hui une saine concurrence.

• **Coteaux de l'Aubance, Coteaux du Layon, Coteaux du Layon-villages (six communes), Bonnezeaux et Quarts de Chaume :** ces appellations donnent naissance à des vins moelleux ou à des liquoreux somptueusement parfumés, lorsqu'ils sont sincèrement faits, issus de pourriture noble associée, suivant les terroirs, aux raisins passerillés (Chaume, Bonnezeaux). L'amateur se fera un plaisir d'apprendre à saisir les innombrables nuances qui distinguent les villages et les vinificateurs.

■ Le Saumurois

• **Saumur :** cette appellation désigne des blancs secs de chenin, issus de sols calcaires, légers et plus fins que les anjous et d'un inégalable rapport qualité-prix. Certains terroirs tel Brézé sont réputés de longue date, dignes de Premiers crus. Les saumurs rouges manquent souvent de profondeur, sauf chez quelques producteurs, notamment sur le Puy-Notre-Dame.

• **Saumur-Champigny :** les vins uniquement rouges de cette appellation bénéficient d'un terroir plus solaire, argileux, et d'une forte émulation au sein d'une nouvelle génération de vignerons passionnés.

• **Coteaux de Saumur :** cette appellation désigne des moelleux fort rares et parfois extraordinaires.

• **Saumur Mousseux et Crémant de Loire :** une vieille tradition de vins mousseux, à base de chenin, de chardonnay et de cabernet franc, a fait la fortune de quelques négociants de la région de Saint-Florent. De plus en plus, on préfère à l'appellation Saumur Mousseux celle, plus générale, de Crémant de Loire permettant des apports de raisins de tout le Val de Loire.

■ La Touraine

Le cœur du Val de Loire illustre à merveille la polyvalence du vignoble, avec trois séries d'appellations.

• **Touraine :** elle regroupe des rouges primeurs de gamay, des rouges de demi-garde avec l'appoint de cabernet et de cot (nom local du malbec), des blancs de sauvignon et de chenin, des rosés de pineau d'Aunis, de gamay, de pinot gris et de pinot noir. Les sous-secteurs d'Amboise ou de Mesland bénéficient d'une réputation plus affirmée.

• **Chinon, Bourgueil et Saint-Nicolas-de-Bourgueil :** ces appellations communales produisent essentiellement des vins rouges de cabernet franc, souples, fruités et de demi-garde, capables cependant, sur les grands millésimes tel 2003, d'atteindre des sommets.

• **Montlouis et Vouvray :** elles se consacrent exclusivement au vin blanc de chenin qui prend ici toutes les formes possibles, du pétillant au liquoreux de légende, selon les millésimes. Longtemps distancé, Montlouis est actuellement l'une des plus jeunes et dynamiques appellations de Loire et de France.

■ Les vignobles du Centre

Les magnifiques coteaux marno-calcaires de Sancerre, Morogues et Pouilly-sur-Loire sont voués au sauvignon, ici d'une finesse extrême, pour peu que l'on sache le cueillir à maturité.

Certains microclimats sont favorables au pinot noir, aux vins rouges plus légers qu'en Côte d'Or mais bien plus accomplis que dans l'Yonne ou en Champagne. En ce qui concerne les vins blancs, on attend depuis longtemps une classification méritée des meilleurs lieux-dits en Premier cru.

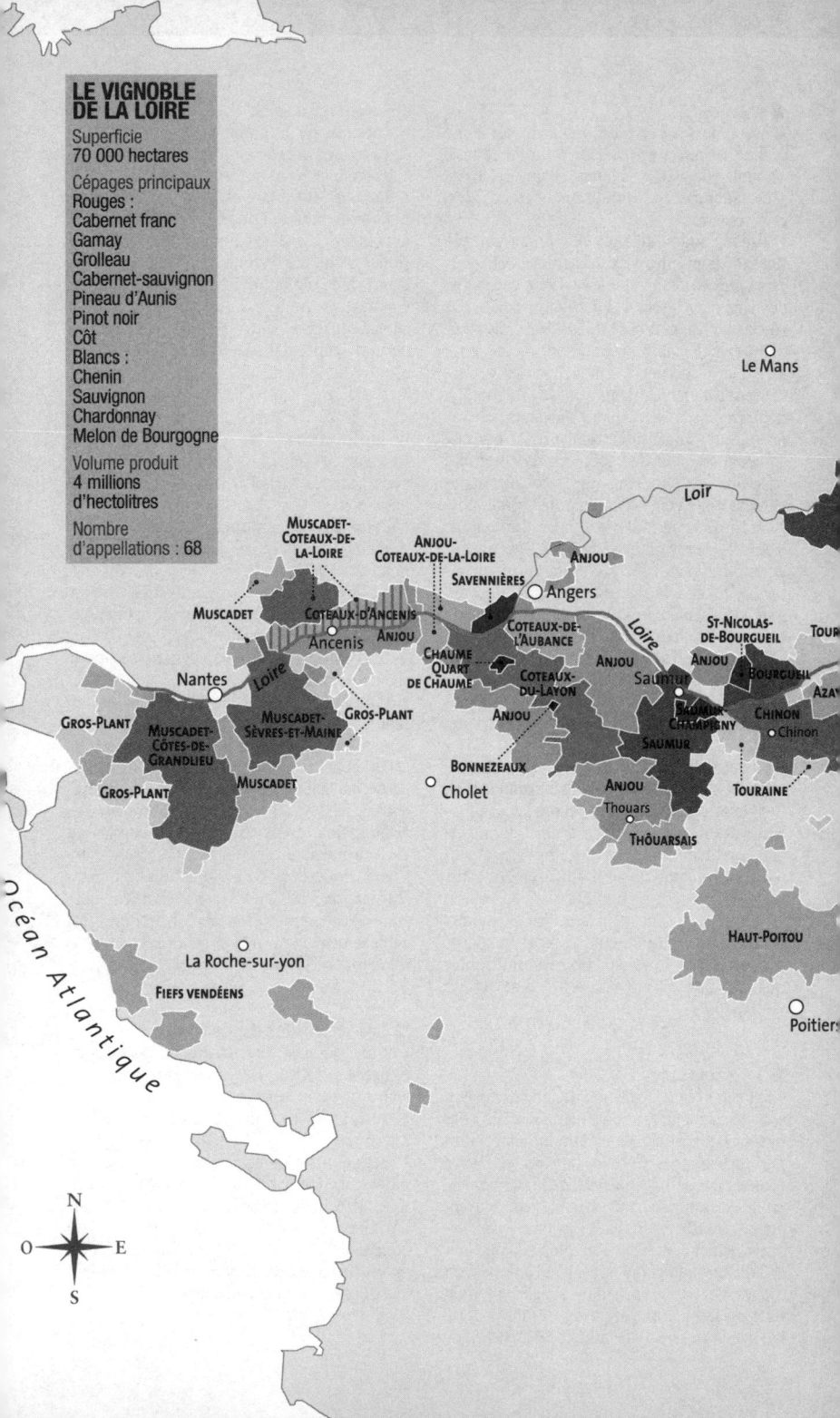

LE VIGNOBLE DE LA LOIRE

Superficie
70 000 hectares

Cépages principaux
Rouges :
Cabernet franc
Gamay
Grolleau
Cabernet-sauvignon
Pineau d'Aunis
Pinot noir
Côt
Blancs :
Chenin
Sauvignon
Chardonnay
Melon de Bourgogne

Volume produit
4 millions
d'hectolitres

Nombre
d'appellations : 68

Le Mans

Loir

MUSCADET-
COTEAUX-DE-
LA-LOIRE

ANJOU-
COTEAUX-DE-LA-LOIRE

ANJOU

SAVENNIÈRES

Angers

ANJOU

ST-NICOLAS-
DE-BOURGUEIL

TOUR

COTEAUX-D'ANCENIS

ANJOU

COTEAUX-DE-
L'AUBANCE

Loire

ANJOU

BOURGUEIL

MUSCADET

Ancenis

CHAUME
QUART
DE CHAUME

ANJOU

Saumur

AZA

CHINON

Nantes

Loire

COTEAUX-
DU-LAYON

SAUMUR-
CHAMPIGNY

Chinon

GROS-PLANT

MUSCADET-
SÈVRES-ET-MAINE

GROS-PLANT

ANJOU

SAUMUR

TOURAINE

GROS-PLANT

MUSCADET-
CÔTES-DE-
GRANDLIEU

BONNEZEAUX

ANJOU

GROS-PLANT

MUSCADET

Cholet

Thouars

THÔUARSAIS

La Roche-sur-yon

HAUT-POITOU

FIEFS VENDÉENS

Poitiers

Océan Atlantique

N
O   E
S

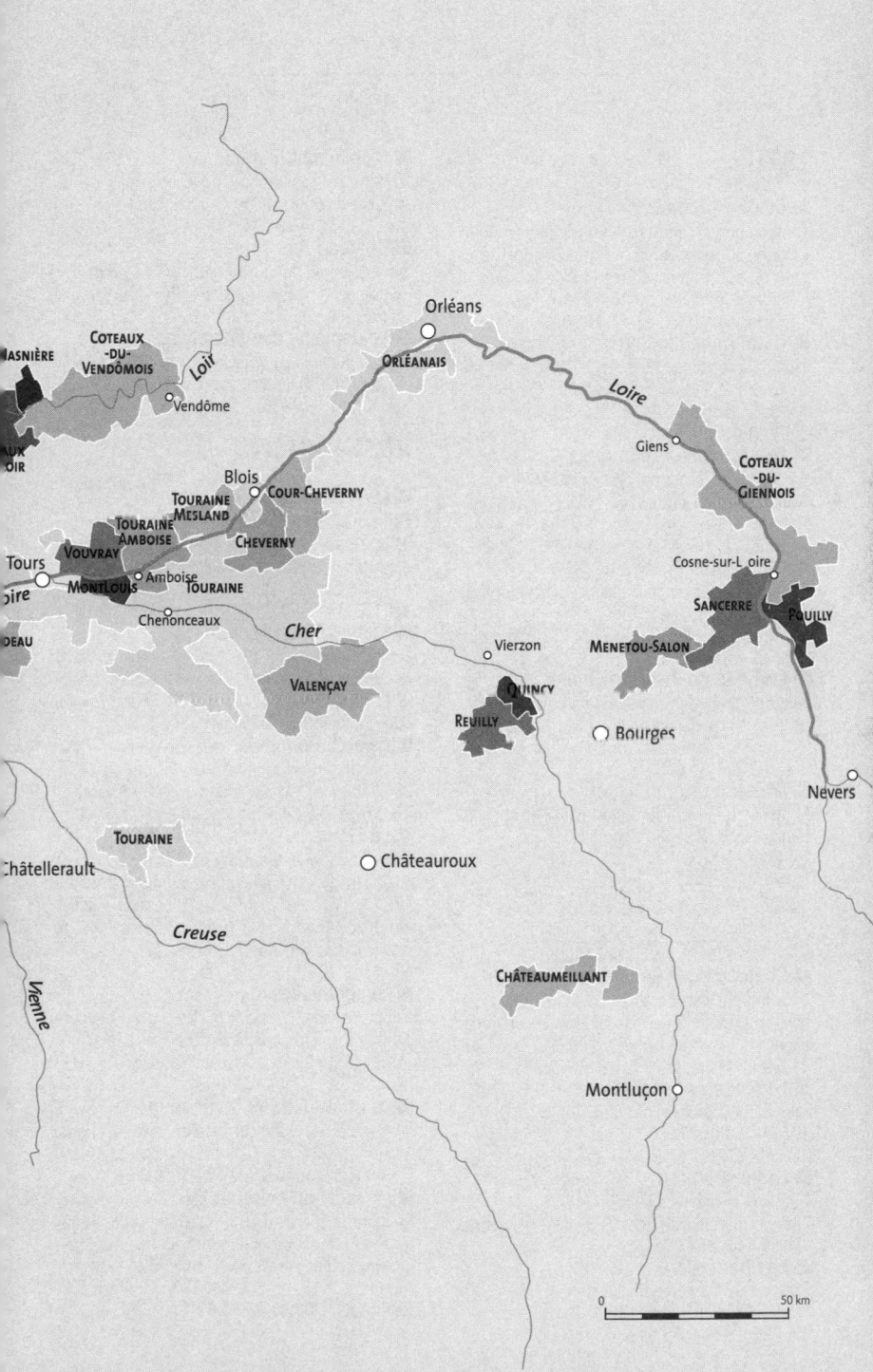

Loire

Nos bonnes adresses

HÔTELS

■ Le Bon Laboureur
Cette auberge, excellent point de départ pour explorer les appellation tourangelles, propose aussi 1 000 références sur sa carte des vins. Chambres de 120 à 260 €. 37150, Chenonceaux. Tél. : 02 47 23 90 02.

■ Hôtel Anne d'Anjou
Hôtel particulier au pied du château de Saumur. De 100 à 155 €. Grande cuisine. 33, quai Mayaud, 49400 Saumur. Tél. : 02 41 67 30 30.

■ Les Terrasses de Saumur
Cette calme résidence hôtelière offre la plus belle vue de Saumur. De 70 à 120 € la nuit. 4, rue des Lilas, St-Hilaire St-Florent, 49400 Saumur. Tél : 02 41 67 28 48.

■ Les Hautes Roches
Hôtel de luxe et restaurant gastronomique. Chambres de 140 à 270 €. 86, quai de la loire, 37210 Rochecorbon. Tél. : 02 47 52 88 88.

■ Château de la Bourdaisière
Magnifique demeure renaissance sur la route des vins. Chambres à partir de 120 €. 37210, Montlouis-sur-Loire. Tél. : 02 47 45 16 31.

■ Château de la Sébinière
Un lieu très convivial implanté au milieu des bois et des vignes. De 80 à 110 €. La Sébinière, 44300 Le Pallet. Tél. : 02 40 80 49 25.

CHAMBRES D'HÔTES

■ Château de la Sébinière
Très joli château en Muscadet, au milieu d'un parc entouré de vignes, trois grandes chambres pleines de charme. De 95 à 120 €. 44330 Le Pallet. Tél. : 02 40 80 49 25.

■ Le Manoir de la tête rouge
Très jolies chambres, de 60 à 70 €. 49260 Le-Puy-Notre-Dame. Tél. : 02 41 38 76 43.

■ La Pinsonnière
Calme et convivial. De 62 à 74 €. 225, rue du château, 49260 Sanzier-Vaudelnay. Tél. : 02 41 59 12 95.

■ La Chancelière
Au pied de Sancerre. 130 €. 5, rue Hilaire-Amagat, 18300 Saint-Satur. Tél. : 02 48 54 01 57.

■ Moulin du Chapitre.
Très jolies chambres décorées avec soin. À partir de 60 €. 49750 Chanzeaux. Tél. : 02 41 74 01 42.

■ Château Tour Grise
Accueil convivial au domaine. 60 € petit déjeuner compris. 49260 Le-Puy-Notre-Dame. Tél. : 02 41 38 82 42.

■ Le domaine des Chesnaies
Aux portes d'Angers, accueil simple et amical. 70 €. La Noue, 49190 Denée. Tél. : 02 41 78 79 80.

RESTAURANTS

■ Le Week-end
Une belle adresse, avec plus de 700 références de toutes les régions ; soirées d'initiation à la dégustation ou de découverte. Menus de 28 à 65 €. 1, place du Cloître, 45430 Chécy. Tél. : 02 38 86 84 93.

■ Mets & Vins Plaisirs
A la fois restaurant et cave, 400 références de toute la France, à emporter ou à consommer à table. Formules à 15,50 €, menus à 26 et 35 €. 44, bd Ayraud, 49100 Angers. Tél. : 02 41 87 03 35.

■ Le petit Comptoir.
Sympathique bistrot convivial. Menus de 14 à 28 €. 40, rue David-d'Angers, 49100 Angers. Tél. : 02 41 88 81 57.

■ Le Picolo
« Bistrot à vins nature, cuisine du marché », c'est le slogan de cette jolie adresse nantaise où les "jus" sont non filtrés, non levurés. Belles assiettes. Menu à 18 € (midi), carte à 35 €. 6, rue de Mazagran, 44000 Nantes. Tél. : 02 40 69 03 39.

■ Les bouteilles
Carte des vins éclectique où les stars sont abordables. Plat du jour : de 10,50 à 13€, carte (soir) : 35 €. 22, rue Armand Brossard, 44000 Nantes. Tél. : 02 40 12 10 38.

■ Le Chai - Manoir de Restigné
Une étoile au Michelin, belle carte des vins. Menu de 50 € à 110 €. 15, route de Tours, 37140 Restigné. Tél. : 02 47 97 69 70.

■ La Table de la Bergerie
Le jeune chef David Guitton a ouvert ce restaurant au cœur du domaine de la Bergerie. Cuisine créative et vins du domaine et d'ailleurs. Menus de 28 à 45 €. 49380, Champs-sur-Layon. Tél. : 02 41 78 30 62.

■ Domaine de la Chauvinière
MUSCADET SÈVRE ET MAINE
★

Jérémie Huchet, la trentaine, s'installe en 2001 derrière le domaine de son père Yves, vigneron déjà estimé. Avec l'acquisition du clos Les Montys du château de Goulaine (vignes plantées en 1914), il étend son vignoble de Château-Thébaud et, depuis 2006, il exploite en fermage le château de la Bretesche sur les coteaux de la Sèvre (gneiss). Au total, plus de 40 ha que Jérémie embrasse avec l'énergie des conquérants. Dans les caves d'un ancien monastère, l'élevage se fait partiellement en foudres et en fûts. Des cuvées parcellaires aux entrées de gamme, tout est recommandable dans ce domaine en pleine forme.

Les vins : à part la cuvée classique, qui reste un blanc facile et souple, les vins expriment l'identité forte de leur terroir. Sur des notes iodées, le Clos Les Montys 2011 offre une texture en subtilité. La Vigne de 1914 affiche en 2010 un profil plus minéral et plus profond, qui le fera durer dans les six prochaines années. Chez les « châteaux », l'effet millésime est lissé, gommant les odeurs de lies dont étaient victimes certains 2011. Dans un équilibre franc, La Bretesche développe plus de gras que le sanguin et incisif La Templerie. Le long élevage du cru communal Château-Thébaud donne des épaules et de l'allonge à ce blanc harmonieux, prêt à boire.

- ☐ Muscadet Sèvre-et-Maine Granit de Château-Thébaud 2007   9,80 € 15,5
- ☐ Muscadet Sèvre-et-Maine sur Lie 2011   4,60 € 13,5
- ☐ Muscadet Sèvre-et-Maine sur Lie Château de la Bretesche 2011   5,40 € 15
- ☐ Muscadet Sèvre-et-Maine sur Lie Château de la Templerie 2011   5,40 € 15
- ☐ Muscadet Sèvre-et-Maine Sur Lie Clos Les Montys 2011   4,90 € 14,5
- ☐ Muscadet Sèvre-et-Maine sur Lie Clos Les Montys Vigne de 1914 2010   9,30 € 15,5

Blanc : 60 hectares.
Melon de Bourgogne 100 %
Production moyenne : 280 000 bt/an

Domaine de la Chauvinière, La Chauvinière,
44690 Château-Thébaud

Tél. : 02 40 06 51 90 **Fax :** 02 40 06 57 13
E-mail : domaine-de-la-chauviniere@wanadoo.fr
Site : www.domaine-de-la-chauviniere.com
Vente : au domaine
Pas de visites.
Propriétaire : Jérémie Huchet

■ Domaine de l'Ecu
MUSCADET SÈVRE ET MAINE
★

En 2010, Guy Bossard a vendu son domaine à Frédéric Niger Van Herck, un néophyte dans le vin, mais passionné de muscadet. Le maître Bossard restera à ses côtés plusieurs années pour assurer la transition. Il est vrai que la famille Bossard a fait des choix radicaux, uniques en Loire et encore plus en Muscadet, depuis deux générations : terres travaillées, vignes issues de sélections massales – une passion chez les Bossard –, vendanges manuelles, levures indigènes. La pratique est ici, depuis trente ans, à l'inverse des choix effectués dans la région. Biodynamiste et pourtant très rationaliste, Guy Bossard a optimisé les facteurs de culture du sol et de la vigne, sans négliger la discipline précise des vinifications. Ses blancs offrent une rigueur et une transparence d'expression des sols (identifiés dans le nom des cuvées) à citer en exemple.

Les vins : la sincérité de la gamme s'affiche dès la cuvée Ludwig Hahn, à l'effervescence franche et délicate. Trois terroirs prennent vie dans des blancs que l'on boira jeunes. L'Orthogneiss dispose d'un joli gras et d'arômes évidents. Limpide et sincère, l'Expression de Gneiss séduit pour son allonge saline. Plus ample et iodé, l'Expression de Granite y est le plus persistant. Notre plus grande émotion est réservée à la cuvée Taurus. Un blanc profond, d'un potentiel de garde d'une dizaine d'années, tout en retenue, avec une énergie canalisée par une tension minérale et une finale racée et saline. Une grande bouteille !

- ☐ Mousseux Méthode Traditionnelle Ludwig Hahn   8,10 € 14
- ☐ Muscadet Sèvre-et-Maine Classique 2011   5,95 € 14
- ☐ Muscadet Sèvre-et-Maine Expression de Gneiss 2011   8,55 € 15
- ☐ Muscadet Sèvre-et-Maine Expression de Granite 2011   9,10 € 15
- ☐ Muscadet Sèvre-et-Maine Expression d'Orthogneiss 2011   8,80 € 14,5

VALLÉE DE LA LOIRE ET CENTRE

☐ Muscadet Sèvre-et-Maine
Taurus 2010   21 € 16,5

Rouge : 1,7 hectare.
Cabernet franc 60 %, Cabernet-sauvignon 40 %
Blanc : 19,3 hectares.
Melon de Bourgogne 70 %, Folle blanche 15 %,
Chardonnay 15 %
Production moyenne : 108 000 bt/an
🍇 Certifié en agriculture bio ou biodynamique

Domaine de l'Ecu, La Bretonnière, 44430 Le
Landreau
Tél. : 02 40 06 40 91 **Fax :** 02 40 06 46 79
E-mail : contact@domaine-ecu.com
Site : www.domaine-ecu.com
Vente : au domaine
Sur rendez-vous.
Propriétaire : Guy Bossard & Frédéric Niger Van Herck

■ Domaine La Haute Févrie

MUSCADET SÈVRE ET MAINE

★

C laude Branger a débuté avec son père, en
travaillant « derrière le cheval » sur 7 ha. Il
possède désormais 26 ha et son fils, Sébastien,
arrivé officiellement en 2007 au domaine, le
seconde activement. Ces vignerons consciencieux – pratiquant les vendanges manuelles –
n'ont jamais cédé aux sirènes de la facilité. Ils
aiment les muscadets mûrs mais bien secs. Le
Gras Moutons (vigne de 40 ans) est issu des
bords de Maine ; l'Excellence vient d'un assemblage issu de vignes de 50 à 80 ans sur gneiss ;
les raisins du Clos Joubert, vigne de 35 ans (1
ha) dominant la Sèvre, sont vinifiés et élevés en
fûts. Des muscadets précis et complets, qui font
honneur à leur région.

Les vins : sur 2010, un millésime tonique et
fruité, la cuvée Excellence s'épanouit sur une
fraîcheur citronnée, tout comme le fougueux et
sec Moulin de la Gustais, qu'on n'ouvrira que
l'année prochaine. Plus rond et finement boisé,
le Clos Joubert 2009 se montre le plus facile
d'approche. La plus belle affaire pour un blanc
racé de son terroir revient au Gras Moutons :
un 2009 généreux, complet et minéral, et un
2010 vigoureux et floral. Le cru communal
Monnières-Saint-Fiacre se révèle dense et trouvera sa place sur une table gastronomique.

☐ Muscadet Sèvre-et-Maine
Monnières-Saint-Fiacre 2009   8,75 €   15

☐ Muscadet Sèvre-et-Maine sur Lie
Clos Joubert 2009   5,75 €   14
☐ Muscadet Sèvre-et-Maine sur Lie
Domaine 2011   3,75 €   13
☐ Muscadet Sèvre-et-Maine sur Lie
Excellence Vieilles Vignes 2010   5 €   14
☐ Muscadet Sèvre-et-Maine sur Lie
Moulin de la Gustais Vieilles
Vignes 2010   5,05 € 14,5
☐ Muscadet Sèvre-et-Maine sur Lie
Moulin de la Gustais Vieilles
Vignes 2009   5,05 €   14
☐ Muscadet Sèvre-et-Maine sur Lie
Terroir les Gras Moutons Vieilles
Vignes 2010   5,25 €   15
☐ Muscadet Sèvre-et-Maine sur Lie
Terroir les Gras Moutons Vieilles
Vignes 2009   5,25 €   15
☐ VDF Eclipse Vendanges
Automnales   10 €   14

Blanc : 26,5 hectares.
Melon de Bourgogne 100 %
Production moyenne : 170 000 bt/an

Domaine La Haute Févrie, 109, La Févrie,
44690 Maisdon-sur-Sèvre
Tél. : 02 40 36 94 08 **Fax :** 02 40 36 96 69
E-mail : haute-fevrie@netcourrier.com ou
haute-fevrie@orange.fr
Site : www.lahautefevrie.com
Vente : au domaine
Lundi au vendredi de 8h30 à 12h et de 14h à
18h. Samedi de 10h à 12h et de 14h à 17h
+ sur rendez-vous.
Propriétaire : Claude et Sébastien Branger

■ Domaine Landron

MUSCADET SÈVRE ET MAINE

★

L es cuvées de Jo Landron sont devenues des
références dans la trop petite famille des
muscadets de terroir. Les vins sont commercialisés de manière décalée avec, d'abord, l'Amphibolite, léger, à boire sur le fruit – très prisé des
bars à vins –, puis, selon le cas, les argilo-sableux
ou les grès – l'âge des vignes interférant dans
le bel ordonnancement des terroirs. Les bonnes années, l'Hermine d'Or allie maturité et
fraîcheur, et le Fief du Breil offre une réelle
complexité.

Les vins : pur et sans artifice, l'Amphibolite
2011 séduit pour son fruit franc et limpide. De
grande soif ! Plus enrobée et digeste, la cuvée
Domaine de Louvetrie reste un des bons classi-

ques de l'appellation. On monte en gamme avec l'Hermine d'Or 2010, un jus au joli relief et d'une allonge saline. Issu d'un sol d'orthogneiss et de quartz, le Fief du Breil se montre plus complexe et clinquant. Au fruit scintillant et salin et au volume profond, le Haute Tradition 2010 exprime avec brio l'expression de son terroir et l'excellence de l'élevage. Une belle bouteille de garde.

☐ Muscadet Amphibolite
Nature 2011   9,50 €   15

☐ Muscadet Sèvre-et-Maine Le Fief
du Breil 2010   12 €   15,5

☐ Muscadet Sèvre-et-Maine sur Lie
Clos La Carizière 2011   7 €   14

☐ Muscadet Sèvre-et-Maine sur Lie
Domaine de la Louvetrie 2011   6 €   14

☐ Muscadet Sèvre-et-Maine sur Lie
Haute Tradition 2010   14 €   16

☐ Muscadet Sèvre-et-Maine sur Lie
Hermine d'Or Les Houx 2011   8,50 €   15

☐ Muscadet Sèvre-et-Maine sur Lie
Hermine d'Or Les Houx 2010   8 €   15

Rouge : 1,5 hectare.
Pinot noir 100 %
Blanc : 46,5 hectares.
Melon de Bourgogne 96 %, Folle blanche 4 %
Production moyenne : 250 000 bt/an
🌿 Certifié en agriculture bio ou biodynamique

Domaine Landron, Les Brandières, 44690 La Haye-Fouassière
Tél. : 02 40 54 83 27 **Fax :** 02 40 54 89 82
E-mail : domaines.landron@wanadoo.fr
Site : www.domaines-landron.com
Vente : au domaine
Du lundi au vendredi de 9h à 12h30 et de 14h à 17h. Le samedi sur rendez-vous. Fermé le dimanche.
Propriétaire : Joseph Landron

■ Domaine Pierre Luneau-Papin
MUSCADET SÈVRE ET MAINE
★

Pierre et son épouse, Monique, désormais secondés par leur fils, Pierre-Marie, perpétuent une viticulture probe et des vinifications plurielles sous l'identité de chaque parcelle. Le domaine, d'une quarantaine d'hectares, s'étend sur le Landreau, la Chapelle-Heulin et Vallet. L'entrée de gamme, le Pierre de la Grange, s'avère impeccable de tenue et de fermeté. Le

Clos des Allées, vieilles vignes du Landreau, gagne en finesse, tandis que le Pierres Blanches, vignes de 60 ans sur la Chapelle-Heulin, joue de son volume. Le L d'Or est une grande cuvée d'expression sur granite qui évolue sur des notes de pétrole, à l'instar des rieslings rhénans. Le niveau d'ensemble est remarquable.

Les vins : sur cette vaste gamme bien étoffée de huit millésimes, la jeunesse des 2010 offre des blancs purs et francs. Un Pierre de la Grange gras et salivant, un Clos des Allées généreusement fruité et finement épicé. Forcément, nous sommes sous le charme des millésimes plus anciens. L'équilibre du L d'Or 2005 constitue un bon compromis entre générosité et fraîcheur, mais vous pourrez remonter jusqu'au 1995, crémeux et d'une jolie évolution fumée. C'est évidemment sur le cru communal Schistes de Goulaine Excelsior que cette maison s'impose avec, notamment, un 2001 incroyablement complexe et épicé, d'une sensation tactile presque moelleuse tout en ayant une race franche en finale.

☐ Gros Plant du Pays Nantais sur Lie
Folle Blanche 2010   6 €   13,5

☐ Muscadet Sèvre-et-Maine Cru
Communal Schistes de Goulaine
Excelsior 2007   15 €   16

☐ Muscadet Sèvre-et-Maine Cru
Communal Schistes de Goulaine
Excelsior 2005   22 €   15,5

☐ Muscadet Sèvre-et-Maine Cru
Communal Schistes de Goulaine
Excelsior 2004   27 €   15

☐ Muscadet Sèvre-et-Maine Cru
Communal Schistes de Goulaine
Excelsior 2001   37 €   16,5

☐ Muscadet Sèvre-et-Maine sur Lie
Clos des Allées Vieilles
Vignes 2010   8,50 €   15

☐ Muscadet Sèvre-et-Maine sur Lie
Domaine Pierre de la Grange
Vieilles Vignes 2010   8 €   14,5

☐ Muscadet Sèvre-et-Maine sur Lie
Le L d'Or de Pierre Luneau 2010   10 €   14

☐ Muscadet Sèvre-et-Maine sur Lie
Le L d'Or de Pierre Luneau 2009   11 €   14,5

☐ Muscadet Sèvre-et-Maine sur Lie
Le L d'Or de Pierre Luneau 2005   17 €   14,5

☐ Muscadet Sèvre-et-Maine sur Lie
Le L d'Or de Pierre Luneau 2002   21 €   15

☐ Muscadet Sèvre-et-Maine sur Lie
Le L d'Or de Pierre Luneau 1995   34 €   15

☐ Muscadet Sèvre-et-Maine sur Lie
Les Pierres Blanches Vieilles
Vignes 2010   9 €   14

☐ Muscadet Sèvre-et-Maine sur Lie
Pierre de la Grange 2010　　　　7 € 14

Rouge : 3 hectares.
Blanc : 46 hectares.
Melon de Bourgogne 100 %
Production moyenne : 250 000 bt/an

Domaine Pierre Luneau-Papin, La Grange,
44430 Le Landreau
Tél. : 02 40 06 45 27　**Fax :** 02 40 06 46 62
E-mail : domaineluneaupapin@wanadoo.fr
Site : www.domaineluneaupapin.com
Vente : au domaine
De 9h à 12h30 et de 14h30 à 19h. Le samedi
sur rendez-vous.
Propriétaire : Pierre et Pierre-Marie Luneau
Directeur : Pierre-Marie Luneau

■ Domaine Saint-Nicolas
FIEFS VENDÉENS
★

T hierry Michon dirige le seul domaine de stature internationale en Vendée. Sur le terroir
méconnu de Brem, dans les Sables-d'Olonne, il
possède 40 hectares (150 000 bouteilles) cultivés intégralement en biodynamie. Sous l'influence de l'océan, le vignoble produit des blancs
de chenin et de chardonnay (fruits jaunes à
noyaux et finale saline), et des rouges issus du
rare cépage négrette (le même qu'à Fronton,
près de Toulouse), de gamay, de pinot noir et
de cabernet franc. Un éclectisme qui se retrouve
dans des vins plus puissants (à la limite de l'ani-
malité dans les rouges) qu'on ne l'imagine souvent. A partir de 2002, les vins ont gagné en
pureté et en intensité de fruit. Ils sont également
mieux protégés en soufre et retranscrivent tout
ce qu'il y a de positif dans la culture biodynamique du domaine. Il ne faut pas hésiter à les
aérer en carafe.
    Les vins : sur un millésime peu concentré, les
Clous sont gérés sur une chair tendre et une
tension racée en finale. Sur une palette aromatique plus complexe, le Fiefs Boire est également
plus dense, avec une persistance goûteuse. En
2010, nous sommes éblouis par l'énergie du
Hauts des Clous : encore une peu marqué par
l'élevage, il offre une chair musclée et vigoureuse
qui promet une belle évolution mûre dans les
prochaines années. Sur des notes de fruits rôtis,
le Soleil de Chine est typique du riche 2009,
d'une sensation légèrement sucrée tout en étant
canalisée par une finale fraîche et saline. Une
très belle réussite. Du côté des rouges, l'extraction du Plante Gâte est subtile, ce qui lui confère

un fruit juteux sans aucune lourdeur. Bien sûr,
il n'atteint pas la concentration de 'La Grande
Pièce, un rouge dense, d'une grande profondeur
aromatique, encore sur la vigueur tannique de
l'élevage qui l'arme pour une dizaine d'années
de garde.

☐ Fiefs Vendéens Brem Fiefs
Boire 2011　　　　18 € cav. 15,5
☐ Fiefs Vendéens Brem Le Haut des
Clous 2010　　　　18 € 16
☐ Fiefs Vendéens Brem Les
Clous 2011　　　　9,50 € 14,5
☐ VDT Soleil de Chine 2009　　25 € 16,5
■ Fiefs Vendéens Brem
Jacques 2008　　　　17 € 15
■ Fiefs Vendéens Brem La Grande
Pièce 2009　　　　32 € 16,5
■ Fiefs Vendéens Brem Le
Poiré 2009　　　　21 € 15,5
■ Fiefs Vendéens Brem Plante
Gâte 2009　　　　38 € 16
■ Fiefs Vendéens Brem
Reflets 2011　　　　9,50 € 14

Rouge : 26 hectares.
Gamay 17 %, Négrette 9 %, Pinot noir 66 %,
Cabernet franc 8 %
Blanc : 14 hectares.
Chardonnay 32 %, Chenin ou chenin blanc ou
pineau de la loire 53 %, Grolleau gris 15 %
Production moyenne : 150 000 bt/an
❀ Certifié en agriculture bio ou biodynamique

Domaine Saint-Nicolas, 11, rue des Vallées,
85470 Brem-sur-Mer
Tél. : 02 51 33 13 04　**Fax :** 02 51 33 18 42
E-mail : contact@domaine-saint-nicolas.com
Site : www.domainesaintnicolas.com
Vente : au domaine
Du lundi au vendredi de 9h à 12h et de 14h à
17h. Samedi et dimanche sur rendez-vous.
Propriétaire : Thierry Michon

NOUVEAU DOMAINE

■ Domaine Bonnet-Huteau
MUSCADET SÈVRE ET MAINE

L es frères Bonnet, Jean-Jacques et Rémi, héritiers de la propriété familiale, située à La
Chapelle-Heulin, ont converti les 40 ha de
vignes à l'agriculture biologique en 2005. Quatre
terroirs ont été vinifiés séparément pour dégager
leur plus belle expression.Les Dabinières, un
sol chaud de gneiss et de micaschistes où le
fruit s'exprime en rondeur. Sur l'amphibolite et

micaschistes des Gautronnières, le melon devient minéral et tendu. Les sols pauvres de granit des Laures Granit de Vallet amènent un vin plus dense et complet. Uniquement élaboré sur les belles années et avec un élevage de 18 mois sur lies (minimum requis), le cru communal Goulaine trouve de la profondeur et est armé pour la garde. Nous sommes éblouis par la brillance et la précision de ces vins pleins de vie.

Les vins : Les Dabinières 2010 évolue doucement en conservant un fruit savoureux et complet, tandis que le 2011 affiche un équilibre plus sanguin et rafraîchissant. Les Gautronnières s'ouvre sur une texture minérale ouverte. Le profil discret et profond laisse entrevoir un joli potentiel au salin et minéral Les Laures Granit de Vallet. Ses notes précises et racées de fenouil nous émerveillerons, avec une grande fraîcheur après une année de cave. Encore sur la réserve, le Goulaine vieilles vignes 2010 demandera encore deux ans avant de libérer sa matière harmonieuse et profonde. Dans un registre plus généreux, le 2009 vieillira huit ans sans problème. L'Héritage 2007, du même terroir mais avec seulement 12 mois d'élevage, affiche une maturité plus poussée. Cela donne des arômes plus confits et de l'onctuosité.

☐ Muscadet Sèvre-et-Maine
Goulaine 2010   8,80 € 16

☐ Muscadet Sèvre-et-Maine
Goulaine 2009   8,80 € 16

☐ Muscadet Sèvre-et-Maine
L'Héritage 2007   9,30 € 15,5

☐ Muscadet Sèvre-et-Maine sur Lie
Les Dabinières 2011   6,30 € 14,5

☐ Muscadet Sèvre-et-Maine sur Lie
Les Dabinières 2010   6,30 € 15

☐ Muscadet-Sèvre et Maine sur Lie
Les Gautronnières 2010 6,30 € 14,5

☐ Muscadet-Sèvre et Maine sur Lie
Les Laures "Granite de
Vallet" 2011   7,30 € 15,5

Rouge : 2 hectares.
Gamay 33,3 %, Cabernet 33,3 %, Cot 33,3 %
Blanc : 38 hectares.
Melon de Bourgogne 95 %, Autre 5 %
Production moyenne : 270 000 bt/an
❀ Certifié en agriculture bio ou biodynamique

Domaine Bonnet-Huteau, La Levraudière, 44330 La Chapelle-Heulin
Tél. : 02 40 06 73 87
E-mail : bonnet-huteau@wanadoo.fr
Site : www.bonnet-huteau.com
Vente : au domaine

De 8h30 à 12h30 et de 14h à 18h.
Propriétaire : Remi et Jean-Jacques Bonnet

■ Clos Saint André
FIEFS VENDÉENS

Propriété de la famille Taittinger jusqu'en 1968, le Clos Saint André a été totalement restructuré depuis son rachat par Jérémie Mourat en 2006. Fils de Jean Mourat, le fondateur du vaste vignoble Marie du Fou, bien connu des touristes œnophiles en Vendée, Jérémie a développé la qualité de ce terroir planté de chenin et de négrette, sur des méta-rhyolites et schistes pourpres. Des vignes sont travaillées en bio, les vins bicolores sont élevés uniquement en cuve béton pour conserver au jus son fruit et sa trame minérale. La découverte incontournable de l'appellation atlantique des Fiefs vendéens.

Les vins : dans un style plus coulant, le chenin du Clos 2011 n'égale ni l'énergie ni la tension du riche 2010. Le faible degré d'alcool (10,5 °) du Vendée Terres Quarts 2011 amène un moelleux fluide et équilibré, toujours maintenu par cette salinité maritime « appétente ». En rouge aussi, la négrette 2011 cuvée Grenouillère n'atteint pas la concentration du 2010. Toutefois, après aération, elle prend un côté floral et garde la structure souple d'un bon vin de soif très digeste.

☐ Fiefs Vendéens Mareuil 2011 12 € 15

☐ Fiefs Vendéens Mareuil 2010 12 € 16

☐ IGP Val de Loire Vendée Terres
Quarts 2011   16 € 15

■ IGP Val de Loire Vendée
Grenouillère 2011   12 € 14,5

■ VDP Val de Loire Vendée
Grenouillère 2010   12 € 15

Rouge : 5 hectares.
Négrette 100 %
Blanc : 10 hectares.
Chenin ou chenin blanc ou pineau de la loire 100 %
Production moyenne : 70 000 bt/an

Clos Saint André, 85320 Mareuil Sur Lay
Tél. : 02 51 97 20 10 **Fax :** 02 51 97 21 58
E-mail : jmourat@mourat.com
Site : www.mourat.com
Vente : au domaine
de 9h à 12h30 et de 14h30 à 19h.
Propriétaire : Jérémie Mourat

■ Domaine Gadais Père et Fils

MUSCADET SÈVRE ET MAINE

L'optimisme de Christophe Gadais tranche dans les muscadets toujours moroses. Son vaste domaine de 40 ha (vendanges en machine, sauf les vieilles vignes), très morcelé (100 parcelles), est concentré sur la commune de Saint-Fiacre. Pétulants et en chair, travaillés en levures sélectionnées, ses vins s'ouvrent vite, à l'exception du vieilles vignes (planté en 1929). Une verticale (1997 à 2004) confirme l'incroyable effet modérateur de l'âge des vignes et du terroir dans l'expression minérale des vins. En 2009, Christophe Gadais a pris des participations dans le bon domaine de Nelly Marzelleau, Les Grands Presbytères.

Les vins : si l'on aimera les 2011 dans leur jeunesse, les 2010 n'ont rien perdu de leur fraîcheur. La Grande Réserve du Moulin se montre très digeste ; le vieilles vignes se révèle vigoureux et d'une belle subtilité florale. La mention de concentration revient aux 2009, dont Les Perrières, un parcellaire à la matière profonde et délicate, épaulée par un élevage un peu marqué de 18 mois en fûts usagés de 300 litres.

☐ Muscadet Emotions 2011   5 € cav.   13
☐ Muscadet Les Perrières
Monopole 2009   11,80 € cav.   15,5
☐ Muscadet Sèvre-et-Maine sur Lie
La Grande Réserve du
Moulin 2011   6,10 € cav.   13,5
☐ Muscadet Sèvre-et-Maine sur Lie
La Grande Réserve du
Moulin 2010   5,90 € cav.   14
☐ Muscadet Sèvre-et-Maine sur Lie
Vieilles Vignes 2010   7,90 € cav.   14
☐ Muscadet Sèvre-et-Maine sur Lie
Vieilles Vignes 2009   7,90 € cav.   14,5

Blanc : 40 hectares.
Melon de Bourgogne 100 %
Production moyenne : 240 000 bt/an

Domaine Gadais Père et Fils, Les Perrières,
44690 Saint-Fiacre-sur-Maine
Tél. : 02 40 54 81 23   **Fax :** 02 40 36 70 25
E-mail : musgadais@wanadoo.fr
Site : www.gadaispereetfils.fr
Vente : au domaine
Du lundi au samedi de 9h à 13h et de 15h à
19h sur rendez-vous.
Propriétaire : Christophe Gadais

■ Domaines et Châteaux Véronique Günther-Chéreau

MUSCADET SÈVRE ET MAINE

Le négociant Bernard Chéreau avait acquis, en 1973, le château du Coing, restauré sous le Directoire. C'est sa fille, Véronique, qui en a hérité. Situé à la pointe formée par le confluent de la Sèvre et de la Maine, son vignoble de coteaux donne, à son meilleur – parcelle La Chapelle, grand terroir de gneiss et orthogneiss, au-dessus du château –, des vins gras qui évoluent avec majesté sur dix ans. Véronique Günther-Chéreau possède également La Gravelle, propriété située à Gorges, qui produit un vin plus frais et minéral dans sa jeunesse que le château du Coing, ainsi que le domaine du Grand Fief de la Cormeraie, aux vins plus enrobés mais toujours frais, sur la commune de Monnières (en conversion bio à partir de 2010).

Les vins : la déclinaison de cette gamme en une multitude de propriétés la rend difficilement lisible. On préférera la tonicité et la sincérité des 2010 supérieurs aux souples 2011, à l'image du Grand Fief de la Cormeraie. En bon classique à boire jeune, le Château de la Gravelle 2011 reste un muscadet gouleyant et gras. Dans un style bien citronné et frais cette année, le Clos du Moulin 2011 se démarque. Alors que le Coing de Sèvre 2010 est plus enrobé et exotique. Encore sur la retenue, le Comte de Saint-Hubert a encore besoin d'un an de cave. Les crus communaux se montrent ambitieux, avec un monnières-saint-fiacre généreux et racé d'une finale franche. Mention à la profondeur et au potentiel de garde du Château de la Gravelle Gorges 2006.

☐ Muscadet Sèvre-et-Maine Château
de la Gravelle 2011   6,80 €   14
☐ Muscadet Sèvre-et-Maine Château
de la Gravelle Gorges 2006   9 €   15,5
☐ Muscadet Sèvre-et-Maine Château
de la Gravelle Les Greniers du
Moulin 2010   5,50 €   14,5
☐ Muscadet Sèvre-et-Maine Château
du Coing 2011   6,80 €   13,5
☐ Muscadet Sèvre-et-Maine Château
du Coing 2010   6,80 €   14
☐ Muscadet Sèvre-et-Maine Château
du Coing de Saint-Fiacre 2010   6,80 €   14,5
☐ Muscadet Sèvre-et-Maine Château
du Coing de Saint-Fiacre 2009   6,80 €   14,5

□ Muscadet Sèvre-et-Maine Château
du Coing de Saint-Fiacre Comte de
Saint-Hubert 2008   8,50 € 15

□ Muscadet Sèvre-et-Maine Château
du Coing de Saint-Fiacre
L'Ancestrale Monnières 2006   9 € 15

□ Muscadet Sèvre-et-Maine Clos du
Moulin du Coing 2010   5,50 € 14

□ Muscadet Sèvre-et-Maine Coing de
Sèvre 2010   5,50 € 13,5

□ Muscadet Sèvre-et-Maine Domaine
du Coing de Saint Fiacre
Chardonnay d'Aurore 2011   5,50 € 13,5

□ Muscadet Sèvre-et-Maine Grand
Fief de la Cormeraie 2011   6,80 € 13,5

□ Muscadet Sèvre-et-Maine Grand
Fief de la Cormeraie 2010   6,80 € 14

□ Muscadet Sèvre-et-Maine Grand
Fief de la Cormeraie Grande
Réserve 2010   8,50 € 15

□ Muscadet Sèvre-et-Maine sur Lie
Domaine des Yolais 2010   5,50 € 14

Blanc : 65 hectares.
Melon de Bourgogne 94 %, Gros plant 2 %,
Chardonnay 4 %

Production moyenne : 430 000 ht/an

Domaines et Châteaux Véronique
Günther-Chéreau, Château du Coing, 44690
Saint-Fiacre-sur-Maine
Tél. : 02 40 54 85 24 **Fax :** 02 51 71 60 96
E-mail : contact@chateau-du-coing.com
Site : www.chateau-du-coing.com
Vente : au domaine
Tous les jours de 9h à 17h30 excepté le samedi
et le dimanche sur rendez-vous.
Propriétaire : Véronique Günther-Chéreau

■ Clos Rougeard
SAUMUR-CHAMPIGNY
★★★

D ans la lignée de leurs grands-parents, les frères Foucault font perdurer depuis quarante
ans un modèle d'une saine viticulture séculaire,
dont les courants bio et biodynamiste s'inspirent
aujourd'hui. Jean-Louis, dit Charly, est le vinificateur et inspirateur du style Rougeard. Son
cadet Bernard, alias Nady, organise la partie
commerciale. Ils vinifient et élèvent sous terre
leurs cabernets francs et chenins, en moyenne
de 18 à 30 mois en barriques (en partie issues
du château Latour, à Pauillac), dans une mys-
térieuse cave troglodytique à température naturelle constante (12 °C) ; c'est l'une des clés du
style épuré et de l'incroyable longévité de leurs
vins. Le blanc est issu d'à peine 1,5 ha, sur le
grand cru calcaire de Brézé. Ce chenin s'exprime chaque année en sec avec beaucoup de
richesse, surtout dans les derniers millésimes
solaires. Le Brézé passe toujours dans une phase
boisée, qui évolue avec majesté vers une palette
d'arômes grillés et de fruits jaunes confits. Il
peut se boire sur vingt ans. Les duettistes de
Chacé sont surtout connus pour leurs saumur-
champigny, purs cabernets francs issus de ren
dements sages (moins de 40 hl/ha) qui se
déclinent en trois cuvées : Le Clos (assemblage
de deux parcelles), Les Poyeux (2,9 ha, parcelle
de sol assez sableux ; allonge, finesse, fraîcheur),
Le Bourg (parcelle plus calcaire, moins de 4 000
bouteilles ; dense, ferme, solaire). Les deux derniers s'abonnissent magnifiquement sur plus de
vingt ans dans les grands millésimes.

Les vins : pure aberration du système des
agréments des appellations, le Brézé blanc 2008
a été recalé deux fois ! Quand on compare l'intensité et la profondeur crayeuse de ce chenin
de garde avec tous les petits saumurs insipides
largement agréés, comment ne pas être révolté ?
Le 2009, récolté un peu tardivement, reconnaît Nady Foucault, s'annonce très riche, tannique, sur des notes d'eau-de-vie de mirabelle. En
rouge, les 2008 affichent une grande élégance
classique : très frais, croquants, les vins présentent aujourd'hui un profil plus digeste qui nous
séduit plus que les sudistes, vineux et sûrement
plus grand public 2009. Les somptueux 2010
dans lesquels se retrouve le génie des 1990 ne
sortiront pas avant 2014/2015.

□ Saumur Brézé 2009   n.c. 16,5

☐ Saumur Brézé 2008   n.c. 17,5
■ Saumur-Champigny Le
Bourg 2009   n.c. 17
■ Saumur-Champigny Le
Bourg 2008   n.c. 17,5
■ Saumur-Champigny Le Clos 2008   n.c. 15,5
■ Saumur-Champigny Les
Poyeux 2009   n.c. 17
■ Saumur-Champigny Les
Poyeux 2008   n.c. 17,5

Rouge : 9 hectares.
Cabernet franc 100 %
Blanc : 1 hectare.
Chenin ou chenin blanc ou pineau de la
loire 100 %
Production moyenne : 20 000 bt/an
❀ Certifié en agriculture bio ou biodynamique

Clos Rougeard, 15, rue de l'Eglise, 49400
Chacé
Tél. : 02 41 52 92 65   **Fax :** 02 41 52 98 34
Sur rendez-vous.
Propriétaire : Charly et Nady Foucault

■ Château Pierre Bise

SAVENNIÈRES
★★

Claude Papin, qui travaille avec son fils René,
connaît par cœur chaque centimètre carré
du Layon et de Savennières. Chaque année, il
progresse dans la mise en valeur de son beau
patrimoine de vignes, avec en particulier de
récentes acquisitions en Savennières-Roche-
aux-Moines. Le domaine n'a jamais recherché
l'extrême concentration du raisin pour ses vins
liquoreux, mais l'équilibre idéal entre passerillage et pourriture noble, selon les années et les
terroirs : les liquoreux produits ici brillent au
firmament de la production angevine.

Les vins : en rouge, l'anjou-villages Sur Spilite se montre bien mûr et vigoureux, d'une
belle franchise de saveurs. La cuvée Sur Schistes
mérite d'être aérée, mais offre un supplément de
volume et de finesse. Parmi les blancs, Le Haut
de la Garde offre une maturité généreuse dans
ses notes miellées et épicées. Le Sec des Rouannières, plus strict et tendu, introduit la gamme
des trois savennières : Clos de Coulaine, toujours précoce, marqué par de bons amers, Clos
Le Grand Beaupréau, plus profond et nuancé,
de belle intensité, et Roche-aux-Moines, le plus
élégant et élancé. Les liquoreux sont de très haut
niveau, du très pur Rochefort 2011, aux sucres
éclatants, au fin Les Rouannières 2010, marqué

par le cédrat et l'angélique. Le quarts-de-
chaume 2010 est un monument de complexité
aromatique (safran, ambre, verveine...), à l'équilibre souverain.

☐ Anjou Le Haut de la Garde 2009   8 € 15,5
☐ Anjou Le Sec des
Rouannières 2010   10,75 € 15,5
☐ Coteaux du Layon Beaulieu Les
Rouannières 2010   13,50 € 16,5
☐ Coteaux du Layon Rochefort 2011   12 € 16
☐ Quarts de Chaume 2010   21,50 € 18
☐ Savennières Clos de
Coulaine 2010   10,75 € 15
☐ Savennières Clos Le Grand
Beaupréau 2010   12,50 € 15,5
☐ Savennières Roche-aux-Moines
2010   16,50 € 16
■ Anjou-Villages Sur
Schistes 2010   8,25 € 15
■ Anjou-Villages Sur Spilite 2010   9,25 € 14,5

Rouge : 15 hectares.
Gamay 25 %, Cabernet franc 75 %
Blanc : 39 hectares.
Chenin ou chenin blanc ou pineau de la
loire 100 %
Production moyenne : 150 000 bt/an

Château Pierre Bise, 49750 Beaulieu-sur-Layon
Tél. : 02 41 78 31 44   **Fax :** 02 41 78 41 24
E-mail : chateaupb@hotmail.com
Vente : au domaine
Sur rendez-vous.
Propriétaire : Claude Papin

■ Coulée de Serrant

SAVENNIÈRES
★★

L'exceptionnel vignoble de la Coulée de Serrant s'étend en lisière d'une falaise schisteuse
tombant directement dans la Loire, près d'Angers. La nature du lieu et la qualité de son
exposition le font sortir du lot depuis des siècles. Restauré par Madame Joly dans les années
1960, le domaine a été repris par son fils Nicolas. Ce brillant agitateur d'idées est un fonda-
mentaliste de la culture biodynamique, qu'il a
fait sienne à la Coulée de Serrant depuis 1981,
date de la première certification. Sa fille Virginie suit désormais la propriété au quotidien et
nous espérons qu'elle saura apporter en vinification les améliorations nécessaires pour que le

domaine atteigne la régularité et la précision que méritent les vins de cet immense terroir, au potentiel de grand cru unique.

Les vins : Les Vieux Clos 2010 surprendra à l'ouverture par son oxydation ménagée et ses saveurs tourbées, mais la bouche ne laisse aucun doute sur sa richesse et profondeur de constitution. Plus complexe, marqué par des arômes de rhum-raisins, le Clos de la Bergerie offre une vigueur peu commune et le feu d'une énergie qu'un élevage plus prolongé aurait permis de mieux dompter. Il se bonifiera avec l'âge mais donne un certain sentiment d'inachevé. La complexité aromatique du Clos de la Coulée s'offre avec évidence, la richesse alcoolique disparaît vite au profit d'une richesse de texture phénoménale. On ne peut toutefois s'empêcher de regretter une trie plus sélective qui aurait permis un surcroît de pureté aromatique, et, là encore, un élevage plus long qui aurait un petit peu plus cadré cette formidable matière première.

☐ Savennières Coulée de
   Serrant 2010   46 € 17,5
☐ Savennières Les Vieux Clos 2010 22 €   15
☐ Savennières Roche-aux-Moines
   Clos de la Bergerie 2010   30 €   16

Blanc : 15 hectares.
Chenin ou chenin blanc ou pineau de la loire 100 %
Production moyenne : 42 000 bt/an
❀ Certifié en agriculture bio ou biodynamique

Coulée de Serrant, Château de la Roche-aux-Moines, 49170 Savennières
Tél. : 02 41 72 22 32 **Fax :** 02 41 72 28 68
E-mail : info@coulee-de-serrant.com
Site : www.coulee-de-serrant.com
Vente : au domaine
Du lundi au samedi de 9h à 12h et de 14h à 17h30.
Propriétaire : Nicolas Joly

■ La Ferme de la Sansonnière

BONNEZEAUX
★★

V iticulteur biodynamiste zélé, idéaliste et sensible, Mark Angeli élabore essentiellement des vins secs artisanaux de chenin. Tous atteignent le niveau d'originalité des grands crus. En vinification, les doses de soufre (SO₂) sont faibles ou inexistantes (Vignes Françaises). Les blancs, aux robes soutenues, doivent être conservés impérativement au frais. A l'ouverture, les nez souvent levuraires paraissent toujours plus évolués que les bouches. Il faut passer ces vins en carafe pour qu'ils retrouvent leur intégrité. Toutes les cuvées se déclinent en appellation Vin de France, Mark Angeli, désormais en binôme avec son fils Martial, ayant renoncé à participer aux dégustations d'agrément des appellations locales dont ils contestent l'équité.

Les vins : le Rosé d'un Jour version 2010 se présente très riche en sucres, mais énergique dans sa matière vivante et finement confite. L'équilibre de La Lune 2010 est irrésistible, entre petits amers d'agrumes et vigueur déliée. Les Fouchardes 2010 exprime plus de saveurs maltées et minérales, d'une tension admirable. Vieilles Vignes des Blanderies pousse l'intensité saline et la profondeur de saveurs au paroxysme, un vrai grand cru de Loire à la vibrante tonicité. Le Demi-Doux des Blanderies est bâti sur un équilibre digeste, mais sa pureté et sa précision en finale sont perfectibles.

☐ VDF La Lune 2010   n.c. 16,5
☐ VDF Le Demi-Doux des
   Blanderies 2010   n.c. 15,5
☐ VDF Les Fouchardes 2010   n.c.   17
☐ VDF Les Vieilles Vignes des
   Blanderies 2010   n.c.   18
 VDF Rosé d'un Jour 2010   n.c.   15

Rouge : 1,7 hectare.
Cabernet-sauvignon 100 %
Blanc : 4,8 hectares.
Grolleau gris 20 %, Chenin ou chenin blanc ou pineau de la loire 80 %
Production moyenne : 20 000 bt/an
❀ Certifié en agriculture bio ou biodynamique

La Ferme de la Sansonnière, 49380 Thouarcé
Tél. : 02 41 54 08 08 **Fax :** 02 41 54 08 08
Samedi matin sur rendez-vous.
Propriétaire : Mark Angeli

■ Domaine Richard Leroy

ANJOU
★★

D e son vignoble de poche (2,7 ha sur des schistes gréseux et rhyolites), Richard Leroy sélectionne ses raisins (en culture bio) comme un orpailleur, et produit de grands secs qu'il élève méticuleusement en barriques dans un garage reconverti en cave. Tous les fous du cépage chenin suivent avec passion cette excitante production. Depuis 2008, les vins ne sont plus produits en appellation Anjou, mais en Vin de France (anciennement Vin de table). Une rébellion contre l'organisation du système des appellations que suivent également les vignerons dans la mouvance de Mark Angeli (la Ferme de la Sansonnière). Ces chenins recherchés produits en petite quantité doivent être réservés.

Les vins : nous ne cachons pas notre admiration pour Les Rouliers 2010, quintessence du grand chenin angevin à l'équilibre souverain, qui transcende les préférences stylistiques et éblouit par son naturel de saveurs. Les Noëls de Montbenault 2009 présente quant à lui une grande tension saline et une persistance exceptionnelle – le vieillissement l'épanouira pleinement.

☐ VDF Les Noëls de
   Montbenault 2009   25 € cav. 18
☐ VDF Rouliers 2010   20 € cav. 17

Blanc : 2,7 hectares.
Chenin ou chenin blanc ou pineau de la loire 100 %
Production moyenne : n.c
❀ Certifié en agriculture bio ou biodynamique

Domaine Richard Leroy, 52, Grande Rue, 49750 Rablay-sur-Layon
Tél. : 02 41 78 51 84 **Fax :** 02 41 78 51 84
E-mail : sr.leroy@wanadoo.fr
Vente : au domaine
Sur rendez-vous.
Propriétaire : Sophie et Richard Leroy

■ Domaine des Roches Neuves

SAUMUR-CHAMPIGNY

★★

T hierry Germain a effectué la plus belle progression des domaines rouges de Loire depuis ces dix dernières années. Il construit un style contemporain de saumur-champigny qui articule une haute maturité des cabernets et leur élevage en bois, tout en pérennisant un fruité ligérien fringant. Le séduisant Marginale, au boisé démonstratif de ses débuts, voit sa part de bois neuf diminuer chaque année. On prend conscience du travail entrepris dans les vignes (en biodynamie) par l'équipe de Michel Chevret, homme lige des Roches Neuves, en dégustant la simple cuvée du domaine, qui a gagné en fruit pur et en maturité. En suivant le même chemin, le chenin blanc s'est construit une iden-

tité en tension et en fermeté, à la limite de la maturité, ce qui ne peut plaire à tout le monde. Une confidentielle et nouvelle cuvée de sélection parcellaire, le Clos Romans, voit le jour en 2011.

Les vins : le saumur-champigny 2011 offre un inimitable fruité précoce et aérien, et toute la finesse de grain dont est capable un cabernet de climat tempéré. Dégustés juste avant la mise en bouteilles, Terres Chaudes conservait un peu d'austérité dans son caractère affirmé et tendu, alors que La Marginale mettait déjà en avant toute sa matière crayeuse et veloutée : assurément des réussites majeures dans ce millésime contrasté. La confidentielle cuvée Franc Pied prend chaque année du galon alors que les vignes vieillissent, s'affirmant par son caractère nuancé et sa délicatesse de texture. Le blanc 2011 prend le parti de la tension saline au tranchant sans concession, incontestablement tonique, mais sur la brèche de la maturité. Le Clos Romans, très soigneusement élevé dans un petit foudre, révèle une bouche cristalline : un vin ravissant et limpide, qui place d'emblée la barre très haut dans la région.

☐ Saumur Clos Romans 2011   40 € 16,5
☐ Saumur Insolite 2011   17 € 15,5
■ Saumur-Champigny 2011   10 € 15,5
■ Saumur-Champigny Franc
   Pied 2011   29 € 16
■ Saumur-Champigny La
   Marginale 2010   25 € 17
■ Saumur-Champigny Terres
   Chaudes 2011   17 € 16

Rouge : 20 hectares.
Cabernet franc 100 %
Blanc : 2 hectares.
Chenin ou chenin blanc ou pineau de la loire 100 %
Production moyenne : 120 000 bt/an
❀ Certifié en agriculture bio ou biodynamique

Domaine des Roches Neuves, 56, boulevard Saint-Vincent, 49400 Varrains
Tél. : 02 41 52 94 02 **Fax :** 02 41 52 49 30
E-mail : thierry-germain@wanadoo.fr
Site : www.rochesneuves.com
Vente : au domaine
Sur rendez-vous.
Propriétaire : Thierry Germain

■ Domaine Patrick Baudouin
ANJOU
★

Patrick Baudouin, 60 ans, a été, avec quelques autres hussards angevins, de toutes les batailles pour imposer la production de chenins liquoreux naturels en Layon à la fin du XXᵉ siècle. Cet ex-libraire parisien, revenu sur la terre angevine de ses aïeux au début des années 1990, a connu bien des vicissitudes. Mévente des liquoreux oblige, il a réorienté sa production vers les anjous blancs secs, avec de grands projets qui ne peuvent aujourd'hui se pérenniser qu'avec la participation majoritaire d'un partenaire financier (l'Union Harmonie Mutuelles). Ce qui a permis l'embauche à plein temps d'un des plus brillants œnologues d'Anjou, Clément Baraut, qui fut notamment conseiller de nombreux vignerons en bio. Les deux compères ont également monté une activité de négoce sous l'étiquette Patrick Baudouin Vins.

Les vins : l'Effusion 2010 offre un excellent équilibre et une chair savoureuse, finement épicée. Expression des schistes, Le Cornillard se montre plus plein et tendu, intense dans sa finale hautement minérale. Le savennières 2010 se révèle dense et mûr, un rien alangui, mais très précis et accessible dès sa jeunesse. En rouge, un tendre anjou 2011 de cabernet et grolleau, parfaitement gourmand et frais, sert de tremplin au très fin anjou Coteaux d'Ardenay, issu de cabernets, charnu et croquant à souhait. Les liquoreux sont remarquables, à commencer par Les Coteaux 2011, sur le fruit mais manquant légèrement de profondeur. Les Bruandières, très complexe dans ses notes de thym et de verveine, renferme des sucres raffinés. Enfin, le quarts-de-chaume Les Zersilles ravira les amateurs par son allonge et sa noblesse aromatique (poire passe-crassane).

☐	Anjou Effusion 2010	13,90 €	15,5
☐	Anjou Le Cornillard 2010	21 €	16,5
☐	Coteaux du Layon Les Bruandières 2010	27 €	16,5
☐	Coteaux du Layon Les Coteaux 2011	15,90 €	15
☐	Quarts de Chaume Les Zersilles 2010	34,70 € (50 cl)	17
☐	Savennières 2010	19,50 €	16
■	Anjou 2011	9 €	14,5
■	Anjou Les Coteaux d'Ardenay 2010	13,10 €	16

Rouge : 3,9 hectares.
Cabernet-sauvignon 23 %, Grolleau 13 %, Cabernet franc 64 %
Blanc : 9,1 hectares.
Chenin ou chenin blanc ou pineau de la loire 100 %
Production moyenne : n.c
🐝 Certifié en agriculture bio ou biodynamique

Domaine Patrick Baudouin, Princé, 49290 Chaudefonds-sur-Layon
Tél. : 02 41 74 95 03 **Fax :** 02 41 74 95 03
E-mail : domaine@patrick-baudouin.com
Site : www.patrick-baudouin.com
Vente : au domaine
Sur rendez-vous uniquement.
Propriétaire : SAS Domaine Patrick Baudouin
Directeur : Patrick Baudouin

■ Domaine Stéphane Bernaudeau
ANJOU
★

Stéphane Bernaudeau est la cheville ouvrière du domaine Mark Angeli. Les deux hommes ont construit ensemble la renommée de l'Oublion angevin. Vigneron très méticuleux, Stéphane travaille un jardin de chenin et un soupçon de verdelho (cépage portugais). Dans le secteur de Martigné-Briand, il produit en petite quantité des blancs entiers, pas toujours aussi précis qu'on le souhaiterait, mais impressionnants par leur mâche minérale en bouche. Un viticulteur rare doublé d'un vigneron artisan qui a beaucoup progressé dans la précision de ses vinifications.

Les vins : le rouge Les Vrilles 2010 se présente très aimable dans son fruit frais et délié, au caractère si intimement ligérien, sérieux cabernet de fruit jusqu'au bout de ses fins tanins. En blanc, Les Terres Blanches 2010 livre une matière étoffée et ample, pleine de vie, riche d'une magnifique acidité mûre. Très profond, richement constitué, Les Nourrissons 2010 impose avec naturel la sève de ses vieux chenins dans un ensemble vigoureux mais déjà patiné, porté par le souffle d'un extrait sec exceptionnel. Un sommet des chenins de Loire.

☐	VDF Les Nourrissons 2010	35 € cav.	18
☐	VDF Les Terres Blanches 2010	27 € cav.	16
■	VDF Les Vrilles 2010	18 € cav.	15,5

Rouge : 0,6 hectare.

VALLÉE DE LA LOIRE ET CENTRE

Cabernet-sauvignon 90 %, Cabernet franc 10 %
Blanc : 1,4 hectare.
Autre 20 %, Chenin ou chenin blanc ou pineau
de la loire 80 %
Production moyenne : 3 800 bt/an

Domaine Stéphane Bernaudeau, 14, rue de
l'Abondance, Cornu, 49540 Martigné-Briand
Tél. : 09 62 13 51 28 **Fax :** 02 41 50 33 38
E-mail : stephane.bernaudeau@orange.fr
Vente : au domaine
Sur rendez-vous.
Propriétaire : Stéphane Bernaudeau

■ Domaine du Collier

SAUMUR

★

Sur les traces de son père et de son oncle (clos Rougeard), Antoine Foucault et sa compagne Caroline Boireau ont initié, en 1999, un parcours original dans la production de saumurs de terroir, avec une majorité de blancs sur les coteaux réputés de Brézé. Elevés en fûts dans une profonde et magique cave troglodytique, leurs chenins secs et très mûrs sont vivants et puissants. Esprit que cultive aussi, avec un peu moins de brio, le rouge Ripaille, qui rivalise en qualité avec les rares champigny de terroir. Suite à une pollution des bouchons, certains vins, dont les rouges 2008, ne sont malheureusement pas sortis.

Les vins : les rouges 2009 sont de très haut niveau. La Ripaille se fait frais et voluptueux, sur des tanins superbement patinés, et il présente l'avantage de pouvoir se boire dans l'exubérance de sa jeunesse. Par sa finesse de grain, son volume moelleux, sa persistance crayeuse, La Charpentrie tutoie les sommets des grands rouges de Loire. Encore dans les limbes, La Charpentrie blanc offre un profil scintillant et tonique qui ferait presque oublier la grande richesse et la consistance de sa chair : c'est un grand chenin sec et éclatant.

☐ Saumur La Charpentrie 2009	40 € cav.	18
■ Saumur La Charpentrie 2009	40 € cav.	18
■ Saumur La Ripaille 2009	30 € cav.	17

Rouge : 2,5 hectares.
Cabernet franc 100 %
Blanc : 4,5 hectares.
Chenin ou chenin blanc ou pineau de la
loire 100 %
Production moyenne : 25 000 bt/an

Domaine du Collier, 62, place du Collier, 49400
Chacé
Tél. : 02 41 52 69 22 **Fax :** 02 41 52 69 22
E-mail : domaineducollier@wanadoo.fr
Sur rendez-vous.
Propriétaire : Antoine Foucault

■ Domaine Philippe Delesvaux

COTEAUX DU LAYON

★

Philippe Delesvaux et son épouse Catherine travaillent seuls sur 10,5 ha, dont 7,5 ha de chenin. Ils sont passés maîtres dans la sélection des chenins passerillés et botrytisés – même dans les petites années comme 2004. Le couple décline ses coteaux-du-layon suivant les terroirs (Les Clos, Saint-Aubin en cuvée de printemps, puis Clos du Pavillon et Clos de la Guiberderie) et la richesse des tries. C'est l'un des rares domaines angevins à atteindre chaque année, naturellement (aucune chaptalisation), la richesse nécessaire pour une déclaration en sélection de grains nobles (SGN) dans des volumes non négligeables. Dans un style coloré et entier, les anjous rouges vinifiés en cuves reflètent l'intensité brute des schistes carbonifères. Ils s'apprécient entre deux et six ans.

Les vins : le domaine nous a présenté les mêmes vins que l'an dernier. Le Roc (cabernet franc) et La Montée de l'Epine (cabernet-sauvignon) sont des rouges pleins et expressifs. Deux « sec-tendre » 2009, Feuille d'Or et Authentique, réclameront une cuisine relevée pour équilibrer les sucres, et les deux liquoreux sont d'un bon niveau.

☐ Anjou Authentique 2009	n.c.	15
☐ Anjou Feuille d'Or 2009	n.c.	14,5
☐ Coteaux du Layon Saint-Aubin Les Clos 2010	n.c.	15,5
☐ Coteaux du Layon SGN 2009	n.c.	16
■ Anjou La Montée de l'Epine 2010	n.c.	14,5
■ Anjou Le Roc 2010	n.c.	14

Rouge : 3 hectares.
Cabernet franc 50 %, Cabernet-sauvignon 50 %
Blanc : 7,5 hectares.
Chenin ou chenin blanc ou pineau de la
loire 100 %
Production moyenne : 30 000 bt/an
❀ Certifié en agriculture bio ou biodynamique

Domaine Philippe Delesvaux, Les Essards, La
Haie Longue, 49190 Saint-Aubin-de-Luigné

Tél. : 02 41 78 18 71
E-mail : dom.delesvaux.philippe@wanadoo.fr
Vente : au domaine
Sur rendez-vous.
Propriétaire : Catherine et Philippe Delesvaux.

Tél. : 02 41 38 78 94 **Fax :** 02 41 38 56 46
E-mail : domaine.guiberteau@wanadoo.fr
Sur rendez-vous.
Propriétaire : Romain Guiberteau

■ Domaine Guiberteau

SAUMUR

★

Installé depuis la fin des années 1990, l'ambitieux et talentueux Romain Guiberteau exploite les vignes familiales avec d'excellentes parcelles sur Montreuil, Saint-Just et surtout Brézé, grand cru historique de blanc. Le vrai décollage qualitatif remonte à 2002, avec toujours une longueur d'avance en blanc, notamment sur la cuvée Les Clos, entrée dans le « top 5 » de l'appellation Saumur. Si les rouges puissants progressent vers des tanins plus en finesse, c'est d'abord pour la haute qualité des blancs que le domaine mérite pleinement son étoile.

Les vins : en rouge, le 2011 s'avère assez tendre et nuancé, sobre dans son équilibre ; il se boira dès maintenant avec beaucoup de plaisir. En 2009, Les Motelles vise juste dans sa finesse de texture et l'élégance de son élevage. Ce dernier apparaît un peu plus appuyé sur Les Arboises, mais le vin l'assimilera aisément au vieillissement grâce à son volume confortable. Précis, nerveux, le blanc 2011 se présentera au mieux en 2013. Cadré par l'élevage, mais beaucoup plus harmonieux qu'en 2009, le Clos de Guichaux 2010 se montre salivant et très intense, porté par une magnifique allonge citronnée et fraîche. Racé, subtil et élancé, souverain dans son équilibre de bouche, le Brézé 2009 mérite d'être attendu deux ou trois ans encore.

☐ Saumur Brézé 2009	35 €	17
☐ Saumur Clos de Guichaux 2010	21 €	16
☐ Saumur Domaine 2011	14 €	14,5
■ Saumur Domaine 2011	15 €	15
■ Saumur Les Arboises 2009	33 €	16,5
■ Saumur Les Motelles 2009	27 €	16

Rouge : 4 hectares.
Cabernet franc 100 %
Blanc : 5,4 hectares.
Chenin ou chenin blanc ou pineau de la loire 100 %
Production moyenne : 40 000 bt/an
❧ Certifié en agriculture bio ou biodynamique

Domaine Guiberteau, 3, impasse du Cabernet, 49260 Saint-Just-sur-Dive

■ Domaine Eric Morgat

SAVENNIÈRES

★

Né sur la rive sud, Eric Morgat est désormais ancré à Savennières où il fête son treizième millésime. Il s'est constitué un vignoble rare, encore jeune mais sur des emplacements précieux, comme la Roche-aux-Moines ou un splendide coteau replanté à la Pierre-Bécherelle. Aujourd'hui, sa cuvée Enclos vient du secteur de Beaupréau. Depuis 2004, les vendanges s'effectuent sur des chenins dorés sans botrytis, vinifiés en fûts (20 % de neufs), avec fermentations malolactiques partielles (à 50 % dans les 2008). Les chenins atteignent une rare précision pour l'Anjou, grâce aux interrogations constantes de ce vigneron perfectionniste, qui n'a de cesse d'affiner chaque détail pour progresser.

Les vins : la cuvée Litus, chenin sec sur spilite issu de jeunes vignes de Beaulieu-sur-Layon, offre une bouche salivante et subtile, rehaussée d'une fine amertume saline. L'Enclos 2009 confirme les belles promesses de l'an dernier, avec un volume calibré et des saveurs intenses et précises. Plus nerveux, marqué par les notes subtilement grillées de son élevage sur lies, le 2010 est un savennières de très haute volée, porté par un souffle épicé : un vin raffiné et très profond.

☐ Anjou Litus 2010	22 € cav.	15,5
☐ Savennières L'Enclos 2010	25 € cav.	17
☐ Savennières L'Enclos 2009	25 € cav.	16,5

Blanc : 6 hectares.
Chenin ou chenin blanc ou pineau de la loire 100 %
Production moyenne : 14 000 bt/an

Domaine Eric Morgat, Clos Ferrard, 49170 Savennières
Tél. : 02 41 72 22 51
E-mail : eric.morgat@wanadoo.fr
Site : www.ericmorgat.com
Pas de visites.
Propriétaire : Eric Morgat

■ Château de Villeneuve

SAUMUR-CHAMPIGNY

★

Jean-Pierre Chevallier dirige avec exigence et passion le vignoble familial, partiellement situé sur la spectaculaire côte de Souzay. Traduisant au plus près l'expression de cette côte calcaire, cet œnologue formé à l'école bordelaise donne naissance à des saumur-champigny homogènes, colorés, à la matière fraîche. La cuvée générique constitue toujours un bon rapport qualité-prix dans la région. Villeneuve représente historiquement un grand terroir pour le chenin blanc sec et parfois liquoreux (appellation Coteaux de Saumur), au remarquable potentiel de vieillissement.

Les vins : manquant un peu de maturité, le saumur blanc 2011 présente des notes herbacées. Beaucoup plus convaincant, Les Cormiers 2010 va loin dans sa forme longiligne et son allonge saline, porté par des saveurs franches. Les rouges ont progressé et offrent en 2010 un style précis, en particulier le vieilles vignes, tendu et élancé, qui s'affinera quelques années en cave, et le Grand Clos, sobrement mais adroitement bâti sur un fruit vif et digeste, cadré par des tanins poudreux.

☐ Saumur 2011	8 €	13,5
☐ Saumur Les Cormiers 2010	14 €	16
■ Saumur-Champigny 2010	9 €	14,5
■ Saumur-Champigny Le Grand Clos 2010	19 €	16
■ Saumur-Champigny Les Vieilles Vignes 2010	13 €	15,5

Rouge : 20 hectares.
Cabernet franc 100 %
Blanc : 5 hectares.
Chenin ou chenin blanc ou pineau de la loire 100 %
Production moyenne : 150 000 bt/an

Château de Villeneuve, 3, rue Jean-Brevet, 49400 Souzay-Champigny
Tél. : 02 41 51 14 04 **Fax :** 02 41 50 58 24
E-mail : jp-chevallier@chateau-de-villeneuve.com
Site : www.chateau-de-villeneuve.com
Vente : au domaine
Pas de visites.
Propriétaire : Jean-Pierre Chevallier

■ Domaine de Bablut

ANJOU-VILLAGES BRISSAC

Christophe Daviau gère ce vaste domaine en biodynamie (non certifiée). Il produit une gamme étendue, avec un soin plus appliqué dans de nouvelles cuvées parcellaires en chenin (Ordovicien), cabernet-sauvignon sur schistes (Rocca Nigra) et cabernet franc sur calcaire (Petra Alba). Les coteaux-de-l'aubance ont gagné en concentration et en précision aromatique. La nouvelle grande cuvée d'anjou blanc Ordovicien, à la robe ambrée, se révèle riche, légèrement lactée, suave et portée par une belle tension minérale.

Les vins : très fumé, fin et charnu, le Rocca Nigra 2010 offre une expression de fruit inhabituellement précoce, mais sans céder en densité de sève. Le Petra Alba apparaît plus compact, mais bien équilibré par une allonge fraîche et réglissée. En blanc, le Petit Prince est déjà gourmand dans son fruit généreux relevé d'une fine amertume, plus fringant qu'Ordovicien, profond et mûr, mais légèrement chaud et enrobé par l'élevage. Les liquoreux 2009 ne manquent ni de volume ni de richesse, avec une mention spéciale pour le superbe Grandpierre, à la finale très énergique.

☐ Anjou Ordovicien 2010	10,20 €	15,5
☐ Anjou Petit Prince 2010	8,10 €	15,5
☐ Coteaux de l'Aubance Grandpierre 2009	19 €	16
☐ Coteaux de l'Aubance Sélection 2009	10,95 €	14,5
■ Anjou-Villages Brissac Petra Alba 2010	10,95 €	16
■ Anjou-Villages Brissac Rocca Nigra 2010	10,95 €	16

Rouge : 33 hectares.
Cabernet-sauvignon 21 %, Cabernet franc 69 %, Grolleau 10 %
Blanc : 17 hectares.
Sauvignon ou Sauvignon Blanc 20 %, Chardonnay 6 %, Chenin ou chenin blanc ou pineau de la loire 74 %
Production moyenne : 200 000 bt/an
❀ Certifié en agriculture bio ou biodynamique

Domaine de Bablut, Bablut, 49320 Brissac-Quincé
Tél. : 02 41 91 22 59 **Fax :** 02 41 91 24 77
E-mail : daviau.contact@wanadoo.fr
Site : www.bablut.fr
Vente : au domaine
Pas de visites.
Propriétaire : Christophe Daviau

■ Château de Bois-Brinçon
ANJOU

C ette vieille propriété de l'Aubance appartient à Xavier Cailleau, cinquième génération aux commandes. Certifié en bio, le vignoble s'étend sur cinq communes, recouvrant plusieurs appellations et offrant un panorama diversifié et contemporain de la production des vins locaux, dans les trois couleurs, sans oublier les bulles. Dans un style toujours net et précis, les vins se livrent avec franchise : une excellente adresse pour découvrir la vaste gamme angevine.

Les vins : l'anjou 2010 La Seigneurie présente le profil tendre et croquant des cabernets sur craie. Plus épicé et chaleureux, Le Clos Bertin 2009 offre une excellente définition de saveurs, encore serré à ce stade dans sa trame tannique. La cuvée Garance est un rare pineau d'Aunis, marqué à souhait par le poivre et les fruits rouges, qui se déploie tout en justesse et finesse de saveurs. En blanc, l'anjou sec Terre de Grès, nerveux et tendu, joue dans le registre de la netteté et de la précision. En liquoreux, La Morinière 2010 s'exprime dans la droiture et la franchise, avec des sucres très digestes. Plus complexe, le Clos des Savarières équilibre un caractère légèrement confit par une sève énergique.

☐ Anjou Terre de Grès 2010	9 €	15
☐ Coteaux de l'Aubance La Morinière 2010	n.c.	15,5
☐ Coteaux du Layon Faye d'Anjou Le Clos des Savarières 2009	n.c.	16,5
■ Anjou La Seigneurie 2010	7,50 €	14,5
■ Anjou Le Clos Bertin 2009	n.c.	15,5
■ VDF Garance	n.c.	15,5

Rouge : n.c..
Blanc : n.c..
Production moyenne : n.c.
❀ Certifié en agriculture bio ou biodynamique

Château de Bois-Brinçon, 49320 Blaison-Gohier
Tél. : 02 41 57 19 62 **Fax :** 02 41 57 10 46
E-mail : chateau.bois.brincon@terre-net.fr
Vente : au domaine
Sur rendez-vous.
Propriétaire : Xavier et Géraldine Cailleau

■ Domaine Thibaud Boudignon
ANJOU

A ncien judoka de haut niveau, Thibaud Boudignon, jeune trentenaire, a fait ses classes dans les vignobles bordelais et bourguignons (chez Philippe Charlopin). Travailleur infatigable, installé à Savennières, il a monté son petit domaine (1,8 ha) en 2008, pour une première récolte en 2009. Egalement responsable et gérant du domaine de la Soucherie, implanté au cœur du secteur du Layon, il participe grandement de l'émergence d'une nouvelle génération de vignerons dynamiques, aux idées larges, capables d'offrir une lecture renouvelée des vins locaux, dont bientôt ceux de Savennières. Admirablement vinifiées et élevées, les cuvées de blanc de Thibaud Boudignon constituent une grande découverte.

Les vins : finement épicé et porté par un élevage de grande qualité, l'anjou blanc est un excellent vin. La précision et la droiture de saveurs de la cuvée A François(e)... raviront les esthètes du chenin, avec un vin encore plus fringant et tonique en 2010 que dans le complet mais plus assagi 2009.

☐ Anjou 2010	18 €	15,5
☐ Anjou A François(e)... 2010	25 €	17
☐ Anjou A François(e)... 2009	25 €	16,5

Blanc : 2,3 hectares.
Production moyenne : n.c.

Domaine Thibaud Boudignon, 13, chemin de la Monnaie, 49170 Savennières
Tél. : 06 63 41 65 87
E-mail : thibaud.boudignon@laposte.net
Pas de visites.
Propriétaire : Thibaud Boudignon

■ Domaine du Closel - Château des Vaults
SAVENNIÈRES

C e domaine de haute lignée angevine entretient l'un des plus beaux patrimoines de vignes de Savennières dominant la Loire. Depuis peu, la gamme se décline par terroirs, ce qui aboutit à une expression plus nuancée, mais toujours dans une approche traditionnelle des blancs du cru. Savennières d'initiation, la cuvée La Jalousie est fine, à boire jeune, alors que le plus minéral Caillardières évolue bien sur cinq à six ans. Suivant la richesse du millésime, le Clos du Papillon peut garder des sucres résiduels.

Les vins : l'anjou rouge 2010 Une Emotion propose une très jolie expression de fruits rouges frais et d'épices. Un vin d'une belle élégance, sans apprêt inutile autre que la franchise de son fruit. Très réussi en 2011, La Jalousie porte bien son nom de chenin de conversation, tendre et accessible dans son friand moelleux. Les Caillardières 2010, porté par de jolis amers, offre un profil droit et classique, à la minéralité exacerbée. Marqué par le coing et la truffe blanche, le Clos du Papillon conserve une pointe de sucres résiduels qui enrobent sa chair d'une étoffe très seyante, sans masquer sa grande allonge épicée si caractéristique du cru.

☐ Savennières La Jalousie 2011   12,65 €   15
☐ Savennières Le Clos du
   Papillon 2008   21,90 €   17
☐ Savennières Les Caillardières
   2010   15,95 €   15,5
■ Anjou Une Emotion 2010   9,90 €   15

Rouge : 3 hectares.
Cabernet-sauvignon 40 %, Cabernet franc 60 %
Blanc : 14 hectares.
Chenin ou chenin blanc ou pineau de la loire 100 %
Production moyenne : 55 000 bt/an
❀ Certifié en agriculture bio ou biodynamique

Domaine du Closel - Château des Vaults, 1, place du Mail, 49170 Savennières
Tél. : 02 41 72 81 00   **Fax :** 02 41 72 86 00
E-mail : domaine.du.closel@wanadoo.fr
Site : www.savennieres-closel.com
Vente : au domaine
Tous les jours de 9h30 à 18h30.
Propriétaire : Evelyne de Pontbriand
Directeur : Evelyne de Pontbriand

■ Domaine FL
ANJOU

C e domaine réunit les vins des domaines Jo Pithon et Château de Chamboureau, présents de longue date dans notre guide et rachetés coup sur coup en 2006 et en 2007 par Philip Fournier, homme d'affaires angevin dans le secteur de la téléphonie (Afone). Il a rapidement orienté ses vins sous la marque FL (Fournier-Longchamps, patronymes de ses parents) dont le conseil viticole et œnologique a été confié au bordelais Stéphane Derenoncourt. Une partie du vignoble est en culture biologique. Cham-

boureau profite d'une situation exceptionnelle à Savennières, sur des coteaux orientés plein sud dévalant vers la Loire, au cœur de la Roche-aux-Moines. Avec la nouvelle équipe, le style des savennières change radicalement pour un format plus sec (sans pourriture), plein et minéral. Une nouvelle cave est en construction, opérationnelle pour les vendanges 2011.

Les vins : l'anjou Le Cochet est un cabernet franc ferme et solide, un peu anguleux dans ses tanins, qui gagnera à vieillir de deux à trois ans. En blanc, Les Bergères 2010 se montre salin et vigoureux, très intense, prélude au savennières Chamboureau 2009, un vin carré et dense dont l'amertume a besoin d'un face-à-face gastronomique pour s'affiner.

☐ Anjou Les Bergères 2010   8,50 €   14,5
☐ Coteaux du Layon Les 4
   Villages 2009   21,50 €   15
☐ Savennières Château de
   Chamboureau 2009   16,50 €   15,5
■ Anjou Le Cochet 2009   14,50 €   14,5

Rouge : 2,37 hectares.
Cabernet franc 100 %
Blanc : 28,77 hectares.
Chenin ou chenin blanc ou pineau de la loire 100 %
Production moyenne : 100 000 bt/an
❀ Certifié en agriculture bio ou biodynamique

Domaine FL, 11, place François-Mitterrand, 49100 Angers
Tél. : 02 72 73 59 16 ou 06 04 04 04 04
 Fax : 02 72 73 58 22
E-mail : julien.fournier@domainefl.com
Site : www.domainefl.com
Vente : au domaine
Sur rendez-vous.
Propriétaire : Philip Fournier

■ Domaine du Gué d'Orger
SAVENNIÈRES

I nstallé depuis dix ans en Anjou, Loïc Mahé a progressivement agrandi un vignoble qui reste à dimension humaine (5 ha). La volonté de ce jeune biodynamiste est d'exprimer les caractères trempés, entiers, des chenins des alentours de Sainte-Gemmes. Après une période où les vins se montraient certes sincères mais brouillons, les cuvées gagnent en précision, même si l'élevage peut encore progresser.

Les vins : les savennières 2010 n'étaient pas encore en bouteilles, nous avons dégusté l'anjou

2011 Gourmandise du Gué d'Orger, mûr et salin en blanc, vif et croquant en rouge. Produite seulement dans les meilleures années, appuyée sur une assise boisée de qualité, la grande cuvée Sectilis Terra 2009 déploie des notes de cire et d'acacia, dans une bouche assagie mais très persistante.

☐ Anjou Gourmandise du Gué
  d'Orger 2011   10 € 15
☐ Savennières Sectilis Terra 2009 43 € 16
■ Anjou Gourmandise du Gué
  d'Orger 2011   9 € 14,5

Rouge : 1,3 hectare.
Cabernet franc 100 %
Blanc : 4,3 hectares.
Chenin ou chenin blanc ou pineau de la loire 100 %
Production moyenne : 20 000 bt/an
🌿 Certifié en agriculture bio ou biodynamique

Domaine du Gué d'Orger, La Piquellerie, 49130 Sainte-Gemmes-sur-Loire
Tél. : 06 14 76 66 01
E-mail : lm@loicmahe.fr
Site : www.loicmahe.fr
Vente : au domaine
Sur rendez-vous.
Propriétaire : Loïc Mahé

■ Château du Hureau
SAUMUR-CHAMPIGNY

L'expression pure du fruit, la chair et le volume en bouche sont les saines obsessions de Philippe Vatan. Son terroir de la côte de Saumur donne ensuite des tanins frais à ses rouges et de belles acidités de garde aux blancs de chenin, secs (appellation Saumur) et liquoreux (Coteaux de Saumur). En Saumur-Champigny, le sommet est souvent atteint par la cuvée Lisagathe, sélection de vieilles vignes. Dans un style plus gouleyant et fruité, Les Fevettes est un grand séducteur. A partir de 2006, la simple cuvée de saumur-champigny du domaine porte le nom de Tuffe, et une nouvelle parcelle a été isolée : Fours à Chaux.
Les vins : le rouge Tuffe est bien vif et friand en 2011, un peu plus enrobé et réglissé en 2010. Les Fevettes présente un profil plus dynamique et fin, avec des tanins savoureux qui s'accompliront dans trois à quatre ans. Un peu comprimé par l'élevage, Lisagathe 2011 n'atteint pas le niveau du très harmonieux 2010. En blanc, si le saumur 2011 est assez simple, la cuvée Foudre se montre beaucoup plus nuancée

et complexe, plus mûre et chaleureuse en 2010 qu'en 2011, déliée et précise. Nous avouons un faible pour le coteaux-de-saumur 2010 et ses délicates notes de mandarine confite : un vin parti pour une très longue évolution.

☐ Coteaux de Saumur 2010   30 € 17
☐ Saumur 2011   12 € 14,5
☐ Saumur Foudre 2011   17,50 € 15,5
☐ Saumur Foudre 2010   17 € 15,5
■ Saumur-Champigny Les
  Fevettes 2010   13 € 15,5
■ Saumur-Champigny
  Lisagathe 2011   17,50 € 15,5
■ Saumur-Champigny
  Lisagathe 2010   17 € 16
■ Saumur-Champigny Tuffe 2011   9,50 € 14
■ Saumur-Champigny Tuffe 2010   9 € 14

Rouge : 18 hectares.
Cabernet franc 100 %
Blanc : 2 hectares.
Chenin ou chenin blanc ou pineau de la loire 100 %
Production moyenne : 110 000 bt/an

Château du Hureau, Dampierre-sur-Loire, 49400 Saumur
Tél. : 02 41 67 60 40 **Fax :** 02 41 50 43 35
E-mail : philippe.vatan@wanadoo.fr
Site : www.domaine-hureau.fr
Vente : au domaine
Du lundi au vendredi de 9h à 12h30 et de 14h à 17h30, samedi sur rendez-vous.
Propriétaire : Philippe Vatan

■ Domaine de Juchepie
COTEAUX DU LAYON FAYE

C ette petite propriété, installée à Faye-d'Anjou, appartient à un couple belge, qui met beaucoup d'amour et de passion dans l'élaboration d'une gamme généreuse de blancs angevins doux, coteaux-du-layon colorés, issus de tries rigoureuses sur 6 ha, et de quelques secs issus des mêmes terroirs. Ils déclinent les layons dans les cuvées Les Quarts (16 à 17° naturels), La Passion (18 à 20°) et La Quintessence (20 à 22°, vinifiée en barriques neuves). On trouve encore à la vente, en petites quantités, des millésimes de ces dix dernières années.
Les vins : les secs 2010 offrent un profil précis et assez vif, notamment Le Clos, plus en finesse. En liquoreux, Les Churelles 2009 manque un peu de fraîcheur, Les Quarts se révèle plus riche mais de meilleur équilibre. La Passion 2009 est

une trie très rôtie, à l'épaisseur un peu confite, mais c'est l'opulent Quintessence 2005 qui l'emporte par sa densité de chair et son allonge.

☐ Anjou Le Sec de Juchepie Le Clos 2010	16 €	15,5
☐ Anjou Le Sec de Juchepie Les Monts 2010	14 €	14,5
☐ Coteaux du Layon Faye La Passion 2009	29 €	15
☐ Coteaux du Layon Faye La Quintessence 2005	42 €	16,5
☐ Coteaux du Layon Faye Les Churelles 2009	19 €	14,5
☐ Coteaux du Layon Faye Les Quarts 2009	24 €	15,5

Rouge : 1 hectare.
Blanc : 6 hectares.
Chenin ou chenin blanc ou pineau de la loire 100 %
Production moyenne : 15 000 bt/an
❀ Certifié en agriculture bio ou biodynamique

Domaine de Juchepie, Les Quarts, 49380 Faye-d'Anjou
Tél. : 02 41 54 33 47
E-mail : contact@juchepie.fr
Site : www.juchepie.fr
Vente : au domaine
Sur rendez-vous.
Propriétaire : Eddy Oosterlinck-Bracke

■ Domaine Damien Laureau

SAVENNIÈRES

Damien Laureau reprend en 1999 ce domaine viticole et arboricole aux portes d'Angers. Il abandonne la culture des fruits en 2006 ainsi qu'une partie du vignoble en appellation Anjou. Damien se recentre alors sur l'appellation Savennières, dont 25 ares de Roche-aux-Moines. Les vins proviennent des vignes assez jeunes du secteur de Beaupréau ; en début de plateau pour Les Genêts, et dans la pente (meilleur drainage) pour le Bel Ouvrage (élevé à 50 % en barriques). Les fermentations malolactiques se déroulent parfois partiellement. Les bouches sont savoureuses et salines, avec des notes tourbées. Une adresse en progression et en phase de réorganisation.

Les vins : Les Petites Gorgées 2010 est une introduction assez facile à l'univers des savennières. Les Genêts 2010 présente une vigueur épicée et une franchise de saveurs indéniable. Le

Bel Ouvrage 2010 s'affirme en profondeur et densité, avec un élevage précis sur une fine réduction. La cuvée de savennières-roche-aux-moines 2010 offre un supplément de finesse et de tension sur les saveurs fraîches d'écorces d'agrumes, tout en puissance épicée : assurément un grand vin.

☐ Savennières Bel Ouvrage 2010	26 €	16,5
☐ Savennières Les Genêts 2010	16 €	15
☐ Savennières Les Petites Gorgées de Damien 2010	12 €	14
☐ Savennières Roche-aux-Moines 2010	35 €	17

Blanc : 7,1 hectares.
Chenin ou chenin blanc ou pineau de la loire 100 %
Production moyenne : 25 000 bt/an

Domaine Damien Laureau, chemin du Grand-Hamé, Epiré, 49170 Savennières
Tél. : 09 64 37 02 57 **Fax :** 02 41 72 87 39
E-mail : damien.laureau@orange.fr
Site : www.damien-laureau.fr
Vente : au domaine
Sur rendez-vous du lundi au samedi.
Propriétaire : Damien Laureau

■ Domaine René-Noël Legrand

SAUMUR-CHAMPIGNY

Cette famille possède des vignes dans les meilleurs secteurs de Saumur-Champigny, et les vinifications, simples, sans boisé et précises, se mettent au service de l'expression du terroir. Si l'on aime la fraîcheur et, surtout, la finesse dans les cabernets de Loire, on sera séduit par ces champignys fruités, assez vifs, au grain crayeux, qui savent se faire entendre dans le temps. La cuvée Les Rogelins, qui a longtemps constitué une référence de l'appellation, se bonifie sur quinze ans dans les grands millésimes. Et les prix ont toujours été très sages.

Les vins : nous apprécions la sincérité et la simplicité des Lizières 2011, un vin friand, crayeux et mûr. Un peu plus terne dans son expression de fruit, Les Terrages se montre plus robuste. Les Rogelins 2009 exprime la maturité du millésime et trouvera au vieillissement l'occasion de briller par sa finesse et sa fraîcheur de sève.

■ Saumur-Champigny Les Lizières 2011	6,50 €	14,5

■ Saumur-Champigny Les
   Rogelins 2009   14 € 16
■ Saumur-Champigny Les
   Terrages 2010   7 € 14,5

Rouge : 15 hectares.
Cabernet franc 100 %
Domaine René-Noël Legrand, 13, rue des
Rogelins, 49400 Varrains
Tél. : 02 41 52 94 11 **Fax :** 02 41 52 49 78
E-mail : renenoel.legrand@wanadoo.fr
Vente : au domaine
Sur rendez-vous de 9h à 19h du lundi au
samedi.
Propriétaire : René-Noël Legrand

■ Domaine Mélaric
SAUMUR

B aptisé à partir de la contraction de Mélanie
et d'Aymeric, ce petit domaine a été créé
par un jeune couple, en 2006, sur le vignoble
du Puy-Notre-Dame. Mélanie, œnologue, a travaillé dans de notables domaines : Guiraud à
Sauternes, Pierre Gaillard et Clusel-Roch en
Côte Rôtie, Pradeaux à Bandol, Petaluma en
Australie et Rustenberg en Afrique du Sud, etc.
Voilà les différents chemins de Mélanie avant de
s'ancrer en terre ligérienne. Aymeric, ingénieur
agronome et œnologue lui aussi, est passé au
château Mas Neuf (Nîmes) avant de revenir
dans la Loire chez Bernard Baudry. Beau parcours pour un couple prometteur et humble qui
a déjà signé en quelques années une gamme
bicolore lisible, déjà étonnamment savoureuse et
personnalisée.
   Les vins : le blanc Billes de Roche gagne en
tension et intensité en 2010, porté par un souffle pur et finement citronné. Cerisaie 2009 a
conservé son volume et ses saveurs d'agrumes
mûrs, et 2010 s'avère très prometteur. Les rouges 2009 ont besoin de fondre leurs tanins,
encore assez marqués, et devraient se détendre
à partir de 2013.

☐ Saumur Billes de Roche 2010 13,50 € 16
☐ Saumur Clos de la Cerisaie 2010 17 € 16
☐ Saumur Clos de la
   Cerisaie 2009   16,50 € 16
■ Saumur Puy Notre Dame Billes de
   Roche 2009   13 € 15
■ Saumur Puy Notre Dame Clos de la
   Cerisaie 2009   16 € 15,5

Rouge : 1,7 hectare.
Cabernet franc 100 %
Blanc : 2,3 hectares.
Chenin ou chenin blanc ou pineau de la
loire 100 %

Production moyenne : 12 000 bt/an
❀ Certifié en agriculture bio ou biodynamique

Domaine Mélaric, 25, rue du Château, 49700
Les Vercher sur Layon
Tél. : 02 41 50 70 96
E-mail : contact@vins-melaric.com
Site : www.vins-melaric.com
Vente : au domaine
Sur rendez-vous du lundi au samedi.
Propriétaire : Aymeric Hillaire

■ Domaine aux Moines
SAVENNIÈRES ROCHE-AUX-MOINES

M onique Laroche et sa fille Tessa, œnologue, possèdent une propriété magnifique
(acquise en 1981, passée de 4 ha à 10 aujour-
d'hui) et un rare patrimoine de grand cru La
Roche-aux-Moines, au sommet des bords de
Loire, près de la Coulée de Serrant. Un terroir
magistral, qui commence à se retrouver avec
nuance en bouteilles. Depuis le début des années
2000, des options qualitatives ont été prises
(pressage, cuverie inox) ; le style évolue donc
vers des savennières plus précis, plus secs que
naguère (excepté la trie liquoreuse des Nonnes),
coulants et fins. Nous plaçons de grands espoirs
dans ce domaine, amené à monter en puissance
dans les années qui viennent.
   Les vins : l'anjou-villages se montre ferme et
réglissé, un peu sec dans ses tanins. Le blanc
2010 s'avère très profond et d'une impressionnante complexité, assumant sa dimension solaire
et méritant quelques années de garde pour
dompter sa vigueur épicée. Reflet privilégié des
grands terroirs de schistes de l'appellation, la
cuvée de l'Abbesse 2010 est une trie de moelleux
digeste et mentholée, très intense.

☐ Savennières
   Roche-aux-Moines 2010   18 € 16,5
☐ Savennières Roche-Aux-Moines
   Doux Cuvée de l'Abbesse 2010 22 € 17
■ Anjou-Villages 2010   14 € cav. 14,5

Rouge : 0,78 hectare.
Cabernet-sauvignon 30 %, Cabernet franc 70 %
Blanc : 7,32 hectares.
Chenin ou chenin blanc ou pineau de la
loire 100 %
Production moyenne : 20 000 bt/an

Domaine aux Moines, La-Roche-aux-Moines,
49170 Savennières
Tél. : 02 41 72 21 33 **Fax :** 02 41 72 86 55
E-mail : info@domaine-aux-moines.com

Site : www.domaine-aux-moines.com
Vente : au domaine
Du lundi au samedi de 9h à 12h30 et de 14h à 19h. Sur rendez-vous le dimanche matin.
Propriétaire : Tessa & Monique Laroche

■ Domaine Ogereau

ANJOU

V incent Ogereau récolte avec rigueur des raisins sains – sans botrytis sur les secs – et offre une (large) gamme tricolore homogène. Son meilleur terroir, Les Bonnes Blanches, donne l'un des coteaux-du-layon les plus complets et onctueux, qui se bonifie sur quinze ans minimum. Son arrivée à Savennières (clos Le Grand Beaupréau) participe au réveil attendu de l'appellation. Les prix sont toujours sages.

Les vins : simples mais francs, les rosés 2011 sont de bonne facture. En rouge, l'anjou 2010 se montre mûr et épicé, un rien sec, et Côte de la Houssaye plus vif mais avec de l'amertume en finale. Plein et savoureux, le savennières Clos le Grand Beaupréau rend un juste hommage à ce très beau terroir. Harmonie des Bonnes Blanches est un liquoreux de haute volée, d'une grande plénitude de saveurs, qui s'offre avec générosité.

☐	Coteaux du Layon Saint-Lambert Harmonie des Bonnes Blanches 2010	14 €	16
☐	Savennières Clos le Grand Beaupréau 2010	12,50 €	15,5
▨	Cabernet d'Anjou 2011	5,40 €	14
▨	Rosé de Loire 2011	5,10 €	14
■	Anjou 2010	5,60 €	14
■	Anjou-Villages Côte de la Houssaye 2010	13,90 €	14

Rouge : 12 hectares.
Cabernet-sauvignon 30 %, Gamay 5 %, Grolleau 15 %, Cabernet franc 50 %
Blanc : 12 hectares.
Chenin ou chenin blanc ou pineau de la loire 95 %, Chardonnay 5 %
Production moyenne : 70 000 bt/an

Domaine Ogereau, 44, rue Belle-Angevine, 49750 Saint-Lambert-du-Lattay
Tél. : 02 41 78 30 53 **Fax :** 02 41 78 43 55
E-mail : contact@domaineogereau.com
Site : www.domaineogereau.com
Vente : au domaine

Du lundi au samedi de 9h à 12h et de 14h à 19h sur rendez-vous.
Propriétaire : Vincent Ogereau
Directeur : Vincent Ogereau

■ Pithon-Paillé

ANJOU

A près la vente de leur vignoble au domaine FL, Jo et Isabelle Pithon ont créé ce négoce en 2008 avec Joseph Paillé, fils d'Isabelle, et Wendy, l'épouse de ce dernier, sommelière sud-africaine. Ils disposent de 7 ha en propre et en bio, vinifient et élèvent des raisins de chenin et de cabernet franc des différents terroirs de la Loire. Le mariage ligérien réussi du bel esprit des vins de soif et de quelques grandes cuvées de terroir.

Les vins : l'anjou Mozaïk 2010 est un bel entrée de gamme, accessible et mis en bouteille en capsule à vis. Le savennières Schistes est de très bonne facture, vif et intense, assez facile d'accès. Le profond Coteaux des Treilles offre une matière très étoffée, ample et persistante. En rouge, l'anjou Mozaïk est marqué par la réduction, mais offre un fruit gourmand. La gamme s'élargit avec un saumur-champigny Dents de Pierre salivant et net, manquant un peu de profondeur. Le chinon vieilles vignes se présente mieux, avec une matière charnue et réglissée. Le bourgueil Grands Monts est bien mûr, équilibré et précoce. Nous aimons le coteaux-du-layon 4 Vents et ses amers désaltérants.

☐	Anjou Coteaux des Treilles 2010	30 €	16,5
☐	Anjou Mozaïk 2010	12 €	14
☐	Crémant de Loire Brut de Chenin	15 €	13
☐	Savennières Schistes 2010	20 €	15
■	Anjou Mozaïk 2010	12 €	14
■	Bourgueil Grands Monts 2010	18 €	15
■	Chinon Vieilles Vignes 2010	14 €	15
■	Coteaux du Layon 4 Vents 2010	20 €	15,5
■	Saumur-Champigny Dents de Pierre 2010	14 €	14,5

Rouge : 0,5 hectare.
Cabernet franc 100 %
Blanc : 6,5 hectares.
Chenin ou chenin blanc ou pineau de la loire 100 %
Production moyenne : 60 000 bt/an avec achat de raisins
❀ Certifié en agriculture bio ou biodynamique

Pithon-Paillé, 19, rue Saint-Vincent, 49750 Saint-Lambert-du-Lattay

Tél. : 02 41 78 68 74
E-mail : contact@pithon-paille.com
Site : www.pithon-paille.com
Vente : au domaine
Sur rendez-vous.
Propriétaire : Jo Pithon et Joseph Paillé

■ Domaine Nicolas Réau
ANJOU

S ans origine viticole, Nicolas Réau bifurque sur le tard vers la viticulture. Remarqué en Anjou dès 2002, il confirme depuis, à Chinon, l'excellence de sa Cuvée des Chérubins, fruitée, et de Garance, au boisé élégant, avec un vrai fond. En Anjou, les vignes sont situées à Sainte-Radegonde où Nicolas élabore les rouges Pompois et L'Enfant Terrible, et les blancs Clos des Treilles et Victoire. Ces derniers conjuguent puissance et droiture. La nouvelle génération des grands vins angevins est ici. L'étoile est proche.

Les vins : très belle fraîcheur et amers délicats pour le Clos des Treilles 2011, un vin limpide à la fine trame saline et au raffinement de texture naturel. Solaire et charnu, le 2010 présente plus de carrure, mais une matière toujours digeste. En rouge, L'Enfant Terrible 2010 doit impérativement être attendu ou carafé pour se débarrasser de son gaz carbonique abondant. Bien mûr, son fruit est sobre et sain ; il devra être bu après le Pompois 2010, droit et frais. Svelte et nerveux dans ses tanins joliment accrocheurs, le Pompois 2011 séduit par sa précision de saveurs.

☐ Anjou Clos des Treilles 2011	n.c.	16
☐ Anjou Clos des Treilles 2010	n.c.	15,5
■ Anjou L'Enfant Terrible 2010	n.c.	15
■ Anjou Pompois 2011	n.c.	15,5
■ Anjou Pompois 2010	n.c.	15

Rouge : 15,7 hectares.
Cabernet franc 100 %
Blanc : 1,3 hectare.
Chenin ou chenin blanc ou pineau de la loire 100 %
Production moyenne : 65 000 bt/an

Domaine Nicolas Réau, 19, route de Saint-Vergé, Sainte-Radegonde
Tél. : 06 24 63 20 75 **Fax :** 02 47 98 41 64
E-mail : nicolasreau@yahoo.fr
Vente : au domaine
Sur rendez-vous.
Propriétaire : M. Aubry

■ Domaine Richou
ANJOU

L es frères Damien et Didier Richou font partie des traditionalistes, de ceux pour qui l'infinie gamme tricolore des vins d'Anjou constitue une richesse plus qu'un handicap. Nous apprécions la régularité et le sérieux de la production du domaine, actuellement en conversion bio, dont les propriétaires sont présents depuis trois générations dans l'ouest des Coteaux de l'Aubance, sur les si identitaires terroirs de schistes.

Les vins : le Champ de la Pierre est un anjou de gamay de belle facture, mûr et épicé à souhait, comme le velouté et dense anjou-villages-brissac, très intense et persistant. Le blanc sec Les Rogeries ne brille pas par sa précision et se montre assez épais en finale. Très belle série de liquoreux de l'Aubance, avec un Sélection 2011 friand et juste, un Grande Sélection plus étoffé et profond, et Les Violettes tout en finesse, aux sucres déjà bien intégrés. Le coteaux-de-l'aubance Les 3 Demoiselles fait partie du petit panthéon des grands liquoreux de la région.

☐ Anjou Sec Les Rogeries 2010	10,70 €	14
☐ Coteaux de l'Aubance Grande Sélection 2010	12,90 €	14,5
☐ Coteaux de l'Aubance Les Violettes 2010	19,30 €	15,5
☐ Coteaux de l'Aubance Sélection 2011	9,90 €	14
☐ Coteaux de l'Aubance Les 3 Demoiselles 2010	24 € (50 cl)	16,5
☐ Crémant de Loire Dom Nature 2008	12,70 €	14,5
■ Anjou Gamay Le Champ de la Pierre 2010	8,05 €	15
■ Anjou-Villages Brissac 2010	8,70 €	15,5

Rouge : 11,5 hectares.
Cabernet franc 80 %, Cabernet-sauvignon 20 %
Blanc : 18 hectares.
Chenin ou chenin blanc ou pineau de la loire 100 %
Production moyenne : 130 000 bt/an

Domaine Richou, Chauvigné, 49610 Mozé-sur-Louet
Tél. : 02 41 78 72 13 **Fax :** 02 41 78 76 05
E-mail : domaine.richou@wanadoo.fr
Site : www.domainerichou.fr
Vente : au domaine
Sur rendez-vous du lundi au samedi de 8h30 à 12h et de 14h30 à 18h30.
Propriétaire : Didier et Damien Richou

VALLÉE DE LA LOIRE ET CENTRE

■ Domaine des Sablonnettes

COTEAUX DU LAYON

Joël Ménard est un enfant du cru d'une grande exigence, un vigneron bio honnête qui refuse toute chaptalisation et toute manipulation œnologique. Ses vins vivants mettent du temps à se caler, ce qui leur vaut quelques « désagréments » lors des agréments. On ne s'étonnera pas de voir, d'une année sur l'autre, la même cuvée passer de l'appellation Anjou à Vin de France (anciennement Vin de table), et réciproquement. Les coteaux-du-layon ne sont jamais très longs en saveurs, mais dotés de sucres fins et frais.

Les vins : véritable friandise typée sucre d'orge, le Quart d'Heure Rosé illustre à merveille cette spécialité ligérienne du cabernet rosé passerillé moelleux. Rouge issu de grolleau, très parfumé et croquant, Les Copains d'abord 2011 constitue un parfait vin de soif, plein de vitalité. Le P'tit Blanc est un chenin sec net et acidulé, très belle introduction au blanc Le Saule, tout en sincérité et en intensité, d'une très belle précision de saveurs. Les liquoreux brillent avec Les Erables, profond et très énergique, aux sucres dynamiques, et surtout Le Vilain Canard, trie d'une richesse assez extravagante, mais dont l'équilibre est préservé.

☐ Coteaux du Layon Le Vilain
  Canard 2010   31 € cav. 16,5
☐ Coteaux du Layon Les
  Erables 2010   11 € cav. 16
☐ VDF Le P'tit Blanc 2011   7 € cav. 14
☐ VDF Le Saule 2010   14 € cav. 15,5
◻ VDF Le Quart d'Heure
  Rosé 2011   10 € cav. 14,5
■ VDF Les Copains
  d'abord 2011   7 € cav. 14

Rouge : 6 hectares.
Gamay 25 %, Cabernet 75 %
Blanc : 7 hectares.
Chenin ou chenin blanc ou pineau de la loire 100 %
Production moyenne : 52 000 bt/an
❀ Certifié en agriculture bio ou biodynamique

Domaine des Sablonnettes, Lieu-dit
L'Espérance, 49750 Rablay-sur-Layon
Tél. : 02 41 78 40 49
E-mail : domainedessablonnettes@wanadoo.fr
Site : www.sablonnettes.com
Du lundi au samedi sur rendez-vous.
Propriétaire : Christine, Joël et Jérémy Ménard

■ Château Yvonne

SAUMUR-CHAMPIGNY

Mathieu Vallée, frère de Gérald Vallée (La Cotelleraie, à Saint-Nicolas-de-Bourgueil) a repris ce jeune domaine créé à Parnay. Il produit, dans les deux couleurs, des saumurs et des saumur-champigny francs, désormais plus tournés vers le fruit qu'à la création du domaine. Issus d'un vignoble en conversion bio, les vins expriment le terroir avec modernité et régularité.

Les vins : le blanc 2010 joue toujours la carte d'une légère réduction appuyée sur un élevage chic. Paradoxalement plus solaire que l'an dernier, un peu sur les agrumes confits dans ses arômes, il lui manque un soupçon de fraîcheur. La Folie 2010 mérite d'être un peu attendu pour que son fruit, encore un peu strict, s'attendrisse pleinement. Le Château Yvonne 2009 associe volume et vigueur de sève ; un vin dense et velouté, très abouti dans ce millésime.

☐ Saumur 2010   20 € 15,5
■ Saumur-Champigny 2009   16 € 16
■ Saumur-Champigny La Folie 2010   12 € 15

Rouge : 8 hectares.
Cabernet franc 100 %
Blanc : 3 hectares.
Chenin ou chenin blanc ou pineau de la loire 100 %

Production moyenne : 45 000 bt/an
❀ Certifié en agriculture bio ou biodynamique

Château Yvonne, 16, rue Cristal, 49730 Parnay
Tél. : 02 41 67 41 29
E-mail : chateau.yvonne@wanadoo.fr
Vente : au domaine
Sur rendez-vous.
Propriétaire : Mathieu Vallée

■ Domaine du Clos Naudin
VOUVRAY
★★★

Les grands vins ont en commun avec les grands esprits de vous rendre intelligent. Ainsi, en dégustant les vouvrays de Philippe Foreau, tout devient clair, lisible dans le chenin ; ce qui est complexe est aussi ici gourmand, ce qui est bien mûr reste en conséquence tendu, ce qui est précocement bon se confirme et s'amplifie au cours des décennies. Oui, décidemment, Philippe Foreau sait transmettre dans ses vins le bonheur qu'il prend à les projeter dans le seul et unique espace qui leur revient de droit : les grandes tables. Purs, longs en bouche, d'une persistance proverbiale, les vouvrays du Clos Naudin ont la régularité d'un métronome, et ce n'est pas le moindre des compliments quand on connaît les variations du climat ligérien. Les perruches (sols d'argiles à silex) donnent de la typicité aux vins du domaine, tout aussi à l'aise dans les sucres que dans les secs ; même les effervescents sont élaborés avec un soin extrême. Le style de ces vouvrays est souvent assez riche, plus baroque qu'au domaine Huet, et pas moins puissant dans les persistances de bouche. Tous conviennent admirablement à la gastronomie, et Philippe Foreau, gourmet passionné, guide sa clientèle comme nul autre dans les accords justes entre mets et vins.

Les vins : le vouvray brut 2007 se hisse au sommet du genre. Cristallin et racé, d'un pedigree impeccable, le sec 2010 évoluera très favorablement sur au moins dix ans. Déjà évolué dans son profil aromatique, finement épicé, le demi-sec 2007 offre une croquante et digeste amertume. Les moelleux nous enthousiasment par leur équilibre millimétré : le 2010 apparaît tout en tension salivante, et le 2009, plus marqué par la gourmandise des sucres, possède une harmonie digne de servir de modèle. Le moelleux Réserve 2009 impose, avec l'évidence des très grands vins, sa matière aérienne et ses saveurs nobles de mandarine confite et de dragée.

☐ Vouvray Brut Méthode Traditionnelle Réserve 2007	15 €	16
☐ Vouvray Demi Sec 2007	14,80 €	16,5
☐ Vouvray Moelleux 2010	18 €	17
☐ Vouvray Moelleux 2009	24 €	17,5
☐ Vouvray Moelleux Réserve 2009	39 €	18,5
☐ Vouvray Sec 2010	14 €	16,5

Blanc : 12 hectares.
Chenin ou chenin blanc ou pineau de la loire 100 %
Production moyenne : 55 000 bt/an

Domaine du Clos Naudin, 14, rue de la Croix-Buisée, 37210 Vouvray
Tél. : 02 47 52 71 46 **Fax :** 02 47 52 73 81
E-mail : leclosnaudin.foreau@orange.fr
Vente : au domaine
Du lundi au samedi de 9h à 12h et de 14h à 18h, de préférence sur rendez-vous.
Propriétaire : Philippe Foreau

■ Domaine Huet
VOUVRAY
★★★

Après quarante millésimes, Noël Pinguet a annoncé son départ début 2012. Il est celui qui a progressivement converti le domaine à la culture biodynamique, non sur des arguments philosophiques ou mystiques, mais par une expérimentation systématique, quasi scientifique, qui l'a convaincu des bienfaits de la méthode – le seul moyen d'exprimer dans un vin toutes les données du terroir. Après des fermentations à froid en fûts usagés, la mise en bouteilles se fait rapidement, au printemps qui suit la vendange, à contre-courant de la mode œnologique. Quelle que soit la nature du millésime ou des vins (pétillants compris), la qualité se montre toujours extraordinaire, en adéquation avec l'excellence des terroirs. Le ciselé dans les contours de bouche, la précision dans les nuances minérales sont uniques dans la Loire. Le domaine, racheté en 2004 par Anthony Hwang, devrait suivre les mêmes orientations, avec en particulier Jean-Bernard Berthomé conforté comme chef de culture.

Les vins : le brut Pétillant 2007 remportera tout les suffrages. En sec, le pourtant très persistant Haut-Lieu paraît en retrait par rapport à la finesse et l'intensité d'un Clos du Bourg d'anthologie, à l'interminable rémanence saline. Encore immature, de proportions ciselées, Le Mont demi-sec 2011 est promis à un avenir glorieux. Pas de cuvée Première Trie présentée cette année, mais deux moelleux brillants, Le Mont, aux fins amers de mandarine et aux saveurs éclatantes, et le Haut-Lieu, vibrant éloge de l'expression d'une biodynamie apte à révéler les moindres nuances d'un terroir d'exception.

☐ Vouvray Brut Huet 2007	14 €	16

VALLÉE DE LA LOIRE ET CENTRE

☐ Vouvray Demi Sec Le
Mont 2011   16,50 €   16,5

☐ Vouvray Moelleux Le
Haut-Lieu 2009   18 €   18

☐ Vouvray Moelleux Le Mont 2009   20 €   17

☐ Vouvray Sec Clos du Bourg 2011   16 €   18

☐ Vouvray Sec Le Haut-Lieu 2011   14 €   16,5

Blanc : 35 hectares.
Chenin ou chenin blanc ou pineau de la
loire 100 %
Production moyenne : 150 000 bt/an

Domaine Huet, 11-13, rue de la Croix-Buisée,
37210 Vouvray
Tél. : 02 47 52 78 87   **Fax :** 02 47 52 66 74
E-mail : contact@huet-echansonne.com
Site : www.huet-echansonne.com
Vente : au domaine
Sur rendez-vous uniquement.
Propriétaire : Anthony Hwang
Directeur : Hugo Hwang

■ Domaine Philippe Alliet

CHINON
★★

P hilippe Alliet et son épouse Claude, maintenant aidés de leur fils, entretiennent un
vignoble modèle, dont le coteau de Noiré,
superbe pente argilo-calcaire exposée plein sud.
Nouvelle cuvée de terroir, L'Huisserie offre le
fruité intense de jeunes vignes, mais déjà une
jolie finesse. Longtemps denses et très structurés, issus parfois d'extractions poussées, les vins
ont gagné dans les derniers millésimes en fraîcheur de fruit et en naturel d'expression. Ecarté
du guide pour n'avoir pas présenté ses vins, ce
domaine y revient par la grande porte.

Les vins : frais et crayeux, L'Huisserie 2010
s'exprime dans une bouche sobre et digeste,
au raffinement naturel. Le vieilles vignes 2010
pousse le curseur de la maturité et de l'intensité
de saveurs, mais présente un visage remarquablement gourmand à ce stade. Plus dense et
large d'épaules, mais admirable dans son intégration de l'élevage et ses dimensions moelleuses, le Coteau de Noiré 2010 fera date : un très
grand chinon à mettre en cave.

■ Chinon Coteau de Noiré 2010   20 €   18
■ Chinon L'Huisserie 2010   17 €   16,5
■ Chinon Vieilles Vignes 2010   15 €   15,5

Rouge : 17 hectares.

Cabernet franc 100 %
Blanc : 0,5 hectare.
Chenin ou chenin blanc ou pineau de la
loire 100 %
Production moyenne : 70 000 bt/an

Domaine Philippe Alliet, L'Ouche-Monde, 37500
Cravant-les-Coteaux
Tél. : 02 47 93 17 62   **Fax :** 02 47 93 17 62
E-mail : philippe.alliet@wanadoo.fr
Vente : au domaine
Tous les jours sur rendez-vous sauf dimanche et
jours fériés.
Propriétaire : Philippe Alliet

■ Domaine Bernard Baudry

CHINON
★★

B ernard Baudry recherche depuis plus de
vingt ans une dimension soyeuse et civilisée
dans ses chinons, tout en restant au plus près de
leur expression de terroir. Cette démarche, qu'il
poursuit désormais avec son fils Mathieu, les
emmène vers des territoires forcément vierges.
Une philosophie qui leur inspire ainsi la plantation de vignes non greffées, franches de pied
depuis dix ans (à la suite des plantations des
années 1980 de Charles Joguet), et l'implantation sur de nouveaux terroirs oubliés, tel l'excellent clos Guillot à Chinon. Leur Croix Boissée
(terroir argilo-calcaire de Cravant-les-Coteaux),
bâti pour la garde, possède un supplément de
velouté et parfois de sucrosité dans les années
chaudes, ce qui n'est pas pour déplaire aux
grands amateurs de Saint-Emilion. Cette cuvée
prend naturellement la tête des grands rouges de
Touraine. Le domaine est entre la deuxième et
la troisième étoile.

Les vins : La Croix Boissée reste, de loin, le
meilleur Chinon blanc. Le vin apparaît tendu,
finement épicé, très séduisant en 2011. Les
Granges 2011 est irréprochable dans son fruit
gourmand et précoce, à l'expression veloutée.
Les Grézeaux 2010 se révèle toujours aussi plein
et harmonieux, et le Clos Guillot 2010 offre
un profil tendu, hypersavoureux et digeste : un
cabernet d'anthologie, à l'allonge florale et
suave. Ample et sphérique, avec un supplément
de maturité et une rare dimension crayeuse et
salivante, La Croix Boissée ira loin.

☐ Chinon La Croix Boissée 2011   16 €   16
■ Chinon La Croix Boissée 2010   17 €   17,5

- ■ Chinon Le Clos Guillot 2010   12,75 €   17
- ■ Chinon Les Granges 2011   8 €   15,5
- ■ Chinon Les Grézeaux 2010   11,50 €   16,5

Rouge : 28 hectares.
Cabernet franc 100 %
Blanc : 2 hectares.
Chenin ou chenin blanc ou pineau de la loire 100 %
Production moyenne : 120 000 bt/an

Domaine Bernard Baudry, 9, coteau de Sonnay, Cravant-les-Coteaux, 37500 Chinon
Tél. : 02 47 93 15 79   **Fax :** 02 47 98 44 44
E-mail : bernard-baudry@chinon.com
Site : www.chinon.com/vignoble/bernard-baudry
Vente : au domaine
Du lundi au vendredi de 9h à 12h et de 14h à 18h, samedi de 8h à 13h, sur rendez-vous.
Propriétaire : Bernard Baudry

■ Domaine de Bellivière

JASNIÈRES

★★

Eric et Christine Nicolas ont été les premiers, il y a vingt ans, à relever avec panache le flambeau bien éteint des vins de la Sarthe. Leurs cuvées montrent tout le potentiel des terroirs oubliés. Les raisons du succès sont les mêmes que partout ailleurs en France : une viticulture élitiste, en partie en biodynamie, qui anticipe sur la notoriété du produit, et une vinification simple mais scrupuleuse. Le coteaux-du-loir Vieilles Vignes Eparses donne un blanc compact au remarquable raffinement aromatique (qui évolue sur la gentiane). On le fait généralement patienter avec L'Effraie (vigne de 25 ans). Les jasnières portent à juste titre le nom d'Elixir de Tuf (sélection de tries les grandes années), Calligramme (vignes de plus de 50 ans), Les Rosiers (jeunes vignes) et, depuis 2009, la nouvelle cuvée Prémices, issue d'une nouvelle vigne en conversion bio. Tous expriment avec limpidité leur terroir. Des références pour tous les connaisseurs du chenin. A noter, un original rouge de pineau d'Aunis, Hommage, solidement construit sur des notes végétales et épicées qu'il faudra attendre trois, quatre ans.

Les vins : en rouge, Hommage révèle une trame tendue et salivante, dans un profil droit et svelte ; il lui faut quelques années de garde. Le jasnières Prémices est un vin vivant et expressif, finement croquant dans ses notes de fruits jaunes. Plus épicé, L'Effraie se montre aussi plus joufflu, mais sa trame acide l'emmène beaucoup

plus loin, avec une délicate amertume. Les Rosiers offre la matière la plus harmonieuse, ample et savoureuse, avec un supplément de tension. Si le Vieilles Vignes Eparses, dégusté avant la mise, doit être débarrassé de son gaz carbonique, il offre de magnifiques amers. A ce même stade, Caligramme présente l'équilibre souverain et le raffinement des plus grands vins, et l'éclat d'un incontournable grand chenin de Loire.

- ☐ Coteaux du Loir
  L'Effraie 2010   18 € cav.   16
- ☐ Coteaux du Loir Vieilles Vignes
  Eparses 2010   27 €   17
- ☐ Jasnières Calligramme 2010   35 €   18
- ☐ Jasnières Les Rosiers 2010   24 € cav.   16,5
- ☐ Jasnières Prémices 2010   16 € cav.   15,5
- ■ Coteaux du Loir Hommage à Louis
  Derre 2010   27 €   15,5

Rouge : 4 hectares.
Autre 100 %
Blanc : 9,5 hectares.
Chenin ou chenin blanc ou pineau de la loire 100 %
Production moyenne : 42 000 bt/an

Domaine de Bellivière, Bellivière, 72340 Lhomme
Tél. : 02 43 44 59 97   **Fax :** 02 43 79 18 33
E-mail : info@belliviere.com
Site : www.belliviere.com
Vente : au domaine
Sur rendez-vous du lundi au samedi.
Propriétaire : Eric Nicolas

■ Domaine de la Chevalerie

BOURGUEIL

★★

Rouge de garde (Busardières), rouge complet (La Chevalerie), rouge de fruit (Les Galichets) : toute la palette du cabernet franc bourgueillois réussit aujourd'hui à la famille Caslot, qui s'est hissée au sommet de son appellation. En conversion à la culture biodynamique, le vignoble est aujourd'hui l'un des plus sainement travaillés de Bourgueil. Derrière la bonhomie rabelaisienne de Pierre Caslot s'abrite un redoutable vigneron de fond, avec un sens du devoir précis et bien accompli, qu'il a su transmettre à ses enfants Stéphanie et Emmanuel. Quatorzième génération établie sur le domaine, tout aussi passionnés de dégustation et d'accord mets et vins, ils apportent une touche de modernité dans l'univers bourgueillois, qui en a bien besoin.

Les vins : la cuvée Peu Muleau se montre très intense et aromatique dans ses notes de cuir fin et de fruits noirs. Les Galichets apparaît plus velouté et fin, d'une réelle élégance formelle. Richement constitué, La Chevalerie prend des accents fumés et légèrement sanguins, d'une très belle intensité : ce vin de grande envergure livre une définition très racée du bourgueil. Plus immature, le Busardières demande également à vieillir pour trouver son plus juste équilibre. Enfin, le Grand-Mont commence à trouver sa vitesse de croisière et s'impose par son souffle épicé et frais, plein de tension et de rectitude.

■ Bourgueil Bonn'heur 2011	6,15 €	13
■ Bourgueil Busardières 2010	15,30 €	16,5
■ Bourgueil Chevalerie 2010	13,20 €	17
■ Bourgueil Galichets 2010	8,15 €	16
■ Bourgueil Grand-Mont 2010	22 €	17
■ Bourgueil Peu Muleau 2010	6,65 €	15,5

Rouge : 38 hectares.
Cabernet franc 100 %
Domaine de la Chevalerie, 7/14, rue du Muleau, 37140 Restigné
Tél. : 02 47 97 46 32 **Fax :** 02 47 97 45 87
E-mail : chevalerie@caslot.fr
Site : www.domainedelachevalerie.fr
Vente : au domaine
Du lundi au samedi de 8h à 12h et de 14h à 18h, dimanche sur rendez-vous.
Propriétaire : Stéphanie, Emmanuel et Pierre Caslot

■ Domaine François Chidaine

Montlouis-sur-Loire
★★

François Chidaine est un acteur majeur des blancs de Loire, qui rayonne sur Montlouis, son fief d'origine, mais aussi plus récemment au sommet de Vouvray. Avec son épouse Manuéla, caviste très active, et son associé et cousin Nicolas Martin, ils sont, depuis fin 2006, totalement propriétaires du renommé clos Baudouin (ex-Poniatowski). Une excellente nouvelle pour les amateurs de grands vouvrays, qui retrouveront, après les quelques années nécessaires de remise en état, la race complète de ce terroir historique. Depuis 2005, la compagnie Chidaine & Cie s'est lancée dans une activité de négoce de qualité (achats de raisin), en blancs et rouges de Touraine.

Les vins : sobre, digeste, le Pétillant brut 2009 est particulièrement réjouissant, tout comme le plus sérieux et ample Méthode traditionnelle. Si les effervescents placent la barre haute, les secs ne sont pas en reste, dont le tendre et précis Clos du Breuil, et le profond Choisilles, à la large carrure et la noble amertume, réellement irrésistible en 2009. En Vouvray, le très parfumé Argiles déploie de fines saveurs d'agrumes, et le Clos Baudouin, plus retenu, demandera plus de temps pour s'exprimer. Les Bournais 2009, à la vigueur admirablement domptée, éblouira dans sa tenue au vieillissement. Les demi-secs (Clos Habert, Le Bouchet) sont de grands vins inspirés, avec une nette préférence pour l'allonge du vouvray Le Bouchet. Les montlouis moelleux 2009, particulièrement la rare cuvée Les Lys, définissent les standards du genre.

☐ Montlouis sur Loire Brut Méthode Traditionnelle 2010	10 €	15,5
☐ Montlouis sur Loire Demi Sec Clos Habert 2009	14,90 €	16
☐ Montlouis sur Loire Demi Sec Les Tuffeaux 2009	13,40 €	15,5
☐ Montlouis sur Loire Les Lys 2009	57 €	18
☐ Montlouis sur Loire Moelleux 2009	20,20 €	17
☐ Montlouis sur Loire Sec Clos du Breuil 2010	13,20 €	15,5
☐ Montlouis sur Loire Sec Les Bournais 2009	19,10 €	17,5
☐ Montlouis sur Loire Sec Les Choisilles 2009	14,90 €	16,5
☐ Vouvray Demi Sec Le Bouchet 2009	14,90 €	17,5
☐ Vouvray Pétillant 2009	9,30 €	15
☐ Vouvray Sec Clos Baudoin 2010	14,90 €	16
☐ Vouvray Sec Les Argiles 2010	13,20 €	15,5

Blanc : 37 hectares.
Chenin ou chenin blanc ou pineau de la loire 100 %
Production moyenne : 150 000 bt/an
❀ Certifié en agriculture bio ou biodynamique

Domaine François Chidaine, 5, Grande-Rue, 37270 Montlouis-sur-Loire
Tél. : 02 47 45 19 14 **Fax :** 02 47 45 19 08
E-mail : francois.chidaine@wanadoo.fr
Site : www.francois-chidaine.com
Vente : au domaine
Sur rendez-vous.
Propriétaire : Manuéla et François Chidaine

Domaine Yannick Amirault
BOURGUEIL
★

Y annick Amirault et son fils poussent loin l'association du fruité gourmand des cabernets francs très mûrs et de la civilité charmeuse des vinifications sous bois (en cuves tronconiques). Ces vins recèlent une maturité rare de tanins, qui déroute les aficionados de la verdeur « poivronnante » du cabernet. Le millésime 2008 et les suivants marquent, pour notre plus grande joie, le retour du fruité et de la délicatesse de tanins mûrs qui ont fait la notoriété du domaine.

Les vins : le Rosé d'Equinoxe est un vin très fin, rehaussé d'excellents petits amers. Les Quartiers 2009 se montre riche et structuré, mais un peu terne dans son expression de fruit. Les 2010 présentent beaucoup plus d'éclat et de vivacité, avec une chair tendue dans Le Grand Clos et une excellente profondeur dans La Petite Cave, qu'il conviendra d'attendre deux à trois ans pour que sa trame tannique s'assouplisse. En Saint-Nicolas, Les Malgagnes 2010 présente une élégante austérité et une trame magnifique, élancée, parsemée de petits tanins nerveux.

■ Bourgueil Rosé d'Equinoxe 2010	10 €	14,5
■ Bourgueil La Petite Cave 2010	20 €	16,5
■ Bourgueil La Petite Cave 2009	20 €	16
■ Bourgueil Le Grand Clos 2010	15 €	16,5
■ Bourgueil Les Quartiers 2009	13 €	15
■ Saint-Nicolas-de-Bourgueil Les Malgagnes 2010	20 €	17

Rouge : 19 hectares.
Cabernet franc 100 %
Domaine Yannick Amirault, 1, route du Moulin-Bleu, 37140 Bourgueil
Tél. : 02 47 97 78 07 **Fax :** 02 47 97 94 78
E-mail : info@yannickamirault.fr
Site : www.yannickamirault.fr
Vente : au domaine
Du lundi au samedi de 8h à 12h et de 14h à 18h, sur rendez-vous.
Propriétaire : Yannick Amirault

Domaine Catherine et Pierre Breton
BOURGUEIL
★

D epuis plus de vingt ans, Catherine et Pierre Breton creusent obstinément leur sillon de vin bio à Bourgueil. Les tanins très fins et doux des longues macérations se retrouvent dès les délicieuses cuvées de soif Nuit d'ivresse et Avis de Vin Fort ; peu protégé en soufre, ce dernier est à boire jeune. Les vins de terroir (Clos Sénéchal, Les Perrières, Les Picasses), plus intenses, ont gagné en finesse et en précision dans les trois derniers millésimes.

Les vins : très floral et souple, Les Galichets s'avère finement réglissé et croquant. Charnu et velouté, Nuit d'ivresse 2009 livre une chair plus dense. Les Perrières 2009 demandera quelques années de cave pour libérer toute sa profondeur crayeuse et son intensité aromatique ; encore un peu sur la réserve, c'est assurément un très beau vin.

■ Bourgueil Clos Sénéchal 2009	16 €	15
■ Bourgueil Les Galichets 2010	12 €	15,5
■ Bourgueil Les Perrières 2009	18 €	16,5
■ Bourgueil Nuit d'ivresse 2009	14 €	15,5

Rouge : 15 hectares.
Cabernet franc 100 %
Domaine Catherine et Pierre Breton, 8, rue du Peu-Muleau, 37140 Restigné
Tél. : 02 47 97 30 41 **Fax :** 02 47 97 46 49
E-mail : domainebreton@yahoo.fr
Site : www.domainebreton.net
Vente : au domaine
Sur rendez-vous.
Propriétaire : Catherine et Pierre Breton

Domaine de la Butte
BOURGUEIL
★

L e domaine, repris en 2002, appartient au même propriétaire que la Taille aux Loups à Montlouis, Jacky Blot. Entrepreneur soucieux d'excellence, ce vinificateur de chenins charmeurs bouleverse le ronron rustique du cabernet bourgueillois. L'option d'isoler les parcelles à la vinification (en suivant le sens du coteau) et d'apporter une touche de sophistication dans l'élevage fut immédiatement payante. Le Haut de la Butte exprime la fraîcheur et la finesse des terres pauvres, le Mi-Pente est la plus grande cuvée de terroir créée à Bourgueil depuis longtemps, et le Pied de la Butte joue la simplicité précoce. Enfin, le Perrières, lieu-dit réputé, s'intercale entre le Haut de la Butte et le Mi-Pente, accordant le charme fruité du cabernet à la fraîcheur agreste typique du sol argilo-calcaire du cru. Les élevages se révèlent parfaitement adaptés et les vins offrent un visage contemporain et très abouti des différentes expressions de Bourgueil.

VALLÉE DE LA LOIRE ET CENTRE

Les vins : très réussi, le Pied de la Butte 2011 offre un superbe fruit gourmand, sur une expression friande et immédiatement accessible. Le Haut de la Butte 2011 présente beaucoup plus de tension et d'intensité : c'est un bourgueil racé, de belle envergure. Le Perrières 2011 est plus mûr et charnu, juteux et profond : un vin très prometteur. Le plus complet reste le Mi-Pente 2011 qui associe vigueur et volume, avec une note de graphite en finale. Les 2010 sont excellents et ont très bien évolué : le Perrières tout en fruit tendre et tanins délicats, Mi-Pente plus ferme, mais admirablement proportionné, avec une finale élancée.

■ Bourgueil Haut de la Butte 2011   12 €   16
■ Bourgueil Mi-Pente 2011   18 €   17
■ Bourgueil Mi-Pente 2010   18 €   16,5
■ Bourgueil Perrières 2011   15 €   16,5
■ Bourgueil Perrières 2010   15 €   16
■ Bourgueil Pied de la Butte 2011   8 €   15

Rouge : 16 hectares.
Cabernet franc 100 %
Domaine de la Butte, La Butte, 37140 Bourgueil
Tél. : 02 47 97 81 30   **Fax :** 02 47 97 99 45
E-mail : lataille auxloups@jackyblot.fr
Site : www.jackyblot.fr
Visites au domaine de la Taille aux Loups.
Propriétaire : Jacky Blot

■ Domaine Vincent Carême

Vouvray

★

Vincent Carême, vigneron et par ailleurs professeur au lycée viticole d'Amboise, mise sur des vouvrays secs et demi-secs au fruit net et pur. Cet érudit discret fait partie de la jeune génération qui rend à ce grand terroir de Vouvray ses lettres de noblesse. Sa gamme est franche, d'expression loyale, de plus en plus minérale – l'élevage en fûts est aussi plus précis – et ce, de la bulle, bien maîtrisée, au liquoreux. Au-delà de leur précision, une harmonie se dégage désormais des vins.

Les vins : les effervescents sont très aboutis et font partie des meilleurs du genre, avec des saveurs limpides et une bulle particulièrement harmonieuse dans L'Ancestrale. Droit et tranchant, le sec 2010 possède un bel équilibre, mais c'est le Peu Morier, très racé dans ses saveurs grillées et son volume digeste, qui rafle la mise. Le Clos 2008 nous enchante par ses arômes de truffe et d'anis, c'est un grand « sec-tendre » nuancé, à l'acidité revigorante, qui fera merveille à table (ris de veau recommandés).

□ Vouvray Brut 2010   9,80 €   14,5
□ Vouvray L'Ancestrale 2010   13 €   15,5
□ Vouvray Le Clos 2008   19 €   17
□ Vouvray Moelleux 2009   20 €   16
□ Vouvray Peu Morier 2010   16,50 €   16,5
□ Vouvray Sec 2010   12 €   15

Rouge : 0,25 hectare.
Blanc : 14 hectares.
Chenin ou chenin blanc ou pineau de la loire 100 %
Production moyenne : 50 000 bt/an
❀ Certifié en agriculture bio ou biodynamique

Domaine Vincent Carême, 1, rue du Haut-Clos, 37210 Vernou-sur-Brenne
Tél. : 02 47 52 71 28
E-mail : vin@vincentcareme.fr
Site : www.vincentcareme.fr
Vente : au domaine
Sur rendez-vous uniquement.
Propriétaire : Vincent Carême

■ Domaine Patrice Colin

Coteaux du Vendômois

★

Patrice Colin, viticulteur passionné, est attaché à faire connaître, à travers ses vins du Vendômois (vallée du Loir), la capacité de ce vignoble sur le déclin à produire des vins certes rustiques, mais de goût et de terroir. Sur sa propriété entièrement cultivée (en forte densité de plantation : 7 500 pieds/ha), il reste des vignes du rare cépage pineau d'Aunis (rouge), vieux d'une centaine d'années, ainsi que des chenins qui approchent les 80 ans. Les blancs sont les plus accessibles, ils se révèlent vifs, équilibrés, s'exprimant sur des saveurs de rhubarbe et de groseille. Les rouges (pineau d'Aunis, cabernet franc, pinot noir) sont plus sauvages dans les arômes, ils ont besoin d'une mise en carafe, et se boivent entre deux et sept ans. Nous saluons le long et minutieux travail d'artisan d'art de ce vigneron méritant, qui ne s'endort pas sur ses lauriers.

Les vins : charnus, digestes et savoureux, tout en franchise de fruit, les rosés 2011 sont très accomplis. Même franchise et précision de saveurs pour les pétillants (fermentés en bouteille) de pineau d'Aunis (Perles grises) et de gamay (Perles rouges). Perles d'Anne-Sophie est une méthode traditionnelle au fruit généreux mais désaltérant, soulignée par une fine et agréable amertume. Mûrs et frais, bâtis sur des équilibres sans fards, les rouges 2010 se montrent proches du raisin. En blanc, le Pierre à Feu, mais surtout le vieilles vignes se montrent généreux et intenses : on s'en régalera sans réserve, mais on pourra aussi les oublier un peu en cave. La cuvée de passerillage 2011 nous enchante par sa touche de coing frais et son équilibre sur le fil (80 g de sucres ; 5,6 g d'acidité ; 12,5 % d'alcool) : elle fera merveille à table sur un foie gras et des fromages.

☐	Coteaux du Vendômois Passerillage 2011	14 €	17
☐	Coteaux du Vendômois Pierre à Feu 2011	6,40 €	14,5
☐	Coteaux du Vendômois Vieilles Vignes 2011	7,80 €	16
☐	Vin de France Les Perles d'Anne Sophie 2009	7,20 €	14,5
▣	Coteaux du Vendômois Gris 2011	6 €	14,5
▣	Coteaux du Vendômois Gris Bodin 2011	6,40 €	15
▣	Vin de France Pétillant Naturel Les Perles Grises 2011	7,50 €	14,5
■	Coteaux du Vendômois Les Vignes d'Emilien Colin 2010	7,80 €	15
■	Coteaux du Vendômois Pierre-François 2010	6 €	14
■	Coteaux du Vendômois Vieilles Vignes 2010	6,90 €	14,5
■	Vin de France Pétillant Naturel Les Perles Rouge 2009	7,50 €	14

Rouge : 16 hectares.
Gamay 18 %, Pinot noir 14 %, Cabernet franc 14 %, Pineau d'Aunis 54 %
Blanc : 8 hectares.
Chardonnay 10 %, Chenin ou chenin blanc ou pineau de la loire 90 %
Production moyenne : 85 000 bt/an

Domaine Patrice Colin, 5, impasse de la Gaudetterie, 41100 Thoré-la-Rochette
Tél. : 02 54 72 80 73 **Fax :** 02 54 72 75 54
E-mail : colinpatrice41@orange.fr
Site : www.patrice-colin.fr
Vente : au domaine
Du lundi au samedi de 9h à 12h et de 14h à 18h.
Propriétaire : Patrice et Valérie Colin

■ Château de Coulaine

CHINON

★

La propriété est dans la famille Bonnaventure depuis le Moyen Age et le clos historique du château, le Turpenay, est planté de vignes depuis cette époque. Mais c'est à partir de 1990 qu'Etienne et Pascale de Bonnaventure relancent la vocation viticole du domaine. Ils font ainsi revivre l'esprit des grands vins de Beaumont, la première marche de l'appellation Chinon côté Loire, là où les cabernets, sous influence plus océanique, gagnent en dentelle et en finesse de fruit, comparés à ceux de l'est de l'appellation. Coulaine produit aujourd'hui une brillante gamme de chinons bio, conjuguant fruit frais et élégance de texture. Les millésimes, même excessifs, ne gomment pas l'expression des terroirs : la souplesse (argile et silice de Beaumont) dans le Château de Coulaine, et la fermeté fraîche des terres argilo-calcaires dans Les Picasses, le Clos de Turpenay (plein sud) et La Diablesse (dans sa version vieilles vignes).

Les vins : le très tendre et souple chinon du domaine a déjoué les pièges du millésime en dépit d'une note végétale ; à boire dès aujourd'hui. Plus expressif et moelleux, le Bonnaventure se fait salin et crayeux en finale. Le Clos de Turpenay présente des saveurs plus épicées et terriennes, et termine sur une finale délicieusement florale. Doté d'un grand éclat de fruit, Les Picasses 2010 va plus loin en finesse et intensité : c'est une superbe bouteille. Le blanc Pieds Rôtis 2010 est un chenin mûr et savoureux, d'une grande intégrité de saveurs.

■	Chinon 2011	9,50 €	14,5
■	Chinon Bonnaventure 2010	14 €	15,5
■	Chinon Clos de Turpenay 2010	16 €	16
■	Chinon Les Picasses 2010	17 €	16,5

Rouge : 16 hectares.
Cabernet franc 100 %
Blanc : 2,02 hectares.
Chenin ou chenin blanc ou pineau de la loire 100 %
Production moyenne : 80 000 à 90 000 bt/an
❀ Certifié en agriculture bio ou biodynamique

Château de Coulaine, 37420 Beaumont-en-Véron
Tél. : 02 47 98 44 51 **Fax :** 02 47 93 49 15
E-mail : chateaudecoulaine@orange.fr
Vente : au domaine
Tous les jours sur rendez-vous exclusivement. Fermé le dimanche et pendant les vendanges.
Propriétaire : Etienne et Pascale de Bonnaventure

■ Domaine La Grange Tiphaine

TOURAINE AMBOISE

★

Damien Delecheneau, vigneron, musicien, professeur de viticulture au lycée viticole d'Amboise, et son épouse Coralie se sont d'abord distingués dans des blancs de chenin demi-secs équilibrés. A partir d'un domaine familial bien pourvu (à Amboise et à Montlouis), les secs puis les rouges se sont mis depuis au niveau. La gamme fait partie de l'excellence de la région, dotée de cette grâce des bons vins de Loire à la fois profonds, fins et gais.

Les vins : encore empreint de sucrosité florale, le rouge Ad Libitum 2011 s'ouvre en un fruité mûr et croquant. Plus racé et complexe, affiné par un élevage haute couture, Clé de Sol 2010 rappelle l'acidité salivante des cerises anglaises. Le montlouis pétillant exprime de jolies notes pâtissières et une expression de poire mûre ; on s'en régalera sans réserve. Le Bel-Air est un chenin robuste, parfaite introduction au montlouis Clef de Sol 2010, beaucoup plus profond et intense, dont la finale aux amers nobles appelle de beaux accords gastronomiques. Enfin, l'Equilibriste 2010 offre la finesse de ses sucres patinés mais manque un peu de nerf.

☐ Montlouis-sur-Loire Liquoreux L'Equilibriste 2010	29 €	15,5
☐ Montlouis-sur-Loire Nouveau Nez 2010	13 €	15
☐ Montlouis-sur-Loire Sec Clef de Sol 2010	14 €	16
☐ Touraine Amboise Bel Air 2011	9 €	14,5
■ Touraine Amboise Ad Libitum 2011	8,50 €	14,5
■ Touraine Amboise Clef de Sol 2010	14 €	16

Rouge : 7 hectares.
Cot 22 %, Gamay 22 %, Grolleau 12 %, Divers 16 %, Cabernet franc 28 %
Blanc : 7 hectares.
Chenin ou chenin blanc ou pineau de la loire 96 %, Sauvignon ou Sauvignon Blanc 4 %
Production moyenne : 60 000 bt/an
❀ Certifié en agriculture bio ou biodynamique

Domaine La Grange Tiphaine, La Grange Tiphaine, 37400 Amboise
Tél. : 02 47 30 53 80 **Fax :** 02 47 57 39 49
E-mail : lagrangetiphaine@wanadoo.fr
Site : www.lagrangetiphaine.com
Vente : au domaine

Pas de visites.
Propriétaire : Coralie et Damien Delecheneau

■ Domaine Charles Joguet

CHINON

★

Fondé en 1957 par Charles Joguet à Sazilly, sur la rive gauche de la Vienne, ce domaine revient aujourd'hui au sommet de l'appellation Chinon. C'est une forme de consécration pour la jeune équipe en charge des vinifications et des vignes, choisie par le propriétaire Jacques Genet. Ils travaillent de concert dans un haut niveau d'excellence, compte tenu de la grandeur du domaine (40 ha). Ils ont surtout fait revivre un vibrant esprit de fraîcheur dans de grands cabernets, qui ont l'originalité de naître exposés nord-est. Peu de domaines de Loire possèdent de grandes cuvées aussi incontournables : Clos de la Dioterie (2 ha de vignes octogénaires sur sols argilo-calcaires exposés nord-est, à Sazilly), Clos du Chêne Vert (2 ha dans la ville de Chinon), Les Varennes du Grand Clos (4,5 ha à Sazilly), ainsi que sa fraction Franc de Pied (1 ha de cabernets non greffés) plantée en 1982 et replantée pour moitié en 1992, puis en 1995. Une verticale du Clos de la Dioterie confirme son statut de parangon du chinon raffiné. Un modèle de finesse de tanins, une vraie force de caractère comme peu de cabernets francs dans le monde. La gamme est revenue à son meilleur niveau.

Les vins : mûr et soutenu par un boisé dense, le blanc 2009 manque un peu de fraîcheur. Les 2010 sont déjà parfumés et élégants, à commencer par la légère mais précise Cuvée Terroir et le plus charnu Les Petites Roches. La Cuvée de la Cure dévoile une bouche très harmonieuse, veloutée et fraîche, et les Charmes offre un profil délié et soyeux. Le nerveux Varennes du Grand Clos est soutenu par un élevage de grande qualité, mais c'est le Clos du Chêne Vert qui présente le plus de potentiel, avec une trame tannique svelte et une superbe longueur. Un peu plus en retrait, finement réglissé, le Clos de la Dioterie est parti pour une très longue garde.

☐ Touraine Clos de la Plante Martin 2010	15 €	14,5
■ Chinon Clos de la Dioterie 2010	22 €	17
■ Chinon Clos du Chêne Vert 2010	21 €	17
■ Chinon Cuvée de la Cure 2010	12,50 €	15,5
■ Chinon Cuvée Terroir 2010	9 €	14,5
■ Chinon Les Charmes 2010	15 €	16
■ Chinon Les Petites Roches 2010	10 €	15

■ Chinon Les Varennes du Grand
  Clos 2010   18 € 16,5

Rouge : 37 hectares.
Cabernet franc 100 %
Blanc : 3 hectares.
Chenin ou chenin blanc ou pineau de la
loire 100 %
Production moyenne : 160 000 bt/an

Domaine Charles Joguet, La Dioterie, 37220
Sazilly
Tél. : 02 47 58 55 53 **Fax :** 02 47 58 52 22
E-mail : contact@charlesjoguet.com
Site : www.charlesjoguet.com
Vente : au domaine
Du lundi au vendredi de 9h à 12h30 et de 14h
à 18h. Samedi de 9h30 à 12h30 d'octobre à
mars, et de 10h à 18h d'avril à septembre.
Propriétaire : Jacques Genet

■ Clos Roche Blanche

TOURAINE
★

Héritière de cette folie du XXᵉ siècle accro-
chée aux coteaux de la vallée du Cher,
Catherine Roussel et son compagnon Didier
Barrouillet ont converti ce vignoble historique
en culture biologique en 1992. Didier est un des
vignerons de Loire les plus expérimentés en bio.
De ses vignes de Mareuil, situées sur un plateau protégé de forêts, il a constitué un labora-
toire naturel qu'il a enrichi patiemment d'une
flore agissant en interaction avec la vigne pour
son autoprotection. Ses vins possèdent une rare
franchise dans l'expression des terroirs. Francs,
naturels, ils évoluent étonnamment bien sur plus
de dix ans, comme une verticale en 2010 nous
l'a fait découvrir. Des sauvignons tirés au cordeau, jamais variétaux, d'une élégance et d'une
parfaite fraîcheur. Des rouges qui ne possèdent
pas ce goût, aujourd'hui terriblement stéréotypé
et répandu dans les domaines bio, de macération
(colle blanche, colle de poisson) et d'oxydation
grossière. Peu de propriétés en culture biologique ont ce souci de la précision aromatique.
    Les vins : cette année, le domaine ne nous a
envoyé que deux vins. Le touraine rouge Pif
2011 est un vin de soif sincère et désaltérant,
tout en fruit. Le Sauvignon nº 2 2011 se montre
plein, frais et charnu, très savoureux, croquant
et sain.

☐ Touraine Sauvignon Nº 2 2011   7,50 € 15,5
■ Touraine Pif 2011   6,50 € 14,5

Rouge : 5,5 hectares.
Cabernet-sauvignon 20 %, Cot 30 %,
Gamay 20 %, Cabernet franc 30 %
Blanc : 3,75 hectares.
Sauvignon ou Sauvignon Blanc 100 %
Production moyenne : 25 000 bt/an
❀ Certifié en agriculture bio ou biodynamique

Clos Roche Blanche, 19, route de Montrichard,
41110 Mareuil-sur-Cher
Tél. : 02 54 75 17 03 **Fax :** 02 54 75 17 02
Vente : au domaine
Sur rendez-vous uniquement.
Propriétaire : Catherine Roussel et Didier Barrouillet

■ Domaine Le Rocher des Violettes

MONTLOUIS-SUR-LOIRE
★

Xavier Weisskopf, la trentaine, a découvert
à Chablis le métier de vigneron. Formé à
Beaune, vinificateur à Gigondas, il s'installe à
Montlouis-sur-Loire en 2005. Il dispose d'une
très bonne cave troglodytique au cœur de la ville
d'Amboise. Son vignoble âgé (chenin, cabernet,
côt) est très morcelé sur la commune de Saint-
Martin-le-Beau, et s'étend sur 13 ha, dont 9
en appellation Montlouis et 4 en Touraine. Le
vignoble est en culture totale, sans apport d'engrais ni de produits chimiques de synthèse. Les
vendanges sont manuelles, le raisin est trans-
porté dans des petites caisses afin de préserver
l'intégrité des baies et limiter l'oxydation. La
pureté et la précision des vins, dans les deux
couleurs, a permis au domaine de gagner l'an
dernier sa première étoile.
    Les vins : le pétillant est très soigné et friand.
Le Touche Mitaine s'avère aussi réjouissant
par son nom que par sa personnalité franche et
crayeuse. Le moelleux Borderies offre un profil fin et tendre, posé sur une matière épicée et
désaltérante qui évoque la rhubarbe. La
Négrette 2010 est un vin tendu et salin, d'une
revigorante intensité, qui méritera d'être apprécié à nouveau dans quelques années.

☐ Montlouis-sur-Loire La Négrette
  2010   13 € 16,5
☐ Montlouis-sur-Loire Les
  Borderies 2011   12 € 15
☐ Montlouis-sur-Loire Pétillant
  Originel 2009   11 € 15
☐ Montlouis-sur-Loire Touche
  Mitaine 2010   10 € 15,5

Rouge : 2 hectares.
Cot 100 %
Blanc : 13 hectares.
Chenin ou chenin blanc ou pineau de la
loire 100 %
Production moyenne : 56 000 à 65 000 bt/an

Domaine Le Rocher des Violettes, 38, rue du
Rocher-des-Violettes, 37400 Amboise
Tél. : 02 47 23 52 08
E-mail : xavier.weisskopf@hotmail.com
Site : www.lerocherdesviolettes.com
Vente : au domaine
Sur rendez-vous.
Propriétaire : Xavier Weisskopf

■ Domaine de la Taille aux Loups

Montlouis-sur-Loire

★

Affable mais entier, à la combativité commerciale exemplaire, vrai passionné de chenins secs – qu'il a été le premier à élever longuement en fûts à Montlouis –, Jacky Blot, installé depuis 1989, ne dérange que les esprits conformistes de la Loire. On apprécie la régularité et la précision de ses secs gourmands, qui s'ouvrent sur trois ou quatre ans, ainsi que ses bulles, toujours excellentes, avec un côté élégant pour le pétillant naturel.

Les vins : habillé d'agrumes et de fins amers, le Triple Zéro est fringant et parfait dans sa vocation apéritive. Les 2011 sont irréprochables et progressent encore par rapport aux 2010, avec, entre autres, parmi les montlouis secs, Les Dix Arpents, facile d'accès mais sans rien de flatteur, le Rémus, plus tendu et croquant, et le Clos Michet, épuré et scintillant. Encore sous l'emprise du bois, le vouvray sec Clos de Venise a notre préférence pour sa profondeur racée. La cuvée Romulus est une trie liquoreuse de très haut niveau, encore très immature.

☐ Montlouis-sur-Loire Clos Michet 2011	15 €	16,5
☐ Montlouis-sur-Loire Clos Mosny 2011	18 €	16
☐ Montlouis-sur-Loire Liquoreux Romulus 2011	50,00 €	17,5
☐ Montlouis-sur-Loire Sec Les Dix Arpents 2011	10 €	15
☐ Montlouis-sur-Loire Sec Rémus 2011	12 €	15,5
☐ Montlouis-sur-Loire Sec Rémus Plus 2011	16 €	16
☐ Montlouis-sur-Loire Triple Zéro 2011	12 €	15,5
☐ Vouvray Sec Clos de la Bretonnière 2011	14 €	16,5
☐ Vouvray Sec Clos de Venise 2011	20 €	17

Rouge : 16 hectares.
Cabernet franc 100 %
Blanc : 45 hectares.
Chenin ou chenin blanc ou pineau de la
loire 100 %
Production moyenne : 120 000 bt/an

Domaine de la Taille aux Loups, 8, rue des
Aitres, 37270 Montlouis-sur-Loire
Tél. : 02 47 45 11 11 **Fax :** 02 47 45 11 14
E-mail : latailleauxloups@jackyblot.fr
Site : www.jackyblot.fr
Vente : au domaine
Tous les jours de 9 h à 18 h. Fermé le dimanche
de novembre à mars.
Propriétaire : Jacky Blot

■ Le Claux Delorme

Valençay

Aux confins du Berry, de la Sologne et de la Touraine, le vignoble de Valençay (moins de 200 ha) a acquis son titre d'AOC en 2004. Les rouges (60 %) sont produits à partir de gamay et de pinot noir, avec un appoint de côt. Les blancs sont réalisés à base de sauvignon et de chardonnay. Des vins dans l'ensemble aromatiques, simples, dédiés à l'expression du fruité, et que Bertrand et Albane Minchin bousculent sacrément. Arrivés de Menetou-Salon, ils apportent, dans la sélection et dans la vinification, une rigueur qui a tout de suite créé l'écart avec le reste de l'appellation. La gamme se montre très homogène.

Les vins : Louise Victorine est une méthode traditionnelle de chardonnay assez savoureuse, qui offre une bouche précise mais un peu sèche en finale. Le Red de Rouge 2011, dégusté avant la mise en bouteilles, s'annonce prometteur et bien mûr. La version 2010 du Franc du Côt Lié ne possède pas l'intensité de saveurs du 2009, mais son fruit réglissé, qui évoque la prunelle, s'exprimera parfaitement dans deux ou trois ans. Soyeux et fin, le valencay rouge 2010 renferme un fruit croquant et présente un profil très équilibré. En blanc, le valencay se montre très mûr et précoce, et le sauvignon Hortense, droit et charnu, dévoile caractère avenant, sans rien de flatteur.

☐ Touraine Hortense en Sauvignon 2011	9,70 €	15	
☐ Valençay 2011	7,50 €	14	
☐ VDF Louise Victorine 2008	8,90 €	14	
■ Touraine Franc du Côt-Lié 2010	12,90 €	15	
■ Touraine Red de Rouge 2011	6,80 €	14	
■ Valençay 2010	7,90 €	15,5	

Rouge : 9 hectares.
Cabernet franc 10 %, Cot 30 %, Gamay 47 %, Pinot noir 5 %, Cabernet 5 %
Blanc : 5 hectares.
Sauvignon ou Sauvignon Blanc 100 %
Production moyenne : 90 000 bt/an

Le Claux Delorme, 8, rue des Landes, 41130 Selles-sur-Cher
Tél. : 02 48 25 02 95 **Fax :** 02 48 25 05 03
E-mail : tour.saint.martin@wanadoo.fr
Vente : au domaine
Du lundi au vendredi de 8h à 12h et de 13h30 à 17h.
Propriétaire : Albane et Bertrand Minchin

■ Clos Saint-Fiacre
ORLÉANS

Bénédicte et Hubert Piel, entreprenants vignerons trentenaires, sont installés à 11 km d'Orléans. Ils ont repris, avec leur oncle Jacky Montigny, le domaine familial en 2001 et exploitent 21 ha sur deux petites appellations inconnues – Orléans (80 ha, blanc, rouge, rosé) et Orléans-Cléry (28 ha de rouge) –, et en Vin de pays du Val de Loire. Le vignoble est enherbé et le travail de la vigne est réalisé de manière à obtenir le meilleur équilibre entre une maturité optimum des raisins et l'expression du terroir : ébourgeonnage, dédoublage (systématique sur les cépages rouges), effeuillage (selon les années), suppression des grappes de seconde génération, vendange en vert (selon les années). Les blancs sont issus de chardonnay et d'un peu de sauvignon ; les rouges et rosés de pinot meunier et d'un soupçon de pinot noir.

Les vins : vif et assez tendu, le sauvignon 2011 est de bonne facture. L'orléans 2011 présente beaucoup de finesse et de pureté aromatique, d'une belle franchise de style. L'Excellence 2010 offre plus d'intensité et d'énergie dans ses notes d'agrumes et de fruits frais. En rouge, l'orléans 2010 est conforme à notre note de l'an dernier. La cuvée Excellence, mûre et assez charnue, manque un peu d'allonge.

☐ Orléans 2011	8,50 € cav.	15,5	
☐ Orléans Excellence 2010	14 € cav.	15,5	
☐ VDP du Val de Loire Sauvignon 2010	12,50 € cav.	14	
■ Orléans 2010	8,50 € cav.	14,5	
■ Orléans Excellence 2010	14 € cav.	15,5	

Rouge : 11,95 hectares.
Pinot noir et meunier 100 %
Blanc : 7,5 hectares.
Chardonnay 85 %, Sauvignon ou Sauvignon Blanc 15 %
Production moyenne : 80 000 bt/an

Clos Saint-Fiacre, 560, rue de Saint-Fiacre, 45370 Mareau-aux-Prés
Tél. : 02 38 45 61 55 **Fax :** 02 38 45 66 58
E-mail : contact@clossaintfiacre.fr
Site : www.clossaintfiacre.fr
Vente : au domaine
Sur rendez-vous.
Propriétaire : Bénédicte Montigny Piel et Hubert Piel

■ Domaine des Corbillières
TOURAINE

Situé dans le village d'Oisly, réputé pour ses sauvignons, Dominique Barbou maîtrise son vignoble, en culture totale et avec des rendements limités et des vinifications peu interventionnistes. Le domaine produit un solide Angeline sort de touraine rouge de son image « fruitée et gouleyante », auquel il adjoint une version plus délicate en tanins, la cuvée Les Dames. Les sauvignons recèlent un beau gras, surtout les sélections Fabel et Justine, qui se révèlent à leur meilleur avant deux années en bouteille. Des valeurs et une adresse sûres.

Les vins : après les toujours très bons rouges 2009, les 2010 sont encore meilleurs, avec un supplément de fraîcheur, de moelleux et d'éclat de fruit, dans la tendre cuvée Les Demoiselles comme dans le ferme et élégant Angeline, d'une très belle finesse. Les blancs 2011 sont irréprochables, très sains et désaltérants, d'une excellente précision de définition, particulièrement dans la cuvée Fabel Barbou.

☐ Touraine Fabel Barbou 2011	7,60 €	15	
☐ Touraine Sauvignon 2011	5,55 €	14	
■ Touraine Angeline 2010	9 €	16	
■ Touraine Les Dames 2009	11 €	15	
■ Touraine Les Demoiselles 2010	5,55 €	15	
■ Touraine Les Demoiselles 2009	5,55 €	14	

Rouge : 8 hectares.
Cot 17 %, Pinot noir 22 %, Gamay 33 %,
Cabernet 28 %
Blanc : 18 hectares.
Chardonnay 5 %, Sauvignon ou Sauvignon
Blanc 95 %
Production moyenne : 170 000 bt/an

Domaine des Corbillières, 41700 Oisly
Tél. : 02 54 79 52 75 **Fax :** 02 54 79 64 89
E-mail : dominique.barbou@wanadoo.fr
Site : www.domainedescorbillieres.com
Vente : au domaine
Pas de visites.
Propriétaire : Dominique Barbou

■ Domaine de la Cotelleraie

SAINT-NICOLAS-DE-BOURGUEIL

C hoisir de passer en vendanges manuelles alors que 90 % de l'appellation Saint-Nicolas-de-Bourgueil ramasse à grand train à la machine, c'est un cap fort que Gérald Vallée a choisi de franchir en 2004. Grand bien lui en a pris car ses vins, qui sortaient épisodiquement dans nos dégustations de chaque nouveau millésime, ont depuis gagné leurs galons de grands cabernets francs. Nous aimons le fruité précis des entrées de gamme, la tension calcaire exprimée désormais dans Le Vau Jaumier, un coteau défriché il y a vingt ans, ainsi que l'esprit moelleux de L'Envolée, saint-nicolas bourgeois et raffiné.

Les vins : La Croisée 2010 séduit par sa justesse de fruit et sa droiture, Les Perruches par sa nervosité de sève et sa fraîcheur. Dégusté avant la mise, Le Vau Jaumier 2010 présente encore des saveurs assez boisées. Ferme et vigoureux, L'Envolée 2009 est un très beau vin.

■ Saint-Nicolas-de-Bourgueil La Croisée 2010	8,50 €	14,5
■ Saint-Nicolas-de-Bourgueil Le Vau Jaumier 2010	18 €	15,5
■ Saint-Nicolas-de-Bourgueil L'Envolée 2009	20 €	16
■ Saint-Nicolas-de-Bourgueil Les Perruches 2010	10,50 €	15,5

Rouge : 27 hectares.
Cabernet franc 100 %
Domaine de la Cotelleraie, 2, La Cotelleraie,
37140 Saint-Nicolas-de-Bourgueil
Tél. : 02 47 97 75 53 **Fax :** 02 47 97 85 90
E-mail : gerald.vallee@wanadoo.fr
Vente : au domaine

Lundi au vendre de 9h à 12h et de 14h à 19h.
Samedi de 9h à 12h30 et de 13h30 à 18h.
Propriétaire : Gérald Vallée

■ Maison Couly-Dutheil

CHINON

C e sont désormais Arnaud Couly et son père Jacques qui président aux destinées de l'illustre maison octogénaire propriétaire d'un vignoble conséquent – 86 ha dont 90 % en appellation Chinon, dont le célèbre clos de l'Echo, auquel ils ont adjoint des contrats d'approvisionnement équivalents en volume. Ils poursuivent la production d'une vaste gamme de chinons désormais tournée vers des élevages moins boisés.

Les vins : le blanc Les Chanteaux est vif mais simple. Parmi les rouges, notre préférence va aux deux Clos, avec un Clos de l'Echo d'excellente facture, à la fois fin et ferme en 2010, et un Clos de l'Olive élancé, très persistant.

☐ Chinon Les Chanteaux 2011	11 €	14
■ Chinon Baronnie Madeleine 2010	9,70 €	15
■ Chinon Clos de l'Echo 2010	16,50 €	16,5
■ Chinon Clos de l'Olive 2010	16 €	16
■ Chinon Domaine René Couly 2011	8,50 €	14
■ Chinon La Diligence 2011	7,70 €	13,5

Rouge : 76 hectares.
Cabernet franc 100 %
Blanc : 7 hectares.
Chenin ou chenin blanc ou pineau de la
loire 100 %
Production moyenne : 420 000 bt/an

Maison Couly-Dutheil, 12, rue Diderot, BP 234,
37502 Chinon Cedex
Tél. : 02 47 97 20 20 **Fax :** 02 47 97 20 25
E-mail : caves@coulydutheil-chinon.com
Site : www.coulydutheil-chinon.com
Vente : au domaine
Du lundi au vendredi de 9h à 12h et de 14h à
17h.
Propriétaire : Famille Couly-Dutheil
Directeur : Arnaud Couly-Dutheil

NOUVEAU DOMAINE

■ Domaine Etienne Courtois

TOURAINE

E tienne est l'un des fils de Claude Courtois, personnage haut en couleur, pionnier de la viticulture bio depuis vingt ans en Sologne : une famille de paysans vignerons, un peu marginaux, qui combattent depuis la première heure le dopage des vignes par la chimie. Leurs vins se révèlent plus fins et raffinés que ce tableau un peu « cliché » le laisserait imaginer. La production compte plusieurs rouges, de nombreux blancs longuement élevés (24 à 30 mois) et volontairement déclassés en vin de France. Si l'emblématique cuvée Quartz est issue d'une vieille vigne de sauvignon plantée majoritairement en franc de pied, d'autres vins proviennent d'assemblages complexes de cépages. Etienne Courtois reprend peu à peu les vignes de son père, aussi mettons-nous en avant sa production.

Les vins : L'Icaunais est un rouge souple, vif et très désaltérant, qu'il faudra boire un peu frais. Le Plume d'Ange 2010 est un délicieux sauvignon croquant et équilibré, aux notes de chèvrefeuille. La cuvée Or'Norm 2009 porte bien son nom : un vin déroutant dans ses notes de pomme confite et de curry, auquel un fin élevage oxydatif apporte une réelle complexité de saveurs.

☐ VDF Or'Norm 2009	n.c.	16
☐ VDF Plume d'Ange 2010	n.c.	15,5
■ VDF L'Icaunais	n.c.	14,5

Rouge : n.c..
Blanc : n.c..
Production moyenne : n.c.

Domaine Etienne Courtois, 41230 Soings-en-Sologne
Tél. : 02 54 98 71 97 **Fax :** 02 54 98 77 38
Pas de visites.
Propriétaire : Etienne Courtois

■ Domaine Xavier Frissant
TOURAINE AMBOISE

D ans notre jargon de dégustateur, c'est ce que nous appelons des vins « métronome ». Chaque année, pour nos dégustations en primeur du millésime, ils sortent dans les cinq à dix meilleurs vins de Touraine blancs et rouges. Le domaine est désormais passé de quelques cuvées régulières à un ensemble de production de qualité. Autour du village de Mosnes, ces terroirs de Touraine, très caillouteux, sont issus d'argiles riches en silice. Les sauvignons et leur cousin le fié gris mûrissent bien, et les cabernets et côts, bien traités en rendements sages, ont du fruit et de la finesse dans les tanins.

Les vins : le sauvignon 2011 mérite à nos yeux son statut de référence pour sa fine allonge désaltérante. Le fié gris Les Roses du Clos apparaît délicieusement salin, très précis dans ses saveurs. Le Touraine Amboise 2011 est vif et acidulé. Friands, en finesse, les rouges sont de bonne facture, mais L'Orée des Frênes et La Griffe d'Isa se montrent légèrement asséchés par l'élevage.

☐ Touraine Amboise Sec Tendre 2011	6,20 €	14
☐ Touraine Les Roses du Clos 2011	7 €	15
☐ Touraine Sauvignon 2011	4,80 €	13,5
■ Touraine Amboise Tendance 2011	4,80 €	13,5
■ Touraine Amboise La Griffe d'Isa 2009	11 €	14
■ Touraine Amboise L'Orée des Frênes 2009	7,80 €	14,5
■ Touraine Amboise Renaissance 2010	6,80 €	14,5
■ Touraine Amboise Renaissance 2009	7,20 €	15
■ Touraine Amboise Terroir 2010	4,80 €	13,5

Rouge : 11 hectares.
Cabernet 43 %, Cot 28,5 %, Gamay 28,5 %
Blanc : 11 hectares.
Chenin ou chenin blanc ou pineau de la loire 22 %, Chardonnay 8 %, Sauvignon ou Sauvignon Blanc 70 %
Production moyenne : 80 000 bt/an

Domaine Xavier Frissant, 4, Chemin-Neuf, 37530 Mosnes
Tél. : 02 47 57 23 18 **Fax :** 02 47 57 23 25
E-mail : xf@xavierfrissant.com
Site : www.xavierfrissant.com
Vente : au domaine
Du lundi au samedi de 9h à 12h et de 14h à 19h. Sur rendez-vous le dimanche matin.
Propriétaire : Xavier Frissant

■ Domaine de la Garrelière
TOURAINE

C e domaine – en biodynamie non certifiée depuis plus de dix ans – impose ses cuvées dans nos dégustations depuis plusieurs saisons avec une rare régularité. Ses sauvignons, qui ont notre faveur, sont à la fois aériens en arômes, souvent mentholés, charnus et tendus en fin de bouche. Les rouges progressent fortement, dans la maturité et la finesse de l'élevage. Les cuvées se déclinent sous des noms oniriques et magiques, qui accompagnent bien la mythologie locale des châteaux de la Loire.

Les vins : le gamay 2011 séduit par sa précision de saveurs et l'intensité de son fruit frais. Tendu et vif, le sauvignon 2011 fait mouche, mais c'est Marquis de C 2010 qui nous enthousiasme par son moelleux délicat et son équilibre millimétré de demi-sec. A découvrir absolument !

☐ Touraine Le Blanc de la Garrelière 2011	7 €	14
☐ Touraine Marquis de C 2010	12,50 €	16
■ Touraine Gamay Sans Tra La La 2011	7,50 €	15,5

Rouge : 8 hectares.
Cabernet franc 80 %, Gamay 20 %
Blanc : 12 hectares.
Sauvignon ou Sauvignon Blanc 60 %, Chenin ou chenin blanc ou pineau de la loire 35 %, Chardonnay 5 %
Production moyenne : 80 000 bt/an
🏵 Certifié en agriculture bio ou biodynamique

Domaine de la Garrelière, 37120 Razines
Tél. : 02 47 95 62 84
E-mail : francois.plouzeau@wanadoo.fr
Site : www.garreliere.com
Vente : au domaine
Tous les jours de 9h30 à 12h30 et de 14h30 à 19h sur rendez-vous.
Propriétaire : François Plouzeau

■ Domaine Fabrice Gasnier

CHINON

Depuis quatre générations, la famille Gasnier exploite ce domaine de Cravant-les-Coteaux. Fabrice exploite 23 ha entièrement cultivés sur des terres légères. Nous retrouvons dans ces cuvées les notes florales, les textures délicates jamais très longues, mais si digestes qui ont fait la légende des chinons rabelaisiens.

Les vins : très floral, Les Graves 2011 se montrait souple et croquant avant la mise en bouteilles. Le 2010 a conservé tout son fruit friand. Le vieilles vignes offre un supplément d'allonge, la Cuvée à l'ancienne une structure un peu plus ferme, avec un 2010 très prometteur. Légèrement enrobé par le bois, le Signature 2010 gagne en volume et en profondeur de chair.

■ Chinon Cuvée à l'Ancienne 2010	9,50 €	15
■ Chinon Cuvée à l'Ancienne 2009	9,60 €	14,5
■ Chinon Les Graves 2011	6,70 €	14,5
■ Chinon Les Graves 2010	6,70 €	14,5
■ Chinon Signature 2010	12 €	15,5
■ Chinon Vieilles Vignes 2010	8,60 €	15

Rouge : 26,2 hectares.
Cabernet franc 100 %
Blanc : 0,8 hectare.
Chenin ou chenin blanc ou pineau de la loire 100 %
Production moyenne : 110 000 bt/an
🏵 Certifié en agriculture bio ou biodynamique

Domaine Fabrice Gasnier, Chezelet, 37500 Cravant-les-Coteaux
Tél. : 02 47 93 11 60 **Fax :** 02 47 93 44 83
E-mail : fabricegasnier@wanadoo.fr
Site : www.domainefabricegasnier.com
Vente : au domaine
Du lundi au samedi de 8h à 12h et de 14h à 18h.
Propriétaire : Fabrice Gasnier
Directeur : Fabrice Gasnier

■ Domaine Grosbois

CHINON

Les pentes douces de la commune de Panzoult sont homogènes et composées en majorité de millarge, des sables jaunes quartziens sur lesquels le cabernet franc produits des chinons moins tanniques que sur l'argilo-calcaire. « Ce terroir solaire à besoin d'être théâtralisé », explique Nicolas Grosbois, arrivé sur le domaine familial en 2008 après dix ans passés en tant que « flying winemaker ». De la Nouvelle-Zélande et du Chili, ce trentenaire est revenu « vacciné » contre le bois. Il ne vinifie et n'élève ses rouges qu'en cuve. Ses deux meilleures cuvées (Vieilles Vignes et Clos du Noyer) donnent elles aussi une priorité à l'expression entière d'un raisin de goût, tout en misant sur la finesse.

Les vins : le Gabare 2010 se montre un facile d'accès, sur un fruit tendre. Il constitue une parfaite introduction au Clos du Noyer, très équilibré et savoureux, déjà délicieux dans ses saveurs juteuses et finement épicées.

■ Chinon Clos du Noyer 2010	18 €	16,5
■ Chinon Gabare 2010	11 €	15

Rouge : 8,6 hectares.
Cabernet franc 100 %
Domaine Grosbois, Le Pressoir, 37220 Panzoult
Tél. : 06 87 74 49 03
E-mail : grosboisnicolas@yahoo.fr
Site : www.domainegrosbois.fr

Vente : au domaine
De 8h à 12h et de 14h à 17h.
Propriétaire : Nicolas Grosbois
Directeur : Nicolas Grosbois

■ Domaine Stéphane Guion

BOURGUEIL

U n domaine historique de la culture biologique (plus de quarante ans de recul), que
Stéphane Guion, 43 ans, a entretenu dans cette
voie à la suite de son père polyculteur. Sur la
commune de Benais, où il a déménagé sa cave,
il produit des cabernets francs plus acides que
la moyenne et avec des tanins plus fins. Sa cuvée
Prestige (sélection de vignes entre 30 et 80 ans)
aux notes de fruits noirs, de mine de crayon,
livre jeune une bouche veloutée, avec du fond
et de l'énergie. Un bourgueil à la franchise revigorante. Pour qui aime les reflets du terroir dans
les vins, c'est une jolie découverte.

Les vins : le bourgueil Domaine 2010 apparaît un peu strict mais se présente mieux que
l'échantillon de 2011, végétal et mince. Droite
et crayeuse, la cuvée Prestige se révèle fine et
équilibrée en 2010, alors que le 2011 est encore
un peu « brouillon ». La Cuvée des Deux Monts
n'est pas encore bien en place : l'échantillon de
2010 présente un fruit précis mais doit digérer
son élevage, et le 2009 manque de netteté.

■ Bourgueil Cuvée des Deux Monts 2010	12,90 €	15
■ Bourgueil Cuvée des Deux Monts 2009	13,40 €	14
■ Bourgueil Domaine 2011	6,10 €	13
■ Bourgueil Domaine 2010	6,30 €	14
■ Bourgueil Prestige 2011	7,30 €	14,5
■ Bourgueil Prestige 2010	7,60 €	15
■ Bourgueil Prestige 2009	8,50 €	15,5

Rouge : 8,5 hectares.
Cabernet franc 98 %, Cabernet-sauvignon 2 %
Domaine Stéphane Guion, 3, route de
Saint-Gilles, 37140 Benais
Tél. : 02 47 97 30 75
E-mail : stephaneguion@sfr.fr
Vente : au domaine
Du lundi au samedi sur rendez-vous.
Propriétaire : Stéphane Guion

■ Domaine des Huards

CHEVERNY

M ichel Gendrier et son épouse Jocelyne sont
les fers de lance d'une viticulture artisanale
de qualité en Sologne, notamment autour du
cépage blanc romorantin en appellation Cour-
Cheverny. Un travail sérieux est mené dans le
vignoble (désormais en bio) et cela se ressent
dans des vins francs, droits, qui évoluent bien
dans les bons millésimes (sur cinq ou sept ans),
sur des notes de fruits rouges, de cire d'abeille
et d'herbes fraîches.

Les vins : plusieurs millésimes de blancs sont
à la vente, résultat d'une politique d'élevage plus
long en cave, choisi par Michel Gendrier pour
la clientèle qui découvre les blancs de cépage
romorantin (Cour-Cheverny) dans leur plénitude. Parfumé, tout en finesse, le rouge d'entrée
de gamme 2010 est à boire dès maintenant.
De belle allonge, Le Pressoir apparaît plus riche
et complexe, équilibré et conçu pour la table.
Avec un fruit plus terne, Le Vivier 2009 est
moins convaincant. En blanc, le domaine signe
en 2011 un très bon cheverny, acidulé et franc.
En Cour-Cheverny, 2008 affiche une excellente
précision, mais la véritable complexité apportée par l'âge arrive avec la cuvée François Ier,
vin vigoureux et salin, d'une grande richesse de
saveurs.

☐ Cheverny 2011	8,30 €	14,5
☐ Cheverny 2010	8,10 €	14,5
☐ Cour-Cheverny 2008	8,30 €	15,5
☐ Cour-Cheverny François Ier 2006	10,40 €	15,5
■ Cheverny Le Pressoir 2010	10,40 €	15,5
■ Cheverny Le Vivier 2009	9,20 €	14

Rouge : 18 hectares.
Gamay 37 %, Pinot noir 50 %, Cabernet
franc 13 %
Blanc : 16 hectares.
Chardonnay 8 %, Romorantin 50 %, Sauvignon
ou Sauvignon Blanc 42 %
Production moyenne : 180 000_bt/an
✤ Certifié en agriculture bio ou biodynamique

Domaine des Huards, Les Huards, 41700
Cour-Cheverny
Tél. : 02 54 79 97 90 **Fax :** 02 54 79 26 82
E-mail : infos@domainedeshuards.com
Site : www.domainedeshuards.com
Vente : au domaine
De 9h à 12h30 et de 14h à 19h. Fermé le
dimanche.
Propriétaire : Jocelyne et Michel Gendrier

■ Domaine de la Lande - Delaunay Père et Fils

BOURGUEIL

L e domaine dispose d'un vignoble en Bourgueil – ainsi que d'une vigne en Chinon –, très bien situé à mi-pente, à la limite de l'appellation Saint-Nicolas-de-Bourgueil. Une gamme homogène et sans faille, pour des cabernets aux tanins toujours fins, à l'expression aromatique puissante (typée par des macérations à froid), qui développent des senteurs de résine de pin et de graphite. Avec l'âge, les notes légèrement animales se transforment en nuances florales (fleurs sèches).

Les vins : si le simple bourgueil se montre coulant et simple dans son expression, c'est la cuvée Graviers qui incarne le mieux le bourgueil de soif et néanmoins sérieux dans son volume et ses notes épicées. Un peu plus terne dans son éclat de fruit, Les Pins présente toute la maturité de 2009, mais sans excès. Le Prestige 2009 offre un visage plein et robuste, d'excellente constitution. Le 2010 le devance en allonge et en fraîcheur, sans lui céder en volume. Epanoui mais encore un peu strict dans ses tanins, le Clos Barrot 2005 prend des accents minéraux.

■	Bourgueil Domaine 2010	6 €	13,5
■	Bourgueil Le Clos Barrot 2005	15 €	15,5
■	Bourgueil Les Graviers 2010	7 €	15
■	Bourgueil Les Pins 2009	7,50 €	15
■	Bourgueil Prestige 2010	10 €	15,5
■	Bourgueil Prestige 2009	11 €	15

Rouge : 16,5 hectares.
Cabernet franc 100 %
Domaine de la Lande - Delaunay Père et Fils,

20, route du Vignoble, 37140 Bourgueil
Tél. : 02 47 97 80 73 **Fax :** 02 47 97 95 65
E-mail : earl.delaunay.pfils@wanadoo.fr
Site : www.domainedelalande.com
Vente : au domaine
Du lundi au samedi de 9h à 12h et de 14h à 18h sur rendez-vous.
Propriétaire : François et Marc Delaunay
Directeur : François et Marc Delaunay

■ Domaine Henry Marionnet

TOURAINE

R oi du gamay primeur dans les années 1980, Henry Marionnet est devenu le chantre des cépages oubliés de Touraine (romorantin, gamay de Bouze), des cultures franches de pied (exceptionnelle collection Vinifera) et des vinifications en macération peu soufrée (Première Vendange). Cet entrepreneur intuitif n'oublie jamais qu'il est le premier à boire ses vins, qu'il aime frais et proches du fruit. Dommage que le travail à la vigne ne soit pas toujours aussi attentif.

Les vins : les cuvées Vinifera offrent une maturité expressive et des saveurs généreuses, avec une prime pour le chenin, remarquable de tension et d'intensité. La Pucelle 2011, jeune vigne de romorantin non greffée, se pare de notes citronnées et d'amers désaltérants. Encore en élevage, Provignage 2011 présente toute la richesse de constitution attendue. Souples et mûrs, les rouges 2011 déclinent un fruit primeur et vigoureux de bon aloi : le malbec (côt) est particulièrement réussi.

☐	Touraine Chenin Vinifera 2011	11,65 €	15,5
☐	Touraine Sauvignon Domaine de la Charmoise 2011	6,30 €	13
☐	Touraine Sauvignon Vinifera 2011	11,65 €	14,5
☐	VDF Romorantin La Pucelle de Romorantin 2011	15 €	15
☐	VDF Romorantin Provignage 2011	46 €	16,5
■	Touraine Côt Vinifera 2011	11,65 €	15
■	Touraine Gamay Domaine de la Charmoise 2011	6,15 €	13
■	Touraine Gamay Vinifera 2011	9,40 €	14,5
■	Touraine Première Vendange 2011	8,75 €	14
■	VDP du Val de Loire Les Cépages Oubliés 2011	9,40 €	14,5

Rouge : 43 hectares.
Cot 10 %, Gamay 90 %
Blanc : 22 hectares.
Romorantin 1,7 %, Sauvignon ou Sauvignon Blanc 95,5 %, Chenin ou chenin blanc ou pineau de la loire 2,8 %
Production moyenne : 400 000 bt/an

Domaine Henry Marionnet, Domaine de la Charmoise, 41230 Soings
Tél. : 02 54 98 70 73 **Fax :** 02 54 98 75 66
E-mail : henry@henry-marionnet.com
Site : www.henry-marionnet.com
Vente : au domaine
Du lundi au vendredi de 9h à 12h et de 14h à 17h, samedi matin sur rendez-vous.
Propriétaire : Henry et Jean-Sébastien Marionnet
Directeur : Jean-Sébastien Marionnet

◼ Domaine des Ouches
BOURGUEIL

L es bourgueils de Thomas et Denis Gambier montrent un style sérieux, coloré, concentré ; austères dans leur jeunesse, ils vieillissent excellemment. Issue d'un sol de graviers, la cuvée Igoranda apporte de la souplesse à une gamme de bourgueils réputés pour leur côté tannique. Le Coteau des Ouches, terroir d'argile et de sable, donne des cabernets francs très concentrés ; le Clos Boireaux, planté sur un sol sableux (perruches), offre des tanins aussi solides mais plus soyeux. Les vins sont élevés en foudres et en barriques (de 12 à 14 mois), comme le Grande Réserve (10 % de cabernet-sauvignon).

Les vins : après le sympathique rosé, le rouge Igoranda 2011 offre un fruit frais et net, mais aussi une touche végétale. Le Coteaux des Ouches 2009 se révèle assez structuré, un rien confit, et demande à vieillir au moins deux ans. Dans le même millésime, Les Clos Boireaux séduit par sa vivacité de fruit et sa trame nerveuse ; le Grande Réserve, plus ambitieux, renferme des tanins un peu secs, mais sa profondeur ne laisse aucun doute sur sa capacité d'évolution.

◼ Bourgueil 2011   5,50 €   14
◼ Bourgueil Coteau des Ouches 2009   9 €   14,5
◼ Bourgueil Grande Réserve 2009   14 €   15
◼ Bourgueil Igoranda 2011   6 €   13,5
◼ Bourgueil Les Clos Boireaux 2009   9 €   14,5

Rouge : 17 hectares.
Cabernet franc 97 %, Cabernet-sauvignon 3 %
Domaine des Ouches, 3, rue des Ouches,
37140 Ingrandes-de-Touraine
Tél. : 02 47 96 98 77   **Fax :** 02 47 96 93 08
E-mail : contact@domainedesouches.com
Site : www.domainedesouches.com
Vente : au domaine
Du lundi au samedi de 10h à 12h et de 14h à 18h30.
Propriétaire : Thomas et Denis Gambier

◼ Domaine Pichot
VOUVRAY

V ieille famille vouvrillonne, les Pichot cultivent avec attention leurs sols argilo-calcaires (Le Marigny et Peu de la Moriette) et argilo-silex (coteau de la Biche). Si les grands moelleux de chez Pichot sont réputés, les autres chenins, secs, demi-secs ou effervescents, se montrent tout aussi méritants. Le domaine propose une gamme cohérente, précise, qui peut encore monter en expression minérale, tout en cultivant leur essence digeste. Les nouvelles étiquettes gagnent en lisibilité.

Les vins : le vouvray brut 2009 séduit par son volume et sa générosité contenue. Une année de vieillissement l'a épanoui. Le domaine nous a présenté son brut 1999, manquant de netteté aromatique, enrobé et assez lourd. Le Louis Pichot est un vin de table élevé en fûts neufs, à la sucrosité vanillée et flatteuse, qui ne nous convainc pas réellement. La réussite des 2011 est par contre flagrante : du sec Coteau de la Biche, croquant et salin, de belle envergure, au moelleux Marigny, de haute volée, à la définition aérienne et svelte, en passant par le demi-sec Le Peu de la Moriette, encore sur la retenue mais bien étoffé. Le grand liquoreux Les Larmes de Bacchus mérite d'être oublié six à huit ans en cave pour digérer son extravagante richesse, mais sa pureté de saveurs mérite un coup de chapeau.

☐ VDT Louis Pichot 2009   10 €   13,5
☐ Vouvray Brut 2009   10 €   15
☐ Vouvray Brut Vintage 1999   16 €   13
☐ Vouvray Demi Sec Peu de la Moriette 2011   12 €   15,5
☐ Vouvray Liquoreux Les Larmes de Bacchus 2011   65 €   17,5
☐ Vouvray Moelleux Le Marigny 2011   20 €   16,5
☐ Vouvray Sec Coteau de la Biche 2011   10 €   15,5

Blanc : 25 hectares.
Chenin ou chenin blanc ou pineau de la loire 100 %
Production moyenne : 170 000 bt/an

Domaine Pichot, 70, rue de la Vallée-de-Nouy, 37210 Vouvray
Tél. : 02 47 52 62 55   **Fax :** 02 47 52 66 59
E-mail : contact@domaine-pichot.com
Site : www.domaine-pichot.com
Vente : au domaine
De 9h à 12h et de 14h à 18h.
Propriétaire : Christophe et Jean-Claude Pichot.

◼ Domaine Olga Raffault
CHINON

J ean Raffault dirige ce domaine bien connu de la grande restauration qui produit des vins typiques du Véron, c'est-à-dire assez vite parfumés et veloutés, mais avec un cœur tannique qui exige trois ans au moins pour s'assouplir. La cuvée Les Barnabés offre un peu plus de corps que les autres.

Les vins : la finesse et la souplesse de fruit des chinons sur graves s'exprime bien dans le vin d'entrée de gamme Les Barnabés. La cuvée Les Peuilles 2009 a bien évolué depuis l'an dernier, mais Les Picasses demeure l'étiquette de référence, dont le 2008 intense et charnu nous séduit par son volume et sa précision de saveurs. L'élevage de la nouvelle cuvée La Singulière 2008 doit encore s'intégrer pleinement, mais le potentiel est là. Le blanc Champ-Chenin 2010 se montre net et droit, mais manque un peu de caractère.

☐ Chinon Le Champ-Chenin 2010	10,50 €	14,5
■ Chinon La Singulière 2008	16 €	15,5
■ Chinon Les Barnabés 2010	7 €	15
■ Chinon Les Peuilles 2009	8,50 €	15
■ Chinon Les Picasses 2008	10,50 €	15,5

Rouge : 24 hectares.
Cabernet franc 100 %
Blanc : 1 hectare.
Chenin ou chenin blanc ou pineau de la loire 100 %
Production moyenne : n.c.

Domaine Olga Raffault, 1, rue des Caillis, 37420 Savigny-en-Véron
Tél. : 02 47 58 42 16 **Fax :** 02 47 58 83 61
E-mail : infos@olga-raffault.com
Site : www.olga-raffault.com
Vente : au domaine
Du lundi au vendredi de 8h30 à 12h et de 14h à 18h. Le samedi sur rendez-vous.
Propriétaire : Eric et Sylvie de la Vigerie

■ Domaine Vincent Ricard
TOURAINE

L a cave de ce jeune vigneron, qui a pris la suite de son père à Thésée, est devenue le rendez-vous des amateurs en quête de sauvignons tourangeaux exprimant, à travers des tries de vendanges et des sélections de terroirs, une palette de maturités subtiles. Vincent Ricard est un éclectique qui se risque aussi avec réussite dans un vin effervescent naturel toujours bien mûr, et comme homme est un bon vivant qui a le bec sucré, il n'hésite pas à vendanger tardivement certains sauvignons et, plus rare, des gamays.

Les vins : en rouge, le Clos du Vauriou se montre très avenant, tendre et épicé. Le Vilain P'tit Rouge dévoile une bouche plus ferme et

structurée et mérite deux ans d'attente. Tout en fruit croquant et frais, Le Petiot 2011 se boira à la régalade, plus gourmand que Les Trois Chênes dont le boisé mentholé s'avère un peu pesant. Nous sommes admiratifs de la cuvée « ? » et de sa générosité de matière, dont le volume est habilement souligné par l'élevage.

☐ Touraine Le ? 2010	25 €	16,5
☐ Touraine Le Petiot 2011	6,80 €	14
☐ Touraine Les Trois Chênes 2010	9 €	14
☐ VDF Cuvée Armand 2010	9,50 €	14,5
■ Touraine Le Clos de Vauriou 2011	6,80 €	14,5
■ Touraine Le Vilain P'tit Rouge 2010	9 €	15

Rouge : 4 hectares.
Cot 50 %, Gamay 25 %, Cabernet franc 25 %
Blanc : 17 hectares.
Sauvignon ou Sauvignon Blanc 100 %
Production moyenne : 140 000 bt/an

Domaine Vincent Ricard, 19, rue de la Bougonnetière, 41140 Thésée
Tél. : 02 54 71 00 17 **Fax :** 02 54 71 00 17
E-mail : domaine.ricard@wanadoo.fr
Site : www.domainericard.com
Vente : au domaine
Sur rendez-vous.
Propriétaire : Vincent Ricard
Directeur : Vincent Ricard

■ Domaine Frantz Saumon
MONTLOUIS-SUR-LOIRE

C e Berrichon a étudié la production forestière avant de foncer dans l'apprentissage de la viticulture à Montlouis. Il en profite, à la fin des années 1990, pour dénicher quelques arpents sur l'appellation, et prendre des fermages. Depuis ses débuts, Frantz Saumon a fait du chemin. Il arrondit moins les angles de ses vins, plus tranchants qu'à ses débuts, et prend place parmi les meilleurs domaines producteurs de blancs de Touraine.

Les vins : le domaine ne nous ayant pas fait parvenir ses vins cette année, nous sommes amenés à reconduire les notes de l'édition précédente – sans autre commentaire.

☐ Montlouis-sur-Loire Le Clos du Chêne 2009	n.c.	15
☐ Montlouis-sur-Loire Minéral + 2009	n.c.	15

Rouge : 0,5 hectare.

Gamay 100 %
Blanc : 4,5 hectares.
Chenin ou chenin blanc ou pineau de la loire 100 %
Production moyenne : 20 000 bt/an

Domaine Frantz Saumon, 15, Chemin des Cours. Husseau, 37270 Montlouis-sur-Loire
Tél. : 06 16 83 47 90
E-mail : f.saumon@sfr.fr
Vente : au domaine
Sur rendez-vous.
Propriétaire : Frantz Saumon

■ Domaine Didier Dagueneau
POUILLY-FUMÉ
★★★

Depuis la disparition de Didier Dagueneau, en septembre 2008, ce sont son fils Louis-Benjamin et sa compagne Helena, et sa fille Charlotte (pour le commercial) qui ont la responsabilité de ce domaine d'exception dédié au sauvignon. Ils perpétuent l'esprit artisanal haut de gamme défini par leur père. Ici, les vendanges en caisses se font dans un délai très court, à maturité optimale, à grand renfort de personnel. L'usage de levures sélectionnées, les débourbages serrés et les élevages longs sur lies sans soutirage demeurent la base d'une quête absolue de l'expression cristalline du sauvignon – rehaussée d'un élevage millimétré sous bois, dans des fûts de volume supérieur aux barriques, des « cigares » (320 l) ou des « tonnes » (600 l). Sept cuvées composent la gamme : Blanc Fumé de Pouilly, assemblage de quatre parcelles ; Pur Sang, assemblage du secteur de la Folie ; Buisson Renard, un parcellaire de Saint-Andelain, plus compact ; Silex, pureté cristalline des argiles à silex ; sans oublier le rarissime Clos du Calvaire : 20 ares plantés à 14 000 pieds/ha, arrachés en 2009 (2008 étant le dernier millésime) et replantés dans un autre sens à 10 000 pieds/ha (prochain millésime vers 2015), et l'Astéroïde, issu d'un vignoble franc de pied vendangé toujours très mûr. Enfin, dernier terroir (en attendant un rouge que Louis-Benjamin a envie de vinifier), le sancerre de Chavignol, issu du cœur du grand cru de la Côte des Monts Damnés. Rappelons que les passionnés de l'épure des sauvignons maison doivent découvrir les précieux jurançons que la famille produit aux Jardins de Babylone (voir la partie Sud-Ouest).

Les vins : après les riches 2009, millésime chaud vendangé un peu tard, nous avons dégusté quelques 2010 juste après leur mise en bouteilles. Un Silex magnifique de tension et de maturité, un très grand, surement au-delà de 2008. Le Mont Damné, sancerre incroyablement salin, d'un souffle rare pour un vin de vignes jeunes mais tellement bien tenues. En 2011, première mise en bouteilles du Blanc Fumé de Pouilly : le vin se révèle tendu, crayeux, avec une pointe exotique en finale ; à boire assez jeune.

☐ Pouilly-Fumé Blanc Fumé de Pouilly 2011　　n.c.　15

☐ Pouilly-Fumé Silex 2011   n.c.   18
☐ Sancerre Le Mont Damné 2010   n.c.   17

Blanc : 11,5 hectares.
Sauvignon ou Sauvignon Blanc 100 %
Production moyenne : 50 000 bt/an

Domaine Didier Dagueneau, Le Bourg, 58150
Saint-Andelain
Tél. : 03 86 39 15 62   **Fax :** 03 86 39 07 61
E-mail : silex@wanadoo.fr
Vente : au domaine
Visites sur rendez-vous.
Propriétaire : Louis-Benjamin et Charlotte Dagueneau

■ Domaine François Cotat

SANCERRE

★★

D epuis 1998, le jovial François Cotat a repris
les vignes de son père Paul, lui-même
séparé de son frère Francis (voir le domaine
Pascal Cotat). François – qui produisait déjà du
sancerre sous son nom depuis 1987, vous sui-
vez toujours ? – dispose désormais, comme son
cousin, de parcelles en Grande Côte et en Monts
Damnés avec, en plus, une vigne encore plus
pentue en Culs de Beaujeu, quatre hectares
mythiques. Sans oublier la cave familiale spar-
tiate, dans une ruelle du bas de Chavignol, qu'il
a conservée. Vendanges manuelles, aucun levurage, deux soutirages, aucune filtration et mise
en bouteilles précoce avant l'été : la méthode n'a
pas changé depuis des lustres et donne de grands
sancerres de feu, très mûrs et vibrants, à la
garde phénoménale. Comme les vins sont réservés d'une année sur l'autre, le domaine n'a pas
la possibilité de prendre de nouveaux clients.
Inscrivez-vous sur les listes.
   Les vins : en blanc 2010, le Caillotes offre
une bouche hypersavoureuse avec d'étonnantes
notes de fruits rouges et de violette. La plus
grande fraîcheur des crus de 2010 se retrouve
dans l'aérien Monts Damnés, finement anisé,
hyper-racé, magique à table. Le Culs de Beaujeu
est plus dodu, tout en restant ferme en fin de
bouche.

☐ Sancerre Caillottes 2010   n.c.   16
☐ Sancerre Culs de Beaujeu 2010   n.c.   16
☐ Sancerre Monts Damnés 2010   n.c.   17,5
▣ Sancerre 2010   n.c.   15

Rouge : 0,55 hectare.

Pinot noir 100 %
Blanc : 3,65 hectares.
Sauvignon ou Sauvignon Blanc 100 %
Production moyenne : 35 000 bt/an

Domaine François Cotat, Chavignol, 18300
Sancerre
Tél. : 02 48 54 21 27   **Fax :** 02 48 78 01 41
Pas de visites.
Propriétaire : François Cotat
Directeur : François Cotat

■ Domaine Alphonse Mellot

SANCERRE

★★

A ujourd'hui totalement maître des vinifications du domaine, Alphonse Mellot Junior
fait rayonner le domaine familial de La Moussière au plus haut de la hiérarchie des blancs
mondiaux. Comme son père et les 18 générations de vignerons marchands de vin qui l'ont
précédé, il se prénomme Alphonse. Comme
eux, il cultive le goût des grands vins. Alphonse
Mellot Junior a mis les bouchées doubles côté
vignes et hissé La Moussière, avec une excellente équipe, parmi l'élite de la viticulture mondiale. Culture totale, rendements au minimum,
maturités optimales : ses cuvées de sauvignon
acquièrent une précision rare et l'expression
des parcellaires, en rouge, est impressionnante.
Alphonse Mellot Jr est par ailleurs propriétaire
(avec Vincent Geantet, du domaine Geantet-
Pansiot, à Gevrey-Chambertin) des Pénitents,
domaine nivernais planté en chardonnay et en
pinot noir, que nous notons également ici. Avec
le brin de provocation qui sied aux Sancerrois
historiques qu'ils sont, les Mellot ont baptisé
« Satellite » leur nouvelle cuvée issue du village
voisin de Chavignol.
   Les vins : que de pureté dans les saveurs ! Un
festival de saveurs crayeuses et salines qui nous
éloigne encore de la définition du sauvignon
variétal si commune. En blanc, La Moussière est
d'une rare densité, agrumes confits et épices
douces. La nouvelle cuvée blanche Les Demoiselles (dominante silex) est d'une pureté d'agrumes étonnante pour un secteur réputé solaire.
La richesse solaire se retrouve aussi sur Les
Romains, avec une enveloppe charnelle aux
saveurs de fruits blancs à noyaux. La maturité
est toujours poussée sur le Satellite (Chavignol) mais elle est contrebalancée par le souffle
d'une acidité hyperfraîche en fin de bouche. Une
grande émotion. Génération joue comme a son

habitude la haute densité des saveurs, des tanins et d'un boisé qui se fond toujours plus tardivement. La touche crémeuse du boisé se retrouve aussi dans la très mûre cuvée Edmond, plus pâtissier dans ses saveurs. En rouge, La Moussière 2010 s'affirme dans une fermeté épicée qui se détendra pour la fin de 2013. Et la déclinaison des crus rouge est exceptionnelle, avec toujours un coup de cœur pour la finesse crayeuse d'En Grands Champ, juste devancé par le volumineux Génération XIX, toujours plus prolixe et séveux.

☐ Sancerre Edmond 2010		n.c.	17
☐ Sancerre Génération XIX 2010		n.c.	18
☐ Sancerre La Demoiselle 2010		n.c.	16,5
☐ Sancerre La Moussière 2010		n.c.	15,5
☐ Sancerre Les Romains 2010		n.c.	16,5
☐ Sancerre Satellite 2010		n.c.	17,5
☐ VDP Coteaux Charitois Les Pénitents 2009		n.c.	14,5
■ Sancerre En Grands Champs 2010		n.c.	17
■ Sancerre Génération XIX 2010		n.c.	17,5
■ Sancerre La Demoiselle 2010		n.c.	16,5
■ Sancerre La Moussière 2010		n.c.	15
■ VDP Coteaux Charitois Les Pénitents 2010		n.c.	14,5

Rouge : 12 hectares.
Pinot noir 100 %
Blanc : 39 hectares.
Chardonnay 50 %, Sauvignon ou Sauvignon Blanc 50 %
Production moyenne : 340 000 bt/an
❀ Certifié en agriculture bio ou biodynamique

Domaine Alphonse Mellot, 3, rue Porte César, 18300 Sancerre
Tél. : 02 48 54 07 41 **Fax :** 02 48 54 07 62
E-mail : alphonse@mellot.com
Site : www.mellot.com
Vente : au domaine
Sur rendez-vous.
Propriétaire : Alphonse Mellot
Directeur : Alphonse Mellot

■ Domaine Vincent Pinard
SANCERRE
★★

Les fils de Vincent et Cosette Pinard, Florent, l'aîné, et Clément, secondent désormais leurs parents pour le meilleur du domaine et de Sancerre. Déjà d'un très bon niveau depuis

quinze ans, ce domaine a accompli, en cinq ans, les progrès les plus impressionnants de toutes les caves du Centre. Leur réputation de grands spécialistes des rouges s'est confirmée avec la cuvée Vendanges Entières, splendide de fraîcheur et d'authenticité. Elevés en fûts en tout ou partie, les blancs Nuance et Harmonie séduisent par leur équilibre et leur juste maturité de raisin. La cuvée Florès, d'expression plus directe, se situe dans la moyenne haute de l'appellation. L'arrivée des parcellaires de sauvignon sur Bué, d'une incroyable identité, a porté le domaine au sommet de son appellation. En 2007, ce fut l'arrivée des premières cuvées du Petit Chemarin et du Chêne Marchand ; puis de Grand Chemarin à partir de 2009. Bienvenue dans l'éden du sauvignon !

Les vins : dans le millésime 2011, plus frais et froid que 2010, la pureté minérale est le fil conducteur d'une gamme totalement dédiée aux nuances du terroir de Bué. Les trois cuvées d'assemblage Clémence, Florès et Nuance montent crescendo dans l'expression d'un sauvignon serré et finement salin, le plus complet étant Nuance, dans un style plus rond et mûr. Parmi les cuvées parcellaires en sauvignon, le Petit Chemarin exprime toujours davantage de tension, de notes d'agrumes, alors que le Grand Chemarin se montre plus en épaisseur, celle des marnes moelleuses, tout en terminant cette année par une haute tension. Le Chêne Marchand reprend la main par une finale magnanime et plus aboutie. Côté pinot noir, la meilleure cuvée domaine 2011 dégustée à Sancerre à ce jour est encore ici, aussi fruitée que structuré, exemplaire. Le Charlouise 2010 sort de son élevage encore paré des sucres frais et d'une arrière-bouche aux tanins doux mais puissants. A ouvrir fin 2014. Et à propos de douceur de tanins, nous sommes à genoux devant le velours dense, tramé, chocolaté de ceux de la VE (vendange entière) ; sancerre hors norme, du niveau d'un premier cru de la Côte de Nuits, à oublier au moins cinq ans en cave.

☐ Sancerre Chêne Marchand 2011	27,20 €	17
☐ Sancerre Clémence 2011	10,80 €	14,5
☐ Sancerre Florès 2011	10,80 €	15
☐ Sancerre Grand Chemarin 2011	27,20 €	17
☐ Sancerre Harmonie 2010	20,50 €	16
☐ Sancerre Nuance 2011	14,50 €	15
☐ Sancerre Petit Chemarin 2011	27,20 €	16,5
■ Sancerre 2011	10,80 €	14,5
■ Sancerre 2011	15,50 €	15,5
■ Sancerre Charlouise 2010	20,50 €	17

■ Sancerre Vendanges
Entières 2010   30,50 € 17,5

Rouge : 4,5 hectares.
Pinot noir 100 %
Blanc : 12,5 hectares.
Sauvignon ou Sauvignon Blanc 100 %
Production moyenne : 100 000 bt/an

Domaine Vincent Pinard, 42, rue Saint-Vincent,
18300 Bué
Tél. : 02 48 54 33 89 **Fax :** 02 48 54 13 96
E-mail : vincent.pinard@wanadoo.fr
Site : www.domaine-pinard.com
Vente : au domaine
Sur rendez-vous.
Propriétaire : Famille Pinard

■ Domaine Vacheron

SANCERRE
★★

J ean-Dominique Vacheron et son cousin Jean-Laurent ont opéré une véritable révolution culturelle au sein du domaine familial. Premier domaine de Sancerre certifié en culture biodynamique (2006), jusqu'à présent surtout réputé pour ses rouges, il produit aujourd'hui pas moins de six cuvées parcellaires de blancs. Ces déclinaisons, aussi légitimes que celles effectuées par climats dans les crus bourguignons, rappellent que Sancerre possède une grande variété de sols argileux plus ou moins empreints de silex et de calcaire. Cette nouvelle gamme d'un niveau remarquable nous conduit en toute logique à décerner au domaine sa seconde étoile. Promotion d'autant plus méritée que les rouges, couleur historiquement déjà traitée ici en crus, ont eux aussi progressé dans l'expression du fruit et la droiture, tout en perdant leur rigidité initiale.

Les vins : si vous cherchez un sancerre rosé qui ne sente pas le bonbon acidulé et qui possède un vrai goût de pinot noir mûr, le 2011 de chez Vacheron vous enchantera. Tout comme la simple cuvée Domaine blanc qui explore déjà sans complexes les saveurs mentholées et salines réservées ailleurs pour les cuvées haut de gamme. Nous avons redégusté la gamme des crus blancs 2010, nouvelle déclinaison de terroirs (identifiés par le nom du lieu-dit), qui se révèle réellement enthousiasmante, à commencer par le Paradis qui joue sur la puissance sudiste de sa pente, avec une finale très épicée de pierre chaude. Le Guigne Chèvre, plus gras, baroque, enrobé, aux saveurs extraverties

d'agrumes confits, a gagné en allonge. Superbe. Le Chambard est le plus délicat et complexe, surtout en 2010, qui ne montre aucun déséquilibre, long, minéral : c'est une nouvelle très grande cuvée de la Loire. Il ne faut pas négliger Les Romains, le plus ancien parcellaire de sauvignon de la maison, qui donne une expression enrobée du terroir de silex, toujours avec un juste équilibre entre le fruit et le minéral appuyé. Il faut encore les attendre comme ce Romaine 2008 qui arrive actuellement sur table dans une forme solaire. Comment résister à la gourmandise salivante du rouge Domaine 2010 ? Un vin de soif solaire et brillant. A boire. Le 2011 est plus léger en robe, plus proche de la peau que la pulpe, sur des tanins finement épicés. Le Belle Dame, grand pinot classique dans sa version 2009, voluptueuse, épicée ou finement végétale/fruitée dans le format 2008, à boire.

☐ Sancerre 2011   14 €   15
☐ Sancerre Chambrates 2010   24 €   17
☐ Sancerre Guigne-Chèvre 2010   24 €   18
☐ Sancerre Le Paradis 2010   24 €   16
☐ Sancerre Les Romains 2010   24 €   17,5
☐ Sancerre Les Romains 2008   26 €   17,5
◻ Sancerre 2011   10 €   15
■ Sancerre 2011   15 €   15,5
■ Sancerre 2010   15 €   15,5
■ Sancerre Belle Dame 2009   26 €   17
■ Sancerre Belle Dame 2008   26 €   17

Rouge : 11,5 hectares.
Pinot noir 100 %
Blanc : 36 hectares.
Sauvignon ou Sauvignon Blanc 100 %
Production moyenne : 250 000 bt/an
❀ Certifié en agriculture bio ou biodynamique

Domaine Vacheron, 1, rue du Puits Poulton,
18300 Sancerre
Tél. : 02 48 54 09 93 **Fax :** 02 48 54 01 74
E-mail : vacheron.sa@wanadoo.fr
Vente : au domaine
Tous les jours de 10h à 12h et de 14h30 à 18h.
Propriétaire : Famille Vacheron

■ Domaine Alexandre Bain

POUILLY-FUMÉ
★

N atif de Pouilly, de parents promoteurs, Alexandre Bain est né sans vigne. Il s'installe en 2007 sur cinq hectares au lieu-dit Bois-fleury (tendance argilo-calcaire) et signe cette même année son premier millésime. Son goût de la terre, il le doit à son grand-père agriculteur. Il le conjugue à son autre passion, la traction animale, puisqu'il travaille en labour à cheval toute une partie de son vignoble. Suivant la culture biodynamique, il récolte des sauvignons mûrs, élevés en fûts et en sulfitant très peu. Ni levuré, ni chaptalisé, ni filtré, son pouilly est doré, généreux, plus abouti en bouche qu'au nez. Une nouvelle étoile est née à Pouilly.

Les vins : le 2010 exprime toujours une très haute maturité du sauvignon avec un nez de fruits jaunes (pêche, abricot) avec une touche florale (iris). A l'aveugle il nous fait penser à un grand condrieu. Sa bouche hypersavoureuse est plus sèche et tonique qu'en 2009, très persistante sur une envolée d'épices. Une grande personnalité.

☐ Pouilly-Fumé Pierre
   Précieuse 2010   20 €   16

Blanc : 10 hectares.
Sauvignon blanc 100 %
Production moyenne : 45 000 bt/an
🏵 Certifié en agriculture bio ou biodynamique

Domaine Alexandre Bain, Boisfleury, 18, rue des Levées, 58150 Tracy-sur-Loire
Tél. : 06 77 11 13 05
E-mail : alexandre.bain@orange.fr
Site : http ://alexandrebain.over-blog.fr
Vente : au domaine
Sur rendez-vous.
Propriétaire : Alexandre Bain

■ Domaine Gérard Boulay
SANCERRE
★

L a famille Boulay dispose à Chavignol d'un des plus beaux terroirs du village, le Clos de Beaujeu. Cette parcelle au dénivelé de 70 % se situe dans le secteur du Culs de Beaujeu, en orientation est-sud-est, tandis que celle des Monts Damnés, qui partage la même nature crayeuse des sols, est plein sud. Cette exposition au levant apporte une élégance et un raffinement aux sauvignons, qui ne s'expriment qu'au bout de cinq ans et sur vingt ans, en évoluant vers des senteurs de truffe blanche. Les vins sont entiers, généreux, pas toujours les plus raffinés à leur naissance, mais d'une concentration exemplaire pour la garde.

Les vins : le très bon niveau des blancs se confirme à nouveau cette année dans les crus 2010 : le Monts Damnés, tout à fois enrobé, tendu sur les agrumes et le minéral ; La Côte, plus onctueux et charnu en attaque, mais pas moins traçant dans sa minéralité. Le Comtesse est aujourd'hui le plus fermé, recroquevillé sur le crayeux, même si l'on sent déjà une superbe matière, finement marquée par les agrumes, et une finale délectable. A savourer sur au moins dix ans.

☐ Sancerre 2011   11 €   15
☐ Sancerre 2010   11 €   15
☐ Sancerre Comtesse 2010   20 €   17,5
☐ Sancerre La Côte 2010   18 €   17
☐ Sancerre Monts Damnés 2010   16,50 €   16,5

Rouge : 2 hectares.
Blanc : 9 hectares.
Sauvignon ou Sauvignon Blanc 100 %
Production moyenne : 60 000 bt/an

Domaine Gérard Boulay, Chavignol, 18300 Chavignol
Tél. : 02 48 54 36 37   **Fax :** 02 48 54 30 42
E-mail : boulayg-vigneron@wanadoo.fr
Vente : au domaine
Sur rendez-vous.
Propriétaire : Gérard Boulay

■ Domaine Henry Pellé
MENETOU-SALON
★

C 'est désormais le jeune Paul-Henry Pellé, fils d'Anne, qui suit le vignoble et les vinifications. La famille s'est pleinement engagée depuis dix ans dans une politique de recherche de maturité optimale et d'expression variée des terroirs. Des simples cuvées fruitées aux nuancées Vignes de Ratier et Blanchais, en passant par d'honnêtes sancerres, la gamme est homogène. Une activité de négoce est entreprise en Menetou-Salon (sans mention Morogues) sous le même patronyme.

Les vins : bien que riches en alcool, on trouvera des notes végétales dans les entrées de gammes blanches 2011. Un cap qualitatif est nettement franchi à partir des crus : Vignes de Ratier et Blanchais, magnifiques de fraîcheur et de minéralité. Même dans ce millésime délicat, ils ont encore gagné en densité. Bravo. A boire dès aujourd'hui. Les rouges sont plus dans la rigidité de l'année, mais s'en sortent dans un style accrocheur et sauvage.

☐ Menetou-Salon Le Carroir 2010 15 € 13,5
☐ Menetou-Salon Les
  Blanchais 2010 16,50 € 16
☐ Menetou-Salon Les
  Bornés 2011 8,50 € 13,5
☐ Menetou-Salon Morogues 2011 11 € 14
☐ Menetou-Salon Vignes de
  Ratier 2010 15 € 16,5
■ Menetou-Salon Le
  Carroir 2010 16,50 € 14,5
■ Menetou-Salon Morogues 2010 13,50 € 13,5

Rouge : 12 hectares.
Pinot noir 100 %
Blanc : 30 hectares.
Sauvignon ou Sauvignon Blanc 100 %
Production moyenne : 250 000 bt/an

Domaine Henry Pellé, 1, route d'Aubinges,
18220 Morogues
Tél. : 02 48 64 42 48 **Fax :** 02 48 64 36 88
E-mail : info@henry-pelle.com
Site : www.domainepelle.com
Vente : au domaine
Du lundi au vendredi de 8h30 à 12h et de
13h30 à 18h, samedi sur rendez-vous.
Propriétaire : Paul-Henry Pellé
Directeur : Paul-Henry Pellé

■ Domaine Michel Redde et Fils

POUILLY-FUMÉ

★

C e grand domaine historique de Pouilly-Fumé est dirigé avec sérieux et passion par Thierry Redde et son fils Sébastien. Aucun vin n'est enzymé ni levuré. De nombreuses cuvées sont réalisées en Pouilly-Fumé et en Pouilly-sur-Loire : ce producteur est l'un des rares à posséder – et à planter encore – des vignes de chasselas (cuvée Gustave Daudin). Sous l'impulsion de Sébastien Redde, une nouvelle gamme baptisée Blanc Fumé de Pouilly décline les terroirs : Les Bois de Saint-Andelain (argiles à silex rouges), gras et variétal, Les Cornets (marnes du kimméridgien), plus dense, et surtout, le frais et crayeux Champs des Billons (calcaire portlandien), à l'accent chablisien. La cuvée Majorum, toujours très mûre, n'exprime jamais son volume et sa vinosité avant trois ou quatre ans.

Les vins : moins lourd, plus tendu que par le passé, le chasselas (pouilly-sur-loire) Gustave Daudin 2007 conserve une fraîcheur remarqua-ble dans son format court. A boire. En Pouilly-Fumé, on s'intéressera surtout aux parcellaires 2009 superbement réussis : le crayeux et dense Cornets, le velouté et plus délicat Champs des Billons sans oublier la prime à la complexité qu'offre le Bois Saint-Andelain persistant sur des notes d'amendes douce et de craie humide.. Toujours plus abouti, consensuel, le Majorum 2009 livre un jus onctueux, précis, résistant. Prêt à boire mais sans urgence.

☐ Blanc Fumé de Pouilly La
  Moynerie 2010 14 € 14
☐ Blanc Fumé de Pouilly Les Bois de
  Saint-Andelain 2009 27 € 16
☐ Blanc Fumé de Pouilly Les Champs
  des Billons 2009 27 € 15
☐ Blanc Fumé de Pouilly Les
  Cornets 2009 27 € 15,5
☐ Blanc Fumé de Pouilly
  Majorum 2009 40 € 16
☐ Blanc Fumé de Pouilly Petit
  Fumé 2011 10 € 13,5
☐ Pouilly-sur-Loire Gustave
  Daudin 2007 16 € 15
☐ Pouilly-sur-Loire La Moynerie 2009 9 € 13,5

Blanc : 40 hectares.
Chasselas 3 %, Sauvignon blanc 97 %
Production moyenne : 250 000 bt/an

Domaine Michel Redde et Fils, RN 7, La Route
Bleue, La Moynerie, 58150 Saint-Andelain
Tél. : 03 86 39 14 72 **Fax :** 03 86 39 04 36
E-mail : thierry-redde@michel-redde.com
Site : www.michel-redde.com
Vente : au domaine
Sur rendez-vous.
Propriétaire : Thierry Redde

■ Domaine Pascal et Nicolas Reverdy

SANCERRE

★

P ascal Reverdy et sa belle-sœur Sophie diri-gent ce très bon domaine excentré en comparaison des grands de Sancerre, Bué et Chavignol. Ils signent une gamme parcellaire de blancs fiables, de caractère, d'expression fruitée et finement minérale avec des finales fumées. Ces derniers millésimes, les rouges ont nette-ment progressé, notamment sur l'élevage en bois plus civilisé, tout en respectant la gourmandise du pinot. Les prix sont sages. Nous lui accordons en toute confiance cette année sa première étoile.

Les vins : sec, ferme, en demi-corps, le blanc Terre de Maimbray s'apprécie jeune, sur ses fines notes végétales. Un cran nettement au-dessus, le cristallin Les Angelots 2010 est encore très jeune, traçant et bondissant, frais, jamais déséquilibré. Il faut les réserver pour accompagner des poissons de rivière. En rouge, nous sommes déçus par le A Nicolas 2010 dont le bois et les tanins anguleux dominent le fruit.

☐ Sancerre Les Anges Lots 2010	14,50 €	16
☐ Sancerre Terre de Maimbray 2011	8,90 €	14
■ Sancerre A Nicolas 2010	15 €	14,5
■ Sancerre Terre de Maimbray 2010	9,60 €	14

Rouge : 4 hectares.
Pinot noir 100 %
Blanc : 10 hectares.
Sauvignon ou Sauvignon Blanc 100 %
Production moyenne : 100 000 bt/an

Domaine Pascal et Nicolas Reverdy, Maimbray, 18300 Sury-en-Vaux
Tél. : 02 48 79 37 31 **Fax :** 02 48 79 41 48
E-mail : reverdypn@wanadoo.fr
Vente : au domaine
Du lundi au samedi de 10h à 12h et de 14h30 à 18h. Le mercredi, dimanche et jours fériés sur rendez-vous.
Propriétaire : Pascal et Sophie Reverdy

■ Château de Tracy
POUILLY-FUMÉ
★

C ette propriété, gérée par le Comte d'Assay, appartient à la même famille depuis le XVIe siècle. Son vignoble, sur les coteaux de la butte de Tracy et de Vilmoy, exalte le côté musqué du terroir. Si le vin jeune semble toujours légèrement abrupt, il trouve son équilibre dans la seconde année de vieillissement en bouteille, où se dessine son caractère épicé et musqué. A signaler, la création, à partir de 2004, de HD, cuvée issue d'une vigne plantée en haute densité – 17 000 pieds/ha. Autre nouvelle cuvée dédiée au sauvignon sur argiles à silex (vigne de 55 ans, sur la butte de Tracy), la « 101 Rangs » a été lancé en 2008.

Les vins : comme l'an passé, le Mademoiselle de T (seule cuvée vendangée à la machine) a perdu ses notes variétales caricaturales en 2011. Le jus est franc, net et finement sur des saveurs de basilic. A boire jeune, sur les fruits de mer. Moins de décalage également en 2011 dans la maturité de la cuvée classique, fine, crayeuse, de moyenne envergure. Mais la grande émotion revient à la cuvée HD que nous n'avons jamais dégustée aussi traçante et minérale (arôme délicat de peau d'orange rôtie). Autre superbe cuvée parcellaire, 101 Rangs charme par ses fraîches et puissantes notes minérales fumées. A boire sur sept, huit ans.

☐ Pouilly-Fumé 2011	18 €	15
☐ Pouilly-Fumé 101 Rangs 2011	60 €	17
☐ Pouilly-Fumé Haute Densité 2011	44 €	16
☐ Pouilly-Fumé Mademoiselle de T 2011	12 €	14

Blanc : 31 hectares.
Sauvignon ou Sauvignon Blanc 100 %
Production moyenne : 180 000 bt/an

Château de Tracy, 58150 Tracy-sur-Loire
Tél. : 03 86 26 15 12 **Fax :** 03 86 26 10 73
E-mail : contact@chateau-de-tracy.com
Site : www.chateau-de-tracy.com
Vente : au domaine
Du lundi au vendredi de 0h à 12h et de 13h30 à 17h30. Le week-end sur rendez-vous aux heures ouvrables.
Propriétaire : Famille d'Assay

■ Domaine du Chaillot
CHÂTEAUMEILLANT

D ans le sud du département du Cher, Châteaumeillant maintient, sur moins de 100 hectares, un vignoble historique de gamay sur des terres éruptives (micaschistes et sédiments). Le style ancestral est le « gris », qui est un rosé de presse. Pierre Picot joue pour sa part la carte de rouges solides (généralement une seule cuvée par millésime), très fruités, au grain puissant. Ils sont au mieux après deux à quatre ans de vieillissement. Depuis deux ans, la gamme s'est étoffée de vins de pays blancs à base de chardonnay et de sacy.

Les vins : le rosé 2011 est finement acidulé et tannique, toujours généreux. Un ton en dessous des 2010, les rouges 2011 s'en sortent bien, dans un style velouté, sans dureté, à boire jeune. Coup de cœur pour le Rêvesens, dans la tension et la finesse. A boire jeune. Le chardonnay Nuit Blanche 2010 est net, bien fait, à point, sur des saveurs de groseille à maquereau.

☐ VDP du Val de Loire Nuit Blanche 2010	12 €	14
■ Châteaumeillant 2011	10 €	13,5
■ Châteaumeillant 2011	12 €	14
■ Châteaumeillant Parenthèse 2011	13 €	15
■ Châteaumeillant Parenthèse 2010	15 €	15
■ Châteaumeillant Rêvesens 2011	16 €	15

Rouge : 5,5 hectares.
Gamay 100 %
Blanc : 2 hectare.
Chardonnay 100 %
Production moyenne : 30 000 bt/an

Domaine du Chaillot, Place de la Tournoise, 18130 Dun-sur-Auron
Tél. : 02 48 59 57 69 **Fax :** 02 48 59 58 78
E-mail : pierre.picot@wanadoo.fr
Site : http ://domaine.du.chaillot.free.fr
Vente : au domaine
Sur rendez-vous.
Propriétaire : Pierre Picot

■ Domaine François Crochet
SANCERRE

Ce gaillard ex-rugbyman s'est révélé depuis 2000 avec des sancerres rouges. L'ambition de François Crochet qui dispose désormais d'une cave neuve ne s'arrête pas au pinot noir. Ses sauvignons montent également en gamme et en précision, exprimant le style riche et mûr typique du secteur de Bué – particulièrement du Chêne Marchand.

Les vins : le domaine a su saisir les bons côtés du vif millésime 2011 en blanc, donnant à chaque cuvée la précision et l'allonge attendues, surtout dans le pur Amoureuses et la ciselée cuvée sur silex Exils. La cuvée Chêne Marchand, plus fermée, compacte, demandera encore deux ans de bouteille. En rouge, il faut dévaliser les dernières bouteilles de Domaine 2010, très clafoutis à la cerise, des saveurs servies sur des tannins mats et serrés. La Réserve de Marcigoué 2010 a bien évolué mais garde toujours une légère astringence.

☐ Sancerre 2011	10 €	14
☐ Sancerre Exils 2011	18 €	15,5
☐ Sancerre Le Chêne Marchand 2011	18 €	16
☐ Sancerre Les Amoureuses 2011	16,50 €	15
■ Sancerre 2011	9,80 €	14,5

■ Sancerre 2011	11,10 €	14,5
■ Sancerre 2010	10,60 €	14,5
■ Sancerre Réserve de Marcigoué 2010	19,50 €	15,5

Rouge : 3,5 hectares.
Pinot noir 100 %
Blanc : 7 hectares.
Sauvignon blanc 100 %
Production moyenne : 65 000 à 70 000 bt/an

Domaine François Crochet, Marcigoue 18300 Bué
Tél. : 02 48 54 21 77 **Fax :** 02 48 54 25 10
E-mail : francoiscrochet@wanadoo.fr
Vente : au domaine
Du lundi au samedi de 9h à 12h et de 14h à 18h.
Propriétaire : François Crochet
Directeur : François Crochet

■ Domaine Geoffrenet-Morval
CHÂTEAUMEILLANT

Une gamme gourmande, franche et juste, née dans le sud du Cher, coin de France à ne pas oublier lorsque l'on aime l'allégresse des gamays et des pinots noirs septentrionaux. Le jeune domaine de cet ancien prothésiste dentaire se fait remarquer depuis ses débuts (en 2002) dans nos dégustations du millésime.

Les vins : rouge ferme, un rien soustractif, poivré, le 2011 VO s'exprime sur un air sauvage et tannique. Le rosé Comte de Barcelone est solide, acidulé, plus de table que d'apéritif. Belle concentration du sauvignon 2008 Little Big One, velouté et finement acidulé. A boire. Forte réduction sur le Jeanne 2009, très animal dans ses arômes, poudré et cacaoté dans sa finale. A boire.

☐ VDP du Cher Little Big Wine 2008	13,50 €	15
■ Châteaumeillant Comte de Barcelone 2011	10,90 €	14
■ Châteaumeillant Jeanne Vieilles Vignes 2009	13,50 €	14
■ Châteaumeillant Version Originale 2011	10,90 €	13,5

Rouge : 10 hectares.
Gamay 70 %, Pinot noir 30 %
Domaine Geoffrenet-Morval, 21 bis, rue Benoît Malon, 18000 Bourges
Tél. : 06 07 24 44 94 **Fax :** 09 70 62 66 41
E-mail : fabien.geoffrenet@wanadoo.fr

Site : www.geoffrenet-morval.com
Vente : au domaine
Sur rendez-vous.
Propriétaire : Fabien Geoffrenet

■ Domaine Philippe Gilbert

MENETOU-SALON

Le propriétaire Philippe Gilbert s'est entouré des conseils de l'œnologue Jean-Philippe Louis depuis la relance qualitative du domaine, il y a douze ans. C'est à lui que l'on doit notamment la conversion du vignoble en biodynamie (label Biodyvin). Les cuvées Renardières sont issues des vignes de pinot noir et de sauvignon les plus âgées. Les blancs prennent du souffle, de la longueur saline depuis les derniers millésimes. Après une période fort boisée, les rouges ont pris de la finesse, sans perdre de leur maturité, mais peuvent encore gagner en précision.

Les vins : nous sommes déçus de l'évolution aromatique sur de notes lactées des 2010. En brut de cuve La cuvée Renardières, toujours de belle concentration, s'annonce plus précise en 2011, en blanc comme en rouge. Nous attendons une confirmation en bouteille.

☐	Menetou Salon Les Renardières 2011	23 €	14,5
☐	Menetou Salon Les Renardières 2010	23 €	14,5
☐	Menetou-Salon 2011	13,50 €	14
■	Menetou-Salon 2011	14,50 €	14
■	Menetou-Salon Les Renardières 2010	24 €	14

Rouge : 15 hectares.
Pinot noir 100 %
Blanc : 13 hectares.
Sauvignon ou Sauvignon Blanc 100 %
Production moyenne : 130 000 bt/an
❀ Certifié en agriculture bio ou biodynamique

Domaine Philippe Gilbert, Les Faucards, 18510 Menetou-Salon
Tél. : 02 48 66 65 90 **Fax :** 02 48 66 65 99
E-mail : info@domainegilbert.fr
Site : www.domainephilippegilbert.fr
Vente : au domaine
Du lundi au vendredi de 8h30 à 12h et de 14h à 18h.
Propriétaire : Famille Gilbert

■ Domaine Claude Lafond

REUILLY

Le domaine a été repris en 1977 par Claude Lafond, désormais secondé aux vinifications par sa fille Nathalie. Référence de l'appellation Reuilly, il compte aujourd'hui 15 ha répartis comme suit : 9 ha de sauvignon, 2,5 ha de pinot gris, vinifié en rosé, et 3,5 ha de pinot noir. Le vignoble est travaillé et les blancs et les rosés sont aromatiques, marqués par les macérations pelliculaires.

Les vins : terre historique des rosés du Centre, Reuilly a la chance d'avoir la famille Lafond qui, une fois encore en 2011, produit le meilleur pinot gris, dans un style généreux mais toujours bien sec en finale. En blanc, La Raie est plus fraiche, tendue mais jamais acide, très digeste. Le rouge Grande Vignes 2001 est épicé, végétal, sur de notes confites.

☐	Reuilly La Raie 2010	7,60 €	14
■	Reuilly La Grande Pièce 2011	7,60 €	14,5
■	Reuilly Les Grandes Vignes 2011	7,60 €	14

Rouge : 9 hectares.
Pinot noir 100 %
Blanc : 19 hectares.
Sauvignon ou Sauvignon Blanc 100 %
Production moyenne : 250 000 bt/an

Domaine Claude Lafond, Le Bois Saint-Denis 36260 Reuilly
Tél. : 02 54 49 22 17 **Fax :** 02 54 49 26 64
E-mail : nathalie.lafond.reuilly@orange.fr
Site : www.claudelafond.com
Vente : au domaine
Lundi au vendredi de 9h à 12h30 et de 13h30 à 18h. Le samedi de 10h à 12h30 et de 13h30 à 18h.
Propriétaire : Claude Lafond

■ Domaine Masson-Blondelet

POUILLY-FUMÉ

Ce grand domaine de Pouilly vinifie séparément les trois grands types de sols de l'appellation (marnes, calcaires et silex), et fait l'effort de retravailler de plus en plus ses vignes – sport oublié à Pouilly. Les vins révèlent assez vite le fruité typique du sauvignon, surtout Les Angelots, sur un terroir calcaire, et le sancerre issu du secteur de Thauvenay. Les terrains marneux du Villa Paulus exigent deux ans de plus pour s'épanouir, c'est une cuvée de tête de l'appellation. Les Pierres de Pierre est un sauvignon intermédiaire de vieilles vignes sur silex, plus svelte que Villa Paulus. Dans un style gras et fumé, le Tradition Cullus est vinifié en fûts de 600 l.

Les vins : toujours un coup de cœur pour le supplément d'allonge et de finesse du Pierres de Pierre, sauvignon plus minéral et frais en 2011 qu'en 2010. Le Tradition Cullus 2008 est signé par ses arômes alliacés de truffe blanche, un millésime plus précis et séveux que 2007. Un duo à ne pas manquer.

☐ Pouilly-Fumé Les Angelots 2011   13 € 13,5
☐ Pouilly-Fumé Les Pierres de
   Pierre 2011   16 € 15,5
☐ Pouilly-Fumé Tradition
   Cullus 2008   30 € cav. 16
☐ Pouilly-Fumé Villa Paulus 2011   14 € 14,5

Rouge : 1,2 hectare.
Pinot noir 100 %
Blanc : 20 hectares.
Sauvignon ou Sauvignon Blanc 98 %,
Chasselas 2 %
Production moyenne : 112 000 bt/an

Domaine Masson-Blondelet, 1, rue de Paris,
58150 Pouilly-sur-Loire
Tél. : 03 86 39 00 34 **Fax :** 03 86 39 04 61
E-mail : info@masson-blondelet.com
Site : www.masson-blondelet.com
Vente : au domaine
De 8h30 à 12h30 et de 14h à 18h. Sur
rendez-vous samedi et dimanche.
Propriétaire : Jean-Michel Masson

■ Domaine Jonathan Didier Pabiot
POUILLY-FUMÉ

Porteur d'un patronyme courant à Pouilly, Jonathan Pabiot est le fils de Didier (vigneron aux Loges), et a repris les vignes de son grand-père en 2005. Cet ex-champion local de moto-cross possède assez le goût du risque pour remettre en cause le train-train de cette belle endormie qu'est l'appellation Pouilly-Fumé. Il fait partie de la jeune minorité de ce secteur décidé à remettre le vignoble et le sauvignon – avec des rendements sages – au centre des vins, et parvient, progressivement, à imposer son propre style.

Les vins : bien fruité, exotique, avec une fine acidité digeste, le pouilly-sur-loire 2011 est encore le meilleur chasselas du millésime

dégusté. Nous sommes heureux de retrouver les 2010 qui nous avaient séduits pour la dégustation du millésime : tranchants et purs dans la version Aubaine, plus ramassé sur le minéral et le salin dans Prédilection, à réserver au grand turbot et au brochet. La cuvée Eurythmie, hypermûre dans ses saveurs, huileuse dans sa texture, paraît déséquilibrée par son confit extrême.

☐ Pouilly-Fumé 2011   15 € 14
☐ Pouilly-Fumé Aubaine 2010   25 € 15
☐ Pouilly-Fumé Eurythmie 2010   38 € 14,5
☐ Pouilly-Fumé Prédilection 2010   30 € 16
☐ Pouilly-sur-Loire 2011   9,50 € 14

Blanc : 15 hectares.
Sauvignon ou Sauvignon Blanc 99 %,
Chasselas 1 %
Production moyenne : 70 000 bt/an
❀ Certifié en agriculture bio ou biodynamique

Domaine Jonathan Didier Pabiot, 1, rue
Saint-Vincent, Les Loges, 58150
Pouilly-sur-Loire
Tél. : 03 86 39 01 32 **Fax :** 03 86 39 03 27
E-mail : pabiot-jonathan@wanadoo.fr
Vente : au domaine
Sur rendez-vous.
Propriétaire : Jonathan Didier Pabiot

■ Domaine des Pothiers
CÔTE ROANNAISE

Proche de la source de la Loire, la côte roannaise s'étend sur les premiers contreforts du Massif Central, entre 400 et 500 m d'altitude. Un vignoble confidentiel (un peu plus de 200 ha) sur des sols sableux d'origine granitique. Le cépage rouge local est le gamay Saint-Romain, une variante du cépage que l'on retrouve seulement ici. Le blanc, en Vin de Pays d'Urfé, provient du chardonnay. Passionné par la vigne, Georges Paire, issu d'une famille d'éleveurs, commence à planter son vignoble dans les années 1970. En 2005, son fils Romain le rejoint et s'installe à son tour. Les plantations continuent, le cuvage est modernisé et l'exploitation se tourne vers la culture biologique. Aujourd'hui, le domaine est devenu principalement à vocation viticole (même s'il conserve un petit élevage de vaches limousines) et compte une dizaine d'hectares de vigne. La production compte deux blancs et six rouges, la couleur majeure de la propriété.

Les vins : en blanc, on sera surpris par la délicatesse du gras, la précision de texture de la cuvée Hors Piste 2010 (pinot gris), digeste et plus fine que le Fou de Chêne, chardonnay élevé 11 mois en barriques, finement épicé. En rouge, le gamay côte-roannaise 2011 aux notes poivrées constitue une excellente introduction à la gamme. Un vrai vin de soif, de plaisir, à boire jeune. Dans un style plus construit, le Clos du Puy monte une marche et entre en concurrence avec l'expression des bons crus du Beaujolais tendance Côte de Brouilly. L'ambitieux Intégrale, toujours très fin en tanins, gagne en alcool, en volume de bouche. Son boisé est mieux intégré que l'an passé. Servi à l'aveugle, il déstabilisera plus d'un amateur averti.

☐ VDP d'Urfé Fou de Chêne 2010	11 € cav.	15
☐ VDP d'Urfé Hors Pistes 2010	11 € cav.	15
■ Côte Roannaise 2011	7,50 € cav.	14
■ Côte Roannaise Clos du Puy 2010	10 € cav.	15
■ Côte Roannaise L'Intégrale 2010	14 € cav.	15,5
■ Côte Roannaise Référence 2011	7 € cav.	13,5

Rouge : 12 hectares.
Gamay 100 %
Blanc : 2 hectare.
Chardonnay 50 %, Pinot gris 50 %
Production moyenne : 70 000 bt/an

Domaine des Pothiers, Les Pothiers, 42155 Villemontais
Tél. : 04 77 63 15 84
E-mail : domainedespothiers@yahoo.fr
Site : www.domainedespothiers.com
Vente : au domaine
De 9h à 12h et de 14h à 18h.
Propriétaire : Famille Paire

■ La Tour Saint-Martin
MENETOU-SALON

L e domaine est bien implanté à Morogues, cru de Menetou-Salon. Bertrand Minchin est également très actif à Valençay (Claux Delorme). Au départ (en 1998) boisée et surmûrie, leur cuvée haut de gamme Honorine, élevée en fûts, est aujourd'hui issue d'une vendange plus précoce. Les rouges se montrent aussi plus gourmands et contemporains que jadis.

Les vins : seulement deux blancs 2011 présentés cette année à la dégustation, un menetou gras, riche, étonnamment concentré pour la cuvée classique ; et la cuvée Honorine, plus pure, racée et délicate. Une réussite.

☐ Menetou-Salon 2011	n.c.	14
☐ Menetou-Salon Honorine 2011	n.c.	15,5

Rouge : 6,85 hectares.
Pinot noir 100 %
Blanc : 10,10 hectares.
Sauvignon ou Sauvignon Blanc 100 %
Production moyenne : 120 000 bt/an

La Tour Saint-Martin, Saint Martin des Lacs, 18340 Crosses
Tél. : 02 48 25 02 95 **Fax :** 02 48 25 05 03
E-mail : tour.saint.martin@wanadoo.fr
Vente : au domaine
Du lundi au vendredi de 8h à 12h et de 13h30 à 18h. Week-end sur rendez-vous.
Propriétaire : Albane et Bertrand Minchin

Provence et Corse

Entre rosés décevants et belles découvertes

LA PROVENCE

L'image des vins de Provence est associée au petit rosé frais que l'on sirote en été durant les vacances et qui se révèle bien souvent imbuvable une fois le mois de septembre arrivé. À cette spécificité s'ajoute une relative absence de crus traditionnels à la réputation affirmée en France et à l'étranger. A Bandol, selon nous, la personnalité originale du terroir et de l'encépagement a propulsé ses vins dans le petit cercle des plus grands vins rouges français. La Provence n'a affirmé une image de marque qu'au moyen du vin rosé, certes rémunérateur mais peu apte à gravir les marches de la renommée viticole. Heureusement, depuis quelques années, une poignée de vignerons tente de démontrer qu'il n'y a pas de fatalité en Provence et que la région vaut bien mieux que l'image qu'elle donne.

On trouve donc aujourd'hui en Provence de nombreux vins intéressants. En particulier la production de quelques très grandes cuvées qui possèdent toutes les qualités pour se distinguer dans la large famille des rouges dits du Sud. Lorsqu'ils sont grands, les vins provençaux combinent de façon tout à fait plaisante la richesse et la sensualité méridionales, une distinction, une fraîcheur qui ne sont pas sans rappeler, au vieillissement, quelques grands crus du Bordelais. Cependant la région manque malheureusement trop de valeurs sûres. Rares, celles-ci existent pourtant. Certaines familles solidement implantées ont pu créer des marques fortes, proposant des vins d'une qualité régulière et suivie. On peut louer ces crus qui, dans un environnement mouvant, n'ont jamais changé de cap et continuent, contre modes et conjonctures économiques, à consolider l'image du vignoble provençal.

LA CORSE

Vignoble aussi attachant que méconnu, la Corse mérite que les amateurs s'intéressent à ses vins. L'originalité de l'encépagement, les terroirs et les conditions climatiques définissent une personnalité très éloignée des idées reçues. La Corse produit des vins élégants et très frais, que l'on peut boire rapidement ou, pour les meilleurs d'entre eux, conserver en cave quelques années. C'est très net pour les blancs secs, toujours issus de vermentino.

Ce cépage, dénommé rolle en Provence, nous paraît trouver ici une expression et une finesse aromatiques qu'il n'atteint jamais en Languedoc-Roussillon, et rarement en Provence. La peur de le voir manquer d'acidité pousse, ici comme ailleurs, beaucoup de vignerons et d'œnologues à vouloir le récolter tôt, sans optimiser sa maturité. C'est, à notre avis, dommage. Les vins semblent alors dénués de chair et de nuances aromatiques.

La fraîcheur caractérise également les muscats, d'un équilibre beaucoup plus subtil, moins liquoreux que ceux du continent. Pour les rouges d'appellation, il faut distinguer les deux cépages principaux, le nielluccio et le sciaccarello, chacun d'un style très différent. Aucun des deux ne supporte la médiocrité, qu'elle soit induite par la faiblesse d'un terroir ou par le laxisme des hommes. Le nielluccio est la version corse du sangiovese toscan et, comme lui, il donne des vins colorés et équilibrés, dotés d'un volume certain et d'une structure tannique affirmée. On peut parfois lui reprocher de manquer de personnalité, et seuls les meilleurs producteurs dans les meilleurs terroirs (en particulier à Patrimonio) parviennent à le sublimer. De la personnalité, le sciaccarello, auquel on ne connaît aucun cousinage continental, n'en manque pas. On reconnaît aisément la couleur pâle et peu dense de ses vins, et leur style élancé, poivré, aux tanins très fins que l'on pourrait presque associer au pinot noir. Hélas !, il est courant que les vins dominés par ce cépage soient plus evanescents que fins.

Nielluccio et sciaccarello sonts deux cépages parfaitement complémentaires, l'un apportant la structure, l'autre l'élégance. Ils peuvent aussi s'associer à des cépages traditionnels, comme le grenache, la syrah ou le mourvèdre. Le sciaccarello domine nettement dans les vignobles du sud-ouest (Ajaccio), le nielluccio régnant au nord

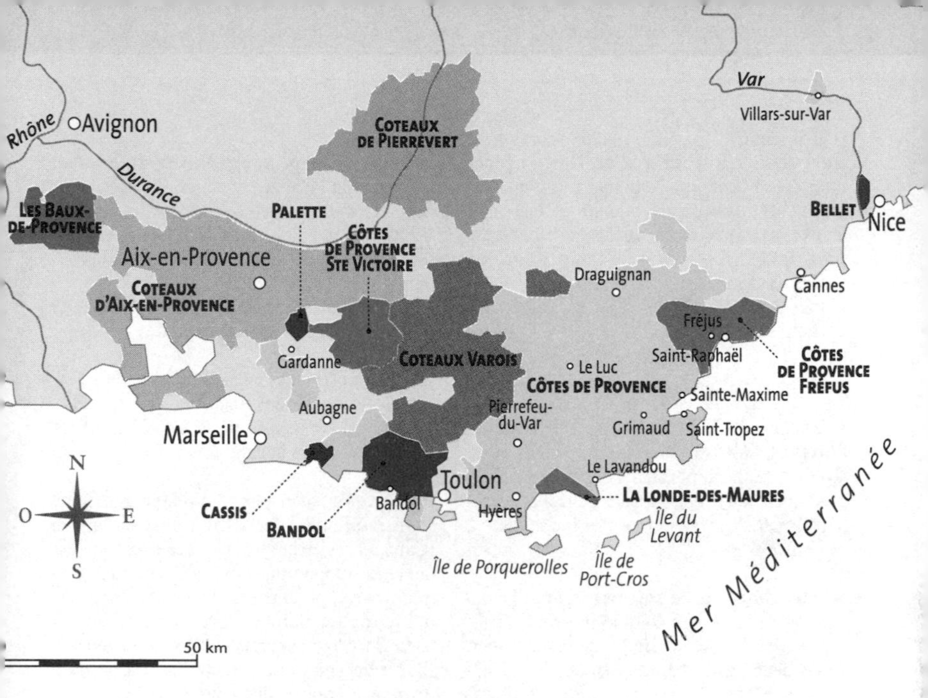

Rhône
Avignon
Durance
Var
Villars-sur-Var
COTEAUX
DE PIERREVERT
LES BAUX-
DE-PROVENCE
PALETTE
BELLET
Nice
CÔTES
DE PROVENCE
STE VICTOIRE
Aix-en-Provence
COTEAUX
D'AIX-EN-PROVENCE
Draguignan
Cannes
Gardanne
COTEAUX VAROIS
Frèjus
Saint-Raphaël
CÔTES
DE PROVENCE
FRÉJUS
Aubagne
Le Luc
CÔTES DE PROVENCE
Pierrefeu-
du-Var
Sainte-Maxime
Marseille
Grimaud
Saint-Tropez
Le Lavandou
N
O — E
S
CASSIS
BANDOL
Bandol
Toulon
Hyères
LA LONDE-DES-MAURES
Île du
Levant
Île de Porquerolles
Île de
Port-Cros
Mer Méditerranée

50 km

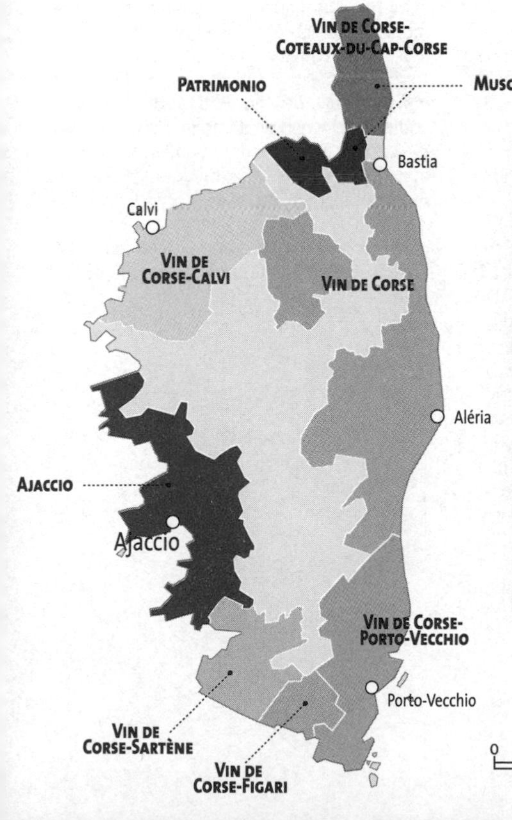

VIN DE CORSE-
COTEAUX-DU-CAP-CORSE
PATRIMONIO
MUSCAT-DU-CAP-CORSE
Bastia
Calvi
VIN DE
CORSE-CALVI
VIN DE CORSE
Aléria
AJACCIO
Ajaccio
VIN DE CORSE-
PORTO-VECCHIO
Porto-Vecchio
VIN DE
CORSE-SARTÈNE
VIN DE
CORSE-FIGARI

0   50 km

LE VIGNOBLE DE CORSE

Superficie
7000 hectares

Cépages principaux
Rouges :
Sciaccarello
Nielluccio
Aleatico
Barbarossa
Blancs :
Vermentinu
Bianco gentile
Muscat

Volume produit
379 339 hl

Nombre
d'appellations : 9

LE VIGNOBLE DE PROVENCE

Superficie
22 000 hectares

Cépages principaux
Rouges :
Syrah
Grenache
Cinsault
Tibouren
Mourvèdre
Carignan
Cabernet-sauvignon
Blancs :
Rolle
Ugni blanc
Clairette
Sémillon
Bourboulenc

Volume produit
1,2 million d'hl

Nombre
d'appellations : 13

(Patrimonio). De petite taille, le vignoble corse se situe essentiellement dans les zones littorales et bénéficie de bons microclimats. Nous constatons depuis quelques années que le niveau de qualité des vins est en constante progression. La nouvelle génération de vignerons formés à l'œnologie et aux techniques de vinification modernes, a largement participé à cet élan.

LES APPELLATIONS

• **Coteaux d'Aix en Provence, Les Baux de Provence, Coteaux Varois :** un potentiel et un style qui semblent plus liés à la personnalité du producteur qu'à une typicité générale de ces appellations. Quelques vins très intéressants à des prix élevés.

• **Côtes de Provence :** très vaste appellation, hétérogène en qualité comme en prix. Le millésime 2004 a vu l'arrivée de l'appellation Côtes de Provence Sainte-Victoire, et en 2008 côtes de provence La Londe et Fréjus, délimitations géographique de terroirs et de climats. Les meilleurs vins sont souvent des blancs et des rosés, les rouges n'ayant que trop rarement trouvé leur véritable style, en dehors de quelques exceptions.

• **Palette :** cette minuscule appellation des environs d'Aix produit des blancs et des rosés d'une race sans égale, en particulier ceux du Château Simone. À découvrir impérativement, même si les prix sont élevés.

• **Cassis :** vignoble du littoral pouvant produire des blancs finement aromatiques, équilibrés mais assez simples, qu'il faut boire dans l'année. Mais la production est loin d'être homogène.

• **Bandol :** certainement le meilleur des vignobles de Provence, en particulier pour le rouge. Puissants, structurés, élégants, finement épicés et poivrés, vieillissant fort bien, les bandols rouges sont issus en majorité du cépage mourvèdre. Les domaines élaborent de plus en plus de rosés bien construits. Les blancs s'avèrent, sauf exception, relativement banals. La qualité de la production est, dans l'ensemble, assez homogène.

• **Bellet :** toute petite appellation située sur les hauteurs de Nice et produisant les trois couleurs. Comme à Palette, misez sur les blancs.

• **Patrimonio :** au pied du Cap Corse, regroupée autour de coteaux calcaires, cette appellation produit des rouges dominés par le nielluccio, au caractère puissant et riche, et quelques très grands blancs, gras et complexes.

• **Ajaccio :** les vins rouges sont issus du sciaccarello et possèdent, dans les grands millésimes, une expression racée. Les blancs demeurent assez banals.

• **Vin de Corse :** sous ce vocable générique sont rassemblés des terroirs très différents. Calvi, et ses étroites pieves (vallées côtières) au sous-sol granitique et argilo-calcaire, possède un réel potentiel. Tout au sud, Figari est un terroir granitique qui renaît sous l'impulsion du Clos Canarelli. Enfin, le secteur de Porto Vecchio, moins reconnu, souffre d'un trop petit nombre de vignerons.

• **Muscat du Cap Corse :** au nord de l'île (y compris à Patrimonio), on élabore de très harmonieux muscats dont les atouts premiers sont le parfum, l'équilibre et la finesse.

• **Vin de pays de l'île de Beauté :** la grande plaine côtière descendant de Bastia au sud d'Aléria s'est restructurée pour se consacrer, avec des cépages à la mode (chardonnay, merlot, cabernet, etc.), aux vins de pays. A notre avis, le climat venté et ensoleillé convient parfaitement au chardonnay, qui offre ici une définition précise et riche de son fruit.

Provence et Corse
Nos bonnes adresses

HÔTELS
■ La Signoria
Dans une superbe pinède, une fabuleuse carte des vins. De 230 à 580 €.
Route de la forêt de Bonifato, 20260 Calvi.
Tel : 04 95 65 10 10.

■ La Bastide de Tourtour
Vue panoramique sur 100 kilomètres dominant les pinèdes du Haut-Var. Montée Saint-Denis, 83690, Toutour. De 140 à 350 €.
Tél. : 04 98 10 54 20.

■ Hôtel La Villa
Hôtel de luxe à Calvi même. A partir de 290 €.
Chemin Notre-Dame-De-La-Serra, 20260 Calvi. Tél. : 04 95 65 10 10.

■ The Manor
Au cœur d'un parc clos de 2 hectares à Calvi.
De 175 à 375 €. Chemin Saint-Antoine, 20260 Calvi. Tél. : 04 95 62 72 42.

■ Le Relais de la Magdeleine
A l'intérieur des terres, dans un parc. De 105 à 185 €. Rond-point de la Fontaine, RN 369 13420 Gemenos. Tél. : 04 42 32 20 16.

■ Les Roches blanches
Vue imprenable sur la mer avec accès direct.
De 95 à 300 €. Route des calanques, 13260 Cassis. Tél. : 04 42 01 09 30.

■ Le Hihôtel
Hôtel urbain au cœur de Nice.
De 219 € à 758 €. 3, av des Fleurs, 06000 Nice. Tél. : 04 97 07 26 26.

CHAMBRES D'HÔTES
■ Le Domaine de la Bégude
Un cadre et une vue époustouflants. La famille Tari propose quatre chambres d'hôte de charme (150 €) et la visite complète du domaine avec dégustation commentée des vins (30 €/pers.). route des Garrigues, 83330 Le Camp-du-Castellet. Tél. : 04 42 08 92 34. www.domainedelabegude.fr

■ Domaine de la Tour du Bon
Agnès Henry accueille ses hôtes en toute simplicité dans deux gîtes pour 3 ou 6 personnes (415 à 850 €). 714, chemin des Olivettes, 83330 Le Brûlat-du-Castellet. Tél. : 04 98 03 66 22. www.tourdubon.com

■ Les Quatre saisons
Au cœur du vignoble et des pins, un petit paradis. De 90 à 130 €. 370, montée des Oliviers, 83330 Le Castellet. Tél. : 04 94 25 24 90.

■ Le Clos de la chèvre sud
Presque en altitude ! 100 à 120 € la nuit.
255, chemin du Pas-de-la-Chèvre sud 83740 La Cadière-d'Azur. Tél. : 04 94 32 31 54. www.closdelachevre.com

■ La Bastide des vignes
Superbe cadre. 117-137 € la nuit, petit-déjeuner compris. 464, chemin du Patelin, 83230 Bormes-Les-Mimosas.
Tél. : 04 94 71 20 29. www.bastidedesvignes.fr

■ Astoria Villa
Très belle villa des années 1940 possédant le cachet d'une demeure de la Riviera. De 120 à 255 €. 15, rue Traverse du Soleil, 13260 Cassis.
Tél. : 04 42 62 16 60. www.astoriacassis.com

■ Château de Cassis
Ancienne forteresse, vue imprenable. A partir de 220 €, petit-déjeuner compris. Traverse du château, 13260 Cassis. Tél. : 04 42 01 63 20. http://chateaudecassis.com

RESTAURANTS
■ Auberge du Coucou
Serge Ricco, restaurateur et caviste, puise dans ses vins corses pour établir sa carte annuelle. Menu à 32 €. Scuzzulatoggio, 20214 Calenzana. Tél. : 04 95 62 77 00.

■ Chez Léon
La cuisine traditionnelle de l'île dans toute son authenticité. Menus 16 et 25 €.
20225 Cateri. Tél. : 04 95 61 73 95.

■ Le bistrot D'Antoine
La plus authentique et sympathique embuscade du vieux Nice. Originale carte des vins. 30 à 55 €. 27, rue de la Préfecture, 06000 Nice.
Tél. : 04 93 85 29 57.

■ L'Epuisette
A flanc de crique, un cadre splendide. Menus de 50 à 110 €. 156, rue du Vallon des Auffes, 13007 Marseille. Tél. : 04 91 52 17 82.

■ La Grupi
Sympathique petite adresse sans prétention.
Environ 25-30 €. 1, place du 11 novembre 83250 La Londe-Les Maures.
Tel : 04 94 66 84 70.

■ Nino
Institution du port de Cassis pour sa bouillabaisse. Carte : 55 €, menu à 34 €.
1, quai Jean-Jacques Barthélémy, 13260 Cassis.
Tél. : 04 42 01 74 32.

PROVENCE

■ Domaine Tempier
BANDOL
★★★

Tempier est aujourd'hui le cru de référence du vignoble de Provence. Depuis le millésime 2000, tout a été mis en œuvre par la famille Peyraud pour se hisser au sommet d'une hiérarchie régionale (Provence) et surtout locale (Bandol), à laquelle le cru avait pu faire défaut dans les années 1990. C'est surtout sous l'impulsion et le professionnalisme de Daniel Ravier, l'actuel directeur du domaine, que s'est amorcée cette reconquête à partir du millésime 2000. Il a pu lancer un important programme d'investissement dans la cave, avec un outil de vinification moderne, suivi d'une rénovation complète du parc des foudres. Puis, bien entendu, une attention toute particulière à un patrimoine viticole exceptionnel composé de très vieilles vignes de mourvèdre, carignan, cinsault et grenache. Les trois célèbres cuvées La Migoua, La Tourtine et Cabassaou atteignent la perfection sur le plan aromatique comme sur celui de la précision des saveurs, avec, toujours, l'intensité et la puissance du mourvèdre, tout en gardant un équilibre d'une fraîcheur exceptionnelle, en particulier dans les millésimes chauds comme 2007 ! Et le constat est tout aussi réjouissant sur la première cuvée de rouge, ainsi que le rosé.

Les vins : belle fraîcheur végétale du rosé que l'on ne boira pas trop rapidement pour le laisser évoluer en bouteille. Le blanc est vif, légèrement sur le citron confit, et sa bouche s'élargit en finale sur le fruit bien mûr. Le rouge classique s'avère déjà gourmand et accessible malgré une belle ossature. Sur des notes de fruits noirs et de poivre gris, La Migoua annonce sa stature par une matière dense et serrée, avec une belle pureté de fruit. Gracieuse, la cuvée Cabassaou révèle un tanin plus fin et son fruit apparaît plus éclatant. Plus classique dans sa forme, La Tourtine s'affirme par sa puissance et ses tanins solides.

☐	Bandol 2011	n.c.	14
▨	Bandol 2011	n.c.	13,5
■	Bandol 2010	n.c.	14,5
■	Bandol Cabassaou 2010	n.c.	17,5
■	Bandol La Migoua 2010	n.c.	15,5
■	Bandol La Tourtine 2010	n.c.	17

Rouge : 35 hectares.
Carignan 0,75 %, Cinsault 11,75 %, Grenache 11,25 %, Mourvèdre 74,5 %, Syrah 1,75 %
Blanc : 1 hectare.
Bourboulenc 19 %, Clairette 60 %, Ugni ou Ugni blanc (trebbiano) 18 %, Marsanne 3 %
Production moyenne : 120 000 à 150 000 bt/an

Domaine Tempier, Le Plan du Castellet, 83330 Le Castellet
Tél. : 04 94 98 70 21 **Fax :** 04 94 90 21 65
E-mail : domaine.tempier@gmail.com
Site : www.domainetempier.com
Vente : au domaine
Du lundi au vendredi de 9h à 12h et de 14h à 18h.
Propriétaire : Famille Peyraud
Directeur : Daniel Ravier

■ Domaine de la Bégude
BANDOL
★★

Voilà maintenant plus de quatorze ans que Guillaume et Soledad Tari sont à la tête de ce domaine de 500 ha, au milieu duquel se nichent 15 ha de vignes plantées en terrasses. L'une des principales caractéristiques est sa situation d'altitude. A 410 mètres, La Bégude bénéficie d'un climat très différent de ceux proches du littoral, comme par exemple Château Pradeaux ou encore Domaine Tempier. Avec des amplitudes de température importantes du jour à la nuit, un secteur venteux, les raisins de mourvèdre mûrissent doucement mais sûrement. Et le grenache prend sur ce terroir de « caillasses » une dimension que l'on trouve rarement à Bandol. Si, à son arrivée, la famille Tari (propriétaire du château Giscours à Margaux) s'est laissée influencer par des boisés parfois trop marqués dans les rouges, les derniers millésimes (depuis 2005) trouvent un équilibre plus juste entre la matière fruitée et un élevage plus discret. Très sincères, les vins sont superbes, tant en rouge que dans la magnifique cuvée de rosé très vineuse qui fait aujourd'hui figure d'exception. Une deuxième étoile largement méritée !

Les vins : le très joli rosé dévoile un nez complexe, d'une richesse singulière. Le bandol rouge 2009 se montre profond, sur un fruit très présent et des tanins soyeux et gras. Dominé par le bois neuf, le 2008 perd en pureté de fruit et s'assèche en fin de bouche. Le 2007, gras et sanguin, apparaît formaté par son élevage : le fruit est doux et gras, mais on perd l'identité du lieu. Le bandol Brûlade 2009 s'impose par son volume, avec des tanins certes fins, mais l'on reste dans le vin démonstratif, voire dans l'exercice de style. A l'exception du beau rosé, si les vins possèdent du corps, ils manquent un peu d'esprit dans cette série. A suivre.

- ■ Bandol L'Irréductible 2011   18 €   15
- ■ Bandol 2009   20 €   15
- ■ Bandol 2008   21 €   13,5
- ■ Bandol 2007   23 €   14,5
- ■ Bandol La Brûlade 2009   40 €   15,5

Rouge : 16 hectares.
Cinsault 10 %, Grenache 20 %, Mourvèdre 70 %
Blanc : 1 hectare.
Production moyenne : 25 000 bt/an
❀ Certifié en agriculture bio ou biodynamique

Domaine de la Bégude, Route des Garrigues, 83330 Le Camp-du-Castellet
Tél. : 04 42 08 92 34   **Fax :** 04 42 08 27 02
E-mail : contact@domainedelabegude.fr
Site : www.domainedelabegude.fr
Vente : au domaine
Du lundi au vendredi de 9h à 15h. Juillet/août de 10h à 18h du lundi au samedi.
Propriétaire : Guillaume Tari

■ Domaine Hauvette
LES BAUX-DE-PROVENCE
★★

S'il est une vigneronne respectée en Provence, c'est bien Dominique Hauvette. Forte personnalité, intransigeante dans ses choix de viticulture, de vinification et d'élevage, elle respecte comme personne les origines des sols et l'authenticité de ses terroirs. Sa recherche de la minéralité et de l'équilibre dans ses vins est permanente. L'hésitation, la remise en question n'étant pas un complexe et encore moins un échec, Dominique Hauvette a fait évoluer ses vins dans des perspectives de longue garde. Elle transforme les essais avec dextérité et les derniers millésimes (2009 et 2008) sont de superbes et éclatantes réussites. La deuxième étoile décernée au domaine l'année dernière est largement méritée.

Les vins : en blanc, Jaspe 2010 exhale des arômes de fleur d'acacia et de tilleul, et sa bouche est nourrie par un fruit charnu et une minéralité intense. La cuvée Dolia 2009 sent la pierre chaude. Sa bouche droite et nette recèle une pointe de sucre qui accentue le volume et donne une finale en queue de paon. Le sompteux rosé

2010 développe un nez sur la pêche de vigne, la pâte de fruit et la pierre chaude, et réserve une bouche épurée mais ample. En rouge, le Roucas 2007 possède un très bel équilibre ; frais, avec une réelle finesse de tanins, sans pour autant manquer de relief, il se trouve à point. Le Cornaline 2009 s'avère plus riche, sur une note sanguine ; le fruit est magnifique d'onctuosité avec des tanins souples. Dans le même millésime, la cuvée Améthyste laisse entrevoir des parfums de raisins non éraflés d'une grande douceur. Un vin persistant et racé.

- ☐ IGP des Alpilles Dolia 2009   30 €   16,5
- ☐ IGP des Alpilles Jaspe 2010   20 €   15,5
- ■ Baux-de-Provence Améthyste 2009   32 €   17,5
- ■ Baux-de-Provence Cornaline 2009   26 €   16,5
- ■ Baux-de-Provence Le Roucas 2007   17 €   14,5

Rouge : 12,46 hectares.
Carignan 8 %, Cinsault 22 %, Grenache 50 %, Syrah 15 %, Cabernet-sauvignon 5 %
Blanc : 3,27 hectares.
Clairette 39 %, Marsanne 10 %, Roussanne 51 %
Production moyenne : 30 000 bt/an
❀ Certifié en agriculture bio ou biodynamique

Domaine Hauvette, La Haute-Galine, Voie Aurélia, 13210 Saint-Rémy-de-Provence
Tél. : 04 90 92 03 90   **Fax :** 04 90 92 08 91
E-mail : domainehauvette@wanadoo.fr
Vente : au domaine
Pas de visites.
Propriétaire : Dominique Hauvette

■ Château Revelette
COTEAUX D'AIX-EN-PROVENCE
★★

Situé sur un terroir frais des hauteurs de l'appellation, sur la commune de Jouques, et voisin du château de Vignelaure, ce sompteux domaine est entre les mains du talentueux Peter Fischer depuis le millésime 1985. Les vignes sont travaillées de manière traditionnelle, sans désherbant, ni insecticide ni autre produit chimique. La gamme se décline sur deux niveaux : outre les vins portant le nom de « château » (ou « domaine » pour le blanc), deux autres cuvées sont étiquetées Le Grand Blanc et Le Grand Rouge. Peter Fischer effectue désormais un travail de précision sur les élevages, avec notamment des cuves béton en forme d'œuf pour les blancs. Elevés en barriques – 15 % de neuves et fûts anciens pour le grenache –, les rouges sont souvent fermes dans leur jeunesse, mais s'épanouissent ensuite avec grâce. La dégustation de vieux millésimes prouve leur harmonieuse capacité de vieillissement.

Les vins : le VDP des Bouches-du-Rhône blanc apparaît gras, avec un fruit mature et juteux. Le Grand Blanc est encore plus riche, mais avec une fin de bouche très saline et sur une note de fenouil. Ample et intense, issu d'un raisin bien mûr, le rosé exprime des arômes de fruits rouges, d'épices et des notes de garrigue. En rouge, Pur évoque le fruit noir ; c'est un vin plein de charme même si ses tanins doivent s'assouplir. Le coteaux-d'aix-en-provence 2010 offre des tanins puissants et un fruit très mature, avec, en filigrane, une belle fraîcheur végétale. Le Grand Rouge 2010 exprime une note de tabac et offre, sur des tanins longilignes et un fruit très pur, avec un supplément de complexité et de raffinement.

☐	VDP des Bouches-du-Rhône Domaine Revelette 2011	n.c.	15
☐	VDP des Bouches-du-Rhône Le Grand Blanc 2010	n.c.	16
▨	Coteaux d'Aix-en-Provence 2011	n.c.	14
■	Coteaux d'Aix-en-Provence 2010	n.c.	15
■	Coteaux d'Aix-en-Provence Pur 2010	n.c.	15
■	VDP des Bouches-du-Rhône Le Grand Rouge 2010	n.c.	16

Rouge : 17,5 hectares.
Cabernet-sauvignon 21 %, Cinsault 5 %, Grenache 37 %, Syrah 37 %
Blanc : 7,5 hectares.
Sauvignon ou Sauvignon Blanc 15 %, Ugni ou Ugni blanc (trebbiano) 34 %, Chardonnay 34 %, Rolle 17 %
Production moyenne : 100 000 bt/an
❀ Certifié en agriculture bio ou biodynamique

Château Revelette, 13490 Jouques
Tél. : 04 42 63 75 43 **Fax :** 04 42 67 62 04
E-mail : chateaurevelette@orange.fr
Site : www.revelette.fr
Vente : au domaine
Du lundi au samedi de 14h à 18h.
Propriétaire : Peter Fischer

■ Domaine Richeaume
CÔTES DE PROVENCE
★★

Nous décernons la deuxième étoile, largement méritée, à ce domaine situé sur le village de Puyloubier, au pied de la montagne Sainte-Victoire, dans un décor naturel de terres rouges. Le début de son histoire remonte à voici maintenant quarante ans. Henning Hoesch, d'origine allemande et professeur de droit canonique à la faculté d'Aix-en-Provence, achète ce domaine de 65 ha alors nu de vignoble. Immédiatement, il y plante 3 ha de vignes qu'il cultive en expérimentant la culture bio. Très rapidement, les vins se distinguent par leur intensité de corps et leur puissance. Les années suivantes, leur style s'affine par des vinifications et des boisés mieux maîtrisés. Comme chez les plus grands vignerons, le respect des sols et la non-intervention dans la culture de la vigne s'associent à des outils de vinification modernes. C'est ainsi que la cave est dotée d'outils performants permettant de créer les fameuses cuvées Syrah et Columelle en rouge, que nous classons parmi les deux meilleurs rouges de Provence. Selon l'inspiration qu'offre le millésime, Sylvain Hoesch, qui succède à son père, élabore d'autres cuvées plus originales mettant en valeur l'exceptionnel patrimoine végétal qui compose le vignoble de Richeaume. C'est ainsi qu'en 2010 a vu le jour une cuvée à 100 % de carignan. De plus, comme à Trévallon, le domaine entièrement cultivé selon les préceptes de la biodynamie, revendique la totalité de sa production en Vins de Pays ou en Vins de France.

Les vins : la cuvée Tradition 2010 s'appuie sur un boisé vanillé et la bouche est portée par ce bois ; dommage car on ressent une belle nature de raisin derrière cet élevage dominateur. Columelle 2010 sent la poudre de bois et exprime une note de poivron grillé, mais ici, l'élevage semble mieux s'intégrer au fruit. La bouche est pure, d'une très belle finesse de grain. On a du fond et de l'esprit. Les Terrasses 2006 offre une bouche pulpeuse, presque sucrée, sur un fruit doux et des tanins bien enrobés. C'est un bon vin moderne, élevé avec distinction. Si l'ensemble de la gamme repose sur une matière exemplaire, les élevages donnent une sensation de lissage.

■	VDF Columelle 2010	30 €	15
■	VDF Tradition 2010	17 €	14
■	VDP des Bouches-du-Rhone Les Terrasses 2006	50 €	15,5

Rouge : 26 hectares.
Carignan 10 %, Grenache 20 %,
Cabernet-sauvignon 35 %, Merlot 10 %,
Syrah 25 %
Blanc : 4 hectares.
Clairette 45 %, Sauvignon ou Sauvignon
Blanc 10 %, Rolle 45 %
Production moyenne : 60 000 bt/an
❀ Certifié en agriculture bio ou biodynamique

Domaine Richeaume, 13114 Puyloubier
Tél. : 04 42 66 31 27 **Fax :** 04 42 66 30 59
E-mail : shoesch@hotmail.com
Site : www.domaine-richeaume.com
Vente : au domaine
De 8h à 12h et de 13h à 18h.
Propriétaire : Sylvain Hoesch

■ Château Simone

PALETTE

★★

Château Simone est certainement le cru le plus célèbre aux yeux des amateurs de grands vins blancs méditerranéens. Il est vrai que ce blanc, loin de toute technicité, affiche une race, un équilibre et une plénitude incroyables. La parcelle de 6 ha, exposée au nord sur le calcaire de Langesse, est complantée de plusieurs cepages vendangés et vinifiés assemblés, dont principalement la clairette. Le rosé, l'autre atout de Simone, est toujours coloré, avec un fruité intense. Sa bouche est ample, grasse et présente, ce qui est plus rare dans cette couleur, un potentiel de garde (deux à cinq ans). Le rouge n'avait pas, il y a peu encore, la dimension ou le volume des deux autres vins ; davantage sur la finesse, il se distinguait par un caractère délicat. Notons cependant que les derniers millésimes se montrent très réussis, inaugurant du même coup un changement radical de style : plus corsé et généreux, dans un esprit plus sudiste.

Les vins : le blanc 2009 apparaît pur, ciselé, très vif, d'une grande fraîcheur. On ne se situe pas sur l'épaisseur du fruit mais sur une belle énergie minérale. Le rouge est poivré avec une matière sérieuse, sur des tanins fermes qui peuvent encore s'assouplir.

☐ Palette 2009	30,50 €	16,5
▪ Palette 2010	24 €	15,5
■ Palette 2008	30 €	16

Rouge : 12 hectares.
Mourvèdre 25 %, Grenache 50 %, Syrah et

autres 20 %, Cinsault 5 %
Blanc : 8 hectares.
Muscat 3 %, Ugni ou Ugni blanc
(trebbiano) 5 %, Clairette 80 %, Grenache 12 %
Production moyenne : 75 000 à 95 000 bt/an

Château Simone, 13590 Meyreuil
Tél. : 04 42 66 92 58 **Fax :** 04 42 66 80 77
E-mail : chateau-simone@orange.fr
Site : www.chateau-simone.fr
Vente : au domaine
Du lundi au samedi de 9h à 12h et de 14h à 18h sur rendez-vous.
Propriétaire : Famille Rougier

■ Domaine de Trévallon

IGP DES ALPILLES

★★

Eloi Dürrbach, désormais épaulé par son fils Antoine, continue de travailler dans le plus grand respect de ses idées et de ses valeurs. Vigneron attentif et méticuleux, il produit des vins d'une belle définition de terroir et d'une parfaite maturité de raisin, conjuguées à la justesse des extractions et de l'élevage. Ces méthodes permettent d'élaborer des vins charnus, à la fois denses et harmonieux, fortement marqués par le cabernet-sauvignon. A travers sa complexité aromatique (notes d'épices, de garrigue et de truffe noire), Trévallon exprime une grande typicité méditerranéenne. Notons également les progrès effectués sur le blanc. Si l'on a pu déplorer des périodes d'oxydation et de surmaturité, les derniers millésimes gardent un caractère très sudiste mais avec une bien plus grande précision sur les élevages. Toujours à la conquête du maquis, le domaine s'agrandit en 2011 de 75 ares, après avoir défriché trois nouvelles terrasses. Autre actualité, Trévallon change encore une fois d'appellation. Après avoir connu cinq dénominations, du VDQS au Vin de Pays des Bouches-du-Rhône, le voilà classé IGP Alpilles !

Les vins : le blanc 2010 exprime un boisé trop présent, et même si le fruit est de belle qualité, l'élevage ternit ce dernier. Le rouge, marqué par des notes de poivron, de fruit noir et de réglisse, présente une bouche fraîche aux tanins fins. Il réserve une très belle persistance sur cet équilibre frais, mais avec du gras en finale.

☐ IGP des Alpilles 2010	60 € (épuisé)	14
■ IGP des Alpilles 2009	45 €	16,5

Rouge : 15 hectares.

Syrah 50 %, Cabernet-sauvignon 50 %
Blanc : 2 hectares.
Marsanne 45 %, Chardonnay 5 %,
Roussanne 45 %, Grenache 5 %
Production moyenne : 55 000 bt/an
✤ Certifié en agriculture bio ou biodynamique

Domaine de Trévallon, 13103
Saint-Etienne-du-Grès
Tél. : 04 90 49 06 00 **Fax :** 04 90 49 02 17
E-mail : info@domainedetrevallon.com
Site : www.domainedetrevallon.com
Vente : au domaine
Sur rendez-vous du lundi au vendredi de 9h à
12h et de 14h à 17h.
Propriétaire : Eloi Dürrbach
Directeur : Eloi Dürrbach

■ Domaine La Bastide Blanche
BANDOL
★

Ce domaine acheté en 1973 par Louis et Michel Bronzo produit, sur les trois couleurs, des vins sérieux alliant puissance et finesse. Morcelé, le vignoble de 28 ha essentiellement aménagé en restanques permet de couvrir les diversités géologiques du terroir de Bandol qui s'illustrent sur deux principales cuvées : Fontanéou (4 000 bouteilles), issue de terroir d'argile rouge à La Cadière-d'Azur, sur un assemblage de mourvèdre et de grenache, et la cuvée Estagnol (5 000 bouteilles), issue de terroir argilo-calcaire avec des zones graveleuses réunissant les plus vieilles vignes de grenache et de mourvèdre du domaine. Le passage à la biodynamie en 2005, ainsi qu'un travail sérieux au cuvier, puis sur les élevages permettent de révéler des vins d'une très belle texture, évoluant avec harmonie et équilibre. Les derniers millésimes ont encore gagné en précision aromatique.

Les vins : le bandol blanc se révèle vif, légèrement citronné, avec une note de fenouil sauvage, et termine sur une finale minérale. Le rosé apparaît tendre, sur le fruit rouge, avec une belle finesse minérale. En rouge, la cuvée classique 2010 se montre déjà gourmande, même si les tanins sont encore biens présents. Fontanéou 2010 affiche du gras, avec une note de fruit noir et de réglisse, et des tanins mieux enrobés que sur la cuvée classique. Un rien plus fermé, Fontanéou 2008 porte sur la mûre sauvage et repose sur des tanins fins. S'il procure déjà du plaisir, l'ensemble doit s'affiner en bouteille. L'Estagnol

2010 joue plus en finesse, avec un supplément de chair et des tanins déjà fondus et gras. L'Estagnol 2009 prend des notes de tabac et de thé noir, et dévoile une bouche à la fois puissante et des tanins doux. Fontanéou 2007 sent le cuir, le sous-bois, l'écorce. Les tanins commencent à se fondre, mais sa puissance reste encore très active. L'Estagnol 2004 bascule dans des notes de rôti de veau, de fruit compoté, de tapenade, mais il reste fermé. Des rouges solides un peu massifs qui mettront du temps à devenir aimables.

☐ Bandol 2011	14,50 €	14,5
▨ Bandol 2011	11,50 €	13,5
■ Bandol 2010	15 €	14
■ Bandol Estagnol 2010	20 €	16
■ Bandol Estagnol 2009	20 €	16,5
■ Bandol Estagnol 2004	26 €	16
■ Bandol Fontanéou 2010	20 €	15,5
■ Bandol Fontanéou 2008	20 €	15
■ Bandol Fontanéou 2007	22 €	16

Rouge : 3.
Mourvèdre 50 %, Syrah 1 %, Cinsault 28 %,
Grenache 20 %, Carignan 1 %
Blanc : 4 hectares.
Sauvignon ou Sauvignon Blanc 6 %, Rolle 3 %,
Ugni blanc (trebbiano) 27 %, Bourboulenc 12 %,
Clairette 52 %
Production moyenne : 180 000 bt/an

Domaine La Bastide Blanche, 367, route des
Oratoires, 83330 Sainte-Anne-du-Castellet
Tél. : 04 94 32 63 20 **Fax :** 04 94 32 74 34
E-mail : contact@bastide-blanche.fr
Site : www.bastide-blanche.fr
Vente : au domaine
De 9h à 12h et de 13h à 17h.
Propriétaire : Louis et Michel Bronzo
Directeur : Stéphane Bourret

■ Château de Bellet
BELLET
★

Le château de Bellet est l'un des porte-étendards de l'appellation. Sur les hauteurs de la colline de Saquier, dominant la baie de Nice, le vignoble bénéficie d'une altitude relative permettant aux baies d'éviter les coups de chaud. S'ajoute une influence maritime régulatrice due au microclimat du secteur, faisant de l'appellation Bellet l'un des terroirs de Provence les plus intéressants – avec Palette et Cassis. La famille de Charnacé se repose en toute confiance sur les talents et le savoir-faire de Ghislain de Charnacé pour maintenir l'identité de cette propriété familiale. Ainsi depuis quarante ans, il enchaîne les millésimes avec une connaissance précise de son vignoble, cultivant avec soin l'identité et le caractère des vins au travers d'un encépagement autochtone : les traditionnels cépages braquet et folle noire pour les rouges et les rosés, le rolle et le chardonnay pour les blancs. Eloignés de toute mode, les vins résistent remarquablement dans le temps et les derniers millésimes atteignent un haut niveau d'excellence, plaçant ce cru au premier rang de l'appellation Bellet.

Les vins : le joli rosé se boira sur le fruit pendant ou après les chaleurs estivales. La cuvée Baron est un blanc onctueux dont l'élevage présent s'intègre bien au fruit. Belle finale acidulée, sur une note de poire. En rouge, Baron G 2010 affiche des tanins stricts dans une bouche à la matière serrée, où le fruit peine à s'exprimer. Le vin offre malgré cela une belle fraîcheur, mais peu de chair ; il devrait se révéler à table. Incontestablement le blanc surclasse l'ensemble de la gamme.

☐ Bellet Baron G 2010	n.c.	15
▨ Bellet 2011	n.c.	14
■ Bellet Baron G 2010	n.c.	14

Rouge : 3 hectares.
Folle noire 40 %, Grenache 20 %, Braquet 40 %
Blanc : 3 hectares.
Chardonnay 5 %, Rolle 95 %
Production moyenne : 18 000 bt/an

Château de Bellet, 440, chemin de Saquier, 06200 Nice
Tél. : 04 93 37 81 57 **Fax :** 04 93 37 93 83
E-mail : chateaudebellet@aol.com
Vente : au domaine
Sur rendez-vous.
Propriétaire : Ghislain de Charnacé

■ Domaine de la Courtade
CÔTES DE PROVENCE
★

Depuis vingt-cinq ans, ce domaine situé sur l'île de Porquerolles nous régale avec des vins d'une grande singularité. L'Alsacien Richard Auther, avec les conseils du très fameux œnologue de l'époque Jacky Coll, a entièrement bâti ce vignoble appartenant à Henri Vidal et géré depuis 2006 par son fils Laurent. Sur un terroir exceptionnel de schistes friables, ce lieu insulaire, sous influence maritime, bénéficie d'une viticulture soignée (certifié bio depuis 1997) et d'un encépagement qui aujourd'hui atteint l'âge de raison ! Chacun dans leur couleur, les vins respectent un style propre avec, comme dénominateur commun, une minéralité que l'on trouve rarement avec autant de présence dans les vins de Provence. On doit cette originalité à cet environnement marin maintenant un très bon niveau d'acidité et préservant une grande fraîcheur, et ce malgré un haut niveau d'ensoleillement. Les derniers millésimes sont sans reproche et ont même encore gagné en puissance et en précision d'expression. A ce titre, nous lui décernons sa première étoile.

Les vins : l'Alycastre rouge se montre souple et très parfumé (viande fumée, rose ancienne), d'un caractère presque septentrional dans la fraîcheur de ses parfums. Plus riche, plus sombre et plus provençal, la Courtade affiche du volume et des tanins puissants, et une belle acidité revient en fin de bouche (eucalyptus, laurier). L'Alycastre blanc, 100 % vermentino, présente un profil très citronné, vif et ciselé. La Courtade blanc se révèle plus médicinal dans ses parfums et légèrement plus riche ; il évolue sur la poire et la fleur blanche, et la finale est très saline. Le rosé apparaît doux et sapide, avec une belle persistance sur le fruit.

☐ Côtes de Provence 2010	n.c.	14,5
☐ Côtes de Provence L'Alycastre 2011	n.c.	14
▨ Côtes de Provence L'Alycastre 2011	n.c.	14
■ Côtes de Provence 2009	n.c.	15
■ Côtes de Provence L'Alycastre 2009	n.c.	14

Rouge : 17 hectares.
Syrah 3 %, Mourvèdre 97 %
Blanc : 16 hectares.
Rolle 100 %
Production moyenne : 140 000 bt/an
❀ Certifié en agriculture bio ou biodynamique

Domaine de la Courtade, 83400 Ile-de-Porquerolles
Tél. : 04 94 58 31 44 **Fax :** 04 94 58 34 12
E-mail : domaine@lacourtade.com
Site : www.lacourtade.com
Vente : au domaine
Sur rendez-vous.
Propriétaire : Laurent Vidal
Directeur : Richard Auther

■ Dupéré-Barrera
CÔTES DE PROVENCE
★

Jeune couple passionné, Emmanuelle Dupéré et Laurent Barrera sont devenus les négociants haute couture qui manquaient tant au vignoble de Provence et, désormais, du Rhône et du Languedoc. Outre leur activité de négoce, ils exploitent un vignoble certifié bio de 5,5 ha en Provence (domaine du Clos de la Procure). Choisissant avec exigence leurs approvisionnements, ils n'uniformisent en rien les vins lors de leur élevage, très soigné et ambitieux. Au contraire, tous sont typés, chacun correspondant précisément au potentiel et au style de chaque cru. Leur gamme peut paraître compliquée au vu de toutes les cuvées produites et il est évident qu'elle s'adresse essentiellement à des connaisseurs avertis. Nommés en 2010 négociants de l'année par « La Revue du vin de France », Emmanuelle Dupéré et Laurent Barrera méritent largement cette reconnaissance.

Les vins : le Clos de la Procure dévoile une belle note de tilleul, et présente une bouche effilée et digeste. Nowat apparaît un rien dominé par le bois, mais le vin lui tient tête par son énergie. Un peu technique, le bandol blanc manque de profondeur. Sur le Caractère rouge, les tanins ne sont pas encore fondus mais la bouche recèle un beau fruit solaire. Avec des notes de figue et un fruit bien mûr, le côtes-du-rhône s'avère délicieux, plus solaire et plus riche en alcool. Le costières-de-nîmes se révèle angulaire, avec des tanins pointus, et manque un peu de chair. Le Clos de la Procure impose sa race et son élégance avec un beau fruit, une texture veloutée et des tanins mûrs. Nowat rouge 2010 est plus mentholé : cela sent la résine et la pinède avec des notes de romarin de laurier et de poivre. Le bandol 2009 développe un fruit très noir, sur des tanins encore très présents ; il faudra l'attendre. Sur le fruit noir également, la cuvée Très Longue Macération (TLM) renferme plus de fond et de complexité.

☐ Bandol India 2011	15 €	13
☐ Côtes de Provence Domaine du Clos de la Procure 2010	17 €	15,5
☐ Côtes de Provence Nowat 2010	17 €	13
▨ Bandol India 2011	15 €	13
■ Bandol India 2009	19 €	14,5
■ Costières de Nîmes 2010	9 €	12,5
■ Côtes de Provence Domaine du Clos de la Procure 2010	13 €	13

■ Côtes de Provence En Caractère 2010	8 €	13,5
■ Côtes de Provence Nowat 2010	17 €	14,5
■ Côtes de Provence TLM 2010	25 €	15,5
■ Côtes du Rhône-Villages 2010	10 €	13,5
■ IGP du Mont Caume 2010	7 €	13

Rouge : 5,5 hectares et achat de raisins et de vins.
Cinsault 10 %, Grenache 40 %, Mourvèdre 30 %, Syrah 10 %, Carignan 10 %
Blanc : 0,5 hectare et achat de raisins et de vins.
Ugni ou Ugni blanc (trebbiano) 100 %
Production moyenne : 80 000 bt/an
❀ Certifié en agriculture bio ou biodynamique

Dupéré-Barrera, 254, rue Robert-Schumann, 83130 La Garde
Tél. : 04 94 23 36 08 **Fax :** 04 92 94 77 63
E-mail : vinsduperebarrera@hotmail.com
Site : www.duperebarrera.com
Vente : au domaine
Sur rendez-vous uniquement.
Propriétaire : Emmanuelle Dupéré et Laurent Barrera

■ Domaine d'Eole
COTEAUX D'AIX-EN-PROVENCE
★

Ce domaine créé en 1992, situé entre Saint-Rémy-de-Provence et Cavaillon, sur le village d'Eygalières, au pied des Alpilles, a été racheté en 1996 par Christian Raimont, financier français passionné de vins. Le vignoble est conduit avec un soin tout particulier, en culture biologique depuis 1997. Travail des sols, maîtrise des rendements, arrêt des traitements chimiques, etc., tout est mis en œuvre pour pratiquer une démarche de qualité. Le domaine, sous la conduite de l'œnologue Matthias Wimmer, présente une gamme d'un bon niveau, en particulier sur les cuvées de blancs. Nous avions noté dans notre précédente édition que les rouges manquaient de netteté et de corpulence dans certaines cuvées. Les derniers millésimes renouent avec un style plus plein et long.

Les vins : le rosé, souple et facile, tire sur le bonbon anglais, mais manque de personnalité. De couleur plus soutenue, la cuvée Caprice offre un joli fruit légèrement marqué par son élevage. Le blanc apparaît droit, net, sec, persistant, fin voire cristallin. Plus riche, la cuvée Confidence blanc est marquée par son élevage, mais l'ensemble reste gourmand. La Réserve des Gardians 2010 est un bon vin souple, à boire sur la douceur de son fruit. L'Eole exprime à merveille la douceur méditerranéenne par son fruit gras, onctueux, et ses tanins bien enrobés ; un coteaux-d'aix délicieux qui sent la tapenade, le romarin, le cuir fin, la terre humide, avec une note de fusain. La cuvée Léa affiche une belle complexité, doux mélange d'olive noire, de truffe, de terre humide, dans une bouche fraîche et mature. Doté d'une réelle personnalité, le pétillant brut nature sent le fruit à plein nez, la tarte Tatin, la rhubarbe et dévoile une bouche douce et désaltérante. Il se boira été comme hiver.

☐ VDP des Alpilles 2011   11 €   12,5
☐ VDP des Alpilles Confidence 2011   18 €   14
▨ Coteaux d'Aix-en-Provence
    Caprice 2011   14 €   13
▨ Vin Mousseux Méthode
    Traditionnelle Brut Nature 2010   15 €   15,5
■ Coteaux d'Aix-en-Provence 2009   11 €   15
■ Coteaux d'Aix-en-Provence
    Léa 2007   20 €   16
■ Coteaux d'Aix-en-Provence Réserve
    des Gardians 2010   8 €   13

Rouge : 25,7 hectares.
Cinsault 13 %, Carignan 15 %, Counoise 5 %, Grenache 36 %, Mourvèdre 5 %, Syrah 26 %.
Blanc : 2,8 hectares.
Rolle 35 %, Roussanne 42 %, Grenache 23 %
Production moyenne : 90 000 bt/an
⚘ Certifié en agriculture bio ou biodynamique

Domaine d'Eole, Route de Mouriès, D 24, chemin des Pilons, 13810 Eygalières
Tél. : 04 90 95 93 70 **Fax :** 04 90 95 99 85
E-mail : domaine@domainedeole.com
Site : www.domainedeole.com
Vente : au domaine
Lundi à vendredi de 9h à 12h30 et de 13h30 à 18h. Samedi de 10h à 12h30 et de 15h à 18h.
Dimanche sur rendez-vous.
Propriétaire : Christian Raimont
Directeur : Matthias Wimmer

■ Domaine Gavoty

CÔTES DE PROVENCE
★

L e domaine Gavoty est situé sur le village de Cabasse, en plein cœur de la Provence (secteur de Brignoles), dans l'aire géographique du haut pays. Roselyne Gavoty confirme son savoir-faire et sa maîtrise inégalée dans la production de vins blancs. Notre préférence va à la très fameuse cuvée Clarendon, qui exprime une finesse et une complexité aromatique évoquant les épices, le fruit et la minéralité, tout en possédant la capacité de se bonifier sur quelques années – démonstration avec un sublime 1998. Très digestes, les rouges expriment des saveurs de fruits macérés, avec des notes sauvages de truffe et de garrigue très classiques de la Provence. Si nous avons souvent regretté de trouver des tanins un peu asséchants sur les rouges, les derniers millésimes sont plus équilibrés avec une agréable suavité et s'épanouissent avec davantage de panache sur cinq ans. Cependant, les vins d'entrée de gamme sont très décevants par leur simplicité !

Les vins : si les blancs sont convenables jeunes, ils présentent un intérêt majeur avec un peu d'âge. Le Tradition 2011 est un vin simple, frais et désaltérant, construit sur une pointe d'amertume. Le Clarendon blanc 2011 présente un caractère doux, riche, avec des amers sur les plantes médicinales ; la bouche grasse réserve un joli retour sur le fruit. La même cuvée en 2008 évolue sur le miel, c'est doux et onctueux, avec une belle persistance. Le Clarendon 1995 exhale le miel, la cire d'abeille. Le vin a perdu en gras et exprime sa minéralité dans une bouche droite, très douce et persistante. En rosé, le souple et tendre Récital apparaît un peu court, tandis que la cuvée Tradition offre un supplément de volume et d'étoffe, et une finale sur le fruit frais. En rouge, le Clarendon 2007 apparaît très réduit au nez, sur les herbes grillées. La bouche stricte, sans épaisseur de chair ni de fruit, recèle des tanins très lisses et doux ; un vin plus fin que charnu. Le Clarendon 2006 offre un nez expressif, riche et mûr, sur le fruit noir, les épices, et une bouche volumineuse aux tanins soyeux. Le Clarendon 2005 exhale la myrtille et le bois précieux, avec une note de graphite. Campé sur des tanins fermes, le fruit peine à se livrer.

☐ Côtes de Provence Cuvée
    Clarendon 2011   15 €   13,5
☐ Côtes de Provence Cuvée
    Clarendon 2008   25 €   14
☐ Côtes de Provence Cuvée
    Clarendon 1995   33 €   16
☐ Côtes de Provence
    Tradition 2011   8,20 €   12,5
▨ Côtes de Provence Cuvée
    Clarendon 2011   13,50 €   12,5
▨ Côtes de Provence
    Tradition 2011   8,20 €   13
▨ VDF Récital de Roselyne   9 €   12

- Côtes de Provence Cuvée
  Clarendon 2007   13 €   14
- Côtes de Provence Cuvée
  Clarendon 2006   12 €   15
- Côtes de Provence Cuvée
  Clarendon 2005   13 €   13,5

Rouge : 20 hectares.
Cabernet-sauvignon 5 %, Cinsault 40 %,
Grenache 40 %, Syrah 15 %
Blanc : 5 hectares.
Rolle 90 %, Ugni ou Ugni blanc (trebbiano) 5 %,
Clairette 5 %
Production moyenne : 150 000 bt/an

Domaine Gavoty, Le Grand Campdumy, 83340
Cabasse
Tél. : 04 94 69 72 39 **Fax :** 04 94 59 64 04
E-mail : domaine@gavoty.com
Site : www.gavoty.com
Vente : au domaine
Visite sur rendez-vous.
Propriétaire : Roselyne Gavoty

■ Domaine Milan
LES BAUX-DE-PROVENCE
★

L'histoire de ce domaine ne date pas d'hier.
En 1956, Robert Milan achète cette propriété vierge de vignoble à Saint-Rémy-de-
Provence et plante de la vigne deux ans plus
tard ! Mais ce n'est qu'en 1973 qu'il décide de
construire une cave pour vinifier ses raisins.
Cependant, le domaine prend son véritable essor
à l'arrivée de son fils Henri en 1986. Avec la
volonté de produire des vins naturels, il se
convertit dès 1988 au bio, puis évolue dans les
années 1990 vers des vinifications sans soufre.
Sa rencontre avec Claude Bourguignon, cher-
cheur en agrobiologie des sols, fera date dans la
vie d'Henri Milan. A partir de cette rencontre,
les vins gagnent encore en complexité par une
meilleure connaissance et adaptabilité de son
vignoble sur les déclinaisons de sols du domaine
(marne bleue et graves sur sable marin). Avec de
courtes macérations en vendanges entières, les
rouges se distinguent par leur finesse extrême,
leur goût naturel (enfin un vin qui a le goût du
raisin) et d'élevages d'un an en barriques, sans
aucune brutalité, ni recherche d'aromatisation,
le but étant de consolider les vins à l'air ! Enfin,
le domaine a la chance de pouvoir compter sur
une large palette de cépages tant en rouge qu'en
blanc.

Les vins : en blanc, La Carrée 2010, cuvée
100 % roussanne, révèle une bouche pleine,
ciselée, sur des notes d'herbes et de fleurs blanches ; finale sur le pamplemousse jaune. Plus
riche et plus tendre, Le Grand Blanc évolue sur
un registre de fruits blancs, avec une note de
pâte d'amande et un boisé légèrement plus marqué, mais bien intégré. Le rouge 2011 se montre tout simplement délicieux, fin, digeste et
gracieux ; pour un plaisir immédiat. Le Clos
MMVII (millésime 2007) s'exprime sur des arômes de fruit compoté, de cuir, de thym, encore
guidé par des tanins solides qui peuvent s'assagir. Le Jardin 2010, issu de merlot, présente un
nez complexe et méridional (pinède, résine, épices). La bouche exprime une belle fraîcheur, sur
un fruit enrobé par des tanins solides mais gras.
Toute la gamme affiche une forte personnalité,
tout en respectant l'identité provençale. Cela
mérite une étoile.

☐	VDF La Carrée 2010	50 €	16
☐	VDF Le Grand Blanc 2010	20 €	14
■	VDF Clos MMVII	30 €	15
■	VDF Le Jardin 2010	50 €	16
■	VDF Sans Soufre Ajouté 2011	17 €	14,5

Rouge : 10 hectares.
Blanc : 3 hectares.
Production moyenne : 60 000 bt/an
❀ Certifié en agriculture bio ou biodynamique

Domaine Milan, 13210 Saint-Rémy de Provence
Tél. : 04 90 92 12 52 **Fax :** 04 90 92 33 51
E-mail : contact@dom-milan.com
Site : www.dom-milan.com
Vente : au domaine
De 9h à 12h et de 15h à 19h.
Propriétaire : Henri Milan

■ Château de Pibarnon
BANDOL
★

E ric de Saint-Victor est aux commandes de
ce domaine, créé ex-nihilo par son père dans
les années 1970. A l'époque, les vins de Pibarnon émergent dans un paysage viticole bando-
lais encore très discret. Autour de Tempier, Ott,
Bunan et Pradeaux, Château de Pibarnon se
place comme un outsider dynamique, conqué-
rant et entreprenant. Il est d'ailleurs reconnu
comme tel, avec des rouges savoureux qui ont
largement contribué à sa réputation et plus largement à celle de Bandol. Aujourd'hui, le cru
vivrait-il de sa réputation ? Une question que

l'on est en droit de se poser au regard des derniers millésimes dégustés. Les blancs ne nous ont pas toujours convaincus, avec leur style moderne, mais surtout, les rouges, emblèmes du domaine, paraissent désormais irréguliers, affichant un style souple, voire léger dans les petits millésimes, et mieux constitué en tanins mais souvent asséchant au vieillissement dans les années plus riches. Pourtant Eric de Saint-Victor assure n'avoir rien modifié des méthodes de vinification, en dehors d'un renouvellement des foudres depuis 2008 et un retour à des vinifications partielles en vendanges entières (non éraflées) sur des mourvèdres. Nous demeurons attentifs à l'évolution des prochains millésimes.

Les vins : joli rosé épicé avec un fruit doux et riche, à boire été comme hiver. Le blanc est délicieux : sa chair est juteuse en bouche et son caractère sauvage évoque la garrigue ; c'est un beau vin de gastronomie. Une attaque en douceur et des tanins encore saillants prennent forme dans ce 2009, porté par un fruit frais et persistant. Le 2010 est dans la gangue d'un fruit noir, avec toujours des tanins percutants sans être durs. Moins charnu et entre deux âges, le 2008 offre un fruit d'une belle fraîcheur tout en restant dominé par son ossature. Plus gras et volumineux, le 2007 dévoile un fruit davantage solaire et des tanins mieux enrobés. Il faut cependant le conserver en cave, pour qu'il s'épanouisse pleinement. Légèrement mentholé et sur un début d'arômes tertiaires, le 2001 accuse une petite austérité de fin de bouche. Il faudra le revoir d'ici quatre à cinq ans au minimum.

☐ Bandol 2011	23 €	14,5
▨ Bandol 2011	20,50 €	14
■ Bandol 2010	31 €	15,5
■ Bandol 2009	26,50 €	15,5
■ Bandol 2008	27,50 €	14,5
■ Bandol 2007	28,50 €	15,5
■ Bandol 2001	39 €	15

Rouge : 45 hectares.
Mourvèdre 80 %, Grenache 20 %
Blanc : 5 hectares.
Clairette 40 %, Divers 20 %, Bourboulenc 40 %
Production moyenne : 180 000 bt/an

Château de Pibarnon, 410, chemin de la Croix-des-Signaux, 83740 La Cadière-d'Azur
Tél. : 04 94 90 12 73 **Fax :** 04 94 90 12 98
E-mail : contact@pibarnon.fr
Site : www.pibarnon.fr
Vente : au domaine

Du lundi au samedi de 9h à 12h et de 14h30 à 18h, fermé les jours fériés. Sur rendez-vous à partir de 7 personnes.
Propriétaire : Eric de Saint-Victor

■ Château Pradeaux
BANDOL
★

Château Pradeaux demeure un monument de l'appellation. La famille Portalis est propriétaire des lieux depuis 1752 et son représentant, Cyrille Portalis, en assume aujourd'hui la direction. Les amateurs avertis ont des souvenirs extraordinaires s'agissant de la race et de l'aptitude au vieillissement de ces vins. Même s'ils se définissent difficilement dans leur jeunesse, leur potentiel est latent. Cependant, les derniers millésimes n'atteignent pas toujours le niveau d'intensité que l'on a pu connaître par le passé. En particulier, si l'on prend le risque de les comparer aux bandols de la nouvelle génération, comme les actuels vins produits par les domaines Tempier ou La Bégude. Dans ces conditions, les vins de Pradeaux seront un peu distancés par des cuvées au style plus moderne, plus coloré, plus boisé et flatteur, se dégustant avec plus de facilité dans leur jeunesse. Mais loin de toute dérive flatteuse, Pradeaux reste tel qu'il a toujours été : un rouge très classique, recherchant son épanouissement dans le temps, en renforçant sa puissance et sa singularité dans des élevages très longs (jusqu'à 47 mois) en vieux foudres âgés de 40 à 80 ans ! C'est aussi ce qui explique leur profil parfois désuet. Continuez à en mettre en cave, ils vous surprendront encore.

Les vins : d'une belle complexité aromatique, Le Lys 2010 exhale des arômes de réglisse, de viande fumée, d'herbes séchées, d'humus. Le Lys 2006 se montre plus animal au nez, il a besoin d'aération. En bouche, ses tanins apparaissent encore brutaux car il entre dans un âge ingrat : il a perdu son fruit juvénile et n'est pas encore marqué par la patine du temps. Patience. Puissant et viril, Pradeaux 2008 renferme une belle masse tannique, sur des senteurs de fruits noirs, voire une note d'encre. Il doit encore s'affiner. Le Pradeaux 2007 embaume la tapenade, les tanins sont matures et le fruit très présent : un bandol profond avec une belle chair. Dans l'ensemble, les vins sont solides mais racés. On dégustera les Lys en premier.

■ Bandol 2008	23 €	15,5
■ Bandol 2007	23 €	16,5

PROVENCE ET CORSE

- Bandol Le Lys de Château
  Pradeaux 2010   14 €   14,5
- Bandol Le Lys de Château
  Pradeaux 2006   14 €   14

Rouge : 23 hectares.
Cinsault 11 %, Autres 2 %, Mourvèdre 80 %,
Grenache 7 %
Château Pradeaux, 676, chemin des Pradeaux,
83270 Saint-Cyr-sur-Mer
Tél. : 04 94 32 10 21   **Fax :** 04 94 32 16 02
E-mail : chateaupradeaux@wanadoo.fr
Site : www.chateau-pradeaux.com
Vente : au domaine
De 9h à 12h30 et de 15h à 18h sur
rendez-vous.
Propriétaire : Cyrille Portalis

NOUVEAU DOMAINE

■ Domaine Ray-Jane
BANDOL

Alain Constant aime prendre son temps pour vendanger, il est d'ailleurs souvent le dernier dans l'appellation Bandol. Dans son vin, il fait entrer des raisins uniquement issus de vieilles vignes centenaires, dont les plus âgées ont 130 ans. Il peut se le permettre car sa famille descend d'une lignée de vignerons installée à Bandol depuis 1288. Les autres vignes, plus jeunes (moins de 100 ans), servent à son vin de pays à dominante de mourvèdre. Son vignoble est cultivé tel un jardin. Les vins, d'un classicisme intemporel et d'une classe à part, sont produits avec des raisins non éraflés. En cave, l'utilisation de soufre est modérée, et les élevages longs. Tous les vins peuvent se garder sur plusieurs décennies, même s'ils délivrent un plaisir gourmand dès leur jeune âge.

Les vins : le blanc s'exprime au nez sur l'ananas rôti et sur des notes d'herbes de maquis et de garrigue. En bouche, c'est gras et volumineux, avec un beau retour sur le fruit. Le vin de pays de mourvèdre 2007 provient en fait de vieilles vignes de près de 100 ans situées sur le terroir de Bandol, dont la récolte a été déclassée puisque la cuvée est monocépage. Magnifique, tout en nuances, très poivré, avec une finale sur le cacao : il en remontrerait par son raffinement à bien des bandols ! Le vin de pays 2009 sent la pierre chaude, et malgré des tanins encore accrocheurs, le fruit reste doux et long. Le bandol 2009 développe des arômes de cuir, de cacao, de romarin, de thym citron, les tanins sont fins, structurants mais pas durs. Le 2008,

un peu plus sur une note animale, se révèle plus tendre, moins plein, avec des tanins moins enrobés. Avec le 2007, on retrouve des notes de garrigue et d'herbes chaudes, de poivre ; la bouche fraîche, légèrement mentholée, repose sur une belle trame. Avec le 2006, on bascule dans les arômes tertiaires (terre, sous-bois), avec une note de cerise, voire balsamique. La bouche recèle des tanins d'une grande finesse et un vin très vivant. Le 2002 dévoile des senteurs de fleurs, de cire d'abeille, de tilleul. Viril, mais sur des tanins fondus, il exprime une belle authenticité ; il est prêt à boire. Avec le 2001, on revient sur une note sanguine, avec un arôme de menthol, dans un nez magnifique de complexité. La bouche est élégante, équilibrée et fraîche. Le 1996 exhale des arômes de thé oolong, de truffe, de cèdre, de havane : on a l'impression de déguster un grand pauillac. La bouche est fondue même si la chair est peu épaisse. Le vin est à son apogée. Une gamme de vins racés, de grande classe, qui respirent leur terroir. Bravo.

☐ VDP du Mont Caume 2011	7 €	16,5
■ Bandol 2009	13,70 €	17
■ Bandol 2008	13,90 €	15,5
■ Bandol 2007	14,10 €	16,5
■ Bandol 2006	14,50 €	17,5
■ Bandol 2002	14,90 €	16
■ Bandol 2001	21 €	18,5
■ Bandol 1996	27 €	16,5
■ VDP du Mont Caume 2009	7 €	14
■ VDP du Mont Caume Cépage Mourvèdre 2007	8,20 €	14,5

Rouge : n.c..
Mourvèdre 90 %, Cinsault 5 %, Grenache 5 %
Blanc : n.c..
Grenache 40 %, Cinsault 20 %, Mourvèdre 20 %
Production moyenne : n.c.

Domaine Ray-Jane, 353, avenue du Bosquet,
83330 Le Castellet
Tél. : 04 94 98 64 08   **Fax :** 04 94 98 68 72
E-mail : domainerayjane@gmail.com
Site : www.ray-jane.fr
Vente : au domaine
Sur rendez-vous.
Propriétaire : Alain Constant

■ Château de Roquefort
CÔTES DE PROVENCE

En quinze ans, Raimond de Villeneuve a totalement relancé ce domaine familial. Situé au pied du massif de la Sainte-Baume, à Roquefort-la-Bédoule, le vignoble au terroir argilo-calcaire, niché à 350 m d'altitude, favorise une bonne amplitude thermique entre le jour et la nuit – facteurs favorable à la maturité lente des baies. Sans compter les influences maritimes régulatrices (Cassis est à 5 km). Bourré d'énergie et toujours prêt à remettre en question les contraintes imposées par les décrets d'appellations à la vigne comme en cave, Raimond de Villeneuve a depuis longtemps opté pour une culture raisonnée, basée sur le travail des sols. Les nombreuses cuvées produites correspondent chacune, soit à l'identification d'un terroir, soit à un assemblage judicieux entre cépages. Ou, tout simplement, elles permettent de mettre en avant une cuvée sortant du lot. Toutes se révèlent d'un excellent niveau, des blancs minéraux aux rouges toujours concentrés mais s'exprimant en finesse. Les 2010 sont particulièrement réussis !

Les vins : le Petit Salé est un blanc frais très tonique ; un bon vin de soif. Les Genêts livre une bouche plus minérale, volumineuse mais sans gras, et exprime une note de fleur blanche. Le vin laisse en finale une sensation désaltérante et saline. Le rosé Corail joue la délicatesse, avec un joli retour épicé et une belle énergie. Le Rose de Loup possède plus de fond et d'épaisseur ; tirant sur le fruit rouge légèrement acidulé, il se montre plus gras mais moins long. En rouge, le Gueule de Loup se révèle souple et soyeux, joliment fruité, sur des tanins très tendres. Les Mûres 2011 sent la réglisse, la liqueur de café, il est noir dans ses parfums avec une note de graphite, de minerai de fer. La bouche splendide renferme des tanins d'une grande douceur qui accompagnent un fruit précis. Les Mûres 2010 dévoile une robe plus transparente et un nez plus délicat et frais, sur des notes d'aiguille de pin, de résine et de menthol. En bouche, le vin révèle une magnifique délicatesse, le tanin est totalement intégré dans le fruit et jamais en avant. Un très beau travail de vinification et d'élevage, avec des raisins de premier choix.

☐ Côtes de Provence Les
   Genêts 2011   12 €   14
☐ VDP des Bouches-du-Rhône Petit
   Salé 2011   8,50 € 13,5
◼ Côtes de Provence Corail 2011 10 €   14
◼ VDP des Bouches-du-Rhône Rose
   de Loup 2011   8,50 € 13,5
◼ Côtes de Provence Les
   Mûres 2011   12 € 15,5
◼ Côtes de Provence Les
   Mûres 2010   12 € 15,5

◼ VDP des Bouches du Rhône Gueule
   de Loup 2011   8,50 € 13,5

Rouge : 19,45 hectares.
Carignan 13 %, Cinsault 12 %, Grenache 38 %, Mourvèdre 7 %, Syrah 20 %, Cabernet 10 %
Blanc : 4,42 hectares.
Clairette 50 %, Ugni ou Ugni blanc (trebbiano) 12 %, Vermentino 38 %
Production moyenne : 150 000 bt/an
❀ Certifié en agriculture bio ou biodynamique

Château de Roquefort, BP 29, 13830 Roquefort-la-Bédoule
Tél. : 04 42 73 20 84   **Fax :** 04 42 73 11 19
E-mail : chateau@deroquefort.com
Site : www.deroquefort.com
Vente : au domaine
Pas de visites.
Propriétaire : Raimond de Villeneuve

◼ Domaine de Terrebrune
BANDOL
★

Voilà un domaine de Bandol que nous avons trop tardé à faire entrer dans notre guide. Et pourtant, avec une régularité de métronome, Reynald Delille produit, sur les marnes et argilo-calcaires du trias à Ollioules, des bandols d'une finesse et d'une expression très naturelle. Ce sont en rouge, des vins très traditionnels, ne recherchant jamais des concentrations excessives (ce qui leur joue ce tours dans les dégustations comparatives à l'aveugle !), et préservant des équilibres fins et élégants, qui en outre vieillissent à merveille sur dix ans et davantage dans les années plus denses. Les rosés respectent la tradition bandolaise avec des assemblages contenant au moins 50 % de mourvèdre. Ce sont des rosés vineux, mais cependant désaltérants. Et le blanc s'inscrit parmi l'un des plus intéressants de l'appellation. Afin de rattraper le temps perdu, nous lui décernons dès cette année une étoile bien méritée.

Les vins : le Terre de Trias 2011 est un blanc précis et raffiné, avec juste ce qu'il faut de maturité et de vivacité. Tout en longueur, avec une jolie finale sur les agrumes, il possède une classe folle. Le Terre de Trias rouge 2008 se montre dans le même esprit : il allie délicatesse et finesse dans une matière élancée ; la chair est peu épaisse mais quelle finesse de tanins ! Il n'y a aucune rusticité. Bravo.

☐ Bandol Terre de Trias 2011   n.c. 16

■ Bandol Terre de Trias 2008   n.c.   16

Rouge : 13 hectares.
Cinsault 5 %, Grenache 10 %, Mourvèdre 85 %
Blanc : 3 hectares.
Ugni ou Ugni blanc (trebbiano) 20 %,
Marsanne 5 %, Bourboulenc 20 %, Rolle 5 %,
Clairette 50 %
Production moyenne : 140 000 bt/an
❀ Certifié en agriculture bio ou biodynamique

Domaine de Terrebrune, 724, chemin de la
Tourelle, 83190 Ollioules
Tél. : 04 94 74 01 30   **Fax :** 04 94 88 47 51
E-mail : delille@terrebrune.fr
Site : www.terrebrune.fr
Vente : au domaine
De 9h30 à 12h30 et de 14h30 à 18h. Juillet et
août de 9h à 12h30 et de 15h à 18h.
Propriétaire : Georges Delille
Directeur : Reynald Delille

■ Domaine de La Tour du Bon
BANDOL
★

L e domaine présente, depuis quelques années, une grande régularité qui le place aujourd'hui parmi les propriétés incontournables de l'appellation. Le travail à la vigne et la maîtrise des vinifications engendrent ici des vins pleins et savoureux, où le fruit s'exprime sous sa forme la plus noble. Des notions de fruit et de fraîcheur primordiales dans une appellation, Bandol, qui produit des vins très charnus et structurés. Ceux de la Tour du Bon, en dehors de la cuvée Saint-Ferréol (premier millésime en 1987 avec au moins 90 % de mourvèdre), sont des rouges très accessibles entre trois et dix ans.

Les vins : très joli rosé 2011, frais, tendu, plus épicé que fruité. Un bandol blanc à la matière riche, qui possède du gras et un beau volume en bouche, à réserver pour la table. Le bandol rouge 2009 déploie une chair peu épaisse et un fruit assez délicat, les tanins doivent toutefois encore se patiner. La mourvèdre Saint-Ferréol 2009, aux tanins moelleux, semble comme amadoué par une belle enveloppe charnelle. Ici, la douceur du fruit de ce vin aux accents modernes se prolonge par un beau raffinement et une certaine forme de volupté.

☐ Bandol 2011   n.c. 14,5
▨ Bandol 2011   n.c. 14
■ Bandol 2009   n.c. 14,5

■ Bandol Saint-Ferréol 2009   n.c.   16

Rouge : 8 hectares.
Cinsault 11 %, Grenache 22 %,
Mourvèdre 65 %, Carignan 2 %
Blanc : 1 hectare.
Clairette 78 %, Ugni ou Ugni blanc
(trebbiano) 12 %, Rolle 10 %
Production moyenne : 40 000 bt/an

Domaine de La Tour du Bon, 714, chemin de
l'Olivettes, 83330 Le Brûlat-du-Castellet
Tél. : 04 98 03 66 22   **Fax :** 04 98 03 66 26
E-mail : tourdubon@wanadoo.fr
Site : www.tourdubon.com
Vente : au domaine
Du lundi au vendredi de 9h à 12h et de 14h à
18h, samedi et dimanche sur rendez-vous.
Propriétaire : Famille Hocquard
Directeur : Agnès Henry-Hocquard

■ Château Vignelaure
CÔTEAUX D'AIX-EN-PROVENCE
★

C e domaine au passé prestigieux, précurseur dans la plantation du cabernet-sauvignon sur une majorité de son vignoble au début des années 1970, a une fois encore changé de propriétaire en 2007. Après la relance du cru par David O'Brien dans les années 1990, c'est désormais Bengt Sundstrom qui est le maître des lieux. Avec Philippe Bru, le directeur technique, il souhaite exprimer au mieux tout le caractère de ce terroir argilo-calcaire d'altitude (350 à 480 m), en optimisant un vignoble désormais âgé, mais dans une phase importante de renouvellement ! Ce qui explique, entre autres, la création de cuvées d'entrée de gamme vinifiées pour une consommation rapide. Ces ambitions commencent à payer et les derniers millésimes renouent avec le glorieux passé du domaine, particulièrement pour les rouges. Les rosés demeurent très simples et à notre goût, beaucoup trop technique, en particulier pour le rosé du château, ce qui met en péril l'étoile que nous lui accordons encore cette année !

Les vins : à côté du rosé de soif Le Page, La Source apparaît légèrement plus gras. Frais, sur le végétal, le Château de Vignelaure sent la garrigue et se montre très vif en bouche, très citronné. Sur l'encre de chine, Le Page 2007 déploie un fruit noir gourmand dans une bouche solide. Moins plein et plus fin en bouche, la Source 2008 exprime des arômes de cuir et de terre humide. Le Château Vignelaure 2007, sur le fruit compoté, développe des notes de champignon, d'olive noire, de thym. Sur des tanins pas totalement fondus, il offre un beau volume de bouche. Un boisé plus dissonant signe le nez du 2006, qui dévoile une bouche sucrée et des tanins plus secs. Le 2005 se développe sur le bois précieux, l'encre et l'olive noire, et montre une bouche élancée, fraîche, peu charnue mais à maturité. C'est un vin complexe qui appelle un plat.

▨ Coteaux d'Aix en Provence La
  Source de Vignelaure 2011   8,20 € 12,5
▨ Coteaux
  d'Aix-en-Provence 2011   12,90 € 13
▨ IGP de la Méditerranée Le Page de
  Vignelaure 2011   6,90 € 12
■ Coteaux d'Aix-en-Provence 2007 20 € 14,5
■ Coteaux
  d'Aix-en-Provence 2006   20,50 € 14
■ Coteaux d'Aix-en-Provence 2005 21 € 14
■ Coteaux d'Aix-en-Provence La
  Source de Vignelaure 2008   9,90 € 13,5
■ VDP des Coteaux du Verdon Le
  Page de Vignelaure 2007   8,70 € 13,5

Rouge : 50 hectares.
Syrah 20 %, Cabernet-sauvignon 50 %,
Carignan 2 %, Cinsault 4 %, Grenache 18 %,
Merlot 6 %
Château Vignelaure, Route de Jouques, 83560 Rians
Tél. : 04 94 37 21 10 **Fax :** 04 94 80 53 39
E-mail : info@vignelaure.com
Site : www.vignelaure.com
Vente : au domaine
Tous les jours de 10 h à 18 h sauf les dimanches de janvier et février.
Propriétaire : Bengt et Mette Sundstrom
Directeur : Philippe Bru

■ Villa Minna Vineyard
VIN DE PAYS DES BOUCHES-DU-RHÔNE
★

C e domaine a été repris en 1999 par Minna et Jean-Paul Luc. Situés à Saint-Cannat, les 15 ha sont plantés en syrah, cabernet-sauvignon et mourvèdre ; ainsi qu'en vermentino (ou rolle), roussanne et marsanne, en blanc. Cultivé en bio, le vignoble est tenu avec soin, les tailles courtes générant de faibles rendements sur un terroir pauvre de roche calcaire. Vinification en petits contenants et élevage en fûts bordelais donnent des vins d'une grande constitution, offrant beaucoup de style et de personnalité - loin de tout

caractère technologique. Tous les vins du domaine ont besoin de longues aérations, la décantation ne peut leur faire que du bien.
  Les vins : le blanc 2009 apparaît simplement délicieux, onctueux, sur la pêche blanche, le thym citron ; c'est un très beau vin de gastronomie qui possède une véritable maturité sudiste. En rouge, le Villa Minna sent le cuir, le fruit rôti, et offre des tanins soyeux dans une matière profonde au très beau toucher de bouche. Minna Vineyard 2007 sent la truffe, le bois de santal, le fusain. Sa bouche se révèle douce et sapide, grasse et onctueuse, mais plus ferme que la cuvée Villa. Des rouges pleins, charnus et savoureux avec des tanins bien enrobés. Le domaine mérite une étoile.

☐ IGP des Bouches du Rhône Minna
  Vineyard 2009   20 € 15,5
■ VDP des Bouches du Rhône Minna
  Vineyard 2007   20 € 15,5
■ VDP des Bouches du Rhône Villa
  Minna 2007   14 € 15,5

Rouge : 13 hectares.
Cabernet-sauvignon 42 %, Mourvèdre 18 %,
Syrah 40 %
Blanc : 2,5 hectares.
Marsanne 24 %, Vermentino 48 %,
Roussanne 28 %
Production moyenne : 30 000 bt/an

Villa Minna Vineyard, Roque-Pessade, CD 17, 13760 Saint-Cannat
Tél. : 04 42 57 23 19 **Fax :** 04 42 57 27 69
E-mail : contact@villaminnavineyard.fr
Site : www.villaminnavineyard.fr
Vente : au domaine
De 9h à 19h sauf dimanches et jours fériés.
Propriétaire : Jean-Paul Luc

■ Domaine Saint-Andrieu
CÔTES DE PROVENCE

C ette très vaste propriété de Correns, dans l'arrière-pays varois, appartient à Nancy et Jean-Paul Bignon (Château Talbot à Saint-Julien). Depuis son rachat, ils n'ont cessé de remettre en état l'outil de production et le vignoble, tout en l'agrandissant, sans oublier la remise en état et la replantation de quelques centaines d'oliviers. Aujourd'hui, sur ce site formant un vaste cirque naturel et spectaculaire, les vins, vinifiés par le jeune et talentueux Grégory Guibergia, gagnent chaque année en corps et en densité tout en s'affinant, en particulier pour les rouges et les rosés. Les blancs demeurent encore simples.

Les vins : très beau rosé, corpulent mais pas lourd, avec du fruit en bouche ; un rosé de repas, plus que d'apéritif. Avec une note de fenouil et un boisé donnant une petite touche sucrée, le blanc offre un joli fruit sur un beau volume de bouche. Le côtes-de-provence rouge sent la réglisse, le fruit noir et le charbon. Tenu par les tanins solides du mourvèdre, il renferme pourtant une jolie matière. Davantage porté sur un joli caractère végétal par l'apport de cabernet-sauvignon, le coteaux-varois se révèle aussi plus tendre et plus doux. Des rouges de belle facture, pleins, charnus et structurés.

☐ Côtes de Provence 2011		9 €	13
▨ Côtes de Provence 2011		n.c.	13,5
■ Coteaux Varois en Provence L'Oratoire Saint-Andrieu 2011		8 €	14
■ Côtes de Provence 2011		9 €	14

Rouge : 1,72 hectare.
Syrah 70 %, Mourvèdre 30 %
Blanc : 1,18 hectare.
Rolle 100 %
Production moyenne : 16 000 bt/an

Domaine Saint-Andrieu, BP 32, 83570 Correns
Tél. : 04 94 59 52 42 **Fax :** 04 94 77 73 18
E-mail : domainesaintandrieu@club-internet.fr
Site : www.domaine-saint-andrieu.com
Vente : au domaine
Sur rendez-vous.
Propriétaire : M. et Mme Bignon
Directeur : M. Guibergia

■ Château Barbanau
CÔTES DE PROVENCE

Très joliment situé sur un terroir argilo-calcaire à Roquefort-la-Bédoule, au nord de Cassis, le domaine a régulièrement progressé depuis sa reprise en 1989 par Sophie et Didier Simonini-Cerciello, pour atteindre aujourd'hui un excellent niveau. En rouge, le domaine produit deux cuvées : L'Instant, délicieux vin de fruit à boire dans les deux ans ; et Et Cae Terra, très bel assemblage de grenache, syrah et cabernet-sauvignon élevé avec soin. Les propriétaires bichonnent également une très belle parcelle (7,5 ha) de vieilles vignes sur Cassis, le Clos Val Bruyère, aujourd'hui au sommet de l'appellation avec notamment la cuvée Kalahari.

Les vins : sur la fraîcheur, L'Instant blanc 2011 présente une bouche délicate, peu char-

nue, dotée d'une jolie amertume en finale. A la fois désaltérant et complexe, le cassis Clos Val Bruyère 2011 exprime des notes d'épices et de pierre à fusil, et offre en bouche une belle allonge. En 2010, le cassis Kalahari dévoile un fruit d'une grande maturité (coing, pêche blanche). Malgré une touche boisée, il exprime en bouche un fruit plein de vitalité. Un vin destiné à un plat gastronomique. En rosé, L'Instant joue dans un registre souple et facile, la cuvée Et Cae Terra offrant un supplément de vivacité et de longueur. En rouge, L'Instant sent le sang, la viande fraîche puis le poivre blanc et le romarin. Sur un magnifique fruit, d'une grande pureté, la bouche repose sur des tanins d'une grande finesse. Plus épicé, avec des notes balsamiques et de résine, Et Cae Terra affiche un nez plus généreux, et présente une bouche volumineuse légèrement sucrée tenue par des tanins puissants.

☐ Cassis Clos Val Bruyère 2011	12,50 €	14
☐ Cassis Kalahari 2010	22 €	15
☐ Côtes de Provence L'Instant 2011	9 €	13
▨ Côtes de Provence Et Cae Terra 2011	12 €	12
▨ Côtes de Provence L'Instant 2011	9 €	12
■ Côtes de Provence Et Cae Terra 2010	14 €	15,5
■ Côtes de Provence L'Instant 2010	9 €	14,5

Rouge : 20 hectares.
Grenache 40 %, Syrah 60 %
Blanc : 10 hectares.
Clairette 20 %, Marsanne 15 %, Sauvignon ou Sauvignon Blanc 5 %, Ugni ou Ugni blanc (trebbiano) 15 %, Rolle 45 %
Production moyenne : 100 000 bt/an
☙ Certifié en agriculture bio ou biodynamique

Château Barbanau, 13830 Roquefort-la-Bédoule
Tél. : 04 42 73 14 60 **Fax :** 04 42 73 17 85
E-mail : contact@chateau-barbanau.com
Site : www.chateau-barbanau.com
Vente : au domaine
Sur rendez-vous.
Propriétaire : Sophie Cerciello-Simonini

■ Domaine Les Bastides
COTEAUX D'AIX-EN-PROVENCE

Cette discrète propriété a été achetée en 1967 par Anne-Marie et Jean Salen. Après avoir livré leur raisin à la cave coopérative durant dix ans, ils décident en 1977 de vinifier eux-mêmes leur production. Sur le terroir du Puy Sainte-Réparade, les 26 ha que constitue ce vignoble, cultivé en bio depuis plus de quarante ans, donnent des vins d'un classicisme rare. Aujourd'hui, avec Carole Salen, le style des vins se maintient dans la plus pure tradition du domaine. Jamais trop extrait ou en surmaturité (sans syrah dans son encépagement), le grenache et le cabernet-sauvignon prennent des arômes délicats de garrigue et de fruits macérés, non sans rappeler l'esprit de certains châteauneuf-du-pape. Les élevages se font en foudres, sur la durée, de façon à dompter et assouplir les tanins avec douceur, en créant une micro-oxydation qui se fait à peine sentir. Mais la grande spécialité du domaine reste le très fameux vin cuit. Dans la plus pure tradition provençale, le moût de raisin est cuit pendant six heures dans un chaudron, à feu nu, puis il fermente doucement en cuve avant sa mise en bouteilles pour être prêt à déguster à Noël avec les treize desserts provençaux !

Les vins : le domaine ne nous ayant pas fait parvenir ses vins cette année, nous sommes amenés à reconduire les notes de l'édition précédente – sans autre commentaire.

- ☐ Vin Cuit Vieille Tradition
  Provençale 2010   n.c.   17,5
- ■ Coteaux d'Aix-en-Provence 2007   n.c.   15
- ■ Coteaux d'Aix-en-Provence
  Valéria 2006   n.c.   16,5

Rouge : 25 hectares.
Cinsault 6 %, Grenache 50 %,
Cabernet-sauvignon 40 %, Carignan 2 %,
Mourvèdre 2 %
Blanc : 3 hectares.
Rolle 30 %, Sauvignon blanc 35 %, Ugni blanc (trebbiano) 35 %
Production moyenne : 80 000 bt/an
❀ Certifié en agriculture bio ou biodynamique

Domaine Les Bastides, Route de Saint-Canadet,
13610 Le Puy-Sainte-Réparade
Tél. : 04 42 61 97 66   **Fax :** 04 42 61 84 45
E-mail : info@domainelesbastides.fr
Vente : au domaine
Sur rendez-vous.
Propriétaire : Carole et Jean Salen
Directeur : Carole Salen

■ Château de Beaupré
Coteaux d'Aix-en-Provence

S itué sur le village de Saint-Cannat, au sud de Lambesc, Château de Beaupré fait partie des domaines historiques de l'appellation Coteaux d'Aix-en-Provence. Les vins blancs,

issus de vignes plantées sur des terroirs argilo-calcaires, sont d'un bon niveau, à la fois aromatiques et équilibrés en bouche. Ils comprennent une forte proportion de sémillon et de sauvignon, du moins pour la cuvée Collection du Château. Les rouges sont très marqués par le cabernet-sauvignon, un avantage dans les années de maturité. Après de longues années de vinifications et de promotion de leur propriété, Christian et Marie-Jeanne Double passent doucement, mais sûrement, les rênes du domaine à leur fille Phanette pour la partie technique et à leur fils Maxime pour la commercialisation. Ces derniers ont entamé une importante phase d'investissements avec la construction d'une nouvelle cave de vinification qui sera mise en service pour la récolte 2011.

Les vins : marqué par des notes d'herbes, le blanc classique apparaît charnu et doux. La cuvée Collection est guidée par son boisé, mais le vin s'en accommode, même si l'élevage le rend moins tonique. Facile et léger, le rosé classique manque de fond. La cuvée Collection se montre plus épicée, peu charnue, mais assez délicate. Côté rouges, le coteaux-d'aix 2009 dévoile un nez de fruit noir, de charbon ; les tanins sont anguleux voire un peu secs. Le Collection 2007 se révèle dominé par un boisé sucré : c'est disgracieux et asséchant en finale.

- ☐ Coteaux d'Aix-en-Provence 2011   7,50 €   13,5
- ☐ Coteaux d'Aix-en-Provence
  Collection du Château 2011   14 €   13,5
- ■ Coteaux d'Aix-en-Provence 2011   7,80 €   12
- ■ Coteaux d'Aix-en-Provence
  Collection du Château 2011   12,70 €   12,5
- ■ Coteaux d'Aix-en-Provence 2009   8 €   13
- ■ Coteaux d'Aix-en-Provence
  Collection du Château 2007   17 €   12,5

Rouge : 35 hectares.
Carignan 11 %, Grenache 21 %, Marselan 2 %,
Merlot 10 %, Syrah 21 %,
Cabernet-sauvignon 27 %, Cinsault 8 %
Blanc : 8 hectares.
Bourboulenc 6 %, Chasan 13 %, Clairette 7 %,
Grenache 9 %, Muscat à petits grains 8 %,
Rolle 12 %, Sauvignon ou Sauvignon
Blanc 21 %, Sémillon 24 %
Production moyenne : 250 000 bt/an

Château de Beaupré, 3525, RN7, 13760
Saint-Cannat
Tél. : 04 42 57 33 59   **Fax :** 04 42 57 27 90
E-mail : contact@beaupre.fr
Site : www.beaupre.fr
Vente : au domaine

De 9h à 12h et de 14h à 18h30 pour groupes et sur rendez-vous.
Propriétaire : Christian et Marie-Jeanne Double

■ Clos Saint-Vincent
BELLET

J oseph Sergi exploite ce microvignoble de 5 ha avec toute la rigueur d'un amoureux du vin et de son terroir. Les vignes, plantées en terrasses sur la colline de Saquier, sont travaillées avec soin et le domaine est cultivé selon les préceptes de la biodynamie. Les vinifications sont soignées, avec une grande partie de fermentations sous bois (muids et demi-muids) suivies d'élevages ambitieux. Cela peut parfois expliquer les nuances de réduction (nobles) dans les premières années de bouteille, en particulier pour les blancs qui ont besoin d'aération avant le service pour les deux cuvées, Le Clos (élevage de 12 mois) et Vino di Gio (élevage de 18 mois).

Les vins : délicieux rosé, qui évoque la figue fraîche, à la fois gras et long en bouche. Le Clos blanc se laisse dominé par une note beurrée, par son gras et son caractère charnu ; il offre une belle mâche en bouche. Le Vino di Gio blanc se montre plus dense, tendu, avec une bonne sapidité en bouche ; mais Il reste dominé par une note boisée prononcée. En rouge, le Clos offre des notes de réglisse, des tanins ciselés et beaucoup de fermeté en bouche ; peu épais, il manque d'étoffe. Vino di Gio se démarque par davantage de finesse et de richesse, et les tanins sont plus aimables.

☐ Bellet Le Clos 2010	26,50 €	14
☐ Bellet Vino di Gio 2010	50 €	14,5
☐ Bellet Vino di Gio 2009	50 € (épuisé)	14,5
▧ Bellet Le Clos 2011	18 €	14
■ Bellet Le Clos 2010	26,50 €	12,5
■ Bellet Vino di Gio 2009	50 €	13,5

Rouge : 3 hectares.
Folle noire 90 %, Grenache 10 %
Blanc : 2 hectares.
Rolle 100 %
Production moyenne : 20 000 bt/an

Clos Saint-Vincent, Collet des Fourniers,
Saint-Roman-de-Bellet, 06200 Nice
Tél. : 04 92 15 12 69 **Fax :** 04 92 15 12 69
E-mail : contact@clos-st-vincent.fr
Site : www.clos-st-vincent.fr
Vente : au domaine

Sur rendez-vous du lundi au vendredi de 9h à 12h et de 14h à 18h.
Propriétaire : Joseph Sergi
Directeur : Joseph Sergi

■ Château La Coste
COTEAUX D'AIX-EN-PROVENCE

C 'est à Matthieu Cosse, célèbre vigneron de Cahors (domaine des Lacquets) et désormais directeur du cru, que nous devons le renouveau de ce vaste domaine des Coteaux d'Aix-en-Provence. Longtemps, les vins se sont montrés d'une grande banalité, techniques et régulièrement « liquides ». Depuis maintenant cinq ans, ce cru renoue avec les meilleures références de l'appellation. A chaque millésime (labellisé bio en 2009), la qualité des vins progresse et les dernières mises en bouteilles confirment que Château La Coste est désormais entré dans la famille des outsiders de la Provence.

Les vins : les blancs sont riches, corpulents mais racés. Le Blanc de Blancs se montre frais au nez, sur des notes d'herbes, mais très gras en bouche avec une belle finale sur une note de fenouil. Les Pentes douces s'exprime au nez sur le fruit exotique ; à l'inverse, la bouche est fraîche malgré une belle maturité de fruit et une chair onctueuse. Le Grand Vin blanc, souligné par une note de pâte d'amande et une touche boisée, possède une certaine distinction et renferme une belle sève. Le Rosé d'une nuit offre un joli fruit, avec une note épicée, dans un bon volume. La cuvée Bellugue apparaît plus pâle de robe, et, tout en préservant une belle empreinte du fruit, se révèle moins ample mais plus longue. En rouge, Les Pentes douces réserve une belle attaque (fruit, note de terre), mais il doit encore discipliner ses tanins même s'il se montre déjà fort gourmand. Sur la résine, la pinède, le Grand Vin affiche sa puissance sur des notes de fruits noirs, avec une légère amertume en finale.

☐ Coteaux d'Aix-en-Provence Blanc de Blancs 2011	9,30 €	13,5
☐ Coteaux d'Aix-en-Provence Les Pentes Douces 2010	16 €	14
☐ VDP des Bouches-du-Rhône Grand Vin 2010	25 €	14,5
▧ Coteaux d'Aix-en-Provence Bellugue 2011	12,50 €	14
■ Coteaux d'Aix-en-Provence Rosé d'une Nuit 2011	9,30 €	13,5
■ Coteaux d'Aix-en-Provence Grand Vin 2010	25 €	14,5

■ Coteaux d'Aix-en-Provence Les
  Pentes Douces 2010   16 €   14

Rouge : 103 hectares.
Cabernet-sauvignon 24 %, Cinsault 5 %,
Syrah 27 %, Grenache 44 %
Blanc : 20 hectares.
Sauvignon blanc 30 %, Vermentino 50 %,
Clairette 5,5 %, Grenache 8,5 %, Ugni blanc
(trebbiano) 6 %
Production moyenne : 700 000 bt/an
❀ Certifié en agriculture bio ou biodynamique

Château La Coste, 2750, chemin de la Cride,
13610 Le Puy-Sainte-Réparade
Tél. : 04 42 61 89 98 **Fax :** 04 42 61 89 41
E-mail : matthieu.cosse@gmail.com
Site : www.chateau-la-coste.com
Vente : au domaine
Tous les jours de 10h à 19h.
Propriétaire : Famille McKillen
Directeur : Matthieu Cosse

■ Domaine du Deffends
COTEAUX VAROIS EN PROVENCE

Situé sur les contreforts du mont Aurélien,
au-dessus de Saint-Maximin, le domaine
bénéficie d'un terroir argilo-calcaire pauvre et
filtrant. Planté dans les années 1960, le vignoble fut un des pionniers de l'appellation, sous
l'impulsion de son propriétaire Jacques de Lanversin. Son épouse Suzel gère désormais avec
énergie et savoir-faire cette propriété familiale,
épaulée par un régisseur jeune et doué. Bénéficiant d'un capital de vieilles vignes, le domaine
produit une multitude de cuvées, dans les trois
couleurs. Notamment le très fameux Champs de
la Truffière, assemblage de vieux cabernet-
sauvignon et de syrah, qui étonnera par ses
capacités de vieillissement : les 2009, 2008 et
plus encore 2007 sont de très grandes réussites.
La cuvée Marie-Liesse est dans un esprit plus
rhodanien (superbe en 2008).

Les vins : souple et désaltérant, le Rosé des
Filles sent les herbes fraîchement coupées plus
que le fruit. Plus salin et plus minéral, le Rosé
d'une Nuit présente, par son énergie, le caractère d'un grand vin blanc. Il se montre sapide,
savoureux et long. Le Champ du Sesterce affiche de la vivacité sur des notes d'herbe, de
pierre chaude, de paille ; c'est un vin pur et
ciselé. Tenu par des tanins fermes, le Champs
du Bécassier exprime des notes de goudron et
de garrigue. Le Champ de la Truffière 2009
s'exprime sur l'olive noire, et possède une bouche grasse, mûre et riche, aux tanins veloutés

mais encore très présents. La cuvée Les Pointes
2009 évolue sur le cuir, la viande, le sang, le
thym et la résine. Avec ses tanins puissants, il
offre un beau potentiel d'évolution.

☐ IGP de la Sainte-Baume Champ du
  Sesterce 2011   10,80 € 13,5
▨ Coteaux Varois en Provence Rosé
  des Filles 2011   10,10 €   13
▨ Coteaux Varois en Provence Rosé
  d'une Nuit 2011   10,10 € 13,5
■ Coteaux Varois en Provence
  Champs de la Truffière 2009 12,80 € 14,5
■ Coteaux Varois en Provence
  Champs du Bécassier 2010   10,10 € 13,5
■ Coteaux Varois en Provence Les
  Pointes 2009   15,80 €   15

Rouge : 12 hectares.
Cabernet-sauvignon 10 %, Grenache 50 %,
Syrah 30 %, Cinsault 10 %
Blanc : 2 hectares.
Viognier 50 %, Rolle 50 %
Production moyenne : 50 000 à 70 000 bt/an
❀ Certifié en agriculture bio ou biodynamique

Domaine du Deffends, 83470 Saint-Maximin la
Sainte Baume
Tél. : 04 94 78 03 91 **Fax :** 04 94 59 42 69
E-mail : domaine@deffends.com
Site : www.deffends.com
Vente : au domaine
Tous les jours sauf dimanche et jours fériés de
9h à 12h et de 15h à 18h. Groupes sur
rendez-vous.
Propriétaire : Famille Lanversin

■ Domaine de Gavaisson
CÔTES DE PROVENCE

Nous avons découvert ce microdomaine d'à
peine 4 ha en 2010. Situé dans le secteur de
Lorgues, c'est le «coin tranquille» de Gerda
Than, une propriétaire originale et très «bobo»
vivant à Monaco. Passionnée par les vins blancs,
elle décide voilà maintenant 14 ans de planter
uniquement du Rolle (80 %) et du sémillon
(20 %) pour produire un vin blanc authentique de l'arrière-pays varois. Avec un vignoble
cultivé selon les préceptes du bio, les vins produits (vinifiés et élevés en cuves inox) offrent un
caractère bien à part et très éloigné des cuvées
trop technologiques, simples et sans aucune originalité produites en Provence. Au regard du
potentiel de ces blancs, nous pensons qu'un très

léger passage en demi-muids ou en foudres renforcerait leur complexité et leur potentiel de garde.

Les vins : la cuvée Inspiration constitue un vin gras, profond, aux senteurs de maquis avec une pointe de fenouil, qui exprime un fruit doux et sapide. Emotion apparait plus tendu, avec une sensation tannique en bouche : on mâche la peau du raisin.

☐ Côtes de Provence Emotion 2011   n.c. 14,5
☐ Côtes de Provence
    Inspiration 2011   n.c.   14

Blanc : 3,9 hectares.
Sémillon 20 %, Rolle 80 %
Production moyenne : 18 000 bt/an

Domaine de Gavaisson, 2487, chemin de Ginasservis, 83510 Lorgues
Tél. : 04 94 59 53 62 ou 06 60 62 85 19
Fax : 04 94 72 28 90
E-mail : gavaisson.emmanuel@orange.fr
Site : www.gavaisson.fr
Vente : au domaine
De 9h30 à 17h30 sur rendez-vous.
Propriétaire : Gerda Than
Directeur : Ariel Medigue

■ Domaine du Gros'Noré
BANDOL

E n dix ans, le volubile Alain Pascal a fait de son domaine l'un des meilleurs représentants de l'appellation. Avec des vieilles vignes de mourvèdre vendangées à haute maturité – autrefois confiées en fermage au château de Pibarnon –, il produit des bandols rouges toujours très complets, intenses et de longue garde, sur le terroir argileux de La Cadière-d'Azur. Les derniers millésimes ont encore gagné en finesse d'extraction et d'élevage. Ils s'épanouiront avec davantage d'élégance que les premiers millésimes vinifiés par le domaine.

Les vins : la cuvé Antoinette 2008 met en avant une certaine finesse, même si cela ne manque pas de fond. Très réglisse au nez, le vin développera avec le temps toute sa complexité, patience. Le bandol classique 2009 est gras, sur le fruit noir, le cuir ; il a besoin de vieillir car il possède une belle masse tannique.

■ Bandol 2009   21 € 14,5
■ Bandol Antoinette 2008   38 € 15,5

Rouge : 9 hectares.
Carignan 5 %, Cinsault 10 %, Grenache 10 %,

Mourvèdre 75 %
Blanc : 0,5 hectare.
Ugni blanc (trebbiano) 30 %, Clairette 70 %
Production moyenne : 70 000 bt/an

Domaine du Gros'Noré, 675, chemin de l'Argile, 83740 La Cadière-d'Azur
Tél. : 04 94 90 08 50 **Fax :** 04 94 98 20 65
E-mail : alainpascal@gros-nore.com
Site : www.gros-nore.com
Vente : au domaine
Tous les jours de 9 h à 12 h et de 14 h à 17 h 30.
Propriétaire : Alain Pascal

■ Château Malherbe
CÔTES DE PROVENCE

C e célèbre domaine de Bormes-les-Mimosas, connu dans les années 1970 pour la forme si particulière de ses bouteilles, revient en force parmi les grands vins de Provence. Autrefois fort réputé pour sa production de rosés et de blancs – qui n'ont rien perdu de leur charme – c'est désormais à travers deux très belles et ambitieuses cuvées de rouge que Malherbe se singularise. Depuis maintenant trois ans, avec l'arrivée de la nouvelle génération de la famille Ferrari, heureuse propriétaire de ce lieu unique, les vins ont gagné en précision, en style et en expression. Avec une recherche optimisée de maturité et d'extraction, les millésimes comme 2007 et 2008 sont très encourageants et les fameuses cuvées Pointe du Diable ou Malherbe signent le retour du domaine à un très bon niveau, ce qui se confirme vraiment avec un millésime 2009 de haut vol.

Les vins : en blanc, la cuvée Malherbe 2011, fortement réduite, sent l'herbe fraîchement coupée ; c'est incisif, mais avec une fin de bouche en queue de paon. Sur des notes de pierre à fusil et d'herbe médicinale, la cuvée Pointe du Diable se montre intense, avec un fruit doux. Le blanc Malherbe 2009 sent le caramel : l'élevage gomme l'identité de la région malgré un joli volume. En rouge, Malherbe 2010 sent le biscuit et le cuir, et recèle un joli fruit soutenu par des tanins fins. Un vin plus délicat qu'ample, mais peu persistant. Si l'ensemble est correct, nous aimerions un rouge plus charnu et un boisé mieux intégré sur le blanc.

☐ Côtes de Provence 2011   n.c.   14
☐ Côtes de Provence 2009   n.c. 12,5
☐ Côtes de Provence Pointe du
    Diable 2011   n.c.   14

■ Côtes de Provence 2010		n.c.	14

Rouge : 13,6 hectares.
Cinsault 14 %, Grenache 41 %,
Mourvèdre 19 %, Cabernet-sauvignon 9 %,
Syrah 17 %
Blanc : 6 hectares.
Rolle 63 %, Sémillon 37 %
Production moyenne : 70 000 bt/an

Château Malherbe, 1, route du Bout du Monde,
83230 Bormes-les-Mimosas
Tél. : 04 94 64 80 11 **Fax :** 04 94 71 84 46
E-mail : chateau.malherbe@wanadoo.fr
Site : www.chateau-malherbe.com
Vente : au domaine
7j/7 de juin à septembre de 9h à 20h.
Propriétaire : Sébastien Ferrari

■ Domaine Saint-André de Figuière
CÔTES DE PROVENCE

A lain et François Combard sont propriétaires de ce domaine situé sur les contreforts du massif des Maures, face aux îles de Porquerolles. Le terroir schisteux et veiné de quartz du secteur de La Londe révèle des vins assez tendus, qui peuvent associer parfaitement maturité et fraîcheur du fruit. En culture bio depuis 1979, la propriété propose une gamme cohérente, allant de premières cuvées de fruits, en vins de pays du Var, à la fameuse cuvée Confidentielle, en passant par une sélection de vieilles vignes.

Les vins : parmi les rosés, le vieilles vignes apparaît ciselé et désaltérant, plus vif que fruité. La cuvée Confidentielle développe des arômes de maquis et d'épices, mais se révèle moins onctueuse et moins longue que la cuvée Magali. Plus nerveux que volumineux, le blanc s'exprime sur une note citronnée. En rouge, le vielles vignes 2010 sent le cuir, avec une note d'herbe et de résine, et dévoile une bouche complète, aux tanins lisses, totalement intégrés dans le fruit. La cuvée Confidentielle 2010 offre un bouche nette, limpide et douce, plus sur le fruit noir et les épices. Son joli toucher de bouche, le juste équilibre fruit-alcool et l'élevage bien maîtrisé en font le vin le plus complet de la gamme.

☐ Côtes de Provence Vieilles Vignes 2011		12,50 €	13,5
■ Côtes de Provence La Londe Confidentielle 2011		24,70 €	13
■ Côtes de Provence Signature Magali 2011		9,20 € cav.	13
■ Côtes de Provence Vieilles Vignes 2011		11,80 €	13
■ Côtes de Provence Confidentielle 2010		26,85 €	15
■ Côtes de Provence Vieilles Vignes 2010		14,85 €	14,5

Rouge : 57 hectares.
Cinsault 24 %, Grenache 31 %, Cabernet 6 %,
Mourvèdre 18 %, Syrah 21 %
Blanc : 8 hectares.
Sémillon 15 %, Ugni blanc (trebbiano) 13 %,
Rolle 72 %
Production moyenne : n.c.
❧ Certifié en agriculture bio ou biodynamique

Domaine Saint-André de Figuière, BP 47, 605, route de Saint-Honoré, 83250 La Londe-les-Maures
Tél. : 04 94 00 44 70 **Fax :** 04 94 35 04 46
E-mail : figuiere@figuiere-provence.com
Site : www.figuiere-provence.com
Vente : au domaine
Pas de visites.
Propriétaire : Alain Combard
Directeur : Alain Combard

■ Château Sainte-Roseline
CÔTES DE PROVENCE

A cquis en 1994 par le Grenoblois Bernard Teillaud, le vaste domaine de Sainte-Roseline, établi sur le terroir argilo-calcaire des Arcs-sur-Argens, dispose d'installations ultra-modernes. Placés sous la responsabilité de sa fille, Aurélie Bertin, les vins de Sainte-Roseline s'imposent désormais parmi les références dans la vaste appellation Côtes de Provence. La gamme étendue – des cuvées Lampe de Méduse et Prieure à la cuvée La Chapelle – se distingue par un style moderne, précis et fin, évoluant avec harmonie. Mais le manque de cohérence de la production présentée cette année nous conduit à retirer l'étoile du domaine.

Les vins : en rosé, le Lampe de Méduse se montre souple et friand ; c'est un vin de soif mais très technique. La cuvée Prieure est ciselée, tirant sur une note de pierre à fusil et d'herbe grillée, et sa bouche reste la plus grasse des trois rosés. La Chapelle de Sainte-Roseline apparaît réduit ; il faut aérer le vin qui se révèle peu charnu mais assez vif. En blanc, La Chapelle de Sainte-Roseline semble totalement dominé par le bois (noix de coco), et le vin manque de sève. En rouge, la cuvée Prieure 2008 évoque la tapenade et le romarin ; ses tanins sont encore un rien saillants, mais il offre un beau fruit qui n'a pas totalement basculé dans des arômes tertiaires. Il faut l'aérer pour que le fruit et les tanins se patinent. Avec La Chapelle de Sainte-Roseline 2009, on bascule dans le confit : plus riche, le vin présente des tanins asséchants, on peine à le boire.

☐ Côtes de Provence La Chapelle de
  Sainte-Roseline 2010   24,30 €   12,5
▨ Côtes de Provence Cuvéc
  Prieure 2011   15,95 €   13,5
▨ Côtes de Provence La Chapelle de
  Sainte-Roseline 2011   21,90 €   13
▨ Côtes de Provence La Chapelle de
  Sainte-Roseline 2009   39 €   13,5
▨ Côtes de Provence Lampe de
  Méduse 2011   12,50 €   12
■ Côtes de Provence Cuvée
  Prieure 2008   18,95 €   14,5

Rouge : 81 hectares.
Cabernet-sauvignon 20 %, Carignan 20 %, Mourvèdre 5 %, Syrah 55 %
Blanc : 12 hectares.
Rolle 90 %, Sémillon 10 %
Production moyenne : n.c.

Château Sainte-Roseline, 83460 Les Arcs-sur-Argens
Tél. : 04 94 99 50 30 **Fax :** 04 94 47 53 06
E-mail : contact@sainte-roseline.com
Site : www.sainte-roseline.com
Vente : au domaine
Du lundi au vendredi de 9h à 12h30 et de 14h à 18h30. Samedi, dimanche et jours fériés de 10h à 12h et de 14h à 18h.
Propriétaire : Aurélie Bertin Teillaud
Directeur : Christophe Bernard

NOUVEAU DOMAINE

■ Domaine Les Terres Promises

COTEAUX VAROIS

Professeur à Sciences Po, Jean-Christophe Comor s'est installé comme vigneron en 2004, parallèlement à son activité d'enseignant. Sans formation, ni œnologue à ses côtés, avec juste « de l'humilité et de l'audace », comme il le souligne lui-même, il s'oriente vers une viticulture biologique. De même, en cave, il veut être le moins interventionniste, utilisant peu ou pas de soufre et surtout aucun adjuvant chimique. Il se définit comme un interprète modeste mais proche de la nature. L'ensemble de ses vins, à la matière riche et profonde, présente un intérêt majeur : ils nous parlent d'un Sud gorgé de soleil, doublé d'une étonnante complexité.

Les vins : le blanc A bouche que veux-tu dévoile une belle note de fenouil et offre du volume, c'est gras et bien équilibré. L'Apostrophe rosé offre un nez gras et exprime un raisin cueilli à maturité dans une bouche pleine, onctueuse, avec de la chair. Analepse possède une bouche précise, longue, onctueuse, sur le fruit blanc, dans un registre gourmand, mais avec une fin de bouche bien vive. Dans la gamme des rouges, l'Amourvèdre dévoile un nez complexe : derrière une pointe de cuir, il déploie un beau dégradé de fruits noirs. La bouche révèle un fruit pur et des tanins d'une grande finesse. L'Antidote est un vin souple, sur le croquant du fruit. Au Hasard et Souvent présente un nez au fruit légèrement confit et une bouche à la matière aérienne mais persistante, d'une grande délicatesse de tanins. Dans les trois couleurs, les vins de forte personnalité alternent puissance et élégance, densité et fraîcheur. Bravo.

☐ IGP Sainte Baume A Bouche que
  Veux-Tu 2011   9 €   14
☐ VDF Analepse 2011   15 €   15
▨ Coteaux Varois en Provence
  Apostrophe 2011   9 €   14
■ IGP Mont Caume
  Amourvèdre 2011   12 €   15
■ IGP Sainte Baume L'Antidote 2011   10 €   13
■ IGP Var Au Hasard et
  Souvent 2011   25 € (50 cl)   16

Rouge : 7 hectares.
Syrah 6 %, Carignan 42 %, Grenache 14 %, Mourvèdre 38 %
Blanc : 1,9 hectare.
Clairette 10 %, Ugni blanc (trebbiano) 27 %, Rolle 7 %, Grenache 13 %, Cinsault 10 %, Carignan 33 %
Production moyenne : 55 000 bt/an

Domaine Les Terres Promises, Chemin de la Persévérance, 83136 La Roquebrussane
Tél. : 06 81 93 64 11
E-mail : jccomor@lesterrespromises.fr
Vente : au domaine
Sur rendez-vous.
Propriétaire : Jean-Christophe Comor

■ Château La Tour de l'Evêque

CÔTES DE PROVENCE

Vente : au domaine
Du lundi au samedi de 9h à 18h.
Propriétaire : Régine Sumeire

Régine Sumeire conduit ce vignoble (89 ha) acquis par sa famille en 1958. Elle s'est surtout fait connaître par sa très fameuse cuvée de rosé Pétale de Rose, dont elle est devenue la spécialiste ! Issus de vignes magnifiquement situées dans le secteur de Pierrefeu (Var), et plus particulièrement dans la zone des collines des Maurettes, Les rouges produits sont charpentés et puissants, avec sa cuvée Noir et Or, essentiellement composée de grenache, syrah et cinsault, agrémentés d'une pointe de cabernet-sauvignon. Planté sur des sols schisteux et de grès rouge, ce terroir chaud permet aux vins rouges du domaine d'évoluer avec grâce et de développer au vieillissement de fines notes de truffe et de fruits confits. Régine Sumeire possède également le château de Barbeyrolles à Gassin, où elle produit des rosés de très belle intensité.

Les vins : le blanc est gras, onctueux, tendre, mais peu profond, avec une fin de bouche douceâtre. En rosé, le délicat Pétale de rose exprime un joli parfum et un fruit très doux. En rouge, le 2007 développe un nez animal, sur le cuir, puis révèle en bouche un fruit sucré sur des tanins gras déjà bien fondus. On pourra le garder encore quelques années. Le 2006 bascule dans le fuit compoté, avec des notes de viande rôtie, de graphite et de poivre noir. Malgré une attaque en douceur, les tanins ne sont pas totalement fondus ; il peut encore évoluer.

☐ Côtes de Provence Blanc de
   Blancs 2011   12 € 13,5
▨ Côtes de Provence Pétale de
   Rose 2011   12 € 13
■ Côtes de Provence 2007   11 € 14
■ Côtes de Provence Noir et
   Or 2006   22 € 15

Rouge : 76 hectares.
Cabernet-sauvignon 4 %, Cinsault 36 %,
Grenache 30 %, Mourvèdre 5 %, Syrah 25 %
Blanc : 8,3 hectares.
Rolle 40 %, Sémillon 23 %, Ugni ou Ugni blanc
(trebbiano) 37 %
Production moyenne : 350 000 bt/an
❀ Certifié en agriculture bio ou biodynamique

Château La Tour de l'Evêque, Château La Tour
Sainte-Anne, 83390 Pierrefeu-du-Var
Tél. : 04 94 28 20 17 **Fax :** 04 94 48 14 69
E-mail : regine.sumeire@toureveque.com
Site : www.toureveque.com

PROVENCE ET CORSE

CORSE

■ Domaine Comte Abbatucci

AJACCIO

★★

Passionné d'ampélographie, Antoine Abbatucci décide, dans les années 1970, de créer un conservatoire des cépages autochtones corses. Grâce à lui, 400 ans d'histoire viticole et ampélographique insulaire ont été préservés ! Mais c'est son fils Jean-Charles, biodynamiste, qui a su exploiter cette mine d'or à sa juste valeur, tout en lançant le souhait et la volonté, auprès des grands vignerons corses, de développer le retour à la culture des cépages traditionnels. Aujourd'hui, qui connaît les cépages blancs pagadebbiti ou brustanio, ou encore, en rouge, le morescono ou le carcajolo nero ? Pour les visualiser, il vous reste plus qu'à tracer la route vers la vallée du Taravo, fief de la famille Abbatucci, pour y admirer cette fameuse parcelle dans laquelle viennent se ressourcer tous les ampélographes en mal de cépages méditerranéens. A partir de ce patrimoine, trois cuvées ont été crées, connues comme les plus chères de Corse : deux en blanc, Diplomate et Général, une en rouge, Ministre, rendant un vibrant hommage aux ancêtres politiques et militaires de cette noble famille ! La cuvée Faustine, dans un style plus accessible en goût et en prix, est produite sur des terroirs de coteaux de granit décomposé. Comme vous pouvez vous en douter, les vins possèdent une très belle identité et charment par leur singularité.

Les vins : magnifique pureté de fruit du Faustine rosé, droit, ciselé et aucunement agressif. En blanc bien mûr, le Général de la Révolution, dense et long, a un arrière-goût de pêche blanche et de fenouil. Le BR est plus réduit, mais avec un fruit net, ciselé et doux, où l'on a du gras, une matière profonde et de beaux amers en finale. Il Cavalière développe une pointe de surmaturité, mais l'ensemble est construit par une belle minéralité. Le Faustine rouge brille par sa fraîcheur. Digeste sur le fruit noir, il tire sur le tabac brun, tout en étant doté de tanins fins. Le Ministre impérial présente un fruit gras, à la fois riche et volumineux. Les tanins sont bien enrobés. Des vins de haute volée pour ce domaine, qui mérite amplement sa deuxième étoile.

☐ VDT BR 2011	n.c.	16,5
☐ VDT Général de la Révolution 2011	n.c.	16
☐ VDT Il Cavalière Diplomate de l'Empire 2011	n.c.	17
▨ Ajaccio Faustine 2011	n.c.	14
■ Ajaccio Faustine 2010	n.c.	16
■ VDT Ministre Impérial 2011	n.c.	17

Rouge : 15 hectares.
Nielluccio 57 %, Sciacarello 43 %
Blanc : 5 hectares.
Vermentino 100 %
Production moyenne : 70 000 bt/an
❀ Certifié en agriculture bio ou biodynamique

Domaine Comte Abbatucci, Chiesale, pont de Calzola, 20140 Casalabriva
Tél. : 04 95 74 04 55 **Fax :** 04 95 74 26 39
E-mail : contact@domaine-abbatucci.fr
Vente : au domaine
Pas de visites.
Propriétaire : Jean-Baptiste Abbatucci

■ Domaine Antoine Arena

PATRIMONIO

★★

Vigneron méticuleux et chef de file de Patrimonio, Antoine Arena est convaincu que l'identité des vins corses passe par une viticulture saine, notamment par le travail des sols, ainsi que par une vinification la plus naturelle possible. Cette noble cause tient compte également – c'est essentiel – du potentiel conféré aux cépages autochtones sur des terroirs sélectionnés permettant d'élaborer toute une série de cuvées identitaires fortes, de la fameuse cuvée Carco à Grotte di Sol, sans oublier la plus récente, Morta Maïo. Si le domaine a pu connaître, dans certaines années, des excès dans la surmaturité (avec des blancs secs à fort taux de sucres résiduels) et dans la puissance des rouges, les derniers millésimes trouvent un équilibre et une finesse d'extraction, plus justes et précises. Aujourd'hui, c'est avec les fils d'Antoine, Jean-Baptiste et Antoine-Marie, que le domaine connaît une nouvelle impulsion, avec notamment l'envie de développer des élevages sous bois. Un domaine qui n'a jamais connu de temps mort !

Les vins : en rouge, le Carco 2010 offre une belle bouche aux tanins souples, nourrie par un fruit tendre et plein. Plus riche, plus complexe et plein, la Cuvée Zéro (sans soufre) possède une belle persistance sur un fuit légèrement rôti ; sapide et très long, le vin est prégnant, mûr mais pas chaud. Le Grotte di Sole, profond et charnu, dévoile un fruit encore abrupt et des tanins d'une grande finesse. Sur une note de pierre à fusil, le

Carco blanc semble ciselé, plus minéral que fruité, avec l'acidité prononcée du millésime 2011. Tirant sur des notes de fenouil, le vin de France BG blanc s'avère fin et doux, sapide, et à la finale saline. Gras et long, le Grotte di Sole blanc se présente plus riche, presque sucré, et doté d'une belle masse de fruit de type pêche blanche.

☐ Patrimonio Carco 2011	15 €	13
☐ Patrimonio Grotte di Sole 2011	15 €	16
☐ VDF Bianco Gentile BG 2011	15 €	14,5
■ Patrimonio Carco 2010	15 €	15
■ Patrimonio Cuvée Zéro 2010	15 €	15
■ Patrimonio Grotte di Sole 2010	15 €	16

Rouge : 4,5 hectares.
Niellucio 100 %
Blanc : 9,28 hectares.
Vermentino 33,33 %, Divers 33,33 %, Muscat 33,33 %
Production moyenne : 55 000 bt/an

Domaine Antoine Arena, Morta Maïo, 20253 Patrimonio
Tél. : 04 95 37 08 27 **Fax :** 04 95 37 01 14
E-mail : antoine.arena@wanadoo.fr
Site : www.antoine-arena.fr
Vente : au domaine
Sur rendez-vous.
Propriétaire : Antoine Arena

■Clos Canarelli
AOC CORSE
★★

E n dix ans, Yves Canarelli s'est affirmé comme le grand vigneron de la côte sud de la Corse, dans le secteur méridional de Figari. En travaillant sans relâche, il a repris en partie et planté un vignoble qui totalise aujourd'hui 28 ha en production. Déjà, ses débuts avaient été brillamment remarqués avec une production de très belle facture, alors vinifiée dans des conditions très précaires. C'est désormais dans une cave rutilante qu'Yves Canarelli peut s'exprimer dans toute une série de vinifications. Il protège aussi, en passionné d'ampélographie, tout un patrimoine de vieux cépages, dont, en blanc, le bianco gentile, et, en rouge, le minustellu, suivant ainsi les traces de l'Ajaccien Jean-Charles Abbatucci. Depuis 2009, il a repris une parcelle de vigne préphilloxérique sur le village d'Orazi (cuvée Terra d'Orazi) et vinifie désormais une micro-cuvée en amphores (cuvée Amphora). Enfin,

après avoir été le principal artisan du retour de Figari au premier plan des vins de Corse, il a pour projet de relancer l'appellation Bonifacio.

Les vins : le rosé est somptueux avec une note de curcuma. Fin, ciselé, pur, on le boira tel un grand blanc à peine teinté. En blanc, le Bianco Gentile apparaît doux mais intense, juteux sur le fruit mature, avec une touche de massepain. Plus réduit, le figari blanc décline un goût d'herbe grillée, et exprime des notes de pierre chaude et de maquis. La bouche affiche une belle énergie. En rouge, le Carcaghjolu 2010 sent le Sud à plein nez. C'est dense, on a une touche de goudron, de cuir, avec un fruit très présent et des tanins bien gras : somptueux. Le figari Amphora 2011, qui évoque la datte et la figue sèche, respecte un magnifique équilibre entre maturité et fraîcheur. C'est fin, racé, profond. Superbe. Le figari 2010 reste dans la force de sa structure. Son fruit mature lui donne une belle persistance. En phase de repli, il faudra le revoir d'ici quelque temps. La cuvée Carcaghjolu 2009 évolue sur une note mentholée. Le vin, plein, riche, un peu ferme, doit encore se patiner. Si les rouges sont trapus, voire un peu rustiques, ils peuvent encore gagner en élégance.

☐ Corse Figari 2011	21,55 €	15,5
☐ VDT Bianco Gentile 2011	21,55 €	15,5
■ Corse Figari 2011	15 €	14
■ Corse Figari 2010	16,20 €	14
■ Corse Figari Amphora 2011	40 €	15,5
■ VDT Carcaghjolu 2010	42 €	16
■ VDT Carcaghjolu 2009	42 €	15,5

Rouge : 22 hectares.
Sciacarello 10 %, Syrah 10 %, Nielluccio 80 %
Blanc : 6 hectares.
Vermentino 100 %
Production moyenne : 130 000 bt/an
☙ Certifié en agriculture bio ou biodynamique

Clos Canarelli, Tarabucetta, 20114 Figari
Tél. : 04 95 71 07 55 **Fax :** 04 95 71 07 55
E-mail : closcanarelli2a@orange.fr
Vente : au domaine
Sur rendez-vous uniquement.
Propriétaire : Yves Canarelli

■Clos Nicrosi
MUSCAT DU CAP CORSE
★

C e vignoble historique de l'île a été fondé par Dominique Nicrosi en 1850. Il a acquis sa notoriété avec ses descendants, Toussaint et Paul

Luigi qui, dès le début des années 1960, ont bâti sa réputation de plus grand vin blanc de Corse. Aujourd'hui, le domaine est dirigé par Jean-Noël Luigi, entouré de son fils Sébastien et de sa fille Marine. Remarquablement situé en bordure de mer, dans la zone la plus septentrionale de l'île, dans le village de Rogliano, à la pointe du Cap Corse, le domaine bénéficie d'un vignoble fraîchement ventilé par les vents marins, sur des sols de schistes. Ces fameux schistes qui « minéralisent » les blancs, évitant tout élevage sous bois. Il est très prisé des amateurs pour son délicieux muscat du Cap Corse (Muscatellu), et nous vous conseillons vivement son blanc sec, toujours très original, qui forme de délicieux accords à table. Sa capacité de vieillissement, dans les grands millésimes, est inégalée en Corse.

Les vins : le domaine ne nous ayant pas fait parvenir ses vins cette année, nous sommes amenés à reconduire les notes de l'édition précédente – sans autre commentaire.

☐ Coteaux du Cap Corse 2010　　n.c.　16
☐ Coteaux du Cap Corse Toussant
　Luigi 2010　　　　　　　　n.c.　15
☐ Muscat du Cap Corse
　Muscatellu 2010　　　　　　n.c.　17,5

Rouge : 2 hectares.
Aleatico 25 %, Niellucio 25 %, Sciacarello 50 %
Blanc : 7 hectares.
Vermentino 75 %, Muscat à petits grains 25 %
Production moyenne : 35 000 à 40 000 bt/an

Clos Nicrosi, 20247 Rogliano
Tél. : 04 95 35 41 17　**Fax :** 04 95 35 47 94
E-mail : clos.nicrosi@wordonline.fr
Vente : au domaine
Du lundi au samedi de 10h à 12h et de 16h à 19h, de juin à octobre ou sur rendez-vous.
Propriétaire : Jean-Noël Luigi

Domaine d'E Croce
PATRIMONIO
★

L a réputation d'Yves Leccia n'est plus à faire. Désormais séparé de sa sœur, il exploite aujourd'hui une partie du vignoble de son père, sur les belles parcelles E Croce et Partinelone, à Poggio d'Oletta. À la vigne, plantée sur des sols schisteux et argilo-calcaires, le travail minutieux et la parfaite gestion des rendements permettent d'obtenir de magnifiques résultats, en blanc comme en rouge. C'est indiscutablement l'une des valeurs sûres de l'appellation Patrimonio.

Les vins : en blanc classique, l'YL offre un fruit pur sur une note de fenouil sauvage, douce mais pas grasse en bouche. Très aromatique et encore légèrement perlant, le C281 évoque le grain de muscat et l'abricot sec. La bouche est mature mais avec une belle vivacité. Le Biancu Gentile est charnu sur des notes épicées et de garrigue. Le patrimonio blanc déploie des odeurs de pierre à fusil. Tendu, il lui manque un peu d'épaisseur, même si l'on apprécie la pureté de son fruit. L'YL rouge est délicieux, tout en douceur, aux notes de coulis de framboise, avec un beau croquant de fruit. Fermé, le patrimonio développe davantage d'étoffe et de fond ; sa chair, dense et épaisse, se marie aux tanins fins mais bien présents.

☐ IGP Biancu Gentile interprété par
　Yves Leccia 2011　　　　18 €　15,5
☐ IGP Cuvée YL 2011　　　　14 €　14,5
☐ IGP Cuvée YL C281 2011　　14 €　14
☐ Patrimonio Yves Leccia 2011　22 €　15,5
■ IGP Cuvée YL 2010　　　　14 €　15

Rouge : n.c..
Blanc : n.c..
Production moyenne : 70 000 bt/an

Domaine d'E Croce, lieu-dit Morta Piana, 20232 Poggio d'Oletta
Tél. : 04 95 30 72 33
E-mail : leccia.yves@wanadoo.fr
Site : www.yves-leccia.com
Vente : au domaine
Du 15 avril au 15 octobre de 10h à 13h et de 15h à 19h.
Propriétaire : Yves et Sandrine Leccia

■ Domaine Leccia
PATRIMONIO
★

A nnette Leccia exploite avec attention le domaine familial situé sur le lieu-dit Morta Piana, à Poggio d'Oletta. Elle s'est entourée, à la vigne et à la cave, d'une équipe menée par le jeune et talentueux Nicolas Mariotti Bindi, chef de culture et également producteur à Patrimonio. Le domaine s'est engagé dans une démarche bio et vise sa labellisation pour la vendange 2011. Les derniers millésimes de blancs sont d'un excellent niveau, tout comme les rosés. C'est sur les rouges que nous sommes plus réservés. Si, dans les grands millésimes comme 2007, ils peuvent atteindre un excellent niveau de qualité, dans un millésime plus délicat comme 2008, ils semblent moins précis.

Les vins : le rosé déploie des notes de fruits rouges à la sensation minérale prononcée, la maturité est au rendez vous. Le blanc 2011 se montre fin, ciselé, bénéficiant d'une maturité qui valorise plus des notes d'herbe et de maquis que de fruit. Il affiche en outre une acidité assez prononcée. D'une belle finesse, le rouge 2009 propose un fruité expressif au nez, mais une bouche filiforme, peu grasse et des tanins pointus. Cela manque un peu de liant en milieu de bouche. Attendons de le voir grandir. Légèrement plus sucré, le 2008 Pietra Bianca est plus juteux en bouche, ses tanins sont plus gras, et pour cause : il fait 1,5 ° de plus.

☐	Muscat du Cap Corse 2011	19 €	14
☐	Patrimonio 2011	18 €	14
◪	Patrimonio 2011	12 €	14
◼	Patrimonio 2009	14 €	13
◼	Patrimonio Petra Bianca 2008	20 €	15,5

Rouge : 8 hectares.
Nielluccio 100 %
Blanc : 5 hectares.
Muscat à petits grains 65 %, Vermentino 35 %
Production moyenne : 60 000 bt/an

Domaine Leccia, 20232 Poggio d'Oletta
Tél. : 04 95 37 11 35 **Fax :** 04 95 37 17 03
E-mail : domaine.leccia@wanadoo.fr
Site : www.domaineleccia.fr
Vente : au domaine
Du lundi au samedi de 9h à 12h et de 14h à 19h.
Propriétaire : Annette Leccia

◼ Domaine Vaccelli

AJACCIO

★

L a famille Courrèges exploite, depuis 1961, ce domaine de 27 ha sur un très beau terroir d'arènes granitiques de la vallée du Taravo, tout au sud de l'appellation Ajaccio. Après des études d'œnologie à Nîmes et une formation au Clos Capitoro, Gérard, fils d'Alain Courrèges, est désormais responsable des vinifications. Le domaine est en conversion bio, mais tarde malheureusement à franchir le pas de la certification. La gamme est variée, avec pas moins de quatre qualités déclinées dans les trois couleurs, hormis la cuvée Unu : la cuvée Juste Ciel en Vin de Pays, Domaine en entrée de gamme sur des vins fruités

d'un très bon rapport qualité-prix, cuvée Roger Courrèges, plus dense et issue de sélections de vendanges sur des vignes plus âgées, et enfin, Granit, qui, comme son nom l'indique, est déterminé par une sélection de terroir. Les vins font figure de valeurs sûres de l'appellation Ajaccio. Nous accordons au domaine sa première étoile.

Les vins : en rosé, la cuvée Juste Ciel offre un joli fruit. C'est doux, légèrement épicé et relevé par de beaux amers. Le Granit s'avère plus ferme, presque tannique, sec et droit ; il apporte une sensation minérale. Quant au Unu, il se révèle tendre, souple, friand, mais un peu court. Le Granit rosé a une forte personnalité. En blanc, l'aromatique cuvée Unu possède une belle minéralité. D'une profonde richesse, le vin a du poids en bouche. La cuvée Roger Courrèges dévoile une note de pâte de fruits et de fenouil ; volumineux, il procure une belle sensation. Le Granit blanc est légèrement boisé, mais avec justesse ; intense, long, doté d'une magnifique énergie et très minéral. Superbe. En rouge, la cuvée Unu est sur le fruit, croquant à l'attaque, mais avec des tanins un peu fermes en finale. La cuvée Roger Courrèges 2008 déploie un fruit déjà bien fondu mais persistant, et le Granit se démarque par un nez plus fumé et de pierre à fusil. Les tanins sont encore saillants et il y a un beau volume de bouche. Nous lui accordons une étoile.

☐	Ajaccio Granit 2010	n.c.	16,5
☐	Ajaccio Roger Courrèges 2010	n.c.	15
☐	Ajaccio Unu 2011	12 €	14
◪	Ajaccio Granit 2011	n.c.	13,5
◪	Ajaccio Juste Ciel 2011	n.c.	13
◪	Ajaccio Unu 2011	n.c.	12,5
◼	Ajaccio Granit 2009	n.c.	15,5
◼	Ajaccio Roger Courrèges 2008	n.c.	15,5
◼	Ajaccio Unu 2010	n.c.	14

Rouge : 24.5 hectares.
Grenache 20 %, Nielluccio 10 %, Cinsault 5 %, Carignan 5 %, Sciacarello 60 %
Blanc : 2.5 hectares.
Muscat d'Alexandrie 40 %, Vermentino 60 %
Production moyenne : 70 000 bt/an

Domaine Vaccelli, Aja-Donica, 20123 Cognocoli
Tél. : 04 95 24 35 54 **Fax :** 04 95 24 38 07
E-mail : vaccelli@aol.com
Vente : au domaine
Du lundi au samedi de 9h à 12h et de 15h30 à 19h.
Propriétaire : Alain Courrèges et Fils

■ Domaine d'Alzipratu
CORSE CALVI

C e vignoble situé dans l'arrière-pays de la Balagne est né, dans les années 1970, de l'association de Maurice Acquaviva et du baron de La Grange, propriétaire du couvent d'Alzipratu. À l'époque, Acquaviva amène 16 ha de vignoble, qui s'ajoutent aux six du baron. Mais ce n'est que depuis 1996 que la famille Acquaviva est l'unique propriétaire du domaine, géré depuis 1992 par Pierre. Avec 30 ha divisés en deux terroirs (les 6 ha historiques du couvent et 24 ha dans la haute vallée de la Figarella), Alzipratu est aujourd'hui considéré comme un domaine de premier ordre en Balagne. Deux cuvées sont produites : Fiume Seccu (le fleuve sec) et Pumonte (au-delà des monts) sur ce terroir granitique marqué par les plus importantes amplitudes de températures du vignoble corse. En effet, on passe, en cinq petits kilomètres, du niveau de la mer au sommet du mont Grossu, qui culmine à 1 950 m ! Dans une cave moderne et remarquablement équipée, Pierre Acquaviva vinifie des vins de belle tenue, résistants (en particulier dans la cuvée Pumonte rouge) et très gourmands.

Les vins : le Pumonte rosé est un vin technique, sucré et court. Le Pumonte blanc, au nez de bourgeon de cassis, est doté d'un caractère variétal, creux mais ni mûr ni mou. Le rouge présente un intérêt majeur grâce à sa finesse et à ses tanins présents mais ciselés. Il évoque le cuir et le charbon, et l'ensemble est servi par une belle longueur. La cuvée Fiume Seccu se montre fine, sur la fraîcheur. Un vin distingué, davantage sur la dentelle.

☐ Corse Calvi Pumonte 2011	n.c.	12
▨ Corse Calvi Pumonte 2011	n.c.	12
■ Corse Calvi Fiume Seccu 2010	n.c.	15
■ Corse Calvi Pumonte 2010	n.c.	14

Rouge : 20 hectares.
Nielluccio 40 %, Sciacarello 60 %.
Blanc : 10 hectares.
Vermentino 100 %
Production moyenne : 120 000 bt/an

Domaine d'Alzipratu, route de Zilia, 20214 Zilia
Tél. : 04 95 62 75 47 **Fax :** 04 95 60 32 16
E-mail : alzipratu@wanadoo.fr
Site : www.domaine-alzipratu.fr
Vente : au domaine
Du lundi au vendredi de 9h à 12h30 et de 13h30 à 17h.
Propriétaire : Pierre Acquaviva

■ Clos Signadore
PATRIMONIO

S itué dans le village de Poggio d'Oletta, ce petit domaine est exploité, depuis plus de dix ans, avec beaucoup de cœur et de passion par Christophe Ferrandis. Avec des vignes dont la moyenne d'âge avoisine les 40 ans, les rendements sont faibles et les vins reflètent fidèlement leur terroir, en particulier sur la cuvée du Clos Signadore, produite uniquement en rouge, et sur la cuvée A Mandria, produite dans les trois couleurs.

Les vins : belles notes de fenouil et de citron confit pour le blanc frais mais onctueux. A Mandria di Signadore 2011 brille par sa finesse de tanins et son fruit croquant, lui conférant un caractère presque septentrional. La cuvée classique n'a pas encore trouvé son équilibre en termes d'élevage, malgré un supplément de densité et une matière riche. Elle s'assèche légèrement en finale.

☐ Patrimonio A Mandria Di Signadore 2011	19,50 €	14
■ Patrimonio 2009	39 €	15
■ Patrimonio A Mandria Di Signadore 2011	19,50 €	15,5

Rouge : 8 hectares.
Nielluccio 100 %
Blanc : 2 hectare.
Vermentino 100 %
Production moyenne : 20 000 bt/an

Clos Signadore, lieu-dit Morta Piana, 20232 Poggio d'Oletta
Tél. : 06 15 18 29 81
E-mail : contact@signadore.com
Site : www.signadore.com
Vente : au domaine
Sur rendez-vous.
Propriétaire : Christophe Ferrandis

■ Clos Venturi
AOC CORSE

L es Venturi père et fils règnent en maîtres sur ce vaste vignoble de Ponte-Leccia, village situé au carrefour des routes filant vers Bastia, Ajaccio et Calvi. Créé en 2006, leur Clos Venturi (13 ha de rouge et 5 ha de blanc) est le domaine le plus récent de Corse. Il provient du détachement des meilleurs terroirs du domaine Vico, qui ont permis d'isoler et de vinifier les raisins de ce « clos » dans les trois couleurs. Un sol de grès, en coteaux, bénéficiant d'une exposition superbe entre 200 et 300 m d'altitude. Dès les premiers millésimes, ce cru s'est immédiatement fait remarquer dans les dégustations comparatives, avec des vins complexes et minéraux comme on en croise rarement dans cette appellation générique. Un important travail de replantation de cépages autochtones est en cours, ainsi qu'une réflexion sur l'utilisation des levures sélectionnées. Jean-Marc et Manu Venturi produisent également, sur 52 ha, des vins plus génériques bien qu'assez technologiques, mais d'un très bon rapport qualité-prix, sous l'étiquette du domaine Vico.

Les vins : en 2011, le 1769 est un rosé de soif, technique, souple, très grand public. De couleur rose bonbon, le Clos Venturi se montre plus épicé et plus profond, dégageant une belle intensité. Le 1769 incarne un joli blanc, désaltérant et doté d'un beau fruité gourmand... il sent la poire juteuse. La cuvée 1769 Bianco Gentile, droite, très pure, termine sur une belle note de fenouil et propose une finale bien minérale. En blanc toujours, le Clos Venturi profite d'un nez puissant et complexe, dont émane une odeur de garrigue et de pierre chaude. La bouche s'avère volumineuse, c'est gras, profond, mais avec un beau retour sur le fruit. Le Clos Venturi blanc 2008 déploie un magnifique parfum, aux tonalités tertiaires. Paradoxalement, cela sent l'encaustique et la fleur d'oranger, la bouche respire l'élégance ; très beau vin, distingué et cossu. En rouge, le 1769 de 2010 propose un goût de réglisse, de fruits noirs, ainsi que de poivre de Sichuan, les tanins sont très présents et le fruit pur. Assez joli et bien travaillé. Le Clos Venturi 2009 sent le tabac brun et le fruit noir, il s'avère volumineux avec des tanins fins.

☐ Corse 2011		21 €	14
☐ Corse 2008		35 €	15
☐ Corse 1769 2011		9 €	13
☐ Corse 1769 Biancu Gentile 2011		12 €	13,5
▨ Corse 2011		15 €	13,5
▨ Corse 1769 2011		9 €	12
■ Corse 2009		21 €	14,5
■ Corse 1769 2010		9 €	13,5

Rouge : 13 hectares.
Nielluccio 55 %, Sciacarello 15 %, Aleatico 5 %, Autres 15 %, Syrah 10 %
Blanc : 5 hectares.
Vermentino 70 %, Autres 30 %
Production moyenne : n.c

Clos Venturi, route de Calvi, 20218 Ponte Leccia
Tél. : 04 95 47 61 35 **Fax :** 04 95 30 85 57
E-mail : domaine.vico@orange.fr

Site : www.closventuri.com
Vente : au domaine
Sur rendez-vous.
Propriétaire : Acquaviva et Venturi

■ Domaine Nicolas Mariotti Bindi

PATRIMONIO

P orte-fanion de la génération bio du nord de la Corse, il est aussi l'espoir, l'outsider vers qui tout le monde se tourne et pour qui il est de bon ton de s'enthousiasmer, à raison, sa première étoile approche à grands pas ! L'histoire de ce domaine et de ce jeune vigneron trentenaire est récente. Originaire de Bastia, il rentre sur l'île en 2007 après une formation sur le continent et un passage dans le Beaujolais. Cette année-là, 5 ha de vignes à Patrimonio lui sont confiées en fermage par Henri Orenga de Gaffory, qui devient alors son « parrain ». Très inspiré des méthodes de vinification d'Antoine Arena et du style très naturel de ses vins, il s'en imprègne et veut aller chercher, dans son terroir, et se rapprocher, dans ses vins, de la finesse et de l'expression de fruit qui peuvent manquer sur certaines grandes cuvées de l'appellation. Très peu interventionniste à la vigne comme à la cave, il laisse les vinifications et les élevages se faire dans le temps. En 2009, 2 ha ont été replantés à forte densité (7 250 pieds/ha). Nicolas Mariotti Bindi est également vinificateur au domaine Leccia.

Les vins : un blanc 2010 intense, rond, à la belle acidité et agréablement parfumé à la poire bien juteuse. Encore en élevage. Le 2011, porté par une acidité très affirmée, conserve une pointe de gaz. À suivre. En rouge, le Porcellese vieilles vignes 2011 est encore plein de gaz, avec des tanins anguleux mais un fruit croquant. Un nez plus animal caractérise le 2010, dont les tanins, encore très présents, prennent le pas sur le fruit, la fin de bouche se trouve stimulée par une acidité énergique. Déjà en bouteille, le 2009 garde ce même profil de vin structuré ; il a du fond, un beau fruit, même si les tanins semblent extraits. Dans l'ensemble, les blancs sont mieux équilibrés.

☐ Patrimonio Pastoreccie 2011		14 €	14
☐ Patrimonio Pastoreccie 2010		14 €	15
■ Patrimonio Porcellese Vieilles Vignes 2011		14 €	13,5
■ Patrimonio Porcellese Vieilles Vignes 2010		14 €	14,5
■ Patrimonio Porcellese Vieilles Vignes 2009		14 €	13,5

PROVENCE ET CORSE

Rouge : 4,88 hectares.
Nielluccio 100 %
Blanc : 2 hectares.
Vermentino 100 %
Production moyenne : 16 000 bt/an
❀ Certifié en agriculture bio ou biodynamique

Domaine Nicolas Mariotti Bindi, lieu-dit
Porcellese-Pastoreccie, 20232 Poggio d'Oletta
Tél. : 06 12 05 24 59 **Fax :** 04 95 37 17 03
E-mail : nicolas.mariotti@wanadoo.fr
Vente : au domaine
Sur rendez-vous.
Propriétaire : Nicolas Mariotti Bindi

■ Domaine Bernard Renucci

CORSE CALVI

C e vigneron travailleur et passionné exploite
un domaine de 17 ha dans la plaine de la
vallée de Feliceto (Balagne), auquel s'ajoute une
petite parcelle en coteaux. Créé en 1992 et planté
jusqu'en 2005, le vignoble atteint un âge moyen
assez jeune. Mais Bernard Renucci compense
parfaitement ce petit handicap provisoire par une
bonne maîtrise des rendements, une recherche
de maturité et des vinifications soignées. Vignola,
unique cuvée du domaine, illustre bien en bouteille ce juste équilibre entre ces différents para-
mètres dans des vins généreux, mais préservant
la finesse de ce terroir alluvionnaire.

Les vins : le Vignola rosé est frais, vif et salin ;
un rosé désaltérant. Le blanc est médicinal, il est
exubérant et mou. Le Vignola rouge se montre
gras, juteux, ses tanins bien enveloppés ; c'est un
cru plus gourmand que racé. Dans l'ensemble,
les vins sont souples mais peu nuancés. Nous
attendons des vins à la personnalité plus affirmée, d'où la perte de son étoile cette année.

☐ Corse Calvi Vignola 2011	12 €	13
▨ Corse Calvi Vignola 2011	12 €	13,5
■ Corse Calvi Vignola 2009	12 €	14,5

Rouge : 8 hectares.
Nielluccio 10 %, Grenache 10 %, Syrah 20 %,
Sciacarello 60 %
Blanc : 3 hectares.
Vermentino 100 %
Production moyenne : 70 000 bt/an

Domaine Bernard Renucci, 20225 Feliceto
Tél. : 04 95 61 71 08 **Fax :** 04 95 38 28 74
E-mail : domaine.renucci@wanadoo.fr
Vente : au domaine

Ouvert le 15 avril au 30 septembre de 10h à
12h et de 15h à 18h30.
Propriétaire : Bernard Renucci

■ Domaine de Torraccia

AOC CORSE

C hristian Imbert a baroudé dans le monde
entier avant de poser ses valises dans ce coin
isolé de l'île de Beauté, près de Porto-Vecchio, à
l'orée des années 1960. Il y crée Torraccia, sur
une terre qui n'avait connu jusqu'alors que le
maquis. Le domaine devient rapidement l'un des
plus célèbres de Corse. En cave, il travaille de
manière traditionnelle, sans bois neuf, en utilisant
uniquement des cuves. Aujourd'hui, c'est son fils
Marc qui en a la charge. Après un stage au château Latour, ce dernier se lance dans le conseil
aux Etats-Unis pour revenir définitivement au
domaine en 2008. Il cultive ce beau vignoble face
à la mer avec le plus grand soin. Au printemps,
pour éviter le tassement des sols, il sème entre
les rangs de vignes des petits pois, qui seront
ramassés par les gens de passage. Sans trahir le
style de son père, il apporte des modifications en
termes d'assemblage, par un travail parcellaire
plus fouillé. Les vins gagnent en précision et la
qualité a fait un bond, même si les millésimes
anciens vieillissent admirablement bien.

Les vins : très beau rosé sur les fruits rouges,
mais donnant la sensation d'un vin blanc sec et
droit. L'Oriu rosé s'ouvre à un surcroît de
richesse et davantage de volume. Vif et tranchant, le blanc 2011, bien que teinté de sous-
maturité, conserve une belle densité de fruit. En
rouge, le Nielluciu 2011 est éclatant de fraîcheur ; son fruit est croquant et ses tanins doivent
s'assagir. L'Oriu 2006 illustre le potentiel de ce
terroir, développant des arômes tertiaires sur des
senteurs de sous-bois et de menthol.

☐ Corse Porto-Vecchio 2011	n.c.	14
■ Corse Porto-Vecchio 2011	n.c.	13,5
▨ Corse Porto-Vecchio Oriu 2011	n.c.	14
■ Corse Porto-Vecchio Nielluciu 2011	n.c.	15,5
■ Corse Porto-Vecchio Oriu 2006	n.c.	15

Rouge : 35 hectares.
Cinsault 10 %, Nielluccio 40 %, Grenache 20 %,
Sciacarello 15 %, Syrah 10 %
Blanc : 9 hectares.
Malvasia 95 %, Ugni ou Ugni blanc
(trebbiano) 5 %
Production moyenne : 200 000 bt/an

Domaine de Torraccia, 20137 Lecci
Tél. : 04 95 71 43 50 **Fax :** 04 95 71 50 03
Du lundi au samedi de 8h à 12h et de 14h à 18h.
Propriétaire : Christian Imbert

■ Domaine U Stiliccionu
AJACCIO

Le jeune Sébastien Poly, après avoir vinifié à Cahors, en Nouvelle-Zélande et à Tokaj, a repris en 2006 ce petit domaine familial de 4,5 ha en production (7,5 ha de potentiel). Planté dans les années 1960, il bénéficie d'un superbe patrimoine de vieilles vignes dans la vallée du Taravo, voisin des domaines Comte Abbatucci et Vaccelli. Il décline une très belle série de cuvées, peu protégées en soufre, mais s'imposant par une personnalité affirmée, un naturel éclatant et un charme épanouissant. Certifié bio depuis 2009, ce domaine est en passe de devenir la nouvelle coqueluche de la Corse. A suivre de près.

Les vins : vin sphérique, le blanc possède un nez qui tire sur les herbes, les épices, la garrigue ; c'est doux en bouche et bien rond avec une belle pulpe. L'Antica rouge 2010 décline des notes de sang et de viande fraîche ; c'est plus fin que plein. On a un petit goût de fruits passerillés, et les tanins sont ciselés. Même si cela manque un peu d'épaisseur, on apprécie le côté souple et tendre.

☐ Ajaccio 2011	25 € cav.	14
■ Ajaccio Antica 2010	20 € cav.	14

Rouge : n.c.,
Sciacarello 85 %, Nielluccio 10 %, Grenache 5 %
Blanc : n.c..
Vermentino 100 %
Production moyenne : n.c.
❧ Certifié en agriculture bio ou biodynamique

Domaine U Stiliccionu, Stiliccione 20140 Serra Di Ferro
Tél. : 04 95 22 41 19
E-mail : contact@domaineustiliccionu.com
Site : www.domaineustiliccionu.com
Vente : au domaine
Sur rendez-vous.
Propriétaire : Sébastien Poly

NOUVEAU DOMAINE

■ Domaine Vecchio
IGP ÎLE DE BEAUTÉ

Fille de coopérateur, Florence Giudicelli part faire ses études d'œnologie sur le continent.

En chemin, elle rencontre son futur mari, œnologue, Jérome Girard, avec qui elle décide de venir monter un domaine sur l'île de Beauté. En 1998, ils créent le domaine Vecchio, situé sur la face orientale. Ils sont propriétaires de quelques parcelles et complètent leur production en achetant du raisin. Ancien ingénieur du son, Sylvain de Villers rejoint le couple en 2004. Si l'accent est mis sur le travail de vinification, en matière d'élevage, ces néoproducteurs, passionnés et enthousiastes, cherchent encore leurs marques. Les vins sont de belle facture, même s'ils disposent d'une belle marge de progression.

Les vins : très beau rosé sur de belles notes d'herbe et de garrigue, à la bouche pleine mais sans mollesse. Des senteurs d'épices, de thym et de pierre chaude confèrent à ce blanc un aspect vif, droit, porté par un fruit ample et mûr, qui donne une belle rondeur sur la fin de bouche. Mélusine est un vin de pays élevé en barriques et cela se sent : le bois domine le fruit. Nous lui préférons la cuvée classique, même si elle offre un beau volume et une matière profonde. C'est un vin démonstratif qui laisse moins parler son terroir. Le rouge 2010 a une grande finesse, sa chair peu épaisse cache un fruit éclatant et désaltérant à souhait. Mélusine rouge s'accommode mieux d'une touche boisée, car la richesse du vin le porte bien, on a des tanins gras et une belle fin de bouche réglissée.

☐ IGP Ile de Beauté 2011	n.c.	14,5
☐ VDP de l'Ile de Beauté Mélusine 2009	n.c.	13,5
▨ IGP Ile de Beauté Mélusine 2011	n.c.	13,5
■ Corse Mélusine 2009	n.c.	15
■ IGP Ile de Beauté 2010	n.c.	14

Domaine Vecchio, lieu-dit Listincone, 20230 Chiatra di Verde
Tél. : 06 03 78 09 96 / 06 09 50 49 36 **Fax :** 04 95 38 03 37
E-mail : vecchio@sfr.fr
Pas de visites.
Propriétaire : Florence Giudicelli-Girard

PROVENCE ET CORSE

567

Rhône

Terre de contrastes

S'étendant du sud de Lyon à Avignon, la vallée du Rhône est un vignoble de contrastes par excellence. Contraste de ses paysages, avec les coteaux abrupts de la Côte Rotie, de l'Hermitage ou de Cornas, les mers de galets roulés de Châteauneuf-du-Pape et les dentelles de Montmirail qui surplombent Gigondas. Contraste de cépages également puisqu'une diversité unique s'y complaît, syrah, grenache, mourvèdre, cinsault, marsanne, roussanne, viognier donnent aux vins du Rhône des caractères très particuliers et différents. Contraste des styles enfin avec, depuis quelques années, la cohabitation de deux écoles de vinification, l'une moderne, privilégiant le fruit et le côté immédiatement séduisant des vins et l'autre plus classique, donnant des vins un peu moins expressifs durant leur jeunesse, mais exprimant ensuite toute la noblesse des terroirs dont ils sont issus.

DU NORD AU SUD

Le nord est essentiellement planté sur le flanc des coteaux granitiques dominant le Rhône, soit sur la rive gauche, soit sur la rive droite, mordant parfois sur les plateaux du Massif central (Côte Rotie, Condrieu, Saint-Joseph) ou sur une rare plaine alluvionnaire (Crozes-Hermitage). Le sud joue, au contraire, sa partition sur un paysage beaucoup plus varié, entre collines, relief escarpé, plaines alluvionnaires, plateaux et terrasses. La géologie y est fort diversifiée, à l'image du terroir de Châteauneuf-du-Pape, où l'on trouve, outre les fameux galets roulés, des sols calcaires et sableux.

Alors que le nord est avant tout un pays de crus à la géographie bien délimitée (tels l'extraordinaire amphithéâtre de Cornas ou l'imposante colline de l'Hermitage), le sud est un gros pourvoyeur de côtes-du-rhône, vin hélas souvent un peu simple, mais qui peut aussi se révéler délicieux si l'on prend la peine de chercher un peu. Quant aux crus du sud – Châteauneuf-du-Pape, Gigondas, Vacqueyras, Tavel, Lirac et désormais Beaumes de Venise et Vinsobres –, ils pêchent souvent par leur hétérogénéité. Si les meilleurs sont des vins absolument fantastiques, capables de vieillir des décennies, trop de cuvées quelconques envahissent encore le marché. Trouver des perles exige davantage de recherches de la part de l'amateur, tant la qualité est ici hétérogène. Celle des vins septentrionaux est certes plus régulière, mais les quantités sont aussi plus réduites et les prix par conséquent plus élevés.

Au-delà de ces séparations, il existe un véritable trait d'union entre tous les vins de la vallée du Rhône : leur extrême gourmandise. Rouges pleins de santé, colorés, riches, dotés d'un fruit éclatant ; blancs gras et aromatiques. Voilà le profil idéal des meilleurs vins de la vallée du Rhône. Les plus grandes cuvées défient les années avec une grâce inimaginable tant dans le nord que dans le sud.

LA COMMERCIALISATION

Si les prestigieuses cuvées de Côte Rotie, d'Hermitage ou de Châteauneuf-du-Pape s'arrachent désormais dans le monde entier à des prix très élevés, il est encore possible de dénicher de nombreux vins de la vallée du Rhône chez les producteurs qui vendent volontiers leur vin en direct à des tarifs très raisonnables. Crozes-Hermitage, Saint-Joseph, Cairanne ou Gigondas sont ainsi des mines à bonnes affaires

LES APPELLATIONS

■ **Deux appellations régionales**
• **Côtes du Rhône :** l'appellation de base, en rouge, blanc et rosé, exclusivement utilisée dans le sud de la région. La qualité est très hétérogène et l'achat intéressant, si l'on connaît la qualité des vins du producteur.
• **Côtes du Rhône-Villages :** elle correspond à des terroirs déterminés de villages du Gard, du Vaucluse et de la Drôme, avec des règles de production plus strictes qu'en Côtes du Rhône. La qualité peut être remarquable et les rapports/prix souvent intéressants, notamment en Cairanne, Sablet (Vaucluse) ou Laudun (Gard).

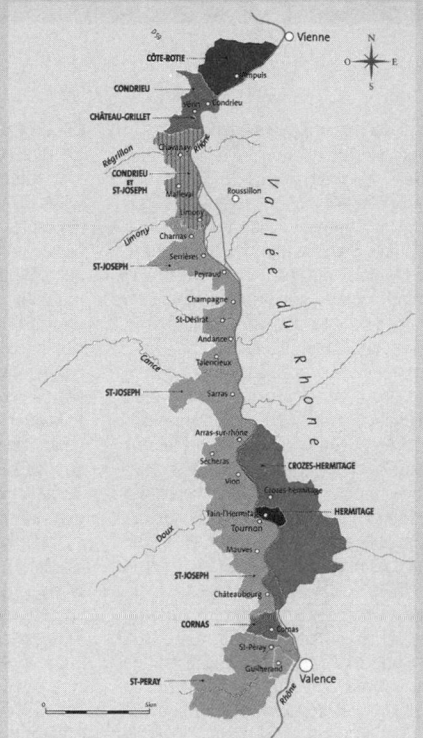

LE VIGNOBLE DU RHÔNE NORD

Superficie
3 291 hectares

Cépages principaux
Rouges :
Syrah
Blancs :
Marsanne
Roussanne
Viognier

Volume produit
184 000 hl

Nombre
d'appellations
8

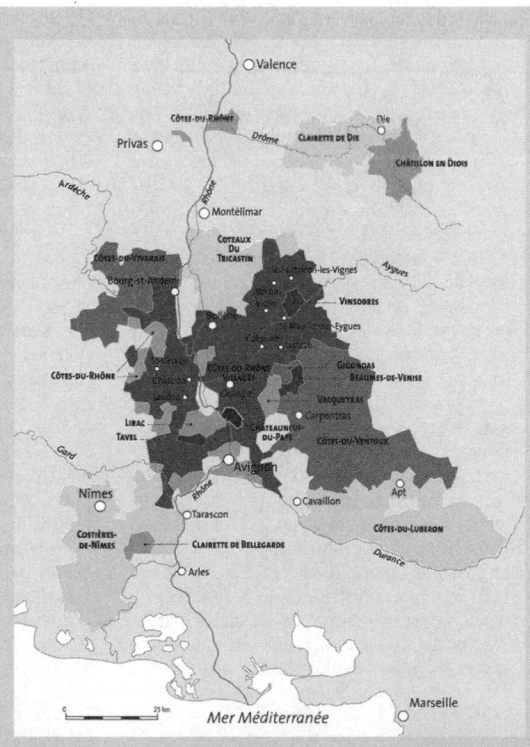

LE VIGNOBLE DU RHÔNE SUD

Superficie
73 895 hectares

Cépages principaux
Rouges :
Carignan
Syrah
Grenache
Cinsault
Mourvèdre
Blancs :
Grenache
Clairette
Marsanne
Roussanne
Bourboulenc

Volume produit
2,7 millions d'hl

Nombre
d'appellations
16

■ Les crus du nord de la région

Entre Vienne et Valence, sur les rives du Rhône.
• **Côte Rôtie :** vins rouges, issus de la syrah (et, dans une moindre mesure, du viognier), récoltés sur les coteaux dominant Ampuis, sur la rive droite du Rhône. Style fin mais intense et suave que l'on reconnaît souvent à ses parfums de violette, grande qualité, parfois exceptionnelle, avec des prix élevés (à partir de 14 euros) et des quantités parfois contingentées.
• **Condrieu :** voisin et contigu à la Côte Rôtie, le cru produit des vins blancs issus du viognier, très aromatiques, gras mais frais, appréciés pour leur fruit gourmand, ils peuvent être bus jeunes ; mais les cuvées les plus passionnantes affichent une minéralité qui donne beaucoup de complexité et un potentiel de garde intéressant. Le vignoble renaissant est très en vogue aujourd'hui. Les prix ont tendance à s'envoler, souvent de manière abusive.
• **Château-Grillet :** il s'agit du seul vin qui représente une appellation à lui tout seul. Voisin de Condrieu, il est élaboré à partir de viognier et se révèle après une longue garde en bouteille. Les millésimes anciens font souvent preuve d'une certaine irrégularité, mais le domaine a retrouvé le chemin de l'équilibre et ce cru d'exception a repris son rang.
• **Saint-Joseph :** longue appellation (près de 80 kilomètres), située presque uniquement sur les coteaux abrupts bordant la rive droite du Rhône, de la fin de l'aire d'appellation Condrieu jusqu'à quelques kilomètres de Cornas. On y produit des rouges assez fermes (syrah) et des blancs (marsanne, quelquefois un peu de roussanne) qui peuvent être de grande qualité. Le niveau est variable et peu homogène en fonction des terroirs.
• **Crozes-Hermitage :** la plus vaste des appellations du nord et la seule, avec Hermitage, située sur la rive gauche. Plusieurs producteurs de talent ont fait progresser l'appellation ces dernières années. Les rouges sont des vins de moyenne garde ; les blancs sont à ce jour moins intéressants.
• **Hermitage :** sans conteste, l'un des plus exceptionnels crus de France, grâce à un terroir et à une exposition remarquables. Les vins rouges, issus de la syrah, sont propices à une longue garde. Les blancs, méconnus, doivent absolument vieillir en cave pour dévoiler leur plénitude aromatique. La qualité est dans l'ensemble très belle et, face à une demande croissante, les prix ont fortement augmenté ces dernières années, plaçant désormais les vins de l'Hermitage dans le cercle des crus les plus onéreux de France.

■ Les crus du sud

De Bollène au sud d'Avignon
• **Costières de Nîmes, Coteaux du Tricastin, Côtes du Luberon et Côtes du Ventoux :** appellations rattachées administrativement au vignoble de la vallée du Rhône. Elles ne présentent guère d'homogénéité dans leurs terroirs et surtout dans la qualité des vins produits. Des producteurs de talent proposent à l'amateur des vins intéressants. Encore faut-il ne pas se tromper dans son choix, car le niveau moyen est inférieur à celui d'un simple côtes-du-rhône.
• **Tavel :** vignoble de la rive droite, face à Châteauneuf-du-Pape, uniquement consacré au rosé. Le style est vineux, charnu, aromatique, agréable, et la qualité diverse. C'est un vin de gastronomie par excellence.
• **Lirac :** voisin gardois de Tavel. Les rouges sont assez fins, les rosés presque comparables aux tavels, les blancs parfois remarquables et les prix souvent compétitifs.
• **Gigondas :** On produit ici des vins rouges élégants et plein de nuances. Les plus belles cuvées sont capables de longue garde. Trop méconnu, ce cru recèle de très belles affaires.
• **Vacqueyras :** assez comparable à Gigondas par son exposition et son encépagement, mais le style de ses vins est différent, ils sont plus musclés mais moins élégants que ceux de l'appellation voisine.
• **Châteauneuf-du-Pape :** très étendue, l'appellation couvre cinq communes et de nombreux types de terrains. À cause de sa taille, la qualité est loin d'être la même d'un cru à l'autre, d'autant que plusieurs styles de vinification et d'élevage cohabitent. Les meilleurs domaines produisent des vins rouges extraordinaires par leur richesse et leur tenue. Il faut savoir les attendre en cave : une longue garde leur réussit merveilleusement bien. Les blancs sont moins intéressants.
• **Beaumes de Venise :** l'appellation, réputée pour ses vins blancs doux de muscat, a été promue au rang de cru en 2005. Cette promotion ne concerne toutefois que les vins rouges, moins connus, et en progrès ces dernières années, qui sont des vins très minéraux et fermes.
• **Vinsobres :** cette appellation produit des vins riches et amples mais manque encore de locomotives fortes. C'est le vin le plus septentrional des vins du Rhône sud. Les prix sont donc raisonnables.
• **Rasteau :** le village s'est vu décerner l'appellation en 2010. On y produit des vins de constitution solide, mais avec un grand potentiel de vieillissement. On y trouve aussi de beaux VDN.

Rhône

Nos bonnes adresses

HÔTELS

■ **Hôtel Les 2 Coteaux**
Petit hôtel pimpant et bien tenu. A partir de 57 €.
18, rue Joseph-Péala, 26600 Tain-l'Hermitage.
Tél. : 04 75 08 33 01.

■ **Hôtel Le Pavillon de l'Hermitage**
En plein centre de Tain, chambres tout confort.
95 €. 69, avenue Jean-Jaurès, 26600 Tain-
l'Hermitage. Tél. : 04 75 08 65 00.

■ **Hostellerie de Crillon-le-Brave**
Chambres vastes et suite de grand confort de
155 à 560 €. Place de l'Eglise, 84410 Crillon-le-
Brave. Tél. : 04 90 65 61 61.

■ **Hôtel Les Bories**
Dans un cadre de rêve, chambres de 240 à
370 €. Route de l'Abbaye-de-Senanque, 84220
Gordes. Tél. : 04 90 72 00 51.

■ **Le cloître Saint-Louis**
Modernes ou classique XVIIIᵉ siècle : des chambres de caractères proche de la cité des Papes.
20, rue du Portail Boquier 84000 Avignon.
Tél. : 04 90 27 55 55.

■ **La Mirande**
Magnifique hôtel particulier voisin du Palais
des Papes. Un "palace" cinq étoiles, dont la
table et les vins sont réputés. 4, place de
l'Amirande, 84000 Avignon. Tél. : 04 90 14 20 20.

CHAMBRES D'HÔTES

■ **Château Gigognan**
A Sorgues, le château a ouvert cinq sublimes
chambres d'hôte. Cadre paradiasiaque et déco
haut de gamme. De 120 à 180 € la nuit avec petit-
déjeuner, chemin du Castillon, 84700 Sorgues.
Tél. : 04 90 39 57 46.

■ **L'Aube safran**
Sans doute l'une des plus charmantes chambres
d'hôtes de la région. 105 €. Chemin du Patifiage,
84330 Le Barroux. Tél. : 04 90 62 66 91.

■ **Les Terrasses du Vernolet**
Piscine, patio, chambres avec petits jardins
privés. De 100 à 120 €. Vernolet, 07610 Vion.
Tél. : 04 75 06 50 66.

■ **Domaine des Mirabiaux**
Deux chambres charmantes dans cette demeure
de village. De 50 à 90 €. Chemin du Facteur,
26600 Chanos-Curso. Tél. : 04 75 07 36 36.

■ **Chambres d'hôtes La Marronnière**
Maison bourgeoise de 1874, chambres
d'hôtes typiques. 65 €. 53, rue Jules-Nadi,
26600 Tain-l'Hermitage.
Tél. : 04 75 08 31 38.

■ **Château de la Tuilerie**
Maison de charme. 571, ch de la Tuilerie,
30 900 Nîmes. Tél. : 04 66 70 07 52

RESTAURANTS

■ **Le Quai**
Impeccable et agréable brasserie moderne face
au Rhône. De 23 à 31 €. 17, rue Joseph-Péala,
26600 Tain-l'Hermitage.
Tél. : 04 75 08 65 00.

■ **Le Bistrot du Coin**
Un petit bistrot aussi bien pour la cuisine que le
décor. De 14 à 18 €. 4 bis, avenue Foch, 07300
Tournon-sur-Rhône. Tél. : 04 75 08 87 68.

■ **Le Chaudron**
Pour la carte des vins avant tout. De 25 à 34 €.
7, rue Saint-Antoine, 07300 Tournon-sur-
Rhône. Tél. : 04 75 08 17 90.

■ **Le Mangevins**
Un excellent bistrot de poche. Jolis vins. 21 €. 6,
avenue du Docteur Paul-Durand, 26600 Tain-
l'Hermitage. Tél. : 04 75 08 00 76.

■ **La Beaugravière**
Superbe carte des vins et spécialités à la truffe.
Route Nationale 7, 84430 Mondragon.
Tél. : 04 90 40 82 54.

■ **La Serine**
Bistrot à l'étage d'une boutique de vins, simple
et avenant. 20 € environ. 16 bd des Allées,
69420 Ampuis. Tél. : 04 74 48 65 10.

■ **Chez Serge**
Une très bonne adresse pour le vin et l'assiette
signée Serge Goukhasian. 35 €. 80, rue Cottier,
84200 Carpentras. Tél. : 04 90 63 21 24.

■ **Christian Etienne**
Une carte prioritairement côtes-du-rhône.
Laissez-vous guider par les découvertes du sommelier. 10 rue de Mons, 84000 Avignon. Tél. : 04
90 86 16 50. Fermé dim. et lun., sauf en juillet

■ **Vinoe & Cie**
Une belle carte de vins du Rhône et beaucoup
de grandes bouteilles d'ailleurs.
31, rue Saint-Jean-Le-Vieux 84000 Avignon.
Tél. : 04 90 86 31 29. Fermé mer et dim.

■ **Aux Gourmands**
Plein de vins découvertes du moment
à prix doux. De 23 à 36 €.
8, place du Marché, 26200 Montélimar.
Tél. : 04 75 01 16 21. Fermé dim. et lun.

RHÔNE NORD

■ Chapoutier - Sélections Parcellaires
HERMITAGE
★★★

Michel Chapoutier est certainement l'un des négociants vignerons les plus dynamiques de France. Impliqué au sein de diverses instances vitivinicoles, il cumule de nombreux mandats, sans pour autant négliger sa maison de Tain-l'Hermitage. Nous isolons ici les vins provenant des sélections parcellaires des vignes de la maison. Il s'agit des célèbres ermitages (ancienne orthographe), crozes-hermitage et saint-joseph, élaborés en très petites quantités à partir de vieilles vignes cultivées en biodynamie. Depuis quelques années, nous touchons ici à ce que la vallée du Rhône produit de plus grand : des vins minéraux, droits, énergiques mais assez stricts, qui ont besoin de plusieurs années pour révéler tout leur potentiel. La fabuleuse cuvée L'Ermite, issue de très vieilles vignes situées au sommet de la colline de l'Hermitage, ou encore Le Pavillon, élaboré à partir d'une parcelle du fameux terroir des Bessards, sont parmi les hermitages les plus impressionnants et les plus passionnants de l'appellation. Les blancs sont certainement encore supérieurs aux rouges dans leur pureté et leur définition précise du travail parcellaire réalisé par Michel Chapoutier. Hélas, les quantités produites sont infimes et les prix élitistes.

Les vins : heureux ceux qui auront la chance de boire les superbes 2010 au profil à la fois profond et élégant. Comment ne pas être bouleversé par la précision, l'intensité cristalline de l'Ermitage blanc l'Ermite, un des plus grands vins blancs que nous ayons dégusté cette année ? Les rouges aussi sont vibrants, à commencer par les Varonniers qui décline ses saveurs fruitées et épicées. Les Ermitage touchent aussi au sommet, avec un Méal juteux et soyeux, un Pavillon étiré et profond et un Ermite à l'empreinte minérale magique.

☐ Ermitage De l'Orée 2010		n.c.	17,5
☐ Ermitage Le Méal 2010		n.c.	18,5
☐ Ermitage L'Ermite 2010		n.c.	19,5
■ Crozes-Hermitage Les Varonniers 2010		n.c.	16,5
■ Ermitage Le Méal 2010		n.c.	18,5
■ Ermitage Le Pavillon 2010		n.c.	19
■ Ermitage L'Ermite 2010		n.c.	20
■ Ermitage Les Greffieux 2010		n.c.	17,5

Rouge : 203 hectares.
Grenache 30 %, Syrah 70 %
Blanc : 37 hectares.
Marsanne 90 %, Viognier 10 %
Production moyenne : 3 000 000 bt/an
❀ Certifié en agriculture bio ou biodynamique

Chapoutier - Sélections Parcellaires, Chapoutier - Maison, 18, avenue du Docteur-Paul-Durand, 26600 Tain-l'Hermitage
Tél. : 04 75 08 28 65 **Fax :** 04 75 08 81 70
E-mail : chapoutier@chapoutier.com
Site : www.chapoutier.com
Vente : au domaine
Du lundi au vendredi de 9h à 12h30 et de 14h à 19h. Samedi de 9h30 à 13h et de 14h à 19h. Dimanche de 10h à 13h et de 14h à 18h.
Propriétaire : Michel Chapoutier
Directeur : Michel Chapoutier (président)

■ Domaine Jean-Louis Chave
HERMITAGE
★★★

Jean-Louis Chave, 40 ans, dirige désormais pleinement ce domaine familial mythique, dont les vins figurent parmi les plus recherchés au monde. D'une régularité sans faille depuis de nombreuses années, les hermitages blancs et rouges ont atteint, sur les derniers millésimes, un niveau de perfection qui force l'admiration. Bien que le domaine soit implanté à Mauves, sur l'autre rive du Rhône – il produit d'ailleurs un excellent saint-joseph –, la majeure partie du vignoble est située sur la colline de l'Hermitage. Chaque parcelle est cultivée avec un soin remarquable et toujours récoltée tardivement. Les Chave vinifient et élèvent séparément ces divers climats, comme s'ils étaient destinés à composer autant de cuvées différentes. Au final, ils assemblent avec un art consommé le meilleur de ces vins – le reste étant vendu en vrac au négoce –, afin de donner naissance à une seule cuvée d'hermitage blanc et dans les millésimes exceptionnels, à deux cuvées en rouge. Quand le millésime le permet, une cuvée baptisée Cathelin est en effet produite en petite quantité, issue en grande partie du secteur granitique des Bessards. Ce vin, qui n'a pas été produit en 2006 et 2007, est l'un des joyaux les plus rares de la viticulture hexagonale.

Les vins : le domaine a produit deux 2009 d'anthologie, un blanc profond, intense, mais vibrant et un rouge serré, mûr, explosant de fruit et d'un équilibre souverain qu'il faudra savoir attendre au moins 10 ans.

☐ Hermitage 2009	n.c.	19,5
■ Hermitage 2009	n.c.	19,5

Rouge : 10 hectares.
Syrah 100 %
Blanc : 5 hectares.
Marsanne 80 %, Roussanne 20 %
Production moyenne : 48 000 bt/an

Domaine Jean-Louis Chave, 37, avenue du Saint-Joseph, 07300 Mauves
Tél. : 04 75 08 24 63 **Fax :** 04 75 07 14 21
Pas de visites.
Propriétaire : Gérard et Jean-Louis Chave

■ Domaine Jamet
CÔTE-RÔTIE
★★★

Voici certainement l'expression la plus excitante que nous connaissons de la Côte Rôtie. Les frères Jamet, Jean-Luc et Jean-Paul, imposent depuis quelques années leurs côte-rôtie au sommet de l'appellation. Un travail attentif, où l'on attend toujours des maturités optimales et des vinifications de vendanges peu ou pas égrappées en fonction de l'année, confèrent aux vins une finesse de texture et une chair magnifiques, qui les différencient, d'un point de vue stylistique, du reste de la production locale. Le bois neuf est, ici, utilisé à dose homéopathique. Le vieillissement des vins est également remarquable, quelle que soit la qualité du millésime. La propriété dispose malheureusement de volumes limités.

Les vins : la gamme est une fois encore de très haut niveau, à commencer par le blanc d'un équilibre et d'un fruité superbes. En rouge, le style de la maison s'exprime dès la simple syrah aux belles notes de poivre et de viande fumée. Avec ses notes florales et délicates, le côte-rôtie Fructus Voluptas possède déjà une grâce et une élégance irrésistibles. Quant au Côte Brune 2009, il s'agit d'un monument taillé pour au moins deux décennies !

☐ Côtes du Rhône 2010	15 € cav.	15
■ Côte Rôtie 2009	59 € cav.	18
■ Côte Rôtie Côte Brune 2009	110 € cav.	19

■ Côte Rôtie Fructus		
Voluptas 2010	33,50 €	16,5
■ Côtes du Rhône 2010	15 € cav.	15,5
■ IGP Collines		
Rhodaniennes 2010	13 € cav.	14,5

Rouge : 11 hectares.
Syrah 100 %
Blanc : 1 hectare.
Viognier 30 %, Marsanne 60 %,
Roussanne 10 %
Production moyenne : 50 000 bt/an

Domaine Jamet, Le Vallin, 69420 Ampuis
Tél. : 04 74 56 12 57 **Fax :** 04 74 56 02 15
E-mail : domainejamet@wanadoo.fr
Vente : au domaine
Du lundi au vendredi uniquement sur rendez-vous.
Propriétaire : Corinne, Jean-Paul et Jean-Luc Jamet.

■ Château d'Ampuis
CÔTE-RÔTIE
★★

Cette très belle propriété, acquise et rénovée par Marcel Guigal, réunit les vins les plus fameux de l'appellation Côte-Rôtie : La Mouline, La Turque et La Landonne ; les deux premières sont des marques, la dernière un terroir cadastré. S'y ajoutent la cuvée Château d'Ampuis, ainsi que le condrieu La Doriane. Outre ces crus stars, on trouve la cuvée Vignes de l'Hospice, un saint-joseph situé sur un magnifique terroir, ainsi que quelques grandes parcelles en Hermitage dont est issue la cuvée Ex-Voto. Marcel Guigal est solidement épaulé par son fils Philippe. Au-delà d'une qualité de vendange irréprochable, le style Guigal consiste surtout, pour les rouges, en un long élevage de deux ans et plus en fûts et foudres. Durant cet élevage sous bois, les vins se patinent. Ils acquièrent ainsi une texture veloutée mais aussi, quand les millésimes sont faibles, un boisé ostentatoire qui imprime une marque aromatique forte et apporte des tanins qui peuvent sécher. Si ces cuvées demeurent toujours des références quant à leur tenue dans le temps, une si forte empreinte de l'élevage gomme aussi l'expression du vivant de ces terroirs d'exception.

Les vins : nous avons retenu, en blanc 2010, le fin, crémeux et très digeste saint-joseph Lieu dit Saint-Joseph, et le condrieu La Doriane, magnifique viognier d'une haute finesse, que nous n'avons jamais dégusté avec autant de nuances et de vie. En blanc 2009, l'hermitage Ex-Voto

(90 % marsanne, 30 mois de fûts neufs) est un monstre de crémeux, hyperbolique, d'une chair magnifique. Une icône. En rouge, le Lieu-dit Saint-Joseph 2009 offre beaucoup de tendresse, de fruit, sans aucune note de surmaturité, et réserve une splendide allonge minérale. En Côte-Rôtie, le 2008 est un millésime plus maigre et rigide dans ses tanins. La cuvée Brune et Blonde exprime surtout des notes épicées et végétales. Le Château d'Ampuis (38 mois d'élevage) affiche plus de rondeur, de densité, même s'il termine aussi sur des notes végétales. La Mouline laisse davantage parler l'élevage, sur des notes vanillées et de fruits macérés, avec un toucher de bouche signé par l'élégance du secteur de la Blonde qui termine par une finale très fruitée (framboise). Comme à son habitude, La Turque offre une bouche plus enveloppée, moelleuse, sur des notes de marc de café. L'ensemble est très homogène, frais dans ses saveurs qui restent complexes. La Landonne monte en densité, en velouté et en épaisseur de bouche. De belle garde pour un 2008, le vin tiendra vingt ans. L'hermitage Ex-Voto n'a pas été produit en 2008. En attendant le 2009, on profitera de cette grande réussite du Rhône septentrional en 2007 : puissance aromatique impressionnante, texture profonde, bouche finement confite et tendue par des notes minérales, grain serré typé des granits. Magistral.

☐	Condrieu La Doriane 2010	n.c.	18
☐	Hermitage Ex-Voto 2009	n.c.	19
☐	Saint-Joseph Lieu-dit Saint-Joseph 2010	n.c.	16
■	Côte Rôtie 2008	n.c.	16
■	Côte Rôtie Brune et Blonde 2008	n.c.	15
■	Côte Rôtie La Landonne 2008	n.c.	17
■	Côte Rôtie La Mouline 2008	n.c.	16,5
■	Côte Rôtie La Turque 2008	n.c.	17
■	Hermitage Ex-Voto 2007	n.c.	18,5
■	Saint-Joseph Lieu-dit Saint-Joseph 2009	n.c.	17,5

Rouge : 31 hectares.
Syrah 100 %
Blanc : 9 hectares.
Marsanne 60 %, Roussanne 7 %, Viognier 33 %
Production moyenne : 92 000 bt/an

Château d'Ampuis, domaine Guigal, 69420 Ampuis
Tél. : 04 74 56 10 22 **Fax :** 04 74 56 18 76
E-mail : contact@guigal.com
Site : www.guigal.com
Vente : au domaine

De 8h à 12h et de 14h à 18h sur rendez-vous.
Propriétaire : Famille Guigal

■ Domaine Auguste Clape
CORNAS
★★

L es vins de ce domaine représentent, avec force et conviction, une vision traditionnelle – au bon sens du terme – de l'appellation Cornas. Grâce à un fabuleux patrimoine de vignes et à une approche simple mais intelligente de la vinification, Pierre Clape poursuit, dans la lignée de son père Auguste, l'élaboration de vins droits et racés qui s'imposent comme des références, dans l'appellation mais également dans tout le nord de la vallée du Rhône. Ici on privilégie les vinifications en grappes entières et l'élevage en foudres anciens, de quoi donner des vins sobres mais qui défient les années et expriment le terroir de Cornas avec force et brio. Un modèle pour l'appellation.

Les vins : nous n'avons pu déguster le 2010, nous reproduisons la note de l'excellent 2009.

■	Cornas Renaissance 2009	n.c.	17

Rouge : 6,9 hectares.
Syrah 100 %
Blanc : 0,3 hectare.
Marsanne 100 %
Production moyenne : 30 000 bt/an

Domaine Auguste Clape, 146, avenue Colonel Rousset, 07130 Cornas
Tél. : 04 75 40 33 64 **Fax :** 04 75 81 01 98
Sur rendez-vous uniquement.
Propriétaire : Pierre et Olivier Clape

■ Domaine Combier
CROZES-HERMITAGE
★★

L aurent Combier, homme du ciel (fin aviateur) et de la terre, réalise des crozes-hermitage d'une grande régularité et d'un niveau qualitatif qui n'a cessé de progresser en parallèle d'une compréhension ajustée de son vignoble bio. Certes le Clos des Grives figure régulièrement parmi les meilleurs vins de l'appellation et son aptitude au vieillissement est remarquable. Mais tous les vins sont de haute volée et les entrées de gamme se déflorent désormais généreusement avec gourmandise. Sans posséder des terroirs d'exception, Laurent Combier fait partie du club des plus brillants vignerons de la région.

Les vins : la gamme est une fois encore très sérieuse, sans point faible, à commencer par les blancs précis et gourmands. En rouge, régalez-vous de la cuvée Laurent au fruité immédiat et à la finale acidulée. Le Crozes classique demeure lui aussi ultraséduisant, avec des notes de réglisse et d'épices. Les nouvelles cuvées Cap Nord déclinent, en Crozes-Hermitage, et en Saint-Joseph de magnifiques expressions plus ambitieuses, mais toujours parfaitement équilibrées. Le Clos des Grives atteint en 2010 un niveau somptueux qui lui permettrait de rivaliser avec bien des Hermitage.

☐	Crozes-Hermitage 2010	18 €	15
☐	Crozes-Hermitage Clos des Grives 2010	30 €	16
☐	Crozes-Hermitage Laurent Combier 2011	12,50 €	14
■	Crozes-Hermitage 2010	18 €	15,5
■	Crozes-Hermitage Cap Nord 2010	25 €	16
■	Crozes-Hermitage Clos des Grives 2010	30 €	17
■	Crozes-Hermitage Laurent Combier 2011	12,50 €	14,5
■	Saint-Joseph Cap Nord 2010	25 €	16

Rouge : 27 hectares.
Syrah 100 %
Blanc : 2 hectares.
Roussanne 38 %, Marsanne 62 %
Production moyenne : 180 000 bt/an
🌿 Certifié en agriculture bio ou biodynamique

Domaine Combier, RN 7, 26600 Pont-de-l'Isère
Tél. : 04 75 84 61 56 **Fax :** 04 75 84 53 43
E-mail : domaine-combier@wanadoo.fr
Site : www.domaine-combier.com
Vente : au domaine
De 9h à 12h et de 14h à 19h, samedi après-midi et dimanche sur rendez-vous.
Propriétaire : Laurent Combier

■ Domaine Duclaux
CÔTE-RÔTIE
★★

David, désormais rejoint par son Frère Benjamin au sein du domaine élabore avec une grande régularité des vins au style classique, sans effet de style inutile. Entièrement situé sur la côte Blonde, le vignoble a toujours donné des vins plutôt fins et délicats, élevés dans des fûts anciens. Les derniers millésimes nous ont enthousiasmés, les vins ayant gagné en intensité, sans rien perdre de leur suavité. Voici donc le domaine auréolé d'une seconde étoile.

Les vins : l'année 2010 a engendré des vins superbes de distinction. La Germine croque sous la dent, avec des notes de fruits rouges frais et une pointe de poivre qui vient relever la finale. Un régal. Tendu et d'une minéralité vibrante, Maison Rouge éclate au nez et en bouche, mais surtout affiche une superbe intensité aromatique.

■	Côte Rôtie La Germine 2010	36 €	17
■	Côte Rôtie Maison Rouge 2010	49 €	18

Rouge : 5,25 hectares.
Syrah 100 %
Blanc : 0,25 hectare.
Viognier 100 %
Production moyenne : 20 000 bt/an

Domaine Duclaux, 34, route de Lyon, 69420 Tupin-et-Semons
Tél. : 04 74 59 56 30 **Fax :** 04 74 56 64 09
E-mail : contact@coterotie-duclaux.com
Site : www.coterotie-duclaux.com
Vente : au domaine
Sur rendez-vous.
Propriétaire : Benjamin et David Duclaux

■ Domaine Jean-Michel Gerin
CÔTE-RÔTIE
★★

Jean-Michel Gerin symbolise la réussite moderne de la région viticole d'Ampuis. Une source sûre pour découvrir la richesse pulpeuse de côte-rôtie présentant souvent, ici, une grande profondeur. Ce savoir-faire s'exprime en particulier dans les parcellaires La Landonne et Les Grandes Places, issues d'une parcelle située en haut de coteau, dont tous les millésimes s'avèrent remarquables. Après avoir quelque peu forcé sur les élevages, Jean-Michel Gerin a affiné son style et les derniers millésimes ont gagné en pureté. Les blancs sont plaisants et se démarquent par une belle richesse.

Les vins : la Champine est un joli vin d'entrée de gamme à boire sur son fruit. La série des côte-rôtie possède une très joli définition, à commencer par Champin le Seigneur au fruit juteux. Très profond, Les Grandes Places doit encore se fondre et dompter son élevage, La landonne possède une harmonie encore bien supérieure, avec un soyeux de tanins superbe.

- ☐ Condrieu La Loye 2011   33 €   15
- ■ Côte Rôtie Champin Le Seigneur 2010   35 €   16
- ■ Côte Rôtie La Landonne 2010   130 €   18
- ■ Côte Rôtie La Vialliere 2010   50 €   16
- ■ Côte Rôtie Les Grandes Places 2010   75 €   17
- ■ IGP Colllnes Rhodanlennes La Champine 2010   10 €   14
- ■ Saint-Joseph 2011   16 €   14,5

Rouge : 10 hectares.
Syrah 100 %
Blanc : 2 hectares.
Viognier 100 %
Production moyenne : 60 000 bt/an

Domaine Jean-Michel Gerin, 19, rue de Montmain, Verenay, BP 7, 69420 Ampuis
Tél. : 04 74 56 16 56 **Fax :** 04 74 56 11 37
E-mail : info@domaine-gerin.fr
Site : www.domaine-gerin.fr
Vente : au domaine
Du lundi au vendredi de 9h à 12h et de 14h à 18h sur rendez-vous.
Propriétaire : Jean-Michel Gerin

■ Domaine Alain Graillot

CROZES-HERMITAGE
★★

N ous décernons (enfin) la deuxième étoile à ce domaine qui illustre depuis tant d'années le potentiel qualitatif de l'appellation Crozes-Hermitage, trop souvent réduite à la production de vins insipides. Installé au cœur de la plaine alluviale de purs galets et de graves de La Roche de Glun, le domaine produit des crozes rouges plus fins et surtout plus structurés que la plupart des vins du secteur. Leur force réside dans leur « buvabilité » et dans le plaisir immédiat qu'ils procurent, tout en étant capables de vieillir. La Guiraude est certainement l'une des toutes meilleures cuvées de l'appellation.

Les vins : le 2010 éclate de fruit, avec une bouche savoureuse, servie par une touche acidulée qui lui donne son côté appétant. D'une densité supérieure, La Guiraude se livre moins aujourd'hui, laissez-lui trois ou quatre ans.

- ■ Crozes-Hermitage 2010   16,50 €   16

- ■ Crozes-Hermitage La Guiraude 2010   26 €   16,5

Rouge : 18 hectares.
Syrah 100 %
Blanc : 3 hectares.
Marsanne 80 %, Roussanne 20 %
Production moyenne : 100 000 bt/an

Domaine Alain Graillot, Les Chênes Verts, 26600 Pont-de-l'Isère
Tél. : 04 75 84 67 52 **Fax :** 04 75 84 79 33
E-mail : graillot.alain@wanadoo.fr
Vente : au domaine
Sur rendez-vous.
Propriétaire : Alain Graillot
Directeur : Alain Graillot

■ Domaine Michel et Stéphane Ogier

CÔTE-RÔTIE
★★

S ur les 11 ha qu'exploite ce domaine, 3,5 sont situés sur de très belles parcelles de Côte Rôtie. Jusqu'en 1983, Michel Ogier (le père) vendait son vin au négoce et vinifiait de façon classique un raisin non éraflé. En 1997, son fils Stéphane l'a rejoint après ses études d'œnologie à Beaune, dont il a conservé un goût pour l'élégance et la finesse, et pour les côte-rôtie qui « pinotent ». La précision des derniers millésimes, l'exigence dans la sélection des cuvées parcellaires et le style qu'affichent désormais les vins placent le domaine parmi l'élite.

Les vins : l'esprit tendu des condrieu 2010 nous séduit, mais nous sommes encore plus emballés par la série des rouges, à commencer par la syrah, délicieuse et gourmande. La côte-rôtie est racée et profonde, à encaver pour la prochaine décennie.

- ☐ Condrieu La Combe de Malleval 2010   30 € cav.   15,5
- ☐ Condrieu Les Vieilles Vignes de Jacques Vernay 2010   50 € cav.   16
- ■ Côte Rôtie La Belle Hélène 2009   n.c.   18,5
- ■ Côte Rôtie Lancement 2009   n.c.   17,5
- ■ Côte Rôtie Réserve du Domaine 2009   48 € cav.   17
- ■ Saint-Joseph 2009   18 € cav.   15,5
- ■ VDP Seyssuel L'Ame Soeur 2009   35 € cav.   16
- ■ VDP Syrah La Rosine 2010   15 € cav.   15

Rouge : 9,5 hectares.

Syrah 100 %
Blanc : 4,5 hectares.
Viognier 100 %
Production moyenne : 75 000 bt/an

Domaine Michel et Stéphane Ogier, 3, chemin du Bac, 69420 Ampuis
Tél. : 04 74 56 10 75   **Fax :** 04 74 56 01 75
E-mail : sogier@domaine-ogier.fr
Vente : au domaine
Sur rendez-vous uniquement.
Propriétaire : Stéphane Ogier

■ Domaine Marc Sorrel

HERMITAGE
★★

C e petit domaine produit avec constance depuis de nombreuses années des vins parmi les meilleurs de l'appellation Hermitage. Il faut dire qu'il possède un superbe patrimoine de vignes situées dans la partie centrale de la colline. Ses vinifications précises et son élevage soigneux et sobre mettent en valeur une qualité de fruit quasi parfaite et symbolisent au maximum le potentiel du millésime. En plus des cuvées de base en rouge et en blanc, Marc Sorrel produit deux cuvées de prestige : Le Gréal (contraction amusante des deux parcelles voisines Les Greffieux et Le Méal) en rouge, et Les Rocoules en blanc.

Les vins : le crozes blanc impose sa franchise et sa fraîcheur, un vin à savourer sur le fruit. Toujours en blanc les Roucoules est somptueux, avec une matière profonde, une texture riche, mais beaucoup d'équilibre. En rouge, l'Hermitage déploie des notes de petits fruits rouges, de fumé et possède une très belle allonge, Les Gréal, plus ample en milieu de bouche doit se fondre et fera une très grande bouteille dans 5 ans.

☐	Crozes-Hermitage 2010	15 €	15,5
☐	Hermitage 2010	40 €	17
☐	Hermitage Les Rocoules 2010	70 €	18
■	Crozes-Hermitage 2010	13 €	14,5
■	Hermitage 2010	40 €	17,5
■	Hermitage Le Gréal 2010	70 €	18,5

Rouge : 2,8 hectares.
Syrah 100 %
Blanc : 1,2 hectare.
Marsanne 90 %, Roussanne 10 %
Production moyenne : 16 000 bt/an

Domaine Marc Sorrel, 128 bis, avenue Jean-Jaurès, 26600 Tain-l'Hermitage
Tél. : 04 75 07 10 07   **Fax :** 04 75 08 75 88
E-mail : marc.sorrel@wanadoo.fr
Site : www.marcsorrel.fr
Vente : au domaine
Sur rendez-vous.
Propriétaire : Marc Sorrel

■ Domaine du Tunnel

CORNAS
★★

S téphane Robert conduit son domaine avec brio et élabore des vins qui s'imposent comme des références au sein des appellations Saint-Joseph, Saint-Péray et surtout Cornas. Ces cuvées renouvellent le style parfois rustique et solaire, de cette petite appellation de moins de 100 ha. Stéphane Robert apporte à ses syrahs opaques des touches de raffinement gagnées dans la précision de maturité du raisin, dans l'extraction et dans l'élevage. Les vins vieillissent par ailleurs très bien et le domaine est désormais une référence dans l'appellation.

Les vins : la gamme se comporte admirablement, les blancs sont une fois encore justes et équilibrés, le Pur Blanc affiche une admirable densité et des saveurs fraîches. Superbe. Les rouges sont également impressionnants, avec un saint-joseph épicé à souhait, et surtout trois cornas parfaitement équilibrés, avec une belle profondeur. Le Pur Noir s'impose comme une des très belles réussites de l'appellation, avec un fruit superbe et un potentiel immense.

☐	Saint-Péray Pur Blanc 2010	28 €	16
☐	Saint-Péray Roussanne 2010	18 €	15
■	Cornas 2010	24 €	16
■	Cornas Pur Noir 2010	65 €	17,5
■	Cornas Vin Noir 2010	31 €	16,5
■	Saint-Joseph 2010	17 €	15

Rouge : 6,5 hectares.
Syrah 100 %
Blanc : 3 hectares.
Marsanne 80 %, Roussanne 20 %
Production moyenne : 35 000 bt/an

Domaine du Tunnel, 20, rue de la République, 07130 Saint-Péray
Tél. : 04 75 80 04 66   **Fax :** 04 75 80 06 50
E-mail : domaine-du-tunnel@wanadoo.fr
Vente : au domaine
Du lundi au samedi de 10h à 12h30 et de 14h à 20h. Fermé le mercredi ou sur rendez-vous.
Propriétaire : Stéphane Robert

■ Domaine Georges Vernay

CONDRIEU

★★

C hristine Vernay maîtrise parfaitement son sujet. Les vins proposés par son beau domaine de Condrieu n'ont jamais été aussi harmonieux et élégants qu'aujourd'hui, même s'il ne faut certainement pas minimiser le travail réalisé par son père Georges, pour le domaine et pour l'appellation. Le trio de condrieux est revenu au plus haut niveau, avec une définition aromatique stupéfiante et surtout, une droiture de bouche unique, si indispensable à table. Il ne faudrait cependant pas négliger les côte-rôtie qui, depuis déjà quelques millésimes, ont rejoint le sommet de l'appellation.

Les vins : 2010 a engendré une série de condrieu d'un éclat superbe. Les chaillées de l'Enfer, plus riche, n'en demeure pas moins équilibré, avec une touche acidulée en finale. Droit et précis, Coteau de Vernon demeure la plus belle expression de l'appellation. Les rouges ne sont pas en reste, à commencer par un saint-Joseph Terre d'Encre délicieusement fruité et croquant. Les amateurs de côte-rôtie élégantes se régaleront avec la superbe Bonde du Seigneur, les plus patients se tourneront vers Maison Rouge et sa trame profonde et racée.

☐ Condrieu Coteau de Vernon 2010	70 €	18
☐ Condrieu Les Chaillées de l'Enfer 2010	60 €	17
☐ Condrieu Les Terrasses de l'Empire 2010	41 €	16
☐ VDP des Collines Rhodaniennes Le Pied de Samson 2010	20 €	14,5
■ Côte Rôtie La Blonde du Seigneur 2009	41 €	17
■ Côte Rôtie Maison Rouge 2009	70 €	18
■ Saint-Joseph Les Terres d'Encre 2010	20 €	15

Rouge : 20 hectares.
Syrah 50 %
Domaine Georges Vernay, 1, RN 86, 69420 Condrieu
Tél. : 04 74 56 81 81 **Fax :** 04 74 56 60 98
E-mail : pa@georges-vernay.fr
Site : www.georges-vernay.fr
Vente : au domaine
Du lundi au vendredi de 9h à 12h et de 14h30 à 18h sur rendez-vous. Fermé samedi et dimanche.
Propriétaire : Christine Vernay

■ Domaine François Villard

CONDRIEU

★★

C e n'est pas parce que le trublion François Villard ne se prend pas au sérieux qu'il ne faut pas considérer son travail avec l'attention que méritent les plus grands. Chaque millésime l'inspire. Tant dans les jeux de mots pour baptiser ses cuvées que pour en créer de nouvelles. Ce qui explique la multiplication des étiquettes (jusqu'à 18 !), ce qui a de quoi faire perdre son latin de cave au plus éclectique des œnophiles. Cet autodidacte aime les vendanges concentrées et tardives, pour aller chercher non la surmaturité mais la parfaite maturité. En rouge, La Brocarde en Côte-Rôtie et Reflet en Saint-Joseph s'affirment chaque année parmi les plus grandes réussites du secteur. Les blancs sont aussi en grande forme dans les méconnus saint-péray comme dans le trio star de Condrieu.

Les vins : grande réussite, le saint-péray Version Longue est doté d'une belle fraîcheur. Les rouges séduisent par la belle expression de leur fruit, illustré par le saint-joseph Mairlant à la bouche finement épicée ou la cuvée Reflet, plus dense et profonde. Pas encore tout à fait fondu, l'élevage du côte-rôtie La Brocarde porte bien le vin, laissez-lui quelques années.

☐ Condrieu Deponcins 2010	n.c.	16
☐ Saint-Péray Version 2010	n.c.	14
☐ Saint-Péray Version Longue 2010	n.c.	15
■ Côte Rôtie La Brocarde 2010	n.c.	17,5
■ Côte Rôtie Le Gallet Blanc 2010	n.c.	17
■ IGP Collines Rhodaniennes L'Appel des Sereines 2011	n.c.	14,5
■ IGP Collines Rhodaniennes Seul en Scène 2010	n.c.	15
■ Saint-Joseph Mairlant 2010	n.c.	15,5
■ Saint-Joseph Poivre et Sol 2010	15,50 €	15,5
■ Saint-Joseph Reflet 2010	n.c.	16,5

Rouge : 15 hectares.
Cabernet-sauvignon 3 %, Merlot 9 %, Syrah 88 %
Blanc : 10 hectares.
Roussanne 6 %, Viognier 78 %, Marsanne 16 %
Production moyenne : 175 000 bt/an

Domaine François Villard, 330, route du Réseau Ange, 42410 Saint-Michel-sur-Rhône
Tél. : 04 74 56 83 60 **Fax :** 04 74 56 87 78
E-mail : vinsvillard@wanadoo.fr

Vente : au domaine
Sur rendez-vous uniquement.
Propriétaire : François Villard

■ Domaine Bonnefond
CÔTE-RÔTIE
★

Patrick et Christophe Bonnefond exploitent, en appellation Condrieu, un vignoble de petite surface très bien situé. Leur côte-rôtie a nettement progressé ces dernières années et constitue une valeur sûre de l'appellation. Le style moderne donne ici des vins bien bâtis et structurés. Nous déplorons toutefois un élevage parfois un peu trop marqué. Les vins méritent d'être attendus.

Les vins : le millésime 2011 a permis d'élaborer un condrieu doté d'une belle tension. Les cote-rôtie possèdent un joli fruit, très juteux pour le Colline de Couzou, plus dense et épicé pour le Côte-Rozier et très serré pour Les Rochains qu'il faudra savoir attendre.

☐ Condrieu Côte-Chatillon 2011	35 €	15,5	
■ Côte Rôtie Colline de Couzou 2010	n.c.	15,5	
■ Côte Rôtie Côte-Rozier 2010	n.c.	16,5	
■ Côte Rôtie Les Rochains 2010	n.c.	16,5	

Rouge : 6 hectares.
Syrah 100 %
Blanc : 1 hectare.
Viognier 100 %
Production moyenne : 30 000 bt/an

Domaine Bonnefond, Mornas, 69420 Ampuis
Tél. : 04 74 56 12 30 **Fax :** 04 74 56 17 93
E-mail : gaec.bonnefond@orange.fr
Vente : au domaine
Du lundi au vendredi de 9h à 12h et de 13h30 à 19h sur rendez-vous. Le week-end sur rendez-vous.
Propriétaire : Patrick et Christophe Bonnefond.

■ Domaine Les Bruyères
CROZES-HERMITAGE
★

En 2002, David Reynaud sort ses 17 ha de la cave de Tain, surtout parce que son vignoble est en bio et que «cette viticulture exigeante n'est pas valorisée en coopérative». En signant son premier millésime en 2003, il découvre la biodynamie et entame la certification du Domaine des Bruyères dès 2005. Sa cave, tout en béton, est conçue autour du déplacement du raisin et du vin par gravité. Sa production de rouges, issue de terres assez profondes, sort déjà avec brio dans les dégustations. Une adresse à découvrir prioritairement en Crozes-Hermitage.

Les vins : le crozes-hermitage Les Croix déploie des saveurs de fruits rouges mûrs, de poivre frais et de viande fumée, avec une jolie intensité ; un rien plus tendre, la cuvée Georges Reynaud est également très croquante. Entre Ciel et Terre se montre la plus aboutie et la plus suave des cuvées, délicieux.

☐ Crozes-Hermitage Aux Bêtises d'Eloïse et Léa 2011	15,50 €	14	
■ Crozes-Hermitage Entre Ciel et Terre 2009	30 €	16,5	
■ Crozes-Hermitage Georges Reynaud 2010	15,50 €	15	
■ Crozes-Hermitage Les Croix 2010	20 €	16	
■ IGP Collines Rhodaniennes Syrah Les Monestiers 2011	9 €	13,5	

Rouge : 18 hectares.
Syrah 100 %
Blanc : 2 hectares.
Marsanne 70 %, Roussanne 30 %
Production moyenne : 100 000 bt/an
✿ Certifié en agriculture bio ou biodynamique

Domaine Les Bruyères, 12, chemin du Stade, 26600 Beaumont-Monteux
Tél. : 04 75 84 74 14 **Fax :** 04 75 84 14 06
E-mail : domalnelesbruyeres@orange.fr
Site : www.domainelesbruyeres.fr
Vente : au domaine
Sur rendez-vous.
Propriétaire : David Reynaud

■ Maison M. Chapoutier
HERMITAGE
★

Sous cette dénomination, nous avons regroupé les vins issus de la gamme classique de la maison Chapoutier, provenant essentiellement de l'activité de négoce. Les cuvées sont élaborées avec soin, mais ne possèdent évidemment pas la magie des sélections parcellaires. La maison est désormais dotée d'un site de vinification très performant et Michel Chapoutier ne ménage jamais ses efforts pour tirer le meilleur de chaque cuvée. La régularité de la production est exemplaire et les derniers millésimes sont impeccables.

VALLÉE DU RHÔNE

Les vins : le saint-péray Les Tanneurs est épuré, vif et apéritif, alors que Hongrie, plus gras, s'imposera à table. Le condrieu, dégusté avant mise se montrait réduit mais doté d'une belle énergie. Les rouges nous semblent encore plus aboutis, avec un délicieux côtes-du-rhône Belleruche, très croquant ; vin canaille, le crozes-hermitage déploie un joli fruit vif, le rasteau exprime sa belle générosité sudiste, tandis que l'Hermitage, encore un peu marqué par son élevage, fait une belle bouteille de garde à déguster dans cinq ans.

☐ Condrieu Invitare 2011		n.c.	15,5
☐ Crozes-Hermitage La Petite Ruche 2011		13,50 €	14
☐ Saint-Péray Les Tanneurs 2011		13 €	14
☐ Saint-Péray Lieu-dit Hongrie 2011		n.c.	14,5
■ Cornas Les Arènes 2011		n.c.	15
■ Côte Rôtie Les Bécasses 2010		n.c.	16
■ Côtes du Rhône Belleruche 2011		n.c.	14
■ Crozes-Hermitage Les Meysonniers 2011		n.c.	14,5
■ Hermitage Monier de la Sizeranne 2010		n.c.	16,5
■ Rasteau 2010		n.c.	14,5

Rouge : 203 hectares.
Syrah 70 %, Grenache 30 %
Blanc : 37 hectares.
Marsanne 90 %, Viognier 10 %
Production moyenne : 3 000 000 bt/an

Maison M. Chapoutier, 18, avenue du Docteur-Paul-Durand, 26600 Tain-l'Hermitage
Tél. : 04 75 08 28 65 **Fax :** 04 75 08 81 70
E-mail : chapoutier@chapoutier.com
Site : www.chapoutier.com
Vente : au domaine
Du lundi au vendredi de 9h à 12h30 et de 14h à 19h. Samedi de 9h30 à 13h et de 14h à 19h. Dimanche de 10h à 13h et de 14h à 18h.
Propriétaire : Michel Chapoutier
Directeur : Michel Chapoutier

■ Domaine Clusel-Roch

CÔTE-RÔTIE

★

L e domaine poursuit sa voie, avec des vins au style épuré, sans fioritures, qui peuvent sembler stricts, mais dont l'équilibre se manifeste par une trame fine et délicate. Les maturités semblent toujours à la limite et le fruit un rien

décharné, mais les vins possèdent une belle énergie et le temps leur rend finalement justice. La deuxième étoile approche.

Les vins : le rosé est gourmand, avec une belle franchise de fruit. La cuvée Galets, en Coteaux du Lyonnais, affiche une très bonne densité, avec du fond et de la persistance. Impeccable série de cote-rôtie, avec au sommet Viallière qui combine puissance et grande sève, et surtout un admirable Grandes Places à la bouche qui allie un fruité profond à des saveurs épicées.

▩ Coteaux du Lyonnais 2011	8 €	cav.	13,5
■ Côte Rôtie 2010	40 €	cav.	16,5
■ Côte Rôtie Les Grandes Places 2010	70 €	cav.	18
■ Côte Rôtie Viallière 2010	60 €	cav.	17,5
■ Coteaux du Lyonnais Galets 2010	15 €	cav.	15
■ Coteaux du Lyonnais Traboules 2011	9 €	cav.	14

Rouge : 7 hectares.
Syrah 65 %, Gamay 35 %
Blanc : 0,5 hectare.
Viognier 100 %
Production moyenne : 27 000 bt/an
❀ Certifié en agriculture bio ou biodynamique

Domaine Clusel-Roch, 15, route du Lacat, Verenay 69420 Ampuis
Tél. : 04 74 56 15 95 **Fax :** 04 74 56 19 74
E-mail : contact@domaine-clusel-roch.fr
Site : www.domaine-clusel-roch.fr
Vente : au domaine
Du lundi au samedi sur rendez-vous. Fermé les jours fériés.
Propriétaire : Brigitte Roch, Gilbert et Guillaume Clusel

■ Domaine Pierre et Jérôme Coursodon

SAINT-JOSEPH

★

J érôme Coursodon maîtrise bien son sujet. Ce vigneron efficace possède un joli patrimoine de vignes sur Saint-Joseph qu'il exprime au travers diverses cuvées parcellaires. Les vins possèdent franchise et précision, avec un joli fruit que parfois un élevage un peu marqué masque durant leur jeunesse. Belle régularité de la production.

Les vins : la matière du saint-joseph Silice est belle, le bois l'enrobe délicatement. Un élevage encore plus présent sur le Paradis Saint-Pierre qu'il faudra revoir. Nous aimons la matière des rouges 2011, doté d'une bonne profondeur. L'Olivaie s'exprime dans un registre épice et fumé ; La Sensonne y ajoute une belle intensité minérale et le Paradis Saint-Pierre une touche de volupté.

☐ Saint-Joseph Le Paradis
   Saint-Pierre 2011   24 € 14,5
☐ Saint-Joseph Silice 2011   18 € 14,5
■ Saint-Joseph L'Olivaie 2011   24 € 15,5
■ Saint-Joseph La Sensonne 2011   32 € 16
■ Saint-Joseph Silice 2011   18 € 14

Rouge : 13 hectares.
Syrah 100 %
Blanc : 2 hectares.
Marsanne 95 %, Roussanne 5 %
Production moyenne : 60 000 bt/an

Domaine Pierre et Jérôme Coursodon, 3, place du Marché, 07300 Mauves
Tél. : 04 75 08 18 29   **Fax :** 04 75 08 75 72
E-mail : pierre.coursodon@wanadoo.fr
Vente : au domaine
Pas de visites.
Propriétaire : Pierre et Jérôme Coursodon

■ Cave Yves Cuilleron
SAINT-JOSEPH
★

C e vigneron possède un dynamisme rare. Il n'a eu de cesse, depuis le début de la décennie, de compléter et d'étendre son domaine, tant en blanc pour Saint-Péray et Condrieu, qu'en Saint-Joseph et en Côte-Rôtie. Spectaculaires, les meilleurs vins de la gamme – notamment les blancs – savent exprimer une réelle finesse. Les cuvées de prestige, Les Serines en Saint-Joseph rouge, Bassenon et Terres Sombres en Côte Rôtie, Les Chaillets et Ayguets en Condrieu, sont des vins de très haut niveau.
Les vins : une fois encore, bravo à ce vigneron qui nous propose une gamme cohérente et juste. Les blancs possèdent l'éclat que nous cherchons si souvent dans la région. Le saint-péray est élégant et fin, les vins de Condrieu ne basculent pas dans la lourdeur, tel le très beau Chaillets ou le très profond Vertige. La précision des rouges est aussi spectaculaire, dès le saint-joseph Les Pierres Sèches, le ton est donné, la bouche s'avère juteuse et élégante. A l'autre bout de la gamme, le cornas et, surtout, la série des côte-rôtie expriment, avec une réelle justesse, l'expression de leur terroir.

☐ Condrieu Les Chaillets 2010   38 € 16,5
☐ Condrieu Vertige 2010   52 € 17
☐ Saint-Joseph Saint-Pierre 2010   19,90 € 16
☐ Saint-Péray Les Cerfs 2010   16,50 € 15
■ Cornas Les Vires 2010   39,90 € 17
■ Côte Rôtie Bassenon 2010   33,50 € 16,5
■ Côte Rôtie Madinière 2010   35,50 € 17
■ Côte Rôtie Terres
   Sombres 2010   46,50 € 18
■ Saint-Joseph Les Pierres
   Sèches 2010   14,20 € 15
■ Saint-Joseph Les Serines 2010   27 € 16,5

Rouge : 31 hectares.
Syrah 100 %
Blanc : 21 hectares.
Viognier 75 %, Marsanne 13 %,
Roussanne 12 %
Production moyenne : 300 000 bt/an

Cave Yves Cuilleron, 58 RD, 1086 Verlieu, 42410 Chavanay
Tél. : 04 74 87 02 37   **Fax :** 04 74 87 05 62
E-mail : cave@cuilleron.com
Site : www.cuilleron.com
Vente : au domaine
Du lundi au samedi de 9h à 12h et de 14h à 17h30 sur rendez-vous.
Propriétaire : Yves Cuilleron

■ Maison Delas Frères
HERMITAGE
★

P ropriété de la maison champenoise Deutz depuis 1996, Delas est une vénérable maison rhodanienne de plus de 175 ans. Sous l'impulsion de l'œnologue Jacques Grange, le domaine a connu une évolution qualitative. Il est vrai que Delas dispose d'un magnifique éventail de terroirs dans les principales appellations de la vallée du Rhône septentrional. Le domaine complète sa gamme avec des achats sérieux de moûts ou de raisins. Les vins rouges sont généralement de belle facture, notamment l'hermitage Les Bessards ou le côte-rôtie La Landonne. Nous ne pouvons cependant nous empêcher de penser que la maison peut encore aller plus loin.
Les vins : au sein de la très vaste gamme, les blancs se montrent parfois un peu lourds, comme le condrieu La Galopine, nous lui préférons le Clos Boucher bien plus tendu. L'hermitage blanc est quant à lui totalement dominé par son bois. Du côté des rouges, nous louons la franchise et la saveur du crozes-hermitage Domaine des Grands Chemins et la belle pro-

fondeur de l'hermitage Domaine des Tourettes qui se révèle très séveux. D'autres cuvées nous sont apparues bien trop réduites ou boisées.

☐ Condrieu Clos Boucher 2010	42 €	15,5
☐ Condrieu La Galopine 2010	36 €	14,5
☐ Côtes du Rhône Saint-Esprit 2011	7,77 €	13
☐ Hermitage Marquise de la Tourette 2011	43 €	15
■ Crozes-Hermitage Domaine des Grands Chemins 2010	20 €	14,5
■ Crozes-Hermitage Le Clos 2010	30 €	15
■ Hermitage Domaine des Tourettes 2010	55 €	16
■ Hermitage Les Bessards 2010	107 €	16,5
■ Saint-Joseph Sainte-Epine 2010	n.c.	14,5

Rouge : 28 hectares et achat de raisin et de vin.
Syrah 100 %
Blanc : 2 hectares et achat de raisin et de vin.
Marsanne 18 %, Roussanne 2 %, Viognier 80 %
Production moyenne : 2 000 000 bt/an

Maison Delas Frères, ZA de l'Olivet, 07300 Saint-Jean-de-Muzols
Tél. : 04 75 08 60 30 **Fax :** 04 75 08 53 67
E-mail : france@delas.com
Site : www.delas.com
Vente : au domaine
Sur rendez-vous de 9h30 à 12h et de 14h30 à 18h30. Fermé le dimanche sauf en juillet et en août.
Propriétaire : Maison Delas Frère
Directeur : Jacques Grange

■ Domaine Eric et Joël Durand

CORNAS

★

L es deux frères Durand, installés à Châteaubourg, au sud de l'appellation Saint-Joseph, ont démontré leur talent de vinificateurs. Avec constance, ils produisent des cornas et des saint-joseph qui figurent parmi les plus intéressants de leurs appellations. Un travail consciencieux a permis au domaine de produire des vins expressifs et précis, mais dotés d'une matière parfois austère que seul le temps permet d'équilibrer.

Les vins : la gamme est équilibrée et les vins possèdent une très belle personnalité. Les cornas sont denses et encore serrés, il leur faudra du temps pour s'arrondir. Le Confidences affiche un profil mûr et complet.

■ Cornas Confidences 2010	39 €	16,5
■ Cornas Empreintes 2010	25 €	16
■ Cornas Prémices 2010	20 €	15
■ Saint-Joseph Lautaret 2010	19 €	15
■ Saint-Joseph Les Coteaux 2010	15 €	15,5

Rouge : 12 hectares.
Syrah 100 %
Domaine Eric et Joël Durand, 2, impasse de la Fontaine, 07130 Châteaubourg
Tél. : 04 75 40 46 78 **Fax :** 04 75 40 29 77
E-mail : ej.durand@wanadoo.fr
Vente : au domaine
Sur rendez-vous.
Propriétaire : Eric et Joël Durand

■ Ferraton Père et Fils

HERMITAGE

★

C e négociant en plein développement possède des vignes en Hermitage, essentiellement situées dans les parties basses – terroir des Dionnières – et centrales (Le Méal et Les Murets), ainsi qu'en Crozes-Hermitage. Les mises en bouteilles sont faites par la maison Chapoutier, qui a indéniablement apporté un style nouveau à la production, avec des vins amples et expressifs avantageant les rouges – même si ces derniers pèchent encore parfois par excès de boisé.

Les vins : les blancs sont riches, mais pas lourds, soulignés par un élevage qui les pommade parfois, comme pour le saint-joseph, mais qui peut aussi les guider habilement, ce qui est le cas du très bel ermitage Le Reverdy. Parmi les rouges, le crozes Le Grand Courtil offre un fruité expressif et suave, le saint-joseph est sous la domination d'un bois qui le assèche la finale ; le côte-rôtie joue l'élégance ; quant aux ermitages, leur niveau est remarquable, avec beaucoup de fond et un évident potentiel, même si, là encore, il leur faudra digérer le bois.

☐ Condrieu Les Mandouls 2011	30 €	15
☐ Côtes du Rhône-Villages Laudun 2011	7,25 €	13,5
☐ Ermitage Le Reverdy 2010	n.c.	16,5
☐ Saint-Joseph La Source 2011	14 €	14,5
■ Côte Rôtie L'Eglantine 2010	43 €	15,5
■ Crozes-Ermitage Le Grand Courtil 2010	n.c.	15
■ Ermitage Le Méal 2010	n.c.	17,5
■ Ermitage Les Dionnières 2010	n.c.	17
■ Hermitage Les Miaux 2010	45 €	16,5

■ Saint-Joseph Lieu-dit
Saint-Joseph 2011   n.c. 14,5

Rouge : 6,5 hectares.
Syrah 100 %
Blanc : 1 hectare.
Marsanne 50 %, Roussanne 50 %
Production moyenne : 380 000 bt/an
☙ Certifié en agriculture bio ou biodynamique

Ferraton Père et Fils, 13, rue de la Sizeranne,
26600 Tain-l'Hermitage
Tél. : 04 75 08 59 51 **Fax :** 04 75 08 81 59
E-mail : ferraton@ferraton.fr
Site : www.ferraton.fr
Vente : au domaine
Du lundi au samedi de 9h à 12h et de 14h à
18h. Et sur rendez-vous.
Directeur : Michel Chapoutier

■ Domaine Gonon

SAINT-JOSEPH
★

A vec la régularité d'un métronome, le
domaine produit des vins de référence sur
l'appellation. Les mots saveur – très marquée
par l'olive noire, un style assez sudiste à Saint-
Joseph –, densité et fermeté résument fidèlement
les rouges de Pierre et Jean Gonon. En blanc,
couleur qui vieillit remarquablement ici, le style
est compact, savoureux et sans esbroufe. Hélas,
le domaine n'a que très peu de vin disponible.
Les vins : le blanc est délicieux, avec un bel
éclat et une bouche qui combine gras et netteté.
Le tout avec une belle allonge. Le rouge 2010
est impeccable de définition, avec des notes de
fruits rouges croquantes et une touche de poivre.
Le 2009 se montre plus large, mais aussi un rien
plus confit dans ses arômes, il évolue bien.

☐ Saint-Joseph Les
   Oliviers 2010   24 € cav. 15,5
■ Saint-Joseph 2010   22 € cav. 16,5
■ Saint-Joseph 2009   22 € cav. 16

Rouge : 7,5 hectares.
Syrah 100 %
Blanc : 2 hectares.
Marsanne 80 %, Roussanne 20 %
Production moyenne : 35 000 bt/an

Domaine Gonon, 34, avenue Ozier, 07300
Mauves
Tél. : 04 75 08 45 27 **Fax :** 04 75 08 65 21
E-mail : gonon.pierre@wanadoo.fr
Vente : au domaine

Du lundi au samedi sur rendez-vous.
Propriétaire : Pierre et Jean Gonon

■ Domaine Bernard Gripa

SAINT-JOSEPH
★

B ernard Gripa et son fils réalisent des saint-
joseph rouges et blancs compacts, serrés et
expressifs, associant sans mollesse ni lourdeur
un corps plein à une palette aromatique savoureuse. La production de ce vigneron implanté à
Mauves, dans la partie centrale de l'appellation
Saint-Joseph, qui en est aussi le cœur qualitatif,
propose deux cuvées déclinées en blanc et en
rouge – l'une traditionnelle, l'autre de prestige
baptisée Le Berceau. Bernard Gripa possède
également des vignes dans l'appellation voisine, Saint-Péray, avec des blancs qui vieillissent
magnifiquement.
Les vins : le saint-péray est certainement l'un
des plus intéressants de l'appellation, avec bouche très nette exprimant des notes de fruits jaune
et de pâtisserie, mais sans aucune lourdeur. Très
beau duo de saint-joseph rouges, avec au sommet une cuvée le Berceau très profonde et serrée, dont le fruit brille par son intensité et sa
persistance.

☐ Saint-Péray Les Figuiers 2010   20 € 15,5
■ Saint Joseph 2010   18 € 15
■ Saint-Joseph Le Berceau 2010   30 € 16

Rouge : 8 hectares.
Syrah 100 %
Blanc : 7 hectares.
Roussanne 20 %, Marsanne 80 %
Production moyenne : 70 000 bt/an

Domaine Bernard Gripa, 5, avenue Ozier, 07300
Mauves
Tél. : 04 75 08 14 96 **Fax :** 04 75 07 06 81
E-mail : gripa@wanadoo.fr
Vente : au domaine
Pas de visites.
Propriétaire : Fabrice Gripa

■ Paul Jaboulet Aîné

CROZES-HERMITAGE
★

V énérable maison de la vallée du Rhône,
Jaboulet a été racheté en 2006 par la famille
Frey (château La Lagune, dans le Médoc). Avec
l'aide de l'œnologue Denis Dubourdieu, Caro-

line Frey entend remettre sur les rails cette institution qui produisit jusqu'au début des années 1990 des vins passionnants que les amateurs du monde entier s'arrachaient. Symbole de son excellence, la cuvée La Chapelle, dont certains millésimes sont de véritables mythes. Un important travail à la vigne a été mis en place, avec de nombreuses replantations, et un nouvel outil de production moderne et fonctionnel a été construit. La qualité progresse, les vins ont gagné en définition, nous attendons maintenant qu'ils acquièrent un peu plus de vibration.

Les vins : les blancs sont francs, dans un style moderne efficace, avec un boisé encore un peu marqué sur le Chevalier de Sterimberg, qui termine néanmoins sur de jolie amers. Le Domaine de Roure possède, lui, une jolie finale saline. En rouge, nous regrettons de n'avoir pu déguster l'hermitage La Chapelle, la gamme nous est apparue très marquée par les élevages. Le plus équilibré des vins reste le cornas dont la belle matière supporte le boisé.

☐ Crozes-Hermitage Domaine de Roure 2010	n.c.	14,5
☐ Crozes-Hermitage Domaine Mule Blanche 2010	n.c.	14
☐ Hermitage Le Chevalier de Sterimberg 2010	n.c.	15,5
■ .Crozes-Hermitage Domaine de Roure 2009	n.c.	14
■ Cornas Domaine de Saint-Pierre 2009	n.c.	15,5
■ Saint-Joseph Domaine de la Croix des Vignes 2009	n.c.	14,5

Rouge : 93 hectares.
Syrah 100 %
Blanc : 17 hectares.
Marsanne 60 %, Roussanne 30 %,
Viognier 10 %
Production moyenne : 300 000 bt/an

Paul Jaboulet Aîné, BP 46, 26600 Tain-l'Hermitage
Tél. : 04 75 84 68 93 **Fax :** 04 75 84 56 14
E-mail : info@jaboulet.com
Site : www.jaboulet.com
Vente : au domaine
Du mardi au samedi de 10h à 12h et de 14h à 18h. D'avril à août et décembre : du lundi au samedi de 10h à 18h au Vineum, Route des Beaumes, 26300 Châteauneuf-sur-Isère. Tél. 04 75 47 35 55. Fax 04 75 71 62 02.
vineum@jaboulet.com
Propriétaire : Famille Frey
Directeur : Caroline Frey

■ Domaine André Perret
CONDRIEU
★

André Perret poursuit son expansion et exploite un beau domaine situé à la fois en appellation Condrieu et dans le nord de l'AOC Saint-Joseph, sur les rudes coteaux de Chavanay. Cette propriété a nettement progressé ces dernières années, grâce notamment à un engagement dans le travail des sols. A ne pas manquer, ses deux cuvées vedettes en Condrieu, qui proviennent de deux des plus beaux lieux-dits du cru, le Coteau de Chéry et le Clos Chanson. Les rouges sont recommandables, particulièrement la cuvée Les Grisières.

Les vins : le saint-joseph blanc combine un beau volume et du gras, sans lourdeur. Même état d'esprit pour les vins de Condrieu, dont l'admirable Clos Chanson, servi par une très belle touche d'acidité en finale. Les rouges sont également de très belle facture, dans un esprit très classique, avec un admirable saint-joseph les Grisières dense et croquant. Un niveau qui met la seconde étoile en ligne de mire du domaine.

☐ Condrieu 2010	21 €	15,5
☐ Condrieu Chéry 2010	35 €	16
☐ Condrieu Clos Chanson 2010	35 €	16,5
☐ Saint-Joseph 2010	12,50 €	15
■ Saint-Joseph 2010	12 €	15

Rouge : 5,8 hectares.
Syrah 100 %
Blanc : 5,8 hectares.
Viognier 40 %, Marsanne 30 %,
Roussanne 30 %
Production moyenne : 45 000 bt/an

Domaine André Perret, 17, RN 86, Verlieu, 42410 Chavanay
Tél. : 04 74 87 24 74 **Fax :** 04 74 87 05 26
E-mail : andre.perret@terre-net.fr
Site : www.andreperret.com
Vente : au domaine
Sur rendez-vous.
Propriétaire : André Perret

■ Les Vins de Vienne
SAINT-PÉRAY
★

A l'endroit même où, il y a plus de vingt-et-un siècles, des soldats romains plantèrent les premières vignes de la région, trois compères vignerons – Yves Cuilleron, François Villard et Pierre Gaillard, tous présents à titre personnel dans ce guide, créèrent de toutes pièces ce domaine en 1986. Pierre-Jean Villa, le quatrième mousquetaire, a fait beaucoup pour le développement commercial de cette jeune maison. Après en avoir assuré les vinifications jusqu'en 2009, il a décidé de voler de ses propres ailes. Les Vins de Vienne combinent une production en propre et des achats très avisés de raisins, tout en affinant leur style ces dernières années. Les rouges conjuguent la modernité des syrahs denses, fruitées et la civilité des élevages sous bois contenus. Les blancs ont également gagné en pureté et en finesse de boisé.

Les vins : les blancs en 2010 sont nets, dotés d'une belle énergie, tel le Taburnum à la finale très élégante. Au sein de la gamme des rouges, le saint-joseph séduit par ses belles notes juteuses et sa touche de poivre. Le cornas nous a semblé plus massif et plus dur en finale, le côte-rôtie Les Archevêques offre du fond et une belle persistance.

☐	Condrieu Les Archevêques 2010	40 €	16
☐	Hermitage La Bachole 2010	48 €	16
☐	IGP Collines Rhodaniennes Taburnum 2010	33 €	15,5
☐	Saint-Péray Les Archevêques 2010	20 €	14,5
■	Cornas Les Barcillants 2010	29 €	15
■	Côte Rôtie Les Archevêques 2010	44 €	16,5
■	Côte Rotie Les Essartailles 2010	35,50 €	15,5
■	Crozes-Hermitage Les Palignons 2010	18,50 €	14
■	Hermitage Les Chirats de Saint-Christophe 2010	48,50 €	16,5
■	IGP Collines Rhodaniennes Sotanum 2010	33 €	15,5
■	Saint-Joseph Les Archevêques 2010	23 €	15

Rouge : 14 hectares.
Syrah 100 %
Blanc : 4 hectares.
Viognier 33 %, Roussanne 10 %, Marsanne 57 %
Production moyenne : 350 000 bt/an

Les Vins de Vienne, Jassoux, 42410 Chavanay
Tél. : 04 74 85 04 52 **Fax :** 04 74 31 97 55
E-mail : contact@lesvinsdevienne.fr
Site : www.lesvinsdevienne.com
Vente : au domaine

Du lundi au jeudi de 8h30 à 12h et de 13h30 à 17h. Le vendredi de 8h30 à 12h et de 13h30 à 16h. Dégustation sur rdv.
Propriétaire : Y. Cuilleron, P. Gaillard, F. Villard.

■ Domaine Alain Voge
CORNAS
★

Ce beau domaine, dirigé depuis 2004 par Alberic Mazoyer, a repris sa place depuis quelques millésimes au sein de l'élite de Cornas, appellation trop méconnue. Cet ancien de la maison Chapoutier pilote la conversion en biodynamie d'un vignoble rocailleux et pentu, cultivé entièrement à mains d'homme.

Les vins : rafraîchissantes, les Bulles d'Alain présentent un joli côté festif et agréable. A l'exception d'Harmonie, facile et fruité, les blancs sont encore marqués par leur élevage. Fleur de Cursol est ainsi totalement étouffé par ses notes de boisé vanillé. Les rouges sont supérieurs, avec des fruits mieux respectés. Superbe cornas vieilles vignes à la trame dense et au profil étiré, Les Vieilles Fontaines, très serré, devra, lui, être oublié en cave.

☐	Saint-Péray Fleur de Crusso 2010	25 €	14,5
☐	Saint-Péray Harmonie 2010	14 €	14
☐	Saint-Péray Les Bulles d'Alain	13 €	14
☐	Saint-Péray Terres Boisées 2010	18 €	14,5
■	Cornas Les Chailles 2010	23 €	15
■	Cornas Les Vieilles Fontaines 2009	55 €	17
■	Cornas Les Vieilles Vignes 2009	35 €	16,5
■	Saint-Joseph Les Vinsonnes 2009	21 €	14,5

Rouge : 8 hectares.
Syrah 100 %
Blanc : 4 hectares.
Marsanne 95 %, Roussanne 5 %
Production moyenne : 55 000 bt/an

Domaine Alain Voge, 4, impasse de l'Equerre, 07130 Cornas
Tél. : 04 75 40 32 04 **Fax :** 04 75 81 06 02
E-mail : contact@alain-voge.com
Site : www.alain-voge.com
Vente : au domaine
Du lundi au vendredi de 9h à 18h. Samedi sur rendez-vous. Fermé le dimanche.
Propriétaire : Alain Voge
Directeur : Alberic Mazoyer

VALLÉE DU RHÔNE

■ Domaine Belle
CROZES-HERMITAGE

C e domaine possède des vignes en Crozes-Hermitage très bien situées sur les coteaux de Larnage, d'où est issue la cuvée Louis Belle, et dans la plaine alluviale pour la cuvée Les Pierrelles. Ainsi qu'une parcelle de superficie plus modeste en Hermitage.

Les vins : l'hermitage blanc combine une belle densité de fruit et de la fraîcheur dans les arômes, le tout enrobé par un élevage qui doit encore se fondre. Les rouges s'expriment avec une petite austérité, le crozes Roche Pierre possède du fond, mais aussi des tanins encore stricts. Il faudra l'attendre. Les Pierrelles, avec son côté juteux et immédiat, est très séduisant.

☐ Crozes-Hermitage Roches Blanches 2010	21,50 €	14
☐ Hermitage 2010	43 €	15,5
■ Crozes-Hermitage Les Pierrelles 2010	14,50 €	14,5
■ Crozes-Hermitage Louis Belle 2010	19,50 €	14,5
■ Crozes-Hermitage Roche Pierre 2009	26 €	15
■ Hermitage 2009	45 €	16

Rouge : 21,5 hectares.
Syrah 100 %
Blanc : 2,5 hectares.
Roussanne 30 %, Marsanne 70 %
Production moyenne : 100 000 bt/an

Domaine Belle, 510, rue de la Croix, 26600 Larnage
Tél. : 04 75 08 24 58 **Fax :** 04 75 07 10 58
E-mail : domaine.belle@wanadoo.fr
Vente : au domaine
Sur rendez-vous.
Propriétaire : Philippe Belle

■ Domaine de Bonserine
CÔTE-RÔTIE

M ême si le domaine appartient depuis 2006 à la maison E. Guigal, Bonserine, créé en 1961, conserve une autonomie totale et préserve son style. Avec un joli patrimoine de vieilles vignes et un équipement moderne, la propriété produit essentiellement des côte-rôtie de très belle facture, élevés longuement. Les derniers millésimes sont convaincants, dans un style puissant et généreux.

Les vins : le condrieu possède beaucoup de richesse et de gras, il manque un rien de tonicité.

La série des cote-rôtie 2009 est de belle facture, avec des matières opulentes, mais aussi des boisés marqués qui devront se fondre.

☐ Condrieu 2010	29 €	15
■ Côte Rôtie La Garde 2009	50 €	16
■ Côte Rôtie La Sarrasine 2009	30 €	15,5
■ Côte Rôtie La Viallière 2009	42 €	16

Rouge : 11 hectares.
Syrah 100 %
Blanc : 1 hectare.
Viognier 100 %
Production moyenne : 20 à 40 000 bt/an

Domaine de Bonserine, 2, chemin Viallière, 69420 Ampuis
Tél. : 04 74 56 14 27 **Fax :** 04 74 56 18 13
E-mail : bonserine@wanadoo.fr
Site : www.domainedebonserine.fr
De 9h à 17h sauf le dimanche.
Propriétaire : Guigal

■ Domaine Yann Chave
CROZES-HERMITAGE

A nciennement connu sous le nom de Bernard Chave, le domaine, géré par son fils Yann, a pris un grand coup de jeune. Les vins sont ambitieux, privilégiant l'expression naturelle du fruit et du terroir, tant en rouge qu'en blanc. Les progrès sont nets ces dernières années et les rouges se situent aujourd'hui à un très bon niveau.

Les vins : le blanc joue sur un registre de fruits jaunes bien mûrs, avec une finale qui demeure savoureuse. La pureté de fruit des rouges est intéressante. Avec une extraction bien menée, Le Rouvre est serré, mais d'une belle densité. Le millésime 2010 signe une très belle réussite pour l'hermitage, avec une grande profondeur de fruit et une finale vibrante.

☐ Crozes-Hermitage 2010	16 € cav.	14,5
■ Crozes-Hermitage 2010	16 € cav.	14,5
■ Crozes-Hermitage Le Rouvre 2010	22 € cav.	15
■ Hermitage 2010	55 € cav.	17

Rouge : 18,5 hectares.
Syrah 100 %
Blanc : 1,5 hectare.
Marsanne 70 %, Roussanne 30 %
Production moyenne : 83 000 bt/an
❀ Certifié en agriculture bio ou biodynamique

Domaine Yann Chave, La Burge, 26600 Mercurol

Tél. : 04 75 07 42 11 **Fax :** 04 75 07 47 34
E-mail : chaveyann@yahoo.fr
Site : www.yannchave.com
Pas de visites.
Propriétaire : Yann Chave

■ Domaine du Coulet

CORNAS

Transfuge de la cave de Tain l'Hermitage, Matthieu Barret sort les vignes de son grand-père (13 ha) de la coopérative et met en bouteilles son premier millésime en 2001. Le principal atout de ce domaine est constitué de 10 ha en Cornas, dans le sud de l'appellation – secteur de terrasses et de coteaux assez frais et ventés. Matthieu fait partie de cette génération passée de la culture bio à la biodynamie. « En bio, on ne recule pas mais on n'avance plus, estime-t-il. Ce qui me séduit dans la biodynamie, ce n'est pas le côté ésotérique mais tout l'aspect expérimental, qui me fait évoluer en viticulture. » Trois cuvées à son programme : Brise Cailloux, vinifiée dans des cuves béton en forme d'œuf, qui exprime « le fruité du cornas » ; Les Terrasses du Serre, qui se définit comme un cornas plus classique, notamment dans son expression solaire ; Billes Noires, enfin, syrah très minérale, ferme, d'une grande droiture, défendant le meilleur des granits frais de cornas qui s'épanouissent après dix ans de bouteille.

Les vins : le domaine mériterait certainement une première étoile, hélas, seul le Brise Cailloux nous a été présenté à la dégustation. Le vin possède une magnifique race, avec une petite pointe de réduction qui se dissipe à l'air pour révéler alors un fruité superbe et très pur.

■ Cornas Brise Cailloux 2010   33,80 € 16,5

Rouge : 11 hectares.
Syrah 100 %
Domaine du Coulet, 43, rue du Ruisseau, 07130 Cornas
Tél. : 04 75 80 08 25 **Fax :** 04 75 80 08 25
E-mail : domaineducoulet@sfr.fr
Site : http ://domaineducoulet.com
Vente : au domaine
Eté : à partir de 16h sur rendez-vous. L'hiver : de 9h à 12h et de 14h à 19h sur rendez-vous.
Propriétaire : Matthieu Barret
Directeur : Matthieu Barret

■ Domaine Emmanuel Darnaud

CROZES-HERMITAGE

Emmanuel Darnaud cultive 6 ha depuis 2001, répartis sur des alluvions à galets sur Mercurol, Pont-de-l'Isère et La Roche-de-Glun. Concentrés, mûrs mais sans pesanteur, ses vins sont généreux et immédiats. On peut garder de 6 à 7 ans la cuvée Les Trois Chênes, élevée pour moitié en fûts neufs durant 14 mois. Emmanuel Darnaud ne vend aux particuliers qu'une fois par an, à l'occasion de ses portes ouvertes, ne les ratez pas !

Les vins : le Mise en Bouche ne vole pas son nom, c'est vin ouvert, généreux et déjà délicieux. Les Trois Chênes s'ouvrira dans les deux ans, il possède une très belle densité de fruit et des tannins raffinés. Le saint-joseph n'est pas en reste, avec une finale épicée.

■ Crozes-Hermitage Les Trois
  Chênes 2010   18 € 15,5
■ Crozes-Hermitage Mise en
  Bouche 2010   15 € 14,5
■ Saint-Joseph 2010   24 € 16,5

Rouge : 14,5 hectares.
Syrah 100 %.
Blanc : 0,5 hectare.
Marsanne 100 %.
Production moyenne : 70 000 bt/an

Domaine Emmanuel Darnaud, 21, rue du Stade, 26600 La Roche-de-Glun.
Tél. : 04 75 84 81 64 **Fax :** 04 75 84 81 64
E-mail : emmanuel.darnaud26@orange.fr
Vente : au domaine
Sur rendez-vous.
Propriétaire : Emmanuel Darnaud

■ Domaine des Entrefaux

CROZES-HERMITAGE

Situé sur les très bons coteaux de Chanos-Curson, dans le prolongement du plissement de l'Hermitage, le domaine des Entrefaux réalise des crozes-hermitage très francs et sains, à boire sur le fruit dans leur prime jeunesse, en particulier la cuvée classique et Les Champs Fourrés. La propriété produit plusieurs cuvées plus ambitieuses, parmi lesquelles Les Pends et Les Machonnières, aptes à vieillir de six à huit ans.

Les vins : le blanc déploie des notes fines de fruits blancs, avec une belle élégance et un côté immédiat. Dans le même esprit de franchise de

VALLÉE DU RHÔNE

saveur, le rouge est délicieux sur son fruit juteux. Plus dense, Les Machonnières fait un beau classique de l'appellation, avec du fond et des tannins qui se fondront dans les 3 ans.

☐ Crozes-Hermitage 2011	13 €	14
■ Crozes-Hermitage 2010	13 €	14
■ Crozes-Hermitage Les Machonnières 2010	18 €	15,5

Rouge : 22 hectares.
Syrah 100 %
Blanc : 6 hectares.
Marsanne 50 %, Viognier 20 %,
Roussanne 10 %, Chardonnay 20 %
Production moyenne : 140 000 bt/an

Domaine des Entrefaux, quartier de la Beaume, 26600 Chanos-Curson
Tél. : 04 75 07 33 38 **Fax :** 04 75 07 35 27
E-mail : entrefaux@wanadoo.fr
Vente : au domaine
Du lundi au vendredi de 9h à 12h et de 14h à 18h. Le samedi de 9h à 12h.
Propriétaire : François Tardy

■ Domaine Pierre Gaillard
SAINT-JOSEPH

Ce vigneron emblématique de la vallée du Rhône nous a quelque peu laissé sur notre faim. La gamme est très vaste et se montré hélas irrégulière, avec quelques belles réussites, mais aussi des vins très décevants. Nous lui ôtons son étoile cette année, à grand regret.

Les vins : en blanc, nous louons le saint-joseph qui déploie une très jolie trame droite et généreuse à la fois. Le condrieu joue dans un registre plus gras, à la limite de la lourdeur, nous lui préférons la cuvée l'Octroi, plus aérienne. En rouge, la cuvée Asiaticus est décevante, issu d'un raisin compoté et sans énergie. Le crozes-hermitage n'est pas non plus à la hauteur, trop mince, tout comme la cote-rôtie, qui manque de volume. Les Pierres, en Saint-Joseph, est plus passionnant, avec une belle définition et une juste maturité.

☐ Condrieu 2011	30 €	14,5
☐ Condrieu L'Octroi 2011	36 €	15
☐ Côtes du Rhône Les Gendrines 2011	14 €	14
☐ Saint-Joseph 2010	19 €	15
■ Côte Rôtie 2010	37 €	14,5
■ Côte Rôtie Rose Pourpre 2010	75 €	15
■ Crozes-Hermitage 2010	14 €	13,5

■ Saint-Joseph Clos de la Cuminaille 2010	20 €	14
■ Saint-Joseph Les Pierres 2010	29 €	15
■ VDP Collines Rhodaniennes Asiaticus 2010	31 €	13

Rouge : 20 hectares.
Syrah 100 %
Blanc : 7 hectares.
Roussanne 25 %, Viognier 75 %
Production moyenne : 110 000 bt/an

Domaine Pierre Gaillard, lieu-dit Chez Favier, 42520 Malleval
Tél. : 04 74 87 13 10 **Fax :** 04 74 87 17 66
E-mail : contact@domainespierregaillard.com
Site : www.domainespierregaillard.com
Vente : au domaine
Du lundi au vendredi de 8h30 à 18h.
Propriétaire : Pierre Gaillard

■ Domaine Johann Michel
CORNAS

Ce domaine a connu une histoire mouvementée. Il fut créé en 1939 par François Michel, à l'origine de l'appellation Cornas. Mais à la fin de la guerre, les vignes furent données en fermage au domaine Courbis et il fallut attendre 1988 pour que le père de Johann décide d'en reprendre l'exploitation. Depuis 1997, c'est Johann Michel qui en tient les rênes et qui continue à faire progresser la qualité. Les vins sont régulièrement délicieux, classiques et sans la rudesse qui caractérise parfois l'appellation.

Les vins : le cornas affiche une belle franchise, avec des notes de fruits noirs mûrs, mais frais et une belle allonge. Le Jana se veut plus ambitieux, mais le fruit compote légèrement, il faudra le suivre au vieillissement en espérant qu'il ne sèche pas.

■ Cornas 2010	17 €	15
■ Cornas Cuvée Jana 2010	35 €	15,5

Rouge : 3,4 hectares.
Syrah 100 %
Blanc : 0,7 hectare.
Marsanne 50 %, Roussanne 50 %
Production moyenne : 20 000 bt/an

Domaine Johann Michel, La Ferme de Chavaran, 115, chemin de Ploy, 07130 Saint-Péray
Tél. : 04 75 40 56 43 **Fax :** 04 75 40 56 43
E-mail : johann-michel@wanadoo.fr
Site : michel.johann.monsite@orange.fr
Vente : au domaine

De 9h à 12h et de 14h à 18h30.
Propriétaire : Johann Michel

■ Maison Nicolas Perrin

HERMITAGE

Cette toute jeune maison de négoce est née de l'association de la famille Perrin (du château de Beaucastel à Châteauneuf-du-Pape) et de Nicolas Jaboulet (ex-directeur de la maison familiale Paul Jaboulet et Fils). Deux grandes pointures du sud et du nord de la vallée, qui sortent une petite collection de crus du Nord. Les vins sont sélectionnés sur fût avant fermentation malolactique chez les vignerons, les élevages sont ensuite terminés chez Perrin, près d'Orange. Puis suit un travail d'assemblage. Les premiers vins sont encourageants.

Les vins : l'hermitage blanc 2010 est doté d'une belle matière, mais l'élevage prend aujourd'hui le dessus. Le condrieu possède une belle trame avec une fine salinité en finale. En rouge, l'ermitage est serré, doté d'une très belle matière, avec beaucoup d'allonge.

☐ Condrieu 2010	40 € cav.	16,5	
☐ Hermitage 2010	45 € cav.	15	
■ Côte Rôtie 2010	45 € cav.	16,5	
■ Crozes-Hermitage 2010	16 € cav.	14,5	
■ Ermitage 2010	55 € cav.	17	

Rouge : n.c.
Blanc : n.c.
Production moyenne : 55 000 bt/an

Maison Nicolas Perrin, 29, côte des Chapeliers, 26000 Valence
Tél. : 04 90 11 12 21 **Fax :** 04 90 11 12 08
E-mail : njaboulet@gmail.com
Site : www.maison-nicolas-perrin.com
Pas de visites.
Propriétaire : Famille Perrin et Nicolas Jaboulet
Directeur : Nicolas Jaboulet & Marc Perrin (gérants)

■ Domaine Pichat

CÔTE-RÔTIE

Christophe Pichat produit son premier millésime en 2000, quelque 900 bouteilles qui éveillent déjà l'attention des amateurs. Depuis, il s'est développé, s'est équipé d'un matériel performant et exploite désormais 4 ha, principalement sur les appellations Côte-Rôtie et Condrieu. Ce jeune vigneron talentueux produit

des vins au style affirmé, tels que nous les aimons, avec une très belle expression des terroirs. Un domaine à suivre de près...

Les vins : le viognier est franc, ample, mais équilibré. Légèrement exotique et vanillé au nez, le condrieu se veut large, avec une finale qui manque de nerf. Légèrement réduit, le côte-rôtie Löss possède néanmoins un côté très juteux, avec un joli fruité acidulé. Encore légèrement marqué par son élevage, le Grandes Places affiche beaucoup de volume et une grande profondeur de fruit que le temps affinera.

☐ Condrieu La Caille 2010	28 €	15	
☐ IGP Collines Rhodaniennes 2011	14 €	14	
■ Côte-Rôtie Champon's 2010	25 €	16	
■ Côte-Rôtie Grandes Places 2010	48 €	16,5	
■ Côte-Rôtie Löss 2011	25 €	15,5	

Rouge : 3,4 hectares.
Syrah 100 %
Blanc : 0,5 hectare.
Viognier 100 %
Production moyenne : 15 000 bt/an

Domaine Pichat, 6, chemin de la Viallière 69420 Ampuis
Tél. : 04 74 48 37 23 **Fax :** 04 74 48 30 35
E-mail : info@domainepichat.com
Site : www.domainepichat.com
Sur rendez-vous.
Propriétaire : Stéphane Pichat

■ Domaine Christophe Pichon

CONDRIEU

Christophe Pichon a pris la suite de son père et a commencé à acheter des vignes en 1991. Il vinifie aujourd'hui 10,5 ha répartis sur Condrieu (4,10 ha), Côte-Rôtie et Saint-Joseph, dont certains terroirs prestigieux comme Roche Coulante en Blanc, ou Côte Blonde en rouge. Les vins que nous trouvons marqués par des excès de surmaturité et d'élevage trop boisé ont gagné en équilibre et en harmonie, même si nous regrettons toujours des élevages un peu trop appuyés.

Les vins : le condrieu 2011 est élégant, avec une trame digeste. Plus complet, sur des notes d'agrumes, le Caresse possède une très belle intensité bien servie par son acidité fine. Les rouges sont aussi très prometteurs, le cote-rôtie, dégusté avant mise, n'avait pas encore digéré tout son bois, mais le potentiel est là.

☐ Condrieu 2010   25 €   15
☐ Condrieu Caresse 2010   45 €   16,5
☐ Condrieu Patience 2011   19 € (37,5 cl)   16
■ Côte Rôtie La Comtesse en Côte
Blonde 2010   55 €   16
■ Saint-Joseph 2010   15 €   15

Rouge : 5,5 hectares.
Syrah 100 %
Blanc : 5 hectares.
Marsanne 50 %, Viognier 50 %
Production moyenne : 50 000 bt/an

Domaine Christophe Pichon, 36, le Grand Val,
Verlieu, 42410 Chavanay
Tél. : 04 74 87 06 78   **Fax :** 04 74 87 07 27
E-mail : chrpichon@wanadoo.fr
Site : www.domaine-pichon.fr
Vente : au domaine
De 10h à 12h et de 14h à 18h.
Propriétaire : Christophe Pichon

NOUVEAU DOMAINE

■ Julien Pilon
CONDRIEU

Jeune négociant installé à Condrieu, Julien
Pilon a fait ses classes aux côtés de Pierre-Jean
Villa. Sa petite structure est spécialisée dans les
blancs du nord de la vallée du Rhône, la gamme
est jolie et les vins sont habilement vinifiés.

Les vins : le saint-péray est rond et immédiat, comme le crozes au joli fruit gourmand.
Le saint-joseph est plus profond et racé. Le
condrieu a du fond, mais se révèle un peu lourd
en finale. Toujours sous l'empreinte de son élevage, l'hermitage est doté d'une belle race.

☐ Condrieu Lône 2011   32 €   14,5
☐ Crozes-Hermitage Nuit
Blanche 2011   16 €   14
☐ Hermitage Prisme 2011   42 €   16
☐ IGP Collines Rhodaniennes Mon
Grand-Père Etait Limonadier 2011   14 €   14,5
☐ Saint-Joseph Dimanche à
Lima 2011   18,50 €   15
☐ Saint-Péray Les Maisons de
Victor 2011   17 €   14

Blanc : 3,5 hectares en achat de raisin.
Viognier 33 %, Marsanne 57 %,
Roussanne 10 %
Production moyenne : 17 000 bt/an

Julien Pilon, 8, rue Cuvillière, 69420 Condrieu
Tél. : 06 75 77 55 66

E-mail : julienpilon@yahoo.fr
Vente : au domaine
Sur rendez-vous.
Propriétaire : Julien Pilon

■ Domaine Etienne Pochon
CROZES-HERMITAGE

De son vignoble parfaitement tenu sur les
coteaux de Chanos-Curson, Etienne
Pochon tire trois vins rouges. Du vin de pays
issu de jeunes vignes de syrah, jusqu'à la cuvée
de prestige baptisée Château Curson, en passant
par Etienne, la gamme intermédiaire, toute la
production séduit par sa plénitude et sa grande
franchise.

Les vins : le crozes blanc Etienne Pochon est
fin et salin, d'un bon équilibre. Légèrement plus
marqué par l'élevage, le Château de Curson est
aussi plus dense et charnu. Le crozes Etienne
Pochon rouge exprime des notes de fruits rouges
très agréables. Un vin immédiat et gourmand.

☐ Crozes-Hermitage 2011   10,50 €   14
☐ Crozes-Hermitage Château
Curson 2011   14,50 €   15
■ Crozes-Hermitage 2011   11 €   14
■ Crozes-Hermitage Château
Curson 2011   16 €   15

Rouge : 12 hectares.
Syrah 100 %
Blanc : 4 hectares.
Marsanne 50 %, Roussanne 50 %
Production moyenne : 80 000 bt/an

Domaine Etienne Pochon, Château de Curson,
26600 Chanos-Curson
Tél. : 04 75 07 34 60   **Fax :** 04 75 07 30 27
E-mail : domainespochon@wanadoo.fr
Site : www.chateaucurson.fr
Vente : au domaine
Tous les après-midi sauf le dimanche.
Propriétaire : Etienne Pochon

■ Domaine Michelas Saint-Jemms
CROZES-HERMITAGE

Ce domaine implanté sur le secteur de Mercurol s'appuie sur une palette de terroirs en
Crozes-Hermitage, Saint-Joseph et Cornas. Ici,
on cultive en lutte raisonnée, recherchant des
rendements faibles par des vendanges en vert.

La nouvelle génération a échangé la cuve en béton contre des foudres et les élevages se font en barriques plus ou moins âgées. L'ancien œnologue de la cave de Tain-l'Hermitage, Jean-Etienne Guibert, suit ce domaine depuis 2003. De cette collaboration sont nées les cuvées Terres d'Arce, sélections parcellaires bénéficiant d'un élevage d'un an en barriques neuves.

Les vins : La Chasselière ouvre une gamme cohérente, avec des vins qui possèdent du fond. Terres d'Arce est remarquable, avec un cornas profond et délicat. Le saint-joseph, plus immédiat, possède lui-aussi un très joli fruit.

■ Cornas Les Murettes 2010	26 €	16
■ Cornas Terres d'Arce 2010	35 €	16,5
■ Crozes-Hermitage La Chasselière 2010	14,50 €	14
■ Crozes-Hermitage Terres d'Arce 2010	24 €	15,5
■ Saint-Joseph Sainte-Epine 2010	15,50 €	15
■ Saint-Joseph Terres d'Arce 2010	25 €	16

Rouge : 47 hectares.
Syrah 100 %
Blanc : 4 hectares.
Marsanne 60 %, Roussanne 40 %
Production moyenne : 120 000 bt/an

Domaine Michelas Saint-Jemms, Bellevue, 26600 Mercurol
Tél. : 04 75 07 86 70 **Fax :** 04 75 08 69 80
E-mail : michelas.st.jemms@wanadoo.fr
Site : www.michelas-st-jemms.fr
Vente : au domaine
Du lundi au samedi de 9h à 12h et de 14h à 18h sur rendez-vous.
Propriétaire : Famille Michelas

■ Domaine Saladin

VIN DE PAYS DES COTEAUX DE L'ARDÈCHE

Situé du côté ardéchois de l'appellation Côtes du Rhône, le domaine Saladin peut se prévaloir d'une histoire vieille de près de... 600 ans. Aujourd'hui, ce sont Elisabeth et Marie-Laurence Saladin qui en dirigent les 16 ha, parfaitement tenus. La gamme est cohérente et régulière.

Les vins : très expressif, le blanc est proche du fruit et donne l'impression de croquer le raisin. Le côtes-du-rhône Paul est tendre et juteux.

Vieillissant sur de belles notes lardées et fumées, le Chaveyron 1422 est délicieux à boire aujourd'hui.

□ Côtes du Rhône-Villages Per El 2011	17 € cav.	15
■ Côtes du Rhône Loï 2010	11 € cav.	13,5
■ Côtes du Rhône Paul 2011	13 € cav.	14
■ Côtes du Rhône-Villages Fan Dé Lune 2009	16 € cav.	14,5
■ VDF Haut Brissan 2009	20 € cav.	15
■ VDT Chaveyron 1422 2007	20 € cav.	15,5

Rouge : 16 hectares.
Grenache 65 %, Syrah 17 %, Carignan 12 %, Mourvèdre 6 %
Blanc : 1 hectare.
Viognier 20 %, Clairette 20 %, Grenache 20 %, Bourboulenc 13 %, Marsanne 13 %, Roussanne 13 %
Production moyenne : 40 000 bt/an
❀ Certifié en agriculture bio ou biodynamique

Domaine Saladin, Les Pentes de Salaman, 07700 Saint-Marcel d'Ardèche
Tél. : 04 75 04 63 20 **Fax :** 04 75 04 63 20
E-mail : contact@domaine-saladin.com
Site : www.domaine-saladin.com
Vente : au domaine
Du lundi au vendredi de 9h à 12h et de 14h à 19h. Le week-end sur rendez-vous.
Propriétaire : Louis, Annick, Elisabeth et Marie-Laurence Saladin

■ Château de la Selve

VIN DE PAYS DES COTEAUX DE L'ARDÈCHE

La Revue du vin de France » a distingué le jeune Benoît Chazallon comme découverte de l'année 2012. Sur son vignoble de l'Ardèche, entièrement restructuré par ses soins, autour de la propriété familiale, il s'applique à donner naissance à des vins qui portent haut les couleurs des coteaux de l'Ardèche. La gamme se décline en deux catégories, Les Classiques, d'approche facile, sur le fruit, et Les Confidentielles, cuvées plus ambitieuses et construites.

Les vins : le Saint-Régis blanc 2011 est travaillé sur le fruit et la gourmandise, il en va de même du rosé qui croque en bouche. Plus ambitieuse, la cuvée Madame de, toujours en 2011, se perd quelque peu dans son bois. En rouge, le Palissaire 2010 a légèrement réduit en bouteille, mais le fond est là et le fruit s'exprime après une bonne aération. Parmi les 2009, le Serre de Berty est un vin complet qui doit encore fondre sa puissance tannique, alors que la cuvée Florence offre un vrai raffinement, mais à quel prix...

☐ IGP Coteaux de l'Ardèche Madame
de 2011   22 € 14,5

☐ IGP Coteaux de l'Ardèche
Saint-Régis 2011   9,90 €   14

■ IGP Coteaux de l'Ardèche
L'Audacieuse 2011   13,95 €   15

■ IGP Coteaux de l'Ardèche
Maguelonne 2011   6,75 €   14

■ IGP Coteaux de l'Ardèche
Beaulieu 2009   9,90 € 14,5

■ IGP Coteaux de l'Ardèche
Florence 2009   42 € 16,5

■ IGP Coteaux de l'Ardèche
Palissaire 2010   6,75 €   14

■ IGP Coteaux de l'Ardèche Serre de
Berty 2009   13,95 €   16

Rouge : 32 hectares.
Grenache 29 %, Syrah 18 %, Merlot 17 %, Cabernet-sauvignon 17 %, Cinsault 19 %
Blanc : 7 hectares.
Viognier 100 %
Production moyenne : 160 000 bt/an
❀ Certifié en agriculture bio ou biodynamique

Château de la Selve, 07120 Grospierres
Tél. : 04 75 93 02 55 **Fax :** 04 75 93 09 37
E-mail : contact@chateau-de-la-selve.fr
Site : www.chateau-de-la-selve.fr
Vente : au domaine
du lundi au samedi de 9h à12h30 et de 14h à 19h.
Propriétaire : Benoît Chazallon

■ Vidal-Fleury

CÔTE-RÔTIE

Rachetée par Marcel Guigal au début des années 1980, la maison Vidal-Fleury est la plus ancienne d'Ampuis. Elle avait retrouvé une ambition nouvelle depuis son installation dans des chais flambant neufs, l'ensemble de la gamme progressant pour atteindre un niveau correct avec des vins équilibrés, un peu rustiques, francs de goût.

Les vins : le saint-joseph blanc 2011 affiche une belle franchise, avec une pointe de chaleur en finale. Au sein de la gamme des rouges, on trouvera quelques belles affaires, comme le délicieux ventoux ou le côtes-du-rhône. Le saint-joseph est plus dur, tout comme le vacqueyras. Le côte-rôtie Brune et Blonde évolue tout en conservant une certaine rigidité en bouche et

une finale anguleuse. La Chatillonne se montre bien plus racé et élégant, mais l'élevage ne s'est pas fondu.

☐ Côtes du Rhône 2011   7,50 € cav. 13,5
☐ Saint-Joseph 2011   15,50 € cav. 14,5
■ Châteauneuf-du-Pape 2010   28 € cav. 15
■ Côte Rôtie Côtes Brune et
Blonde 2006   35 € cav. 15,5
■ Côte Rôtie La
Chatillonne 2007   65 € cav. 16,5
■ Côtes du Rhône 2010   6,50 € cav. 14
■ Saint-Joseph 2010   16 € cav. 14,5
■ Vacqueyras 2010   11 € cav. 14
■ Ventoux 2010   5,50 € cav. 14

Rouge : 10 hectares.
Syrah 100 %
Blanc : 2 hectares.
Viognier 100 %
Production moyenne : 1 000 000 bt/an

Vidal-Fleury, 48, route de Lyon, 69420 Tupin-et-Semons
Tél. : 04 74 56 10 18 **Fax :** 04 74 56 19 19
E-mail : contact@vidal-fleury.com
Site : www.vidal-fleury.com
Vente : au domaine
Sur rendez-vous du lundi au jeudi de 8h à 11h30 et de 14h à 17h30. Le vendredi de 8h à 11h30 et de 14h à 16h.
Propriétaire : Famille Guigal
Directeur : Guy du Jonchay

NOUVEAU DOMAINE

■ Domaine Pierre-Jean Villa

SAINT-JOSEPH

L'ancien vinificateur des Vins de Vienne vit désormais son aventure seul. Disposant d'un vignoble de 9 ha, dont 5 actuellement en production, il a signé son premier millésime en 2009. La gamme se révèle d'un niveau exemplaire, ce qui lui vaut d'entrer cette année dans le guide et qui lui permet d'envisager de décrocher rapidement une première étoile.

Les vins : la gamme est juste et précise, avec un admirable respect des matières et des fruits. Le saint-joseph blanc brille par son éclat et ses fines notes d'agrumes en finale. Les rouges sont vibrants, avec, en autre, un saint-joseph Tildé magnifique de race et d'équilibre.

☐ Saint-Joseph Saut de l'Ange 2010 20 €   16
■ Côte Rôtie Carmina 2010   40 € 16,5

■ Saint-Joseph Préface 2010   19 € 15
■ Saint-Joseph Tildé 2010   29 € 16,5
■ VDP des Collines Rhodaniennes
  Esprit d'Antan 2010   29 € 16

Rouge : 7 hectares.
Syrah 100 %
Blanc : 3 hectares.
Viognier 50 %, Roussanne 50 %
Production moyenne : 25 000 bt/an

Domaine Pierre-Jean Villa, 5, route de Pélussin,
42410 Chavanay
Tél. : 04 74 54 41 10 **Fax :** 09 71 70 33 52
E-mail : contact@pierre-jean-villa.com
Site : www.pierre-jean-villa.com
Vente : au domaine
Sur rendez-vous.
Propriétaire : Pierre-Jean Villa

■ Château Rayas
CHÂTEAUNEUF-DU-PAPE
★★★

P lus qu'un mythe, Château Rayas est une réalité, celle d'un terroir unique sur l'appellation Châteauneuf-du-Pape, où le sable joue un rôle déterminant dans le profil du vin. Emmanuel Reynaud a repris en main le domaine au décès de son oncle, Jacques. Il a remis sur pied un vignoble qui en avait besoin, sans pour autant dévier de l'esprit qui y régnait : des raisins à dominante grenache, très mûrs, vinifiés simplement en grappes entières puis élevés dans de vieux foudres. Ici, on cultive raffinement et élégance. Difficile à comprendre jeune, Rayas prend toute son ampleur avec l'âge. Loin de produire des vins surconcentrés aux boisés démonstratifs, Emmanuel Reynaud perpétue la singularité du domaine en étant encore plus précis dans la définition du cru. Dans la même continuité, Château de Fonsalette est davantage qu'un simple côtes-du-rhône ; il prolonge cet état d'esprit, à l'image d'un «petit Rayas», mais que l'on boira plus rapidement. Quant à Pignan, châteauneuf-du-pape plus classique dans sa forme, il correspond davantage à l'idée que l'on se fait des vins de cette appellation. Ici, on produit des crus comme il en existe peu en France. Et si certains amateurs sont tentés de cultiver la nostalgie des vins de Jacques Reynaud, Emmanuel produit sans l'ombre d'un doute des cuvées de toute beauté.

Les vins : le domaine ne nous ayant pas fait parvenir ses vins cette année, nous sommes amenés à reconduire les notes de l'édition précédente – sans autre commentaire.

■ Châteauneuf-du-Pape 2007   20
■ Châteauneuf-du-Pape
  Pignan 2007   n.c. 18
■ Côtes du Rhône Château
  Fonsalette 2007   n.c. 16,5

Rouge : 11,8 hectares.
Grenache 100 %
Blanc : 1,8 hectare.
Clairette 50 %, Grenache 50 %
Production moyenne : n.c.

Château Rayas, Route de Courthézon, 84230
Châteauneuf-du-Pape
Tél. : 04 90 83 73 09 **Fax :** 04 90 83 51 17
Site : www.chateaurayas.fr

Vente : au domaine
Lundi, mardi, jeudi et vendredi sur rendez-vous.
Propriétaire : Emmanuel Reynaud

■ Château de Beaucastel
CHÂTEAUNEUF-DU-PAPE
★★

A vec son terroir si particulier de galets roulés, le château de Beaucastel est l'un des emblèmes de Châteauneuf-du-Pape, d'autant que le domaine peut s'enorgueillir d'être l'un des seuls à faire appel aux 13 cépages autorisés pour élaborer sa cuvée de vin rouge. Un vin régulièrement de très bon niveau, mais qui subit depuis maintenant quelques années la concurrence de cuvées qui sont venues bouleverser la hiérarchie de l'appellation. Certes, la rarissime et remarquable cuvée Hommage à Jacques Perrin, issue à grande majorité de mourvèdre et produite uniquement dans les grandes années, demeure une référence, tout comme le somptueux blanc roussanne vieilles vignes, qui se révèle avec le temps. Le château de Beaucastel demeure, sous la conduite efficace de la famille Perrin, une référence pour les vins du sud de la France, statut qu'il doit désormais partager avec d'autres domaines qui ont atteint, voire dépassé son niveau.

Les vins : ce domaine emblématique a longtemps dominé le débat sur Châteauneuf-du-Pape mais aujourd'hui, il est rejoint par une nouvelle génération de vignerons talentueux. Le Beaucastel blanc 2009 sent l'ananas confit ; c'est doux, frais, plein en bouche. Un bon classique indémodable. Avec un nez plus riche, presque plus oxydé mais aussi d'une grande complexité, le roussanne vieilles vignes est dans l'abondance d'un fruit évoquant la mangue et encadré par une minéralité affirmée. Le Coudoulet rouge évoque la figue sèche, un beau côtes-du-rhône gras et onctueux, hédoniste mais avec de la réserve. Le Beaucastel rouge offre un nez de fruit très mûr (figue, prune) ; on a le côté solaire du millésime à la fois dense, abondant en bouche mais aussi un peu mat. Quant à Hommage à Jacques Perrin 2010, il offre un grain et une finesse de corps fantastiques, une des plus belles réussites de cette cuvée.

☐ Châteauneuf-du-Pape 2011	n.c.	17
☐ Châteauneuf-du-Pape Roussanne Vieilles Vignes 2011	n.c.	17,5
■ Châteauneuf-du-Pape 2010	n.c.	16,5
■ Châteauneuf-du-Pape Hommage à Jacques Perrin 2010	n.c.	19
■ Côtes du Rhône Coudoulet de Beaucastel 2010	n.c.	15

Rouge : 90 hectares.
Syrah 10 %, Grenache 30 %, Cinsault 10 %, Counoise 8 %, Divers 12 %, Mourvèdre 30 %
Blanc : 10 hectares.
Divers 5 %, Grenache 15 %, Roussanne 80 %
Production moyenne : 300 000 bt/an
❀ Certifié en agriculture bio ou biodynamique

Château de Beaucastel, 84350 Courthézon
Tél. : 04 90 11 12 00 **Fax :** 04 90 11 12 19
E-mail : contact@beaucastel.com
Site : www.beaucastel.com
Vente : au domaine
Sur rendez-vous.
Propriétaire : Famille Perrin

■ Vignobles André Brunel
CHÂTEAUNEUF-DU-PAPE
★★

P eu connu en France, André Brunel fait pourtant partie de l'élite de l'appellation Châteauneuf-du-Pape. Il produit des vins racés, dans un style où la minéralité et le raffinement sont des atouts majeurs. Toute la gamme est d'une grande régularité. Le châteauneuf-du-pape classique est une force tranquille, tout en finesse et en nuances. Les grandes années, le domaine produit en petite quantité une magnifique cuvée issue de vignes plantées en 1889 sur le plateau de Farguerol, baptisée Cuvée Centenaire, et qui a vu le jour en 1989. Rapidement, elle a connu un succès mondial largement mérité. Mais André Brunel possède encore quelques rares et magnifiques flacons anciens, des 1947 et 1967 ou, plus près de nous, des 1978, qui montrent un indéniable savoir-faire, que l'on retrouve dans la qualité des vins actuels.

Les vins : le domaine ne nous ayant pas fait parvenir ses vins cette année, nous sommes amenés à reconduire les notes de l'édition précédente – sans autre commentaire.

☐ Côtes du Rhône Domaine de la Bécassonne 2010	n.c.	13,5
■ Châteauneuf-du-Pape Domaine Les Cailloux 2009	n.c.	16,5

Rouge : 85,3 hectares.
Mourvèdre 20 %, Syrah 10 %, Divers 5 %, Grenache 65 %
Blanc : 4,7 hectares.
Clairette 20 %, Grenache 30 %, Roussanne 50 %
Production moyenne : 200 000 bt/an

Vignobles André Brunel, 6, chemin du
Bois-de-la-Ville, 84230 Châteauneuf-du-Pape
Tél. : 04 90 83 72 62 **Fax :** 04 90 83 51 07
E-mail : lacerise84@orange.fr
Vente : au domaine
Sur rendez-vous.
Propriétaire : André Brunel

■ Domaine Charvin
CHÂTEAUNEUF-DU-PAPE
★★

L aurent Charvin perpétue la tradition de ce
très ancien domaine de Châteauneuf-du-
Pape créé en 1851. Tout en conservant une
vision classique de la vinification (pas d'éraflage,
élevage en cuves), il a apporté, depuis quelques millésimes, une touche supplémentaire qui
confère aux vins un aspect très séducteur. S'appuyant sur de vieux grenaches, les cuvées expriment tout leur potentiel après une garde d'au
moins cinq ans.

Les vins : le très souple côtes-du-rhône blanc
n'atteint pas le niveau de la production des rouges. Le rosé se montre droit, pur, porté par le
mourvèdre en bouche, d'où un fruit moins présent que les épices. Le vin de pays offre un beau
caractère végétal au nez, qui lui apporte de la
fraîcheur, et dévoile en bouche un fruit juteux
et délicieux, qui persiste avec fermeté. Le côtes-
du-rhône rouge 2010, plein, doux, est constitué
d'une matière riche et de tanins solides mais
soyeux ; on ne devra pas le boire avant quelques
années, même s'il se montre déjà fort séduisant. Porté par la beauté des parfums des raisins
de vendange entière, le châteauneuf-du-pape,
par sa magnifique finesse et ses tanins veloutés,
arbore le tempérament des grands vins garde.

☐ Côtes du Rhône 2011	10 €	12,5
▣ Côtes du Rhône 2011	8,50 €	14
■ Châteauneuf-du-Pape 2010	26 €	18,5
■ Côtes du Rhône 2010	9 €	15
■ IGP Principauté Orange A Côté 2010	6 €	14

Rouge : 8 hectares.
Mourvèdre 5 %, Vaccarèse 5 %, Grenache 85 %,
Syrah 5 %
Domaine Charvin, Chemin de Maucoil, 84100
Orange
Tél. : 04 90 34 41 10 **Fax :** 04 90 51 65 59
E-mail : domaine.charvin@free.fr
Site : www.domaine-charvin.com
Vente : au domaine
Sur rendez-vous de 9h à 12h et de 14h à 17h.
Propriétaire : Laurent Charvin

■ Clos des Papes
CHÂTEAUNEUF-DU-PAPE
★★

L a famille Avril exploite avec une régularité
impressionnante ce très beau domaine,
composé d'une multitude de parcelles représentant les plus beaux terroirs de l'appellation.
Refusant de céder aux modes, on ne produit ici
qu'une seule et unique cuvée qui se maintient,
décennie après décennie, dans le peloton de
tête des châteauneuf-du-pape. Les vins présentent toujours les mêmes qualités de velouté et
de richesse de texture. L'archétype d'un grand
châteauneuf qui vieillit en douceur mais avec
bonheur.

Les vins : le blanc est certainement l'un des
meilleurs de l'appellation, à la fois raffiné et
intense. Il conserve une fraîcheur superbe malgré les 15 degrés d'alcool annoncés. Quant au
rouge, il offre lui aussi un équilibre souverain,
avec une texture soyeuse et caressante et un
magnifique fruit vibrant. A ne pas manquer !

☐ Châteauneuf-du-Pape 2011	45 €	19
■ Châteauneuf-du-Pape 2010	53 €	18

Rouge : 29 hectares.
Divers 5 %, Grenache 65 %, Mourvèdre 20 %,
Syrah 10 %
Blanc : 3 hectares.
Clairette 16,6 %, Autre 16,6 %,
Roussanne 17 %, Bourboulenc 16,6 %,
Picpoul 16,6 %, Grenache 16,6 %
Production moyenne : 110 000 bt/an

Clos des Papes, 13, avenue
Pierre-de-Luxembourg, BP 8, 84231
Châteauneuf-du-Pape Cedex
Tél. : 04 90 83 70 13 **Fax :** 04 90 83 50 87
E-mail : clos-des-papes@clos-des-papes.com
Vente : au domaine
Pas de visites.
Propriétaire : Paul-Vincent Avril

■ Clos du Mont-Olivet
CHÂTEAUNEUF-DU-PAPE
★★

M algré son nom, ce domaine est très morcelé et rassemble à peu près tous les types
de sols de l'appellation. Elaborés traditionnellement, les châteauneuf-du-pape rouges se montrent souvent réservés dans leur jeunesse,
construits pour se révéler dans le temps. A 10
ans, ils commencent tout juste à s'exprimer,

mais c'est à 20 ans et davantage qu'ils livrent leur véritable potentiel : on apprécie alors pleinement leurs arômes de venaison et de truffe. Dans les bons millésimes, la propriété propose la Cuvée du Papet, dense et profonde, taillée pour la garde et qui atteint souvent un niveau exceptionnel. Tous les vins affichent un grand potentiel de garde.

Les vins : dès la première cuvée, le côtes-du-rhône Montueil-la-Levade, le ton est donné ; le vin est gourmand, sur des notes d'épices, avec un fruité suave. Egalement somptueux, le Varène révèle un équilibre délicat et une bouche parfaitement dessinée. Le châteauneuf-du-pape 2010 constitue une fois encore un modèle pour l'appellation, avec un respect total du fruit et une admirable gestion de l'extraction ; l'ensemble se montre digeste, long et complexe, avec une finale aérienne. Un peu plus serrée, la Cuvée du Papet possède une intensité remarquable et une profondeur de bouche qui en font une bouteille incontournable.

☐ Châteauneuf-du-Pape 2011	18 €	15
■ Châteauneuf-du-Pape 2010	18,50 €	17,5
■ Châteauneuf-du-Pape La Cuvée du Papet 2010	37 €	18
■ Côtes du Rhône Montueil-la-Levade 2010	7,80 €	15,5
■ Côtes du Rhône Serre de Catin 2010	10 €	16
■ Côtes du Rhône Varène 2010	10 €	15,5

Rouge : 43 hectares.
Mourvèdre 6 %, Syrah 10 %, Cinsault et autres 4 %, Grenache 80 %
Blanc : 3 hectares.
Clairette 30 %, Grenache 15 %, Roussanne 25 %, Bourboulenc 30 %
Production moyenne : 180 000 bt/an

Clos du Mont-Olivet, 15, avenue Saint-Joseph, 84230 Châteauneuf-du-Pape
Tél. : 04 90 83 72 46 **Fax :** 04 90 83 51 75
E-mail : contact@clos-montolivet.com
Site : www.clos-montolivet.com
Vente : au domaine
Pas de visites.
Propriétaire : Famille Sabon

■ Domaine de la Janasse
CHÂTEAUNEUF-DU-PAPE
★★

Cette grande propriété de Courthézon, depuis des générations dans la famille Sabon, a beaucoup progressé depuis une décennie. Les vignes sont réparties sur quasiment tous les types de sols de l'appellation Châteauneuf-du-Pape, dont ce domaine constitue un archétype. Les vins sont solides mais ne manquent pas de finesse. En outre, la domination traditionnelle du grenache est bien maîtrisée, afin d'éviter les classiques défauts de lourdeur et de finale alcooleuse de ce type de vin. Les cuvées présentent un niveau assez comparable et une qualité impeccable.

Les vins : dans un style élégant, le côtes-du-rhône blanc apparaît agréable et ouvert. Le rosé possède une belle salinité et se révèlera parfaitement à table. En rouge, le côtes-du-rhône affiche toujours ce fruité croquant qui le rend gourmand ; Terre d'Argile conserve en 2010 une fraîcheur réjouissante, tout en affichant une belle profondeur de fruit. La trilogie des châteauneuf-du-pape est de belle facture, avec un beau dessin de fruit. Serré et campé sur des tannins abondants mais raffinés, Chaupin fait un joli classique à la finale épurée. La cuvée de vieilles vignes gagne encore en précision de bouche, avec un supplément de profondeur. Admirable.

☐ Côtes du Rhône 2011	9,50 €	14
▨ Côtes du Rhône 2011	6 €	13
■ Châteauneuf-du-Pape 2010	30 €	16
■ Châteauneuf-du-Pape Chaupin 2010	50 €	17
■ Châteauneuf-du-Pape Vieilles Vignes 2010	70 €	17,5
■ Côtes du Rhône 2010	7 €	14
■ Côtes du Rhône-Villages Terre d'Argile 2010	14,50 €	15
■ IGP Principauté d'Orange Terre de Bussière 2009	9 €	13,5

Rouge : 55 hectares.
Carignan 10 %, Divers 5 %, Syrah 5 %, Grenache 70 %, Mourvèdre 10 %
Blanc : 5 hectares.
Grenache 60 %, Clairette 20 %, Roussanne 20 %
Production moyenne : 250 000 bt/an

Domaine de la Janasse, 27, chemin du Moulin, 84350 Courthézon
Tél. : 04 90 70 86 29 **Fax :** 04 90 70 75 93
E-mail : lajanasse@free.fr
Site : www.lajanasse.com
Vente : au domaine
Du lundi au vendredi de 8h à 12h et de 14h à 18h, samedi et dimanche sur rendez-vous.
Propriétaire : Aimé, Christophe et Isabelle Sabon.

Domaine de Marcoux

★★

L e domaine de Marcoux s'impose comme l'un des plus réguliers et des plus intéressants de l'appellation Châteauneuf-du-Pape. Pionnier en matière de culture biodynamique au début des années 1980 sous la houlette de Philippe Armenier, il est aujourd'hui dirigé avec talent par ses deux sœurs, Catherine et Sophie. Les vins possèdent un naturel et une profondeur rares, une énergie et une puissance de bouche qui ne s'appuient sur aucun artifice d'élevage. De grands châteauneuf-du-pape classiques, marqués par l'empreinte des grenaches mûrs et qui vieillissent à merveille. Si l'on peut reprocher une pointe de chaleur dans la cuvée classique, la cuvée Vieilles Vignes, fleuron de la gamme, est éblouissante de densité et de plénitude de corps mais demande une garde importante. Il faut noter l'évolution du blanc, qui tire profit du travail du sol car, s'il semblait auparavant sur la pulpe du fruit, il gagne aujourd'hui en minéralité, en profondeur et surtout en verticalité. Le vignoble se répartit sur plusieurs parcelles très complémentaires : les galets roulés de la Crau, les vieilles vignes des Charbonnières et les sols sableux des Esquirons.

Les vins : la simplicité du côtes-du-rhône vous séduira, même si on aimerait un rien d'ampleur en plus. Le lirac La Lorentine fait parler son terroir avec élégance, par ses senteurs de cuir et de fruits noirs. La cuvée classique de châteauneuf-du-pape reste une valeur sûre, avec ses tanins patinés et son fruit riche, sans excès de chaleur, malgré ses 15 degrés et un beau final sur le laurier et le thym. La cuvée de vieilles vignes sent le poivre de Sichuan, le thym, le romarin avec une complexité aromatique captivante. En bouche, l'équilibre est magistral : un châteauneuf de grand style, une belle référence à ne pas manquer en 2010. Le châteauneuf-du-pape blanc 2011 sent l'amande amère. La bouche renferme un fruit plein qui s'étale avec persistance par sa maturité et par sa minéralité. Très beau blanc, volumineux, racé et profond.

☐ Châteauneuf-du-Pape 2011	40 €	17
■ Châteauneuf-du-Pape 2010	40 €	17
■ Châteauneuf-du-Pape Vieilles Vignes 2010	100 €	18,5
■ Côtes du Rhône 2011	12 €	13
■ Lirac La Lorentine 2010	14 €	14

Rouge : 16 hectares.
Cinsault 3 %, Grenache 90 %, Mourvèdre 4 %,
Syrah 3 %
Blanc : 1 hectare.
Bourboulenc 33 %, Roussanne 67 %
Production moyenne : 35 000 bt/an
⊛ Certifié en agriculture bio ou biodynamique

Domaine de Marcoux, 198, chemin de la Gironde, 84100 Orange
Tél. : 04 90 34 67 43 **Fax :** 04 90 51 84 53
E-mail : info@domaine-marcoux.com
Site : www.domainedemarcoux.fr
Vente : au domaine
Uniquement sur rendez-vous.
Propriétaire : Catherine et Sophie Armenier

Domaine Marcel Richaud

CÔTES DU RHÔNE-VILLAGES

★★

I l existe en France bien peu de vignerons aussi exigeants et complets, de la vigne au chai, que Marcel Richaud. Il est arrivé au sommet de son art depuis qu'il dispose d'un chai de vinification et d'élevage à la hauteur de ses ambitions. Pour l'amateur, le travail de ce producteur, sur son vaste domaine de plus de 55 ha, est une bénédiction. Toute sa gamme atteint un niveau remarquable qui séduit immédiatement. Les vins gagnent, année après année, en finesse et en précision, tout en respectant l'équilibre et la maturité méridionale.

Les vins : avec des belles saveurs de fruits blancs, le blanc 2011 est frais et très gourmand. La série des rouges est une fois encore exemplaire, à l'image du Terre d'Argile, au fruité juteux. Le cairanne brille par sa profondeur et son côté toujours digeste. Le rasteau 2011, qui intègre désormais la gamme, joue sur une touche un peu plus solaire et épaisse en bouche. L'Ebrescade 2010 évolue très bien, avec une touche poivrée qui ajoute à la complexité de cette admirable cuvée.

☐ Côtes du Rhône-Villages Cairanne 2011	14 €	15,5
■ Côtes du Rhône Terre d'Aigles 2011	7 €	14,5
■ Côtes du Rhône Terre de Galets 2011	9 €	14,5
■ Côtes du Rhône-Villages Cairanne 2010	12 €	15
■ Côtes du Rhône-Villages Cairanne L'Ebrescade 2010	18,50 €	16,5
■ Rasteau 2011	15 €	15,5

VALLÉE DU RHÔNE

Rouge : 57,5 hectares.
Mourvèdre 20 %, Syrah 15 %, Carignan 10 %,
Counoise 5 %, Grenache 50 %
Blanc : 2 hectares.
Roussanne 25 %, Viognier 6 %, Marsanne 7 %,
Bourboulenc 32 %, Clairette 30 %
Production moyenne : 180 000 bt/an
❧ Certifié en agriculture bio ou biodynamique

Domaine Marcel Richaud, Route de Rasteau,
84290 Cairanne
Tél. : 04 90 30 85 25 **Fax :** 04 90 30 71 12
E-mail : marcel.richaud@wanadoo.fr
Vente : au domaine
Du lundi au samedi de 9h à 12h et de 14h à
18h.
Propriétaire : Marcel Richaud

■ Domaine de la Vieille Julienne

CHÂTEAUNEUF-DU-PAPE
★★

Jean-Paul Daumen dirige efficacement ce très
beau domaine de Châteauneuf-du-Pape.
Grâce à un remarquable travail dans les vignes et
à une approche très naturelle de la vinification,
il y produit des vins classiques, très expressifs
et terriblement élégants. Dotées d'un énorme
potentiel de garde, les deux cuvées de la maison
expriment la quintessence des vieux grenaches.
Les vins : le domaine ne nous ayant pas fait
parvenir ses vins cette année, nous sommes
amenés à reconduire les notes de l'édition précédente – sans autre commentaire.

☐ Côtes du Rhône Clavin 2010   n.c.   15
■ Châteauneuf-du-Pape 2009   n.c.   17
■ Châteauneuf-du-Pape
  Réservé 2009   n.c.   18,5
■ Côtes du Rhône Clavin 2009   n.c.   14

Rouge : 15,5 hectares.
Syrah 10 %, Autres 5 %, Mourvèdre 5 %,
Cinsault 10 %, Grenache 65 %, Counoise 5 %
Blanc : 0,5 hectare.
Marsanne 10 %, Clairette 40 %, Grenache 40 %,
Bourboulenc 5 %, Viognier 5 %
Production moyenne : 500 000 bt/an

Domaine de la Vieille Julienne, Le Grès, 84100
Orange
Tél. : 04 90 34 20 10 **Fax :** 04 90 34 10 20
E-mail : contact@vieillejulienne.com
Site : www.vieillejulienne.com
Vente : au domaine

Sur rendez-vous uniquement.
Propriétaire : Jean-Paul Daumen

■ Domaine du Vieux Donjon

CHÂTEAUNEUF-DU-PAPE
★★

Les vins du domaine du Vieux Donjon comptent parmi les plus fins, les plus élégants et les
plus réguliers de l'appellation Châteauneuf-du-
Pape. Cette production devrait servir de modèle
aux jeunes vignerons qui souhaitent produire
des châteauneuf-du-pape raffinés et pas uniquement imposants. Cette propriété, réputée dans le
monde entier, se trouve malheureusement sous-
représentée en France. Vigneron méticuleux et
talentueux, Lucien Michel ne produit pas de
cuvée parcellaire ni de supercuvée, juste un
vin et un seul. Les raisins proviennent de trois
secteurs : Pialon, Les Mourres de Gaud et La
Marine. Des raisins vendangés et vinifiés, non
pas cépage par cépage, mais à maturité, partiellement éraflés puis élevés en foudre.
Les vins : le duo 2009-2010 est une fois
encore éclatant. Le premier affiche une densité
parfaitement gérée par son côté suave et aérien.
Il déploie une palette aromatique fantastique et
semble interminable. Le second apparaît légèrement plus droit, avec une fraîcheur de fruit préservée que nous adorons. Bravo !

■ Châteauneuf-du-Pape 2010   25 €   18,5
■ Châteauneuf-du-Pape 2009   23 €   18,5

Rouge : 14 hectares.
Grenache 75 %, Syrah 10 %, Cinsault et
autres 5 %, Mourvèdre et cinsault 10 %
Blanc : 1 hectare.
Clairette 50 %, Roussanne 50 %
Production moyenne : 50 000 bt/an

Domaine du Vieux Donjon, Route de
Courthézon, BP 66, 84232 Châteauneuf-du-Pape
Tél. : 04 90 83 70 03 **Fax :** 04 90 83 50 38
E-mail : vieux-donjon@orange.fr
Vente : au domaine
Pas de visites.
Propriétaire : Lucien Michel

■ Domaine du Vieux Télégraphe

CHÂTEAUNEUF-DU-PAPE

★★

L e splendide terroir de galets de la Crau est l'un des plus « chauds » de l'appellation. Le domaine produit ainsi, en quantité importante, une cuvée unique d'une grande régularité. Les deux frères Brunier n'ont cessé de progresser depuis les années 1980 en appliquant des principes d'agriculture raisonnée, en pratiquant des rendements sévèrement contrôlés ainsi que des techniques spécifiques comme l'égrappage très limité (pour le grenache) et l'élevage en foudres. Les vins sont riches, avec des degrés élevés ; ils ont besoin d'une très longue garde pour dissiper cette énergie et retrouver toute la minéralité de ce superbe terroir. Ils sont malheureusement souvent bus trop jeunes.

Les vins : le vin dévoile un fruit d'une maturité solaire, et pour cause, le terroir de la Crau s'exprime pleinement ici, avec une imposante masse de fruit en bouche et une minéralité percutante. Cela sent le raisin de Corinthe, tout en gardant de la fraîcheur en attaque, mais avec une pointe de chaleur en finale.

■ Châteauneuf-du-Pape 2010   52 €   17

Rouge : 65 hectares.
Divers 5 %, Grenache 65 %, Mourvèdre 15 %, Syrah 15 %
Blanc : 5 hectares.
Bourboulenc 15 %, Clairette 40 %, Grenache 30 %, Roussanne 15 %
Production moyenne : 220 000 bt/an

Domaine du Vieux Télégraphe, 3, route de Châteauneuf-du-Pape, 84370 Bedarrides
Tél. : 04 90 33 00 31 **Fax :** 04 90 33 18 47
E-mail : vignobles@brunier.fr
Site : www.brunier.fr
Vente : au domaine
Du lundi au vendredi de 8h à 12h et de 14h à 17h30 sur rendez-vous.
Propriétaire : Frédéric et Daniel Brunier

■ Domaine de Villeneuve

CHÂTEAUNEUF-DU-PAPE

★★

D epuis le millésime 1995 (le troisième de la propriété), ce domaine au parcours remarquable n'a jamais déçu. Ses vins donnent l'exemple d'un classicisme castelneuvien renou-

velé. Empreints d'harmonie et d'équilibre, ils brillent par leur profondeur de texture et leur soyeux. Dénués de lourdeur, les châteauneuf-du-pape possèdent beaucoup de fond. L'unique cuvée, baptisée Les Vieilles Vignes, peut laisser penser qu'il s'agit d'une sélection parcellaire, alors qu'elle représente la totalité de la production. Une qualité récompensée cette année par l'attribution de la deuxième étoile.

Les vins : le côtes-du-rhône La Griffe déploie un beau parfum sur le fruit noir, dans une bouche grasse et onctueuse, riche et chocolatée. La maturité du fruit s'exprime dans une chair épaisse et chaleureuse. Le châteauneuf 2010 sent la cerise juteuse bien mûre : on remarque une grande précision dans la pureté du fruit et dans l'harmonie d'ensemble. Un magnifique vin, racé et profond, déjà délicieux et d'un potentiel de garde évident. Millésime caniculaire, le 2003 s'en sort par des parfums de réglisse et de viande fumée, voire de menthol, avec la sensation d'un léger perlant. Il nécessite une longue aération. Une deuxième étoile justifiée.

■ Châteauneuf-du-Pape Les Vieilles
   Vignes 2010   36 €   18,5
■ Châteauneuf-du-Pape Les Vieilles
   Vignes 2003   36 €   17
■ Côte du Rhône La Griffe 2011   16 €   14

Rouge : 8,5 hectares.
Clairette 2 %, Grenache 70 %, Mourvèdre 16 %, Syrah 8 %, Cinsault 4 %
Domaine de Villeneuve, route de Courthézon, 84100 Orange
Tél. : 04 90 34 57 55 **Fax :** 04 90 51 61 22
E-mail : domainedevilleneuve@free.fr
Site : www.domainedevilleneuve.com
Vente : au domaine
Sur rendez-vous.
Propriétaire : Stanislas Wallut

■ Domaine de Beaurenard

CHÂTEAUNEUF-DU-PAPE

★

C e domaine fait partie des « modernistes » de Châteauneuf-du-Pape ; les vins rouges sont souvent sombres, plus denses et plus puissants que fruités, dans un style austère. On a le sentiment qu'ici, on va chercher la « mortification du fruit », selon l'expression de l'œnologue Jacques Lardière, pour n'extraire avec des cuvaisons longues que la quintessence du terroir à travers la peau et le pépin. Cela donne des vins difficiles dans leur jeunesse, qui demandent de la patience pour se révéler. La cuvée de prestige, baptisée Boisrenard, possède un corps massif mais structuré, et révèle un élevage fort présent, d'où un vin qui a parfois du mal à trouver un équilibre parfait. La propriété possède aussi de beaux terroirs à Rasteau, où elle produit l'une des cuvées majeures de l'appellation. Le domaine privilégie souvent la droiture au fruité immédiat, mais les vins possèdent de la densité et une belle définition. Ils évoluent souvent très bien.

Les vins : fidèle à son style, le domaine a élaboré un blanc Boisrenard 2010 d'une belle générosité, marqué par l'élevage. L'ensemble évoluera toutefois bien, mais nous préférons la franchise de fruit et le côté plus frais de la cuvée classique 2011. En Rasteau, la cuvée Argiles Bleues offre de belles saveurs poivrées et fumées, avec de la définition. Le châteauneuf-du-pape est serré, mais de belle race, avec des tannins veloutés. La cuvée Boisrenard absorbe bien son élevage, et possède une bouche ample et une belle profondeur.

☐ Châteauneuf-du-Pape 2011	26 €	15,5
☐ Châteauneuf-du-Pape Boisrenard 2010	40 €	15
■ Châteauneuf-du-Pape 2010	28 €	16
■ Châteauneuf-du-Pape Boisrenard 2010	45 €	17
■ Rasteau 2010	12 €	14,5
■ Rasteau Les Argiles Bleues 2010	19 €	16

Rouge : 51,4 hectares.
Cinsault 8 %, Divers 2 %, Grenache 70 %, Syrah 10 %, Mourvèdre 10 %
Blanc : 3,5 hectares.
Bourboulenc 25 %, Clairette 30 %, Grenache 20 %, Picpoul 3 %, Roussanne 22 %
Production moyenne : 240 000 bt/an
✿ Certifié en agriculture bio ou biodynamique

Domaine de Beaurenard, Avenue Pierre-de-Luxembourg, 84231 Châteauneuf-du-Pape
Tél. : 04 90 83 71 79 **Fax :** 04 90 83 78 06
E-mail : paul.coulon@beaurenard.fr
Site : www.beaurenard.fr
Vente : au domaine
Du lundi au samedi de 9h à 12h et de 13h30 à 17h30. Sur rendez-vous le dimanche.
Propriétaire : Daniel et Frédéric Coulon

■ Domaine des Bernardins
MUSCAT DE BEAUMES-DE-VENISE
★

On cultive ici une vision traditionnelle, sans technologie ni modernisme excessifs. Pas étonnant que les muscats à petits grains donnent un nectar à la texture inégalée et à la richesse en liqueur équivalente à celle des plus grands sauternes. Il faut savoir patienter entre deux et trois ans afin de bénéficier du plein épanouissement de leur bouquet. Le domaine produit également d'honnêtes côtes-du-rhône rouges.

Les vins : le Doré des Bernardin est tout en élégance, avec le côté croquant du fruit et une touche fumée. Le caractère du rosé nous va bien aussi, avec une très belle intensité aromatique. Les rouges présentent un profil droit, un peu strict, mais savoureux. Le muscat 2011 affiche un admirable équilibre, avec une belle gestion de la sucrosité. Plus dense, mais vibrant, la cuvée Hommage joue sur une très belle oxydation maîtrisée, avec une superbe finale étirée sur des notes de fruits jaunes confits.

☐ IGP Méditerranée L'Esprit Libre 2011	6,10 €	14
☐ IGP Vaucluse Doré des Bernardins 2011	5,10 €	14
☐ Muscat de Beaumes de Venise 2011	11,80 €	15,5
☐ Muscat de Beaumes de Venise Hommage	15,80 € (50 cl)	16
▨ Côtes du Rhône Rosé des Balmes 2011	5,30 €	14
■ Beaumes de Venise 2011	7,90 €	14,5
■ Côtes du Rhône Les Balmes 2011	6,50 €	14

Rouge : 5 hectares.
Cinsault 5 %, Grenache 70 %, Syrah 25 %
Blanc : 17,2 hectares.
Muscat à petits grains blancs 75 %, Muscat à petits grains noirs 25 %
Production moyenne : 100 000 bt/an

Domaine des Bernardins, 138, avenue Gambetta, 84190 Beaumes-de-Venise
Tél. : 04 90 62 94 13 **Fax :** 04 90 65 01 42
E-mail : domainedesbernardins@gmail.com
Site : www.domaine-des-bernardins.com
Vente : au domaine
Pas de visites.
Propriétaire : Andrew et Elisabeth Hall, Renée Castaud-Maurin

■ Domaine Bosquet des Papes

CHÂTEAUNEUF-DU-PAPE

★

L e vignoble de Bosquet des Papes est particulièrement morcelé. Composé d'une quarantaine de parcelles réparties dans les différents secteurs de l'appellation, il s'appuie essentiellement sur le grenache et donne naissance à des vins d'un style classique. Trois cuvées bien typées sont disponibles et les vins vieillissent fort bien. Avec la complicité de l'œnologue Philippe Cambie, ce domaine amorce un changement de style en produisant des vins plus élégants, sans perdre de leur personnalité.

Les vins : d'une bonne densité, le blanc 2011 apparaît large et un peu simple. Nous préférons largement le style des rouges, à commencer par le Tradition 2010, juteux et gourmand, avec ses notes de tapenade, de fruits noirs et de garrigue. Trois millésimes de Chante Le Merle nous ont été proposés : le 2010, superbe, avec un fruit à la délicate sucrosité, qui s'exprimera d'ici quelques années ; le 2006 commence à s'ouvrir, sur des notes complexes, sans rien perdre de sa profondeur ; en revanche, le 2001 semble sécher légèrement, il faut le boire.

☐ Châteauneuf-du-Pape
Tradition 2011　　　　　　20 € 14,5
■ Châteauneuf-du-Pape A la Gloire
de Mon Grand-Père 2010　26 € 16,5
■ Châteauneuf-du-Pape Chante Le
Merle 2010　　　　　　　31 € 17
■ Châteauneuf-du-Pape Chante Le
Merle 2006　　　　　　　32 € 16
■ Châteauneuf-du-Pape Chante Le
Merle 2001　　　　　　33,50 € 15
■ Châteauneuf-du-Pape
Tradition 2010　　　　　　20 € 16

Rouge : 25,5 hectares.
Mourvèdre 12 %, Syrah 10 %, Cinsault, vaccarèse, counoise 3 %, Grenache 75 %
Blanc : 1,5 hectare.
Clairette 45 %, Grenache 35 %, Bourboulenc 20 %
Production moyenne : 60 000 bt/an

Domaine Bosquet des Papes, 18, route d'Orange, 84230 Châteauneuf-du-Pape
Tél. : 04 90 83 72 33 **Fax :** 04 90 83 50 52
E-mail : bosquet.des.papes@orange.fr
Site : www.bosquetdespapes.com
Vente : au domaine

Pas de visites.
Propriétaire : Nicolas Boiron

■ Domaine du Cayron

GIGONDAS

★

A vec des vignes âgées et un vignoble bien exposé sur les coteaux de Gigondas, le domaine du Cayron bénéficie de tous les atouts pour produire un très bon vin, ce qu'il fait d'ailleurs depuis fort longtemps. On retrouve ici avec joie l'archétype du gigondas vigoureux mais élégant, élevé en foudres et en cuves, issu de raisins non éraflés. Si Michel Faraud garde encore un œil attentif à la production, ses trois filles prennent brillamment la relève.

Les vins : le Cayron 2010 offre des arômes de sauge, de basilic et de cassis bien mûr. La bouche est grasse dans ce fruit très présent, avec des tanins totalement enfermés par la densité de son fruit. Comme chaque année, une valeur sûre, avec en prime dans ce millésime, un grand et très beau vin de garde, sans la moindre trace de chaleur malgré sa haute maturité.

■ Gigondas 2010　　　　　n.c. 16,5

Rouge : 15 hectares.
Mourvèdre 1 %, Syrah 14 %, Cinsault 15 %, Grenache 70 %
Domaine du Cayron, rue de la Libération, 84190 Gigondas
Tél. : 04 90 65 87 46 **Fax :** 04 90 65 88 81
E-mail : cayron.faraud@alicepro.fr
Site : www.domaine-cayron.com
Vente : au domaine
Du lundi au vendredi de 9h à 12h30 et de 14h à 19h, samedi de 10h à 12h30 et de 14h à 18h. Fermé le dimanche. Congés de Noël 2011 : du vendredi 23 décembre 2011 au mercredi 4 janvier 2012 inclus.
Propriétaire : Michel Faraud

■ Domaine Font de Michelle

CHÂTEAUNEUF-DU-PAPE

★

C e beau domaine d'un seul tenant, planté en rouge essentiellement, s'appuie sur le cépage grenache, vinifié et élevé traditionnellement en foudres. Les propriétaires effectuent une sélection de leurs meilleurs raisins pour créer la cuvée

Etienne Gonnet, en hommage à leur père. Tous les vins offrent beaucoup de charme et de naturel.

Les vins : le blanc 2011 possède de jolies notes aromatiques, marquées par les fruits jaunes, et une belle acidité en finale. Notre Passion séduit par son côté juteux et croquant, proche du fruit. Dans la série des châteauneuf-du-pape, Elégance de Jeanne n'usurpe pas son nom et fait montre d'une très belle suavité de texture ; Etienne Gonnet joue davantage dans un registre brut et masculin, mais avec une très belle définition.

☐ Châteauneuf-du-Pape 2011	20 €	15,5
■ Châteauneuf-du-Pape 2010	20 €	16
■ Châteauneuf-du-Pape Elégance de Jeanne 2010	40 €	17
■ Châteauneuf-du-Pape Etienne Gonnet 2010	40 €	17
■ Côtes du Rhône La Font du Vent Les Promesses 2010	8 €	14,5
■ Côtes du Rhône-Villages Signargues La Font du Vent Notre Passion 2010	10 €	15

Rouge : 45,85 hectares.
Cinsault 5 %, Divers 5 %, Grenache 60 %, Mourvèdre 15 %, Syrah 15 %
Blanc : 2,15 hectares.
Bourboulenc 10 %, Clairette 25 %, Grenache 25 %, Roussanne 30 %, Viognier 10 %
Production moyenne : 210 000 bt/an

Domaine Font de Michelle, 14, impasse des Vignerons, 84370 Bedarrides
Tél. : 04 90 33 00 22 **Fax :** 04 90 33 20 27
E-mail : contact@font-de-michelle.com
Site : www.font-de-michelle.com
Vente : au domaine
Du lundi au vendredi de 9h à 12h et de 14h à 17h30, week-end et jours fériés sur rendez-vous. Visite VIP (visite vignoble et cave, dégustation barrique) sur rendez-vous, minimum 4 personnes.
Propriétaire : Jean, Michel, Bertrand et Guillaume Gonnet
Directeur : Bertrand et Guillaume Gonnet

■ Domaine Gourt de Mautens

RASTEAU

★

Jérôme Bressy, vigneron talentueux, a bouleversé la lecture de l'appellation Rasteau en produisant des vins riches, parfois « bodybuil-

dés », servant de modèles au sein de leur appellation, pour les faire sortir de l'ombre. Ces matières mûres, concentrées ont très vite séduit le plus grand nombre, mais ont parfois produit des vins au profil plus massif que distingué. Il ne leur manque qu'un peu plus d'élégance pour atteindre le niveau des meilleurs.

Les vins : le blanc est superbe de densité, mais sans aucune lourdeur, avec des notes de fruits jaunes bien mûrs. Derrière un nez réduit, le rosé possède un fond impressionnant et réserve une très belle persistance. Egalement marqué par la réduction, le rouge 2008 apparaît dense, serré, sauvage, et doit être attendu au moins deux ans pour commencer à se livrer. Le 2009 offre un fruit plus proche, avec toujours cette densité impressionnante et beaucoup d'allonge.

☐ Côtes du Rhône 2010	40 €	16,5
■ Côtes du Rhône 2010	40 €	16
■ Rasteau 2009	40 €	16,5
■ Rasteau 2008	40 €	15,5

Rouge : 12 hectares.
Carignan 15 %, Grenache 65 %, Mourvèdre, syrah, divers 20 %
Blanc : 1 hectare.
Grenache 30 %, Clairette 15 %, Bourboulenc 30 %, Divers 25 %
Production moyenne : 17 000 bt/an
❀ Certifié en agriculture bio ou biodynamique

Domaine Gourt de Mautens, Route de Cairanne, 84110 Rasteau
Tél. : 04 90 46 19 45 **Fax :** 04 90 46 18 92
E-mail : info@gourtdemautens.com
Site : www.gourtdemautens.com
Vente : au domaine
Sur rendez-vous.
Propriétaire : Jérôme Bressy

■ Domaine Le Sang des Cailloux

VACQUEYRAS

★

Ce beau domaine de Vacqueyras dispose d'un magnifique terroir sur un plateau de galets roulés qui évoque celui de Châteauneuf-du-Pape. Grâce au soin important porté à la viticulture et à un contrôle strict des rendements, la propriété produit des châteauneufs imposants qui demandent du temps pour se révéler pleinement. En effet, les vins se montrent souvent très structurés et d'une grande richesse, avec des maturités élevées, même si, sur les derniers millésimes, ils ont tendance à s'affiner. La cuvée Lopy est certainement l'une des plus complètes de l'appellation.

Les vins : le blanc 2010 est plus tonique que son aîné d'un an, il possède encore une belle vivacité, avec des notes de fruits blancs. Le rouge Azalaïs 2009 conserve sa belle netteté de fruit, avec un côté légèrement confit, mais une bonne gestion de la fraîcheur. La cuvée Lopy se montre plus profonde, avec des jolies notes d'olive, d'herbes de Provence et de fruits noirs légèrement confits.

☐ Vacqueyras Un Sang Blanc 2010   22 €   14,5
■ Vacqueyras Azalais 2009   15,50 €   14,5
■ Vacqueyras Lopy 2009   21 €   15,5

Rouge : 16,2 hectares.
Grenache 70 %, Mourvèdre 7 %, Syrah 20 %, Cinsault 3 %
Blanc : 1,2 hectare.
Clairette 20 %, Roussanne 20 %, Viognier 10 %, Bourboulenc 15 %, Grenache 25 %, Marsanne 10 %
Production moyenne : 60 000 bt/an

Domaine Le Sang des Cailloux, 4853, route de Vacqueyras, 84260 Sarrians
Tél. : 04 90 65 88 64   **Fax :** 04 90 65 88 75
E-mail : le-sang-des-cailloux@wanadoo.fr
Site : www.sangdescailloux.com
Vente : au domaine
Le matin, dimanche et jours fériés sur rendez-vous. L'après-midi de 14h à 18h.
Propriétaire : Serge Férigoule

■ Vignobles Mayard
CHÂTEAUNEUF-DU-PAPE
★

L es vignobles Mayard possèdent un grand domaine sur l'appellation Châteauneuf-du-Pape, qu'ils travaillent en lutte dite raisonnée. Les vignes (21 ha répartis sur l'ensemble de l'appellation) sont situées dans le sud de cette appellation et 8 ha sur l'un des plus beaux terroirs de Châteauneuf-du-Pape, le terroir de la Crau. Le domaine produit trois cuvées de rouge et une de blanc, ainsi qu'un très joli rosé. Les principales cuvées sont : le Clos du Calvaire, beau vin classique plein, riche, d'une belle complexité ; la cuvée Domaine du Père Pape, plus solide et plus ambitieuse, destinée à la garde. Enfin, issue du terroir de la Crau, une très belle cuvée qui mérite le détour : la Crau de ma Mère. Un vin solaire comme son terroir, à la fois puissant et racé.

Les vins : délicieux châteauneuf-du-pape blanc, La Crau de ma Mère 2011 développe un goût intense, porté par une belle fraîcheur végétale, dans une bouche juteuse, grasse mais équilibrée. En rouge, la cuvée Confidence pourrait servir de modèle par son équilibre entre maturité et fraîcheur. Le Clos du Calvaire sent la viande fraîche, avec une bouche qui affiche une fraîcheur magnifique et un grain de tanin fin, le tout souligné par un fruit tendre et bien présent. Le Domaine du Père Pape s'avère plus classique par la nature de son fruit solaire : ici, la richesse domine la finesse. Il faudra le laisser vieillir tranquillement, car il ne manque pas de fond ni d'atouts. La Crau de ma Mère 2010 sent la liqueur d'orange, les épices douces et le raisin passerillé. La bouche semble tenue par des tanins solides, avec une minéralité qui domine en finale. Encore un rein abrupt, le vin devrait évoluer lentement avec assurance.

☐ Châteauneuf-du-Pape La Crau de
   Ma Mère 2011   23 €   16
■ Châteauneuf-du-Pape Clos du
   Calvaire 2010   19,50 €   16,5
■ Châteauneuf-du-Pape Domaine du
   Père Pape 2010   25 €   16,5
■ Châteauneuf-du-Pape La Crau de
   Ma Mère 2010   28 €   17,5
■ Côtes du Rhône
   Confidence 2011   7,70 €   14

Rouge : 40 hectares.
Syrah 10 %, Cinsault 5 %, Mourvèdre 15 %, Grenache 70 %
Blanc : 3 hectares.
Grenache 50 %, Clairette 20 %, Roussanne 30 %
Production moyenne : 80 000 bt/an

Vignobles Mayard, 24, avenue Baron-le-Roy, 84230 Châteauneuf-du-Pape
Tél. : 04 90 83 70 16   **Fax :** 04 90 83 50 47
E-mail : contact@vignobles-mayard.fr
Site : www.vignobles-mayard.fr
Vente : au domaine
De 10h à 12h et de 14h à 18h.
Propriétaire : Famille Mayard

■ Domaine de la Monardière
VACQUEYRAS
★

C hristian Vache est un producteur important du village de Vacqueyras. La maîtrise des rendements et un travail plus attentif à la vigne commencent à porter leurs fruits. Désormais très complète, la gamme se décline du simple vin de pays jusqu'aux vacqueyras colorés, structurés, pleins et de plus en plus profonds.

Les vins : le domaine a produit en 2011 un rosé parfumé, issu d'un raisin de grande qualité, comme on aimerait en rencontrer plus souvent. Le vacqueyras blanc Galéjade porte le gras du fruit sur la longueur de bouche. Sa chair juteuse, marquée par une note de poire bien mûre et des parfums de garrigue, et soulignée par un élevage discret, ne manque pas de raffinement. En rouge, la cuvée Mon Vin de Pays sent le Sud à plein nez, sa fraîcheur et sa souplesse vous régaleront dès aujourd'hui. Les Calades brille par sa finesse, son fruit lumineux : fin, ciselé et digeste, il dévoile beaucoup de grâce. Les 2 Monardes est marqué par une note de fruit confit qui lui confère épaisseur et densité, avec une fin de bouche un rien chaleureuse. Le vieilles vignes libère une petite note de plante médicinale, la bouche est repliée, le vin s'exprime peu, mais le volume et la douceur qui l'accompagnent nous donnent un sentiment de profondeur évident. A suivre.

☐ Vacqueyras Galéjade 2010	18 €	15
◻ Vacqueyras Le Rosé 2011	8 €	14
■ IGP Vaucluse Mon Vin de Pays 2011	5,50 €	13,5
■ Vacqueyras Les 2 Monardes 2010	12 €	15
■ Vacqueyras Les Calades 2011	10 €	14,5
■ Vacqueyras Vieilles Vignes 2009	17 €	15

Rouge : 19 hectares.
Cinsault 2 %, Grenache 74 %, Syrah 15 %, Mourvèdre 9 %
Blanc : 1 hectare.
Roussanne 50 %, Clairette 10 %, Grenache 30 %, Viognier 10 %
Production moyenne : 80 000 bt/an

Domaine de la Monardière, Les Grès, 84190 Vacqueyras
Tél. : 04 90 65 87 20 **Fax :** 04 90 65 82 01
E-mail : info@monardiere.fr
Site : www.monardiere.fr
Du lundi au samedi de 10h à 12h et de 14h à 18h. Dimanche et jours fériés ainsi que janvier et février sur rendez-vous.
Propriétaire : Martine, Christian et Damien Vache

■ Domaine de la Mordorée
CHÂTEAUNEUF-DU-PAPE
★

Christophe Delorme fait partie des vignerons modernes que l'on pourrait qualifier de « winemaker ». Il produit des vins aux matières parfois ambitieuses, certes dotés d'une grande et belle maturité du fruit, mais que généralement l'élevage et les techniques de vinification rendent imposants, fortement tanniques et boisés. Ce style trouvera son public chez les amateurs de vins concentrés. Peu de liracs possèdent en effet autant de matière. Il serait d'ailleurs souhaitable qu'un plus grand nombre de producteurs regardent d'un peu plus près le travail de ce vigneron attentif, qui travaille ses vignes avec talent. Le châteauneuf-du-pape de Christophe Delorme s'impose régulièrement par sa puissance plus que par son harmonie. Les cuvées La Reine des Bois représentent fidèlement l'esprit de la maison. Pour se démarquer et se faire reconnaître, le domaine a dû produire des vins démonstratifs, puissants, concentrés et extraits. Peu à peu, il s'écarte de cette voie, allant vers des vins plus authentiques. Mais il reste du chemin à parcourir. Ne rien faire en cave, cela demande une grande sagesse de la part du vigneron. Serions-nous à l'aube de l'âge de raison ? A suivre...

Les vins : le domaine maîtrise toujours aussi bien son sujet dans l'élaboration de rosés aromatiques et gourmands. Le tavel est à la fois charnu et digeste, avec une finale saline. La cuvée La Reine des Bois imposera sa classe à table, un véritable beau rosé de gastronomie. En blanc, nous sommes moins enthousiasmés par le condrieu, qui se révèle trop lourd ; le lirac, derrière son élevage, apparaît plus frais et équilibré. La série des rouge est fidèle au style de la maison, les matières sont superbes, mais nous aimerions un peu plus de vibration. Le lirac apparaît dense, très serré, sur des notes de cacao ; La Reine des Bois s'est refermé, il lui faudra quelques années pour s'exprimer. Avec des tannins abondants, le châteauneuf est verrouillé à double tour. Dense et massif, il faut aussi lui laisser du temps. Un peu plus de délicatesse ne nuirait pas...

☐ Condrieu La Reine des Bois 2010	30 €	13,5
☐ Lirac La Reine des Bois 2011	14,80 €	14,5
■ Côtes du Rhône La Dame Rousse 2011	7,10 €	14,5
■ Tavel La Dame Rousse 2011	10,90 €	15
■ Tavel La Reine des Bois 2011	13,80 €	16

- ▨ VDF La Remise 2011 4,50 € 14
- ■ Châteauneuf-du-Pape La Reine des Bois 2010 45 € 15,5
- ■ Lirac La Dame Rousse 2010 10,10 € 14,5
- ■ Lirac La Reine des Bois 2010 15,50 € 15

Rouge : 50 hectares.
Counoise 2 %, Grenache 43 %, Mourvèdre 8 %, Syrah 23 %, Merlot 9 %, Vaccarèse 1 %, Carignan 2 %, Cinsault 3 %, Marselan 9 %
Blanc : 4 hectares.
Bourboulenc 5 %, Clairette 5 %, Grenache 15 %, Marsanne 5 %, Picpoul 5 %, Roussanne 7,5 %, Viognier 57,5 %
Production moyenne : 200 000 à 250 000 bt/an

Domaine de la Mordorée, chemin des Oliviers, 30126 Tavel
Tél. : 04 66 50 00 75 **Fax :** 04 66 50 47 39
E-mail : info@domaine-mordoree.com
Site : www.domaine-mordoree.com
Vente : au domaine
Du lundi au vendredi de 8h à 12h et de 13h30 à 17h30. Samedi et dimanche de 8h à 12h et de 14h30 à 17h30.
Propriétaire : Christophe Delorme

■ Château Mourgues du Grès

COSTIÈRES DE NÎMES
★

E xiste-t-il de grands et/ou de vrais terroirs dans les Costières de Nîmes ? En tout cas, cette propriété, qui figure régulièrement parmi les meilleurs producteurs de l'appellation, élabore des vins dans un style que nous apprécions particulièrement. Ils affichent un fruit éclatant. Là où trop d'autres domaines pèchent par une recherche absurde d'extraction massive, Mourgues du Grès propose des vins frais, gourmands, mais structurés. La propriété décline sa gamme en trois qualités, allant des simples mais très francs Galets, jusqu'à l'ambitieux Capitelles des Mourgues.

Les vins : toujours aussi flatteur, le rosé Fleur d'Eglantine est un très joli vin estival. La version Galets rosée s'épanouira, elle, à table, tout comme la plus ambitieuse cuvée Capitelles, au boisé légèrement présent. En blanc, Terre d'Argence conserve de la fraîcheur, avec une finale finement saline. Serré, le Capitelles rouge 2010 possède néanmoins un jolie trame et de la vigueur, et se montre plus équilibré et frais que le 2009, aux notes confites et à la finale qui chauffe.

- ☐ Costières de Nîmes Les Galets Dorés 2011 6,40 € 14
- ☐ IGP du Gard Terre d'Argence 2010 10 € 14,5
- ▨ Costières de Nîmes Capitelles des Mourgues 2011 7,50 € 14
- ▨ Costières de Nîmes Fleur d'Eglantine 2011 5 € 13,5
- ▨ Costières de Nîmes Les Galets Rosés 2011 6,40 € 14
- ■ Costières de Nîmes Capitelles des Mourgues 2010 14 € 14,5
- ■ Costières de Nîmes Capitelles des Mourgues 2009 14 € 13
- ■ Costières de Nîmes Terre de Feu 2010 12 € 14

Rouge : 51 hectares.
Carignan 3 %, Grenache 25 %, Mourvèdre 2 %, Syrah 70 %
Blanc : 14 hectares.
Marsanne 5 %, Roussanne 30 %, Vermentino 10 %, Viognier 20 %, Grenache 35 %
Production moyenne : 320 000 bt/an

Château Mourgues du Grès, Route de Saint-Gilles, D 38, 30300 Beaucaire
Tél. : 04 66 59 46 10 **Fax :** 04 66 59 34 21
E-mail : chateau@mourguesdugres.com
Site : www.mourguesdugres.com
Vente : au domaine
Du lundi au vendredi de 9h à 12h et de 14h à 18h30, samedi de 10h à 12h30, sur rendez-vous l'après-midi. L'été de 15h à 18h.
Propriétaire : François Collard

■ Domaine de l'Oratoire Saint-Martin

CÔTES DU RHÔNE-VILLAGES
★

F rédéric et François Alary ont fait de ce domaine, bien situé sur le magistral terroir de Cairanne, l'un des crus majeurs des Côtes du Rhône-Villages, grâce à un travail méticuleux et respectueux de la vigne (rendements très limités, culture raisonnée, récolte à maturité optimale). Ils produisent des vins d'une grande cohérence, élégants, avec de la personnalité, mais surtout qui livrent une belle interprétation civilisée du terroir. Il y a à la fois de l'amabilité, de la fougue et une énergie incroyable dans toute la gamme, pour un prix fort raisonnable.

Les vins : les blancs offrent franchise et droiture. Le Haut-Coustias possède un joli gras et une finale étirée, sans lourdeur. Le côtes-du-rhône rouge est croquant et digeste, comme nous les aimons. Plus dense, et avec des senteurs de garrigue et d'olives, la Réserve des Seigneurs sera parfaite dans les deux ans. Le Haut-Coustias est superbe de raffinement. Un peu plus massive, la cuvée Prestige n'en demeure pas moins très équilibrée.

☐ Côtes du Rhône-Villages Cairanne
Haut-Coustias 2010   16 € 15,5

☐ Côtes du Rhône-Villages Cairanne
Réserve des Seigneurs 2011   9 € 14,5

■ Côtes du Rhône 2011   7,50 € 14,5

■ Côtes du Rhône-Villages Cairanne
Haut-Coustias 2009   17 € 16

■ Côtes du Rhône-Villages Cairanne
Prestige 2010   16 € 16

■ Côtes du Rhône-Villages Cairanne
Réserve des Seigneurs 2010   10,50 € 15

Rouge : 20 hectares.
Grenache 55 %, Mourvèdre 30 %, Syrah 10 %, Vaccarèse 3 %, Counoise 2 %
Blanc : 5 hectares.
Marsanne 24 %, Clairette 30 %, Roussanne 25 %, Viognier 1 %, Grenache 20 %
Production moyenne : 100 000 bt/an
🍃 Certifié en agriculture bio ou biodynamique

Domaine de l'Oratoire Saint-Martin, route de Saint-Roman, 84290 Cairanne
Tél. : 04 90 30 82 07 **Fax :** 04 90 30 74 27
E-mail : falary@wanadoo.fr
Site : www.oratoiresaintmartin.com
Vente : au domaine
Du lundi au samedi de 9h à 12h et de 14h à 18h30. Fermé dimanche et jours fériés.
Propriétaire : Frédéric et François Alary

■ Domaine Les Pallières

GIGONDAS
★

R epris en main par les frères Brunier (du domaine du Vieux Télégraphe), ce grand domaine est assurément l'une, sinon la propriété majeure de Gigondas, grâce à sa belle situation en terrasses sous les Dentelles de Montmirail. Le vin s'exprime dans un style profond, structuré et sans lourdeur, très différent des gigondas axés sur la puissance et l'alcool.

Les vins : la cuvée Les Racines parle de son terroir avec nuances et tout en finesse. Le tanin se combine dans ce fruit souple, fin, tout en préservant une belle longueur. Un beau modèle de gigondas à garder en cave.

■ Gigondas Les Racines 2010   24 € 16

Rouge : 25 hectares.
Cinsault 5 %, Clairette 5 %, Grenache 80 %, Mourvèdre 5 %, Syrah 5 %
Domaine Les Pallières, route d'Encieux, 84190 Gigondas
Tél. : 04 90 33 00 31 **Fax :** 04 90 33 18 47
E-mail : vignobles@brunier.fr
Site : www.brunier.fr
Pas de visites.
Propriétaire : Kermit Lynch, Frédéric et Daniel Brunier.

■ Domaine de Piaugier

CÔTES DU RHÔNE-VILLAGES
★

C e domaine familial tenu par Jean-Marc Autran, vigneron doué et perfectionniste, est situé à Sablet, sur des coteaux maigres et escarpés. Disposant de chais à la hauteur de ses ambitions, il propose, outre un simple côtes-du-rhône, des sablets rouges et blancs vinifiés en barriques – dont des sélections parcellaires (Montmartel, Les Briguières, Ténébi, etc.) surprenantes de concentration et de finesse aromatique – ainsi qu'un gigondas. Dans le haut de gamme, les vins sont ciselés, avec une belle définition de fruit. L'entrée de gamme est plus généreuse que complexe.

Les vins : le sablet blanc brille par son élégance et sa netteté de bouche. Le rouge, avec ses belles notes de fraises écrasées, regorge d'un joli fruit. La cuvée Ténébi révèle une belle profondeur, avec des notes finement poivrées. Quant au Briguières, c'est certainement l'un des plus raffinés de son appellation.

☐ Côtes du Rhône-Villages
Sablet 2011   n.c. 15

■ Côtes du Rhône-Villages
Sablet 2010   n.c. 14,5

■ Côtes du Rhône-Villages Sablet Les
Briguières 2010   n.c. 15,5

■ Côtes du Rhône-Villages Sablet
Ténébi 2010   n.c. 15,5

Rouge : 28,2 hectares.
Syrah 10 %, Carignan 5 %, Cinsault 5 %, Counoise 5 %, Grenache 65 %, Mourvèdre 10 %
Blanc : 1,8 hectare.
Clairette 5 %, Grenache 30 %, Marsanne 17 %, Roussanne 18 %, Viognier 30 %
Production moyenne : 168 000 bt/an

Domaine de Piaugier, 3, route de Gigondas, 84110 Sablet

Tél. : 04 90 46 96 49 **Fax** : 04 90 46 99 48
E-mail : piaugier@wanadoo.fr
Site : www.domainedepiaugier.com
Vente : au domaine
De 9h à 12h et de 14h à 19h sur rendez-vous.
Propriétaire : Jean-Marc Autran

■ Domaine Raspail-Ay

GIGONDAS

★

N ous saluons les progrès réalisés ces dernières années par le domaine. Le vin de la propriété représente l'archétype du bon gigondas, plein, vigoureux, sans esbroufe et ne séchant pas avec l'âge. De constitution ferme et serrée, les meilleurs millésimes demandent quatre à cinq ans de garde pour s'ouvrir pleinement, mais leur potentiel va bien au-delà.

Les vins : le gigondas 2009 possède une belle souplesse de tanins avec un fruit très plein et une finale chocolatée. On a la richesse du millésime et un fruit gourmand, et en plus un beau potentiel de garde.

■ Gigondas 2009   13 €   16,5

Rouge : 18 hectares.
Grenache 80 %, Mourvèdre 5 %, Syrah 15 %
Domaine Raspail-Ay, Le Colombier, 84190 Gigondas
Tél. : 04 90 65 83 01 **Fax** : 04 90 65 89 55
E-mail : domaine.raspail-ay@wanadoo.fr
Vente : au domaine
Du lundi au vendredi de 8h à 12h et de 13h30 à 17h, samedi, dimanche et jours fériés sur rendez-vous.
Propriétaire : Dominique Ay

■ Domaine La Roquète

CHÂTEAUNEUF-DU-PAPE

★

C ette propriété est située au centre du village de Châteauneuf-du-Pape, tandis que le vignoble est majoritairement planté sur le plateau de Pielong et dans le quartier plus sableux de Pignan. Anciennement orthographié « Roquette », le domaine, qui appartient à la famille Brunier (domaine du Vieux Télégraphe) depuis 1986, n'a cessé de progresser. Issus d'assemblages dominés par le grenache, les vins se dégustent souvent mieux dans leur jeunesse que ceux du Vieux Télégraphe. Leur évolution est plus rapide, mais toujours dans un style qui valorise la droiture et la pureté, au détriment de l'ampleur : ils ne sont jamais lourds.

Les vins : le châteauneuf présente au nez un fruit très mûr, partant sur le pruneau, la pâte de fruit et le raisin de Smyrne. On retrouve cette richesse dans une bouche profonde, aux tanins encore saillants et solides, mais pas agressifs.

■ Châteauneuf-du-Pape L'Accent de
   La Roquète 2010   50 €   17

Rouge : 25 hectares.
Syrah 20 %, Grenache 70 %, Mourvèdre 10 %
Blanc : 3 hectares.
Grenache 35 %, Clairette 35 %,
Roussanne 30 %
Production moyenne : 110 000 bt/an

Domaine La Roquète, 2, avenue Louis-Pasteur, BP 22, 84230 Châteauneuf-du-Pape
Tél. : 04 90 33 00 31 **Fax** : 04 90 33 18 47
E-mail : vignobles@brunier.fr
Site : www.brunier.fr
Vente : au domaine
Pas de visites.
Propriétaire : Frédéric et Daniel Brunier

■ Domaine Roger Sabon

CHÂTEAUNEUF-DU-PAPE

★

L es Sabon font partie des anciennes familles de Châteauneuf-du-Pape ; il n'est donc pas rare de découvrir chez eux de très vieux millésimes parfaitement conservés, à l'image de leurs magnifiques 1959 ou 1967. Ici, les générations se suivent mais ne se ressemblent pas. Si autrefois les vins de ce domaine étaient issus de vendanges non égrappées, aujourd'hui elles le sont partiellement. Le style conjugue à la fois classicisme et modernité : un classicisme dans le type d'élevage en vieux foudres, mais aussi dans la part belle faite au grenache ; et une modernité dans l'approche du terroir par une démultiplication des cuvées en fonction de leur potentiel. Toute la gamme montre une cohérence surprenante. Ici, plus le vin est grand, plus la structure semble contenue dans la densité du fruit, et non pas par une extraction excessive. Il en résulte des vins qui offrent beaucoup de naturel.

Les vins : en 2010, Les Olivets offre un nez délicat sur des notes de raisins frais, d'herbes de Provence. La bouche combine délicatesse de texture et profondeur de fruit. Tout en équilibre. La cuvée Prestige déploie des notes un peu plus

VALLÉE DU RHÔNE

confites, avec une touche d'olive, mais toujours un équilibre souverain et un fruit vivant. La bouche est étirée et très suave.

- ■ Châteauneuf-du-Pape Les
  Olivets 2010   16,30 €   16,5
- ■ Châteauneuf-du-Pape
  Prestige 2010   32,60 €   17,5

Rouge : 16 hectares.
Cinsault 5 %, Counoise 1 %, Grenache 70 %, Mourvèdre 10 %, Muscardin 2 %, Syrah 10 %, Terret 2 %
Blanc : 1 hectare.
Roussanne 30 %, Bourboulenc 20 %, Clairette 25 %, Grenache 25 %
Production moyenne : 70 000 bt/an

Domaine Roger Sabon, avenue Impériale, 84232 Châteauneuf-du-Pape
Tél. : 04 90 83 71 72   **Fax :** 04 90 83 50 51
E-mail : roger.sabon@wanadoo.fr
Site : www.roger-sabon.com
Vente : au domaine
Sur rendez-vous.
Propriétaire : Denis et Gilbert Sabon

■ Domaine Saint-Préfert
CHÂTEAUNEUF-DU-PAPE
★

L e domaine Saint-Préfert est situé dans le bas du village de Châteauneuf-du-Pape, dans le quartier dit des Petites Serres. Un terroir peu prisé de l'appellation, mais qu'Isabel Ferrando, ancienne banquière secondée par son époux, a su valoriser par un travail attentif, soigné et qualitatif dans les vignes. Elle y produit un vin moderne, d'une grande régularité, séduisant, immédiat, extrêmement soyeux et raffiné, auquel il manque un rien de fermeté. A partir de 2009, une belle parcelle sur le secteur de Cristia devrait apporter plus de structure sur les prochains millésimes, partiellement vinifiés en grappes entières dans son nouveau chai. Sous l'étiquette Ferrando, elle produit, dans le même esprit, un vin du nom de Colombis.
Les vins : le châteauneuf blanc 2011 est délicieux, tendu, sur une belle fraîcheur végétale et un joli retour sur le fruit, suivi d'une minéralité bien affirmée. Un vin droit, sans gras, mais long. Le côtes-du-rhône Clos Beatus Ille, d'un fruit d'une grande douceur, apparaît tout en rondeur, légèrement chocolaté, mais ses tanins doivent se patiner. Le châteauneuf 2010 évoque la datte et la résine au nez, les tanins sont solides : le vin campe sur son ossature, même si le fruit reste

très appétant. La cuvée Auguste Favier offre une chair plus douce et des tanins veloutés, son fruit tapisse la bouche. Derrière une légère touche poivrée, une note boisée montre un élevage pas totalement intégré. Plus riche, gras et solaire, le Charles Giraud prend une note légèrement beurrée. Sa bouche profonde et soyeuse se livre avec moins de relief qu'Auguste Favier, mais renferme une chair plus profonde. Le Colombis a besoin d'air pour libérer un parfum de mandarine, toujours délicat et d'une grande finesse ; on sent un raisin amplement doré par le soleil, qui a donné un vin aux tanins souples et matures.

- ☐ Châteauneuf-du-Pape 2011   34 € cav. 17,5
- ■ Châteauneuf-du-Pape 2010   26 € cav.   16
- ■ Châteauneuf-du-Pape Collection
  Charles Giraud 2010   50 € cav.   17
- ■ Châteauneuf-du-Pape Domaine
  Isabel Ferrando
  Colombis 2010   36 € cav.   16
- ■ Châteauneuf-du-Pape Réserve
  Auguste Favier 2010   34 € cav. 17,5
- ■ Côtes du Rhône Clos Beatus
  Ille 2011   11 € cav.   14

Rouge : 19 hectares.
Cinsault 10 %, Grenache 80 %, Mourvèdre 8 %, Syrah 2 %
Blanc : 1 hectare.
Roussanne 20 %, Clairette 80 %
Production moyenne : 70 000 bt/an

Domaine Saint-Préfert, quartier des Serres, 84230 Châteauneuf-du-Pape
Tél. : 04 90 83 75 03   **Fax :** 04 90 33 26 23
E-mail : contact@st-prefert.com
Site : www.st-prefert.fr
Pas de visites.
Propriétaire : Isabel Ferrando

■ Maison Tardieu-Laurent
CÔTES DU RHÔNE
★

M ichel Tardieu est désormais le seul propriétaire de cette petite maison de négoce haut de gamme, créé ex-nihilo au début des années 1990 avec le bourguignon Dominique Laurent, dans la vallée du Rhône. Grâce de très beaux approvisionnements en raisins et à un sens aigu de la vinification et de l'élevage, il produit une gamme de vin régulière, dans un esprit moderne. Si son style s'affine, quelques cuvées nous semblent néanmoins toujours marquées par des élevages un peu appuyés.

Les vins : les blancs ont conservé une jolie fraîcheur en 2011, le condrieu est volumineux, mais pas lourd, avec une belle persistance. Parmi les rouges, nous sommes sous le charme du saint-joseph, floral et épicé, aérien. Le cornas Coteaux s'ouvre sur des notes de fruits rouges, avec une bouche dense et pleine, la cuvée vieilles vignes embaume le cassis et reste frais. Le côte-rôtie présente une bouche serrée, elle aussi sur des notes de fruits frais, mais avec des tanins qui demeurent stricts. Admirable châteauneuf-du-pape Cuvée Spéciale, très charnu et solaire.

☐ Condrieu 2011	38 €	15,5
☐ Côtes du Rhône Guy-Louis 2011	14 €	14,5
☐ Côtes du Rhône Les Becs Fins 2011	7,80 €	14
■ Châteauneuf-du-Pape Spéciale 2010	40 €	17
■ Cornas Coteaux 2010	30 €	15,5
■ Cornas Vieilles Vignes 2010	40 €	16
■ Côte Rôtie 2010	45 €	16
■ Gigondas Vieilles Vignes 2010	22 €	15,5
■ Hermitage 2010	54 €	17
■ Saint-Joseph Vieilles Vignes 2010	22 €	15,5
■ Vacqueyras Vieilles Vignes 2010	20 €	14

Rouge : Achat de vin.
Blanc : Achat de vin.
Roussanne 15 %, Viognier 10 %, Marsanne 55 %, Grenache 20 %
Production moyenne : 100 000 bt/an

Maison Tardieu-Laurent, Les Grandes Bastides, route de Cucuron, 84160 Lourmarin
Tél. : 04 90 68 80 25 **Fax :** 04 90 68 22 65
E-mail : info@tardieu-laurent.com
Site : www.tardieu-laurent.com
Vente : au domaine
De 8h à 12h et de 14h à 17h sur rendez-vous.
Propriétaire : Michel Tardieu

■ Château des Tours

VACQUEYRAS
★

L a propriété appartient à Emmanuel Reynaud, qui dirige aussi depuis 1997 Rayas et Fonsalette. Elle est principalement dédiée, comme ses deux consœurs, à l'exaltation du cépage grenache, sur des sols et avec des situations géographiques néanmoins très distincts : la propriété est située en bas de l'appellation Vacqueyras, sur des coteaux de terre assez riche. Le soin apporté à la viticulture et les risques pris lors des vendanges – les raisins sont les plus mûrs possibles – offrent une qualité de production très régulière. De fait, le Château des Tours propose une expression classique du grenache, jamais très fort en couleur mais toujours profond, élancé et d'une belle longueur épicée. Il sait s'affirmer après quelques années de cave. Nous lui attribuons cette année sa première étoile.

Les vins : le domaine ne nous ayant pas fait parvenir ses vins cette année, nous sommes amenés à reconduire les notes de l'édition précédente – sans autre commentaire.

■ Côtes du Rhône 2008	n.c.	15,5
■ Vacqueyras 2005	n.c.	16
■ VDP du Vaucluse Domaine des Tours 2008	n.c.	14,5

Rouge : 36 hectares.
Cinsault 25 %, Counoise 4 %, Grenache 58 %, Merlot 3 %, Syrah 10 %
Blanc : 3 hectares.
Clairette 50 %, Grenache 50 %
Production moyenne : 120 000 bt/an

Château des Tours, Quartier des Sablons, 84260 Sarrians
Tél. : 04 90 65 41 75 **Fax :** 04 90 65 38 46
Vente : au domaine
Du lundi au samedi matin de 9h à 12h et de 14h à 17h, sur rendez-vous.
Propriétaire : Emmanuel Reynaud

■ Domaine du Trapadis

RASTEAU
★

H elen Durand est l'un des vignerons les plus experts et les plus travailleurs du village de Rasteau. Ses vins apparaissent très sains, colorés et équilibrés, dans la lignée de la nouvelle école des Côtes du Rhône-Villages (Oratoire Saint-Martin, Richaud, Réméjeanne), avec toutefois une puissance et une rigueur de texture qui les distinguent particulièrement. A noter que Helen Durand embouteille également quelques cuvées sous son nom, tout aussi recommandables.

Les vins : la maîtrise sur le blanc est impressionnante, avec une admirable élégance et du tonus dans ce vin raffiné et long. Le rasteau Tradition réjouit par la gourmandise de son fruit, et Les Adrès possède un supplément de classe qui en fait une des plus belles cuvées de l'appellation.

☐ Côtes du Rhône 2011	19 €	16

■ Côtes du Rhône-Villages
Cairanne 2011   10 € 14,5
■ Côtes du Rhône-Villages
Rasteau 2010   10 € 15
■ Rasteau Les Adrès 2010   16 € 16,5

Rouge : 32 hectares.
Grenache 76 %, Mourvèdre 5,6 %, Syrah 7,4 %,
Carignan 11 %
Blanc : 1 hectare.
Production moyenne : 80 000 bt/an

Domaine du Trapadis, Route d'Orange, 84110
Rasteau
Tél. : 04 90 46 11 20 **Fax :** 04 90 46 15 96
E-mail : hd@domainedutrapadis.com
Site : www.domainedutrapadis.com
Vente : au domaine
Pas de visites.
Propriétaire : Helen Durand
Directeur : Helen Durand

■ Domaine Pierre Usseglio et Fils

CHÂTEAUNEUF-DU-PAPE

★

P ar un travail régulier, tant dans les vignes
qu'à la cave, et avec un souci permanent
d'améliorer la qualité, les frères Usseglio ont
su inscrire ce domaine familial parmi les valeurs
sûres de l'appellation. La cuvée classique constitue une belle expression des vins de
Châteauneuf-du-Pape, dans un style franc,
généreux et gourmand. Plus dense et charnue,
avec une complexité accrue, la cuvée Mon Aïeul
est un vin à mettre en cave et à boire au minimum après dix ans. Les prix restent sages au
regard de la qualité.

Les vins : le domaine ne nous ayant pas fait
parvenir ses vins cette année, nous sommes
amenés à reconduire les notes de l'édition précédente – sans autre commentaire.

☐ Châteauneuf-du-Pape 2010   n.c. 14,5
■ Châteauneuf-du-Pape 2009   n.c. 14,5
■ Châteauneuf-du-Pape 2008   n.c. 15
■ Châteauneuf-du-Pape Mon
Aïeul 2009   n.c. 16,5

Rouge : 23 hectares.
Grenache 80 %, Mourvèdre 5 %, Syrah 10 %,
Cinsault 5 %
Blanc : 1 hectare.
Clairette 60 %, Grenache 35 %,
Bourboulenc 5 %

Production moyenne : 80 000 à 90 000 bt/an

Domaine Pierre Usseglio et Fils, 10, route
d'Orange, 84230 Châteauneuf-du-Pape
Tél. : 04 90 83 72 98 **Fax :** 04 90 83 56 70
E-mail : domaine-usseglio@wanadoo.fr
Site : www.domaine-usseglio.com
Vente : au domaine
De 9h à 12h et de 14h à 18h.
Propriétaire : Jean-Pierre et Thierry Usseglio
Directeur : Jean-Pierre et Thierry Usseglio

■ Domaine Alary

CÔTES DU RHÔNE-VILLAGES

D enis et Daniel Alary – à ne pas confondre
avec François et Frédéric Alary, du
domaine de l'Oratoire Saint-Martin, dans la
même commune de Cairanne –, produisent des
vins sérieux et solides, qu'il faut laisser vieillir
quelques années en cave, afin qu'ils perdent le
caractère légèrement austère de leur jeunesse.
Nous sommes davantage convaincus par les
rouges que par les blancs.

Les vins : le blanc La Chèvre d'Or offre beaucoup de volume, mais une pointe de chaleur en
finale. En rouge, La Gerbaude est un vin friand
aux accents du Sud ; La Brunote y ajoute de la
profondeur et de la densité, avec toujours ce
fruit doucement compoté. D'un remarquable
équilibre, La Font d'Estévenas est l'une des belles cuvées de l'appellation.

☐ Côtes du Rhône La Chèvre
d'Or 2011   6,40 € 13
■ Côtes du Rhône La
Gerbaude 2010   5,70 € 14
■ Côtes du Rhône-Villages
Cairanne 2010   7,50 € 14
■ Côtes du Rhône-Villages Cairanne
La Brunote 2010   8,50 € 14,5
■ Côtes du Rhône-Villages Cairanne
La Font d'Estévenas 2010   9,90 € 15,5

Rouge : 25 hectares.
Carignan 10 %, Cinsault 5 %, Counoise 5 %,
Grenache 45 %, Mourvèdre 10 %, Syrah 25 %
Blanc : 3 hectares.
Bourboulenc 20 %, Clairette 30 %,
Roussanne 25 %, Viognier 25 %
Production moyenne : 120 000 bt/an

Domaine Alary, Route de Rasteau, 84290
Cairanne
Tél. : 04 90 30 82 32 **Fax :** 04 90 30 74 71
E-mail : alary.denis@wanadoo.fr
Site : www.domaine-alary.fr

Vente : au domaine
Pas de visites.
Propriétaire : Daniel et Denis Alary

■ Domaine des Amadieu
CÔTES DU RHÔNE-VILLAGES

Ce domaine de Cairanne propose plusieurs cuvées se situant régulièrement au meilleur niveau de l'appellation. Comme elles sont vendues à des tarifs très doux, il faut en profiter.

Les vins : nous aimons toujours autant le rosé qui offre une très belle palette de saveurs et de la profondeur. En rouge, la Cuvée des Garrigues 2011 réjouit par son joli fruité et ses notes d'herbes de Provence, avec une bouche pleine. Les vins issus de vieilles vignes possèdent encore un petit supplément de profondeur, le 2011 se montrant juteux et suave. Enfin, le Haut de Beauregard s'impose comme l'un des meilleurs côtes-du-rhône-villages, avec une superbe dimension de fruit et un élevage juste.

■ Côtes du Rhône-Villages Cairanne
Le Rosé 2011   7,50 €   14
■ Côtes du Rhône-Villages 2011   6 €   13,5
■ Côtes du Rhône-Villages Cairanne
Cuvée des Garrigues 2011   8,50 €   14,5
■ Côtes du Rhône-Villages Cairanne
Haut de Beauregard 2010   15 €   16
■ Côtes du Rhône-Villages Cairanne
Vieilles Vignes 2011   10,50 €   15
■ Côtes du Rhône-Villages Cairanne
Vieilles Vignes 2010   10,50 €   15

Rouge : 7 hectares.
Carignan 8 %, Cinsault 4 %, Grenache 50 %, Mourvèdre 18 %, Syrah 20 %
Domaine des Amadieu, Quartier Beauregard, 84290 Cairanne
Tél. : 04 90 66 03 48   **Fax :** 04 90 66 03 48
E-mail : contact@domainedesamadieu.com
Site : www.domainedesamadieu.com
Vente : au domaine
Sur rendez-vous le week-end. En semaine de 10h à 18h.
Propriétaire : Corine et Yves-Jean Houser

■ Domaine des Amouriers
VACQUEYRAS

Le domaine doit son nom aux nombreuses haies de mûriers que l'on trouvait sur la propriété, et dont les feuilles servaient à l'élevage des vers à soie. Les premières vignes ont été plantées en 1928, mais ce n'est que dans les années 1950 que le domaine s'est véritablement

développé. Il produit des vins denses et veloutés, avec une proportion de syrah plus importante que dans la majorité des autres crus de l'appellation. Les cuvées de vacqueyras associent ainsi, dans les meilleurs millésimes, couleur, solidité de constitution et profondeur aromatique.

Les vins : la cuvée Suzanne est un vin facile et ouvert, à boire sur son fruit. Les vacqueyras sont denses, sur une matière un peu serrée, et auront besoin de quelques années pour se fondre. Les Genestes se révèle bien construit et intense.

■ IGP Vaucluse Suzanne 2010   4,50 €   13
■ Vacqueyras Les Genestes 2010   12,50 €   15
■ Vacqueyras Signature 2010   9,50 €   14,5
■ VDP de Méditerranée Les Hautes
Terrasses 2009   16 €   15

Rouge : 28 hectares.
Grenache 37,25 %, Syrah 50,25 %, Carignan 6,25 %, Merlot 5 %, Caladoc 1,25 %
Blanc : 0,32 hectare.
Production moyenne : 80 000 bt/an

Domaine des Amouriers, Ind. Chudzikiewicz, 5801, Rte de la Garrigue de l'Etang, 84260 Sarrians
Tél. : 04 90 65 83 22   **Fax :** 04 90 65 84 13
E-mail : domaine@amouriers.com
Vente : au domaine
Du lundi au vendredi de 8h à 12h et de 14h à 18h. Le samedi de 9h30 à 12h et de 14h30 à 18h.
Propriétaire : Famille Chudzikiewicz
Directeur : Patrick Gras et Igor Chudzikiewicz

■ Château d'Aquéria
TAVEL

Aquéria est, depuis des décennies, l'une des propriétés majeures de Tavel et de Lirac. Le château a su parfaitement maîtriser l'importante superficie de son vignoble pour produire des vins très réguliers, bien construits et jamais lourds, offrant au consommateur une représentation très classique de leurs crus.

Les vins : avec de belles notes évoquant les fruits rouges frais, le tavel constitue un très beau rosé de table. Très élégant et fin, le lirac blanc brille par la fraîcheur de son expression, avec une touche iodée en finale. Le lirac rouge cultive un style massif et puissant, mais possède un très joli fond. Quant à la cuvée Héritage, serrée et concentrée, elle « joue les gros bras » au détriment d'une certaine finesse.

☐ Lirac 2011	9,90 €	15,5
▨ Tavel 2011	10,20 €	16
■ Côtes du Rhône 2010	6,75 €	14
■ Lirac 2010	9,90 €	15
■ Lirac Héritage d'Aquéria 2009	20 €	15

Rouge : 61 hectares.
Mourvèdre 25 %, Grenache 50 %, Syrah 25 %
Blanc : 4 hectares.
Roussanne 12 %, Bourboulenc 25 %,
Clairette 15 %, Viognier 8 %
Production moyenne : 330 000 bt/an

Château d'Aquéria, Route de Pujaut, 30126
Tavel
Tél. : 04 66 50 04 56 **Fax :** 04 66 50 18 46
E-mail : contact@aqueria.com
Site : www.aqueria.com
Vente : au domaine
Du lundi au jeudi de 8h à 12h et de 14h à 18h.
Vendredi de 8h à 12h et de 14h à 17h. Ouvert
le samedi du 2 juin au 30 septembre.
Propriétaire : Vincent et Bruno de Bez

■ La Barroche
CHÂTEAUNEUF-DU-PAPE

L e domaine La Barroche possède de très belles parcelles de vieilles vignes, plantées sur
des secteurs prestigieux de l'appellation
Châteauneuf-du-Pape, à la fois sur des terroirs
de galets et de sable. Les élevages sont néo-
traditionnels car le domaine possède un grand
parc de vieux foudres et le fût commence à faire
son apparition par petites touches. Aujour-
d'hui c'est Julien Barrot, valeur montante de
Châteauneuf-du-Pape, qui supervise le
domaine, même si son père garde encore un œil
attentif dans les vignes. Il change les pratiques
culturales en apportant plus d'exigence sur la
tenue du vignoble : vendange en vert, baisse des
rendements, travail des sols. Les progrès ne se
font pas attendre. En cave, il fait des extractions
douces en gardant tout ou partie de la rafle selon
sa maturité, mais il aime vendanger avec de
beaux degrés. Les vins sont d'une grande élégance, fins et intenses, parfois avec des maturités
un peu trop élevées, mais compensées par un
fruit toujours généreux.
Les vins : La cuvée Pure (comme son nom
l'indique) se présente sans la moindre aspérité,
avec un raisin d'une grande maturité. Elle apparaît fine et longue, très délicate dans l'extraction.
On aime sa persistance en bouche, sur une délicatesse un peu lisse. Le Signature 2009 offre une
belle touche végétale, malgré un fruit gorgé de

soleil, et délivre des notes de fruits confits (raisin
de Corinthe), soutenues par des tanins fins et
doux.

■ Châteauneuf-du-Pape		
Pure 2009	58 € cav.	17,5
■ Châteauneuf-du-Pape		
Signature 2009	35 € cav.	17

Rouge : 12,5 hectares.
Grenache 100 %
La Barroche, 19, avenue des Bosquets, 84230
Châteauneuf-du-Pape
Tél. : 04 90 83 71 94 ou 06 62 84 95 79
Fax : 04 90 83 71 94
E-mail : contact@domainelabarroche.com
Site : www.domainelabarroche.com
Vente : au domaine
Pas de visites.
Propriétaire : Christian et Julien Barrot

■ Bastide du Claux
LUBERON

S ylvain Morey est natif de Chassagne-
Montrachet. Pour ce fils de Bourguignon,
les vins blancs ont peu ou pas de secrets. Mais
c'est en terre de Luberon qu'il est parti faire ses
preuves, pour y produire des vins blancs et rouges. Après des études d'œnologie, il quitte sa
Bourgogne natale pour le Luberon en 1995,
avec son épouse Ludmila. Ils y louent de vieilles vignes. Si Sylvain Morey connaît bien la
culture du monocépage, ici il doit s'adapter à
cette culture du multicépage et de terroirs diver-
sifiés qu'il assemble en cave, unique condition
pour faire de beaux vins. Ce domaine produit
des vins digestes et complexes, bien équilibrés.
Les blancs sont remarquables, probablement les
plus beaux vins de l'appellation ; quant aux rouges, ils parlent haut et fort de leur terre d'origine.
Les vins : clin d'œil à sa Bourgogne natale, le
chardonnay est délicieux et d'une très belle définition. L'Odalisque nous laisse quelque peu sur
notre faim, avec une finale sur des amers un peu
durs. Le rosé est délicat, dans un esprit très
digeste. En rouge, derrière une petite réduction,
Le Claux ne manque pas de profondeur et offre
un très beau fruit expressif.

☐ IGP Vaucluse Chardonnay 2010	9,50 €	14,5
☐ Luberon Barraban 2011	8,50 €	14
☐ Luberon L'Odalisque 2010	11 €	13,5
▨ Luberon Poudrière 2011	8 €	14
■ Luberon Le Claux 2009	11 €	15
■ Luberon Malacare 2010	8,50 €	14,5

Rouge : 10 hectares.
Mourvèdre 3 %, Syrah 45 %, Grenache 25 %,
Cinsault 17 %, Carignan 10 %
Blanc : 6 hectares.
Chardonnay 15 %, Roussanne 5 %,
Marsanne 5 %, Viognier 10 %, Grenache 30 %,
Vermentino 15 %, Ugni blanc (trebbiano) 10 %,
Clairette 10 %
Production moyenne : 70 000 bt/an

Bastide du Claux, campagne Le Claux, 84240
La Motte-d'Aigues
Tél. : 04 90 77 70 26 **Fax :** 04 90 77 73 27
E-mail : contact@bastideduclaux.fr
Site : www.bastideduclaux.fr
Vente : au domaine
Sur rendez-vous.
Propriétaire : SCEA SCB
Directeur : Sylvain Morey

■ Château Beaubois

COSTIÈRES DE NÎMES

C e grand domaine est idéalement situé, sur
un terroir de cailloutis du Villafranchien.
Dans les trois couleurs, la gamme se décline en
plusieurs cuvées, notamment Elégance, qui présente des vins fruités, et Harmonie, qui compte
un rouge élevé en barriques. Les vins sont équilibrés, fruités et très sains.

Les vins : la gamme Expression comprend des
vins francs et nets, tel le désaltérant blanc ou le
rouge au fruité croquant. Un cran au-dessus, les
cuvées Elégance expriment plus de complexité :
le rouge est sérieux et doté d'une bonne mâche.

☐	Costières de Nîmes Elégance 2011	8,50 €	14
☐	Costières de Nîmes Expression 2011	6 €	13
▨	Costières de Nîmes Expression 2011	6 €	13
■	Costières de Nîmes Elégance 2010	8,50 €	14,5
■	IGP Oc Duos de Beaubois 2011	6,80 €	14

Rouge : 44 hectares.
Grenache 22 %, Marselan 5 %, Mourvèdre 7 %,
Syrah 58 %, Cinsault 8 %
Blanc : 7 hectares.
Vermentino 25 %, Viognier 25 %,
Grenache 25 %, Roussanne 25 %
Production moyenne : 200 000 bt/an

Château Beaubois, 30640 Franquevaux
Tél. : 04 66 73 30 59 **Fax :** 04 66 73 33 02
E-mail : chateau-beaubois@wanadoo.fr
Site : www.chateau-beaubois.com

Vente : au domaine
Tous les jours de 9h à 12h et de 14h à 18h.
Propriétaire : Fanny et François Boyer

■ Domaine Bois de Boursan

CHÂTEAUNEUF-DU-PAPE

L e domaine Bois de Boursan a été créé au
milieu des années 1950 par le père de Jean-
Paul Versino. Ce dernier l'a rejoint en 1983,
après avoir quitté l'université. Sa seule formation : des livres et l'expérience de son père qui
travaille en biologique depuis toujours. « Je n'ai
pas été contaminé par la culture des années
1980, qui incitait à faire du rendement en
s'orientant vers le chimique », confie Jean-Paul.
Ici, on produit de très beaux châteauneuf-du-
pape dans un style classique à dominante de
grenache non érafflé, élevé en foudre. En 1995,
le domaine s'agrandit de quelques parcelles de
très vieilles vignes et, parallèlement, le marché
est en demande de vins plus puissants. De là
naît la cuvée Félix, élevée dans des barriques
usagées mais avec 25 % de mourvèdre. Si nous
préférons la très belle cuvée Tradition pour son
équilibre, sa profondeur et son soyeux, les amateurs de vins plus structurés se dirigeront vers la
cuvée Félix. Dans un style très différent, ce sont
deux cuvées de haute volée.

Les vins : la cuvée classique est magnifique par
sa délicatesse et sa précision. Ici, le fruit et les
épices se rejoignent à l'unisson, formant ce très
grand vin plein de poésie. Plus pleine, plus noire,
plus confite et rassasiante, la cuvée Félix ravira
le marché américain par sa matière riche ; nous
préférons la finesse de la cuvée classique.

■	Châteauneuf-du-Pape 2010	19 €	18
■	Châteauneuf-du-Pape Félix 2010	33 €	17

Rouge : 15 hectares.
Syrah 7,5 %, Mourvèdre 17,5 %, Divers 7,5 %,
Grenache 67,5 %
Blanc : 1 hectare.
Production moyenne : 40 000 bt/an

Domaine Bois de Boursan, 44, chemin du Clos,
quartier Saint-Pierre, 84230
Châteauneuf-du-Pape
Tél. : 04 90 83 73 60 **Fax :** 04 90 32 48 92
E-mail : bois.de.boursan@wanadoo.fr
Site : http ://boisdeboursan.perso.sfr.fr
Vente : au domaine
Du lundi au vendredi de 8h à 12h et de 13h30
à 16h30. Sur rendez-vous le week-end.
Propriétaire : Famille Versino
Directeur : Jean et Jean-Paul Versino (présidents)

VALLÉE DU RHÔNE

■ Domaine La Bouïssière

GIGONDAS

Le domaine La Bouïssière fait partie de la génération montante de l'appellation Gigondas. Il jouit d'un vignoble bien situé sur les hauteurs des Dentelles de Montmirail, à 400 m d'altitude environ, donnant des vins minéraux et précis. La production est constituée d'une cuvée Tradition à base de grenache, de syrah et de mourvèdre, et d'une cuvée haut de gamme baptisée Font de Tonin. Cette dernière est à dominante de très vieux grenaches (à 70 %) complétés par des mourvèdres de plus de 75 ans. Vendange égrappée dans sa quasi totalité, cuvaison longue, élevage de 12 mois en fûts neufs pour partie, donnent ici des vins fins, précis et racés. Les frères Gilles et Thierry Faravel produisent de beaux modèles de gigondas mûrs, élancés et surtout digestes, ce qui n'est pas la moindre des qualités.

Les vins : nous aimons leur style très raffiné, à l'image du vacqueyras qui combine intensité et élégance de texture. Plus épicé et poivré, le gigondas est aussi plus profond. Il se livrera dans les trois ans. Le Font de Tonin semble en revanche prisonnier d'un boisé qui l'assèche en finale. Il faut espérer qu'il se fondra.

■ Gigondas Font de Tonin 2010	25 €	15
■ Gigondas Tradition 2010	15 €	15,5
■ Vacqueyras Tradition 2010	14 €	15

Rouge : 8,5 hectares.
Grenache 65 %, Mourvèdre 10 %, Syrah 25 %
Domaine La Bouïssière, rue du Portail, 84190 Gigondas
Tél. : 04 90 65 87 91 **Fax :** 04 90 65 82 16
E-mail : labouissiere@aol.com
Vente : au domaine
De 9h à 19h.
Propriétaire : Gilles et Thierry Faravel

■ Domaine Brusset

CÔTES DU RHÔNE

Le domaine produit des côtes-du-rhône et des cairannes issus de ses vignes situées autour du village, mais aussi des côtes-du-ventoux et des gigondas. Dans cette dernière appellation, les deux vins sont au plus haut niveau. Les blancs sont agréables, y compris le viognier, dans un style toujours plein et fruité. Ce domaine vinifie habilement des vins friands, souples, peut-être un rien faciles mais avec des textures veloutées. Ils ne manquent ni de fond, ni de profondeur et ont un charme réel.

Les vins : bien aromatique, Les Travers blanc livre une sensation délicate en bouche, grâce à son fruit très doux. Les Clavelles blanc exhale une note de pâte d'amande et offre une matière plus tendue. L'Esprit de Papet sent la pierre à fusil, l'acidité porte le vin tout autant que son énergie. En rouge, Laurent Brusset est un bon vin de soif. Derrière son fruit croquant, les tanins se révèlent avec tendresse. Avec une note de poivron grillé, Les Boudalles offre une fermeté de bouche plus marquée et une densité qui portera le vin plus loin dans le temps. Les Chabrilles fait parler la maturité du millésime, avec cette sensation d'extraction un rien poussée, mais le jus en bouche reste plaisant. Avec Les Travers rouge, l'harmonie est bien supérieure, le fruit d'une grande douceur enrobe des tanins ronds, souples et mûrs. Le gigondas Le Grand Montmirail offre une belle pureté de fruit et un tanin délicat et civilisé. Son fruit doux s'étire en bouche, tout en finesse. Les Hauts de Montmirail s'appuie sur des tanins plus puissants avec un fruit plus solaire.

☐ Côtes du Rhône Les Clavelles 2011		12,50 €	14
☐ Côtes du Rhône-Villages Cairanne Les Travers 2011		9 €	14
☐ Côtes du Rhône-Villages Cairanne L'Esprit de Papet 2010		16 €	14,5
■ Côtes du Rhône Laurent Brusset 2011		6 €	13
■ Côtes du Rhône-Villages Cairanne Les Chabriles 2010		12,50 €	15
■ Côtes du Rhône-Villages Cairanne Les Travers 2010		9 €	14
■ Côtes du Ventoux Les Boudalles 2011		5 €	13,5
■ Gigondas Les Hauts de Montmirail 2010		224 €	16
■ Gigondas Tradition Le Grand Montmirail 2010		14 €	16

Rouge : 64 hectares.
Carignan 5 %, Cinsault 5 %, Grenache 55 %, Mourvèdre 15 %, Syrah 20 %
Blanc : 4 hectares.
Grenache 40 %, Roussanne 30 %, Viognier 30 %
Production moyenne : n.c.

Domaine Brusset, Le Village, 84290 Cairanne
Tél. : 04 90 30 82 16 **Fax :** 04 90 30 73 31
E-mail : domaine-brusset@wanadoo.fr
Site : www.domainebrusset.fr
Vente : au domaine
Tous les jours de 9 h à 12 h et de 14 h à 18 h.
Propriétaire : Daniel et Laurent Brusset

■ Domaine Calendal
CÔTES DU RHÔNE

C ette petite exploitation de près de 4,5 ha comporte une proportion importante de vieux mourvèdres et grenaches. Elle réunit deux amis, Gilles Ferran, propriétaire du domaine des Escaravailles, et Philippe Cambie, œnologue et conseiller des plus beaux domaines de la vallée du Rhône méridionale – le « Michel Rolland » du sud, avec ses vices et ses vertus. La production met en évidence le potentiel et l'élégance des plus beaux terroirs du Plan de Dieu.

Les vins : le vin est dominé par la sucrosité du bois, même si le fruit offre une chair épaisse et généreuse. Il faudra le revoir d'ici deux ou trois ans, car il ne manque ni de densité ni de fond pour absorber son élevage.

■ Côtes du Rhône-Villages Plan de
　Dieu 2010　　　　　　　　　　n.c.　15

Rouge : 4,4 hectares.
Grenache 60 %, Mourvèdre 40 %
Domaine Calendal, Domaine des Escaravailles,
84110 Rasteau
Tél. : 04 90 46 14 20　**Fax :** 04 90 46 11 45
E-mail : philippe.cambie@free.fr
Vente : au domaine
Lundi, mardi, jeudi et vendredi de 9h à 12h et de 14h à 18h. Sur rendez-vous mercredi et week-end.
Propriétaire : Philippe Cambie et Gilles Ferran
Directeur : Philippe Cambie et Gilles Ferran

■ Cave des Vignerons d'Estézargues
CÔTES DU RHÔNE

C ette cave coopérative gardoise dispose de très bons terroirs dans la zone de Tavel et démontre une réelle volonté de bien les laisser s'exprimer. On trouvera ici, à des prix défiant toute concurrence, une belle collection de cuvées intéressantes aux caractères et aux expressions variés, qui devraient faire le bonheur du plus grand nombre.

Les vins : tant en blanc qu'en rouge, les 2011 du domaine de Pierredon se montrent faciles d'accès et délicieux. Juteux et gourmand, Les Grandes Vignes offre un rapport qualité-prix imbattable. Pointons également la belle réussite de La Granacha, signargues ample et généreux au fruité préservé, ou encore de la cuvée Les 40ᵉ Rugissants, fraîchement épicée. Une gamme d'une belle homogénéité.

□ Côtes du Rhône Domaine de
　Pierredon 2011　　　　　7,45 €　14
■ Côtes du Rhône Domaine de
　Pierredon 2011　　　　　5,15 €　14
■ Côtes du Rhône Les Grandes
　Vignes 2011　　　　　　4,30 €　14
■ Côtes du Rhône-Villages
　Signargues Domaine
　d'Andézon 2010　　　　7,45 €　14,5
■ Côtes du Rhône-Villages
　Signargues Domaine de la
　Coudette 2010　　　　　5,95 €　14
■ Côtes du Rhône-Villages
　Signargues Domaine de
　Sarrelon 2010　　　　　6,60 €　13,5
■ Côtes du Rhône-Villages
　Signargues La Granacha 2010　7,45 €　14,5
■ Côtes du Rhône-Villages
　Signargues Les 40ᵉ
　Rugissants 2010　　　　12,50 €　15
■ Côtes du Rhône-Villages
　Signargues S.Y 2011　　n.c.　15

Rouge : 475 hectares.
Carignan 8 %, Cinsault 10 %, Counoise 2 %, Divers 2 %, Grenache 48 %, Mourvèdre 6 %, Syrah 24 %
Blanc : 25 hectares.
Bourboulenc 21 %, Clairette 8 %, Divers 3 %, Grenache 47 %, Picpoul 5 %, Viognier 16 %
Production moyenne : 1 000 000 bt/an et vrac

Cave des Vignerons d'Estézargues, Route de Grès, 30390 Estézargues
Tél. : 04 66 57 03 64　**Fax :** 04 66 57 04 83
E-mail : contact@vins-estezargues.com
Site : www.vins-estezargues.com
Vente : au domaine
Pas de visites.
Propriétaire : Frédéric Vincent
Directeur : Denis Deschamps

■ Domaine Didier Charavin
RASTEAU

D idier Charavin a fait de ce grand domaine de Rasteau une valeur sûre pour tous les amateurs de vins fermes et de bonne constitution. Il a progressé ces dernières années, apportant à ses cuvées une touche d'élégance supplémentaire. Sur ce chapitre, il pourrait cependant aller un peu plus loin encore. Les derniers millésimes sont bien réussis.

Les vins : le côtes-du-rhône est un joli vin aux accents du Sud. Plus poivré et fumé, Lou Paris se révèle également délicieux, et offre un formidable rapport qualité-prix. En Rasteau, la cuvée classique affiche une générosité de fruit qui chauffe légèrement sa finale. Plus charnu, le Parpaïouns est superbe d'intensité.

- ☐ Côtes du Rhône 2011   5,10 €   13,5
- ▨ Côtes du Rhône 2011   4,90 €   13
- ■ Côtes du Rhône 2011   4,90 €   14
- ■ Côtes du Rhône Lou Paris 2011   6 €   15
- ■ Côtes du Rhône-Villages Rasteau les Parpaïouns 2010   10,60 €   15,5
- ■ Rasteau 2011   7,30 €   14,5
- ■ Rasteau Prestige 2009   8,50 €   14
- ■ VDN Rasteau 2011   9 €   13,5

Rouge : 49,4 hectares.
Carignan 10 %, Grenache 60 %,
Mourvèdre 10 %, Syrah 20 %
Blanc : 14,2 hectares.
Clairette 25 %, Grenache 10 %, Viognier 25 %,
Roussanne 35 %, Bourboulenc 5 %
Production moyenne : 100 000 bt/an

Domaine Didier Charavin, Route de Vaison,
84110 Rasteau
Tél. : 04 90 46 15 63 **Fax :** 04 90 46 16 22
E-mail : didier.charavin@orange.fr
Vente : au domaine
De 9h à 12h et de 14h à 18h.
Propriétaire : Didier Charavin

■ Domaine de la Charbonnière

CHÂTEAUNEUF-DU-PAPE

En progrès constant depuis quelques millésimes, La Charbonnière constitue un cru sérieux et régulier de Châteauneuf-du-Pape. Grâce à de beaux terroirs situés sur le plateau de la Crau, des Brusquières et dans la zone du quartier Baratin, Michel Maret produit des vins assez typiques et classiques de l'appellation, déclinés en plusieurs cuvées, dont la remarquable Vieilles Vignes, dominée par de beaux grenaches.

Les vins : le blanc 2011 dévoile une bouche tendre, marquée par des arômes de pâte de fruit et de garrigue, qui termine sur une finale ciselée et minérale. Sur des notes de cuir et de coulis de fruits noirs, le vacqueyras renferme des tanins mûrs mais solides. Le châteauneuf-du-pape 2010 développe un joli fruit (gelée de mûre). En bouche, sa grande délicatesse ne dissimule pas la puissance qu'il révèle en finale. Mourre des Perdrix offre des tanins encore plus veloutés et un très beau toucher de bouche. Gras et long, le vin exprime une note cacaotée en finale. Avec un nez sur les épices et sur la résine, la cuvée de

vielles vignes se démarque par un surcroît d'élégance et de finesse, sur des tanins longs et fins. Le Hautes Brusquières, riche et gras, est un châteauneuf plein et racé. Avec un an de plus, le Mourre des Perdrix 2009 offre un fruit plus riche, avec une note sanguine et cette chaleur du millésime qui lui donne de l'épaisseur, même s'il est en phase de fermeture. L'Envol 2009 se révèle à la fois doux et plein, avec une richesse très prononcée mais soulignée par des tanins fins.

- ☐ Châteauneuf-du-Pape 2011   20 €   15
- ■ Châteauneuf-du-Pape 2010   20 €   16
- ■ Châteauneuf-du-Pape Hautes Brusquières 2010   35 €   17,5
- ■ Châteauneuf-du-Pape L'Envol 2009   50 €   18
- ■ Châteauneuf-du-Pape Mourre des Perdrix 2010   31 €   17
- ■ Châteauneuf-du-Pape Mourre des Perdrix 2009   30,50 €   16,5
- ■ Châteauneuf-du-Pape Vieilles Vignes 2010   35 €   17,5
- ■ Vacqueyras 2010   15 €   14,5

Rouge : 24,2 hectares.
Mourvèdre et cinsault 3 %, Grenache 66 %,
Mourvèdre 9 %, Syrah 21,6 %, Counoise 0,4 %
Blanc : 0,5 hectare.
Grenache 40 %, Clairette 20 %,
Roussanne 40 %
Production moyenne : 90 000 bt/an

Domaine de la Charbonnière, 26, route de
Courthézon, BP 83, 84232 Châteauneuf-du-Pape
Cedex
Tél. : 04 90 83 74 59 **Fax :** 04 90 83 53 46
E-mail : contact@domainedelacharbonniere.com
Site : www.domainedelacharbonniere.com
Vente : au domaine
Du lundi au vendredi de 9h à 12h et de 14h à 18h. Le samedi sur rendez-vous.
Propriétaire : Michel Maret et Filles

■ Domaine Chaume-Arnaud

VINSOBRES

Ce vaste domaine de 35 ha est à cheval sur les vignobles de Saint-Maurice et de Vinsobres. Ici, dès 1997, date des dernières cultures maraîchères, on a quitté la polyculture pour faire uniquement du vin. Valérie Chaume-Arnaud s'occupe de la cave, tandis que son compagnon Philippe supervise la vigne. Une vigne où domine le grenache, mais qui donne la part belle au cinsault. On y pratique une agriculture orientée bio depuis 2002, évoluant progressivement vers la biodynamie entre 2004 et 2006. Les vins produits sont intenses et pleins de vie, sans effet de style, et expriment à merveille ces terroirs de Saint-Maurice et de Vinsobres, de beaux rhônes méridionaux qui lorgnent vers le nord.

Les vins : le blanc est franc et doté d'un joli gras, mais sans lourdeur. En rouge, le simple côtes-du-rhône est délicieux avec ses senteurs de garrigue. La Cadène 2009 est très massif, avec des arômes de fruits rouges confits et une petite impression de sucrosité en finale ; nous préférons l'équilibre plus digeste du 2010.

☐ Côtes du Rhône-Villages La Cadène 2010	11 €	14,5
■ Côtes du Rhône 2010	6 €	14
■ Vinsobres 2010	9,50 €	15
■ Vinsobres La Cadène 2010	15 €	15,5
■ Vinsobres La Cadène 2009	15 €	15

Rouge : 31 hectares.
Grenache 50 %, Marselan 12 %, Merlot 1 %, Mourvèdre 8 %, Syrah 20 %, Carignan 1 %, Cinsault 8 %
Blanc : 4 hectares.
Marsanne 40 %, Viognier 60 %
Production moyenne : 150 000 à 180 000 bt/an
✿ Certifié en agriculture bio ou biodynamique

Domaine Chaume-Arnaud, Les Paluds, 26110 Vinsobres
Tél. : 04 75 27 66 85
E-mail : chaume-arnaud@wanadoo.fr
Vente : au domaine
Du 1ᵉʳ mai au 30 septembre à 11h et à 18h. Le dimanche et le reste de l'année sur rendez-vous.
Propriétaire : Philippe Chaume et Valérie Chaume-Arnaud

■ Le Clos des Grillons
CÔTES DU RHÔNE-VILLAGES SIGNARGUES

Nicolas Renaud est un ancien professeur d'histoire devenu vigneron en 2007. Très jeune, un ami de son père lui fait découvrir le vin et l'emmène dans le vignoble. De ces visites, il a gardé en mémoire le goût d'un vin, et pas n'importe lequel puisque c'est celui du célèbre producteur de Châteauneuf-du-Pape Henri Bonneau. Un beau prélude qui lui donne l'envie d'entrer dans le monde du vin. Il fait son apprentissage à Châteauneuf-du-Pape, au Domaine de la Vieille Julienne. Proche de l'esprit des vins

sans soufre, il voue une grande admiration à l'un de ses proches voisins, Éric Pfifferling, du Domaine L'Anglore. Ses premiers vins sont magnifiques, dans les trois couleurs. Nicolas Renaud vit une reconversion prometteuse. Il est devenu un talentueux vigneron et une valeur montante du sud de la vallée du Rhône.

Les vins : le côtes-du-rhône blanc Pic Gris s'affirme par une belle vigueur et un fruit qui fait longuement saliver. Il livre une belle expression méridionale dans son versant vif et frais. La cuvée Grillons blanc exhale la pierre chaude et les senteurs végétales du Sud. Tonique, la bouche ne manque pas de chair, relayée par une minéralité toujours mise en relief. La cuvée 1901 est profonde, avec une légère mais belle réduction ; la bouche se distingue par son volume et une complexité accrue. Le Grillons rouge prend des airs de beaujolais du sud, par son côté vin de soif et de casse-croûte. Le signargues Esprit libre se révèle délicieux grâce à son expression de fruits noirs et son grain de tanins fin. Sa fraîcheur conserve un bel équilibre, malgré un fruit mûr et une structure encore en relief. Avec plus de sève, la cuvée Les Terres rouges impose sa richesse au sommet de la production du domaine. Ici, les tanins sont gras et le fruit se prolonge dans une finale en queue de paon aux accents cacaotés.

☐ Côtes du Rhône 1901 2011	8,50 €	15
☐ Côtes du Rhône Le Pic Gris 2011	6,50 €	14
☐ Côtes du Rhône Les Grillons 2011	6,50 €	14
■ Côtes du Rhône Les Grillons 2011	6,50 €	13,5
■ Côtes du Rhône-Villages Signargues Esprit Libre 2011	8,50 €	14,5
■ Côtes du Rhône-Villages Signargues Les Terres Rouges 2011	12 €	15

Rouge : 16.
Grenache 50 %, Mourvèdre 15 %, Syrah 10 %, Cinsault 15 %, Carignan 5 %, Counoise 5 %
Blanc : 3,5 hectares.
Grenache 35 %, Picpoul 10 %, Bourboulenc 25 %, Clairette 15 %, Ugni blanc (trebbiano) 15 %
Production moyenne : 40 000 à 45 000
✿ Certifié en agriculture bio ou biodynamique

Le Clos des Grillons, 25, rue du Grand Pont, 30650 Rochefort-du-Gard
Tél. : 04 90 92 44 47
E-mail : closdesgrillons@yahoo.fr
Site : http ://closdesgrillons.fr

Vente : au domaine
Sur rendez-vous.
Propriétaire : Nicolas Renaud

■ Domaine Clos du Caillou
CHÂTEAUNEUF-DU-PAPE

S itué sur des galets roulés en coteaux mais aussi sur des sols de sables et de safres, le vignoble du domaine a été, en grande partie, planté dans les années 1950 en lieu et place de bois. Il atteint aujourd'hui un âge respectable. Les deux châteauneuf-du-pape produits sont des vins modernes, bien élaborés, mais qui nous paraissent parfois manquer un peu de magie. Les vins sont construits sur des élevages très (trop) marqués, au détriment de l'expression des terroirs. Il ne leur faudrait pas grand chose pour gagner en définition.

Les vins : bien travaillés, les entrées de gamme sont agréables et faciles d'accès. Le côtes-du-rhône blanc 2011 est friand, le rouge affiche un joli fruit, tandis que le Bouquet de Garrigue ne vole pas son nom, avec ses notes d'herbes de Provence. Le châteauneuf-du-pape blanc 2011 est étouffé par son élevage, dommage, car le fruit est là. Mieux géré sur la cuvée Réserve 2010 en rouge, l'élevage demeure néanmoins marquant, mais l'ensemble devrait se fondre. Au final, l'équilibre de la cuvée Quartz semble plus judicieux.

☐	Châteauneuf-du-Pape Les Safres 2011	25 €	14,5
☐	Côtes du Rhône 2011	8 €	13,5
☐	Côtes du Rhône Bouquet des Garrigues 2010	10 €	14
▪	Côtes du Rhône 2011	8 €	14
■	Châteauneuf-du-Pape Les Quartz 2010	40 €	16
■	Châteauneuf-du-Pape Les Safres 2010	25,50 €	15,5
■	Châteauneuf-du-Pape Réserve 2010	60 €	15,5
■	Côtes du Rhône Bouquet des Garrigues 2010	10 €	14
■	Côtes du Rhône Réserve 2010	17,50 €	15

Rouge : 48 hectares.
Grenache 80,5 %, Syrah 7,5 %, Counoise 1 %, Carignan 1,3 %, Cinsault 3 %, Mourvèdre 6,8 %
Blanc : 5 hectares.
Grenache 20,5 %, Viognier 4,5 %, Roussanne 53 %, Clairette 18 %, Clairette 4 %
Production moyenne : 200 000 bt/an

Domaine Clos du Caillou, 84350 Courthézon
Tél. : 04 90 70 73 05 Fax : 04 90 70 76 47

E-mail : closducaillou@wanadoo.fr
Site : www.closducaillou.com
Vente : au domaine
Du lundi au vendredi de 9 h à 12 h et de 13 h 30 à 17 h 30, le samedi jusqu'à 17 h. Sur rendez-vous à partir de 10 personnes.
Propriétaire : Sylvie Vacheron
Directeur : Bruno Gaspard

■ Domaine des Escaravailles
RASTEAU

L e domaine des Escaravailles possède un bel éventail de terroirs, dont les principaux sont situés sur les communes de Rasteau, de Roaix (petit terroir méconnu mais d'un beau potentiel) et de Cairanne. Gilles Ferran y élabore des vins avec la complicité de son ami, Philippe Cambi, célèbre œnologue du sud rhodanien. Le domaine propose des vins pleins, souvent portés par des maturités parfois excessives mais toujours guidés par une grande finesse de tanins. Sur les derniers millésimes, les vins semblent avoir mieux tempéré leurs excès de richesse tout en préservant leur raffinement.

Les vins : très joli rosé de soif, tout en délicatesse. En blanc, La Ponse s'exprime en finesse, avec un fruit peu épais, mais une belle salinité. La Galopine affiche ses ambitions par un supplément de maturité et de richesse. Côté rouges, Les Antimagnes 2010 est délicieux sur sa note de framboise bien mûre, et une très légère touche vanillée lui donne de l'allure. Un vin tendre avec des tanins très fins. Le rasteau classique 2011, porté par sa structure, offre un fruit précis. Un rien plus animal à l'ouverture, il semble s'être replié sur sa structure, mais le fruit reste très croquant. Le Ventabren 2011 apparaît plus beurré, lactique, avec un beau retour sur le fruit et des tanins d'une grande finesse. Le Ventabren 2010 offre une matière solide, il évolue sur des notes de cuir et de sang, le fruit est un peu en retrait, mais l'ensemble reste dense et profond. La Ponce 2010, légèrement plus sucré et doux, est tenu par des tanins mûrs et une chair sensuelle. La Boutine 2009 fait ressortir la chaleur du millésime qui se manifeste déjà par une pointe d'évolution et des tanins très pointus. La cuvée Héritage 1924 offre une matière épaisse avec un fruit solaire, gras, long et onctueux, dans une bouche aux tanins solides mais très enveloppés.

☐	Côtes du Rhône La Galopine 2011	12,50 €	14,5

- ☐ Côtes du Rhône La Ponce 2011   8 €   14,5
- ▨ Côtes du Rhône Les
  Antimagnes 2011   6 €   13,5
- ■ Côtes du Rhône Les
  Antimagnes 2010   7,50 €   14
- ■ Côtes du Rhône-Villages Cairanne
  Le Ventabren 2011   9,50 €   14,5
- ■ Côtes du Rhône-Villages Cairanne
  Le Ventabren 2010   9,50 €   14,5
- ■ Côtes du Rhône-Villages Rasteau
  La Ponce 2010   10,50 €   15
- ■ Rasteau Classique 2011   7 €   13,5
- ■ Rasteau Classique 2010   7 €   13,5

Rouge : n.c..
Blanc : n.c..
Production moyenne : n.c.

Domaine des Escaravailles, 84110 Rasteau
Tél. : 04 90 46 14 20   **Fax :** 04 90 46 11 45
E-mail : domaine.escaravailles@wanadoo.fr
Site : www.domaine-escaravailles.com
Pas de visites.
Propriétaire : Gilles Ferran

■ Domaine des Espiers
GIGONDAS

Ce domaine dispose d'un joli patrimoine de vignes et cultive une approche traditionnelle de la vinification, produisant des vins parfois un peu austères, mais sans artifice et vieillissant bien. A Gigondas comme sur les parcelles de Sablet, le grenache domine largement, ce qui nous convient bien.

Les vins : le côtes-du-rhône affiche un côté tendre et immédiat, avec un fruité gourmand. Le gigondas apparaît finement épicé, avec une belle droiture de bouche. Les Blâches 2010 est plus dense et serré, avec des tannins qui se fondront d'ici trois à cinq ans. Une jolie bouteille à encaver.

- ■ Côtes du Rhône 2011   7 €   14
- ■ Gigondas Les Blâches 2010   25 €   16
- ■ Gigondas Tradition 2011   16 €   15

Rouge : 10 hectares.
Grenache 72,5 %, Mourvèdre 5 %, Syrah 22,5 %
Blanc : 0,5 hectare.
Clairette 50 %, Roussanne 40 %,
Bourboulenc 10 %
Production moyenne : 50 000 bt/an

Domaine des Espiers, Chemin de la Marine,
84190 Vacqueyras
Tél. : 04 90 65 81 16   **Fax :** 04 90 65 82 38

E-mail : p.cartoux@free.fr
Site : www.domaine-des-espiers.com
Vente : au domaine
De 9h à 12h et de 14h à 18h du lundi au samedi.
Propriétaire : Philippe Cartoux

■ Domaine de la Ferme Saint-Martin
BEAUMES DE VENISE

Le domaine de la Ferme Saint-Martin est situé dans le secteur de Suzette, juste au pied des Dentelles de Montmirail. Ici, on pratique une agriculture biologique non par mode mais par respect de l'environnement. Les vins sont vinifiés par terroir et par origine de sols. L'utilisation du soufre sert juste pour la mise en bouteilles. Le discret Guy Jullien fait partie de ces brillants vignerons de l'appellation Beaumes-de-Venise. Ses vin sont fins, précis, intenses avec, pour fil conducteur, cette minéralité qui n'est pas sans évoquer les dentelles au pied desquelles les vins prennent naissance.

Les vins : la fraîcheur du Ventoux se fait ressentir dans le rosé doux aux notes de fruits rouges et de poivre. Le rouge La Gérine offre un beau croquant de fruit, sur une délicieuse simplicité ; une cuvée pour la soif, entre amis. Les Estaillades a plus de jus et de chair, et révèle un fruit gras et chocolaté accompagné de tanins puissants, un rien brutaux, encore marqués par la fougue de leur jeune âge. Avec le beaumes-de-venise Les Terres Jaunes, on ressent une finesse et une élégance majeures ; la bouche se prolonge avec harmonie sur des tanins doux et veloutés. Le Costancia apparaît légèrement plus réduit, avec un côté sauvage, et sa bouche charnelle et profonde montre ses muscles. Le Saint-Martin embaume le raisin fraîchement cueilli, avec un volume de bouche qui grandit par paliers. Ciselé et fin, ce vin développe une grande énergie.

- ▨ Ventoux Rosé d'Entrenon 2011   n.c.   13,5
- ■ Beaumes de Venise
  Costancia 2010   n.c.   15
- ■ Beaumes de Venise Les Terres
  Jaunes 2011   n.c.   15
- ■ Beaumes de Venise
  Saint-Martin 2010   12 €   16
- ■ Ventoux La Gérine 2011   n.c.   14
- ■ Ventoux Les Estaillades 2011   7,35 €   14,5

Rouge : 24 hectares.

Grenache 70 %, Syrah 20 %, Carignan 10 %
Blanc : 2 hectares.
Clairette 50 %, Roussanne 50 %
Production moyenne : 100 000 bt/an
🌿 Certifié en agriculture bio ou biodynamique

Domaine de la Ferme Saint-Martin, 84190
Suzette
Tél. : 04 90 62 96 40
E-mail : contact@fermesaintmartin.com
Site : www.fermesaintmartin.com
Vente : au domaine
De 10h à 12h30 et de 14h à 18h.
Propriétaire : Guy Jullien

■ Château de la Font du Loup

CHÂTEAUNEUF-DU-PAPE

L e terroir de la Font du Loup se situe sur le
haut d'une colline où les raisins ne souffrent
jamais de surmaturité, donnant des vins élégants
et frais. On y produit deux cuvées : celle du
château, «vin de plaisir», comme aime à le souligner le maître des lieux – qui est cependant
bien plus que cela ; et la cuvée Les Fondateurs,
composée de vieux grenaches et de mourvèdres
ramassés à très haute maturité. C'est un vin plus
concentré, dense, aux tanins très lisses. Elevé
partiellement en barriques de 600 litres, il joue
la séduction. La seconde propriété se nomme Le
Puy Rolland. Ce terroir de vieux grenaches
donne naissance à un vin d'un raffinement
magnifique.

Les vins : sur une note de pêche, le
châteauneuf-du-pape blanc, plus sphérique que
vif, est un vin tout en courbes. En rouge, le
domaine produit une première cuvée de
châteauneuf-du-pape sous le nom Les Demoiselles, qui se montre tendre et souple ; on la boira
sur la simplicité de son fruit. La cuvée Tradition
2010 sent la confiture de fraise, sa bouche volumineuse enrobe des tanins très doux. Produite
à partir de syrah, la cuvée Le Château valorise
une orientation plus moderne, avec des tanins
pointus, mais fins, dont le fruit atypique reste
frais. Quant au châteauneuf Le Puy Rolland, il
fait reluire le grenache avec brio par la générosité d'un fruit riche et solaire. Sa finale, très
castel-papale par sa note cacaotée, avec un degré
important, ne dénature pas l'harmonie
d'ensemble.

☐ Châteauneuf-du-Pape 2011	30 €	14
■ Châteauneuf-du-Pape 2010	26,50 €	16,5

■ Châteauneuf-du-Pape Le Château 2010	35 €	14,5
■ Châteauneuf-du-Pape Le Puy Rolland 2010	30 €	17
■ Châteauneuf-du-Pape Les Demoiselles 2011	18,50 €	14

Rouge : 17,3 hectares.
Cinsault 5 %, Grenache 70 %, Mourvèdre 10 %,
Syrah 15 %
Blanc : 1,2 hectare.
Bourboulenc 15 %, Clairette 15 %,
Grenache 35 %, Roussanne 35 %
Production moyenne : 50 000 bt/an

Château de la Font du Loup, route de
Châteauneuf-du-Pape, 84350 Courthézon
Tél. : 04 90 33 06 34 **Fax :** 04 90 33 05 47
E-mail : f.loup@melia.fr
Site : www.melia.fr
Vente : au domaine
Du lundi au jeudi de 8h à 12h et de 13h à 17h.
Le vendredi de 8h à 12h.
Propriétaire : Charles Melia
Directeur : Laurent Bachas

■ Moulin de la Gardette

GIGONDAS

C e domaine de Gigondas est depuis longtemps une valeur sûre de l'appellation.
Autrefois un peu rustiques, les vins ont beaucoup gagné en onctuosité et en élégance de
texture, ainsi qu'en complexité aromatique. La
cuvée Ventabren se place parmi les meilleurs
vins du secteur.

Les vins : d'accès facile, avec un beau fruité
juteux, La Petite Gardette se boira sur sa jeunesse et sa fraîcheur. La cuvée Tradition brille
par son élégance et la précision du son fruit : un
très beau vin d'équilibre, délicat et soyeux. Le
Ventabren, plus dense et profond, confirme son
statut d'incontournable de l'appellation.

■ Gigondas La Petite Gardette 2010	12 €	14
■ Gigondas Tradition 2010	16 €	15,5
■ Gigondas Ventabren 2010	22 €	16,5

Rouge : 9 hectares.
Cinsault 7 %, Grenache 70 %, Mourvèdre 6 %,
Syrah 17 %
Moulin de la Gardette, place de la Mairie,
84190 Gigondas
Tél. : 04 90 65 81 51
E-mail : info@moulindelagardette.com
Site : www.moulindelagardette.com
Vente : au domaine

De novembre à avril : de 10h à 13h et de 14h à 18h. De mai à octobre : de 10h à 13h et de 14h30 à 18h30.
Propriétaire : Jean-Baptiste Meunier

■ Domaine Gramenon
CÔTES DU RHÔNE

L a propriété, située dans la Drôme, s'est rendue célèbre par ses vins gourmands, fruités et denses, issus de grenache. Les vinifications sans soufre y ont donné des résultats mitigés et la netteté aromatique de certaines cuvées pouvait parfois prêter à discussion. Depuis quelques millésimes, les vins semblent avoir gagné en précision. Nous vous encourageons à les découvrir, en particulier la cuvée réalisée à partir de vignes très anciennes, baptisée Ceps Centenaires. En marge du domaine, Maxime-François Laurent, le fils de Michèle Aubéry, produit désormais un 100 % grenache sous le nom de Pourpre.

Les vins : le blanc « Vie, on y est... » se montre très précis et doté d'une bouche sapide. En rouge, la série se révèle de belle tenue. L'Elémentaire cache un joli fruit derrière une légère réduction qui s'estompe à l'air ; le vin affiche alors une très belle distinction. Plus croquant, juteux et soyeux dans la texture, Les Laurentides séduit par son côté aérien et la trame de ses tanins. La Sagesse est également d'une belle définition, avec un fruit mûr, mais qui préserve du souffle et de l'éclat.

☐ Côtes du Rhône Vie, on y est... 2011	18 € cav.	15
■ Côte du Rhône Pourpre par M.F. Laurent 2010	16 € cav.	15
■ Côtes du Rhône La Sagesse 2010	20 € cav.	16
■ Côtes du Rhône-Villages Les Laurentides 2010	18 € cav.	15,5
■ Côtes du Rhône-Villages Valréas L'Elémentaire 2011	14 € cav.	14,5
■ Vinsobres La Papesse 2010	25 € cav.	16,5

Rouge : 23 hectares.
Grenache 75 %, Syrah 25 %
Blanc : 3 hectares.
Viognier 100 %
Production moyenne : 90 000 bt/an
❀ Certifié en agriculture bio ou biodynamique

Domaine Gramenon, Quartier Gramenon, 26770 Montbrison-sur-Lez
Tél. : 04 75 53 57 08 **Fax :** 04 75 53 68 92
E-mail : domaine.gramenon@club-internet.fr
Site : www.domaine-gramenon.fr

Pas de visites.
Propriétaire : Michèle Aubéry et ses enfants
Directeur : Michèle Aubéry

■ Domaine du Joncier
LIRAC

M arine Roussel est une vigneronne déterminée. Sur son vignoble de Lirac, elle cultive ses vignes en biodynamie et maîtrise ses rendements afin d'élaborer des vins de caractère. Dans un style remarquable, les différentes cuvées offrent une très belle définition et beaucoup de gourmandise.

Les vins : le blanc est ample, d'une belle richesse, mais sans mollesse. La série des liracs est très bien définie. En entrée de gamme, Le Gourmand exprime son côté fruité. Plus serré et concentré, avec ses notes d'épices, Les Muses devra être attendu au moins trois ans.

☐ Lirac Le Blanc 2011	15 €	15
■ Côtes du Rhône L'O de Joncier 2011	5 €	14
■ Lirac Le Classique 2010	13 €	15,5
■ Lirac Le Gourmand 2010	8,70 €	14,5
■ Lirac Les Muses 2010	17 €	16

Rouge : 30,76 hectares.
Cinsault 10 %, Grenache 50 %, Mourvèdre 10 %, Syrah 20 %, Carignan 10 %
Blanc : 1,24 hectare.
Bourboulenc 60 %, Marsanne 15 %, Roussanne 25 %
Production moyenne : 65 000 bt/an
❀ Certifié en agriculture bio ou biodynamique

Domaine du Joncier, 5, rue de la Combe, 30126 Tavel
Tél. : 04 66 50 27 70 **Fax :** 04 84 25 30 61
E-mail : contact@domainedujoncier.com
Site : www.domainedujoncier.com
Vente : au domaine
De 9h à 12h et de 14h à 17h ou sur rendez-vous.
Propriétaire : Marine Roussel

■ Mas de Libian
CÔTES DU RHÔNE

C e mas ardéchois est un domaine très complet qui offre une gamme de vins variée et intéressante. En rouge, la cuvée La Calade est l'un des rares côtes-du-rhône majoritairement issus du mourvèdre (75 %), tandis que les autres rouges du domaine se trouvent plus classiquement dominés par le grenache. D'une grande netteté, les vins brillent par leur élégance de fruit.

Les vins : nous aimons le profil très croquant et frais du blanc, tenu par une bonne structure acide. Comme à son habitude, le rouge Vin de Pétanque offre un profil « désoiffant » et joliment fruité. La cuvée Khayyâm exprime de belles notes de fruits mûrs, avec une touche de réglisse et d'herbes de la garrigue, très agréable. Marqué par des notes de fraise gariguette, La Calade affiche aussi une très jolie profondeur et des tanins très fins.

☐ IGP Ardèche Cave Vinum 2011	12,50 €	cav.	14,5
■ Côtes du Rhône Bout d'Zan 2011	11 €	cav.	14,5
■ Côtes du Rhône Khayyâm 2011	13,50 €	cav.	15
■ Côtes du Rhône-Villages La Calade 2010	25 €	cav.	15,5
■ VDF Vin de Pétanque 2011	7,60 €	cav.	14

Rouge : 20,9 hectares.
Vaccarèse 2 %, Grenache 70 %,
Mourvèdre 10 %, Syrah 15 %, Counoise 2 %
Blanc : 1,65 hectare.
Clairette 33 %, Roussanne 33 %, Viognier 33 %
Production moyenne : 125 000 bt/an
❀ Certifié en agriculture bio ou biodynamique

Mas de Libian, 07700 Saint-Marcel d'Ardèche
Tél. : 06 61 41 45 32 **Fax :** 04 75 98 66 38
E-mail : h.thibon@wanadoo.fr
Site : www.masdelibian.com
Vente : au domaine
Sur rendez-vous uniquement.
Propriétaire : Famille Thibon-Macagno

■ Martinelle

VENTOUX

O riginaire d'Allemagne, Corinna Faravel découvre le vin en famille, puis à l'école hôtelière. Si elle débute avec le riesling allemand, elle est vite attirée par le vignoble français. Un stage en 1997 à Suze-la-Rousse, suivi d'un séjour chez le célèbre Marcel Richaud précéderont son implantation dans le Ventoux en 2001. Si elle partage la même passion pour le raisin que son époux, Thierry Faravel, vigneron à Gigondas, elle élabore des vins distincts mais avec le même panache. Cette viticultrice talentueuse a fait du chemin, et ses vins, produits sur les appellations Ventoux et Beaumes-de-Venise, sont devenus des valeurs sûres.

Les vins : le ventoux 2011 est délicieux, véritable jus de fruits, il séduit par son côté très accessible et ouvert. Le beaumes-de-venise 2011 possède le même soyeux, mais plus de densité.

■ Beaumes de Venise 2011	15 €	15,5
■ Beaumes de Venise 2010	15 €	15
■ Ventoux 2011	9 €	14,5

Rouge : 11,5 hectares.
Grenache 70 %, Syrah 20 %, Mourvèdre 8 %,
Cinsault 2 %
Blanc : 0,5 hectare.
Production moyenne : 40 000 à 50 000 bt/an

Martinelle, La Font Valet, 84190 Lafare
Tél. : 04 90 65 05 56
E-mail : info@martinelle.com
Site : www.martinelle.com
Vente : au domaine
Sur rendez-vous.
Propriétaire : Corinna Faravel

■ Domaine Montirius

VACQUEYRAS

C e grand domaine de Sarrians possède des vignes dans les appellations Vacqueyras et Gigondas. Eric Saurel l'a progressivement converti en agriculture biodynamique et l'a doté d'un cuvier flambant neuf, ce qui a permis aux vins de gagner en profondeur. La gamme se divise en deux niveaux : le Montirius et le Clos Montirius, plus ambitieux.

Les vins : le blanc Minéral affiche une belle définition, avec du style et de la droiture. Il faudra le boire dans les deux ans. En rouge, le Sérine 2008 joue sur un registre croquant, lardé et fumé, avec une côté déjà ouvert. Le gigondas Terre des Aînés 2009 conserve ce côté légèrement confit dans le fruit, avec une finale chaleureuse. La même cuvée en 2007 semble plus posée, avec une jolie évolution. Le gigondas Confidentiel garde en 2009 un fruit plus juteux et suave, et délivre une touche d'eucalyptus en finale, alors que le 2007 peine à gérer sa puissance alcoolique. Le vacqueyras Le Clos 2009 évolue sur un registre d'herbes de Provence, de viande et de fumé. Délicieux.

☐ Vacqueyras Minéral 2011	25 €	14,5
▨ Vacqueyras Perle de Rosée 2011	9,50 €	13,5
■ Côtes du Rhône Sérine 2008	15 €	14,5
■ Gigondas Confidentiel 2009	40 €	16
■ Gigondas Confidentiel 2007	40 €	15,5
■ Gigondas Terres des Aînés 2009	20 €	15,5

- Gigondas Terres des Aînés 2007   20 €   15,5
- Vacqueyras Garrigues 2010   14,50 €   14
- Vacqueyras Le Clos 2009   30 €   16

Rouge : 56,5 hectares.
Carignan 1 %, Cinsault 1 %, Grenache 61 %,
Mourvèdre 11 %, Syrah 26 %
Blanc : 1,5 hectare.
Bourboulenc 40 %, Grenache 30 %,
Roussanne 30 %
Production moyenne : 200 000 bt/an
🌱 Certifié en agriculture bio ou biodynamique

Domaine Montirius, 1536, route de Sainte
Edwige, 84260 Sarrians
Tél. : 04 90 65 38 28   **Fax :** 04 90 65 48 72
E-mail : saurel@montirius.com
Site : www.montirius.com
Vente : au domaine
Sur rendez-vous.
Propriétaire : Christine et Eric Saurel

■ Famille Perrin
CHÂTEAUNEUF-DU-PAPE

Les propriétaires du château de Beaucastel,
Jean-Pierre et François Perrin, ont créé il y
a plusieurs années cette maison qui, se développant dans un premier temps essentiellement sur
les marchés étrangers, a atteint une taille assez
importante (près de 4 millions de bouteilles par
an). Les vins sont produits sous la marque Perrin pour la plupart ; d'autres, comme l'original
côtes-du-ventoux notamment, sous le nom de
La Vieille Ferme. La production, en tous points
irréprochable, offre le très rare exemple d'une
gamme large, accessible et très régulière, avec
des étiquettes au design simple mais très réussi.
Les vins : faciles et digestes, les entrées de
gamme ont pour elles une belle franchise. Les
Sinards en blanc est marqué par un boisé un peu
envahissant, au détriment de la matière pourtant
noble. En rouge, cairanne et vinsobres expriment judicieusement leur terroir ; le gigondas se
présente dans une phase plus dure, avec des
tanins stricts en finale. Très joli châteauneuf
frais, bien tramé et long.

- ☐ Châteauneuf-du-Pape Les
  Sinards 2010   26 €   14,5
- ☐ Côtes du Rhône Réserve 2011   6,50 €   13,5
- ■ Châteauneuf-du-Pape Les
  Sinards 2011   26 €   16
- ■ Côtes du Rhône Réserve 2010   6,50 €   13,5
- ■ Côtes du Rhône-Villages Cairanne
  Peyre Blanche 2011   9 €   14,5
- ■ Gigondas La Gille 2010   15 €   14

- ■ Vinsobres Les Cornuds 2011   9 €   14,5

Rouge : 170 hectares.
Grenache 50 %, Mourvèdre 15 %, Syrah 15 %,
Carignan 10 %, Cinsault 10 %, Grenache 30 %
Blanc : 30 hectares.
Grenache 30 %, Grenache 50 %,
Roussanne 10 %, Bourboulenc 30 %, Ugni ou
Ugni blanc (trebbiano) 30 %
Production moyenne : 900 000 bt/an

Famille Perrin, Route de Jonquières, 84100
Orange
Tél. : 04 90 11 12 00   **Fax :** 04 90 11 12 19
E-mail : familleperrin@beaucastel.com
Site : www.familleperrin.com
Vente : au domaine
Sur rendez-vous.
Propriétaire : Jean-Pierre et François Perrin

■ Domaine La Réméjeanne
CÔTES DU RHÔNE

Entièrement situé hors des centres viticoles de
la vallée du Rhône, le domaine La Réméjeanne, mené de main de maître, s'est imposé
comme l'un des meilleurs de la région, avec des
vins sains, purs et élancés. Les rouges présentent un naturel confondant. A chaque cuvée
est donné le nom d'un arbuste, Les Arbousiers
composant le vin le plus simple, tandis que Les
Eglantiers est une ambitieuse cuvée de syrah.
Très soignés, blancs et rosés sont à boire pour
leur fruit et leur fraîcheur.
Les vins : en blanc, Les Eglantiers se montre
encore marqué par son élevage, mais le fond est
là, avec un bel équilibre. En rouge, Un Air de
Réméjeanne croque sous la dent et séduit par
son côté immédiat. Terre de Lune, au profil
serré, conserve aussi une jolie fraîcheur et s'arrondira d'ici deux ans. Dense et mûr, avec
une bouche bien construite, Les Genévriers
compte parmi les réussites de l'appellation,
dépassé encore en termes de complexité par Les
Eglantiers.

- ☐ Côtes du Rhône Les
  Arbousiers 2011   9 €   13,5
- ☐ Côtes du Rhône Les
  Eglantiers 2010   16 €   14,5
- ■ Côtes du Rhône Les
  Chèvrefeuilles 2011   7 €   14
- ■ Côtes du Rhône Terre de
  Lune 2011   11 €   14
- ■ Côtes du Rhône Un Air de
  Réméjeanne 2011   5,5 €   13,5

VALLÉE DU RHÔNE

■ Côtes du Rhône-Villages Les
  Eglantiers 2010   18 €   16
■ Côtes du Rhône-Villages Les
  Genévriers 2010   13 €   15

Rouge : 31,5 hectares.
Carignan 2 %, Cinsault 1 %, Marselan 1 %,
Grenache 54 %, Mourvèdre 8 %, Syrah 34 %
Blanc : 3,5 hectares.
Viognier 23 %, Roussanne 43 %,
Bourboulenc 10 %, Clairette 7 %,
Grenache 10 %, Marsanne 7 %
Production moyenne : 130 000 bt/an
⚘ Certifié en agriculture bio ou biodynamique

Domaine La Réméjeanne, Cadignac, 30200
Sabran
Tél. : 04 66 89 44 51 **Fax :** 04 66 89 64 22
E-mail : contact@remejeanne.com
Site : www.remejeanne.com
Vente : au domaine
Du lundi au vendredi de 9h à 12h et de 14h à
18h. Samedi sur rendez-vous.
Propriétaire : Rémy Klein

■ Domaine Rouge Garance

CÔTES DU RHÔNE-VILLAGES

Copropriétaire du domaine, le comédien Jean-
Louis Trintignant a confié la gestion du
vignoble de cette maison, dont le nom rappelle
joliment le cinéma (« Les Enfants du Paradis »), à un couple de vignerons très talentueux. Bertrand et Claudie Cortellini réalisent
des côtes-du-rhône sans aucune lourdeur ni rusticité, au contraire axés sur la fraîcheur, le parfum et l'onctuosité.

Les vins : le Feuille de Garance est croquant et
juteux, c'est un joli vin immédiat. Derrière une
touche de réduction, Les Saintpierre se montre
encore austère, mais doté d'une jolie matière,
avec beaucoup de fond et d'allonge.

■ Côtes du Rhône Feuille de
  Garance 2011   7,50 € 114,5
■ Côtes du Rhône-Villages Les
  Saintpierre 2010   16 €   15

Rouge : 28 hectares.
Carignan 6 %, Cinsault 4 %, Grenache 50 %,
Mourvèdre 1 %, Syrah 39 %
Blanc : 2 hectares.
Grenache 25 %, Marsanne 25 %,
Roussanne 20 %, Viognier 25 %
Production moyenne : 120 000 bt/an

Domaine Rouge Garance, chemin de Massacan,
30210 Saint-Hilaire-d'Ozilhan

Tél. : 04 66 01 66 45 **Fax :** 04 66 37 06 92
E-mail : contact@rougegarance.com
Site : www.rougegarance.com
Vente : au domaine
De 9h à 12h et de 14h à 17h30 du lundi au
samedi. En juillet et août de 9h à 12h et de
14h30 à 18h. Fermé dimanche et jours fériés.
Propriétaire : Bertrand et Claudie Cortellini et J.-L. Trintignant

■ Domaine Saint-Amant

BEAUMES DE VENISE

Si vous quittez Beaumes-de-Venise en direction de Suzette, il faudra vous égarer sur
les hauteurs des Dentelles de Montmirail pour
découvrir le domaine Saint-Amant. Tombé
amoureux en 1992 de ce lieu niché à 500 mètres
d'altitude, Jacques Wallut, ancien chef d'entreprise, jeune retraité à l'époque, a investi le secteur pour y planter du viognier – en hommage
au condrieu –, mais également des cépages plus
classiques pour élaborer du vin rouge. Rejoint
par sa fille Camille en 1997, il produit, sur ces
sols peu profonds, des vins qui peuvent, à tort,
paraître graciles. Fins, élancés, minéraux, très
purs, ils n'ont pas le caractère charnel des vins
méridionaux – ce qui les rend particulièrement
attachants.

Les vins : le côtes-du-rhône blanc La Borry
s'affiche avec une belle fraîcheur dans une
matière tendue, épurée ; un grand blanc du
sud aux accents septentrionaux. La Tabardonne
s'encombre d'un boisé un rien excessif, même
si le fruit reste engageant par sa densité et sa
profondeur. La cuvée Syrah/Grenache est un
vin tendre et délicieux, sur une belle note de
coulis de fruits rouges. Les Clapas fait parler un
fruit gras, onctueux, plus noir que rouge, avec
une petite amertume en finale, et une note sauvage de ronce. Le beaumes-de-venise Grangeneuve sent le raisin rôti au soleil, les tanins,
encore abrupts, font parler leur puissance, donnant à ce vin un beau potentiel de garde. La
cuvée Nathalie joue les séductrices par un boisé
qui ne s'estompera pas avec le temps. C'est
un vin ample généreux, plus consensuel que
passionnant.

☐ Côtes du Rhône La Borry 2011   n.c.   15
☐ Côtes du Rhône-Villages La
  Tabardonne 2010   n.c. 14,5
■ Beaumes de Venise
  Grangeneuve 2010   n.c. 14,5
■ Côtes du Rhône Les Clapas 2010   n.c.   14
■ Côtes du Rhône Nathalie 2009   n.c. 13,5
■ VDP du Vaucluse
  Syrah/Grenache 2010   n.c. 13,5

Rouge : 6 hectares.
Carignan 6 %, Syrah 40 %, Grenache 54 %
Blanc : 6 hectares.
Roussanne 10 %, Viognier 90 %
Production moyenne : 50 000 bt/an

Domaine Saint-Amant, 84190 Suzette
Tél. : 04 90 62 99 25 **Fax :** 04 90 65 03 56
E-mail : contact@saint-amant.com
Site : www.domainesaintamant.com
Vente : au domaine
Du lundi au vendredi de 9h à 18h. Samedi et
dimanche sur rendez-vous.
Propriétaire : Famille J. Wallut
Directeur : Camille Nosworthy-Wallut

■ Château de Saint-Cosme
GIGONDAS

L e domaine de Saint-Cosme s'appuie sur un
beau vignoble de 15 ha à Gigondas. Les
vignes, à dominante grenache, sont anciennes
et conduites très classiquement. Les gigondas
se révèlent complexes et profonds, sans aucune
dureté de texture. Le domaine complète sa production avec quelques vins qu'il sélectionne
parmi de grands crus rhodaniens.

Les vins : le domaine ne nous ayant pas fait
parvenir ses vins cette année, nous sommes
amenés à reconduire les notes de l'édition précédente – sans autre commentaire.

☐	Côtes du Rhône 2009	n.c.	13,5
■	Côte Rôtie 2008	n.c.	16
■	Côtes du Rhône 2009	n.c.	13
■	Côtes du Rhône Les Deux Albions 2008	n.c.	13,5
■	Gigondas 2008	n.c.	14
■	Gigondas Hominis Fides 2008	n.c.	14
■	Gigondas Le Poste 2008	n.c.	14
■	Saint-Joseph 2008	n.c.	14,5
■	VDT Little James'Basket Press 2009	n.c.	13,5

Rouge : 19,8 hectares.
Syrah 18 %, Cinsault 2 %, Grenache 75 %,
Mourvèdre 5 %
Blanc : 0,2 hectare.
Clairette 100 %
Production moyenne : 90 000 bt/an

Château de Saint-Cosme, 84190 Gigondas
Tél. : 04 90 65 80 80 **Fax :** 04 90 65 81 05
E-mail : barruol@chateau-st-cosme.com
Site : www.saintcosme.com
Vente : au domaine

Sur demande.
Propriétaire : Louis Barruol

■ Domaine Saint-Siffrein
CHÂTEAUNEUF-DU-PAPE

V ieille propriété de Châteauneuf-du-Pape,
dont les vignes sont situées au pied du plateau de Montredon, le domaine Saint-Siffrein
est aujourd'hui dirigé par Claude Chastan. Il y
élabore une série de vins au profil plutôt traditionnel, souvent un peu fermes durant leur jeunesse, mais qui vieillissent remarquablement.

Les vins : le domaine ne nous ayant pas fait
parvenir ses vins cette année, nous sommes
amenés à reconduire les notes de l'édition précédente – sans autre commentaire.

☐	Châteauneuf-du-Pape 2009	n.c.	14
■	Châteauneuf-du-Pape 2009	n.c.	14,5
■	Châteauneuf-du-Pape 2008	n.c.	14,5
■	Côtes du Rhône-Village 2010	n.c.	13,5

Rouge : 19 hectares.
Mourvèdre 15 %, Syrah 15 %, Cinsault 5 %,
Grenache 65 %
Blanc : 1,5 hectare.
Roussanne 15 %, Bourboulenc 15 %,
Clairette 30 %, Grenache 30 %, Picpoul 10 %
Production moyenne : 50 000 bt/an
☙ Certifié en agriculture bio ou biodynamique

Domaine Saint-Siffrein, 3587, route de
Châteauneuf-du-Pape, D 68, 84100 Orange
Tél. : 04 90 34 49 85 **Fax :** 04 90 51 05 20
E-mail : domainesaintsiffrein@wanadoo.fr
Site : www.domainesaintsiffrein.com
Vente : au domaine
De 8h à 12h et de 14h à 19h. Le dimanche et
jours fériés sur rendez-vous.
Propriétaire : Claude et Cyril Chastan

VALLÉE DU RHÔNE

Savoie
Cépages atypiques

De prime abord, le vignoble savoyard est d'accès ardu, comme les pentes parfois vertigineuses de ses coteaux ou les cimes enneigées qui le surplombent. Complexité des cépages et des crus, volume souvent restreints des meilleurs vins, distribution surtout limitée à la région de production....l'amateur est parfois bien à la peine pour découvrir les merveilles cachées que recèle la région. Et pourtant, la Savoie en vaut vraiment la peine....

Eparpillées sur quatre départements (Savoie, Haute-Savoie, Ain, Isère), les vignes sont constituées de multiples cépages. Nous retenons cinq cépages blancs dont la qualité les distinguent : Jacquère (environ la moitié des surfaces plantées), roussette (aussi appelée Altesse), chasselas, gringet et Bergeron (qui n'est autre que la roussanne de la Vallée du Rhône). Aligoté et chardonnay sont également présents dans certains vignobles. Les cépages rouges comprennent essentiellement la mondeuse, le gamay, le pinot noir et le rare persan, vieux plant local qui tend à être réhabilité. Le poulsard jurassien subsiste dans le Bugey. Au titre des curiosités, citons encore la mondeuse blanche, la molette ou la malvoisie....

Les meilleurs vins proviennent plus souvent des cépages altesse et roussanne , capables d'une grande complexité et d'un certain potentiel de vieillissement. Le rare gringet donne des résultats remarquables dans le petit cru Ayze. En rouge, hormis de trop rares bons gamay ou pinot noir, la révélation provient essentiellement de la mondeuse. Très désaltérants, ils sont capables d'égaler en couleur et en finesse les meilleures cuvées de syrah, avec la même gamme aromatique de poivre et de petits fruits rouges.

LES APPELLATIONS EN BREF
■ Les crus de la Savoie

• **Vin de Savoie :** c'est la principale appellation. Des bords du Léman (chasselas), en passant le secteur de Chautagne (essentiellement gamay et mondeuse), jusqu'aux crus de la Cluse de Chambéry (jacquère d'Apremont et Abymes) et de la Combe de Savoie, la plupart des cépages ont droit à cette appellation, souvent en y accolant le nom du cru d'où ils proviennent. Citons ainsi : Ripaille, Marin, Marignan dans le Chablais, Ayze dans la Vallée de l'Arve, Frangy, Chautagne, Marestel, Jongieux et Monthoux (dans la partie centrale à proximité du Lac du Bourget), Monterminod, Apremont, Abymes, Saint-Jeoire-Prieuré, Montmélian, Arbin, Cruet et Saint-Jean de la Porte dans les Cluse de Chambéry et Combe de Savoie. Chignin et Arbin sont aujourd'hui les crus et les villages où se situent le plus de producteurs qualitatifs dans la région.

• **Bugey :** vins de l'Ain, entre Jura et Savoie, en blanc, rouge, rosé ou effervescent. Certains vins peuvent être accompagnés d'une dénomination de cru (Manicle, Montagnieu, Cerdon). Signalons la présence de vins effervescents en appellation Bugey Méthode traditionnelle, et le très original Cerdon, méthode ancestrale de gamay et poulsard vinifiés en rosé effervescent riche en sucres résiduels.

• **Crépy :** Micro-appellation de blanc (80 hectares) proche de la Suisse, au bord du Lac Léman, où le chasselas est omniprésent.

• **Roussette de Savoie :** sur les bords du Rhône, entre Frangy et Jongieux et en Bugey, l'altesse est dominante, avec le chardonnay en appoint. Lorsqu'un cru est revendiqué (Frangy, Jongieux, Marestel, Monthoux, Bugey Montagnieu, Bugey Virieu le Grand), l'altesse doit être présente à 100%. Ces vins offrent plus de finesse et d'allonge que ceux issus de chasselas ou de jacquère.

• **Seyssel :** enclave au nord du vignoble de la Roussette, plus portée vers l'altesse, donnant un vin corsé. Le rare cépage molette peut y prendre l'appellation Molette de Seyssel. Des vins effervescents y sont également produits.

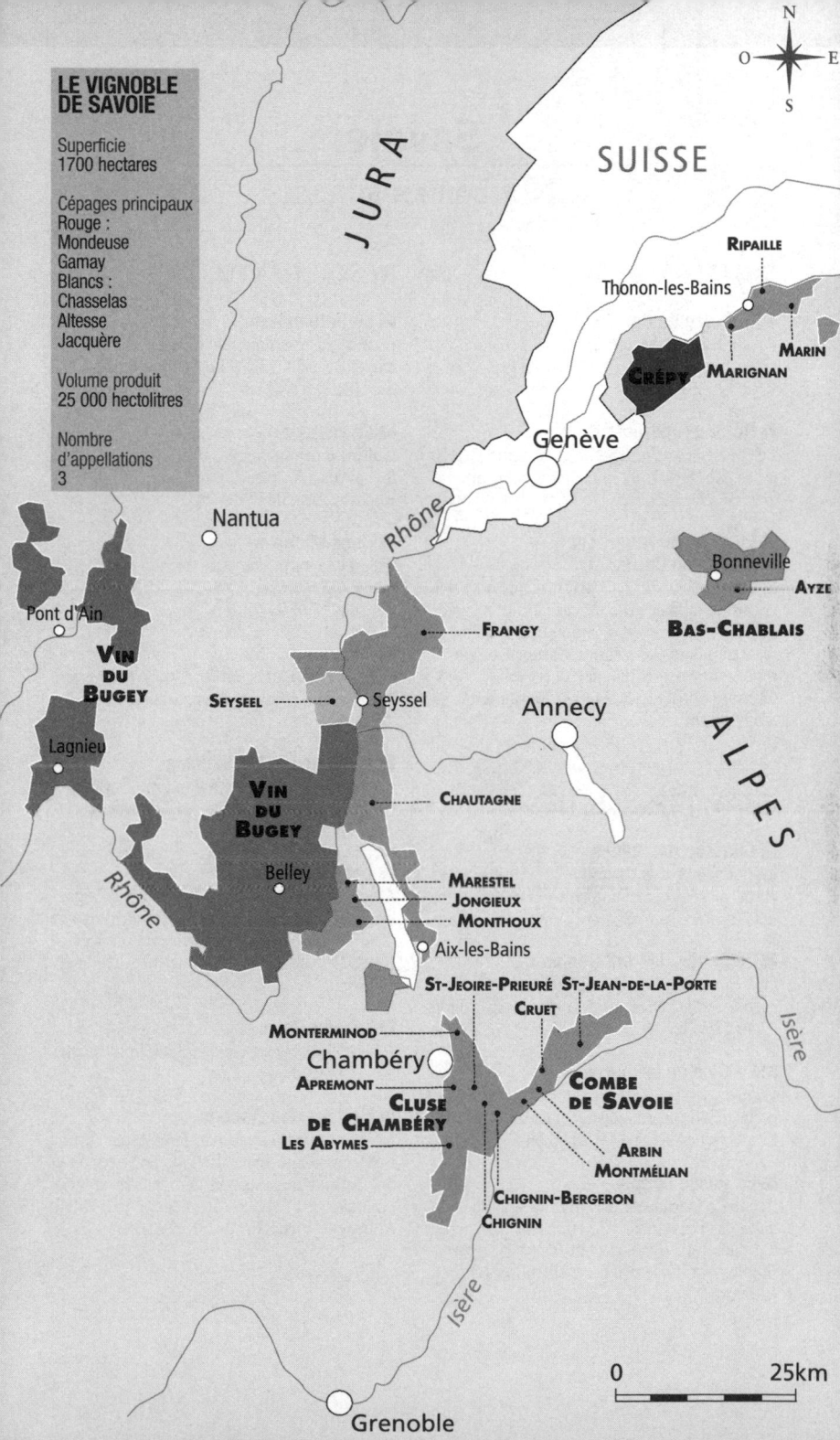

Savoie
Nos bonnes adresses

HÔTELS

■ Château de Candie
Joli château de charme. De 110 à 220 euros.
Chambéry-le-Vieux, 73000 Chambéry.
Tél : 04 79 96 63 00

■ Hôtel d'Ombremont
Bel hôtel et vue magnifique. À partir de 170
euros. RN 504, 73370 Le Bourget-du-Lac.
Tel : 04 79 25 25 77

■ Le Hameau Albert 1er et la Maison Carrier
Sous la houlette de deux sommeliers hors pairs,
la cuisine raffinée de la famille Carrier magnifie
les meilleurs vins de la région et d'ailleurs à la
table traditionnelle (Maison Carrier) comme au
restaurant gastronomique (Albert 1er).
38 route du Bouchet, 74400 Chamonix Tél. 04
50 53 05 09.

CHAMBRES D'HÔTES

■ Château des Allues
Jolies chambres et table d'hôtes. De 95 à 115
euros. Les Allues, 73250 Saint-Pierre-d'Albigny.
Tél : 04 79 71 48 96

■ La Ferme du Petit Bonheur
Cadre bucolique et champêtre. À partir de 80
euros. 538, chemin Jean-Jacques, 73000
Chambéry. Tel 04 79 85 26 17

■ Le Clos de la Tourne
En plein vignoble d'Apremont, décor soigné. À
partir de 58 euros. Lachat, Saint-André, 73 800
Les Marches. Tel : 04 79 28 05 34

■ Le Passé Simple
Accueil remarquable chez Eveline Cavalli. Lieu
dit Les Bertrands. 73310 Saint Pierre de
Curtille. Tel : 04 79 52 20 66. www.le-passe-
simple.com. Table d'hôtes et chambres (de 70 à
120 euros).

RESTAURANTS

■ Le Bâteau Ivre
Grande gastronomie, vue superbe. De 55 à 115
euros. RN 504, 73370 Le Bourget-du-Lac.
Tél : 04 79 25 00 23

■ La Fresque
Cuisine d'inspiration pas chère. Menus de 15 à
55 euros. 6, place Saint-Jean, 73110 La
Rochette. Tel : 04 79 65 78 05

■ Chez Michelon
Très belle carte des vins. Menus de 26 à 50
euros. La Combe, 73610 Aiguebelette-le-Lac.
Tél : 04 79 36 05 02

■ La Grange à Sel
Carte des vins très variée. De 37 à 80 euros.
Port-Plage, 73370 Le Bourget-du-Lac.
Tél : 04 79 25 02 66

■ Auberge les Morainières
Cuisine gastronomique à bon prix. Environ 40
euros. Route de Marestel, 73170 Jongieux.
Tel : 04 79 44 09 39

■ Les Morainières
Au coeur de Chambéry, à 10 minutes du vignoble, une table à la cuisine inventive, un cadre
plein de charme qui sert d'écrin aux vins locaux.
Route de Marétel, 73170 Jongieux - Tél. 04 79
44 09 39.

■ La Tour Pacoret
Albertville grésy sur isère - 73460 frontenex tél.
04 79 37 91 59

■ La Java des Flacons
Ce bar à vins d'exception tenu par Bruno
Bozzer propose l'élite des vins de la région et
une formidable sélection de bouteilles d'autres
régions. 49 Avenue du Petit Port, 74940
Annecy-le-Vieux Tél. 04 50 23 31 39

■ Domaine des Ardoisières

VIN DE PAYS D'ALLOBROGIE

★★

Le domaine est né de la replantation en 1998 du coteau de Cevins, 6 ha de micaschistes en terrasses entre Albertville et Moutiers, entreprise par Michel Grisard. Arrivé en 2003 pour seconder ce dernier, Brice Omont, ingénieur agricole champenois, s'investit sans compter dans le projet et, après quelques vicissitudes, se retrouve en 2008 à la tête d'un domaine certifié bio et agrandi de 3 ha. La viticulture en biodynamie est ici héroïque (la pente peut atteindre 70 %), les rendements très faibles, les vins majoritairement issus de cépages complantés et assemblés. Les résultats sont admirables, les vins éblouissants et originaux. S'il existe aujourd'hui un domaine à découvrir en priorité dans la région, emblématique du renouveau qualitatif savoyard, c'est bien les Ardoisières, qui mérite aujourd'hui sa deuxième étoile.

Les vins : Argile blanc 2010 (jacquère, pinot gris, mondeuse blanche et roussanne) nous enthousiasme par son volume et sa vigueur, combinant densité et tension, tout en énergie salivante. Quartz 2010 libère une myriade d'arômes (fruits jaunes, fumé, amande verte) et possède une profondeur de sève hors du commun : le cépage altesse est transcendé par l'expression cristalline du terroir. Schiste 2010 demandera un peu de temps en cave pour se départir d'une certaine austérité, mais sa trame saline et anisée lui assurera une grande longévité. Le 2009, a contrario, apparaît exubérant dans ses arômes de pierre chaude, mais ses saveurs tranchantes ne laissent aucun doute sur son potentiel. Argile rouge 2010 (gamay et persan) dévoile une étonnante complexité aromatique (fleurs séchées, agrumes, grenade, romarin) qui se prolonge dans une chair déliée au grain poudreux, tout en finesse. Les notes de suie et de caramel frais d'Améthyste 2010 (pure mondeuse) introduisent un vin de grande envergure, immédiatement séduisant dans sa suavité de fruit et son énergie basée sur les meilleurs équilibres naturels.

☐	VDP d'Allobrogie Argile 2010	n.c.	16,5
☐	VDP d'Allobrogie Quartz 2010	n.c.	17,5
☐	VDP d'Allobrogie Schiste 2010	n.c.	17
☐	VDP d'Allobrogie Schiste 2009	n.c.	16,5
■	VDP d'Allobrogie Améthyste 2010	n.c.	16,5
■	VDP d'Allobrogie Argile 2010	n.c.	16,5

Rouge : 2,5 hectares.

Mondeuse 20 %, Persan 40 %, Gamay 40 %
Blanc : 6,5 hectares.
Chardonnay 20 %, Altesse 16 %, Jacquère 32 %, Mondeuse 20 %, Pinot gris 5 %, Roussanne 7 %
Production moyenne : 30 000 bt/an
🌿 Certifié en agriculture bio ou biodynamique

Domaine des Ardoisières, Le Villard, 73250 Fréterive
Tél. : 06 76 94 58 78
E-mail : info@domainedesardoisieres.fr
Site : www.domainedesardoisieres.fr
Vente : au domaine
Sur rendez-vous au 06 76 94 58 78.

■ Domaine Louis Magnin

VIN DE SAVOIE

★★

Louis Magnin reste l'un des meilleurs vignerons de la Savoie. Son travail soigné, de la vigne au chai, lui permet d'atteindre des sommets d'expression en rouge comme en blanc. Perfectionniste, il montre à travers ses différents millésimes une constance que peu de producteurs atteignent dans cette région. Approchant de la retraite, Louis Magnin a entrepris d'accueillir et de former celui qui, dans un premier temps, va le seconder.

Les vins : la roussette 2010 présente une note d'acacia, un boisé discret et une excellente précision de saveurs. Nerveux, intense et mûr, il termine sur une finale portée par une amertume rafraîchissante. Toujours épicé, le chignin-bergeron 2008 évolue vers un profil lacté et caramélisé, manquant un peu de fraîcheur et de volume. Grand Orgue 2009 possède une robe soutenue, une matière charnue et expressive, dans des notes de miel et de gentiane : l'acidité est présente mais le fruit semble un rien évolué. La protection en SO₂ est-elle suffisante ? Dans cette même cuvée, le 2008 offre un profil plus tendu, svelte et élancé, très persistant sur des arômes de poivre blanc et de pierre chaude. Verticale 2009 se montre assez opulent, riche en alcool et généreux, cadré par un boisé légèrement sec : sans doute entré dans une phase ingrate, il pourrait se transformer au vieillissement. En rouge, le gamay 2009 est resté mûr et savoureux, très riche mais équilibré, un peu chaleureux en finale mais de grande envergure. La mondeuse arbin 2010 libère un fruit frais et croquant, finement poivré, et une trame svelte et précise. Déjà irrésistible. Plus profond et fumé, très coulis de fruits rouges, Tout un Monde 2008 n'a pas très bien évolué, entre réduction et caractère sec et légèrement végétal. Beaucoup plus abouti, le 2009 s'épanouit dans un grand volume de chair veloutée et un fruit finement réglissé et gourmand : c'est une belle réussite. Plus serré par son élevage, avec des tanins fermes, La Rouge 2009 se montre plus strict. Toujours ambitieux et assez extrait, La Brova 2008 se nourrit des tanins de son élevage mais s'avère dense et équilibré : il faudra savoir l'attendre. Nous avons dégusté à nouveau le mondeuse vieilles vignes 2003 qui a gardé du tonus et évité tout aspect confit, même si la maturité phénolique n'était pas au rendez-vous.

☐	Roussette de Savoie 2010	18 €	16
☐	Vin de Savoie Chignin-Bergeron 2008	13 €	15
☐	Vin de Savoie Chignin-Bergeron Grand Orgue 2009	16 €	15,5
☐	Vin de Savoie Chignin-Bergeron Grand Orgue 2008	16 €	16,5
☐	Vin de Savoie Chignin-Bergeron Verticale 2009	18 €	15,5
■	Vin de Savoie Arbin Mondeuse 2010	13 €	16,5
■	Vin de Savoie Arbin Mondeuse La Brova 2008	16 €	16,5
■	Vin de Savoie Arbin Mondeuse La Rouge 2009	16 €	15,5
■	Vin de Savoie Arbin Mondeuse Tout un Monde 2009	n.c.	17,5
■	Vin de Savoie Arbin Mondeuse Tout un Monde 2008	18 €	14
■	Vin de Savoie Arbin Mondeuse Vieilles Vignes 2003	24 €	15,5
■	Vin de Savoie Gamay 2009	15 €	15,5

Rouge : 4 hectares.
Mondeuse 94 %, Gamay 6 %
Blanc : 4 hectares.
Roussanne 78 %, Jacquère 2 %, Altesse 20 %
Production moyenne : 45 000 bt/an
⊛ Certifié en agriculture bio ou biodynamique

Domaine Louis Magnin, 90, chemin des Buis, 73800 Arbin
Tél. : 04 79 84 12 12 **Fax :** 04 79 84 40 92
E-mail : louis.magnin@wanadoo.fr
Site : domainelouismagnin.fr
Vente : au domaine
Sur rendez-vous.
Propriétaire : Louis Magnin

■ Domaine Charles Trosset
VIN DE SAVOIE
★★

Ce domaine de 4 ha est installé sur les beaux coteaux du village d'Arbin, terroir de prédilection de la mondeuse. Géré de main de maître par deux frères, Joseph (à la vigne) et Louis (à la cave), le propriété familiale possède des vignes âgées en moyenne de 25 ans. Les sols sont travaillés, les vinifications sont effectuées par parcelle, les fermentations restent classiques et les élevages, en cuves, durent de 8 à 12 mois. Les mondeuses renferment une race incroyable et se distinguent par leur classe et leur pureté aromatique, avec souvent une fraîcheur anisée. Les très faibles volumes produits font de ce domaine une adresse trop confidentielle, mais qui produit des vins d'une qualité régulière et d'une grande capacité de vieillissement.

Les vins : une nouveauté cette année, un chignin-bergeron Coteaux de Torméry 2010 qui associe gras et élégance, très séduisant dans son volume à la fois frais et exotique (ananas au sirop) et sa finesse de texture. Une très belle réussite. La mondeuse Harmonie 2010 se montre éclatante de pureté et de race, avec un nez de rose fraîche et une bouche juteuse, énergique, cadrée par des tanins parfaits : toute la sève et la gourmandise de la mondeuse, à boire dès maintenant. Le 2009 apparaît un rien plus compact et puissant, mais ses tanins réglissés feront merveille d'ici à quelques années. Un peu plus réservé, Confidentiel 2010 évoque la mûre et la violette, dans un profil plus charnu et ferme dans sa trame tannique ; il faudra l'attendre 3 à 5 ans, et encore plus Confidentiel 2009, qui se pare de notes poivrées et d'une matière robuste, encore austère. Confidentiel 2008 est déjà séduisant dans sa belle expression classique de mondeuse, avec des notes de myrtille et de cassis, et une matière déliée, gourmande et finement acidulée. Confidentiel 2002 en demi-bouteille dévoile un nez de bergamote, menthol, thé fumé, cassis. Sa bouche moelleuse, fraîche, gourmande, allie sincérité d'expression et naturel de fruit. Un excellent vin, en pleine forme, qui offre toute la franchise du style de ce domaine artisanal.

☐	Vin de Savoie Chignin-Bergeron Coteaux de Thomery 2010	n.c.	17
■	Vin de Savoie Arbin Mondeuse Confidentiel 2010	n.c.	16,5
■	Vin de Savoie Arbin Mondeuse Confidentiel 2009	n.c.	16
■	Vin de Savoie Arbin Mondeuse Confidentiel 2008	n.c.	16

- Vin de Savoie Arbin Mondeuse
  Confidentiel 2002   n.c.   16,5
- Vin de Savoie Arbin Mondeuse
  Harmonie 2010   n.c.   17
- Vin de Savoie Arbin Mondeuse
  Harmonie 2009   n.c.   16,5

Rouge : 4 hectares.
Mondeuse 100 %
Domaine Charles Trosset, 280, chemin des
Moulins, 73800 Arbin
Tél. : 04 79 84 30 99   **Fax :** 04 79 84 30 99
Vente : au domaine
Sur rendez-vous.
Propriétaire : Louis et Joseph Trosset

■ Domaine Belluard

VIN DE SAVOIE

★

L e village d'Ayse est situé au cœur de la vallée
de l'Arve. Son vignoble historique est planté
sur des coteaux pentus (éboulis de calcaire et de
sédiments glaciaires). Le cépage gringet fait partie de la famille du traminer, comme le savagnin
et le heida valaisan, mais possède un fort caractère. Une partie du domaine Belluard est passée
en culture biodynamique en 2001. Désormais
seul maître à bord, Dominique Belluard s'attache à proposer des vins justes, dotés d'une réelle
personnalité aromatique : nous ne cachons pas
notre admiration pour son travail.

Les vins : le pétillant brut Ayse s'apprécie dans
ses arômes de mirabelle et sa rondeur immédiatement gourmande. Elevé 4 ans sur lattes, le brut
Zéro Mont-Blanc 2008 offre un éclat de saveurs
peu commun, beaucoup de finesse de bulle et
une finale à la noble amertume. Pur altesse,
Grandes Jorasses 2010 sonne très juste dans la
résonance saline et digeste de son fruit juteux.
Les Alpes 2010 sait révéler le potentiel du
cépage gringet dans son caractère ferme mais
légèrement moins élégant. C'est sur la sélection
parcellaire Le Feu 2010 que s'exprime toute la
complexité de ce rare cépage, dans des notes
d'infusion et d'herbes sèches, qui se prolongent
dans une matière ample, savoureuse et dynamique. Produite en quantités infimes, la mondeuse
2010, élevée en amphores, déploie une personnalité florale d'une remarquable suavité. Sa fraîcheur et sa sève s'épanouiront glorieusement
dans 4 à 5 ans.

☐ Vin de Savoie Altesse Grandes
   Jorasses 2010   12 €   16
☐ Vin de Savoie Ayse Brut Méthode
   Traditionnelle 2008   8,50 €   14

☐ Vin de Savoie Ayse Mont-Blanc
   Brut Zéro 2008   12 €   15,5
☐ Vin de Savoie Gringet Le
   Feu 2010   16 €   16,5
☐ Vin de Savoie Gringet Les
   Alpes 2010   10 €   15
■ Vin de Savoie Mondeuse
   Amphore 2010   20 €   16

Rouge : 0,3 hectare.
Mondeuse 100 %
Blanc : 9,7 hectares.
Altesse 5 %, Gringet 95 %
Production moyenne : 60 000 bt/an

Domaine Belluard, 283, Les Chenevaz 74130
Ayse
Tél. : 04 50 97 05 63
E-mail : domainebelluard@wanadoo.fr
Site : www.domainebelluard.fr
Vente : au domaine
Sur rendez-vous du lundi au samedi, de 8h à
12h et de 14h à 18h. Fermé le dimanche et les
jours fériés.
Propriétaire : Dominique Belluard

NOUVEAU DOMAINE

■ Domaine Gilles Berlioz

VIN DE SAVOIE

★

F ils d'ouvrier, Gilles Berlioz est un vigneron
autodidacte et heureux. Paysagiste de formation, il démarre en 1990 avec 0,8 ha sur le
secteur de Chignin. Après avoir exploité jusqu'à
7 ha en agriculture conventionnelle, il réduit
les surfaces à 3,5 ha pour labourer au cheval,
convertir en bio puis en biodynamie en 2006.
Du simple chignin jusqu'à la mondeuse, en
passant par les exceptionnels chignin-bergeron
vinifiés en sélections parcellaires, tous les vins
offrent des expressions saines et sereines qui
sonnent formidablement juste, et possèdent une
telle profondeur de saveurs que nous les plaçons
au sommet de la production locale. Très limitée
en volume, celle-ci part majoritairement à l'ex-
port, et les amateurs avisés s'arrachent ces vins
d'orfèvre. L'accueil est chaleureux et passionné.
Une adresse incontournable !

Les vins : le chignin Le Jaja est digeste, expressif et déploie des saveurs salines et crayeuses. Le
chignin 2011 évoque la bergamote et la glycine,
équilibré et précoce dans sa matière généreuse.
La roussette 2011 El Hem déploie des notes de
rhubarbe et de pain d'épices, associant fraîcheur
saline et relief. En Bergeron, Les Fripons 2010
(issu d'une parcelle exposée sud-est) a conservé

un peu de sucre résiduel, mais compense son opulence de chair par ses saveurs intenses et très raffinées. Les Filles proviennent d'une parcelle située plein sud, et se montre riche et épicé, très charnu en 2011, caressant et très profond, avec une chair croquante et tonique et des notes de coriandre. Une superbe bouteille ! La... Dense est une mondeuse issue de jeunes vignes, élevée en cuves et au très faible degré alcoolique : le 2011 apparaît frais et sapide, très sincère et gourmand, le 2010 plus aromatique dans sa chair délicate et raffinée.

☐ Roussette de Savoie El Hem 2011	17 €	16
☐ Vin de Savoie Chignin 2011	11 €	15
☐ Vin de Savoie Chignin Le Jaja 2011	12 €	15
☐ Vin de Savoie Chignin-Bergeron Les Filles 2011	23 €	16,5
☐ Vin de Savoie Chignin-Bergeron Les Filles 2010	23 €	17
☐ Vin de Savoie Chignin-Bergeron Les Fripons 2010	22 €	16,5
■ Vin de Savoie Mondeuse La... Dense 2011	22 €	15,5
■ Vin de Savoie Mondeuse La... Dense 2010	22 €	16

Rouge : n.c..
Blanc : n.c..
Production moyenne : 60 000 bt/an
❀ Certifié en agriculture bio ou biodynamique

Domaine Gilles Berlioz, Le Viviers, 73800 Chignin
Tél. : 04 79 28 00 51 ou 06 07 13 48 17
E-mail : domainegillesberlioz@wanadoo.fr
Site : www.domainegillesberlioz.com
Pas de visites.
Propriétaire : Gilles Berlioz

■ Domaine du Prieuré Saint-Christophe

VIN DE SAVOIE

★

On ne présente plus ce vrai Savoyard qu'est Michel Grisard, passionné et toujours partant lorsqu'il s'agit de redonner vie à des vignobles oubliés de la région. Derrière ce véritable entrepreneur, il y a un vigneron qui fut l'un des pionniers de la maîtrise des rendements et de la qualité, adepte d'une culture propre. Les vins du domaine proposent matière et volume. En rouge, la gamme se divise en deux : les cuvées Tradition et les Prestige – que nous trouvons

plus patinées et soyeuses en termes de perception tannique. Nous ne cachons pas notre perplexité devant l'irrégularité des vins d'un millésime à l'autre, et, peut-être plus surprenant encore, devant les variations importantes constatées entre différentes bouteilles d'un même millésime. Désormais, tous les vins sortiront en IGP par choix du domaine.

Les vins : le vin de pays d'Allobrogie altesse 2009 s'appuie sur un boisé vanillé et ne cache pas sa générosité solaire. Incontestablement profond, il reste très marqué en finale par la barrique. Le 2000 (à l'époque encore en roussette) évoque la cire fraîche, la pêche jaune, mais brille par sa finesse et sa tension : c'est un superbe vin de gastronomie. La mondeuse Tradition 2009 se montre encore sur la réserve, c'est un vin strict et « droit dans ses bottes » qui se distingue par son équilibre et sa fraîcheur d'ensemble, encadré par des tanins veloutés. Une belle réussite. Plus expressif, le 2007 livre des arômes de ronces, de noyau et de fruits frais, évoquant certains vins de la Côte de Nuits. Déliée, tendue, la bouche sonne juste et offre le charme des années fraîches, avec une finesse remarquable. Un vin digeste et salivant. Plus évolué, le 2006 paraît très usé et manque de netteté. Le 2005, parfait à boire aujourd'hui, retrouve le meilleur niveau avec des notes de fleurs séchées et une matière svelte, vigoureuse et ciselée, portée par une acidité croquante. Un peu lactique et végétal, le 2004 se montre raide et acidulé. En pleine forme, le 2003 développe une bouche moelleuse et ample ; un très beau vin énergique qui a déjoué les pièges du millésime. Déjà fatigué, le 2002 est en déclin. La cuvée Prestige 2009 tend vers des notes de myrtille et de fumé, signe d'une maturité poussée, avec une trame tannique ferme et un bon potentiel de garde. La différence avec le Tradition n'est toutefois pas si importante. Encore frais, doté d'un beau relief, Prestige 2003 offre un très beau nez de fruits mûrs, une chair vigoureuse et pleine, et toute l'allonge pour un très bel accord à table sur un gibier : il ressemble assez à un beau barolo. Le 2002, par contre, apparaît très usé.

☐ Roussette de Savoie 2000		17
☐ VDP d'Allobrogie Altesse 2009	n.c.	15
■ VDP d'Allobrogie Mondeuse Tradition 2009	n.c.	16
■ Vin de Savoie Mondeuse Prestige 2009	n.c.	16,5
■ Vin de Savoie Mondeuse Prestige 2003	n.c.	17
■ Vin de Savoie Mondeuse Prestige 2002	n.c.	12
■ Vin de Savoie Mondeuse Tradition 2007	n.c.	16,5

- Vin de Savoie Mondeuse
  Tradition 2006   n.c. 13
- Vin de Savoie Mondeuse
  Tradition 2005   n.c. 16
- Vin de Savoie Mondeuse
  Tradition 2004   n.c. 14
- Vin de Savoie Mondeuse
  Tradition 2003   n.c. 16,5
- Vin de Savoie Mondeuse
  Tradition 2002   n.c. 12

Rouge : 4 hectares.
Mondeuse 100 %
Blanc : 2 hectares.
Altesse 100 %
Production moyenne : 20 000 bt/an
❀ Certifié en agriculture bio ou biodynamique

Domaine du Prieuré Saint-Christophe, Les
Caves Dessous, 73250 Fréterive
Tél. : 04 79 28 62 10 / 06 15 38 50 61 **Fax :** 04
79 28 62 10
E-mail : michelgrisard@wanadoo.fr
Vente : au domaine
Sur rendez-vous.
Propriétaire : Michel Grisard

■ Domaine J.-P. et J.-F. Quénard

VIN DE SAVOIE

★

Les Quénard sont nombreux dans le village de Chignin, mais Jean-Pierre et Jean-François deviennent assurément de plus en plus pointus. Les vins rouges et blancs se livrent sur un juste équilibre en bouche et une belle maturité. Nous saluons la régularité du travail accompli et la cohérence de la gamme.

Les vins : le rosé Sous la Tonnelle 2011 se révèle amylique et neutre. Le Chignin 2011 est net, franc et sans bavure. Plus aromatique, la cuvée Anne de la Biguerne apparaît plus fruitée et mûre, sans se départir de sa fraîcheur. En Chignin-Bergeron, les Damoiselles 2011 se montre très prometteur dans ses saveurs charnues et intenses. C'est cependant la cuvée Au Pied des Tours qui convainc le plus par son harmonie de texture et l'expression saline des parcelles de coteaux abrupts. Le 2010 présente une maturité plus poussée, une puissance contenue, mais ne lui cède en rien en fraîcheur de fruit préservée. Le bergeron Comme Avant 2010 est un vin plein, plus enrobé par l'élevage et assis sur une chair moelleuse et généreuse. Le 2009 présente paradoxalement plus d'éclat de fruit et la tension d'amers minéraux en finale.

Comme à son habitude, la mondeuse Elisa offre un fruit velouté, juteux et franc d'une grande précision de saveurs, soutenu par un élevage discret qui sert le vin et évoque le clafoutis à la cerise. Enfin, le Bergeron d'Alexandra 2010 est une friandise aux notes de poire mûre et de frangipane, avec des sucres discrets, dans un style précis et digeste.

- ☐ Vin de Savoie Chignin 2011   6,10 € 13,5
- ☐ Vin de Savoie Chignin Anne de la
  Biguerne 2011   n.c. 14,5
- ☐ Vin de Savoie Chignin-Bergeron Au
  Pied des Tours... 2011   n.c. 16
- ☐ Vin de Savoie Chignin-Bergeron Au
  Pied des Tours... 2010   n.c. 16
- ☐ Vin de Savoie Chignin-Bergeron Le
  Bergeron Comme Avant 2010 n.c. 15,5
- ☐ Vin de Savoie Chignin-Bergeron Le
  Bergeron Comme Avant 2009 n.c. 16
- ☐ Vin de Savoie Chignin-Bergeron Le
  Bergeron d'Alexandra VT 2010 n.c. 16
- ☐ Vin de Savoie Chignin-Bergeron
  Les Damoiselles 2011   n.c. 15,5
- ■ Vin de Savoie Sous la
  Tonnelle 2011   n.c. 12
- ■ Vin de Savoie Mondeuse
  Elisa 2011   n.c. 16

Rouge : 2 hectares.
Gamay 15 %, Mondeuse 61 %, Pinot noir 24 %
Blanc : 13 hectares.
Altesse 4 %, Bergeron 31 %, Jacquère 65 %
Production moyenne : 120 000 bt/an

Domaine J.-P. et J.-F. Quénard, Caveau de la
Tour Villard, 73800 Chignin
Tél. : 04 79 28 08 29 **Fax :** 04 79 28 18 92
E-mail : j.francois.quenard@wanadoo.fr
Site : www.jf-quenard.com
Vente : au domaine
Sur rendez-vous.
Propriétaire : Jean-François Quénard

■ Domaine Eugène Carrel et Fils

ROUSSETTE DE SAVOIE

Comprenant aujourd'hui 22 ha de vignes, ce domaine situé sur le terroir de Jongieux accueille, depuis le début des années 1950, des vignerons de père en fils. Olivier Carrel, qui s'est installé en 1994, lui a donné sa configuration actuelle. Le vignoble est cultivé en lutte raisonnée et intégrée. La spécialité du terroir de Jongieux est le gamay, et les différentes cuvées proposées sont bien abouties ; ce cépage fait montre, ici, d'un joli fruit et d'une belle tenue de bouche. Si la roussette de Marestel peut atteindre les sommets (c'est le cas en 2010), les rouges sont un peu à la traîne.

Les vins : la jacquère Jongieux 2011 apparaît simple mais précise. Très plaisant, le marestel 2011 exprime un fruit croquant et finement acidulé. Plus riche, l'altesse 2011 se montre encore un peu fermentaire mais empreint d'un joli tonus. La gamme culmine avec la roussette Marestel Grande Réserve 2010, aux saveurs d'acacia et de mirabelle, et à la trame nette et séveuse : un vin bien mûr, très persistant et racé, à la fraîcheur étonnante. En rouge, le gamay Prestige 2011 se montre délicieusement juteux et fringant, rond et mûr à la fois. La cuvée Duo assemble gamay et pinot noir sans parvenir pleinement à les unifier. La mondeuse 2009 paraît asséchée par un boisé inapproprié. La roussette-de-savoie Marestel Cœur d'Altesse est marquée par la pourriture grise, pâteuse en finale, sur des amers secs ; sans intérêt.

☐ Roussette de Savoie 2011		6 €	14
☐ Roussette de Savoie Marestel 2011		9 €	14,5
☐ Roussette de Savoie Marestel Coeur d'Altesse 2010		12 €	12
☐ Roussette de Savoie Marestel Grande Réserve 2010		12 €	16,5
☐ Vin de Savoie Jongieux 2011		4,70 €	13
■ Vin de Savoie Jongieux Duo 2010		5,40 €	14
■ Vin de Savoie Jongieux Gamay Prestige Vieilles Vignes 2011		5,80 €	15
■ Vin de Savoie Jongieux Mondeuse Fut de Chêne 2009		8,50 €	13

Rouge : 11 hectares.
Gamay 40 %, Mondeuse 40 %, Pinots 20 %
Blanc : 11 hectares.
Altesse 50 %, Chardonnay 20 %, Autres 30 %
Production moyenne : 180 000 bt/an

Domaine Eugène Carrel et Fils, 73170 Jongieux
Tél. : 04 79 44 00 20 **Fax :** 04 79 44 03 06
E-mail : carrel-eugene@wanadoo.fr
Site : www.eugene-carrel.com
Vente : au domaine
De 8h à 12h et de 14h à 17h30.
Propriétaire : Eugène Carrel

■ Domaine Patrick Charlin
BUGEY

Véritable passionné, ce vigneron quinquagénaire a créé son domaine en 1980, sur le terroir de l'appellation Montagnieu. Il a d'abord planté le cépage altesse, avant de s'attaquer à de belles sélections de mondeuse au début des années 2000. Aujourd'hui, Patrick Charlin bichonne seul six hectares. Nous apprécions l'homogénéité des vins présentés et ce, quels que soient le style et les couleurs (les vins effervescents représentent la majeure partie de la production). Quand le millésime le permet, Patrick Charlin élabore même de judicieuses cuvées à partir de baies en surmaturité ou botrytisées.

Les vins : la mondeuse 2009 présente une jolie expression de petits fruits et de fumé, une trame ferme, réglissée, sur des tanins mûrs et denses ; un vin qui ne craindra pas quelques années en cave. Le pétillant se montre précis et de bonne facture, quoiqu'un peu trop dosé et lourd en finale. L'altesse bugey-montagnieu 2009 offre d'élégantes touches d'acacia : sa maturité de fruit est habilement contrebalancée par un bon support acide et une allonge empreinte de fraîcheur. Le 2010 présente un supplément de tension et une fine amertume salivante en finale. Trie de chardonnay et d'altesse passerillée sur claies, Pressurage de Novembre 2010 évoque la poire au sirop, sur une matière riche, un peu lourde. Le 2009 se révèle plus solaire, moins frais (sucre d'orge), avec un côté « sucrailleux » en finale.

☐ Bugey Montagnieu Altesse 2010		n.c.	16
☐ Bugey Montagnieu Altesse 2009		13,50 € cav.	15
☐ Bugey Montagnieu Méthode Traditionnelle 2009		12 € cav.	13
☐ VDT Pressurage de Novembre 2010		n.c.	15,5
☐ VDT Pressurage de Novembre 2009		19 € cav.	14
■ Bugey Montagnieu Mondeuse 2009		12 € cav.	16

Rouge : 1,07 hectare.
Mondeuse 44 %, Pinot noir 56 %
Blanc : 5,33 hectares.
Altesse 30 %, Chardonnay 70 %
Production moyenne : 40 000 bt/an

Domaine Patrick Charlin, Le Richenard, 01680 Groslée
Tél. : 06 25 90 50 67 **Fax :** 04 74 39 73 54
Vente : au domaine
Sur rendez-vous.
Propriétaire : Patrick Charlin

■ Domaine La Combe des Grand'Vignes

VIN DE SAVOIE

F ort d'une tradition viticole transmise de père en fils, ce domaine est géré par deux frères amoureux des beaux terroirs de coteaux. Nous apprécions la plupart des vins blancs, qui atteignent un niveau de pureté et de finesse parmi les meilleurs de la région, mais les rouges sont inférieurs en qualité.

Les vins : le chignin vieille vigne 2011 s'avère tendu et très digeste, c'est un excellent vin d'apéritif, et sans doute un des meilleurs vins de jacquère de la région. La roussette Baron Decouz 2011 offre également une excellente définition et une admirable précision de saveurs, sur des notes de poire et de pêche. Saint-Anthelme 2010 surprend par son ampleur épicée, avec une pointe chaleureuse et un beau volume ; à servir sur un plat épicé. Le 2009 est ramolli par une sucrosité importante qui le déséquilibre. Le chignin-bergeron Un Cru, une Exception 2011 décline des notes de glycine et des saveurs finement poivrées. Tout aussi mûr, le 2010 se montre un peu plus tonique et vigoureux : c'est une très belle bouteille. En rouge, le gamay 2011 se situe encore sur la réduction et manque d'éclat. La mondeuse 2011 présente un caractère végétal et une bouche asséchante.

☐ Roussette de Savoie Baron Decouz 2011	7,50 €	15,5
☐ Vin de Savoie Chignin Vieilles Vignes 2011	5,40 €	15,5
☐ Vin de Savoie Chignin-Bergeron Saint Anthelme 2010	13,95 €	15
☐ Vin de Savoie Chignin-Bergeron Saint Anthelme 2009	13,95 €	13,5
☐ Vin de Savoie Chignin-Bergeron Un Cru Une Exception 2011	9,90 €	15,5
☐ Vin de Savoie Chignin-Bergeron Un Cru Une Exception 2010	9,90 €	16
■ Vin de Savoie Mondeuse 2011	6,60 €	12

Rouge : 1,88 hectare.
Mondeuse 42 %, Pinot noir 18 %, Gamay 40 %
Blanc : 8,64 hectares.
Roussanne 39 %, Altesse 4 %, Jacquère 57 %
Production moyenne : 85 000 bt/an

Domaine La Combe des Grand'Vignes, Le Viviers, 73800 Chignin
Tél. : 04 79 28 11 75 **Fax :** 04 79 28 16 22
E-mail : contact@chignin.com
Site : www.chignin.com
Vente : au domaine

Du lundi au samedi, de 8h à 12h et de 14h à 18h30. Le dimanche sur rendez-vous.
Propriétaire : Denis et Didier Berthollier

■ Domaine Giachino

VIN DE SAVOIE

I nstallés en 1988, David et Frédéric Giachino travaillent une dizaine d'hectares. Les vignes sont situées à Chapareillan, proche du mont Granier, faisant face au massif des Bauges et surplombant la vallée de l'Isère. Certifié bio depuis 2008, le domaine vendange à la main, vinifie avec les levures indigènes et sans autre SO_2 qu'à la mise. Le résultat ? D'excellentes matières premières vinifiées en douceur qui donnent des vins sobres, sains et digestes, tant en blanc qu'en rouge. Le rare cépage persan offre peut-être à cette adresse son plus beau résultat. Souhaitons juste que certains élevages puissent être prolongés car les mises en bouteilles sont parfois effectuées un peu trop tôt.

Les vins : le mousseux Don Giachino est un brut simple à la bulle assez rustique. Le Primitif est une jacquère au très faible degré alcoolique (9,2 °), idéal dans sa fonction digeste et désaltérante : un parfait vin de pique-nique en altitude. Monfarina 2011 est un blanc d'assemblage de jacquère et d'altesse au profil tranchant et précis, vin sec et sobre évoquant la fraîcheur de la peau de pêche. La roussette de savoie approfondit ce profil vif et épuré. En rouge, Jaja' Chino assemble gamay et persan pour une expression acidulée et un fruit certes glissant mais à la maturité un peu juste. La mondeuse élevée en demi-muids possède un fruit savoureux et frais au service d'une chair finement moelleuse. Epicé et complexe, le persan 2010 séduit par sa franchise dès l'aération. Nous avons à nouveau dégusté le 2009 qui préserve une excellente fraîcheur.

☐ Roussette de Savoie Altesse 2011	12 €	cav.	15
☐ VDF Giac' Bulles 2011	12 €	cav.	14
☐ Vin de Savoie Apremont 2011	8,50 €	cav.	15
☐ Vin de Savoie Monfarina 2011	8 €	cav.	15,5
☐ Vin de Savoie Monfarina 2010	8 €	cav.	15
☐ Vin de Savoie Mousseux Don Giachino 2008	12 €	cav.	13
☐ Vin de Savoie Primitif 2011	8,50 €	cav.	14,5
☐ Vin de Savoie Primitif 2010	8,50 €	cav.	14
■ Vin de Savoie Jaja' Chino 2011	9 €	cav.	13,5

SAVOIE

■ Vin de Savoie
Mondeuse 2011   13 € cav. 15
■ Vin de Savoie Persan 2010   14 € cav. 15,5

Rouge : 4 hectares.
Gamay 40 %, Mondeuse 40 %, Persan 15 %,
Autres 5 %
Blanc : 6 hectares.
Altesse 15 %, Autres 5 %, Jacquère 80 %
Production moyenne : 50 000 bt/an
❧ Certifié en agriculture bio ou biodynamique

Domaine Giachino, Le Palud, Chemin du
Mimoray, 38530 Chapareillan
Tél. : 04 76 92 37 94 **Fax :** 04 76 92 37 94
E-mail : domaine-giachino@orange.fr
Site : www.domaine-giachino.fr
Vente : au domaine
Sur rendez-vous.
Propriétaire : David et Frédéric Giachino

■ Domaine André et Michel Quénard

VIN DE SAVOIE

L es Quénard n'ont pas choisi la facilité : ils cultivent en terrasses, sur les fortes pentes des coteaux de Torméry. Les vignes sont exposées plein sud et reçoivent un maximum de soleil, à 300 mètres d'altitude, avec une densité élevée de 9 000 pieds à l'hectare. Le millésime 2009, très chaud et mûr, a ici amoindri les palettes aromatiques des blancs. Nous aimerions que ces vins, bien élaborés, offrent plus de personnalité et de relief, car leur style nous semble un peu neutre.

Les vins : le chignin 2011 se montre à la fois très réduit et très dilué, avec une sucrosité mal gérée. Le chignin-bergeron Les Terrasses 2010 offre un profil assez opulent, marqué par la pêche jaune, manquant de finesse et de fraîcheur. Le chignin-bergeron Le Grand Rebossan 2010 offre une meilleure tenue, avec plus de profondeur et de texture, mais le gras signale une forte sucrosité qui empâte le vin. Le gamay 2011 se montre d'assez bonne facture, acidulé, juteux et net. Débarrassée des scories de la réduction, la mondeuse vieilles vignes 2010 déploie un fruit sincère et croquant, d'une remarquable fraîcheur. Un vin adroitement élevé et d'une allonge parfumée.

☐ Vin de Savoie Chignin Vieilles
Vignes 2011   6,50 € 12
☐ Vin de Savoie Chignin-Bergeron Le
Grand Rebossan 2010   15 € 14

☐ Vin de Savoie Chignin-Bergeron
Les Terrasses 2010   13 € 13
■ Vin de Savoie Chignin Gamay 2011 5 € 13
■ Vin de Savoie Chignin-Mondeuse
Vieilles Vignes 2010   9,50 € 16

Rouge : 6 hectares.
Gamay 30 %, Mondeuse 50 %, Pinot noir 20 %
Blanc : 17 hectares.
Altesse 2 %, Jacquère 50 %, Bergeron 48 %
Production moyenne : 160 000 bt/an

Domaine André et Michel Quénard, Torméry,
73800 Chignin
Tél. : 04 79 28 12 75 **Fax :** 04 79 28 19 36
E-mail : am.quenard@wanadoo.fr
Vente : au domaine
Sur rendez-vous.
Propriétaire : André et Michel Quénard

■ Domaine Pascal et Annick Quenard

VIN DE SAVOIE

C e beau domaine familial situé dans le village de Chignin s'attache à mettre en valeur un patrimoine de vieilles vignes (parfois plus que centenaires) grâce à une agriculture propre et attentive, et des vinifications peu interventionnistes. Il en résulte une belle gamme de vins francs et expressifs, aux saveurs intègres, tant en blancs qu'en rouges. Une place largement méritée dans notre guide pour un travail sérieux et régulier.

Les vins : en mondeuse, La Sauvage 2011 pris sur cuve se montre joyeux et frais, assez nerveux, précis et précoce. Le 2010 se distingue par ses arômes intenses de violette, et se livre en bouche avec gourmandise et générosité, sur une trame tendue, des tanins aux grains soyeux : un grand jus floral et mûr, d'excellent niveau. Le chignin 2011 est un modèle de jacquère dans sa forme nette, épurée, aux saveurs simples mais au profil mûr et tendu. Nous ne tarissons pas d'éloges sur le 2010 vieille vigne, vin équilibré, intense et précis aux notes d'amande verte. Sous les Amandiers 2010 est un chignin-bergeron irréprochable dans sa chair finement poivrée et son profil ample et élancé. Dans la même appellation, la cuvée Noé 2010 est portée par une acidité salivante : elle associe un supplément de volume et de profondeur à des notes exotiques et mûres, mais jamais dans l'excès. Un grand blanc d'équilibre.

☐ Vin de Savoie Chignin 2011   6 € 14,5

☐ Vin de Savoie Chignin-Bergeron Noé 2010	12 €	16,5
☐ Vin de Savoie Chignin-Bergeron Sous Les Amandiers 2010	9 €	15,5
☐ Vin de Savois Chignin Vieille Vigne 2010	7 €	15,5
■ Vin de Savoie Mondeuse La Sauvage 2011	8 €	14
■ Vin de Savoie Mondeuse L'Etoile de Gaspard 2011	12 €	13,5
■ Vin de Savoie Mondeuse L'Etoile de Gaspard 2010	12 €	16,5

Rouge : 1,75 hectare.
Mondeuse 75 %, Gamay 25 %
Blanc : 6,25 hectares.
Roussanne 44 %, Jacquère 56 %
Production moyenne : 40 000 bt/an

Domaine Pascal et Annick Quenard, Le Villard, Les Tours, 73800 Chignin
Tél. : 04 79 28 09 01 **Fax :** 04 79 28 13 53
E-mail : pascal.quenard.vin@wanadoo.fr
Site : www.quenard-chignin-bergeron.com
Vente : au domaine
Tous les jours sauf dimanche de 9h à 12h et de 14h à 19h.
Propriétaire : Pascal Quenard

■ Domaine de Soleyane

BUGEY

Ce domaine est installé aux portes de Chambéry, dans le village de Parves. Pratiquant la culture biologique depuis 2008, Olivier et Marie-Eliane Lelièvre travaillent des coteaux argilo-calcaires situés à 400 mètres d'altitude. Le chardonnay est, ici, bien loin des caricatures technologiques si répandues dans la région. Les vins blancs atteignent une dimension que les rouges ne devraient pas tarder à rejoindre.

Les vins : le domaine ne nous ayant pas fait parvenir ses vins cette année, nous sommes amenés à reconduire les notes de l'édition précédente – sans autre commentaire.

☐ Bugey Arbane 2009	n.c.	14,5
☐ Bugey Le Lièvre d'Automne 2009	n.c.	15,5
■ Bugey Octobre 2009	n.c.	15

Rouge : 1,5 hectare.
Mondeuse 40 %, Pinot noir 20 %, Gamay 40 %
Blanc : 2,5 hectares.
Chardonnay 80 %, Autres 20 %
Production moyenne : n.c.

Domaine de Soleyane, 302, route du Chenay, 01300 Parves

Tél. : 04 79 81 32 58
E-mail : domainedesoleyane@orange.fr
Site : http ://domaine.soleyane.free.fr
Vente : au domaine
Sur rendez-vous.
Propriétaire : Olivier et Marie-Eliane Lelièvre

NOUVEAU DOMAINE

■ Les Vignes de Paradis
IGP D'ALLOBROGIE

Dominique Lucas partage son temps entre un petit domaine en Bourgogne, situé à Pommard, et son vignoble du Chablais, mené en biodynamie. Sorti de l'appellation Crépy, trop restrictive pour les expressions de vins auxquelles il aspire, il a planté des cépages différents de ses voisins et voue tout son travail à l'accomplissement d'un véritable artisanat d'art. Il ne néglige pas pour autant le chasselas : deux cuvées seulement ont vu le jour pour l'instant, mais la qualité est déjà telle que ce vigneron s'affirme comme le plus talentueux de tout le secteur.

Les vins : Un p'tit Coin de paradis est un très joli vin au nez d'amande et de fruits jaunes, qui offre une bouche ciselée, marquée par l'infusion, le zeste de citron, une superbe allonge et une finesse désaltérante. Un vin très abouti, qui révèle tout le potentiel méconnu du chasselas. Un matin face au lac, sélection parcellaire de chasselas, possède une bouche tendue, salivante, qui associe une trame saline à des notes de poivre blanc. Un vin limpide aux saveurs cristallines, dont l'allonge et la complexité énergique fascineront l'amateur en quête de noblesse dans la simplicité.

☐ IGP d'Allobrogie Un Matin Face au Lac 2010	11 €	16,5
☐ IGP d'Allobrogie Un P'tit Coin de Paradis 2010	8,50 €	15,5

Blanc : 3,5 hectares.
Divers 100 %
Production moyenne : 10 000 bt/an
❀ Certifié en agriculture bio ou biodynamique

Les Vignes de Paradis, 167, route du Crépy, 74140 Ballaison
Tél. : 01 50 94 31 03
E-mail : lesvignesdeparadis@orange.fr
Vente : au domaine
De 9h à 19h30.
Propriétaire : Dominique Lucas

SAVOIE

Sud-Ouest

Une région en plein renouveau

Ce vaste vignoble s'étend sur huit départements et couvre une région géographique comprise entre le vignoble bordelais, la ville de Toulouse et la frontière espagnole. Il regroupe quelques appellations célèbres dont Cahors est certainement la plus connue. Si le "vin noir" de Cahors était, au Moyen Age, plus fameux que le clairet bordelais, le manque de structures commerciales efficaces et de moyens de communication ont contribué à son déclin. Le vignoble du Sud-Ouest a été supplanté par son voisin bordelais. La crise du phylloxéra fut également fatale à cette région qui eut les plus grandes difficultés à s'en remettre. Il fallut attendre le début des années 1970 pour que cette région connaisse un nouvel essor.

TROIS GRANDS PÔLES

Pourtant, contrairement à d'autres régions méridionales, le Sud-Ouest ne manquait pas de pôles viticoles donnant chacun une personnalité originale aux vins. On en distingue trois principaux, remarquables par leur typicité très ancrée dans la tradition de leurs vins : le Bergeracois, Cahors et les vignobles de Madiran et du Jurançon.
Au cours de ces dernières décennies, Cahors a pratiqué un double langage qui lui a nui. On vantait d'un côté l'accent rocailleux et les tanins accrocheurs de ses vins, tandis que, de l'autre, on augmentait la proportion de vignes de merlot au détriment du cot et on poussait les rendements de production. Bref, les viticulteurs réalisaient des vins ronds, faciles et très souples, sans autre ambition que celle de concurrencer les "petits bordeaux". Au début des années 1980, une nouvelle génération de producteurs a repris les choses en main, définissant le style du cahors moderne à la fois élégant et vigoureux. Il faut s'en réjouir.
Les plus grands vins du Sud-Ouest sont peut-être produits dans le troisième pôle. Riches, séveux, racés et dotés d'une très originale vivacité, les vins blancs moelleux de Jurançon ne ressemblent à nul autre. Leur sveltesse en fait des compagnons de table plus accommodants que les sauternes. Là encore, depuis une vingtaine d'années, une génération de viticulteurs a su redonner une nouvelle ambition à ce grand vin. Cependant, ces vignerons ont effectué un travail moins spectaculaire que leurs alter ego de Madiran. Apprécié comme un vin corpulent, très tannique et rustique, le madiran est devenu, sous la houlette de quelques viticulteurs, un vin rouge profond, puissant et fin, offrant le rare exemple d'un vignoble traditionnel ayant réussi sa mue avec éclat.
Ce rapide tour d'horizon écarte d'autres vignobles, en particulier ceux de la région toulousaine et de l'extrême sud-ouest du pays, qui retrouvent une image de marque, souvent grâce à un producteur ou à une cave coopérative très dynamique. C'est, pour le consommateur, l'assurance de faire de véritables découvertes à des prix restés sages.

LA COMMERCIALISATION

Le Sud-Ouest est une région touristique et gastronomique riche. Les vignerons accueillent volontiers dans leurs caves les touristes de passage et leur permettent le plus souvent d'acheter des vins sur place. Les vins du Sud-Ouest n'ont pas encore la côte des plus célèbres cuvées de France et les prix demeurent généralement très raisonnables. En dehors des meilleures cuvées de vins rouges, nous vous conseillons de mettre en cave les plus beaux liquoreux de la région qui se vendent à des tarifs très acceptables et peuvent se révéler tout à fait somptueux.

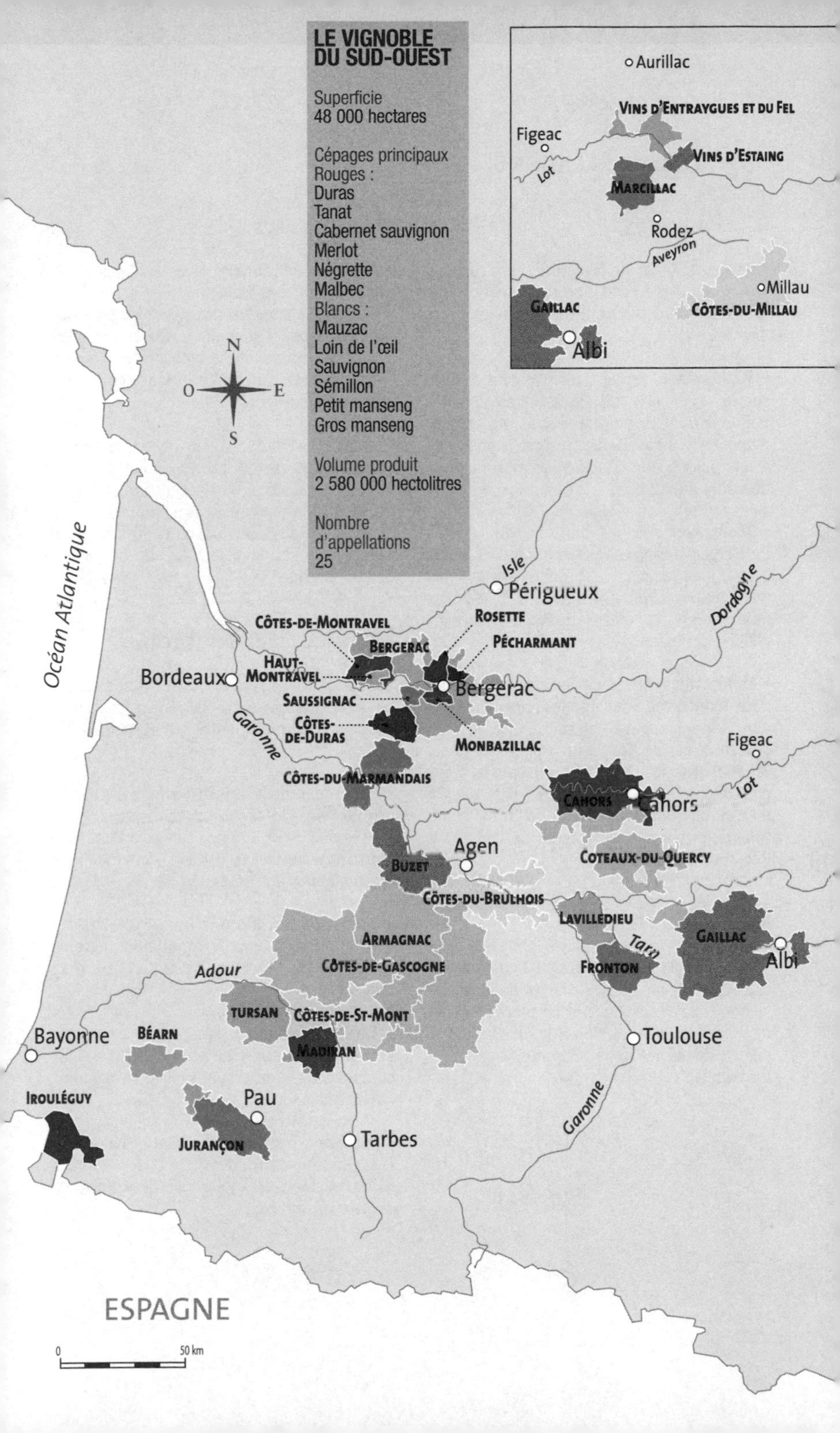
LE VIGNOBLE DU SUD-OUEST
Superficie
48 000 hectares
Cépages principaux
Rouges :
Duras
Tanat
Cabernet sauvignon
Merlot
Négrette
Malbec
Blancs :
Mauzac
Loin de l'œil
Sauvignon
Sémillon
Petit manseng
Gros manseng
Volume produit
2 580 000 hectolitres
Nombre d'appellations
25
Aurillac
Vins d'Entraygues et du Fel
Figeac
Lot
Vins d'Estaing
Marcillac
Rodez
Aveyron
Millau
Gaillac
Côtes-du-Millau
Albi
N
O
E
S
Océan Atlantique
Isle
Périgueux
Dordogne
Côtes-de-Montravel
Rosette
Bergerac
Pécharmant
Haut-Montravel
Bordeaux
Bergerac
Saussignac
Garonne
Côtes-de-Duras
Monbazillac
Figeac
Côtes-du-Marmandais
Cahors
Cahors
Lot
Agen
Buzet
Coteaux-du-Quercy
Côtes-du-Brulhois
Lavilledieu
Armagnac
Gaillac
Tarn
Albi
Côtes-de-Gascogne
Adour
Fronton
Tursan
Côtes-de-St-Mont
Bayonne
Béarn
Toulouse
Madiran
Irouléguy
Pau
Garonne
Jurançon
Tarbes
ESPAGNE
0
50 km

LES APPELLATIONS

■ Le Bergeracois

• **Bergerac, Côtes de Bergerac** : appellations de base du Bergeracois en rouge, rosé et blanc. Des vins simples et francs, souvent très bon marché.

• **Pécharmant** : appellation de vins rouges autour du village de Pécharmant, dans le Bergeracois. Les vins, à dominante merlot, rappellent le style des bordeaux sans en posséder la profondeur. Cette appellation manque de leader aujourd'hui.

• **Montravel** : appellation de vins blancs du Bergeracois. Quelques producteurs ambitieux font fermenter le vin en barriques à la manière des nouveaux bordeaux blancs. La modification du décret permet désormais d'élaborer des rouges.

• **Monbazillac, Côtes de Bergerac moelleux, Haut-Montravel, Saussignac** : appellations de vins liquoreux du Bergeracois. Même si la qualité se révèle beaucoup trop hétérogène, on peut trouver ici de véritables perles à des prix encore sages. Cette appellation nous a montré une bien belle image prouvant qu'un cahier des charges bien établi de l'AOC est une bonne chose.

■ La bordure Aquitaine

• **Côtes de Duras, Buzet, Côtes du Marmandais** : vignobles voisins du Bordelais et d'encépagement similaire en rouge et en blanc. Vins de très bon rapport qualité-prix, parfaitement mis en valeur par deux coopératives très performantes.

■ Le Haut Pays

• **Côtes du Frontonnais** : avec des rouges simples, francs et très fruités.
• **Gaillac :** le grand nombre de cépages autorisés en blanc, et surtout en rouge, ne facilite pas la perception d'une typicité de cru pour le consommateur. Les vins blancs paraissent les plus intéressants.

• **Cahors** : vignoble rouge de très ancienne réputation. Lorsqu'ils correspondent à l'encépagement classique de l'appellation (majorité de cot), les vins sont denses, présentant des contours assez rugueux, et vieillissent bien. Depuis trois ans, la qualité des vins de l'appellation s'améliore.

■ Les vignobles des Pyrénées

• **Madiran :** vins rouges colorés très charpentés, tanniques. Une nouvelle génération de producteurs leur a fait perdre leur rusticité traditionnelle.

• **Pacherenc du Vic-Bilh :** vins blancs secs et moelleux du vignoble madiranais. Sans posséder la profondeur et la race des meilleurs jurançons, on trouve des moelleux intéressants.

• **Côtes de Saint-Mont :** vins rouges, rosés et blancs simples, équilibrés et bon marché, surtout représentés par une coopérative remarquable.

• **Jurançon :** blancs secs et moelleux de grande race, d'une vivacité et d'une fraîcheur étonnantes. Les moelleux vieillissent magnifiquement.

• **Irouléguy, Tursan** : petites appellations du Pays basque (Irouléguy) et des Landes (Tursan), bien valorisées par quelques producteurs ambitieux.

Sud-Ouest
Nos bonnes adresses

HÔTELS

■ **Château de Mercuès**
Ce Relais & Château est un domaine viticole qui dispose sans doute de la plus belle vue de toute la vallée du Lot. 46090 Mercuès. Tél. : 05 65 20 00 01. www.chateaudemercues.com

■ **Château des Vigiers**
Hôtel 4*, restaurant gastronomique, brasserie, golf et spa. À partir de 165 €. 24240 Monestier. Tél. : 05 53 61 50 00.

■ **Château les Merles**
Ce château-hôtel dispose d'un parcours de 9 trous, d'un restaurant gastronomique et d'un bistrot. À partir de 120 €. Tuilières, 24520 Mouleydier. Tél. : 05 53 63 13 42.

■ **Château de Sanse**
Ce très bel hôtel du XVIIIᵉ siècle propose des prestations haut de gamme. De 100 à 195 €. 33350 Sainte-Radegonde. Tél. : 05 57 56 41 10.

■ **Le Grand Ecuyer**
Très belles chambres et cuisine de haut niveau. De 90 à 230 €. 81170 Gordes-sur-Ciel. Tél. : 05 63 53 79 50

CHAMBRES D'HÔTES

■ **Château monastère de Saint-Mont**
Une maison d'hôte exceptionnelle et sa table, dans un château classé monument historique, sept chambres chaleureuses . 80 à 140 € la nuit. 32400 Saint-Mont. Tél. : 05 62 09 53 01.

■ **Domaine de la Vennerie**
Sympathique accueil familial. De 30 à 52 €. 16200 Réparsac. Tél. : 05 45 80 97 00.

■ **Château Lavanau**
Cette belle propriété viticole dispose de 5 chambres d'hôtes, d'une piscine et d'un atelier d'art. De 45 à 75 €. 47120 Loubès-Bernac. Tél. : 05 53 94 86 45.

■ **Gîte Le Pascaud**
Corps de ferme rénové avec un gîte et une chambre d'hôte. De 320 à 990 € pour le gîte. De 45 à 67 € pour la chambre. 47120 Saint-Jean-de-Duras. Tél. : 05 53 89 57 99.

■ **Château les Farcies du Péch'**
Superbe chartreuse. À partir de 100 €. Hameau de Pécharmant, 24100 Bergerac. Tél. : 06 30 19 53 20.

■ **Domaine de la Borie Blanche**
Emmanuelle et Jean-Luc Ojeda, vignerons disposent de charmantes chambre d'hôtes à partir de 40 €. 24240 Pomport. Tél. : 05 53 73 02 45.

■ **Château Moulin Caresse**
Gîte avec piscine, très belle vue sur la vallée de la Dordogne. Lieu-dit-Couin, 24230 Saint-Antoine-de-Breuilh. Tél. : 05 53 27 55 58.

■ **Château d'Etchauz**
Ambiance romantique raffinée. De 149 à 250 €. 64430 Sain-Étienne-de-Baïgorry. Tél. : 05 59 37 48 58

RESTAURANTS

■ **Les Papilles insolites**
Cette "cave à manger" propose 350 étiquettes de vins nature, des produits de saison et de marché pour une cuisine de terroir. Menu à 16 € le midi, carte : 30-45 €. 5, rue Alexandre-Taylor, 64000 Pau. Tél. : 05 59 71 43 79.

■ **La Ferme de Biorne**
Cette auberge est connue dans la région pour la qualité de ses produits et la finesse de ses plats. À partir de 19 €. 24130 Lunas. Tél. : 05 53 57 67 26.

■ **La Tour des Vents**
Les plats sont excellents et la terrasse est superbe. À partir de 25 €. Moulin de Malfourat, 24240 Monbazillac. Tél. : 05 53 58 30 10.

■ **L'Imparfait**
Au cœur de la cité de Bergerac, ce restaurant reste une valeur sûre. À partir de 27 €. 8, rue des Fontaines, 24100 Bergerac. Tél. : 05 53 57 47 92.

■ **Les Sarments**
Chai reconverti en restaurant. Belle sélection de vins. De 23 à 46 €. 27, rue Cabrol, 81600 Gaillac. Tél. : 05 63 57 62 61

■ **Le Vigne en foule**
Dans le centre ville, une excellente adresse : de bons flacons bio et nature, et une cuisine bistro-tière remarquable Carte : 25-35 €. 80, place de la Libération, 81600 Gaillac. Tél. : 05 63 41 79 08.

■ **Le balandre**
Truffe en saison et belle cave. Menu à partir de 42 €. 5, avenue Charles de freyssinet, 46000 Cahors. Tél. : 05 65 53 32 00

■ Camin Larredya
JURANÇON
★★

Vigneron adroit et perfectionniste, Jean-Marc Grussaute s'impose désormais parmi l'élite des vignerons de Jurançon. Solidement secondé par Iban, le fils de Michel et de Thérèse Riouspeyrous, du domaine Arretxea, il est certainement celui qui pousse le plus loin le curseur de la qualité des assemblages et des vinifications en blanc sec. Sur moins de 10 ha remarquablement situés sur les hauteurs de La Chapelle-de-Rousse, il donne naissance à des vins toujours équilibrés, frais, digestes et d'une grande finesse de style. Camin (chemin en béarnais) Larredya offre, de plus, un excellent rapport qualité-prix, et la trempe des moelleux progresse dans la foulée de celle des vins secs.

Les vins : La Part Davan 2011 apparaît très prometteur, intense et croquant, traversé d'une amertume salivante. La Virada 2010 constitue un modèle de tension et d'équilibre, son intensité et sa vigueur de sève n'ont pratiquement aucun équivalent aujourd'hui parmi les blancs secs de la région. Un rien plus enrobé sans rien céder en nervosité, le 2011 est du même niveau, plus précoce. En moelleux, Costat Darrèr 2011 conjugue finesse, précision et trame digeste, avec une finale salivante ; ce vin a gagné en justesse de définition et pureté. Au Capcéu 2010 se révèle identique à notre commentaire de l'an dernier, et le 2011, sans toutefois posséder la même tension, s'avère très gourmand, plus marqué par les amers.

☐ Jurançon Au Capcéu 2011	22 €	16
☐ Jurançon Au Capcéu 2010	20 €	17
☐ Jurançon Costat Darrèr 2011	12 €	16
☐ Jurançon Sec La Part Davan 2011	12 €	15,5
☐ Jurançon Sec La Virada 2011	22 €	17
☐ Jurançon Sec La Virada 2010	22 €	17

Blanc : 9,5 hectares.
Courbu 5 %, Gros manseng 25 %, Petit manseng 70 %
Production moyenne : 40 000 bt/an
❀ Certifié en agriculture bio ou biodynamique

Camin Larredya, La Chapelle de Rousse, 64110 Jurançon
Tél. : 05 59 21 74 42 **Fax :** 05 59 21 76 72
E-mail : contact@caminlarredya.fr
Site : www.caminlarredya.fr
Vente : au domaine

Sur rendez-vous.
Propriétaire : Jean-Marc Grussaute

■ Château du Cèdre
CAHORS
★★

Depuis plus de quinze ans, les frères Verhaeghe – Pascal à la vinification et Jean-Marc au vignoble – font de Château du Cèdre la référence de l'appellation. Il faut dire qu'ils bénéficient d'un terroir exceptionnel. D'une part, un cône d'éboulis calcaire particulièrement pierreux et constamment en mouvement – le fameux « Tran », qui donne des vins fins et élégants –, d'autre part, un sol de galets sur sables ferrugineux, dévoilant un style plus en puissance. Toujours très colorés, les vins atteignent un rare niveau de qualité et de régularité, issus de vendanges idéalement mûres et sélectionnées. Les tanins présentent un velouté séducteur et les élevages sont d'une grande maîtrise. Avec beaucoup de talent, les vins du Cèdre offrent un délicieux compromis entre valorisation des terroirs à la bourguignonne et vinification typiquement bordelaise.

Les vins : la matière du Cèdre blanc est charnue et friande, fraîche et intense. Sa justesse de définition séduira aisément. Puissant, noblement épicé, Château du Cèdre 2009 présente un profil classique, complet et dense, avec une très belle fraîcheur pour l'année. Le Cèdre 2009 est un vin majeur, qui offre un supplément d'intensité et d'énergie. Il se révèle déjà parfaitement harmonieux, avec son élevage fondu, son fruit sobre et charnu, tout en nuance, le vieillissement ne lui fera pas peur. Si le nez de la cuvée GC est plus marqué par l'élevage à ce stade, il se montre aussi beaucoup plus complexe ; très profond, velouté, impérial, il se déploie sereinement avec une persistance hors du commun et défiera les ans. Enfin, Malbec Vintage 2010 est un vin de liqueur généreux, assez exubérant, mais qui a besoin d'un peu de temps pour que ses sucres se fondent tranquillement.

☐ VDP du Lot Cèdre 2010	20 € cav.	15,5
■ Cahors 2009	15 € cav.	16
■ Cahors GC 2009	70 € cav.	18
■ Cahors Le Cèdre 2009	35 € cav.	17,5
■ Vin de Liqueur Malbec Vintage 2010	20 € cav.	15,5

Rouge : 25 hectares.

Malbec 90 %, Merlot 5 %, Tannat 5 %
Blanc : 2 hectares.
Muscadelle 4 %, Sauvignon ou Sauvignon
Blanc 23 %, Viognier 50 %, Sémillon 23 %
Production moyenne : 110 000 bt/an

Château du Cèdre, Bru, 46700 Vire-sur-Lot
Tél. : 05 65 36 53 87 **Fax :** 05 65 24 64 36
E-mail : chateauducedre@wanadoo.fr
Site : www.chateauducedre.com
Vente : au domaine
Du lundi au samedi de 9h à 12h et de 14h à
18h.
Propriétaire : Pascal et Jean-Marc Verhaeghe

■ Clos Triguedina

CAHORS
★★

Jean-Luc Baldès est le vigneron incontournable de Cahors, et Clos Triguedina demeure
l'une des propriétés phares de l'appellation.
Implanté sur quatre communes à l'ouest de
Cahors, Puy-l'Evêque, Vire-sur-Lot, Floressas
et Touzac, le vignoble s'étend sur les deuxième
et troisième terrasses du Lot. Jean-Luc Baldès
produit des vins fortement marqués par le terroir, intensifiés par la maturité poussée du mal
bec, en particulier dans la cuvée Probus (au
sommet de l'appellation) et la fameuse New
Black Wine, en hommage au vin noir de Cahors.
Récemment, les vins ont beaucoup gagné en
finesse et en naturel d'expression, avec, en particulier, de magnifiques sélections parcellaires et
un blanc de haut niveau. La deuxième étoile est
amplement méritée.

Les vins : le blanc Le Sec du Clos 2010 allie
volume et extrait sec, habilement élevé et de
profil sobre, avec une finale tonique. A notre
sens, le meilleur blanc du secteur de Cahors. En
rouge, Le Petit Clos apparaît mûr, moelleux et
friand. Le cahors 2009 est une grande réussite,
savoureux et ample, avec des tanins fondants et
une fraîcheur préservée. Il se boira magnifiquement dès sa jeunesse. Probus 2009, un vin
irréprochable, admirable d'envergure et de fraîcheur, nous bluffe tant il est digeste et ses tanins
soyeux. La trilogie des sélections parcellaires
nous est présentée à nouveau en 2009. Les vins
se sont affinés depuis l'an dernier : Les Galets,
élancé et frais, Les Petites Cailles, très vif aux
tanins grenus, Au Coin du Bois, plus charnu et
complexe. The New Black Wine 2009 a encore
progressé en finesse et en fraîcheur, sans renier

son caractère concentré et sa densité de tanins.
Enfin, Le Moelleux du Clos est un chenin tendre
et exotique, aux sucres très intégrés.

☐ VDP du Comté Tolosan Le
  Moelleux du Clos 2007   19,95 € 15,5
☐ VDP du Comté Tolosan Le Sec du
  Clos 2010   12,95 € 15,5
■ VDP du Comté Tolosan Bul's By
  Baldès   11,95 € 13
■ Cahors 2009   15,95 € 16
■ Cahors Au Coin du Bois 2009 69,35 € 16,5
■ Cahors Le Petit Clos 2009   9,45 € 15,5
■ Cahors Les Galets 2009   69,35 € 16
■ Cahors Les Petites
  Cailles 2009   69,35 € 16
■ Cahors Probus 2009   29,95 € 18
■ Cahors The New Black
  Wine 2009   50,95 € 17,5

Rouge : 61 hectares.
Tannat 1 %, Malbec 89 %, Merlot 10 %
Blanc : 4,4 hectares.
Chardonnay 40 %, Chenin ou chenin blanc ou
pineau de la loire 20 %, Viognier 40 %
Production moyenne : 400 000 bt/an

Clos Triguedina, Les Poujols, 46700 Vire-sur-Lot
Tél. : 05 65 21 30 81 **Fax :** 05 65 21 39 28
E-mail : contact@jlbaldes.com
Site : www.jlbaldes.com
Vente : au domaine
Sur rendez-vous.
Propriétaire : Jean-Luc Baldès

■ Les Jardins de Babylone

JURANÇON
★★

Ce vignoble de 3 ha est installé en terrasses sur
les coteaux du village d'Aubertin. Aidé par
Guy Pautrat, Louis-Benjamin Dagueneau s'investit sans relâche pour porter au plus haut
niveau la production confidentielle de ce
domaine, auquel il prodigue les mêmes soins
qu'à Pouilly et à Sancerre. Après des vendanges
manuelles par tris successifs, les fermentations
s'effectuent sous bois neuf dans différents contenants qui étaient chers à Didier Dagueneau,
entre autres demi-muid et cigare. La parfaite
intégration du bois dans les arômes et les saveurs
reste un modèle du genre. Une production de
blanc sec, issu de gros manseng, petit courbu,
gros courbu, lauzet et camaralet, est appelée à
monter en puissance.

Les vins : croquant, précis, salin, tendu à la limite de l'austérité, le jurançon sec 2010 évoque le citron vert. Les vignes sont encore très jeunes, le vin gagnera en profondeur dans les années à venir. Nous ne tarissons pas d'éloges sur le jurançon moelleux 2008, actuellement commercialisé, aux sucres millimétrés et à l'élégance truffée. Plus solaire et charnu dans ses saveurs tropicales et de nectarine, le 2009, admirablement constitué, devra vieillir. Mis en bouteilles cette année, le 2010 est tranchant, racé et ultrapur, porté par des notes d'écorce et de pamplemousse rose. Assurément un grand vin.

☐ Jurançon Moelleux 2010	n.c.	18,5
☐ Jurançon Moelleux 2009	n.c.	18
☐ Jurançon Moelleux 2008	n.c.	18,5
☐ Jurançon Sec 2010	n.c.	17

Blanc : 3 hectares.
Petit manseng 100 %
Production moyenne : 5 300 bt/an

Les Jardins de Babylone, chemin de Cassioula, 64290 Aubertin
Tél. : 05 59 04 28 15 **Fax :** 05 59 04 28 15
E-mail : silex@wanadoo.fr
Sur rendez-vous uniquement.
Propriétaire : Louis-Benjamin Dagueneau et Guy Pautrat

■ Château Montus
MADIRAN
★★

Montus, c'est le projet d'Alain Brumont, le projet de toute une vie. Au début des années 1980, alors que l'appellation Madiran est en plein marasme économique, cet homme énergique et convaincu se porte acquéreur de ce cru et plante sur les meilleurs terroirs du tannat, qui est un grand cépage local. En une génération, Alain Brumont est devenu le plus important propriétaire de l'appellation, détenant ses plus belles parcelles. Il met toute sa foi au service du vin et s'impose un cahier des charges draconien. Il propose une gamme très cohérente, notamment une cuvée d'exception vinifiée à part (La Tyre), ainsi que toute une série de madirans accessibles dans leur jeunesse, en termes de prix et de dégustation.

Les vins : très charnu et éclatant, empreint d'une belle énergie et prolongé par d'excellents amers, le pacherenc 2011 fera date. En rouge, le Montus 2010 déploie une matière ferme, très

dense et mûre, mais le boisé est assez appuyé ; nous préférons l'équilibre du Prestige, plus profond et harmonieux dans son intégration de l'élevage. Encore assez fermé, La Tyre 2010 ne laisse aucun doute quant à son immense potentiel : son grain minéral et sa persistance fumée l'imposent au sommet de l'appellation. La nouveauté cette année, c'est Le Pinot (noir) d'Alain Brumont : fruits rouges, épices, chair moelleuse, grand volume et boisé calibré, qui se prolonge en finale. Un vin très soigné, amené à progresser quand les vignes prendront de l'âge.

☐ Pacherenc du Vic-Bilh Sec 2011	17,45 €	16,5
■ Madiran 2010	21,55 €	15,5
■ Madiran La Tyre 2010	90 €	18,5
■ Madiran Prestige 2010	50 €	17
■ VDT Le Pinot d'Alain Bru 2008	32 €	16

Rouge : 110 hectares.
Tannat 70 %, Cabernet franc 4 %,
Cabernet-sauvignon 24 %, Pinot noir 2 %
Blanc : 10 hectares.
Courbu 80 %, Petit manseng 20 %
Production moyenne : 500 000 bt/an

Château Montus, 32400 Maumusson-Laguian
Tél. : 05 62 69 74 67 **Fax :** 05 62 69 70 46
E-mail : contact@brumont.fr
Site : www.brumont.fr
Vente : au domaine
De 8h à 12h et de 14h à 18h.
Propriétaire : Alain Brumont

■ Domaine Plageoles
GAILLAC
★★

La famille Plageoles fait partie des notables viticoles de Gaillac. Robert, et aujourd'hui Bernard, qui prend brillamment sa suite, ont été les pionniers de la défense des valeurs locales. Ils ont continué de produire, hors des modes et des sentiers battus, des vins à forte personnalité, grâce aux cépages locaux et aux techniques de vinification ancestrales. Tout cela s'est effectué dans une voie exigeante et jamais stéréotypée, sans perdre de vue la pureté et la droiture de leurs vins. Ce travail de tous les instants se traduit dans une gamme de vins absolument irréprochable.

Les vins : la plupart des vins envoyés ne sont pas encore en bouteilles. Parmi les rouges, tous frais et gourmands, nous distinguons le Duras, plus mûr et croquant, et le très épicé Prunelart, mais le plus savoureux et équilibré semble être le Braucol. Le mousseux Mauzac Nature reste exemplaire dans sa définition et sa franchise de saveurs. Parmi les blancs, le Mauzac Vert est très énergique et digeste dans sa fraîcheur poivrée ; plein, l'Ondenc sec est doté d'une fine amertume. Le Muscadelle évoque un bonbon au miel, le Mauzac Roux séduit par ses notes de cassonade et de sucre d'orge. Grain-d'Autan est un liquoreux très riche, finement anisé et très profond. Le Vin de Voile 1999 développe un souffle frais et salin très prolongé, d'une belle subtilité de saveurs, avec une finale interminable.

☐ Gaillac Doux Grain d'Autan 2011   75 € 17,5
☐ Gaillac Doux Loin de
   L'OEil 2011   10,40 € (50 cl) 14,5
☐ Gaillac Doux Mauzac
   Roux 2011   12,20 € 15,5
☐ Gaillac Doux Muscadelle 2011   15 €   15
☐ Gaillac Doux
   Ondenc 2011   10,40 € (50 cl) 16,5
☐ Gaillac Mousseux Mauzac
   Nature 2011   11,60 € 15
☐ Gaillac Premières Côtes Sec
   Mauzac Vert 2011   9 € 15,5
☐ Gaillac Premières Côtes Sec
   Ondenc 2011   11,60 € 15
☐ Gaillac Sec Vin de
   Voile 1999   25 € (50 cl) 17,5
☐ VDF Sec Verdanel 2011   17 € 14,5
■ Gaillac Braucol 2011   8,15 € 16
■ Gaillac Duras 2011   12 €   15
■ Gaillac Syrah 2011   8,15 € 14,5
■ IGP des Côtes du Tarn
   Prunelart 2011   18 €   16
■ VDF Mauzac Noir 2011   8,15 € 13,5

Rouge : 6 hectares.
Braucol 28 %, Duras 34 %, Mauzac 10 %,
Syrah 28 %
Blanc : 16 hectares.
Len de l'ehl 10 %, Mauzac 70 %,
Muscadelle 5 %, Ondenc 15 %
Production moyenne : 90 000 bt/an
❦ Certifié en agriculture bio ou biodynamique

Domaine Plageoles, Très-Cantous, 81140
Cahuzac-sur-Vère
Tél. : 05 63 33 90 40 **Fax :** 05 63 33 95 64
E-mail : vinsplageoles@orange.fr
Site : www.vins-plageoles.com
Vente : au domaine

Pas de visites.
Propriétaire : Myriam et Bernard Plageoles

■ Château Tour des Gendres
BERGERAC
★★

V oilà maintenant vingt ans que Luc de Conti nous régale avec ses vins de Bergerac. Par touches successives, il a pris connaissance de son terroir, a maîtrisé de mieux en mieux la maturité des raisins et les élevages en barriques, toujours à la recherche des meilleurs équilibres. A notre avis, la gamme des vins est la plus homogène et régulière du Bergeracois : des blancs secs d'une belle qualité et des rouges en pleine ascension, issus d'un vignoble entièrement converti en bio. Des vins d'une régularité à toute épreuve.

Les vins : en rouge, le bergerac 2011 donne le ton, juteux et tout en finesse. La Gloire de mon Père 2009 a parfaitement évolué depuis l'an dernier, toujours très équilibré. Cette année, deux sélections parcellaires font leur apparition, toutes deux de très haut niveau. En 2009, Le Petit Bois, cabernet-sauvignon étonnant de fraîcheur et de finesse, affiche une magnifique intensité, à la finale étoffée et réglissée, et qui se boira parfaitement dans sa jeunesse. La cuvée Les Gendres se montre plus volumineuse et épicée en 2008, toujours cadrée par un élevage judicieux, tandis que le 2010 va plus loin en finesse et en élégance, avec une finale salivante et racée. En blanc, la Cuvée des Conti 2011 se révèle digeste et aérienne dans son épure et sa précision ; l'irréprochable Moulin des Dames développe en 2011 un caractère vigoureux et croquant, magnifié par une délicieuse amertume. La muscadelle Conti-ne périgourdine 2011 nous enthousiasme, toujours harmonieuse jusque dans sa finale épicée. Le sauvignon Anthologia 2010 assume son élevage poussé. Cela lui apporte une tension et une droiture que peuvent envier bien des cuvées de prestige ; la finale saline et interminable en est le vibrant témoignage.

☐ Bergerac Sec Anthologia de
   Conti 2010   39 €   17
☐ Bergerac Sec Conti-ne
   Périgourdine 2011   15 €   17
☐ Bergerac Sec Cuvée des
   Conti 2011   8 € 15,5

☐ Bergerac Sec Moulin des
Dames 2011   19 € 16,5

☐ Bergerac Sec Moulin des
Dames 2010   19 € 16

■ Bergerac Le Classique 2011   6 € 15

■ Côtes de Bergerac La Gloire de
mon Père 2009   12 € 16

■ Côtes de Bergerac Le Petit
Bois 2009   30 € 17

■ Côtes de Bergerac Les
Gendres 2010   30 € 16,5

■ Côtes de Bergerac Les
Gendres 2008   30 € 15,5

Rouge : 31 hectares.
Malbec 20 %, Cabernet 40 %, Merlot 40 %
Blanc : 22 hectares.
Sauvignon ou Sauvignon Blanc 40 %,
Sémillon 40 %, Muscadelle 20 %
Production moyenne : 250 000 bt/an
❀ Certifié en agriculture bio ou biodynamique

Château Tour des Gendres, Les Gendres, 24240
Ribagnac
Tél. : 05 53 57 12 43 **Fax :** 05 53 58 89 49
E-mail : familledeconti@wanadoo.fr
Site : www.chateautourdesgendres.com
Vente : au domaine
De 9h à 12h30 et de 14h à 18h.
Propriétaire : Luc de Conti

■ Domaine de l'Ancienne Cure

BERGERAC

★

Ce grand domaine de Bergerac commercialise
une vaste et cohérente production de vins,
dans laquelle chaque cuvée correspond à un
niveau différent de concentration et d'aptitude
au vieillissement. La gamme classique regroupe
des vins au caractère fruité et variétal. L'Abbaye
concerne les vins issus de sélections parcellaires
et de vieilles vignes, à l'ossature plus affirmée et
qui demandent un peu d'évolution. L'Extase,
cuvée de prestige, désigne les vins les plus étoffés. Christian Roche excelle dans les moelleux :
la qualité des tries et la pureté aromatique de ses
monbazillacs en font l'un des meilleurs producteurs de l'appellation.

Les vins : précis et ferme, le rosé Jour de Fruit
fait mouche. En blanc 2011, le bergerac sec Jour
de Fruit est croquant et savoureux, idéalement

mûr, plus désaltérant que L'Abbaye, dont le
bois et les amers sont un peu pesants. Ambitieux mais très abouti, L'Extase 2010 offre une
bouche éclatante et droite, dans laquelle la muscadelle apporte beaucoup de relief et de
complexité aromatique. En rouge, le Jour de
Fruit 2009 est tendre et épanoui, assez souple.
L'Abbaye 2010 se montre frais, avec une belle
précision de saveurs et une chair bien mûre.
Encore dissocié, L'Extase 2010 est prometteur,
mais le boisé doit s'intégrer et s'assèche en finale.
Nous lui préférons toujours le pécharmant Jour
de Fruit, et surtout le Collection, particulièrement réussi en 2009. En moelleux, L'Abbaye
2009, très concentré, crémeux et exubérant dans
ses saveurs d'ananas rôti, mériterait un soupçon de fraîcheur supplémentaire, ce que possède
L'Extase 2009 et sa somptueuse matière étoffée
au botrytis tout en pureté.

☐ Bergerac Sec Jour de
Fruit 2011   6,50 € 15,5

☐ Bergerac Sec L'Abbaye 2010   10 € 15

☐ Bergerac Sec L'Extase 2010 19,50 € 16,5

☐ Côtes de Bergerac Moelleux Jour
de Fruit 2011   6,50 € 14

☐ Monbazillac Jour de Fruit 2010 10 € 15

☐ Monbazillac
L'Abbaye 2009   19,50 € (50 cl) 17

☐ Monbazillac L'Extase 2009 38 € (50 cl) 18

▨ Bergerac Jour de Fruit 2011 6,50 € 15

■ Bergerac Jour de Fruit 2009 6,50 € 14

■ Bergerac L'Abbaye 2010   12 € 15

■ Côtes de Bergerac
L'Extase 2010   19,50 € 15

■ Pécharmant Collection 2009 12,50 € 16

■ Pécharmant Jour de Fruit 2009 9 € 15,5

Rouge : 14 hectares.
Cabernet franc 25 %, Cabernet-sauvignon 25 %,
Malbec 8 %, Merlot 42 %
Blanc : 31 hectares.
Muscadelle 10 %, Sauvignon blanc 13 %,
Sauvignon gris ou rosé 6 %, Sémillon 60 %,
Chenin ou chenin blanc ou pineau de la
loire 5 %, Ondenc 6 %
Production moyenne : 180 000 bt/an
❀ Certifié en agriculture bio ou biodynamique

Domaine de l'Ancienne Cure, 24560 Colombier
Tél. : 05 53 58 27 90 **Fax :** 05 53 24 83 95
E-mail : ancienne-cure@orange.fr
Site : www.domaine-anciennecure.fr
Vente : au domaine
Du lundi au samedi de 9h à 18h, dimanche et
jours fériés sur rendez-vous.
Propriétaire : Christian Roche

■ Domaine Arretxea

IROULÉGUY

★

Ce domaine phare de l'appellation excelle dans toutes les couleurs. Le travail de fond effectué par Michel et Thérèse Riouspeyrous depuis une bonne décennie, à la vigne comme au chai, a permis d'élever le débat sur les potentialités d'Irouléguy. Sous l'influence de la viticulture biodynamique et à force de travail acharné, ils élaborent des vins sans artifice, dotés d'une complexité et d'une tenue remarquables. Un passionnant travail de compréhension des terroirs est ici à l'œuvre sur les blancs.

Les vins : le rosé 2011 ne déçoit pas avec sa matière énergique et robuste, mais il est destiné à la table. Précis, original et ferme, le blanc Hegoxuri est incontournable. Le domaine vinifie désormais depuis 2011 trois sélections parcellaires élevées en cuves de béton : la cuvée Schistes, très tendue et anisée, présente un profil tonique et salivant, avec de bons amers en finale : sa version 2010 est encore plus ciselée et vivifiante. La cuvée Grès, plus en chair, mais d'une belle précision de saveurs. Plus réservé, Pantxuri Ophites est cristallin, d'une finesse magnifique, encore plus en 2010 qu'en 2011. Hegoxuri 2009 assemble grès et schistes et Pantxuri 2009 est issu des ophites ; les vins sont un peu dissociés avec des notes évoluées et mellifères au nez, et des bouches assez strictes. Pantxuri offre la plus grande finesse. Le rouge 2010 est d'un excellent niveau, mais la cuvée Haitza l'emporte aisément en persistance et en finesse de sève, avec une version 2010 encore immature et plus nerveuse.

☐ Irouléguy Hegoxuri 2011		18 €	16
☐ Irouléguy Hegoxuri Grès 2011		25 €	16,5
☐ Irouléguy Hegoxuri Schistes 2011		25 €	17
☐ Irouléguy Hegoxuri Schistes 2010		25 €	17,5
☐ Irouléguy Hegoxuri Schistes 2009		25 €	15
☐ Irouléguy Pantxuri Ophites 2011		25 €	17
☐ Irouléguy Pantxuri Ophites 2010		25 €	17
☐ Irouléguy Pantxuri Ophites 2009		25 €	15,5
■ Irouléguy 2011		9,50 €	15,5
■ Irouléguy 2010		11,50 €	16
■ Irouléguy Haitza 2010		17 €	16,5
■ Irouléguy Haitza 2009		17 €	16,5

Rouge : 6,3 hectares.
Cabernet franc 25 %, Cabernet-sauvignon 20 %, Tannat 55 %
Blanc : 2 hectares.
Courbu 10 %, Gros manseng 55 %, Petit manseng 35 %
Production moyenne : 36 000 bt/an
☸ Certifié en agriculture bio ou biodynamique

Domaine Arretxea, 64220 Irouléguy
Tél. : 05 59 37 33 67   **Fax :** 05 59 37 33 67
E-mail : arretxea@free.fr
Vente : au domaine
Pas de visites.
Propriétaire : Thérèse et Michel Riouspeyrous

■ Château d'Aydie

MADIRAN

★

La famille Laplace est attachée depuis trois générations à ce domaine indépendant, l'un des plus vastes de l'appellation. La régularité des vins s'affirme dans un style net et bien défini, sans exubérance, reflet d'une volonté de produire des vins fins dans un registre très classique. Ils vieillissent avec grâce et harmonie. La gamme a gagné en homogénéité.

Les vins : dans la série Aramis, le rouge associe le colombard au sauvignon, pour un vin sincère et bien vif, assez acidulé et précis dans ses saveurs. La syrah complète le tannat de la version rouge, un peu modeste et végétale en 2011. Le moelleux est simple mais net. Le pacherenc sec Odé d'Aydie apparaît franc et croquant, bien défini et nerveux. En rouge, Aydie l'Origine 2010 est un peu rustique et épais dans sa texture. Odé d'Aydie 2009 ne manque ni de sève ni d'équilibre, mais a besoin d'un peu de temps pour arrondir ses tanins robustes. Château d'Aydie 2009 est très convaincant dans sa fraîcheur de sève et sa tension, toujours marqué par des notes de graphite. Le pacherenc moelleux est d'un excellent niveau, une friandise suave... manquant toutefois un peu d'allonge.

☐ Pacherenc du Vic-Bilh Moelleux 2010		9,50 €	15,5
☐ Pacherenc du Vic-Bilh Sec Odé d'Aydie 2010		10 €	15,5
☐ VDP Côtes de Gascogne Moelleux Aramis 2011		7 €	14
☐ VDP Côtes de Gascogne Sec Aramis 2011		4,50 €	14
■ Madiran 2009		13,50 €	16,5
■ Madiran Aydie L'Origine 2010		6,80 €	14

SUD-OUEST

- Madiran Odé d'Aydie 2009   9 €   15,5
- VDP Côtes de Gascogne
  Aramis 2011   4,50 €   13
- Vin de Liqueur Maydie 2009   12,50 €   16

Rouge : 45 hectares.
Cabernet franc 20 %, Cabernet-sauvignon 10 %,
Tannat 70 %
Blanc : 10 hectares.
Arrufiac 5 %, Courbu 5 %, Gros manseng 10 %,
Petit manseng 80 %
Production moyenne : 600 000 bt/an

Château d'Aydie, 64330 Aydie
Tél. : 05 59 04 08 00   **Fax :** 05 59 04 08 08
E-mail : contact@famillelaplace.com
Site : www.famillelaplace.com
Vente : au domaine
De 9h à 13h et de 14h à 19h.
Propriétaire : Famille Laplace

■ Domaine Belmont
VIN DE PAYS DU LOT
★

Ce domaine, créé ex-nihilo il a une quinzaine d'années par Christian Belmont, un architecte amoureux du vin, s'est imposé en quelques années comme l'un des plus intéressants de la région. Le choix des cépages (chardonnay pour le blanc, syrah et cabernet franc pour le rouge) n'a pas été laissé au hasard, et tout a été mis en place pour produire le meilleur vin possible. Hélas, Christian Belmont est décédé prématurément en 2010 et le domaine a vécu en 2011 un nouveau drame familial. Néanmoins, les choses continuent et nous espérons sincèrement que Françoise, l'épouse de Christian, aura à cœur de poursuivre son œuvre.

Les vins : le blanc Montaigne est toujours aussi précis et fin, d'une excellente fraîcheur en 2011. De nouveaux vins viennent compléter la gamme cette année. Un blanc Dolmen, plus épicé et nerveux, salivant avec un support acide plus marqué, et un syrah rouge 2009, présentant une réelle finesse et une grande précision de saveurs. Notre commentaire sur la simple cuvée 2009 est identique à celui de l'an dernier. Le 2010 est plus vif ; sa texture, plus serrée, est toujours aussi précise et intense.

- ☐ VDP du Lot Dolmen 2011   n.c.   17
- ☐ VDP du Lot Montaigne 2011   n.c.   16,5
- ■ VDP du Lot 2010   n.c.   16,5

- ■ VDP du Lot 2009   n.c.   16,5
- ■ VDP du Lot La Syrah 2009   n.c.   16,5

Rouge : 4,5 hectares.
Cabernet franc 50 %, Syrah 50 %
Blanc : 1,5 hectare.
Chardonnay 100 %
Production moyenne : 20 000 bt/an

Domaine Belmont, Le Gagnoulat, 46250
Goujounac
Tél. : 05 65 36 68 51   **Fax :** 05 65 36 60 59
E-mail : contact@domaine-belmont.com
Site : www.domaine-belmont.com
Vente : au domaine
Sur rendez-vous.
Propriétaire : Stéphan et Mathias Belmon

■ Château Bouscassé
PACHERENC DU VIC-BILH
★

Bouscassé est la propriété historique de la famille Brumont, à Madiran. C'est en 1978 qu'Alain Brumont a pris la suite de son père et relancé le domaine. En défrichant les crêtes du coteau de Maumusson, il a planté de la vigne sur l'un des meilleurs terroirs du secteur. En moins d'une génération, la superficie du vignoble est passée de 17 ha à plus de 100. Idéalement exposés au sud, à 200 m d'altitude, tannat et cabernet-sauvignon ont rapidement montré leur aptitude à produire de grands vins. Toujours un peu plus accessible que Montus dans sa jeunesse, Bouscassé se distingue aussi par un caractère plus classique. Ses qualités au vieillissement ont une nouvelle fois été démontrées par une grande verticale de plus de vingt millésimes, récemment effectuée au domaine.

Les vins : le pacherenc sec Les Jardins se révèle croquant et salin mais un peu simple. La fraîcheur de chair et le volume du madiran 2010 sont exemplaires, bien que les tanins soient encore assez accrocheurs. Dans ce même millésime, les vieilles vignes pousse le curseur de la maturité du fruit et de la concentration, avec un équilibre très maîtrisé et un élevage apparent. Nous avouons une légère préférence pour la cuvée Menhir, au grain plus fin, aux saveurs réglissées et fumées. Avec ses fines notes mentholées, le moelleux Brumaire 2010 est superbe.

- ☐ Pacherenc du Vic-Bilh Moelleux
  Brumaire 2010   22,65 €   17

☐ Pacherenc du Vic-Bilh Sec Les Jardins de Bouscassé 2011	9,75 €	15	
■ Madiran 2010	14,25 €	16	
■ Madiran Vieilles Vignes 2010	25 €	17	
■ VDP Côtes de Gascogne Les Menhirs 2010	20,10 €	17,5	

Rouge : 115 hectares.
Cabernet-sauvignon 22 %, Tannat 65 %, Cabernet franc 13 %
Blanc : 35 hectares.
Courbu 70 %, Petit manseng 30 %
Production moyenne : 600 000 bt/an

Château Bouscassé, 32400
Maumusson-Laguian
Tél. : 05 62 69 74 67 **Fax :** 05 62 69 70 46
E-mail : contact@brumont.fr
Site : www.brumont.fr
Vente : au domaine
De 9h à 12h et de 14h à 18h.
Propriétaire : Alain Brumont

■ Le Clos d'Un Jour
CAHORS
★

C ette adresse participe du renouveau actuel de Cahors. Véronique et Stéphane Azemar produisent trois vins superbes à dominante de malbec. Dans un environnement préservé, leurs 7 ha de vignes sont bichonnés, vendangés entièrement à la main, l'élevage variant selon les cuvées (fûts de chêne, cuves, et même jarres en terre cuite, dont l'intérêt s'avère indéniable). Un domaine désormais incontournable, qui renouvelle le paysage cadurcien et poursuit une voie singulière.

Les vins : le domaine nous a envoyé à nouveau le cahors 2009, un peu dissocié entre sa matière souple et une richesse en alcool un peu élevée. Nous préférons assurément Un Jour sur Terre 2009, qui a conservé la générosité de son millésime, mais au volume velouté et au fruit très mûr, un peu cacaoté, prolongé de tanins friands. La grande cuvée Un Jour... séduira par ses dimensions moelleuses, sa fraîcheur et sa précision de tanins, mais il faut l'attendre, afin que son élevage ambitieux se fonde pleinement.

■ Cahors 2009	9 €	14	
■ Cahors Un Jour sur Terre 2009	14 €	16	
■ Cahors Un Jour... 2009	15 €	16,5	

Rouge : 7 hectares.

Malbec 90 %, Merlot 10 %
Le Clos d'Un Jour, 46700 Duravel
Tél. : 05 65 36 56 01 **Fax :** 05 65 36 56 01
E-mail : s.azemar@wanadoo.fr
Site : www.leclosdunjour.free.fr
Vente : au domaine
Tous les jours de 9h à 19h.
Propriétaire : Véronique et Stéphane Azemar

■ Clos Lapeyre
JURANÇON
★

L a famille Larrieu a signé son premier millésime en 1985. Depuis, avec la régularité d'un métronome, Jean-Bernard Larrieu décline toute une série de cuvées correspondant à différents degrés de maturité et moments de consommation. Sur le terroir de La Chapelle-de-Rousse, les vignes sont cultivées en bio et les vins se singularisent par une certaine droiture dans leur jeunesse. Une viticulture particulièrement soignée, ainsi qu'une grande maîtrise de la vinification et des élevages permettent à ce domaine de faire partie des incontournables de l'appellation. A ne pas rater, les excellentes cuvées Vitatge Vielh et La Magendia.

Les vins : le sec 2011, avant mise en bouteilles, se présente sous un jour austère. Il ne manque pas de support acide. Vitatge Vielh 2008, ferme et vigoureux, offre toute l'authenticité et la trame percutante des manseng et courbu, dans un millésime de tension. La grande cuvée de sec, Mantoulan 2008, bien que très mûre et robuste, manque un peu de relief aromatique. Nous sommes plus convaincus par les moelleux. Le jurançon 2011, encore un peu fermentaire, est construit sur d'excellents équilibres ; La Magendia, au profil effilé et aux sucres épurés, porté par une acidité tranchante et une finale salivante sur la pomme cuite, évoluera vers des saveurs de truffe. Et le Vent Balaguèr 2009 enchante par son harmonie, son équilibre digeste, son intégrité de saveurs... C'est un liquoreux irrésistible.

☐ Jurançon 2011	11,25 €	15	
☐ Jurançon Moelleux La Magendia de Lapeyre 2008	17 €	16,5	
☐ Jurançon Moelleux Vent Balaguèr 2009	40 €	18	
☐ Jurançon Sec 2011	9,75 €	15	
☐ Jurançon Sec Mantoulan 2008	17 €	16,5	
☐ Jurançon Sec Vitatge Vielh de Lapeyre 2008	12 €	16	

SUD-OUEST

Blanc : 17 hectares.
Gros manseng 60 %, Petit manseng 40 %
Production moyenne : 80 000 bt/an
🌿 Certifié en agriculture bio ou biodynamique

Clos Lapeyre, La Chapelle-de-Rousse, 64110
Jurançon
Tél. : 05 59 21 50 80 **Fax :** 05 59 21 51 83
E-mail : contact@jurancon-lapeyre.fr
Site : www.jurancon-lapeyre.fr
Vente : au domaine
Du lundi au samedi de 9h à 12h et de 14h à
18h, dimanche sur rendez-vous. Horaires
particuliers, nous contacter.
Propriétaire : Jean-Bernard Larrieu
Directeur : Jean-Bernard Larrieu

■ Clos Uroulat

JURANÇON

★

Vigneron au fort caractère, Charles Hours fait
partie des ténors de l'appellation, un de ceux
qui se sont le plus investis pour faire connaître
et apprécier le jurançon en dehors de sa région
d'origine. Les vins sont d'un très bon niveau,
surtout le moelleux, modèle d'équilibre et de
finesse ; il est recommandé de le mettre en
cave quelques années. La cuvée Marie peut être
remarquable, mais hélas irrégulière.

Les vins : encore sur la réserve dans son
expression aromatique, la cuvée Marie 2010
retrouve cette année son meilleur niveau, avec
une trame droite et élancée, une pureté de
saveurs cristalline et une persistance saline du
meilleur effet. Le 2010 nous enchante par son
équilibre ciselé, sa parfaite gestion des sucres et
son acidité scintillante, avec une fraîcheur bien
supérieure au 2009.

| ☐ Jurançon Moelleux 2010 | 18 € | 17 |
| ☐ Jurançon Sec Marie 2010 | 11 € | 16 |

Blanc : 17 hectares.
Courbu 4 %, Gros manseng 48 %, Petit
manseng 48 %
Production moyenne : 80 000 bt/an

Clos Uroulat, Chemin Uroulat, 64360 Monein
Tél. : 05 59 21 46 19 **Fax :** 05 59 21 46 90
E-mail : contact@uroulat.com
Site : www.uroulat.com
Vente : au domaine
Sur rendez-vous.
Propriétaire : Charles et Marie Hours

■ Domaine Cosse Maisonneuve

CAHORS

★

Egalement à la tête du château La Coste en
Provence, Matthieu Cosse, aidé de Catherine Maisonneuve, continue avec talent de vinifier des vins incarnant la nouvelle génération de
cette célèbre appellation. Avec une conduite du
vignoble en biodynamie et des vinifications précises, les différentes cuvées correspondent chacune à des degrés de concentration, des nuances
de terroirs et des durées d'élevage propres.

Les vins : le Sans Chichi 2009 assemble malbec et merlot en un jus digeste, charnu et frais.
En cahors, La Fage 2009 dévoile une chair très
mûre et des tanins un peu grenus, loin de l'équilibre du 2008. Les Laquets 2009 s'avère bien
plus séduisant avec son moelleux de texture, son
allonge finement épicée et sa persistance tout en
fraîcheur. Le cabernet franc Carmenet est un
vin raffiné, tendu et juteux, à l'impeccable poli
de texture et aux tanins friands.

■ Cahors La Fage 2009	12 €	15,5
■ Cahors Les Laquets 2009	23 €	16,5
■ VDT Carmenet 2010	22 €	17
■ VDT Sans Chichi 2009	10 €	15

Rouge : 17 hectares.
Malbec 72,5 %, Merlot 1,75 %, Tannat 0,75 %,
Cabernet franc 25 %
Domaine Cosse Maisonneuve, Les Beraudies,
46700 Lacapelle-Cabanac
Tél. : 06 78 79 57 10 ou 06 87 16 68 08
E-mail : cossemaisonneuve@orange.fr
Vente : au domaine
Sur rendez-vous.
Propriétaire : Matthieu Cosse et Catherine Maisonneuve

■ Domaine Elian Da Ros

CÔTES DU MARMANDAIS

★

Adepte de la biodynamie, Elian Da Ros, qui a
fait ses classes au domaine Zind-Humbrecht
en Alsace, s'est installé dans les côtes du Marmandais, en 1998. Immédiatement, ses vins de
qualité et sa forte personnalité ont permis au
domaine de se hisser au plus haut niveau de
l'appellation, se détachant du reste de la production locale. Le rare cépage local Abouriou trouve

chez Elian ses meilleures expressions. Du vin gourmand et fruité aux cuvées travaillées et élevées en bois, qui exigent de vieillir en cave, tous méritent d'être découverts pour leur tempérament affirmé et intègre.

Les vins : le domaine n'a présenté que des rouges. La franchise de fruit immédiate du Vin Est Une Fête et ses tanins accrocheurs le destinent à être bu assez jeune sur une cuisine roborative. Comme l'an dernier, nous aimons beaucoup Le Vignoble d'Elian 2009 et sa robuste amertume en finale. L'Abouriou 2010 témoigne du potentiel de ce rare cépage, dans une expression mûre et épicée, à la chair pulpeuse et fraîche : un vin de grand caractère. Le Chante Coucou, plus mûr et opulent, reste cependant équilibré et profond, avec un élevage épicé assez appuyé. La grande cuvée du domaine, c'est assurément le Clos Baquey. Le 2008 s'exprime en finesse et en équilibre, avec une excellente densité de texture et des tanins abondants et juteux ; encore très jeune, il faudra l'attendre pour qu'il déploie toute sa dimension.

■ Côtes du Marmandais Abouriou 2010	9 €	16
■ Côtes du Marmandais Chante Coucou 2009	16 €	15,5
■ Côtes du Marmandais Clos Baquey 2008	25 €	16,5
■ Côtes du Marmandais Le Vignoble d'Elian 2009	9,50 €	15,5
■ Côtes du Marmandais Le Vin Est Une Fête 2010	7,50 €	14,5

Rouge : 18,5 hectares.
Cabernet-sauvignon 10 %, Malbec 10 %, Merlot 40 %, Syrah 10 %, Abouriou 10 %, Cabernet franc 20 %
Blanc : 2,5 hectares.
Sauvignon gris ou rosé 70 %, Sémillon 30 %
Production moyenne : 65 000 bt/an
❀ Certifié en agriculture bio ou biodynamique

Domaine Elian Da Ros, La Clotte, 47250 Cocumont
Tél. : 05 53 20 75 22 **Fax :** 05 53 94 79 29
E-mail : e_daros@club-internet.fr
Vente : au domaine
Sur rendez-vous uniquement.
Propriétaire : Elian Da Ros

■ Domaine d'Escausses
GAILLAC
★

Sur les terroirs calcaires et marno-calcaires du village de Sainte-Croix, Jean-Marc Balaran dévoile ses talents de vigneron et de vinificateur, de la simple Cuvée des Drilles, fruitée, de plaisir immédiat, au fabuleux et haut de gamme Vigne mythique. Précis dans l'expression du fruit, les vins possèdent des textures justes et se montrent digestes.

Les vins : la méthode ancestrale présente une bulle fine et des sucres discrets. Si le rosé est très simple, les blancs sonnent juste, en particulier La Vigne de l'Oubli, dont la plénitude charnue est adroitement soulignée par le bois. Très souple et friande, la Cuvée des Drilles est un modèle de rouge digeste et sobre. La Vigne blanche se montre plus charnue et moelleuse, avec des tanins élégants, mais c'est La Croix petite qui offre le plus de profondeur et d'harmonie, alliant concentration et fraîcheur : une très belle réussite. Vendanges Dorées est un moelleux étoffé et savoureux, de belle envergure.

☐ Gaillac Demi Sec Méthode Gaillacoise en Claire Trilles	9 €	14,5
☐ Gaillac Doux Vendanges Dorées 2010	9,50 €	16
☐ Gaillac Sec La Vigne de l'Oubli 2010	9,50 €	15,5
☐ Gaillac Sec L'Ombre Fraîche 2011	4,85 €	14
▨ Gaillac Sous la Tonnelle 2011	4,85 €	13
■ Gaillac Cuvée des Drilles 2011	5,10 €	15
■ Gaillac La Croix Petite 2010	9,50 €	16,5
■ Gaillac La Vigne Blanche 2010	6,40 €	15,5

Rouge : 19,5 hectares.
Cabernet-sauvignon 15 %, Duras 18 %, Merlot 15 %, Syrah 18 %, Fer servadou 23 %, Gamay 11 %
Blanc : 10,5 hectares.
Abouriou 30 %, Mauzac 19 %, Muscadelle 24 %, Ondenc 5 %, Sauvignon blanc 22 %
Production moyenne : 150 000 bt/an

Domaine d'Escausses, La Salamandrie, 81150 Sainte-Croix
Tél. : 05 63 56 80 52 **Fax :** 05 63 56 87 62
E-mail : jean-marc.balaran@wanadoo.fr
Site : www.domainedescausses.com
Vente : au domaine

Du lundi au samedi de 9h à 19h. Dimanche sur rendez-vous.
Propriétaire : Roselyne et Jean-Marc Balaran

■ Château Haut-Monplaisir
CAHORS
★

D irigé par Cathy et Daniel Fournié, le domaine compte 18 ha de vignes, essentiellement situées sur les troisièmes terrasses du Lot. Les vins ont un dénominateur commun, le respect absolu du fruit, depuis les cuvées de base, sérieuses et bien définies, jusqu'aux vins de prestige, plus charnus et étoffés. La production est suivie par Pascal Verhaeghe, du château du Cèdre qui, grâce à sa connaissance précise du malbec et des terroirs de Cahors, fait régulièrement progresser le domaine. Les vins ont beaucoup évolué, gagnant toujours en précision et en pureté dans les expressions et les élevages.

Les vins : le blanc sec se présente net et frais, mais trop végétal. Un original moelleux de l'en de lehl (cépage gaillacois) s'avère très fin et digeste, aux sucres presque imperceptibles. Le cahors Tradition est très intense, frais et aromatique (fève de cacao), sa chair est mûre, épicée et gourmande. Un peu plus réservé, très épicé et précis, Prestige 2008 est franc et sérieux. Le superbe Pur Plaisir 2008 n'a rien perdu de sa fraîcheur et de sa générosité moelleuse, mais le 2009 montre encore plus de gourmandise et d'envergure, sans rien céder en fraîcheur ni en pureté de fruit ; il a également gagné en intégration du bois.

☐ VDP Côtes du Lot Moelleux 2011	7 €	14,5
☐ VDP Côtes du Lot Sec 2011	6,50 €	13
■ Cahors Prestige 2008	11 €	16
■ Cahors Pur Plaisir 2009	22 €	17,5
■ Cahors Pur Plaisir 2008	22 €	17
■ Cahors Tradition 2009	7 €	15,5

Rouge : 25,56 hectares.
Malbec 90 %, Merlot 10 %.
Blanc : 2,94 hectare.
Chardonnay 30 %, Len de l'ehl 50 %, Viognier 20 %
Production moyenne : 100 000 bt/an

Château Haut-Monplaisir, 46700 Lacapelle-Cabanac
Tél. : 05 65 24 64 78 **Fax :** 05 65 24 68 90

E-mail : chateau.hautmonplaisir@wanadoo.fr
Vente : au domaine
De 9h30 à 12h et de 14h à 18h30 du 4 juillet au 30 septembre, de 9h à 12h et de 14h à 18h d'octobre à juin.
Propriétaire : Cathy et Daniel Fournié

■ Château Jonc-Blanc
BERGERAC
★

S itué sur le terroir argilo-calcaire du village de Vélines, ce domaine travaille soigneusement et produit des vins blancs et rouges francs, sans artifice. Il s'impose dans le vignoble bergeracois comme l'une des locomotives du renouveau. Isabelle Carles et Franck Pascal vinifient des vins vivants et purs, offrant des expressions en bouche intenses et d'une grande fraîcheur, dont les prix sont très abordables. Nous sommes admiratifs des choix effectués et des risques pris par ces vignerons, qui cherchent à expérimenter de nombreuses options pour faire progresser la qualité et bousculer le paysage local.

Les vins : qu'il est coloré ce rosé qui effrayera les amateurs moutonniers des translucides boissons estivales, un merlot charnu, rond et digeste, à l'excellente finale nerveuse ! Délicieux blanc 2011, Les Sens du Fruit, riche et salin, n'a pas peur de revendiquer une maturité poussée. On croque dans un fruit mûr et très sain. Hors des sentiers battus, le très profond Acacia s'affirme comme un des grands blancs de la région, avec sa matière intense, revigorante et sans fard, qui embaume les agrumes et le poivre vert. Les rouges sont encore un ton au-dessous, mais affirment de plus en plus leur caractère. Précoce, le sémillon botrytisé Un Peu de Douceur 2011 allie franchise et naturel.

☐ VDF Acacia 2010	15 €	17
☐ VDF Les Sens du Fruit 2011	6,50 €	16,5
☐ VDF Un Peu de Douceur 2011	8 € (50 cl)	15,5
Bergerac Le Vin en Rose 2011	6 €	15
■ Bergerac Class IK 2009	8,50 €	15,5
■ Bergerac Les Sens du Fruit 2010	6,50 €	15

Rouge : 12 hectares.
Malbec 11 %, Cabernet-sauvignon 42 %, Merlot 47 %
Blanc : 4,5 hectares.
Sauvignon gris ou rosé 23 %, Sauvignon blanc 28 %, Sémillon 48 %

Production moyenne : 80 000 bt/an
🌿 Certifié en agriculture bio ou biodynamique

Château Jonc-Blanc, Le Jonc-Blanc, 24230
Vélines
Tél. : 05 53 74 18 97 **Fax :** 05 53 74 18 97
E-mail : jonc.blanc@free.fr
Vente : au domaine
Sur rendez-vous.
Propriétaire : Isabelle Carles et Franck Pascal

■ Domaine Labranche-Laffont

MADIRAN

★

C hristine Dupuy a repris la propriété familiale
et exploite aujourd'hui 20 ha à Madiran sur
le secteur de Maumusson. Sur ses terroirs d'argile et de galets, elle s'attache à proposer des vins
sincères et droits, qui offrent une lecture affinée du tannat. Un patrimoine de très vieilles
vignes (dont une parcelle préphylloxérique, vinifiée à part dans les grandes années), ainsi qu'une
viticulture saine et respectueuse sont autant
d'atouts. Un domaine appelé à progresser
encore, mais qui mérite déjà sa première étoile.
   Les vins : porté par une belle fraîcheur acidulée, le pacherenc sec est un blanc tonique qui
atteint enfin la franchise aromatique espérée. Le
moelleux est acidulé, finement exotique et salivant. En rouge, le Tradition 2010 associe maturité du fruit et fraîcheur de sève, avec une
trame tannique élancée. Grande profondeur de
matière et intensité pour la cuvée vieilles vignes
2009, un grand rouge vigoureux à mettre en
cave pour l'assouplir un peu. La rarissime cuvée
Préphylloxérique (1 500 bouteilles) offre, en
2007, une superbe finesse aromatique au
volume et à la densité de matière idéale, ainsi
qu'une allonge d'anthologie. Racée et harmonieuse, dotée de tanins fermes et savoureux,
c'est une très grande bouteille.

☐ Pacherenc du Vic-Bilh Moelleux 2010	12,50 €	16
☐ Pacherenc du Vic-Bilh Sec 2011	8 €	15,5
■ Madiran Préphylloxérique 2007	39 €	18
■ Madiran Tradition 2010	7,50 €	15,5
■ Madiran Vieilles Vignes 2009	13 €	16,5

Rouge : 17 hectares.
Cabernet franc 7,5 %, Cabernet-sauvignon 10 %,

Tannat 82,5 %
Blanc : 3 hectares.
Petit manseng 65 %, Gros manseng 35 %
Production moyenne : n.c.

Domaine Labranche-Laffont, 32400
Maumusson-Laguian
Tél. : 05 62 69 74 90 **Fax :** 05 62 69 76 03
E-mail : christine.dupuy@labranchelaffont.fr
Vente : au domaine
Du lundi au samedi de 9h à 12h30 et de 14h à
19h, le dimanche sur rendez-vous.
Propriétaire : Christine Dupuy
Directeur : Christine Dupuy

■ Château Lamartine

CAHORS

★

L a famille Gayraud, aujourd'hui représentée
par Alain, propose les grands classiques de
l'appellation : des vins toujours remarquablement vinifiés et issus des plus beaux terroirs et
des plus belles expositions du secteur de Soturac. Outre le cahors classique, le domaine produit deux cuvées spéciales : Particulière et
Expression. Nous apprécions leur caractère, leur
équilibre très abouti entre fraîcheur et maturité
mais, en millésime chaud, comme 2009, nous
préférons les entrées de gamme, au fruit immédiat et croquant.
   Les vins : le cahors 2009 est charnu, vif et
musclé, avec un fruit expressif. Un rien plus
serré, le 2010 se présente plus juteux et tendu,
éclatant de saveurs. La cuvée Particulière 2009
est très mûre, avec un fruit mat et terni. Nous lui
préférons le 2010, encore légèrement serré par
l'élevage, qui gagne en fraîcheur ce qu'il perd
en concentration. Un peu asséchant, pesant en
finale, l'Expression 2009 n'a pas digéré son
boisé et manque d'équilibre. La version 2010 est
beaucoup plus harmonieuse, avec un fruit dense
et frais, et toute la vigueur et l'énergie attendues.

■ Cahors 2010	8 €	16,5
■ Cahors 2009	8 €	16
■ Cahors Expression 2010	22 €	17
■ Cahors Expression 2009	22 €	15
■ Cahors Particulière 2010	11,50 €	16,5
■ Cahors Particulière 2009	11,50 €	15,5

Rouge : 32 hectares.
Malbec 93 %, Merlot 3 %, Tannat 4 %
Château Lamartine, 46700 Soturac
Tél. : 05 65 36 54 14 **Fax :** 05 65 24 65 31

E-mail : chateau-lamartine@wanadoo.fr
Site : www.cahorslamartine.com
Vente : au domaine
Du lundi au samedi de 9h à 12h et de 14h à 19h. Dimanche sur rendez-vous.
Propriétaire : Alain Gayraud
Directeur : Alain Gayraud

■ Domaine Mouthes Le Bihan
CÔTES DE DURAS
★

L e vignoble des Côtes de Duras se situe dans le prolongement du plateau de l'Entre-deux-Mers, sur le département du Lot-et-Garonne. L'agriculture y a depuis longtemps pris le pas sur la viticulture, mais Catherine et Jean-Mary Le Bihan ont, eux, récemment franchi le pas dans l'autre sens. Une aubaine pour cette appellation qui manquait d'une locomotive. Amoureux de leur terroir, adeptes des pratiques bios, ils ont reconstitué un écosystème viable et produisent des vins issus de cépages bordelais. Ces derniers se sont vite imposés comme les meilleurs du secteur. Des vins originaux qui procurent un plaisir sincère.

Les vins : gamme rénovée, nouvelles étiquettes, La Pie Colette, expressif et bien mûr, est richement constitué. Tout aussi plein de vitalité, plus fin et complexe, le Vieillefont est porté par une trame acide revigorante. Encore plus élégant et digeste, le Pérette et les Noisetiers 2009 s'impose dans la tension apportée par un élevage millimétré. En rouge, La Pie Colette 2010 est toujours aussi souple et croquant, le Vieillefont tout en franchise et en fruit sain ; plus structuré, avec une trame tannique plus serrée, Les Apprentis aura encore besoin de deux à trois ans pour se révéler. Une nouvelle cuvée de moelleux, La Lionne et le Désert, est superbement exécutée dans ses saveurs fraîches et crémeuses, parsemées de notes de caramel et de crème brûlée. Il lui manque juste un soupçon de fraîcheur.

☐ Côtes de Duras La Pie
Colette 2010   7 €   15
☐ Côtes de Duras Moelleux La Lionne
et le Désert 2009   25 €   16,5
☐ Côtes de Duras Sec Pérette et les
Noisetiers 2009   25 €   17
☐ Côtes de Duras Sec
Vieillefont 2009   10 €   16

■ Côtes de Duras La Pie
Colette 2010   7 €   15,5
■ Côtes de Duras Les
Apprentis 2008   17 €   16,5
■ Côtes de Duras Vieillefont 2008   10 €   16

Domaine Mouthes Le Bihan, Mouthes, 47120 Saint-Jean-de-Duras
Tél. : 05 53 83 06 98   **Fax :** 05 53 89 62 70
E-mail : domainemoutheslebihan@wanadoo.fr
Site : www.mouthes-le-bihan.com
Vente : au domaine
Le lundi et le jeudi de 9h à 18h, les autres jours sur rendez-vous.
Propriétaire : Catherine et Jean-Mary Le Bihan

■ Domaine de la Ramaye
GAILLAC
★

E loigné de toute chapelle, Michel Issaly a foi en ses convictions. Au prix d'une diminution de la superficie et des volumes, il s'est fixé comme objectif d'élaborer les vins les plus proches de la vérité dans l'expression du raisin et du terroir. Nous saluons son engagement en faveur des cépages autochtones, sa recherche permanente de la meilleure maturité et le niveau de concentration de ses cuvées. En réduisant la taille du domaine pour arriver à mener lui-même à bien viticulture, vinifications et élevages, Michel Issaly atteint désormais un niveau de qualité admirable, et peu de vins de la région égalent cette dimension et cette franchise de saveurs.

Les vins : en blanc, une très belle cuvée de pur mauzac, le sec Grand Millésime, sait révéler toute l'originalité de la personnalité de ce cépage, dans une version d'une grande intégrité et d'une grande profondeur de saveurs. Composé de braucol et de duras, le Combe d'Avès est très gourmand, velouté et réglissé. Parfaitement harmonieux, Le Grand Tertre 2010 est un prunelard-braucol à la matière voluptueuse et ample, très persistant dans sa finale acidulée et rafraîchissante. La finesse et la complexité aromatique du Braucol 2010 sont dignes des plus grands vins : avec son fruit élégant et sa trame tendue, il s'impose parmi la petite élite des meilleurs rouges de la région. La Quintessence 2008/2009 est un moelleux très délicat, profond, caressant et finement miellé. Très intense, Le Vin de l'Oubli fait jeu égal avec les plus nobles jerez.

□ Gaillac Doux Quintessence 30 € 16,5
□ Gaillac Premières Côtes Sec Grand
   Millésime 2010 15 € 16
□ VDT Sec Le Vin de l'Oubli 2000 30 € 17
■ Gaillac Braucol 2010 45 € 18
■ Gaillac Combe d'Avès 2008 16 € 16
■ Gaillac Le Grand Tertre 2010 25 € 17

Rouge : 3 hectares.
Syrah 10 %, Merlot 20 %, Braucol 30 %,
Divers 10 %, Duras 30 %
Blanc : 2,8 hectares.
Sauvignon ou Sauvignon Blanc 5 %,
Mauzac 50 %, Len de l'ehl 40 %, Ondenc 5 %
Production moyenne : 17 000 bt/an

Domaine de la Ramaye, Sainte-Cécile d'Avès,
81600 Gaillac
Tél. : 05 63 57 06 64 **Fax :** 05 40 00 70 79
E-mail : contact@michelissaly.com
Site : www.michelissaly.com
Vente : au domaine
De 9h30 à 12h et de 14h à 18h30. Sur
rendez-vous le dimanche.
Propriétaire : Michel Issaly

■ Domaine de Souch
JURANÇON
★

A vec toujours autant d'énergie et de plaisir
qu'aux premiers jours de Souch, Yvonne
Hegoburu se consacre à temps plein à ce magnifique domaine du village de Laroin, qui constitue une parfaite illustration de la viticulture
biodynamique en Jurançon. Le travail rigoureux des sols à la vigne (plantée à 300 m d'altitude) est relayé par des tris précis à la récolte et
une vinification soignée. Cela donne des vins de
haute qualité, souvent très racés, pâtissant d'un
manque de régularité dans les millésimes difficiles. Ces variations de qualité nous conduisent,
à regret, à retirer la deuxième étoile cette année,
mais nous sommes persuadés que le domaine
saura réagir.

Les vins : le jurançon sec 2011 se montre
plus précis et complet que l'an dernier, avec
une trame tendue et une percutante et robuste
expression de citron vert, qui lui apporte tout le
relief souhaité. Nous regrettons que le moelleux 2009 manque de netteté aromatique, marqué par une note d'oxydation qui l'alourdit. La
cuvée Marie Kattalin 2009 retrouve toute la
noblesse d'expression des grandes réussites du

domaine, à la fois aérienne et remarquable de
précision, irrésistible dans ses saveurs très pures
de citron confit et de yuzu.

□ Jurançon Moelleux 2009 21 € 14
□ Jurançon Moelleux Cuvée de Marie
   Kattalin 2009 26 € 17,5
□ Jurançon Sec 2011 18 € 15,5

Blanc : 6,78 hectares.
Courbu 10 %, Gros manseng 20 %, Petit
manseng 70 %
Production moyenne : 25 000 bt/an
❀ Certifié en agriculture bio ou biodynamique

Domaine de Souch, 805, chemin Souch, 64110
Laroin
Tél. : 05 59 06 27 22 **Fax :** 05 59 06 51 55
E-mail : domaine.desouch@neuf.fr
Vente : au domaine
Du lundi au samedi de 9h à 12h30 et de 14h à
18h30. Le dimanche sur rendez-vous.
Propriétaire : SCEA Domaine de Souch

■ Château Tirecul La Gravière
MONBAZILLAC
★

B ergeracois, Claudie et Bruno Bilancini ont
hissé ce domaine de Monbazillac au rang
de star, selon les amateurs de grands liquoreux.
Il faut souligner les risques pris pour la recherche perpétuelle de l'excellence dans les tries
effectuées à la vendange, pour vinifier la pourriture noble la plus aboutie. De plus, les vins se
singularisent par un apport non négligeable de
muscadelle. Les cuvées, dans tous les millésimes, atteignent des sommets de qualité et de
richesse, tout en préservant des équilibres dignes
des plus grands crus de Sauternes.

Les vins : Les Pins offre, en 2009, beaucoup
de franchise, de moelleux, des saveurs riches et
finement acidulées. Le simple monbazillac 2008
est d'un bon niveau, mais les sucres sont un peu
pesants. Porté par une grande trame acide, la
cuvée Madame 2008 est une réussite exceptionnelle. Grande richesse, matière confite mais sans
lourdeur, plénitude de saveurs, nervosité et précision en finale signent un très grand vin, qui se
bonifiera au fil des décennies.

□ Monbazillac 2008 24 € 16
□ Monbazillac Les Pins 2009 10 € cav. 15,5

☐ Monbazillac Madame 2008　　80 € 17,5

Blanc : 6 hectares.
Muscadelle 45 %, Sémillon 55 %
Production moyenne : 12 000 bt/an

Château Tirecul La Gravière, 24240 Monbazillac
Tél. : 05 47 77 07 60　**Fax :** 05 53 61 36 49
E-mail : info@vinibilancini.com
Site : www.vinibilancini.com
Vente : au domaine
Décembre et janvier, du lundi au vendredi de 9h
à 12h et de 14h à 17h30. Le reste de l'année
jusqu'à 18h ou sur rendez-vous.
Propriétaire : Claudie et Bruno Bilancini

Vignobles des Verdots
BERGERAC
★

Vigneron talentueux, David Fourtout produit
une gamme large et cohérente, dans laquelle
les différentes étiquettes correspondent à des
styles plus ou moins denses et concentrés. La
marque Clos des Verdots propose des vins de
fruit et d'évolution rapide. La série Tours des
Verdots correspond à des vins au style plus
étoffé et plus ample, fermentés ou élevés sous
bois, capables de bien vieillir. Le haut de gamme
du domaine est commercialisé sous le nom Les
Verdots. Si les vins blancs sont très en forme,
nous émettons des réserves sur les rouges, dont
les élevages ne sont pas adaptés, car trop interventionnistes. Si le domaine ne les révise pas,
l'étoile sera compromise l'an prochain.

Les vins : le Clos des Verdots rosé 2011 se
montre friand et assez fin. Le même en blanc
sec apparaît poivré et précis, de belle intensité.
Un peu plus mûr et enrobé par l'élevage, le Château Les Tours des Verdots 2011 est d'un bon
niveau, dans un style assez flatteur. La cuvée Les
Verdots 2010 offre une belle chair savoureuse,
un élevage intégré et un volume gourmand du
meilleur effet. Attention cependant à l'alcool et
à la finale, un peu alourdie. En 2009, Le Vin
selon David Fourtout Cuvée Emma dévoile un
profil généreux, une matière ample soutenue par
un boisé luxueux. Les moelleux sont aussi d'un
bon niveau, surtout le Château Les Tours des
Verdots 2009. Les rouges sont toujours sous le
joug d'élevages trop envahissants. Le Clos des
Verdots 2010 finit un peu sec, mais offre du
fruit. Le grand Vin Les Verdots 2009 est étouffé
par le bois. La Cuvée Lucie est du même acabit.

☐ Bergerac Sec Château Les Tours
des Verdots 2011　　　10 € 15
☐ Bergerac Sec Clos des
Verdots 2011　　　　6,50 € 14,5
☐ Bergerac Sec Le Vin Selon David
Fourtout Cuvée Emma 2009　38 € 16
☐ Bergerac Sec Les Verdots Selon
David Fourtout 2010　19,50 € 16
☐ Côtes de Bergerac Moelleux
Château Les Tours des
Verdots 2009　　　　12 € 15,5
☐ Côtes de Bergerac Moelleux Clos
des Verdots 2011　　　7 € 14
▨ Bergerac Clos des Verdots 2011 6,50 € 14
▪ Bergerac Clos des Verdots 2010 6,50 € 14
▪ Côtes de Bergerac Château Les
Tours des Verdots 2009　10 € 14,5
▪ Côtes de Bergerac Le Vin Selon
David Fourtout Cuvée Lucie 2009 38 € 14,5
▪ Côtes de Bergerac Les Verdots
Selon David Fourtout 2009 19,50 € 14

Rouge : 22 hectares.
Cabernet franc 14 %, Cabernet-sauvignon 22 %,
Malbec 14 %, Merlot 50 %
Blanc : 13 hectares.
Muscadelle 11 %, Sauvignon blanc 29 %,
Sauvignon gris ou rosé 10 %, Sémillon 50 %
Production moyenne : 200 000 bt/an

Vignobles des Verdots, 24560
Conne-de-Labarde
Tél. : 05 53 58 34 31　**Fax :** 05 53 57 82 00
E-mail : verdots@wanadoo.fr
Site : www.verdots.com
Vente : au domaine
Du lundi au samedi de 9h à 12h et de 14h à
19h. Juillet et août du lundi au samedi de 9h à
19h.
Propriétaire : David Fourtout

▪ Château de Viella
MADIRAN
★

Le château fait partie des domaines de pointe
de l'appellation, également en termes d'œnotourisme, dont le propriétaire, Alain Bortolussi,
est un partisan convaincu. Ses 25 ha d'un seul
tenant, situés sur des pentes et des coteaux exposés au sud, donnent des vins à la fois concentrés
et fins, dans un respect total du fruit. Toujours
d'un excellent rapport qualité-prix, les vins de
Viella affichent une grande régularité. Ils arbo-

rent un style lisse et sobre, toujours empreints de fraîcheur et approchables dès leur prime jeunesse.

Les vins : le madiran Tradition est un vin plein et dense, encore assez immature, servi par une belle fraîcheur de fruit. Le Prestige offre beaucoup plus de moelleux et de profondeur, avec une allonge chocolatée du meilleur effet. Le pacherenc moelleux nous enchante, comme à son habitude, par son intégration des sucres et son profil digeste.

☐ Pacherenc du Vic-Bilh 2010   8 € (50 cl)   16
■ Madiran Prestige 2010   14 € 17,5
■ Madiran Tradition 2010   6,50 € 15,5

Rouge : 20,5 hectares.
Cabernet franc 25 %, Cabernet-sauvignon 10 %, Tannat 65 %
Blanc : 4,5 hectares.
Petit manseng 50 %, Arrufiac 15 %, Gros manseng 35 %
Production moyenne : 150 000 bt/an

Château de Viella, Route de Maumusson, 32400 Viella
Tél. : 05 62 69 75 81   **Fax :** 05 62 69 79 18
E-mail : contact@chateauviella.fr
Site : www.chateauviella.fr
Vente : au domaine
Du lundi au samedi de 8h30 à 12h30 et de 14h à 19h. Dimanche sur rendez-vous.
Propriétaire : Alain Bortolussi

■ Domaine Berthoumieu
MADIRAN

Didier Barré conduit avec savoir-faire et ambition ce domaine familial. Il a choisi d'exploiter la totalité des cépages autorisés dans l'appellation, dont le fer servadou. Les vignes sont plantées sur deux zones bien distinctes et typiques de Madiran : une partie argilo-caillouteuse d'exposition sud et une partie argilo-limoneuse à l'est. Figure de l'appellation, Didier Barré produit des vins séduisants par leur maturité et le velouté de leurs tanins. De plus, ils gagnent à vieillir, en particulier la cuvée Charles de Batz. L'an dernier, nous ne retrouvons pas ces qualités dans les vins présentés : cette déception se confirme, et le domaine perd cette année son étoile.

Les vins : comme l'an dernier, le pacherenc sec n'est pas au niveau, assez végétal et amer. Le madiran Haute Tradition 2010 apparaît mûr

mais trop rustique, astringent en finale. Charles de Batz 2009 est généreux et plein, avec des tanins abondants et secs. Le 2010 se montre plus velouté, mais son boisé reste encore envahissant. Le pacherenc doux 2010 est agréable bien que trop simple et court. Enfin, Tanatis est un vin de liqueur de tannat, savoureux et haut en couleur.

☐ Pacherenc du Vic-Bilh Moelleux
Symphonie d'Automne 2010   12 € 14,5
☐ Pacherenc du Vic-Bilh Sec Vieilles
Vignes 2011   8,50 €   13
■ Madiran Charles de Batz 2010   13,30 € 14,5
■ Madiran Charles de Batz 2009   13,50 €   15
■ Madiran Haute Tradition 2010   8 € 13,5
■ Vin de Liqueur Tanatis   15 €   16

Rouge : 23 hectares.
Cabernet franc 5 %, Cabernet-sauvignon 15 %, Fer servadou 10 %, Tannat 70 %
Blanc : 3 hectares.
Petit manseng 60 %, Courbu 10 %, Gros manseng 30 %
Production moyenne : 180 000 bt/an

Domaine Berthoumieu, Dutour, 32400 Viella
Tél. : 05 62 69 74 05   **Fax :** 05 62 69 80 64
E-mail : barre.didier@wanadoo.fr
Site : www.domaine-berthoumieu.com
Vente : au domaine
Du lundi au samedi de 8h à 12h et de 14h à 19h, dimanche et jours fériés sur rendez-vous.
Propriétaire : Didier Barré

■ Château de Cabidos
VIN DE PAYS DU COMTÉ TOLOSAN

Vivien et Edouard de Nazelle exploitent cette propriété familiale située dans le village de Cabidos, aux confins des Pyrénées-Atlantiques, entre Aire-sur-l'Adour et Pau. Les jeunes vignes de ce domaine sont plantées à mi-pente sur des coteaux exposés au sud-est. La cave bénéficie d'installations dernier cri. Tous les éléments sont donc réunis pour élaborer de très beaux vins, qui affirment davantage leur personnalité au fil des millésimes. Les secs, les moelleux au style truffé, explosif en fruit, atteignent d'excellents équilibres. Ce domaine s'installe assurément parmi les références de blancs du Sud-Ouest.

Les vins : nouveauté cette année, la cuvée Les Anesses rouge 2010, issue de syrah, se montre friande et mûre, souple et énergique. Le chardonnay Saint-Clément est un blanc aromatique et ample, mûr et profond, habilement vinifié sur la tension, très réussi en 2009. Le Petit Manseng sec offre une matière épicée, croquante, équilibrée et prolongée par de jolis amers. En moelleux, nous distinguons le très digeste petit manseng Comte Philippe de Nazelle 2009, admirablement vinifié et servi par une faible teneur en alcool (11,5 %), ce qui le rend particulièrement harmonieux. Les meilleurs barriques de petit manseng constituent l'Or de Cabidos 2004, un vin de botrytis, dont le nez grillé et exubérant annonce une matière tout en sève et en vigueur, sans lourdeur ni excès de richesse.

☐ IGP des Pyrénées-Atlantiques Sec
  Chardonnay Saint-Clément 2009   11 €   15
☐ IGP des Pyrénées-Atlantiques Sec
  Petit Manseng Comte Philippe de
  Nazelle 2009   14,50 €   15
☐ IGP du Comté Tolosan Doux Petit
  Manseng Comte Philippe de
  Nazelle 2009   19 € cav.   17
☐ IGP du Comté Tolosan Doux Petit
  Manseng L'Or de Cabidos 2004   32 €   17
☐ IGP du Comté Tolosan Doux Petit
  Manseng
  Saint-Clément 2009   13,50 € cav.   15
■ IGP des Pyrénées-Atlantiques Syrah
  Les Anesses 2010   8 €   14,5

Rouge : 0,5 hectare.
Syrah 100 %
Blanc : 8 hectares.
Petit manseng 83 %, Sauvignon ou Sauvignon Blanc 8,5 %, Chardonnay 8,5 %
Production moyenne : 35 000 bt/an

Château de Cabidos, Domaine viticole du château de Cabidos, 64410 Cabidos
Tél. : 05 59 04 43 41 **Fax :** 05 59 04 41 83
E-mail : vin.de.cabidos@wanadoo.fr
Site : www.vin-de-cabidos.com
Vente : au domaine
Du lundi au vendredi de 8h à 12h et de 14h à 18h. Le week-end sur rendez-vous.
Propriétaire : Vivien de Nazelle

■ Causse Marines
GAILLAC

C ertifié en biodynamie par Demeter, ce domaine affirme ses convictions par des vins fermes, droits et à la forte personnalité. Tous les gaillacs, en blanc comme en rouge, sont des signatures singulières de cépages, de terroirs, de degrés de maturité ou de styles de vinification. Sans aucune technicité, les cuvées de Patrice Lescarret demandent un peu de temps et de préparation pour être appréciées. Un passage en carafe avant le service n'est jamais superflu ; l'air accentue le style et le caractère des vins, toujours originaux.

Les vins : le Préambulles s'avère digeste, d'une belle pureté de fruit. Le ZacMau se montre droit et frais, de bon volume, et l'ondenc (cuvée Dencon) ferme et appétant dans sa légère amertume saline. Le Peyrouzelles est un assemblage de braucol, syrah et duras, encore dense, d'une excellente fraîcheur de fruit, aux tanins vifs. Le Rasdu 2008, resté frais et droit, est nerveux et réglissé. La cuvée 7 Souris, aux notes de fenouil et d'origan, offre une matière robuste, avec un grain de tanin un rien sec, mais de la sève et de la franchise. Le Mysterre est une solera en vin de voile, qui exprime avec intensité des saveurs de noix fraîche et une matière grasse à la savoureuse rusticité.

☐ VDF Dencon 2010   14 €   15,5
☐ VDF Mysterre   32 €   16
☐ VDF ZacMau 2010   14 €   15
☐ VDT Préambulles 2011   11,50 €   14,5
■ Gaillac Peyrouzelles 2010   8,80 €   15
■ VDF 7 Souris 2008   30 €   15,5
■ VDF Rasdu 2008   14 €   15,5

Rouge : 6 hectares.
Duras 35 %, Fer servadou 30 %, Syrah 35 %
Blanc : 6,5 hectares.
Mauzac 60 %, Muscadelle 27 %, Ondenc 7 %, Sémillon 6 %
Production moyenne : 45 000 bt/an
❧ Certifié en agriculture bio ou biodynamique

Causse Marines, 81140 Vieux
Tél. : 05 63 33 98 30
E-mail : contact@causse-marines.com
Site : www.causse-marines.com
Pas de visites.
Propriétaire : Patrice Lescarret et Virginie Maignien

■ Château de Chambert
CAHORS

D omaine historique de Cahors, fameux dès le XIXᵉ siècle, Chambert a été racheté en 2007 par Philippe Lejeune, originaire de la région et entrepreneur à succès dans les services informatiques. Celui-ci n'a pas lésiné sur les moyens pour redonner au château tout son lustre perdu.

Il s'est résolument engagé sur la voie du bio certifié et maintenant sur celle de la biodynamie. Le fameux consultant Stéphane Derenoncourt dispense, ici, ses précieux avis. Les derniers vins sont d'un très bon niveau, et ce domaine essentiel du paysage cadurcien n'a sans doute pas fini de nous surprendre.

Les vins : le Gourmand Fruité Intense porte bien son nom en 2010, très adroitement vinifié pour mettre le fruit en valeur. On aimerait juste un rien d'élan supplémentaire en finale. La cuvée classique se livre avec franchise, mais reste un peu « brute de cuve ». Le Grand Vin, qui présente plus d'envergure et de droiture, est enrobé dans un beau fruit acidulé ; il reste cependant un ton au-dessous des millésimes précédents. La nouvelle cuvée Grand Chambert est une réussite : le vin se distingue grâce à son volume, sa persistance, sa finesse de saveurs, une remarquable fraîcheur et des tanins savoureux.

■ Cahors 2010	13 €	15
■ Cahors Gourmand Fruité Intense 2010	7,50 €	15
■ Cahors Grand Chambert 2010	75 €	17,5
■ Cahors Grand Vin 2010	24 €	16,5

Rouge : 62 hectares.
Malbec 80 %, Merlot 20 %
Blanc : 3 hectares.
Chardonnay 100 %
Production moyenne : 250 000 bt/an

Château de Chambert, Les Hauts-Coteaux, 46700 Floressas
Tél. : 05 65 31 95 75 **Fax :** 05 65 31 93 56
E-mail : info@chambert.com
Site : www.chambert.com
Vente : au domaine
Du lundi au vendredi de 9h à 12h et de 14h à 17h. Visites guidées du lundi au vendredi en juillet et en août à 10h30 et 15h.
Propriétaire : Philippe Lejeune

■ Domaine Chiroulet

IGP DES CÔTES DE GASCOGNE

Philippe Fezas a repris en 1993 ce domaine familial installé sur le village de Larroque-sur-l'Osse, près de Condom, sur les terres du Ténarèze. Situé sur les plus hauts coteaux de Gascogne, sur un terroir à dominante argilo-calcaire, le vignoble présente l'avantage d'être exposé plein sud et d'être bien ventilé. Nous avons été séduits par la cohérence de ces « crus gascons », les cuvées de base affichant d'emblée une grande précision en matière de qualité de fruit et d'équilibre gustatif. Le Côte d'Heux est un modèle d'harmonie, de maturité et de fraîcheur.

Les vins : le rosé 2011 est de bonne facture, bien qu'une légère sucrosité l'alourdisse un peu. En blanc, le Terres Blanches 2011, assemblage de gros manseng et de sauvignon, possède un caractère bien trempé, acidulé et frais, et une matière vigoureuse et tranchante. Pur gros manseng, le Côte d'Heux 2010 est un vin sincère et nerveux, intègre et droit dans son expression aromatique éloignée de toute technicité. En rouge, le Terroir Gascon 2010 se montre un peu sec, et le Grande Réserve 2008 reste conforme à notre commentaire de l'an dernier. Le moelleux Soleil d'Automne 2011 offre une surmaturité discrète et une belle allonge sur l'amertume.

☐ IGP des Côtes de Gascogne Côte d'Heux 2010	7,50 €	16
☐ IGP des Côtes de Gascogne Soleil d'Automne 2011	7,60 €	15
☐ IGP des Côtes de Gascogne Terres Blanches 2011	6 €	15
▨ IGP des Côtes de Gascogne Temps des Fleurs 2011	5,90 €	13,5
■ IGP des Côtes de Gascogne Grande Réserve 2008	12,50 €	15,5
■ IGP des Côtes de Gascogne Terroir Gascon 2010	7,15 €	14

Rouge : 16 hectares.
Merlot 50 %, Cabernet franc 15 %, Cabernet sauvignon 10 %, Syrah 5 %, Tannat 20 %
Blanc : 24 hectares.
Gros manseng 20 %, Petit manseng 10 %, Ugni blanc (trebbiano) 25 %, Colombard 25 %, Sauvignon ou Sauvignon Blanc 20 %
Production moyenne : 250 000 bt/an

Domaine Chiroulet, Heux, 32100 Larroque-sur-l'Osse
Tél. : 05 62 28 02 21 **Fax :** 05 62 28 41 56
E-mail : chiroulet@wanadoo.fr
Site : www.chiroulet.com
Vente : au domaine
Sur rendez-vous de 9h à 12h et de 14h à 18h30.
Propriétaire : Philippe Fezas
Directeur : Philippe Fezas

■ Clos Guirouilh
JURANÇON

C e petit domaine, situé sur le village de Lasseube, nous séduit par la qualité et la justesse de ses jurançons, précis dans les arômes et les saveurs, tant en sec qu'en moelleux. S'ils ne comptent pas parmi les plus intenses de l'appellation, ses vins se classent sûrement dans les premiers en termes de finesse et d'équilibre.

Les vins : élégant, tendu, le jurançon sec livre avec franchise ses saveurs d'agrumes et sa chair désaltérante. La Peïrine est une sélection élevée sous bois, de belle envergure, qui n'offre pas la même tension en dépit de sa finale saline. Le jurançon moelleux est bien équilibré, plein et savoureux.

☐ Jurançon Moelleux 2010   n.c.   15,5
☐ Jurançon Sec 2010   n.c.   15,5
☐ Jurançon Sec La Peïrine 2010   n.c.   15

Blanc : 9,5 hectares.
Petit manseng 40 %, Courbu 5 %, Gros manseng 55 %
Production moyenne : 45 000 bt/an

Clos Guirouilh, route de Belair, 64290 Lasseube
Tél. : 05 59 04 21 45 **Fax :** 05 59 04 22 73
Vente : au domaine
De préférence sur rendez-vous.
Propriétaire : Jean Guirouilh

■ Château La Colombière
FRONTON

C e domaine installé au nord-est de Toulouse, sur le terroir de Villaudric, produit des vins sincères et digestes. Diane et Philippe Cauvin forment un couple de jeunes vignerons déterminés et enthousiastes. Ils ont vite fait le choix d'une conduite du vignoble en biodynamie depuis 2006. Nous avons apprécié le style peu extrait et équilibré des vins de la cuvée Vinum, qui se livre sur le fruit pour le plaisir immédiat, à celui de Coste Rouge, issu d'une sélection parcellaire du cépage négrette. L'ensemble de la cave présente une production sans artifice ni maquillage.

Les vins : Le Réserve 2010 se montre un vin tendre, manquant un peu de netteté et assez chaleureux en fin de bouche. Le Coste Rouge 2009 offre plus de chair et de volume, mais les tanins sont un peu secs en finale. Encore assez immature, la nouvelle cuvée Bellouguet présente un surcroît de chair et de maturité, avec une matière d'une grande douceur, une finesse de texture et de la persistance : c'est un excellent vin.

■ Fronton Bellouguet 2010   17 €   16,5
■ Fronton Coste Rouge 2009   13 €   15
■ Fronton Réserve 2010   8,80 €   13,5

Rouge : 16,5 hectares.
Syrah 6 %, Cabernet franc 5 %, Cabernet-sauvignon 16 %, Gamay 13 %, Négrette 60 %
Château La Colombière, 190, route de Vacquiers, 31620 Villaudric
Tél. : 05 61 82 44 05 **Fax :** 05 61 82 57 56
E-mail : vigneron@chateaulacolombiere.com
Site : www.chateaulacolombiere.com
Vente : au domaine
Du lundi au vendredi de 9h30 à 12h30 et de 14h à 18h30. Samedi sur rendez-vous uniquement.
Propriétaire : Diane et Philippe Cauvin

■ Domaine du Comte de Thun
VIN DE PAYS DES CÔTES DU TARN

R epris en main en 1999 par le comte Ferdinand Jakob de Thun-Hohenstein, d'origine autrichienne, le domaine a fait appel au célèbre œnologue italien Riccardo Cotarella pour ses vinifications. Résultat : des vins d'une rare intensité dans cette région. Situé sur le plateau cordais (calcaire) dans le Gaillacois, le château produit uniquement des VDP des Côtes du Tarn. Superbement concentrés et d'une grande maturité, ils révèlent tout le potentiel de ce terroir méconnu pour la production de grands vins rouges du Sud-Ouest.

Les vins : à dominante de merlot, La Parrazal 2008 apparaît dense, un peu chaud et généreusement boisé, mais manquant de fraîcheur. Le pur merlot La Maze se montre plus complexe, avec une texture veloutée et des tanins croquants du meilleur effet ; un vin un peu flatteur, qui ambitionne de se mesurer à quelques grands cousins. Nous préférons toujours La Tarabelle, élégante syrah à la matière pleine mais déliée, qui s'est bonifiée depuis l'an dernier et se présente à maturité.

■ VDP Côtes du Tarn La Maze 2008   32 €   15,5
■ VDP Côtes du Tarn La
    Parrazal 2008   15 €   14,5

■ VDP Côtes du Tarn La
  Tarabelle 2007   32 € 16,5

Rouge : 23 hectares.
Cabernet franc 15 %, Cabernet-sauvignon 9 %,
Cot 2 %, Merlot 54 %, Syrah 16 %, Pinot
noir 4 %
Blanc : 1,5 hectares.
Chardonnay 33 %, Sauvignon blanc 33 %,
Sémillon 33 %
Production moyenne : 50 000 bt/an

Domaine du Comte de Thun, Château de
Frausseilles, 81170 Frausseilles
Tél. : 05 63 56 14 02 **Fax :** 05 63 56 15 03
E-mail : chateaufrausseilles@orange.fr
Site : www.comtedethun.com
Vente : au domaine
Du lundi au jeudi de 8h30 à 16h30. Le vendredi
de 8h30 à 12h30. Le week-end sur
rendez-vous.
Propriétaire : Ferdinand Von Thun
Directeur : Orlando Caporro

■ Domaine Guirardel

JURANÇON

F rançoise Casaubieilh et son mari exploitent
avec passion ce petit domaine, dans la même
famille depuis quatre siècles. Avec soin et détermination, ils ont choisi de se consacrer exclusivement à l'élaboration de vins de Jurançon
moelleux et liquoreux, à l'exclusion des blancs
secs. Les vins sont digestes, toujours justes dans
leur définition, en particulier le singulier Marrote, issu d'une parcelle très riche en galets,
qui apporte une finesse étonnante au vin, à propos duquel il n'est pas superflu d'évoquer une
grande minéralité. Les prix sont doux et l'accueil
adorable.
   Les vins : pur et précis, le Bi dé Casau, porté
par une acidité tonique, est d'une grande intensité et persistance. Le Marrote 2009 (l'an dernier, nous avions dégusté le 2008 et non le
2009) offre d'exceptionnels arômes de mangue et d'agrumes confits, une sève tout en vivacité et en allonge, pour un caractère hautement
digeste et raffiné. Nous ne cachons pas notre
enthousiasme pour ces jurançons de haute précision, qui font honneur à l'appellation. Un
blanc sec est ici en préparation.

☐ Jurançon Bi dé Casau 2010   13 € 16
☐ Jurançon Bi de Prat Marrote 2009 24 € 17,5

Blanc : 6 hectares.
Gros manseng 33 %, Petit manseng 66 %
Production moyenne : 22 000 bt/an

Domaine Guirardel, chemin Bartouille, 64360
Monein
Tél. : 05 59 21 31 48 **Fax :** 05 47 74 85 92
E-mail : jurancon@domaine-guirardel.fr
Site : www.domaine-guirardel.fr
Tous les jours sur rendez-vous.
Propriétaire : Françoise Casaubieilh et Pierre Coulomb

■ Domaine
Haut-Campagnau

VIN DE PAYS DES CÔTES DE GASCOGNE

A ncien moniteur de ski et de voile, Dominique Andiran est à la tête de ce vignoble en
conversion bio situé à Montréal-du-Gers, en
pays d'Armagnac. Cet autodidacte produit des
vins étonnants, originaux et travaillés à l'instinct,
issus de la variété des cépages autochtones régionaux. Classés parmi les vins de table et de pays
(désormais vins de France et IGP), vins secs et
moelleux coexistent avec des tries tardives vinifiées en sec, ou avec des vins de voile élevés
six ans en barriques. L'amateur curieux et
soucieux de boire sain multipliera, ici, les
découvertes.
   Les vins : le blanc 2010 Montis Régalis surprend par sa tension saline et tranchante et sa
fine pointe d'oxydation ménagée ; un blanc dont
l'amertume accompagnera parfaitement des
anchois ou des tapas. Le Magnus 2011 est un
rouge réjouissant, espiègle et digeste, dont le
beau fruit frais se boit à la régalade. Le Ruminant des Vignes 2008 associe notes oxydatives et
épicées (curry) à des saveurs d'écorces d'agrumes. Un vin à la matière robuste pour palais
aventureux, qui évolue hors des sentiers battus
et que nous défendons. Les Pissenlits, chardonnay élevé sous voile plus longtemps qu'un vin
jaune, offre un caractère d'une rare intensité,
aux saveurs et à l'allonge percutantes. S'il présente de la volatilité, celle-ci participe de la
complexité.

☐ VDF Montis Régalis 2010   7 € 15
☐ VDF Pissenlits 2005   50 € 16
☐ VDF Ruminant des Vignes 2008   26 € 16
■ VDF Magnus 2011   7 € 15

Rouge : 3 hectares.
Cabernet-sauvignon 2 %, Merlot 80 %,

Tannat 18 %
Blanc : 15,2 hectares.
Petit manseng 15 %, Muscadelle 5 %,
Sauvignon gris ou rosé 10 %, Courbu 5 %,
Colombard 40 %, Ugni blanc (trebbiana) 15 %,
Gros manseng 10 %
Production moyenne : 60 000 bt/an
❀ Certifié en agriculture bio ou biodynamique

Domaine Haut-Campagnau, 2, place de
l'Hôtel-de-Ville, 32250 Montréal-du-Gers
Tél. : 05 62 29 11 56 ou 06 08 30 33 85
E-mail : hautcampagnau@aliceadsl.fr
Vente : au domaine
Pendant les vacances de 10h à 12h30 et de
17h à 19h. Et sur rendez-vous.
Propriétaire : Dominique Andiran

NOUVEAU DOMAINE

■ Château Les Hauts de Caillevel
BERGERAC

S ylvie Chevallier est propriétaire d'un
domaine d'un seul tenant, équitablement
réparti entre rouges et blancs, dont une partie se
situe dans l'aire d'appellation Monbazillac. Installé entre plateaux et coteaux, le vignoble est en
conversion bio et propose des vins rosés, rouges,
blancs secs et moelleux de très bonne qualité,
toujours sains et gourmands. Nous suivons la
production depuis quelques années, et si elle
dispose encore d'une marge de progression, sa
régularité lui vaut désormais une place dans ce
guide.

Les vins : le bergerac sec L'Atypique se distingue par sa dominante de sauvignon gris. Un
vin mûr et charnu, plein et croquant, à la maturité bien gérée et à la finale délicieusement épicée. En rouge, la cuvée Fruissance est un merlot
tendre et friand, assez facile d'accès. Plus mûr
et charnu, Les Terres Chaudes offre une excellente matière pleine de mâche et une finale
poivrée, mais légèrement caoutchouteuse. A
dominante de merlot et de cabernet franc, la
cuvée Ebène, savoureuse et de bonne profondeur, s'adosse à un boisé bien intégré. Les monbazillacs sont d'excellent niveau. Les Brumes
2009, très sain et précoce, et la trie Grains de
Folie 2006, épicée et complexe, sont d'une
richesse et d'une générosité grandes.

☐ Bergerac Sec Atypique 2010   8 € 15,5
☐ Monbazillac Grains de Folie 2006   13 € 17

☐ Monbazillac Les Brumes 2009   n.c. 15,5
■ Bergerac Fruissance 2011   n.c. 14
■ Côtes de Bergerac Ebène 2009   n.c. 16
■ Côtes de Bergerac Les Terres
   Chaudes 2009   n.c. 15

Rouge : 9 hectares.
Cabernet-sauvignon 25 %, Cabernet franc 25 %,
Merlot 50 %
Blanc : 8,5 hectares.
Sauvignon gris ou rosé 10 %, Muscadelle 10 %,
Sauvignon ou Sauvignon Blanc 20 %,
Sémillon 55 %, Chenin ou chenin blanc ou
pineau de la loire 5 %
Production moyenne : 60 000 bt/an

Château Les Hauts de Caillevel, Caillevel Est,
24240 Pomport
Tél. : 05 53 73 92 72 **Fax :** 05 53 73 92 72
E-mail : caillevel@wanadoo.fr
Site : www.caillevel.fr
Vente : au domaine
De 9h à 12h et de 14h à 18h sur rendez-vous.
Fermé le dimanche.
Propriétaire : Sylvie Chevallier

NOUVEAU DOMAINE

■ Domaine Ilarria
IROULÉGUY

S itué au cœur du village d'Irouléguy, ce
domaine appartient à Peio Espil et sa
famille, propriétaire depuis plusieurs siècles de
ces 10 ha de vignes et de beaux bâtiments
anciens, comprenant un chai à barriques enterré.
Singularité et identité ne sont pas de vains mots
au Pays basque, et la production suit ici ces
préceptes, le respect de l'agriculture bio à la
vigne renforçant l'expression des terroirs et des
cépages locaux. Charnus, profonds, les vins ont
désormais atteint un niveau de qualité enviable
et leurs élevages s'affinent, ce qui les place parmi
les meilleurs de l'appellation et leur assure désormais une place dans notre guide.

Les vins : le rouge 2010 offre un jus droit et
précis, empreint d'une grande tension et d'une
belle finesse de saveurs : c'est un vin élancé, aux
tanins policés. Plus nerveuse et ciselée, la cuvée
sans soufre affirme son originalité. Le rouge
2009 est un peu plus confit dans son fruit,
mais sa matière offre une excellente constitution.
Nous émettons juste un petit regret, celui de
n'avoir pas pu déguster les blancs.

■ Irouléguy 2010   12,50 € 15,5

- Irouléguy Bixintxo 2009   20 €   15
- Irouléguy sans soufre 2010   16 €   16

Rouge : 8 hectares.
Cabernet franc 40 %, Cabernet-sauvignon 15 %,
Tannat 45 %
Blanc : 2 hectares.
Courbu 50 %, Petit manseng 50 %
Production moyenne : n.c.
🏵 Certifié en agriculture bio ou biodynamique

Domaine Ilarria, Bourg, 64220 Irouléguy
Tél. : 05 59 37 23 38 **Fax :** 05 59 37 23 38
E-mail : ilarria@wanadoo.fr
Vente : au domaine
Sur rendez-vous de septembre à juin. De 10h à
12h et de 14h à 18h en juillet et août.
Propriétaire : Peio Espil

■ Château Lacapelle Cabanac
CAHORS

Installés depuis 2004 dans le village de
Lacapelle-Cabanac, Thierry Simon et Philippe Vérax s'imposent aujourd'hui dans l'appellation avec des vins de très belle facture.
L'ensemble de la gamme est homogène. D'un
style plein et concentré, les vins se distinguent
par une belle maturité et des élevages précis, qui
mettent en valeur le fruit. Un domaine très
prometteur, parfois un peu juste en netteté aromatique et en précision de saveurs, mais qui
progresse dans la bonne direction.

Les vins : le cabernet-sauvignon Cab's, qui
séduit par son fruit coulant et désaltérant, est
parfaitement digeste. Le cahors 2010 s'avère
sain et souple, à la fraîcheur salivante : un vin
réjouissant. Plus assagi, le Prestige 2008 offre
une matière réglissée, fumée, savoureuse, mais
des tanins un rien secs. Débordant de petits
fruits, le Malbec Original 2010 se montre plus
profond et élégant, avec une structure ferme et
élancée. Plus ambitieux et sans le même naturel d'expression, le Malbec XL 2008 prend du
volume et de l'allonge. Il doit encore toutefois
digérer son élevage, frappé par une touche
lactique.

- Cahors 2010   6,45 €   16
- Cahors Malbec Original 2010   14,85 €   16,5
- Cahors Malbec XL 2008   13 €   15,5
- Cahors Prestige 2008   8,85 €   16
- VDP du Lot Cab's 2011   5,55 €   14,5

Rouge : 18,78 hectares.
Cabernet-sauvignon 1 %, Merlot 16 %,
Malbec 83 %
Blanc : 0,38 hectare.
Viognier 25 %, Sauvignon ou Sauvignon
Blanc 25 %, Chardonnay 25 %, Chenin ou
chenin blanc ou pineau de la loire 25 %
Production moyenne : 60 000 bt/an
🏵 Certifié en agriculture bio ou biodynamique

Château Lacapelle Cabanac, Le Château, 46700
Lacapelle-Cabanac
Tél. : 05 65 36 51 92 **Fax :** 09 70 62 11 04
E-mail : contact@lacapelle-cabanac.com
Site : www.lacapelle-cabanac.com
Vente : au domaine
Du lundi au vendredi de 13h30 à 17h30. Le
mercredi de 9h à 13h. Le week-end sur
rendez-vous.
Propriétaire : Thierry Simon et Philippe Vérax

■ Château Lagrézette
CAHORS

Alain Dominique Perrin n'a rien laissé au
hasard pour réussir à faire du château
Lagrézette le chef de file de l'appellation Cahors.
Des travaux impressionnants ont été effectués
au vignoble et au chai pour produire le meilleur
vin possible. Sur les conseils de l'œnologue bordelais Michel Rolland, les principes fondés sur
la faible charge de raisins par pied et la recherche de maturité optimale ont été appliqués sans
tabou. Si les différentes cuvées ne pèchent
jamais par leur manque de concentration, le
boisé, souvent trop appuyé, se montre inutile à
l'expression du caractère d'un grand cahors.

Les vins : assez dense et équilibré, le chardonnay est un peu technique mais sans défaut. Le
viognier offre plus de fraîcheur et une allonge
saline. Le cahors Château Lagrézette, assez
riche, possède un fruit expressif et un élevage
marqué. Le Dame Honneur 2009 présente une
matière épicée, riche et souple, au boisé chocolaté. Enfin, la cuvée de prestige Le Pigeonnier
déploie un volume impressionnant, et révèle une
matière dont le boisé opulent laisse filtrer le
fruit : un vin capable de vieillir, moins étouffé
par l'élevage que par le passé, mais qui joue sur
la densité au détriment de la finesse.

- ☐ VDP du Lot Dame de Grézette
  Chardonnay 2011   25 €   14
- ☐ VDP du Lot Dame de Grézette
  Viognier 2011   25 €   15

■ Cahors 2009   29 €   15
■ Cahors Dame Honneur 2009   39 €   15,5
■ Cahors Le Pigeonnier 2009   99 €   16

Rouge : 76 hectares.
Tannat 2 %, Malbec 83 %, Merlot 15 %
Blanc : 9 hectares.
Chardonnay 30 %, Viognier 70 %
Production moyenne : 300 000 bt/an

Château Lagrézette, 46140 Caillac
Tél. : 05 65 20 07 42   **Fax :** 05 65 20 06 95
E-mail : adpsa@lagrezette.fr
Site : www.chateau-lagrezette.tm.fr
Vente : au domaine
Tous les jours de 9h à 12h et de 14h à 18h.
Propriétaire : Alain Dominique Perrin
Directeur : Jean Courtois

■ Château Lassolle
CÔTES DU MARMANDAIS

S téphanie Roussel, cette Normande qui monta un bistrot à vins à Bordeaux, est vigneronne dans le Marmandais, depuis 2002. Les vins présentés ne sont certes pas encore tous de même niveau, mais démontrent un joli potentiel pour la région. Culture en biodynamie (non certifiée) et maîtrise des rendements donnent des rouges denses et séveux. La faible protection des cuvées conduit cependant, ici ou là, à quelques approximations aromatiques. Un domaine qui sort de l'ordinaire, et qui séduit par la densité et la fraîcheur de ses rouges du Marmandais.

Les vins : le domaine ne nous ayant pas fait parvenir ses vins cette année, nous sommes amenés à reconduire les notes de l'édition précédente – sans autre commentaire.

■ Côtes du Marmandais 2008   n.c. 15,5
■ Côtes du Marmandais Le Petit
   Lassolle 2008   n.c.   15

Rouge : 9,5 hectares.
Abouriou 20 %, Cabernet franc 50 %, Cabernet-sauvignon 12 %, Merlot 10 %, Malbec 8 %
Blanc : 2,5 hectares.
Sauvignon gris ou rosé 70 %, Sauvignon blanc 15 %, Sémillon 15 %
Production moyenne : 28 000 bt/an

Château Lassolle, 47250 Romestaing
Tél. : 05 53 94 55 73
E-mail : château.lassolle@wanadoo.fr
Vente : au domaine

Sur rendez-vous.
Propriétaire : Stéphanie Roussel

■ Mas Del Périé
CAHORS

J eune vigneron expérimenté, Fabien Jouves a repris en 2006 un vignoble familial situé sur les coteaux de Trespoux, secteur le plus élevé de l'appellation. En conversion bio, s'attachant à réhabiliter de vieux cépages (jurançon noir), ce domaine propose de vrais vins d'artisans, s'appuyant sur une volonté de retranscrire au plus près l'expression des terroirs par le vecteur du malbec. Les sélections parcellaires, les longs élevages sur lies se revendiquent d'un modèle bourguignon, affiché également par la forme des bouteilles, inhabituelle à Cahors. Une adresse qui va compter.

Les vins : la petite gamme du négoce est constituée de raretés comme le délicieux jurançon noir – You Fuck My Wine ? ! –, mais aussi un excellent malbec bien souple et mûr – Omar M'a Abuser – et un assemblage cabernet franc-malbec – Tu Vin Plus aux Soirées – de très bonne facture. En Cahors, les Escures présente un fruit sobre, digeste et frais, des tanins très fins ; c'est un excellent vin, dont on se régalera dès maintenant. La Roque gagne en volume et en fermeté de texture, mais conserve un caractère frais et acidulé, qui lui convient très bien. Marqué par la richesse du millésime et un élevage aux tonalités lactées, Les Acacias prend des accents mentholés et de moka. Plus ambitieux mais plus abouti dans sa forme, La Pièce est un vin profond et droit, très dense, qui demande au moins cinq ans de garde pour s'harmoniser.

■ Cahors La Pièce 2009   n.c.   17
■ Cahors La Roque 2011   12,50 € 16,5
■ Cahors Les Acacias 2009   n.c. 16,5
■ Cahors Les Escures 2011   n.c.   16
■ VDF Omar M'a Abuser 2011   n.c.   15
■ VDF Tu Vin Plus Aux
   Soirées 2011   n.c. 14,5
■ VDT You Fuck My Wine ? ! 2011   n.c.   15

Rouge : 18,95 hectares.
Malbec 100 %
Blanc : 0,25 hectare.
Production moyenne : 50 000 bt/an
❀ Certifié en agriculture bio ou biodynamique

Mas Del Périé, Le Bourg, 46090 Trespoux-Rassiels

Tél. : 05 65 30 18 07 **Fax :** 05 65 53 12 13
E-mail : masdelperie@wanadoo.fr
Site : www.masdelperie.com
Vente : au domaine
De 9h à 12h30 et de 14h à 19h.
Propriétaire : Fabien Jouves

◼ Lionel Osmin & Cie

MADIRAN

A seulement 34 ans, Lionel Osmin s'est lancé il y a trois ans. Installé à Pau, ce dynamique négociant propose une sélection de vins d'appellation du Sud-Ouest, mettant en avant la variété des cépages locaux. Travaillant en partenariat étroit avec des vignerons, cette signature qualitative produit des vins à prix très sages et très habilement vinifiés, valorisant le fruit dans l'optique d'une consommation précoce.

Les vins : la gamme s'élargit. Parmi les vins non dégustés l'an dernier, le Villa Grand Cap, blanc très aromatique, est soigné et frais, d'une vraie franchise de saveurs. Le Chambre d'Amour 2011 est un moelleux léger et malin, conçu pour tous les palais. En rouge, le malbec Villa La Réserve se montre déjà très expressif, croquant de fruit. En 2009, le buzet apparaît bien mûr et chocolaté, le madiran assez trapu et sec. Le marcillac 2010 est un jus énergique, très prometteur et gourmand dans son intégrité de fruit. Nous apprécions également l'irouléguy, plein et persistant, très équilibré. Dégusté avant la mise en bouteilles, le gaillac et le cahors 2011 semblaient de bon niveau. Le jurançon Fœhn 2009 est très convaincant, par sa générosité de fruit et sa vivacité. L'Estela est un vin de liqueur exubérant mais tendu en finale, aux sucres très fondus.

☐ Bergerac Sec 2010	8,90 €	15
☐ Jurançon Moelleux Foehn 2009	16,90 €	16
☐ Jurançon Sec Cami Salié 2010	12 €	15,5
☐ VDF Moelleux Villa Chambre d'Amour 2011	7,50 €	15
☐ VDF Sec Villa Grand Cap 2011	6,50 €	15
◼ VDF Villa La Vie en Rose Négrette 2011	6,50 €	14
◼ Buzet 2009	8,50 €	15
◼ Cahors 2011	9,90 €	14,5
◼ Gaillac 2011	8,90 €	15
◼ Irouléguy Donibane 2010	18,90 €	16
◼ Madiran Mon Adour 2009	10,90 €	13
◼ Marcillac 2010	9,50 €	15,5

◼ VDF Villa La Réserve 2010	6,50 €	14,5
◼ VDL Estela Vintage 2010	19 €	16

Rouge : Achats raisin + vin équivalent 30 hectares.
Blanc : Achats raisin + vin équivalent 50 hectares.
Production moyenne : 650 000 bt/an

Lionel Osmin & Cie, ZI Berlanne, 14, rue des Bruyères, 64160 Morlaàs
Tél. : 05 59 05 14 66 **Fax :** 05 59 05 47 09
E-mail : sudouest@osmin.fr
Site : www.osmin.fr
Pas de visites.
Propriétaire : Lionel Osmin

◼ Château La Reyne

CAHORS

J ohan Vidal a relancé et restructuré le domaine familial, en s'efforçant d'augmenter les densités de plantation, de diminuer les rendements et de construire une gamme homogène, marquée par des vinifications plus adaptées. Les vins associent couleur et intensité de fruit, tout en s'affinant dans l'extraction des tanins. Les derniers millésimes sont d'un très bon niveau, avec des cuvées séduisantes au boisé de mieux en mieux maîtrisé.

Les vins : l'Elio 2011 est un blanc expressif et aromatique, grâce au viognier qui complète habilement le chardonnay dans l'assemblage. Le Grande Réserve 2010 décline un fruit tendre et une excellente fraîcheur : il est destiné à une consommation précoce. Plus dense, très réussi, Le Prestige 2010 se montre aussi plus tendu et mieux constitué : sa fraîcheur de fruit le rend accessible dès maintenant. Aussi réussi que l'an dernier, L'Excellence 2010 offre beaucoup de franchise et d'intensité de fruit, porté par une trame tannique délicate mais ferme, avec une finale juteuse. Enfin, le Vent d'Ange 2010 est marqué par une profondeur de chair et une densité de texture supplémentaires, habilement encadrées par un élevage de grande qualité.

☐ VDP du Lot Elio 2011	11,50 €	14,5
◼ Cahors Grande Réserve 2010	8 € cav.	14,5
◼ Cahors Le Prestige 2010	8,50 €	15,5
◼ Cahors L'Excellence 2010	19 €	16,5
◼ Cahors Vent d'Ange 2010	36 €	17

Rouge : 33,5 hectares.

SUD-OUEST

Cot 85 %, Merlot 10 %, Tannat 5 %
Blanc : 0,5 hectare.
Viognier 10 %, Chardonnay 90 %
Production moyenne : 380 000 bt/an

Château La Reyne, Leygues, 46700
Puy-l'Evêque
Tél. : 05 65 30 82 53 **Fax :** 05 65 21 39 83
E-mail : chateaulareyne@orange.fr
Site : chateaulareyne@unblog.fr
Vente : au domaine
Du lundi au vendredi de 9h à 12h et de 14h à
18h. Sur rendez-vous le week-end et jours
fériés.
Propriétaire : Johan Vidal

■ Château La Robertie
BERGERAC

P ropriétaire de La Robertie depuis 1999, Brigitte Soulier réalise un parcours sans faute, assumant désormais seule la conduite du domaine. Vinifiés avec sérieux, les vins dans les trois couleurs sont mûrs, expressifs et concentrés, tout en finesse, sans artifice. Au prix de quelques difficultés, le domaine est aujourd'hui certifié en bio.

Les vins : le bergerac blanc sec 2010 est précis et droit, doté d'un fruit pur et savoureux. Nous apprécions beaucoup ce style sans esbroufe et élevé avec justesse. Le bergerac rouge 2010 est du même acabit : bien structuré, il a gagné en profondeur. A forte dominante de merlot, La Robertie Haute 2009 doit digérer un boisé généreux, mais son volume est bon et son fruit bien mûr. Plus ambitieuse, la cuvée E de La Robertie va chercher une maturité plus poussée, avec un peu d'extraction et un élevage qualitatif en bois neuf. Fin et assez léger, un peu alangui, le monbazillac 2010 cède le pas à la cuvée Vendanges de Brumaire 2009, un peu trop marquée par la barrique, bien que supérieurement vigoureuse et complexe. Il faudra l'attendre de trois à quatre ans.

☐ Bergerac Sec 2010	9,50 €	15
☐ Monbazillac 2010	10 €	14,5
☐ Monbazillac Vendanges de Brumaire 2009	20 €	16
■ Bergerac 2010	6,60 €	15
■ Côtes de Bergerac E de La Robertie 2009	19,50 €	16,5
■ Côtes de Bergerac La Robertie Haute 2009	12 €	16

Rouge : 7,3 hectares.
Cabernet-sauvignon 33 %, Cabernet franc 14 %,
Cot 2 %, Merlot 51 %
Blanc : 6,7 hectares.
Sauvignon ou Sauvignon Blanc 24 %,
Sémillon 72 %, Muscadelle 4 %
Production moyenne : 45 000 bt/an
❀ Certifié en agriculture bio ou biodynamique

Château La Robertie, 24240
Rouffignac-de-Sigoulès
Tél. : 05 53 61 35 44 **Fax :** 05 53 58 53 07
E-mail : chateau.larobertie@wanadoo.fr
Site : www.chateau-larobertie.com
Vente : au domaine
Tous les jours de 10h à 19h. Le week-end sur
rendez-vous.
Propriétaire : Brigitte Soulier

■ Domaine Le Roc
FRONTON

V oici l'un des domaines incontournables de Fronton, où la très dynamique famille Ribes produit depuis trente ans des vins de haut niveau. Toujours à la recherche de la finesse et de l'expression la plus pure et intense du cépage autochtone négrette, les cuvées se distinguent les unes des autres par des concentrations différentes. Les derniers millésimes se sont encore affinés : des vins plus civilisés et équilibrés dans les tanins et les élevages, dont on se régalera sans réserve.

Les vins : charnu, plus riche que l'an dernier, La Saignée est un rosé coloré, robuste et vigoureux, d'heureuse expression. En rouge, Le Classique 2010 est un grand séducteur au fruit croquant et mûr, délicieusement poivré, comme La Folle noire d'Ambat 2011, qui méritera un peu d'aération pour se débarrasser de son gaz. Le Don Quichotte 2010, plus complexe, acidulé et désaltérant, est doté d'une belle allonge. Une cuvée de référence.

▨ Fronton La Saignée 2011	6 €	15
■ Fronton Don Quichotte 2010	11 €	16,5
■ Fronton La Folle noire d'Ambat 2011	7 €	15,5
■ Fronton Le Classique 2010	6 €	15,5

Rouge : 23 hectares.
Cabernet-sauvignon 5 %, Négrette 75 %,
Syrah 20 %
Blanc : 2 hectares.
Production moyenne : 100 000 bt/an

Domaine Le Roc, 1605 C, route de Toulouse,
31620 Fronton
Tél. : 05 61 82 93 90 **Fax :** 05 61 82 72 38
E-mail : leroc@cegetel.net
Site : www.leroc-fronton.com
Vente : au domaine
Tous les jours de 9h à 18h. Le dimanche sur
rendez-vous.
Propriétaire : Famille Ribes

■ Domaine Rotier
GAILLAC

A lain Rotier continue de faire progresser tranquillement le domaine familial. Sur la rive
gauche du Tarn, dominée par des terroirs d'argile et de graves, les cépages locaux sont mis à
l'honneur et cultivés au plus près de la nature,
dans un esprit bio. Les blancs, secs et moelleux, sont l'une des spécialités du domaine, mais
les rouges se placent également aujourd'hui
parmi les références de l'appellation, en particulier dans la gamme Renaissance.
Les vins : le domaine nous a envoyé les mêmes
cuvées et millésimes que l'an dernier, nous
reproduisons donc nos notes à l'identique, mais
l'Âme nous a déçus, habillé d'un boisé trop sec.

☐ Gaillac Doux Renaissance 2009	n.c.	17,5
☐ Gaillac Sec Renaissance 2009	n.c.	14
■ Gaillac L'Âme 2008	n.c.	15,5
■ Gaillac Les Gravels 2009	n.c.	14
■ Gaillac Renaissance 2008	n.c.	15,5

Rouge : 24,5 hectares.
Autres 4 %, Braucol 22 %,
Cabernet-sauvignon 12 %, Gamay 2 %,
Syrah 26 %, Duras 34 %
Blanc : 10,5 hectares.
Len de l'ehl 70 %, Sauvignon ou Sauvignon
Blanc 30 %
Production moyenne : 180 000 bt/an

Domaine Rotier, Petit-Nareye, 81600 Cadalen
Tél. : 05 63 41 75 14 **Fax :** 05 63 41 54 56
E-mail : rotier.marre@domaine-rotier.com
Site : www.domaine-rotier.com
Vente : au domaine
De 9h à 12h et de 14h à 19h tous les jours
sauf dimanche et jours fériés.
Propriétaire : Alain Rotier et Francis Marre

■ Château Viguerie de Beulaygue
FRONTON

N ous plaçons de grands espoirs en cette
vieille propriété familiale, qui renoue avec
la qualité grâce à Cédric Faure. A 30 ans, il
incarne la relève d'une appellation Fronton en
pleine renaissance qualitative. Les vins de pur
cépage négrette, ou astucieusement associés à la
syrah, se présentent avec spontanéité et charme
aromatique : une cuvée Tradition met le fruit en
avant, une cuvée fûts de chêne manifeste plus
de structure, et L'Enchanteur s'affirme comme
un vin phare de la nouvelle vague frontonnaise.
Les vins : le rosé 2011 est charnu et tendre.
Le sauvignon blanc net et fruité, ne présente
aucun aspect technologique ni variétal. Le rouge
Tradition 2010 se montre friand, sincère et bien
mûr, on s'en régalera dans sa jeunesse. Très
parfumé, La Negrette est conforme à nos notes
de l'an dernier. Toujours solaire et volumineux, L'Enchanteur 2009 s'est un peu assagi et
a gagné en finesse. Avant sa mise en bouteilles,
le 2010 offre plus de velouté ; son élevage le
serre toutefois encore un peu.

☐ IGP Comté Tolosan		
Sauvignon 2011	4,20 €	14
■ Fronton Tradition 2011	4,70 €	14
■ Fronton La Négrette 2010	8,40 €	15
■ Fronton L'Enchanteur 2010	11,50 €	15,5
■ Fronton L'Enchanteur 2009	11,50 €	16
■ Fronton Tradition 2010	5,20 €	15

Rouge : 15 hectares.
Tannat 1 %, Négrette 46 %, Syrah 23 %,
Cabernet-sauvignon 10 %, Cabernet franc 10 %,
Cot 3 %, Fer servadou 2 %, Gamay 5 %
Blanc : 2 hectares.
Muscadelle 10 %, Ondenc 15 %, Chenin ou
chenin blanc ou pineau de la loire 15 %,
Sauvignon blanc 50 %, Sémillon 10 %
Production moyenne : 30 000 bt/an

Château Viguerie de Beulaygue, 1650, chemin
de Bonneval, 82370 Labastide-Saint-Pierre
Tél. : 05 63 30 54 72 **Fax :** 05 63 30 54 72
E-mail : ce.faure@gmail.com
Vente : au domaine
Pas de visites.
Propriétaire : Jeanine et Cédric Faure

Index des appellations

Retrouvez les vins sélectionnés grâce à leurs appellations.

Index des domaines, maisons et caves

Ce premier index répertorie tous les producteurs cités par ordres alphabétiques du nom du château, de la cave ou de la maison de négoce.
Comme pour le guide, c'est le nom de la marque ou de la propriété qui détermine l'ordre alphabétique, non les mots "château" ou "domaine".

Index des propriétaires

Certains domaines ou maisons sont plus connus sous le patronyme de celui qui les anime que sous leur nom officiel. On retient également sans effort le nom d'un propriétaire tout en recherchant vainement celui de sa propriété.
L'objet de cet index est donc de vous permettre de retrouver le vin de vos rêves grâce au nom de celui qui l'a créé ou inspiré.

Index des domaines bio ou biodynamie

Imprimé en Italie
par N.I.I.A.G
Dépôt légal : juillet 2012
ISBN 978-2-84831-491-4